AF617322

ACCESO GRATIS *a la Lectura en la Nube*
+ Formularios online

Para visualizar el libro electrónico en la nube de lectura envíe junto a su nombre y apellidos una fotografía del código de barras situado en la contraportada del libro y otra del ticket de compra a la dirección:

ebooktirant@tirant.com

En un máximo de 72 horas laborables le enviaremos el código de acceso con sus instrucciones.

FORMULARIOS DE CONTRATOS MERCANTILES Y DE LA EMPRESA

Formularios y documentos adaptados a la práctica mercantil diaria

FORMULARIOS DE CONTRATOS MERCANTILES Y DE LA EMPRESA

Formularios y documentos adaptados a la práctica mercantil diaria

3ª Edición

Coordinador
EDUARDO AZNAR GINER

Autores

Eduardo Aznar Giner
Abogado

Santos Mondéjar Ambou
Abogado

Raúl Monsalve Mora
Abogado

Juana Mico Abeledo
Abogado

Álvaro Aznar Giner
Abogado

Francisco Palomares Sánchez
Abogado

Jorge López Paricio
Abogado

Javier Alcover Nebot
Abogado

Salvador Company Peris
Economista

Amparo Bernat Monros
Economista

Salvador Ortí Camallonga
Economista

Jaime Santonja López
Economista. Asesor Fiscal

Ignacio Eguilior de Vicente
Abogado

Juan Francisco Tejero Aldomar
Abogado

Javier Sempere Más
Abogado

tirant lo blanch
Valencia, 2026

En caso de erratas y actualizaciones, la Editorial Tirant lo Blanch publicará la pertinente corrección en la página web www.tirant.com.

© TIRANT LO BLANCH
EDITA: TIRANT LO BLANCH
C/ Artes Gráficas, 14 - 46010 - Valencia
TELFS.: 96/361 00 48 - 50
FAX: 96/369 41 51
Email:tlb@tirant.com
www.tirant.com
Librería virtual: www.tirant.es
DEPÓSITO LEGAL: V-647-2026
ISBN: 979-13-7040-252-5

Si tiene alguna queja o sugerencia, envíenos un mail a: *atencioncliente@tirant.com*. En caso de no ser atendida su sugerencia, por favor, lea en *www.tirant.net/index.php/empresa/politicas-de-empresa* nuestro procedimiento de quejas.

Responsabilidad Social Corporativa: http://www.tirant.net/Docs/RSCTirant.pdf

I. PRESENTACIÓN

Mis compañeros han tenido a bien confiar en mí la presentación de este libro de formularios. Voy a ser breve. La obra que el lector tiene en sus manos parte con una simple pretensión: ser útil a los diversos operadores jurídicos que intervienen en el bonito, exigente, y muchas veces complicado campo de la contratación mercantil y de la empresa. A tal fin, al redactar los formularios, hemos tenido en cuenta a todos los intervinientes en dicho campo, procurando que los formularios y materiales ofrecidos sirviesen a todos ellos en su práctica diaria. Pero también hemos pretendido conseguir un segundo resultado: ofrecer una visión conjunta de la contratación mercantil.

Voluntariamente hemos huido de la catalogación y definiciones doctrinales y científicas de contratación mercantil para acercarnos a lo que en el acervo práctico se conoce por tal contratación. Obviamente no son todos los contratos que recogemos en el libro, pero sí una buena representación de los contratos mercantiles y de la empresa.

No hace falta decirlo, el contenido de este libro debe ser tomado como una herramienta de trabajo y reflexión, de carácter orientativo y no definitivo, en la práctica contractual mercantil. Cada contrato es único, distinto y diferenciado de otro.

Finalmente, hemos optado por ofrecer una imagen amplia de tal materia, basada en nuestra experiencia, desde una doble perspectiva: por un lado, incluyendo formularios, cuyo contenido quizás sea simple y obvio para personas expertas en la materia, pero que dan respuestas a aquellos que se inician en la contratación mercantil y de la empresa. Por otro, planteándonos supuestos discutidos o complejos y ofreciendo una solución al mismo.

De la conjunción de lo anterior, surge el presente libro que, esperamos, sea útil y del agrado del lector, agradeciendo la labor integradora del trabajo de los autores llevada a cabo por Jorge López Paricio.

EDUARDO AZNAR GINER

Valencia a 12 de diciembre de 2019

II. DEDICATORIA Y AGRADECIMIENTOS

A Julia, Álvaro y Jorge, mis auténticos y mas preciados tesoros, contemplando con orgullo cómo crecen brillantemente y, los dos primeros, van tomando sus primeras decisiones y experimentando algo tan bello, difícil y a veces cruel, como esto que llamamos vida.

A Francisco Vicent Chuliá, Maestro de Maestros, con el respeto y cariño de todos y cada uno de los autores de este libro.

A Alfredo Alberola Coloma, amigo y ejemplar persona, cuya bonhomía y humildad es por todos admirada y respetada, en el otoño de su vida empresarial.

A Arturo López Belenguer, hombre recto y honesto que dignifica la Justicia y el respeto a la Ley.

A Jesús Vaquerizo, amigo y persona de inmensa bondad y rectitud, con el deseo de conocer, al fin, su casa de Povedilla.

A Yolanda Grau, ejemplar hija, inteligente como pocas, quien siendo ahora estudiante, ya maneja con destreza todo aquello que tiene que ver con lo mercantil y el comercio internacional.

A todo el equipo de IMR Beauty, con las magníficas América y Lourdes a la cabeza, que se ocupa con esmero de mi salud y bienestar físico.

A mis amigos de Personal Gym (Juan, Leandro, Aitor y compañía), con los que transito el difícil camino que conduce a la Gloria.

A las reinas de Chelva, paraíso terrenal, con el deseo que la vida sea justa y generosa con ellas y su futuro tan espléndido y extraordinario como hoy se vislumbra. También al Rey, futuro licenciado en derecho y ¿abogado?

Y finalmente a Manolo Espinosa, el Marine, que como quien suscribe, jamás se rinde y nunca deja un peñasco, por pequeño que sea, sin conquistar (en mi caso en el ámbito jurídico). Te queremos Manolo.

EDUARDO AZNAR GINER

Valencia, a 12 de diciembre de 2019

III. PRESENTACIÓN 2ª EDICIÓN

No parece preciso que me extienda sobre la cuestión de la pretensión y objetivos perseguidos por este Libro. En esta edición, se han revisado y adaptado los formularios y se ha ampliado el número de ellos. Como siempre, los presentes formularios deben ser tomados como una herramienta de trabajo y reflexión, de carácter orientativo y no definitivo, en la práctica contractual de la empresa.

III. PRESENTACIÓN 3ª EDICIÓN

No parece preciso que me extienda sobre la cuestión de la pretensión y objetivos perseguidos por este Libro. En esta edición, se han revisado y adaptado los formularios a las últimas reformas legislativas, esencialmente, a la ley 1/2025, de 2 de enero, de eficiencia en el ámbito de la justicia. Y se ha ampliado el número de ellos. Como siempre, los presentes formularios deben ser tomados como una herramienta de trabajo y reflexión, de carácter orientativo y no definitivo, en la práctica contractual de la empresa.

Esperamos que el presente libro sea útil y del agrado del lector, y que aporte luz a los profesionales del ámbito contractual y de la mercantilidad.

EDUARDO AZNAR GINER

Valencia, a 31de diciembre de 2025

ÍNDICE DE FORMULARIOS

I. CONTRATOS DE COMPRAVENTA Y ESTIMATORIO

II. CONTRATO DE SUMINISTRO

III. CONTRATOS DE INTERMEDIACIÓN Y COLABORACIÓN ENTRE EMPRESARIOS

IV. CONTRATOS DE DEPÓSITO Y SERVICIOS DE LOGÍSTICA

V. CONTRATOS DE CESIÓN DE CRÉDITOS

VI. CONTRATOS SOBRE EL ESTABLECIMIENTO DEL EMPRESARIO

VII. CONTRATOS DE FINANCIACIÓN Y GARANTÍA

VIII. PROPIEDAD INDUSTRIAL E INTELECTUAL. PUBLICIDAD, PATROCINIO, CULTURA, IMAGEN Y SONIDO

IX. CONTRATOS Y SOCIEDADES MERCANTILES

X. CONSTRUCCIÓN E INGENIERÍA

XI. CONFIDENCIALIDAD Y SECRETO

XII. PRESTACIÓN DE SERVICIOS Y COLABORACIÓN ENTRE EMPRESARIOS

XIII. CONTRATACIÓN Y CONCURSO DE ACREEDORES

XIV. TRANSACCIÓN Y ACUERDOS EXTRAJUDICIALES DE RESOLUCIÓN DE CONTROVERSIAS

XV. CONTRATACIÓN VARIA

IV. FORMULARIOS

I. CONTRATOS DE COMPRAVENTA Y ESTIMATORIO

SUMARIO: F001. COMPRAVENTA MERCANTIL. F002. COMPRAVENTA MERCANTIL A ENSAYO. F003. COMPRAVENTA MERCANTIL SOBRE MUESTRAS. F004. COMPRAVENTA DE MAQUINARIA CON CONDICIONES GENERALES DE LA CONTRATACIÓN, INCLUYENDO GARANTÍA Y SERVICIO POSTVENTA. F005. COMPRAVENTA E INSTALACIÓN DE MAQUINARIA Y LOCAL DE HOSTELERÍA. F006. CONTRATO ESTIMATORIO.

F001. COMPRAVENTA MERCANTIL

Normativa aplicable: *Arts. 325-345 Real Decreto de 22 de agosto de 1885, por el que se publica el Código de Comercio.*

En la ciudad de ...... hoy día ..... de ...... de dos mil ......

REUNIDOS

Don...................., de nacionalidad española, mayor de edad, vecino de ...., con domicilio en la calle ......, núm. ..... y DNI/NIF ....

Doña ...., de nacionalidad española, mayor de edad, vecina de ...., con domicilio en la calle ......, núm. ..... y DNI/NIF ....

INTERVIENEN

Don.................... interviene en nombre y por cuenta, en su condición de Consejero Delegado, de la sociedad anónima de nacionalidad española ...., domiciliada en ......, calle ...., núm. ..... Constituida por tiempo indefinido mediante escritura autorizada el ... de .... de ....., por el notario de ......, Don.................... Inscrita en el Registro Mercantil de la provincia de ...... al tomo ...., del libro de sociedades, folio ....., hoja número ....., inscripción .... CIF ....

Doña .... interviene en nombre y por cuenta, en su condición de administradora única, de la sociedad de responsabilidad limitada de nacionalidad española .... S.L., domiciliada en ......, calle ...., núm. ..... Constituida por tiempo indefinido mediante escritura autorizada el ... de .... de ....., por el notario de ......, Don.................... Inscrita en el Registro Mercantil de la provincia de ...... al tomo ...., del libro de sociedades, folio ....., hoja número ....., inscripción .... CIF ....

Las partes, reconociéndose recíproca capacidad para este acto, libre y espontáneamente,

EXPONEN

I.– Que la compañía .... (en adelante VENDEDOR), tiene por objeto la fabricación de ....

II.– Que ...... (en adelante COMPRADOR), cuya actividad es la venta de ......, está interesada en adquirir determinadas unidades del producto fabricado por la vendedora para su posterior reventa, por lo que las partes formalizan el presente contrato de compraventa mercantil, que se regirá por sus normas naturales y de modo especial y preferente por las siguientes:

ESTIPULACIONES

PRIMERA.– Es objeto de este contrato, la compraventa de la mercancía especificada en el pedido de fecha .... de ..... de dos mil .., núm. referencia ...., que se acompaña al presente formando parte integrante del mismo, mercancía que ...... S.A. vende a .... S.L., quien a su vez la acepta y compra para su posterior reventa, por el precio que más adelante se reseña, con todos sus usos, derechos y anexos, libre de cargas y gravámenes.

SEGUNDA.– La mercancía vendida deberá ser entregada por el VENDEDOR en condiciones .... (reseñar término Incoterms) INCOTERMS 2020, aceptando las partes el contenido de dicho término comercial como contenido de este contrato, quienes cumplirán las obligaciones y soportarán el riesgo en la forma prevista en dicho término.

TERCERA.– Se conviene el precio total de la presente compraventa, conjunto, cerrado y alzado, en la suma de .... EUROS, cantidad que se verá incrementada en su correspondiente IVA por importe de ... euros, y que pagará el COMPRADOR al VENDEDOR en la forma y plazos previstos en la estipulación siguiente de este contrato.

CUARTA.– El precio pactado en la presente compraventa, más el IVA, es pagado de la siguiente manera:

A.– La suma de.......... euros, es pagada por el COMPRADOR en este acto mediante cheque bancario de la entidad ......, serie ..... núm. ...., por el expresado importe, copia del cual se acompaña a este documento.

B.– La suma de .... euros, será pagada por el COMPRADOR dentro del plazo de .... días a contar desde la entrega de la mercancía objeto de esta compraventa, mediante transferencia bancaria a la siguiente cuenta corriente: ....

QUINTA.– El VENDEDOR garantiza al COMPRADOR que en el momento de la entrega, las mercancías estarán libres de vicios o defectos de fabricación.

Si en el momento de recibir las mercancías el COMPRADOR, estas contuvieren vicios o defectos manifiestos, deberá comunicarlo al VENDEDOR en el acto. Si los vicios fueren ocultos, el COMPRADOR deberá comunicarlo al VENDEDOR tan pronto conozca su existencia y, en todo caso, antes de que transcurran ..... días a contar desde la recepción de las mercancías.

En el expediente judicial o extrajudicial para la determinación de la naturaleza y alcance de cualquier vicio, deberá ser citado el VENDEDOR, quien además podrá realizar las comprobaciones que estime oportunas, estando obligado el comprador a prestar la colaboración que sea necesaria.

SEXTA.– El presente contrato podrá ser resuelto en los casos que marca la Ley, así como por el incumplimiento de cualquiera de las obligaciones derivadas del mismo para las partes.

Igualmente, podrá resolverse el contrato a instancia del COMPRADOR su la mercancía no fuera entregada por el VENDEDOR antes del día .... de .... de dos mil .... y en los términos establecidos en la estipulación segunda de este contrato.

SÉPTIMA.– Los gastos y tributos derivados de este contrato, serán soportados por las partes con arreglo a Ley.

Además, serán de cuenta de la parte incumplidora de este contrato los gastos judiciales o extrajudiciales que se originen como consecuencia de aquel incumplimiento.

OCTAVA.– Para la práctica de cuantos requerimientos o notificaciones hayan de verificarse, ambas partes designan los señalados en el encabezamiento de este escrito.

NOVENA.– Para cuantas divergencias pudieran surgir con motivo de la interpretación y cumplimiento de lo pactado en este documento y anexo, las partes, haciendo expresa renuncia al fuero que pudiera corresponderles, se someten a los Tribunales de ....

DÉCIMA.– El presente contrato tiene carácter mercantil y se regirá por lo aquí estipulado y, en lo no previsto, por el Código de Comercio y demás leyes y normas a él aplicables.

Así lo conviene las partes, quienes tras leer el presente documento y encontrándolo conforme a sus manifestaciones, lo suscriben en su integridad por duplicado ejemplar, ratificándose en su contenido en el lugar y fecha señalados "ut supra".

F002. COMPRAVENTA MERCANTIL A ENSAYO

Normativa aplicable: *Arts. 325-345 Real Decreto de 22 de agosto de 1885, por el que se publica el Código de Comercio.*

En la ciudad de ...... hoy día ..... de ...... de dos mil ......

REUNIDOS

Don...................., de nacionalidad española, mayor de edad, vecino de ...., con domicilio en la calle ......, núm. ..... y DNI/NIF ....

Doña ...., de nacionalidad española, mayor de edad, vecina de ...., con domicilio en la calle ......, núm. ..... y DNI/NIF ....

INTERVIENEN

Don.................... interviene en nombre y por cuenta, en su condición de Consejero Delegado, de la sociedad anónima de nacionalidad española .... S.A., domiciliada en ......, calle ...., núm. ..... Constituida por tiempo indefinido mediante escritura autorizada el ... de .... de ....., por el notario de ......, Don.................... Inscrita en el Registro Mercantil de la provincia de ...... al tomo ...., del libro de sociedades, folio ....., hoja número ....., inscripción .... CIF ....

Doña .... interviene en nombre y por cuenta, en su condición de administradora única, de la sociedad de responsabilidad limitada de nacionalidad española .... S.L., domiciliada en ......, calle ...., núm. ..... Constituida por tiempo indefinido mediante escritura autorizada el ... de .... de ....., por el notario de ......, Don.................... Inscrita en el Registro Mercantil de la provincia de ...... al tomo ...., del libro de sociedades, folio ....., hoja número ....., inscripción .... CIF ....

Las partes, reconociéndose recíproca capacidad para este acto, libre y espontáneamente,

EXPONEN

I.– Que la compañía .... (en adelante VENDEDOR), tiene por objeto la fabricación de ....

II.– Que ...... (en adelante COMPRADOR), cuya actividad es la venta de ......, está interesada en adquirir para su ensayo determinadas unidades del producto fabricado por la vendedora para su posterior reventa, por lo que las partes formalizan el presente CON-

TRATO DE COMPRAVENTA A ENSAYO, que se regirá por sus normas naturales y de modo especial y preferente por las siguientes:

ESTIPULACIONES

PRIMERA.– Es el objeto del contrato, la compraventa de mercancía especificada en el pedido de fecha ......, núm. referencia ...., que se acompaña al presente formando parte integrante del mismo, mercancía que ...... vende a ...., quien a su vez la acepta y compra a ensayo, por el precio que más adelante se reseña.

SEGUNDA.– La mercancía se entrega en este acto por el vendedor al comprador, quien la recibe con la condición de que pueda ensayar la misma durante un plazo de .... días durante el cual, podrá devolver la mercancía adquirida en las mismas condiciones y estado en que se hallan, si la misma ....

El rehúse y devolución de la mercancía exigirá del comprador notificar al vendedor tal hecho fehacientemente y por escrito, así como entregar la mercancía en el plazo máximo de ... días desde la expresada notificación en el almacén del vendedor sito en .... El transporte de la mercancía hasta el citado destino, será de cuenta y cargo de la compradora y a su propio riesgo.

En el momento en que sea devuelta la mercancía y comprobado que sus condiciones y estado son los actuales, el vendedor procederá a devolver al comprador el precio que hubiere percibido en esta compraventa, salvo si la mercancía fuera devuelta en condiciones que imposibiliten su venta o hagan inviable su uso, en cuyo caso, podrá exigir al comprador el cumplimiento de la compraventa.

Transcurrido el plazo de .... días para ensayar la mercancía vendida, sin que se haya rehusado y devuelto la misma en las términos arriba expresados, se entenderá que la misma es aceptada por el comprador.

TERCERA.– Se conviene el precio total de la presente compraventa, conjunto, cerrado y alzado, en la suma de .... EUROS, que pagará la parte compradora a la vendedora en la forma y plazos previstos en la estipulación siguiente de este contrato.

CUARTA.– El precio pactado en la presente compraventa, será pagado de la siguiente forma:

A.– La suma de.......... EUROS, es pagada por el comprador en este acto mediante cheque bancario de la entidad ......, serie ..... núm. ...., por el expresado importe, copia del cual se acompaña a este documento.

B.– La suma de .... EUROS, será pagada por el comprador dentro del plazo de .... días a contar desde la aceptación de la mercancía, mediante transferencia bancaria a la siguiente cuenta corriente: ....

QUINTA.– El presente contrato podrá ser resuelto en los casos que marca la ley, así como por el incumplimiento de cualquiera de las obligaciones derivadas del mismo para las partes.

SEXTA.– Sin perjuicio de lo establecido en estipulaciones precedentes, los gastos y tributos derivados de este contrato serán soportados por cada parte con arreglo a Ley.

Además, serán de cuenta de la parte incumplidora de este contrato los gastos judiciales o extrajudiciales que se originen como consecuencia de aquel incumplimiento.

SÉPTIMA.– Para la práctica de cuantos requerimientos o notificaciones hayan de verificarse, ambas partes designan los señalados en el encabezamiento de este escrito.

OCTAVA.– Para cuantas divergencias pudieran surgir con motivo de la interpretación y cumplimiento de lo pactado en este documento y anexo, las partes, haciendo expresa renuncia al fuero que pudiera corresponderles, se someten a los Tribunales de ....

NOVENA.– El presente contrato tiene carácter mercantil y se regirá por lo aquí estipulado y, en lo no previsto, por el Código de Comercio y demás leyes y normas aplicables.

Así lo conviene las partes, quienes tras leer el presente documento y encontrándolo conforme a sus manifestaciones, lo suscriben en su integridad por duplicado ejemplar, ratificándose en su contenido en el lugar y fecha señalados "ut supra".

F003. COMPRAVENTA MERCANTIL SOBRE MUESTRAS

Normativa aplicable: *Arts. 325-345 Real Decreto de 22 de agosto de 1885, por el que se publica el Código de Comercio.*

En la ciudad de ...... hoy día ..... de ...... de dos mil ......

REUNIDOS

Don...................., de nacionalidad española, mayor de edad, vecino de ...., con domicilio en la calle ......, núm. ..... y DNI/NIF ....

Doña ...., de nacionalidad española, mayor de edad, vecina de ...., con domicilio en la calle ......, núm. ..... y DNI/NIF ....

INTERVIENEN

Don.................... interviene en nombre y por cuenta, en su condición de Consejero Delegado, de la sociedad anónima de nacionalidad española ...., domiciliada en ......, calle ...., núm. ..... Constituida por tiempo indefinido mediante escritura autorizada el ... de .... de ....., por el notario de ......, Don.................... Inscrita en el Registro Mercantil de la provincia de ...... al tomo ...., del libro de sociedades, folio ....., hoja número ....., inscripción .... CIF ....

Doña .... interviene en nombre y por cuenta, en su condición de administradora única, de la sociedad de responsabilidad limitada de nacionalidad española ...., domiciliada en ......, calle ...., núm. ..... Constituida por tiempo indefinido mediante escritura autorizada el ... de .... de ....., por el notario de ......, Don.................... Inscrita en el Registro Mercantil de la provincia de ...... al tomo ...., del libro de sociedades, folio ....., hoja número ....., inscripción .... CIF ....

Las partes, reconociéndose recíproca capacidad para este acto, libre y espontáneamente,

EXPONEN

I.– Que la compañía .... (en adelante VENDEDOR), tiene por objeto la fabricación de ....

II.– Que ...... (en adelante COMPRADOR), cuya actividad es la venta de ......, está interesada en adquirir sobre muestras determinadas unidades del producto fabricado por el VENDEDOR, por lo que las partes formalizan el presente contrato de COMPRAVENTA

SOBRE MUESTRAS, que se regirá por sus normas naturales y de modo especial y preferente por las siguientes:

ESTIPULACIONES

PRIMERA.– Es objeto de este contrato la mercancía especificada en el pedido de fecha ......, núm. referencia ...., que se corresponde con la muestra ...., pedido que se acompaña al presente formando parte integrante del mismo, y que ...... vende a ...., quien a su vez la acepta y compra para su posterior reventa, por el precio y en las condiciones reseñadas en las estipulaciones siguientes.

Por lo tanto, la presente compraventa se realiza sobre las muestras arriba reseñadas de la mercancía vendida, que será de la misma calidad y condiciones que la de aquellas.

SEGUNDA.– La mercancía se entregará en el plazo de ...., en el domicilio del VENDEDOR sito en ...., calle ....

En el caso de que el COMPRADOR se negare a recibir la mercancía vendida al considerar que la misma no es de la misma calidad y condiciones que las muestras sobre la que se hace la presente compraventa, se nombrarán .... peritos por ambas partes, y a falta de acuerdo, por ...., que decidirán si los géneros son o no de recibo. Si los peritos declarasen ser de recibo, se entenderá consumada la presente compraventa y, en el caso contrario, se rescindirá el contrato, sin perjuicio de la indemnización a que tenga derecho el COMPRADOR.

TERCERA.– Se conviene el precio total de la presente compraventa, conjunto, cerrado y alzado, en la suma de .... EUROS, que pagará el COMPRADOR al VENDEDOR en la forma y plazos previstos en la estipulación siguiente de este contrato.

CUARTA.– El precio pactado en la presente compraventa, es pagado de la siguiente manera:

A.– La suma de.......... euros, es pagada por la COMPRADOR en este acto mediante cheque bancario de la entidad ......, serie ..... núm. ...., por el expresado importe, copia del cual se acompaña a este documento.

B.– La suma de .... euros, será pagada por el COMPRADOR dentro del plazo de .... días a contar desde la entrega de la mercancía, mediante transferencia bancaria a la siguiente cuenta corriente: ....

QUINTA.– El presente contrato podrá ser resuelto en los casos que marca la ley, así como por el incumplimiento de cualquiera de las obligaciones derivadas del mismo para las partes.

SEXTA.– Los gastos y tributos derivados de este contrato, serán soportados por cada parte con arreglo a Ley.

Además, serán de cuenta de la parte incumplidora de este contrato los gastos judiciales o extrajudiciales que se originen como consecuencia de aquel incumplimiento.

SÉPTIMA.– Para la práctica de cuantos requerimientos o notificaciones hayan de verificarse, ambas partes designan los señalados en el encabezamiento de este escrito.

OCTAVA.– Para cuantas divergencias pudieran surgir con motivo de la interpretación y cumplimiento de lo pactado en este documento y anexo, las partes, haciendo expresa renuncia al fuero que pudiera corresponderles, se someten a los Tribunales de ....

NOVENA.– El presente contrato tiene carácter mercantil y se regirá por lo aquí estipulado y, en lo no previsto, por el Código de Comercio y demás leyes y normas aplicables.

Así lo conviene las partes, quienes tras leer el presente documento y encontrándolo conforme a sus manifestaciones, lo suscriben en su integridad por triplicado ejemplar, ratificándose en su contenido en el lugar y fecha señalados "ut supra".

F004. COMPRAVENTA DE MAQUINARIA CON CONDICIONES GENERALES DE LA CONTRATACIÓN, INCLUYENDO GARANTÍA Y SERVICIO POSTVENTA

Normativa aplicable: *Arts. 325-345 Real Decreto de 22 de agosto de 1885, por el que se publica el Código de Comercio. Ley 7/1998, de 13 de abril, sobre Condiciones Generales de la Contratación.*

CONDICIONES PARTICULARES DE LA COMPRAVENTA (anverso del documento).

Nº REFERENCIA:.....

VENDEDOR:

COMPRADOR:

OBJETO CONTRATO: Suministro de UNA (1) Máquina de..........

CARACTERÍSTICAS

TÉCNICAS MÁQUINA:

Dimensiones (Aproximadas):

Largo.

Ancho

Alto

PRECIO MÁQUINA .... €, (........... euros). La totalidad del contrato aplicado el Impuesto sobre el Valor Añadido es de....... € (....... euros).

FORMA DE PAGO: A) 50% a la firma del contrato mediante talón nominativo o transferencia bancaria a favor de .... que asciende a .... € (....... euros)

B) 50% restante mediante talón o transferencia bancaria a favor de

.... que asciende a .... € (euros), a la llegada de la máquina a sus instalaciones.

FECHA ENTREGA: el día ....

OTRAS CONDICIONES: Por su parte el comprador se obliga a: Disponer de .... para la instalación de la máquina; desembalar y fijar la máquina en lugar adecuado para su correcto funcionamiento.

Los gastos de transporte de la máquina corren por cuenta del comprador, desde la salida de los talleres de ...., hasta el lugar que el comprador determine.

Se anexan las condiciones generales de venta, servicio post-venta y normas generales de garantía.

En.........., a .. de........

CONDICIONES GENERALES DE VENTA. NORMAS GENERALES (reverso del documento)

PLAZO DE ENTREGA: El señalado, que comenzará a correr a partir del día en que se firme el contrato de venta, y sean cumplidas las condiciones previas convenidas, salvo que se hubiera fijado una fecha determinada para la entrega de la maquinaria, en cuyo caso, y una vez cumplidas igualmente las condiciones previas, se respetaría la fecha prefijada.

Es nuestro interés el cumplir con los plazos indicados, e incluso adelantarlos si fuera posible, pero si por causa de fuerza mayor, (incendios, inundaciones, huelgas, falta de fletes, falta de primeras materias, o roturas en las fábricas y almacenes que intervengan en el suministro, tardanza en obtención de permisos, retrasos en transportes, actos de guerra, etc), no se pudiera cumplir con el plazo de entrega, no dará derecho al comprador para anular su compromiso, exigirnos responsabilidad, ni a indemnización alguna por tal concepto.

TRANSPORTES: Nuestros suministros viajan siempre por cuenta y riesgo del comprador.

MONTAJE: Si se conviene enviar alguno de nuestros técnicos para el montaje de nuestras máquinas, será objeto de presupuesto especial en el salario del referido técnico. También serán por cuenta del comprador los viajes del personal técnico en 1ª clase más los hoteles durante todo el tiempo que duren los viajes y el montaje. El tiempo invertido en viajes y esperas será considerado como tiempo efectivo de trabajo. Los tornillos de anclaje, trabajos de albañilería, carpintería, elementos auxiliares al equipo suministrado, serán por cuenta del comprador, así como los peones que ayuden al montador, grúas, instalación eléctrica, etc.

PRECIO: Se entienden netos y para material puesto en nuestros talleres de..........., sin embalajes. En caso de necesidad de embalaje, se facturaran al precio de coste, no admitiéndose su devolución

PAGO: Salvo pacto en contrario reflejado en el contrato de venta, nuestras condiciones son las siguientes: ....% del importe total a la firma del contrato, ...% del importe total a la entrega de la maquinaria, ...% restante mediante talón, letra o pagaré aceptados a ... días de la fecha de entrega de las máquinas. Ningún viajante, comisionista o representante está autorizado para cobro alguno en nuestro nombre, salvo autorización escrita.

PROPIEDAD DE LA MERCANCÍA: El vendedor se reserva el dominio de la mercancía vendida hasta el pago completo del precio de venta, intereses y otros gastos eventuales en caso de demora en el pago.

Hasta este pago completo, el comprador se obliga a no enajenar, ni gravar en modo alguno el objeto de venta. Queda entendido que en caso de dejar de pagar uno de los plazos estipulados, vencen inmediatamente todos los demás plazos y el vendedor, queda facultado, sin otro requisito, para tomar posesión de la maquinaria vendida, pudiendo a tal efecto entrar en el establecimiento del comprador para retirarla del mismo, y siendo todos los gastos originados por cuenta del comprador.

COMPETENCIA JURISDICCIONAL Y PLEITOS: En caso de litigio, los únicos Tribunales competentes serán los de ...., a cuya jurisdicción se someten las partes, con renuncia al fuero propio.

GARANTÍA: La garantía se entiende por un año a partir de la puesta en marcha, siempre que dicha puesta en marcha se produzca antes de .... días a contar desde la salida de fábrica de la máquina. La garantía comprende la reparación o sustitución de las piezas defectuosas, en nuestros talleres o en los de nuestros proveedores, no abarcando en ningún caso los gastos propios de desmontaje, montaje y portes, ni desplazamientos en caso de ser necesarios, de nuestro personal técnico.

La garantía se prestará a los clientes dentro del horario laboral de ....

En motores u otros componentes eléctricos o electrónicos, las averías ocasionadas por la entrada de agua o humedad, están fuera de garantía.

El cliente tiene derecho a recibir una pieza nueva sin cargo, si se demuestra que la avería se ha producido por un defecto de fabricación.

La garantía queda invalidada cuando:

1. No se facilite de modo suficientemente claro las circunstancias de la avería.

2. La máquina trabaje en condiciones no apropiadas por la cual está diseñada.

3. No se sigan las instrucciones de servicio y mantenimiento.

4. Haya vencido el periodo de garantía estipulado.

La GARANTÍA no incluye:

Averías originadas por desgaste normal, trabajos inapropiados, manipulación incorrecta, sobrecargas, influencias superficiales de origen térmico o químico, conexionados eléctricos, falta de mantenimiento, así como averías por errores en el montaje o puesta en servicio por personas no cualificadas.

SERVICIO POST-VENTA:

– Las reclamaciones sobre garantía, han de producirse inmediatamente después de la aparición de la deficiencia.

– Todas las peticiones de Asistencia Técnica amparadas o no por la garantía o solicitud de piezas de repuesto, deben efectuarse por fax o escrito, de forma que quede constancia de tal solicitud para enviar presupuesto para su asistencia o reparación. Si la avería está amparada por la garantía, la pieza a suministrar será sin cargo (no incluye desplazamientos, portes, ni dietas).

– Para un suministro de cualquier pieza defectuosa, el plazo de entrega dependerá del proceso de fabricación o del suministro de nuestros proveedores.

– La adquisición de equipos o piezas de repuesto, no incluye derecho a puesta en marcha gratuita, o comprobación de campo.

– Las solicitudes de puesta en marcha o asistencia técnica se atenderán previa recepción del pedido correspondiente en nuestras oficinas, lo que implica el reconocimiento expreso de las condiciones de nuestro servicio Post-Venta.

En .... a .... de...............

F005. COMPRAVENTA E INSTALACIÓN DE MAQUINARIA Y LOCAL DE HOSTELERÍA

De una parte, la mercantil........., S.L. (en adelante, el PROVEEDOR), con domicilio social en........, calle......., núm......... y CIF número ....

Le representa en este acto D............., con domicilio a estos efectos en el mismo arriba mencionado, provisto de DNI número........, que actúa en nombre y representación de la citada empresa, en su calidad de Administrador, y en virtud de los poderes otorgados en la escritura de constitución.

Y, de otra, la mercantil .... S.L.U. con CIF .... (En adelante EL CLIENTE) con domicilio social en la Calle........., número..........

Le representa en este acto Don................... provisto de DNI .... con domicilio a estos efectos en el mismo arriba mencionado y que actúa en nombre y representación de la citada empresa, en su calidad de Gerente.

Los comparecientes se reconocen recíprocamente capacidad legal para obligarse, y otorgar el presente documento, a cuyo efecto

EXPONEN

Que ambas partes han convenido realizar el presente contrato para la instalación y equipamiento de local de hostelería, conforme a las siguientes

CONDICIONES

I.– OBJETO: El objeto del presente contrato es la venta del equipamiento, aparatos, mobiliario y utillaje, que se relacionan en la pro-forma anexo, ... con fecha .... las cuales forman parte indisoluble del presente contrato que consta en total de .... páginas, así como el transporte y descarga en los almacenes del cliente situados en ....

II.– PRECIO: El precio a percibir por el PROVEEDOR por los conceptos señalados en la estipulación anterior es de .... euros NETOS.

El precio reseñado NO incluye IVA.

III.– PLAZO DE ENTREGA Y EJECUCIÓN:

III.1.– El plazo de entrega hasta los almacenes que indique el cliente en .... de todo lo relativo a producto de maquinaria se llevará a cabo como máximo .... días desde la recepción de la transferencia del ....% de la cantidad total y firma de este contrato. Los gastos de embalaje, transporte, manipulación, seguros y, de forma general, todas las consecuencias que resulten de la entrega hasta el almacén del CLIENTE en .... correrán por cuenta del PROVEEDOR.

Los embalajes se entienden libres de costes. En ningún caso se pueden consignar sin acuerdo previo por escrito. En caso de existir acuerdo, la consigna debe señalarse de forma evidente en cualquier albarán o factura.

El proveedor entregará los productos con un empaquetado adecuado a sus características, al modo de transporte y al almacenamiento para que la entrega llegue en perfecto estado al almacén del cliente en .... Cualquier daño (rotura, omisión, deterioro, etc.) en los productos ocasionado por un empaquetamiento inadecuado o indebido será responsabilidad del proveedor.

Toda entrega deberá ir acompañada de un albarán de entrega por pedido, con encabezado del proveedor y número de pedido, donde se especifique la mercancía entregada o el servicio prestado en los mismos términos (designación, especificación, etc...) que el vale de pedido, si corresponde, su desglose detallado por caja o cualquier otro embalaje, así como los pesos bruto y neto.

En caso de que se observaran daños o deterioro en la recepción o durante el desembalaje, se anotarán las reservas del CLIENTE en el albarán de entrega, y se notificarán al transportista. El PROVEEDOR deberá hacerse cargo a la mayor brevedad posible de la sustitución de los productos o mercancías defectuoso o dañado por otros nuevos, o con el acuerdo del CLIENTE, a la reparación de los mismos. La entrega se hace efectiva después de la sustitución o la reparación, según lo contemplado anteriormente, y en cualquier caso, el día de la firma por parte del CLIENTE del albarán de entrega sin reservas. Las reservas del cliente serán parciales, afectando solo y exclusivamente las referencias o productos afectados o dañados, siendo efectiva la entrega parcial del resto de referencias o productos.

El CLIENTE se reserva el derecho a anular, mediante carta certificada, la parte de un pedido que no se haya ejecutado en los plazos establecidos sin que el proveedor que incumpla el plazo tenga derecho a indemnización alguna. No obstante, nuestra empresa podrá exigir la reparación del daño sufrido como consecuencia del incumplimiento de las obligaciones del proveedor.

Las cantidades serán las que se definan en nuestro pedido; el CLIENTE se reserva el derecho a devolver al proveedor, corriendo éste último con los gastos, las entregas anticipadas o sobrantes, o bien reclamar las cantidades que falten según las condiciones del pedido.

El transporte de toda la mercancía desde .... hasta .... lo realizará el cliente. No siendo responsabilidad del proveedor ni en cuanto a plazos de entrega, ni seguros, ni ninguna responsabilidad derivada de este transporte.

Dando por hecho que las instalaciones de agua, luz y demás acometidas ajenas a nuestra competencia estén correctamente finalizadas y las maquinas en su destino final a pié de obra en ...., instalaremos en un plazo de ...... días mediante ...... personas especializadas por parte del proveedor y toda la ayuda necesaria por parte del cliente humana y mecánica.

Si por causas ajenas a competencia del proveedor no se finalizase en ..... días se facturará ...... euros día el encargado de dirección de obra y .... euros al día el oficial especializado.

El alojamiento/pernoctación, alimentación y desplazamiento de estos .... operarios o subcontratas del proveedor son por cuenta del cliente.

IV.- PACTO DE RESERVA DE DOMINIO.

Hasta tanto no se realice el total pago conforme a las condiciones económicas establecidas en el presente contrato, el PROVEEDOR se reserva el dominio temporal de los bienes objeto de este contrato, teniendo EL CLIENTE la condición de 2° almacén del Proveedor hasta la finalización y pago del último plazo.

Los albaranes de entrega de la mercancía valdrán como anexo a este contrato para identificar los materiales y máquinas entregadas.

La firma de albaranes en nuestro almacén u obra no implica la aceptación del material o trabajo hasta su verificación

Efectuado el último pago EL CLIENTE consolidará su propiedad y todos los efectos, que se deriven de la presente compraventa se retrotraen una vez realizado el pago íntegro a la fecha de formalización del presente contrato de acuerdo a lo establecido en el artículo 1.120 del Código Civil.

EL CLIENTE, que tiene la condición exclusiva de 2° Almacén del proveedor, no podrá enajenar los bienes comprados, sin la autorización expresa y fehaciente de PROVEEDOR

V.- SUBCONTRATACIÓN: EL CLIENTE faculta a subcontratar al PROVEEDOR para la realización de los trabajos necesarios para la correcta ejecución del presente contrato.

VI.- En este contrato no están incluidas las instalaciones necesarias de Agua, Gas, Electricidad y desagües.

Todas las instalaciones necesarias para la correcta instalación correrán por cuenta del cliente y es condición indispensable tenerlas finalizadas antes de la instalación por parte del proveedor de todas las maquinas. (Contando el plazo pactado de .... días a partir de la finalización de sus acometidas e instalaciones.)

VII.- PENALIZACIONES

En caso de que se produzca cualquier retraso en la entrega en el almacén del cliente en .... respecto a la fecha señalada en el pedido e imputable al proveedor, éste abonará una penalidad de demora consistente en el ....% del precio del trabajo demorado por día de retraso o fracción. Esta penalidad tendrá un tope del .....% del precio global pactado para la totalidad del trabajo. Lo anterior no será aplicable cuando la mercancía venga dañada por causas del transporte.

Esta penalidad se devengará sin necesidad de que concurra intimidación alguna por parte del CLIENTE, quedando expresamente pactado que la misma no sustituye en ningún caso la indemnización por daños y perjuicios que pudiera deducirse del retraso.

Caso de devengarse esta penalización, el CLIENTE queda expresamente facultado para deducir su importe de los pagos que deba realizar al proveedor como consecuencia de la ejecución del pedido.

VIII.- CONDICIONES ECONÓMICAS:

En la firma de este contrato

– .... EUROS (................).– EN LA FIRMA DE ESTE CONTRATO MEDIANTE TRANSFERENCIA BANCARIA.

– .... EUROS (.............).– ..... DÍAS ANTES DE LA ENTREGA. (MÁXIMO .... DÍAS) MEDIANTE TRANSFERENCIA BANCARIA.

– .... EUROS (.............).– .... DÍAS DESPUÉS DE LA INSTALACIÓN POR NUESTROS TÉCNICOS. MEDIANTE TRANSFERENCIA BANCARIA.

BANCO..........: Nº DE CUENTA: ....

Los pagos parciales o totales que el CONSTRUCTOR realice tendrán siempre carácter de entrega a cuenta y no supone en ningún caso conformidad con la obra y/o suministro e instalación efectuada.

IX.– Si el CLIENTE no satisface a su vencimiento el pago convenido el PROVEEDOR podrá optar entre exigir el pago de todos los plazos pendientes de abono o la resolución del contrato.

Si opta por la exigencia del cumplimiento del contrato, el importe de todos los plazos pendientes de abono tendrá el carácter de deuda vencida, líquida y exigible a todos los efectos legales.

Además, Si el retraso en la entrega, notificado o no, fuera superior a .... días naturales, el CLIENTE estará facultado para resolver el pedido y reclamar los daños y perjuicios correspondientes.

Además, en el caso de que el proveedor resultara incapaz de ejecutar el pedido en el plazo establecido, el CLIENTE podrá en un plazo de .... días, anular el pedido a costa del proveedor y encargar la ejecución del mismo a un tercero, asumiendo el proveedor todos los gastos.

X.– El PROVEEDOR viene obligado a presentar al CLIENTE en un plazo máximo de ...... días desde la firma del presente documento, la póliza de seguros que necesariamente debe tener concertada para responder de los daños y perjuicios que se pudieran causar como consecuencia de los suministros y trabajos realizados, eximiendo expresamente de cualquier responsabilidad al CLIENTE.

El incumplimiento del párrafo que precede podrá dar lugar a la rescisión del presente contrato, por parte del CLIENTE, sin derecho a indemnización alguna.

XI.– GARANTÍA

Cada trabajo y material aportado estará sujeto a un plazo de garantía de piezas que se extenderá a........ meses, a partir de la instalación de las maquinas contra cualquier defecto de fabricación: en el caso de materiales defectuosos o averiados la garantía cubrirá la sustitución en obra de los elementos defectuosos o averiados, así como los elementos que hayan sido dañados debido a defectos o averías imputables al proveedor. Mano de obra y desplazamiento será facturado al cliente por un instalador local.

En caso de que el proveedor resultara incapaz de asegurar la correcta ejecución de la presente cláusula, el CLIENTE se reserva el derecho de encargar la ejecución de los trabajos necesarios a costa del proveedor sin perjuicio de la aplicación de la cláusula de rescisión.

XII.– TRIBUNALES. Para todas las cuestiones que puedan derivarse de la ejecución del presente contrato, las partes se someten expresamente, con renuncia al Fuero que pudiera corresponderles, con jurisdicción y competencia en el partido judicial de..........., y con carácter prioritario a los tribunales de ....

XII.– INTEGRIDAD. El presente contrato no admitirá enmiendas ni tachaduras, considerándose, en caso de producirse éstas como no puestas, salvo negociación y aprobación expresa por escrito de las mismas por PROVEEDOR

El envío de alguna factura con fecha posterior a la firma del presente contrato, previo consentimiento y aceptación del CLIENTE, subsanará y hará válidas las cláusulas contenidas en el presente contrato, equivaliendo a la aceptación tácita de todas las cláusulas del mismo.

En prueba de conformidad, firman el presente por duplicado

En ...., a ....

F006. CONTRATO ESTIMATORIO

En la ciudad de ...... hoy día ..... de ...... de dos mil ......

REUNIDOS

Don...................., de nacionalidad española, mayor de edad, vecino de ...., con domicilio en la calle ......, núm. ..... y DNI/NIF ....

Doña ...., de nacionalidad española, mayor de edad, vecina de ...., con domicilio en la calle ......, núm. ..... y DNI/NIF ....

INTERVIENEN

Don.................... interviene en nombre y por cuenta, en su condición de Consejero Delegado, de la sociedad anónima de nacionalidad española ...., domiciliada en ......, calle ...., núm. ..... Constituida por tiempo indefinido mediante escritura autorizada el ... de .... de ....., por el notario de ......, Don.................... Inscrita en el Registro Mercantil de la provincia de ...... al tomo ...., del libro de sociedades, folio ....., hoja número ....., inscripción .... CIF ....

Doña .... interviene en nombre y por cuenta, en su condición de administradora única, de la sociedad de responsabilidad limitada de nacionalidad española ...., domiciliada en ......, calle ...., núm. ..... Constituida por tiempo indefinido mediante escritura autorizada el ... de .... de ....., por el notario de ......, Don.................... Inscrita en el Registro Mercantil de la provincia de ...... al tomo ...., del libro de sociedades, folio ....., hoja número ....., inscripción .... CIF ....

Las partes, reconociéndose recíproca capacidad para este acto, libre y espontáneamente,

EXPONEN

I.– Que la compañía .... (PROVEEDOR), tiene por objeto la fabricación de ....

II.– Que ...... (PROVEÍDO) está interesado en obtener de .... el aprovisionamiento de ..... bajo el régimen de estima, por lo que las partes formalizan el presente contrato estimatorio, que se regirá por sus normas naturales y de modo especial y preferente por las siguientes:

ESTIPULACIONES

PRIMERA.– Es objeto del presente contrato, el aprovisionamiento por la sociedad ...... (PROVEEDOR) a la compañía .... (PROVEÍDO), de las partidas que precise y solicite ésta de los productos fabricados por la primera reseñados en el anexo I de este contrato que, firmado por las partes, pasa a formar parte integrante del mismo. Ello en los términos recogidos en las estipulaciones siguientes.

SEGUNDA.– El presente contrato tendrá una duración de ..... años, a contar desde la firma del presente, y se entenderá prorrogado por anualidades en tanto en cuanto ninguna de las partes comunique a la otra por escrito fehaciente su voluntad de no prorrogar el mismo.

TERCERA.– El PROVEEDOR remitirá la mercancía a los almacenes del PROVEÍDO sitos en ...., dentro del plazo de ...... días desde la aceptación por la primera del correspondiente pedido. Los gastos de transporte de la mercancía, serán de cuenta y cargo del PROVEÍDO. La mercancía se entenderá entregada por el PROVEEDOR en el momento en que sea recepcionada por el transportista.

Mientras no proceda a su devolución, transcurra el plazo reseñado en la estipulación cuarta o disponga de la mercancía conforme a lo establecido en la estipulación séptima, el PROVEÍDO viene obligado a guardar y conservar la mercancía recibida en estima en el mismo estado en que le sea entregada, siendo de su cuenta y cargo todos los gastos que fuesen precisos a tal fin. Igualmente y hasta su devolución, responderá frente al PROVEEDOR por todos los daños, deterioros y pérdidas que sufra la mercancía.

CUARTA.– El PROVEÍDO adquirirá la mercancía si en el plazo máximo de ..... meses no procede a devolución de la mercancía objeto del pedido al PROVEEDOR en los términos previstos en la estipulación octava de este contrato o bien, si el PROVEÍDO, antes del vencimiento de tal plazo, notificare a aquel su voluntad de adquirir la mercancía o la disposición de la misma en los términos de la estipulación séptima.

QUINTA.– El precio de la mercancía es el que se reseña en las tarifas que se acompañan, firmadas por las partes, a este contrato, formando parte integrante del mismo.

SEXTA.– El pago de la mercancía adquirida por el PROVEÍDO, se realizará en el plazo de .... días desde la fecha de factura mediante transferencia bancaria a la siguiente cuenta corriente: ....

SÉPTIMA.– El proveído queda facultado para la venta de los productos recibidos en régimen estimatorio, en la forma y términos que estime oportunos, salvo en lo relativo al precio de venta máximo de los productos, que será el reseñado en el anexo II de este contrato.

No obstante, lo anterior la propiedad de la expresada mercancía es del PROVEEDOR, viniendo obligado el PROVEÍDO a poner de manifiesto tal donde fuese procedente, en el supuesto de embargo, retención de la mercancía y, especialmente, si el PROVEÍDO deviniese en situación de u otra situación análoga.

OCTAVA.– Antes de que transcurra el expresado plazo de ..... meses a que se refiere la estipulación tercera de este contrato sin que haya comunicado su voluntad de adquirir la mercancía, el PROVEÍDO deberá devolver al PROVEEDOR la que no haya vendido o no tenga interés en adquirir. La devolución se realizará en los almacenes del PROVEEDOR sitos en ...., siendo de cuenta y cargo exclusivo del PROVEÍDO los gastos que ocasione la expresada devolución, incluido el transporte.

NOVENA.– El presente contrato podrá ser resuelto en los casos que marca la ley, así como por el incumplimiento de cualquiera de las obligaciones derivadas del mismo para las partes.

También podrá resolverse el presente contrato a instancias de ....., en los siguientes supuestos: ....

DÉCIMA.– Sin perjuicio de lo establecido en las estipulaciones precedentes, los gastos y tributos derivados de este contrato serán soportados por cada parte con arreglo a Ley.

Además, serán de cuenta de la parte incumplidora de este contrato los gastos judiciales o extrajudiciales que se originen como consecuencia de aquel incumplimiento.

UNDÉCIMA.– Para la práctica de cuantos requerimientos o notificaciones hayan de verificarse, ambas partes designan los señalados en el encabezamiento de este escrito.

DUODÉCIMA.– Para cuantas divergencias pudieran surgir con motivo de la interpretación y cumplimiento de lo pactado en este documento y anexo, las partes, haciendo expresa renuncia al fuero que pudiera corresponderles, se someten a los Tribunales de ....

DECIMOTERCERA.– El presente contrato tiene carácter mercantil y se regirá por lo aquí estipulado y, en lo no previsto, por el Código de Comercio y demás leyes y normas aplicables.

Así lo conviene las partes, quienes tras leer el presente documento y encontrándolo conforme a sus manifestaciones, lo suscriben en su integridad por duplicado ejemplar, ratificándose en su contenido en el lugar y fecha señalados.

II. CONTRATO DE SUMINISTRO

F007. CONTRATO DE SUMINISTRO

En la ciudad de ......, hoy día .. de ..... de .....

REUNIDOS

Don...................., de nacionalidad española, mayor de edad, vecino de ...., con domicilio en la calle ......, núm. ..... y DNI/NIF ....

Doña ...., de nacionalidad española, mayor de edad, vecina de ...., con domicilio en la calle ......, núm. ..... y DNI/NIF ....

INTERVIENEN

Don.................... interviene en nombre y por cuenta, en su condición de Consejero Delegado, de la sociedad anónima de nacionalidad española ...., domiciliada en ......, calle ...., núm. ..... Constituida por tiempo indefinido mediante escritura autorizada el ... de .... de ....., por el notario de ......, Don.................... Inscrita en el Registro Mercantil de la provincia de ...... al tomo ...., del libro de sociedades, folio ....., hoja número ....., inscripción .... CIF ....

Doña .... interviene en nombre y por cuenta, en su condición de administradora única, de la sociedad de responsabilidad limitada de nacionalidad española ...., domiciliada en ......, calle ...., núm. ..... Constituida por tiempo indefinido mediante escritura autorizada el ... de .... de ....., por el notario de ......, Don.................... Inscrita en el Registro Mercantil de la provincia de ...... al tomo ...., del libro de sociedades, folio ....., hoja número ....., inscripción .... CIF ....

Las partes, reconociéndose recíproca capacidad para este acto, libre y espontáneamente,

EXPONEN

I.– Que la compañía .... (SUMINISTRADOR), tiene por objeto la fabricación de ....

II.– Que ...... (SUMINISTRADO) está interesado en obtener de .... el suministro de los productos por esta última sociedad fabricados, por lo que las partes formalizan el presente CONTRATO DE SUMINISTRO, que se regirá por sus normas naturales y de modo especial y preferente por las siguientes:

ESTIPULACIONES

PRIMERA.– Es objeto del presente contrato, el suministro por la sociedad ...... (SUMINISTRADOR) a la compañía .... (SUMINISTRADO), por el precio que más adelante se indicará, de las partidas que precise y solicite ésta de los productos fabricados por la primera reseñados en el anexo I de este contrato que, firmado por las partes, pasa a formar parte integrante del mismo. Ello en los términos recogidos en las estipulaciones siguientes.

SEGUNDA.– El presente contrato tendrá una duración de ..... años, a contar desde la firma del presente, y se entenderá prorrogado por anualidades en tanto en cuanto ninguna de las partes comunique a la otra por escrito fehaciente su voluntad de no prorrogar el mismo.

TERCERA.– El precio de la mercancía es el que se reseña en las tarifas que se acompañan, firmadas por las partes, como ANEXO II de este contrato, formando parte integrante del mismo. Los precios incluyen el Impuesto sobre el Valor Añadido.

La expresada tarifa de precios, será objeto de revisión cada .... por el SUMINISTRADOR, de modo que reflejen las variaciones que hubieran experimentado los siguientes factores, ponderados del modo que a continuación se indica: ....

CUARTA.– El pago del precio se realizará por el SUMINISTRADO en el plazo de .... días a contar desde la entrega de la mercancía por el SUMINISTRADOR, mediante transferencia bancaria a la siguiente cuenta corriente: ....

QUINTA.– El SUMINISTRADO deberá dirigir al SUMINISTRADOR el correspondiente pedido de la mercancía que precise, comprometiéndose, en cualquier caso, a adquirir de éste último un mínimo mensual de .... del producto suministrado. El SUMINISTRADOR se compromete atender todos los pedidos de mercancía que curse el SUMINISTRADO, siempre que el precio conjunto mensual de tales pedidos no exceda de ..... euros. En el supuesto que exceda, los pedidos posteriores deberán ser aceptados expresamente por el SUMINISTRADOR en el plazo de ... días desde la recepción del pedido.

El SUMINISTRADOR remitirá la mercancía a los almacenes del SUMINISTRADO sito en ...., dentro del plazo de ...... días desde la recepción del pedido o, en su caso, su aceptación. Los gastos de transporte de la mercancía, serán de cuenta y cargo del SUMINISTRADO y no se incluyen en las tarifas. La mercancía se entenderá entregada por el SUMINISTRADOR en el momento en que sea recepcionada por el transportista. Cada pedido será objeto de la correspondiente factura, que será entregada al transportista junto a la mercancía y que deberá ser pagada por el SUMINISTRADO en los términos de la estipulación precedente.

SEXTA.– El presente contrato podrá ser resuelto en los casos que marca la ley, así como por el incumplimiento de cualquiera de las obligaciones derivadas del mismo para las partes.

También podrá resolverse el presente contrato a instancias del SUMINISTRADOR, caso de incumplimiento por el SUMINISTRADO del mínimo de compra establecido en la estipulación quinta, viniendo éste obligado al pago de la suma de .... euros, que en concepto de cláusula penal expresamente pactan las partes como consecuencia del expresado incumplimiento, sin perjuicio de la indemnización de daños y perjuicios que procediese.

SÉPTIMA.– Sin perjuicio de lo establecido en las estipulaciones precedentes, los gastos y tributos derivados de este contrato serán soportados por cada parte con arreglo a Ley.

Además, serán de cuenta de la parte incumplidora de este contrato los gastos judiciales o extrajudiciales que se originen como consecuencia de aquel incumplimiento.

OCTAVA.– Para la práctica de cuantos requerimientos o notificaciones hayan de verificarse, ambas partes designan los señalados en el encabezamiento de este escrito.

NOVENA.– Para cuantas divergencias pudieran surgir con motivo de la interpretación y cumplimiento de lo pactado en este documento y anexo, las partes, haciendo expresa renuncia al fuero que pudiera corresponderles, se someten a los Tribunales de ....

DÉCIMA.– El presente contrato tiene carácter mercantil y se regirá por lo aquí estipulado y, en lo no previsto, por el Código de Comercio y demás leyes y normas aplicables.

Así lo conviene las partes, quienes tras leer el presente documento y encontrándolo conforme a sus manifestaciones, lo suscriben en su integridad por duplicado ejemplar, ratificándose en su contenido en el lugar y fecha señalados "ut supra".

F008. CONTRATO DE SUMINISTRO COMPLEJO

En la ciudad de .... hoy día ... de ..... de ....

REUNIDOS

Don...................., de nacionalidad........, mayor de edad, vecino de........., con domicilio en la calle........., y DNI/NIF ....

Don...................., de nacionalidad........, mayor de edad, vecino de........, con domicilio en la calle .... y DNI/NIF ....

INTERVIENEN

Don........., interviene en nombre y por cuenta, en su condición de Administrador Único, de ...., sociedad ...... de nacionalidad ...., domiciliada en..........., Constituida por tiempo indefinido mediante escritura autorizada el..........., por el notario de ....,........... Inscrita en el Registro Mercantil .... de la provincia de ...., al tomo......, del libro de sociedades, folio....., hoja número......., inscripción ...... CIF:...........

Don...................., interviene en nombre y por cuenta, en su condición de Apoderado, de la sociedad .... de nacionalidad española.........., domiciliada en........... Constituida por tiempo indefinido mediante escritura autorizada el.........., por el notario de.......,........... Inscrita en el Registro Mercantil de la provincia de......, al tomo......, del libro de sociedades, folio......., hoja número........, inscripción ..... CIF ....

Las partes, reconociéndose recíproca capacidad para este acto, libre y espontáneamente,

EXPONEN

I.– Que .... (SUMINISTRADO) es una compañía que bajo sus marcas .... y otras, comercializa, entre otros productos, ...

II.– Que..........., lleva tiempo diseñando un proyecto para establecer diversos convenios con suministradores preferentes, entre ellos..........., basado en la confianza entre las partes y la más completa transparencia en la relación. Además, pretende dar la suficiente estabilidad al suministrador, garantizándole un nivel mínimo de compra de producto objeto de suministro, para así apoyar su crecimiento y apuesta por la relación con ....

A estos efectos, la seriedad del SUMINISTRADOR y la capacidad del mismo para atender los pedidos de partidas de aceituna, incluido su almacenaje, tratamiento y conservación, así como para adaptarse a los procedimientos y requerimientos de .... en el suministro, ha sido tenido en cuenta por .... a la hora de designar dichos suministradores preferentes.

Uno de ellos, es la empresa.........., entidad con la que previamente a este contrato ya se suscribió otros contratos de fechas....... que en su conjunto, y tras varias adendas, fue satisfactorio para los intereses de las partes.

Partiendo por tanto de esta relación contractual y experiencia previa, analizando y replanteando los puntos a mejorar y tras diversas reuniones con .... donde se exponía y estudiaba nuevamente el proyecto, ... ha manifestado nuevamente su apuesta por el proyecto y que se halla en condiciones de asumir los nuevos compromisos y exigencias derivados del mismo así como los reseñados en el párrafo precedente, indicando a su vez, ..., que puede garantizar a............ un volumen de compras mínimo.

III.– Por todo lo expuesto, las partes formalizan el presente CONTRATO DE SUMINISTRO, que se regirá por sus normas naturales y de modo especial y preferente por las siguientes:

ESTIPULACIONES

PRIMERA.– OBJETO DEL CONTRATO.

Es objeto del presente contrato, el suministro por la sociedad .... (SUMINISTRADOR) a la compañía .... (SUMINISTRADO) por el precio que más adelante se indicará, de .... reseñados en el ANEXO I de este contrato (la mercancía, adelante), con las especificaciones, características y tratamiento reseñados en dicho ANEXO I y en la cantidad anual que se reseñará en el párrafo siguiente de esta estipulación, y todo ello en los términos recogidos en las estipulaciones siguientes.

Durante cada año de vigencia del contrato, el SUMINISTRADOR garantiza a.......... el suministro de mercancía objeto del contrato, con un mínimo anual de .... kilogramos y una máximo de .... Kilogramos.

SEGUNDA.– DURACIÓN DEL CONTRATO.

El presente contrato tendrá una duración de .... años, a contar desde la firma del presente, y se entenderá prorrogado por anualidades en tanto en cuanto ninguna de las partes comunique a la otra por escrito fehaciente su voluntad de no prorrogar el mismo dentro del mes de enero correspondiente a la anualidad de su vencimiento.

TERCERA.– PRECIO DE LA MERCANCÍA.

I.– El precio de cada kilogramo de mercancía será determinado por las partes, de común acuerdo, antes de ......, a la vista de los siguientes parámetros:

A.– El precio medio de compra por kilo .... en el mercado, tomando como referencias las propias liquidaciones realizadas por las dos compañías.

B.– Coste interno del SUMINISTRADOR entendido como el coste de cada uno de los elementos y procesos de elaboración de .... objeto de suministro, así como los gastos necesarios para realizar la actividad.

C.– Beneficio industrial

D.– Precio de mercado de la campaña en cuestión, tomando como base operaciones realizadas para .... similares a las del contrato.

En caso de discrepancia por las partes sobre tal precio y su fijación las mismas se someten a la decisión de tres peritos, que serán designados uno por el suministrador, otro por el suministrado, y el tercero, por ambos designados, quienes, de común acuerdo y entre los precios propuestos por cada uno de las partes, fijaran el definitivo, que será dirimente de tal controversia. Durante este proceso, no se detendrá las expediciones, pagos, ni ninguna obligación contemplada en el presente contrato.

A la vista del volumen de suministro pactado anualmente para este contrato, que es netamente superior a la facturación anual histórica entre ambas sociedades, y que dicho aumento genera mejoras, eficiencias y ahorros en los procesos productivos del SUMINISTRADO, las partes pactan que el precio fijado conforme a las reglas anteriores se tendrá en cuenta dichas mejoras siempre y cuando estas sean efectivas en la proporción que se determine por las partes en cada año.

Las partes acuerdan que se aplicará un..........% de descuento en los precios, en concepto de volumen y mejoras de las eficiencias que se crean por las condiciones de dicho contrato.

Las partes expresamente pactan que el precio fijado conforme a los parámetros reseñados en el apartado precedente para cada anualidad, se reducirá igualmente en el caso que .... aumente el volumen de compras de mercancía objeto de este contrato por encima del reseñado en la estipulación primera de este contrato.

II.– Los precios convenidos, que no incluyen el Impuesto sobre el Valor Añadido, son alzados, fijos y cerrados e incluyen la contraprestación por la totalidad de servicios que, como consecuencia de este contrato, preste el SUMINISTRADOR a........., que no satisfará cantidad alguna adicional por cualquier otro concepto distinto bien sea, a título de ejemplo y sin ánimo exhaustivo, relativo a personal; maquinaria; tiempos; volúmenes; almacenamientos; instalaciones; manipulación, tratamiento, depósito, trasiegos, y carga de la mercancía para su retirada por el SUMINISTRADO; gestión; distancia; desplazamiento; impuestos (salvo el IVA); licencias u otros. Ello sin perjuicio de lo establecido en la estipulación quinta.

CUARTA.– PAGO DEL PRECIO DE LA MERCANCÍA.

El pago del precio de cada suministro anual se realizará por el SUMINISTRADO con una señal de .... mediante pagare librado a .... del año posterior a la campaña y con vencimiento a .... días, resto de los pagos se efectuarán contra factura quincenal y con vencimiento ...... días s./factura.

Cada pago se efectuará mediante pagare con vencimiento a ..... días y que se librará el primer día de cada mes salvo el último pago de la anualidad, cuyo pagare se librara en el plazo de un mes a contar desde que se practique la liquidación anual del precio.

A modo de ejemplo, El SUMINISTRADOR emitirá factura a........., librándose por el SUMINISTRADO pagaré el .... con vencimiento a........ días de dicha factura.

No obstante lo anterior, hasta la determinación del precio, se giraran facturas por el SUMINISTRADOR por una cantidad media acordada, una vez sea conocido y acordado el precio, podrá realizarse al mes siguiente de tal fijación el ajuste y liquidación de importe anual que corresponda, realizando la liquidación de cuentas descontándose los pagos efectuados en los meses anteriores a la misma, y desde entonces, facturarse al precio establecido para la anualidad. Ello sin perjuicio de realizar adelantos a cuenta de tales pagos con la consiguiente liquidación de las cuentas entre las partes a final de cada anualidad.

QUINTA.– PEDIDOS. ENVÍO Y ENTREGA DE LA MERCANCÍA.

Una vez alcanzada durante la campaña la cantidad de .... señaladas, cualquier pedido posterior formulada durante la misma, deberá ser aceptado expresamente por el SUMINISTRADOR en el plazo de ..... días desde la recepción del pedido, pedidos que serán atendidos en los términos de este contrato.

El SUMINISTRADOR garantiza el correcto tratamiento, almacenaje, trasiegos, carga y retirada de la mercancía, organizando y disponiendo de cuantos medios materiales y humanos de su organización fueran necesarios a tal fin.

Hasta su retirada por el SUMINISTRADO, las partidas de mercancía permanecerán en el almacén del SUMINISTRADOR sito en......... En tanto en cuanto la mercancía no sea retirada por el SUMINISTRADO, el SUMINISTRADOR conservará y custodiara, diligentemente y a su cuenta y cargo y riesgo, la mercancía adquirida por el SUMINISTRADO, en los términos del ANEXO I, manteniendo necesariamente las especificaciones y características con las que las adquiere el SUMINISTRADO.

El SUMINISTRADO retirará la mercancía a su costa correspondiente a cada anualidad del contrato de los almacenes del SUMINISTRADOR sito en........., en una o varias veces, durante el mes de .... de la referida anualidad y los doce posteriores. A título de ejemplo, la anualidad de....., se podrá iniciar la retirada el .... y finalizará el.......... En el momento de la retirada de la mercancía, total o parcial, se entenderá producida su entrega al SUMINISTRADO igualmente total o parcialmente.

Se procurará que la retirada de mercancía se efectúe de forma proporcional durante la anualidad, según Anexo II.

No obstante, debido a las producciones y necesidades del SUMINISTRADO durante todos las campañas previstas en el presente contrato, necesita que durante los meses de .... del año posterior a la campaña, junto con el mes de .... posterior a estos, se solape el almacenaje de dos campañas, por tanto supone una ocupación adicional para el SUMINISTRADOR del ......%. de mercancía.

El tratamiento, almacenaje, conservación trasiegos, carga y retirada de la mercancía se hará según los procedimientos de .... recogidos en los términos del manual operativo y del ANEXO IV. Expresamente se hace constar que, con relación a la mercancía adquirida y pendiente de retirar, se aplicarán igualmente los procedimientos operativos de..........., a efectos de control y verificación del estado y número de la mercancía pendiente de retirar. Se hace constar que el seguimiento de los citados procedimientos son esenciales para el SUMINISTRADO, pues lo contrario, afectaría gravemente a su actividad industrial y comercial, en general, y a su productividad y funcionamiento de sus factorías en particular.

SEXTA.– RESOLUCIÓN DEL CONTRATO.

El presente contrato podrá ser resuelto en los casos que marca la ley, así como por el incumplimiento de cualquiera de las obligaciones derivadas del mismo para las partes.

Igualmente podrá resolverse el presente contrato:

1.– A instancias del SUMINISTRADO:

A.– La falta de suministro por el SUMINISTRADOR de los pedidos de mercancía garantizados para cada año, así como de más de dos pedidos adicionales por año, que, aunque excediesen de dicho volumen, hubiesen sido aceptados por el SUMINISTRADOR.

B.– El suministro por.......... a .... de mercancía que no reúna las especificaciones, características y/o tratamiento con carácter grave reseñados en los ANEXO I.

C.– El incumplimiento por el SUMINISTRADOR de las condiciones de almacenaje, envasado y la retirada de la mercancía pactadas en el contrato, el manual operativo, y especialmente, el incumplimiento de los procedimientos de control y verificación del estado y número de la mercancía pendiente de retirar en los términos de este contrato, manual operativo según anexo IV.

D.– La falta de ordenación por el SUMINISTRADOR de medios materiales y humanos que fueren precisos para el cumplimiento del presente contrato, cuando por tal motivo, hubiesen retrasos y/o incidencias en el suministro y retirada de la mercancía.

2.– A instancias del SUMINISTRADOR.

A.– El incumplimiento por el SUMINISTRADO del volumen de compras de mercancía mínimo previsto para cada año.

B.– La reiterada falta de pago por el SUMINISTRADO del precio correspondiente a los pedidos de mercancía que hubiese cursado al SUMINISTRADOR. Se entenderá que es reiterada la falta de pago si el SUMINISTRADO impaga .... facturas consecutivas sin justa causa. Los pedidos a que se hace referencia, en la estipulación primera del presente contrato y los pedidos adicionales que se puedan realizar tal y como se especifican en la estipulación Quinta.

C.– La falta de retirada de la mercancía por parte del suministrado .... veces consecutivas, según el plan de retiradas reflejado en el ANEXO II.

3.– A instancias de cualquiera de las partes, la falta de acuerdo por las partes en la fijación del precio reseñado en la estipulación tercera durante ..... años consecutivos.

Sin perjuicio de la facultad resolutoria reseñada en los números 1 y 2, caso de darse los incumplimientos recogidos en dichos números, la parte incumplidora abonará a la contraparte la suma de .... € (...... EUROS) en concepto de cláusula penal expresamente aquí pactada y aceptada por las partes, y sin perjuicio de la indemnización de los daños y perjuicios irrogados a la cumplidora y el ejercicio de cuantas acciones y derechos le asistan por tal incumplimiento.

SÉPTIMA.– GASTOS Y TRIBUTOS.

Sin perjuicio de lo establecido en las estipulaciones precedentes, los gastos y tributos derivados de este contrato serán soportados por cada parte con arreglo a Ley.

Además, serán de cuenta de la parte incumplidora de este contrato los gastos judiciales o extrajudiciales que se originen como consecuencia de aquel incumplimiento.

OCTAVA.– El SUMINISTRADOR cumplirá y hará cumplir a su personal todas las normas de seguridad y prevención de riesgos laborales vigentes y/o que pueda requerir la naturaleza del servicio, obligándose además a dotar a sus dependientes y subcontratistas de los medios necesarios, así como a la plena cobertura aseguradora de los mismos.

NOVENA.– Todo trabajador asignado por EL SUMINISTRADOR a efectos de este contrato, será personal que el SUMINISTRADOR dispone para el desarrollo de su empresa en general, sin relación directa con........

.... no será responsable en ningún caso de las inversiones en personal, instalaciones, almacenes, medios técnicos, etc., que el SUMINISTRADOR tenga que hacer como consecuencia del presente contrato, por lo que no satisfará ninguna clase de indemnización por estos conceptos u otros a la finalización del mismo, cualquiera que fuese el motivo de la terminación del contrato.

DÉCIMA.– Este contrato no podrá ser cedido, en todo ni en parte, ni se podrá conceder derecho alguno sobre el mismo, salvo excepcionalmente cuando así lo acuerden ambas partes de forma expresa y por escrito.

UNDÉCIMA.– Cualquier modificación o novación de los derechos y obligaciones establecidos en este contrato, deberá realizarse por escrito firmado por ambas partes.

En el caso de que una de las partes tolere actuaciones de la otra que pudieran ser contrarias a lo establecido en las cláusulas del presente contrato, dicha tolerancia no llevará implícita la renuncia a exigir en cualquier momento el cumplimiento de las obligaciones y derechos establecidos en este contrato.

DUODÉCIMA.– Para la práctica de cuantos requerimientos o notificaciones hayan de verificarse, ambas partes designan los señalados en el encabezamiento de este escrito.

DECIMOTERCERA.– Para cuantas divergencias pudieran surgir con motivo de la interpretación y cumplimiento de lo pactado en este documento y anexo, las partes, haciendo expresa renuncia al fuero que pudiera corresponderles, se someten a los Tribunales de ....

Así lo conviene las partes, quienes tras leer el presente documento y encontrándolo conforme a sus manifestaciones, lo suscriben en su integridad por duplicado ejemplar, ratificándose en su contenido en el lugar y fecha señalados "ut supra".

F009. CONTRATO DE SUMINISTRO DE PRENDAS TEXTILES

En ...., a ..... de.... de.......

REUNIDOS

DE UNA PARTE: DON...................., mayor de edad, con DNI número.........., con domicilio a efectos de este contrato en ....

DE OTRA PARTE: Don...................., mayor de edad, con DNI número..........., con domicilio a efectos de este contrato en ....

INTERVIENEN

Don...................., en nombre y representación de .... S.A. (NIF.........) y de su empresa filial..........., S.A. (NIF ....), con domicilio social en ...., en calidad de Consejero y Gerente.

DON...................., en nombre y representación de ...., S.A. (NIF.........), con domicilio social en..........., en calidad de Consejero Delegado.

Ambas partes se reconocen capacidad jurídica bastante y poderes suficientes para otorgar el presente contrato y, en su virtud,

EXPONEN

a) Que............, S.A. y su empresa filial..........., S.A. son titulares, entre otros, de los Centros Comerciales que se relacionan en el Anexo I del presente contrato.

b) Que............, S.A. se dedica a la distribución en España de productos de baño para Joven de la marca "........", de su propiedad, y de la marca ".........", propiedad de............, S.L.

c) Que..........., S.A., está interesada en la promoción de dichos productos mediante su exhibición en una serie de muebles expositores que a este fin se instalarán en el Departamento de.................. de los Centros Comerciales que se relacionan en el Anexo I del presente contrato.

d) Que..........., S.A. está interesada en la adquisición de dichos productos para su venta al público.

e) Ambas partes intervinientes declaran expresamente que no existe ninguna situación de dependencia económica recíproca, contando cada una de ellas con su propia política de compras y ventas, en lo que respecta a todo el ámbito ajeno a este contrato.

Dado lo anteriormente expuesto, las partes vienen a concertar este contrato mercantil conforme a las siguientes

ESTIPULACIONES

1. OBJETO DEL CONTRATO

1.1. El objeto del presente contrato mercantil, es el suministro por................, S.A. a..........., S.A., de productos de baño para Joven de las marcas "........" y ".........." durante un período comprendido entre el .... y el .... de cada año de vigencia de este contrato, para su comercialización en los Centros Comerciales de............, S.A. y en las Tiendas .... de su empresa filial........., S.A. recogidos en el Anexo I del presente contrato.

1.2. Durante el período de vigencia del presente contrato, ..., S.A. informará a.........., S.A., oportunamente, de cualquier cambio sustancial que haya planificado realizar en su actual estrategia de distribución en el mercado español, de las líneas de baño para Joven "........" y "..........", siendo éstas de su exclusiva competencia.

2. MARCAS

2.1. ...., S.A. manifiesta que está autorizada por..........., S.L. para la distribución y venta en España de productos de la marca "...........", que tiene registrada y concedida su protección en España con el número .... para los productos objeto del presente contrato. Asimismo, ..., S.A. manifiesta que tiene registrada y concedida la protección en España de la marca "........" con el número .... para los productos objeto del presente contrato.

2.2. ...., S.A. se compromete a ejercitar cuantas acciones legales sean precisas, en orden a la persecución de aquellas falsificaciones que se detecten en España de los productos de baño para Joven de la marcas ".........." y "............", objeto del presente contrato.

2.3. ...., S.A. se responsabiliza de todos los aspectos relativos a la propiedad industrial e intelectual de los productos objeto de este contrato, garantizando a............, S.A. la inmunidad por reclamaciones de terceros o de cualquier Administración Pública sobre dichos aspectos.

2.4. Tanto.........., S.A. como.........., S.A., reconocen mutuamente que el derecho concedido con la firma del presente contrato, no entraña, de ninguna forma, cesión entre las partes de marcas, nombres comerciales, siglas, logotipos, etc., siendo simplemente la utilización de los mismos en orden a la comercialización de los productos y que cualquier utilización al margen de lo pactado deberá ser objeto de acuerdo expreso entre ambas partes.

3. MUEBLES EXPOSITORES

3.1. ...., S.A. y ...., S.A. facilitarán en el Departamento de Baño Joven Ella de los Centros mencionados en el Anexo I del presente contrato, un espacio para la instalación de una serie de muebles expositores, en los que se realizarán la exposición y venta al público de los productos de baño para Joven de las marcas ".........." y ".........", objeto del presente contrato.

A los efectos de este contrato, se establecen dos tipos de muebles expositores, durante el período de vigencia de la actividad objeto del presente contrato:

- Muebles Expositores de tipo "A":
  - Atendidos por personal de........., S.A. durante los meses de ....
  - Atendidos por personal de..........., S.A. y ...., S.A. durante los meses de.......................
- Muebles Expositores de tipo "B", que estarán atendidos por personal de..........., S.A. y ...., S.A. durante .... meses.

3.2. El número de muebles expositores y la ubicación de los mismos dentro del Departamento de Baño Joven Ella, serán determinados por..........., S.A. y ...., S.A.

3.3. Los muebles expositores, diseñados y fabricados por.........., S.A. y ...., S.A., serán de su propiedad procediendo a la guarda y custodia de los mismos una vez finalizado el período estacional. En caso de deterioro o mal estado de los muebles expositores, ..., S.A. o ...., S.A. realizarán la sustitución de los mismos..........., S.A. se compromete a financiar parte del coste de todo mueble nuevo que se destine a la exposición del producto objeto del presente contrato, según acuerdo entre ambas partes.

El mantenimiento y limpieza de los muebles expositores, serán a cargo de.........., S.A. y ...., S.A.

3.4. ...., S.A. y ...., S.A. conceden, exclusivamente, a los efectos de instalación y permanencia de los muebles expositores, un derecho de uso limitado a la vigencia temporal del presente contrato y para los exclusivos fines del mismo, sin que pueda en ningún caso interpretarse la cesión en concepto de arrendamiento, tanto de los comprendidos en la Ley de Arrendamientos Urbanos, como en la legislación común, civil o mercantil.

4. SELECCIÓN, EXHIBICIÓN Y PROMOCIÓN DE LOS PRODUCTOS ANTES DE SU VENTA

4.1. La selección de los artículos objeto del presente contrato, tanto la inicial como la de cualquier nueva línea de productos que se incorporen con posterioridad, será decidida por ...., S.A., con la aprobación expresa de............, S.A. No podrán exhibirse ni comercializarse en los muebles expositores productos distintos a los que constituyen el objeto del presente contrato.

4.2. ...., S.A., se compromete a mantener en los muebles expositores una gama razonablemente completa de los mismos, de forma que no se altere la buena imagen de los Centros Comerciales.

4.3. ...., S.A. facilitará a..........., S.A. una lista de PVP recomendada, siendo decisión de............, S.A. el PVP final. En períodos de ventas especiales, ambas partes se pondrán de acuerdo en los precios finales, con el objeto de no dañar la imagen de la mercancía.

4.4. Todos los artículos, mercancías y materiales promocionales precisos para llevar a cabo la exposición y promoción de los productos por parte de............., S.A., serán aportados por dicha firma, siendo de su propiedad y quedando a su costa los riesgos de pérdida, hurto, robo, deterioro, etc.

4.5. La exhibición de los productos en los muebles expositores se realizará bajo la responsabilidad de............, S.A.

4.6. Será responsabilidad de............, S.A. que los productos objeto del presente contrato se ajusten a las disposiciones legales vigentes en cada momento, en materia de consumo y, en concreto, etiquetado, publicidad, etc. Todos los datos del etiquetado deberán figurar al menos en español.

5. PERSONAL

MUEBLES EXPOSITORES DE TIPO "A"

5.1. MESES ....:

5.1.a. Para las tareas de exhibición, promoción y venta, ..., S.A. cuenta con personal promotor especializado que, con la debida formación, atenderá los muebles expositores durante el horario comercial de apertura de los Centros Comerciales en los que se instale.

5.1.b. ...., S.A. dotará, a su cargo y con la aprobación previa de............, S.A., de las prendas que serán utilizadas por dicho personal durante la jornada laboral.

5.1.c. El personal de..........., S.A., para el buen fin de este contrato, asumirá las normas generales de los Centros Comerciales en cuanto al trato y atención al público.

5.1.d. El mencionado personal, no siendo dependiente de.........., S.A. ni de..........., S.A., no podrá disfrutar de ninguno de los beneficios que esta sociedad concede a su personal, tales como descuentos en compras de mercancías, uniformes, comedores, etc.

5.1.e. Con relación a dicho personal, ..., S.A. deberá estar al corriente de sus obligaciones laborales y de Seguridad Social, quedando a disposición de la propiedad de los Centros Comerciales la documentación justificativa de dicho cumplimiento, no siendo.........., S.A. ni........., S.A. responsables ni directa ni subsidiariamente de los mismos.

5.1.f. ...., S.A. deberá notificar a............., S.A. y..........., S.A. a los efectos de identificación en los controles de seguridad, acceso a los Centros, autorización para manejo de terminales, etc., los datos de identidad de las personas que destine a la atención de los muebles expositores, que deberán respetar en todo caso las reglas en materia de organización, mantenimiento, seguridad e higiene.

5.1.g. ...., S.A. se hará cargo de cualquier responsabilidad en que pueda incurrir el personal a su cargo, así como de los daños civiles o de cualquier índole que pudieran ser consecuencia de su actividad, tanto hacia.........., S.A., ..., S.A. como a cualquier tercero. A estos efectos, ..., S.A. concertará una póliza de responsabilidad civil con compañía de seguros que garantice, amplia y suficientemente los riesgos que se mencionan en el presente apartado.

5.2. MESES DE......................:

5.2.a. Los muebles expositores objeto del presente contrato, estarán atendidos por personal de..........., S.A. o ...., S.A. A tal efecto, ..., S.A. y ...., S.A. destinarán el personal de venta necesario, para que los citados muebles expositores permanezcan suficientemente atendidos durante todo el horario de apertura de los Centros Comerciales.

5.2.b. Dicho personal recibirá una formación específica sobre la gama de productos que se promocionan, que estará a cargo de ...., S.A. y que deberá actualizarse siempre que exista modificación de los artículos.

5.2.c. ...., S.A., destinará una persona, a su cargo, que realizará las funciones de coordinación y formación específica del persona de venta.

MUEBLES EXPOSITORES DE TIPO "B"

Dichos muebles expositores, según se definen en la estipulación 3.1. del presente contrato, estarán atendidos por personal de............, S.A. y ...., S.A. durante los .... meses, de .... a ...., ambos inclusive. A dicho personal le será de aplicación lo establecido en los apartados 5.2.a, 5.2.b y 5.2.c.

6. PREVENCIÓN DE RIESGOS LABORALES

6.1. En cumplimiento de la legislación vigente, ..., S.A. se compromete a cooperar con..........., S.A. y ...., S.A. en la aplicación de la normativa sobre prevención de riesgos laborales. A tal fin, establecerán los medios de coordinación que sean necesarios en cuanto a la protección y prevención de riesgos laborales y la información sobre los mismos a sus trabajadores.

6.2. ...., S.A. y ...., S.A. adoptarán las medidas necesarias para que..........., S.A. reciba la información y las instrucciones adecuadas, en relación con los riesgos existentes en los Centros y con las medidas de protección y prevención correspondientes, así como sobre las medidas de emergencia a aplicar, obligándose............, S.A. a dar traslado de las mismas a sus propios empleados.

6.3. ...., S.A. y ...., S.A. garantizarán, en caso de proporcionar a..........., S.A., equipos, maquinaria y útiles de trabajo, que se adapten a lo dispuesto en la legislación vigente sobre Disposiciones Mínimas de Seguridad y Salud para la utilización por los trabajadores de los equipos de trabajo, siempre que sean instalados y utilizados en las condiciones, forma y para los fines recomendados por los fabricantes o importadores de estos equipos de trabajo. Asimismo, ..., S.A. y ...., S.A. facilitarán, a petición de ...., S.A., la información necesaria para que la utilización y manipulación de dichos equipos de trabajo se produzca sin riesgos para la seguridad y salud de los trabajadores, y para que............, S.A. pueda cumplir con sus obligaciones de información respecto de sus trabajadores.

6.4. ...., S.A. se compromete a que todo equipo de trabajo o maquinaria que introduzca en los centros de trabajo de............, S.A. y ...., S.A., se adapten a lo dispuesto en la legislación vigente sobre Disposiciones Mínimas de Seguridad y Salud para la utilización por los trabajadores de los equipos de trabajo.

6.5. ...., S.A. deberá garantizar que las informaciones a que se refiere el apartado 6.3. sean transmitidas a los trabajadores en términos que resulten comprensibles a los mismos.

6.6. Al efecto de realizar la Evaluación de Riesgos de los puestos de trabajo desempeñados por el personal de..........., S.A., en centros de trabajo pertenecientes a.........., S.A. y ...., S.A., ..., S.A. podrá solicitar la información adicional que resulte adecuada para ello. Asimismo, ..., S.A. habrá de poner en conocimiento de..........., S.A. y ...., S.A., dentro de la colaboración que se establece, cualquier incidencia, información, observación o propuesta para la optimización de la seguridad de instalaciones y equipos, que se ponga de manifiesto en su evaluación o en la actividad desarrollada por su personal.

7. ADQUISICIÓN DEL PRODUCTO POR ...., S.A.

7.1. En el momento en que un cliente haya solicitado la mercancía en firme del promotor vendedor, ..., S.A. adquirirá dicho artículo de..........., S.A., sirviendo de justificante de la operación, el registro de la misma en el terminal de venta asignado al Departamento de Baño.

La mercancía de los muebles expositores objeto del presente contrato seguirá siendo propiedad de..........., S.A. en todo momento, hasta su venta a.........., S.A. y la venta inmediata de ésta al cliente.

7.2. Será por cuenta de............., S.A. la responsabilidad como vendedor frente al cliente, así como la repercusión e ingreso del Impuesto Indirecto correspondiente a la venta.

7.3. ...., S.A. facturará mensualmente la mercancía adquirida por............, S.A., incrementada en su correspondiente Impuesto Indirecto, conforme se establece en las condiciones económicas del presente contrato (estipulación 10).

7.4. ...., S.A. admitirá, en el ejercicio de la actividad objeto de este contrato, los medios de pago, contado y crédito, establecidos de forma general en........., S.A. en la actualidad, o que puedan aceptarse en un futuro: efectivo, tarjeta regalo, tarjeta abono, tarjetas de crédito (VISA, AMERICAN EXPRESS, DINERS CLUB INTERNATIONAL,...), tarjeta de compra de.........., etc.

7.5. ...., S.A. desarrollará conjuntamente con..........., S.A. un sistema de información vía......................., de forma que..........., S.A. reciba diariamente el detalle de las ventas realizadas en los muebles expositores.

8. DURACIÓN Y RESOLUCIÓN DEL CONTRATO

8.1. La duración del presente contrato será desde el .... hasta el .... de 2........ prorrogable tácitamente por años sucesivos, dentro de los mismos períodos estacionales, hasta que cualquiera de las partes lo denuncie a la otra parte con una antelación mínima de .... meses a la fecha de su vencimiento o del de cualquiera de sus prórrogas.

8.2. Las partes expresamente pactan que la mera renovación automática del contrato, en ningún caso supone la consideración de indefinido.

8.3. Si se produjeran en.........., S.A. variaciones sustanciales en su forma o dominio societario, órganos de gestión, imagen pública de marca, etc., que impidiesen el buen fin de este contrato, ..., S.A. podrá promover su resolución, previa notificación escrita con sesenta días de antelación.

8.4. Será igualmente causa de resolución del contrato, el incumplimiento por alguno de los firmantes de cualquiera de las estipulaciones establecidas en el mismo, que habiendo sido notificado por escrito a la otra parte, no haya sido subsanado por la parte incumplidora en un plazo máximo de .... días desde la notificación.

8.5. Será causa específica de resolución de este contrato:

- Que el personal que atienda los muebles expositores incida en trato incorrecto con el público o no respete las medidas de organización y seguridad del Centro Comercial.
- Que.........., S.A. utilice los muebles expositores para actividades distintas de las previstas en el presente contrato sin consentimiento de..........., S.A.
- Que se modifiquen las características que inicialmente presentan los productos objeto de este contrato, de forma que suponga una reducción en el nivel de calidad de los mismos.
- Que........., S.A. incumpla lo dispuesto en las estipulaciones 9.3. y 9.4. del presente contrato.
- Que............, S.A. no esté al corriente en el pago de las cuotas a la Seguridad Social, de los impuestos con las Haciendas estatal, autonómica o local, de las primas de seguros de responsabilidad civil y, en general, de cuantas obligaciones tenga contraídas en el ejercicio de su actividad en los Centros Comerciales objeto del presente contrato.

Llegado este supuesto, ..., S.A. queda facultada para deducir, de las facturaciones correspondientes a la actividad objeto del presente contrato, las cantidades precisas para atender, por cuenta de..........., S.A., las cantidades debidas, extendiendo los correspondientes recibos liquidatorios a su nombre.

En este sentido.........., S.A., previo requerimiento se compromete a presentar a........., S.A., en un plazo máximo de ..... días desde dicho requerimiento, los documentos justificativos del pago de los seguros sociales, del ingreso del IRPF y del seguro de responsabilidad civil que se ha obligado a suscribir.

8.6. En el caso de resolución del presente contrato, ..., S.A. se compromete a retirar toda la mercancía de su propiedad, en un plazo no superior a .... días a contar desde la fecha de resolución del mismo.

............, S.A. se compromete a retirar al término de cada período estacional, ... de cada año y en un plazo máximo de ..... días, toda la mercancía de su propiedad que tuviera implantada a esa fecha en los muebles expositores, coincidiendo con el cierre de la campaña de baño. Asimismo, ..., S.A. se compromete a retirar y almacenar convenientemente los muebles expositores de........., S.A. desde el .... hasta el .... del año siguiente, momento en que se abrirá la campaña de baño y se volverán a instalar dichos muebles gradualmente, en la medida en que se van produciendo las entregas y en función de las necesidades crecientes de exposición de la mercancía entregada en los Centros a principios de la temporada, si el presente acuerdo hubiera sido renovado tácitamente por otro año más.

8.7. La extinción del contrato por el cumplimiento de su plazo temporal, no dará lugar a ningún tipo de indemnización a..........., S.A. por razón de clientela, fondo de comercio, etc., renunciando la misma desde este momento, a cualquier reclamación por dichos conceptos.

9. PROMOCIÓN Y PUBLICIDAD

9.1. Todo cuanto se lleve a cabo, conjuntamente, en materia de publicidad de los productos objeto del presente contrato, será costeado y programado de mutuo acuerdo entre ambas partes.

9.2. ...., S.A. se compromete a participar y colaborar, en la forma en que se acuerde, en las campañas promocionales que se establezcan con carácter general y en cualquier época del año, en los Centros Comerciales.

9.3. ...., S.A. no podrá utilizar, en ningún caso y con fines distintos a los establecidos en el presente contrato, datos de los clientes de..........., S.A. o ...., S.A. obtenidos en el ejercicio de la colaboración reflejada en el presente contrato. Cualquier utilización al margen de lo pactado será responsabilidad exclusiva de.........., S.A., quedando eximidas..........., S.A. y ...., S.A. de cualquier responsabilidad que se derive de dicha utilización.

9.4. Sin perjuicio de lo anterior, todas cuantas acciones se lleven a cabo, unilateralmente, por parte de............., S.A., en materia de publicidad de sus productos, a los clientes de............, S.A. y ...., S.A., deberá ser autorizado previamente y de forma expresa por..........., S.A. o ...., S.A., siempre que en dicha publicidad se aluda, de alguna forma a............., S.A. o ...., S.A. o que dicha publicidad se distribuya en el interior de los Centros Comerciales de......., S.A. y ...., S.A.

10. CONDICIONES ECONÓMICAS

10.1. LIQUIDACIÓN: La liquidación económica entre ambas partes se realizará del siguiente modo:

- ...., S.A., facturará a............, S.A., mensualmente, el importe de los artículos que.........., S.A. haya adquirido para su venta al público en el mes anterior, aplicando al importe total de la venta realizada (entendiendo como tal la venta menos las devoluciones), deducido del PVP el correspondiente Impuesto Indirecto, los siguientes descuentos:
    - .... (....%) sobre la venta de productos en los muebles expositores de tipo "A".
    - .... (...%) sobre la venta de productos en los muebles expositores de tipo "B".

  Al importe a facturar se le adicionará el Impuesto Indirecto correspondiente.
- ...., S.A. abonará a..........., S.A. el importe de la mencionada factura, deducidos los gastos contemplados en la estipulación 9.1.

Dicho importe le será abonado mediante pagaré con vencimiento a ...... días de la fecha de la factura de.........., S.A.

10.2. IMPUESTOS Y ARBITRIOS: Cada una de las partes tendrá la responsabilidad de repercutir e ingresar el correspondiente Impuesto Indirecto, a su concreta actividad en el presente contrato.

Con independencia de ello, ..., S.A. se compromete a poseer y a presentar, en cualquier momento en que..........., S.A. se lo requiera, la documentación justificativa del cumplimiento de todos los requisitos legales precisos para la realización de la actividad objeto de este contrato siendo por su cuenta todas las cargas, arbitrios, contribuciones, etc., que a la misma pueda corresponder.

11. NATURALEZA

Este contrato se limita a la colaboración mercantil entre las partes que lo suscriben y conforme a las estipulaciones que contiene, no constituyendo ningún tipo de sociedad entre las mismas.

La colaboración que se establece y las obligaciones que se asumen se basan en la actividad mercantil de los contratantes, no pudiendo, por consiguiente, ser objeto de cesión o de subcontratación.

12. FUERO

Para cuantas cuestiones puedan surgir de la interpretación y ejecución de las cláusulas del presente contrato, las partes se someten la jurisdicción y competencia de los Tribunales de........, con renuncia expresa a cualquier otro fuero que, en derecho, pudiera corresponderles.

Y para que así conste, lo firman en el lugar y fecha del encabezamiento.

F010. CONTRATO DE SUMINISTRO EN EXCLUSIVA

En..........., a .... de ....

REUNIDOS

De una parte, D. .... mayor de edad, con domicilio profesional en.................., provisto de DNI nº ....

Y de otra parte, D. .... mayor de edad, con domicilio en............, calle .... nº .... provisto de DNI nº...........

INTERVIENEN

El primero, en nombre y representación de............., con domicilio en el municipio de............, y con CIF nº........... Actúa en su condición de.........., cargo que ostenta según resulta de la escritura pública autorizada por el Notario de.........., D........... (En adelante, "...........").

El segundo, en nombre y representación de..............., con domicilio en .... y con CIF nº .... Actúa en su condición de ...., cargo que ostenta según resulta .... (En adelante, el "PROVEEDOR").

Ambas Partes, reconociéndose mutua y recíprocamente plena capacidad para obligarse mediante el presente documento y, a tal

EXPONEN

I.– Que .... es una sociedad que tiene por actividad principal la distribución de productos alimentarios y de consumo diario en formato al por mayor, tanto de productos de titularidad de terceros como de productos fabricados por terceros bajo sus marcas de distribución.

II.– Que el PROVEEDOR es una sociedad que tiene por actividad principal la fabricación de los productos que se relacionan en el ANEXO I (en adelante "LOS PRODUCTOS").

III.– Que .... tiene la capacidad de introducir y distribuir LOS PRODUCTOS en los territorios que se relacionan en el ANEXO II (en adelante "EL TERRITORIO") y está interesado que el PROVEEDOR le suministre LOS PRODUCTOS, siempre y cuando sea en régimen de exclusiva para EL TERRITORIO. En este sentido, el PROVEEDOR está interesado en convertirse en proveedor en exclusiva de .... para EL TERRITORIO.

IV.– En su consecuencia, las Partes acuerdan formalizar el presente contrato de suministro (en adelante, el "Contrato") con sujeción a las siguientes

CLÁUSULAS

PRIMERA.– OBJETO DEL CONTRATO.

El objeto del presente Contrato es el acuerdo de suministro, en exclusiva, por parte del PROVEEDOR a .... de LOS PRODUCTOS, para que estos sean distribuidos y comercializados por parte de .... en EL TERRITORIO. Todo ello en las condiciones e indicaciones establecidas en el presente Contrato.

Todo ello sin perjuicio que .... a su interés pueda proveerse de otros proveedores para los mismos PRODUCTOS y para el TERRITORIO.

SEGUNDA.– PRECIO Y LA FORMA DE PAGO.

El precio y la forma de pago de los productos suministrados por el PROVEEDOR a .... será el que se pacte en la correspondiente plantilla de condiciones comerciales que se revisará anualmente. Se acompaña, como ANEXO III, la plantilla de condiciones comerciales aplicables para el año ....

TERCERA.– DURACIÓN.

El presente Contrato entrará en vigor en el día de hoy y tendrá una duración de .... (...) años renovable tácitamente por ...., y así sucesivamente, salvo que medie preaviso escrito por cualquiera de las Partes, con una antelación mínima de .... meses, sin que, en este caso, ninguna de las partes tenga derecho a percibir ningún tipo de indemnización.

Sin perjuicio de lo anterior, ambas partes convienen que la primera posible renovación del Contrato será potestativa para .... y obligatoria para el PROVEEDOR.

CUARTA.– LOS PRODUCTOS.

EL PROVEEDOR se obliga a que LOS PRODUCTOS reúnan las características y condiciones legales necesarias (calidad, seguridad alimentaria, caducidad, embalaje, etiquetaje, idioma, etc.) para que puedan ser exportados, así como importados y comercializados en EL TERRITORIO.

En este sentido, el PROVEEDOR facilitará a .... toda la documentación necesaria para que LOS PRODUCTOS puedan ser exportados de España, importados y comercializados en EL TERRITORIO.

En el caso que los PRODUCTOS no puedan ser exportados, importados o comercializados en EL TERRITORIO por no reunir las características y condiciones necesarias para ello, será responsabilidad del PROVEEDOR que deberá asumir los daños y perjuicios causados a.......... A título enunciativo, pero no limitativo, los daños y perjuicios que deberá asumir el PROVEEDOR estarán formados por: coste del producto, transporte, gastos e impuestos de exportación e importación, sanciones, así como los daños y perjuicios que pueda reclamar el cliente final a............

QUINTA.– SUMINISTRO DE LOS PRODUCTOS.

.... cursará su pedido al PROVEEDOR, mediante el envío por .... de las oportunas órdenes de pedido (en adelante, la "Orden de Pedido").

La Orden de Pedido contendrá, al menos los datos siguientes

1.– La identificación y código de los Productos que se solicitan de acuerdo con el Anexo I,

2.– El número de unidades que se solicitan,

3.– El plazo de entrega que se pretende, así como

4.– El lugar en que .... desea que se le entregue los productos

El PROVEEDOR se obliga a acusar recibo de la Orden de Pedido realizada en cada caso en un plazo no superior a .... días hábiles y a aceptarlos plazo no superior a .... días hábiles, desde la recepción. El PROVEEDOR entregará LOS PRODUCTOS, de conformidad con las condiciones estipuladas en la Orden de Pedido.

El incumplimiento por parte del PROVEEDOR de los plazos de entrega estipulados en la Orden de Pedido, comportará que .... tenga derecho a reclamar una penalización consistente en .... EUROS por día de retraso, así como los daños y perjuicios que pueda reclamar el cliente final a .... por la demora de entrega del pedido.

SEXTA.– CONFIDENCIALIDAD.

EL PROVEEDOR y .... se obligan a no divulgar el contenido del presente Contrato incluso extinguido el mismo, así como cualquier información o datos relativos al negocio objeto del presente contrato, excepto en los casos siguientes:

(i) en cumplimiento de una obligación legal o de un mandato administrativo o judicial imperativo;

(ii) para exigir o permitir el cumplimiento de las disposiciones del presente Contrato; o

(iii) para información de sus asesores o auditores, siempre y cuando éstos se comprometan a mantenerlo confidencial.

En caso de incumplimiento de la presente cláusula quien la incumpla deberá indemnizar a la otra parte con la cantidad de .... EUROS.

SÉPTIMA.– RESOLUCIÓN ANTICIPADA Y EFECTOS DE LA RESOLUCIÓN

7.1.– El presente Contrato quedará resuelto de forma anticipada en los siguientes supuestos:

- En cualquier momento, por mutuo acuerdo de las Partes.
- Por la denuncia del Contrato formulada por escrito por cualquiera de las partes, basada en el incumplimiento grave de la contraparte de cualquiera de las obligaciones asumidas éste en virtud del presente Contrato, sin perjuicio del derecho de éste de optar por la continuación del Contrato y exigir a la contraparte el íntegro cumplimiento de sus obligaciones, con reparación, en cualquiera de ambos casos, del perjuicio causado por tal incumplimiento.

En tal supuesto, el incumplidor dispondrá de un plazo de ...... días naturales para remediar dicha situación. Si transcurrido dicho plazo, no hubiese puesto fin a su conducta o remediado la causa de su incumplimiento, la cumplidora podrá resolver con efectos inmediatos el presente Contrato quedando asimismo abiertas para éste el ejercicio de cualquiera de las acciones legalmente establecidas.

7.2.– La resolución del presente Contrato, cualquiera que sea la forma en la que se produzca o su causa, producirá los siguientes efectos:

- Las Cláusulas del presente Contrato que, según éste, sobrevivan o sean aplicables pese a su resolución, en especial las cláusulas Sexta y séptima, seguirán vigentes y serán respetadas por ambas Partes.
- Terminado que sea el Contrato por cualquier causa, el PROVEEDOR deberá atender las Órdenes de pedido ya aceptadas por él y en curso, salvo que .... le exima de ello.
- .... podrá revender LOS PRODUCTOS que estén en su stock, o bien devolverlos al PROVEEDOR debiendo devolverle éste el precio pagado y los gastos generados en la compra de LOS PRODUCTOS por parte de............

OCTAVA.– CESIÓN.

El PROVEEDOR no podrá ceder su posición contractual en el presente Contrato, salvo previa autorización por escrito de.............

.... podrá ceder su posición contractual en el presente Contrato a cualquier empresa que forme parte del Grupo .... o de sus socios.

NOVENA.– LEY APLICABLE Y JURISDICCIÓN.

El presente Contrato se regirá e interpretará por la legislación española.

Renunciando a cualquier otro fuero que por Ley pudiera corresponderles, las Partes expresamente se someten a la jurisdicción de los Tribunales de .... para la resolución de cualesquiera disputas que pudieran surgir en relación con la ejecución e interpretación del presente Contrato.

Y en prueba de conformidad, las Partes firman en dos (2) ejemplares y a un sólo efecto el presente Contrato, en el lugar y fecha arriba indicados.

F011. CONTRATO DE SUMINISTRO DE SISTEMA QUE SE INCORPORA A MAQUINARIA

En ..... a.........

REUNIDOS

De una parte Don..................., mayor de edad, casado, ingeniero técnico industrial, vecino de .... y con domicilio en calle..............., con DNI/NIF ....

Y de otra Don................... mayor de edad, casado, industrial, vecino .... y con domicilio en calle............, con DNI/NIF ....

INTERVIENEN

Don................... como consejero delegado de la mercantil.................. con domicilio en .... Pol. Ind................; constituida, por tiempo indefinido, mediante escritura otorgada ante el Notario de .... Don.................... Inscrita en el Registro Mercantil de la provincia de .... al folio .., tomo ....., hoja número .... inscripción ... con CIF. ....

Y Don.................... en nombre y representación de la mercantil.............., con domicilio.................; constituida mediante escritura otorgada en .... ante el Notario Don...................., Inscrita en el Registro Mercantil de ...... en el tomo .... general de Sociedades, folio ....., hoja ......, inscripción .... con CIF ...., en adelante el ....

Previo el reconocimiento que mutuamente se hacen de su capacidad legal para obligarse y otorgar el presente documento, con forme al cual:

MANIFIESTAN

PRIMERO.– Que la mercantil .... fabrica y comercializa, entre otros productos y servicios, una gama de máquinas de clasificado y escandallado de......... con criterios de calibre, color y defectos y otros tipos de fruto pequeño.

SEGUNDO.– Que las máquinas de clasificado y escandallo de .... en adelante la MAQUINA, es susceptible de incorporar determinados equipos o sistemas de entrada y salida de producto, que, por indicación y a encargo de................., fabrica el SUMINISTRADOR, los cuales son susceptibles de adaptación y adecuada integración en la máquina; en adelante denominado el "SISTEMA".

TERCERO.– Que las partes han convenido el SUMINISTRO para integración y uso en la máquina de .... del equipo del SUMINISTRADOR, de conformidad con las siguientes:

CLÁUSULAS

PRIMERA.– OBJETO DEL CONTRATO:

1.1. El SUMINISTRADOR diseñará, fabricará, y suministrará el SISTEMA descrito en el ANEXO I al presente contrato para su integración y adecuado funcionamiento conforme a las especificaciones y finalidad del mismo, garantizando el funcionamiento y la satisfactoria calidad y la perfecta adecuación material y técnica de éste y sus materiales a las especificaciones y destino requeridos por .... para su integración y uso en la MAQUINA.

1.2. .... realizará los correspondientes pedidos de suministro con la antelación que al efecto acuerden las partes. En los pedidos se detallará la cantidad de SISTEMAS a suministrar y la fecha interesada de entrega, en las instalaciones de .... en .... Dichos pedidos, una vez confirmados por escrito por el SUMINISTRADOR, se considerarán pedidos en firme, y no serán susceptibles de cancelación o modificación por .... salvo que dicha modificación tenga lugar al menos .... días antes de la fecha de entrega.

1.3. Los Sistemas no incorporarán marca identificativa alguna del SUMINISTRADOR, sin perjuicio de la incorporación del correspondiente número de serie o bastidor para identificación del Sistema.

1.4. El SUMINISTRADOR atenderá los pedidos de .... con carácter preferente, o bajo condiciones de mejor cliente, sin que puedan demorarse o rechazarse los mismos salvo por causa de fuerza mayor.

1.5. El SUMINISTRADOR colaborará y tratará razonablemente de desarrollar para y junto a .... aquellos sistemas o equipos del ámbito de su especialización que .... le sugiera. Dicha colaboración o desarrollo se realizará en las condiciones que las partes pacten a tal efecto.

1.6. Sin perjuicio de su derecho a comercializar directamente sus productos, el SUMINISTRADOR no fabricará o comercializará SISTEMAS para terceros que puedan concurrir con .... en la fabricación o comercialización de MAQUINAS de selección con sistema de visión, entendiéndose por visión la aplicación de técnicas de adquisición y análisis de imágenes dentro de cualquier banda del espectro electromagnético.

Asimismo el SUMINISTRADOR se compromete, durante la vigencia del presente contrato y por un tiempo no inferior a ....AÑOS, desde la terminación del mismo, a no fabricar, comercializar o prestar servicios de asistencia o consultoría, directa o indirectamente, ni en su favor ni en el de terceros, relativos a sistemas idénticos o análogos a los objeto de este contrato.

1.7. El SUMINISTRADOR prestará, a su cargo, servicio de asistencia técnica y post-venta a .... y/o sus clientes (compradores o usuarios de la MAQUINA) que ésta designe, consistente en el ajuste, corrección o solución de problemas y cuestiones técnicas relacionadas con el SISTEMA. A tal efecto pondrá a disposición de .... los técnicos oportunos para llevar a cabo dicha asistencia en el territorio de España.

En caso de ser necesarios desplazamientos las partes se pondrán de acuerdo en la proporción en que deban repartirse dichos gastos de desplazamiento, salvo que dichos desplazamientos deban realizarse como consecuencia de anteriores servicios prestados de forma incorrecta o defectuosa por el SUMINISTRADOR o en reparación por suministro de producto defectuoso imputable al SUMINISTRADOR, en cuyo caso correrán de su exclusiva cuenta y cargo.

SEGUNDA.– CALIDAD DEL SISTEMA. GARANTÍA:

2.1. .... ha celebrado el presente contrato en base al prestigio del SUMINISTRADOR y la confianza en su profesionalidad, medios, pericia, calidad, experiencia, saber y buen hacer.

En correspondencia a dicha confianza, el SUMINISTRADOR garantiza a .... que el SISTEMA y las materias primas utilizadas para su fabricación:

- Se adecuarán y cumplirán todas las especificaciones, técnicas y de calidad, del SISTEMA según se han establecido en el Anexo I.
- Serán de calidad satisfactoria para el fin para el que deben ser utilizados, libres de defectos o vicios ocultos procedentes de fabricación, materiales o mano de obra.
- Asimismo garantiza que las medidas de seguridad que incorpora el Sistema, así como sus mecanismos, son adecuados, conformes y suficientes, para este tipo de sistemas y sus materiales, de conformidad con la normativa vigente en materia de seguridad y prevención de riesgos laborales u otra.
- El SUMINISTRADOR garantiza la compatibilidad, el ensamblaje, instalación y funcionamiento del Sistema (incluido el funcionamiento conjunto y ensamblaje con la Máquina), de forma satisfactoria y adecuada a las especificaciones y rendimientos de explotación requeridos.

2.2. .... estará legitimada para rechazar cualquiera de los Productos que no cumplan con lo estipulado en el presente contrato.

2.3. En caso de reclamación de cualesquiera terceros a .... por causa o en relación con la fabricación, calidad o funcionamiento del SISTEMA, salvo uso indebido o instalación incorrecto por parte de....................., el SUMINISTRADOR mantendrá indemne a .... de eventuales reclamaciones o daños ocasionados o derivados de reclamaciones, indemnizaciones o acuerdos de pago resultado de dichas reclamaciones, así como de cuantos gastos legales u otros se deriven a causa de la defensa o liquidación de la reclamación. .... pondrá en conocimiento del SUMINISTRADOR cualquier reclamación y tomará cuantas medidas sean razonablemente requeridas por éste al efecto de evitar o defenderse de las reclamaciones o procedimientos relacionados con las mismas, siempre que igualmente le indemnice de cuantos gastos se deriven de dichas actuaciones.

Sin perjuicio de lo anterior, el SUMINISTRADOR procederá a la inmediata sustitución sin coste alguno para .... de cualesquiera SISTEMAS defectuosos; así como pondrá a disposición de .... el personal técnico necesario para la solución de cualesquiera cuestiones relacionadas con dicho SISTEMA defectuoso, asumiendo cuantos gastos de mano de obra, desplazamiento u otros fueran necesarios para el ajuste, correcta reparación o sustitución del Producto y solución de cualesquiera problemas o daños ocasionados por el mismo.

2.4. Esta garantía tendrá una duración de .... AÑO a contar desde la fecha de facturación del correspondiente SISTEMA, o desde la fecha de efectiva entrega, en caso de ser ésta posterior.

2.5. El SUMINISTRADOR se compromete a mantener y suministrar piezas de repuesto del SISTEMA durante un plazo mínimo de al menos ...... años desde la fecha de terminación del contrato.

2.6. Las condiciones de mantenimiento para un perfecto funcionamiento de la máquina serán las indicadas en los manuales que se entregarán a tal efecto tras la entrega de la máquina a los clientes. A tal efecto el SUMINISTRADOR hará entrega a .... un manual interno con cuantas indicaciones sean necesarias para el montaje, correcto funcionamiento y mantenimiento de sus sistemas y componentes, para su inclusión en el manual al cliente. El SUMINISTRADOR informará también de la vida útil que se ha calculado para los diferentes elementos del SISTEMA en condiciones normales de funcionamiento y mantenimiento.

2.7. Sin perjuicio de su colaboración en el actual desarrollo y concepción del SISTEMA, quedarán de propiedad de .... cuantas mejoras y desarrollos se produjesen en la MAQUINA como consecuencia del uso o aplicación del SISTEMA en la misma.

2.8. Si el SUMINISTRADOR empleara dispositivos materiales, maquinas, equipos y/o procedimientos patentados, o, en general cualquier clase de propiedad industrial ajena, garantiza haber obtenido la correspondiente licencia de sus titulares, siendo el único responsable de cuanto se derive de tal uso. El SUMINISTRADOR deberá defenderse de todo incumplimiento en este sentido por su propia cuenta, manteniendo indemne a .... de cualquier reclamación que pudiese hacérsele al respecto de los mismos, así como de los gastos incluso los de defensa jurídica que se le derivasen, aun cuando no fueran estos preceptivos.

TERCERA.– FORMACIÓN:

3.1. El SUMINISTRADOR se compromete a la formación del personal de .... para la instalación, integración, funcionamiento y mantenimiento del SISTEMA.

CUARTA.– ENTREGA DE LOS PRODUCTOS:

4.1. Los sistemas se entregarán libres de gastos y a portes pagados en las instalaciones de .... en ......, junto con la documentación oportuna (manuales, garantía comercial, hojas técnicas y de seguridad en su caso, etc.), conforme a lo dispuesto en el presente contrato. Sin perjuicio de lo anterior las partes podrán pactar condiciones distintas de entrega cuando así lo estimen oportuno.

4.2. Los plazos de entrega pactados serán aquellos que establezcan las partes conforme a los correspondientes pedidos y confirmación de pedidos. En caso de no establecerse fecha de entrega determinada el pedido se entregará en el plazo máximo de ... DÍAS desde la fecha del pedido. Los plazos de entrega pactados se entenderán esenciales.

En caso de retraso en la entrega el Suministrador satisfará una penalización de .. € por día de retraso, sin perjuicio y de forma adicional a la facultad de .... de solicitar el resarcimiento de los daños y perjuicios y la resolución del contrato cuando proceda.

QUINTA.– DURACIÓN Y TERMINACIÓN DEL CONTRATO:

5.1. El presente acuerdo tendrá duración indefinida, salvo que cualquiera de las partes notificase por escrito a la otra su voluntad de resolver el contrato con al menos ...... MESES de antelación.

Sin perjuicio de lo anterior el SUMINISTRADOR se obliga a mantener vigente el contrato durante un período mínimo de ...... AÑOS.

5.2. Si alguna de las partes incumple alguna de las obligaciones contenidas en el presente contrato, y en caso de que pudiendo haber sido remediado no se hubiese cumplido .. días naturales después de requerimiento mediante notificación escrita que especifique el incumplimiento; o si .... o el SUMINISTRADOR deviniesen insolventes o resultaran por cualquier causa incursos en un proceso de liquidación; las partes, o en caso de incumplimiento de parte, la parte que haya cumplido, tendrán legitimación para terminar este contrato mediante notificación escrita, sin perjuicio de la defensa de su derecho que haga la parte denunciada.

5.3. Tanto durante su vigencia como una vez terminado el presente contrato, cualquiera que fuese la causa, permanecerá vigente la obligación de confidencialidad conforme a lo dispuesto en la cláusula SEXTA.

SEXTA.– CONFIDENCIALIDAD:

6.1. Las partes se obligan a preservar la más estricta confidencialidad mutua, y a no hacer uso de los conocimientos adquiridos de la contraparte contratante con fines concurrenciales en el mercado. El SUMINISTRADOR se compromete a mantener en secreto la Información confidencial, propiedad industrial, o tecnología, incluido el contenido de este contrato y la documentación relativa a los esquemas, diseños, bocetos o planos de los sistemas, configuración y mecanismos de funcionamiento de la MAQUINA o cualesquiera otros equipos o, en general, tecnología, a los que tuviese acceso con ocasión del presente contrato o sus relaciones con...................., así como sus manuales de uso o mantenimiento, especificaciones y rendimientos, o cualquier otra información, experiencias y conocimientos revelados tanto a lo largo de las negociaciones o reuniones preparatorias, como durante la vigencia del presente contrato o con posterioridad al mismo. Asimismo se compromete el SUMINISTRADOR a hacer buen uso de todo ello, utilizarlo exclusivamente para el propósito al que hace referencia el presente contrato, y a darlo a conocer sólo a aquellos de sus empleados que lo precisen y, siempre, en la medida en que ello sea razonablemente necesario para el propósito de éste acuerdo. La presente obligación de confidencialidad o secreto tendrá una duración indefinida. En caso de que el SUMINISTRADOR estimase que la Tecnología, información y conocimientos proporcionados han caído en el dominio público, persistirá la obligación de confidencialidad hasta que .... le notifique de forma inequívoca y por escrito lo contrario. El presente acuerdo no implica cesión o licencia de uso respecto a cualesquiera Know-how o tecnología de .... a favor del SUMINISTRADOR o terceros distinto de aquél, por lo que esta no tendrá derecho alguno sobre los conocimientos o tecnología que llegase a conocer del...................., que quedará protegida por la obligación de confidencialidad.

SÉPTIMA.– PRECIO:

7.1. El precio por Sistema será el establecido en la lista de precios que al efecto establezcan las partes de mutuo acuerdo (equivalente en todo caso al de la lista de precios para el resto de clientes menos un ....%, salvo acuerdo expreso en contrario).

7.2. Los precios convenidos serán alzados, fijos y cerrados, incluyendo la fabricación, materiales, adaptación en su caso para ensamblaje, documentación, y entrega en las instalaciones de................, quien no satisfará cantidad alguna por cualquier otro concepto distinto a los anteriores, que correrán por cuenta del SUMINISTRADOR.

7.3. Cualesquiera variaciones en el precio deberán ser pactados, salvo que el incremento venga referido a la aplicación del IPC correspondiente a cada periodo anual.

En caso de no ser posible un acuerdo de precios en el plazo de............. meses desde la comunicación del SUMINISTRADOR de su voluntad de variarlos, el SUMINISTRADOR deberá preavisar a .... con una antelación de al menos .... sobre la fecha en que vayan a entrar en vigor los nuevos precios que desee establecer, quedando desde entonces facultada .... a desistir del contrato sin coste alguno para la misma.

Sin perjuicio de ello los cambios en el precio no variarán en un porcentaje superior al .....% anual (salvo circunstancias muy excepcionales de mercado que sean debidamente justificadas). El SUMINISTRADOR garantiza que los precios que se faciliten a .... y sus variaciones tendrán la misma consideración que los del mejor cliente.

7.4. El pago se realizará en la forma que al efecto establezcan las partes en la solicitud de pedido.

7.5. En caso de retraso en el pago del precio, ... satisfará desde el momento en que surgió la obligación de pago el interés legal del dinero vigente en la zona Euro.

OCTAVA.– GENERAL:

8.1. El presente acuerdo no implica obligación de contratación, de adquisición mínima de productos, ni de aprovisionamiento, distinta de la que expresamente se materialice por vía de los correspondientes pedidos y sus respectivas confirmaciones. Asimismo tampoco implica forma alguna de sociedad entre las partes.

8.2. Este contrato no podrá ser cedido, en todo ni en parte, sin el consentimiento escrito de ambas partes.

8.3. Cualquier modificación o novación de los derechos y obligaciones establecidos en este contrato, deberá realizarse por escrito firmado por las partes.

8.4. En el caso de que una de las partes tolere actuaciones de la otra que pudieran ser contrarias a lo establecido en las cláusulas anteriores, dicha tolerancia no llevará implícita la renuncia a exigir en cualquier momento el cumplimiento de las obligaciones y derechos establecidos en este contrato.

8.5. Cualquier circunstancia, incluso excepcional, susceptible de afectar desfavorablemente la actividad comercial, financiera o de gestión de una de las partes, deberá ser notificada a la otra en el plazo máximo de ... días.

8.6. Será responsabilidad exclusiva del SUMINISTRADOR el hallarse al corriente de sus obligaciones fiscales, laborales, administrativas, mercantiles o cualesquiera otras exigibles para el desempeño de su actividad. El SUMINISTRADOR reembolsará y mantendrá indemne a .... de cualquier reclamación, sanción, y/o penalización que pudiera derivársele del incumplimiento o inobservancia por éste de sus obligaciones fiscales, laborales, administrativas, mercantiles o de cualquier otra naturaleza. El SUMINISTRADOR facilitará a .... aquellos certificados de cumplimiento de sus obligaciones fiscales, laborales, administrativas o mercantiles, en debida forma, que .... considerase conveniente y/o que fueren requeridos por ley.

8.7. El presente contrato se regirá por la ley española. Las partes renuncian al fuero que por razón del domicilio o cualquier otra circunstancia les pudiera corresponder, sometiéndose expresamente para todas cuantas cuestiones se susciten entre las mismas con ocasión de la interpretación, cumplimiento o ejecución de este contrato, a los Tribunales de ....

Y estando las partes de acuerdo en un todo con lo anteriormente expuesto, una vez leído se ratifican y lo firman por triplicado ejemplar a un solo efecto en el lugar y fecha indicados en su encabezamiento.

III. CONTRATOS DE INTERMEDIACIÓN Y COLABORACIÓN ENTRE EMPRESARIOS

F012. CONTRATO DE MEDIACIÓN O CORRETAJE

En la ciudad de ...... hoy día ..... de ...... de dos mil ......

REUNIDOS

Don..................., de nacionalidad española, mayor de edad, vecino de ...., con domicilio en la calle ......, núm. ..... y DNI/NIF ....

Doña ...., de nacionalidad española, mayor de edad, vecina de ...., con domicilio en la calle ......, núm. ..... y DNI/NIF ....

INTERVIENEN

Don.................. interviene en nombre y por cuenta, en su condición de Consejero Delegado, de la sociedad anónima de nacionalidad española .... S.A., domiciliada en ......, calle ...., núm. ..... Constituida por tiempo indefinido mediante escritura autorizada el ... de .... de ....., por el notario de ......, Don.................. Inscrita en el Registro Mercantil de la provincia de ...... al tomo ...., del libro de sociedades, folio ....., hoja número ....., inscripción .... CIF ....

Doña .... interviene en nombre y por cuenta, en su condición de administradora única, de la sociedad de responsabilidad limitada de nacionalidad española .... S.L., domiciliada en ......, calle ...., núm. ..... Constituida por tiempo indefinido mediante escritura autorizada el ... de .... de ....., por el notario de ......, Don.................. Inscrita en el Registro Mercantil de la provincia de ...... al tomo ...., del libro de sociedades, folio ....., hoja número ....., inscripción .... CIF ....

Las partes, reconociéndose recíproca capacidad para este acto, libre y espontáneamente,

EXPONEN

I.– Que .... S.L. (el MEDIADOR en adelante) se dedica a la intermediación o corretaje en el ámbito de ...., empleando sus propios medios y por su cuenta y riesgo.

II.– Que .... S.A. (la PROPIETARIA en adelante), es dueña, en pleno dominio, del siguiente bien ....

III.– Que, conociendo EL MEDIADOR la disposición de LA PROPIETARIA para la venta del bien descrito en el punto precedente, ofrece a este último su intermediación para la venta del mismo, lo que acepta LA PROPIETARIA, por lo que las partes formalizan el presente contrato de mediación o corretaje mercantil, que se regirá por sus normas naturales y de modo especial y preferente por las siguientes:

ESTIPULACIONES

PRIMERA.– LA PROPIETARIA encarga a EL MEDIADOR, que acepta, la mediación en la venta del bien reseñado en el exponen I de este contrato, poniendo en contacto a LA PROPIETARIA con potenciales compradores de dicho bien, en especial su cliente ......, con la finalidad que cualquiera de ellos, compre el mismo en las condiciones que se reseñan en la estipulación séptima de este contrato.

SEGUNDA.– Expresamente se hace constar que la intermediación aquí conferida NO tiene el carácter de exclusiva, conociendo EL MEDIADOR que LA PROPIETARIA ya tiene encomendada la mediación de la expresada venta a otros intermediarios.

TERCERA.– El encargo aquí conferido, lo llevará a cabo EL MEDIADOR, a su exclusiva cuenta y cargo, y a su riesgo, empleando y ordenando, con total y plena autonomía, su actividad y sus propios medios materiales y humanos.

CUARTA.– El mediador carece de poder de representación de la PROPIETARIA y no puede contratar en su nombre.

QUINTA.– El MEDIADOR tendrá derecho a la comisión, únicamente, si con su efectiva intervención y gestión, se consuma la compraventa del bien reseñado en el exponen II de este contrato, con el otorgamiento de escritura de compraventa e íntegro pago del precio, en ambos casos, en los términos de la estipulación séptima de este contrato.

SEXTA.– Dándose lo reseñado en la precedente estipulación quinta, y sólo en ese caso, LA PROPIETARIA abonará a EL MEDIADOR una comisión del ...... por ciento calculado sobre el importe que resulte de deducir del precio de venta los gastos que ocasione la operación de venta. La comisión se devengará simultáneamente a la consumación de la compraventa con el otorgamiento de la escritura de compraventa y pago íntegro del precio de la misma.

La comisión así devengada, será pagada por la PROPIETARIA en el plazo máximo de.......... días a contar desde tal otorgamiento de escritura.

SÉPTIMA.– Las condiciones de venta del bien son las siguientes: ....

OCTAVA.– El encargo aquí conferido tiene una duración de ... días a contar desde la fecha del presente contrato. Transcurrido el citado plazo, el presente contrato quedará automáticamente extinguido

NOVENA.– El presente contrato podrá ser resuelto en los casos que marca la Ley, así como por el incumplimiento de cualquiera de las obligaciones derivadas del mismo para las partes.

DÉCIMA.– Los gastos y tributos derivados de este contrato, serán soportados por las partes con arreglo a Ley.

Además, serán de cuenta de la parte incumplidora de este contrato los gastos judiciales o extrajudiciales que se originen como consecuencia de aquel incumplimiento.

UNDÉCIMA.– Para la práctica de cuantos requerimientos o notificaciones hayan de verificarse, ambas partes designan los señalados en el encabezamiento de este escrito.

DECIMOSEGUNDA.– Para cuantas divergencias pudieran surgir con motivo de la interpretación y cumplimiento de lo pactado en este documento y anexo, las partes, haciendo expresa renuncia al fuero que pudiera corresponderles, se someten a los Tribunales de ....

DECIMOTERCERA.– El presente contrato tiene carácter mercantil y se regirá por lo aquí estipulado y, en lo no previsto, por lo dispuesto en el Código de Comercio y demás normativa aplicable.

Así lo conviene las partes, quienes tras leer el presente documento y encontrándolo conforme a sus manifestaciones, lo suscriben en su integridad por duplicado ejemplar, ratificándose en su contenido en el lugar y fecha señalados "ut supra".

F013. CONTRATO DE INTERMEDIACIÓN INTERNACIONAL

En la ciudad de ...... hoy día ..... de ...... de dos mil ......

REUNIDOS

Don...................., de nacionalidad española, mayor de edad, vecino de ...., con domicilio en la calle ......, núm. ..... y DNI/NIF ....

Doña ...., de nacionalidad española, mayor de edad, vecina de ...., con domicilio en la calle ......, núm. ..... y DNI/NIF ....

INTERVIENEN

Don.................... interviene en nombre y por cuenta, en su condición de Consejero Delegado, de la sociedad anónima de nacionalidad española .... S.A., domiciliada en ......, calle ...., núm. ..... Constituida por tiempo indefinido mediante escritura autorizada el ... de .... de ....., por el notario de ......, Don.................... Inscrita en el Registro Mercantil de la provincia de ...... al tomo ...., del libro de sociedades, folio ....., hoja número ....., inscripción .... CIF ....

Doña .... interviene en nombre y por cuenta, en su condición de administradora única, de la sociedad de responsabilidad limitada de nacionalidad española .... S.L., domiciliada en ......, calle ...., núm. ..... Constituida por tiempo indefinido mediante escritura autorizada el ... de .... de ....., por el notario de ......, Don.................... Inscrita en el Registro Mercantil de la provincia de ...... al tomo ...., del libro de sociedades, folio ....., hoja número ....., inscripción .... CIF ....

Las partes, reconociéndose recíproca capacidad para este acto, libre y espontáneamente,

EXPONEN

I.– Que .... S.L. (el INTERMEDIARIO en adelante) se dedica a la intermediación comercial de la venta, en diversos países asiáticos, de productos relacionados con el sector del ......, empleando sus propios medios y por su cuenta y riesgo.

II.– Que .... S.A. (el FABRICANTE en adelante), fabrica y comercializa bajo la marca ..... los productos .....

III.– Que interesa al INTERMEDIARIO que le sea conferida la intermediación comercial para la venta de tales productos en los mercados de .... a las empresas ......, por lo que las partes formalizan el presente contrato de INTERMEDIACIÓN COMERCIAL INTERNACIONAL, que se regirá por sus normas naturales y de modo especial y preferente por las siguientes:

ESTIPULACIONES

PRIMERA.– El FABRICANTE encarga al INTERMEDIARIO la intermediación en la venta de los productos que se reseñan en el ANEXO I de este contrato y con el precio y condiciones fijadas en el ANEXO II de este contrato a las empresas ...... que se hallan establecidos en los siguientes países de Asia: ....

A tal fin el INTERMEDIARIO deberá recabar de dichas empresas establecidas en los referidos países de ......, los oportunos pedidos, bajo los precios reseñados en el anexo II, que se pagarán ...., y condiciones de venta y entrega ...... (INCOTERMS 2020); remitir al FABRICANTE los pedidos recabados de los referidos clientes previa comprobación de su solvencia; y confirmar al cliente la aceptación del pedido por el FABRICANTE tan pronto haya obtenido confirmación expresa del mismo por este último.

SEGUNDA.– El INTERMEDIARIO desempeñará la intermediación comercial aquí encargada sin poder contratar en nombre del FABRICANTE y deberá ajustarse en el cumplimiento de la intermediación aquí conferida a las instrucciones que reciba del FABRICANTE. Así mismo, deberá consultar a éste último las cuestiones relativas a la intermediación no previstas y solicitar las instrucciones que fueren precisas para el cumplimiento del contrato instrucciones que, como acaba de señalarse, deberá cumplir en la ejecución del mismo.

La confirmación de un pedido a un cliente requerirá la previa y expresa aceptación del mismo por el FABRICANTE. Transcurridos ... días desde la comunicación de la existencia del pedido por el INTERMEDIARIO al FABRICANTE sin que éste este lo hubiese aceptado en los términos anteriormente señalados, se entenderá el mismo rechazado.

El INTERMEDIARIO informará por escrito regularmente al FABRICANTE acerca de la intermediación aquí conferida, el estado y resultado de las negociaciones, conversaciones, reuniones con los clientes etc. También de la solvencia de estos últimos con carácter previo a la remisión del correspondiente pedido.

TERCERA.– La intermediación comercial aquí conferida la llevará a cabo el INTERMEDIARIO, empleando y ordenando, con total y plena autonomía, su actividad y sus propios medios materiales y humanos.

No obstante lo anterior, el INTERMEDIARIO deberá llevar a cabo la intermediación personalmente y solo se podrá servir de terceras personas en funciones secundarias de la comisión. El INTERMEDIARIO tendrá derecho a que le sean reembolsados por el FABRICANTE los gastos que se originen en el cumplimiento de la comisión mercantil aquí conferida.

CUARTA.– En este acto, el FABRICANTE entrega al INTERMEDIARIO la suma de ..... euros en concepto de anticipo de fondos a cuenta de gastos y comisiones y que deberá ser objeto de la oportuna liquidación por el INTERMEDIARIO, sirviendo el presente documento de la más eficaz carta de pago.

QUINTA.– El INTERMEDIARIO tendrá derecho a la comisión reseñada en la estipulación sexta si con su efectiva intermediación y gestión se consuma la compraventa de productos reseñados en el ANEXO II de este contrato.

SEXTA.– Dándose lo reseñado en la precedente estipulación quinta, y sólo en ese caso, el FABRICANTE abonará al INTERMEDIARIO una comisión del ...... por ciento calculado sobre el precio de venta (impuestos excluidos) de los productos objeto de la presente intermediación. Dichas comisiones se liquidarán trimestralmente y se abonarán dentro de los ...... días siguientes a la recepción por el FABRICANTE de la oportuna factura, mediante trasferencia bancaria a la cuenta ....

SÉPTIMA.– La intermediación comercial aquí concertada tiene una duración de ... a contar desde la fecha del presente contrato. Transcurrido el citado plazo, el presente contrato quedará automáticamente extinguido

OCTAVA.– El presente contrato podrá ser resuelto en los casos que marca la Ley, así como por el incumplimiento de cualquiera de las obligaciones derivadas del mismo para las partes.

NOVENA.– Los gastos y tributos derivados de este contrato, serán soportados por las partes con arreglo a Ley.

Además, serán de cuenta de la parte incumplidora de este contrato los gastos judiciales o extrajudiciales que se originen como consecuencia de aquel incumplimiento.

DÉCIMA.– Para la práctica de cuantos requerimientos o notificaciones hayan de verificarse, ambas partes designan los señalados en el encabezamiento de este escrito.

DECIMOPRIMERA.– La presente intermediación comercial se regirá por lo dispuesto en la Ley Española. Para cuantas divergencias pudieran surgir con motivo de la interpretación y cumplimiento de lo pactado en este documento y anexo, las partes, haciendo expresa renuncia al fuero que pudiera corresponderles, se someten a los Tribunales de ....

Así lo convienen las partes, quienes tras leer el presente documento y encontrándolo conforme a sus manifestaciones, lo suscriben en su integridad por duplicado ejemplar, ratificándose en su contenido en el lugar y fecha señalados "ut supra".

F014. CONTRATO DE INTERMEDIACIÓN PARA LA OBTENCIÓN DE CONTACTOS EMPRESARIALES Y CESIÓN DE MAQUINARIA

En ...., a .... de ....

CONTRATO DE INTERMEDIACIÓN EN LA PROMOCIÓN DE CONTACTOS EMPRESARIALES

REUNIDOS

DE UNA PARTE:

DON ...., mayor de edad, vecino de c/ .... nº...... Pta. ......, CP ...., (Ciudad) y con Documento Nacional de Identidad Nº ....

DE LA OTRA:

DON ...., mayor de edad, vecino de c/ .... nº .... Pta. ......, CP ...., (Ciudad) y con Documento Nacional de Identidad Nº.................

INTERVIENEN

El Sr. .... interviene como Administrador Único de la Compañía mercantil denominada "........... SL" con domicilio social en .... Pta. ..., CP ...., (Ciudad) con C.I.F. número B....................... (EN ADELANTE TAMBIÉN "EL INTERMEDIARIO")

El Sr. .... interviene como ....de la compañía mercantil denominada "......................., S.A" con domicilio social en .... con C.I.F. número ...., (EN ADELANTE TAMBIÉN "LA SOCIEDAD").

Reconociéndose ambas partes la capacidad legal necesaria para obligarse, en la representación en la que actúan y afirmando la vigencia de sus facultades representativas, de común acuerdo:

MANIFIESTAN

I. LA SOCIEDAD es una empresa que tiene entre sus actividades la fabricación y comercialización de productos alimentarios en general, así como de aceitunas de mesa en particular, y, entre otros, de los mencionados en el Anexo I (en adelante también, "LOS PRODUCTOS").

LA SOCIEDAD ha venido estudiando la posibilidad de llevar a cabo la comercialización de LOS PRODUCTOS en el territorio del Reino de ...., para lo cual desea formalizar un contrato de intermediación con EL INTERMEDIARIO al tratarse éste último de una compañía con una nutrida red contactos empresariales en el referido territorio de ....

II. EL INTERMEDIARIO por su objeto, actividad principal, disposición y conocimiento del sector, puede intervenir en los actos de promoción de contactos con potenciales clientes a fin de que éstos adquieran de LA SOCIEDAD LOS PRODUCTOS, dejándose constancia en todo caso que no se encuentra entre las capacidades y facultades del INTERMEDIARIO, comprar los productos de LA SOCIEDAD y venderlos a potenciales clientes, pues es y será la SOCIEDAD quien realiza y realizará directamente la venta al cliente.

Así mismo, tampoco se encuentra entre las facultades del INTERMEDIARIO la promoción y venta por cualquier forma, vía o medio de LOS PRODUCTOS.

III. Como se ha indicado, el objeto del contrato al que se hará referencia posteriormente se limita única y exclusivamente a la labor a desempeñar por el INTERMEDIARIO, en las condiciones pactadas, en el territorio del Reino de .... (en adelante también, "EL TERRITORIO"), siendo esta la exclusiva área geográfica a la que se extienden los efectos de este contrato.

IV. En consecuencia, las partes desean formalizar su colaboración por medio del presente Contrato de Intermediación en la Promoción de contactos empresariales, de conformidad con las siguientes

ESTIPULACIONES

PRIMERA.– Objeto del contrato

LA SOCIEDAD encomienda a EL INTERMEDIARIO, por su conocimiento del mercado de .... y networking, así como su capacidad de identificar y gestionar las relaciones estratégicas comerciales con potenciales clientes, la intermediación para la generación y consecución de contactos empresariales que pueda desembocar en la culminación de contratos con potenciales clientes dentro del TERRITORIO sobre los PRODUCTOS fabricados por LA SOCIEDAD.

Es decir, a efectos aclaratorios se reitera que las labores del INTERMEDIARIO acordadas en el presente contrato se limitan única y exclusivamente a la generación y consecución de contactos empresariales que pueda desembocar en la culminación de contratos con potenciales clientes sobre los PRODUCTOS fabricados por LA SOCIEDAD, pero en ningún caso las labores se extienden a la promoción y venta de los PRODUCTOS, ya que dichas labores serán desarrolladas directamente por LA SOCIEDAD.

EL INTERMEDIARIO declara conocer el porfolio de LOS PRODUCTOS y concretamente aquellos a los que se encuentra sujeto el presente contrato, de conformidad con lo recogido en su Anexo I.

SEGUNDA.– Territorio

Como se ha indicado, el TERRITORIO, está expresamente limitado al estado y reino de ...., excluyéndose expresamente cualquier otro ámbito territorial distinto al anteriormente indicado.

De este modo, las labores y facultades concedidas al INTERMEDIARIO en virtud del presente contrato quedan expresamente limitadas a las eventuales operaciones de contratación que puedan culminarse con clientes que se encuentren en el territorio de ....

TERCERA.– Duración del Contrato.

El contrato tendrá una duración máxima e improrrogable de .... años desde la fecha de la firma del presente documento. Llegada tal fecha el contrato quedará automáticamente resuelto y extinguido sin necesidad de comunicación previa por cualquiera de las partes.

En cualquier caso, las partes acuerdan que antes de la fecha de finalización del contrato a la que se ha hecho referencia en el párrafo precedente, podrá renovarse el mismo por sucesivas anualidades siempre que ambas partes así lo acepten expresamente y por escrito con dos meses de antelación a la finalización del contrato (o de cualquiera de sus prórrogas previamente acordadas).

Se deja constancia que una vez transcurrido el periodo contractual, y por tanto, finalizado y resuelto el contrato, el INTERMEDIARIO no tendrá derecho a percibir penalización ni indemnización alguna, de la clase que fuere, y LA SOCIEDAD podrá contactar, negociar y contratar libremente con potenciales clientes del territorio de .... sin necesidad de contar con intermediación del INTERMEDIARIO, sin que ello de derecho a este último a reclamar indemnización, penalización o compensación alguna, de la clase que fuere, lo que es aceptado expresamente por el INTERMEDIARIO.

Lo anterior no será aplicable para los clientes efectiva y fehacientemente aportados por el INTERMEDIARIO a la SOCIEDAD durante el periodo contractual. En estos casos, la SOCIEDAD no podrá contactar, negociar y contratar libremente con dichos clientes hasta que no transcurran .... años tras la finalización del contrato.

CUARTA.– Honorarios por la prestación por los servicios

Se acuerda por ambas partes que EL INTERMEDIARIO percibirá por los servicios objeto de este contrato unos honorarios en forma de comisión a calcular sobre la cifra de ventas netas que la SOCIEDAD realice a los clientes efectivamente aportados por el INTERMEDIARIO cuya aportación se acreditable.

El porcentaje concreto de comisión a abonar por parte de la SOCIEDAD al INTERMEDIARIO será pactado cliente por cliente tras la correspondiente negociación de buena fe entre las partes, debiendo ser reflejado en el presente contrato mediante la suscripción del correspondiente anexo.

En el caso de que EL INTERMEDIARIO, en el desempeño de su intermediación, incurra en gastos de viaje, dietas y estancia, dichos gastos serán asumidos íntegramente por el INTERMEDIARIO, sin que puedan ser repercutidos a LA SOCIEDAD.

QUINTA.– CESIÓN DE USO DE MAQUINARIA

EL INTERMEDIARIO es titular de una maquinaria, cuyo uso puede favorecer la venta de los productos indicados en el ANEXO I a clientes ubicados en el TERRITORIO.

Los datos de identificación de la citada maquinaria son los siguientes:

....

En adelante la citada maquina se denominará también "LA MAQUINARIA".

De este modo, y dado que LA SOCIEDAD está interesada en la citada MAQUINARIA para la eventual comercialización de productos en el territorio de ...., en virtud del presente contrato EL INTERMEDIARIO acuerda ceder irrevocablemente y con carácter gratuito el uso y disfrute de LA MAQUINARIA a la SOCIEDAD mientras permanezca vigente el presente contrato.

En todo caso, la SOCIEDAD únicamente podrá hacer uso de la citada maquinaria para favorecer la venta de los productos especificados en el ANEXO I a los clientes efectivamente aportados por el INTERMEDIARIO cuya aportación se acreditable. De este modo, queda expresamente prohibido el uso de LA MAQUINARIA para cualquier otro fin, ello salvo que la SOCIEDAD obtenga previamente autorización expresa y por escrito del INTERMEDIARIO.

En virtud de lo anterior, EL INTERMEDIARIO, a su exclusivo cargo, riesgo y coste, se obliga a poner a disposición de LA SOCIEDAD la citada MAQUINARIA en las instalaciones de LA SOCIEDAD sitas en .... en el plazo improrrogable de..................... desde la fecha de firma del presente contrato.

Una vez puesta a disposición LA MAQUINARIA por parte del INTERMEDIARIO en los términos anteriormente descritos, LA SOCIEDAD deberá hacerse cargo del mantenimiento, cuidado, correcto uso y funcionamiento de LA MAQUINARIA.

Una vez finalizado el contrato tras el transcurso del periodo contractual, el INTERMEDIARIO podrá exigir a la SOCIEDAD que esta última compre la MAQUINARIA por valor residual que será acordado por las partes tras la correspondiente negociación llevada a cabo de buena fe, pactándose en cualquier caso que el citado valor residual no podrá exceder en ningún caso del importe de..................... EUROS (............€).

De no mediar tal exigencia por parte del INTERMEDIARIO la SOCIEDAD deberá devolver la MAQUINARIA al INTERMEDIARIO, corriendo este último con todos los gastos, costes y riesgos derivados de tal entrega que tendrá lugar en las instalaciones de la SOCIEDAD sitas en...........................

Del mismo modo, en caso de que se resolviera anticipadamente el contrato por parte de la SOCIEDAD sin justa causa, el INTERMEDIARIO podrá exigir a la SOCIEDAD que esta última compre la MAQUINARIA por valor residual que será acordado por las partes tras la correspondiente negociación llevada a cabo de buena fe en función del periodo de tiempo transcurrido.

De no mediar tal exigencia por parte del INTERMEDIARIO la SOCIEDAD deberá devolver la MAQUINARIA al INTERMEDIARIO, corriendo este último con todos los gastos, costes y riesgos derivados de tal entrega que tendrá lugar en las referidas instalaciones de la SOCIEDAD.

Lo previsto en los párrafos precedentes no será de aplicación en caso de resolución del contrato por incumplimiento contractual del INTERMEDIARIO. En ese supuesto, la SO-

CIEDAD no vendrá obligada en ningún caso a adquirir la MAQUINARIA, debiendo el INTERMEDIARIO proceder a retirar la MAQUINARIA en las referidas instalaciones de la SOCIEDAD a exclusivo cargo, coste y riesgo del INTERMEDIARIO.

SEXTA.– Obligaciones del INTERMEDIARIO

Para la realización de los objetivos indicados en el presente contrato, EL INTERMEDIARIO se obliga a promover sus acciones de acuerdo a la buena fe y con la mayor lealtad a LA SOCIEDAD y a sus intereses e instrucciones.

En particular, deberá comprometerse especialmente a:

1. Proporcionar información a potenciales clientes sobre LA SOCIEDAD, y las características de LOS PRODUCTOS que forman parte del portfolio de La SOCIEDAD, de conformidad con las especificaciones que le haya dado LA SOCIEDAD.
2. EL INTERMEDIARIO no podrá promover sus acciones a personas o empresas que residan fuera del TERRITORIO.
3. EL INTERMEDIARIO deberá cumplir con las obligaciones legales propias de su condición, incluidas, entre otras, la obtención de permisos, autorizaciones y altas necesarias que requiera el ejercicio de su actividad.
4. EL INTERMEDIARIO no podrá tener la capacidad de contraer obligaciones por cuenta de LA SOCIEDAD ni contratar en su nombre.
5. EL INTERMEDIARIO deberá poner a disposición de LA SOCIEDAD LA MAQUINARIA en los plazos y términos establecidos en la Estipulación Sexta, dejándose constancia que el incumplimiento de esta obligación facultará a LA SOCIEDAD a la resolución por justa causa del presente contrato.

SÉPTIMA.– Obligaciones de LA SOCIEDAD

LA SOCIEDAD proporcionará en la cantidad que considere conveniente y con sujeción a sus previsiones de stock, los artículos promocionales, folletos, etc., que LA SOCIEDAD considere conveniente para el refuerzo promocional de las actividades del INTERMEDIARIO.

LA SOCIEDAD notificará al INTERMEDIARIO los acuerdos contractuales a los que haya llegado con los potenciales clientes, dentro del plazo de quince días.

OCTAVA.– Resolución en caso de incumplimiento contractual

Cualquiera de las partes podrá dar por finalizado el presente contrato en caso de incumplimiento, por una de ellas, de los pactos y obligaciones establecidas en el mismo.

No obstante lo anterior, la parte que sufra el incumplimiento pondrá tal hecho en conocimiento de la otra mediante carta certificada con acuse de recibo. De no solventarse el incumplimiento en el término de veinte días naturales, podrá resolver el contrato a partir de entonces, mediante comunicación fehaciente, quedando libre para ejercitar las acciones judiciales que le asistan en reclamación de daños y perjuicios producidos o provocados por el incumplimiento.

En caso de que la SOCIEDAD resuelva el contrato como consecuencia de un incumplimiento contractual por parte del INTERMEDIARIO, sin perjuicio de lo establecido respecto de la MAQUINARIA en la estipulación novena, el INTERMEDIARIO no tendrá derecho a percibir penalización ni indemnización alguna, de la clase que fuere, y LA SOCIEDAD podrá contactar, negociar y contratar libremente con potenciales clientes del territorio ruso sin necesidad de contar con intermediación del INTERMEDIARIO, sin que ello de derecho a este último a reclamar indemnización, penalización o compensación alguna, de la clase que fuere, lo que es aceptado expresamente por el INTERMEDIARIO.

En el caso de resolución del presente contrato, EL INTERMEDIARIO se obliga a abstenerse de utilizar su relación con LA SOCIEDAD o su nombre, marcas y signos distintivos y devolverá inmediatamente a LA SOCIEDAD los productos y materiales entregados para la realización de los servicios que se encuentren en dicho momento bajo su posesión.

NOVENA.– Resolución unilateral del contrato por parte de LA SOCIEDAD

LA SOCIEDAD podrá, en cualquier momento, resolver el presente contrato sin justa causa.

En este concreto caso, sin perjuicio de lo indicado al efecto en la estipulación sexta sobre la MAQUINARIA, las partes acuerdan expresamente que LA SOCIEDAD indemnizará al INTERMEDIARIO en concepto de daños y perjuicios conforme a los siguientes importes e hitos temporales:

– Si la resolución unilateral tiene lugar durante el primer año de contrato, LA SOCIEDAD, en concepto de indemnización por los daños y perjuicios ocasionados, abonará al INTERMEDIARIO el importe de ....

– Si la resolución unilateral tiene lugar durante el segundo año de contrato, LA SOCIEDAD, en concepto de indemnización por los daños y perjuicios ocasionados, abonará al INTERMEDIARIO el importe de ....

– Si la resolución unilateral tiene lugar durante el tercer y último año de contrato, LA SOCIEDAD, en concepto de indemnización por los daños y perjuicios ocasionados, abonará al INTERMEDIARIO el importe de ....

Las partes aceptan la indemnización prevista en los estrictos términos, importes y plazos anteriormente reseñados, renunciando expresamente el INTERMEDIARIO a cualesquiera otra reclamación, indemnización o penalización, de la clase o naturaleza que fuere, adicional y distinta a la expresamente pactada en la presente estipulación frente a LA SOCIEDAD.

Por tanto, en caso de resolución unilateral del contrato por parte de LA SOCIEDAD, esta última responderá frente al INTERMEDIARIO única y exclusivamente en los estrictos términos pactados en la presente estipulación.

Así mismo, las partes acuerdan que en caso de resolución unilateral sin justa causa por parte de LA SOCIEDAD, una vez resuelto el contrato, LA SOCIEDAD podrá contactar, negociar y contratar libremente con potenciales clientes del territorio ruso sin necesidad de contar con intermediación del INTERMEDIARIO, sin que ello de derecho a este último a reclamar indemnización, penalización o compensación alguna, de la clase que fuere, lo que es aceptado expresamente por el INTERMEDIARIO.

Lo anterior no será aplicable para los clientes aportados por el INTERMEDIARIO a la SOCIEDAD durante el periodo contractual. En estos casos, la SOCIEDAD no podrá contactar, negociar y contratar libremente con los referidos clientes hasta que no transcurran dos años tras la finalización del contrato.

DÉCIMA.– Relaciones entre las partes.

EL INTERMEDIARIO es un intermediario independiente de LA SOCIEDAD, y goza de plena independencia para la organización de su actividad profesional y del tiempo que dedica a la misma. La relación por tanto es una relación de carácter puramente mercantil y no laboral.

EL INTERMEDIARIO y LA SOCIEDAD se informarán recíprocamente, de cuantos hechos puedan tener relevancia respecto al desarrollo de las labores del INTERMEDIARIO en el TERRITORIO, así como de toda aquella información relevante de la que dispongan para la buena gestión de los actos u operaciones.

UNDÉCIMA.– Derechos de propiedad industrial y uso de las marcas

EL INTERMEDIARIO reconoce que LA SOCIEDAD ostenta todos los derechos de propiedad intelectual y/o industrial sobre LOS PRODUCTOS objeto del Contrato, quedando expresamente prohibido que el intermediario hago uso, bajo cualquier modalidad o vía, de los referidos derechos salvo que cuente con autorización expresa y por escrito de LA SOCIEDAD.

DUODÉCIMA.– Deber de confidencialidad y secreto

Las partes se comprometen a no divulgar tanto el contenido y obligaciones recogidos en el presente contrato, como la información confidencial referente a la otra parte de la que hayan tenido conocimiento por razón de la ejecución del presente contrato y a mantenerlos en secreto, ya sea técnica, legal, comercial o económica, referente a las operaciones que puedan concluirse por LA SOCIEDAD en virtud de este contrato.

Asimismo, tampoco difundirán ninguna información que LA SOCIEDAD le hubiese revelado concerniente a LOS PRODUCTOS, salvo autorización expresa y por escrito de LA SOCIEDAD.

El incumplimiento de la obligación de secreto profesional constituirá justa causa para resolver el contrato y dar por finalizada toda relación, en cualquier estado en que se encuentre, todo ello sin perjuicio de exigir las correspondientes indemnizaciones por los daños causados.

DECIMOTERCERA.– Tratamiento de datos de carácter personal.

EL INTERMEDIARIO autoriza expresamente a LA SOCIEDAD, a incluir sus datos en la base de datos propiedad de aquella para su uso exclusivo y el de sus sociedades filiales y/o participadas, con el fin de mantener las relaciones mercantiles existentes, así como para dirigirles la oportuna información empresarial y efectuar a su favor los pagos correspondientes, proceder a su uso interno y a la gestión fiscal, contable y administrativa de los mismos. El tratamiento de los citados datos se realizará de conformidad con el contenido de la normativa aplicable de protección de datos en España.

DECIMOCUARTA.– Invalidez de Estipulaciones

La invalidez o nulidad de una o varias cláusulas del presente contrato no afectará a la validez de las restantes, obligándose las partes a interpretar el contrato de forma integradora o a sustituir las cláusulas nulas por otras que no lo sean.

DECIMOQUINTA.– Ley aplicable y fuero judicial

La relación entre las partes se regirá, en primer lugar, por lo dispuesto en el contrato y subsidiariamente, en todo aquello que no sea incompatible con el objeto del presente contrato, será de aplicación la legislación española civil y mercantil.

Para el caso de ser precisa la intervención judicial, las partes se someten expresamente a los Tribunales de la ciudad de .... y sus superiores jerárquicos.

Y en prueba de conformidad con cuanto antecede, firman el presente contrato, por duplicado ejemplar y a un sólo efecto, en el lugar y fecha indicados en su encabezamiento.

LA SOCIEDAD EL INTERMEDIARIO

F015. CONTRATO DE COMISIÓN MERCANTIL

Normativa aplicable: *Arts. 244-280 Real Decreto de 22 de agosto de 1885, por el que se publica el Código de Comercio.*

En la ciudad de ...... hoy día ..... de ...... de dos mil ......

REUNIDOS

Don...................., de nacionalidad española, mayor de edad, vecino de ...., con domicilio en la calle ......, núm. ..... y DNI/NIF ....

Doña ...., de nacionalidad española, mayor de edad, vecina de ...., con domicilio en la calle ......, núm. ..... y DNI/NIF ....

INTERVIENEN

Don.................... interviene en nombre y por cuenta, en su condición de Consejero Delegado, de la sociedad anónima de nacionalidad española .... S.A., domiciliada en ......, calle ...., núm. ..... Constituida por tiempo indefinido mediante escritura autorizada el ... de .... de ....., por el notario de ......, Don.................... Inscrita en el Registro Mercantil de la provincia de ...... al tomo ...., del libro de sociedades, folio ....., hoja número ....., inscripción .... CIF ....

Doña .... interviene en nombre y por cuenta, en su condición de administradora única, de la sociedad de responsabilidad limitada de nacionalidad española .... S.L., domiciliada en ......, calle ...., núm. ..... Constituida por tiempo indefinido mediante escritura autorizada el ... de .... de ....., por el notario de ......, Don.................... Inscrita en el Registro Mercantil de la provincia de ...... al tomo ...., del libro de sociedades, folio ....., hoja número ....., inscripción .... CIF ....

Las partes, reconociéndose recíproca capacidad para este acto, libre y espontáneamente,

EXPONEN

I.– Que .... S.L. (el COMISIONISTA en adelante) se dedica a la comisión y venta de productos relacionados con el sector del ......, empleando sus propios medios y por su cuenta y riesgo.

II.– Que .... S.A. (el COMITENTE en adelante), fabrica y comercializa bajo la marca ..... los productos .....

III.– Que interesa al COMISIONISTA que le sea conferida la comisión para la venta de tales productos por lo que las partes formalizan el presente contrato de mediación o corretaje mercantil, que se regirá por sus normas naturales y de modo especial y preferente por las siguientes:

ESTIPULACIONES

PRIMERA.– El COMITENTE encarga al COMISIONISTA la venta de los productos que se reseñan en el ANEXO I de este contrato y con el precio y condiciones fijadas en el ANEXO II de este contrato. Cualquier descuento que haga el COMISIONISTA será de su exclusiva cuenta y cargo y no podrá repercutirlo al COMITENTE.

SEGUNDA.– El COMISIONISTA podrá desempeñar la comisión mercantil aquí encargada contratando en nombre propio o el del COMITENTE y deberá ajustarse en el cumplimiento del mandato aquí conferido a las instrucciones que reciba del COMITENTE. Así mismo, deberá consultar a éste último las cuestiones relativas al mandato no previstas y solicitar las instrucciones que fueren precisas para el cumplimiento del contrato instrucciones que, como acaba de señalarse, deberá cumplir en la ejecución del mismo.

El COMISIONISTA informará por escrito regularmente al COMITENTE acerca de la comisión aquí conferida, el estado y resultado de las negociaciones, etc. Deberá indicarle, en los términos del art. 260 CCom los negocios que hubiere celebrado en cumplimiento de la presente comisión mercantil.

TERCERA.– La comisión aquí conferida la llevará a cabo el COMISIONISTA, empleando y ordenando, con total y plena autonomía, su actividad y sus propios medios materiales y humanos.

No obstante lo anterior, el COMISIONISTA deberá llevar a cabo la comisión personalmente y solo se podrá servir de terceras personas en funciones secundarias de la comisión. El COMISIONISTA tendrá derecho a que le sean reembolsados por el COMITENTE los gastos que se originen en el cumplimiento de la comisión mercantil aquí conferida.

CUARTA.– En este acto, el COMITENTE entrega al COMISIONISTA la suma de .... euros en concepto de anticipo de fondos a cuenta de gastos y comisiones y que deberá ser objeto de la oportuna liquidación por el COMISIONISTA, sirviendo el presente documento de la más eficaz carta de pago.

QUINTA.– El COMISIONISTA tendrá derecho a la comisión reseñada en la estipulación sexta si con su efectiva intervención y gestión se consuma la compraventa de productos reseñados en el ANEXO II de este contrato.

SEXTA.– Dándose lo reseñado en la precedente estipulación quinta, y sólo en ese caso, El COMITENTE abonará al COMISIONISTA una comisión del ...... por ciento calculado sobre el precio de venta (impuestos excluidos) de los productos objeto de la presente comisión mercantil.

SÉPTIMA.– La comisión mercantil aquí concertada tiene una duración de ... a contar desde la fecha del presente contrato. Transcurrido el citado plazo, el presente contrato quedará automáticamente extinguido

OCTAVA.– El presente contrato podrá ser resuelto en los casos que marca la Ley, así como por el incumplimiento de cualquiera de las obligaciones derivadas del mismo para las partes.

NOVENA.– Los gastos y tributos derivados de este contrato, serán soportados por las partes con arreglo a Ley.

Además, serán de cuenta de la parte incumplidora de este contrato los gastos judiciales o extrajudiciales que se originen como consecuencia de aquel incumplimiento.

DÉCIMA.– Para la práctica de cuantos requerimientos o notificaciones hayan de verificarse, ambas partes designan los señalados en el encabezamiento de este escrito.

DECIMOPRIMERA.– Para cuantas divergencias pudieran surgir con motivo de la interpretación y cumplimiento de lo pactado en este documento y anexo, las partes, haciendo expresa renuncia al fuero que pudiera corresponderles, se someten a los Tribunales de ....

DECIMOSEGUNDA.– El presente contrato tiene carácter mercantil y se regirá por lo aquí estipulado y, en lo no previsto, por lo dispuesto en el Código de Comercio y demás normativa aplicable.

Así lo conviene las partes, quienes tras leer el presente documento y encontrándolo conforme a sus manifestaciones, lo suscriben en su integridad por duplicado ejemplar, ratificándose en su contenido en el lugar y fecha señalados "ut supra".

F016. CONTRATO DE AGENCIA (I)

Normativa aplicable: *Ley 12/1992, de 27 mayo, sobre contrato de agencia.*

En la ciudad de ...... hoy día ..... de ...... de dos mil ......

REUNIDOS

Don...................., de nacionalidad española, mayor de edad, vecino de ...., con domicilio en la calle ......, núm. ..... y DNI/NIF ....

Doña ...., de nacionalidad española, mayor de edad, vecina de ...., con domicilio en la calle ......, núm. ..... y DNI/NIF ....

INTERVIENEN

Don.................... interviene en nombre y por cuenta, en su condición de Consejero Delegado, de la sociedad anónima de nacionalidad española .... S.A., domiciliada en ......, calle ...., núm. ..... Constituida por tiempo indefinido mediante escritura autorizada el ... de .... de ....., por el notario de ......, Don.................... Inscrita en el Registro Mercantil de la provincia de ...... al tomo ...., del libro de sociedades, folio ....., hoja número ....., inscripción .... CIF ....

Doña .... interviene en nombre y por cuenta, en su condición de administradora única, de la sociedad de responsabilidad limitada de nacionalidad española .... S.L., domiciliada en ......, calle ...., núm. ..... Constituida por tiempo indefinido mediante escritura autorizada el ... de .... de ....., por el notario de ......, Don.................... Inscrita en el Registro Mercantil de la provincia de ...... al tomo ...., del libro de sociedades, folio ....., hoja número ....., inscripción .... CIF ....

Las partes, reconociéndose recíproca capacidad para este acto, libre y espontáneamente,

EXPONEN

I.– Que .... S.L. (el AGENTE en adelante) se dedica a la promoción de productos relacionados con el sector del ......, empleando sus propios medios, y por propia cuenta y riesgo.

II.– Que .... S.A. (el EMPRESARIO en adelante), fabrica y comercializa bajo la marca ..... los productos .....

III.– Que interesa al AGENTE que le sea conferida la promoción de la venta de tales productos por lo que las partes formalizan el presente contrato de agencia, que se regirá por sus normas naturales y por las siguientes:

ESTIPULACIONES

PRIMERA.– Es objeto del presente contrato la promoción por parte del AGENTE y a su propia cuenta y cargo y riesgo, de la venta de los productos comercializados por el EMPRESARIO bajo la marca .... y que se reseñan en ANEXO I, en el territorio de ...., único en el que podrá actuar el AGENTE en virtud de este contrato.

SEGUNDA.–. La presente agencia se concede a favor del AGENTE en exclusiva.

TERCERA.– Por su labor de promoción de la venta de los productos contractuales reseñados en el ANEXO I de este contrato, el AGENTE tendrá derecho a una comisión del .... por ciento, que se calculará sobre el precio neto de cada venta y que se devengará conforme establece el art. 14 LCA.

La citada comisión se liquidará por meses vencidos, abonándose la correspondiente factura dentro del mes siguiente a aquel en que se hubiere efectuado la liquidación de comisiones mediante trasferencia bancaria a la siguiente cuenta ....

CUARTA.– El AGENTE carece de poder de representación del EMPRESARIO y no esta autorizado para concluir operaciones al amparo de este contrato en nombre del EMPRESARIO. Tampoco puede cobrar por cuenta del EMPRESARIO lo que le adeuden los clientes.

QUINTA.– El AGENTE puede desarrollar su actividad profesional por cuenta de varios empresarios, pero no puede ejercer, por su propia cuenta o por cuenta de otro empresario, actividad profesional relacionada con los productos contractuales u otros que sean de igual o análoga naturaleza y concurrentes o competitivos con los objeto de este contrato.

SEXTA.– El agente se obliga a ocuparse con la diligencia de un ordenado comerciante de la promoción aquí encomendada.

SÉPTIMA.– La promoción aquí encomendada será llevada a cabo por el AGENTE, por si mismo o a través de sus dependientes, a su exclusiva cuenta y cargo, y a su riesgo, empleando y ordenando, con total y plena autonomía, su actividad y sus propios medios materiales y humanos, no autorizándose la actuación por medio de subagentes.

OCTAVA.– La aceptación de pedidos corresponde única y exclusivamente al EMPRESARIO. El AGENTE se limitará a transmitir los pedidos que reciba como consecuencia de la promoción aquí encomendada, correspondiendo la decisión de su aceptación (o no) única y exclusivamente al EMPRESARIO.

El AGENTE informará al EMPRESARIO de todo cuanto sea necesario para la buena gestión de las ventas cuya promoción se le ha encomendado, incluido la situación del mercado, de la competencia, las gestiones de promoción llevadas a cabo etc. Y en especial en todo lo relativo a la solvencia de terceros con los que existan operaciones pendientes de conclusión o ejecución. Expresamente se pacta que el AGENTE se abstendrá de transmitir al EMPRESARIO pedidos de terceros respecto de los que conozca que su solvencia financiera o situación económica esté deteriorada.

NOVENA.– En este acto, El EMPRESARIO hace entrega al AGENTE de los muestrarios, catálogos, tarifas material publicitario y demás documentos necesarios para el ejercicio de la promoción, que se reseñan en el ANEXO III y que el AGENTE recibe a su total conformidad a los efectos de este contrato.

A la finalización del presente contrato, el AGENTE deberá devolver al EMPRESARIO todo lo reseñado en el párrafo anterior y cualquier otra documentación y material que le sea entregada durante la vigencia del mismo y que, a la citada finalización, obrase en poder del AGENTE.

DÉCIMA.– El presente contrato tiene una duración de .... años a contar desde la fecha del presente. Transcurrido el citado plazo, el presente contrato quedará automáticamente extinguido

UNDÉCIMA.– El presente contrato podrá ser resuelto en los casos que marca la Ley, así como por el incumplimiento de cualquiera de las obligaciones derivadas del mismo para las partes.

DUODÉCIMA.– Los gastos y tributos derivados de este contrato, serán soportados por las partes con arreglo a Ley.

Además, serán de cuenta de la parte incumplidora de este contrato los gastos judiciales o extrajudiciales que se originen como consecuencia de aquel incumplimiento.

DECIMOTERCERA.– Para la práctica de cuantos requerimientos o notificaciones hayan de verificarse, ambas partes designan los señalados en el encabezamiento de este escrito.

DECIMOCUARTA.– El presente contrato tiene carácter mercantil y se regirá por lo aquí estipulado, sin perjuicio de la aplicación preferente de los preceptos de la LCA de carácter imperativo.

Así lo conviene las partes, quienes tras leer el presente documento y encontrándolo conforme a sus manifestaciones, lo suscriben en su integridad por duplicado ejemplar, ratificándose en su contenido en el lugar y fecha señalados "ut supra".

F017. CONTRATO DE AGENCIA (II)

Normativa aplicable: *Ley 12/1992, de 27 mayo, sobre contrato de agencia.*

En ...., a ...... de dos mil......

REUNIDOS

De una parte: Don...................., español, mayor de edad, con DNI/NIF ......, quien interviene en nombre y por cuenta de la sociedad ...., con domicilio social en ...., CIF ..... inscrita en el Registro Mercantil de la Provincia de ...... (hoja....), en su calidad de Administrador único de la misma. En adelante se identificará a esta parte como EMPRESARIO PRINCIPAL.

De la otra, Don...................., de nacionalidad ....., mayor de edad, DNI/NIF ...., vecino de ....., con domicilio en .... En adelante se identificará esta parte como AGENTE.

Las partes, según intervienen,

MANIFIESTAN

I.– El PROMOTOR es propietario de la siguiente finca .... Inscrita en el Registro de la Propiedad de .... Concretamente, sobre dicha parcela promueve la edificación de un inmueble compuesto de .... locales comerciales y .... plazas de garaje, a los cuales se denomina para los efectos de este contrato "PRODUCTOS CONTRACTUALES".

II.– El AGENTE es un empresario cuya actividad consiste en promover la venta de inmuebles, cuya promoción realiza por su cuenta y riesgo, estando interesado en la promoción de los PRODUCTOS CONTRACTUALES.

III. Las partes, según intervienen, se reconocen recíproca capacidad para formalizar el presente CONTRATO DE AGENCIA el cual se regirá por las normas contenidas en la Ley 12/1992 de 27 de mayo, y, de modo especial y preferente, salvo el contenido imperativo de aquella ley, por las siguientes

ESTIPULACIONES

PRIMERA.– EL AGENTE se obliga a promover, por cuenta del PROMOTOR la venta de los Productos contractuales a clientes pertenecientes al Territorio contractual. En este sentido, EL AGENTE transmitirá al PROMOTOR las propuestas de contratación recibidas de los clientes, quedando a salvo la facultad del PROMOTOR de aceptar o no aceptar las mismas.

SEGUNDA.– EL AGENTE no podrá contratar en nombre del PROMOTOR salvo autorización expresa y por escrito concedida para cada caso concreto.

Como única excepción a lo reseñado, El AGENTE podrá hacer las reservas de ventas aceptando depósitos por cuenta de futuros compradores. El PROMOTOR proporcionará al AGENTE dentro de los .... días posteriores a la suscripción del presente acuerdo, el modelo de documento de reserva y entrega de depósito a emplear a los fines citados siendo la validez del depósito de .... mes para la firma del contrato, entre el comprador y el PROMOTOR. El AGENTE se compromete a informar por escrito a los eventuales compradores de que la reserva no constituye compraventa de la unidad, que deberá ser concertada, en su caso, entre el PROMOTOR y este último.

EL AGENTE desempeñará su actividad con independencia y plena autonomía, organizará su actividad profesional conforme a sus propios criterios.

Con la única excepción de lo reseñado antes, EL AGENTE no está autorizado por el PROMOTOR a cobrar en su nombre lo adeudado a éste por sus clientes. En el caso antes citados de reservas o cuando en un asunto concreto, se autorice para ello al AGENTE, dicha autorización deberá hacerse por escrito y el AGENTE deberá remitir inmediatamente al PROMOTOR lo cobrado, con prohibición de compensación entre saldos y/o deudas existentes entre el PROMOTOR y el AGENTE.

TERCERA.– Los productos objeto de agencia, que se reseñan en el anexo I, serán susceptibles de variación, limitación, cambio, supresión temporal o definitiva, etc., de acuerdo con las necesidades, evolución o fluctuaciones del mercado, a criterio del PROMOTOR, por lo que este último podrá añadir o suprimir de la lista de locales o plazas de garaje reseñadas en el anexo I aquellos que estime conveniente.

El AGENTE se asegurará, con la debida diligencia, de la solvencia de los clientes. No formalizará reservas ni pasará peticiones de aquellos clientes de los que sepa o crea que puedan estar en una situación financiera crítica, sin informar de ello previamente al PROMOTOR. El AGENTE asistirá al PROMOTOR en la recuperación del crédito cuando fuere necesario.

CUARTA.– El AGENTE desarrollará su actividad exclusivamente en el municipio de Onteniente. Esta zona constituye el TERRITORIO CONTRACTUAL, dentro de la cual tiene la exclusiva de promoción de los productos contractuales.

QUINTA.– El AGENTE se obliga a no promover la venta, directa ni indirectamente, por cuenta propia o de terceros, de productos iguales o similares y concurrentes o competitivos con los productos objeto de este contratato.

SEXTA.– El AGENTE se obliga a efectuar a su exclusiva cuenta y cargo la publicidad necesaria para la promoción de los productos contractuales en el territorio antes citado.

El PROMOTOR facilitará al Agente los folletos, catálogos y medios de promoción de que disponga. Igualmente le facilitará los datos e informaciones que posea y que resultando interesantes, se encaminen o pueda facilitar la labor del mismo.

SÉPTIMA.– El AGENTE mantendrá informado al PROMOTOR sobre sus actividades, situación del mercado dentro del Territorio y cumplimentará cualquier solicitud de información del PROMOTOR.

El PROMOTOR informará al AGENTE, sin demora injustificada, de la aceptación, el rechazo y/o la no ejecución de cualquier operación negociada por el AGENTE.

OCTAVA.– El AGENTE tendrá derecho a una comisión del ..... por ciento sobre todas las ventas del Productos realizadas en el Territorio durante el período de vigencia de este contrato.

La comisión se calculará sobre el importe neto de venta, es decir, el precio efectivo de venta facturado deduciendo los eventuales descuentos, y libre de cualquier tipo de impuestos y tasas aplicables (incluido el IVA).

El derecho a la comisión por parte del AGENTE surge con la perfección del contrato de compraventa y desde el momento en que el PROMOTOR haya recibido el pago del precio de la compraventa.

Dichos honorarios se abonarán dentro de ..... a la perfección de la compraventa, contra la entrega de la correspondiente factura. Cuando se estipule que el pago del precio de la compraventa se vaya a efectuar en distintas entregas, los honorarios debidos serán los estipulados anteriormente y estos serán pagados dentro de los ..... días a partir de la fecha en la cual el PROMOTOR tenga por recibido el .....% del precio de venta del inmueble objeto de comisión

En caso de que se liquidaren anticipadamente comisiones por operaciones que con posterioridad resultaren total o parcialmente fallidas, el importe abonado se retrotraerá y compensará en la primera liquidación periódica que se realice.

NOVENA.– El AGENTE no está autorizado a aceptar reclamaciones de los clientes sobre eventuales vicios o defectos de los productos vendidos por el PROMOTOR. En tal caso el agente informará a este último sin dilación a efectos que adopte las decisiones que tenga por convenientes. En ningún caso, la declaración o el reconocimiento de los vicios o defectos por parte del agente podrá tener eficacia alguna contra el PROMOTOR, y el AGENTE mantendrá indemne al PROMOTOR de los daños y perjuicios que le produjese el reconocimiento de vicios o defectos por parte del AGENTE.

DÉCIMA.– La relación que se constituye mediante el presente contrato se establece por un período de .... AÑOS, por lo que terminará el día .... El contrato se extinguirá por transcurso del plazo de duración pactado, sin necesidad de notificación ni preaviso alguno. Su prórroga o renovación requerirá expreso acuerdo y por escrito de ambas partes.

El presente acuerdo podrá resolverse por los motivos que se dirán seguidamente, debiéndose notificar la resolución de manera fehaciente: a) Incumplimiento por el AGENTE o PROMOTOR de lo estipulado en el presente contrato; b) a instancias del PROMOTOR, cuando el AGENTE, por cualquier causa, se viera privado de la posibilidad de efectuar su actividad durante un período superior a............... meses; y c) a instancias igualmente del PROMOTOR, en el supuesto de insuficiente productividad: El PROMOTOR podrá dar por resuelto el presente contrato en el supuesto de que el AGENTE concierte la venta de menos del ......% de unidades en los próximos .... meses, ...% de unidades en los próximos .... meses y ......% en los próximos .... meses y ......% en los próximos .... meses, de los productos contractuales recogidos en el ANEXO I.

UNDÉCIMA.– El presente contrato no puede ser objeto de cesión total o parcial por parte del agente si no es previo acuerdo de las partes. El AGENTE no está autorizado a servirse de subagentes.

Y estando las partes conformes en un todo con lo anteriormente expuesto, una vez leído, se ratifican y lo firman por duplicado ejemplar a un solo efecto, en el lugar y fecha de su encabezamiento.

F018. CONTRATO DE AGENCIA (III)

Normativa aplicable: *Ley 12/1992, de 27 mayo, sobre contrato de agencia.*

En .... a .... de ....

REUNIDOS

De una parte Don...................., mayor de edad, con domicilio en .... En adelante se identificará a esta parte como EL AGENTE.

Y de otra parte D............., mayor de edad, quien interviene en nombre y por cuenta de la sociedad........., con domicilio social en..........., provista de CIF......... En adelante se identificará a esta parte como EMPRESARIO PRINCIPAL.

Reconociéndose las partes mutuamente la capacidad necesaria para el otorgamiento del presente contrato,

MANIFIESTAN

I.– Que el EMPRESARIO PRINCIPAL fabrica/distribuye los productos descritos en la estipulación primera, los cuales identifica con las marcas descritas en dicha estipulación, de la que es propietario.

II.– Que EL AGENTE es un empresario independiente que, por su cuenta y riesgo, realiza una actividad profesional de promoción de ventas, siendo conocedor del mercado de los productos anteriormente aludidos.

III.– Que es su deseo llegar a un acuerdo en virtud del cual el Agente promueva para el EMPRESARIO PRINCIPAL operaciones de venta.

CLÁUSULAS

PRIMERA.– Objeto del contrato.

Lo constituye la actividad de Agente de promover con carácter de exclusiva, por su cuenta y riesgo, la venta de los siguientes productos aquí descritos:............. En el anejo I se realiza mención específica de dichos productos. Dicho anejo será revisado anualmente, y firmado por ambas partes, para una correcta identificación en el contrato de todos los productos amparados bajo la marca ....

El EMPRESARIO PRINCIPAL podrá comercializar libremente líneas de producto no relacionados en el contrato mediante otros agentes o directamente, sin que afecten a tales las estipulaciones del presente contrato.

SEGUNDA.– Territorio.

El Agente únicamente podrá promover operaciones dentro del siguiente territorio: ....

TERCERA.– Retribución.

Por la actividad de promoción el Agente devengará una retribución en forma de comisión sobre el precio de venta de los productos contractuales, que se devengará con el buen fin de las operaciones concluidas gracias a la actividad del agente, liquidándose y satisfaciéndose dentro del mes siguiente al trimestre natural en que se hubieran devengado. La comisión será calculada sobre el precio neto de venta, es decir, descontando los tributos; gastos de embalaje, transporte y descuentos de cualquier tipo que se apliquen al cliente.

La citada comisión variará dependiendo del producto y del porcentaje de descuento aplicado a la tarifa. En el anejo I de este contrato se relacionan las tarifas y descuentos aplicables para todos los productos sujetos a este contrato, así como las comisiones vinculadas. Las tarifas, descuentos aplicables, así como las comisiones vinculadas, serán revisadas por el EMPRESARIO PRINCIPAL anualmente, y firmado por las partes en prueba de conformidad, quedando incorporadas al presente contrato como Anejo I.

CUARTA.– Pedidos.

EL AGENTE transmitirá al EMPRESARIO PRINCIPAL los pedidos correspondientes a las operaciones que promueva, quedando a salvo la facultad del EMPRESARIO PRINCIPAL de aceptar o no aceptar las mismas. Los pedidos que no sean aceptados se comunicarán al Agente y no devengarán comisión alguna.

QUINTA.– Independencia.

EL AGENTE desempeñará su actividad con independencia y plena autonomía, organizando libremente su actividad profesional y el tiempo dedicado a la misma conforme a sus propios criterios, quedando a salvo las obligaciones imprescindibles de colaboración con el EMPRESARIO PRINCIPAL.

El personal que EL AGENTE eventualmente contrate para el independiente y autónomo ejercicio de su actividad, en ningún caso se considerará vinculado de forma alguna al EMPRESARIO PRINCIPAL.

SEXTA.– Representación.

EL AGENTE no está autorizado por el EMPRESARIO PRINCIPAL para contratar en su nombre, ni para cobrar lo adeudado por los clientes. Sólo en caso de tener autorización escrita del EMPRESARIO PRINCIPAL, podrá cobrar las facturas con origen en los pedidos por él realizados, tras lo que deberá remitir las cantidades cobradas al EMPRESARIO PRINCIPAL, en un plazo no superior a .... días desde su percepción.

Cualquier reclamación de los clientes sobre la cantidad, calidad o vicios de los productos suministrados, deberá ser trasladada por el Agente al EMPRESARIO PRINCIPAL, sin dilación, por escrito, por medio que permita acreditar su constancia. No está autorizado a transigir en nombre del EMPRESARIO PRINCIPAL ni a realizar actos de reconocimiento o asunción de responsabilidad.

El AGENTE asistirá al EMPRESARIO PRINCIPAL en la recuperación del crédito cuando fuere necesario y así lo solicite este último.

SÉPTIMA.– Solvencia de los clientes.

EL AGENTE no cursará pedidos de aquellos clientes de los que sepa o crea que puedan estar en una situación financiera crítica, sin informar de ello previamente al EMPRESARIO PRINCIPAL.

OCTAVA.– Prohibición de competencia.

EL AGENTE se obliga a no fabricar, adquirir, vender, promover la venta o distribuir, directa ni indirectamente, por cuenta propia o de terceros, productos iguales o similares y concurrentes o competitivos con los productos contractuales durante la vigencia del contrato.

EL AGENTE se obliga a no desarrollar actividades profesionales concurrentes con la del empresario principal, directa o indirectamente, por cuenta propia o por cuenta de tercero, una vez extinguido el contrato, durante un periodo de ...... años desde la terminación del mismo.

NOVENA.– Deber de información.

En particular EL AGENTE:

1. Mantendrá puntualmente informada al EMPRESARIO PRINCIPAL sobre sus actividades, las condiciones del mercado y el estado de la competencia dentro del territorio y deberá atender cualquier solicitud razonable de información del EMPRESARIO PRINCIPAL.

2. Informará al EMPRESARIO PRINCIPAL de tendencias y gustos en el mercado en el que es activo, así como de la presencia de productos concurrentes o competitivos con los contractuales.

3. Notificará al EMPRESARIO PRINCIPAL cualquier violación que llegue a su conocimiento de la propiedad intelectual o industrial del EMPRESARIO PRINCIPAL, colaborando con ésta en su persecución.

En particular, el EMPRESARIO PRINCIPAL:

1. Informará al AGENTE de sus programas de producción en cuanto puedan repercutir en su actividad de promoción, de modo que el AGENTE pueda conocer que operaciones son aceptables para el EMPRESARIO PRINCIPAL, en cuanto a cantidad y tipo de producto.

2. Informará al AGENTE, con prontitud, de los pedidos que no son aceptados.

DÉCIMA.– Duración.

La relación que se constituye mediante el presente contrato se establece por un período de duración indefinida.

Sin embargo, cualquiera de las partes podrá dar por finalizado el contrato, sin necesidad de preaviso, en los siguientes casos:

a) Cuando la otra parte hubiere incumplido, total o parcialmente, las obligaciones legal o contractualmente establecidas.

b) Cuando la otra parte sea declarada en estado de quiebra, o se haya admitido a trámite su solicitud de concurso de acreedores.

c) En el supuesto de no alcanzar los mínimos a que el agente se compromete anualmente en relación con lo establecido en la cláusula décimo-tercera.

d) En el supuesto de falta de acuerdo para la actualización anual de las tarifas y descuentos, así como la revisión de comisiones vinculadas, que se detallan en el anejo 1.

En el momento de la terminación de la relación contractual, el agente se obliga a restituir al EMPRESARIO PRINCIPAL el material publicitario y cualquier otro documento que haya recibido como consecuencia del presente acuerdo.

DECIMOPRIMERA.– Deber de secreto.

El EMPRESARIO PRINCIPAL ha desarrollado y es propietaria y beneficiaria de un sustancial conjunto de derechos de propiedad industrial y comercial que preserva mediante secreto. La información que obtenga el AGENTE con ocasión del cumplimiento de este contrato, así como la que le facilite el EMPRESARIO PRINCIPAL, debe entenderse bajo el deber de guardar el más estricto secreto, no pudiendo el AGENTE, por lo tanto, comunicar tales informaciones a terceros. La comunicación a sus empleados se efectuará en la medida en que ello sea razonablemente necesario para los propósitos de este acuerdo y éstos hayan suscrito un compromiso de confidencialidad con el AGENTE.

A los efectos de esta cláusula tendrán la consideración de información confidencial, entre otra y a modo de ejemplo, cualquier información relativa a asuntos comerciales, documentación económico-financiera, tecnología, procesos, metodologías, manuales técnicos, información técnica, maquinaria, procesos, productos, técnicas de marketing, estrategias de ventas, listados de precios, ofertas económicas, empleados, clientes, instalaciones y dependencias.

El deber de secreto perdura aún después de extinguirse la relación contractual.

DECIMOSEGUNDA.– Protección de datos.

El EMPRESARIO PRINCIPAL, es Responsable del Fichero con los datos de Clientes, cuya finalidad es el mantenimiento de las relaciones comerciales con los mismos. El Responsable del Fichero se compromete a adoptar todas las medidas técnicas, organizativas y legales previstas en la legislación vigente en materia de protección de datos, para la salvaguarda de la privacidad de sus clientes.

En respecto de este compromiso, el EMPRESARIO PRINCIPAL, encarga a EL AGENTE la recopilación de los datos de sus clientes, con el fin de perfeccionar las relaciones comerciales. EL AGENTE, como encargado del tratamiento, se compromete a:

1. Utilizar los datos de carácter personal pertenecientes al Responsable del Tratamiento, con la única y exclusiva finalidad de prestar los servicios encargados.

2. Tratar los datos conforme a lo establecido por el Responsable del Tratamiento, esto es, para la estricta prestación de los servicios contratados, y a no aplicar o utilizar los datos personales que provengan de los ficheros de titularidad del Responsable del Tratamiento

con fin distinto al de este contrato, y a no comunicarlos ni cederlos, ni siquiera para su conservación, a otras personas.

3. Los datos personales que se contienen en los ficheros de titularidad del Responsable del Tratamiento quedarán durante todo el tiempo de prestación del servicio amparados bajo este contrato.

4. Una vez cumplida la prestación contractual y a tenor de lo establecido en la LOPD, EL AGENTE procederá a borrar o devolver los soportes, fotocopias, etc. en los que consten los datos personales obtenidos como consecuencia de la prestación del servicio y sin que ninguna persona externa, física o jurídica, entre en conocimiento de los datos a no ser que se tenga autorización expresa del Responsable del Tratamiento.

5. A tenor de lo establecido en la LOPD, EL AGENTE se compromete a adoptar las medidas necesarias de índole técnica y organizativa que garanticen la seguridad de los datos personales que provienen de los ficheros de titularidad del Responsable del Tratamiento, y evitar su alteración, pérdida, tratamiento o acceso no autorizado, habida cuenta del estado de la tecnología, la naturaleza de los datos almacenados y los riesgos a que están expuestos, ya provengan de la acción humana o medio físico natural.

6. El Encargado del Tratamiento se obliga a guardar estricto secreto de toda aquella información a la que tenga acceso y a cumplir todas aquellas medidas técnicas y organizativas que se establezcan para garantizar la confidencialidad e integridad de la información.

Estas obligaciones subsistirán aún después de finalizar el presente contrato.

DECIMOTERCERA.– Mínimos de venta.

El agente se compromete a la consecución y mantenimiento de un número determinado de puntos de venta y a un mínimo de facturación. En el anejo 1 de este contrato quedan definidos de forma concreta ambos parámetros.

Las cantidades para años venideros se determinarán cada año a lo largo del primer trimestre del año por acuerdo entre las dos partes por escrito. La falta de acuerdo en la actualización de dichas cantidades conllevará la automática renovación de anteriores cantidades incrementadas en un ......% más el IPC acumulado del año anterior.

La no consecución de los objetivos marcados será causa de incumplimiento contractual y por lo tanto de resolución del contrato con las consecuencias previstas en la ley.

DECIMOCUARTA.– Modificaciones y ampliaciones del contrato.

Las MODIFICACIONES y AMPLIACIONES del presente contrato, requieren para su eficacia jurídica la configuración por escrito.

Y estando las partes conformes en un todo con lo anteriormente expuesto, una vez leído, se ratifican y lo firman por duplicado ejemplar a un solo efecto, en el lugar y fecha de su encabezamiento.

F019. CONTRATO DE AGENCIA (IV)

En la ciudad de.............. (.........), a .... de .... de ....

REUNIDOS

Don..............., de nacionalidad española, mayor de edad, vecino de ...., con domicilio en la calle ...., núm. .... DNI/NIF.......................

Don..........................., de nacionalidad española, mayor de edad, vecino de.............., con domicilio a estos efectos en .... y DNI/NIF.............................

INTERVIENEN

Don...................., interviene en nombre y por cuenta, en su condición de ...., de la sociedad de nacionalidad española......................., domiciliada en................, y CIF...................., en su condición de agente (en adelanta también el "AGENTE"), y

Don.......................... interviene en nombre y por cuenta, en su condición de......................., de la sociedad de nacionalidad española .... S.A., domiciliada en................, y CIF ...., en su condición de empresario principal (en adelante también el "EMPRESARIO PRINCIPAL" y/o "................").

Las partes, reconociéndose recíproca capacidad para este acto, libre y espontáneamente,

EXPONEN

I.- Que....................... es una compañía de carácter renombrado que es titular de la marca "...................." para identificar en el mercado los productos de alimentación reseñados en el ANEXO I, en adelante también, los "PRODUCTOS CONTRACTUALES". Dicha marca es renombrada y los productos comercializados bajo la misma son conocidos plenamente en el mercado nacional, gozando de una amplísima aceptación y total conocimiento por los consumidores.

II.- Que EL AGENTE es una entidad independiente que posee un gran conocimiento del mercado y experiencia en el territorio que se especificará posteriormente, cuya actividad consiste en la promoción de ventas de productos enmarcados dentro del sector de la alimentación.

III.- Que es del interés de ambas partes, formalizar una relación comercial en la que EL AGENTE promueva para el EMPRESARIO PRINCIPAL operaciones de venta de los PRODUCTOS CONTRACTUALES con carácter de exclusiva dentro del territorio al que se hará referencia con posterioridad, y única y exclusivamente con los clientes que se especificarán, así como de cumplimiento al resto de obligaciones y compromisos adquiridos por el presente contrato, manifestando ambas partes que se hallan en condiciones de asumir los compromisos y exigencias derivados del mismo.

IV.- Por todo lo expuesto, las partes formalizan el presente **CONTRATO DE AGENCIA EN EXCLUSIVA,** en los estrictos términos y alcance de exclusividad establecidos en el Exponen III anterior, que se regirá por sus normas naturales en esta materia, y de modo especial y preferente por las siguientes:

ESTIPULACIONES

PRIMERA.- OBJETO DEL CONTRATO.

1.1........................... nombra a.............. como agente, en exclusiva, en los estrictos términos y alcance de exclusividad establecidos en el Exponen III anterior, para la promoción, por su cuenta y riesgo, de la venta de los PRODUCTOS CONTRACTUALES expresamente reseñados en el ANEXO I únicamente en el territorio contractual al que se hará referencia en la Estipulación Segunda.

Se deja constancia que las funciones como AGENTE aquí pactadas se limitarán exclusivamente a la promoción y venta de los PRODUCTOS CONTRACTUALES únicamente en las grandes superficies que a continuación se indican dentro del territorio contractual al que se hará referencia en la Estipulación Segunda:

....

Es decir, el AGENTE no podrá prestar los servicios que como agente se reconocen en este contrato fuera de las referidas grandes superficies que han sido expresamente reflejadas.

Todo ello con sujeción a las condiciones y términos de este contrato.

1.2.- El AGENTE reconoce y acepta que el EMPRESARIO PRINCIPAL ha adquirido a lo largo del tiempo en el territorio contractual al que se hará referencia posteriormente, los clientes preexistentes a que se refiere el ANEXO XXXX del presente contrato, considerándose libre el EMPRESARIO PRINCIPAL de continuar la relación comercial con los mismos sin intermediación del AGENTE.

1.7.- Así mismo, el AGENTE reconoce y acepta expresamente que las funciones detalladas en la presente estipulación, así como el resto de obligaciones contenidas en el presente contrato serán desarrolladas sobre la pre-existencia de una red comercial creada y mantenida hace décadas por EL EMPRESARIO PRINCIPAL dentro del Territorio Contractual al que se hará referencia a continuación.

SEGUNDA.- TERRITORIO CONTRACTUAL

El territorio para el cual podrá ejercer sus funciones el AGENTE de forma exclusiva y excluyente, es el estado de España (territorio peninsular e islas), quedando excluido del presente contrato cualesquiera otro territorio distinto de los indicados anteriormente. En adelante también el "TERRITORIO CONTRACTUAL".

TERCERA.– OBLIGACIONES DEL AGENTE

3.1. El AGENTE transmitirá al EMPRESARIO PRINCIPAL los pedidos correspondientes a las operaciones que promueva, quedando a salvo la facultad del EMPRESARIO PRINCIPAL de aceptar o no aceptar las mismas. Los pedidos que no sean aceptados se comunicarán al AGENTE.

3.2. El AGENTE desempeñará su actividad con independencia y plena autonomía, organizando libremente su actividad profesional y el tiempo dedicado a la misma conforme a sus propios criterios, quedando a salvo las obligaciones imprescindibles de colaboración con el EMPRESARIO PRINCIPAL.

En cualquier caso, el AGENTE se obliga a cumplir con las políticas y estrategias comerciales del EMPRESARIO PRINCIPAL, que le serán comunicadas periódicamente.

Así mismo, el AGENTE se obliga a participar en reuniones de carácter periódico a solicitud del EMPRESARIO PRINCIPAL, y deberá efectuar reportes e informes sobre la evolución de las ventas de los PRODUCTOS CONTRACTUALES, ello igualmente con carácter periódico a solicitud del EMPRESARIO PRINCIPAL.

Sin perjuicio de lo más adelante se expondrá, será causa de resolución del presente contrato sin derecho a indemnización o compensación alguna por parte del AGENTE, de la clase que fuere, el incumplimiento de las obligaciones contenidas en el presente apartado.

3.3. EL AGENTE no está autorizado a contratar o a realizar cualquier acto en representación del EMPRESARIO PRINCIPAL, de quien carece de poder para representarle.

3.4. El AGENTE se obliga a efectuar a su exclusivo cuidado y gasto la publicidad necesaria para la difusión de los PRODUCTOS CONTRACTUALES en el TERRITORIO CONTRACTUAL. El AGENTE, en pro de una eficaz gestión, se obliga a la asistencia a los actos de carácter promocional o formativo que el Departamento Comercial del EMPRESARIO PRINCIPAL organice dentro del TERRITORIO CONTRACTUAL, a modo indicativo pero no limitativo: convenciones, ferias, jornadas de promoción, etc. El EMPRESARIO PRINCIPAL informará al AGENTE con la suficiente antelación la celebración de tales actos a fin de que éste pueda organizar su asistencia a los mismos.

Los gastos de inscripción en las referidas convenciones, ferias, jornadas de promoción, etc., correrán por cuenta del EMPRESARIO PRINCIPAL.

Las partes podrán acordar la participación, total o parcial, del EMPRESARIO PRINCIPAL en ciertos gastos o campañas promocionales especiales. El EMPRESARIO PRINCIPAL se reserva el derecho de, a su libre discreción, iniciar, reforzar, continuar o concluir campañas promocionales de los PRODUCTOS CONTRACTUALES en el TERRITORIO CONTRACTUAL, tanto propias como del AGENTE.

Todo el material promocional y publicidad que tenga intención de utilizar el AGENTE deberá ser expresamente aprobado por el EMPRESARIO PRINCIPAL antes de su uso o inicio. El EMPRESARIO PRINCIPAL comunicará su aprobación o rechazo en el plazo máximo de 15 días desde su recepción, transcurrido el cual, sin reserva en contrario, se entenderá aprobado. La autorización expresa o tácita del material promocional no implica asunción del coste, riesgo o responsabilidad respecto del mismo por el EMPRESARIO PRINCIPAL, cuya verificación se efectúa a los únicos efectos de protección de la marca.

3.5. El AGENTE no está autorizado por el EMPRESARIO PRINCIPAL a cobrar en su nombre lo adeudado a éste por sus clientes.

3.6. El AGENTE no cursará pedidos de aquellos clientes de los que sepa o crea que puedan estar en una situación financiera crítica, sin informar de ello previamente al EMPRESARIO PRINCIPAL. El AGENTE asistirá al EMPRESARIO PRINCIPAL en la recuperación del crédito cuando fuere necesario.

3.7.- PROHIBICIÓN DE COMPETENCIA. El AGENTE, se obliga a NO fabricar, adquirir, vender, promover la venta y/o distribuir, ni directa ni indirectamente, ni por sí mismos, ni a través de personas relacionadas, entendiendo como tales ascendientes, descendientes de primer grado, o cualesquiera otros familiares naturales o políticos del órgano de administración del AGENTE, o sus socios, hasta el 3° grado de consanguinidad (es decir, como personas interpuestas), ni mediante la constitución de sociedades o la adquisición de acciones y/o participaciones en sociedades nuevas o preexistentes, productos iguales o similares y/o concurrentes y/o competitivos con los PRODUCTOS CONTRACTUALES durante todo el periodo de vigencia del presente contrato, así como a no desarrollar, prestar sus servicios o tener interés de ningún tipo en actividad alguna que pueda ser competencia del EMPRESARIO PRINCIPAL.

En este punto, se deja constancia, y así se reconoce expresamente por parte del AGENTE, que la eventual indemnización y/o compensación que, en su caso, correspondiera al AGENTE en virtud de lo pactado en el presente contrato, se ha tenido en cuenta la presente prohibición de competencia a cumplir por parte del AGENTE.

3.8. El AGENTE mantendrá puntualmente informado al EMPRESARIO PRINCIPAL sobre sus actividades, las condiciones del mercado, el estado de la competencia, así como de todas las gestiones llevadas a cabo en el marco del presente contrato dentro del TERRITORIO CONTRACTUAL, y deberá atender cualquier solicitud razonable de información del EMPRESARIO PRINCIPAL.

3.9. El AGENTE utilizará las marcas comerciales, así como cualesquiera otros derechos de propiedad intelectual o industrial del EMPRESARIO PRINCIPAL única y exclusivamente a los efectos de identificar y realizar publicidad de los PRODUCTOS CONTRACTUALES dentro de la alcance y a los fines del presente contrato, y en interés exclusivo del EMPRESARIO PRINCIPAL. En todo caso, el referido uso deberá ser autorizado previamente de forma expresa y por escrito por parte del EMPRESARIO PRINCIPAL. Queda expresamente prohibido cualquier otro uso de los derechos de propiedad intelectual o industrial del EMPRESARIO PRINCIPAL por parte del AGENTE distinto del anteriormente referido.

El derecho de uso concedido cesará de inmediato para el AGENTE en el momento de rescisión o resolución de este contrato por cualesquiera motivos.

Los derechos de explotación de la propiedad industrial o intelectual que se deriven, directa o indirectamente de la creación promocional del AGENTE, o derivada del uso de las marcas, slogans, nombres registrados u otros símbolos del EMPRESARIO PRINCIPAL, que, en su caso, se generaran en desarrollo y ejecución del presente contrato, quedarán de exclusiva propiedad del EMPRESARIO PRINCIPAL, sin perjuicio de los derechos morales del autor.

El AGENTE se compromete a no registrar ni solicitar ni directa ni indirectamente, ni por sí mismos, ni a través de personas relacionadas, entendiendo como tales ascendientes, descendientes de primer grado, o cualesquiera otros familiares naturales o políticos del órgano de administración del AGENTE, o sus socios, hasta el 3° grado de consanguinidad (es decir, como personas interpuestas), ni mediante la constitución de sociedades o la adquisición de acciones y/o participaciones en sociedades nuevas o preexistentes, el registro tanto en el TERRITORIO CONTRACTUAL como en cualquier otro lugar del territorio mundial, de ningún nombre o marca comercial titularidad del EMPRESARIO PRINCIPAL que, de conformidad con lo previsto en este contrato, sea propiedad del EMPRESARIO PRINCIPAL.

El AGENTE notificará al EMPRESARIO PRINCIPAL de forma inmediata de cualquier acto de competencia desleal, así como cualquier violación que llegue a su conocimiento de la propiedad intelectual o industrial del EMPRESARIO PRINCIPAL, colaborando con éste último en su persecución.

3.10.- El AGENTE deberá hacer sus mejores esfuerzos para ampliar la gama de los PRODUCTOS CONTRACTUALES sobre los que cada cliente realiza pedidos actualmente.

3.11.- El AGENTE llevará a cabo negociación de condiciones con los clientes en relación a los pedidos de PRODUCTOS CONTRACTUALES dentro del TERRITORIO CONTRACTUAL, ello siempre sujeto a la aprobación previa expresa y por escrito del EMPRESARIO PRINCIPAL.

3.12.- El AGENTE deberá así mismo, prestar asistencia a los clientes dentro del TERRITORIO CONTRACTUAL en la gestión de las incidencias que puedan surgir en el marco del presente contrato.

En concreto, y con carácter meramente indicativo, pero no limitativo, el AGENTE se obliga a llevar a cabo labores y tareas de carácter administrativo, logístico o cualesquiera otras asociadas a la facturación de los clientes en apoyo y coordinación con el EMPRESARIO PRINCIPAL.

CUARTA.- OBLIGACIONES DEL EMPRESARIO PRINCIPAL

4.1.- El EMPRESARIO PRINCIPAL facilitará al AGENTE cuanta documentación y material sea necesario para poder llevar a cabo y cumplir con sus obligaciones derivadas del presente contrato.

4.2.- El EMPRESARIO PRINCIPAL proporcionará al AGENTE información actualizada sobre los pedidos y ventas de los clientes.

4.3.- El EMPRESARIO PRINCIPAL deberá notificar cualquier cambio o modificación relevante en las condiciones de los PRODUCTOS CONTRACTUALES.

4.4.- El EMPRESARIO PRINCIPAL deberá abonar al AGENTE la remuneración acordada en el presente contrato, siempre que se den los requisitos pactados en los términos que se especifican en la Estipulación QUINTA.

4.5.- El EMPRESARIO PRINCIPAL proporcionará al AGENTE una dirección de email con dominio del EMPRESARIO PRINCIPAL.

4.6.- EL EMPRESARIO PRINCIPAL manifiesta que no existen derechos de ningún tipo de terceros que pudieran perjudicar o hacer ilegal la comercialización y venta de los PRODUCTOS CONTRACTUALES o el uso de cualquiera de las marcas o derechos de propiedad intelectual que incorporen.

QUINTA.- REMUNERACIÓN DEL AGENTE

5.1.- Por la actividad de promoción de las ventas, el AGENTE tendrá derecho a la siguiente comisión que a continuación se detalla:

- .... (..................%) a calcular sobre la cifra de ventas netas tras la aplicación de los descuentos que, en su caso, correspondan, en los términos que se indican posteriormente.

5.2.- Las partes acuerdan que, en caso que operen las prórrogas del contrato en los términos de la cláusula SEXTA, a partir del .... será fijado por parte del EMPRESARIO PRINCIPAL un objetivo mínimo de ventas de carácter anual que el AGENTE vendrá obligado a cumplir, siendo que, de incumplir el AGENTE el objetivo de ventas de carácter anual fijado por parte del EMPRESARIO PRINCIPAL, dicho incumplimiento será causa de resolución del presente contrato.

Se deja constancia que los respectivos objetivos anuales de venta de carácter anual fijados por el EMPRESARIO PRINCIPAL a partir del .... serán incorporados al presente contrato mediante los correspondientes ANEXOS el 1 de enero de cada año, a partir del .... y hasta la finalización del presente contrato.

5.3.- La anterior comisión se calculará sobre el precio neto de venta, es decir, el precio efectivo de venta facturado deduciendo los eventuales descuentos derivados de los correspondientes procesos de logística y/o merchandising de los respectivos clientes.

Los anteriores conceptos serán deducidos aun cuando se produzcan o materialicen en diferentes momentos, o incluso requieran de compensaciones en el tiempo y se apliquen en actos o en momentos distintos.

El derecho a la comisión por parte del AGENTE surge desde el momento en que el EMPRESARIO PRINCIPAL haya recibido el pago de la correspondiente factura por parte del cliente y en la medida proporcional al pago que haya recibido. En el caso de pago parcial, o devoluciones totales o parciales la comisión será reducida proporcionalmente a la suma efectivamente recibida, en su caso.

Las partes acuerdan que se llevarán a cabo liquidaciones de las comisiones de carácter trimestral, teniendo en cuenta como base para el cálculo de las comisiones las ventas del trimestre inmediatamente anterior. En todo caso, en las referidas liquidaciones se llevarán a cabo los ajustes que sean necesarios, bien por exceso, bien por defecto, que en su caso proceda.

Las comisiones se pagarán no más tarde del último día del mes siguiente al trimestre natural en el que se hubiese devengado.

5.4.- Así mismo, se acuerda por las partes que el AGENTE tendrá derecho a una remuneración adicional de .... por cada nuevo cliente captado por parte del AGENTE.

A efectos aclaratorios, única y exclusivamente se entenderá que un nuevo cliente ha sido captado por parte del AGENTE cuando se mantenga la venta de PRODUCTOS CONTRACTUALES en más de ....% de los establecimientos de la red del respectivo cliente que puedan existir dentro del TERRITORIO CONTRACTUAL.

Es decir, el AGENTE única y exclusivamente tendrá derecho a percibir la remuneración adicional de ...., en el caso que capte un nuevo cliente (entendido como tal, el ....% de los establecimientos que compongan la red de dicho cliente en el TERRITORIO CONTRACTUAL).

En caso que el AGENTE no consiga ventas de PRODUCTOS CONTRACTUALES en más del ....% de los establecimientos de la red del respectivo cliente que puedan existir dentro del TERRITORIO CONTRACTUAL el AGENTE podrá percibir un ....% de la remuneración acordada en la presente ESTIPULACIÓN 5.4.

En cualquier caso, se deja constancia nuevamente que el AGENTE únicamente y exclusivamente podrá ejercer las labores de promoción y venta de los PRODUCTOS CONTRACTUALES en relación y de forma limitada a los clientes expresamente indicados en la ESTIPULACIÓN PRIMERA.

SEXTA.- DURACIÓN DEL CONTRATO

El contrato entrará en vigor desde la fecha de la firma del mismo y que consta en el encabezamiento y tendrá plena vigencia hasta el día .... Una vez llegado el día .... sin que ninguna de las partes haya notificado a la otra, con un plazo de preaviso de TRES (3) meses a la fecha de terminación del contrato, por escrito y con acuse de recibo, su voluntad de no prorrogar el contrato, el mismo se entenderá prorrogado por sucesivas anualidades salvo que cualquiera de las partes notifique a la otra, con un plazo de preaviso de TRES (3) meses a la fecha de terminación de cualquiera de las prórrogas, por escrito y con acuse de recibo, su voluntad de no renovar el contrato.

Como se ha indicado, llegado el ...., se producirán sucesivas renovaciones de carácter anual del presente acuerdo, estando facultadas las partes a resolver el contrato en cualquier momento con un preaviso de TRES (3) meses mediante comunicación por escrito y con acuse de recibo.

SÉPTIMA.- CONFIDENCIALIDAD

7.1.- Las Partes tratarán de forma estrictamente confidencial toda aquella información, de la clase que fuere, a la que accedan de la otra parte como resultado de la formalización, desarrollo y/o ejecución del presente contrato.

7.2.- En concreto, el AGENTE se obliga frente al EMPRESARIO PRINCIPAL, incluso en el supuesto de resolución del Contrato, durante un plazo..........., a mantener secretos todos los conocimientos, información y/o documentos técnicos, económicos en el más amplio sentido, y del mercado en el que opera el EMPRESARIO PRINCIPAL, y a no revelar a terceros por motivo alguno datos o informaciones reservados, de la clase que fueren, de estas últimas sin el previo consentimiento escrito del EMPRESARIO PRINCIPAL.

Se deja constancia, y así se reconoce expresamente por parte del AGENTE, que la eventual indemnización y/o compensación que, en su caso, correspondiera al AGENTE en virtud de lo pactado en el presente contrato, se ha tenido en cuenta la presente obligación de confidencialidad por parte del AGENTE.

7.3.- Excepciones al deber de confidencialidad

Las Partes podrán revelar información considerada confidencial en los siguientes supuestos: (i) cuando la revelación de la información sea exigida por un organismo judicial o administrativo al que esté sometida alguna de las partes, independientemente de dónde esté situado dicho organismo y de si la exigencia de revelación tiene o no fuerza de ley; (ii) cuando resulte necesario que los empleados, asesores profesionales, socios, auditores o entidades financiadoras de una Parte tengan conocimiento de una información determinada, conocimiento que deberá estar sujeto al oportuno acuerdo o deber de confidencialidad; (iii) cuando la otra Parte haya dado su previo consentimiento por escrito a revelar la información; o (iv) cuando la revelación de información resulte necesaria para que una parte pueda exigir el cumplimiento de los derechos que le asisten en virtud del Contrato.

OCTAVA.- CESIÓN DEL CONTRATO

8.1.- El EMPRESARIO PRINCIPAL podrá ceder, libremente, y sin necesidad de consentimiento del AGENTE, el presente contrato, así como los derechos y obligaciones dimanantes del mismo a cualquier empresa del su Grupo Empresarial (entendido como tal concepto el referido en el artículo 42 del Código de Comercio), así como a aquella sociedad mercantil que en el futuro pudiera sucederle con ocasión de cualesquiera modificación estructural de las previstas en la normativa que resulte de aplicación en cada momento respecto a Modificaciones Estructurales de Sociedades Mercantiles.

8.2.- Queda expresamente prohibida la cesión, en todo o en parte, por parte del AGENTE del presente contrato, así como los derechos y obligaciones dimanantes del mismo.

NOVENA.- TERMINACIÓN

9.1. Cualquiera de las partes tendrá legitimación para terminar este contrato mediante notificación escrita sin necesidad de preaviso, y sin perjuicio de la defensa de su derecho que haga la parte denunciada, en los siguientes casos:

a) Cuando alguna de las partes incumpliese cualesquiera de las obligaciones contenidas en el presente contrato.

b) Especialmente cuando las ventas que debe promover el AGENTE sufran caídas iguales o superiores al .... (.........%) anual. Para el referido cálculo, que será revisado anualmente, se tendrá por fecha de inicio el día y mes coincidente con la fecha de entrada en vigor del presente contrato, esto es, el................. En caso que opere la presente causa de resolución, el AGENTE no tendrá derecho a indemnización y/o compensación alguna, de la clase que fuere.

c) Cuando alguna de las partes deviniese insolvente o resultara por cualquier causa incursa en un proceso de concurso o preconcurso de acreedores; liquidación judicial o societaria; o se escindiese, o fuese absorbida, o se fusionase con otra entidad que la otra parte considerase inadecuada cualquiera que fuese la razón sin necesidad de justificación.

d) Cuando el AGENTE no siga las instrucciones del EMPRESARIO PRINCIPAL en los términos establecidos en la ESTIPULACIÓN TERCERA, apartado 3.2.

e) Cuando el AGENTE incumpla los objetivos mínimos de venta en los términos establecidos en la ESTIPULACIÓN QUINTA, apartado 5.2. En caso que opere la presente causa de resolución, el AGENTE no tendrá derecho a indemnización y/o compensación alguna, de la clase que fuere.

En tales casos se entenderá que el contrato finaliza a la recepción de la notificación escrita en la que conste la voluntad de darlo por extinguido y la causa de la extinción. Así mismo, en tales casos el AGENTE no tendrá derecho a indemnización y/o compensación alguna, de la clase que fuere.

9.2. Cualquiera que fuese la causa de terminación del presente contrato, ambas partes cumplirán con cuantas obligaciones extiendan su vigencia más allá del momento de terminación de este contrato, en especial las relativas al deber de secreto y confidencialidad respecto de las informaciones a las que hubieran tenido a acceso las partes con ocasión del cumplimiento del presente contrato.

9.3. En caso de terminación, el AGENTE procederá a la devolución de toda la documentación, así como de cualquier material de marketing y promoción de los PRODUCTOS CONTRACTUALES que le hubiese facilitado el EMPRESARIO PRINCIPAL.

9.4.– Las partes no reclamarán indemnización alguna por la conclusión del contrato a menos que sea por el incumplimiento de alguna de las obligaciones a las que se han comprometido las partes en virtud del presente contrato.

DÉCIMA.– GENERAL

10.1. Este contrato obliga a las partes y a cualquiera de sus respectivos sucesores legales y sustituye a cualquier contrato previo (oral u escrito) entre las partes.

10.2. Cualquier notificación de las requeridas por el presente contrato deberá efectuarse por escrito con acuse de recibo.

10.3. Cualquier circunstancia, incluso excepcional, susceptible de afectar desfavorablemente la actividad comercial, financiera o de gestión de una de las partes, deberá ser notificada a la otra en el plazo improrrogable de SIETE (7) días.

10.4. El presente contrato se regulará por lo aquí pactado, y en lo no previsto por lo reseñado en la Ley del Contrato de Agencia, incluida la sumisión a los Tribunales que corresponda dada la naturaleza del mismo.

10.5. Carácter independiente de las cláusulas

La posible declaración, por órgano judicial o administrativo, de ilegalidad, nulidad, invalidez o inexigibilidad de una o más cláusulas del Contrato o de parte de las mismas, no acarreará la ilegalidad, nulidad, invalidez o inexigibilidad de las demás cláusulas ni de las restantes partes de las mismas, las cuales permanecerán plenamente válidas en todo aquello que proceda, todo ello siempre que las cláusulas o parte de las mismas declaradas ilegales, nulas, inválidas o inexigible no sean esenciales.

Las cláusulas o partes de las mismas declaradas ilegales, nulas, inválidas o no exigibles se entenderán eliminadas del Contrato o no aplicables en esa circunstancia, según los casos, y las Partes negociarán de buena fe su sustitución y las medidas que se adecuen en mayor medida a la finalidad pretendida por las mismas.

10.6. Las partes establecen a efectos de notificaciones las siguientes direcciones tanto de correo electrónico, como de carácter físico:

EMPRESARIO PRINCIPAL: ....; ....

AGENTE: ....; ....

10.7.–Toda modificación del presente contrato deberá realizarse por escrito a través del correspondiente ANEXO que deberá ser firmado por ambas partes, ello sin perjuicio de los objetivos mínimos de venta de carácter anual en los términos establecidos en la ESTIPULACIÓN QUINTA, apartado 5.2, que serán fijados unilateralmente por parte del EMPRESARIO PRINCIPAL y que serán adjuntados al presente contrato como ANEXOS.

Y estando las partes conformes en un todo con lo anteriormente expuesto, una vez leído, se ratifican y lo firman por duplicado ejemplar a un solo efecto, en el lugar y fecha del encabezamiento.

EL EMPRESARIO PRINCIPAL EL AGENTE

F020. COMUNICACIÓN DEL EMPRESARIO DESISTIENDO DEL CONTRATO DE AGENCIA

Normativa aplicable: *Arts. 23-31 Ley 12/1992, de 27 mayo, sobre contrato de agencia.*

Muy Sr. Nuestro:

Nos referimos al contrato de agencia indefinido existente entre usted y nuestra empresa, ... S.A., con ámbito de aplicación en la provincia de .....

Por medio de la presente y como ya le adelantamos verbalmente, le comunicamos nuestra decisión de denunciar y extinguir el citado contrato de agencia con efecto el día ... de ..... de ....., sirviendo la presente comunicación de oportuno preaviso a los efectos y de conformidad con lo establecido en el art. 25 de la vigente Ley del Contrato de Agencia.

Por otro lado, de conformidad con lo establecido en el art. 28 LCA, le comunicamos que se halla a su disposición en nuestras oficinas la correspondiente compensación por clientela, por un importe de .... euros (salvo error u omisión involuntario), que esperamos sea de su conformidad, y que se le abonará, en nuestra oficina, en la forma habitual.

Agradeciéndole de nuevo los servicios prestados a esta compañía,

Reciba un saludo

F021. COMUNICACIÓN DEL AGENTE RECLAMANDO COMPENSACIÓN POR CLIENTELA E INDEMNIZACIÓN POR FALTA DE PREAVISO

Normativa aplicable: *Arts. 25 y 38 Ley 12/1992, de 27 mayo, sobre contrato de agencia.*

Muy Sres. míos:

Le dirijo la presente carta en relación con su burofax de fecha .... (recibido el día .....) por el que ustedes, unilateralmente, resuelven el contrato indefinido de agencia que nos unía, con ámbito de actuación en la provincia de .....

Sin perjuicio de no compartir la decisión que ustedes han adoptado y ya ejecutado, y menos aún las formas, que no merezco después de estar vinculado a esta empresa desde hace muchos años, respecto de la liquidación practicada en el citado burofax, quiero manifestarles que la misma es incompleta y, por tanto, incorrecta, por los siguientes motivos:

A.– Respecto a la indemnización por clientela que ponen a mi disposición, por importe de .... EUROS, sirva el presente para mostrarles mi conformidad con tal indemnización por clientela y la cuantificación de la misma que realizan en su burofax, cantidad cuyo pago aquí les requiero. Todo ello sin perjuicio de lo que a continuación se expone sobre el resto de conceptos debidos por su unilateral resolución y que ustedes obvian en su liquidación.

B.– En efecto, en su burofax obvian la indemnización por falta de preaviso. Dado que el contrato que nos unía era de duración indefinida, debían haber efectuado la denuncia del mismo con un plazo de preaviso de seis meses. El incumplimiento de lo anterior, me hace acreedor de una indemnización por importe, salvo error u omisión involuntario, de ...., cantidad ésta resultante de aplicar a la media anual de los últimos .... años por ustedes fijada, el número de meses en que no se ha realizado el preaviso. Sirva la presente como expresa reclamación de tal cantidad debida.

C.– Finalmente, respecto a las comisiones a que hacen referencia en su burofax, les indico que no sólo tengo derecho a las comisiones por las operaciones concluidas durante la vigencia del contrato por ustedes rescindido unilateralmente, sino también a las correspondientes a operaciones concluidas con posterioridad a la extinción del contrato. Todo ello en los términos de los arts. 12 y 13 de la vigente Ley del Contrato de Agencia. Estas comisiones, obviamente, deberán serme pagadas en su momento, lo que expresamente aquí ya se reclama, sin perjuicio de ejercitar a tal fin los derechos de información legalmente conferidos al agente, incluido el examen de la contabilidad a que se refiere el art. 15 de la Ley del Contrato de Agencia.

Reciban un saludo

Atentamente,

F022. DEMANDA DE JUICIO ORDINARIO POR RECLAMACIÓN DE LA INDEMNIZACIÓN POR CLIENTELA Y FALTA DE PREAVISO

Normativa aplicable: *Ley 12/1992, de 27 de mayo, sobre contrato de agencia.*

AL TRIBUNAL INSTANCIA DE.............., SECCIÓN CIVIL

Dña.............................., Procuradora de los Tribunales, en representación de .... (en adelante también ".................."), con CIF.................., y con domicilio en.............................., cuya representación se acredita mediante la escritura de poder que acompaño como **DOCUMENTO 1**, con el ruego que una vez testimoniada en autos me sea devuelta por ser necesaria para otros usos, ante el Tribunal comparezco, y como mejor proceda en derecho **DIGO**:

Que por el presente escrito y en la representación que ostento, promovemos **demanda ordinaria en reclamación de cantidad** frente a la siguiente mercantil:

.... (en adelante también "........................") de nacionalidad española, con CIF ...., y domicilio a efectos de notificaciones en.................

Así mismo, y a efectos de comunicaciones, de conformidad con el art. 152.3.2ª de la LEC también se aporta el correo electrónico ....y teléfonos........................ de la entidad demandada.

Demanda que basamos en los siguientes,

HECHOS

PRELIMINAR.– Sobre el proceso de negociación previo y medios de solución de controversias.

Esta parte, con carácter previo a la presentación de esta demanda y a efectos de cumplir el presupuesto de procedibilidad, ha llevado a cabo a cabo diversos esfuerzos de negociación con ...... tendentes a resolver la controversia aquí planteada de manera amistosa y extrajudicial. Dichas negociaciones se han mantenido por mi mandante de buena fe y con la voluntad e intención inequívoca de lograr una solución satisfactoria.

En este sentido, por mi poderdante se remitió a ..., y a su domicilio social, un burofax, en fecha ...., manifestando su disposición para dialogar y negociar, y propuso las siguientes alternativas de solución: ....

Dicho burofax fue recibido por la aquí demandada, que, a fecha de hoy, no ha contestado a dicha propuesta de negociación (ALTERNATIVA: y fue contestado por ...... mediante otro burofax de fecha ..., rechazando las alternativas expuestas así como mostrando su abierta negativa a cualquier tipo de negociación o mediación.

Además, mi mandante ......

Acreditando todo lo anterior, se acompañan como DOCUMENTOS ..., los siguientes: ......

EN SU CASO. Se acompaña la oportuna declaración responsable, señalatoria de la imposibilidad de la actividad negociadora previa a la vía judicial como consecuencia de la abierta negativa de la parte demandada a negociar.

De este modo, queda perfectamente acreditado el cumplimiento de la obligación de intentar resolver la controversia a través de medios previos de negociación y solución alternativa, antes de acudir a la presente vía judicial.

PRIMERO.- DE LA ACTIVIDAD DE.............. Y.................

.... es una mercantil constituida en el año................., que se ha venido dedicando, entre otras actividades, a promover actos y operaciones de comercio por cuenta ajena, como intermediario independiente, y más en concreto, a la representación por cuenta ajena de empresas del sector de....................., ello, como decimos desde al menos el año............, esto es, desde hace aproximadamente.................años.

No sólo lo anterior, sino que...............es la continuación de la actividad que inició en primer lugar su actual administrador, Don ....desde el año..............., por lo que, como puede observarse, la experiencia y buen hacer dentro del sector anteriormente indicado deviene desde hace cerca de..............años.

Así, a modo de ejemplo, entre la cartera de contacto y clientes de nuestro mandante se encuentran El Corte Inglés, Leroy Merlin, entre otros, entidades de incuestionable notoriedad e importancia, con gran volumen de ventas y que, como es evidente, cualquier proveedor quisiera tener entre sus clientes.

Tal y como acreditaremos, la demandada, ha gozado todos estos años, gracias a....................., de tener a esta tipología de clientes, y es evidente que, dado el carácter de fidelidad y cautividad de los clientes finales con estas compañías (ECI, Leroy Merlin...), va a tener ....estos proveedores permaneciendo en el tiempo.

Queda claro por tanto que ....es una empresa que cuenta con una amplia experiencia en el sector, con una reputación intachable que se ha ganado por el trabajo y cumplimiento de sus obligaciones a lo largo de los casi 40 años que han transcurrido desde el momento de su constitución.

Por su parte, ...es una mercantil constituida en el año ....que ha venido dedicándose a la fabricación y producción de....................., la cual cuenta igualmente con amplia experiencia en el sector.

SEGUNDO.- DEL HISTÓRICO DE LA RELACIÓN COMERCIAL ENTRE MI MANDANTE Y................., ASÍ COMO DEL CONTRATO DE AGENCIA OBJETO DE LA PRESENTE LITIS.

I.- Antes de detallar la relación comercial derivada del contrato de agencia que ha dado lugar a la interposición del presente procedimiento, esta parte entiende conveniente exponer el histórico de la relación entre.................... Y..............., que se remonta, al menos, a la década de los años........., esto es, nada más y nada menos que .... **años** de relación entre ambas partes.

Así las cosas, y tal como se ha indicado anteriormente, previamente a la constitución de...................., su actual administrador ya venía ejerciendo las actividades propias de la mercantil. Pues bien, en el desarrollo de la referida actividad el Sr. ....fue contactado por los entonces responsables de la mercantil antecesora de...................., con el objeto de ofrecerle la representación y exclusividad para las provincias de .... de sus productos.

Es decir, la relación entre ambas partes data desde al menos el año..........., con lo que supone que, desde esa fecha, mi mandante ha estado trabajando para los intereses de la demandada, proporcionándole clientes, promocionando sus productos, cuidando cada pedido y, como veremos, proporcionándole una estabilidad a todos los niveles.

A partir de ese momento, y hasta la fecha de la sorpresiva resolución del contrato que vinculaba a .... y.............., ambas partes han mantenido una relación comercial fructífera, en la que se han sucedido diferentes contratos y en la que..........., junto con el resto de representantes, agentes, etc. han ayudado al desarrollo de lo que actualmente es la mercantil.............. Los referidos contratos, al menos hasta el año ....no han podido ser aportados por esta parte dada la antigüedad de los mismos, pero en caso que fuera negado de contrario, en fase de prueba se procedería a su acreditación mediante la obtención de libros mayores legalizados ante el Registro Mercantil o reclamación de los mismos por oficio, o mediante testifical.

Así las cosas, ya en el año ....(concretamente el 1 de enero de........), y fruto de la relación comercial que venía manteniéndose entre las partes desde al menos el año.............., ... y .... decidieron formalizar un nuevo contrato de agencia, contrato este que fue objeto de modificaciones parciales mediante sucesivas adendas de fechas 1 de enero de..........., 1 de octubre de ....y 1 de enero de..........., subsistiendo el resto de cláusulas no modificadas del primigéneo contrato de fecha 1 de enero de.................

Se adjunta como **DOCUMENTOS** ...., ..., ... y .... el contrato de agencia de fecha 1 de enero de.............., la adenda de fecha 1 de enero de..........., la adenda de fecha 1 de octubre de ....y la adenda de fecha 1 de enero de.............., respectivamente. Esta parte se remite en su integridad al referido contrato y adendas en aras a una mayor brevedad y por cuestiones de economía procesal.

Con todo lo anterior, después de casi .... años de relación comercial, y transcurridos .... años desde la firma del contrato de agencia de fecha 1 de enero de..........., ... y .... decidieron formalizar un nuevo contrato de agencia en línea con los anteriores con el objeto de adaptar su relación comercial a la situación que atravesaba el mercado en esos momentos, que como es lógico, había variado desde el año.............., siendo dicho contrato el que ha sido resuelto unilateralmente y de forma absolutamente sorpresiva por parte de..........., tal como se expondrá con detalle posteriormente.

Se adjunta como **DOCUMENTO** .... el contrato de agencia de fecha........... de junio de...........

Como se ha adelantado, en fecha..............de junio de .... mi mandante y ....formalizaron un nuevo contrato de agencia en el que, como puede observarse, se reconocía expresamente que el historial comercial entre ambas partes se remontaba al año........... Es incuestionable por tanto que la relación comercial entre las partes como empresa y agente no se remonta únicamente al año..........., momento en el que se formalizó el contrato que se ha adjuntado como DOCUMENTO ...., sino que la misma viene desarrollándose desde al menos .... años, cuestión esta que adquiere especial relevancia, tal como se expondrá posteriormente a lo largo del presente escrito.

De este modo, y como hemos reiterado, la relación comercial entre las partes se remonta a los años.............., habiéndose desarrollado la misma de forma satisfactoria, hecho este que motivó que mi mandante haya ido llevando a cabo importantes inversiones para así poder prestar adecuadamente sus servicios durante todo el periodo de vigencia de la referida relación comercial. Es por ello, entre otras cuestiones, que la resolución unilateral de .... ha sido absolutamente sorpresiva y ha sido llevada a cabo sin respeto alguno a uno de los principios fundamentales que debe regir cualquier relación comercial, que no es otro que el de la buena fe contractual, lo que, como es lógico, ha afectado negativamente a la actividad de.................... Es evidente por tanto que .... ha actuado con absoluta mala fe finiquitando "de un día para otro" una relación comercial entre las partes que se había venido desarrollando **desde al menos** .... **años**.

No sólo lo anterior, sino que en el mes de diciembre de 2.021, concretamente el......... de diciembre, esto es, escasos.........días antes de la remisión del burofax de .... en el que se comunicó la resolución del contrato de agencia, los responsables de .... remitieron comunicación a .... en la que agradecían, felicitaban y daban la enhorabuena por los excelentes resultados conseguidos por .... durante el ejercicio 2.021. Por lo expresivo de la referida comunicación pasamos a reproducir textualmente extractos de la misma:

"................................"

Se adjunta como **DOCUMENTO** .... la referida comunicación de fecha...........

No se explica cómo, apenas.........días después de la comunicación por parte de .... se remitiera burofax en el que de manera totalmente sorpresiva se ponía fin a una relación comercial que databa de al menos .... años.

Ello demuestra la mala fe en la forma de proceder de.............., no sólo por lo sorpresiva resolución en sí, sino por cuanto que, con comunicaciones como la que se adjunta a la presente demanda, se había generado en .... unas expectativas de negocio que fueron truncadas abruptamente debido a la inesperada resolución del contrato por parte de .... que vinculaba a las partes.

II.- Expuesto cuanto antecede, y entrando ya al análisis del referido contrato de........... de junio de................., conviene destacar al menos determinadas cuestiones del mismo que esta parte entiende son relevantes a los efectos de la resolución de la presente Litis:

II.1.- En primer lugar, podemos observar que en el referido contrato (ESTIPULACIÓN PRIMERA) se establece que ....autorizaba a.................., como intermediario independiente, a promover y concluir por cuenta de .... operaciones de venta de los productos por ella fabricados o comercializados. Es decir, se estaba describiendo el objeto típico de un contrato de agencia.

Sin embargo, y sin perjuicio de lo anterior, se incluían en el referido contrato (ESTIPULACIÓN SEGUNDA) una serie de servicios conexos que el agente, esto es, ..., se obligaba a prestar según las instrucciones de..................... En concreto, se trataba de los siguientes servicios:

– Servicios de almacenaje y custodia

– Servicios de atención comercial

– Servicios de distribución a clientes

– Servicios de promoción y exposición de los productos

Como vemos, se trata de una serie de actuaciones y responsabilidades que suponía **un valor añadido** y que conllevaba también una relación directa y casi mimética con los clientes**, siendo cada uno de estos servicios una parte esencial de la misma actividad de agente, esto es, promoción y cuidado del cliente en favor de**.................

Todo ello hacía, indubitablemente, que el cliente entendiese que ambas entidades (.....................) eran uno, y que el proceso de compra de la mercancía comprendía un todo, esto es, desde la exposición de la misma, la información, la atención comercial, el pedido, el envío de la mercancía e incluso, la facturación y hasta el cobro de la misma, era parte de la relación comercial al comprar un producto de.......................

II.2.- Por otra parte, en la ESTIPULACIÓN SÉPTIMA del contrato se establecía la remuneración total o global del Agente, desglosándose en el importe de la misma las diferentes comisiones y remuneraciones a percibir por el mismo, entre las que se incluían comisiones por ventas, así como las remuneraciones derivadas de los servicios conexos a los que se ha hecho referencia anteriormente (remuneraciones por almacenaje, remuneraciones por distribución, remuneraciones por atención comercial.)

A efectos aclaratorios, y sin perjuicio de que el contrato ha sido aportado junto con el presente escrito como DOCUMENTO..........., esta parte reproduce textualmente el contenido de las CLÁUSULAS SEGUNDA y SÉPTIMA a las que se acaba de hacer referencia, ello para facilitar la labor de este Tribunal (los subrayados y negritas son nuestros).

"SEGUNDA. ***SERVICIOS CONEXOS***

2.1. Sin perjuicio de lo previsto en la Estipulación anterior, el Agente, a requerimiento de la Empresa, se obliga a prestar a todos los clientes de la Empresa servicios de almacenaje y custodia, atención comercial, distribución a clientes, así como promoción y exposición de los Productos (en adelante, ***los Servicios Conexos****), según las instrucciones que reciba de la Empresa.*

2.2. Por atención comercial se entiende, a los efectos de este Contrato, la gestión del punto de venta, los desplazamientos al punto de venta o domicilio del cliente para valoración de incidencias, la gestión de las devoluciones, la instalación de productos de exposición, la gestión de las incidencias (atención de llamadas de usuario/cliente, gestión de repuestos, etc.) y la toma de mediciones para la instalación de los Productos."

"SÉPTIMA.- ***REMUNERACIÓN DEL AGENTE***

7.1. Sobre las ventas realizadas por la Empresa a clientes que no tengan la condición de Grandes Cuentas, el Agente percibirá una Remuneración Total desglosada en comisiones y ***remuneraciones*** *en función de los siguientes criterios:*

(a) Todas las comisiones y remuneraciones a percibir por el Agente se calcularán sobre la Tarifa vigente en cada momento. Dicha Tarifa será igual al importe resultante de minorar el precio de venta al público recomendado de los Productos en un 40% o en el porcentaje que proceda en cada momento de acuerdo con la política comercial de la Empresa.

(b) La Remuneración Total tendrá un importe máximo equivalente al 33% de la Tarifa y se desglosará en comisiones y remuneraciones por los conceptos que se detallan a continuación.

(i) Por actividades que, en virtud de lo establecido en la Estipulación Primera, estén incluidas en el Objeto Principal de este Contrato, el Agente percibirá una remuneración máxima equivalente al 8% de la Tarifa, desglosada en los siguientes conceptos:

a. Comisión Ordinaria de un 5%.

b. Comisión de Garantía de un 3%, sin perjuicio de lo dispuesto en la Estipulación Octava.

(ii) ***Por actividades que, en virtud de lo establecido en la Estipulación Segunda, estén incluidas en los Servicios Conexos previstos en este Contrato, el Agente percibirá una remuneración*** *máxima del 25% de la Tarifa, desglosada en los siguientes conceptos:*

a. Por Almacenaje: 5%.

b. Por Distribución: 10%.

c. Por Atención Comercial para descuentos y rápeles a clientes*:*

i. Clasificación por espacios:

	Catálogo general	*Catálogo de ofertas*
Espacio mueble	*10%*	*6%*
Espacio mampara	*3%*	*3%*

Se consideran productos del espacio mueble: muebles, lavabos, espejos, apliques y accesorios.

Se consideran productos del espacio mampara: mamparas, platos de ducha, columnas de ducha, kits de ducha y radiadores.

ii. En el caso de que, con posterioridad a octubre de 2012, la Empresa haya reconocido a una Central de Compras o a un Grupo Vertical un descuento, dicho descuento será por cuenta del Agente hasta el límite del importe de la Atención Comercial. En tal caso, la comisión del Agente será calculada conforme a lo expresado en el epígrafe 7.1 (a) anterior, reducida en un porcentaje adicional máximo del 10% (catálogo general) o 3% (catálogo ofertas).

(c) Sin perjuicio de lo dispuesto en la Subestipulación 10.1.(a), en el caso de clientes históricos que, con anterioridad a la firma del presente Contrato, tengan reconocido un descuento de importe superior al 10% de la Tarifa, dicho descuento será enteramente por cuenta del Agente, que verá disminuido el importe de su Remuneración Total en una cuantía equivalente al descuento.

7.2. Sobre las ventas realizadas por la Empresa a Grandes Cuentas, el Agente percibirá una Remuneración Total desglosada en función de los siguientes criterios:

(a) Las ventas realizadas por la empresa a Grandes Cuentas no devengarán para el Agente Comisión de Garantía ni remuneración por atención comercial para descuentos y rápeles a clientes.

(b) Todas las comisiones y remuneraciones a percibir por el Agente se calcularán sobre el importe neto de la venta.

(c) Por la venta de Productos incluidos en el catálogo general de la Empresa, el Agente percibirá el equivalente al 15% del importe neto de la venta, desglosada en una Comisión Ordinaria de un 5% y ***una remuneración por Almacenaje y Distribución*** *de un 10%.*

(d) Por la venta de Productos personalizados para el cliente o que no figuren en el catálogo general de la Empresa vigente en cada momento, el Agente percibirá una remuneración equivalente al 12% del importe neto de la venta, desglosada en una Comisión Ordinaria de un 5% y ***una remuneración por Almacenaje y Distribución*** *de un 7%.*

(e) El anterior esquema de remuneración podrá ser objeto de modificación en el caso de que la prestación de los Servicios Conexos a las Grandes Cuentas se modifique por voluntad de éstas. En tal caso, se adaptará el importe porcentual de las referidas remuneraciones en función de los cambios introducidos en la prestación de Servicios Conexos a Grandes Cuentas como consecuencia de los requerimientos de éstas.

7.3 A los efectos de las Subestipulaciones 7.1 y 7.2 anteriores, ni la Tarifa ni el importe neto de la venta incluirán los impuestos que graven las correspondientes ventas.

7.4 No devengarán ningún tipo de remuneración o comisión ni las ventas de Productos ni las prestaciones de Servicios Conexos que, por cualquier causa, fueran rechazadas por la Empresa.

7.5 El Agente acepta expresamente el nuevo esquema de remuneración que recoge la presente Estipulación Séptima, esquema que se ajusta a la realidad del mercado y de los operadores en el mismo."

Queda absolutamente claro por tanto que el sistema de retribución total o global del agente pactado expresamente en el contrato de agencia de fecha.........de junio de 2.018 (CLÁUSULA SÉPTIMA) no sólo incluían las comisiones por ventas, sino también las remuneraciones por la prestación de los servicios conexos detallados en la CLÁUSULA SEGUNDA del referido contrato.

Esta parte entiende necesario incidir en esta cuestión, ya que la misma deviene fundamental para poder determinar que la indemnización propuesta por .... a mi mandante como consecuencia de la resolución unilateral del contrato de agencia de fecha...........de junio de 2.018 no ha sido calculada conforme a derecho al no haber tenido en cuenta para el cálculo la totalidad de las remuneraciones percibidas por el agente, tal como prevé tanto la Ley 12/1992 de 27 de mayo de Contrato de Agencia (en adelante también "LCA"), como la Jurisprudencia aplicable al presente supuesto. Todo ello será debidamente acreditado y fundamentado a lo largo del presente escrito.

TERCERO.- DE LA RESOLUCIÓN DEL CONTRATO DE AGENCIA DE MANERA UNILATERAL Y SIN EL PREAVISO LEGALMENTE PREVISTO POR PARTE DE.................

Llegados a este punto, y tal como se ha adelantado, es necesario incidir en que por parte de................., **de manera unilateral, sorpresiva, y sin mediar el correspondiente periodo de previsto** por mandato legal, resolvió el contrato de agencia firmado entre ....y .... en fecha.........de junio de..............

Así las cosas, la demandada remitió burofax en fecha 22 de diciembre de 2.021 en el que notificaba su voluntad de extinguir el contrato de agencia formalizado con................., fijando como fecha de efectos para la referida extinción el 31 de enero de 2.022. Esto es, ...ponía fin de manera abrupta (con un mes de antelación) a una relación comercial que, recordemos, venía desarrollándose durante al menos .... años. Pues bien, en la referida comunicación la demandada ofrecía una serie de importes calculados de forma provisional como compensación por la extinción unilateral del contrato, desglosando dicha compensación en dos conceptos: por un lado, indemnización por clientela con un cálculo basado en los últimos 5 años, y por otro, indemnización por plazo de preaviso.

Es decir, ...en su propia comunicación **reconoce que** ....**tiene derecho a ambas indemnizaciones**, y no discutía en ningún momento la procedencia de las mismas remontándose a 5 años atrás para una media, si bien, y es en lo que discrepa esta parte, los importes fijados en la referida comunicación en cuanto a la indemnización por clientela no fueron calculados conforme a la legislación aplicable ni conforme a los criterios que vienen sido recogidos por la Jurisprudencia en estos supuestos, tal como expondremos en un momento posterior el presente escrito.

Se adjunta como **DOCUMENTO** .... el burofax de fecha 22 de diciembre de 2.021.

Pues bien, no es una circunstancia novedosa y es algo que sucede en algunas ocasiones que, transcurrido un tiempo de satisfactorio desarrollo de la relación contractual, surge en la empresa el interés por extinguir la relación bien sea para cambiar el modelo vigente adaptándolo a las nuevas circunstancias o, simplemente, para sustituir al agente por otro distinto que pueda suponer un revulsivo en la comercialización de los productos. Es algo legítimo para la empresa, pero no por ello significa que pueda hacerlo intentando evitar, o cuanto menos rebajar, las consecuencias legales de dicha extinción.

Por tanto, lo que no es conforme a Ley, y atenta gravemente contra la buena fe contractual, es que esa ruptura se pretenda en un contrato de duración indefinida **"de un**

día para otro", de forma unilateral, y obviando ciertos derechos de quien ha ejercido como agente no sólo los 4 años de vigencia del último contrato firmado por las partes de fecha.........de junio de 2.018, sino a lo largo de los 50 años en los que se ha venido desarrollando la relación comercial entre......... ....Y.................. Y esto es exactamente lo que ha pretendido .... con la resolución del contrato de agencia que le unía con....................., tal como expondremos a continuación.

Así las cosas, es evidente por así desprenderse del referido burofax de fecha 22 de diciembre de 2.021 y por el propio desarrollo de la relación entre ambas partes, que ....ha venido cumpliendo fielmente como agente con sus obligaciones contractuales.

Es decir, la resolución del contrato por parte de ....no responde a un incumplimiento contractual de.................., sino que se trata de una extinción unilateral carente de toda justificación y sin el correspondiente plazo de preaviso previsto legalmente, hecho este que da lugar a la procedencia de las indemnizaciones de clientela, por un lado, y de preaviso, por otro, cuya correcta cuantificación indicaremos en un momento posterior del presente escrito.

CUARTO.- DE LAS RECLAMACIONES EXTRAJUDICIALES PREVIAS A LA INTERPOSICIÓN DE LA PRESENTE DEMANDA.

I.- Previo a entrar en detalle de las comunicaciones remitidas por esta parte, es necesario volver a recalcar, tal como se ha detallado en los hechos anteriores, la sorpresiva comunicación de extinción del contrato remitida unilateralmente por.............. Ello más si cabe si tenemos en consideración que la relación contractual que mantenía ....Y ....no era momentánea ni reciente, sino todo lo contrario, ya que la misma se venía desarrollando desde al menos 50 años, tal como se ha acreditado en otros pasajes de este escrito.

Así las cosas, y conforme a lo expuesto anteriormente, mi mandante recibió un primer burofax en fecha 22 de diciembre de 2021, en el que ....comunicaba que en fecha 31 de enero de 2022 el contrato de agencia que vinculaba a ambas partes quedaría extinguido. Dicho burofax ya ha sido aportado por esta parte como DOCUMENTO ...., remitiéndonos a nuestras anteriores explicaciones sobre el contenido del mismo en aras a una mayor brevedad.

II.- Recibida la anterior comunicación, por esta parte se dio contestación a la misma mediante burofax a fecha 24 de enero de 2.022 a cuyo contenido nos remitimos íntegramente por cuestiones de economía procesal y en aras de no extender en demasía el presente escrito.

Se adjunta como **DOCUMENTO** .... el burofax de fecha 24 de enero de 2.022.

Sin embargo, sí resulta conveniente destacar que el en referido burofax ya se comunicaba a ....la sorpresa que suponía para esta parte la decisión unilateral de la demandada de extinguir el contrato de agencia, indicando igualmente que se quedaba a la espera de que se propusiera fecha concreta para la retirada de los productos que se solicitaba por parte de................. Lo que demuestra una actitud colaborativa por parte de ....a pesar de la sorpresiva e injustificada resolución contractual.

Así mismo en la referida comunicación se daba contestación a los importes provisionalmente propuestos por ....en concepto de indemnización por clientela y por plazo de preaviso, rechazando los mismos por entender que dichos importes no habían sido calculados conforme a la legislación aplicable ni a los parámetros fijados por la Jurisprudencia, ello en los términos del referido burofax a cuyo contenido se remite nuevamente esta parte en aras de una mayor brevedad.

III.- Posteriormente, en fecha de 18 de febrero de 2.022, esta parte recibe un segundo burofax remitido por ....en el que, sin hacer referencia a nuestra anterior comunicación de fecha 24 de enero de 2.022, fijaban, a su entender, los importes definitivos de las indemnizaciones que habían sido calculadas provisionalmente en su anterior burofax de fecha 22 de diciembre de 2.021. Es decir, ..., siguiendo la línea de su anterior burofax, se limitaba a fijar los importes que, según su criterio, procedían en concepto de indemnización por clientela y por plazo de preaviso, sin dar contestación en ningún caso a las pretensiones de esta parte que habían sido trasladadas a .... mediante comunicación de fecha 24 de enero de 2.022.

Es decir, ...no sólo hace caso omiso a los importes propuestos por esta parte como monto indemnizatorio, sino que ni tan siquiera se digna a hacer mención a los mismos. Ello demuestra la mala fe de la demandada, la cual no sólo ha extinguido de forma unilateral y de forma absolutamente sorpresiva el contrato de agencia, sino que no ha tratado en ningún momento de negociar con esta parte los importes indemnizatorios, cuestión esta que ha motivado la presentación de la presente demanda.

Se adjunta como **DOCUMENTO** ...., el burofax remitido por ....de fecha 18 de febrero de 2.022.

IV.- Por último, y en respuesta al burofax remitido por ....de fecha 18 de febrero de 2.022, esta parte remitió comunicación de fecha 8 de marzo de 2.022, trasladando nuevamente la disconformidad con los importes fijados de forma definitiva por.............., ya que los mismos no se ajustaban, según entendía y entiende esta parte, a los cálculos que debían ser tenidos en cuenta en este caso, remitiéndonos nuevamente al contenido del burofax de fecha 8 de marzo de 2.022, el cual se adjunta como **DOCUMENTO ....,** ello en aras a una mayor brevedad.

Pues bien, a fecha de la presente ....no ha contestado la referida comunicación, ni tan siquiera ha contactado con esta parte con el objeto de tratar de negociar o explorar vías de entendimiento que pudieran evitar la interposición del presente procedimiento, lo que evidencia nuevamente la absoluta mala fe en la forma de proceder a la demanda a lo largo de todo este periodo relativo a la extinción de la relación contractual entre ambas partes.

QUINTO.- CUALIFICACIÓN Y CUANTIFICACIÓN DE LA RECLAMACION

Debido a la situación anteriormente detallada, y tal como hemos adelantado, nos encontramos ante una serie de circunstancias que llevan a esta parte a reclamar las correspondientes indemnizaciones por la resolución del contrato de agencia unilateral, sin preaviso e injustificada llevada a cabo por parte de.......................

En este punto y dado que la reiterada jurisprudencia que reconoce el derecho de reclamación y cobro de estas indemnizaciones, exige una prueba y acreditación suficiente y fundada de la cuantificación de las mismas, esta parte aporta como **DOCUMENTO** .... informe pericial del economista Don ...., donde, y todo ello en base a los datos obtenidos de la contabilidad de...................., realiza un análisis pormenorizado de los resultados económicos de la relación contractual entre las partes, y detallando en diversos apartados de dicho informe el cálculo de las indemnizaciones y/o cantidades compensatorias que esta parte entiende que tiene derecho.

Así detallaremos y fundamentaremos uno por uno, los efectos patrimoniales que conlleva la terminación del contrato de agencia efectuada por...................., la fundamentación y aplicación a este supuesto y la justificación económica de las cantidades indemnizatorias o compensatorias en el citado informe:

A) Falta de preaviso

Es evidente que...................., con su resolución unilateral, ha prescindido totalmente del preaviso que toda relación comercial y contractual de buena fe y lealtad se espera.

Tal y como se ha acreditado documentalmente, ..., sin previo aviso comunicó mediante burofax de fecha 22 de diciembre de 2.022 (complementados con el de fecha 18 de febrero de 2.022) la resolución del contrato de agencia de fecha.............. de junio de 2.018. Dicha decisión no vino precedida de ningún tipo de aviso o indicio escrito o verbal que pudiera alertar a mi cliente de dicha decisión.

Evidentemente esto provocó que mi mandante haya tenido que cancelar acciones tendentes a la prestación de los servicios derivados del contrato de agencia así como reorganizar su actividad empresarial ante la inminente terminación, cuestión que, lógicamente, ha afectado gravemente a la situación de ...., ya que las operaciones derivadas del contrato suscrito con ....suponían un elevado porcentaje de ingresos de una de las ramas de actividad más relevantes del negocio de mi representada, tal como pasamos a detallar.

En efecto, el negocio de ....está compuesto fundamentalmente por dos ramas de actividad, por un lado, las ventas de.........................., y por otro, las prestaciones de servicios como intermediario independiente.

Es esta última área de actividad (la correspondiente a la prestación de servicios) la que se ha visto abocada a la desaparición, ya que prácticamente la totalidad de la referida rama de actividad consistía en la prestación de servicios a ...., tal como puede observarse a modo ilustrativo en la tabla siguiente:

....

Como se desprende del referido gráfico, es más que evidente la abrupta caída de los ingresos de ....derivados de la prestación de servicios desde la resolución del contrato de agencia suscrito entre las partes, ya que dichos ingresos estaban vinculados en su práctica totalidad a la relación comercial que mantenía con.................

Así mismo, puede observarse en el siguiente gráfico que la resolución del contrato de agencia suscrito con ....ha impactado de manera más que significativa en el resultado de explotación de..............:

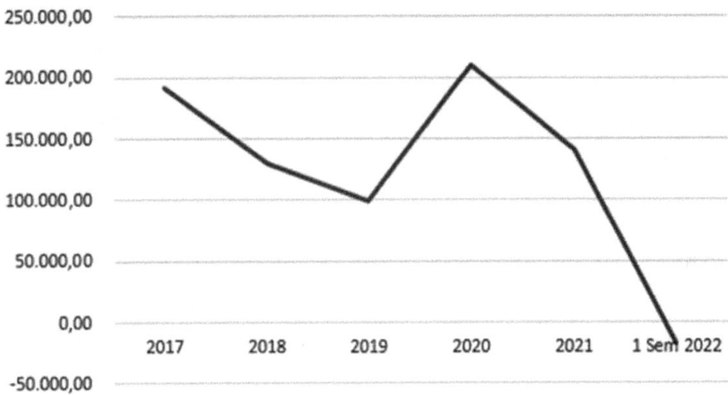

Así las cosas, desde el momento en que finaliza la relación comercial entre .... y................., la rentabilidad económica de mi mandante se desploma con una evolución acumulada desde el periodo posterior a la resolución de la referida relación que arroja un Resultado de Explotación acumulado de -60.096,55€.

Ello no hace sino evidenciar la esencial importancia de la línea de negocio de ....para con.............., y el trascendental impacto que la resolución del contrato de agencia ha tenido en economía de mi mandante, ya que desde el momento en que opera la referida resolución unilateral, ...pasa a entrar en pérdidas acumuladas.

Todo ello está detallado y justificado en el informe pericial que como DOCUMENTO........... ha sido aportado al presente escrito, por lo que nos remitimos al mismo en aras por cuestiones de economía procesal.

Así las cosas, y expuesto cuanto antecede, debemos acudir al art. 25 LCA donde se establece que, si no está regulado en el propio contrato entre las partes, el plazo de preaviso de los contratos indefinidos, como es el caso, será de 1 mes para cada año de vigencia del mismo con un máximo de 6 meses. En este caso es cierto que el último contrato de agencia firmado por las partes se inició en junio de 2018, si bien no es menos cierto que, como se ha visto anteriormente, y tal como se reconoce en el propio contrato de agencia de fecha.........de junio de 2.018, la relación entre ....Y ....como empresa y agente, respectivamente, deviene, al menos, del año 2.005 (documentado, si bien como se ha visto, la relación comercial data de al menos hace 50 años).

Teniendo en cuenta lo anterior, y dado que la decisión unilateral tomada por ....ha sido comunicada en diciembre de 2.021, estamos hablando de una duración contractual entre las partes que excede, en mucho, de los 6 años de límite que fija el referido artículo 25 LCA, por lo que en este caso **correspondería un preaviso, del máximo contemplado por Ley, esto es, de 6 meses.**

Y no sólo lo interpreta así esta parte, sino que la propia demandada lo indica en sus propios burofax de fechas 22 de diciembre de 2.021 y 18 de febrero de 2.022 (DOCUMENTOS .... y ....) cuando indican, y citamos textualmente *"(...) indemnización por plazo de preaviso, equivalente a cinco meses de comisiones medias del último año, ya que, al preavisarles con un mes, restan cinco meses hasta el máximo legal determinado por el artículo 25 de la antes referida ley."*

Y dicha interpretación es coherente con la voluntad de las partes al suscribir el nuevo contrato de agencia de fecha...... de junio de............, ya que en el mismo se reconocía expresamente que el historial como agente de ....para con ....se remontaba a..........., es decir, incluso es anterior al contrato suscrito entre las partes en enero de..............

Con todo ello, y a efectos de la cuantificación de la indemnización por la falta de preaviso, nos remitimos al informe pericial aportado, donde en su punto III.2, analiza y cuantifica este preaviso.

Como se comprueba en ya citado informe pericial, en aras de una mayor concreción y legalidad, que se ha tenido que el cálculo de la indemnización por preaviso resulta del importe del último año (01/02/2021 a 31/01/2022) correspondiente a cinco meses, ello de conformidad con lo dispuesto en el artículo 28 de la Ley de Contrato de Agencia. De este modo, y según la información económica analizada se pueden extraer los siguientes importes:

– Facturación 01/02/2021 a 31/01/2022: .... €

– Importe equivalente a un mes: .... €

– Importe equivalente a cinco meses: .... €

Así en base a dicho informe y a la referida información económica analizada, se valora y cuantifica la falta de preaviso en la cantidad de .... (.....................€), que debería ser abonada por ....a mi representada.

B) Compensación por clientela

Otra de las consecuencias que impone la LCA por la resolución unilateral de un contrato de agencia es la indemnización por clientela que el empresario ha de satisfacer obligatoriamente al agente si se dan los requisitos para ello, estando recogida la misma en el artículo 28 del referido cuerpo legal.

En dicho precepto se establece que si se extingue el contrato de agencia el agente que hubiera aportado nuevos clientes al empresario o incrementado sensiblemente las operaciones con la clientela preexistente, tendrá derecho a una indemnización si su actividad anterior puede continuar produciendo ventajas sustanciales al empresario y resulta equitativamente procedente por la existencia de pactos de limitación de competencia, por las comisiones que pierda o por las demás circunstancias que concurran. Así mismo se indica en el referido precepto que la indemnización no podrá exceder, en ningún caso, del importe medio anual de las remuneraciones percibidas por el agente durante los últimos cinco años o, durante todo el período de duración del contrato, si éste fuese inferior.

De este modo, aplicando el precepto mencionado mi representada tendría derecho a una compensación económica a cargo de la empresa (la mercantil demandada) por la clientela ganada debido al esfuerzo de mi representada no sólo durante los 3 años de duración del último contrato de agencia suscrito entre las partes, sino de los más de 16 años en los que consta por escrito (y más de 50 años efectivos) una relación de agencia entre las partes, siendo que de dicha clientela va seguir o puede seguir aprovechándose ....a pesar de la extinción del contrato.

Como se ha expuesto y acreditado, si bien la relación entre las partes data de la década de..............., desde el año ...., ...Y ....mantienen una relación de empresario y agente mediante la formalización de un contrato de agencia en fecha 1 de enero de..........., contrato que fue objeto de diferentes modificaciones parciales en los años sucesivos, hasta la formalización del contrato de fecha......... de junio de..............

Y en el desarrollo de la extensa relación comercial, y como se ha indicado en un pasaje anterior del presente escrito, es necesario volver a remarcar que ....ha supuesto una más que notable importancia en el volumen de negocio de.............., por lo que la resolución unilateral del contrato de agencia que unía a ambas mercantiles ha ocasionado graves consecuencias para la actividad económica de ....

No sólo lo anterior, sino que, como puede observarse en la siguiente tabla, ... ha mantenido e incluso incrementado los niveles de facturación respecto de.............., lo que implica que ha cumplido durante toda la duración del contrato con los objetivos de ventas marcados, ello incluso teniendo en consideración la grave crisis sanitaria y económica ocasionada por el COVID-19:

	2017	**2018**	**2019**	**2020**	**2021**
Facturación a	....	....	....	....	....

En este punto, nuevamente nos remitimos al informe pericial aportado en aras a una mayor brevedad y por cuestiones de economía procesal.

Por tanto, entendemos que cumpliendo todos los requisitos establecidos legalmente, resulta innegable el derecho de mi representada a la percepción de dicha compensación.

Y no sólo esta parte llega a la referida conclusión, sino que nuevamente la propia demandada en sus burofax de fechas 22 de diciembre de 2.021 y 18 de febrero 2.022 (DOCUMENTOS .... y ....) indica textualmente: *"(...) de indemnización por clientela, correspondiente al importe medio anual de las comisiones percibidas durante los últimos 5 años, conforme a lo dispuesto en el artículo 28 de la Ley del Contrato de Agencia"*.

Es decir, ...reconoce expresamente que .... tiene derecho a la indemnización por clientela por cumplirse para ello los requisitos establecidos en el artículo

28 de la LCA. Y nuevamente tiene en cuenta para el cálculo de la misma los últimos 5 años de relación contractual, ello por entender que la relación contractual de las partes va más allá de los 3 años del último contrato firmado entre las partes. En este punto, y en aras a una mayor brevedad nos remitimos íntegramente a lo indicado en otros pasajes del presente escrito.

En cualquier caso, y sin perjuicio del reconocimiento de la procedencia de la indemnización de clientela por parte de..............., lo que esta parte no comparte es el importe de la misma propuesto por la demandada en los burofax de fechas 22 de diciembre de 2.021 y 18 de febrero de 2.022, ello por las razones que exponemos a continuación:

I.- Como se ha indicado anteriormente, la LCA en su artículo 28 establece la indemnización por clientela en favor del agente en caso de extinción del contrato de agencia siempre que se den los requisitos establecidos para ello en el referido precepto.

Pues bien, en este caso ha quedado sobradamente acreditada la procedencia de la referida indemnización. No sólo lo dice esta parte, sino que así lo entiende también la propia demandada cuando reconoce la procedencia de la indemnización por clientela en sus comunicaciones de fechas 22 de diciembre de 2.021 y 18 de febrero de 2.022. **Por tanto, no existiendo controversia alguna en cuanto a la procedencia de la indemnización por clientela**, es momento de determinar el importe de la misma, siguiendo para ello los criterios legales y jurisprudenciales de aplicación.

II.- Así las cosas, hay que acudir en primer lugar a la LCA, en concreto al artículo 3, en el que se establece que las distintas modalidades del contrato de agencia, cualquiera que sea su denominación, se regirán por lo dispuesto en la presente Ley, cuyos preceptos tienen carácter imperativo a no ser que en ellos se disponga expresamente otra cosa.

Ello hay que conectarlo con el ya comentado artículo 28 de la LCA, en el que se recoge el derecho del agente a la indemnización por clientela, y en el que se indica que la indemnización no podrá exceder, en ningún caso, del importe medio anual de las remuneraciones percibidas por el agente durante los últimos cinco años.

Es decir, el artículo 28 es un precepto de carácter imperativo que otorga un derecho irrenunciable del agente, que no puede suprimirse ni matizarse por parte del empresario. Tal es la importancia del referido derecho que si se pactara por las partes en el contrato la renuncia de la indemnización, dicha cláusula se tendría por no puesta. Así se ha venido entendiendo por la Jurisprudencia, siendo una cuestión absolutamente pacífica, tal como se expondrá posteriormente en los Fundamentos de Derecho del presente escrito.

III.- De este modo, en atención al contenido de los burofax remitidos por ....de fechas 22 de diciembre de 2.021 y 18 de febrero de 2.022, y analizado el cálculo de los importes propuestos, observamos que los mismos han sido fijados teniendo en cuenta únicamente la retribución del agente en relación con las comisiones por ventas, de tal modo que no han sido tenidas en cuenta el conjunto de las remuneraciones percibidas por ....derivadas del contrato.

Pues bien, como ya se ha adelantado en un pasaje anterior del presente escrito, en el contrato de agencia de fecha.........de junio de 2.018 se fijaba claramente un sistema de retribución en el que se incluían, por un lado, las comisiones por ventas, y por otro, las remuneraciones derivadas de la prestación de los servicios conexos por parte del agente que se indicaban en la Cláusula Segunda del referido contrato.

De este modo, para el correcto cálculo de la indemnización por clientela ha de tenerse en cuenta el conjunto de las remuneraciones percibidas por el agente derivadas de la totalidad de los servicios reflejados en el contrato a prestar por el agente. Esto es, dado que en el contrato de agencia de fecha............de junio de 2.018 se pactaban diferentes servicios a cargo del agente, y siendo que por dichos servicios se acordaba una remuneración en favor del mismo, dicha remuneración ha de tenerse en cuenta a la hora de fijar el monto indemnizatorio. Así lo ha venido entendiendo la Jurisprudencia, en aplicación de lo dispuesto en el artículo 28.3 LCA, ya que en el mismo se indica claramente *"las remuneraciones percibidas por el agente"* (Entre otras: STS de 14 de octubre de 2.020, de 1 de octubre de 2.019, o de 1 de junio de 2.020). Esta cuestión, así como el contenido de las referidas Sentencias será objeto de un estudio más detallado en los Fundamentos de Derecho del presente escrito.

En virtud de lo anterior, es del todo improcedente pretender rebajar el importe indemnizatorio obviando en el cálculo del mismo parte de las remuneraciones percibidas por el agente. Ello incluso aunque en el referido contrato se hubiera pactado que las retribuciones por los servicios conexos quedarían fuera de la indemnización por clientela, ya que, como hemos visto, siendo imperativo el precepto que regula la referida indemnización, y dado que la misma debe ser calculada teniendo en cuenta el conjunto de las remuneraciones percibidas por el agente pactadas en el contrato, no cabe reflejar en el mismo la renuncia a la indemnización por clientela, si quiera parcialmente.

Nuevamente, así ha venido siendo entendido por la Jurisprudencia, tal como expondremos posteriormente en los Fundamentos de Derecho del presente escrito.

De este modo, conforme a los criterios legal y jurisprudencialmente aplicables al supuesto de autos, para el cálculo de la indemnización por clientela deberá tenerse en cuenta la totalidad de las remuneraciones percibidas por el agente en el marco del contrato de agencia.

Con todo lo anterior, y a efectos de la cuantificación de la compensación por clientela, nos remitimos nuevamente al informe pericial aportado, donde en su punto III.1, analiza y cuantifica esta **compensación** siguiendo los criterios legal y jurisprudencialmente aplicables que han sido expuestos anteriormente y que serán objeto de un estudio más profundo en los Fundamentos de Derecho del presente escrito.

Como se comprueba en el citado informe, en aras de una mayor concreción y legalidad, se ha tenido en cuenta para este cálculo, al igual que en el punto anterior, las medias de los últimos 5 años, ello por entender que la relación del contrato de agencia entre ambas partes deviene anterior al último contrato de fecha..............de junio de 2.018.

Así en base a dicho informe y de conformidad con lo expuesto anteriormente, se valora y cuantifica la compensación por clientela en la cantidad de .... (...........................€), que debería ser abonada por ....a mi representada.

Por último, y tal y como ya se ha acreditado a lo largo de esta demanda, es necesario volver a remarcar que esta parte ha intentado una y otra vez evitar esta Litis, remitiendo diferentes comunicaciones a la empresa demandada, sin éxito alguno, ya que ni siquiera las mismas han sido contestadas por...................., por lo que no ha quedado otra opción a esta parte que solicitar el auxilio judicial en defensa de los derechos de mi representada.

A estos hechos y documentos, para esta parte, les son de aplicación los siguientes

FUNDAMENTOS DE DERECHO

PROCESALES

I.- COMPETENCIA.

Es competente el Tribunal al que tenemos el honor de dirigirnos por ser el Tribunal de Instancia, sección civil, del domicilio social del agente, ello de conformidad con lo dispuesto en la Disposición Adicional Segunda de la Ley 12/1992 de contrato de Agencia, establece que la competencia para el conocimiento de las acciones derivadas del contrato de agencia corresponderá al Tribunal del domicilio del agente, siendo nulo cualquier pacto en contrario.

II.-CAPACIDAD, LEGITIMACIÓN Y REPRESENTACIÓN

Mi representada y la demandada, como personas jurídicas, tienen capacidad para ser parte (Art. 6.1.3ª de la LEC) y capacidad procesal (Art.7.4 de la LEC).

En cuanto a la legitimación, le corresponde la legitimación activa ordinaria directa a mi presentada al ser el agente a quien se le ha resuelto el contrato de manera unilateral y sin preaviso por parte de ....sin haber sido indemnizada de conformidad con la normativa de aplicación y jurisprudencia, y la legitimación pasiva la ostenta la citada...................., sobre quien pesa la obligación de indemnizar por la extinción del contrato.

Mi representada se encuentra debidamente representada por procurador y defendida por letrado, conforme lo previsto en el art. 23.1 y 31.1 de la LEC.

III.- PROCEDIMIENTO

El procedimiento a través del cual se ha de sustanciar las pretensiones es el correspondiente al JUICIO ORDINARIO, conforme a los arts. 248 y 249 de la LEC, y se seguirá por los tramites de los arts. 399 y ss de la LEC.

IV.- CUANTÍA

Se fija la cuantía de este procedimiento en ....(.........€) que es la suma de todas las indemnizaciones reclamadas por esta parte.

DE DERECHO SUSTANTIVO Y DE FONDO

I.- NORMATIVA DE APLICACIÓN:

Tal y como hemos adelantado en cuanto a la competencia de este Tribunal, debemos indicar que al encontramos ante la reclamación de la correspondiente indemnización por extinción de un contrato de agencia, es de aplicación todo lo relativo a la normativa que regula los contratos de agencia, esto es la Ley 12/1992 de 27 de mayo de Contrato de Agencia y, también, siendo inspiradora de ella, la Directiva 86/653/CEE del Consejo de 18 de diciembre de 1986.

En todo caso, son de aplicación, también, como todos los contratos, a las normas generales reguladoras de las obligaciones y contratos, contenidas en el Código Civil (art. 1.088 y ss CC).

Así mismo, puesto que el contrato de agencia pertenece a la categoría de los denominados contratos de colaboración, son de aplicación los principios rectores y legales que supone la obligación genérica de colaboración, debiendo actuar en todo momento respetando los deberes de lealtad y buena fe (Art. 7.1 y 1.258 CC).

II.- RESOLUCIÓN DE UN CONTRATO DE AGENCIA DE DURACIÓN INDEFINIDA: EL PREAVISO.

Por lo que respecta a la resolución del contrato de agencia de duración indefinida, es de aplicación el artículo 25 de la Ley 12/1992 de 27 de mayo de Contrato de Agencia, el cual establece:

"1. El contrato de agencia de duración indefinida, se extinguirá por la denuncia unilateral de cualquiera de las partes mediante preaviso por escrito.

2. El plazo de preaviso será de un mes para cada año de vigencia del contrato, con un máximo de seis meses. Si el contrato de agencia hubiera estado vigente por tiempo inferior a un año, el plazo de preaviso será de un mes.

3. Las partes podrán pactar mayores plazos de preaviso, sin que el plazo para el preaviso del agente pueda ser inferior, en ningún caso, al establecido para el preaviso del empresario.

4. Salvo pacto en contrario el final del plazo de preaviso coincidirá coin el último día del mes.

5. Para la determinación del plazo de preaviso de los contratos por tiempo determinado que se hubieren transformado por ministerio de la ley en contratos de duración indefinida, se computará la duración que hubiera tenido el contrato por tiempo determinado, añadiendo a la misma el tiempo transcurrido desde que se produjo la transformación en contrato de duración indefinida."

De este modo, y tal como se ha adelantado en otros pasajes del presente escrito la resolución unilateral del contrato por parte de ....prescinde totalmente del preaviso que toda relación comercial y contractual de buena fe y lealtad se espera, debiéndose aplicar por tanto el artículo 25 LCA.

Evidentemente dicha decisión unilateral implicó que mi mandante haya tenido que cancelar acciones tendentes a la prestación de los servicios derivados del contrato de agencia así como reorganizar su actividad empresarial ante la inminente terminación, cuestión que, lógicamente, ha afectado gravemente a la situación de ....

Así las cosas, acudiendo al referido artículo 25 LCA, el plazo de preaviso de los contratos indefinidos, como es el caso, será de 1 mes para cada año de vigencia del mismo con un máximo de 6 meses.

En este caso es cierto que el último contrato de agencia firmado por las partes se inició en junio de.................., si bien no es menos cierto que, como se ha visto anteriormente, la relación entre ....Y ....como empresa y agente, respectivamente, deviene, al menos del año..................... Teniendo en cuenta lo anterior, y dado que la decisión unilateral tomada por ....ha sido comunicada en diciembre de.............., estamos hablando de una duración contractual entre las partes que excede, en mucho, de los 6 años de límite que fija el referido artículo 25 LCA, por lo que en este caso correspondería un preaviso, del máximo contemplado por Ley, esto es, de 6 meses.

....

Y no sólo lo interpreta así esta parte, sino que la propia demandada lo reconoce expresamente en sus propios burofax de fechas 22 de diciembre de 2.021 y 18 de febrero de 2.022 (DOCUMENTOS .... y ....) cuando indican, y citamos textualmente *"(...) indemnización por plazo de preaviso, equivalente a cinco meses de comisiones medias del último año, ya que, al preavisarles con un mes, restan cinco meses hasta el máximo legal determinado por el artículo 25 de la antes referida ley."*

Y dicha interpretación es coherente con la voluntad de las partes al suscribir el nuevo contrato de agencia de fecha......de junio de..........., ya que en el mismo se reconocía expresamente que el historial como agente de ....para con ....se remontaba a.............., es decir, incluso es anterior al contrato suscrito entre las partes en enero de....................

III.- INDEMNIZACIÓN POR CLIENTELA

Y por lo que respecta a la indemnización por clientela derivada de la extinción de un contrato de agencia, es de aplicación lo dispuesto en el artículo 28 de la Ley 12/1992 de 27 de mayo de Contrato de Agencia, en el que se indica:

"1. Cuando se extinga el contrato de agencia, sea por tiempo determinado o indefinido, el agente que hubiese aportado nuevos clientes al empresario o incrementado sensiblemente las operaciones con la clientela preexistente, tendrá derecho a una indemnización si su actividad anterior puede continuar produciendo ventajas sustanciales al empresario y resulta equitativamente procedente por la existencia de pactos de limitación de competencia, por las comisiones que pierda o por las demás circunstancias que concurran.

2. El derecho a la indemnización por clientela existe también en el caso de que el contrato se extinga por muerte o declaración de fallecimiento del agente.

3. La indemnización no podrá exceder, en ningún caso, del importe medio anual de las remuneraciones percibidas por el agente durante los últimos cinco años o, durante todo el período de duración del contrato, si éste fuese inferior."

De este modo, y tal como se ha indicado en los Fundamentos de Hecho del presente escrito, para determinar el alcance de la indemnización por clientela hay que acudir al ya referido artículo 28 LCA, el cual establece claramente que en el cálculo de la misma han de tenerse en cuenta el conjunto de remuneraciones percibidas por el agente por la totalidad de los servicios prestados por este último. Es decir, en el referido precepto no se hace distinción entre las diferentes remuneraciones que pueda percibir un agente, sino que han de ser tenidas en cuenta en su conjunto.

En este sentido las Sentencias del Tribunal Supremo nº 528/2020 de fecha 14 de octubre de 2.020, con cita a las Sentencias del Tribunal Supremo nº 505/2019 y 506/2019 de fechas 1 de octubre de 2.019 (la negrita y subrayados son nuestros:

– *STS 528/2020: "(...)1.- Las cuestiones jurídicas planteadas en este recurso de casación han sido ya tratadas y resueltas por esta sala en las sentencias 505/2019 y 506/2019 ambas de 1 de octubre (...).*

En ellas concluimos que cuando se establecen una diversidad de servicios a prestar por el agente no pueden tomarse en consideración para el cálculo de la indemnización por clientela únicamente las comisiones -fijas o porcentuales- propiamente dichas, sino que por "remuneración" debe entenderse ***la totalidad de las cantidades percibidas por el agente por el desempeño de su actividad*** *(lo que en esas resoluciones denominamos "conjunto retributivo.*

2.- Y ello no solo porque el artículo 28.3 LCA se refiere a remuneraciones y no únicamente a comisiones, sino porque la relación de colaboración mercantil entre las partes conllevaba la prestación por el agente de una multiplicidad de tareas que Vodafone abonaba conforme a un modelo retributivo unitario, que ***no pueden intentar fraccionar en detrimento de los derechos del agente.*** *Si el agente estaba obligado contractualmente a prestar un servicio post venta y percibía por ello una retribución (...), la misma forma parte del conjunto retributivo (...)"*

– *STS 505/2019: "(...) la sentencia recurrida sostiene que las relaciones entre las partes no se comprenden como la sucesión de una serie de contratos individuales, sino que conformaban un entramado contractual ("un todo"), que en su conjunto se engloba como un contrato complejo de agencia, más allá del nomen iuris concreto de cada figura.*

Esa valoración jurídica (más que interpretación del contrato) no vulnera el art. 1281.1 CC ni la jurisprudencia que lo interpreta. Entre otras cosas, porque la sentencia recurrida no hace (ni deja de hacer) una interpretación literal, sino que, por el contrario, utiliza el canon hermenéutico de la totalidad (art. 1285 CC), si bien no de las distintas cláusulas de un solo contrato, sino de un conjunto contractual.

(...)

4.- En este caso, el todo orgánico que constituye el contrato no se conforma con cada una de las relaciones contractuales celebradas entre Redworld y Vodafone, sino con el conjunto de todas ellas. Lo que resulta así no solo porque el objeto negocial era el mismo (la promoción y venta de productos de Vodafone), sino porque todas las figuras contractuales, con el denominador común de la colaboración mercantil, se basaban en un modelo retributivo único, dependiente de unos objetivos comerciales marcados por Vodafone. Todos los conceptos incluidos en el modelo retributivo se consignaban en las facturas que emitía

Vodafone, en cuyo contenido se basó la prueba pericial en que se apoya la sentencia recurrida para calcular la indemnización por clientela."

Es decir, se resuelve por el Tribunal Supremo que **por remuneración ha de entenderse la totalidad de las cantidades percibidas por el agente en el desempeño de su actividad, por lo que si el agente estaba obligado contractualmente a multiplicidad de tareas que el empresario abonaba conforme a un modelo retributivo acordado, todas las remuneraciones forman parte del conjunto retributivo a los efectos de determinar el importe de la indemnización por clientela.**

Así mismo, el contenido de las ya mencionadas Sentencias del Tribunal Supremo nº 505/2019 y 506/2019 de fecha 1 de octubre de 2.019 nos llevaría a entender que si la remuneración por otros servicios se incluyó en el contrato como remuneración (lo que sucede en el presente supuesto), la misma ha de tenerse en consideración a la hora de fijar la indemnización por clientela, indicando igualmente que una de las evidencias a tener en cuenta para concluir si se incluye o no dicha remuneración es, además de si figura como tal en el contrato, si figura en las facturas como remuneración derivada del contrato.

Pues bien, no sólo se ha acreditado que la remuneración por la prestación de servicios conexos figura expresamente en el contrato, sino que, como puede observarse en las facturas aportadas junto con el informe pericial, la referida remuneración aparece claramente reflejada en las mismas, cumpliéndose de este modo los presupuestos jurisprudenciales anteriormente reseñados.

Habiendo clarificado la anterior cuestión, es evidente que..............., en su propuesta indemnizatoria ha obviado parte de las remuneraciones del agente que debían ser tenidas en cuenta a la hora de fijar el monto indemnizatorio, motivo por el cuál esta parte se ha visto abocada a la presentación de la presente demanda.

Así las cosas, y como se ha indicado previamente en otro pasaje del presente escrito, es del todo improcedente pretender rebajar el importe indemnizatorio obviando en el cálculo del mismo parte de las remuneraciones percibidas por el agente. Ello incluso aunque en el referido contrato se hubiera pactado que las retribuciones por los servicios conexos quedarían fuera de la indemnización por clientela, ya que, como hemos visto, siendo imperativo el precepto que regula la referida indemnización, y dado que la misma debe ser calculada teniendo en cuenta el conjunto de las remuneraciones percibidas por el agente pactadas en el contrato, no cabe reflejar en el contrato la renuncia a la indemnización por clientela, si quiera parcialmente.

Y ello en virtud de lo dispuesto en el artículo 28 de la LCA, en relación con el artículo 3.1 del referido cuerpo legal, el cual establece el carácter imperativo de los preceptos contenidos en la LCA a no ser que en ellos se disponga otra cosa. De este modo, y conforme a la Jurisprudencia de la Sala del Tribunal Supremo, se consideran nulos los pactos contractuales de renuncia previa a la indemnización o compensación por clientela.

En este sentido la Sentencia del Tribunal Supremo nº 226/2020 de fecha 1 de junio de 2.020, así como la referencia a otras sentencias que en ella se contiene:

"(...) 2ª.- Entre los derechos reconocidos por dicha Directiva (86/653/CEE del Consejo) al agente destacan los contemplados en su art. 17 para cuando el contrato termine

(apdo. 1), siendo uno de ellos el de ser indemnizado con las condiciones y en los términos establecidos en su apdo. 2, regulador de la denominada indemnización o compensación por clientela.

"3ª.- La especial relevancia de este derecho a compensación por clientela como manifestación de ese "nivel de protección de los agentes comerciales en sus relaciones con sus poderdantes" se confirma en el art. 19 de la Directiva mediante una norma cuya fórmula es inequívocamente prohibitiva: "Las partes no podrán pactar, antes del vencimiento del contrato, condiciones distintas de las establecidas en los artículos 17 y 18 en perjuicio del agente comercial".

"4ª.- Aunque ningún artículo de la LCA española contenga esa misma fórmula prohibitiva o una similar, lo cierto es que su art. 3.1 sí establece el carácter imperativo de sus preceptos "a no ser que en ellos se disponga otra cosa".

"5ª.- Con base precisamente en tal carácter imperativo la jurisprudencia de esta Sala ha considerado nulos los pactos contractuales de renuncia previa a la indemnización o compensación por clientela (SSTS 27-1-03 y 7-4-03)."

O la Sentencia del Tribunal Supremo nº 456/2013 de fecha 27 de junio de 2.013, así como la referencia a otras contenidas en el cuerpo de la misma:

"(...) El pacto anticipado que limite el derecho del agente a obtener, una vez terminado el contrato y en caso de conflicto con su empresario, una indemnización que alcance la cuantía prevista en el art. 28 de la Ley del Contrato de Agencia, prohibido por el régimen imperativo de la Ley del Contrato de Agencia, puede consistir tanto en la previsión de un porcentaje o fórmula de cálculo más perjudicial para el agente que la prevista en el art. 28, como en una reducción de la base sobre la que se aplique dicha fórmula o porcentaje por excluir una parte del periodo durante el que se desarrolló la relación de agencia. Por tanto, la tesis sostenida por la recurrente no es admisible, por ser contraria al régimen imperativo de la indemnización por clientela establecido en la Ley del Contrato de Agencia."

En este sentido igualmente la ya referida Sentencia del Tribunal Supremo nº528/2020 de fecha 14 de octubre de 2.020, o la Sentencia del Tribunal Supremo nº 582/2010 de fecha 8 de octubre de 2.010.

De este modo, observamos como jurisprudencialmente se ha impedido, no sólo que se pacte por las partes una renuncia al derecho de indemnización por clientela, sino que la misma se limite de tal forma que no alcance la cuantía prevista en el artículo 28 de la LCA, bien porque se prevea una fórmula de cálculo más perjudicial para el agente que la prevista en el artículo 28 del referido cuerpo legal, bien porque se aplique una reducción de la base sobre la que se aplique dicha fórmula de cálculo.

Y es precisamente lo que ha sucedido en el supuesto de autos, ya que en el contrato de agencia de fecha..............de junio de ....se ha pretendido limitar el importe de la indemnización por clientela a percibir por el agente al no incluir en el cómputo de la misma el conjunto de remuneraciones pactadas en el contrato, incumpliéndose de esta forma tanto lo dispuesto en el artículo 28 de la LCA, como la doctrina asentada jurisprudencialmente a la que hemos hecho referencia con anterioridad.

Es por ello que esta parte entiende que en el supuesto que nos ocupa procede aplicar la indemnización por clientela en los términos indicados en el presente escrito de demanda.

IV.- COSTAS:

Las costas del presente procedimiento deben ser impuestas a la empresa demandada al entender que deben ser atendidas en su integridad las pretensiones de esta parte, y ello de conformidad al art. 394 de la LEC.

En virtud de todo lo expuesto,

SUPLICO AL TRIBUNAL que tenga por presentado este escrito con los documentos que lo acompañan, se digne admitirlo, por personada a la procuradora que suscribe en la representación que ostento y entender conmigo las sucesivas diligencias, tener por presentada en tiempo y forma la demanda, y previos los trámites procesales de rigor, incluida la notificación a la demandada, dicte en su día sentencia por la que se estime la demanda, y en consecuencia, se condene a ....a indemnizar a ...., con la cantidad de .... (.....................€) con expresa imposición de costas procesales a la demandada.

OTROSÍ DIGO.- Que siendo intención de esta parte cumplir con todos los requisitos legales, a tenor de lo previsto en el artículo 231 de la Ley de Enjuiciamiento Civil, se solicita por esta parte que se nos diere traslado de cualquier defecto que pudiera adolecer la presente demanda, para proceder a la inmediata subsanación.

SUPLICO AL TRIBUNAL, que teniendo por efectuada la anterior manifestación a los efectos oportunos.

Es justicia que pido en...................., a .... de .... de ....

....

LETRADA Procuradora

F023. CESIÓN DE CONTRATO DE AGENCIA

Normativa aplicable: *Ley 12/1992, de 27 mayo, sobre contrato de agencia.*

En.........., a .... de .... de........

REUNIDOS

.... mayor de edad, casado, casado, vecino de ...., con domicilio en calle............, con DNI/NIF ....

............, mayor de edad, casado, vecino de.........., con domicilio en..........., con DNI/NIF............

INTERVIENEN

El Sr. .... en nombre y representación de la mercantil.........., con domicilio social en .... con CIF............, en su condición de apoderado.

El Sr............, en nombre y representación de la mercantil..............., con domicilio social en.............., con CIF............, en su condición de administrador.

Asimismo el Sr. .... actúa en nombre y representación de la mercantil............, con domicilio social en..........., calle .... con CIF .... en su condición de administrador.

Los comparecientes se reconocen mutuamente con la capacidad legal suficiente para el otorgamiento del presente documento y al efecto,

DECLARAN Y CONVIENEN

PRIMERO.– Que a petición e interés expreso comunicado por .... y..........., ... consiente la cesión del contrato mercantil de agencia que suscribieron .... y..........., el.........., a la mercantil ....

SEGUNDO.– Que en relación al citado contrato de fecha............, ninguna cantidad es debida entre las mercantiles............., sea por los conceptos de anticipos, comisiones compensaciones, indemnizaciones o cualesquiera otros conceptos derivados del citado contrato de fecha ...., reconociendo las citadas partes que no se adeudan nada entre ellas.

TERCERO.– Tras la citada cesión de contrato, ..., expresamente reconocen que cualquier compensación por clientela que pudiese corresponderle en un futuro, se determinará a partir del día siguiente a la firma de este contrato y a la vista de la actividad de la mercantil............., tras la cesión efectuada.

CUARTO.– Expresamente se reserva..............., la facultad de desistir del presente contrato, en el caso de que............., deje de estar vinculado a la mercantil.................

Leído el presente documento los comparecientes lo encuentran conforme con su voluntad, por lo que se ratifican en su contenido y lo suscriben por triplicado, quedando un ejemplar en poder de cada parte.

F024. CONTRATO DE CONCESIÓN O DISTRIBUCIÓN (I)

En la ciudad de ...... hoy día ..... de ...... de dos mil ......

REUNIDOS

Don...................., de nacionalidad española, mayor de edad, vecino de ...., con domicilio en la calle ......, núm. ..... y DNI/NIF ....

Doña ...., de nacionalidad española, mayor de edad, vecina de ...., con domicilio en la calle ......, núm. ..... y DNI/NIF ....

INTERVIENEN

Don.................... interviene en nombre y por cuenta, en su condición de Consejero Delegado, de la sociedad anónima de nacionalidad española .... S.A., domiciliada en ......, calle ...., núm. ..... Constituida por tiempo indefinido mediante escritura autorizada el ... de .... de ....., por el notario de ......, Don.................... Inscrita en el Registro Mercantil de la provincia de ...... al tomo ...., del libro de sociedades, folio ....., hoja número ....., inscripción .... CIF ....

Doña .... interviene en nombre y por cuenta, en su condición de administradora única, de la sociedad de responsabilidad limitada de nacionalidad española .... S.L., domiciliada en ......, calle ...., núm. ..... Constituida por tiempo indefinido mediante escritura autorizada el ... de .... de ....., por el notario de ......, Don.................... Inscrita en el Registro Mercantil de la provincia de ...... al tomo ...., del libro de sociedades, folio ....., hoja número ....., inscripción .... CIF ....

Las partes, reconociéndose recíproca capacidad para este acto, libre y espontáneamente,

EXPONEN

I.– Que .... S.A. (el EMPRESARIO en adelante), fabrica y comercializa bajo la marca ..... los productos .....

II.– Que .... S.L. (el DISTRIBUIDOR en adelante) se dedica a la distribución de productos en el sector de ...., empleando sus propios medios, y por propia cuenta y riesgo.

III.– Que interesa al DISTRIBUIDOR que le sea conferida la distribución de tales productos para proceder a su reventa, por lo que las partes formalizan el presente contrato de agencia, que se regirá por sus normas naturales y por las siguientes:

ESTIPULACIONES

PRIMERA.– Es objeto del presente contrato la distribución y reventa por parte del DISTRIBUIDOR de la los productos comercializados por el EMPRESARIO bajo la marca .... y que se reseñan en ANEXO I, en el territorio de ...., única zona en el que podrá actuar el DISTRIBUIDOR en virtud de este contrato.

SEGUNDA.–. La presente distribución se concede a favor del DISTRIBUIDOR en exclusiva.

TERCERA.– El DISTRIBUIDOR carece de poder de representación del EMPRESARIO y no está autorizado para contratar en nombre del mismo. Sin embargo, si podrá presentarse como distribuidor de los productos contractuales en el territorio de ......

CUARTA.– El DISTRIBUIDOR puede desarrollar su actividad profesional por cuenta de varios empresarios, pero no puede ejercer, por su propia cuenta o por cuenta de otro empresario, actividad profesional de distribución o promoción relacionada con los productos contractuales u otros que sean de igual o análoga naturaleza y concurrentes o competitivos con los objeto de este contrato.

QUINTA.– El DISTRIBUIDOR deberá dirigir al EMPRESARIO el correspondiente pedido de producto que precise, comprometiéndose, en cualquier caso, a adquirir de éste último un mínimo anual de .... del producto contractual. El EMPRESARIO se compromete atender todos los pedidos de mercancía que curse el DISTRIBUIDOR, siempre que el precio conjunto mensual de tales pedidos no exceda de ..... euros. En el supuesto que exceda, los pedidos posteriores deberán ser aceptados expresamente por el EMPRESARIO en el plazo de ... días desde la recepción del pedido.

La compraventa del producto se realizará bajo el término Incoterm .... (INCOTERM 2020).

El empresario remitirá la mercancía a los almacenes del DISTRIBUIDOR sito en ...., dentro del plazo de ...... días desde la recepción del pedido o, en su caso, su aceptación. Los gastos de transporte de la mercancía, serán de cuenta y cargo del DISTRIBUIDOR y no se incluyen en las tarifas. La mercancía se entenderá entregada por el EMPRESARIO en el momento en que sea recepcionada por el transportista. Cada pedido será objeto de la correspondiente factura, que será entregada al transportista junto a la mercancía y que deberá ser pagada por el DISTRIBUIDOR en los términos de la estipulación siguiente de este contrato.

SEXTA.– El precio de la mercancía es el que se reseña en las tarifas que se acompañan, firmadas por las partes, como ANEXO II de este contrato, formando parte integrante del mismo. Los precios incluyen el Impuesto sobre el Valor Añadido.

La expresada tarifa de precios, será objeto de revisión cada .... por el DISTRIBUIDOR, de modo que reflejen las variaciones que hubieran experimentado los siguientes factores, ponderados del modo que a continuación se indica: ....

El pago del precio se realizará por el DISTRIBUIDOR en el plazo de .... días a contar desde la entrega de la mercancía por el EMPRESARIO, mediante transferencia bancaria a la siguiente cuenta corriente: ....

SÉPTIMA.– EL DISTRIBUIDOR revenderá la mercancía adquirida a su exclusiva cuenta y cargo y a su riesgo. La fijación del precio de reventa del producto, dentro de los limites señalados en el ANEXO III, corresponde al DISTRIBUIDOR.

OCTAVA.– El DISTRIBUIDOR prestará un servicio técnico y postventa adecuado que, en todo caso, cumplirá las exigencias y normas recogidas en el ANEXO IV de este contrato. En este acto, el EMPRESARIO entrega los manuales y demás documentación técnica de los productos objeto de este contrato que se reseña en el ANEXO VII. En cualquier caso, el SUMINISTRADOR y sus empleados asistirán a los cursos que organice el EMPRESARIO relacionado con la información técnica de los productos o el servicio técnico y postventa de los mismos.

NOVENA.– El DISTRIBUIDOR tendrá a disposición de sus clientes un stock de productos y piezas de repuesto suficiente para atender la demanda de aquellos que, en todo caso, no será inferior a las magnitudes reseñadas en el ANEXO V de este contrato.

A la extinción del presente contrato, el DISTRIBUIDOR podrá requerir del EMPRESARIO la recompra de los productos y piezas de repuesto que tuviese en su poder al tiempo de tal extinción. La recompra se llevará a cabo en los términos del apartado e) del ANEXO V de este contrato.

DÉCIMA.– El DISTRIBUIDOR, a su cuenta y cargo, deberá llevar a cabo una promoción y publicidad adecuada para la promoción y venta de los productos en el territorio objeto de esta distribución, previa aceptación por el EMPRESARIO de los materiales publicitarios que prepare el DISTRIBUIDOR. Además, éste deberá participar en las campañas publicitarias que prepare el EMPRESARIO para potenciar la venta de los productos objeto de este contrato.

Sin perjuicio de todo lo anterior y en este acto, El EMPRESARIO hace entrega al DISTRIBUIDOR de los muestrarios, catálogos, y demás material publicitario que se reseñan en el ANEXO VI y que el DISTRIBUIDOR recibe a su total conformidad a los efectos de este contrato.

UNDÉCIMA.– Expresamente reconoce el DISTRIBUIDOR que ningún derecho le asiste ni ostenta con relación a la propiedad industrial e intelectual derivada de los productos objeto de este contrato y, en especial con relación a la marca .... con los que se identifican en el mercado.

DUODÉCIMA.– El DISTRIBUIDOR se obliga a ocuparse con la diligencia de un ordenado comerciante de la distribución aquí encomendada.

DECIMOTERCERA.– La distribución aquí encomendada será llevada a cabo por el DISTRIBUIDOR, por sí mismo o a través de sus dependientes, a su exclusiva cuenta y cargo, y a su riesgo, empleando y ordenando, con total y plena autonomía, su actividad y sus propios medios materiales y humanos, no autorizándose la actuación por medio de subconcesionarios o agentes.

DECIMOCUARTA.– El presente contrato tiene una duración de .... años a contar desde la fecha del presente mismo. Transcurrido el citado plazo, el presente contrato quedará automáticamente extinguido.

Expresamente pactan las partes que la extinción del presente contrato no dará lugar a que el DISTRIBUIDOR tenga derecho a percibir compensación o indemnización alguna como consecuencia de tal extinción, incluida, por clientela.

DECIMOQUINTA.– El presente contrato podrá ser resuelto en los casos que marca la Ley, así como por el incumplimiento de cualquiera de las obligaciones derivadas del mismo para las partes.

DECIMOSEXTA.– Los gastos y tributos derivados de este contrato, serán soportados por las partes con arreglo a Ley.

Además, serán de cuenta de la parte incumplidora de este contrato los gastos judiciales o extrajudiciales que se originen como consecuencia de aquel incumplimiento.

DECIMOSÉPTIMA.– Para la práctica de cuantos requerimientos o notificaciones hayan de verificarse, ambas partes designan los señalados en el encabezamiento de este escrito.

DECIMOCTAVA.– El presente contrato tiene carácter mercantil y se regirá por la Ley española.

DECIMONOVENA.– Para cuantas divergencias pudieran surgir con motivo de la interpretación y cumplimiento de lo pactado en este documento y anexo, las partes, haciendo expresa renuncia al fuero que pudiera corresponderles, se someten a los Tribunales de ....

Así lo convienen las partes, quienes tras leer el presente documento y encontrándolo conforme a sus manifestaciones, lo suscriben en su integridad por duplicado ejemplar, ratificándose en su contenido en el lugar y fecha señalados "ut supra".

F025. CONTRATO DE DISTRIBUCIÓN O CONCESIÓN COMERCIAL (II)

En........ a............

REUNIDOS:

De una parte:

Don...................., mayor de edad, de nacionalidad......., con domicilio a estos efectos en........., con DNI........... Interviene en nombre y representación de la sociedad mercantil denominada ...., domiciliada en .... y con CIF número .... constituida, por tiempo indefinido, mediante escritura otorgada ante el notario de ...., Don...................., el..........., e inscrita en el Registro Mercantil de.........., al tomo........, folio...., sección ....., hoja ....., inscripción......., en su calidad de Administrador-Gerente.

En adelante, el Concedente.

De otra parte:

D............ mayor de edad, de nacionalidad......., con domicilio a estos efectos en........., con DNI........... Interviene en nombre y representación de la sociedad mercantil denominada ...., domiciliada en .... y con CIF número .... constituida, por tiempo indefinido, mediante escritura otorgada ante el notario de ...., Don...................., el..........., e inscrita en el Registro Mercantil de.........., al tomo........, folio...., sección ....., hoja ....., inscripción......., en su calidad de Administrador-Gerente.

En adelante, el Concesionario.

Las partes se reconocen la capacidad legal necesaria para contratar y obligarse y, a tal efecto

EXPONEN:

I. Que el Concedente que tiene como objeto la fabricación de los productos que constan en el Anexo I al presente contrato comercializados bajo la marca ....

II. Que el Concedente utiliza como forma habitual de comercializar sus productos la concertación con otras empresas de contratos de concesión mercantil en exclusiva para una determinada zona.

III. Que el Concesionario es una mercantil que dispone de los medios materiales y humanos para llevar a cabo la comercialización de los productos del Concedente.

IV. Que ambas partes han alcanzado un acuerdo en virtud del cual el Concesionario se compromete a llevar a cabo las operaciones de comercialización y distribución de los productos del Concedente, pactando para su ejecución el presente contrato de concesión mercantil, con arreglo a las siguientes:

ESTIPULACIONES:

PRIMERA.– Objeto

En virtud del presente contrato el Concedente designa como Concesionario de sus productos a la mercantil, que llevará a cabo la venta y distribución de dichos productos en exclusiva, así como la atención del servicio de posventa y asistencia técnica de los mismos en la zona de ...., con la posibilidad de poder aumentar las zonas acordadas por ambas partes

SEGUNDA.– Suministros

El Concedente suministrará al Concesionario sus productos en las cantidades que éste le solicite. Los productos suministrados quedarán en el establecimiento mercantil del Concesionario hasta que se proceda a su venta, corriendo éste con los gastos de custodia y conservación de los mismos, así como con los riesgos por su pérdida.

Cuando el Concesionario necesite para atender la petición de un cliente una cantidad de productos de la que no disponga en depósito se lo solicitará al Concesionario, remitiéndole la correspondiente nota de pedido, que deberá ponerlos a su disposición en un plazo máximo de .... días.

Los gastos de transporte de los productos desde la fábrica del Concedente a los puntos de venta del Concesionario serán del ....% para pedidos superiores a ....€ y máximo del ....% para productos sueltos entregados en cualquier punto del territorio nacional.

TERCERA.– Precio de venta de los productos

Los precios de venta de los productos del Concedente los fijará libremente el Concesionario.

El concedente se compromete a aplicar la tarifa más económica de que dispone

CUARTA.– Deber de información y publicidad

El Concedente informará al Concesionario de las campañas nacionales de promoción de sus productos con carácter previo al lanzamiento de las mismas, así como de la comercialización de nuevos productos o de cualquier novedad con respecto a los comercializados anteriormente, entre ellas, su retirada del mercado o las previsiones sobre aumentos o disminuciones en las ventas de los mismos.

Asimismo, el Concedente asesorará al Concesionario en el desarrollo de las campañas publicitarias locales que éste lleve a cabo en la zona de comercialización del producto que tiene asignada, proporcionándole folletos y demás material publicitario con logotipos y marcas que permitan su uso con el fin de publicitar los productos del Concedente.

QUINTA.– Duración

La concesión objeto del presente contrato se hace por .... año renovable por periodos anuales, excepto que con al menos .... meses antes no se comunica la decisión de no prorrogar el contrato por alguna de la partes

SEXTA.– Pacto de no competencia

El Concesionario si podrá comercializar productos iguales o similares a los del Concedente o que puedan resultar competentes o concurrentes con los de éste, en el ámbito geográfico dónde desarrolla sus funciones para aquél.

SÉPTIMA.– Subcontratación

El Concesionario podrá contar con la colaboración de terceros que lleven a cabo la comercialización y distribución de los productos del Concedente en la zona que aquél tiene asignada en exclusiva.

OCTAVA.– Visitas.

El Concedente se reserva el derecho de visitas periódicamente a los locales donde el Concesionario comercializa sus productos.

NOVENA.– Deber de secreto

El Concesionario deberá actuar lealmente y de buena fe, velando en todo momento por los intereses comerciales del Concedente, no desvelando ninguna información de la que sobre éste disponga como consecuencia de la relación comercial que les une.

DÉCIMA.– Terminación y resolución del contrato

Son causas de terminación y resolución del presente contrato las siguientes:

a) Por incumplimiento de cualquiera de las partes de alguna de las cláusulas del presente contrato, sin que dicho incumplimiento fuera subsanado dentro de los días siguientes a la notificación por escrito efectuada por la otra parte solicitando la subsanación del incumplimiento.

b) La declaración de quiebra a instancia de acreedor legítimo de cualquiera de las partes, o la presentación de solicitud de quiebra voluntaria o suspensión de pagos de cualquiera de ellas, o la interposición en contra de cualquiera de las partes de juicios ejecutivos o embargos preventivos u otras medidas cautelares que impliquen la disminución de la solvencia económica de las mismas.

La resolución del presente contrato o de cualquiera de las licencias concedidas en su aplicación no excluye cualquier otra reparación legal o judicial que cualquiera de las partes estime oportuno obtener.

DECIMOPRIMERA.– Gastos del contrato

Queda expresamente convenido que todos los gastos, impuestos, contribuciones, tasas o arbitrios, presentes o futuros, que origine este contrato serán satisfechos por las partes, conforme a Ley.

DECIMOSEGUNDA.– Sometimiento a arbitraje

Con renuncia expresa al ejercicio de cualquier acción ante los tribunales de .... las partes se comprometen expresamente a instituir, en su día, un arbitraje de Derecho Privado, con arreglo a la legislación vigente, para resolver cuantas dudas o divergencias pudieran surgir entre ellas como consecuencia de la interpretación o cumplimiento de este contrato.

DECIMOTERCERA.– Normativa aplicable al contrato

El presente contrato tiene carácter de mercantil y se regirá, en primer término, por las estipulaciones contenidas en el mismo, y, en lo en ellas no previsto, por las disposiciones del Código de Comercio, leyes especiales, los usos y costumbres mercantiles y, en su defecto, por lo establecido en el Código Civil.

Decimocuarto. Elevación a documento público

El presente contrato se elevará a público a solicitud de cualquiera de las partes, siendo los gastos del fedatario pagados por la parte que lo solicite.

Conformes las partes con el contenido del presente contrato, lo firman por duplicado en el lugar y fecha arriba indicados.

F026. CONTRATO DE DISTRIBUCIÓN (III)

EL PRESENTE CONTRATO lo suscriben, hoy día ...... de .... de ...., las partes siguientes:

1. .... (constituida en España), con domicilio social en ...., ... (en adelante, la "Mercantil"), y

2. .... (constituida en ......), con domicilio social en .... (la "Distribuidora").

CONSIDERANDO LO SIGUIENTE:

(A) ...., es una empresa dedicada a la fabricación, diseño y distribución de .... en todo el mundo, siendo propietaria de la marca ...., que se utiliza en la fabricación y venta de dichos productos.

(B) El DISTRIBUIDOR es una empresa dedicada a la comercialización al por menor de .... artificial en ......

(C) En la actualidad ambas partes están interesadas en distribuir .... en todo el territorio de los productos de la marca de ....

EN FE DE LO CUAL, LAS PARTES ACUERDAN LO SIGUIENTE:

1. Definiciones e Interpretación

1.1. Se entenderá por **"Porcentaje de Publicidad"** ....por ciento (..%).

Se entenderá por **"Fecha de Aniversario"** el ...., y cada primero de enero subsiguiente, a lo largo de la vigencia del presente Contrato.

Se entenderá por **"Cambio en el Control"** cualquier cambio en la(s) persona(s) que, en la Fecha de Entrada en Vigor, sean titulares de la Distribuidora, o tengan poder directa o indirectamente, por cualquier forma, para controlar o dirigir la actividad de la Distribuidora.

Se entenderá por **"Información Confidencial"** todo asesoramiento, información y conocimiento empresarial, incluyendo, a título de ejemplo y sin carácter limitativo, cualesquiera diseños, procesos, desarrollos, mejoras, inventos, conceptos, gráficos y estilos relativos a los Productos, así como secretos comerciales relativos a los Productos o a la actividad de la Mercantil o cualquier empresa asociada, ya sean tangibles o intangibles, que facilite la Mercantil a la Distribuidora.

Se entenderá por **"Año Contractual"** el periodo a partir del 1 de enero de 2.020 que finaliza el 31 de diciembre de 2020 en lo que respecta al primer Año Contractual, y cada uno de los sucesivos periodos de doce (12) meses a partir de cada Fecha de Aniversario.

Se entenderá por **"Fecha de Entrada en Vigor"** el ....

Se entenderá por **"Derechos de Propiedad Intelectual"** las Marcas Comerciales y cualesquiera patentes, derechos de autor, conocimiento empresarial, diseños registrados o no registrados, y cualesquiera derechos de propiedad similares, tanto si existen en la realidad o si se crean en el futuro, o cualesquiera solicitudes o derecho a solicitar cualquiera de los anteriores, que sean oportunamente propiedad de la Mercantil o utilizados por ésta.

Se entenderá por **"Ventas Netas"** la cantidad total facturada por la Distribuidora, o el valor justo de mercado en el caso de las operaciones que no sean entre partes independientes, correspondientes a las ventas de Productos tras la deducción de:

(a) impuestos del tipo de impuestos de ventas, aranceles, valor añadido o similares, gravados sobre el precio facturado al comprador e incluidas en el mismo; y

(b) en su caso, los descuentos, rebajas, reducciones o devoluciones habituales realizados realmente y de buena fe por parte de la Distribuidora a sus clientes, respecto de dichas ventas, distintos de contar todos los descuentos, rebajas, reducciones o devoluciones por pago en efectivo o pago en un plazo determinado, o realizados con fines promocionales.

Se entenderá por **"Productos"** los que se enumeran en el Anexo 1, según los adquiera la Distribuidora a la Mercantil (o a cualquier otra fuente aprobada en la cláusula 6.1(b)).

Se entenderá por **"Trimestre"** cada uno de los periodos de tres (3) meses que finalizan el 31 de marzo, 30 de junio, 30 de septiembre y 31 de diciembre de cada Año Contractual. Se considerará que el primer Trimestre será el tiempo transcurrido entre la Fecha de Entrada en Vigor y el 31 de marzo de ....

Se entenderá por **"Objetivos"** las obligaciones de venta y/o compra de la Distribuidora que establece la cláusula 5.

Se entenderá por **"Territorio"** el país que figura en el Anexo 2.

Se entenderá por **"Marcas Comerciales"** aquellas que estén registradas (o que figuren en solicitudes pendientes de registro) en el Territorio que figura en el Anexo 3, junto con todas las demás marcas comerciales, nombres comerciales, marcas de servicio, nombres de estilo, vestidos comerciales, logotipos y demás símbolos comerciales controlados por la Mercantil o propiedad de la misma, y que la Mercantil decida que oportunamente habrá de utilizar la Distribuidora en relación con los productos.

Se entenderá por **"Listado de clientes actuales de la Mercantil y Distribuidora en el Territorio"** la relación adjunta que figura en el Anexo 4 facilitados por la Mercantil a la Distribuidora y Anexo 5 por la Distribuidora a la Mercantil.

1.2. En este Contrato, a menos que el contexto lo exija de otro modo:

(a) los encabezamientos y subrayados están destinados únicamente a facilitar la lectura, y no afectan a la interpretación del Contrato;

(b) el singular incluye el plural, y viceversa;

(c) las alusiones a personas físicas también incluyen a mercantiles, sociedades, empresas conjuntas, asociaciones, empresas o cualquier otra persona jurídica, así como a cualquier organismo o entidad de la Administración;

(d) las referencias a cosas incluyen también a cualquier parte de las mismas;

(e) las referencias a cláusulas, partes y anexos son referencias a cláusulas, partes y anexos del presente Contrato; y

(f) las referencias a cualquiera de las partes incluirán a sus sucesores respecto de la titularidad o cesionarios permitidos.

2. Inicio

El presente Contrato tendrá su inicio y se considerará que ha entrado en vigor a partir de la Fecha de Entrada en Vigor, sin perjuicio de que podrá formalizarse antes o después de dicha fecha.

3. Concesión

De acuerdo con los términos recogidos en el presente, la Mercantil nombra a la Distribuidora su distribuidora en exclusiva para los Productos dentro del Territorio, y le concede el derecho en exclusiva para:

(a) importar los Productos al Territorio; y

(b) utilizar las Marcas Comerciales en relación con los Productos dentro del Territorio.

4. Vigencia y prórroga

4.1. El presente Contrato tendrá una vigencia de tres (3) años, es decir, comenzará en la Fecha de Entrada en Vigor y seguirá en vigor hasta el 31 de diciembre de 2022 (en adelante, la "Vigencia"), con la posibilidad de resolución anticipada prevista en el presente y prorrogable anualmente siempre y cuando se cumplan los objetivos previstos.

4.2. Si el Contrato fuese prorrogado conforme a lo dispuesto en el apartado anterior, los objetivos para cada año de prórroga, serán incrementados en un cinco (5%) por ciento.

A modo de ejemplo:

Año	COMPRAS FACTURADAS NETAS
2023	
2024	

5. Objetivos

La Distribuidora se compromete a que las Ventas Netas de los Productos por parte de la Distribuidora, durante los periodos que se indican y en cada una de las categorías, sean como mínimo los siguientes:

COMPRAS MÍNIMAS	
Año	**COMPRAS FACTURADAS NETAS**
2020	
2021	
2022	

6. Compra y Venta de Productos

6.1 La Distribuidora comprará los Productos ya empaquetados únicamente a:

(a) la Mercantil; o

(b) aquella Distribuidora que oportunamente autorice la Mercantil por escrito

y la Distribuidora no podrá reempaquetar ningún Producto, ni alterar, modificar ni enmendar ninguno de los empaquetados en que se suministran los mismos, ni retirar, tachar, oscurecer, alterar ni modificar ninguna Marca Registrada, nombre de marca, logotipo, gráfico ni texto aplicados a ninguno de los Productos ni a su empaquetado, sin contar con el consentimiento previo por escrito de la Mercantil.

6.2. El pago se efectuará mediante transferencia en euros, o en aquella divisa que determine la Mercantil, de la siguiente forma:

(a)

(b)

(c)

Los días para el pago de los pedidos solicitados por la Distribuidora a la Mercantil empezarán a contar a partir del día de la emisión de la factura por parte de la Mercantil.

6.3. Los Productos vendidos a la Distribuidora estarán sujetos a las condiciones de venta de la Mercantil o demás proveedores autorizados, según se comunicarán oportunamente a la Distribuidora. Caso de darse cualquier conflicto entre las disposiciones de las citadas condiciones de venta y las disposiciones recogidas en el presente, se estará a lo dispuesto en estas últimas.

6.4. Ni las condiciones estándar de compra de la Distribuidora, ni ninguno de los términos o condiciones en cualesquiera impresos de pedido o demás documentos preparados por la Distribuidora, serán de aplicación a la venta de los Productos a la Distribuidora por parte de la Mercantil.

6.5. La venta se efectuará en condiciones CIF, sometiéndose las partes, a las reglas internacionales publicadas por la Cámara de Comercio Internacional (INCOTERMS, 2020). En consecuencia,

6.6 Correrá por cuenta de la Distribuidora la responsabilidad por todas las transacciones, costes y gastos a partir del punto especificado en las citadas condiciones de venta o pedido de compra y su confirmación (incluyendo transporte, seguro y derechos de aduana).

6.7. La Distribuidora en todo momento mantendrá una gama completa de stock de los Productos para cubrir todas las expectativas razonables de negocio, incluyendo los periodos en los que se prevean picos en la demanda. Sin perjuicio del carácter general de lo anterior, la Distribuidora mantendrá en todo momento un stock de productos en cantidad necesaria para hacer frente a las ventas durante sesenta (60) días, basándose en una estimación de ventas razonable.

7. Marketing de los Productos

7.1. La Distribuidora se esforzará al máximo para crear, cubrir e incrementar la demanda de los Productos dentro del Territorio, de acuerdo con las directrices de marca de la Mercantil y el manual de marca que oportunamente vaya publicando la Mercantil. La Distribuidora estará en contacto y comunicación con la Mercantil y trabajará conjuntamente con ella para aprovechar al máximo las sinergias disponibles en la comercialización de la marca ...., en búsqueda de una visión de marca .... global, y para crear y poner en práctica estrategias de marketing conjuntas que puedan aplicarse dentro del Territorio o en otros lugares del mundo.

7.2. Anualmente, y durante la Vigencia del Contrato, la Distribuidora entregará a la Mercantil un plan de marketing para la distribución de los productos dentro del Territorio; dicho plan de marketing habrá de ser aprobado por la Mercantil (que no podrá negar su aprobación de forma no razonable). El plan de marketing para cada Año Contractual del presente Contrato, que no sea el primer Año Contractual, habrá de acordarse con tres (3) meses de antelación a cada Fecha de Aniversario. El plan de marketing especificará los objetivos y estrategias respecto de los siguientes asuntos (y otros relacionados con ellos) que vayan en consonancia con las obligaciones que la cláusula 7.1 impone a la Distribuidora:

(a) líneas de productos y nuevos planes de productos;

(b) canales de distribución;

(c) objetivos de ventas y distribución sobre la base de cada producto por separado;

(d) acumulación de datos de mercado, incluyendo una evaluación del tamaño total del mercado y segmentación por unidades y valor;

(e) examen de la actividad del año en curso y objetivos y estrategias para el año siguiente;

(f) evaluación de la competencia;

(g) gastos de publicidad y promoción; y

(h) estrategia general de publicidad y promoción.

A fin de aclarar dudas, nada en lo contenido en la presente cláusula se entenderá de forma que restrinja la libertad de la que goza la Mercantil a la hora de determinar sus precios.

7.3. La Distribuidora se compromete a lo siguiente:

(a) fomentar y mejorar la reputación y el reconocimiento y conocimiento de las Marcas Comerciales dentro del Territorio;

(b) desarrollar una estructura de ventas, marketing y merchandising para los Productos en el Territorio;

(c) ofrecer un stock completo y servicio de reposición a todos los minoristas;

(d) conseguir distribución a través de todas las grandes cadenas y grandes almacenes;

Gasto en marketing

7.4. En cada Año Contractual (a excepción del primero) la Distribuidora habrá de gastar un mínimo del Porcentaje de Publicidad de las Ventas Netas de los Productos Distribuidos o del Objetivo de Ventas del año inmediatamente anterior (la más alta de estas dos cantidades) en publicidad dirigida al consumidor y en la promoción dentro del Territorio. Dentro del primer Año Contractual, la Distribuidora habrá de gastar un mínimo del Porcentaje de Publicidad del Objetivo de Ventas de los Productos Distribuidos en publicidad destinada al consumidor y en promoción dentro del Territorio. Dentro de los treinta (30) días posteriores al final de cada año contractual, la Distribuidora remitirá un informe a la Mercantil, cuya veracidad y corrección habrá de certificar un alto directivo de la Distribuidora aprobado por la Mercantil, en el que se detallen las cantidades gastadas y su finalidad.

Materiales de marketing

7.5. La Distribuidora utilizará, y tratará de que en la medida de lo posible utilicen los minoristas que tengan los Productos en stock dentro del Territorio, los conceptos de marketing, historias de marketing, adornos, unidades de exposición, anuncios y materiales de punto de venta/punto de compra que especifique oportunamente la Distribuidora (todos ellos designados en adelante como "Material de Marketing"). No deberían realizarse alteraciones sobre dicho Material de Marketing, ni utilizarse ningún otro material sin la autorización previa por escrito de la Mercantil.

7.6. La Distribuidora solo utilizará para la promoción de los Productos los Materiales de Marketing que la Mercantil suministre a la Distribuidora. Si ésta última desea utilizar otros materiales para la promoción o publicidad de los productos, dichos materiales habrán de sujetarse a las normas y procesos de aprobación de material de marketing que oportunamente notificará la Mercantil a la Distribuidora, y a la autorización previa por escrito de la Mercantil. Todos los folletos de marketing y la publicidad habrán de entregarse a la Mercantil para su aprobación por escrito, de acuerdo con las normas de aprobación de marketing de la Mercantil notificadas a la Distribuidora.

Distribución selectiva

7.7. La Distribuidora se asegurará de que los Productos solo se distribuyen a través de comercios minoristas de acuerdo con los criterios y normas de distribución selectiva de la Mercantil, que esta notificará a la Distribuidora oportunamente.

7.8. La Distribuidora se abstendrá de distribuir los Productos bajo ninguna circunstancia en puestos de mercados o tiendas cuya calidad e imagen sean perjudiciales para la marca.

7.9. La Distribuidora se abstendrá de distribuir los Productos por correo, por Internet o por ningún otro medio electrónico o de emisión (tanto actual como futuro) sin la autorización previa por escrito de la Mercantil.

8. Indemnidad y Seguros

8.1. Corriendo con los gastos, la Distribuidora contratará seguros de responsabilidad general amplios y seguros de responsabilidad de producto que cubran los Productos comercializados o vendidos en relación con las Marcas Comerciales a tenor del presente. Dichos seguros habrán de ser contratados con una aseguradora responsable que habrá de ser aprobada previamente por la Mercantil, y que ofrezca una cobertura que cuente con la aprobación previa de la Mercantil, y según términos aprobados con antelación por la Mercantil. Salvo que se acuerde de otro modo, dichos seguros habrán de reunir las siguientes características:

(a) incluir cobertura de seguro correspondiente a la obligación por parte de la Distribuidora de indemnizar a la Mercantil y a la Propietaria de acuerdo con la cláusula 8.3;

(b) ser en beneficio de la Distribuidora, pero nombrar a la Mercantil y a la Propietaria como coasegurados y destinatarios de los pagos;

(c) mantenerse en vigor durante la Vigencia del presenta Contrato y el tiempo posterior necesario mientras que la Distribuidora pueda seguir utilizando cualquiera de las Marcas Comerciales;

(d) disponer que habrá de notificarse por escrito a la Mercantil con un plazo de 30 días antes de su cancelación, o de cualquier modificación o cambio importante.

8.2 A la formalización del presente, la Distribuidora habrá de facilitar con prontitud a la Mercantil un certificado que demuestre que se ha contratado seguro de acuerdo con las disposiciones de la presente cláusula.

8.3 Sujeto a las disposiciones de la cláusula 17, la Distribuidora se compromete a defender, indemnizar y dejar indemnes a la Mercantil y a la Propietaria, incluyendo cualesquiera filiales, asociadas y cesionarias de la Mercantil y la Propietaria, contra cualesquiera reclamaciones, sentencias, demandas, deudas, o derechos de acción, sea cual sea su naturaleza, y frente a todos los gastos, incluyendo honorarios de abogados por importe razonable, surgidos de la fabricación, promoción, marketing, distribución o venta de los Productos por parte de la Distribuidora a tenor de lo dispuesto en el presente Contrato.

9. Libros y Registros

9.1. La Distribuidora llevará registros y cuentas completos y correctos que muestren detalles de los Productos importados, distribuidos, intercambiados y vendidos por ella según el presente Contrato, y que contengan toda aquella información que sea necesaria para permitir a la Mercantil vigilar el cumplimiento del presente Contrato.

9.2. En todo momento mientras esté en vigor el presente Contrato, y durante cualquier periodo habido tras renovación del mismo, permitirá el acceso a sus registros y cuentas en todo momento razonable (y en cualquier caso, en un máximo de cuarenta y ocho [48] horas tras la petición) a la Mercantil o a cualquier representante o contable autorizado por ésta. Dicha persona podrá tomar extractos o hacer copias de cualquiera de los citados registros o cuentas.

9.3 Caso de que el presente Contrato se resuelva o por cualquier motivo, la Distribuidora habrá de facilitar el mismo tipo de acceso a sus registros y cuentas durante un periodo que se prolongará durante seis (6) meses a partir de dicha resolución.

9.4. En todo momento durante el presente Contrato, la Distribuidora se compromete a remitir a la Mercantil, con un máximo de un (1) mes natural tras su preparación, copia de la cuenta financiera de final de año más reciente (incluyendo la hoja de resultados y la cuenta de ganancias y pérdidas), certificados por un auditor independiente certificado (o su equivalente dentro del Territorio).

10. Formularios de informes y remisión

10.1. Dentro de los diez (10) días posteriores al final de cada trimestre, la Distribuidora habrá de entregar a la Mercantil aquellos informes correspondientes al Territorio que esta oportunamente determine, entre los cuales pueden incluirse, a título de ejemplo y sin carácter limitativo:

(a) detalles de todas las ventas de cada uno de los Productos efectuados durante dicho trimestre, que incluyan las cantidades de cada tipo de los Productos vendidos, desglosados por categoría de producto (unidades y valor), nombres de todos los clientes, cantidades compradas por cada cliente y los precios a pagar; y

(b) estimaciones de ventas previstas de cada uno de los Productos correspondientes a aquellos periodos según solicite la Mercantil; y

(c) un comentario trimestral, en el formato que establezca oportunamente la Mercantil.

10.2. Dentro de los treinta (30) días posteriores al final de cada Trimestre, la Distribuidora entregará a la Mercantil aquellos informes correspondientes al Territorio que oportunamente especifique la Mercantil, entre los cuales pueden incluirse, a título de ejemplo y sin carácter limitativo:

(a) detalles de todas las ventas de cada uno de los Productos efectuados durante dicho Trimestre, que incluyan las cantidades de cada tipo de los Productos vendidos, desglosados por categoría de producto (unidades y valor), segmento de consumidores, edad, género (unidades y valor), nombres de todos los clientes, cantidades compradas por cada cliente y los precios a pagar; y

(b) las cantidades de cada uno de los Productos mantenidos en stock o a pedido de la Distribuidora a principio y final de dicho Trimestre; y

(c) desglose de las ventas reales comparadas con las ventas previstas para dicho Trimestre.

10.3. Caso de que así lo solicite la Mercantil, cualquiera de los informes recogidos en las cláusulas 10.1. ó 10.2. habrá de remitirse en formularios suministrados por la Mercantil, y habrá de certificar su corrección un alto ejecutivo de la Distribuidora aprobado por la Mercantil.

10.4. La presentación de cualquier informe o el pago de cualesquiera derechos no irá en perjuicio de cualquier derecho que pueda tener la Mercantil a recuperar cualquier cantidad adicional que se pueda decidir que ha de pagarse en concepto de derechos o cualquier otro concepto, y no se podrá considerar que se ha renunciado a tal derecho por el hecho de haber transcurrido el tiempo ni por ninguna acción ni omisión por parte de la Mercantil.

11. Empaquetado y publicidad de productos

11.1. La Distribuidora se asegurará de que todos los Productos vayan marcados con las Marcas Comerciales apropiadas, y según dicte por escrito oportunamente la Mercantil.

11.2. Todos los Productos, así como cualesquiera etiquetas o empaquetado en que se venda cualquiera de ellos, irán marcados de acuerdo con las normas y directrices sobre uso de la marca registrada que aporte la Mercantil oportunamente, de forma que el consumidor final esté plenamente informado de que provienen de la Propietaria o de los licenciatarios de la Propietaria o fabricantes autorizados. Específicamente, y sin perjuicio del carácter general de lo anterior, la Distribuidora indicará, o se asegurará que queda indicado en todos estos Productos, etiquetas y empaquetado, que las Marcas Comerciales registradas son de titularidad de la Propietaria, mediante el uso del símbolo ®, junto con el texto "Las marcas comerciales son marcas registradas de ...., y se usan bajo licencia de ésta". En caso de Marcas Comerciales no registradas, la Distribuidora indicará, o se asegurará de que queda indicado en todos estos Productos, etiquetas y empaquetado, que dichas Marcas Comerciales son de titularidad de la Propietaria mediante el uso del símbolo ..., junto con el texto "Marca Comercial propiedad de ...., y usada bajo licencia de ésta".

11.3. No podrá aparecer ninguna otra marca o texto en ninguno de los Productos, empaquetado, etiquetado, publicidad o materiales promocionales, a menos que la Distribuidora haya obtenido previamente el consentimiento por escrito de la Mercantil, CON LA SALVEDAD de que la Distribuidora podrá seguir utilizando el nombre y marca de la Distribuidora en etiquetas colgantes, materiales de envasado y en publicidad, así como en materiales promocionales, según las instrucciones de la Mercantil.

11.4. Corriendo con todos los gastos, la Distribuidora habrá de entregar a la Mercantil:

(a) lo antes posible, simulaciones de cualesquiera de materiales que proponga usar la Distribuidora que contenga o muestre cualquiera de las Marcas Comerciales, incluyendo, a título de ejemplo y sin carácter limitativo, cualquier etiqueta, folleto, empaquetado, tarjetas, material de oficina, membretes, anuncios, publicidad en punto de venta y demás publicidad, entradas en guías telefónicas u otros directorios, carteles, calcomanías e iluminación (en adelante, "Material de Exposición") y

(b) antes de su utilización, ejemplares finales de todo el Material de Exposición.

Caso de que la Mercantil no plantee objeción alguna sobre la naturaleza, calidad y acabado de las muestras del Material de Exposición dentro de los veintiocho (28) días posteriores a la recepción por parte de ésta de las muestras, se considerará que tales muestras son satisfactorias para su uso de acuerdo con lo recogido en el presente Contrato. Las obligaciones de la Distribuidora impuestas por este Contrato se extenderán a todos los materiales realizados o utilizados por sus agentes o subcontratistas nombrados de acuerdo con el presente. A fin de garantizar que la imagen proyectada por los Productos está de acuerdo con el perfil e imagen mundiales de marca de la Mercantil, la Distribuidora se compromete a que todo Material de Exposición cumpla con la cláusula 7.11 y la presente cláusula 11.

11.5. La Distribuidora se abstendrá de utilizar ninguna de las Marcas Comerciales como parte de su nombre de empresa, actividad o comercial. A fin de evitar cualquier confusión, la Distribuidora no podrá utilizar, ni autorizar el uso, de ninguna de las Marcas Comerciales como nombre de ninguna tienda u establecimiento minorista sin contar con la autorización previa por escrito de la Mercantil.

11.6. La Distribuidora utilizará las Marcas Comerciales únicamente en consonancia con las normas y directrices y/o instrucciones establecidas oportunamente por la Mercantil o su representante.

12. Control de Calidad

12.1. La Distribuidora se asegurará de que todos los usos de las Marcas Comerciales van en consonancia con la alta calidad, carácter e imagen de las Marcas Comerciales, y cumplirán cualesquiera instrucciones razonablemente dictadas por la Mercantil relativas a calidad de los Productos y/o su envasado y/o cualquier material promocional o de publicidad relacionado con ellos.

12.2. La Distribuidora almacenará y distribuirá los Productos en condiciones que los conserven, a ellos y su empaquetado, en buen estado, y cumplirá cualesquiera peticiones razonables por parte de la Mercantil en este sentido.

12.3. Si así se le solicita, la Distribuidora facilitará toda la asistencia razonable para la localización y recuperación de cualesquiera Productos defectuosos, y concretamente, cumplirá (y, dentro de sus posibilidades, hará que cumplan sus clientes) con cualquier procedimiento de retirada de productos que adopte la Mercantil.

13. Información Confidencial

13.1. Toda Información Confidencial será utilizada por las partes únicamente con fin del cumplimiento del presente Contrato; las partes la mantendrán confidencial, y sólo la revelarán a directivos, consejeros, empleados, trabajadores y representantes de las partes en la medida que sea necesaria para que éstas cumplan con sus obligaciones y responsabilidades aquí recogidas. Las partes impondrán, a todos estos directivos, consejeros, empleados, trabajadores y representantes a los que se revele cualquier Información Confidencial, obligación de confidencialidad y restricciones idénticas a las aquí recogidas, y las partes serán responsables ante cualquier incumplimiento de dichas obligaciones cometido por cualquiera de los citados directivos, consejeros, empleados, trabajadores y representantes. Esta disposición no será de aplicación a ninguna Información Confidencial que sea del dominio público, o en la medida en que sea necesario comunicarla por requisitos legales, o que las partes reciban en buena fe de terceros facultados para divulgarla.

13.2. La Mercantil no ofrece garantía alguna respecto de la exactitud, suficiencia y aptitud para el uso por parte de la Distribuidora de asesoramiento, información, asistencia técnica o conocimientos empresariales que la Mercantil facilita a la Distribuidora para su uso en la comercialización de cualquiera de los Productos; del mismo modo, queda exenta de cualquier tipo de responsabilidad, incluyendo, a título de ejemplo y sin carácter limitativo, daños y perjuicios directos, indirectos o emergentes, sea cual sea su naturaleza, que se produzcan por causa o relacionados con el uso por parte de la Distribuidora de todos ellos. Sin embargo, nada de ello excluirá la responsabilidad por falsedad fraudulenta.

14. Uso suficiente de las Marcas Comerciales

A fin de preservar la titularidad de la Propietaria sobre las Marcas Comerciales dentro del Territorio, la Distribuidora tomará todas las medidas razonablemente necesarias para asegurarse que se realiza un uso suficiente de las Marcas Comerciales para evitar el abandono por razón de no utilización.

15. Beneficios del Uso de las Marcas Comerciales

15.1. La Distribuidora reconoce lo siguiente:

(a) cualquier uso de las Marcas Comerciales en cualquier forma y para cualquier tipo de bienes o servicios redundará sin coste para la Mercantil en beneficio de la Propietaria; y

(b) salvo en lo dispuesto en contrario en el presente Contrato, carece de derecho alguno en Derechos de Propiedad Intelectual ni fondo de comercio asociado, ni de derecho alguno a utilizar ningún Derecho de Propiedad Intelectual.

16. Derecho a no oposición

16.1. La Distribuidora reconoce y acepta que la totalidad de Derechos de Propiedad Intelectual (y cualquier mejora sobre los mismos) en y sobre los Productos son de titularidad de la Mercantil. Por la presente, la Distribuidora cede a la Mercantil cualesquiera derechos de propiedad intelectual en y sobre los Productos (o cualquier mejora sobre los mismos) que hayan podido recaer sobre la Distribuidora como resultado del ejercicio de las obligaciones impuestas en este Contrato. Durante la vigencia del presente, ya sea directa o indirectamente, por sí misma o mediante sus consejeros, directivos, empleados, agentes o cualquier licenciador en los que la Distribuidora posea cualquier capital accionarial, o en que controle directa o indirectamente la composición de su consejo de administración o alguna de su capacidad de su votación, se abstendrá de oponerse o colaborar con cualquier otro licenciador o persona para oponerse a la titularidad por parte de la Mercantil de los Derechos de Propiedad Intelectual.

16.2 Salvo en lo dispuesto en el presente Contrato, la Distribuidora se abstendrá de utilizar o registrar, tanto durante la vigencia del presente Contrato o posteriormente, ningún nombre de actividad o comercial, dominio de Internet, nombre de empresa, marca comercial o diseño de empaquetado o etiquetado que incluya o que sea sustancialmente idéntico a ninguna de las Marcas Comerciales o demás Derechos de Propiedad Intelectual, o que sea de forma confusa o engañosa similar a ellos.

16.3. Ni directa ni indirectamente, ni por sí misma ni a través de sus consejeros, directivos, empleados o agentes, podrá la Distribuidora registrar las Marcas Comerciales ni demás Derechos de Propiedad Intelectual como palabras clave en pago por clic y/o motores de búsqueda, ni para publicidad en ningún motor de búsqueda por Internet, incluyendo, a título de ejemplo y sin carácter limitativo, Google Adwords, Yahoo! Search Marketing, Alta Vista, Microsoft adcenter y/o Lycos.

16.4 La Distribuidora no añadirá ni modificará, ni borrará las Marcas Comerciales aplicadas a los Productos. En el cumplimiento de las obligaciones que así se le imponen, la Distribuidora se abstendrá de violar derechos de terceros.

16.5 La Distribuidora ejercerá el cuidado razonable para no hacer, ni causar que se haga, ninguna acción ni evento que afecte a la validez de los Derechos de Propiedad Intelectual ni a la titularidad de la Mercantil sobre tales derechos, ni que ponga en peligro su mantenimiento durante la vigencia del presente Contrato. La Distribuidora cesará inmediatamente la distribución y venta de los Productos dentro del Territorio en caso de que la validez o titularidad o mantenimiento del registro de cualquiera de las Marcas Comerciales o demás Derechos de Propiedad Intelectual esté en peligro, con la salvedad de que nada de lo contenido en esta cláusula podrá hacer que la Distribuidora se oponga legalmente a la validez de los Derechos de Propiedad Intelectual.

17. Infracciones

17.1

(a) Si la Distribuidora tuviera conocimiento de cualquier infracción o uso ilegal, reales o sospechados, de los Derechos de Propiedad Intelectual, o de cualquier uso ilícito de la Información Confidencial por parte de persona alguna dentro del Territorio o en cualquier otro lugar, habrá de notificarlo inmediatamente por escrito a la Mercantil. A su total discreción, la Mercantil y/o la Propietaria emprenderán cualesquiera acciones que consideren necesarias, corriendo ellas con los gastos, y serán las únicas que dirijan dicha acción. Si así se le solicitase, la Distribuidora aportará la asistencia que pueda pedírsele razonablemente en cualquier demanda o acción, sujeto al pago por parte de la Mercantil o la Propietaria de los gastos directos efectuados por la Distribuidora en la prestación de dicha asistencia.

(b) Si la Mercantil o la Propietaria iniciaran alguna actuación respecto de este tipo de conductas, la totalidad de las indemnizaciones recuperadas, ya sea mediante juicio o mediante acuerdo, pertenecerán en su totalidad a la Mercantil o a la Propietaria, según corresponda.

17.2

(a) Si la Distribuidora recibe alguna notificación, reclamación o procedimiento en que se alegue infracción de marca comercial, falsificación, infracción de copyright, infracción de patente, o causas de acción relacionadas resultantes del uso por parte de la Distribuidora de los Derechos de Propiedad Intelectual o de la Información Confidencial, la Distribuidora habrá de notificarlo inmediatamente a la Mercantil, y no hará ningún tipo de admisiones ni tomará ninguna medida importante en relación con ello sin la autorización previa por escrito de la Mercantil.

(b) Sujeto a lo dispuesto en la cláusula 17.3, si el procedimiento jurídico citado en la cláusula 17.1. (a) anterior es relativo al uso por parte de la Distribuidora en consonancia con lo recogido en el presente Contrato, la Mercantil y/o la Propietaria habrán de defender o colaborar en la defensa de dicho procedimiento, y correrán con los gastos y costes de dicha defensa. Caso de que se falle en dicho procedimiento que la Distribuidora ha de pagar alguna indemnización, y siempre que la Distribuidora haya cumplido de hecho con los términos correspondientes del presente Contrato, tal indemnización será abonada y pagada por la Mercantil o la Propietaria.

(c) Sujeto a la Cláusula 17.3., si el citado procedimiento jurídico mencionado en 17.2 (a) anterior es relativo a un uso distinto de aquel producido en consonancia con los términos del presente Contrato, la Mercantil podrá, a su entera discreción, decidir si defenderá o colaborará en la defensa de dicha demanda. Si la Mercantil decide no defender ni colaborar en la defensa de dicha demanda, la Distribuidora habrá de correr con la totalidad de sus costes y gastos, y habrá de responder por cualesquiera indemnizaciones falladas en su contra o por los costes de cualquier arreglo o acuerdo. Si la Mercantil decide defender o colaborar en la defensa, la Distribuidora habrá de reembolsar a la Mercantil la totalidad de los gastos efectuados por la Mercantil, así como todos los costes y daños dictados en contra de la Mercantil, además de que la Distribuidora habrá de correr con la totalidad de sus propios costes y gastos y ser responsable por cualesquiera indemnizaciones falladas en su contra, o por los costes de cualquier arreglo o acuerdo.

17.3. La Mercantil quedará exenta de cualquier responsabilidad o pérdida sufridas por la Distribuidora en conexión con el ejercicio de sus derechos según el presente Contrato, en aquellos casos en que la Mercantil tenga motivos razonables para creer que el ejercicio de dichos derechos infringirá los derechos de algún tercero, o esté prohibido por cualquier otro motivo por la ley y la Mercantil ha avisado a la Distribuidora de que no ejerza dichos derechos. La Mercantil no tendrá obligación alguna de defender o colaborar en la defensa de ninguna demanda, ni de hacer aportaciones destinadas a los costes y gastos de cualquier defensa, en relación con el ejercicio de dichos derechos.

17.4. La Mercantil no podrá infringir ningún derecho de terceros en el cumplimiento de las obligaciones que le impone el presente Contrato.

18. Ventas fuera del Territorio

18.1 Durante la vigencia del presente, la Mercantil remitirá a la Distribuidora cualesquiera peticiones de información que reciba relativas a las ventas de los Productos dentro del Territorio. Durante la vigencia del presente Contrato, la Distribuidora remitirá a la Mercantil cualesquiera peticiones de información que reciba relativas a los Productos para la venta o la entrega final fuera de la UE o del EEE.

18.2 La Distribuidora no venderá, ni hará que se venda, ninguno de los Productos fuera del Territorio a ningún país que no sea miembro de la UE ni del EEE, ni fomentará de forma activa las ventas, ni buscará clientes ni promoverá ninguno de los Productos fuera del Territorio a ningún país que sea miembro de la UE ni del EEE. Específicamente, la Distribuidora no realizará publicidad en referencia a las Marcas Comerciales dirigida a ningún lugar fuera del Territorio para utilizar ninguna sucursal ni depósito de distribución fuera del Territorio para la venta o comercialización de los Productos.

18.3. Salvo en lo relativo a la licencia que por la presente la Mercantil concede para la venta de los Productos dentro del Territorio, la Mercantil por la presente se reserva la totalidad de sus derechos en todo el mundo bajo las Marcas Comerciales, incluyendo, a título de ejemplo y sin carácter limitativo, el derecho a oponerse a la venta o distribución de los Productos fuera del Territorio de forma contraria a las disposiciones de la presente cláusula 18.

19. Ventas por parte de la Mercantil dentro del Territorio

En la medida en que lo permite la ley, la Mercantil no venderá, ni hará ni autorizará que se vendan en el Territorio, ningún producto similar a los Productos ni que lleve las Marcas Comerciales, con la salvedad de que la Mercantil, y cualquiera autorizado por ella, podrán:

(a) vender a minoristas que operen tanto fuera como dentro del Territorio, que puedan comprar Productos fuera del Territorio, de los cuales la totalidad o algunos vayan a venderse dentro del Territorio a nivel minorista, ya sea por parte de tal minorista, o a través de una empresa afiliada;

(b) vender Productos a clientes dentro del Territorio por Internet o mediante cualquier otra forma de medios difundidos o electrónicos (conocidos en la actualidad o desarrollados en el futuro); y

(c) vender Productos de marca blanca a consumidores dentro del Territorio.

Nada de lo recogido en el presente impedirá a la Mercantil la fabricación, o autorizar la fabricación, de Productos u otras mercancías dentro del Territorio, para su venta a la Distribuidora o para la exportación.

No obstante lo anterior, la Mercantil está autorizada para realizar ventas directas en el Territorio, para lo cual, destinará a sus propios empleados. Si bien de las citadas ventas directas estará obligado a abonar a la Distribuidora, el cinco (5%) por ciento, en los productos catalogados como de jardinería.

Respecto a los productos catalogados como deportivo, las partes negociarán el porcentaje, que debe abonar la Mercantil a la Distribuidora, no pudiendo superar en ningún caso este porcentaje del cinco (5%) por ciento.

Los porcentajes se aplicarán sobre las ventas netas que la Mercantil, realice en el Territorio.

20. Venta de productos en competencia

Salvo que la Mercantil le autorice específicamente para hacerlo por escrito, la Distribuidora no podrá, ni directa ni indirectamente, ni por sí misma ni a través de sus consejeros, directivos, empleados, representantes, ni persona alguna en que la Distribuidora posea cualquier capital accionarial, o en que controle directa o indirectamente la composición de su consejo de administración o alguna de su capacidad de su votación, vender o distribuir ningún producto dentro del Territorio, ni buscar la venta o distribución de ningún producto para la venta dentro del Territorio, que sea similar o compita con los Productos.

21. Resolución

21.1 La Mercantil podrá (sin perjuicio de cualesquiera otros derechos para la resolución que le asistan) resolver el presente Contrato de forma inmediata, mediante la notificación de resolución a la Distribuidora, caso de darse alguna de las circunstancias siguientes:

(a) si a la fecha de pago no se abona cualquier cantidad pagadera a la Mercantil o a cualquier proveedor autorizado de productos según lo aquí dispuesto;

(b) si la Distribuidora incumple alguna de las disposiciones de la Cláusula 5 (Objetivos) ó 7 (gasto en publicidad y promoción), o comete cualquier otra infracción irremediable de las obligaciones que le impone el presente Contrato;

(c) si la Distribuidora comete cualquier otro incumplimiento de las obligaciones que le impone el presente Contrato, y no la subsana (caso de poderse subsanar) en el plazo de treinta (30) días tras haberle presentado la Mercantil notificación en la que se detalle el incumplimiento de que se trate y exigiendo su subsanación;

(d) si la Distribuidora es incapaz de pagar sus deudas al vencimiento, o suspende el pago de cualquiera de sus deudas, o formaliza cualquier acuerdo con acreedores para el pago de cualquiera de sus deudas;

(e) si se nombra un administrador, liquidador o gestor de cualquier tipo respecto de la Distribuidora o cualquiera de sus bienes, o se presenta solicitud para el nombramiento de dicho cargo;

(f) si se aprueba una resolución de liquidación, o se realiza una liquidación respecto de la Distribuidora, o si la Distribuidora entra en liquidación;

(g) si se produce cualquier Cambio en el Control;

(h) si se produce cualquier acontecimiento o realiza cualquier acción, por parte de la Distribuidora o en relación con la misma, que sea equivalente o análogo a cualquiera de los descritos en las cláusulas 21.1. (d), (e), (f) y (g) según la legislación del país de la Distribuidora;

(i) si la Distribuidora en algún momento, directa o indirectamente, se opone o colabora con cualquier otro licenciatario o persona en oponerse a la validez de los Derechos de Propiedad Intelectual o a la justa titularidad y derechos de la Mercantil o de la Propietaria;

(j) si no se acuerda en el momento designado en la Cláusula 7 cualquier plan de marketing según se alude en dicha Cláusula;

21.2 En aquellos casos en que la Mercantil esté facultada para resolver el presente Contrato según lo previsto en la cláusula 21.1., la Mercantil, como alternativa a la resolución, quedará facultada para modificar el presente Contrato en cualquiera de las formas siguientes, o en todas ellas:

(a) transformando algunos o todos los derechos concedidos en la cláusula 3 de derechos en exclusiva a derechos no exclusivos; y/o

(b) eliminando cualesquiera marcas comerciales, nombres comerciales, marcas de servicio, nombres de estilo, revestimiento empresarial, logotipos y/o símbolos comerciales de la definición de "Marcas Comerciales"; y/o

(c) eliminando cualquiera de los productos de la definición de "Productos"; y/o

(d) eliminando cualquier país o países, o cualquier parte o partes de cualquier país o países de la definición de "Territorio".

Cualquiera de estas modificaciones se realizará mediante notificación entregada a la Distribuidora, y entrará en vigor a partir de la fecha de entrega de dicha notificación, o en fecha posterior, si así se especifica en la notificación.

21.3. La Distribuidora podrá (sin perjuicio de cualesquiera otros derechos para la resolución que le asistan) resolver el presente Contrato de forma inmediata, mediante la notificación de resolución a la Mercantil, caso de darse alguna de las circunstancias siguientes:

(a) si la Mercantil comete cualquier incumplimiento de las obligaciones que le impone el presente Contrato, y no la subsana (caso de poderse subsanar) en el plazo de treinta (30) días tras haberle presentado la Distribuidora notificación en la que se detalle el incumplimiento de que se trate y exigiendo su subsanación;

(b) si la Mercantil es incapaz de pagar sus deudas al vencimiento, o suspende el pago de cualquiera de sus deudas, o formaliza cualquier acuerdo con acreedores para el pago de cualquiera de sus deudas;

(c) si se nombra un administrador, liquidador o gestor de cualquier tipo respecto de la Mercantil o cualquiera de sus bienes, o se presenta solicitud para el nombramiento de dicho cargo;

(d) si se aprueba una resolución de liquidación, o se realiza una liquidación respecto de la Mercantil, o si la Mercantil entra en liquidación;

(e) si se produce cualquier acontecimiento o realiza cualquier acción, por parte de la Mercantil o en relación con la misma, que sea equivalente o análogo a cualquiera de los descritos en las cláusulas 21.3. (b), (c) y (d) según las leyes del país de la Mercantil.

21.4 La Mercantil estará facultada para modificar el presente Contrato con efectos inmediatos mediante notificación a la Distribuidora, mediante la eliminación de cualquier Producto en cualquier parte del Territorio de la definición de Productos, si tiene motivos razonables para pensar que la venta de los mismos supondría una infracción de derechos de terceros.

21.5 Cualquier ejercicio por cualquiera de las partes de cualquiera de los derechos que les asisten según esta cláusula 21 será sin perjuicio de cualesquiera derechos adquiridos por cualquiera de las partes a tenor del presente Contrato.

21.6. Sin perjuicio de los derechos, facultades y remedios que asisten a la Mercantil en general respecto del presente Contrato, la Distribuidora habrá de pagar a la Mercantil intereses, al tipo del tres por ciento (3%) anual.

22. Derechos y obligaciones a la resolución

22.1. A la resolución del presente Contrato, la Distribuidora devolverá con prontitud toda Información Confidencial, junto con cualesquiera copias, y en lo sucesivo se abstendrá de hacer uso alguno de dicha Información Comercial, salvo en la medida en que haya sido liberada específicamente por parte de la Mercantil de sus obligaciones de confidencialidad aquí impuestas.

22.2. La Mercantil, o persona nombrada por esta, podrá, con el consentimiento de la Distribuidora y tras notificar a la Distribuidora por escrito, dentro de los treinta (30) días posteriores a la resolución del presente Contrato, comprar a la Distribuidora cualquier parte o la totalidad de los Productos que no hayan sido vendidos por ésta. El precio a pagar por dichos productos será la cantidad más baja entre el precio de compra de la Distribuidora (incluyendo impuestos, aranceles y gastos de entrega), y el valor neto realizable de mercado de dichos Productos dentro del Territorio.

22.3 Caso de que la Mercantil no comprase los productos en aplicación de la cláusula 22.2., en ese caso, a pesar de haberse producido la citada resolución del contrato:

(a) la Distribuidora tendrá derecho, durante un periodo razonable que en ningún caso superará los doce (12) meses naturales tras la resolución, a vender los Productos por ella importados antes de la resolución, dentro del Territorio y bajo las Marcas Comerciales, de acuerdo con los términos del presente Contrato;

(b) una vez finalizado el anterior periodo de venta de eliminación de existencias, la Distribuidora habrá de destruir inmediatamente, en presencia de la Mercantil o de su representante, cualquier Producto no vendido en ese momento;

(c) todas las demás disposiciones, términos y condiciones del presente Contrato seguirán siendo de aplicación durante el periodo nombrado en la cláusula 22.3 (a), salvo en el sentido de que la Mercantil tendrá libertad para nombrar a otra persona como distribuidora de los Productos, como licenciataria de las Marcas Comerciales, o ambas cosas; y

(d) el periodo de seis meses al que se alude en la cláusula 22.3(a) no podrá prorrogarse por motivos de fuerza mayor.

22.4. Tras la resolución del presente Contrato (pero sujeto a la cláusula 22.3), la Distribuidora:

(a) cesará en su uso de las Marcas Comerciales y demás Derechos de Propiedad Intelectual en el Territorio, y en lo sucesivo ni utilizará ni registrará palabras o marcas que incluyan cualquiera o varias de las Marcas Comerciales, o que sean sustancialmente idénticas a ellas, engañosamente parecidas o que se parezcan mucho, de forma que pueda darse lugar a confusión;

(b) formalizará todos y cada uno de los documentos necesarios respecto de la cancelación de la Distribuidora como usuario registrado de las Marcas Comerciales; y

(c) de forma consciente, no realizará ninguna acción o nada que tenga como consecuencia que cualquier otra persona dentro del Territorio crea que la Distribuidora sigue estando asociada o relacionada con la Mercantil.

22.5. Sin perjuicio de la resolución del presente Contrato:

(a) las disposiciones de la cláusula 13 no quedarán invalidadas, sino que se mantendrán con plena vigencia y validez;

(b) la Distribuidora seguirá pagando cualesquiera derechos y demás pagos aplicables debidos según lo aquí dispuesto, y seguirá facilitando el acceso a sus registros y cuentas, así como aportando información e informes, de acuerdo con las disposiciones de las cláusulas 9 y 10;

(c) la Mercantil y la Distribuidora seguirán disponiendo de derechos y remedios respecto a daños y demás indemnizaciones por incumplimiento del presente Contrato por parte de la otra parte sucedidos antes de la resolución; y

(d) seguirán con plena validez y vigencia cualesquiera de las disposiciones del presente Contrato que sean necesarias para que las partes puedan cumplir sus respectivos derechos y obligaciones según lo aquí recogido.

22.6. Al vencimiento o resolución del presente Contrato, sea cual fuere el motivo, la Distribuidora, si así se le solicita, facilitará a la Mercantil una lista de los clientes de la Distribuidora para los Productos.

22.7. La Distribuidora reconoce que no se le prolongan más derechos de ninguna clase más allá de la resolución o vencimiento del presente Contrato distintos de los dispuestos en la presente cláusula 22, y reconoce asimismo que no tendrá derecho a ningún pago en compensación al vencimiento o resolución del presente Contrato, por ningún concepto y renunciando a cualquier indemnización por fondo de comercio.

22.8. La Mercantil se reserva el derecho a nombrar un nuevo socio dentro del Territorio, mediante la remisión a la Distribuidora notificación de resolución o no renovación del presente Contrato; dicho socio tendrá derecho a comenzar de modo inmediato el marketing y la aceptación de pedidos dentro del Territorio, siempre y cuando dichos Productos pedidos se entreguen a los clientes dentro del Territorio tras la fecha de resolución el presente Contrato.

23. Declaraciones y garantías

23.1. La Mercantil declara y garantiza lo siguiente:

(a) que es una empresa debidamente constituida y con existencia válida según la legislación de su jurisdicción relativa a constitución, según se establece en la página 1 del presente;

(b) que goza de la totalidad de las facultades y autoridad social para formalizar el presente Contrato y para llevar a cabo las operaciones aquí contempladas;

(c) que ha sido autorizada por la Propietaria a formalizar el presente Contrato.

A su entera discreción, la Mercantil podrá, mediante notificación escrita remitida a la Distribuidora, añadir o eliminar cualquier marca comercial del Anexo 3.

23.2. La Distribuidora declara y garantiza lo siguiente:

(a) que es una empresa debidamente constituida y con existencia válida según la legislación de su jurisdicción relativa a constitución, según se establece en la página 1 del presente;

(b) que goza de la totalidad de las facultades y autoridad social para formalizar el presente Contrato y para llevar a cabo las operaciones aquí contempladas;

(c) que su consejo de administración ha emprendido cualesquiera acciones requeridas por la legislación de su jurisdicción de incorporación, sus estatutos, reglamentos o documentos similares de constitución, o cualesquiera otros, para autorizar la formalización del presente Contrato y la consumación de las operaciones en él contempladas;

(d) que el presente Contrato es un contrato válido vinculante para ella y cuyo cumplimiento puede exigírsele de acuerdo con sus términos;

(e) que ni la formalización del presente Contrato ni la consumación de las operaciones en él contempladas infringirán ninguna ley ni legislación ni ninguna sentencia, orden, reglamento o norma de ningún tribunal ni agencia ni organismo gubernamental alguno dentro del Territorio; y

(f) que salvo en lo tocante a cualquier autorización necesaria por parte de agencias u organismos gubernamentales, que hará lo posible por obtener, no es necesaria la autorización de persona alguna para la consumación de las operaciones aquí recogidas. Caso de que no se obtenga cualquier autorización necesaria, o que se otorgue en términos no aceptables para la Mercantil, ésta quedará facultada, una vez tenido conocimiento de ello, para resolver el Contrato con carácter inmediato.

24. Relación de Representación

Salvo cuando en este Contrato se dispone de otro modo, no habrá nada en él que convierta a una de las partes en representante de la otra, en relación con ningún derecho ni obligación concedido a tenor del presente acuerdo, ni ninguna operación realizada en aplicación del mismo; bajo ninguna circunstancia podrá ninguna de las partes comprometer o intentar comprometer el crédito de la otra, ni contraer obligaciones crediticias en nombre de la otra.

25. Notificaciones

25.1. Cualquier notificación relevante que pueda o deba ser realizada por y entre las partes en relación con el presente contrato ser hará por escrito en lengua inglesa y, a elección de la parte que deba proceder a la notificación, deberá ser:

a) Entregada personalmente, con copia fechada y firmada por el destinatario.

b) Transmitida por burofax, con copia certificada y aviso de recibo.

c) Por e-mail, a las direcciones de correo:

En caso de notificaciones a la Mercantil:

En caso de notificaciones a la Distribuidora:

25.2. En cualquiera de los casos, las partes practicarán las notificaciones en las direcciones que respectivamente han hecho constar en el encabezamiento del presente documento, si bien podrán modificar tales direcciones mediante notificación remitida por cualquiera de los procedimientos relacionados en el párrafo anterior.

Todas las notificaciones se considerarán válidamente realizadas:

a) En la fecha de su entrega, si son entregadas personalmente.

b) En la fecha en que una copia legible sea recibida por el destinatario, si han sido transmitidas mediante burofax.

c) Al envío del correo electrónico.

26. Cesión

26.1 La Mercantil podrá ceder cualesquiera de sus derechos, o delegar o subcontratar cualquiera de sus obligaciones surgidas del presente Contrato o a tenor del mismo.

26.2. La Distribuidora no podrá ceder ninguno de sus derechos, ni delegar o subcontratar ninguna de sus obligaciones surgidas del presente Contrato o a tenor del mismo, sin autorización previa por escrito de la Mercantil; ésta quedará facultada, a su entera discreción, para no otorgar dicha autorización.

26.3. En caso de Cambio en el Control, la Distribuidora habrá de notificarlo inmediatamente a la Mercantil por escrito, indicando todos los detalles de dicho cambio.

26.4. En caso de que la Mercantil ceda la titularidad de las Marcas Comerciales, en ese momento, mediante dicha cesión, la Mercantil cederá la totalidad de sus derechos y delegará la totalidad de sus obligaciones impuestas por el presente Contrato al cesionario de las Marcas Comerciales. Con efectos a partir de la fecha de dicha cesión, la Distribuidora liberará y eximirá a la Mercantil de cualesquiera reclamaciones y demandas de cualquier tipo respecto del presente contrato relativas al periodo posterior a la fecha de la cesión, y a partir de la fecha de dicha cesión, aceptará al cesionario como titular de las Marcas Comerciales.

26.5. A petición de la Mercantil, la Distribuidora formalizará, reconocerá y entregará cualesquiera documentos, escrituras, contratos o demás instrumentos que la Mercantil le solicite, a fin de dar validez a la cláusula 26.4.

27. Requisitos legales y éticos

27.1. Corriendo con los gastos correspondientes, la Distribuidora se asegurará que se cumplen todas las leyes, normas, reglamentos y demás requisitos y códigos de actuación locales y nacionales aplicables en el Territorio, así como todas las normas y demás estándares éticos y otros que oportunamente fije la Mercantil, respecto del tratamiento de cualesquiera personas que participen en la venta de cualesquiera de los Productos aquí establecidos, o en cualquier otro sentido, respecto de cualesquiera derechos humanos u otros, en relación con todas las actividades de la Distribuidora y/o sus subcontratistas autorizados a tenor del presente Contrato.

27.2. La Distribuidora se asegurará de que se mantienen registros adecuados para demostrar el cumplimiento de las obligaciones recogidas en la cláusula 27.1, y según y en el momento en que lo solicite la Mercantil:

(a) aportará a la Mercantil, o hará que se aporte, dicha prueba de cumplimiento de las obligaciones contenidas en la cláusula 27.1, según lo solicite la Mercantil;

(b) permitirá que la Mercantil, o hará que se permita a la Mercantil, realice aquella inspección de aquellas actividades de la Distribuidora que solicite la Mercantil;

(c) permitirá, o hará que se permita a la Mercantil, inspeccionar cualesquiera registros cuyo mantenimiento se exija a tenor de la presente cláusula 27.2., y retirar copias de los mismos.

28. Cumplimiento de la legislación local

28.1. Corriendo con todos los gastos necesarios, la Distribuidora cumplirá toda legislación y demás requisitos del Territorio que sean de aplicación en relación con sus actividades a tenor del presente Contrato la Distribuidora aportará pruebas de dicho cumplimiento a la Mercantil siempre que ésta lo requiera.

28.2. Tan pronto como sea posible tras la formalización del presente Contrato, la Mercantil y la Distribuidora se comprometen, si lo solicita la Mercantil y corriendo la Distribuidora con los gastos, formalizar cualesquiera documentos adicionales que sean necesarios para realizar una solicitud conjunta para registros a fin de que quede registrada la Distribuidora como usuario registrado o autorizado de las Marcas Comerciales, respecto de aquellas Marcas Comerciales que estén registradas, o según vayan registrándose, en la medida en que lo disponga la legislación del Territorio.

28.3. La Distribuidora obtendrá cualesquiera autorizaciones, licencias y aprobaciones y cumplirá cualesquiera formalidades exigidas para el cumplimiento del presente Contrato y el pago de derechos. Caso de que la Distribuidora no logre obtener cualquiera de estas autorizaciones, licencias o aprobaciones dentro de los tres meses posteriores a la fecha de firma del presente Contrato, la Mercantil quedará facultada para resolverlo notificándolo con una antelación de treinta (30) días por escrito a la Distribuidora.

29. Fuero de aplicación

29.1. La formación, interpretación, validez y cumplimiento del presente Contrato se regirán de acuerdo con la legislación España.

29.2. De forma irrevocable, las partes se someten a la jurisdicción exclusiva de los tribunales de ...., es decir, a la jurisdicción española. Dicho sometimiento no limitará el derecho que asiste a la Mercantil para iniciar cualquier procedimiento surgido del presente Contrato en cualquier jurisdicción que estime oportuno.

29.3. La Distribuidora renuncia a oponerse a la sede de cualquier procedimiento legal sobre la base de que dicho procedimiento se ha interpuesto en foro inadecuado.

30. Fuerza Mayor

30.1. Ninguna de las partes será responsable por retrasos o incumplimientos del presente Contrato causados por cualquiera o más de una de las siguientes causas, cuya aparición habrá de notificarse inmediatamente a la otra parte cuando se produzca dicho retraso o incumplimiento:

(a) catástrofes naturales o acciones de enemigos públicos, o guerras (declaradas o no);

(b) acciones de personas dedicadas a actividades subversivas o sabotajes;

(c) incendios, inundaciones, explosiones o demás catástrofes;

(d) epidemias o restricciones por cuarentenas;

(e) huelgas, perturbaciones análogas laborales, o manifestaciones o desórdenes públicos;

(f) embargos de transporte;

(g) condiciones meteorológicas inusualmente adversas;

(h) retrasos de proveedores de cualquiera de las partes causados por cualquiera de las causas o circunstancias anteriores;

o

(i) cualesquiera otras causas, similares o distintas, razonablemente ajenas a la voluntad de la parte que tendría que haber cumplido con sus compromisos.

TODO ELLO CON LA SALVEDAD DE QUE, en cualquier caso, se ejerza la diligencia debida para subsanar dichas causas y se reanude el cumplimiento; el plazo para dicho cumplimiento por dicha parte se prorrogará por una duración igual a la de dicho retraso.

30.2. Si cualquiera de las partes adujera una o más causas de fuerza mayor como motivo de incumplimiento del presente Contrato, y dicho incumplimiento se prolonga durante un periodo ininterrumpido de noventa (90) días, la otra parte quedará facultada para resolver el presente Contrato inmediatamente mediante notificación escrita en tal sentido.

31. Invalidez de acuerdos anteriores

El presente Contrato contiene la totalidad de lo acordado y entendido entre las partes intervinientes respecto del objeto del Contrato, y sustituye a cualesquiera acuerdos anteriores, ya sean orales o por escrito.

32. Divisibilidad del Contrato

El presente Contrato es divisible, de forma que si cualquiera de sus disposiciones se decretara como inválida, ilegal o inaplicable, en su totalidad o en parte, por parte de un tribunal competente o cualquier otro organismo competente en cualquier jurisdicción (tanto si es en razón de las disposiciones de cualquier legislación como si lo es por decisión de cualquier tribunal u organismo que tenga jurisdicción sobre las partes dentro del Territorio), en ese caso dicha disposición se considerará separada en dicha jurisdicción, y el hecho de que sea inválida, ilegal o inaplicable no afectará en modo alguno ni perjudicará la validez o aplicabilidad del resto. En la medida en que sea legalmente permisible, a dicha disposición inválida o inaplicable le sustituirá un acuerdo que refleje la intención original de las partes, siempre a condición de que, si dentro de la opinión razonable de cualquiera de las partes, la separación de dicha disposición afecta de forma importante a la base comercial del presente Contrato y las partes no pueden llegar a acuerdo alguno sobre la forma en que pueden solucionar el problema, dicha parte quedará facultada para resolver el Contrato con efectos inmediatos mediante la notificación a la otra parte por escrito con 90 días de antelación, en la que se especificará la(s) razon(es) por las cuales la base comercial se ha visto afectada de forma importante.

33. Formalización y número de ejemplares

El presente Contrato podrá formalizarse en cualquier número de ejemplares, cada uno de los cuales tendrá consideración de original, y la totalidad de dichos ejemplares en su conjunto se considerará como un único instrumento idéntico.

FORMALIZADO por las partes como contrato en la fecha y año que figuran en el encabezamiento.

FIRMADO, por la Mercantil, por su representante autorizado

Anexo 1

Productos

Anexo 2

Territorio

Anexo 3
Marcas Comerciales

[A insertar]

y cualquier otra marca comercial acordada oportunamente entre las parte

Anexo 4
Listado de clientes actuales de la Mercantil

Anexo 5
Listado de clientes actuales de la Distribuidora

F027. CONTRATO DE DISTRIBUCIÓN (IV)

ACUERDO DE DISTRIBUCIÓN EXCLUSIVA

En.........................., a.............................

REUNIDOS

De una parte, ..., SA (en adelante también, la "Compañía"), sociedad debidamente constituida y válidamente existente, domiciliada en,........... calle ...., nº .... y con CIF ....; representado por el Sr. .... como representante autorizado de la Sociedad, de nacionalidad española, mayor de edad, con domicilio a tal efecto en.............., calle ...., Nº..........., y con su número de identificación válido.

Y de otra parte,.................... (en adelante, el "Distribuidor"), empresa debidamente inscrita y válidamente existente en ....y, con número de registro ....representada por el presente por el Sr......................., como representante autorizado del Distribuidor, de .... nacionalidad, mayor de edad, con residencia a tal efecto ....y su número de identificación válido es

....

En lo sucesivo, la Compañía y el Distribuidor se denominarán conjuntamente las "Partes" e individualmente como una "Parte".

Ambas partes según intervienen se reconocen recíproca capacidad para este acto y libre y espontáneamente,

EXPONEN

I.– Que la Compañía se dedica a la fabricación y comercialización de productos alimentarios en general y, entre otros, de los mencionados en el Anexo I (en adelante, los "Productos").

II.– Que el Distribuidor es una empresa especializada en la distribución de productos alimentarios.

III.– Que la Compañía desea designar al Distribuidor como el distribuidor exclusivo de los productos, en todo el territorio del reino de ...., (en adelante, el "Territorio") según los términos y condiciones que se establecen a lo largo del presente contrato.

IV.– Que el Distribuidor, está interesado en adquirir el derecho de distribución exclusiva de los Productos en el Territorio según los términos y condiciones que se establecen a lo largo del presente contrato, debiendo realizarlo con la organización comercial y los recursos materiales y humanos adecuados, desarrollando su labor de manera independiente y actuando en su actividad ordinaria.

V.– Que el Distribuidor es un mayorista debidamente establecido, para importar y vender los Productos en el Territorio.

En virtud de lo anterior, las Partes según intervienen, reconociéndose mutuamente capacidad suficiente para el otorgamiento de este acto, formalizan el presente Contrato de Distribución en Exclusiva con sujeción a las siguientes

ESTIPULACIONES

PRIMERA - OBJETO

La Compañía otorga al Distribuidor la distribución, en régimen de exclusiva, de los Productos en el Territorio, bajo los términos y condiciones establecidos en este Acuerdo.

No obstante, la Compañía se reserva el derecho a modificar el catálogo de productos y el Distribuidor deberá ser debidamente informado de ello, con una antelación mínima de treinta (30) días laborables, con el objeto de poder informar adecuadamente a sus clientes sobre cualquier modificación acordada.

Sin perjuicio de lo establecido en los dos párrafos precedentes, se acuerda expresamente por las partes que el régimen de exclusividad pactado en la presente Estipulación no aplicará a aquellos clientes preexistentes (presentes o pasados) que figuren la cartera comercial de la Compañía. Es decir, a efectos aclaratorios, queda expresamente pactado que la Compañía está plenamente facultada para vender de forma directa cualquier clase o tipo de sus productos a los referidos clientes preexistentes, sin que por ello el Distribuidor tenga derecho a compensación o indemnización de la clase que fuera, ni a la resolución del presente contrato.

SEGUNDA - ÁMBITO GEOGRÁFICO

Por la presente, la Compañía designa al Distribuidor como el Distribuidor exclusivo de los productos recogidos en el Anexo I para el todo el Territorio del Reino de ...., ello en los términos recogidos en la Estipulación Primera.

El Distribuidor no podrá en ningún caso realizar ventas de Productos fuera del Territorio.

El Distribuidor a su vez, se compromete a no distribuir o comercializar, directa o indirectamente, cualquier producto de terceros que compita, o potencialmente compita, directa o indirectamente, con los Productos objeto de este Contrato.

TERCERA - SUB-DISTRIBUIDORES

El Distribuidor no podrá designar sub-distribuidores en su territorio de exclusividad, salvo que exista un acuerdo previo, expreso, y por escrito con la Compañía.

CUARTA - VIGENCIA

El período de vigencia de este Acuerdo (en adelante, el "Término") comenzará en la Fecha de su firma, y continuará vigente durante un plazo improrrogable de un año a contar desde la fecha de la firma del presente contrato. Es decir, llegado el día....................., el contrato quedará automáticamente resuelto sin necesidad de denuncia o preaviso de cualquier clase por ninguna de las partes.

QUINTA - PRECIOS

Los precios de los Productos se establecen en el Anexo II para todo el año de duración del presente contrato.

El Distribuidor tendrá pleno derecho y capacidad, para establecer, a su única y plena voluntad, los precios de venta que cobra a sus clientes por los Productos, teniendo en cuenta que dicha atribución unilateral para el establecimiento de precios, no perjudique la imagen de los Productos, de la marca o de los signos distintivos de los mismos.

Para el caso de que la fijación del precio por parte del Distribuidor ocasionara un perjuicio a la Compañía o perjudicara la imagen de los Productos, de la marca, o de cualquier signo distintivo de los mismos, la Compañía estará facultada para ejercer frente al Distribuidor las correspondientes acciones que puedan corresponder en defensa de sus intereses.

El Distribuidor podrá tener en consideración, las recomendaciones de la Compañía en relación con los precios de venta de los Productos.

SEXTA - PEDIDOS DE COMPRA, ENTREGA Y RECEPCIÓN DE LOS PRODUCTOS

6.1 Previsión y pedidos.

Todos los pedidos serán cursados vía correo electrónico, con solicitud de confirmación de recepción por parte de la Compañía a la siguiente dirección: ....

En los pedidos se incluirán, debidamente detallados, los Productos y las cantidades solicitadas por el Distribuidor. Una vez que la Compañía reciba el pedido, tiene derecho a aceptarlo o rechazarlo por escrito, en el plazo máximo de CINCO (5) días, de forma total o parcialmente, comprometiéndose a justificar debidamente las causas que procedan.

6.2 Entrega de Productos.

Todos los pedidos se entregarán dentro de las .... semanas posteriores a su aceptación por parte de la Compañía, después de la aprobación por escrito del BBD, (best before date - fecha de caducidad) de los Productos por parte del Distribuidor, y habiendo cumplimentado la forma de pago establecida, según lo dispuesto en la Cláusula 7.

Se acuerda por las partes que la Compañía entregará las mercancías en sus instalaciones sitas en....................... y el Distribuidor asume expresamente los riesgos y costes de la clase y naturaleza que sean relacionados con la carga, transporte y despacho de las mercancías, eximiendo de cualquier responsabilidad a la Compañía.

6.3 Recepción de los Productos.

En ausencia de una notificación, emitida por escrito por parte del Distribuidor, dentro de los DIEZ (10) días hábiles posteriores a la entrega del pedido (en adelante, el "Período de Reclamación") se entenderá que el Distribuidor acepta los productos. Por lo tanto, transcurrido dicho plazo, los productos suministrados, se considerarán aceptados y conformes, entendiendo que el Distribuidor ha aceptado los Productos, sin perjuicio de las disposiciones que se establecen a continuación:

– El Distribuidor deberá notificar cualquier reclamación o mercancía no recepcionada, (diferencia de cantidades), dentro de los CINCO (5) días hábiles siguientes a la recepción de los productos, según las formas indicadas en esta cláusula.

– Se deberá de adjuntar fotocopia del albarán de entrega de la Compañía, debidamente sellada por el Distribuidor, junto a la copia del comprobante de entrega del transportista.

En el caso de que el procedimiento llevado a cabo por parte del distribuidor, haya sido el adecuado, y tras la verificación y aceptación previa de la Compañía, ésta, para los Productos defectuosos, podrá elegir entre:

(i) Reemplazar los Productos defectuosos por otros equivalentes, o

(ii) Proceder al abono de todos los Productos defectuosos al mismo precio que el Distribuidor pagó a la Compañía, o

(iii) Cualquier otra solución compensatoria que las partes acuerden.

En el supuesto de que la Compañía rechace una reclamación sobre la calidad de los Productos, interpuesta por el Distribuidor, cualquiera de las Partes, podrá designar el arbitraje de un tercero, con la debida cualificación técnica para examinar la calidad y el estado de los Productos.

En el caso de que el dictamen del arbitraje determine que los Productos se consideran con la calidad adecuada para cumplir con el estándar legalmente establecido para su comercialización, los costes de dicha verificación correrán a cargo del Distribuidor. En caso contrario, dichos costes, serán asumidos íntegramente por cuenta de la Compañía.

En todos los casos, un requisito para la devolución de los Productos, es que no hayan sido manipulados indebidamente y que vayan acompañados de la documentación correspondiente, correctamente cumplimentada.

SÉPTIMA - FORMA DE PAGO

El pago de los Productos será realizado por el Distribuidor en euros, en los siguientes términos:

– El Distribuidor deberá abonar el 100% del montante total en el plazo improrrogable de SESENTA (60) días a partir de la fecha de emisión de la factura proforma emitida por la Compañía, después de la aceptación expresa de cada pedido, ello siempre que la operación venga asegurada a través del correspondiente seguro de crédito y caución. En caso de que la operación no estuviera asegurada en los términos expuestos, el Distribuidor deberá abonar el 100% del importe previamente a la entrega de los productos.

El pago de los Productos será realizado por el Distribuidor mediante transferencia bancaria a la siguiente cuenta de la Compañía:

IBAN.: ....

OCTAVA - ACTIVIDAD DE VENTAS

La Compañía se compromete a colaborar, en la medida de lo posible y razonable, con el Distribuidor en el desarrollo del presente contrato.

NOVENA - VOLUMEN DE VENTAS

Si bien no se establece un objetivo mínimo de ventas, el Distribuidor se compromete a aplicar los máximos esfuerzos para lograr, durante la Vigencia del Contrato un volumen de ventas suficiente y satisfactorio para la Compañía, siendo que, de no alcanzarse el mismo, llegado el plazo de vencimiento del contrato, el Distribuidor no tendrá derecho a compensación o indemnización de la clase que sea, lo que es aceptado expresamente por las partes.

DÉCIMA - OBLIGACIONES DEL DISTRIBUIDOR

10.1 El Distribuidor acepta en todo momento aportar los esfuerzos, comercialmente razonables, y debidamente proporcionados, para promover la venta de cada uno de los Productos. Dichos esfuerzos incluirán, los siguientes aspectos:

– Promover adecuadamente la venta de los Productos, mediante la aplicación de actividades promocionales y publicitarias de ventas. Dichas actividades de promoción o publicitarias serán asumidas íntegramente por el Distribuidor, sin que este quede facultado para repercutir en ningún caso dichos costes y gastos a la Compañía, lo que es aceptado expresamente por las partes.

– A este respecto, el Distribuidor acepta no utilizar de forma unilateral ningún material publicitario o promocional, en relación con la venta de los Productos, hasta que dichos materiales, hayan sido acordados y debidamente aprobados y reflejados por escrito por la Compañía

– El Distribuidor reconoce que un alto nivel de contacto con el comercio minorista, es un elemento clave, del esfuerzo de marketing necesario, para el éxito en la comercialización de los Productos.

– Informar a la Compañía de todos los actos de competencia desleal que se produzcan dentro del Territorio y cualquier infracción de los derechos de propiedad industrial de la Compañía.

10.2 El Distribuidor también se compromete a:

– Proporcionar a la Compañía los informes que pueda solicitar de manera razonablemente, tales como informes mensuales de inventarios, contactos con los clientes, las condiciones del mercado, etc.

– Publicación y promoción de Productos, y referencias al mercado real o potencial de nuevos productos de la competencia que puedan afectar los precios de venta y las promociones de venta de los Productos en el Territorio.

– Mantener a la Compañía informada de manera oportuna de todos los asuntos relacionados con las condiciones requeridas por las disposiciones, regulaciones, leyes, especificaciones o recomendaciones vigentes o habituales en el Territorio que sean aplicables a los Productos, incluyendo, pero no limitado a la seguridad, etiquetado y embalaje.

– El Distribuidor velará por la veracidad de dicha información. El Distribuidor tendrá la responsabilidad de contratar un seguro por los riesgos que puedan ocurrir a los Productos después de su aceptación por parte del Distribuidor.

– El Distribuidor se compromete a respetar la composición y presentación de los Productos incluidos en este Acuerdo, sin poder manipularlos o modificarlos de ninguna manera, ni venderlos en otro envoltorio o bajo otras marcas excepto las de la Compañía.

DECIMOPRIMERA - USO DE NOMBRE Y MARCAS

El Distribuidor no podrá utilizar el nombre y logotipo registrados de la Compañía para desarrollar la actividad comercial que exceda de lo aquí expresamente acordado, en todo el Territorio. En todo caso, cualquier tipo de uso, de la clase que sea, deberá ser autorizado previamente y por escrito por parte de la Compañía.

La Compañía le proporcionará toda la documentación logotipada necesaria para el desarrollo del presente contrato. El Distribuidor no realizará acto alguno que pueda limitar los derechos de la marca de la Compañía en el Territorio.

El Distribuidor utilizará las marcas comerciales de la Compañía sólo en el caso de que se haya autorizado previamente y por escrito por la COMPAÑÍA, y a los únicos efectos de identificar y realizar publicidad de los productos dentro del alcance y a los fines del presente contrato, y en interés exclusivo de la Compañía. El derecho de uso que en su caso se hubiera concedido a los efectos anteriormente indicados cesará de inmediato para el Distribuidor en el momento de rescisión o resolución de este contrato por cualesquiera motivos.

El Distribuidor se compromete a no registrar ni solicitar el registro en la Territorio o en cualquier otro lugar, de ningún nombre o marca comercial titularidad de la Compañía o que, de conformidad con lo previsto en este contrato, sea propiedad de la Compañía.

Por tanto, las Partes reconocen expresamente que el Distribuidor no adquiere por virtud del presente contrato derecho alguno sobre las marcas, logotipos, denominaciones, o cualquier clase de propiedad intelectual o industrial titularidad de la Compañía, ni tampoco supone una cesión expresa o tácita de los mismos.

El Distribuidor se compromete a notificar a la Compañía sobre el conocimiento de cualquier uso por parte de otros de las Marcas de los Productos, que constituya o pueda parecer que constituye una infracción o uso indebido de dicha Marca en el Territorio.

El Distribuidor no entablará ningún proceso judicial contra terceros respecto de dicha supuesta infracción, sin el consentimiento previo de la Compañía, pero la Compañía se compromete expresamente, a iniciar con carácter inmediato, todas las acciones judiciales o extrajudiciales que puedan ser adecuadas para el cese de dichas conductas, asumiendo íntegramente la totalidad de gastos que se deriven de tales medidas.

DECIMOSEGUNDA - TERMINACIÓN

12.1 Este Acuerdo podría ser rescindido de mutuo acuerdo y por escrito de las Partes.

12.2 Por cualquier motivo previsto en este Acuerdo.

12.3 Sin perjuicio de cualquier otro derecho o recurso del Distribuidor, éste tendrá derecho a rescindir este Acuerdo mediante notificación por escrito a la Compañía si la Compañía ha cometido un incumplimiento de este Acuerdo que no se haya subsanado a su propio costo dentro de QUINCE (15) días calendario, en cuyo caso, este Acuerdo terminará en la fecha especificada en el aviso emitido por el Distribuidor.

12.4 Sin perjuicio de cualquier otro derecho o recurso de la Compañía, esta tendrá el derecho de rescindir este Acuerdo, en caso de incumplimiento por parte del Distribuidor de cualquier obligación derivada del presente contrato, y especialmente en los siguientes supuestos:

– Uso no autorizado de la marca, marca comercial o imagen corporativa de la Compañía y / o actividades de marketing, promoción o publicidad no autorizadas;

– Distribución de Productos fuera del Territorio realizada por su organización.

– Falta de pago o demora en el pago de cualquier venta realizada por la Compañía al Distribuidor en virtud del Acuerdo.

12.5 La terminación de este Acuerdo no perjudicará los derechos y obligaciones de cualquiera de las Partes que se hayan acumulado antes de dicha terminación.

12.6 La terminación de este Acuerdo por cualquier causa no afectará ni eximirá ninguna de las responsabilidades por incumplimiento de este Acuerdo asumidas por la Parte infractora en virtud del presente y cualquier responsabilidad legal asumida por la Parte infractora de conformidad con las leyes y regulaciones pertinentes.

12.7 El Distribuidor deberá, dentro de los siete (7) días posteriores a la terminación de este Acuerdo por cualquier causa, devolver a la Compañía toda la literatura técnica, muestras de ventas, material promocional y todos los documentos, materiales o bienes de la clase, tipo, formato que fuera suministrados a él por la Compañía con el propósito de cumplir con sus obligaciones bajo este Acuerdo.

13 - CONFIDENCIALIDAD

Durante la vigencia de este Acuerdo, en el supuesto que la Compañía pudiera revelar al Distribuidor información no pública, relacionada con su negocio y operaciones, (incluyendo planes comerciales, así como los términos de este Acuerdo) se acuerda expresamente que aquella Información suministrada y siempre que haya sido previamente e inequívocamente identificada como Confidencial por la Compañía, no será divulgada ni utilizada de ninguna forma y a través de ningún medio por el Distribuidor salvo autorización previa y por escrito de la Compañía, excepto en lo relacionado con el contenido de este Acuerdo, para el necesario traslado de su contenido a aquellos empleados, agentes y representantes en una necesidad razonable, y para los solos fines del presente acuerdo.

El Distribuidor acepta mantener estricta confidencialidad sobre la información y materiales proporcionados por la Compañía, junto a los términos de este Acuerdo, siempre que éstos hayan sido, con carácter previo, debida e inequívocamente identificados como documentos confidenciales, y no divulgará dicha información y materiales a ningún tercero, sin el consentimiento previo por escrito de la Compañía, con la excepción de todo lo que respecta a su traslado a los asesores comerciales, asesores legales y asesores fiscales para los solos fines del presente acuerdo

El Distribuidor no divulgará comunicados de prensa, u otra información relacionada con este Acuerdo, sin la aprobación previa por escrito de la Compañía. Cada una de las Partes será responsable de cualquier incumplimiento de esta cláusula por parte de sus respectivas organizaciones.

14 - DIVERSO

14.1 Relación. La relación entre el Distribuidor y la Compañía será la de un comprador y un vendedor independientes, sin que pueda entenderse en ningún caso la existencia de relación laboral entre las partes. Ningún empleado o cliente de cualquiera de las Partes se considerará empleado o cliente de la otra Parte, ni ninguna de las Partes tendrá autoridad para hacer declaraciones en nombre de la otra Parte ni obligarla de ninguna manera a terceros.

Así mismo, se deja constancia de que ninguna de las estipulaciones contenidas en el presente contrato se considerará en modo alguno constitutivo de asociación, unión temporal de empresas, agrupación de interés económico, sociedad o cuentas en participación entre las Partes.

14.2 Avisos. Todas las notificaciones se dirigirán a:

Si al Distribuidor: ....

Atención: ....

Dirección: ....

Si a la Compañía: ....

Atención: Sr. ....

Dirección: ....

14.3 No renuncia. El hecho de que cualquiera de las Partes no ejerza prontamente cualquier opción o derecho otorgado por este Acuerdo a dicha Parte o no exija el cumplimiento estricto de cualquier obligación impuesta por este Acuerdo a la otra no se considerará una renuncia a tales derechos.

15.4 Fuerza mayor. A los efectos de este Acuerdo, la "Fuerza mayor" significará cualquier terremoto, tifón, inundación, incendio y otros desastres naturales, caso fortuito, inclemencias del tiempo, tormentas, disturbios de guerra y acciones militares similares, disturbios civiles, embargos, mandatos judiciales u otros restricciones y acciones del gobierno, huelgas, cualquier causa fuera del control razonable de la Compañía o del Distribuidor, así como cualquier tipo de pandemia o emergencia sanitaria asimilable.

La ocurrencia de un evento de Fuerza Mayor cuyas consecuencias hagan imposible la ejecución continua de este Acuerdo y para el cual las Partes no hayan podido encontrar una solución por un período superior a TRES (3) meses, en cuyo caso este Acuerdo terminará en la fecha especificada en la notificación emitida por la Parte.

15.5 Acuerdo completo. Este Acuerdo constituye el acuerdo completo entre la Compañía y el Distribuidor y reemplaza todos los acuerdos y entendimientos anteriores. Las Partes celebran este Acuerdo sin depender de ninguna representación, promesa o garantía oral o escrita, excepto según lo estipulado específicamente en el presente.

Este Acuerdo puede ser modificado únicamente mediante un instrumento por escrito firmado por ambas Partes.

15.6 Ley aplicable. Este Acuerdo se regirá, interpretará y ejecutará de acuerdo con las leyes de España.

16.7 Jurisdicción. Cada una de las Partes acuerda de forma irrevocable e incondicional que cualquier demanda, acción o procedimiento legal que surja de o se relacione con este Acuerdo deberá ser entablado en los tribunales de ....

Y estando las partes conformes en un todo con lo anteriormente expuesto, una vez leído, se ratifican y lo firman por duplicado ejemplar a un solo efecto, en el lugar y fecha del encabezamiento.

Fdo.: Fdo.:

ANEXO I.- PRODUCTOS

....

ANEXO II.- PRECIOS

....

Los precios de los Productos se verán incrementados con el costo de transporte y cualquier otro costo derivado del mismo (seguros, fletes, etc.)

Con carácter general, los precios de los Productos se revisarán una vez al año, desde la firma de este Acuerdo, en base al Índice de Precios al Consumidor español publicado oficialmente por el gobierno español. No obstante, cuando el rango de incremento de los precios de cualquier materia prima de los Productos sea superior al Índice de Precios al Consumidor español, y siempre que sea debidamente documentado, prevalecerá el ritmo de incremento mayor.

F028. COMUNICACIÓN DEL EMPRESARIO DESISTIENDO DEL CONTRATO DE DISTRIBUCIÓN

Muy Sr. Nuestro:

Nos referimos al contrato de distribución en exclusiva indefinido existente entre usted y nuestra empresa, ... S.A., con ámbito de aplicación en la provincia de .....

Por medio de la presente y como ya le adelantamos verbalmente, le comunicamos nuestra decisión de denunciar y extinguir el citado contrato de distribución con efecto el día ... de ..... de ....., sirviendo la presente comunicación de oportuno preaviso a los efectos legalmente establecidos.

Por otro lado, de conformidad con lo establecido en la estipulación ... el citado contrato, le comunicamos que se halla a su disposición en nuestras oficinas la correspondiente compensación por clientela, por un importe de .... euros (salvo error u omisión involuntario), que esperamos sea de su conformidad, y que se le abonará, en nuestra oficina, en la forma habitual.

Agradeciéndole de nuevo los servicios prestados a esta compañía,

Reciba un saludo

F029. COMUNICACIÓN DEL DISTRIBUIDOR RECLAMANDO COMPENSACIÓN POR CLIENTELA E INDEMNIZACIÓN POR FALTA DE PREAVISO

Muy Sres. míos:

Le dirijo la presente carta en relación con su burofax de fecha .... (recibido el día .....) por el que ustedes, unilateralmente, resuelven el contrato indefinido de distribución en exclusiva que nos unía, con ámbito de actuación en la provincia de .....

Sin perjuicio de no compartir la decisión que ustedes han adoptado y ya ejecutado, y menos aún las formas, que no merezco después de estar vinculado a esta empresa desde hace muchos años, respecto de la liquidación practicada en el citado burofax, quiero manifestarles que la misma es incompleta y, por tanto, incorrecta, por los siguientes motivos:

A.– Ustedes obvian en su burofax la compensación por clientela que me corresponde como consecuencia de la resolución contractual por ustedes llevada a cabo y que, asciende a la suma de .... EUROS, sirviendo el presente como reclamación de la misma.

B.– Igualmente, en su burofax también obvian la indemnización por falta de preaviso. Dado que el contrato que nos unía era de duración indefinida, debían haber efectuado la denuncia del mismo con un plazo de preaviso de .... meses, según resulta del citado contrato (estipulación ....). El incumplimiento de lo anterior, me hace acreedor de una indemnización por importe, salvo error u omisión involuntario, de ...., cantidad ésta resultante de aplicar a la media anual de los últimos cinco años por ustedes fijada, el número de meses en que no se ha realizado el preaviso (estipulación ..., segundo párrafo). Sirva la presente como expresa reclamación de tal cantidad debida.

Reciban un saludo

Atentamente,

F030. CONTRATO DE FRANQUICIA

Normativa aplicable: *Real Decreto 201/2010, de 26 de febrero, por el que se regula el ejercicio de la actividad comercial en régimen de franquicia y la comunicación de datos al registro de franquiciadores.*

En .... a ... de ...... de ....

REUNIDOS

De una Parte, Don...................., mayor de edad, casado, vecino de ....., con domicilio en .... y DNI/NIF, ...

Y de otra, Doña ...., mayor de edad, ..., vecina de ......, con domicilio en la .... y DNI/ .....,

INTERVIENEN

Don.................... interviene en nombre y representación, en su condición de ....., de la compañía............, entidad de nacionalidad española, con domicilio social en .... y CIF............ Constituida mediante escritura pública autorizada por el notario de .... D............, el día .... bajo el número .... de su protocolo, e inscrita en el Registro Mercantil de..........., en el tomo ...., libro......, folio......, hoja........., número de inscripción........, en adelante, "EL FRANQUICIADOR". La representación de Don...................., resulta de su condición de ...., según escritura otorgada el ... de... de.... ante el Notario de .... Don...................., bajo el número... de su protocolo.

Doña ...... interviene en nombre y representación de la compañía........., con CIF B..........., con domicilio en ...., en adelante "EL FRANQUICIADO".

MANIFIESTAN

I.– EL FRANQUICIADOR posee el conocimiento y la experiencia en............, que fabrica o adquiere, identificados con signos distintivos propios o ajenos en virtud de la correspondiente licencia, con el fin de distribuirlos en el mercado. Igualmente posee el FRANQUICIADOR los conocimientos, métodos operativos y de marketing, así como logísticos, contables y financieros para la venta de aquellos productos previamente seleccionados, mediante la creación de una imagen de la tienda a través de diseño y signos distintivos. Todo lo cual constituye una propiedad industrial del FRANQUICIADOR cuyo uso autoriza al FRANQUICIADO en las condiciones establecidas en el presente documento.

EL FRANQUICIADOR es titular legítimo de la marca .... utilizada como signo distintivo de productos y rótulo de establecimiento.

II.– El FRANQUICIADO reconoce el carácter sustancial, práctico y secreto de los mencionados conocimientos y métodos, estando interesado en explotar una tienda, que después se identificará, con arreglo al sistema del FRANQUICIADOR, adquiriendo de este último los productos destinados a la reventa.

III.– El FRANQUICIADO desea integrarse en la red de distribución del FRANQUICIADOR, habiendo éste cumplido con todas y cada una de las obligaciones precontractuales de información previstas en la Ley, tal y como consta en el Anexo ....

IV.– El FRANQUICIADO dispone por título de......... (arrendamiento, subarrendamiento, etc) de un local sito en........ con una superficie de.......... metros cuadrados, cuyo plano y características se adjuntan en Anexo .. del presente contrato. El FRANQUICIADO ha obtenido toda clase de licencias y cumplidos todos los requisitos legales para el ejercicio de la actividad empresarial objeto este contrato, considerando el FRANQUICIADOR que el referido local es idóneo para el ejercicio de tal actividad. En adelante el repetido local será identificado como el local contractual.

V.– Que las partes han llegado a un acuerdo para la concesión de franquicia, el cual formalizan mediante el presente documento, quedando recíprocamente obligadas con arreglo a las siguientes

CLÁUSULAS

PRIMERA.– OBJETO. El FRANQUICIADOR concede al FRANQUICIADO, quien acepta, licencia de uso de una franquicia integrada por los derechos de propiedad industrial mencionados en la manifestación I, así como por los conocimientos y métodos empresariales, prácticos, secretos y sustanciales que igualmente se mencionan en dicha manifestación, que son comunicados por el FRANQUICIADOR tanto de modo verbal por medio del adiestramiento de las personas, como mediante la entrega de la documentación pertinente, en el lugar y por el tiempo definidos en el presente contrato, obligándose además el FRANQUICIADO a adquirir del FRANQUICIADOR los productos que se especifican en el ANEXO ... del modo previsto en el presente contrato.

El FRANQUICIADOR se obliga a mantener al FRANQUICIADO en el uso y disfrute pacíficos de los signos distintivos.

SEGUNDA.– El FRANQUICIADOR se obliga a asistir al FRANQUICIADO en el diseño, conformación, decoración, instalaciones técnicas, mobiliario y demás elementos de presentación del local contractual en orden a que este reúna las condiciones idóneas para la comercialización de los productos. Todo coste y gastos generados por el acondicionamiento del contenido y continente del local contractual correrán en su totalidad e íntegramente a cargo del FRANQUICIADO.

TERCERA.– El FRANQUICIADO ejercerá la actividad por su cuenta y riesgo, quedando expresamente prohibido intervenir en el tráfico invocando cualquier tipo de representación del FRANQUICIADOR.

CUARTA.– VENTA DE PRODUCTOS. El FRANQUICIADO adquirirá los PRODUCTOS objeto de la franquicia exclusivamente del FRANQUICIADOR, que deberá suministrar al FRANQUICIADO, en concepto de depósito, la cantidad necesaria para la correcta explotación del negocio, siendo la mercancía de propiedad del FRANQUICIADOR.

El FRANQUICIADO se compromete a mantener los PRODUCTOS en el estado en que le fueron entregadas por el FRANQUICIADOR, salvo autorización expresa de éste último y a conservarlas con la debida diligencia, siendo de su exclusiva cuenta y cargo y a su riesgo tal conservación y custodia.

El FRANQUICIADOR entregará los PRODUCTOS al FRANQUICIADO en el local contractual, siendo por cuenta del mismo los gastos de transporte. El precio de la mercancía para el FRANQUICIADO es el precio de venta al público fijado por el FRANQUICIADOR reducido con los siguientes porcentajes:

Venta "de temporada": .... por ciento. En su consecuencia el FRANQUICIADOR emitirá factura por el .... por ciento del precio de venta al público.

Venta "de rebajas": .... por ciento. En su consecuencia el FRANQUICIADOR emitirá factura por el .... por ciento del precio de venta al público.

El FRANQUICIADO deberá informar al FRANQUICIADOR por escrito dentro del plazo de .... desde la recepción de los PRODUCTOS de cualquier falta de conformidad, tanto por taras como discordancias entre la mercancía recibida y el albarán o nota de pedido. En caso de no recibir tal comunicación en plazo, se entenderá la conformidad del FRANQUICIADO.

El FRANQUICIADO queda facultado para la venta de los productos recibidos siendo el precio de venta al público aquel que fije el FRANQUICIADOR. No obstante, lo anterior la propiedad de la expresada mercancía es del FRANQUICIADOR viniendo obligado el FRANQUICIADO a poner de manifiesto tal donde fuese procedente, en el supuesto de embargo, retención de la mercancía y, especialmente, si el FRANQUICIADO deviniese en situación de concurso o prevé la insolvencia.

El FRANQUICIADO estará obligado a realizar una liquidación de los productos vendidos mensualmente, que será remitida al FRANQUICIADOR dentro de los .... primeros días del mes siguiente. Recibida por el FRANQUICIADOR la liquidación procederá a facturar el importe declarado aplicando el impuesto que corresponda.

El FRANQUICIADOR pagará la correspondiente factura al FRANQUICIADO en el plazo de .... días siguientes a la fecha de emisión de la misma.

Tras la finalización de cada campaña de venta (verano, invierno, Navidad, rebajas,...) el FRANQUICIADOR retirará a su costa los PRODUCTOS depositados en el LOCAL correspondiente a dicha campaña. Tras la devolución de dicho genero restante de la campaña pasada, el FRANQUICIADOR realizará la debida comprobación y liquidación, considerando como vendidos los PRODUCTOS que no hayan sido devueltos por el FRANQUICIADO. Respecto de los devueltos que no estuvieran en las mismas condiciones del momento de la entrega el FRANQUICIADOR cargará al FRANQUICIADO el ... por 100 del valor de la mercancía (según precio neto al FRANQUICIADO). Si el producto no fuera conforme, EL FRANQUICIADOR cargará al FRANQUICIADO el importe íntegro del precio neto.

QUINTA.– El FRANQUICIADO sólo podrá usar y disfrutar la franquicia para la exclusiva finalidad del desarrollo de la actividad empresarial de reventa comercial a los consumidores finales de los productos contractuales. Y sólo podrá hacerlo a partir del local contractual y de acuerdo con la documentación e instrucciones del FRANQUICIADOR. El cambio de ubicación del local contractual o la apertura de nuevos locales para la explotación del negocio FRANQUICIADO requerirá de consentimiento previo, expreso y por escrito del FRANQUICIADOR. El local contractual deberá cumplir estrictamente las condiciones especificadas por el FRANQUICIADOR, en particular en todo lo referente a la decoración, al mobiliario y a la presentación de los productos contractuales.

El presente contrato es personalísimo entre el FRANQUICIADOR y el FRANQUICIADO y no concede a este último la facultad de otorgar sublicencias sobre la PROPIEDAD INDUSTRIAL ni ceder su uso bajo ningún concepto. El FRANQUICIADO no podrá ceder o transmitir ninguno de los derechos u obligaciones dimanantes del presente contrato, sin la previa autorización por escrito del FRANQUICIADOR.

SEXTA.– El FRANQUICIADO reconoce que no tiene título ni derecho sobre la propiedad industrial del FRANQUICIADOR, salvo el derecho de uso que se le concede por este contrato, en los términos del mismo y durante su vigencia. Junto a cualquier referencia pública y externa que haga de la PROPIEDAD INDUSTRIAL el FRANQUICIADO deberá poner de forma clara y legible la inscripción "licencia de uso autorizada por el propietario de la marca".

En cuanto al "know how", el FRANQUICIADOR facilitará al FRANQUICIADO todos aquellos documentos e información en la que se expliquen todos los elementos necesarios para el desarrollo de la actividad objeto de la franquicias, y además realizarán las sesiones formativas que sean necesarias, en el mismo punto de venta, a través de las cuales se entrenará y capacitará al FRANQUICIADO sobre el Negocio. En su caso, el FRANQUICIADO deberá poner en conocimiento del FRANQUICIADOR la estructura y organización del Negocio de la que dispone. Se adjunta en el Anexo ... la documentación que el FRANQUICIADOR entregará al FRANQUICIADO, así como un plan y calendario formativo sobre los elementos esenciales para el correcto desarrollo y gestión de la franquicia.

El FRANQUICIADO se obliga a seguir las instrucciones indicadas por el FRANQUICIADOR a fin de garantizar la uniformidad y presentación de la actividad, así como a no divulgar la Know-how durante la duración del presente contrato y también después de terminado.

SÉPTIMA.– ASISTENCIA TÉCNICA. El FRANQUICIADOR se compromete a mantener informado al FRANQUICIADO en todo lo relacionado con la actividad a desarrollar y, en cualquier caso, el FRANQUICIADO tiene derecho a solicitar que se le resuelva cualquier duda que surja antes y durante el desarrollo de la actividad.

OCTAVA.– DURACIÓN DEL CONTRATO. La duración del presente Contrato es de .... a partir de a fecha de suscripción del mismo.

Vencido este contrato, se prorrogará por periodos de ..... (..) AÑOS, salvo que cualquiera de ellas manifiesten su voluntad de no prorrogar el mismo, mediante comunicación fehaciente dirigida con ... de antelación al término del plazo inicial o, en su caso, el de su prórroga.

Sin dilación alguna, a la terminación del contrato, el FRANQUICIADO deberá retirar los rótulos y demás signos distintivos de la franquicia.

NOVENA.– PERSONAL. A todo el personal que contrate el FRANQUICIADO se le dará la formación necesaria, así como se le instruirá en la utilización de los elementos de gestión que le facilite para la correcta gestión de la franquicia.

DÉCIMA.– CANON.– El FRANQUICIADO se obliga a pagar al FRANQUICIADOR la cantidad alzada de .... euros trimestrales, debiendo efectuarse el pago dentro de los ...... primeros días del mes siguiente a cada trimestre natural por el suministro por parte de este de todo el material de cartelería y publicidad impresa, así como por la actualización y mantenimiento de los equipos de software utilizados en el establecimiento, p.l.v., y montaje escaparates.

DECIMOPRIMERA.– PUBLICIDAD. El FRANQUICIADOR realizará aquellas acciones publicitarias que considere idóneas (excluyendo campañas televisivas) para la divulgación de la tienda o tiendas. El FRANQUICIADO, por su parte y, a su cargo, podrá realizar la publicidad que estime oportuna en su provecho, siempre que se realice en su zona y sea autorizada de forma previa y por escrito por parte del FRANQUICIADOR.

DECIMOSEGUNDA.– PARTICULARES OBLIGACIONES DEL FRANQUICIADO. Serán obligaciones del FRANQUICIADO, entre otras obligaciones derivadas de este contrato y a las que se ha hecho mención, las siguientes:

a) Llevar con la mayor eficacia el negocio de venta de los productos desde su local, en los términos establecidos en este contrato, observando todas las indicaciones e instrucciones impartidas por el FRANQUICIADOR y, en particular, las contenidas en este contrato.

b) Ofrecer a sus clientes unos PRODUCTOS que respondan a la alta calidad y presentación uniforme propia de los productos de la marca ...., comprendiendo no solo dicha marca, sino otras de terceros utilizadas bajo la correspondiente licencia.

c) Incluir dentro de la gama de productos que ofrezca al cliente los nuevos productos que lance el FRANQUICIADOR durante la vigencia de este contrato y emplear sus mejores esfuerzos en aprender a comercializar dichos productos, adaptando sus instalaciones para ello, si fuera necesario, con el fin de mantener una uniforme prestación de productos y servicios en toda la red del FRANQUICIADOR.

d) Tener en buen estado el LOCAL y las instalaciones.

e) Contratar personal suficiente para poder ofrecer un buen y rápido servicio al cliente y, si fuera preciso, aumentar su personal en función del aumento de las ventas.

Todas las personas que trabajen en el establecimiento deberán ir uniformadas con el atuendo de trabajo característico de los establecimientos ...., con los logotipos y signos distintivos que se indiquen como representativos de la marca.

f) Asegurarse de que el aspecto, la formación y preparación del personal son los adecuados para ofrecer un buen servicio de atención al cliente en la venta de los PRODUC-

TOS, que en nada desmerezca la reputación y el prestigio de los establecimientos .... Cumplir la normativa vigente en materia de contratación laboral.

g) Vender los productos objeto de esta franquicia sólo a los usuarios finales o al propio FRANQUICIADOR.

h) No utilizar los conocimientos que obtenga con la licencia de la PROPIEDAD INDUSTRIAL para otras finalidades que la explotación de la FRANQUICIA.

i) Corresponde al FRANQUICIADO cumplir adecuadamente las normas legales relativas a su LOCAL, y a la venta de los PRODUCTOS y a las actividades que constituyen el objeto del presente contrato.

j) Mantener el mobiliario y enseres en perfectas condiciones de uso, sustituyéndolos en caso necesario por otros que cumplan con los requisitos de imagen y diseño de la marca .... en las condiciones señaladas en la estipulación novena para su adquisición.

k) Entregar aval a primer requerimiento emitido por entidad de crédito española, en garantía del cumplimiento de las obligaciones derivadas del presente contrato para el FRANQUICIADO, especialmente de las de pago (incluido las rentas por el subarriendo del local), en los términos del modelo que se acompaña como ANEXO ....., por un importe de .... EUROS y un vencimiento coincidente con el de este contrato incrementado en seis meses. En el supuesto que el presente contrato se prorrogase, el FRANQUICIADO se obliga a renovar el citado aval, entregando uno nuevo en los términos arriba reseñados.

DECIMOTERCERA.– PARTICULARES OBLIGACIONES DEL FRANQUICIADOR. Serán obligaciones del FRANQUICIADOR, entre otras obligaciones derivadas de este contrato y a las que se ha hecho mención, las siguientes:

a) En el caso de que el FRANQUICIADOR se dispusiera a conceder una nueva franquicia en las inmediaciones de la tienda del FRANQUICIADO, este último tendrá preferencia para la concesión de la nueva LICENCIA en los términos y condiciones que más abajo se indican.

En el supuesto de que el FRANQUICIADO no haya optado por la LICENCIA del nuevo establecimiento, y de que dentro del plazo máximo de ...... meses, a contar de la apertura del mismo, alegue que dicha apertura le ha ocasionado de forma directa una disminución significativa en las ventas, el FRANQUICIADOR lo comprobará por medio de persona por él autorizada, debiendo el FRANQUICIADO colaborar en cuanto sea preciso a dicha comprobación objetiva de la disminución de ventas, permitiendo a la persona designada el acceso al local contractual, control de libros, contacto con la clientela, recepción de llamadas telefónicas y cuantos actos sean precisos para una eficaz comprobación.

En caso de que el FRANQUICIADOR compruebe la veracidad de las alegaciones del FRANQUICIADO, le indemnizará en proporción al perjuicio sufrido, bien sea en metálico, o mediante disminución de royalties o franquicia.

En el supuesto de que el FRANQUICIADO discrepe del resultado de la comprobación hecha por agentes del FRANQUICIADOR, las partes requerirán de la Cámara de Comercio de Castellón la designación de un experto para que, a su vez, compruebe la disminución objetiva o no de las ventas por causa de la apertura del nuevo establecimiento.

Si el criterio de este experto no difiere sustancialmente del emitido con anterioridad por el FRANQUICIADOR, el FRANQUICIADO deberá correr con los gastos del dictamen y perderá todo derecho a oponerse por la misma causa a la apertura del establecimiento que se pretende abrir.

Si el experto considera que se ha producido una disminución objetiva de las ventas, el FRANQUICIADOR, a su elección, indemnizará al FRANQUICIADO con una de las formas establecidas en el párrafo primero de este apartado.

En ningún caso será objeto de indemnización la disminución de ventas debida a negligencia, mala gestión o insuficiencia de medios o personal del FRANQUICIADO o por causas distintas a la apertura del nuevo local.

b) La concesión por el FRANQUICIADOR de nuevas licencias en el TERRITORIO no supondrá la reducción del territorio respecto del FRANQUICIADO.

c) Cuando exista más de un FRANQUICIADO en el TERRITORIO y a criterio del FRANQUICIADOR surja la necesidad de abrir otro local en el referido TERRITORIO, el FRANQUICIADO más antiguo del mismo tendrá derecho preferente a optar por la concesión de LICENCIA. La opción deberá ejercitarse en forma fehaciente dentro del plazo máximo de ...... días a contar de la fecha en que le haya sido notificada por el FRANQUICIADOR su intención de abrir un nuevo establecimiento en el TERRITORIO.

En el supuesto de nuevas aperturas de tiendas y de que sean varios los franquiciados establecidos en la proximidad, el derecho preferente de opción a la obtención de la nueva FRANQUICIA será ejercitado por orden de antigüedad, de manera que en primer lugar podrá optar el primer FRANQUICIADO que no haya optado anteriormente, si éste rehúsa el segundo, y así sucesivamente.

El FRANQUICIADO, cualquiera que sea su antigüedad, que habiendo tenido en una ocasión la oportunidad de optar, no la haya ejercitado, perderá su derecho de preferencia hasta que el resto de franquiciados hayan gozado de igual oportunidad.

Cuando ninguno de los franquiciados ya establecidos haya requerido ejercitar su derecho de opción, el FRANQUICIADOR quedará libre para contratar la FRANQUICIA con el tercero que le parezca adecuado para explotar el nuevo establecimiento.

d) El FRANQUICIADOR no explotará por sí mismo la LICENCIA ni comercializará los productos con arreglo a una fórmula similar en la proximidad de la tienda del FRANQUICIADO.

e) El FRANQUICIADOR deberá prestar la asistencia técnica a la que se refiere el presente contrato y lo podrá hacer por sí mismo, o bien por medio de la persona física o jurídica que especialmente designe.

f) El FRANQUICIADOR permitirá la asistencia gratuita del FRANQUICIADO o de sus empleados a los cursos de formación que organice, siendo los gastos de desplazamiento y alojamiento por cuenta del FRANQUICIADO.

g) El FRANQUICIADOR comunicará al FRANQUICIADO toda mejora o innovación que desarrolle durante la vigencia de este contrato.

h) El FRANQUICIADOR ofrecerá al FRANQUICIADO la extensión de este contrato a otros productos similares o complementarios de los productos que el FRANQUICIADOR pueda introducir en el mercado durante la vigencia de la FRANQUICIA.

DECIMOCUARTA.– SEGUROS. El FRANQUICIADO deberá mantener siempre en vigor un seguro del continente de la tienda, comprendiendo la mercancía, toda vez que el riesgo de su pérdida o deterioro gravita sobre él.

DECIMOQUINTA.– INSPECCIÓN. El FRANQUICIADOR tendrá el derecho de inspeccionar y controlar en todo momento y por su cuenta, ya sea directamente, ya sea acompañado de terceros o por medio de agentes o representantes debidamente autorizados y durante las horas de trabajo, todas las fases del negocio, realizados por el FRANQUICIADO en todas las fases de venta, así como el almacenaje de productos en el local. Durante las inspecciones podrá tener contacto directo con todo el personal que trabaje en el local, con facultades para retirar muestras y hacer fotografías de las instalaciones.

Asimismo, podrá controlar directa o indirectamente, los registros de compras, de ventas, de consumos y demás elementos de la contabilidad del FRANQUICIADO para los efectos de este contrato. El FRANQUICIADO se obliga a suministrar al FRANQUICIADOR cuanta información le sea solicitada, incluida la situación patrimonial del negocio del FRANQUICIADO.

El FRANQUICIADOR se reserva el derecho de designar a terceros independientes para la realización de auditorias legales o contables del FRANQUICIADO, cuando lo estime oportuno. El FRANQUICIADO se obliga a someterse a dichas auditorias con la adecuada disposición.

Cualquier impedimento por parte del FRANQUICIADO para la realización de dichas inspecciones, auditorías o para facilitar la información requerida será causa de incumplimiento contractual.

DECIMOSÉPTIMA.– RELACIÓN MERCANTIL. Expresamente las partes hacen constar que el FRANQUICIADO es un comerciante independiente del FRANQUICIADOR, que en su condición de tal explotará independientemente la franquicia objeto de este contrato, sin que esta relación mercantil de lugar a ninguna forma asociativa, ni asimilada, ni genere vínculo de subordinación o relación laboral entre las partes.

DECIMOCTAVA.– RESOLUCIÓN ANTICIPADA.

I. El incumplimiento de las cláusulas de este contrato por cualquiera de las partes facultará a la otra parte para exigir el cumplimiento del presente contrato o darlo por resuelto, quedando a salvo el derecho de percibir indemnización por los perjuicios causados y el abono de intereses en ambos casos.

En caso de incumplimiento, la parte perjudicada requerirá fehacientemente a la otra parte la subsanación del defecto denunciado en el plazo máximo de .... días a contar de la notificación del requerimiento.

Si la parte perjudicada opta por la resolución del contrato se tendrá en cuenta lo siguiente:

a) Si, transcurrido el mencionado plazo de .... días, la parte incumplidora no ha subsanado suficientemente la infracción contractual, el contrato quedará automáticamente resuelto, sin posibilidad de rehabilitarlo, pese al cumplimiento posterior que se tendrá por extemporáneo, a no ser que antes de finalizado el plazo y a pesar de la no subsanación, la parte perjudicada haya concedido fehacientemente a la otra una prórroga del plazo o haya renunciado expresamente a la resolución por causa del incumplimiento denunciado.

b) Cuando el incumplimiento denunciado consiste en el impago de alguna cantidad pagadera en virtud de este contrato, sólo surtirá efecto la subsanación realizada mediante pago directo al FRANQUICIADOR o consignación notarial de la cantidad debida ante el Notario requirente para su entrega al FRANQUICIADOR, dentro del plazo antes expresado.

Cuando el incumplimiento por impago no dé lugar a la resolución anticipada por haberse subsanado en tiempo o en caso contrario, por renuncia expresa de la parte perjudicada a dar por resuelto anticipadamente el contrato, las cantidades impagadas devengarán un interés de demora equivalente al interés básico del Banco de España en la fecha del incumplimiento, incrementado en dos puntos, salvo que se haya pactado otro distinto. Si este interés no se paga junto con el principal, se tendrá por no subsanado el defecto y el FRANQUICIADOR podrá resolver el contrato.

c) En el caso de que el daño causado por el incumplimiento a la parte perjudicada sea, dadas sus características, de imposible subsanación en el plazo de .... días, la resolución se producirá automáticamente mediante la notificación fehaciente a la parte infractora, dando por resuelto el contrato sin posibilidad de subsanación.

d) Igualmente, si una de las partes incumple de forma reiterada sus obligaciones, la otra parte estará facultada para resolver de forma automática el contrato, sin ofrecer la posibilidad de subsanación.

II. Entre otros, serán causa de resolución por parte del FRANQUICIADOR, los siguientes hechos:

a) Que el FRANQUICIADO no alcance las cifras mínimas de venta de los PRODUCTOS estipulados en el contrato durante un año, de .... euros.

En cualquier caso, el FRANQUICIADOR tendrá en consideración para ejercitar o no esta causa de resolución la concurrencia de circunstancias o causas involuntarias de fuerza mayor no imputables al FRANQUICIADO que hayan impedido alcanzar dichas cifras mínimas.

b) El incumplimiento por el FRANQUICIADO de la obligación de pago de las remuneraciones establecidas en el pacto décimo o de cualesquiera otros pagos derivados de estos acuerdos.

c) Cualquier acción que afecte a la imagen de los derechos de la propiedad industrial, a la calidad de los productos vendidos o al cumplimiento de las regulaciones y normas oficiales, relativas a la explotación del local, contratación del personal, obligaciones tributarias, etc.

d) La muerte del FRANQUICIADO o su incapacidad física o mental por más de .... meses para el desarrollo de esta actividad. En el caso de que el FRANQUICIADO sea una persona jurídica, su disolución o fusión o la participación en el capital de un tercero competidor del FRANQUICIADO.

e) La violación por el FRANQUICIADO de los pactos de competencia o de concurrencia establecidos en la cláusula decimoséptima de este contrato.

f) La violación por el FRANQUICIADO de la obligación de guardar el secreto reflejada en este contrato.

g) No pagar las primas del seguro del local.

h) Que el FRANQUICIADO ceda o transfiera a terceros los derechos y obligaciones derivados de este contrato en cualquier concepto, sin el consentimiento expreso y por escrito del FRANQUICIADOR.

i) no prestar o renovar el aval reseñado en la estipulación ... de este escrito.

DECIMONOVENA.– CONSECUENCIAS DE LA TERMINACIÓN. Una vez el presente contrato haya terminado por cualquier motivo, el FRANQUICIADO se compromete a:

a) Cesar inmediatamente en el empleo de los derechos derivados del contrato y, en especial, dejará de utilizar la propiedad industrial, comprendiendo aquellos elementos, accesorios o mobiliario que tuviera incorporado la marca .... o cualquier otro signo distintivo o diseño del FRANQUICIADOR.

b) Devolver al FRANQUICIADOR todas las fórmulas, normas, catálogos, literatura de venta o publicidad, placas clichés y otras informaciones o material que haya podido proporcionar al FRANQUICIADO de acuerdo con los términos del presente contrato.

c) Pagar en un periodo máximo de .... días o en aquel otro inferior fijado el total de los derechos y prestaciones económicas pendientes, a favor del FRANQUICIADOR como consecuencia del presente contrato.

d) Devolver al FRANQUICIADOR toda la mercancía en depósito, quedando facultado el FRANQUICIADOR para realizar la oportuna inspección del estado de la misma, pudiendo retirarla sin previo aviso y/o autorización.

VIGÉSIMA.– CONFIDENCIALIDAD. El FRANQUICIADOR y el FRANQUICIADO se obligan a tratar confidencialmente, y a no reproducir, publicar ni difundir ninguna información comercial, financiera ni técnica que puedan conocer de la otra Parte en función de su relación contractual. Una vez extinguido el Contrato, cada parte borrará y destruirá toda la información que sobre la presente relación haya almacenado en cualquier soporte o haya reproducido por cualquier procedimiento, exceptuando la que legalmente estén obligados a conservar.

En especial, el FRANQUICIADO se compromete a que en ningún caso divulgará a ningún tercero información o datos de cualquier índole relacionados en el FRANQUICIADOR, así como ningún aspecto relacionado con la franquicia al que haya tenido acceso durante la vigencia de la presente franquicia.

Ambas partes se comprometen a guardar el más absoluto secreto respecto de los datos de carácter personal a que tengan acceso en cumplimiento el presente Contrato y a observar todas las previsiones legales que se contienen en la Ley Orgánica de protección de los datos de carácter personal. En particular, se comprometen a no aplicar o utilizar los datos de carácter personal obtenidos o aquellos a los que hayan tenido acceso con el fin distinto al que figura en el presente Contrato, ni a cederlos, ni siquiera para su conservación, a otras personal.

En el supuesto de que el FRANQUICIADOR tratara datos por cuenta del FRANQUICIADO, ambas partes se comprometen a firmar un contrato de tratamiento de datos por cuenta de terceros.

VIGESIMOPRIMERA.– BUENA FE. Las Partes se comprometen a cumplir el Contrato y a ejercitar los derechos y a cumplir las obligaciones que se desprendan del mismo en todo momento conforme a las más estrictas exigencias de la buena fe.

VIGESIMOSEGUNDA.– NULIDAD E INEFICACIA DE LAS CLÁUSULAS. Si cualquier cláusula de este Contrato fuese declarada, total o parcialmente, nula o ineficaz, tal nulidad o ineficacia afectará tan solo a dicha disposición o a la parte de la misma que resulte nula o ineficaz, subsistiendo el Contrato en todo lo demás, teniéndose tal disposición, o la parte de la misma que resultase afectada por no puesta.

VIGESIMOTERCERA.– LEY APLICABLE Y JURISDICCIÓN COMPETENTE. El presente Contrato se regirá e interpretará de acuerdo con las Leyes de España y se someterá a la jurisdicción de los Tribunales de ....

VIGESIMOCUARTA.– NOTIFICACIONES. Todas las notificaciones, requerimientos, peticiones y otras comunicaciones que hayan de efectuarse por las Partes en relación con el presente Contrato, deberán realizarse por escrito y se entenderá que han sido debidamente realizados cuando hayan sido entregados en mano o bien remitidos por correo certificado al domicilio de la otra Parte que conste en el encabezamiento del presente Contrato, o bien a cualquier otro domicilio que a estos efectos cada Parte pueda indicar a la otra.

Las Partes manifiestan su conformidad con el presente Contrato, que otorgan y firman en dos ejemplares igualmente originales, en el lugar y fecha arriba indicados.

IV. CONTRATOS DE DEPÓSITO Y SERVICIOS DE LOGÍSTICA

SUMARIO: F031. CONTRATO DE DEPÓSITO MERCANTIL. F032. RESOLUCIÓN DE CONTRATO DE CESIÓN DE MAQUINARIA EN DEPOSITO. F033. CONTRATO DE SERVICIOS DE DEPOSITO Y LOGÍSTICA.

F031. CONTRATO DE DEPÓSITO MERCANTIL

Normativa aplicable: *Arts. 303-310 Real Decreto de 22 de agosto de 1885, por el que se publica el Código de Comercio.*

En la ciudad de ...... hoy día ..... de ...... de dos mil ......

REUNIDOS

Don...................., de nacionalidad española, mayor de edad, vecino de ...., con domicilio en la calle ......, núm. ..... y DNI/NIF ....

Doña ...., de nacionalidad española, mayor de edad, vecina de ...., con domicilio en la calle ......, núm. ..... y DNI/NIF ....

INTERVIENEN

Don.................... interviene en nombre y por cuenta, en su condición de Consejero Delegado, de la sociedad anónima de nacionalidad española .... S.A., domiciliada en ......, calle ...., núm. ..... Constituida por tiempo indefinido mediante escritura autorizada el ... de .... de ....., por el notario de ......, Don................... Inscrita en el Registro Mercantil de la provincia de ...... al tomo ...., del libro de sociedades, folio ....., hoja número ....., inscripción .... CIF ....

Doña .... interviene en nombre y por cuenta, en su condición de administradora única, de la sociedad de responsabilidad limitada de nacionalidad española .... S.L., domiciliada en ......, calle ...., núm. ..... Constituida por tiempo indefinido mediante escritura autorizada el ... de .... de ....., por el notario de ......, Don................... Inscrita en el Registro Mercantil de la provincia de ...... al tomo ...., del libro de sociedades, folio ....., hoja número ....., inscripción .... CIF ....

Las partes, reconociéndose recíproca capacidad para este acto, libre y espontáneamente,

EXPONEN

I.– Que la compañía .... S.A. (en adelante DEPOSITANTE), es propietaria de la mercancía que se reseñan en el ANEXO I de este contrato y tienen necesidad de depositar las mismas en un almacén de la zona de ...... para proceder, desde dicho lugar, a suministrar a sus clientes de dicha zona.

II.– Que ...... S.L. (DEPOSITARIO) es una empresa que se dedica a la actividad mercantil de almacenaje y recepción en depósito mercancía como la reseñada en el exponen I en su almacén de ...., por lo que las partes formalizan el presente contrato de cesión de crédito mercantil, que se regirá por sus normas naturales y de modo especial y preferente por las siguientes:

ESTIPULACIONES

PRIMERA.– .... S.A. deposita en los almacenes de .... S.L. la mercancía reseñada en el exponen I de este contrato, obligándose ..... S.L. a guardarla y restituirla en los términos de este contrato de depósito.

SEGUNDA.– El presente depósito tendrá una duración hasta el día ... de ..... de ....

TERCERA.– Las partes pactan, como precio del depósito aquí concertado, la cantidad cerrada y alzada de .... euros (IVA excluido), que será pagada junto a su IVA por el CESIONARIO dentro del plazo de .... días a contar desde fecha de este contrato, mediante transferencia bancaria a la siguiente cuenta corriente: ....

CUARTA.– Hasta su retirada por el DEPOSITANTE, la mercancía permanecerá necesaria e imperativamente en el almacén del DEPOSITARIO sito en .... En tanto en cuanto no sea retirada por el DEPOSITANTE, el DEPOSITARIO guardará, conservará y custodiara diligentemente y a su exclusivo riesgo la mercancía objeto de depósito.

QUINTA.– El DEPOSITANTE retirará la mercancía de los almacenes del DEPOSITARIO sito en ....., en una o varias veces, dentro del plazo reseñado en la estipulación segunda y conforme al plan de retirada que como ANEXO II se acompaña a este contrato. En el momento de la retirada de la mercancía, total o parcial, se entenderá producida su entrega al DEPOSITANTE igualmente total o parcialmente.

SEXTA.– Con relación a lo reseñado en las estipulaciones cuarta y quinta precedentes, el tratamiento, almacenaje, guarda, conservación, custodia, carga y retirada de la mercancía se hará imperativamente conforme a los procedimientos de la DEPOSITANTE que se reseñan en el manual operativo que se acompaña como ANEXO III.

Se hace constar que el seguimiento de los citados procedimientos son esenciales para el DEPOSITANTE, pues lo contrario afectaría gravemente a su actividad industrial y comercial, en general, y a su productividad y funcionamiento de sus factorías en particular, de lo que se da aquí por enterado y acepta el DEPOSITARIO, quien manifiesta que tiene la capacidad de llevar a cabo el deposito contratado conforme al manual operativo reseñado.

SÉPTIMA.– El DEPOSITARIO no podrá servirse de la mercancía depositada sin permiso expreso y fehaciente del DEPOSITANTE. Tampoco podrá trasladarla, desplazarla ni moverla del lugar en que se halla depositada sin el citado permiso expreso y fehaciente del DEPOSITANTE. Queda absolutamente prohibida la conmixtión de la mercancía objeto de depósito.

OCTAVA.– El DEPOSITARIO no tiene ningún poder de disposición sobre la mercancía depositada. No obstante, de conformidad con lo establecido en el art. 1780 CC, el DEPOSITARIO podrá retener en prenda la mercancía depositada hasta el completo pago de lo que se deba por razón del presente depósito.

NOVENA.– El presente contrato podrá ser resuelto en los casos que marca la Ley, así como por el incumplimiento de cualquiera de las obligaciones derivadas del mismo para las partes.

DÉCIMA.– Los gastos y tributos derivados de este contrato, serán soportados por las partes con arreglo a Ley.

Además, serán de cuenta de la parte incumplidora de este contrato los gastos judiciales o extrajudiciales que se originen como consecuencia de aquel incumplimiento.

UNDÉCIMA.– Para la práctica de cuantos requerimientos o notificaciones hayan de verificarse, ambas partes designan los señalados en el encabezamiento de este escrito.

DECIMOSEGUNDA.– Para cuantas divergencias pudieran surgir con motivo de la interpretación y cumplimiento de lo pactado en este documento y anexo, las partes, haciendo expresa renuncia al fuero que pudiera corresponderles, se someten a los Tribunales de ....

DECIMOTERCERA.– El presente contrato tiene carácter mercantil y se regirá por lo aquí estipulado y, en lo no previsto, por lo dispuesto en la Ley.

Así lo conviene las partes, quienes tras leer el presente documento y encontrándolo conforme a sus manifestaciones, lo suscriben en su integridad por duplicado ejemplar, ratificándose en su contenido en el lugar y fecha señalados "ut supra".

F032. RESOLUCIÓN DE CONTRATO DE CESIÓN DE MAQUINARIA EN DEPOSITO

............, a ..... de ....

COMPARECEN

Don...................., con domicilio a estos efectos, en .... con DNI/NIF ....

Don...................., con domicilio a estos efectos en ...., con DNI/NIF.........

Don...................., con domicilio a estos efectos en............, con DNI/NIF ....

INTERVIENEN

I.– Don.................... interviene en nombre y representación, en su condición de administrador solidario, de la mercantil............, con domicilio social en............, y CIF ....

La mercantil.............., actualmente se halla declarada en estado de concurso voluntario de acreedores, que se tramita actualmente ante el Tribunal de Instancia, sección de lo Mercantil (plaza núm.....), de ...., número de autos........... La declaración del citado concurso fue acordada por el expresado Tribunal mediante auto de fecha............., en el que se decretó la intervención de las facultades de administración de la mercantil concursada quedando el ejercicio ordinario de la misma sometido a la autorización o conformidad del administrador concursal.

II.– Don...................., interviene en nombre y representación de la entidad............., con CIF B.........., con domicilio social en............., en su calidad de representante legal.

III.– Don.................... interviene como administrador concursal de ....

Los comparecientes se reconocen la capacidad legal necesaria para el presente otorgamiento, y en su virtud,

DECLARAN Y CONVIENEN

I.– Que en fecha..........., la entidades.........., suscribieron un contrato de cesión en depósito relativo a la siguiente maquinaria:

....

Que dicho contrato se encuentra, actualmente en vigor, en los términos y condiciones que resultan del mismo y que se da aquí por íntegramente reproducido en aras a una mayor brevedad.

II.– Que es voluntad de las partes resolver de mutuo acuerdo dicho contrato de cesión de depósito a que se ha hecho referencia en el anterior pacto, con efecto desde la fecha de suscripción del presente documento, sin que ninguna de las partes adeude nada a la otra bajo ningún concepto.

Que como consecuencia de la presente resolución, ... procede en este acto, a retirar la citada maquinaria cedida en depósito a ...., recuperando la posesión de la misma.

III.– El presente acuerdo queda condicionado suspensivamente a su homologación por el Tribunal del concurso mediante el oportuno auto declarando la resolución del citado concierto y sus efectos, en los términos y de conformidad con lo establecido en el art. art. 175 TRLC.

Y para que así conste, firman el presente documento por triplicado ejemplar a un solo efecto en el lugar y fecha indicados en el encabezamiento.

F033. CONTRATO DE SERVICIOS DE DEPOSITO Y LOGÍSTICA

Normativa aplicable: *Arts. 303-310 Real Decreto de 22 de agosto de 1885, por el que se publica el Código de Comercio.*

En........, a ....

COMPARECEN

DE UNA PARTE: D............., mayor de edad y con DNI............, en su calidad de Consejero Delegado de .... S.A., en adelante........., con domicilio en .... y provista de NIF:............, e inscrita en el Registro Mercantil de........., al tomo ...., Folio ....., Hoja .... Actúa facultado para ello según resulta de la escritura otorgada ante .... notario de ...., D..........., el día.........., con el número...........

Y DE OTRA: D.........., mayor de edad y con DNI.......... en calidad de Director Regional de .... S.A. (en adelante.........) provista con CIF:............., hallándose facultado para este Acto según escritura otorgada ante notario D........, con fecha..........., al número.......... de su protocolo, domiciliada en ...., Inscrita en el Registro Mercantil de........., al folio........., del tomo......, General, hoja........ e inscripción...........

Los comparecientes, reconociéndose mutua y plena capacidad para la firma del presente contrato.

MANIFIESTAN

PRIMERO.– Que .... está interesado en contratar con.........., la prestación de servicios en las provincias de .... de los servicios de logística de los PRODUCTOS elaborados y comercializados por ....

SEGUNDO.– Qué habiendo llegado las partes a un acuerdo a tal efecto, lo formalizan de acuerdo con las siguientes,

ESTIPULACIONES

PRIMERA.– OBLIGACIONES DE ....

............, se compromete a prestar los servicios de logística incluidos y descritos en la presente cláusula, todos ellos referidos a los productos comercializados por.........., y que se relacionan en el Anexo III (en adelante los "PRODUCTOS").

1.1. Entradas y salidas de PRODUCTOS

.... recibirá los PRODUCTOS en su almacén de ...., debidamente paletizados y retractilados. Se deberá realizar la entrada administrativa conforme se especifica en el Manual operativo, que se adjunta como Anexo II.

En cuanto a las salidas se deberá realizar de acuerdo con las órdenes de carga (listas de picking o documento equivalente) y las entregas que se reciban de............ Los sistemas de manipulación necesarios para realizar el movimiento de productos y la carga de vehículos serán a cargo de .... así como su mantenimiento y reposición.

.........., comunicará en el plazo máximo de ...... horas desde la entrega de los PRODUCTOS en sus instalaciones la existencia de defectos, daños, golpes o roturas visibles en los mismos o sus embalajes; sin perjuicio de hacerlo constar en el momento de la entrega al transportista. Transcurrido dicho plazo se entenderán recibidos los PRODUCTOS en perfectas condiciones.

1.2. Almacenaje

Para el correcto almacenaje de los PRODUCTOS, ..., deberá emplear el sistema de almacenaje más idóneo para evitar deterioros o daños.

.... podrá con aviso previo de .... días excluir del objeto de este contrato aquella mercancía que con causa justificada en alguna característica de la misma, pueda ser perjudicial para personas, locales, instalaciones y otras mercancías depositadas en sus locales.

Los palets utilizados serán .... x .... así como el de ..... x ....., propiedad de ..... o .... La rotación de los PRODUCTOS se efectuará conforme al sistema FIFO (First In, First Out) obligándose .... a cargar los productos que con mayor antigüedad se encuentren almacenados, salvo indicación expresa de ....

La Fecha de caducidad (LOTE) de los productos, vendrá identificada en los documentos listas de picking o equivalentes.

.... se obliga a mantener en perfecto estado de conservación y limpieza los locales y almacenes donde deposite mercancías propiedad de .... tanto si son propios como si son alquilados, teniendo especial cuidado de que exista la adecuada vigilancia, vallas de cierre exteriores, etc., procurando que dichos recintos tengan el idóneo y suficiente material de prevención para la lucha contra incendios apto para ser utilizado.

.... se obliga a cumplir los requerimientos de calidad e higiene, en especial aquellos que se indique en el Manual Operativo, para el correcto almacenamiento y conservación de los productos.

En el supuesto de existir deterioro, pérdida o falta de los PRODUCTOS en su manipulación, almacenaje, carga o descarga, será responsabilidad de..........., quién deberá abonar a..........., el coste de los PRODUCTOS y los perjuicios ocasionados. En cualquier caso y sin perjuicio de dicha responsabilidad, ... decidirá qué hacer y cuándo, con las mercancías deterioradas, ordenando en su caso la oportuna inspección *in situ*, de acuerdo con...............

.... repercutirá sobre .... la correspondiente liquidación y cargo por los daños evaluados, siguiendo el criterio de coste .... euros/kg; que en caso de impago podrá ser compensado contra el importe de las facturas giradas por............ dicho valor máximo será revisado anualmente en función de las variaciones de IPC.

Serán de cuenta y cargo exclusivo de..........., cualquier reclamación o cargo que formule .... a ...., a .... o a ambos, cuando tal reclamación tenga su fundamento en una falta de información por parte de .... o ...., o si esa información existe, si fuera insuficiente o inadecuada, ... mantendrá indemne a .... frente a tales reclamaciones o cargos.

1.3. Servicios de administración

.... procederá en todo momento administrativa y operativamente de acuerdo con el Manual operativo. Todas las modificaciones del mismo serán consensuadas por ambas partes, se entenderá por albarán de servicio o entrega el documento de .... debidamente firmado y/o sellado por los clientes para acreditar la recepción de los PRODUCTOS.

Los documentos de entrega, firmados y/o sellados por el Cliente, serán entregados a la oficina de distribución de .... en ...., en los plazos y forma establecidos en el manual operativo (semanalmente por correo certificado) sin perjuicio de la obligación de .... de mantener copia de los mismos.

A efectos del circuito de palets, el centro de almacenaje y distribución de.........., se considera un PUNTO DE ENTREGA por lo que .... se obliga ante las compañías que contrate .... (......... u otras) a informar con la periodicidad requerida de las entregas de palets que realice a los Clientes de ....

1.1. Inventarios

.... realizara inventarios de existencias y de caducidad de los PRODUCTOS almacenados, con la periodicidad que se señala en el Manual operativo.

.... se compromete a facilitar su stock administrativo (inventarios de entrada y salida de productos, e inventario de productos en stock) cada final de mes .... y siempre antes del día 1 de cada mes.

Si en el plazo de .... días .... no manifiesta disconformidad respecto del listado de stock facilitado por......., se dará este por válido, en cualquier caso quedara a salvo el derecho de .... para reclamar a .... aquellas faltas de las que tuviese conocimiento o discordancias entre el stock administrativo y el real, previa acreditación o justificación de las mismas.

.... asume el coste de realización de inventarios en días no laborables, al coste que se especifica en el marco tarifario para días laborales normales y/o festivos y que se detalla en el Anexo I; siempre que tales inventarios se realicen a requerimiento expreso de ....

..........., representada por aquellas personas que esta designe, tendrá libre acceso a las instalaciones y a la documentación administrativa de ...., para previa solicitud con antelación de al menos .... horas y dentro de horario laboral, pueden verificar cuando lo estimen oportuno el estado del stock y el debido cumplimiento de las obligaciones y prestación de servicios en las condiciones pactadas.

1.4. Manipulación y distribución

.... prestará el servicio de manipulación (entrada y salida) y distribución/transporte derivados de las ordenes de salida o carga (instrucciones de despacho).

Concepto de manipulación. Se realizaran dos tipos de manipulación:

- Manipulación de entrada: incluye la descarga, la revisión de la mercancía recibida y su ubicación en el almacén.
- Manipulación de salida: incluye la preparación de pedidos tomando en cuenta cantidad, caducidad y limitaciones de altura de palets de clientes, la carga de los vehículos y la descarga en el punto de entrega indicados.

Concepto de transporte y distribución, ... prestará el servicio de transporte y distribución con entrega de los PRODUCTOS en las instalaciones de los Clientes, en los términos, fechas y condiciones que se señalen en las correspondientes órdenes de salida o carga (instrucción de despacho).

Devoluciones. A efectos de coste, las recogidas de producto en los Clientes o devoluciones tendrán la misma consideración que las entregas de pedidos, abonándose por tanto según la misma tarifa de manipulación y transporte.

Rechazos. corresponde a la mercancía amparada en un albarán, no aceptada por el cliente en la descarga, que se facturara igualmente a la misma tarifa de manipulación y transporte, salvo rechazo por causa imputable a ...., (p.ej. daños en transporte, error o retraso en la entrega).

1.5. Plazos de servicio

Los tiempos de servicio y respuesta serán, para pedidos u órdenes de salida o carga (instrucciones de despacho) recibidos por .... antes de las .... h. (hora insular), los especificados en Anexo II del presente contrato.

Las devoluciones tendrán el mismo plazo de servicio que las entregas a clientes, teniendo .... un margen de ..... horas para solo las devoluciones. a efecto de cálculo de plazo de entrega, los pedidos recibidos más tarde de las .... h. (hora insular) serán considerados como recibidos el día siguiente.

los tiempos de respuesta a las órdenes de salida o carga (instrucción de despacho) y entrega de los PRODUCTOS a los Clientes, así como los establecidos en el Anexo II se considerarán esenciales a los efectos del presente contrato.

1.6. Seguro de la mercancía

Sin perjuicio de las responsabilidades en que pudiera incurrir.........., se obliga a cubrir los riesgos de incendio, robo, responsabilidad civil y riesgos catastróficos que pudieran sufrir los PRODUCTOS en su almacén, suscribiendo una póliza de seguro por una cuantía suficiente para cubrir los mismos, designando a .... como beneficiario de la misma.

Para poder suscribir dicha póliza, en caso de que .... no tuviese seguro de mercancías .... está de acuerdo con el único valor de ...... €/kg......... facilitara a .... copia de las pólizas correspondientes así como justificará, anualmente el pago de las primas de tales pólizas y la vigencia del citado seguro.

Transporte

El transporte, manipulación, carga y descarga de los PRODUCTOS desde su recepción en el almacén hasta su entrega al Cliente serán de exclusiva responsabilidad de.........., respondiendo esta por tanto del riesgo de pérdida, deterioro o daños de los PRODUCTOS.

Así mismo, es de responsabilidad de .... el asegurar los PRODUCTOS para cubrir los riesgos de incendio, robo y rotura en el transporte.

1.7. Comunicaciones

La transmisión de información entre .... y .... se realizara de forma automática a través de los mensajes EDI. los albaranes serán confeccionados e impresos por .... según lo acordado y del cual se adjunta copia (Anexo IV).

SEGUNDA.– Obligaciones de......................., S.A.

2.1. Condiciones económicas

Las tarifas que .... percibirá por los servicios prestados se detallan en el Anexo I de este contrato. Esta tarifa tendrá vigencia en........., siendo revisadas anualmente en función del IPC anual publicado por el INE, y sin que por lo tanto puedan sufrir cualquier tipo de revisión o incremento, salvo convulsión en el sector por el aumento desproporcionado de los carburantes al alza.

Los precios convenidos detallados en el Anexo I son alzados, fijos y cerrados por la totalidad de los servicios objetos de este contrato y descritos en la anterior cláusula Primera. .... no satisfará cantidad alguna por cualquier otro concepto distinto al precio por servicio según detalle, bien sea relativo a personal necesario, tiempos, volúmenes, distancia, desplazamiento, impuestos, licencias u otros, que correrán por cuenta de............ en caso de que solicitada una variación en las tarifas por cualquiera de las partes, no fuese posible llegar a un acuerdo respecto a la fijación de las mismas, ... quedará legitimada para desistir unilateralmente notificando a .... su voluntad de desistimiento con una antelación de .... días a la fecha en que deba tener efecto el mismo, plazo durante el cual se aplicaran las anteriores tarifas y sin que por ello .... tenga derecho alguno a compensación o indemnización alguna.

2.2. Forma de Pago

.... emitirá factura mensual de los servicios prestados a............ el vencimiento de la misma será de ...... días desde la fecha de emisión de la misma, una vez cumplido este plazo pactado el pago de las facturas pendientes devengará a favor de .... en interés legal del dinero.

.... no tendrá obligación alguna de entregar cantidades mínimas de productos en depósito, circulante o gestión de stock. Sin perjuicio de ello .... facilitará a .... las previsiones anuales de volúmenes de Productos a gestionar dicha información se facilitará a únicos efectos organizativos. .... garantiza que tiene capacidad para gestionar volúmenes anuales aprox. de ...... Tn./año de productos en stock, ... Tn./ año de salida y distribución de productos y dispone de medios técnicos y humanos para la adecuada gestión logística de dichos volúmenes de stock y distribución comunicados a................

En caso de que los anteriores volúmenes se incrementasen significativamente y .... no tuviese capacidad de gestión de los mismos, deberá comunicarlo de forma inmediata a .... quedando esta facultada para la inmediata resolución del contrato, sin que por ello .... tenga derecho alguno a compensación o indemnización.

TERCERA.– Duración del contrato

3.1. Duración del contrato

El contrato tendrá duración indefinida; pudiendo ser resuelto por cualquiera de las partes mediante notificación por escrito que deje constancia de su recepción, con una antelación mínima de .... MESES.

3.2. Causas de resolución del contrato

El incumplimiento por una de las partes de las obligaciones del presente contrato facultará a la otra para la resolución del mismo.

Además, si .... apreciara la existencia de irregularidades en la prestación de los servicios contratados o de las obligaciones contraídas y una vez comunicadas a.........., ésta, no pusiera remedio a ellas en un plazo máximo de ...., ... podrá resolver el presente contrato, mediante notificación a la otra parte y sin coste alguno para........., sin perjuicio de las cantidades adeudadas a .... por las facturas de los servicios ya prestados.

La terminación anticipada del contrato obligará, en cualquier caso, a la devolución inmediata por parte de .... a........., de todos los Productos qué en el momento de dicha terminación se encontraran en el almacén de........, así como a .... el pago de las cantidades adeudadas a .... en sus correspondientes fechas de vencimiento.

.... no estará legitimada en caso alguno para la retención o apropiación de los Productos de........., sin perjuicio de su derecho a reclamar las cantidades que, en su caso, pudiesen estar pendientes de pago. La retención no consentida de los PRODUCTOS dará lugar al pago de una penalización de .... euros/día, sin perjuicio de la facultad de .... de reclamar los daños y perjuicios que se le ocasionasen.

CUARTA.– CONFIDENCIALIDAD

......., se obliga a mantener el secreto profesional respecto de los datos comerciales, técnicos u otros de que disponga, en especial relativos a volúmenes de PRODUCTOS, cantidades y plazos de entrega y clientes de los que se le haga entrega o llegue a tener conocimiento por motivo de su relación con .... o que conozca su ejecución del presente contrato, en especial de los datos de carácter personal, tanto durante como después de la terminación del presente contrato.

Comprometiéndose a utilizar dicha información únicamente para la finalidad contractual pactada y exigir el mismo nivel de compromiso a cualquier persona que dentro de su organización participe en dichas tareas. A la terminación del presente contrato, cualquiera que fuese la causa, permanecerá vigente la obligación de confidencialidad.

..........., no hará publicidad en medio alguno de los servicios que preste a .... ni informará o comunicará los mismos a terceros ajenos a la prestación de éstos, sin previa autorización por escrito de ....

QUINTA.– JURISDICCIÓN

Ambas partes se someten a los Tribunales de .... para la resolución de cualesquiera diferencias y controversias que pudieran surgir de la interpretación o cumplimiento del presente contrato renunciando expresamente a cualquier otro fuero que pudiera corresponderles.

SEXTA.– GENERALES

6.1. Los productos remitidos por .... son recibidos por .... en sus almacenes en concepto de depósito, sin ostentar poder alguno de disposición sobre los mismos, por los que en modo alguno podrá contabilizarlos en sus activos ni comprenderlos en relaciones o inventarios de su empresa, obligándose a poner de manifiesto tal circunstancia acreedor y especialmente en los procedimientos de insolvencia en los que pudiera incurrir.

6.2. .... cumplirá y hará cumplir a su personal todas las normas de seguridad y prevención de riesgos laborales vigentes y/o que pueda requerir la naturaleza del servicio, obligándose además a dotar a sus dependientes y subcontratistas de los medios necesarios, así como a la plena cobertura aseguradora de los mismos.

6.3. Todo trabajador asignado por .... a la prestación de servicios a........., será personal que .... dispone para el desarrollo de su empresa en general, sin relación directa con..........., ni con el servicio contratado. Al cesar la prestación del servicio de logística por terminación del contrato, cualquiera que fuese su causa, seguirá dicho personal afecto a .... y en ningún caso al servicio contratado.

6.4. .... no será responsable en ningún caso de las inversiones en personal o medios técnicos que .... tenga que hacer como consecuencia de la prestación de servicios contratada, por lo que no satisfará ninguna clase de indemnización por estos conceptos u otros a la finalización del mismo, cualquiera que fuese el motivo de la terminación del contrato.

6.5. Este contrato no podrá ser cedido, en todo ni en parte, ni se podrá conceder derecho alguno sobre el mismo por subcontratar o delegar cualquiera de sus obligaciones salvo excepcionalmente cuando así lo acuerden ambas partes de forma expresa y por escrito. En todo caso, ... responderá personal y solidariamente de los actos y omisiones de sus empleados y empresas subcontratistas, comprometiéndose a repercutirles en su total extensión las obligaciones derivadas del presente contrato que les pudiera ser de aplicación, directa o indirectamente y a verificar su debido cumplimiento.

6.6. Cualquier modificación o novación de los derechos y obligaciones establecidos en este contrato, deberá realizarse por escrito firmado por ambas partes.

6.7. En el caso de que una de las partes tolere actuaciones de la otra que pudieran ser contrarias a lo establecido en las cláusulas del presente contrato, dicha tolerancia no llevará implícita la renuncia a exigir en cualquier momento el cumplimiento de las obligaciones y derechos establecidos en este contrato.

V. CONTRATOS DE CESIÓN DE CRÉDITOS

SUMARIO: F034. CONTRATO DE CESIÓN DE CRÉDITO. F035. COMPRAVENTA DE CRÉDITOS EN PROINDIVISO. F036. CONTRATO DE MANDATO PARA LA ADQUISICIÓN DE UN CRÉDITO POR TÍTULO DE COMPRAVENTA. F037. PROPUESTA DE COMPRA DE CRÉDITOS HIPOTECARIOS A ENTIDAD BANCARIA. F038. ESCRITURA DE COMPRAVENTA DE CRÉDITOS.

F034. CONTRATO DE CESIÓN DE CRÉDITO

Normativa aplicable: *Entre otros, Arts. 1112, 1198, 1526, 1527, 1528, 1529, 1530 Real Decreto de 24 de julio de 1889, texto de la edición del Código Civil mandada publicar en cumplimiento de la Ley de 26 de mayo último. Arts. 347 y 348 Real Decreto 22 de agosto de 1885 por el que se aprueba el Código de Comercio.*

En la ciudad de ...... hoy día ..... de ...... de ......

REUNIDOS

Don...................., de nacionalidad española, mayor de edad, vecino de ...., con domicilio en la calle ......, núm. ..... y DNI/NIF ....

Doña ...., de nacionalidad española, mayor de edad, vecina de ...., con domicilio en la calle ......, núm. ..... y DNI/NIF ....

INTERVIENEN

Don................... interviene en nombre y por cuenta, en su condición de Consejero Delegado, de la sociedad anónima de nacionalidad española .... S.A., domiciliada en ......, calle ...., núm. ..... Constituida por tiempo indefinido mediante escritura autorizada el ... de .... de ....., por el notario de ......, Don................... Inscrita en el Registro Mercantil de la provincia de ...... al tomo ...., del libro de sociedades, folio ....., hoja número ....., inscripción .... CIF ....

Doña .... interviene en nombre y por cuenta, en su condición de administradora única, de la sociedad de responsabilidad limitada de nacionalidad española .... S.L., domiciliada en ......, calle ...., núm. ..... Constituida por tiempo indefinido mediante escritura autorizada el ... de .... de ....., por el notario de ......, Don................... Inscrita en el Registro Mercantil de la provincia de ...... al tomo ...., del libro de sociedades, folio ....., hoja número ....., inscripción .... CIF ....

Las partes, reconociéndose recíproca capacidad para este acto, libre y espontáneamente,

EXPONEN

I.– Que la compañía .... S.A. (en adelante CEDENTE), es titular del siguiente derecho de crédito que ostenta contra Don...................., por un total importe de .... euros, con ocasión de ...... y que se haya documentado ....

El citado crédito es líquido, vencido y exigible, se haya afianzado por Doña .... y tiene su origen en ....

II.– Que ...... S.L. (CESIONARIO) tiene interés en la adquisición del crédito reseñado en el exponen anterior, por lo que las partes formalizan el presente contrato de cesión de crédito mercantil, que se regirá por sus normas naturales y de modo especial y preferente por las siguientes:

ESTIPULACIONES

PRIMERA.– .... S.L. cede y transmite el crédito que por un importe de ...... euros, ostenta dicha compañía frente a Don.................... y que se reseña en el exponen I de esta contrato, a la mercantil .... S.L., que acepta la cesión verificada a su favor y lo adquiere, libre de cargas y gravámenes, con cuantos derechos, accesorios, y garantías sean anejos al mismo.

SEGUNDA.– El precio conjunto de esta cesión es de .... euros, que es pagado de la siguiente manera:

A.– La suma de.......... euros, es pagada por el CESIONARIO en este acto mediante cheque bancario de la entidad ......, serie ..... núm. ...., por el expresado importe, copia del cual se acompaña a este documento.

B.– La restante suma de .... euros, será pagada por el CESIONARIO dentro del plazo de .... días a contar desde fecha de este contrato, mediante transferencia bancaria a la siguiente cuenta corriente: ....

TERCERA.– El CEDENTE responde frente al CESIONARIO de la existencia y legitimidad del crédito aquí cedido, así como de la personalidad con que se efectúa la cesión, pero no de la solvencia del deudor. También responde del pacífico ejercicio del citado derecho de crédito por el CESIONARIO.

CUARTA.– Expresamente se hace constar que el CESIONARIO, con el asesoramiento que ha tenido por conveniente, ha comprobado personalmente las circunstancias y términos no sólo del citado crédito sino también de la compraventa origen del mismo.

QUINTA.– El presente contrato podrá ser resuelto en los casos que marca la Ley, así como por el incumplimiento de cualquiera de las obligaciones derivadas del mismo para las partes.

SEXTA.– La CEDENTE se obliga a notificar fehacientemente la cesión de crédito aquí verificada, al deudor Don..................., y a su fiadora, Doña .... Ello en el plazo de ... días a contar desde la fecha del presente contrato.

SÉPTIMA.– Los gastos y tributos derivados de este contrato, serán soportados por las partes con arreglo a Ley.

Además, serán de cuenta de la parte incumplidora de este contrato los gastos judiciales o extrajudiciales que se originen como consecuencia de aquel incumplimiento.

OCTAVA.– Para la práctica de cuantos requerimientos o notificaciones hayan de verificarse, ambas partes designan los señalados en el encabezamiento de este escrito.

NOVENA.– Para cuantas divergencias pudieran surgir con motivo de la interpretación y cumplimiento de lo pactado en este documento y anexo, las partes, haciendo expresa renuncia al fuero que pudiera corresponderles, se someten a los Tribunales de ....

DÉCIMA.– El presente contrato tiene carácter mercantil y se regirá por lo aquí estipulado y, en lo no previsto, por los arts. 347 y 348 del Código de Comercio y, supletoriamente, por lo dispuesto en los arts. 1526 y ss. CC.

Así lo convienen las partes, quienes tras leer el presente documento y encontrándolo conforme a sus manifestaciones, lo suscriben en su integridad por duplicado ejemplar, ratificándose en su contenido en el lugar y fecha señalados "ut supra".

F035. COMPRAVENTA DE CRÉDITOS EN PROINDIVISO

Normativa aplicable: *Entre otros, Arts. 1112, 1198, 1526, 1527, 1528, 1529, 1530 Real Decreto de 24 de julio de 1889, texto de la edición del Código Civil mandada publicar en cumplimiento de la Ley de 26 de mayo último. Arts. 347 y 348 Real Decreto 22 de agosto de 1885 por el que se aprueba el Código de Comercio.*

En............, a .... de ....

REUNIDOS

De una parte la mercantil..........., con domicilio social en........, ..., con CIF.........., representada por su administrador concursal y liquidador único, ..., con DNI/NIF............. En lo sucesivo, también vendedor o vendedora.

Y de otra parte la entidad .... con domicilio social en...................–, con CIF.............., debidamente representada por la secretaria del Consejo de Administración, Doña............., DNI/NIF...........; y la entidad ...., con domicilio social en.............., con CIF............., debidamente representada por su administradora única Doña..........., con DNI/NIF............... En lo sucesivo comprador o compradora.

Ambas partes se reconocen mutua capacidad de actuar y de obligarse por virtud del presente contrato.

EXPONEN

PRIMERO.– Que la mercantil .... es titular de los siguientes créditos:

- Crédito titularidad de .... contra la mercantil .... por un importe de ....
- Crédito titularidad de contra la mercantil .... por un importe de ....
- Crédito titularidad de contra la mercantil .... por un importe de ....
- Crédito titularidad de contra la mercantil .... por un importe de ....

SEGUNDO.– Que las mercantiles............, ..., tienen interés en la compra de los citados créditos, por lo que ambas partes llevan a efecto la misma de acuerdo con las siguientes:

ESTIPULACIONES

PRIMERA.– Que la entidad ...., debidamente representada por la secretaria del Consejo de Administración, Doña...........; y la entidad................., debidamente representada por su administradora única Doña................, adquieren por título de compraventa, con carácter proindiviso y por un precio total de .... euros los créditos que constan en el Exponen Primero del presente contrato, titularidad de........., junto con sus correspondientes derechos accesorios.

SEGUNDA.– El precio convenido por la presente compraventa es el de .... euros (impuestos incluidos), que abonará la parte compradora a la vendedora en la siguiente forma:

a.– La cantidad de .... euros la abona la compradora .... a la vendedora.........., en efectivo metálico, sirviendo el presente documento de carta de pago y recibo de dicha cantidad.

b.– La cantidad de ...... euros la abona la compradora..........., a la vendedora........., en efectivo metálico, sirviendo el presente documento de carta de pago y recibo de dicha cantidad.

TERCERA.– Que las entidades adquirentes de los citados créditos, ... e................., son conocedoras del hecho de que dichos créditos adquiridos tienen la consideración de créditos de dudoso cobro con las consecuencias que tiene dicha consideración en relación al cobro y contabilización de los mismos.

La cedente no responde de la existencia y legitimidad del crédito. Tampoco responde de la solvencia del deudor.

Expresamente se hace constar que las deudoras .... y................, se hallan en situación de concurso de acreedores (las dos mercantiles ante el Tribunal de Instancia, sección de lo Mercantil (plaza núm. ...) de ......, estando en fase de convenio sin que se haya cumplido el mismo. También se hace constar expresamente que la entidad .... que fue declarada también en concurso por el Tribunal de Insntancia, sección de lo mercantil (plaza núm....) de .... en los citados autos........., se encuentra en fase de liquidación ante la imposibilidad por su parte de cumplir el convenio. De todo lo anterior tienen conocimiento las mercantiles compradoras y ha sido tenido en cuenta por las partes a la hora de fijar el precio establecido en este contrato de compraventa.

CUARTA.– Todos los gastos y tributos que se deriven de la presente compraventa serán soportados por las partes con arreglo a Ley.

QUINTA.– A efectos de notificaciones, las partes, de manera expresa, señalan los domicilios reseñados en la comparecencia de este contrato, esto es, por la vendedora en .... y por la compradora en ....

Y para ser cumplido de buena fe firman el presente documento por triplicado y a un solo efecto en la ciudad y fecha indicadas al principio.

F036. CONTRATO DE MANDATO PARA LA ADQUISICIÓN DE UN CRÉDITO POR TÍTULO DE COMPRAVENTA

En la ciudad de ...., hoy .... de .... de ....

COMPARECEN

De una parte, Don..................., mayor de edad, vecino de............, con DNI/NIF............., en nombre y representación de la mercantil .... con domicilio en .... y CIF........., en virtud de escritura de fecha .... ante el notario de ...... D..........., bajo el número .... de su protocolo. En adelante, también el DEUDOR.

De otra parte, Don................... En adelante, también el ADQUIRENTE.

Ambas partes gozan de capacidad jurídica y de obrar suficiente, que mutuamente se reconocen, y libre y de común acuerdo,

DECLARAN Y CONVIENEN

PRIMERO.– Que el DEUDOR tiene interés en la cancelación y extinción del siguiente crédito titularizado en la actualidad frente al DEUDOR por ....

Préstamo hipotecario nº .... recayente sobre la finca registral nº .... del Registro de la Propiedad número .... de .... por el que el BANCO .... en escritura de fecha .... y ante el Notario D............., nº de protocolo ...., concedió un préstamo de principal .... a la mercantil .... al cual se subrogó .... en su día. En adelante también el CRÉDITO.

El ADQUIRENTE expresamente manifiesta que desconocía la existencia y circunstancias del citado CRÉDITO, que le han sido comunicadas únicamente por el DEUDOR a los exclusivos efectos de la compra y cancelación del mismo en los términos de este contrato.

SEGUNDO.– Que, en este acto, ambas partes pactan lo siguiente:

A.– El ADQUIRENTE se obliga a presentar y presentará ante.........., oferta para la adquisición, por título de compraventa, del CRÉDITO reseñado en el número I del presente escrito. La oferta será formulada y presentada por el ADQUIRENTE, a su nombre y cuenta y cargo, necesaria e imperativamente conforme al modelo de oferta que se acompaña como ANEXO I al presente documento anexo cuyo contenido, en aras a una mayor brevedad, se da aquí por íntegramente reproducido y ratificado por ambas partes.

B.– El ADQUIRENTE se obliga a trasladar a .... la oferta de compraventa del referido crédito, única y exclusivamente, en los términos recogidos en el antes citado ANEXO I, no pudiendo presentar ninguna oferta o, en su caso, contraoferta distinta a la reseñada en el citado ANEXO I, salvo que expresamente y por escrito así lo autorice el DEUDOR.

Igualmente, el ADQUIRENTE no podrá aceptar ofertas o contraofertas formuladas por .... a la oferta antes reseñada salvo que expresamente y por escrito así lo autorice el DEUDOR.

C.– En el supuesto que .... aceptase oferta definitiva formulada por el ADQUIRENTE en virtud y cumplimiento de lo previsto en este documento, el ADQUIRENTE se obliga irrevocablemente desde este momento a:

1) Comprar el CRÉDITO a .... en los términos de la referida oferta definitiva y

2) Simultáneamente a la citada compraventa, proceder a cancelar cualquier garantía de la que gozase el CRÉDITO, con independencia que fuere real o personal, y practicar una quita o condonación parcial del importe del CRÉDITO por la cantidad resultante de deducir del importe total del CRÉDITO (incluyendo principal, intereses, costas o cualquier otro concepto adeudado), el precio de la compraventa reseñada anteriormente con adición a dicho precio del importe de la retribución pactada a favor del mandatario establecida en la cláusula siguiente. Simultáneamente a tal quita o condonación parcial, el DEUDOR abonará al ADQUIRENTE el importe del CRÉDITO subsistente tras la práctica de la citada quita o condonación parcial, quedando el mismo totalmente cancelado y extinguido con el referido pago. Esto es, abonando el DEUDOR el importe de compra del CRÉDITO, el mismo quedará extinguido y cancelado. Al efecto se otorgará la oportuna escritura ante el notario de .... Don.................... (o quien le sustituya en el protocolo).

A título de ejemplo, si el importe del CRÉDITO asciende a .... de euros y lo compra el ADQUIRENTE por la suma de .... euros y habiéndose pactado la retribución en el importe de .... €, el importe de la quita o condonación parcial a practicar por el ADQUIRENTE ascendería a .... euros, de tal forma el DEUDOR deberá abonar al ADQUIRENTE el importe de .... euros para cancelar y extinguir el CRÉDITO en cuestión.

TERCERO.– AVAL.

En garantía del cumplimiento por el deudor, del pago al Adquirente del importe del crédito subsistente tras la práctica de la citada quita o condonación, en este acto se constituye depósito por importe de .... mediante cheque bancario con número .... y ante acta notarial otorgado ante el notario de .... D. .... en fecha..........., acta que se acompaña como anexo II y cuyo contenido se da aquí por reproducido.

CUARTO.– En el supuesto que por la efectiva y directa gestión y actuación del ADQUIRENTE, éste adquiriese, por título de compraventa, el CRÉDITO reseñado en el número I de este documento, en las condiciones reseñadas en el número II de este contrato y practicase la quita o condonación parcial reseñada en el número II antes reseñado, el ADQUIRENTE tendría derecho a percibir, en concepto de retribución, el importe consistente en un .... del precio por el que se efectúe la escritura de compraventa del CRÉDITO por parte de................. al ADQUIRENTE.

Dicha retribución, se devengará y serán exigibles en el momento que se practique la referida quita o condonación parcial en las condiciones pactadas en el presente acuerdo y no antes.

En el supuesto que en virtud lo aquí pactado el ADQUIRENTE incurriese en gastos para el buen fin del mismo, estos serán de su exclusiva cuenta y cargo, salvo aquellos que expresamente y por escrito hubiese aceptado el DEUDOR. No obstante, serán de cuenta y cargo del DEUDOR los gastos de Notaría, Registro, Actos Jurídicos Documentarios, y otros que sean estrictamente necesarios para la formalización tanto a la compraventa del crédito como a la quita o condonación parcial y cancelación del mismo en los términos anteriormente reseñados.

QUINTO.– El presente acuerdo se realiza por tiempo indefinido. No obstante, el DEUDOR podrá desistir del mismo sin que tenga que abonar cantidad alguna, por el concepto que sea, como consecuencia de tal desistimiento, con un preaviso de ...... días y siempre que por .... se hubiere rechazado la oferta de compra del CRÉDITO antes reseñado formulada por el ADQUIRENTE en los términos de este contrato y no se hubiese presentado nueva oferta o contraoferta igualmente en los términos de este contrato.

SEXTO.– Expresamente pactan las partes que el presente encargo NO se efectúa en exclusiva a favor del ADQUIRENTE.

Igualmente, el ADQUIRENTE tiene prohibido de manera irrevocable y por tiempo indefinido, la adquisición por el ADQUIRENTE, directa o indirectamente, del CRÉDITO reseñado en el apartado I de este escrito, sea a la .... o a cualquier tercero y con independencia de cual fuera el título de la adquisición. Ello con la única excepción de lo previsto en este contrato. Igualmente tiene prohibido de manera irrevocable y por tiempo indefinido gestionar, mediar, intermediar, promover, ayudar, colaborar, etc., sea de forma directa o indirecta, en la adquisición por cualquier tercero distinto del DEUDOR del referido CRÉDITO.

La prohibición reseñada en el párrafo precedente se establece por tiempo indefinido y subsistirá, incluso, con posterioridad a la extinción del presente contrato.

SÉPTIMO.– Las partes asumen y se obligan a actuar de buena fe y lealmente entre sí.

El ADQUIRENTE se obliga, a mantener la más absoluta confidencialidad y secreto, de manera indefinida, respecto a la existencia de este documento y su contenido. Especialmente, sobre la existencia y circunstancias del CRÉDITO reseñado en el apartado I de este documento y cualquier circunstancia referida al DEUDOR, incluida su identidad.

Especialmente manifiesta el ADQUIRENTE que no ha suscrito ningún otro documento y/o acuerdo contractual análogo o similar al presente y que tenga por objeto, directa o indirectamente, el CRÉDITO reseñado en el apartado I de este escrito.

El ADQUIRENTE tratará por tiempo indefinido, como confidencial y secreta, cualquier información o dato relativa a este contrato y su ejecución.

El ADQUIRENTE y el DEUDOR tratarán como secreta la información sobre sus socios, administradores, colaboradores etc a la que tuviese acceso o hubiese conocido por su relación y/o este contrato. Lo anterior, no se aplicará en caso de reclamación judicial, o extrajudicial, entre las partes de este contrato, siempre que dicha reclamación tenga origen en el presente contrato y/o su ejecución..

La obligación reseñada en este número séptimo, como se dijo, se establece por tiempo indefinido y subsistirá, incluso, con posterioridad a la extinción del presente contrato.

OCTAVO.– Las partes de este contrato no podrán ceder a tercero ninguno de los derechos y obligaciones dimanantes del mismo y, por ende, no podrán ceder su posición contractual, a tercero alguno. Expresamente se declara por las partes el carácter de *intuitu personae* del ADQUIRENTE y del DEUDOR a la hora de celebrarse el presente acuerdo.

NOVENO.– En el supuesto que el cualquiera de las partes incumpliese cualquiera de las obligaciones aquí asumidas, que todas ellas tienen las partes la consideración de esenciales, deberá abonar a la contraparte la suma de .... Euros por obligación incumplida en concepto de cláusula penal expresamente aquí pactada y sin perjuicio de la correspondiente indemnización de los daños y perjuicios que con su actuación hubiese causado al mandante y el ejercicio de cuantas acciones procediese como consecuencia del incumplimiento.

DÉCIMO.– Para las cuestiones o controversias que puedan derivarse de la interpretación o aplicación del presente contrato, ambas partes conviene en someterse al fuero de los Tribunales de........., con expresa renuncia de cualquier otro que pudiera corresponderles.

Y para que así conste, firman el presente, por duplicado ejemplar, en....................

F037. PROPUESTA DE COMPRA DE CRÉDITOS HIPOTECARIOS A ENTIDAD BANCARIA

Estimados Srs.

Por la presente, la sociedad .... (En adelante, EL COMPRADOR), les comunica la oferta de compra de deuda, por los créditos hipotecarios titulados por ...., por lo que a continuación les indican los términos principales de dicha propuesta.

EL COMPRADOR

.........., con NIF .... en nombre y representación de .... con CIF ....

LA TRANSACCIÓN

.... tiene intención de adquirir el crédito hipotecario que ostentan las siguientes entidades:

- ...., y que grava las fincas registrales ...., ..., ... y del Registro de la Propiedad de ....
- ...., que grava la finca registral .... del Registro de ....

Titularidad de las mencionadas fincas registrales es de ......

DESCRIPCIÓN

Finca Registral

Finca Registral

Finca Registral

Finca Registral

Finca Registral

PRECIO

El comprador ofrece un precio de .... EUROS por la compra de la totalidad del crédito hipotecario derivado de......, y pagadero a .... desde la fecha del acuerdo de compraventa.

FECHA DE CONCLUSIÓN

La presente oferta de adquisición de deuda tiene una vigencia de .... meses.

........, a ....

F038. ESCRITURA DE COMPRAVENTA DE CRÉDITOS

Normativa aplicable: *Arts. 347 y siguientes del Real Decreto de 22 de agosto de 1885, por el que se publica el Código de Comercio. Entre otros, Arts. 1112, 1198, 1526, 1527, 1528, 1529, 1530 Real Decreto de 24 de julio de 1889, texto de la edición del Código Civil mandada publicar en cumplimiento de la Ley de 26 de mayo último.*

NÚMERO:

CESIÓN DE CRÉDITO.

CEDENTE: ".........".

CESIONARIOS: "...........", "................ S.L." y "..............., S.L."

En ...., a ....

Ante mí, ..., Notario de esta Capital y de su Ilustre Colegio.

COMPARECEN:

De una parte:

DON...................., mayor de edad, casado, vecino de ...., con DNI...............

Y DOÑA............, mayor de edad, casada, vecina de ...., con................

Y de otra:

DON...................., mayor de edad, casado, vecino de .... y con DNI..................

DON...................., mayor de edad, casado y vecino de ...., con DNI............

Y DON...................., mayor de edad, casado, vecino de............., y con DNI..................

INTERVIENEN

A) Los dos primeros en su calidad de Apoderados mancomunados, en nombre y representación de ".............", con domicilio en.........., constituida en fecha............ mediante escritura autorizada por el Notario de ...., Don...................., el día..........., número .... de su protocolo; inscrita en el Registro Mercantil de........., tomo ...., libro .., hoja........., inscripción...........

Hacen uso para este acto del poder que dicha sociedad les tiene conferido:

1.- A DON...................., del poder que dicha sociedad le tiene conferido a su favor en escritura pública autorizada el día............, por el Notario de.........., Don...................., número .... de orden de protocolo.

2.- Y a DOÑA........., del poder que dicha sociedad le tiene conferido a su favor en escritura pública autorizada el día............, por el Notario de.........., Don...................., número .... de orden de protocolo.

Copias auténticas debidamente inscritas en el Registro Mercantil tengo a la vista y les juzgo, bajo mi responsabilidad, a los apoderados, con facultades representativas suficientes para otorgar la presente escritura, atendiendo a las condiciones y pactos en la misma establecidos.

Afirman los representantes de la mercantil, bajo su responsabilidad, la subsistencia de ésta y la invariabilidad y vigencia de sus facultades representativas.

Me aseguro de la denominación, forma jurídica y domicilio de dicha entidad, por comprobación en los documentos antes reseñados, cuya copia auténtica se me exhibe, aseverando quien comparece representando a la misma que dichos datos de identificación de la persona jurídica y, especialmente, el domicilio, no han variado respecto de los consignados en el documento fehaciente presentado y que el objeto de la misma es la actividad bancaria y financiera en general.

B) DON...................., como Consejero Delegado, en nombre y representación de la mercantil "............. SOCIEDAD LIMITADA", en adelante junto con otras dos sociedades, la parte cesionaria, domiciliada en.............; constituida por tiempo indefinido en escritura autorizada el día .... por el Notario de .... Don..............; adaptados sus estatutos a la legislación vigente en escritura pública autorizada bajo mi fe el día............, número .... de protocolo; inscrita en el Registro Mercantil de esta provincia al tomo........., Libro .... de la Sección 8..., folio ......, hoja número ...., inscripción .... Su CIF es...........

Su legitimación para este acto resulta de su citado cargo, para el que fue nombrado por tiempo indefinido con todas las facultades del Consejo excepto las indelegables, en virtud de acuerdos adoptados por la Junta General Universal de socios y en su seno el Consejo de Administración celebrada el..........., elevados a público en escritura autorizada el día............, por el Notario de .... Don.............., número .... de protocolo, copia auténtica de la cual, debidamente inscrita en el Registro Mercantil, tengo a la vista y devuelvo.

Tiene el representante de la sociedad a mi juicio y bajo mi responsabilidad facultades suficientes para este otorgamiento atendiendo a su naturaleza, cuantía y pactos.

Afirma el representante de la mercantil, bajo su responsabilidad, la subsistencia de ésta y la invariabilidad y vigencia de sus facultades representativas.

Me aseguro de la denominación, forma jurídica y domicilio de dicha entidad, por comprobación en los documentos antes reseñados, cuya copia auténtica se me exhibe, aseverando quien comparece representando a la misma que dichos datos de identificación de la persona jurídica y, especialmente, el domicilio, no han variado respecto de los consignados en el documento fehaciente presentado y que el objeto de la misma es la gestión inmobiliaria.

C) DON.........., en su condición de Administrador Único, en nombre y representación de la entidad mercantil "................ S.L., en adelante la parte prestataria, con domicilio en............., constituida por tiempo indefinido en escritura autorizada el día .... por el Notario de .... Don.............; adaptados sus estatutos a la legislación vigente en escritura pública autorizada bajo mi fe el día............, número .... de protocolo; inscrita en el Registro Mercantil de esta provincia al tomo........., Libro .... de la Sección 8..., folio ......, hoja número ...., inscripción .... Su CIF es...........

Se halla legitimado para el presente otorgamiento de su nombramiento de Administrador Único, cargo que ejerce y tiene aceptado en la propia escritura fundacional, copia auténtica de la misma debidamente inscrita en el Registro mercantil tengo a la vista.

Tiene el representante de la sociedad a mi juicio y bajo mi responsabilidad facultades suficientes para este otorgamiento atendiendo a su naturaleza, cuantía y pactos.

Afirma el representante de la mercantil, bajo su responsabilidad, la subsistencia de ésta y la invariabilidad y vigencia de sus facultades representativas.

Me aseguro de la denominación, forma jurídica y domicilio de dicha entidad, por comprobación en los documentos antes reseñados, cuya copia auténtica se me exhibe, aseverando quien comparece representando a la misma que dichos datos de identificación de la persona jurídica y, especialmente, el domicilio, no han variado respecto de los consignados en el documento fehaciente presentado y que el objeto de la misma es la gestión y administración, por cuenta propia, de participaciones sociales representativas de los fondos propios de entidades residentes, mediante la correspondiente organización de medios materiales y personales.

D) Y DON............, en su condición de Consejero Delegado, en nombre y representación de "........... S.L.", domiciliada en ...., constituida por tiempo indefinido en escritura autorizada el día .... por el Notario de .... Don.............; adaptados sus estatutos a la legislación vigente en escritura pública autorizada bajo mi fe el día............, número .... de protocolo; inscrita en el Registro Mercantil de esta provincia al tomo........., Libro .... de la Sección 8..., folio ......, hoja número ...., inscripción .... Su CIF es...........

Su legitimación para este acto resulta de su citado cargo, para el que fue nombrado por tiempo indefinido con todas las facultades del Consejo excepto las indelegables, en virtud de acuerdos adoptados en la propia escritura de constitución antes citada, copia auténtica de la cual, debidamente inscrita en el Registro Mercantil, tengo a la vista y devuelvo.

Tiene el representante de la sociedad a mi juicio y bajo mi responsabilidad facultades suficientes para este otorgamiento atendiendo a su naturaleza, cuantía y pactos.

Afirma el representante de la mercantil, bajo su responsabilidad, la subsistencia de ésta y la invariabilidad y vigencia de sus facultades representativas.

Me aseguro de la denominación, forma jurídica y domicilio de dicha entidad, por comprobación en los documentos antes reseñados, cuya copia auténtica se me exhibe, aseverando quien comparece representando a la misma que dichos datos de identificación de la persona jurídica y, especialmente, el domicilio, no han variado respecto de los consignados en el documento fehaciente presentado y que el objeto de la misma es la gestión inmobiliaria y la fabricación de toda clase de productos ....

FE DE CONOCIMIENTO:

Les identifico por medio de sus documentos de identidad reseñados, que me exhiben.

JUICIO DE CAPACIDAD:

Tienen, a mi juicio, según intervienen, la capacidad legal necesaria para otorgar la presente escritura, que redacto con arreglo a minuta proporcionada por la entidad cedente, y, a tal efecto:

EXPONEN:

I.– Que con fecha............, entre........... S.A., de una parte, y.............., de otra, se formalizó con la intervención del Notario de.............., póliza de crédito nº .... por un límite............. EUROS, prorrogada tácitamente el..........., con vencimiento .... y renovada con fecha............., con vencimiento ....

La cuenta de crédito número.............., en que se reflejó el crédito de referencia presenta a favor del Banco a día de hoy un saldo de............... EUROS.

II.– En garantía del referido crédito se constituyeron garantías prendarias que se han extinguido con anterioridad a este momento, por lo cual, el citado crédito no tiene constituida ninguna garantía real o personal.

III.– Que ambas partes tienen convenida la cesión del crédito reseñado en el expositivo primero, lo que llevan a efecto mediante este instrumento, y en su virtud,

OTORGAN:

PRIMERO.– Transmisión del crédito.– El............., S.A. transmite el crédito que tiene a su favor contra............., S.L. que ha sido descrito en el expositivo primero mancomunadamente a las mercantiles:............, S.L. que adquiere el ....% del total de la póliza de crédito, son......... EUROS; a............, S.L. que adquiere, el ......% del total de la póliza de crédito, son......... EUROS; y a............, S.L. que adquiere el ....% del total de la póliza de crédito, son.............. EUROS, respondiendo el Banco cedente de la legitimidad del crédito, pero no de la solvencia del deudor, de conformidad con lo dispuesto en los artículos 347 y ss. del Código de Comercio y 1.526 y ss. del Código Civil.

SEGUNDO.– Precio de la cesión.– El precio de la cesión es del saldo deudor a fecha de hoy del citado crédito, que asciende a .... EUROS que recibe en este acto el Banco cedente mediante ....

De los citados medios de pago extraigo una fotocopia que reproduciéndolos fielmente queda unida a ésta matriz. Se hace constar que la cuenta en la que se hizo la provisión de fondos al referido cheque es la cuenta nº .... y la cuenta del ordenante del cheque es la nº ....

TERCERO.– Subrogación obligacional, real y procesal.– Mediante la presente cesión, los cesionarios, en el porcentaje expresado, quedarán subrogados en cuantos derechos y acciones se deriven de la póliza descrita en el expositivo primero, cuyas cláusulas se dan aquí por reproducidas.

CUARTO.– Gastos e impuestos.– Serán de cuenta de los cesionarios todos los gastos, honorarios, tributos estatales, autonómicos, locales o de cualquier clase, transitorios o definitivos, que se deriven del presente otorgamiento y su inscripción en su caso en los registros públicos competentes.

QUINTO.– De la obligación de los cesionarios a reconocer públicamente la titularidad del crédito.

Los cesionarios asumen la obligación de reconocer la asunción del crédito a su favor frente a la opinión pública, incluidos los medios de comunicación social, cuando ello proceda, sin necesidad de expreso requerimiento alguno por parte del .... S.A., siempre que fuese conveniente para preservar la imagen pública de esta entidad o para su buen nombre o su prestigio.

SEXTO.– Normativa aplicable. Este contrato se regirá por las presentes estipulaciones y, subsidiariamente, por los arts. 347 y siguientes del Código de Comercio, y por las disposiciones del Código Civil relativas a la cesión de créditos.

SÉPTIMO.– Cláusula de Sumisión a Tribunales.– Para resolver cualquier disputa o controversia que surja en el cumplimiento o ejecución de este contrato serán competentes los Tribunales de................, con renuncia expresa a cualquier fuero o jurisdicción distinta a la señalada.

OCTAVO.– Gastos.– Cuantos gastos e impuestos se puedan derivar de la presente escritura, serán de cuenta de la parte cesionaria.

NOVENO.– Las partes se facultan para que cada una de ellas pueda obtener de la presente segundas y posteriores copias con valor de primeras y efectos ejecutivos.

DÉCIMO.– EXENCIÓN FISCAL.– La presente operación está sujeta a IVA y exenta y por tanto no sujeta al Impuesto sobre Transmisiones Patrimoniales y Actos Jurídicos Documentados en su modalidad de Transmisiones y a su vez exenta de la modalidad de Actos Jurídicos Documentados, por no ser inscribible en un Registro.

OTORGAMIENTO:

Hice las reservas y advertencias legales y fiscales, especialmente:

- Las relativas a la Ley Orgánica de Protección de Datos de Carácter Personal, informando sobre su contenido y aceptando la incorporación de sus datos a los ficheros informatizados existentes en la Notaría, con la finalidad propia de la actividad notarial, que se conservarán en la misma con carácter confidencial, sin perjuicio de las remisiones de obligado cumplimiento, siendo responsable el Notario autorizante en su domicilio profesional.
- Las fiscales, entre ellas la obligación del interesado de presentar este documento a liquidación en la oficina competente dentro del plazo de treinta días hábiles a contar desde el momento en que se produzca el hecho imponible, afección de los bienes al pago del impuesto, responsabilidades y sanciones en caso de incumplimiento.
- Y las relativas a la Ley 8/1989, de 13 de abril, de Tasas y Precios Públicos, en relación con cuya Disposición Adicional Tercera queda reflejada en esta matriz la liquidación de derechos arancelarios correspondiente a la misma.

AUTORIZACIÓN:

Leída por mí esta escritura, por renunciar al derecho que les advertí tenían a leerla por sí, hacen constar haber quedado debidamente informados del contenido de este instrumento, se ratifican en su contenido y en prueba de ello, prestan su consentimiento de manera libre y firman conmigo, el Notario, que doy fe de la legalidad y contenido de este instrumento público extendido en nueve folios de papel timbrado exclusivo para uso notarial, serie y números el del presente y los correspondientes anteriores en orden sucesivo.

VI. CONTRATOS SOBRE EL ESTABLECIMIENTO DEL EMPRESARIO

SUMARIO: F039. ARRENDAMIENTO DE HOTEL (CON OPCIÓN DE COMPRA). F040. ARRENDAMIENTO INDUSTRIA. F041. ARRENDAMIENTO DE OFICINAS. F042. ARRENDAMIENTO DE LOCAL DE NEGOCIO. F043. CONTRATO DE ARRENDAMIENTO DE LOCAL EN CENTRO COMERCIAL. F044. ACUERDO BONIFICANDO RENTA EN ARRENDAMIENTO DE LOCAL SITO EN CENTRO COMERCIAL. F045. RESOLUCIÓN ANTICIPADA DE ARRENDAMIENTO DE LOCAL EN CENTRO COMERCIAL. F046. CONTRATO DE ARRENDAMIENTO DE INMUEBLE A CONSTRUIR. F047. CONTRATO DE TRASPASO DE NEGOCIO. F048. COMPRAVENTA DE LOCAL COMERCIAL. OTORGAMIENTO DE ESCRITURA Y FACULTAD RESOLUTORIA PENDIENTE DE OBTENCIÓN DE LICENCIA PRIMERA OCUPACIÓN.

F039. ARRENDAMIENTO DE HOTEL (CON OPCIÓN DE COMPRA)

Normativa aplicable: *Entre otros, Arts. 1.542- 1.603 Real Decreto de 24 de julio de 1889, texto de la edición del Código Civil mandada publicar en cumplimiento de la Ley de 26 de mayo último.*

En ...., a .... de .... de ....

REUNIDOS

De una parte, D. .... provisto de NIF nº..........., como, con domicilio en ....

Y de otra parte. D. .... provisto de NIF nº........., con domicilio en ....

INTERVIENEN

De una parte, D..........., en nombre y representación de la mercantil ...., con CIF nº........., y con domicilio social en.......... según consta en escritura de poder otorgada en .... ante el notario .... el día .... y con el número .... de protocolo. En adelante LA ARRENDATARIA.

Y de otra parte. D. .... en nombre y representación de la mercantil ...., provista de CIF nº........., con domicilio social en............, según consta en escritura de poder otorgada en .... ante el notario .... el día......... y con el número ...... de protocolo. En adelante EL ARRENDADOR.

Manifiestan y se reconocen mutuamente capacidad legal necesaria para el otorgamiento de este contrato de arrendamiento de negocio para uso distinto de vivienda.

Tras ello libre y espontáneamente:

EXPONEN

A.– Que EL ARRENDADOR es titular de un edificio sito en......................, calle ...., núm. ..., hallándose instalada en dicho inmueble un establecimiento hotelero denominado.........., que se halla en perfecto estado de funcionamiento, con sus correspondientes elementos (instalaciones, maquinaria, mobiliario etc) necesarios para su normal funcionamiento, lo cual figura detallado en el inventario que se une a este contrato como ANEXO UNO del mismo. Todo ello, local, elementos y negocio, conforman una unidad patrimonial en explotación, en adelante también denominada el HOTEL.

B.– Que EL ARRENDATARIO, tiene interés en arrendar el HOTEL, por lo que ambas partes, celebran el presente contrato de ARRENDAMIENTO DE INDUSTRIA, con base a las siguientes:

ESTIPULACIONES

PRIMERA.– EL ARRENDADOR, cede en arrendamiento a EL ARRENDATARIO el HOTEL (el local, elementos y negocio reseñados en el exponen A), como una unidad patrimonial en explotación, descrita en el exponen "A" del presente contrato.

EL ARRENDATARIO acepta el arrendamiento y declara conocer la extensión, circunstancias, usos, características, servicios comunes y privativos y estado de conservación del HOTEL arrendado y aceptarlas expresamente.

SEGUNDA.– El arrendamiento entrará en vigor el día de la firma de este contrato, devengándose la primera renta el día.........., dado que se pacta un período de carencia de .... meses.

TERCERA.– El plazo de duración del arrendamiento será de .... a partir de la fecha de entrada en vigor del arrendamiento. Transcurrido el citado plazo, el presente contrato se extinguirá automáticamente sin necesidad de comunicación alguna a tal efecto.

Finalizado el presente contrato de arrendamiento, el arrendatario vendrá obligado a devolver el HOTEL, tal y como lo recibió, según el inventario reseñado en el ANEXO I de este contrato, y con reposición de sus elementos fungibles. Ello sin perjuicio de lo establecido en otras estipulaciones de este contrato.

En caso de incumplimiento de la anterior obligación, el arrendador deberá abonar al Arrendador una penalización diaria en concepto de daños y perjuicios durante el período de la ocupación indebida del negocio por importe equivalente al cuádruplo de la Renta diaria y cantidades asimiladas mensuales vigentes en el mes precedente a la fecha en que el Arrendatario inicie la ocupación indebida, y todo ello sin perjuicio de las acciones judiciales que pueda emprender el Arrendador para obtener la posesión del Local y cantidades adeudadas por el Arrendatario. Dicha penalización en ningún caso tendrá la consideración de renta ni dará derecho alguno al Arrendatario moroso.

CUARTA.– Se establece como renta mensual, mínima y alzada, acordada y aceptada por ambas partes, la cantidad de ....€).

No obstante, y a partir del segundo año, la renta mensual será el importe de aplicar el ..% sobre las ventas mensuales efectuadas en el HOTEL......, siempre y cuando la cantidad resultante sea superior a la citada renta mínima garantizada.

QUINTA.– La renta se pagará por meses vencidos. Para ello, el primer día hábil del mes siguiente, el arrendador emitirá una factura correspondiente a la renta mensual, junto con el IVA correspondiente.

A efecto del pago de la renta, EL ARRENDADOR designa la cuenta corriente que tiene abierta a su nombre en La Entidad............, cc nº ...., en la cual la arrendadora ingresará o a la que transferirá, dentro de los ...... primeros días de cada mes, la renta mensual pactada.

La primera renta será abonada en los términos pactados, dentro de los .... primeros días de cada mes..

SEXTA.– Es de cuenta y cargo y riesgo del arrendatario:

A.– Los servicios y suministros (gas, luz, agua, teléfono, hilo musical etc) del referido HOTEL, incluido altas, siendo también de su cuenta la gestión y realización de los diferentes contratos de servicios y suministros.

B.– Todos los gastos en que se incurra en la explotación del negocio hotelero objeto de este contrato.

C.– Los gastos necesarios para la conservación y mantenimiento del HOTEL y los gastos que ocasionen sus reparaciones, sustituciones o modificaciones que fuere preciso introducir en el HOTEL por ser exigidas por disposición legal o administrativa,

D.– Los letreros, carteles luminosos etc del HOTEL.

E.– Todos los tributos, tasas, impuestos cánones etc derivados de la explotación del negocio objeto del presente contrato, a excepción del importe del Impuesto sobre Bienes Inmuebles, que corresponde al ARRENDADOR.

OCTAVA.– El local que ocupa el HOTEL se destinará exclusivamente a la actividad de explotación hotelera manteniendo los mismos niveles de calidad y cumpliendo todos los requisitos legales que sean exigibles en cada momento durante la vigencia del contrato.

El destino o finalidad para la que se arrienda el citado negocio es única y exclusivamente el de EXPLOTACIÓN HOTELERA. Queda prohibido al arrendatario, siendo causa de resolución automática del presente contrato de arrendamiento, variar el uso y destino del negocio que se ha pactado con carácter exclusivo, sin previa autorización por escrito de la arrendadora.

Será de exclusiva cuenta y cargo y riesgo de la arrendataria, la gestión, obtención y mantenimiento de cualesquiera licencias, permisos y/o autorizaciones, administrativas, de la comunidad de propietarios de la finca donde se halla el negocio arrendado o de cualquier otro carácter o naturaleza, que se deriven y fueren precisos para la apertura, ejercicio y desarrollo de la expresa actividad de EXPLOTACIÓN HOTELERA, que constituye el único destino del HOTEL objeto de arrendamiento. A tal efecto, la arrendataria deberá llevar a cabo todas las gestiones tendentes a la concesión y mantenimiento de los expresados permisos, licencias y autorizaciones, comprometiéndose a cumplir con todas las normas pertinentes, sin que produzca la referida actividad molestias, ni situación de peligro alguno para cualquier tercero, siendo de su exclusiva responsabilidad los daños que se produzcan por cualquier causa en el HOTEL o que se produzcan a terceros. El arrendatario se obliga a respetar las normas establecidas al respecto.

El arrendatario se obliga a tener suficientemente asegurados los elementos de su propiedad y los por él instalados en el hotel, así como el contenido del mismo y un seguro de responsabilidad civil e incendio en el que, respecto de los daños causados en el HOTEL, figure como beneficiario el arrendador, con un mínimo de .... EUROS.

Todos los impuestos, contribuciones, permisos y cuotas correspondientes al ejercicio de la actividad a que se destina el HOTEL arrendado, así como los que se impongan sobre este último por razón de aquella o que se deriven de la posesión del HOTEL, serán de la exclusiva cuenta y cargo del arrendatario.

NOVENA.– La parte arrendataria queda autorizada para que, a su exclusiva cuenta y cargo, ejecute en el HOTEL las obras necesarias o convenientes en orden a la explotación del negocio objeto de arriendo, siempre que obtenga, previa e imprescindiblemente, y a su exclusiva cuenta y cargo y riesgo, los permisos, licencias, autorizaciones, sean administrativas, de la comunidad de propietarios o de la naturaleza que fuere, precisas para la ejecución de tales obras.

DÉCIMA.– A la finalización del contrato, las obras, inversiones y mejoras realizadas en el HOTEL quedarán en beneficio de la arrendadora, sin derecho a reclamación alguna o indemnización de cualquier clase por la arrendataria, excepto aquellas que puedan retirarse sin menoscabo del mismo.

UNDÉCIMA.– El arrendatario utilizará el HOTEL exclusivamente para el destino pactado, y aquí declara que la recibe en perfecto estado de uso y a su entera satisfacción, obligándose a conservarlo en buen estado y a no instalar transmisiones, motores, máquinas etc. que produzcan vibraciones o ruidos molestos para los vecinos colindantes o que puedan afectar a la consistencia, solidez etc. del mismo.

Son de exclusiva cuenta y cargo de la arrendataria todas las obras, tareas o trabajos de conservación, reposición, reparación y mantenimiento que precise o se refieran al HOTEL arrendado.

El arrendatario se obliga a permitir el acceso al HOTEL arrendado y la permanencia en el mismo durante el tiempo que sea necesario al arrendador y la persona o personas designadas por éste para inspeccionar el HOTEL en cualquier momento (siempre procurando no entorpecer o dificultar el normal funcionamiento de la actividad del HOTEL), a fin de determinar la existencia de posibles desperfectos, averías o anomalías que produzcan o sean susceptibles de producir peligrosidad para la finca en que se halla el negocio arrendado en si o sus ocupantes o molestias para estos y la necesidad de realizar las reparaciones que sean necesarias o aconsejables en los términos de esta estipulación.

DECIMOSEGUNDA.– Se prohíbe expresamente a la parte arrendataria el subarriendo total o parcial del negocio, así como cualquier tipo de cesión total o parcial del contrato, con independencia del título, sin la autorización expresa y escrita de la parte arrendadora. El incumplimiento de tal prohibición facultará a la arrendadora para resolver el presente arriendo y desahuciar a la arrendadora.

DECIMOTERCERA.– La arrendadora queda obligada a notificar al adquirente el contenido de este contrato de arrendamiento y el derecho de opción de compra que se cede al arrendatario en virtud de la estipulación siguiente, de modo que el comprador quede subrogado en todas las obligaciones contraídas en el presente contrato por el arrendador.

DECIMOCUARTA.– OPCIÓN DE COMPRA.– En este acto, EL ARRENDADOR constituye a favor del ARRENDATARIO un derecho de opción de compra sobre el negocio objeto de arrendamiento, y del inmueble sobre el que desarrolla dicha actividad industrial.

1.– La opción de compra podrá ejercitarse necesariamente desde el día de hoy: .... hasta el día .... cumpliendo necesariamente los siguientes requisitos:

A.– Estar al día en el cumplimiento de las obligaciones derivadas para la arrendataria en virtud del presente contrato de arrendamiento, especialmente las de pago.

B.– Comunicación fehaciente y escrita por EL ARRENDATARIO-OPTANTE del ejercicio de la opción de compra, con indicación de fecha y hora (recibida con diez días de antelación) y designación de notario de .... para el otorgamiento de la escritura de compraventa.

C.– Comparecencia el día y hora señaladas ante el citado notario, otorgamiento de la escritura de compraventa y pago íntegro del precio e impuestos de la compraventa del negocio y del inmueble sobre el que desarrolla dicha actividad industrial, en ambos casos, en los términos señalados en el número 2 siguiente.

D.– Transcurrido el día.......... sin que EL ARRENDATARIO-OPTANTE hubiese ejercitado la opción de compra en los exactos términos arriba reseñados, el derecho aquí concedido automáticamente caducará y se extinguirá.

2.– Las condiciones de la compraventa serán:

Objeto: La adquisición, por título de compraventa, del negocio e inmueble reseñados en el exponen "A".

Precio: El precio total y conjunto de la compraventa, impuestos excluidos, para el primer año a contar desde el día de hoy, será de ....€, importe al que se adicionará el IVA correspondiente. Este precio se incrementará cada año durante los dos siguientes de la opción, en la variación al alza que experimente el Índice de Precios al Consumo General que publique el Instituto Nacional de Estadística, tomando como referente el último índice publicado al momento del ejercicio de la opción de compra.

Forma de pago: Pago total e íntegro simultáneamente al otorgamiento de la correspondiente escritura de compraventa.

El negocio se podrá transmitir libre de cargas y gravámenes, como cuerpo cierto, o bien subrogándose la parte compradora en las obligaciones de la vendedora si así lo acordarán y en la situación física, jurídica y registral en que se halle al tiempo de la compraventa.

Los gastos y tributos de la compraventa serán soportados por la compradora.

3.– El referido derecho de opción no podrá ser transmitido ni cedido por la arrendataria optante, sea total o parcialmente.

DECIMOQUINTA.– A efectos de notificaciones y requerimientos, el arrendador y arrendatario designan los respectivos domicilios que figuran en el encabezamiento de este contrato. En el supuesto de que las partes cambien de domicilio deberán notificarlo fehacientemente a la otra parte.

DECIMOSEXTA.– En todo lo que no ha sido expresamente pactado en este contrato será de aplicación, las disposiciones del Código Civil, sometiéndose ambas partes a la Jurisdicción de los Tribunales de ....., con renuncia a cualquier otro fuero que pudiese corresponderle.

Y en prueba de conformidad y aceptación las partes firman el presente contrato por duplicado ejemplar en el lugar y fecha señalados en el encabezamiento.

F040. ARRENDAMIENTO INDUSTRIA

Normativa aplicable: *Entre otros, Arts. 1.542-1.603 Real Decreto de 24 de julio de 1889, texto de la edición del Código Civil mandada publicar en cumplimiento de la Ley de 26 de mayo último.*

En ...., a .. de.... de.......

REUNIDOS

De una parte,

Doña..........., mayor de edad, viuda, vecina de........, con domicilio en la Calle......, provista de DNI nº ....

Don..........., mayor de edad, soltero, con el mismo domicilio que la anterior compareciente, provisto de DNI ....

Don........., mayor de edad, soltero, con el mismo domicilio que los anteriores comparecientes, provisto de DNI nº...........

Y de otra parte

Don.........., mayor de edad, soltero, vecino de......., con domicilio en la Calle ...., provisto de DNI nº ....

Don............, mayor de edad, soltero, vecino de........, con domicilio en Avda..........., provisto de DNI nº ....

ACTÚAN

Doña.............., lo hace en su propio nombre como socio titular de .... participaciones sociales nº .... a nº ...... (ambas inclusive) y, además, en su condición de administradora única, todo ello de la mercantil............, con facultades bastantes para el presente contrato según resulta de la escritura pública constitutiva de la compañía autorizada por el Notario de .... D. .... de fecha.........., sociedad inscrita en el Registro Mercantil de .... al Tomo......, Folio........, Hoja........, provista de CIF .... y con domicilio social en ....

Don..........., actúa en su propio nombre y derecho como socio titular de .... participaciones sociales nº .... a nº ...... (ambas inclusive), de la reseñada compañía ....

Don..........., actúa en su propio nombre y derecho como socio titular de .... participaciones sociales nº ...... a nº .... (ambas inclusive), de la misma compañía ....

Don............ y Don............ ambos, en su propio nombre y derecho y, además, en su condición de administradores conjuntos de la mercantil en constitución .... con facultades bastantes para el presente contrato, según resulta de la propia escritura pública constitutiva autorizada por el Notario de .... el día..........; compañía con domicilio en .... Calle.........., pendiente de inscripción en el Registro Mercantil de .... y provista con CIF provisional nº................

DICEN

I.– Que .... es propietaria por justos y legítimos títulos del establecimiento de .... que ocupa el inmueble sito en .... y que constituye la finca registral nº......... del Registro de la Propiedad de ....

II.– Que los elementos que constituyen la INDUSTRIA son los comprendidos en el inventario que se adjunta en los anexos adjuntos al presente contrato.

III.– Que .... es arrendataria financiera de la finca descrita, libre de otra carga o gravamen, de conformidad con el contrato de leasing suscrito con la entidad .... y adjunto al presente como Anexo.

IV.– Que la compañía .... es titular del referido negocio de ....

V.– Que dicho negocio está libre de cargas y de arrendamientos.

VI.– Que .... está interesada en recibir y .... en ceder el arrendamiento del negocio como unidad patrimonial referido en el anterior apartado I, y por ello, al objeto de regular tal arrendamiento de industria,

PACTAN

PRIMERO.– OBJETO............., (de ahora en adelante, LA ARRENDADORA) cede en arrendamiento el negocio (el local y el negocio) descrito en el Antecedente I, como una unidad patrimonial en explotación, a la Compañía .... (de ahora en adelante, LA ARRENDATARIA).

Como consecuencia de lo anterior, El ARRENDADOR concede al ARRENDATARIO un derecho no exclusivo de uso de la marca .... por el tiempo en que siga vigente el presente contrato de arrendamiento. Dicha marca no podrá ser utilizada por el ARRENDATARIO para cualquier otro uso o destino distinto de este contrato de arrendamiento.

La Licencia de uso sobre la MARCA no es de carácter exclusivo para el arrendatario y se concede por un periodo limitado de tiempo, mientras el presente contrato este en vigor. Una vez finalizado el presente contrato, el arrendatario no podrá usar la MARCA.

El presente Contrato es personalísimo entre arrendatario y arrendador y no concede al arrendatario la facultad de otorgar sublicencias sobre la MARCA ni ceder su uso bajo ningún concepto. El arrendatario no podrá ceder los derechos adquiridos a ningún tercero sin la previa autorización por escrito del arrendador.

En esta línea:

A.– El arrendatario reconoce que no tiene título ni derecho alguno sobre la MARCA, salvo el derecho de uso que se le concede por este contrato, en los términos del mismo y durante su vigencia.

B.– El ARRENDATARIO deberá comunicar inmediatamente al ARRENDADOR cualquier violación o uso indebido de la MARCA del que tenga conocimiento, directa o indirectamente. Corresponderá al arrendador la defensa judicial y/o extrajudicial de la MARCA, viniendo obligado el arrendatario a colaborar con el arrendador en dicha defensa, en cuanto sea preciso, siendo los gastos que ello ocasión por cuenta exclusiva del arrendador.

SEGUNDO.– CONDICIONES DE USO. El local que ocupa el NEGOCIO se destinará única y exclusivamente a la actividad de restauración manteniendo los mismos niveles de calidad y cumpliendo todos los requisitos legales que sean exigibles en cada momento durante la vigencia del presente contrato.

La obtención de cualesquiera licencia, permiso o autorización que fuesen precisas para el ejercicio de la actividad reseñada, distinta de las actualmente en vigor y que cuenta el NEGOCIO, serán de exclusiva cuenta y cargo y riesgo de LA ARRENDATARIA. El mantenimiento y/o pérdida de tales licencias, permisos o autorizaciones, sean de las actualmente en vigor o de cualesquiera otra, serán igualmente de cuenta y cargo y exclusivo riesgo de LA ARRENDATARIA.

LA ARRENDATARIA expresamente declara conocer por comprobación personal y con el debido asesoramiento, y aceptar, el estado en que se halla el negocio arrendado, así como las licencias y permisos con los que actualmente cuenta y, la situación y relación del inmueble y negocio con la Comunidad de propietarios a la que pertenece el local (conociendo expresamente los Estatutos y normas de dicha comunidad), asumiendo el riesgo derivado de todo ello.

TERCERO.– DURACIÓN. El plazo de duración del presente contrato comenzará el día de hoy y finalizará el .... Transcurrido dicho plazo, el contrato quedará definitivamente extinto y en consecuencia LA ARRENDATARIA devolverá el negocio tal como lo recibió, según el anterior inventario y con reposición de sus elementos fungibles.

CUARTO.– PRECIO DEL ARRENDAMIENTO. El precio del arrendamiento será el siguiente:

Por el período comprendido desde el día de hoy y hasta el........., ... euros mensuales, más el IVA correspondiente y la retención fiscal correspondiente.

A partir del .... la anterior cantidad mensual de .... euros se verá aumentada por los valores el incremento anual del IPC. De igual forma se procederá el .... hasta el fin del contrato.

Este precio, inferior al que pretendía la ARRENDADORA, ha sido aceptado por ésta a la vista de las obligaciones asumidas en virtud de este contrato por la arrendataria y, especialmente, a la vista de lo dispuesto en los pactos 2°, 5° y 7° a 14°, ambos inclusive, de este contrato, siendo todo ello, elemento esencial para que la arrendadora preste su consentimiento a este contrato.

QUINTO.– GARANTÍA. Como garantía del cumplimiento por LA ARRENDATARIA de sus obligaciones arrendaticias, LA ARRENDATARIA entregará a LA ARRENDADORA, en concepto de fianza la suma de .... euros.

La entrega de esta suma, y en calidad de condición resolutoria explícita, deberá efectuarse con anterioridad al plazo máximo e improrrogable del día........... En su consecuencia, la falta de entrega de esta cantidad supondrá la automática e íntegra resolución de la totalidad de este contrato (incluida la opción de compra que se concede), debiendo entregarse inmediatamente el negocio arrendado a su titular en perfecto estado sin ninguna carga, todo ello sin perjuicio del derecho de indemnización por daños y perjuicios y cualesquiera otras cantidades correspondan reclamar a la arrendadora y cuyo derecho se reserva.

El importe de esta fianza (........... euros) será devuelto a LA ARRENDATARIA dentro del plazo de ...... mes a contar desde la fecha en que, extinto el arrendamiento, ésta deje el negocio en las condiciones especificadas en el pacto SÉPTIMO, todo ello sin perjuicio de su carácter de garantía y de las consiguientes consecuencias derivadas del incumplimiento por LA ARRENDATARIA de sus obligaciones arrendaticias.

SEXTO.– FORMA DE PAGO.

LA ARRENDATARIA deberá pagar la renta reseñada en la estipulación cuarta, junto a su IVA, por meses anticipados, dentro de los .... primeros días mediante transferencia bancaria la siguiente cuenta corriente CCC .... de la Entidad ....

SÉPTIMO.– ESTADO DEL NEGOCIO ARRENDADO Y MANTENIMIENTO.

LA ARRENDATARIA reconoce recibir el local en buen estado de conservación y a su entera satisfacción, obligándose de forma expresa a conservarlo en buen estado, y a no instalar transmisiones, motores, máquinas, etc. que produzcan vibraciones o ruidos molestos para los vecinos colindantes, o que puedan afectar a la consistencia, solidez o conservación del inmueble

LA ARRENDATARIA queda subrogada en los derechos y obligaciones laborales de LA ARRENDADORA respecto al personal de la empresa, obligándose a no contratar nuevos trabajadores sin consentimiento de LA ARRENDADORA, siempre que el nuevo contrato suponga una relación laboral que haya de asumir el nuevo titular de la empresa al finalizar el arrendamiento.

Al finalizar el arrendamiento, la ARRENDATARIA procederá, a su exclusiva cuenta y cargo, a extinguir los contratos que, de cualquier clase, existiesen con relación al inmueble y al negocio y, especialmente, los laborales. En ambos casos, incluidos los concertados con anterioridad a este contrato de arrendamiento y con excepción de aquellos que expresamente la arrendadora tuviese interés en su mantenimiento y no extinción.

OCTAVO.– SUMINISTROS. Serán de cuenta de LA ARRENDATARIA la adquisición, conservación, reparación o sustitución de los contadores de suministros de electricidad, agua, gas, teléfono y cualesquiera otros que precise. Si hubiere de efectuarse alguna modificación en tales instalaciones, su costo correrá asimismo a cargo de LA ARRENDATARIA, pero previamente deberá recabar la autorización de LA ARRENDADORA.

NOVENO.– OTROS GASTOS ADICIONALES. Serán también de cuenta exclusiva de LA ARRENDATARIA los siguientes gastos adicionales y de consumo:

a) El importe de los consumos de electricidad, agua, gas, teléfono, fax y aire acondicionado.

b) El pago de la Tasa de Recogida de Basuras en su totalidad. También el de Impuesto sobre Bienes Inmuebles.

c) El importe de cuantos incrementos pudieren sobrevenir en adelante como consecuencia de cualquier impuesto, y por aumentos en las bases o en los tipos impositivos de las contribuciones, arbitrios, tasas, seguros, servicios y suministros que graven la propiedad.

d) El tipo impositivo que en cada momento corresponda, por el Impuesto sobre el Valor Añadido, aplicado sobre la total contraprestación.

e) Los impuestos, arbitrios, contribuciones o demás que se impongan correspondientes al negocio, o por razón del mismo.

f) Los gastos de limpieza, ventilación y calefacción del local.

g) Cualesquiera otro gasto y/o tributo derivados del inmueble (incluida su propiedad), así como del propio negocio aquí arrendado y su explotación. Especialmente, los relativos a la conservación, reparación, reposición, y/o embellecimiento, tanto del inmuebles como de los elementos que componen el negocio de restauración

DÉCIMO.– OBRAS. LA ARRENDATARIA no podrá practicar obras de clase alguna, sin previo permiso por escrito de LA ARRENDADORA.

En todo caso, si mediare dicha autorización, las obras realizadas serán de cargo y cuenta de LA ARRENDATARIA y quedarán en beneficio del inmueble, sin derecho a compensación ni indemnización alguna. Y deberá haberse obtenido previamente todos los permisos, licencias y autorizaciones administrativas o de cualquier clase, incluso en su caso de la comunidad de propietarios a la que pertenece el local, que fueran precisas para la ejecución de tales obras.

UNDÉCIMO.– NORMAS OFICIALES. LA ARRENDATARIA está obligada a atenerse y cumplir en todo momento las normas y prescripciones legales. Especialmente, respecto a los requisitos tanto para ejercer la actividad objeto del negocio arrendado, como para hacerlo en el inmueble. Así como la normativa en materia fiscal, laboral, protección de datos, gestión de residuos, de seguridad social y riesgos laborales.

DECIMOSEGUNDO.– DAÑOS. LA ARRENDATARIA se hace directa y exclusivamente responsable de cuantos daños puedan ocasionarse a terceras personas o cosas, y sean consecuencia, directa o indirecta, del negocio, en cuanto sean ocasionados por LA ARRENDATARIA, sus clientes, proveedores o empleados. También de los citados daños irrogados al inmueble y/o al negocio de restauración y sus elementos.

A efectos de lo reseñado en el párrafo precedente, la arrendataria suscribirá el oportuno seguro multirriesgo que cubra las contingencias previstas en este contrato. En el plazo de un mes desde hoy, la arrendataria deberá entregar copia completa de la referida póliza de seguro y sus correspondientes condiciones generales, debiendo figurar como beneficiaria de la misma la arrendadora respecto a lo referido al inmueble y/o negocio de restauración y sus elementos, así como cualquier otro riesgo que recaiga en el ámbito de este contrato.

DECIMOTERCERO.– VERIFICACIÓN DEL OBJETO ARRENDADO.– LA ARRENDATARIA se compromete a facilitar el paso al personal designado por LA ARRENDADORA para el examen del local, del nivel de prestación de los servicios propios del negocio, así como para la verificación del uso y estado de conservación del mismo o para realizar las operaciones necesarias, ello siempre a horas convenidas previamente.

DECIMOCUARTO.– CESIÓN O SUBARRIENDO. LA ARRENDATARIA se obliga a no ceder o subarrendar, ya sea total o parcialmente, el negocio objeto de este contrato, ni derecho alguno que se derivare del mismo.

DECIMOQUINTO.– INCUMPLIMIENTO. El incumplimiento de cualesquiera obligación a cargo de la arrendataria, especialmente, las objeto de los pactos 2°, 4°, 5° y 7° a 14°, todos inclusive, facultará a la arrendadora a resolver el presente contrato, con indemnización de daños y perjuicios, e instar el desahucio de la arrendataria.

Como condición esencial del presente contrato, el incumplimiento por la arrendataria de la obligación de entrega de la cantidad prevista en concepto de garantía, actuará como condición resolutoria explícita de conformidad con lo previsto y regulado en el Pacto Quinto.

Asimismo, el incumplimiento recogido en esta estipulación por parte de la arrendataria supondrá la automática extinción del derecho de opción de compra concedido en el pacto Vigésimo.

DECIMOSEXTO.– GASTOS. Todos los gastos derivados del presente contrato y de su ejecución serán de cuenta de LA ARRENDATARIA.

DECIMOSÉPTIMO.– NOTIFICACIONES. A los efectos de cualquier notificación en relación al presente contrato se señalan los siguientes domicilios:

Por la arrendadora y socios comparecientes: ....

Por la arrendataria y socios comparecientes: ....

DECIMOCTAVO.– AFIANZAMIENTO PERSONAL.– Don............ y Don........... garantizan a título personal, solidariamente entre ellos y solidariamente con la ARRENDATARIA, todas las obligaciones contraídas por esta última resultantes del presente contrato, especialmente, las obligaciones de pago, con renuncia expresa a los beneficios de orden, excusión y división, y con especial renuncia a lo dispuesto en el artículo 1.851 del Código Civil en cuanto a la no extinción de la fianza por la prórroga o prórrogas concedidas a la arrendataria, haciendo extensiva esta fianza a cualesquiera prórrogas, renovaciones, novaciones o modificaciones de cualquier tipo, expresas o tácitas, que pudieran producirse en las obligaciones de este contrato hasta la total extinción de las mismas.

Los fiadores, a efectos de requerimientos, citaciones o notificaciones de cualquier índole, señala como domicilio el reseñado en el pacto decimoséptimo, salvo que hubiese notificado fehacientemente a la arrendadora su cambio.

DECIMONOVENO.– ANEXOS. Los anexos unidos al presente contrato forman parte integrante del mismo, siendo reseñados a continuación:

Anexo nº 1 Inventario de maquinaria

Anexo nº 2 Inventario de mobiliario

Anexo nº 3 Inventario de utensilio

Anexo nº 4 Licencias de Sanidad

Anexo nº 5 Comunicación Licencia de apertura

Anexo nº 6 Solicitud de Registro de la marca

Anexo nº 7 Relación de empleados

Anexo nº 8 Escritura de propiedad del inmueble

Anexo nº 9 Contrato gestión de residuos

Anexo nº 10 Contrato de leasing del inmueble en que se desarrolla el negocio

VIGÉSIMO.– OPCIÓN DE COMPRA.

I.– Que como consecuencia de lo previsto en este contrato, la sociedad .... va a pasar a ser únicamente sociedad de responsabilidad limitada, perdiendo su condición de sociedad laboral.

Por ello, en este acto, Doña............., Don............., Don..........., constituyen a favor de la compañía .... un derecho de opción de compra sobre todas las participaciones sociales que ostentan en la compañía..........., esto es las nº ... a ...., ambas inclusive, tras la pérdida de su carácter de sociedad laboral.

II.– La opción de compra deberá ejercitarse necesariamente sobre todas las participaciones sociales reseñadas dentro del párrafo precedente y dentro del plazo improrrogable comprendido entre el día .... y el........., cumpliendo necesariamente los siguientes requisitos:

A.– Estar al día en el cumplimiento de las obligaciones derivadas para la arrendataria en virtud del presente contrato de arrendamiento, especialmente las de pago.

B.– Comunicación fehaciente y escrita por la arrendataria del ejercicio de la opción de compra, con indicación de fecha y hora (con .... días de antelación) y notario de la ciudad de .... para el otorgamiento de la escritura de compraventa.

C.– Comparecencia el día y hora señaladas ante el citado notario, otorgamiento de la escritura de compraventa y pago íntegro del precio e impuestos de la compraventa de participaciones sociales, en ambos casos, en los términos señalados en el número III siguiente.

D.– Transcurrido el día .... sin que .... hubiese ejercitado la opción de compra en los exactos términos arriba reseñados, el derecho aquí concedido automáticamente caducará y se extinguirá.

III.– Las condiciones de la compraventa serán:

Objeto: La adquisición, por título de compraventa, de la totalidad de las participaciones sociales que .... ostentan en la sociedad .... Esto es, ... participaciones sociales, de .... euros de valor nominal, números ... a ....

Precio: El precio total y conjunto, impuestos excluidos, de la compraventa será de........... euros, cantidad de la que se deducirá la cifra de ...... euros por cada renta mensual efectiva e íntegramente abonada por la arrendataria en virtud de este contrato de arrendamiento.

Forma de pago: Pago total e íntegro simultáneamente al otorgamiento de la correspondiente escritura de compraventa.

Las participaciones sociales se transmitirán libres de cargas y gravámenes.

Los gastos y tributos de la compraventa serán soportados por la compradora.

IV.– El referido derecho de opción no podrá ser transmitido ni cedido por la arrendataria optante, sea total o parcialmente.

VIGESIMOPRIMERO.– LEY APLICABLE Y JURISDICCIÓN.– Al presente contrato se le aplicará la ley española a la que se someten de forma expresa las partes contratantes. En lo aquí no dispuesto, se regirá por el Código Civil.

En el supuesto que al presente contrato le fuera eventualmente de aplicación la vigente Ley de Arrendamientos Urbanos (LAU), las partes expresamente, pactan que no será de aplicación a este contrato lo dispuesto en los arts. 25 y 34 de la vigente LAU, renunciando expresamente al derecho de adquisición preferente e indemnización previstos, respectivamente, en los citados artículos.

Las partes contratantes se someten, con renuncia a fuero propio si fuere distinto, a los Tribunales de ....

Y para que así conste, suscriben el presente contrato por duplicado ejemplar y a un solo efecto en el lugar y fecha arriba indicados.

F041. ARRENDAMIENTO DE OFICINAS

Normativa aplicable: *Ley 29/1994, de 24 de noviembre, de Arrendamientos Urbanos.*

En ...., a......... de........ de............

REUNIDOS

De una parte, como arrendador: Dª........., mayor de edad, vecina de .... provisto de DNI nº...............

Y de otra parte, como arrendataria, conjunta y solidariamente: D.............., mayor de edad, vecino de .... provisto de DNI nº...........; y D............, mayor de edad, vecino de.........., provisto de DNI nº ....

INTERVIENEN

Ambas partes en su propio nombre y derecho, reconociéndose mutuamente la capacidad legal necesaria para formalizar el presente contrato de ARRENDAMIENTO URBANO PARA USO DISTINTO DE VIVIENDA, y a tal efecto

EXPONEN

I.– Que Dª .... es propietaria de un inmueble que se encuentra situada en la..........., plaza de garaje nº .... y trastero nº .... de .... El citado inmueble es susceptible de ser destinado a OFICINAS.

II.– Que Don............ y Don............. están interesados en arrendar el inmueble reseñado en el exponen I precedente para destinarlo a OFICINAS.

III.– Que en los términos antes expuestos, ambas partes están interesadas en concertar y formalizar el arrendamiento del inmueble anteriormente descrito, lo que llevan a efecto por medio del presente contrato de arrendamiento urbano para uso distinto de vivienda, con arreglo a las siguientes:

ESTIPULACIONES

PRIMERA.– Dª.........., en este mismo acto, CEDE EN ARRENDAMIENTO a D. .... y a D. .... que ACEPTAN, el inmueble que se describe en el expositivo I de este documento (incluyendo la plaza de garaje y trastero reseñados en dicho expositivo).

SEGUNDA.– El local arrendado sólo podrá destinarse a OFICINAS, no pudiendo el arrendatario cambiar el destino del mismo sin consentimiento expreso y por escrito de los arrendadores.

Si por los organismos competentes estatales o municipales, no se concediera o se retirase la licencia de apertura de establecimiento, así como si no fuera posible, por el motivo que fuere, destinar el inmueble aquí arrendado a..........., el presente contrato de arrendamiento quedará automáticamente extinguido sin que las partes nada tengan que reclamarse entre sí.

TERCERA.– La duración de este contrato, libremente estipulada por las partes, es de .....AÑO y comenzará a regir a partir del día de la firma.

En cualquier supuesto, transcurrido el plazo contractual se prorrogará, obligatoriamente para la parte arrendadora y potestativamente para la parte arrendataria, la duración de este contrato por .... periodos más de ...... año. En el caso de que la parte arrendataria decidiera dar por concluido el contrato deberá comunicarlo fehacientemente a la parte arrendadora con .... días de antelación a la finalización de cualquiera de sus prórrogas.

Al contrato así prorrogado le seguirá siendo de aplicación el régimen convencional pactado en este documento.

Una vez transcurrido el plazo de duración pactado y, en su caso, el de las prórrogas, el arrendatario deberá dejar el inmueble en el mismo estado que tenía cuando comenzó el arrendamiento, sin más deterioros que los derivados del paso del tiempo y del uso habitual de las cosas, y ello sin necesidad de ningún requerimiento previo dirigido al arrendatario.

CUARTA.–.– La renta convenida es la de.......... EUROS ANUALES, pagaderas a razón de .... EUROS MENSUALES, más el IVA correspondiente.

El pago de las rentas se realizará dentro de los .... primeros días de cada mes mediante ingreso en la cuenta bancaria de la entidad.......... con nº.............

Pactado de mutuo acuerdo, y como atención de la parte arrendadora para facilitar el acondicionamiento del inmueble, el arrendatario dispondrá de una carencia total en el pago de LA PRIMERA MENSUALIDAD, siendo la primera mensualidad que tendrá que abonar la perteneciente al mes de ....

Las partes reconocen que la renta es la acorde con el valor actual del inmueble y con el fin de mantener en el futuro dicha correspondencia, convienen adaptarla a las variaciones del coste de la vida mediante la aplicación de los aumentos o disminuciones que experimente el Índice General de Precios al Consumo publicados por el Instituto Nacional de Estadística u organismo que le sustituya. La base para realizar dicha adaptación estará constituida por la renta que venga abonando la parte arrendataria al tiempo de practicarse cada revisión, o sea, la inicial con las variaciones posteriores que en más o en menos hayan sido aplicadas.

La actualización de la renta se realizará con carácter anual, al vencimiento de cada año comprendido en el plazo de duración pactado, así como de cualquiera de sus prórrogas, y se notificará por el arrendador en el recibo de la mensualidad de pago precedente.

Si por demora de las partes o por retraso en la publicación de estos índices, la adaptación no hubiera podido realizarse en la fecha prevista, se girará un recibo por la diferencia, en más o en menos, desde el mes que procediera realizarla. En ningún caso, la demora en practicar la revisión supondrá la renuncia a la misma.

La parte arrendataria conoce su obligación de retener e ingresar en la Administración de Hacienda que corresponda, a cuenta del IRPF del arrendador, el ..% de la renta indicada, sin perjuicio de las revisiones que pueda sufrir en el futuro dicho porcentaje; así como de su obligación de entregar al arrendador el certificado anual por dichas retenciones.

La arrendadora emitirá la correspondiente factura, de conformidad y en los términos previstos legalmente.

QUINTA.– Junto con el IVA señalado, serán de cuenta del arrendatario, el Impuesto de Bienes Inmuebles (antigua contribución urbana).

Serán a cargo del arrendatario los gastos por suministros de agua, electricidad o cualquier otro servicio instalado o por instalar en el local, los cuales serán abonados directamente por el mismo a la empresa suministradora, así como la adaptación de las instalaciones y acometidas existentes de dichos servicios para mantenerlas de conformidad con las exigencias reglamentarias, como también los gastos de reparación y legalización, alta correspondiente, en su caso, y los de adquisición, conservación, reparación o sustitución de los aparatos contadores.

Asimismo, corresponderán al arrendador los gastos correspondientes a la Comunidad de Propietarios del edificio, así como los gastos generales para el adecuado sostenimiento del inmueble, sus servicios, cargas y responsabilidades que no sean susceptibles de individualización y que correspondan al local arrendado y a sus anejos (plaza de garaje y trasteros), en su caso, en función de su cuota de participación en el título constitutivo de la propiedad horizontal.

SEXTA.– La parte arrendataria declara conocer en este momento la extensión, características y servicios comunes y privados con que cuenta el inmueble, y reconoce recibirlo en perfecto estado de conservación y a su entera satisfacción, comprometiéndose a mantenerlo y cuidarlo, acometiendo las reposiciones de aquello que se perdiere, aún cuando tuviere por causa hechos imputables a terceras personas.

El arrendatario podrá realizar en el inmueble arrendado las obras que sean precisas para adecuarlo a las necesidades que se deriven del ejercicio de la actividad que se va a desarrollar, siendo de cuenta del mismo la obtención de las licencias legales necesarias a tal fin y debiendo dar cuenta de las mismas, previamente, al arrendador y al presidente de la comunidad.

En ningún caso podrá el arrendatario, sin consentimiento expreso y escrito del arrendador y de la comunidad de propietarios del inmueble, realizar obras que requieran el consentimiento de esta comunidad, en los casos establecidos en sus estatutos o, en su defecto, en la Ley de Propiedad Horizontal, y que en general son todas aquéllas que modifiquen la estructura, configuración y aspecto exterior del edificio, menoscaben o alteren la seguridad del mismo y perjudiquen los derechos de otro propietario.

Todas las obras de instalaciones de carácter permanente que realice el arrendatario quedarán en beneficio del inmueble una vez concluido el arriendo.

Las pequeñas reparaciones que exija el desgaste por el uso ordinario del local arrendado serán de cuenta del arrendatario.

Por el contrario, el arrendador está obligado a realizar, sin derecho a elevar por ello las rentas, todas las reparaciones que sean necesarias para conservar el local en las condiciones para servir al uso convenido, excepto si el deterioro fuese imputable al arrendatario, quien deberá dar aviso al arrendador de la necesidad de estas obras con .... días de antelación, permitiéndole la verificación personal de las mismas por sí o los técnicos que designe. Si el arrendador no acometiese estas obras en un plazo de .... días, podrá realizarlas el arrendatario por su cuenta y exigir posteriormente su reembolso al arrendador.

SÉPTIMA.– Queda expresamente prohibido la cesión, ya sea a título oneroso o gratuito, y el subarriendo total o parcial del bien arrendado.

Como única excepción a lo establecido en el párrafo precedente, se autoriza el subarriendo por la arrendataria de la plaza de garaje reseñada en el exponen I de ese contrato, así como la cesión del presente contrato a sociedad mercantil participada por los aquí arrendatarios, en ambos casos sin que proceda la elevación de la renta como consecuencia de tal subarriendo y/o cesión.

OCTAVA.– La arrendataria renuncia expresamente al derecho de adquisición preferente que le otorga el artículo 25, en conexión con el art. 31, ambos de la vigente Ley de Arrendamientos Urbanos.

NOVENA.– A tenor del número 1 del artículo 36 de la vigente Ley de Arrendamientos urbanos, el arrendatario hace entrega en éste acto a la parte arrendadora, de la suma de .... EUROS en concepto de Fianza, que se corresponden con el equivalente a .... mensualidades de la renta pactada, sirviendo el presente documento como formal carta de pago de entrega de la misma.

La fianza deberá ser restituida al final del arriendo, devengando el interés legal a favor del arrendatario cuando haya transcurrido ..... mes desde la entrega de las llaves por el mismo al arrendador sin que se hubiese hecho efectiva la restitución.

La parte arrendadora conoce su obligación de efectuar el depósito de esta fianza en la cuenta bancaria establecida al efecto, de conformidad con lo dispuesto en ....

La existencia de ésta Fianza no será obstáculo para que el arrendador pueda instar el correspondiente procedimiento de desahucio por falta de pago de la renta contra la parte arrendataria.

DECIMOSEGUNDA.– El arrendatario se hace directa y exclusivamente responsable, tanto de los daños materiales que se produzcan en el inmueble, como de los personales propios y de terceros, que sean consecuencia directa o indirecta de la ocupación del inmueble y/o de la actividad que se desarrolle en el mismo, o por causa de averías en las instalaciones para servicios y suministros del local arrendado, estando obligado a suscribir una póliza de seguro que deberá cubrir el contenido preexistente y al menos .... euros a primer riesgo para el continente, frente a los riesgos de incendio, robo, actos vandálicos, daños por agua, etc., siendo beneficiario el arrendador de la indemnización correspondiente por siniestro, sólo en elementos de su propiedad (continente y contenido) que sea responsabilidad del arrendatario.

El arrendatario es el único responsable de las sanciones y responsabilidades en que pudiere incurrir por razón de su actividad, en los ámbitos civil, penal y administrativo.

DECIMOTERCERA.– En todo lo que no se halle contemplado en este contrato, el presente arrendamiento se regirá por lo dispuesto en la vigente Ley de Arrendamientos Urbanos y, subsidiariamente, en el Código Civil. A petición de cualquiera de las partes, este contrato podrá ser elevado a escritura pública e inscrito en el Registro de la Propiedad, corriendo los gastos que ello origine de cuenta de quien lo solicite, y si lo solicitasen ambos, por mitad.

DECIMOCUARTA.–. Ambas partes convienen que el domicilio para efectuar el arrendador al arrendatario cualquier clase de notificación, será a todos los efectos el del inmueble arrendado.

Las notificaciones de la arrendataria a la arrendadora se practicaran en el domicilio siguiente: ....

DECIMOQUINTA.– Todos los gastos que llevare consigo el incumplimiento del presente contrato, incluso los honorarios de Abogado y de Procurador, aunque su actuación no fuese preceptiva, serán de cuenta de la parte que lo hubiera incumplido.

DECIMOSEXTA.– Las partes, con renuncia expresa de su fuero si lo tuvieren, se someten a la competencia y jurisdicción de los Tribunales de .... para cualquier cuestión que pueda suscitarse de la interpretación o cumplimiento del presente contrato

Dan las partes al presente documento, toda la fuerza legal de obligar y se afirman y ratifican en su contenido, obligándose bien y fielmente en todas sus cláusulas y condiciones, firmándose por triplicado ejemplar en el lugar y fecha ut supra indicados.

F042. ARRENDAMIENTO DE LOCAL DE NEGOCIO

Normativa aplicable: *Ley 29/1994, de 24 de noviembre, de Arrendamientos Urbanos.*

En la ciudad de .... a .... de .... de ....

REUNIDOS

De una parte: Don..........., mayor de edad, vecino de ...., provisto de DNI............, quien interviene en nombre y representación de la sociedad..........., antes llamada........, con domicilio en .... y CIF........., en su condición de Administrador Único. En adelante ARRENDATARIO/A.

Y de la otra: Don............, mayor de edad, vecino de........., con DNI............., interviene en nombre y representación de la mercantil............., con domicilio social en............, con CIF.........., en su condición de Administrador Único. En adelante ARRENDADOR/A.

Manifiestan y se reconocen mutuamente capacidad legal necesaria para el otorgamiento de este contrato de arrendamiento de inmueble para uso distinto de vivienda.

Tras ello libre y espontáneamente:

EXPONEN

A. Que .... es propietaria de un conjunto de construcciones de uso industrial, comercial y oficinas, sitas en .... con frente por su linde Sur con............, siendo sus demás linderos: Norte............., Este .... y Oeste .... La referencia catastral para toda la propiedad es ....

Entre dichos locales, interesa al objeto de este contrato la descripción de los siguientes, cuya situación se sombrea en el plano Anexo Uno al presente contrato:

- Local................
- Local ....

B. Que ambas partes celebran el presente contrato de ARRENDAMIENTO PARA USO DISTINTO DEL DE VIVIENDA, con base a las siguientes:

ESTIPULACIONES

PRIMERA.– ...., cede en arrendamiento a .... los locales descritos en la exposición A del presente contrato, con destino a CONCESIONARIO Y TALLER DE VEHÍCU-

LOS obligándose el arrendatario a no cambiar tal destino, salvo con la previa autorización escrita y expresa del arrendador.

La sociedad arrendataria acepta el arrendamiento y declara conocer la extensión, circunstancias, usos, características, servicios comunes y privativos y estado de conservación del inmueble arrendado y aceptarlas expresamente.

SEGUNDA.– El arrendamiento entra en vigor el día de la fecha del presente contrato.

TERCERA.– El plazo de duración del arrendamiento será de .... a partir de la fecha de este documento. Transcurrido el citado plazo, el presente contrato se extinguirá automáticamente sin necesidad de comunicación alguna a tal efecto.

El arrendatario podrá resolver este contrato en cualquier momento libremente y sin tener que abonar indemnización por resolución anticipada, notificándolo al arrendador con un preaviso de .... meses a la fecha de finalización.

Finalizado el presente contrato de arrendamiento, el arrendatario vendrá obligado a dejar el local aquí arrendado, libre de enseres y vacuo a la referida fecha y a disposición de su propietario.

CUARTA.– La renta mensual del presente contrato será determinada en función de los metros cuadrados objeto de arrendamiento.

En el primer año de duración del contrato, a contar desde la fecha del presente documento, la renta mensual se fija en .... por metro cuadrado (...€/m2). El segundo año la renta mensual será de .... por metro cuadrado (.....€/m2). El tercer año la renta mensual será de .... por metro cuadrado (....€/m2). El cuarto año la renta mensual será de .... por metro cuadrado (.........€/m2).

No obstante, se pacta expresamente que la renta a partir del .... año a contar desde la fecha de este contrato y hasta el .... año (ambos inclusive), aumentará o en la cifra pactada o en el incremento del IPC, la cantidad mayor de las dos. Por tanto, si la cifra de incremento de actualización de la renta según el IPC es superior a la subida anual pactada, se aplicará la subida según el IPC. Si la cifra resultante de la actualización de la renta, arroja una cifra negativa o inferior a la subida anual pactada, se incrementará la renta en la subida anual pactada. A partir del .... año se estará a la actualización que se prevé en la cláusula sexta de este contrato.

A la renta mensual, se adicionará el correspondiente IVA, actualmente al tipo del 21%, cantidad que se abonará al mismo tiempo que la renta. El arrendatario queda exonerado de efectuar la retención a efectos del Impuesto de sociedades, dado que EL ARRENDADOR está dado de alta en el impuesto de actividades Económicas y no resulta cuota cero, según se acredita con el certificado la Agencia Tributaria que se acompaña como ANEXO DOS.

QUINTA.– La renta se pagará por meses anticipados, dentro de los .... primeros días del mes, mediante ingreso en la cuenta que la arrendadora tiene abierta en el banco ...... IBAN.......... Para ello, el primer día hábil de cada mes, el arrendador emitirá una factura correspondiente a la renta mensual pactada, junto con el IVA correspondiente. La primera renta se devengará en el mes de ...., facturándose .... con el IVA incluido.

SEXTA.– Para todo el tiempo de vigencia del presente contrato, se pacta que la renta se actualizará cada ..... meses, de acuerdo con las variaciones que experimente el Índice General de Precios al Consumo que publique el Instituto Nacional de Estadística, o de acuerdo con cualquier índice oficial que pueda sustituirlo y que certifique el organismo correspondiente.

Si llegada la fecha de la actualización no se conocieran los índices, se seguirá girando los recibos por el importe de la renta vigente en cada momento sin perjuicio de que, conocidos los mismos y junto con el primer recibo de renta actualizada, se liquiden las diferencias.

Para las actualizaciones se tomará como base la renta vigente en el periodo anterior incluidas las actualizaciones que se hayan producido.

SÉPTIMA.– Es de cuenta y cargo del arrendatario los servicios y suministros (gas, luz, agua, teléfono etc.) que desee contratar para el referido local, incluido altas, siendo también de su cuenta la gestión y realización de los diferentes contratos de servicios y suministros, así como los gastos necesarios para su conservación y mantenimiento y los gastos que ocasionen sus reparaciones, sustituciones o modificaciones que fuere preciso introducir en los mismos por ser exigidas por las compañías suministradoras de los referidos servicios o por disposición legal, siendo así mismo de cuenta del arrendatario el pago de los recibos que por utilización, consumo o cualquier otro concepto gire cualquiera de las entidades suministradoras.

OCTAVA.– El destino o finalidad para la que se arrienda el inmueble es única y exclusivamente el de CONCESIONARIO Y TALLER DE VEHÍCULOS. Queda prohibido al arrendatario, siendo causa de resolución automática del presente contrato de arrendamiento, variar el uso y destino del inmueble que se ha pactado con carácter exclusivo, sin previa autorización por escrito de la arrendadora.

Será de exclusiva cuenta y cargo y riesgo de la arrendataria, la gestión, obtención y mantenimiento de cualesquiera licencias, permisos y/o autorizaciones, administrativas, de la comunidad de propietarios de la finca donde se halla el inmueble arrendado o de cualquier otro carácter o naturaleza, que se deriven y fueren precisos para la apertura, ejercicio y desarrollo de la expresa actividad de industria textil, almacén y oficinas, que constituye el único destino del inmueble objeto del arrendamiento. A tal efecto, la arrendataria deberá llevar a cabo todas las gestiones tendentes a la concesión y mantenimiento de los expresados permisos, licencias y autorizaciones, comprometiéndose a cumplir con todas las normas pertinentes, sin que produzca la referida actividad molestias, ni situación de peligro alguno para el resto de la comunidad o cualquier tercero, siendo de su exclusiva responsabilidad los daños que se produzcan por cualquier causa en el local objeto de arrendamiento o que se produzcan a terceros. El arrendatario se obliga a respetar las normas municipales establecidas al respecto.

El arrendatario se obliga a tener suficientemente asegurados los elementos de su propiedad y los por él instalados en la finca, así como el contenido del mismo y un seguro de responsabilidad civil a terceros en el que, respecto de los daños causados en el inmueble, figure como beneficiario el arrendador.

Todos los impuestos, contribuciones, permisos y cuotas correspondientes al ejercicio de la actividad a que se destina el inmueble arrendado, así como los que se impongan sobre este último por razón de aquella o que se deriven de la posesión del propio local, serán de la exclusiva cuenta y cargo del arrendatario.

Será de cuenta y cargo del arrendador el importe del Impuesto sobre Bienes Inmuebles.

NOVENA.– Quedan expresamente prohibidas las obras en el inmueble, salvo que se obtenga consentimiento previo, expreso y escrito del arrendatario. En el supuesto de ejecutarlas, lo hará siempre que obtenga, previa e imprescindiblemente, y a su exclusiva cuenta y cargo y riesgo, los permisos, licencias, autorizaciones, sean administrativas, de la comunidad de propietarios o de la naturaleza que fuere, precisas para la ejecución de tales obras e instalación de rótulos. Las citadas obras no podrán afectar a la estructura del local arrendado ni del edifico en que se halla el mismo.

Será causa suficiente para la resolución del arriendo y el desahucio del local, el incumplimiento de dicha prohibición.

DÉCIMA.– A la finalización del contrato, las obras realizadas quedarán en beneficio de la arrendadora, sin derecho a reclamación alguna o indemnización de cualquier clase por la arrendataria. En todo caso, las partes convienen que, a la citada finalización del contrato, la parte arrendadora podrá exigir a la parte arrendataria la realización de las obras necesarias para dejar el inmueble en condiciones similares a las que tenía en la fecha de este arriendo, o a la retirada de alguna de las obras, sin que tal exigencia acarree pago o indemnización alguna por parte de la arrendadora a la arrendataria.

UNDÉCIMA.– El arrendatario utilizará la finca exclusivamente para el destino pactado, y aquí declara que la recibe en perfecto estado de uso y a su entera satisfacción. Son de exclusiva cuenta y cargo de la arrendataria todas las obras de conservación, reposición, reparación, incluidas las pequeñas reparaciones que exija el desgaste por el uso ordinario del local, y mantenimiento que precise o se refieran al local arrendado.

El patio interno de maniobras, paso, estacionamiento, etc., es de uso común para todos los ocupantes de las naves del conjunto industrial que tengan su acceso por el mismo. Su mantenimiento correrá a cargo de los ocupantes proporción a la superficie arrendada. En cualquier caso y en todo momento, la arrendataria deberá permitir a la arrendadora el paso por el patio a los locales no arrendados.

El arrendatario se obliga a permitir el acceso al inmueble arrendado al arrendador y la persona o personas designadas por éste para inspeccionar el inmueble en cualquier momento (siempre procurando no entorpecer o dificultar el normal funcionamiento de la actividad ejercida en el inmueble), a fin de determinar la existencia de posibles desperfectos, averías o anomalías que produzcan o sean susceptibles de producir peligrosidad para la finca en que se halla el inmueble arrendado en si o sus ocupantes o molestias para estos y la necesidad de realizar las reparaciones que sean necesarias o aconsejables en los términos de esta estipulación.

DUODÉCIMA.– La arrendataria entrega en este acto a la arrendadora, en concepto de fianza, un cheque por la cantidad de .... EUROS. El arrendatario no podrá aplicar al pago de las sucesivas rentas la cantidad entregada en concepto de fianza, la cual será devuelta una vez extinguido el contrato de arrendamiento, y cubiertas las responsabilidades por ella garantizadas. La existencia de esta fianza no servirá nunca de pretexto para retrasar el pago de las rentas. La fianza será objeto de actualización junto con la renta.

DECIMOTERCERA.– Se prohíbe expresamente a la parte arrendataria el subarriendo total o parcial del inmueble, así como cualquier tipo de cesión total o parcial del contrato, con independencia del título, sin la autorización expresa y escrita de la parte arrendadora. El incumplimiento de tal prohibición facultará a la arrendadora para resolver el presente arriendo y desahuciar a la arrendadora. No obstante, ambas partes conocen y aceptan que en los locales entregados hay un conjunto de maquinarias e instalaciones, los cuales han sido adquiridos por la sociedad .... Así mismo, la arrendataria conoce y acepta el estado de las máquinas y resto de elementos, asumiendo el riesgo derivado de su depósito, manteniendo indemne a la arrendadora de cualquier responsabilidad derivada del estado de las máquinas y elementos, de su conservación y depósito.

DECIMOCUARTA.– Las partes excluyen la aplicación al presente contrato del art. 34 de la Ley de Arrendamientos urbanos de noviembre de 1994, renunciando en cualquier caso la arrendataria a cualquier indemnización que pudiere corresponderle en virtud de dicho artículo, cuya aplicación al presente contrato, como se dijo, expresamente excluyen las partes.

Así mismo, las partes excluyen la aplicación al presente contrato del art. 25, en conexión con el art. 31, ambos de la Ley de Arrendamientos urbanos de noviembre de 1994, renunciando en cualquier caso la arrendataria a cualquier derecho de adquisición preferente que pudiere corresponderle en virtud de dicho artículo, renunciando así mismo, a la comunicación previa prevista en el artículo 25.8, cuya aplicación al presente contrato, como se dijo, expresamente excluyen las partes.

DECIMOQUINTA.– A efectos de notificaciones y requerimientos, el arrendador y arrendatario designan los respectivos domicilios que figuran en el encabezamiento de este contrato.

DECIMOSEXTA.– En todo lo que no ha sido expresamente pactado en este contrato será de aplicación el Título III de la Ley de Arrendamientos Urbanos de 24 de noviembre de 1994, a excepción de lo reseñados en los arts. 31 a 34, todos inclusive, que, en cualquier caso, las partes acuerdan su no aplicación a este contrato, y supletoriamente por el Código Civil.

Y en prueba de conformidad y aceptación las partes firman el presente contrato por duplicado ejemplar en el lugar y fecha señalados en el encabezamiento.

F043. CONTRATO DE ARRENDAMIENTO DE LOCAL EN CENTRO COMERCIAL

Normativa aplicable: *Ley 29/1994, de 24 de noviembre, de Arrendamientos Urbanos.*

En ...., a.......................

REUNIDOS

De una parte, Dña. .... con DNI............., y D. .... con DNI .... ambos con domicilio profesional a estos efectos en .... actuando en su calidad de apoderados mancomunados de la mercantil "............" (en adelante, el "Arrendador"), con CIF.........., domicilio social en............, constituida en fecha .... ante el Notario de..........., D. .... con el número .... de su Protocolo. La representación de la sociedad la ostenta en virtud de poder de fecha .... otorgado ante el Notario de .... D. .... con el número .... de su Protocolo.

De otra parte, D.............., de nacionalidad ...., con DNI............ actuando en su calidad de .... de la mercantil .... (en adelante, el "Arrendatario"), con CIF.............., domicilio social en .... constituida en fecha .... ante el Notario de............, D. .... con el número .... de su Protocolo. La representación de la sociedad la ostenta en virtud de poder de fecha .... otorgado ante el mismo Notario con el número .... de su Protocolo.

MANIFIESTAN

I. Que, en la actualidad, el Arrendador es propietario de un centro comercial en construcción situado en la ciudad de ...., distribuido en tres plantas comerciales, y con derecho a usar aproximadamente .... plazas de parking (en adelante, el "Centro Comercial" o el "Proyecto"). Asimismo, el Centro Comercial forma parte del desarrollo inmobiliario denominado ...., que se articula mediante varias comunidades de propietarios y un complejo inmobiliario que las engloba, conviviendo, por tanto, el Centro Comercial con otros propietarios en dicho complejo.

II. Que las obras del Centro Comercial, en la actualidad en construcción, han contado en todo momento y cuentan con la correspondiente autorización del Ayuntamiento de ....

III. Que el Centro Comercial incluye en la planta calle el local comercial identificado como .... (en adelante, el "Local"), con una superficie bruta alquilable (en adelante, "Superficie Bruta Alquilable" o "SBA") total aproximada de .... m^2. Se adjunta como Anexo I un plano descriptivo del Local, así como de la ubicación del mismo en el Centro Comercial.

A estos efectos, se considera Superficie Bruta Alquilable del Local el área de suelo medido entre el perímetro del Local delimitado por la cara externa de la fachada y la de los muros y tabiques que separan el Local de las superficies comunes, el eje de los muros o tabiques que separan el Local de los otros locales arrendados que quedan dentro del Centro Comercial y el límite del Local con las partes comunes cuando no exista muro, tabique u otra separación física. No se ha efectuado deducción ninguna por la existencia de pilares, tabiques interiores, huecos u otros elementos o instalaciones comunes que pudieran existir en el Local.

IV. Que el Arrendatario está interesado en alquilar el Local para instalar un establecimiento comercial en el Centro Comercial una vez terminada su construcción.

V. Que estando el Arrendatario interesado en arrendar el Local y el Arrendador en arrendárselo, habiendo alcanzado las partes un total y pleno acuerdo y reconociéndose mutuamente la capacidad suficiente para celebrar el presente contrato de arrendamiento (en adelante, el "Contrato" o el "Contrato de Arrendamiento", lo formalizan de conformidad con las siguientes

ESTIPULACIONES

SECCIÓN PRIMERA.– IDENTIFICACIÓN Y ENTREGA DEL LOCAL

PRIMERA.– Objeto

1.1. Objeto: El Arrendador, por el presente Contrato, arrienda al Arrendatario, que acepta, el Local descrito en la Manifestación III, de acuerdo con los términos y condiciones del presente documento.

1.2. Construcción del Local: El Local se construirá de acuerdo con los Planos y Especificaciones Técnicas contenidas en el Anexo II de este Contrato.

1.3. Cosa futura: Aunque el presente arrendamiento tiene por objeto un local que ha de ser construido —cosa futura— las partes consideran innecesaria la ratificación, después de que se produzca la Entrega del Local conforme a la Estipulación Segunda, de ninguno de los derechos y obligaciones o renuncias contenidas en el presente Contrato.

SEGUNDA.– Entrega y medición del Local

2.1. Fecha de Entrega del Local: El Arrendador entregará el Local al Arrendatario con al menos dos meses de antelación a la Fecha de Apertura del Local prevista en la Estipulación Decimoquinta (en adelante, la "Fecha de Entrega del Local"). La entrega del Local al Arrendatario en fecha posterior, por causa no imputable al Arrendatario, producirá un retraso en la Fecha de Apertura del Local equivalente al retraso en la entrega, considerándose en este caso la Fecha de Apertura del Local, el último día del plazo prorrogado.

2.2. Acta de Entrega: Con la finalidad de proceder a dicha entrega, el Arrendador comunicará por escrito al Arrendatario, con al menos .... días naturales de antelación, la fecha y hora en que se llevará a cabo la entrega del Local. La citada entrega deberá documentarse en un Acta de Entrega cuyo modelo se adjunta como Anexo III. Al objeto de efectuar la citada entrega y a fin de levantar el acta correspondiente, el Arrendatario deberá comparecer a través de una persona debidamente facultada para ello. La persona que acuda deberá acreditar que ostenta la representación legal de la sociedad, a estos efectos el Arrendatario deberá remitir al Arrendador, con anterioridad a la Fecha de Entrega del Local, la autorización que se adjunta como Anexo VIII, debidamente cumplimentada. Si habiendo sido convocado en tiempo y forma el Arrendatario no compareciere a la entrega o compareciere sin la preceptiva representación, el Arrendador podrá optar entre (i) dar por entregado y recibido el Local a todos los efectos previstos en el presente Contrato, en cuyo caso se entenderá que el Arrendatario ha delegado su intervención en dicho acto en el representante en el acto de la Dirección Facultativa de la obra; o bien (ii) resolver el presente Contrato, sin perjuicio de sus derechos a reclamar al Arrendatario la indemnización por los daños y perjuicios causados.

En caso de estimar las partes que, en el momento de entrega del Local, existen defectos de construcción, los detallarán en el Acta de Entrega. Además, reflejarán en el Acta un plazo razonable que, en todo caso, finalizará con anterioridad a la Fecha de Apertura del Local, durante el cual el Arrendador deberá reparar o subsanar los defectos.

Una vez reparados los defectos de construcción, el Arrendatario hará constar formalmente en el Acta de Entrega que tales defectos han sido subsanados.

2.3. Superficie del Local: Considerando la dificultad de establecer una medición exacta del Local a la fecha de firma de este Contrato, las partes han acordado el siguiente mecanismo de corrección del Contrato en el caso que exista diferencia entre la medición real tras la construcción del Local y la estimada a la firma de este Contrato.

A dicho efecto, el Arrendador comunicará al Arrendatario, en el acto de Entrega del Local, la medición definitiva de la Superficie Bruta Alquilable efectuada por la Dirección Facultativa.

(i) Si existiera discrepancia entre la SBA aproximada del Local establecida en la Manifestación III y la SBA definitiva del Local realizada conforme al párrafo anterior que resulte en una diferencia, al alza o a la baja, igual o inferior al ...%, no habrá lugar a revisión de la Renta Mínima Garantizada.

(ii) Si la diferencia entre la SBA aproximada del Local establecida en la Manifestación III y la SBA definitiva del mismo fuera superior al ....%, al alza o a la baja, el Arrendador aplicará y comunicará al Arrendatario en el Acta de Entrega el ajuste correspondiente sobre la Renta Mínima Garantizada, que será definitivo y vinculante desde la Fecha de Entrega del Local. No obstante, si dicha diferencia fuera superior al ....%, al alza o a la baja, el Arrendatario podrá resolver el presente Contrato dentro del plazo de ...... días naturales a contar desde la comunicación de la medición definitiva. En este caso, el Arrendador vendrá obligado a devolver al Arrendatario las cantidades que, en cumplimiento del presente Contrato, hubiera recibido de éste hasta esa fecha, sin nada más que reclamarse por las partes. El transcurso de dicho plazo sin que se produzca notificación alguna por el Arrendatario a la medición definitiva se entenderá como la plena aceptación por éste del ajuste de la Renta Mínima Garantizada comunicado por el Arrendador en el acto de la Entrega del Local.

TERCERA.– Duración

3.1. Duración: El presente Contrato entra en vigor el día de su fecha. El plazo de duración obligatoria del Contrato será de .... años a contar desde la Fecha de Apertura del Centro Comercial.

No obstante, lo anterior el Arrendatario tendrá derecho a prorrogar la duración del Contrato de Arrendamiento por un único periodo adicional de otros .... años de duración, siempre y cuando no hubiera incurrido en alguna de las causas de resolución imputables a él que se establecen en la estipulación 29.1 durante la vigencia del contrato.

Para poder ejercitar su derecho a prórroga el Arrendatario deberá remitir al Arrendador una notificación escrita con .... meses de antelación al vencimiento del Contrato, indicando su voluntad de proceder a ejercitar su derecho a prórroga. Recibida la notificación del Arrendatario, el Arrendador, tendrá un plazo de .... meses desde la recepción de la misma para comunicar al Arrendatario, en su caso, la concurrencia de alguna de las causas de resolución imputables a él, que conforme a lo dispuesto en este apartado impidieran ejercer su derecho a prorrogar el Contrato.

Transcurrido el plazo del arrendamiento antes referido o su prórroga, o no ejercitada esta por el Arrendatario o en su caso, no autorizada por el Arrendador conforme a lo dispuesto en esta estipulación, el Contrato quedará extinguido y sin efecto alguno, sin que pueda considerarse que existe tácita reconducción, aún cuando no se hubiese practicado el requerimiento a que se refiere el Artículo 1.566 del Código Civil.

3.2. Carácter obligatorio: El Arrendatario conoce y acepta que los términos y condiciones pactados en el presente Contrato se han acordado sobre la base de la expectativa mutua de cumplimiento íntegro de la duración pactada, y que una resolución anticipada por parte del Arrendatario causaría graves daños y perjuicios a la viabilidad empresarial del Arrendador. Por ello, se establece que la resolución anticipada del presente Contrato por parte del Arrendatario dará lugar a la obligación de pago por éste, en concepto de indemnización por los daños y perjuicios derivados de dicha resolución, de la cantidad resultante de multiplicar la Renta y cantidades asimiladas mensuales vigentes en el momento de la resolución por el número de meses que resten para la finalización de la duración del presente Contrato conforme a los plazos establecidos en el apartado 3.1. del mismo.

3.3. Penalización: Llegado el Contrato a su término o en caso de extinción por cualquier causa, incluyendo la resolución anticipada del mismo, el Arrendatario deberá desalojar y dejar libre y a disposición del Arrendador el Local, debiendo en caso de incumplimiento abonar al Arrendador una penalización diaria en concepto de daños y perjuicios durante el período de la ocupación indebida del inmueble por importe equivalente al cuádruplo de la Renta diaria y cantidades asimiladas mensuales vigentes en el mes precedente a la fecha en que el Arrendatario inicie la ocupación indebida, y todo ello sin perjuicio de las acciones judiciales que pueda emprender el Arrendador para obtener la posesión del Local y cantidades adeudadas por el Arrendatario. Dicha penalización en ningún caso tendrá la consideración de renta ni dará derecho alguno al Arrendatario moroso, y estará sujeta al tipo de interés de demora previsto en la Estipulación Decimosegunda del presente Contrato.

CUARTA.– El Centro Comercial y su régimen interior

El Centro Comercial estará compuesto por una serie de locales comerciales de uso privativo y de elementos comunes que dan servicio a todos o alguno de dichos locales comerciales. Ambas partes consideran que es imprescindible para la viabilidad del Centro Comercial el que exista una coordinación entre los diferentes explotadores de los locales comerciales y de las zonas comunes del Centro Comercial, de manera que se perciba éste por los clientes como un conjunto arquitectónico atractivo, armónico y uniforme. Esta concepción del Centro Comercial como una entidad con intereses de conjunto superiores a los individuales de cada uno de los locales comerciales que lo integran, se materializa en una serie de normas de régimen interior para el Centro Comercial de carácter técnico, comercial y económico, entre las que se incluyen las relativas al uso, mantenimiento y sostenimiento económico de las zonas comunes del Centro Comercial (en adelante, el "Reglamento de Régimen Interior").

En este sentido, el Arrendatario se obliga a respetar y cumplir tanto con los estatutos de la Comunidad de Propietarios del Centro Comercial como con los estatutos del complejo inmobiliario que, en su caso, se aprueben para el .... (en adelante, los "Estatutos"), así como el Reglamento de Régimen Interior que el Arrendador establezca durante toda la vigencia del Contrato y cuyo primer borrador se adjunta al presente Contrato como Anexo IV, así como con sus posibles modificaciones; el Arrendatario se obliga asimismo a contribuir proporcionalmente en los costes y gastos necesarios para la aplicación de los citados Estatutos, en su caso, y Reglamento de Régimen Interior.

La Comunidad de Propietarios, y, en su caso, el Arrendador, podrá, si lo consideran necesario para el correcto funcionamiento del Centro Comercial y para mejorar y optimizar el rendimiento del mismo, modificar los Estatutos y el Reglamento del Régimen Interior, circunstancia que deberá ser notificada al Arrendatario.

SECCIÓN SEGUNDA.– CONDICIONES ECONÓMICAS

QUINTA.– Renta

5.1. Renta: Como contraprestación por el arrendamiento del Local, el Arrendatario deberá pagar al Arrendador, entre otros conceptos establecidos en el presente Contrato, la renta aquí establecida (en adelante, la "Renta"), que vendrá fijada mensualmente por la cifra mayor de las dos siguientes cantidades:

a) Una cantidad fija denominada la Renta Mínima Garantizada; o

b) Una cantidad variable denominada la Renta Variable.

A esta Renta se añadirán los arbitrios, tasas e impuestos correspondientes, especialmente el Impuesto sobre el Valor Añadido o el que lo sustituya, que correrán a cargo del Arrendatario, a los tipos vigentes en cada momento.

El Arrendatario deberá pagar la Renta Mínima Garantizada al Arrendador, en todo caso, por meses anticipados durante los primeros .... días naturales de cada mes.

Excepcionalmente, en el caso de que la Fecha de Comienzo del Devengo de la Renta (tal y como este término se define en la Estipulación Sexta inferior) no se correspondiese con el primer día de un mes natural, el Arrendatario pagará al Arrendador el pago mensual de la Renta Mínima Garantizada durante los primeros .... días naturales desde la Fecha de Comienzo del Devengo de la Renta. La Renta Mínima Garantizada correspondiente a este primer mes se calculará en proporción a los días que resten entre la Fecha de Comienzo del Devengo de la Renta y el último día de dicho mes (ambos incluidos).

5.2. Renta Variable: La Renta Variable será aquella cantidad que resulte de aplicar el porcentaje de un ....% de la Cifra Neta de Ventas realizada en el Local en cada periodo mensual.

A estos efectos, se entiende por Cifra Neta de Ventas del Arrendatario cualquier importe, incluidos tributos y tasas (aunque excluido el IVA), que se devengue en favor del Arrendatario como consecuencia de las ventas y/o actividades realizadas en o desde el Local o Centro Comercial (sin perjuicio de las responsabilidades que procedan como consecuencia de un uso no autorizado del espacio correspondiente), y en particular:

- La venta, cesión en alquiler, bajo licencia, franquicia, concesión o figura análoga de cualquier clase de artículo.
- La prestación, directa o indirecta, de cualquier tipo de servicios en favor de terceros.
- Las actividades de cualquier clase realizadas por cualquier persona con su autorización, tácita o expresa, en o desde el Local o en los elementos comunes del Centro Comercial (sin prejuzgar la licitud de estas últimas actividades) de las que se derive un beneficio económico.

La cifra de ventas comprende todos los precios cargados correspondientes a las ventas, servicios o actividades directas y los que sean consecuencia o respuesta a los pedidos por INTERNET, carta, telegrama, teléfono, fax, o cualquier otro medio de comunicación, así como las gestiones recibidas en el Local, cualquiera que sea el lugar de ejecución, especialmente incluido el supuesto de entrega a domicilio; estarán también incluidas las ventas a crédito, que se computarán en el momento del devengo y con independencia de la fecha de su ingreso efectivo; así como cualquier ingreso registrado como venta por el Arrendatario en su práctica regular contable.

Sin embargo, no estarán incluidos o serán deducidos, en la medida en que sean incorporados a la cifra de ventas del Arrendatario:

- Los descuentos, los abonos, las reducciones y las restituciones que sean consecuencia de pedidos anulados, efectuados en el marco de las operaciones normales del Arrendatario a los clientes.
- El importe correspondiente a las ventas ocasionales de los artículos que generalmente no son objeto de lucro, como bonos de rifas benéficas, entradas para espectáculos, etc.
- El incremento por intereses de las ventas aplazadas, siempre que se establezcan dentro de unas razonables condiciones de mercado.

5.3. Renta Mínima Garantizada: La Renta Mínima Garantizada que deberá satisfacerse mensualmente será aquella cantidad que resulte de multiplicar .... euros por metro cuadrado de Superficie Bruta Alquilable del Local que resulte de la aplicación de la Estipulación 2.3. (i) y (ii), actualizada dicha cantidad en la misma proporción en que haya variado el Índice General de Precios al Consumo o índice que lo sustituya, en el período que transcurra entre el primer día del mes de celebración del presente Contrato y el primer día del mes en que tenga lugar la Fecha de Comienzo del Devengo de la Renta, de acuerdo con los datos que a tal efecto publique el Instituto Nacional de Estadística u organismo que lo sustituya. Las Estipulaciones 7.3 y 7.4 del presente Contrato serán, en su caso, aplicables a la actualización regulada en este párrafo.

A estos efectos se estará a la medición definitiva del Local que resulte del Acta de Entrega conforme a lo establecido en la Estipulación Segunda.

La Renta Mínima Garantizada será asimismo actualizada anualmente, de acuerdo con lo dispuesto en la Estipulación Séptima.

5.4. Liquidación mensual: La determinación de la Renta se efectuará mediante una liquidación mensual. A este fin, dentro de los .... primeros días naturales de cada mes, el Arrendador procederá a determinar el importe de la Renta Variable correspondiente al mes inmediatamente anterior, mediante la aplicación del porcentaje convenido en el apartado 5.2 anterior sobre la Cifra Neta de Ventas del Arrendatario correspondiente a dicho periodo.

Si la cantidad debida como Renta Mínima Garantizada por el Arrendatario en el mes anterior fuese inferior a la Renta Variable determinada conforme al párrafo anterior, éste deberá pagar la diferencia contra presentación bancaria del recibo correspondiente o método de pago equivalente, pago que se entenderá hecho sin perjuicio del derecho del Arrendador al control y verificación de la Cifra Neta de Ventas declarada. En ningún caso procederá ajustar a la baja el importe de la Renta Mínima Garantizada.

Como excepción, en el supuesto de que la Fecha de Comienzo del Devengo de la Renta (según ha quedado definida esta fecha en la Estipulación Sexta siguiente) no coincidiese con el primer día del mes, la liquidación de la Renta se realizará siguiendo el mismo sistema que en esta Estipulación, con la excepción de que la Renta Mínima Garantizada que se tomará en consideración será la resultante de multiplicar la Renta diaria por el número de días que medien entre la Fecha de Comienzo del Devengo de la Renta y el último día de dicho mes. Tras esta primera liquidación, las siguientes se realizarán respecto a meses completos.

5.5. Entrega de documentación e interconexión informática: Con el objeto de realizar la liquidación mensual de la Renta, el Arrendatario se compromete a entregar al Arrendador la siguiente documentación:

a) Dentro de los .... primeros días laborales de cada semana, una declaración certificada, firmada por él o por persona con poder suficiente al efecto, que contenga la Cifra Neta de Ventas realizado en la semana anterior, desglosada por días. Los estados de ventas semanales se establecerán de manera precisa para que el Arrendador pueda conocer con exactitud los detalles de las ventas efectuadas cada día de tal forma que el Arrendador pueda determinar la Cifra Neta de Ventas conforme a lo dispuesto en la cláusula 5.2 anterior.

b) Dentro de los .... primeros días naturales de cada año natural, una declaración firmada por él o por persona con poder suficiente al efecto, relativa a la Cifra Neta de Ventas total del año concluido, detallada por semanas, así como, en su caso, el soporte magnético que justifique tal declaración.

Las indicadas declaraciones citadas en los dos apartados anteriores se expedirán por el Arrendatario en documentos normalizados según los modelos que se adjuntan al presente Contrato como Anexo V.

Asimismo, cuando el Arrendatario tenga la obligación legal de auditar sus cuentas conforme al artículo 203 de la Ley de Sociedades de Capital (LSC), la declaración relativa a la Cifra Neta de Ventas que se establece en el párrafo b) anterior deberá ir certificada en lo relativo a su contenido por el auditor del Arrendatario.

Siempre que técnicamente fuese posible, del Arrendatario facilitará informáticamente los registros de ventas del Local utilizando los sistemas de toma de datos o emisión de información que tuviera implantados el Arrendador, con la finalidad de permitir el acceso simultáneo a la información de las operaciones mercantiles realizadas en el Local. De igual modo, en el caso de que se introdujese en el Centro Comercial un sistema computerizado de control de ventas, el Arrendatario se compromete a la adaptación de sus sistemas informáticos, así como a la declaración del Cifra Neta de Ventas mediante su uso.

No obstante lo dispuesto anteriormente, el Arrendador podrá modificar en cualquier momento el sistema de entrega de información sobre la Cifra Neta de Ventas en cuyo caso el Arrendador deberá comunicar al Arrendatario dicha modificación con una antelación de, al menos, ... mes a la fecha en que el nuevo sistema de entrega de información fuese aplicable.

5.6. Control: El Arrendatario presta su consentimiento para que el Arrendador o quien éste designe proceda, en cualquier momento, a realizar los controles y exámenes necesarios incluido, entre otros posibles mecanismos de control, la supervisión de la actividad de ventas desarrollada en el Local, la comprobación diaria de los datos de las cajas registradoras del Arrendatario, así como el acceso a cualquier sistema de registro (por ejemplo, informático) utilizado por el Arrendatario para el registro de sus ventas.

A fin de realizar un control contable de la determinación de la Renta Variable realizada por el Arrendatario, el Arrendador podrá solicitar de aquél, dentro de los .... años siguientes a la entrega de los documentos relacionados en el apartado 5.5, la entrega de cualquier documentación contable así como las bases y justificantes de cálculo de la Cifra Neta de Ventas declarada por el Arrendatario y certificada por su auditor de cuentas. A estos efectos, el Arrendatario se compromete a utilizar sistemas de registro normalizados en el mercado con soporte magnético, que permitan verificar en soporte legible la relación de recibos y/o facturas de caja expedidos, así como a notificar al Arrendador el sistema utilizado o cualquier modificación o alteración del mismo.

En caso de que el Arrendador o sus auditores discrepen con la Cifra Neta de Ventas declarada y/o certificada, las partes acuerdan someterse al dictamen del perito que a estos efectos nombre el Colegio Nacional de Auditores y Censores Jurados de Cuentas realizada a petición de cualquiera de las partes.

Si del dictamen del perito resultase que la Cifra Neta de Ventas que ha servido de base para el cálculo de la Renta Variable es superior a la resultante de la comprobación, la diferencia de Renta existente a favor del Arrendatario será líquida y exigible de inmediato, y será pagada en el plazo máximo de .... días laborables por el Arrendador al Arrendatario. En este caso o en el caso de que la cifra declarada fuera correcta, los gastos derivados del informe del perito correrán a cuenta del Arrendador.

Si, por el contrario, del dictamen del perito resultase que la Cifra Neta de Ventas que ha servido de base para el cálculo de la Renta Variable es inferior a la resultante de la comprobación, la diferencia de Renta existente a favor del Arrendador será líquida y exigible de inmediato, y será pagada de manera inmediata por el Arrendatario contra la presentación al cobro por el Arrendador del correspondiente recibo. En este caso, los gastos derivados del informe del perito correrán a cuenta del Arrendatario.

En todo caso, si como consecuencia de la verificación y control realizado por el perito se comprobará que la Cifra Neta de Ventas resultante de la comprobación es superior en un .... por ciento (...%) a la Cifra Neta de Ventas declarada por el Arrendatario, éste deberá abonar al Arrendador una penalización equivalente a .... meses de Renta. Si como consecuencia de una posterior verificación y control se comprobara que tiene lugar nuevamente dicha diferencia, el Arrendador estará facultado asimismo para resolver el presente Contrato, sin perjuicio de su derecho de exigir los correspondientes daños y perjuicios al Arrendatario.

5.7. Falta de entrega de documentación: En el caso que el Arrendatario no proporcione al Arrendador, en la forma y plazos previstos, los documentos relacionados en los párrafos 5.5 y 5.6, el Arrendador podrá optar entre resolver el Contrato, sin perjuicio de reclamar los correspondientes daños y perjuicios al Arrendatario, o considerar que la renta mensual será la que resulte de incrementar la Renta Mínima Garantizada vigente en ese momento en un .... por ciento (...%). La Renta así calculada estará en vigor hasta la entrega de la documentación mencionada en los párrafos 5.5 y 5.6 anteriores, momento en el que se calculará una nueva Renta.

5.8. Forma de pago: El Arrendatario pagará cuantas cantidades le correspondan en virtud de lo pactado en este Contrato mediante la domiciliación de los recibos bancarios que le serán presentados al cobro por el Arrendador en la cuenta bancaria del Arrendatario nº ...., en el Banco ...., Sucursal....... Asimismo, el Arrendador se reserva el derecho a establecer para el pago de las cantidades cualquier otro sistema, comunicándolo con la suficiente antelación al Arrendatario.

5.9. Consecuencias de la falta de pago: Sin perjuicio de lo establecido en la Estipulación Duodécima, la falta de pago por parte del Arrendatario en su correspondiente fecha de cualquiera de las cantidades debidas por virtud del presente Contrato será causa suficiente para que el Arrendador pueda resolver de pleno derecho el mismo. En este supuesto, serán de cuenta del Arrendatario todos los gastos judiciales que se causen, incluyendo los honorarios de los abogados y procuradores del Arrendador, aunque la participación de éstos en el procedimiento correspondiente no fuere preceptiva.

5.10 Carácter esencial: Los pactos contenidos en esta Estipulación tienen para las partes el carácter de condición esencial y su incumplimiento por cualquiera de las partes facultará a la otra para resolver el presente Contrato.

SEXTA.– Devengo de la Renta

La Renta comenzará a devengarse a la Fecha de Apertura del Centro Comercial según queda definida en la Estipulación Decimoquinta de este Contrato (en adelante, la "Fecha de Comienzo del Devengo de la Renta"), independientemente de la fecha en que el Arrendatario abra su Local al público.

SÉPTIMA.– Actualización de la Renta Mínima Garantizada

7.1. Revisión anual: Sin perjuicio de lo establecido en la Estipulación 5.3, la Renta Mínima Garantizada se revisará anualmente el día ..... de enero de cada año de acuerdo con lo previsto en la presente estipulación. La primera revisión se realizará en y con efectos a partir del día ..... de enero del año siguiente a aquél en que tenga lugar la Fecha de Apertura del Centro Comercial.

7.2. Actualización en función del IPC: La Renta Mínima Garantizada se actualizará, en su caso, anualmente en la misma proporción en que haya variado, en su caso, el Índice General de Precios al Consumo, o el índice que lo sustituya, en los .... meses anteriores a la actualización, de acuerdo con los datos que a tal efecto publique el Instituto Nacional de Estadística u organismo que lo sustituya. El porcentaje de actualización se aplicará siempre sobre la Renta Mínima Garantizada vigente que corresponda al mes anterior a aquél en que se deba realizar la actualización. No obstante, la primera actualización se hará a prorrata por el plazo comprendido entre la Fecha de Comienzo del Devengo de la Renta (que coincide con la Fecha de Apertura del Centro Comercial) y el .... del año de la misma.

7.3. Actualización en función del último índice conocido: Si en el momento en que se deba practicar la actualización, el Arrendador no tuviera constancia del índice correspondiente, por no haberse publicado aún, la actualización se realizará provisionalmente en función del último índice conocido, con relación al del mismo mes del año anterior, y una vez publicado el índice aplicable, se modificará la actualización en lo que proceda y se practicará una liquidación que se incluirá en el siguiente recibo que corresponda pagar.

7.4. Actualización automática: La actualización se hará de forma automática, sin que precise notificación especial alguna, renunciando el Arrendatario a cualquier derecho que le asista en contrario a lo previsto en este apartado.

7.5. Falta de pago: La falta de pago por el Arrendatario del aumento de Renta Mínima Garantizada que corresponda tendrá las mismas consecuencias que las definidas en la estipulación 5.9 para el impago de cualesquiera importes debidos por el Arrendatario en relación con el presente Contrato.

7.6. Impuesto sobre el Valor Añadido: A cuantas cantidades deba pagar el Arrendatario en virtud de lo pactado en esta Estipulación, se agregará el Impuesto sobre el Valor Añadido (o impuesto que le sustituya), que será a cargo del Arrendatario, a los tipos aplicables de acuerdo con la legislación vigente en cada momento.

7.7. Revisión extraordinaria: Si el presente Contrato tuviera una duración superior a .... años, se establece una revisión extraordinaria que se hará efectiva desde el .... del año sexto de duración contractual, de tal forma que el índice que resulte de aplicación conforme a los apartados 7.2 y 7.3 anteriores, será incrementado en .... puntos porcentuales.

OCTAVA.– Cantidades asimiladas a Renta

8.1. Gastos Comunes: De manera adicional al pago de la Renta, los gastos o costes derivados de los servicios comunes y de administración y gestión del Centro Comercial (en adelante, los "Gastos Comunes"), que tendrán la consideración de cantidades asimiladas a la renta, serán a cargo del Arrendatario, que los deberá pagar al Arrendador, por anticipado y en los .... primeros días naturales de cada mes a contar desde la Fecha de Apertura del Centro Comercial. Los Gastos Comunes correspondientes al período entre la Fecha de Apertura del Centro Comercial y el final de dicho mes natural se pagarán durante los .... primeros días naturales del mes siguiente.

A estos efectos, tienen la consideración de Gastos Comunes, a título meramente informativo y no exhaustivo los siguientes:

(i) Los gastos derivados del mantenimiento, conservación, reparación, funcionamiento, limpieza y sustitución de los elementos comunes del Centro Comercial.

(ii) Los gastos de seguridad y vigilancia.

(iii) Los gastos de Promoción, Animación y Publicidad.

(iv) Los consumos de todo tipo de fluidos y combustibles suministrados o utilizados en los elementos comunes del Centro Comercial, incluyendo agua, electricidad, calefacción, ventilación, refrigeración, etc.

(v) Los gastos por el uso del parking.

(vi) En la parte que le corresponda de acuerdo con la superficie del Local, el Impuesto sobre Bienes Inmuebles (IBI) que grava la propiedad del Centro Comercial.

(vii) Cualesquiera otras tasas e impuestos, tales como las tasas de recogida de basura y otros impuestos o tasas municipales que pesan sobre el Centro Comercial o los elementos comunes del mismo.

(vi) Las primas de los seguros a que se refiere la Estipulación Vigésimo-sexta.

(vii) La decoración, jardinería, desparasitación y desratización del Centro Comercial.

(viii) El Fondo de reserva del Centro Comercial.

(ix) La remuneración, cargas sociales, y equipamiento del personal del Centro Comercial, incluyendo los del Gerente del Centro Comercial, así como los alquileres de los locales de administración del Centro Comercial.

(x) Los gastos derivados de la contratación, en su caso, de las empresas externas encargadas de la circulación, vigilancia, seguridad, jardinería, calefacción y demás actividades relacionadas con la prestación de servicios comunes y de mantenimiento del Centro Comercial.

(xi) La cantidad que en su caso satisfaga el Centro Comercial por la utilización del aparcamiento ubicado en el mismo, así como los gastos de mantenimiento, conservación y mejora del citado aparcamiento.

(xii) Los gastos derivados del establecimiento y mantenimiento, en su caso, de sistemas informáticos centralizados de control de ventas en el Centro Comercial.

(xiii) Los gastos derivados del complejo inmobiliario que, en su caso, correspondan al Centro Comercial.

(xiv) Todos los demás gastos y costes relativos al Local y a los elementos comunes del Centro Comercial que corresponda satisfacer al Arrendador como propietario de dicho Local de conformidad con el Reglamento de Régimen Interior y, en su caso, con los Estatutos.

8.2. Pagos a compañías suministradoras: El Arrendatario pagará directamente a las compañías suministradoras, cuando ello sea posible, los servicios y suministros registrados en los contadores particulares del Local, incluyendo los de teléfono, electricidad, gas, agua, etc. así como la reparación y sustitución de tales contadores. El Arrendador no será responsable de las carencias o deficiencias en dichos suministros. En el caso de resultar imposible dicho pago directo, el Arrendador repercutirá dichos suministros conforme a las lecturas de los contadores.

8.3. Coeficiente de Gastos Comunes: En consecuencia, con independencia de la Renta, el Arrendatario se obliga a satisfacer al Arrendador, en los plazos indicados en el apartado 8.1 anterior, la repercusión que le corresponda de los Gastos Comunes. La cuota de participación provisional del Arrendatario se fijará en función de la relación entre la superficie final del Local y la superficie total del Centro Comercial, sujeto a los mismos ajustes que la Renta Mínima Garantizada en relación con la medición final del Local conforme a lo dispuesto en la Estipulación 2.3. (i) y 2.3. (ii).

El Arrendador determinará la cuota de participación definitiva del Arrendatario en los Gastos Comunes y la notificará al Arrendatario en el plazo de .... mes desde la Fecha de Apertura del Centro Comercial.

En la determinación de dicho coeficiente de Gastos Comunes se tendrá en cuenta el correspondiente coeficiente corrector, que acepta el Arrendatario, y que se ha establecido para permitir y favorecer un reparto equitativo de los Gastos Comunes que permitan un mejor funcionamiento del Centro Comercial tomando en cuenta factores objetivos como superficie, ubicación y tipo de actividad.

El Arrendador podrá modificar dicho coeficiente de Gastos Comunes en función de variaciones producidas en cualquiera de los factores que lo determinen. El Arrendador deberá comunicar al Arrendatario dichas modificaciones.

8.4. Presupuesto de Gastos Comunes: El Arrendador, en el penúltimo mes de cada año natural, preparará un presupuesto de Gastos Comunes en el que estimará los gastos y costes descritos en el apartado 8.1 para el ejercicio siguiente. Asimismo, durante el último mes de cada ejercicio comunicará al Arrendatario del Centro Comercial la cifra resultante de aplicar su coeficiente de Gastos Comunes sobre el total del presupuesto anual, así como el pago mensual correspondiente que deberán pagar en la misma forma y plazos que lo previsto en este Contrato para el pago de la Renta Mínima Garantizada. Estas cifras se considerarán provisiones de fondos o anticipos a cuenta de la liquidación final del presupuesto de Gastos Comunes que el Arrendador deberá comunicar a cada arrendatario en el primer trimestre de cada ejercicio con referencia al presupuesto del ejercicio anterior.

Si de la liquidación definitiva realizada por el Arrendador resultase un saldo a favor del Arrendatario, el Arrendador lo compensará con el importe de los anticipos de Gastos Comunes correspondientes al siguiente ejercicio. En el caso que dicha liquidación tenga como resultado un saldo a favor del Arrendador, este saldo será pagado de manera inmediata por el Arrendatario contra presentación del correspondiente recibo bancario por el Arrendador.

8.5. Carácter esencial: Sin perjuicio de lo dispuesto en las Estipulaciones 5.9 y 12, el pago de los Gastos Comunes (cantidades asimiladas a la renta) previstas en la presente Estipulación constituye una obligación de carácter esencial del presente arrendamiento, por lo que su falta de pago tendrá las mismas consecuencias que la falta de pago de la Renta y facultará al Arrendador para actuar de igual manera.

8.6. Impuesto sobre el Valor Añadido: A cuantas cantidades deba pagar el Arrendatario en virtud de lo pactado en esta Estipulación, se agregará el Impuesto sobre el Valor Añadido (o impuesto que le sustituya), que será a cargo del Arrendatario, a los tipos aplicables de acuerdo con la legislación vigente en cada momento.

NOVENA.– Importes devengados en la fecha de firma del Contrato

9.1. Cantidades devengadas en este acto: En la fecha de firma del presente Contrato se devengan las siguientes cantidades en favor del Arrendador que deberán ser satisfechas por el Arrendatario conforme se indica en el apartado 9.2 siguiente:

a) Un importe equivalente a dos mensualidades de la Renta Mínima Garantizada, en concepto de la fianza que se detalla en la Estipulación Décima.

b) Un importe equivalente a una mensualidad de la Renta Mínima Garantizada más el IVA que corresponda en concepto de retribución por el .... que se detalla en la Estipulación Vigésimo-primera, apartado 21.8.

c) Un importe equivalente a una mensualidad de la Renta Mínima Garantizada más el IVA que corresponda en concepto de gastos para el lanzamiento del Centro Comercial que se detalla en la Estipulación Vigésimo-cuarta.

d) Un importe equivalente a una mensualidad de la Renta Mínima Garantizada en concepto de garantía de (i) la apertura del Local en fecha, conforme a lo dispuesto en la Estipulación Decimoquinta; y (ii) la buena ejecución de las Obras de Adecuación conforme a lo dispuesto en la Estipulación Decimoquinta; y (iii) el pago en tiempo de los importes devengados por este Contrato hasta la Fecha de Apertura.

9.2. Momento de pago: El Arrendatario abona en este mismo acto al Arrendador la cantidad que se indica en el apartado a) de la estipulación 9.1 anterior. Así mismo, el Arrendatario se compromete, a hacer entrega al Arrendador de las cantidades estipuladas en las letras b), c) y d) antes del........... El impago de estos importes dará derecho al Arrendador a resolver el presente Contrato.

DÉCIMA.– Fianza

10.1 Fianza: En garantía del cumplimiento de sus obligaciones, el Arrendatario abona, conforme a lo dispuesto en la Estipulación Novena anterior, al Arrendador el importe de dos (2) mensualidades de Renta en concepto de fianza conforme al artículo 36 de la vigente Ley de Arrendamientos Urbanos.

10.2 Utilización: El Arrendador podrá utilizar dicho importe para cubrir cualquier responsabilidad derivada del incumplimiento por parte del Arrendatario de cualquiera de las obligaciones del presente Contrato. A la extinción del arrendamiento la cantidad remanente no aplicada a cualquier responsabilidad del Arrendatario le será reembolsada en el plazo máximo de ...... mes desde la fecha en que el Arrendador reciba el importe de la fianza legal del organismo competente para el depósito de las fianzas. El Arrendador solicitará la devolución de la fianza diligentemente y lo antes posible a la finalización del Contrato.

10.3 Actualización: Después de los primeros .... años de vigencia del arrendamiento, la fianza será actualizada anualmente en las mismas fechas previstas para la actualización de la Renta en el presente Contrato, a fin de que la fianza actualizada sea equivalente a dos (2) mensualidades de la Renta Mínima Garantizada vigente en ese momento. La fianza permanecerá en vigor y en posesión del Arrendador durante todo el tiempo que dure el arrendamiento, sin perjuicio de que dejase de ser obligatoria en el futuro su prestación.

DECIMOPRIMERA.– Aval

En adición a lo previsto en la estipulación anterior, con la finalidad de garantizar el correcto cumplimiento por parte del Arrendatario de las obligaciones asumidas en este Contrato, y especialmente del pago de todos los conceptos económicos acordados por las partes, el Arrendatario se compromete a hacer entrega al Arrendador antes del .... de un aval bancario incondicional a primer requerimiento, emitido por una entidad bancaria española de reconocida solvencia elegida a satisfacción del Arrendador, y redactado conforme al modelo que se adjunta como Anexo IX por un importe equivalente a seis meses de Renta Mínima Garantizada (incrementado en el IVA correspondiente) e incluyendo una cláusula específica permitiendo al Arrendador la cesión del beneficio del aval bancario a cualquier futuro propietario del Local sin necesidad del consentimiento previo del Arrendatario ni del banco emisor. El aval tendrá una vigencia inicial hasta el .... y será renovado por periodos sucesivos de .... años, hasta la finalización del plazo del arrendamiento o sus prórrogas, debiendo el Arrendatario, ... meses antes del vencimiento del aval en cada periodo, presentar al Arrendador un nuevo aval con idéntico texto y plazo y por importe equivalente a seis mensualidades de Renta Mínima Garantizada (incrementado en el IVA correspondiente) en ese momento vigentes, emitido por una entidad bancaria española de reconocida solvencia elegida a satisfacción del Arrendador. Dicho aval será independiente del resto de fianzas y garantías establecidas en el presente Contrato, así como de los cambios que puedan existir en la figura del Arrendador.

Si el Arrendatario no presentase el nuevo aval dentro del plazo establecido .... meses antes del vencimiento del aval, el Arrendador podrá cobrar el aval vigente por su cantidad máxima garantizada.

El aval será devuelto al Arrendatario en el caso de no haber sido utilizado o aplicado total o parcialmente dentro de los dos meses siguientes a la terminación del Contrato.

DECIMOSEGUNDA.– Intereses de Demora

Sin perjuicio de lo pactado en la Estipulación Vigésimo-quinta, el mero retraso en el cumplimiento por parte del Arrendatario de cualquiera de las obligaciones de pago en virtud del presente Contrato de Arrendamiento devengará un interés de demora a favor del Arrendador igual al EURÍBOR para depósitos de un mes, incrementado en .... porcentuales, líquidos y exigibles sin necesidad de previa notificación al Arrendatario, calculado a partir de la fecha de la mora y hasta la fecha de pago de la cantidad debida con los intereses correspondientes.

DECIMOTERCERA.– Impuestos

Cuando por imperativo legal sea aplicable, las cantidades incluidas en el presente Contrato serán incrementadas por el Impuesto del Valor Añadido al tipo correspondiente o por cualquier otro impuesto, contribución o tasa que sea legalmente exigible. Dicho incremento por IVA será soportado por el Arrendatario, al cual le será facturado por el Arrendador.

Asimismo, las partes acuerdan que será a cargo del Arrendatario (que lo deberá pagar al Arrendador) en la parte que le corresponda de acuerdo con la superficie del Local, el Impuesto sobre Grandes Establecimientos Comerciales establecido en .... o cualquiera que lo complemente o sustituya. Dicho Impuesto será pagado por el Arrendatario al Arrendador de manera adicional al pago de la Renta y los Gastos Comunes, y tendrá la consideración de cantidad asimilada a la renta.

SECCIÓN TERCERA.– CONDICIONES DE EXPLOTACIÓN DEL LOCAL

DECIMOCUARTA.– Actividad Permitida

14.1 Actividad Permitida: El Arrendatario deberá destinar el Local con carácter exclusivo a la explotación de un negocio de venta de ropa interior masculina y femenina de las marcas .... (en adelante, la ".............."). La Actividad Permitida será realizada por el Arrendatario bajo el rótulo de "...........", debiendo solicitar el Arrendatario al Arrendador autorización expresa para el cambio o ampliación de uso o de rótulo. Estas obligaciones constituyen una condición esencial del Contrato y facultan expresamente al Arrendador para resolver el mismo en el caso de incumplimiento, sin perjuicio del derecho de reclamar los daños y perjuicios que correspondan al Arrendatario.

14.2 Permisos: Todos los permisos, autorizaciones o licencias administrativas necesarias para la apertura del negocio del Arrendatario y/o el ejercicio de su actividad deberán ser solicitadas, tramitadas, pagadas y obtenidas por el Arrendatario. Una vez obtenidas, el Arrendatario deberá entregar al Arrendador copias de dichas autorizaciones y licencias administrativas. Asimismo, serán de cargo del Arrendatario todas las tasas y tributos de cualquier índole que afecten al Local arrendado y a la explotación del negocio instalado.

DECIMOQUINTA.– Inicio de la actividad

15.1 Apertura del Local: El Arrendatario se obliga a abrir al público el Local (en adelante, la "Fecha de Apertura del Local") con carácter simultáneo a la apertura al público del Centro Comercial (en adelante, la "Fecha de Apertura del Centro Comercial"), quedando expresamente prohibida la apertura del Local en cualquier fecha anterior, aunque hubieran concluido las Obras de Adecuación conforme a lo previsto en la Estipulación Vigésimo-primera.

No obstante, en caso de prórroga del plazo de ejecución de las Obras de Adecuación del Local, conforme a lo dispuesto en la Estipulación Vigésimo-primera, el Arrendatario se obliga a abrir el Local al público, como fecha máxima, el día en que se produzca el vencimiento del citado plazo pactado para dichas obras, o, si dichas obras terminaran antes del citado plazo máximo y el Centro Comercial estuviera ya abierto al público, dentro de los .... días siguientes a la fecha de terminación de las mismas.

15.2 Garantía de apertura y buena ejecución de obra: Si el Arrendatario no procediera a la apertura del Local en la fecha prevista en el apartado 15.1 anterior, la cantidad entregada que se indica en el apartado d) de la Estipulación Novena, apartado 9.1, quedará en poder del Arrendador, como penalidad por el incumplimiento de la obligación por el Arrendatario.

Producida la apertura del Local en las condiciones previstas y satisfecho, en su caso, el importe correspondiente a los importes devengados hasta la Fecha de Apertura (incluidos los consumos de obra y la entrega del aval), la citada cantidad entregada en concepto de garantía de apertura será compensada con el importe correspondiente a la Rentas a satisfacer por el Arrendatario con posterioridad a la fecha de apertura del Local siempre y cuando se haya acreditado al Arrendador la posesión de las oportunas licencias para el ejercicio de la actividad y el Arrendatario haya ejecutado las Obras de Adecuación del Local conforme a la normativa técnica establecida.

15.3 Sanciones: Sin perjuicio de lo dispuesto en el apartado 15.2 anterior, caso de no proceder el Arrendatario a la apertura al público en la Fecha de Apertura del Local por causas imputables al mismo, deberá pagar una penalización diaria igual al doble de la Renta Mínima Garantizada mensual pactada, dividida por......, que pagará el primer día de cada semana desde el día en que debió proceder a la apertura al público y hasta que se produzca la misma y ello independientemente del pago de la Renta que se devengará en todo caso a partir de la Fecha de Apertura del Centro Comercial. Dicha penalización en ningún caso tendrá la consideración de Renta ni dará derecho alguno al Arrendatario, y estará sujeta al tipo de interés de demora previsto en la Estipulación Decimosegunda del presente Contrato, y todo ello sin perjuicio del derecho del Arrendador a resolver el Contrato por incumplimiento de la obligación esencial de apertura que se recoge en los párrafos anteriores.

15.4 Fecha de Apertura del Centro Comercial: La elección de la Fecha de Apertura del Centro Comercial al público corresponderá al Arrendador. A tal fin, el Arrendador comunicará al Arrendatario la fecha prevista de apertura al público del Centro Comercial con una antelación de .... días.

No obstante lo anterior, si por causas que no hubieran podido preverse por el Arrendador fuera necesario modificar la Fecha de Apertura del Centro Comercial, y por consiguiente, sea necesario retrasar o adelantar la fecha de apertura del Local al público, el Arrendador podrá modificar la Fecha de Apertura del Centro Comercial sin que dicha variación otorgue derecho alguno al Arrendatario a reclamar indemnización o cantidad alguna, no exonerándole de su obligación de abrir el Local en la nueva fecha fijada por el Arrendador.

15.5 Falta de obtención de licencias del Arrendatario: Se considerará imputable al Arrendatario el retraso en la apertura del Local al público derivado de la falta de obtención de las preceptivas licencias, permisos o autorizaciones administrativas para desarrollar la Actividad Permitida.

DECIMOSEXTA.– Horarios de apertura

El Arrendatario se obliga a mantener el Local abierto al público durante el período de duración del arrendamiento, de acuerdo con lo establecido en los Estatutos, en su caso, y/o en el Reglamento de Régimen Interior del Centro Comercial que se incluye en el Anexo IV.

La obligación enunciada tiene el carácter de esencial al afectar a la imagen y rentabilidad del Centro Comercial, por lo que su incumplimiento por parte del Arrendatario, pese a encontrarse al pago de las obligaciones económicas, facultará al Arrendador a (i) resolver el presente Contrato, sin perjuicio de su derecho de reclamar del Arrendatario los daños y perjuicios que correspondan; o bien (ii) imponer al Arrendatario una penalización cuyo importe será determinado por el gestor del Centro Comercial en función de la gravedad del incumplimiento, en la manera que se indica en el Reglamento de Régimen Interior.

DECIMOSÉPTIMA.– Cargas y gravámenes

El Arrendatario se compromete a respetar cualquier derecho o carga real, servidumbres prediales o personales, incluyendo servidumbres aparentes, contratos de explotación o acuerdos similares que graven o beneficien a cualquier parte del Centro Comercial y, en particular, a los locales existentes; así como todas aquéllas que se pudiesen acordar en el futuro por el Arrendador o, en su caso, por la Comunidad de Propietarios del Centro Comercial, siempre y cuando no perjudiquen ni menoscaben los derechos adquiridos por el Arrendatario en virtud del presente Contrato.

DECIMOCTAVA.– Actividades peligrosas, insalubres y molestas

18.1 Prohibición de almacenamiento o manipulación: El Arrendatario acepta la prohibición de almacenar o manipular dentro del Local materias o productos inflamables, pesados o de cualquier otra especie que representen peligro para las personas, los objetos o el inmueble, así como de realizar actividades que pudieran de cualquier modo resultar peligrosas o puedan suponer deterioro o detrimento del Local.

18.2 Actividades molestas: El Arrendatario acepta la prohibición de realizar cualquier tipo de actividad dentro del Local que pudiera resultar molesta, insalubre, incómoda o causar ruido innecesario. El movimiento de elementos pesados o voluminosos que pudieran causar molestias se realizará atendiendo a las indicaciones del Arrendador y de la Gerencia del Centro Comercial, y en todo caso, a lo establecido en el Reglamento de Régimen Interior.

18.3 Responsabilidad: El Arrendatario será directamente responsable de los daños y/o perjuicios causados por él o sus dependientes en caso de incumplimiento de las obligaciones de esta estipulación, sin perjuicio del derecho del Arrendador a resolver el presente Contrato por dicho motivo.

DECIMONOVENA.– Decoración, anuncios y otros rótulos

19.1 Rótulos y carteles: La colocación por el Arrendatario en el exterior del Local de rótulos o carteles, distintos de los autorizados expresamente por el Arrendador en este Contrato, necesitará la aprobación expresa de éste último con anterioridad a su instalación. Asimismo, la decoración externa del Local y de las zonas de uso común corresponderá en exclusiva al Arrendador, que repercutirá los costes y gastos correspondientes al Arrendatario como parte de las Gastos Comunes conforme a la participación que le corresponde en los mismos.

19.2 Decoración interior: La decoración interior del Local corresponde y será a cargo del Arrendatario.

VIGÉSIMA. Acceso al Local por el Arrendador.

El Arrendatario autoriza al Arrendador (o a cualquier persona apoderada o designada por él a tal efecto) a acceder al Local cuantas veces sea necesario para inspeccionar el exacto cumplimiento de todas las condiciones del presente Contrato, permitiendo asimismo la entrada y paso de materiales y obreros con el objeto de realizar las obras necesarias que permitan el adecuado uso y mantenimiento del Centro Comercial. Dichos accesos al Local deberán ser anunciados al Arrendatario con una antelación de .... horas y realizarse de manera preferente durante el horario de apertura al público de la actividad, produciéndose la mínima molestia a dicha actividad. No obstante lo anterior, el Arrendatario autoriza expresamente al Arrendador a acceder al Local fuera del horario de comercio en los casos en que la gravedad y urgencia de la situación hagan necesario el acceso inmediato con el objeto de solucionar la problemática existente. En estos casos, el Arrendador deberá poner en aviso, con la mayor brevedad posible, de dicha circunstancia al Arrendatario.

SECCIÓN CUARTA.– CONDICIONES TÉCNICAS Y DE OBRA

VIGESIMOPRIMERA.– Obras de Adecuación

21.1 Obras de Adecuación: El Arrendatario ejecutará las obras necesarias para el acondicionamiento del Local a la Actividad Permitida (en adelante, las "Obras de Adecuación"), conforme a las determinaciones que se indican a continuación:

- Las Obras de Adecuación del Local deberán ser ejecutadas y finalizadas con la suficiente antelación para que la apertura del Local coincida con la Fecha de Apertura del Centro Comercial. No obstante, a requerimiento del Arrendatario, el Arrendador podrá, si así lo estimara oportuno, conceder al Arrendatario una prórroga del plazo de ejecución de las Obras de Adecuación del Local.
- Todas las Obras de Adecuación deberán ser realizadas dentro de las condiciones mínimas descritas en el Anexo VII, que se adjunta al presente Contrato y con un grado de calidad, imagen y diseño comercial acorde con las características, diseño arquitectónico y calidades del Centro Comercial.

- Las Obras de Adecuación serán realizadas de acuerdo con el Proyecto de Obras de Adecuación que el Arrendatario deberá entregar al Arrendador, con carácter previo a su presentación ante el organismo público competente, en el plazo máximo de ..... meses antes de la Fecha de Entrega del Local. El Arrendador (o la persona o entidad que ésta designe para estas labores), una vez recibido dicho Proyecto, deberá comunicar al Arrendatario sus comentarios al respecto, que serán vinculantes para éste último. Una vez modificado el mencionado Proyecto conforme a los comentarios, el Arrendador tendrá un nuevo plazo de .... días para su estudio y, en su caso, aprobación escrita definitiva. El Arrendatario no podrá iniciar las obras de acondicionamiento del Local sin contar previamente con la aprobación definitiva por escrito del Arrendador al Proyecto. El Arrendador no será responsable en ningún caso de la ejecución del Proyecto. El Arrendatario mantendrá indemne al Arrendador en el caso de cualquier reclamación por terceros en relación con las obras.

21.2 Obras no ajustadas a los requerimientos técnicos: En el supuesto que las obras efectivamente realizadas no se adaptaran a lo dispuesto en el Anexo VII o al Proyecto de Obras de Adecuación y los Planos y Especificaciones Técnicas aprobados por escrito por el Arrendador, éste podrá paralizar las obras y, en su caso, ordenar la demolición de las obras realizadas.

21.3 Permisos y licencias: El Arrendatario deberá obtener y respetar cuantos permisos, autorizaciones y licencias sean necesarias para la realización de las Obras de Adecuación, debiendo exhibir copia de dichos permisos, consentimientos y aprobaciones al Arrendador a requerimiento de éste.

21.4 Indemnización: Igualmente, el Arrendatario se compromete a mantener debidamente aseguradas dichas Obras de Adecuación mientras dure su realización, conforme a lo dispuesto en la Estipulación 26.2, comprometiéndose a indemnizar al Arrendador frente a cualquier reclamación derivada de cualquier daño o perjuicio a las personas y/o a la propiedad como consecuencia de la realización de las mismas.

21.5 Extinción del Contrato antes de la Fecha de Apertura del Local: Si por cualquier motivo se extinguiera el presente Contrato antes de la Fecha de Apertura del Local que se recoge en la Estipulación Decimoquinta, la autorización para realizar las Obras de Adecuación se considerará revocada debiendo el Arrendatario desocupar el Local y retirar cualquier construcción, equipo, herramienta, mercancía y material provisional. Si el Arrendatario no cumpliere con dicho requisito dentro de los .... días siguientes a la extinción, el Arrendador podrá retirar y almacenar todos los objetos antes mencionados en lugar diferente y a disposición del Arrendatario, durante un plazo máximo de .... mes, sin responsabilidad alguna por los daños que pudiesen acaecer en dicha retirada o almacenaje. El coste de dichas acciones será de cuenta del Arrendatario y deberá ser pagado antes de retirar los objetos depositados, en aplicación de los artículos 1.779 y 1.780 del Código Civil. Transcurrido el plazo de .... mes sin que los objetos hayan sido recuperados por el Arrendatario, el Arrendador será libre de disponer de los mismos, sin que el Arrendatario tenga derecho a reclamar pago, compensación ni indemnización alguna por los mismos.

21.6. Gastos e impuestos: Todos los gastos e impuestos derivados de la realización de las Obras de Adecuación serán por cuenta exclusiva del Arrendatario.

21.7 La realización de las Obras de Adecuación será supervisada por .... designado a tal efecto por el Arrendador. El citado .... coordinará y colaborará con todas las Obras de Adecuación a realizar por los diversos arrendatarios en el Centro Comercial, velando por el cumplimiento de las normas básicas técnicas para los locales que se adjuntan como Anexos II y VII y que deberá respetar necesariamente el Arrendatario en el diseño y ejecución del Proyecto de Adecuación del Local, así como cualquier otra norma de construcción que el Arrendador o el......... puedan aprobar durante la construcción del Centro Comercial. A estos efectos, una copia de las citadas normas básicas se encontrará a disposición del Arrendatario en las oficinas del Arrendador para su consulta.

21.8 Coste del ....: El coste de la prestación de los servicios del .... será a cargo del Arrendatario y su pago se realizará, conforme a lo dispuesto en la Estipulación Novena, como cantidad fija, no reembolsable y no sujeta a ulterior liquidación.

21.9 Consumos de obra: Desde la Fecha de Entrega del Local hasta la Fecha de Apertura del Local, el Arrendatario satisfará los importes que supongan los consumos de agua, luz, uso de contenedor y demás suministros y servicios que se ponen a disposición del Arrendatario. A tal efecto, el Arrendatario satisfará en la Fecha de Apertura del Local un importe equivalente al .....% de una mensualidad de Renta Mínima Garantizada, en concepto de pago de los mencionados consumos.

VIGESIMOSEGUNDA.– Obras de conservación, mantenimiento, reparación y reposición en el Local

22.1 Conservación y mantenimiento: Las partes expresamente excluyen la aplicación del artículo 21 de la vigente Ley de Arrendamientos Urbanos al presente arrendamiento, y al efecto pactan que el Arrendatario deberá a su cargo conservar, mantener, reparar y reponer el Local, siendo de su cuenta y cargo las obras de conservación, mantenimiento, reparación y reposición del Local arrendado, así como sus escaparates, accesorios, equipamiento e instalaciones, efectuando las reparaciones que fueran necesarias conforme al procedimiento dispuesto por el Reglamento de Régimen Interior y/o los Estatutos, en su caso, a fin de que se encuentre en todo momento en buen estado de conservación, funcionamiento, seguridad y limpieza, incluyendo las acometidas generales y ramales o líneas existentes para los suministros y los contadores para los mismos siempre que se encuentren dentro del Local arrendado y presten servicio al mismo.

22.2 Obligación de comunicación: El Arrendatario se obliga a comunicar al Arrendador cuantos desperfectos y averías se produzcan y a proceder a realizar las obras necesarias a la mayor urgencia posible, previo sometimiento al Arrendador de los proyectos de obras para su aprobación por escrito. El Arrendador no será responsable en ningún caso de la ejecución del proyecto. El Arrendatario mantendrá indemne al Arrendador en el caso de cualquier reclamación por terceros en relación con las obras. Sin perjuicio de lo anterior, el Arrendatario deberá realizar por sí, sin necesidad de dar previo aviso al Arrendador, las reparaciones de carácter urgente necesarias para evitar un daño inminente al Local o al Centro Comercial en su conjunto.

22.3 Obras necesarias: El Arrendador podrá requerir al Arrendatario la realización de aquellas obras de conservación, mantenimiento, reposición y reparación que fueran necesarias para conservar el Local en las condiciones de habitabilidad para servir al uso convenido. A tal efecto el Arrendador acompañará el requerimiento de un informe del técnico competente indicando las obras a realizar y el plazo para su ejecución. Si el Arrendatario no hubiera iniciado las obras en el plazo de .... días desde la fecha en que fue requerido al efecto por el Arrendador, o habiéndolas iniciado no las hubiera terminado en el plazo indicado en el informe del técnico, el Arrendador podrá realizar las obras por sí mismo a costa del Arrendatario estando éste obligado a soportarlas sin derecho a disminución en la Renta.

VIGESIMOTERCERA.– Obras de mejora

23.1. Exclusión: Las partes pactan expresamente excluir la aplicación de los Artículos 22 y 23 de la Ley de Arrendamientos Urbanos.

23.2. Obras de mejora: El Arrendatario acepta la facultad del Arrendador de llevar a cabo en el Local o en el Centro Comercial cualesquiera obras de mejora que a éste interesen por cualquier causa y que no puedan razonablemente diferirse hasta la conclusión del arrendamiento, sin que ello de lugar a indemnización alguna para el Arrendatario ni a reducción de la Renta, salvo que dichas obras afectaran seriamente a la actividad del Arrendatario durante más de .... días, entendiéndose por tal una disminución en las ventas superior al ......% respecto del mismo mes del año inmediatamente anterior o en caso de tratarse del primer año, los .... meses inmediatamente anteriores al inicio de las obras, en cuyo caso el Arrendatario gozará de una reducción de Renta Mínima Garantizada proporcional a dicha disminución de ventas desde el decimoquinto día y durante el tiempo que dure el perjuicio a su Actividad.

23.3. Notificación: El Arrendador deberá notificar al Arrendatario su intención de ejecutar las obras de mejora con, al menos, ... mes de antelación y deberá ejecutarlas produciendo las menores molestias en la actividad del Arrendatario. Solamente si dichas obras de mejora impidieran de una manera efectiva la apertura al público del Local por un periodo superior a los .... meses, éste podrá desistir del Contrato sin indemnización alguna para cualquiera de las partes.

23.4. Necesidad de notificación: El Arrendatario podrá realizar mejoras, ya sea obra o reforma, obras de decoración o instalación, alteración o modificación de cualquier tipo, inclusive cambios de distribución en el Local, previa presentación por escrito del Proyecto de las obras pretendidas al Arrendador. El Arrendador no será responsable en ningún caso de la ejecución del Proyecto. El Arrendatario mantendrá indemne al Arrendador en el caso de cualquier reclamación por terceros en relación con las obras.

Las mejoras no podrán afectar, en ningún caso, a los siguientes elementos: estructura del inmueble, elementos o instalaciones comunes, resistencia de los materiales empleados en su edificación, ni la fachada exterior del Local. Será responsabilidad exclusiva del Arrendatario la solicitud, tramitación y obtención de las autorizaciones y licencias administrativas precisas para la ejecución de las obras. La realización de la mejora, así como su mantenimiento y reparación, siempre serán a cargo exclusivamente del Arrendatario.

En todo lo que no esté específicamente previsto en este apartado serán aplicables las disposiciones de la Estipulación Vigésimo-primera del presente Contrato a las obras consentidas por el Arrendador a que se refiere este apartado.

23.5. Mejoras: Cualquier mejora se entenderá realizada en beneficio de la propiedad y su importe no podrá ser reclamado por el Arrendatario.

A la terminación de la vigencia del presente contrato, el Arrendatario deberá dejar el Local en estado adecuado al uso al que ha sido destinado.

SECCIÓN QUINTA.– OTROS PACTOS

VIGESIMOCUARTA.– Campaña de Lanzamiento. Promoción del Centro Comercial

24.1. Contribución a la campaña de lanzamiento: El Arrendatario, mediante la entrega de una cantidad equivalente a una mensualidad de la Renta Mínima Garantizada más el IVA correspondiente, conforme a lo dispuesto en la Estipulación Novena, apartado 9.1, contribuirá a sufragar los gastos derivados de la puesta en funcionamiento y campaña de lanzamiento del Centro Comercial. La citada cantidad ha sido estimada por las partes como suficiente para atender a tales gastos y se entrega a fondo perdido y sin posibilidad de ulterior liquidación por ninguna de las partes.

24.2. Distintivos del Centro Comercial: El Arrendatario autoriza la utilización por el Arrendador, sin contraprestación alguna, de su nombre comercial y rótulo de establecimiento para la comercialización, promoción y publicidad del Centro Comercial.

Con la finalidad de contribuir al desarrollo del Centro Comercial y su difusión, el Arrendatario deberá, previa solicitud del Arrendador y conforme a sus indicaciones, utilizar los distintivos del Centro Comercial vigentes en cada momento en la publicidad de la actividad desarrollada en el Local.

La relacionada obligación no significa, en forma alguna, la concesión de licencia o derecho alguno sobre los elementos distintivos del Centro Comercial. El Arrendatario no podrá hacer uso de tales distintivos en la venta de artículos realizada fuera del recinto del Centro Comercial, y deberá cesar inmediatamente en su utilización cuando así se lo exigiera el Arrendador o, en su caso, cuando se produzca la extinción o la comunicación de resolución del Contrato.

VIGESIMOQUINTA.– Responsabilidad del Arrendatario

El Arrendatario responderá directamente de cuantos daños pudieran ocasionarse a personas o cosas de terceros por causa atribuible a él, sus empleados o contratistas, eximiendo de cualquier responsabilidad al Arrendador y respondiendo frente a éste último de cualquier perjuicio que le pudiera derivar por reclamaciones de terceros en este sentido. En particular, y sin ánimo limitativo, el Arrendatario deberá responder de manera directa de los daños que se ocasionen como consecuencia directa o indirecta:

a) De la realización de las Obras de Adecuación o de cualquier otro tipo de obras en el Local, incluyendo los daños en las instalaciones.

b) De la actividad normal del Arrendatario.

c) Del almacenamiento o manipulación en el Local de materiales explosivos, inflamables, incómodos o insalubres o del incumplimiento de las disposiciones legales de cualquier naturaleza relativas a estos materiales.

d) De la producción en el Local de ruidos, vibraciones, radiaciones de calor, humos, malos olores, emisiones o interferencias eléctricas y en general de cualquier actividad que ocasione perjuicios al resto de los ocupantes o clientes del Centro Comercial.

VIGESIMOSEXTA.– Seguros

26.1. Seguros del Arrendador: El Arrendador mantendrá asegurado el Centro Comercial incluyendo sus Elementos Comunes, durante todo el período de vigencia del Contrato de Arrendamiento. Dicho seguro deberá cubrir, como mínimo, los daños causados por incendio, explosiones, agua, humo, actos terroristas y demás riesgos afines, asegurando por lo menos el valor de reposición del inmueble. Asimismo, el Arrendador mantendrá asegurados los elementos comunes contra el riesgo de responsabilidad civil por daños a terceros. Las primas satisfechas como consecuencia de esta última póliza de seguros serán incluidas en el Presupuesto de Gastos Comunes y repercutido al Arrendatario conforme a su coeficiente de participación en los mismos.

26.2. Seguros del Arrendatario:

A) Durante el periodo de obras de acondicionamiento

Durante el periodo de realización de las Obras de Adecuación del Local, el Arrendatario se obliga y se compromete a suscribir un seguro a todo riesgo en construcción y responsabilidad civil por todos los daños que pudieran ser causados durante la realización de las citadas Obras de Adecuación del Local, hasta la apertura del mismo, con específica cobertura de la posible responsabilidad civil del Arrendatario a bienes preexistentes. Dicho seguro deberá tener una cobertura adecuada de acuerdo con las prácticas del mercado, y ser suscrito con anterioridad al inicio de las Obras de Adecuación, a cuyo efecto el Arrendatario facilitará copia de la póliza al Arrendador.

B) Durante la explotación

Sin perjuicio de lo anterior, el Arrendatario asegurará igualmente el Local y su contenido desde la entrega del Local y, con anterioridad a la apertura del Local, hasta la finalización del Contrato con una compañía de seguros de reconocida solvencia. A estos efectos, el Arrendatario deberá suscribir un seguro, por un importe adecuado de acuerdo con las prácticas del mercado, que cubra, al menos, los siguientes aspectos:

(i) Seguro a todo riesgo que cubra expresamente, entre otros, todos los daños causados por robos, incendios, humo, agua, explosiones y cualesquiera otros riesgos afines que cubra el Local y todo lo en él contenido (entre otros, el mobiliario, instalaciones, equipamiento, elementos de decoración y mercancías), en el que el Arrendador figurará como asegurado adicional en cuanto a los daños causados al continente,

(ii) Responsabilidad civil que cubra, entre otros, la responsabilidad patronal, de explotación, la responsabilidad por daños a terceros que se produzcan en el Local, y garantía de productos.

Las indemnizaciones procedentes se destinarán por el Arrendador para reparar los daños causados o para hacer frente a cualquier responsabilidad derivada de los riesgos cubiertos.

El Arrendatario deberá pagar puntualmente las primas anuales devengadas de los mencionados seguros. El Arrendador en cualquier momento podrá solicitar del Arrendatario prueba de estar al día en el pago de dichas primas y de que las pólizas de seguros que tiene contratadas cubren adecuadamente los riesgos detallados en el párrafo anterior.

Todas las pólizas de seguro contratadas por el Arrendatario deberán incluir:

- Una cláusula por la que el Arrendatario renuncia a cualquier reclamación contra el Arrendador y, en su caso, la Comunidad de Propietarios, como consecuencia de los riesgos cubiertos.
- Una cláusula que indique que la resolución del contrato de seguro por cualquier causa no producirá efecto hasta .... mes después de la finalización del presente Contrato y el abandono del Local por el Arrendatario.

VIGESIMOSÉPTIMA.– Subarriendo y Cesión

27.1. Necesidad de autorización del Arrendador: El Arrendatario no podrá ceder ni subarrendar, ni en su totalidad ni de manera parcial, el Local, salvo autorización expresa del Arrendador.

27.2. Excepción: Sin perjuicio de lo anterior, el Arrendatario queda expresamente autorizado por el Arrendador, para, en su caso subarrendar o ceder su posición en este contrato a cualquier persona física o jurídica, que en virtud de acuerdo escrito sea franquiciado del Arrendatario, renunciando el Arrendador, a toda elevación de renta y a toda participación en el precio de la operación anteriormente señalada. Dicha autorización queda sometida a la condición de que el subarrendatario o cesionario asuma todas y cada una de las obligaciones asignadas al Arrendatario en virtud de este Contrato, y en particular las referidas al destino y Actividad Permitida del Local, debiendo conservar el rótulo autorizado en la Estipulación Decimocuarta anterior durante toda la vigencia del Contrato.

Para poder ejercer el derecho de cesión antes previsto, el Arrendatario deberá encontrarse al corriente en el cumplimiento de sus obligaciones, y deberá notificar su voluntad de ceder su posición contractual por escrito y con una antelación mínima de .... días al Arrendador, facilitando todos los datos que permitan la plena identificación del cesionario y de su capacidad para cumplir con las obligaciones derivadas del presente Contrato.

27.3. Carácter esencial: Esta Estipulación tiene carácter esencial. Si el Arrendatario cediera el presente Contrato o subarrendara el Local incumpliendo lo dispuesto en los apartados anteriores, el Arrendador estará facultado para resolver el presente Contrato, sin perjuicio de reclamar el resarcimiento de los daños y perjuicios producidos.

27.4. Exclusión: Las partes pactan expresamente excluir la aplicación de los Artículos 32 y 33 de la Ley de Arrendamientos Urbanos al presente arrendamiento.

VIGESIMOCTAVA.– Transmisión del Local

El Arrendador, o quien de él traiga causa, podrá transmitir por cualquier título el Local, en cualquier momento durante la vigencia del presente Contrato, a cualquier persona física o jurídica. En caso de transmisión del Local, el comprador se subrogará en la posición del Arrendador de este Contrato. A efectos meramente informativos, el Arrendador enviará una comunicación al respecto al Arrendatario en los .... días naturales siguientes a la transmisión del Local. Efectuada dicha transmisión, el adquirente se subrogará en la posición del Arrendador, manteniéndose vigentes todos los derechos y obligaciones de las partes en virtud del presente Contrato.

El Arrendatario renuncia expresamente a su derecho de adquisición preferente, y por tanto, las partes acuerdan excluir del presente arrendamiento la aplicación del artículo 31 en relación con el 25 de la Ley de Arrendamientos Urbanos (LAU).

VIGESIMONOVENA.– Extinción y Resolución

29.1. Facultad de resolución: El incumplimiento por una de las partes de las obligaciones que se deriven del presente Contrato facultará a la otra a resolverlo, sin perjuicio de su derecho de reclamar el resarcimiento de los daños y perjuicios que se le hubieran producido. De modo enunciativo, no exhaustivo y adicional a lo ya regulado con anterioridad en el Contrato, los siguientes incumplimientos se considerarán como causas de resolución:

a) La falta de aceptación expresa de la Entrega del Local por el Arrendatario.

b) Falta de pago de la Renta o de las cantidades asimiladas o los importes establecidos en la Estipulación 9.1.

c) Subarriendo, traspaso o cesión inconsentidas.

d) Incumplimiento de las obligaciones de aseguramiento.

e) Realización por el Arrendatario de obras inconsentidas.

f) Incumplimiento reiterado de los Estatutos o del Reglamento de Régimen Interior del Centro Comercial.

g) Cesación en la actividad o cierre o desocupación del Local.

h) Incumplimiento de abrir el Local en la Fecha de Apertura.

i) Falta de obtención de las licencias pertinentes por cualquiera de las Partes.

j) Imposibilidad por el Arrendador de mantener la configuración prevista del Centro Comercial.

29.2. Gastos legales: Todos los gastos legales incurridos por la parte "*in bonis*" como consecuencia del incumplimiento de la otra parte, incluyendo los honorarios de abogado y procurador aunque su participación no fuese obligatoria, serán satisfechos por la parte en contra de lo cual se falle la sentencia o decisión judicial aplicable.

TRIGÉSIMA. Devolución del Local

30.1. Entrega de la posesión del Local: Una vez vencido el término del presente arrendamiento o su resolución o extinción, por cualquier causa, el Arrendatario deberá hacer entrega al Arrendador de la posesión del Local mediante la devolución de las llaves del mismo, así como de los duplicados que hubiera realizado, en un plazo máximo de las .... horas siguientes a la terminación, resolución o extinción del presente Contrato. En el momento de dicha entrega, el Local y todas sus instalaciones deberán encontrarse en perfecto estado de mantenimiento y conservación. En el caso que no se hubiera procedido a la entrega de las llaves a las .... horas de la extinción del arrendamiento, el Arrendatario autoriza al Arrendador a proceder a la entrada y toma de posesión del Local y a realizar, a su costa, el cambio de cerradura del mismo. Cualquier mobiliario o mercancía propiedad del Arrendatario que estuviese en el interior del Local será puesto a disposición del mismo en lugar determinado durante el plazo máximo de un mes, sin existir responsabilidad alguna del Arrendador por daños o desperfectos producidos en su traslado o almacenamiento. El coste de dichas acciones será de cuenta del Arrendatario y deberá ser pagado antes de retirar los objetos depositados, en aplicación de los artículos 1.779 y 1.780 del Código Civil. Transcurrido dicho plazo de .... mes sin producirse la recogida por el Arrendatario, el Arrendador podrá disponer libremente del mobiliario y mercancías, sin existir derecho alguno de pago, indemnización o compensación para el Arrendatario.

30.2. Mobiliario e instalaciones. El Arrendatario podrá retirar aquel mobiliario, equipamiento e instalaciones de su propiedad que sean móviles, sin perjuicio de la obligación de reparar cualquier daño que su retirada pudiera causar, respetando en todo momento la normativa contenida en el Reglamento de Régimen Interior sobre la manera y horario para el transporte de mobiliario y mercancías en las zonas comunes.

30.3. Obras a beneficio del Arrendador: Cualquier obra realizada por el Arrendatario en el Local quedará a beneficio del Arrendador sin que ello suponga derecho a pago o indemnización alguna a favor del primero.

A la terminación de la vigencia del presente contrato, el Arrendatario deberá dejar el Local en estado adecuado al uso al que ha sido destinado, pudiendo retirar aquellas instalaciones que considere oportuno.

30.4. Penalización: No obstante lo previsto en el apartado 30.1, si como consecuencia del término del plazo o de la resolución anticipada del presente Contrato el Arrendatario no desocupara inmediatamente el Local, dejándolo a disposición del Arrendador, el Arrendatario estará obligado a pagar al Arrendador la penalización prevista en la Estipulación 3.3 del presente Contrato.

TRIGESIMOPRIMERA.– Derecho de clientela

Ambas partes expresamente pactan excluir la aplicación del Artículo 34 de la Ley de Arrendamientos Urbanos al presente arrendamiento, renunciando el Arrendatario expresamente a cualquier indemnización que pudiera corresponderle por este concepto en el momento de la extinción del Contrato por el transcurso del plazo pactado.

TRIGESIMOSEGUNDA.– Notificaciones

32.1. Notificaciones. Cualquier notificación que las partes hayan de efectuar en cumplimiento de lo pactado en el presente Contrato, habrá de realizarse a los siguientes domicilios:

Al Arrendador:

Al Arrendatario: Se designa como domicilio del Arrendatario a efectos de notificaciones el Local objeto del presente arrendamiento. No obstante, en el caso de haberse desalojado anticipadamente el Local por el Arrendatario, se designa como domicilio de notificaciones el siguiente:

32.2. Modificación de las direcciones: Las partes podrán modificar las direcciones citadas, excepto la correspondiente a las notificaciones en el Local para el Arrendatario, notificándolo a la contraparte.

TRIGESIMOTERCERA.– Jurisdicción

Para cualquier controversia, disputa o reclamación derivada del presente Contrato serán competentes los Tribunales de ...., con preferencia a cualquier otro fuero que pudiera corresponder a las partes.

TRIGESIMOCUARTA.– Ley Aplicable

El presente Contrato se interpretará de conformidad con el Derecho español. En aplicación del mismo se estará a lo pactado en este documento por las partes, de manera subsidiaria se estará a lo dispuesto en la Ley 29/1994, de 24 de noviembre de Arrendamientos Urbanos, con la exclusión expresa de los artículos 21, 22, 23, 25, 26, 30, 31, 32, 33 y 34, y, subsidiariamente, al Código Civil.

TRIGESIMOQUINTA.– Confidencialidad

El Arrendatario se compromete a no divulgar, sin el consentimiento previo y por escrito del Arrendador, cualquier información a la que hubiera tenido acceso como consecuencia de la negociación, redacción y cumplimiento del presente Contrato. En especial, el Arrendatario se compromete a no revelar a ningún tercero (incluyendo, entre otros, el resto de titulares o potenciales titulares de locales del Centro Comercial) ninguna de las cláusulas o condiciones acordadas en el presente Contrato.

El Arrendatario garantiza el cumplimiento de la presente obligación por cualquiera de las personas contratadas por él, o que hayan tenido acceso a la información como consecuencia de su relación con el Arrendador.

TRIGESIMOSEXTA.– Tratamiento de datos personales

El Arrendatario otorga su consentimiento expreso para que los datos personales que se incluyan en el presente Contrato o que facilite al Arrendador, durante la vigencia del Contrato, sean incorporados por éste a sus ficheros y tratados con la finalidad de gestionar, desarrollar y cumplir la presente relación contractual. El Arrendatario se obliga a comunicar al Arrendador cualquier alteración de los datos comunicados.

Asimismo, el Arrendatario reconoce y acepta que los datos personales facilitados en este Contrato o que pueda facilitar al Arrendador sean facilitados a la compañía contratada por éste para la gestión del Centro Comercial y que sean incorporados a un fichero propiedad de la compañía encargada de la gestión del Centro Comercial con el objetivo, siempre entendido dentro del marco de los servicios que dicha compañía gestora preste al Arrendador con relación al Centro Comercial, de (i) gestionar, desarrollar y cumplir el contenido de derechos y obligaciones que se derivan del indicado Contrato; (ii) remitir encuestas de satisfacción o estudio de mercado; y (iii) remitir comunicaciones comerciales y promocionales de sus servicios profesionales de gestión y promoción de proyectos y servicios inmobiliarios,.

En caso de que el Arrendatario facilite datos de personas distintas de quien firma el presente Contrato, el Arrendatario garantiza que puede legítimamente comunicar dicha información al Arrendador o a la compañía encargada de la gestión del Centro Comercial a los efectos y en los términos aquí indicados.

En relación con los tratamientos anteriores, el Arrendatario se da por informado de sus derechos de acceso, rectificación, cancelación y oposición que podrá ejercitar, frente a la compañía encargada de la gestión del Centro Comercial y/o frente al Arrendador o quién resultara propietario del Centro Comercial, mediante comunicación escrita que le identifique a la dirección ....

Y en prueba de su conformidad, las partes suscriben el presente Contrato en dos (2) ejemplares originales y auténticos, firmados al pie del documento por sus representantes autorizados y por parte del Arrendador sellados en todas sus páginas, incluidos sus anexos, con el sello original de las compañías indicadas en el encabezamiento.

F044. ACUERDO BONIFICANDO RENTA EN ARRENDAMIENTO DE LOCAL SITO EN CENTRO COMERCIAL

Normativa aplicable: *Ley 29/1994, de 24 de noviembre, de Arrendamientos Urbanos.*

En............., a ....

REUNIDOS

De una parte, D................., de nacionalidad............., con pasaporte de su nacionalidad número .... y D. .... con DNI .... ambos con domicilio profesional a estos efectos en la .... actuando en su calidad de apoderados mancomunados de la mercantil .... S.L. (en adelante, el "Arrendador"), con CIF..............., domicilio social en..............., constituida en fecha .... ante el Notario de ...., D. .... con el número .... de su Protocolo. La representación de la sociedad la ostenta en virtud de poder de fecha .... otorgado ante el Notario de .... D. .... con el número .... de orden de su Protocolo.

De otra parte, D. .... con domicilio en .... y DNI .... y D. .... con domicilio en .... y DNI .... actuando en nombre y representación de la mercantil "................ S.A." (en adelante el "Arrendatario") con domicilio social en .... y número de CIF................, sociedad constituida por tiempo indefinido en virtud de escritura otorgada ante el Notario de .... D. .... el .... bajo el número .... de orden de su protocolo e inscrita en el Registro Mercantil de .... al tomo ...., libro ...., folio ...., hoja.............

La representación de la sociedad la ostentan en su calidad de apoderados mancomunados para los que fueron nombrados en escritura otorgada ante e el Notario de .... D. .... el .... bajo el número .... de orden de su protocolo.

En lo sucesivo, el Arrendador y el Arrendatario serán referidos conjuntamente como las "Partes".

MANIFIESTAN

I.– Que con fecha ...., ... y el Arrendatario suscribieron un contrato de arrendamiento sobre el local identificado con el número .... del Centro Comercial .... (en adelante "Contrato" o "Contrato de Arrendamiento").

II.– Que en el propio Contrato de Arrendamiento se pactó que como contraprestación por el arrendamiento del Local, el Arrendatario abonaría, entre otros conceptos, una cantidad mensual denominada Renta Mínima Garantizada.

III.– Que ambas Partes han decidido bonificar la Renta Mínima Garantizada establecida en el Contrato, conforme a los siguientes

ACUERDOS

PRIMERO.– El Arrendador concede al Arrendatario una carencia en el pago de la Renta Mínima Garantizada prevista en la estipulación 5.3 del Contrato de Arrendamiento, hasta el............, con independencia de la fecha en la que el Arrendatario abra su local al público, no quedando exento de pagar el resto de cantidades asimiladas a la Renta.

Finalizado dicho periodo de carencia y durante un plazo máximo de .... meses naturales contados desde el............., el Arrendatario gozará de una bonificación extraordinaria en la Renta Mínima Garantizada del .... por ciento (.....%).

Dicha bonificación no afectará a las actualizaciones de la Renta Mínima Garantizada previstas en el Contrato de Arrendamiento.

SEGUNDO.– La bonificación prevista en el acuerdo anterior dejará de aplicarse y quedará sin efecto, desde el mismo momento en que el Arrendatario, haciendo uso de la facultad prevista en la estipulación 27.1 cediera su posición en el contrato a un franquiciado.

Asimismo, si el Arrendatario no respetara los compromisos contraídos con el Arrendador en virtud del Contrato de Arrendamiento y, especialmente, el pago de cualesquiera cantidades establecidas en dicho Contrato, el Arrendador dejará de aplicar la bonificación expresada, pudiendo reclamar al Arrendatario las cantidades que han sido fruto de bonificación en los meses anteriores, así como los intereses correspondientes. El hecho de que el Arrendador no ejercite dicha facultad ante un primer incumplimiento del Arrendatario no implicará renuncia alguna a ejercitar su derecho ante incumplimientos posteriores.

TERCERO.– Las Partes convienen que para cualquier controversia, disputa o reclamación derivada del presente acuerdo serán competentes los Tribunales de la ciudad de............, con preferencia a cualquier otro fuero que pudiera corresponder a las Partes.

Y en prueba de su conformidad lo firman por duplicado y a un solo efecto en el lugar y fecha que figura en el encabezamiento.

F045. RESOLUCIÓN ANTICIPADA DE ARRENDAMIENTO DE LOCAL EN CENTRO COMERCIAL

Normativa aplicable: *Ley 29/1994, de 24 de noviembre, de Arrendamientos Urbanos.*

En..........., a ....

REUNIDOS

I. DE UNA PARTE,

D. ...., mayor de edad, de Nacionalidad Española, con domicilio a estos efectos en .... y con DNI nº ....

Y D................, mayor de edad, de Nacionalidad Española, con domicilio a estos efectos en .... y provisto de DNI/NIF nº ....

Intervienen y actúan ambos mancomunadamente en nombre y representación de la empresa .... S.A., con CIF nº............, compañía con domicilio en.............. Fue constituida por tiempo indefinido mediante escritura autorizada por el Notario de........, D.............., el día..........., bajo el número .... de su orden de protocolo. Figura inscrita en el Registro Mercantil de ...., Tomo........, Folio ...., Hoja ....

Su legitimación para este acto resulta de la escritura mercantil otorgada ante el Notario del Ilustre Colegio de .... D. .... día .... con el número .... de orden de su protocolo.

(A esta parte se la denominará en lo sucesivo, el "Arrendador").

II. Y DE OTRA PARTE,

D............, mayor de edad, de Nacionalidad Española, con domicilio en .... y con DNI nº ....

Y D. ...., mayor de edad, de Nacionalidad Española, con domicilio en la .... y con DNI nº ....

Intervienen y actúan ambos mancomunadamente en nombre y representación de la empresa .... S.A., con CIF nº............, compañía con domicilio en.............. Fue constituida por tiempo indefinido mediante escritura autorizada por el Notario de........, D.............., el día..........., bajo el número .... de su orden de protocolo. Figura inscrita en el Registro Mercantil de ...., Tomo........, Folio ...., Hoja ....

Su legitimación para este acto resulta de la escritura mercantil otorgada ante el Notario del Ilustre Colegio de .... D. .... día .... con el número .... de orden de su protocolo.

Aseguran los intervinientes que sus facultades se encuentran vigentes y son suficientes para el otorgamiento de este acto.

(A esta parte se la denominará en lo sucesivo, el "Arrendatario").

Ambas partes, en adelante y conjuntamente, las "Partes".

EXPONEN

I.– Que, con fecha............., las Partes, en la misma posición en la que actúan en este acto, suscribieron un Contrato de Arrendamiento sobre el Local .... (en adelante el "............"), sito en el Centro Comercial "...........", de .... (en adelante el "..........." o el "...........".

Por ser suficientemente conocido por las Partes, el referido Contrato no se adjunta al presente Documento y se considerará el presente Documento a todos los efectos como parte integrante de dicho Contrato.

II.– Que las Partes han llegado al acuerdo pleno sobre la resolución anticipada del Contrato de Arrendamiento referido en el Expositivo I anterior, lo cual llevan a efecto en atención a las siguientes,

ESTIPULACIONES

PRIMERA.– El Contrato de Arrendamiento referido en el Expositivo I del presente Documento y todos sus anexos, quedarán rescindidos y sin efecto de ningún tipo, el día............, siendo éste, por tanto, el último día de vigencia del Contrato.

En dicha fecha de............, el Arrendatario hará entrega al Arrendador de la posesión del Local, vacío de toda mercancía y equipamiento, quien lo recibirá, en su caso, a su entera satisfacción, manifestando entonces ambas Partes que nada tendrán que reclamarse por razón del estado del Local, incluidas las obras realizadas por aquél, que serán propiedad de .... sin que se deriven derechos indemnizatorios a favor de parte alguna.

SEGUNDA.– El Arrendador declara tener en depósito la cantidad de .... EUROS en concepto de fianza legal depositada por el Arrendatario en virtud de lo dispuesto en el Contrato referido en el Expositivo I.

La referida cantidad de .... EUROS correspondiente a la fianza legal, se devolverá al Arrendatario por el Arrendador una vez (i) satisfechos y deducidos los gastos o deterioros, si los hubiere, así como cualquier otra cantidad asumida en el Contrato de Arrendamiento por la parte Arrendataria y que estuvieren pendientes de pago, (ii) tan pronto como se recupere la suma del Organismo que la tuviere depositada y (iii) verificada la correcta entrega del Local.

El Arrendador declara, así mismo, contar con un aval bancario por importe de .... EUROS como garantía adicional a la fianza legal en relación del referido Contrato de Arrendamiento entregado por el Arrendatario al Arrendador de conformidad con lo previsto al respecto en la Estipulación Sexta de dicho Contrato.

En un plazo máximo de .... días a contar desde la fecha de entrega de la posesión del Local, procederá el Arrendador a devolver al Arrendatario el referido aval bancario una vez satisfechos y deducidos los gastos o deterioros, si los hubiere, así como cualquier cantidad asumida en el Contrato de Arrendamiento por la parte Arrendataria y que estuvieren pendientes de pago.

TERCERA.– El presente documento será de aplicación automática desde la presente fecha.

CUARTA.– Expresamente declara el Arrendatario, que no tendrá a su cargo personal contratado —con dependencia laboral o en régimen de colaboración—, cuyo lugar de trabajo o prestación de servicios sea el Local a la fecha de ....

Y en prueba de su conformidad, las Partes suscriben el presente Documento en DOS (2) ejemplares originales y auténticos, firmados al pie del Documento por sus representantes autorizados y sellados en todas sus páginas, incluidos sus anexos, con el sello original de la sociedad arrendadora en el lugar y fecha indicados en el encabezamiento.

F046. CONTRATO DE ARRENDAMIENTO DE INMUEBLE A CONSTRUIR

Normativa aplicable: *Ley 29/1994, de 24 de noviembre, de Arrendamientos Urbanos.*

En ...., a .... de..... de..........

REUNIDOS

- De una parte, D............, mayor de edad, con domicilio en........, y DNI núm. ....
- Y de otra, D.............. y D. ...., ambos mayores de edad, con domicilio en ...., y con DNI núm. .... y núm. ...., respectivamente

INTERVIENEN

D........, en nombre y representación de ...., con domicilio en ....; y CIF núm. ....

Constituida el .... ante el Notario de ...., D. ...., obrando en su protocolo con el núm. .... e inscrita en el Registro Mercantil de .... al Tomo ...., Sección ...., Hoja ....

Actúa en virtud de su apoderamiento, según consta en escritura pública otorgada ante el Notario de ...., D. ...., el día .... de .... de ...., con el nº .... de su protocolo (en adelante, el Arrendador)

D. .... y D. ...., en nombre y representación de ...., con domicilio en .... y CIF nº ....

Constituida como .... el .... ante el Notario de...., D..............., obrando en su protocolo con el núm. .... e inscrita en el Registro Mercantil de .... al Tomo......., Sección .., Hoja ....

Actúan en virtud de sus respectivos poderes, según constan en escritura pública otorgada ante el Notario de ...., el día .... de ...... de ...., con los núm. y de su protocolo (en adelante, el Arrendatario).

Ambas partes se reconocen mutua y plena capacidad legal para celebrar el presente contrato, y al efecto

EXPONEN

I. Que el Arrendador es propietario en pleno dominio de una finca sita en .... Finca urbana con la siguiente descripción Registral, según Registro de la Propiedad: ....

Hay que hacer notar la existencia de una expropiación que abarca ....

Se adjunta como anexo I Nota simple del Registro y anexo II plano de situación.

CARGAS: Libre de cargas, gravámenes de toda índole, y ocupantes. Al corriente de pago de toda clase de impuestos, tasas, arbitrios y contribuciones, incluso las urbanísticas.

REFERENCIA CATASTRAL: ....

II. Que tras los trámites preceptivos, el Arrendador construirá sobre dicha finca un área comercial y como parte integrante de ésta, un local comercial de .... m^2 construidos. Dicho local comercial, se denominará en adelante "el inmueble".

En dicha área comercial, existirá una zona para estacionamiento de vehículos, llano y en superficie, que podrán utilizar los clientes de los diversos operadores instalados en el área comercial. También, en el local colindante al "inmueble", actualmente arrendado a ...., existirá una planta de parking en sótano, incluida en el citado arrendamiento a.........., quien ha autorizado al resto de operadores de la citada área comercial para que sus clientes puedan utilizar esa planta de parking.

El Arrendador, que ya ha presentado proyectos y obtenido licencia de obras, ejecutará las obras de acuerdo con el Anexo técnico (descripción de la obra) y los planos que se acompañan al presente contrato como ANEXO III, IV y IV bis, que son de conformidad de la arrendataria, donde se describen también la totalidad de las instalaciones que el Arrendador situará dentro y fuera de la Nave necesarias para la actividad del Arrendatario, así como con la accesibilidad y las zonas de carga y descarga previstas.

III. Que una vez finalizadas las obras de conformidad con lo establecido en el presente contrato y sus anexos, el Arrendador en las condiciones y plazos que se establecen más adelante entregará el Inmueble al Arrendatario para que pueda desarrollar en el mismo la actividad que le es propia.

IV. Que ambas partes están interesadas en el arrendamiento del citado Inmueble, en su virtud, libremente y de común acuerdo celebran el presente Contrato de Arrendamiento, que se regirá por las siguientes

ESTIPULACIONES

PRIMERA.– OBJETO.–

Es objeto del presente contrato el arrendamiento de "el Inmueble" descrito en el Expositivo II, el cual, tras su construcción de conformidad con los Anexos III, IV y IV bis, será cedido por el Arrendador listo para que el Arrendatario pueda ocuparlo y realizar en el mismo las obras de adecuación interna necesarias para destinarlo a la actividad que le es propia.

El Inmueble será destinado exclusivamente a la actividad de comercialización y venta al descuento de productos de consumo, y sin que el hecho de ser considerada una actividad molesta pueda ser causa de resolución del contrato, siempre que el Arrendatario obtenga y mantenga todos los permisos y autorizaciones, administrativas o de cualquier clase, incluida la comunidad de propietarios, precisos para el ejercicio de tal actividad.

En virtud de este arrendamiento, los clientes de la ARRENDATARIA, al igual que los del resto de operadores del área comercial, podrán usar el aparcamiento en superficie del área comercial proyectada para el estacionamiento de vehículos sin costo alguno para la arrendataria. Igualmente y de forma gratuita, podrá disponer de una zona específica en dicho aparcamiento para la ubicación de carros de compra en el lugar en el que le indique la arrendadora. Finalmente, la planta de parking en sótano que existe en el local colindante del objeto de este contrato, actualmente arrendado a ...., podrá ser utilizada por los clientes de la arrendataria y de los demás operadores instalados en el área comercial para estacionar sus vehículos. Todo ello cumpliendo las normas de uso y funcionamiento que determine la arrendadora y, en su caso, ...

SEGUNDA.– DURACIÓN.–

El contrato es válido y eficaz desde su firma y tiene una duración de .... años contados desde el primer día del mes natural siguiente a la entrega del "inmueble".

No obstante lo anterior, la parte arrendataria, una vez transcurridos .... años desde el devengo de la primera renta, periodo éste de permanencia que expresamente garantiza la arrendataria, podrá desistir de este contrato, bastando para ello la notificación fehaciente en tal sentido a la arrendadora con una antelación mínima de .... meses.

Si el desistimiento se produjese antes de que transcurriese el citado plazo de ..... años, expresamente aquí garantizado, la arrendataria deberá pagar a la arrendadora, como penalidad expresamente aquí pactada y sin perjuicio de la correspondiente indemnización de daños y perjuicios, el importe correspondiente al total de las rentas que restasen por abonar hasta alcanzar los citados ...... años garantizados. Lo anterior no procederá si la arrendataria resolviese el contrato de arrendamiento dentro del citado plazo de .... años, en virtud de lo dispuesto en la estipulación decimoquinta de este contrato.

Se hace constar que esta garantía de permanencia ha sido elemento esencial para que la arrendadora de su conformidad a este arrendamiento.

Llegada la fecha de finalización pactada sin que el Arrendador hubiera comunicado al Arrendatario con una antelación de al menos .... meses su voluntad de no prorrogar el contrato, éste se prorrogará tácitamente por años sucesivos hasta que cualquiera de las partes con una antelación de mínimo .... meses a la fecha de fin de cada periodo notifique su voluntad de finalizar el contrato.

TERCERA.– RENTA Y FORMA DE PAGO. REVISIÓN.–

La renta pactada es de .... EUROS anuales, que será satisfecha por el Arrendatario mediante pagos mensuales anticipados dentro de los .... primeros días de cada mes por importe de EUROS, ordenando transferencia a la cuenta bancaria que indique el Arrendador antes del inicio de la obligación de pago.

El Arrendador se obliga a expedir y a remitir mensualmente la factura del alquiler al Arrendatario.

El Arrendatario se compromete a enviar al Arrendador copia de las facturas que expida en uso de esta autorización.

El pago de la renta se iniciará al mes de haber entregado "el inmueble" al arrendatario.

La renta se revisará anualmente, a partir del primer año del devengo de la renta.

Para su actualización las partes tomarán el cien por ciento del aumento que haya experimentado el Índice General Nacional de Precios al Consumo, en los últimos doce meses inmediatamente anteriores a cada anualidad, de acuerdo con los datos publicados por el Instituto Nacional de Estadística u organismo que pueda sustituirlo en el futuro, que se aplicará sobre la renta vigente en cada momento.

Los aumentos en el alquiler que correspondan por este sistema de revisión serán aplicables a partir de la renta del mes siguiente al inicio de la nueva anualidad

CUARTA.– TRAMITACIÓN.–

El Arrendador ha presentado en el Ayuntamiento de .... los proyectos necesarios para la obtención de las licencias, para la ejecución de las obras según los anexos III, IV y IV bis, ha obtenido la licencia de obras con fecha............... y ha pagado las tasas correspondientes.

En el supuesto de que las autoridades municipales, autonómicas o por parte de cualquier organismo o por la propia normativa se exigieran adaptaciones, correcciones o cambios que afectaran al proyecto implicando una modificación en lo previsto, el Arrendador tan pronto conozca su alcance deberá enviar al Arrendatario toda la información necesaria para su verificación y autorización.

Dentro del plazo máximo de .... semanas desde la recepción de la comunicación con indicación de las modificaciones en los proyectos, el Arrendatario deberá comprobar la documentación y optar entre autorizarlas, indicando en su caso las objeciones y/o posibles soluciones, o instar la resolución del contrato, sin que nada tenga que reclamar o exigir a la arrendadora por tal motivo. Transcurridas las .... semanas sin haber manifestado nada al respecto, se entenderán tácitamente aceptados.

QUINTA.– ENTREGA DEL INMUEBLE.–

– Plazo y forma

El Arrendador deberá entregar al Arrendatario "el Inmueble" en el plazo máximo de .... meses desde la firma del contrato, siempre y cuando el arrendatario haya obtenido sus licencias de obras internas y de actividad, que deberán ser solicitadas diligentemente y en legal forma por la arrendataria en el plazo de....... meses a contar desde la firma del presente contrato. Si el arrendatario incumpliese dicho plazo, el plazo de entrega del inmueble, podrá ser prorrogado unilateralmente por la arrendadora por el plazo que medie desde la firma de este contrato hasta la solicitud en legal forma de las citadas licencias de obras internas y de actividad u optar por resolver el contrato por tal incumplimiento.

El inmueble se entregará en las condiciones, y con las calidades e instalaciones que establece el Anexo III, y contando con los accesos de carga y descarga, todo ello según plano implantación que se adjunta como Anexo IV y IV bis.

– Inicio y desarrollo de las obras

El Arrendador deberá entregar al Arrendatario copia del Proyecto de Obras presentado ante los organismos competentes, en el plazo máximo de una semana desde la firma del presente contrato.

El Arrendatario estará facultado durante toda la fase de construcción para supervisar las obras, controlando su calidad, su correcta ejecución y su ajuste a los Anexos III, IV y IV bis. Tal supervisión se realizara solicitando al arrendador la información que precise al efecto, que le será suministrada por éste tan pronto como al arrendador le sea posible.

A tales efectos, el arrendador entregará al arrendatario en el plazo de .... mes como máximo desde la firma del presente contrato, un planning de la construcción de "el Inmueble", señalando los hitos fundamentales de su ejecución.

Si, a la vista de la información recibida del arrendador, el Arrendatario no estuviese conforme con el desarrollo de las obras, o entendiera que no se adecuan al Proyecto citado, aunque no se hubiese terminado unidad de obra alguna, el Arrendatario comunicará tal extremo al Arrendador, al objeto de que éste también pueda verificar el apartamiento en la realización de las Obras respecto al Proyecto y a los Anexos III, IV y IV bis.

En caso de que el Arrendatario tuviera razón, el Arrendador procederá inmediatamente a la subsanación de la Obra no ejecutada correctamente, la cual deberá estar correctamente terminada en el plazo dado por el Arrendatario y sin que ello suponga una prórroga del plazo dado para la entrega.

Si no hubiese consenso entre ambas partes sobre la correcta ejecución de la obra, las partes acuerdan estar y pasar por lo que al respecto decida el Decano del Colegio de Arquitectos de .... o el Arquitecto Superior en quien él delegue, a cuyo dictamen se someterán voluntariamente las partes.

Los gastos que se produzcan por la intervención pericial convenida serán satisfechos por la parte a quien se reconozca no tener la razón.

– Entrega

La entrega del Inmueble en las condiciones pactadas y dentro del plazo establecido deberá notificarse fehacientemente al Arrendatario con al menos ... días de antelación.

En el acto de entrega del "Inmueble" el Arrendador deberá disponer, y entregar copia al Arrendatario, de la Certificación Final de Obra y de Instalaciones, de la Licencia de Primera Ocupación de "el Inmueble", si procediese la concesión por el Ayuntamiento de .... de esta última licencia.

El Arrendador se obliga a que lo construido cumpla estrictamente lo especificado en los Anexos III, IV y IV bis, las condiciones urbanísticas necesarias y cuanto exigen las Ordenanzas municipales y demás normativa aplicable, listo para que el Arrendatario realice su proyecto de adecuación e instale su mobiliario y apto para que pueda desempeñar en el mismo la actividad pactada de forma normal, limpio, libre de toda clase de maquinaria, grúa, encofrados, desperdicio y de cualquier elemento sobrante de la obra, con el aparcamiento perfectamente finalizado y pintado, y con los suministros a punto para ser dados de alta.

Las partes suscribirán en ese momento un acta de recepción provisional en la que se especificarán las objeciones a las condiciones o a las calidades de la obra y los eventuales defectos advertidos, acordando en este caso un plazo para subsanarlos, que en ningún caso podrá ser superior a .... días.

Si se advirtieran defectos en la obra o trabajos pendientes que pudieran perjudicar la actividad del Arrendatario, se entenderá suspendida la entrega hasta su efectiva subsanación.

SEXTA.– FIANZA.–

El Arrendatario entrega en este acto al Arrendador, una fianza con carácter de no actualizable por importe equivalente a dos mensualidades del alquiler. La responsabilidad de no actualizar la fianza recaerá sobre el arrendatario.

Esta cantidad deberá ser devuelta por el Arrendador en el plazo máximo de .... días desde que el presente contrato quede por cualquier causa sin efecto, devengando a favor del Arrendatario a partir de dicho momento el interés de demora más .... puntos porcentuales en concepto de indemnización.

SÉPTIMA.– OBRAS Y MODIFICACIONES.–

El Arrendatario queda facultado desde la entrega del inmueble y hasta la finalización del contrato para efectuar en "el Inmueble", a su exclusiva cuenta y cargo, todas las obras que considere necesarias para la adecuación del mismo a la actividad que en él se desarrolle, así como para su modernización y/o mejora. Ello siempre que cuente con cualesquiera autorización o permiso, administrativo o de cualesquiera otra clase, incluido de la comunidad de propietarios en que se halle el inmueble, que fuese necesario al efecto y que tales obras no afecten a elementos estructurales del inmueble o a la fachada del mismo, en cuyo caso, necesitará la previa autorización expresa y escrita de la arrendadora.

Igualmente el Arrendatario queda autorizado para que, a su exclusiva cuenta y cargo, pueda aumentar en su caso el alcance de las acometidas según lo que se recoge en el Anexo III, llevando a cabo las obras necesarias de adecuación, que igualmente serán a su exclusiva cuenta y cargo.

El Arrendador sólo realizará aquellas obras de mejora que no perjudiquen directa ni indirectamente la actividad llevada a cabo en el Inmueble arrendado y contando siempre con la previa autorización del Arrendatario, debiendo comunicar al mismo el inicio y duración de las mismas con al menos .... meses de antelación y sin tener derecho a elevar por ello la renta pactada.

OCTAVA.– DEVOLUCIÓN.–

El Inmueble deberá encontrarse en el momento de su devolución a la arrendadora en buen estado de uso sin que el Arrendatario tenga que devolver "el Inmueble" al Arrendador en idéntico estado en que lo recibió. Las obras realizadas por el Arrendatario y los pequeños desperfectos que haya podido sufrir "el Inmueble" y/o sus instalaciones se considerarán efectos de su uso normal y de su correspondiente desgaste por el transcurso del tiempo.

DÉCIMA.– TRIBUTOS Y GASTOS.–

Son de cuenta del Arrendador sin por ello tener derecho a elevar la renta todos los tributos derivados de la propiedad de "el Inmueble", incluidos los gastos ordinarios y extraordinarios de comunidad.

El Arrendatario estará obligado a satisfacer los tributos exigibles por razón de la actividad a desarrollar en "el Inmueble" arrendado, así como los gastos correspondientes a los consumos de los suministros de los que disponga.

UNDÉCIMA.– CONSERVACIÓN, MANTENIMIENTO Y REPARACIONES.–

El Arrendador, sin por ello tener derecho a elevar la renta, está obligado a llevar a cabo todas las reparaciones necesarias para conservar "el Inmueble" y mantenerlo en las condiciones para servir al uso convenido, salvo que el deterioro o daño de cuya reparación se trate sea imputable al Arrendatario o a su personal o deriven del normal uso del inmueble por la arrendataria, en cuyo caso será de cuenta y cargo de ésta última.

Serán de cuenta del Arrendatario los gastos de esa naturaleza que se originen en las instalaciones de su propiedad.

Ambas partes se obligan a llevar a cabo el mantenimiento y las preceptivas revisiones de sus instalaciones, facilitándose mutuamente, previa petición de la otra, copias de todos los informes sobre el mantenimiento/reparación y el estado general de la maquinaria/instalaciones y de los elementos funcionales.

El Arrendatario deberá comunicar al Arrendador cualquier daño en "el Inmueble", supuesto de destrucción o de fin de vida útil de las instalaciones o de elementos funcionales, así como los desperfectos causados como consecuencia de todo ello.

El Arrendador se compromete a iniciar las tramitaciones y gestiones para la sustitución o reposición de las instalaciones y/o elementos funcionales en un periodo no superior a .... días hábiles desde la notificación realizada por el Arrendatario al Arrendador, cuando en virtud de lo establecido en el párrafo primero de esta estipulación fuese a su cargo. Caso contrario, lo realizará a su cuenta y cargo, la arrendataria.

En el primer supuesto, una vez transcurrido dicho periodo de tiempo sin haber recibido comunicación del Arrendador, el Arrendatario queda facultado para tramitar, gestionar y, en su caso, abonar los importes correspondientes a la sustitución/reposición efectuada y detraer del alquiler dichos importes.

Si con motivo de una avería o desperfecto grave, que implicara un perjuicio para el Arrendatario, en la actividad desarrollada en el Inmueble o en algún tercero, de cuya reparación fuera responsable el Arrendador, el Arrendatario podrá tomar aquellas medidas urgentes necesarias para su reparación o para la evitación de un daño mayor, repercutiendo dichos costes al Arrendador sobre los alquileres siguientes.

El Arrendatario deberá permitir el acceso a "el Inmueble" del Arrendador y de su personal para la realización de las obras de conservación y de reparación necesarias así como para la comprobación del estado de "el Inmueble" que deberá ser avisado con una antelación mínima de .... horas, salvo reparación urgente, y que deberá tener lugar durante las horas habituales del comercio o fuera de ellas si la gravedad del caso lo requiriese y así lo autorizase el Arrendatario.

DUODÉCIMA.– SEGUROS.–

El Arrendador queda obligado a suscribir una póliza de seguro que durante toda la vigencia del contrato cubra todos los riesgos del continente, comprendiendo a título enunciativo: las cimentaciones, estructura, paredes, cubierta, puertas, ventanas, esto es, el objeto que se entrega como inmueble con las características que se enuncian en los anexos técnicos y la responsabilidad civil asimilada.

La cobertura del mismo deberá ser por el valor de reposición del inmueble con cláusula anual de revalorización y la responsabilidad civil por un mínimo de .... EUROS por siniestro.

El Arrendatario queda obligado a asegurar el contenido del Inmueble así como las instalaciones por el ejecutadas desde el momento en que recepcione el Inmueble y mientras el contrato permanezca vigente, entendiendo incluidos tanto los muebles y maquinaria de su propiedad, las mercancías depositadas como la responsabilidad civil de acuerdo con la actividad que va a desarrollar.

Ambas partes deberán justificarse mutuamente, en el plazo de .... días desde que así se lo requieran, la vigencia de las pólizas suscritas por cada una y el estar al corriente en el pago de las primas, así como que se hayan cubierto los riesgos en la misma forma señalada anteriormente, comprometiéndose ambas partes a no reducir las cuantías durante la vigencia del presente contrato.

DECIMOTERCERA.– DERECHOS DE LAS PARTES.– SUBARRENDAMIENTO Y CESIÓN.–

El Arrendatario puede subarrendar total y parcialmente "el Inmueble", así como ceder el contrato, previa notificación fehaciente a la arrendadora del subarriendo o cesión proyectada y sin que el Arrendador tenga derecho a elevar la renta. Tal cesión o subarriendo no podrá implicar modificación o cambio alguno del único destino del inmueble, esto es, la actividad de comercialización y venta al descuento de productos de consumo.

Él incumplimiento por la arrendataria de lo dispuesto en el párrafo anterior, facultará a la arrendadora para resolver este contrato y desahuciar a la arrendataria, con indemnización de daños y perjuicios.

En todo caso, no se reputará cesión el cambio producido en la persona del Arrendatario como consecuencia de la fusión, transformación o escisión de la sociedad arrendataria, no teniendo derecho el Arrendador a elevar el alquiler en estos ni en los anteriores supuestos.

La ARRENDADORA se reserva la facultad de ceder a terceros, los derechos y obligaciones derivados del presente contrato, así como la propiedad del inmueble con el arrendamiento, sin que la ARRENDATARIA perciba indemnización alguna por ello.

Ambas partes excluyen expresa y formalmente la aplicación a la presente relación arrendaticia del derecho de adquisición preferente previsto en los artículos 25 y 31 de la vigente Ley de Arrendamientos Urbanos a favor del arrendatario, quien, en cualquier caso, expresamente renuncia al mismo.

Las partes igualmente, de forma expresa, excluyen la aplicación a este arrendamiento del contenido del artículo 34 de la ley 29/94 de 24 de noviembre, renunciando, en cualquier caso, la arrendataria a la indemnización prevista en dicho art. 34.

DECIMOCUARTA.– NO CONCURRENCIA.–

El Arrendador se obliga durante la vigencia de este contrato a no destinar ni directamente ni por medio de terceros, inmuebles de su titularidad actual o futura sitos en el radio de ...... km. del objeto del contrato a la actividad del Arrendatario, en concreto, ... La anterior obligación no alcanzará al local colindante con el objeto de este contrato y que actualmente ocupa la empresa ...., quedando la arrendadora libre para disponer del mismo, directa o indirectamente y especialmente para arrendarlo en la forma y con el destino y actividad que tenga por conveniente, incluido la de supermercado con base en alimentación.

DECIMOQUINTA.– RESOLUCIÓN DEL CONTRATO.–

El incumplimiento grave de las obligaciones derivadas del presente contrato, o de la legislación aplicable, dará opción a la parte perjudicada a instar la resolución del contrato o a reclamar a la otra parte el cumplimiento de sus obligaciones, teniendo en ambos casos el derecho a reclamar adicionalmente la indemnización por los daños y perjuicios sufridos.

El Arrendador podrá resolver el contrato ante el impago por el Arrendatario de tres mensualidades consecutivas del alquiler, previa reclamación por escrito del Arrendador no subsanada en las siguientes .... semanas.

El Arrendatario estará facultado para instar la resolución del presente contrato, además de por las causas recogidas en otras estipulaciones y sin derecho a indemnización alguna, en los siguientes supuestos:

1.– Ante la denegación, o no obtención en el plazo pactado, de las licencias y demás permisos necesarios para la ejecución de las obras de conformidad con los proyectos presentados o para la realización de la actividad prevista.

2.– Si durante la ejecución de las obras o en el acto de la entrega del inmueble, apreciara modificaciones no autorizadas, calidades deficientes no subsanables o diferencias a la baja mayores al ....% en las superficies útiles o de .... o más en el número de plazas de parking, así como diferencias de más de .... en la anchura neta de la sala de ventas.

DECIMOSEXTA.– INSCRIPCIÓN

Cualquiera de las partes podrá solicitar la elevación a público e inscripción en el Registro de la Propiedad del presente contrato, para lo que bastará la comunicación fehaciente de la parte solicitante fijando una fecha dentro de los .... días hábiles posteriores.

Los gastos de la elevación a público, liquidación e inscripción del contrato correrán a cargo de quien lo solicite.

El Arrendador se obliga a no gravar el inmueble mientras el contrato esté vigente, salvo que contara con el consentimiento expreso y por escrito del Arrendatario o que se tratara de cargas habituales derivadas de la obtención de financiación.

En cualquier caso, si el Arrendador gravara la finca o el inmueble antes de la entrega al Arrendatario, estará obligado a protocolizar, liquidar e inscribir a su cargo el arrendamiento, para que éste conste registralmente con carácter previo al gravamen.

Si la carga se fuera a constituir posteriormente a la entrega del inmueble al Arrendatario, el Arrendador se obliga a que en toda la documentación con terceros conste expresamente el arrendamiento y la eventual subrogación del tercero en la posición del Arrendador si resultara titular del inmueble.

DECIMOSÉPTIMA.– LEGISLACIÓN Y FUERO.–

El presente contrato se regirá por lo en él establecido, y en su defecto se someterá a la Ley de Arrendamientos Urbanos, Ley 29/94, a excepción de lo reseñados en los arts. 31 a 34, todos inclusive, que, en cualquier caso, las partes acuerdan su no aplicación a este contrato, al Código Civil, la Ley 38/99 de Ordenación de la Edificación y demás legislación aplicable.

Para resolver cualquier controversia que pueda suscitarse entre las partes en la ejecución e interpretación del presente contrato, éstas, de acuerdo con el artículo 52.1.7° de la Ley 1/2000 de Enjuiciamiento Civil, se someten a la jurisdicción de los Tribunales del lugar en que se encuentra la finca.

DECIMOCTAVA.– DOMICILIO PARA NOTIFICACIONES.–

Las partes designan como domicilios para notificaciones que, en su caso, deban efectuarse en todo lo relacionado con este contrato los domicilios sociales expresados en el encabezamiento del presente contrato.

Ambas partes acuerdan que, a los efectos del presente contrato, tendrán la consideración de fehacientes las notificaciones y comunicaciones realizadas entre las partes a través de telegrama o de burofax certificado, ambos con acuse de recibo.

DECIMONOVENA.– ANEXOS.–

Constituyen parte integrante e inseparable del contrato los siguientes documentos que se adjuntan:

Anexo I	nota simple informativa del Registro de la Propiedad de la finca
Anexo II	plano de situación del inmueble en su situación actual
Anexo III	Anexo Técnico (Descripción de la obra y planos)
Anexo IV	plano de situación y emplazamiento del objeto del contrato tras entrega
Anexo IV bis	plano de alzados

Y en prueba de conformidad con lo que antecede, se firma el presente contrato y sus anexos por duplicado ejemplar y a un solo efecto en el lugar y fecha indicados en el encabezamiento.

F047. CONTRATO DE TRASPASO DE NEGOCIO

En ...., a .... de ....

REUNIDOS

De una parte............, mayor de edad, vecino de ...., con domicilio en la.........., y con DNI/NIF............ Actúa en su propio nombre y representación y en nombre y representación de.........., con domicilio en .... y CIF .... En adelante también denominado CEDENTE.

Y de otra, ..., mayor de edad, vecino de........, con domicilio en la.........., y provisto de DNI..........., Don........, mayor de edad, vecino de......., con domicilio en ...., y provisto de DNI .... y Doña............, mayor de edad, vecina de......, con domicilio en.........., y provisto de DNI .... Actúan en nombre y representación de la comunidad de bienes .... con ahora domicilio en .... y CIF......... En adelante también CESIONARIO

Y de otra, ..., mayor de edad, Vecina de........, con domicilio en........., y provista de DNI..........., que actúa en nombre de la comunidad de bienes ...., con domicilio fiscal en .... y CIF........., en adelante también ARRENDADOR.

INTERVIENEN

Ambas partes intervienen en su propio nombre y derecho, y reconociéndose mutuamente capacidad legal suficiente para otorgar el presente documento.

EXPONEN

I.– Que..........., es ARRENDATARIO del local de negocio sito en esta ciudad, calle........., según contrato suscrito con Doña.........., el día ....

Se adjunta como ANEXO I, copia del citado contrato de arrendamiento, cuyo contenido se da aquí por íntegramente reproducido por los comparecientes en aras a una mayor brevedad. En cualquier caso, el CESIONARIO declara expresamente que conoce, por comprobación personal, y acepta y asume el contenido del citado contrato de arrendamiento de fecha ....

II.– Que .... explota en dicho local un negocio de.........., bajo la denominación de........., siendo, por lo tanto, titular de una unidad productiva o negocial compuesto por los medios de organización, mobiliario, maquinaria, ajuar, enseres y demás útiles reseñados en el stock o inventario recogido como ANEXO II, cuyo contenido se da aquí por íntegramente reproducido. En adelante, también la UNIDAD.

III.– Que .... está interesado en que les sea cedida la citada UNIDAD, junto al expresado contrato de arrendamiento, lo que formalizan las partes con arreglo a los siguientes

PACTOS

PRIMERO.– OBJETO DEL CONTRATO.

..........., CEDE Y TRANSMITE a.........., que ACEPTA, COMPRA Y ADQUIERE la UNIDAD reseñada en el exponen II de este contrato, incluidos los derechos anejos a la misma, en los que el CESIONARIO se subroga, y excluidas las deudas y demás obligaciones del mismo, en el estado físico, legal y administrativo en que actualmente se halla, con cuanto le sea inherente y/o accesorio y libre de cargas y gravámenes.

El CESIONARIO expresamente manifiesta que conoce por comprobación personal y acepta de forma igualmente expresa, la situación física, administrativa y legal de la UNIDAD aquí transmitida.

SEGUNDO.– PRECIO.

El precio de la cesión reseñada en el pacto primero se fija en............., que es pagada en este acto, por el CESIONARIO mediante .... y otorga el CEDENTE la más eficaz carta de pago.

TERCERO.– GASTOS E IMPUESTOS.

Serán soportados por las partes con arreglo a Ley.

CUARTO.– POSESIÓN.

La posesión de la unidad aquí trasmitida se entrega en este acto por la CEDENTE al CESIONARIO que la recibe.

QUINTO.– CESIÓN CONTRATO DE ARRENDAMIENTO.

A petición del CESIONARIO, y siendo de interés de éste ocupar el local reseñado en el exponen I de este contrato, ..., también CEDE Y TRANSMITE al CESIONARIO el contrato de arrendamiento reseñado en el EXPONIENDO I, quien acepta la cesión verificada a su favor, subrogándose en todos los pactos, incluida la fianza, convenidos en el citado contrato de arrendamiento de fecha........., que se ha adjuntado como ANEXO I al presente.

Estando presente en este acto el ARRENDADOR, el mismo, en cuanto fuera menester, presta su autorización y conformidad a la cesión arrendaticia aquí llevada a cabo, sin que la misma suponga elevación de la renta o alquiler actualmente en vigor.

SEXTA.– LICENCIAS Y PERMISOS.

Sera de cuenta y cargo y riesgo del CESIONARIO la gestión, obtención y mantenimiento de cualesquiera licencias, permisos y/o autorizaciones, administrativas, de la comunidad de propietarios de la finca donde se halla el inmueble reseñado en el exponen I de este contrato o de cualquier otro carácter o naturaleza, que se deriven y fueren precisos para la apertura, ejercicio y desarrollo de la expresa actividad de negocio de ...., en el local reseñado en el exponen I de este contrato. A tal efecto, el CESIONARIO deberá llevar a cabo, a su cuenta y cargo y riesgo, todas las gestiones Y actuaciones tendentes o precisas para la concesión y mantenimiento de los expresados permisos, licencias y autorizaciones. El contenido de esta cláusula ha sido esencial para que el CEDENTE preste su consentimiento a la transmisión de la unidad y cesión contrato arrendamiento aquí pactadas y, especialmente, al precio fijado por las partes en la misma.

SÉPTIMA.– TRANSMISIÓN TOTALIDAD PATRIMONIO EMPRESARIAL.

Las partes hacen constar que la cesión del arrendamiento y la cesión de la UNIDAD con todos los muebles, enseres y existencias contenidas en el presente documento, supone la transmisión de la totalidad del patrimonio empresarial de............ a un adquirente que pretende continuar el ejercicio de la actividad empresarial; por lo que se trata, de conformidad con lo establecido en la legislación vigente, de una operación no sujeta al Impuesto sobre el Valor Añadido e igualmente no sujeta al Impuesto de Transmisiones Patrimoniales y Actos Jurídicos Documentados.

OCTAVA.– Que siendo .... titular de la marca..........., permite el mero uso de la misma por el CESIONARIO, a título gratuito, en precario y exclusivamente a efectos de continuar identificando el negocio traspasado bajo la denominación .... y siempre que el mismo se explote en el inmueble reseñado en el exponen I de este contrato y ningún otro, sin que pueda utilizar dicha marca para cualquier otra cuestión o destino distinto de lo aquí reseñado.

NOVENA.– Para la resolución de cualquier cuestión que pueda suscitarse en relación con la interpretación, ejecución o eventual incumplimiento de este contrato, las partes se someten, con renuncia a su fuero propio si lo tuvieren, a la jurisdicción y competencia de los Tribunales de.............

Y en prueba de conformidad, con cuanto antecede firman las partes contratantes presente contrato por triplicado en el lugar y fecha al principio indicados.

F048. COMPRAVENTA DE LOCAL COMERCIAL. OTORGAMIENTO DE ESCRITURA Y FACULTAD RESOLUTORIA PENDIENTE DE OBTENCIÓN DE LICENCIA PRIMERA OCUPACIÓN

En ...., a ..... de .... de ....

COMPARECEN

De una parte, D.............., mayor de edad, con domicilio en .... y con NIF Número .... y D...................., mayor de edad, con domicilio en .... y con NIF número...............

Y de otra parte Dª................, mayor de edad, con domicilio en..........., y con NIF nº ....

INTERVIENEN

D. .... y D................., intervienen en nombre y representación de la sociedad.........., como Apoderados Mancomunados, con domicilio en .... y con CIF nº............., inscrita en el registro mercantil de la Provincia de .... al tomo .... general de la Sección General del Libro de Sociedades, folio ....., hoja nº ...., inscripción .... y posteriores. Esta parte denominada en lo sucesivo EL VENDEDOR o LA VENDEDORA.

Dª................, mayor de edad, NIF ...., como Presidenta Consejera Delegada de la entidad .... con domicilio en .... actuando en representación de la citada entidad y en lo sucesivo, EL COMPRADOR O ADQUIRENTE.

Ambas partes se reconocen mutua capacidad de actuar y de obligarse por virtud del presente contrato.

EXPONEN

I.– Que EL VENDEDOR ha construido un edificio comercial sito en............, en base a la Licencia de obras Expediente Número.............., concedida por acuerdo de la Comisión de Gobierno de fecha..........., habiéndose obtenido el certificado final de obra.

II.– Que el día .... EL VENDEDOR ha otorgado escritura de declaración de Obra Nueva en construcción y División Horizontal, ante el Notario de .... Don..........

III.– En fecha .... se ha solicitado la licencia de primera utilización pendiente de su concesión por la autoridad administrativa.

IV.– Que el día .... EL VENDEDOR ha otorgado escritura de Acta de Finalización de Obra ante el Notario de .... Don. ....

V.– Que estando interesado EL COMPRADOR en adquirir un local ubicado en el citado edificio y reconociéndose ambas partes capacidad legal necesaria, convienen en suscribir CONTRATO DE COMPRAVENTA DE LOCAL COMERCIAL con sujeción a las siguientes.

ESTIPULACIONES

PRIMERA.– LOCAL OBJETO DEL CONTRATO.

El VENDEDOR, por el presente contrato vende al comprador, que adquiere, el siguiente local del edificio reseñado en el expositivo primero:

LOCAL EN PLANTA BAJA, conocido como local........., integrante del edificio destinado a uso comercial, sito en término municipal de..............; destinado a local comercial, sin distribución determinada; tiene su acceso desde la galería de distribución en el lado Este del edificio; ocupa una superficie construida de............. Y linda ....

Se le asigna una cuota de participación respecto al total edificio de ....%

INSCRIPCIÓN: Pendiente de inscripción y de practicar la correspondiente segregación de esta superficie respecto al local número........., elemento .... de la propiedad horizontal, cuya descripción es la siguiente:

....

Se le asigna una cuota de participación respecto al total edificio de ....%

INSCRIPCIÓN: Inscrita en el Registro de la propiedad de .... Tomo .... del ayuntamiento de ...., libro ...., folio ...., Finca Registral ....

Se acompaña plano indicativo de la ubicación del local en el referido edificio comercial.

La venta se efectúa con cuantos derechos, usos, servicios y servidumbres le sean inherentes y resulten del proyecto de edificación o de las normas urbanísticas de la zona, incluida la parte proporcional que le corresponde en los elementos comunes del edificio y de la parcela; libre de arrendamientos y ocupantes y en el estado de cargas que resulte de lo previsto en este documento. EL LOCAL se entregará en los términos de la estipulación NOVENA.

SEGUNDA.– PRECIO.

El precio total de la compraventa, alzado y libremente convenido por las partes, que no comprende las tasas, los impuestos y los demás gastos por cuenta del adquiriente es de .... EUROS, precio total al que habrá que añadir el Impuesto sobre el Valor Añadido vigente en el momento del devengo. Según la fiscalidad vigente hoy, el IVA aplicable es el .... por lo que el importe del IVA asciende a .... EUROS.

TERCERA.– FORMA DE PAGO.

El precio de la compraventa se hará efectivo de la forma siguiente:

A) .... EUROS, IVA incluido, con anterioridad a la firma del presente contrato en concepto de reserva. De esta cantidad, ... EUROS, son a cuenta del precio y los restantes .... EUROS corresponden al IVA devengado

B) .... EUROS, IVA incluido, en este acto, a cuenta del total precio pactado para esta compraventa. De esta cantidad, ... EUROS son a cuenta del precio y los restantes .... EUROS corresponden al IVA devengado. Este pago se hace mediante cheque de la entidad .... nº de serie .... nominativo a favor de .... que se adjunta al presente documento. De este importe da la vendedora carta de pago salvo buen fin del citado cheque.

C) El resto, o sea la cantidad de................ EUROS, a la firma de la escritura de compraventa y entre del local aquí transmitido. De la citada cantidad, ... EUROS, corresponden al resto del precio y el resto, o sea,............... EUROS al IVA devengado. El pago se efectuará en efectivo metálico o mediante entrega de cheque bancario nominativo.

CUARTA.– GASTOS Y TRIBUTOS.

Todos los gastos, tributos e impuestos que genere la presente compraventa serán de cuenta de la parte compradora.

QUINTA.– IVA.

El IVA es de cargo del adquirente. El vendedor expedirá recibo del importe del meritado impuesto. Hasta la entrega del objeto de esta compraventa los pagos del impuesto se efectuarán por adición a cada uno de los satisfechos a cuenta del precio. A la entrega, se liquidará al contado el impuesto no satisfecho, calculado sobre el precio total pendiente de pago.

SEXTA.– INTERESES.

La demora en los pagos previstos, sin necesidad de denuncia en tal sentido, devengará un interés anual del ....%, pagadero por trimestres vencidos.

SÉPTIMA.– NOTARIO.

Se designa por las partes como Notario al efecto del otorgamiento de la correspondiente escritura pública de compraventa a Don............ con domicilio en .... o quien le sustituya en el protocolo.

OCTAVA.– PROYECTO.

Las obras de esta promoción en general y particularmente las relativas a el local objeto del presente contrato, se han ejecutado conforme al proyecto redactado por el Arquitecto D............., con domicilio en .... y sus posteriores modificaciones, Siendo la empresa constructora o contratista principal .... con domicilio en .... El comprador declara conocer, y expresamente acepta, el contenido del citado proyecto de obra y sus modificaciones.

La parte vendedora se reserva el derecho a efectuar en las obras, las modificaciones que administrativa o legalmente le fuesen impuestas así como aquellas otras que le sean autorizadas y vengan motivadas por exigencias técnicas, jurídicas o comerciales durante su ejecución. Incluso, aun cuando se haya emitido certificado final de obra tal y como se menciona en el expositivo.

El comprador autoriza expresamente al vendedor a efectuar las modificaciones del proyecto que vengan exigidas por necesidades técnicas, o por imposición de autoridades administrativas.

NOVENA.– ENTREGA Y ESCRITURA.

La entrega de llaves y posesión del local objeto del presente contrato tendrá lugar una vez obtenida la licencia de primera ocupación del edificio. La concesión de tal licencia se notificará por escrito al comprador, en un plazo máximo de .... días desde su concesión, otorgándose la escritura de compraventa con simultánea entrega de posesión del local, dentro de los .... días siguientes a la citada notificación. Comprometiéndose en todo caso el Vendedor a obtener .... la licencia de primera ocupación del edificio con anterioridad a la primera quincena del mes de ....

El local se entregará en bruto, con cerramiento exterior y toma de luz y agua, siendo de exclusiva cuenta y cargo del comprador, las obras de instalación, adecuación a la actividad que pretenda realizar el adquirente en su interior, decoración, etc. que sean precisas llevar a cabo en el local una vez entregado el mismo en las condiciones establecidas en este párrafo. En este sentido el comprador manifiesta conocer por comprobación personal, el estado físico y circunstancias del local aquí vendido, y muestra expresamente su conformidad con el grado de terminación y calidades del mismo.

Obtenida la licencia de primera ocupación, dentro del plazo señalado en esta estipulación y simultáneamente a la entrega de la posesión se otorgará la escritura pública de compraventa, pudiendo las partes compelerse a tal efecto de conformidad con los arts. 1279 y 1280.1° del Código Civil, a cuyo fin en este acto se ha designado por las partes el notario autorizante.

DÉCIMA.– RESOLUCIÓN A INSTANCIA DEL COMPRADOR.

La parte compradora podrá instar la resolución del presente contrato, en el caso de que no so obtuviese la licencia de primera ocupación o de que el objeto de la compraventa no se pusiere a disposición del adquirente, con simultáneo otorgamiento de la escritura pública de compraventa de conformidad con los artículos 1279 y 1280.1° del Código Civil, transcurridos .... meses desde el día estipulado para ello.

Para el caso de que se instase la resolución de este contrato por las causas indicadas, las cantidades recibidas, le serán devueltas al adquirente, en unión de sus intereses que las partes establecen mutuamente en el ....% de interés anual, contados desde la entrega de las mismas.

UNDÉCIMA.– PROPIEDAD HORIZONTAL Y ESTATUTOS.

El adquirente autoriza al vendedor para modificar la Escritura de Declaración de Obra Nueva, en construcción o terminada, y división en Propiedad Horizontal del Inmueble, si así lo aconsejan exigencias técnicas o jurídicas así como los Estatutos de la Comunidad.

Asimismo, se compromete y obliga expresamente a cumplir las normas que, para regular el régimen de propiedad horizontal, se establecen en los correspondientes Estatutos copia de los mismos se acompañan a este contrato como ANEXO I del mismo

El comprador autoriza al vendedor para que convoque la primera reunión de copropietarios, a fin de constituir la Comunidad, en la que se designe al Presidente y demás cargos de la Comunidad.

El vendedor, conforme a lo dispuesto en la Ley de Propiedad Horizontal, fijará por escrito, expresando el orden del día y con la debida antelación, el lugar, día y hora de la reunión.

Asimismo el comprador faculta expresamente al vendedor para que, por si o a través de un administrador, contrate los servicios precisos para la puesta en funcionamiento del edificio en que se halla el local aquí transmitido y, en su caso, esta misma, todo ello con cargo a la Comunidad o al adquirente del local, según el caso.

DUODÉCIMA.– RESOLUCIÓN A INSTANCIA DEL VENDEDOR.

En el supuesto de que el adquirente no pagase a su vencimiento la cantidad correspondiente a uno cualquiera de los plazos de pago del precio, así como por la incomparecencia o negativa del adquirente a recibir el objeto de este contrato y suscribir la escritura pública de compraventa en los términos reseñados en las estipulaciones del presente, el Vendedor quedará en libertad de exigir el abono correspondiente y cumplimiento del contrato, mediante el ejercicio de las acciones oportunas o la resolución de este contrato, que se producirá, de pleno derecho, sin más trámite por parte del Vendedor, que el requerimiento notarial o judicial al efecto, a cuyo fin se señala como domicilio del deudor el reseñado en la estipulación DECIMOQUINTA de este contrato.

La resolución del contrato llevará consigo, en el supuesto de haberse producido la ocupación, el desalojo inmediato del local por el Comprador o por quienes de él deriven, ya sea éste real o personal o tenga su origen en cualquier clase de título, incluido expresamente el de arrendatario.

Si el vendedor optase por la resolución, éste, una vez libre y vacío el local en su caso, restituirá al Comprador, de las cantidades entregadas por el mismo, la parte que quede de deducir y hacer suyos, por los conceptos que se indican, los importes siguientes: 1°) El ....% de las cantidades que satisfechas por el comprador hasta el momento de la notificación de la resolución, según el párrafo primero de esta estipulación, que, expresamente se pacta como cláusula penal por incumplimiento y depreciación comercial y 2°) La totalidad de los intereses de demora devengados hasta la resolución del contrato.

Lo establecido en el párrafo precedente, se entiende sin perjuicio del derecho que asiste al vendedor de reclamar al comprador el importe de los daños y perjuicios que le fueren causados como consecuencia de tal incumplimiento.

Para que quede resuelto este contrato y pueda el Vendedor volver a disponer del local con entera libertad, no será preciso que acredite haber devuelto o consignado el saldo resultante y practicado la liquidación antes citada.

DECIMOTERCERA.– GASTOS E IMPUESTOS SOBRE LA UTILIZACIÓN DEL LOCAL.

El Comprador, a partir del día en que se pongan a su disposición las llaves del local y aunque no sean retiradas, participará en la proporción que resulte de la aplicación del coeficiente que le corresponda, en el mantenimiento de los gastos comunes del edificio y de la zona común de la parcela.

Asimismo, vendrá obligado a partir de este instante, a pagar todos los gastos, impuestos, tasas y arbitrios que se refieran al local objeto de este Contrato, así como los proporcionales a los elementos comunes que le correspondan. El impuesto de la Contribución Urbana (IBI) que se devengue en el año natural en el que se lleve a cabo la elevación a público del contrato de compraventa se pagará íntegramente por la parte compradora.

DECIMOCUARTA.– OTROS GASTOS E IMPUESTOS.

Los gastos concernientes a la escritura de Declaración de Obra y División en Propiedad Horizontal del Edificio, serán abonados por el Vendedor. (Todos los gastos e impuestos que se deriven de la titulación del local a nombre del Comprador correrán por cuenta de éste. Para atender el pago de estos gastos, el Comprador efectuará la correspondiente provisión de fondos en el momento en que le sea puesto a su disposición el objeto de esta transmisión). En todo caso, el Comprador no soportará los gastos derivados de la titulación previa que corresponda legalmente al Vendedor.

El impuesto municipal sobre el incremento del valor de los terrenos de naturaleza urbana (plusvalía municipal), será de cuenta y cargo del vendedor.

El Vendedor, repercutirá al comprador, que a su vez vendrá obligado a pagarlo, el importe íntegro del Impuesto sobre el Valor Añadido que grava la entrega del local objeto de este Contrato. Dicha repercusión, se efectuará a medida que se produzca el devengo del impuesto y los tipos impositivos serán los vigentes en las sucesivas fechas de devengos parciales, conforme a las normas reguladoras del impuesto.

DECIMOQUINTA.– DOMICILIO PARA NOTIFICACIONES.– Para la práctica de cuantos requerimientos o notificaciones hayan de verificarse con ocasión de este contrato, ambas partes designan los siguientes:

COMPRADOR:

VENDEDOR:

Dichos domicilios podrán ser modificados por cualquiera de las partes de este contrato, previa notificación.

DECIMOSEXTA.– PROTECCIÓN DE DATOS. Los datos personales que facilita el comprador a través del presente contrato, los cuales resultan necesarios para éste, serán incorporados a un fichero responsabilidad de..........., con domicilio .... Al firmar este contrato, el comprador autoriza expresamente a .... al tratamiento de sus datos personales con la finalidad de remitirle, por cualquier medio incluido el correo electrónico o equivalente, comunicaciones comerciales y las propias derivadas de este contrato.

El comprador podrá ejercitar los derechos de acceso, rectificación, cancelación u oposición, respecto de los datos personales obrantes en el referido fichero, dirigiéndose a tal efecto a .... en el domicilio indicado y acompañando copia de su DNI o PASAPORTE. La autorización para el envío de comunicaciones comerciales a través de correo electrónico podrá revocarla mediante petición emitida como respuesta a cualquier comunicación iniciada por ....

DECIMOSÉPTIMA.– Ambas partes se someten expresamente a la jurisdicción de los Tribunales de ...., para cuantas cuestiones e incidentes se deriven del presente contrato.

Ambas partes, en prueba de conformidad con cuanto antecede, firman el presente documento que se extiende por duplicado y a un solo efecto, en el lugar y fecha que lo encabeza.

VII. CONTRATOS DE FINANCIACIÓN Y GARANTÍA

F049. CONTRATO DE PRÉSTAMO ORDINARIO

Normativa aplicable: *Arts. 311-319 Real Decreto de 22 de agosto de 1885, por el que se publica el Código de Comercio.*

En la ciudad de ...., hoy día .. de .... de .....

REUNIDOS

Don........., de nacionalidad española, mayor de edad, vecino de ...., con domicilio en la calle ......, núm. ..... y DNI/NIF ....

Doña ...., de nacionalidad española, mayor de edad, vecina de ...., con domicilio en la calle ......, núm. ..... y DNI/NIF ....

INTERVIENEN

Don........... interviene en nombre y por cuenta, en su condición de Consejero Delegado, de la sociedad anónima de nacionalidad española .... S.A., domiciliada en ......, calle ...., núm. ..... Constituida por tiempo indefinido mediante escritura autorizada el ... de .... de ....., por el notario de ......, Don.............. Inscrita en el Registro Mercantil de la provincia de ...... al tomo ...., del libro de sociedades, folio ....., hoja número ....., inscripción .... CIF ....

Doña .... interviene en nombre y por cuenta, en su condición de administradora única, de la sociedad de responsabilidad limitada de nacionalidad española .... S.L., domiciliada en ......, calle ...., núm. ..... Constituida por tiempo indefinido mediante escritura autorizada el ... de .... de ....., por el notario de ......, Don.............. Inscrita en el Registro Mercantil de la provincia de ...... al tomo ...., del libro de sociedades, folio ....., hoja número ....., inscripción .... CIF ....

Las partes, reconociéndose recíproca capacidad para este acto, libre y espontáneamente,

EXPONEN

Que han convenido realizar un contrato de préstamo por el que la sociedad .... S.L. (en adelante la PRESTAMISTA) presta la cantidad de .... euros a la sociedad .... S.L. (en adelante la PRESTATARIA) con las condiciones y pactos que se establecen en las siguientes

ESTIPULACIONES

PRIMERA.– En este acto, la PRESTAMISTA presta a la PRESTATARIA, en concepto de préstamo retribuido, la cantidad de .... euros, que será entregada por la PRESTAMISTA a la PRESTATARIA, en el plazo de .... meses a contar desde la fecha de este documento, mediante trasferencia bancaria a la siguiente cuenta corriente titularidad de ésta última: ....

SEGUNDA.– La cantidad aquí prestada devengara a favor de la PRESTAMISTA durante el plazo de duración del mismo, un interés anual fijo del ...%.

TERCERA.– El capital prestado, junto a sus intereses, ha de devolverse íntegramente en un único plazo por el importe de .... euros, con vencimiento el día ....

CUARTA.– El prestatario podrá amortizar anticipadamente, total o parcialmente, el préstamo aquí concedido, haciéndose constar que el aplazamiento se concede en beneficio del deudor.

QUINTA.– El incumplimiento de las obligaciones asumidas por cualquiera de las partes en este contrato, determinará la terminación anticipada del contrato de Préstamo en la fecha en que dicho incumplimiento se haya producido, debiendo la parte prestamista satisfacer las cantidades debidas en concepto de principal, así como los intereses devengados desde la firma de éste documento, hasta la fecha en que se haya producido el incumplimiento.

SEXTA.– Los gastos e impuestos que se devenguen por el presente contrato, serán de cuenta y cargo de la PRESTATARIA.

SÉPTIMA.– Para cuantas divergencias pudieran surgir con motivo de la interpretación y cumplimiento de lo pactado en este documento y anexo, las partes, haciendo expresa renuncia al fuero que pudiera corresponderles, se someten a los Tribunales de ....

Y en prueba de conformidad con cuanto antecede, se firma el presente contrato, por duplicado y a un sólo efecto en el lugar y fecha antes indicados

F050. CONTRATO DE PRÉSTAMO HIPOTECARIO

Normativa aplicable: *Arts. 311-319 Real Decreto de 22 de agosto de 1885, por el que se publica el Código de Comercio. Decreto de 8 de febrero de 1946, por el que se aprueba la nueva redacción oficial de la Ley Hipotecaria.*

En ....., ciudad de mi residencia, hoy día ... de .... de .....

Ante mí, D. ....

Notario del Ilustre Colegio de ....

COMPARECEN

De una parte,

................, S.A., (en lo sucesivo "..........."), entidad domiciliada en..............., que fue constituida con duración indefinida, por escritura autorizada el .... por el Notario de ...., Don.............. Se halla inscrita la escritura antes reseñada en el Registro Mercantil de..........., en el tomo........, libro .... de la sección de Sociedades, folio.........., hoja nº........, Inscripción ......, CIF nº...........

Se halla el Banco representado por los señores:

D/Dña................................ (NIF....) en virtud de poder conferido el día ..... de ...... de..... ante el Notario de ...., D/Dña........................, con el número ...... de su protocolo que causó la inscripción ..... en la hoja de la sociedad, y

D/Dña.............................. (NIF ......) en virtud de poder conferido el día .... de ..... de ..... ante el Notario de ...., D/Dña........................., con el número ..... de su protocolo, que causó la inscripción....... en la hoja de la sociedad.

Intervienen en nombre y representación del Banco, como entidad prestamista.

De otra parte,

D. .... (datos) y

D. .... (datos).

Intervienen en nombre y representación de .... (en lo sucesivo la "Parte Prestataria" o el "Deudor")

EXPONEN

I.– Que con fecha .... entre............ en adelante......... (.......) y..............., S.A. en adelante (.............) celebraron un contrato de Confirmación de Opción sobre Acción .... con número de referencia .... por un nominal de .... € y siendo la fecha de ejercicio de la opción el .... constituyéndose en esa misma fecha, en garantía de esta operación y hasta el límite de .... € de principal, hipoteca sobre las fincas registrales .... del registro de la propiedad .. de ...., el ....% de la finca .... del Registro de la Propiedad .. de .... y finca .... también de este mismo Registro. Todo ello según consta en virtud de escritura autorizada por el Notario de .... Don.......... bajo el número .... de su protocolo.

II.– Que a fecha de su vencimiento, ..., se ejerció la opción conforme a lo pactado en el contrato resultando una liquidación a abonar por .... de ....€.

III.– Que para el pago de la operación anterior con fecha .... de nuevo .... y .... formalizaron otro Contrato de Confirmación de Opción sobre acción .... identificado con el número de referencia: .... por un nominal igualmente de .... € el cual tiene igualmente garantía hipotecaria sobre las mismas fincas antes reseñadas dado que la citada operación trae causa de aquella. Todo ello según consta en virtud de escritura autorizada por el Notario de .... Don.......... bajo el número .... de su protocolo.

IV.– Que una vez liquidada la citada operación la misma arroja un saldo deudor a pagar por .... a .... de .... €, cantidad respecto de la cual la mercantil deudora manifiesta su expresa conformidad.

V.– Que dentro del proceso de desinversión de activos en el que se encuentra .... dicha mercantil ha solicitado al Banco, poder continuar con la estrategia global de reducción de endeudamiento financiero. El Banco ha accedido a refinanciar la deuda derivada de ese Contrato de Confirmación de Opción sobre acción .... con garantía hipotecaria sobre los mismos activos de los que trae causa la deuda que se refinancia, mediante un préstamo a largo plazo, bajo las siguientes

CLÁUSULAS

I.– CLÁUSULAS FINANCIERAS.

1º.– CAPITAL DEL PRÉSTAMO.

La Parte Prestataria .... reconoce haber recibido del Banco, a su satisfacción, un préstamo de .... EUROS de capital, mediante abono en la cuenta corriente a nombre del titular abierta en el Banco número ...., reconociéndose deudora del mismo y obligándose a devolverlo y a satisfacer intereses sobre las cantidades pendientes de devolución, con garantía de la hipoteca que en este acto consiente, todo ello en el modo y condiciones y con las demás obligaciones que se estipulan en la presente escritura.

2º.– DURACIÓN. VENCIMIENTOS. REEMBOLSO ANTICIPADO.

2.1. Duración.

El préstamo se ha pactado por un plazo de............, contados a partir del día............, más el período (denominado "período de ajuste") integrado por los días comprendidos desde la fecha de formalización de esta escritura y el día antes citado, ambos inclusive. Si la fecha de formalización coincide con la fecha inicio del cómputo del plazo del préstamo, no existirá "periodo de ajuste".

Se entiende que los años, plazos y períodos en los que, en su caso, se divide el préstamo, son siempre sucesivos, sin solución de continuidad, y que el día inicial que en cada caso se indica está incluido en el cómputo.

2.2. Vencimientos.

2.2.1. Vencimientos en el período de ajuste.

Si existe "periodo de ajuste", el día señalado en el apartado anterior como inicio del cómputo del plazo vencerán y serán exigibles los intereses ordinarios correspondientes a este período, que se devengarán al mismo tipo de interés que el que se establezca para el "período inicial".

2.2.2. Vencimientos en período de carencia.

Se entiende por período de carencia aquel en que no se producen vencimientos de capital y que abarcará los .... primeros meses de la duración pactada, contados desde la finalización del período de ajuste. El día .... de cada uno de los meses comprendidos dentro del período de carencia vencerán y serán exigibles los intereses ordinarios.

2.2.3. Vencimientos en período de amortización

Se entiende por período de amortización el resto de la duración pactada. El día equivalente al anteriormente señalado como inicio del cómputo del plazo de cada uno de los meses comprendidos dentro del período de amortización vencerán y serán exigibles conjuntamente los intereses ordinarios devengados y una fracción del capital.

El préstamo se amortizará gradualmente mediante reembolso del principal en .... cuotas mensuales ("cuotas ordinarias"), comprensivas de capital e interés, calculadas de acuerdo a la fórmula que se recoge en el anexo de esta escritura, y una última cuota ("cuota final") que comprenderá igualmente capital e interés. En cada uno de los sucesivos "períodos de interés", las cuotas ordinarias se recalcularán considerando el tipo de interés que resulte aplicable y el plazo restante al inicio del período.

Como consecuencia de lo pactado en esta cláusula, las cuotas mensuales serán de .... euros mientras el "tipo de interés vigente" sea el pactado para el "periodo de interés fijo" en la cláusula 3ª, serán de .... euros. La fecha de pago de la primera cuota será el día............, y el pago de la última cuota se realizará el día ....

En consecuencia, la "cuota final" será de .... EUROS. A los efectos del cómputo de los vencimientos si uno de estos fuese inhábil o no tuviera equivalente, el vencimiento se entenderá producido el inmediato día hábil posterior.

2.2.4. Vencimientos no periódicos.

Además, siempre que, conforme a lo previsto en esta escritura o a lo acordado por las partes, se produzca un reembolso de capital anticipado, vencerán los intereses, los cuales en estos casos se devengarán por días, a contar desde el último vencimiento periódico producido, sobre el capital que se amortiza.

2.3. Amortización anticipada. Compensación por desistimiento por amortización anticipada subrogatoria o no subrogatoria.

La Parte Prestataria tendrá la facultad de amortizar anticipadamente la totalidad o parte del capital del préstamo con las siguientes condiciones:

a) que dé aviso por escrito al Banco con .... mes de antelación a la fecha de pago, indicando el importe de capital que desea reembolsar,

b) que dicho importe no sea inferior a .... euros

c) que abone también los débitos vencidos, que en su caso existieran, y los intereses que devengue el capital anticipadamente reembolsado hasta la fecha de pago. Estos intereses se calcularán por días al "tipo de interés vigente" en la citada fecha.

d) El importe a reembolsar se aplicará a reducir el importe del capital pendiente de amortizar de la "cuota final", manteniendo el plazo de duración, por lo que para el cálculo de las "cuotas ordinarias" se tendrá en cuenta la disminución de capital producida por el reembolso parcial.

e) Cuando como consecuencia de la aplicación de los reembolsos conforme a lo establecido en el apartado d) anterior, el importe de estos haya alcanzado el total importe de la "cuota final", la Parte Prestataria podrá obtener la aplicación del importe a reembolsar bien a reducir el importe del capital pendiente de amortizar manteniendo el plazo de duración, por lo que para el cálculo de las "cuotas ordinarias" posteriores se tendrá en cuenta la disminución de capital producida por el reembolso parcial, bien a reducir el plazo de duración restante, por lo que disminuirán el número de vencimientos pendientes manteniéndose el importe de las cuotas ordinarias.

En la fecha de pago, el Banco tendrá el derecho a percibir una compensación por desistimiento total equivalente:

a) al ..... por 100 del capital amortizado anticipadamente cuando la amortización anticipada total se produzca dentro de los cinco primeros años de vida del préstamo, o

b) al ..... por 100 del capital amortizado anticipadamente cuando la amortización anticipada total se produzca en un momento posterior al indicado anteriormente.

Asimismo, el Banco tendrá el derecho a percibir una compensación por desistimiento parcial equivalente:

a) al ...... por 100 del capital amortizado anticipadamente cuando la amortización anticipada parcial se produzca dentro de los cinco primeros años de vida del préstamo, o

b) al .... por 100 del capital amortizado anticipadamente cuando la amortización anticipada parcial se produzca en un momento posterior al indicado anteriormente.

El Banco percibirá dicha compensación, en todo caso, si la amortización anticipada se realiza por subrogación de acreedor.

2.4. Compensación por riesgo de tipo de interés.

En los supuestos de amortización o cancelación subrogatoria o no subrogatoria del préstamo, total o parcial, que se produzcan dentro de un período de interés que comprenda una duración superior a .... meses, el Banco tendrá el derecho a percibir una compensación por riesgo de tipo de interés equivalente al ....%, que se aplicará sobre el capital amortizado en el momento de la cancelación, siempre que dicha cancelación genere una pérdida de capital para el Banco. En todo caso, la compensación no podrá exceder del importe de la pérdida generada.

Se entiende por pérdida de capital por exposición al riesgo de tipo de interés la diferencia negativa entre el capital pendiente en el momento de la cancelación anticipada y el valor de mercado del préstamo.

El valor de mercado del préstamo se calculará como la suma del valor actual de las cuotas pendientes de pago hasta la siguiente revisión del tipo de interés y del valor actual del capital pendiente que quedaría en el momento de la revisión de no producirse la cancelación anticipada. El tipo de interés a aplicar para determinar el valor actual será el Interest Rate Swap (IRS) a los plazos de dos, tres, cuatro, cinco, siete, diez, quince, veinte y treinta años,.

Para el cálculo del valor de mercado, en cada caso, se tomará el IRS al plazo que más se aproxime al que reste desde el momento en que se produzca la cancelación anticipada hasta la próxima fecha de revisión del tipo de interés que hubiera debido efectuarse según lo previsto en el presente contrato o hasta la fecha de vencimiento en caso de que no estuviera prevista tal revisión; incrementando en un diferencial.

La cuantía de este diferencial será la que resulte de sustraer al tipo medio de los préstamos hipotecarios a más de tres años, para adquisición de vivienda libre, concedidos por las entidades de crédito en España, según se define en el Anejo 8 de dicha Circular, el valor del IRS al plazo de un año.

El IRS viene definido en la Circular 5/2012, de 27 de junio del Banco de España, a entidades y proveedores de servicios de pago, sobre transparencia de los servicios bancarios y responsabilidad en la concesión de créditos, y en particular en su Anejo 8.

Para la realización de los cálculos contemplados anteriormente se utilizaran los valores publicados de cada uno de los índices o tipos de referencia correspondientes al mes más cercano al de cancelación anticipada para el que se hayan publicado valores para todos los índices o tipos de referencia que hubieran de tomarse en consideración.

2.3. Reembolso anticipado.

La Parte Prestataria tendrá la facultad de reembolsar anticipadamente la totalidad o parte del capital del préstamo con las siguientes condiciones:

a) que dé aviso por escrito al Banco con un mes de antelación a la fecha de pago, indicando el importe de capital que desea reembolsar,

b) que dicho importe no sea inferior a .... euros,

c) que abone también los débitos vencidos, que en su caso existieran, y los intereses que devengue el capital anticipadamente reembolsado hasta la fecha de pago. Estos intereses se calcularán por días al "tipo de interés vigente" en la citada fecha.

d) El importe a reembolsar se aplicará a reducir el importe del capital pendiente de amortizar de la "cuota final", manteniendo el plazo de duración, por lo que para el cálculo de las "cuotas ordinarias" se tendrá en cuenta la disminución de capital producida por el reembolso parcial.

e) Cuando como consecuencia de la aplicación de los reembolsos conforme a lo establecido en el apartado d) anterior, el importe de estos haya alcanzado el total importe de la "cuota final", la Parte Prestataria podrá obtener la aplicación del importe a reembolsar bien a reducir el importe del capital pendiente de amortizar manteniendo el plazo de duración, por lo que para el cálculo de las "cuotas ordinarias" posteriores se tendrá en cuenta la disminución de capital producida por el reembolso parcial, bien a reducir el plazo de duración restante, por lo que disminuirán el número de vencimientos pendientes manteniéndose el importe de las cuotas ordinarias.

En la fecha de pago se devengará a favor del Banco una comisión por reembolso del ....% del capital que se amortiza anticipadamente, excepto en el caso de reembolsos anticipados efectuados durante el período de carencia, y en el supuesto de reembolso contemplado en el apartado d) anterior, pues en ambos casos no se devengará a favor del Banco ninguna comisión.

En todo caso, cuando el reembolso se realice por razón de la subrogación de acreedor prevista en la Ley 2/1994, de 30 de marzo, se devengará a favor del Banco, en la fecha de pago, una comisión por reembolso del 0.5% del capital que se amortiza anticipadamente.

3º.– INTERESES ORDINARIOS. PERIODOS DE INTERÉS.

3.1. Devengo y vencimiento.

El deudor pagará intereses ordinarios al Banco sobre toda cantidad prestada pendiente de vencimiento. Esta obligación de pagar intereses vencerá en las fechas al efecto indicadas en la cláusula anterior.

Esta obligación de pagar intereses vencerá en las fechas al efecto indicadas en la cláusula 2ª.

Los intereses ordinarios se devengarán a razón del tipo nominal anual que se determina en esta cláusula y en la cláusula 3ª bis.

Debido a la naturaleza del contrato, en ningún caso se podrán generar intereses a favor del prestatario.

3.2. Importe absoluto de intereses.

En cada vencimiento del período de amortización, el importe absoluto de los intereses devengados desde el vencimiento anterior se calculará multiplicando el capital pendiente durante el plazo que media entre ambos vencimientos por el tipo de interés nominal anual (expresado en tanto por unidad) y por la duración de dicho plazo, expresado en días comerciales, todo ello dividido por 360.

Durante el período de carencia, y/o el período de ajuste, a efectos de este cálculo, se multiplicará el capital prestado por el tipo de interés nominal anual (expresado en tanto por unidad) y por los días naturales durante los que ha estado dispuesto dicho capital, dividiendo el producto por: .... (Períodos de interés.)

Para determinar el tipo nominal aplicable al devengo de los intereses ordinarios, la duración del préstamo se entiende dividida en "períodos de interés", que son el "período de interés fijo", coincidente con los 24. (1) primeros meses de la duración del préstamo, y los sucesivos "períodos de interés variable", cada uno de los cuales comprenderá 12 meses (2) del resto de dicha duración, excepto el último, que comprenderá......... meses (3). El "período de interés fijo" comenzará el día señalado en la cláusula 2.1 como inicio del cómputo del plazo del préstamo, y los sucesivos "períodos de interés variable" cada 12 meses (2) contados desde el día siguiente al de la finalización del citado "período de interés fijo".

(1) Indicar plazo duración tipo de interés fijo

(2) Indicar plazo de revisión del tipo de interés variable

(3) Indicar plazo restante hasta el vencimiento desde la última revisión del tipo de interés variable.

3.4. Tipo nominal.

Los intereses ordinarios se devengarán a razón del tipo nominal anual que se determina a continuación y en la cláusula siguiente. En cada uno de los períodos de interés definidos anteriormente, el valor de dicho tipo nominal se designa como "tipo de interés vigente" en el período, dentro del cual será invariable.

Durante el "período inicial" el "tipo de interés vigente" será el ..% nominal anual. A este mismo tipo se devengarán los intereses durante el período de ajuste previsto anteriormente.

La TAE del préstamo figura como Anexo al presente contrato.

3° BIS. TIPO DE INTERÉS VARIABLE. INDICE DE REFERENCIA.

3 bis.1. "Períodos de interés variable".

Cálculo del "tipo de interés vigente".

En cada "período variable" el "tipo de interés vigente" será el tipo nominal, expresado en tasa porcentual anual, que se define a continuación y, en su defecto, el tipo nominal sustitutivo que también se define seguidamente, con indicación en ambos casos del índice de referencia y margen constante que se utilizan para la determinación del respectivo tipo nominal, sin efectuar en los índices de referencia ningún ajuste

Para la realización de esos cálculos, no se efectuará en los índices de referencia ningún ajuste o conversión, aún cuando dichos índices correspondan a operaciones cuya periodicidad de pagos sea distinta a la de los vencimientos pactados en esta escritura o incluya conceptos que estén previstos como concepto independiente en el préstamo objeto de este contrato.

REGLAS E ÍNDICES DE REFERENCIA

(Los índices que a continuación se expresan están establecidos con carácter oficial en la Norma Decimocuarta de la Circular 5/2012 del Banco de España, y se definen en el Anexo VIII de la misma a la que se remiten las partes. En todos los casos, se tomará el valor del último índice que en la fecha anterior más próxima a la fecha inicial del período haya sido publicado en el Boletín Oficial del Estado).

1. Índice de referencia

INDICE "REFERENCIA INTERBANCARIA A UN AÑO". ("EURÍBOR").

Cuando se utilice este índice, el tipo nominal será el valor del último índice adicionado en .....% puntos porcentuales.

2. Índice de referencia sustitutivo

INDICE DE REFERENCIA SUSTITUTIVO: ÍNDICE "MERCADO SECUNDARIO DE LA DEUDA PÚBLICA". ("Tipo de rendimiento interno en el mercado secundario de la deuda pública de plazo entre dos y seis años").

Cuando se utilice este índice, el tipo nominal será el valor del último índice adicionado en 1 puntos porcentuales.

3. Índice de referencia por imposibilidad de aplicación de los índices de referencia anteriores.

INDICE "ENTIDADES DE CRÉDITO EN ESPAÑA". ("Tipo medio de los préstamos hipotecarios a más de tres años, para adquisición de vivienda libre concedidos por las entidades de crédito en España").

Cuando se utilice este índice, el tipo nominal será el valor del último índice adicionado en 1 puntos porcentuales.

3 bis.2. Modificaciones del "tipo de interés vigente".

Al iniciarse cada período de interés, el tipo vigente quedará determinado, automáticamente, por aplicación de las reglas anteriores, sin necesidad de ningún acuerdo o declaración de las partes.

No obstante, cuando el "tipo de interés vigente" para un período resulte distinto del aplicable en el período anterior, el Banco lo comunicará a la Parte Prestataria, antes de que concluya el primer mes del nuevo período. 3 bis.3. Límites a la variación del tipo de interés.

*En todo caso, aunque el valor del índice de referencia que resulte de aplicación sea inferior al ...%, éste valor, adicionado con los puntos porcentuales expresados anteriormente para cada supuesto, determinará el "tipo de interés vigente" en el "período de interés". El tipo aplicable al devengo de los intereses ordinarios no podrá ser, en ningún caso, superior al ...% nominal anual.

El tipo aplicable al devengo de los intereses ordinarios no podrá ser, en ningún caso, superior al ......% ni inferior al .....% nominal anual.

4º COMISIONES.

Serán a cargo de la Parte Prestataria las siguientes comisiones:

4.1. Comisión de apertura.

Este préstamo devenga una comisión de apertura del ...% sobre el capital total del préstamo, (con un mínimo de 0 euros) que se liquida y se abona en este acto por la Parte Prestataria al Banco, mediante cargo que éste hace de su importe en la cuenta corriente abierta a nombre de aquélla.

4.2. Comisión por subrogación.

En cualquier transmisión del dominio de la finca de esta escritura, la toma de razón por el Banco del cambio de titular de la finca gravada y, en su caso, de la subrogación, pactada entre transmitente y adquirente, en la obligación personal garantizada por la hipoteca, a efectos de la emisión de los recibos del préstamo a cargo del nuevo titular de la finca hipotecada, devengará en favor del Banco, en el momento en que se apruebe por el Banco la citada subrogación y a cargo del adquirente, la comisión por subrogación, que se liquidará sobre el capital no vencido del préstamo, al tipo del ...% (con un mínimo de .... euros). Todo ello, sin perjuicio de lo dispuesto en la cláusula 12ª.

4.3. Comisión por reclamación de posiciones deudoras vencidas

La reclamación por el Banco a la Parte Prestataria de débitos vencidos e impagados devengará una comisión por gestión de ..... euros por cada recibo impagado, que se hará efectiva por la Parte Prestataria en el momento del pago de los débitos previamente reclamados, sin perjuicio de la repercusión a la Parte Prestataria de los gastos y costes originados por su incumplimiento, conforme a lo pactado en la cláusula siguiente.

5ª.- GASTOS.

Cada parte pagará los gastos y tributos que por ley le correspondan. Son de cuenta exclusiva de la Parte Prestataria, salvo disposición legal en contrario, las comisiones y gastos ocasionados por la preparación, formalización, inscripción y subsanación de este contrato.

La Parte Prestataria pagará los gastos relacionados con las fianzas relacionadas con este contrato. También pagará las primas del seguro de daños, que la Parte Prestataria se obliga a mantener.

La Parte Prestataria autoriza al Banco para adelantar los gastos necesarios para la inscripción de esta hipoteca y de los títulos previos a esta escritura cuando tales gastos fuesen por cuenta de la Parte Prestataria, así como los gastos derivados de la cancelación de cargas y anotaciones preferentes a dicha hipoteca. Los adelantos podrán cargarse en la cuenta de la Prestataria.

La Parte Prestataria debe pagar al Banco los gastos que sean necesarios para exigir el pago de la deuda en caso de incumplimiento, salvo que por disposición legal deban ser asumidos por el Banco.

Las costas judiciales se pagarán según determinen los Tribunales de Justicia.

6ª.- INTERESES DE DEMORA.

Las obligaciones dinerarias de la parte prestataria, dimanantes de este contrato, vencidas y no satisfechas, devengarán desde el día siguiente al de su vencimiento, sin necesidad de requerimiento alguno y sin perjuicio de la facultad de vencimiento anticipado atribuida al Banco en la cláusula 6ª bis, un interés de demora del ....% nominal anual, calculado y liquidable por meses naturales o fracción en su caso y siempre por períodos vencidos. Los intereses vencidos y no satisfechos devengarán y se liquidarán en igual forma nuevos intereses al tipo de interés moratorio aquí establecido.

Las cantidades resultantes como intereses de demora se considerarán firmes en el momento en que se perciban, sin perjuicio del derecho del Banco a exigir los intereses moratorios devengados hasta cada momento y quedarán garantizadas exclusivamente con cargo a la cantidad máxima consignada en el apartado b) de la cláusula 9ª.

6ª BIS.– VENCIMIENTO ANTICIPADO DEL PRÉSTAMO.

No obstante el plazo pactado, el BANCO podrá considerar vencido de pleno derecho el préstamo y exigibles todas las obligaciones de pago contraídas por los deudores, o por cualquiera de ellos cuando fueren varios, en las siguientes circunstancias:

a) Falta de pago en sus vencimientos de, al menos tres plazos mensuales, ya sea capital del préstamo, sus intereses ordinarios y moratorios, sin cumplir el prestatario su obligación de pago o un número de cuotas tal que suponga que el prestatario ha incumplido su obligación por un plazo, al menos, equivalente a .... meses.

b) Impago de impuestos y contribuciones que sean preferentes a la hipoteca constituida o cuando resulten cargas o gravámenes preferentes a la hipoteca que aquí se constituye distintas de las reseñadas en el apartado cargas de esta escritura, no conocidas en el momento del otorgamiento o formalizadas con posterioridad, que tuvieran rango registral prioritario a la hipoteca que se constituye por causas no imputables a la parte acreedora, salvo que en el plazo de dos meses desde ser requerido el prestatario aporte nuevas garantías igualmente seguras que cubran íntegramente el importe de la carga preferente junto con tasación efectuada por una sociedad de tasación independiente, designada de común acuerdo.

c) No destinar el importe del préstamo a la finalidad establecida.

d) Cuando se incumplieren las obligaciones de Conservación de la Garantía establecidas en esta escritura y cualquier otra por parte del/ de los deudor/es que, conforme a lo pactado, tenga carácter de esencial para el otorgamiento del contrato.

e) Cuando se compruebe bajo un criterio objetivo que han sido falseados cualesquiera datos relativos al/los deudor/es o a los documentos aportados por éstos que sirvan de base a la concesión del préstamo o a la vigencia del mismo, y cuando los deudores no facilitaren al Banco la documentación precisa para conocer su situación jurídica o financiera cuando les fuera requerida a tal fin.

f) Cuando el/los deudor/es no ofrezcan al Banco nuevas garantías igualmente seguras en el plazo de un mes, de ser requeridos para ello por causa de haberse cumplido alguno de los supuestos siguientes:

(i) Cuando el/los deudor/es enajenen o graven más del ......% de su patrimonio en un plazo inferior a seis meses o en condiciones económicas inferiores a precios de mercado, atendida la naturaleza y las características de dichos bienes, o existan embargos que afecten a un porcentaje superior al ....% de su patrimonio declarado.

(ii) Cuando el prestatario no ofrezca al Banco nuevas garantías igualmente seguras para cubrir el valor de la depreciación, efectuada por una sociedad de tasación independiente designada de común acuerdo, en el plazo de dos meses de ser requerido por deterioro del bien hipotecado debido a dolo, culpa o voluntad del dueño siempre que su valor descienda por debajo de la tasación inicial en más del .... por ciento, conforme la tasación efectuada por Sociedad homologada designada igualmente de común acuerdo, o si la prestataria no manifestara ninguna sociedad homologada por la designada en el plazo de un mes desde el citado requerimiento, en tal caso por la designada por el Banco.

(iii) La falta de pago de sus obligaciones tributarias o de las cuotas de Seguridad Social durante un plazo de un mes, de forma generalizada.

(iv) La falta de pago de salarios, indemnizaciones y demás retribuciones derivadas de relaciones de trabajo o de prestación de servicios correspondientes a una mensualidad, de forma generalizada.

(v) La falta de pago a acreedores por operaciones de la actividad corriente de su negocio durante el plazo de un mes, de forma generalizada.

g) Cuando cualquiera de los deudores solicitara ser declarado en situación legal de concurso o lo sea a instancia de los acreedores u otros terceros legitimados

h) Cuando incumpla alguna de las siguientes obligaciones de carácter esencial asumidas por el/los deudor/es en virtud de este contrato:

- Las obligaciones dinerarias, incluido el pago de intereses moratorios por importe equivalente de al menos tres mensualidades.
- Compromiso de otorgar garantía o conservarla según lo previsto en la cláusula de "Conservación de la Garantía" sin que el prestatario haya aportado nuevas garantías igualmente seguras para cubrir el valor del deterioro, efectuada por una sociedad de tasación independiente designada de común acuerdo, en el plazo de dos meses de ser requerido para el cumplimiento de la obligación de conservación de la garantía.
- Aquellas obligaciones que, conforme a lo pactado, se haya determinado por las partes contratantes su carácter de condiciones esenciales para el otorgamiento de dichos contratos.

i) Cuando, en su caso, falleciere alguno de los fiadores y no existiere aceptación de la herencia por sus causahabientes o existiendo lo fuese a beneficio de inventario, se diere en cualquiera de dichos fiadores alguno de los supuestos previstos en la presente cláusula, a no ser que los deudores ofrezcan nuevos fiadores que garanticen a satisfacción del Banco las obligaciones derivadas del préstamo.

6. TER. ATENCIÓN AL CLIENTE. MEDIDAS DE PROTECCIÓN

1. DEPARTAMENTO DE ATENCIÓN AL CLIENTE

• Datos de contacto del servicio de atención al cliente	Servicio de Atención al Cliente: e-mail: Teléfono:
• Defensor del cliente	En caso de disconformidad con la resolución del Servicio de Atención al Cliente, el cliente puede dirigirse en segunda instancia al: Defensor del Cliente de .... Apartado de Correos .... e-mail: .... Teléfono: ....

2. DEPARTAMENTO DE CONDUCTA DE MERCADO Y RECLAMACIONES DEL BANCO DE ESPAÑA

En caso de desacuerdo con el departamento de atención al cliente de la entidad de crédito, o transcurridos dos meses sin respuesta del mismo, puede dirigir una reclamación (o, siempre que lo desee, formular una consulta o queja) al Departamento de Conducta de Mercado y Reclamaciones del Banco de España (Telf....................): o por escrito dirigido a este Departamento, sito en C/...................... Madrid, o por vía electrónica en la página http://www.bde.es.

II.– OTRAS CLÁUSULAS

7º.– FINALIDAD DEL PRÉSTAMO.

La Parte Prestataria manifiesta que la finalidad de este préstamo es la de cancelar íntegramente la deuda derivada del Contrato de Confirmación de Opción sobre acción .... al que se ha hecho referencia en la parte expositiva de este documento.

La Parte Prestataria declara además que los bienes hipotecados no están afectos a ninguna actividad profesional o empresarial y se obliga a no variar su actual destino sin la autorización expresa y comunicada por escrito del Banco.

8º.– FORMA DE PAGO. SOLIDARIDAD. INDIVISIBILIDAD. IMPUTACIÓN. COMPENSACIÓN.

8.1. Forma de pago.

Tanto los pagos de todos los vencimientos como los de cualquier otro débito de la Parte Prestataria al BANCO, derivados de esta operación, habrán de verificarse en .... en cualquiera de las oficinas del Banco en dicha plaza, mediante domiciliación en cuenta de su titularidad, la cual mantiene abierta la Parte Prestataria.

No supondrán alteración del lugar de pago convenido, ni novación de la presente estipulación, las facilidades que el BANCO podrá libremente otorgar a la Parte Prestataria para su cumplimiento.

Los pagos y demás actuaciones de la Parte Prestataria en relación con el Banco deberán efectuarse, dentro de plazo, en días y horas en que la correspondiente oficina esté abierta al público.

8.2. Solidaridad.

Cuando concurran como deudores más de una persona en las obligaciones derivadas de esta escritura, se entenderán asumidas con carácter solidario las deudas de tales personas frente al BANCO.

En el supuesto de que alguno de los deudores, fiadores o avalistas, en su caso, fuese declarado en situación legal de concurso y el Banco votase favorablemente el Convenio correspondiente que resulte aprobado, el Banco podrá dirigirse contra el resto de los obligados del presente contrato de acuerdo con lo previsto en el mismo

8.3. Indivisibilidad.

La totalidad de los débitos vencidos derivados del (de los) préstamos, que se hallaren pendientes de pago en cada momento, se considerará, a los efectos del art. 1.169 del Código Civil, como una deuda única, sobre la cual el acreedor no está obligado a admitir pagos parciales.

8.4. Imputación de pagos.

Las partes pactan expresamente que el Banco determinará libremente las operaciones que tenga con la Parte Prestataria a cuyo pago aplicará las cantidades que reciba o queden disponibles por cualquier concepto a favor de ésta, sin perjuicio de lo dispuesto en la Ley para determinados supuestos.

8.5. Compensación.

La deuda que resulte contra la Parte Prestataria por razón de este contrato, podrá ser compensada por el Banco con cualquier otra deuda de este, incluyendo cualquier saldo en el Banco que los deudores pudieran tener a su favor, cualquiera que sea la forma y documentos en que esté representada, la fecha de su vencimiento, que a este efecto podrá anticipar el Banco, y el título de su derecho, incluso el de depósito.

Los contratantes pactan expresamente que la compensación aquí establecida tendrá lugar con independencia de que el crédito a compensar con la deuda sea atribuible a uno, a alguno o a todos los deudores. Los deudores dejan afectos al buen fin del presente contrato todos sus bienes presentes o futuros que existan a su nombre en el Banco, quedando este autorizado irrevocablemente para proceder, en caso de que aquéllos incumplan sus obligaciones de pago, a la aplicación de los depósitos en efectivo y a la realización de todo tipo de derechos de crédito, efectos mercantiles o títulos valores que, asimismo, puedan estar depositados en el Banco, al objeto de, con su importe, atender hasta donde alcance los pagos pendientes.

9º.- CONSTITUCIÓN DE HIPOTECA.

Sin perjuicio de la responsabilidad personal, ilimitada (y solidaria) de la Parte Prestataria, ésta constituye/n hipoteca a favor del Banco, que acepta, sobre las fincas que a continuación se describen, para asegurar el cumplimiento de las obligaciones contraídas en esta escritura, respondiendo de la devolución del capital del préstamo, en los casos, forma y plazos convenidos, y además:

a) Del pago de los intereses ordinarios convenidos en las estipulaciones 3ª y 3ª bis que, a efectos hipotecarios, se fijan en el tipo máximo del .....% nominal anual, limitándose, además, esta responsabilidad, a efectos de lo dispuesto en la Ley Hipotecaria, en la cantidad máxima de .... euros.

b) Del pago de los intereses de demora convenidos en la estipulación 6ª al tipo máximo a efectos hipotecarios del ....% nominal anual, limitándose además esta responsabilidad, a efectos de lo dispuesto en la Ley Hipotecaria, en la cantidad máxima de .... euros. Equivalente al .....% del principal del préstamo.

c) Del pago de las costas procesales limitándose hipotecariamente esta responsabilidad a una cantidad máxima igual al ...% del capital del préstamo, y del pago de los gastos por tributos, gastos de comunidad y primas de seguro correspondientes a la finca hipotecada que fuesen anticipados por el Banco, limitándose hipotecariamente esta responsabilidad a una cantidad máxima igual al 0% de dicho capital. En consecuencia, el importe total máximo de responsabilidad por cada uno de estos dos conceptos es .... euros y de ..... euros, respectivamente.

No obstante lo anterior, en el supuesto en los que la garantía sea la vivienda habitual de la Parte Prestataria o de sus fiadores, la responsabilidad máxima por costas procesales no podrá superar el ....% de la cantidad reclamada en la demanda ejecutiva.

Esta hipoteca será extensiva a cuanto determinan los arts. 334 del Código Civil y 109 y 110 de la Ley Hipotecaria, y, además, a los frutos, rentas y muebles a que se refiere el art. 111 de la misma y a las obras y mejoras que existan o en adelante se realicen en la finca hipotecada incluso las edificaciones levantadas donde antes no las hubiera, excepto en los casos en que las haya costeado un tercer poseedor, conforme a lo establecido en el artículo 112 de la Ley Hipotecaria, así como, en general, a cuanto sea anejo o accesorio a la finca hipotecada, material o jurídicamente.

En caso de reclamación judicial, EL BANCO podrá pedir, para sí o para persona que lo represente, la administración y/o la posesión interina de la finca hipotecada.

DESCRIPCIÓN DE LAS FINCAS QUE SE HIPOTECAN

....

ESTADO DE CARGAS:

Se estará a lo que resulte de la certificación exigida en la cláusula 10ª

No obstante, las partes declaran que las cargas que gravan con hipoteca las fincas antes descritas garantizan la operación que se refinancia en virtud de la presente escritura, procediéndose a continuación a su cancelación registral.

DISTRIBUCIÓN RESPONSABILIDAD HIPOTECARIA:

El importe del capital del préstamo correspondiente a cada una de las fincas y, por ello, sus respectivas responsabilidades hipotecarias por este concepto, así como por intereses ordinarios, intereses de demora y costas, figuran en un cuadro, que me entregan, firmado por los otorgantes, al cual se remiten y tienen por reproducido en este lugar, consintiéndolo. Este cuadro está compuesto por .... hojas que reintegro, sello y rubrico y dejo unidas a esta matriz para ser reproducido en sus traslados.

DECLARACIÓN ESPECIAL:

Por ser la inscripción de la hipoteca bilateral una condición esencial de este contrato, al garantizar el préstamo ya recibido por la Parte Prestataria, ésta manifiesta irrevocablemente su renuncia a desistir del procedimiento registral necesario para su inscripción y su voluntad de no revocar la hipoteca hasta tanto no haya quedado la misma debidamente constituida. COINCIDENCIA CATASTRAL: Y según catastro la superficie es la que resulta de la certificación catastral telemática, descriptiva y gráfica, obtenida por mí, el Notario que suscribe, y que protocolizo en la escritura previa de compraventa, a instancia de los otorgantes.

SITUACIÓN POSESORIA ARRENDAMIENTOS:

Manifiesta la propiedad que la finca se halla libre de arrendatarios y ocupantes, y al corriente en el pago de las obligaciones derivadas de la vigente Ley de Propiedad Horizontal, o en su caso la normativa autonómica que regule el régimen de propiedad horizontal, según asegura el dueño.

MANIFESTACIÓN SOBRE LA NO CONDICIÓN DE ACTIVO ESENCIAL A LOS EFECTOS DEL ART. 160 LSC: La Parte Prestataria, y la parte hipotecante si ésta es distinta, manifiesta bajo su responsabilidad que el/los inmuebles a los que se refiere esta financiación hipotecaria no son activos esenciales de la compañía los efectos de lo previsto en el art. 160 de la Ley de Sociedades de Capital."

10º.– DOMICILIO. TIPO DE SUBASTA. TÍTULO EJECUTIVO.

Se fija como domicilio de la Parte Prestataria a efectos de requerimientos y notificaciones la finca que se hipoteca en esta escritura.

Se establece como precio en que los interesados tasan la(s) finca(s) y para que sirva de tipo en la subasta la(s) cantidad(es) de:

- La cantidad de .... EUROS para la finca registral ....
- La cantidad de .... EUROS para la finca registral ....
- La cantidad de .... EUROS para la finca registral ....

Dicho valores no resultan inferiores al .... por cien del valor que figura en el certificado de tasación que se incorpora como Anexo a la presente escritura, realizada conforme a las disposiciones de la Ley 2/1981, de 25 de marzo de Regulación del Mercado Hipotecario.

La Parte Prestataria deberá entregar al Banco en el plazo de .... días naturales a contar desde hoy una certificación del Registro de la Propiedad que acredite que la hipoteca consta inscrita con la extensión pactada en esta escritura y que no existen cargas ni limitaciones inscritas o anotadas ni documentos presentados a los mismos efectos que resulten preferentes a dicha hipoteca o puedan disminuir su efectividad.

La Parte Prestataria consiente desde ahora en que tengan carácter ejecutivo cuantas segundas copias de la presente escritura solicite el Banco, dispensándole del cumplimiento de cualquier requisito establecido para tal fin, solicitando desde ahora las partes contratantes del Notario autorizante que así lo haga constar en el pie y nota de expedición.

El contrato al que se refiere la presente escritura ha sido formalizado, según se expresa anteriormente, con la intervención del Fedatario Público que se señala, a todos los efectos, incluso a los previstos en el número 4° del artículo 517 de la Ley de Enjuiciamiento Civil y legislación concordante.

Si la entidad acreedora decide acudir a la vía ejecutiva, conforme al número 4° del artículo 517 de la Ley de Enjuiciamiento Civil y demás disposiciones concordantes, podrá instar acción ejecutiva, de acuerdo con el artículo citado, vencido el préstamo por cualquier causa o motivo, y dado que la cantidad que se exige es líquida y resulta como consecuencia del préstamo acreditado en este documento, con el fin de reintegrarse del principal, intereses, comisiones y gastos, en las condiciones establecidas en este contrato.

Sin perjuicio de lo dispuesto en el párrafo anterior, los contratantes pactan expresamente que, a efectos meramente procesales, de conformidad con lo dispuesto en el número 2 del artículo 572 de la Ley de Enjuiciamiento Civil, el Banco podrá acompañar, junto con el título ejecutivo previsto en el número 4° del artículo 517 de la Ley de Enjuiciamiento Civil, certificación expedida en los términos previstos en el número 1 del artículo 573 de dicha Ley, acreditativa del saldo deudor de la cuenta de la operación, en la forma convenida en este contrato. En su virtud, bastará para el ejercicio de la acción ejecutiva la presentación del título ejecutivo prevenido en el número 4° del artículo 517 de la Ley de Enjuiciamiento Civil y la aportación de la documentación prevenida en el número 1 del art. 573 de la misma Ley.

Cuando se reclamen judicialmente intereses, ordinarios o de demora, a tipos distintos del vigente desde hoy, bastará, a efectos ejecutivos, acreditar la oportuna publicación en el "Boletín Oficial del Estado" del tipo que deba tomarse en consideración.

11°.- CONSERVACIÓN DE LA GARANTÍA.

Mientras no esté totalmente reembolsado el préstamo, la Parte Prestataria se compromete/n a cumplir las siguientes obligaciones que ambas partes establecen con el carácter de esenciales:

A) A conservar con la diligencia debida la finca que se hipoteca en la presente escritura, haciendo en ella las obras y reparaciones necesarias para su conservación, a fin de que no disminuya su valor, comprometiéndose, además, a poner en conocimiento del BANCO, dentro del término de un mes, todos los menoscabos que sufra por cualquier causa o cuanto la haga desmerecer de valor.

B) A tener asegurado el inmueble del riesgo de incendios y otros daños durante el presente contrato, al menos en las condiciones mínimas exigidas por la legislación vigente reguladora del mercado hipotecario, consintiendo el deudor al propio tiempo que pueda verificarse dicho seguro por cuenta y riesgo de la Parte Prestataria, la cual hace desde ahora formal cesión al mismo BANCO de las indemnizaciones que por el capital asegurado o por cualquier otro concepto deba satisfacer la Compañía aseguradora, hasta el montante de los débitos dimanantes de este contrato por débitos vencidos y/o pendientes de vencimiento, ante la que, al efecto, EL BANCO podrá practicar las gestiones necesarias.

El importe de estas indemnizaciones y de las que se percibieran por expropiación forzosa podrá aplicarse, a voluntad del BANCO, al pago de los débitos dimanantes de este contrato, aunque no estén vencidos.

El Banco queda facultado para abonar igualmente las primas que se deban al asegurador y cargarlas en cuenta a la Parte Prestataria.

C) A no celebrar, sin consentimiento del BANCO, contrato de arrendamiento de vivienda sometido a prórroga forzosa en el que, contenga o no cláusula de estabilización, la renta anual pactada sea inferior al ....% del tipo de subasta que se fija en esta escritura y no quede extinguido como consecuencia de la purga del mismo en el procedimiento de ejecución..

Igualmente queda obligada a acreditar al BANCO semestralmente, por medio de los oportunos recibos, hallarse al corriente en el pago de toda clase de tributos, gastos de comunidad y primas de seguro que corresponda satisfacer por la finca hipotecada y de cualquier deuda por créditos que puedan resultar preferentes a esta hipoteca, quedando facultado EL BANCO para satisfacer estos débitos a los acreedores correspondientes y para cargarlos en cuenta o reclamarlos a la Parte Prestataria como se establece en la cláusula 5ª.

En todo caso, el Banco tendrá derecho a hacer las inspecciones que juzgue convenientes en la finca hipotecada, al objeto de comprobar el cumplimiento de las obligaciones que incumben a la Parte Prestataria y la parte hipotecante

12ª.– SUBROGACIÓN DE LOS ADQUIRENTES.

Cuando los adquirentes de los bienes hipotecados queden subrogados en virtud de pacto con el transmitente en las obligaciones asumidas en esta escritura por su causante, no surtirá dicha subrogación efectos liberatorios para el transmitente frente al Banco hasta tanto éste no la consienta de forma expresa.

En todo caso, será además necesario:

- Que se haya entregado previamente al Banco copia auténtica de la escritura de transmisión debidamente inscrita, o testimonio notarial de la misma comprensivo de la inscripción, en la cual se haya retenido del precio por el comprador la parte correspondiente al importe de la deuda hipotecaria, declarando el adquirente conocer y aceptar todas las obligaciones que para él resultan de la escritura de préstamo.
- Que el préstamo se encuentre al corriente en el pago de los recibos.
- Que se encuentre vigente el seguro de incendios y daños de la finca transmitida en las condiciones previstas en la cláusula anterior.

13ª.– APODERAMIENTO.

Por ser la inscripción de la hipoteca una condición esencial de este contrato, al garantizar el préstamo ya recibido por la Parte Prestataria, ésta apodera expresa e irrevocablemente al BANCO, en la forma más amplia y necesaria en derecho, para que en su nombre y representación realice las gestiones necesarias para asegurar la correcta inscripción de la hipoteca que en este acto se constituye y, en su caso, de los títulos previos a esta escritura y además, siempre que ello no afecte a las condiciones económicas del crédito garantizado, para que pueda realizar las subsanaciones o aclaraciones necesarias a la vista de la calificación verbal o escrita del Registrador por adolecer esta escritura de algún defecto subsanable, para lograr la inscripción de la misma, y aunque ello incurra en la figura jurídica de la autocontratación.

14ª.– ANOTACIÓN DE SUSPENSIÓN.

Si de la calificación registral resultase el presente documento con defecto subsanable, las partes solicitan expresamente la anotación de suspensión del mismo, de conformidad con lo dispuesto en el artículo 42.9 de la Ley Hipotecaria.

15ª.– LIMITACIÓN DEL ART 140 LH.

Transcurrido el período de carencia, convienen los otorgantes que, de conformidad con lo establecido en el artículo 140 de la Ley Hipotecaria y previo cumplimiento de los requisitos que se establecen en esta cláusula, las partes pactan que la obligación de pago garantizada por las hipotecas reseñadas en esta escritura se haga efectiva solamente sobre los bienes hipotecados. La responsabilidad y la acción del acreedor por virtud del préstamo hipotecario referenciado quedaría así limitada al importe de los bienes hipotecados y no alcanza a los demás bienes del patrimonio del deudor, siempre que no exista causa, ajena a la voluntad del acreedor, que haya impedido la realización o el cobro del crédito con el producto de las fincas hipotecadas haciendo así extensiva esta limitación a cualesquiera fiadores o avalistas de esta operación, quedando liberados de las garantías personales otorgadas una vez queden acreditados los requisitos que a continuación se mencionan.

Los requisitos para la limitación de responsabilidad que se estipulan son los siguientes:

1° Subsistencia de la garantía hipotecaria. Quedará sin efecto el pacto de limitación de responsabilidad si cualquiera de las garantías hipotecarias, por cualquier razón ajena a la voluntad del acreedor, dejan de ser realizables a través de los procedimientos judiciales o extrajudiciales contemplados en la escritura de constitución.

2° Reintegración concursal, total o parcial, de las garantías. Quedará asimismo sin efecto el pacto de limitación de responsabilidad si las garantías hipotecarias son reintegradas o anuladas en un posterior procedimiento concursal o en cualquier procedimiento singular, por virtud del cual fuese decretada la nulidad de la hipoteca, estuviese obligado o no el Banco a reintegrar cantidades percibidas por su realización.

Específicamente, quedará sin efecto el pacto de limitación si antes de que finalice el período de carencia la mercantil prestataria o la mercantil .... han sido declaradas en concurso de acreedores.

3° Inexistencia de otros gravámenes sobre los bienes hipotecados. Es igualmente requisito para que la limitación de responsabilidad tenga efecto que los inmuebles hipotecados o cualesquiera otras garantías constituidas a favor del Banco no se hallen gravadas, embargadas o afectas de cualquier modo a créditos de terceros anteriores a los que figuran en la actualidad inscritos en el registro de la propiedad.

4ª Transmisión de las fincas hipotecadas.– Esta limitación de responsabilidad y aplicación del artículo 140 Ley Hipotecaria es de aplicación exclusiva a la actual prestataria .... respecto de las fincas de las que continúe siendo titular al término del período de carencia, quedando sin efecto respecto de los terceros compradores de las fincas que se subroguen en la responsabilidad hipotecaria de la/s finca/s sin consentimiento expreso del Banco.

En el caso de incumplimiento total o parcial de las obligaciones de pago derivadas de esta operación antes de que finalice la carencia, será igualmente aplicable la limitación de responsabilidad pactada, siempre que se cumplan los requisitos estipulados para su aplicación. En consecuencia, salvo que se acredite el no cumplimiento de los requisitos pactados antes de que finalice la carencia, el Banco no iniciará ningún tipo de reclamación sobre este préstamo, ni judicial ni extrajudicial, antes del.............

CLÁUSULA ADICIONAL.– VENTA EXTRAJUDICIAL.

Para su ejecución, además de los procedimientos judiciales legalmente previstos, podrá instar el Banco la venta extrajudicial a que se refiere el artículo 129 de la Ley Hipotecaria, solo para el caso de falta de pago del capital o de los intereses de la cantidad garantizada A este efecto, y con arreglo al artículo 234 de su Reglamento, el deudor designa como persona que en su día haya de otorgar la escritura de venta de la finca en representación del hipotecante al Banco, que podrá actuar mediante cualquiera de sus apoderados.

El valor en que los interesados tasan las fincas para que sirva de tipo en la subasta y el domicilio del hipotecante para la práctica de requerimientos y notificaciones son los mismos que se fijan en la cláusula 10ª para los procedimientos judiciales, y se dan aquí por reproducidos.

CLÁUSULA DE PROTECCIÓN DE DATOS PERSONALES

Las referencias que se realizan en esta cláusula a "contrato" se entenderán realizadas indistintamente a minuta, póliza, o el documento de que se trate donde esté incorporada esta cláusula.

Los datos personales facilitados en el marco del presente contrato serán tratados por .... de acuerdo con el tratamiento de datos personales que el Interviniente tiene aceptado con..............

Las referencias que se realizan en esta cláusula a "contrato" se entenderán realizadas indistintamente a minuta, póliza, o el documento de que se trate donde esté incorporada esta cláusula.

Asimismo, por "Intervinientes" se hará referencia conjunta al titular del contrato (o, si actúa representado, a su Representante) y, en su caso, al Garante y a la Persona de Contacto indicada en el contrato.

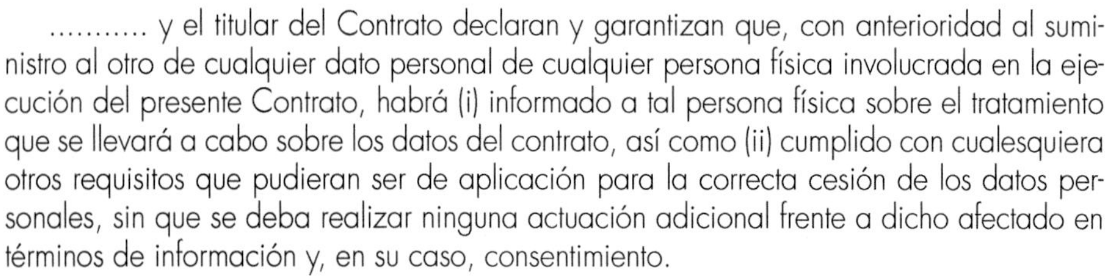

.... y el titular del Contrato declaran y garantizan que, con anterioridad al suministro al otro de cualquier dato personal de cualquier persona física involucrada en la ejecución del presente Contrato, habrá (i) informado a tal persona física sobre el tratamiento que se llevará a cabo sobre los datos del contrato, así como (ii) cumplido con cualesquiera otros requisitos que pudieran ser de aplicación para la correcta cesión de los datos personales, sin que se deba realizar ninguna actuación adicional frente a dicho afectado en términos de información y, en su caso, consentimiento.

.... y el titular del Contrato, como responsables del tratamiento, informan que:

(i) los datos personales (datos identificativos, de contacto, de firma, así como los que puedan figurar en la documentación acreditativa de la representación) de los Representantes que actúan en nombre y representación de cada uno de ellos en el presente Contrato;

(ii) los datos personales (datos identificativos y de contacto) de las Personas de Contacto que se indiquen en el presente Contrato a efectos de notificaciones o de aquellas otras que se pudieran indicar con posterioridad;

(iii) los datos personales (datos identificativos, de contacto, de firma) o aquellos otros que pudiera proporcionar con posterioridad la persona que interviene en su condición de Garante en el presente Contrato; serán tratados con la finalidad de gestionar el mantenimiento, cumplimiento, desarrollo, control y ejecución de lo dispuesto en el presente Contrato, siendo aplicable el apartado (iii) anterior exclusivamente a .... como responsable del tratamiento.

.........., con respecto a los datos de los Intervinientes (a excepción de las Personas de Contacto), y, en su caso el titular del Contrato en relación con los datos del Representante de ...., tratarán los datos de los citados afectados para la prevención del blanqueo de capitales y financiación del terrorismo a los efectos de que puedan cumplir con las obligaciones de recogida de información e identificación, así como de suministro de información sobre operaciones de pago a las autoridades de otros países, dentro y fuera de la Unión Europea, sobre la base de la legislación de algunos países y acuerdos firmados entre los mismos.

.... y el titular del Contrato conservarán los datos personales de los Intervinientes (personas físicas) durante la vigencia de este Contrato. Una vez finalizado, quedarán bloqueados durante los plazos de prescripción legal, con carácter general 10 años por normativa de prevención del blanqueo de capitales y financiación del terrorismo y hasta 20 años en el caso de financiaciones hipotecarias. Transcurridos los plazos de prescripción legal, los datos serán destruidos.

Ni .... y ni el titular del Contrato cederán a terceros los datos personales de los Intervinientes, salvo que la ley así lo establezca. En el enlace .... se facilita información sobre los destinatarios que prestan servicios a .... y que podrían acceder a los datos personales de los Intervinientes (personas físicas). Además .... informa a los Intervinientes (personas físicas) que, para la misma finalidad que la indicada en el párrafo anterior, determinadas sociedades que prestan servicios a .... podrían acceder a sus datos personales (transferencias internacionales de datos). Dichas transferencias se realizan a países con un nivel de protección equiparable al de la Unión Europea (decisiones de adecuación de la Comisión Europea, cláusulas contractuales tipo así como mecanismos de certificación) Para más información los citados Intervinientes pueden dirigirse al Delegado de Protección de Datos de .... en la siguiente dirección de correo electrónico: ....

Los destinatarios que prestan servicio, en su caso, al titular del Contrato, se detallan en el Anexo 1 que a estos efectos facilita, si aplica, el titular del Contrato.

Los Intervinientes podrán ejercitar sus derechos de acceso, rectificación, supresión, oposición, limitación del tratamiento y portabilidad, mediante un escrito al que se acompañe una copia de un documento acreditativo de su identidad en función de frente a quien se ejerciten, respectivamente, en las siguientes direcciones: .... y en la dirección que consta en el encabezamiento del presente Contrato, y al titular del Contrato: a la dirección que consta en el encabezamiento del presente Contrato.

Asimismo, si los Intervinientes consideran que no se han tratado sus datos personales de acuerdo con la normativa de protección de datos, pueden contactar con el Delegado de Protección de Datos de .... y del titular del Contrato, si lo tuviera, en las siguientes direcciones: para.......:..........., y para el titular del Contrato: a la dirección que consta en el encabezamiento del presente Contrato. Asimismo, podrán presentar una reclamación ante la Agencia Española de Protección de Datos (www.agpd.es).

DECLARACIÓN ESPECÍFICA:

CONDICIONES GENERALES DE CONTRATACIÓN. NO ADHESIÓN A ARBITRAJE DE CONSUMO.

En cumplimiento de lo dispuesto en la Ley 7/1998, de 13 abril, sobre condiciones generales de la contratación, se hace constar que tienen el carácter de condiciones generales la totalidad de las cláusulas de esta escritura, salvo los elementos de aquellas que tengan contenido financiero o económico, los cuales han sido convenidos como condiciones particulares de esta operación, o que reproduzcan o den cumplimiento a requisitos exigidos por la normativa vigente. Las condiciones generales no figuran inscritas en el Registro mencionado en la citada Ley.

La Parte Prestataria declara que ha tenido a su disposición el texto íntegro de las condiciones generales con antelación suficiente a la celebración del contrato y que conoce con toda claridad el significado y alcance de las mismas.

...... no está adherida a una autoridad arbitral de consumo para resolver conflictos de este tipo de operaciones.

F051. CONTRATO DE PRÉSTAMO PARTICIPATIVO (I)

Normativa aplicable: *Art. 20 Real Decreto-Ley 7/1996, de 7 de junio, sobre Medidas urgentes de carácter fiscal y de fomento y liberalización de la actividad económica.*

En la ciudad de ...., hoy día .. de .... de .....

REUNIDOS

Don........., de nacionalidad española, mayor de edad, vecino de ...., con domicilio en la calle ......, núm. ..... y DNI/NIF ....

Doña ...., de nacionalidad española, mayor de edad, vecina de ...., con domicilio en la calle ......, núm. ..... y DNI/NIF ....

INTERVIENEN

Don........... interviene en nombre y por cuenta, en su condición de Consejero Delegado, de la sociedad anónima de nacionalidad española .... S.A., domiciliada en ......, calle ...., núm. ..... Constituida por tiempo indefinido mediante escritura autorizada el ... de .... de ....., por el notario de ......, Don.............. Inscrita en el Registro Mercantil de la provincia de ...... al tomo ...., del libro de sociedades, folio ....., hoja número ....., inscripción .... CIF ....

Doña .... interviene en nombre y por cuenta, en su condición de administradora única, de la sociedad de responsabilidad limitada de nacionalidad española .... S.L., domiciliada en ......, calle ...., núm. ..... Constituida por tiempo indefinido mediante escritura autorizada el ... de .... de ....., por el notario de ......, Don.............. Inscrita en el Registro Mercantil de la provincia de ...... al tomo ...., del libro de sociedades, folio ....., hoja número ....., inscripción .... CIF ....

Las partes, reconociéndose recíproca capacidad para este acto, libre y espontáneamente,

EXPONEN

Que han convenido realizar un contrato de préstamo participativo de los previstos en el Real Decreto-Ley 7/1996, por el que la sociedad .... S.L. (en adelante la PRESTAMISTA) presta la cantidad de .... euros a la sociedad .... S.L. (en adelante la PRESTATARIA) con las condiciones y pactos que se establecen en las siguientes

CLÁUSULAS

PRIMERA.– En este acto, la PRESTAMISTA presta a la PRESTATARIA, en concepto de préstamo participativo de los regulados en Real Decreto-Ley 7/1996, la cantidad de .... euros, que será entregada por la PRESTAMISTA a la PRESTATARIA, en el plazo de ...... meses a contar desde la fecha de este documento, mediante trasferencia bancaria a la siguiente cuenta corriente titularidad de ésta última: ....

SEGUNDA.– La cantidad aquí prestada devengara a favor de la PRESTAMISTA durante el plazo de duración del mismo, un interés variable del ...% del beneficio neto y, además, un interés fijo que será del ...%.

TERCERA.– El capital prestado ha de devolverse íntegramente en un único plazo por el importe de .... euros, con vencimiento el día ... de ...... de .....

CUARTA.– El prestatario sólo podrá amortizar anticipadamente el préstamo participativo si dicha amortización se compensa con una ampliación de igual cuantía de sus fondos propios y siempre que éste no provenga de la actualización de activos.

En su caso, no se devengarán comisiones ni gastos a favor de la ENTIDAD PRESTAMISTA en el caso en el que la ENTIDAD PRESTATARIA decidiera reembolsar anticipadamente el total capital o parte del mismo, del préstamo.

En cualquier caso, el presente préstamo participativo, total o parcialmente, podrá convertirse a instancia de la PRESTAMISTA en capital social de la PRESTATARIA mediante el oportuno acuerdo de la Junta General de socios de esta última aumentando su capital social por compensación de crédito consistente en todo o parte de este préstamo participativo.

QUINTA.– El incumplimiento de las obligaciones asumidas por cualquiera de las partes en este contrato, determinará la terminación anticipada del contrato de Préstamo en la fecha en que dicho incumplimiento se haya producido, debiendo la parte prestamista satisfacer las cantidades debidas en concepto de principal, así como los intereses devengados desde la firma de éste documento, hasta la fecha en que se haya producido el incumplimiento.

SEXTA.– Los gastos e impuestos que se devenguen por el presente contrato, serán de cuenta y cargo de la PRESTATARIA.

SÉPTIMA.– Para cuantas divergencias pudieran surgir con motivo de la interpretación y cumplimiento de lo pactado en este documento y anexo, las partes, haciendo expresa renuncia al fuero que pudiera corresponderles, se someten a los Tribunales de ....

Y en prueba de conformidad con cuanto antecede, se firma el presente contrato, por duplicado y a un sólo efecto en el lugar y fecha antes indicados.

F052. CONTRATO DE PRÉSTAMO PARTICIPATIVO (II)

Normativa aplicable: *Art. 20 Real Decreto-Ley 7/1996, de 7 de junio, sobre Medidas urgentes de carácter fiscal y de fomento y liberalización de la actividad económica.*

En la ciudad de .... hoy día .... de .... de ....

COMPARECEN

Don..............., mayor de edad, vecino de............, domiciliado en la, con DNI/ NIF.............

Don..............., mayor de edad, vecino de............, domiciliado en la, con DNI/ NIF.............

INTERVIENEN

Don........................ interviene en nombre y por cuenta, en su condición de persona física representante de..............., para ejercer su cargo Administrador solidario de la compañía.............., con domicilio en............ Inscrita en el Registro Mercantil de .... al tomo............, folio........., hoja..........., CIF................

Asimismo, Don................., interviene en nombre y por cuenta, en su condición de Consejero Delegado, de la mercantil................, con domicilio en................. Inscrita en el Registro Mercantil de .... al tomo.........., folio............, hoja número..........., CIF..............

Las partes, reconociéndose recíproca capacidad para este acto, libre y espontáneamente,

EXPONEN

I.– Que los aquí comparecientes suscriben el presente contrato de PRÉSTAMO PARTICIPATIVO, figura que viene regulada en el "Real Decreto Ley 7/1996, de 7 de junio, sobre medidas urgentes de carácter fiscal y de fomento y liberalización de la actividad económica, en redacción dada por la disposición adicional segunda de la ley 10/1996, de 18 de diciembre, de Medidas Fiscales Urgentes sobre Corrección de la Doble Imposición Interna Intersocietaria y sobre Incentivos a la Internacionalización de las Empresas".

II.– El préstamo participativo concertado se ejecutará y llevará a efecto a tenor de las siguientes

ESTIPULACIONES

PRIMERA.– PRINCIPAL DEL PRÉSTAMO.– La Mercantil .... en adelante la sociedad prestamista o simplemente la prestamista, reconoce a través de su representante haber prestado en conjunto la cantidad de .... a la mercantil................, en adelante la sociedad prestataria o simplemente la prestataria, la cual reconoce, debidamente representada, haber percibido tal cantidad, y por tanto reconoce y acepta el préstamo participativo hecho a su favor.

SEGUNDA.– PLAZO DE VIGENCIA.– El plazo de vigencia del contrato será de .... años, a contar desde la firma del presente documento. En consecuencia, el reintegro del capital prestado deberá realizarse íntegramente el día.............., fecha en que por haber transcurrido el tiempo pactado, se extinguirá el contrato. No obstante, el préstamo será susceptible de ampliar su vigencia mediante prórrogas anuales. Para que la prórroga tenga lugar en beneficio de la sociedad prestataria será preciso que ésta comunique de modo fehaciente a la prestamista su deseo de acceder a la prórroga con un mes de antelación a la expiración del término contractual o de prórroga, entendiéndose prorrogado el contrato, tácitamente, si la prestamista no rechaza esta posibilidad, mediante comunicación escrita, notificada a la prestataria antes del día del vencimiento del plazo de vigencia.

TERCERA.– RETRIBUCIÓN DEL CAPITAL.– Siguiendo lo dispuesto en el artículo 20.Uno.a) del Real Decreto Ley 7/1996, el presente contrato de préstamo participativo devengará en concepto de intereses el resultado de adicionar las siguientes cuantías:

- Retribución fija: A un tipo de interés del .... POR CIENTO sobre el principal del préstamo.
- Retribución variable: En función del desarrollo de la actividad de la entidad prestataria. Concretamente, se establece como parámetro de referencia la evolución positiva de los Fondos Propios de la sociedad, calculada por la diferencia existente entre los Fondos Propios consignados en el último balance aprobado por la entidad prestataria a la fecha de exigibilidad de los intereses y el del ejercicio inmediatamente anterior, aplicándose sobre esta diferencia positiva el tipo del ....%.

Los intereses adquirirán la consideración de exigibles el último día del periodo de .... años y en ningún caso superarán el límite anual del ....% del importe total adeudado en concepto de principal.

CUARTA.– AMORTIZACIÓN ANTICIPADA.– A tenor de lo prevenido en el artículo 20.Uno.b) del Real Decreto Ley 7/1996, este préstamo participativo podrá amortizarse de forma anticipada. Para ello, la sociedad prestataria deberá acordar un aumento de fondos propios de cuantía igual al principal del préstamo, sin que pueda provenir este aumento de la actualización activos.

QUINTA.– EXTINCIÓN DEL CONTRATO.– Además de las causas generales de extinción de los contratos, el presente se extinguirá por la siguiente:

I.– Si, una vez transcurrido el plazo contractual originario o, en su caso, el de la prórroga anual correspondiente, no se hubiese reintegrado totalmente la cantidad prestada.

Extinguido el contrato por cualquiera de estas causas, ello determinará para la prestataria la obligación inmediata de reintegrar a la prestamista el importe del principal del préstamo, así como los intereses que hasta ese momento se hubiesen devengado.

SEXTA.– EXTINCIÓN DEL CONTRATO: SUPUESTO ESPECIAL.– Se pacta expresamente por las partes como causa de extinción de este contrato, el acuerdo mediante el cual la sociedad prestataria lleve a cabo un aumento de capital social por compensación de éste crédito, capitalizándolo por importe igual al principal del presente contrato de préstamo, adquiriendo éste en ese momento la condición de líquido y exigible en su totalidad, en cumplimiento de la vigente legislación mercantil.

Los intereses devengados hasta la fecha del mencionado acuerdo de ampliación de capital, tendrán la consideración de exigibles, siendo satisfechos por la prestataria.

Dicho aumento, se llevaría a cabo mediante la emisión de nuevas participaciones sociales de idéntico valor nominal a las preexistentes, adicionándoles, en su caso, la oportuna prima de emisión resultante del cálculo de las reservas, beneficios no distribuidos o cualquier otra partida de carácter inmaterial, que impliquen un mayor valor de la sociedad respecto del reflejado en contabilidad.

Extinguido el contrato por la causa prevista en esta estipulación, quedará la prestataria liberada de la obligación de reintegrar a la prestamista el importe del principal del préstamo.

SÉPTIMA.– GARANTÍAS.– Debido a la especial vinculación existente entre las partes, el presente contrato de préstamo participativo se pacta sin más garantías para la prestamista que las puramente personales de la prestataria, a tenor de lo dispuesto en el artículo 1.911 del Código Civil.

OCTAVA.– GASTOS E IMPUESTOS.– Todos los gastos e impuestos que se deriven o traigan causa del otorgamiento y formalización del presente contrato, serán de cuenta y cargo de la prestataria.

NOVENA.– IMPUESTO SOBRE EL VALOR AÑADIDO.– El presente contrato de préstamo participativo se encuentra sujeto y exento del Impuesto sobre el Valor Añadido, a tenor de lo dispuesto en el artículo 20.Uno.18°.c) de la Ley 37/1992, de 28 de diciembre, reguladora de este impuesto.

DÉCIMA.– REGULACIÓN.– El presente contrato se regirá por las cláusulas y pactos precedentes, por las disposiciones que le sean aplicables del Código de Comercio y del Código Civil, así como por la regulación especial contenida en el mencionado Real Decreto Ley 7/1996.

UNDÉCIMA.–JURISDICCIÓN Y COMPETENCIA.– Ambas partes, con renuncia expresa al fuero que les pudiera corresponder, se someten a la jurisdicción y competencia de los Tribunales de la ciudad de ...., para todas aquellas cuestiones que pudieran derivarse de la interpretación, aplicación y vigencia del presente contrato.

DUODÉCIMA.– En materia de prelación de créditos, el presente contrato se regirá por lo dispuesto en la legislación vigente y en especial por lo dispuesto en el artículo 20.Uno.c) del Real Decreto Ley 7/1996.

Y en prueba de conformidad con cuanto antecede, se firma el presente contrato, por duplicado y a un sólo efecto en el lugar y fecha antes indicados.

F053. CONTRATO DE CRÉDITO EN CUENTA CORRIENTE (I)

En .... a ....

REUNIDOS

DE UNA PARTE, ..., con DNI .... y domicilio en ...., Avda. .... nº ....

DE OTRA, Don............, con DNI .... y domicilio en ...., Avda. .... nº ....

INTERVIENE

Don..... En nombre y representación de la mercantil............. S.L., con CIF .... y domiciliada en............ Actúa en virtud de su cargo de Administrador Único de dicha entidad, en adelante entidad PRESTATARIA.

Don....., Don..... En nombre y representación de la mercantil............. S.L., con CIF .... y domiciliada en............ Actúa en virtud de su cargo de Administrador Único de dicha entidad, en adelante entidad PRESTAMISTA.

MANIFIESTA

Que la mercantil .... S.L., mantiene un saldo deudor a favor de la mercantil .... S.L., el cual queda anotado en la contabilidad de la deudora bajo el número de cuenta contable .... que arroja un saldo a día de hoy de .... EUROS y en la cual se han ido anotando las distintas disposiciones y traspasos de fondos entre ambas partes.

Por ello, en la representación que ostenta de las mercantiles y de mutuo y común acuerdo de ambas, decide documentar dicha cuenta de crédito contable mediante la firma del presente CONTRATO DE CUENTA DE CRÉDITO el cual se regirá por las siguientes

ESTIPULACIONES

PRIMERA.– El presente contrato regula las relaciones entre acreedora y deudora respecto a la cuenta que se encuentra materializada en el balance de la deudora bajo el número de cuenta, ... en posición deudora. En dicha cuenta se acreditarán las cantidades que el acreedor entregue para su abono y se adeudarán las disposiciones de fondos que efectúe.

SEGUNDA.– El contrato tendrá una duración hasta el próximo día............, fecha en la que se procederá al abono del saldo total que exista en dicha fecha junto con la totalidad de intereses devengados durante este periodo en la forma establecida en la estipulación quinta.

TERCERA.– Todas las disposiciones de saldo por parte del acreedor deberán ser notificados al deudor con un preaviso mínimo de cinco días hábiles. Para ello el deudor pondrá a disposición del acreedor talones bancarios por el importe requerido u ordenará transferencia a la cuenta bancaria que se le indique, en el plazo citado.

CUARTA.– A efectos de notificaciones, ambas partes consideran como domicilio el último comunicado por ellos. Se obligan a comunicar también cualquier otro dato que difiera de los facilitados en este contrato, así como la modificación y revocación de poderes de sus representantes.

QUINTA.– El capital prestado devengará un interés igual al Euríbor a ..... meses publicado mensualmente .... puntos, pagadero en el domicilio del prestamista al vencimiento del préstamo.

SEXTA.– A requerimiento en cualquier momento del acreedor el deudor deberá poner a su disposición un extracto de la cuenta. En los .... días siguientes al devengo del interés, se pondrá también a disposición del acreedor el cálculo del mismo y el extracto con el abono correspondiente.

Y en prueba de conformidad con lo anteriormente manifestado, todos los intervinientes se afirman y ratifican en el contenido el presente documento, el cual queda extendido en tres páginas numeradas, firmándolo por duplicado ejemplar y a un solo efecto en el lugar y fecha indicados en el encabezamiento.

F054. CONTRATO DE CRÉDITO EN CUENTA CORRIENTE (II)

En........., a ....

REUNIDOS

De una parte..........., mayor de edad, con DNI ...., con domicilio en ....

Y de otra, ..., mayor de edad, con DNI número.........., con domicilio a estos efectos en ....

INTERVIENEN

DON..........., en nombre y representación de la Sociedad .... S.L. con domicilio social en .... y con CIF ...., representación que se deriva de su condición de Administrador Único de la Sociedad, en virtud de la escritura de constitución otorgada ante el Notario..........., el.........., con el número .... de protocolo, en adelante la prestamista.

DON................, en nombre y representación de la Sociedad .... S.L. con domicilio social en .... y con CIF ...., representación que se deriva de su condición de Administrador Único de la Sociedad, en virtud de la escritura de constitución otorgada ante el Notario..........., el.........., con el número .... de protocolo, en adelante la prestataria.

Ambas partes

EXPONEN

UNO.– Que .... S.L., dispone de los recursos suficientes para facilitar a .... S.L., el capital que precisa, cediéndoselo a título de préstamo en su modalidad de CUENTA CRÉDITO en las condiciones que más adelante se exponen.

DOS.– Que .... S.L. para realizar proyectos inmediatos, requiere unas mayores disponibilidades financieras.

En virtud de lo expuesto, ambas partes, se reconocen entre sí, cada cual en la representación en que actúan, capacidad legal suficiente para celebrar este CONTRATO DE CRÉDITO EN CUENTA CORRIENTE, y libre y espontáneamente

OTORGAN

I.– Que .... S.L. concede a .... S.L. un CRÉDITO EN CUENTA CORRIENTE hasta un máximo de .... EUROS que la prestataria acepta en este acto.

II.– El presente contrato se regirá, ejecutará y llevará a efecto a tenor de las siguientes

ESTIPULACIONES

PRIMERA.– Con el límite previsto en el punto I anterior, y siempre de común acuerdo entre las partes, la prestamista entregará a la prestataria, en la medida que le sea necesaria, la cantidad que precise para sus previsiones de pago. Asimismo, podrá en cualquier momento reintegrar a la prestamista el total o parte de las cantidades dispuestas. Para el cumplimiento de la obligación principal que asume la parte prestamista, es decir, la puesta a disposición de la prestataria del capital acreditado, éste indicará precisamente a aquella la forma en que deberá hacer efectiva la entrega de las cantidades en cada momento requeridas.

SEGUNDA.– Las cantidades que por razón de este crédito hayan sido entregadas, así como las reintegradas, se adeudarán y acreditarán en una cuenta corriente que a tales efectos habilitará la prestataria, dando cuenta mensualmente de su movimiento a la parte prestamista. Esta obligación es adicional y ajena a los movimientos contables que practique en sus libros de contabilidad la prestamista. Ambas partes, sin perjuicio de la información que mensualmente debe proporcionar la prestataria, comprobarán y conciliarán el saldo de la cuenta corriente creada entre ellos al término del período, y procederán a su liquidación con objeto de determinar el saldo medio deudor sobre el que se calcularán los intereses devengados durante el tiempo de vigencia del préstamo, ya durante el plazo contractual originario o de sus prórrogas.

TERCERA.– Se fija como tipo de interés el EURÍBOR al............., para operaciones a un año, incrementado con .... punto porcentual, y se entenderá devengado desde la fecha de otorgamiento del presente contrato, produciéndose el primer vencimiento de intereses el día ....

Para el año siguiente y sucesivos, en su caso, el tipo de interés se fijará incrementando en...... punto porcentual el EURÍBOR para operaciones a un año, tomándose como referencia el EURÍBOR publicado el mismo día en que se inicia cada periodo, y en el caso de que fuese inhábil, el día hábil inmediato anterior; y el devengo de los intereses se producirá por el periodo que comprende del .... de cada año.

CUARTA.– Sin perjuicio del cumplimiento de los pactos establecidos en las precedentes cláusulas, la prestataria disfrutará de una libertad absoluta para proceder, según sus posibilidades y conveniencias, al reintegro total o parcial de los capitales adeudados en efectivo metálico, debiendo en todo momento la prestamista aceptar tales reintegros, totales o parciales, cualquiera que fuera el momento en el que se procediera a su amortización.

QUINTA.– El presente contrato tendrá una duración hasta el día............, prorrogándose, transcurrido este plazo, por periodos anuales, además de por la voluntad expresa de ambas partes, tácitamente si cualquiera de las mismas no lo denuncia con un mes de antelación a la fecha de su extinción.

SEXTA.– Además de las causas generales de extinción de los contratos, el presente se podrá extinguir por las otras siguientes:

1.– Por la voluntad unilateral de la prestataria, que podrá en cualquier momento cancelar su préstamo con la prestamista, previo pago del capital en dicho momento subsistente más los intereses devengados hasta esa fecha.

SÉPTIMA.– Se señala como domicilio para el pago de los intereses devengados y el reintegro de los capitales cedidos, así como para el cumplimiento de las demás obligaciones pecuniarias dimanadas de este contrato, el de la prestamista, quien podrá señalar la cuenta bancaria en donde se le deberán abonar los ingresos que correspondan como consecuencia del cumplimiento de este contrato.

OCTAVA.– El presente contrato de crédito en cuenta corriente se pacta sin más garantías para la prestamista que las puramente personales de la prestataria, a tenor de lo dispuesto en el artículo 1.911 del Código Civil.

NOVENA.– Todos los gastos e impuestos que se deriven o traigan causa del otorgamiento y formalización del presente contrato, serán de cuenta y cargo de la prestataria.

DÉCIMA.– El presente contrato de crédito en cuenta corriente se encuentra exento del Impuesto sobre el Valor Añadido a tenor de lo dispuesto en el artículo 20, apartado 18, letras c) y d) de la Ley 37/1992, de 28 diciembre, reguladora de este impuesto.

UNDÉCIMA.– El presente contrato, en lo no previsto en las cláusulas y pactos precedentes, se regirá por las disposiciones del Código Civil, y demás normas de derecho que le sean aplicables.

DECIMOSEGUNDA.– Ambas partes, con renuncia expresa al fuero que les pudiera corresponder, se someten a la jurisdicción y competencia de los Tribunales de............, para todas aquellas cuestiones que pudieran derivarse de la interpretación, aplicación y vigencia del presente contrato.

Ambas partes, en prueba de conformidad con su íntegro contenido, firman el presente documento por duplicado ejemplar y a un sólo efecto, en el lugar y fecha al principio indicados, dejándolo extendido en .... páginas.

F055. APERTURA DE CRÉDITO CON GARANTÍA HIPOTECARIA

Normativa aplicable: *Decreto de 8 de febrero de 1946, por el que se aprueba la nueva redacción oficial de la Ley Hipotecaria.*

En............, a............

COMPARECEN

De una parte D........... NIF .... en representación de .... NIF .... (en adelante el BANCO)

De otra D. .... NIF .... en nombre y representación de .... (en adelante, el ACREDITADO) domicilio......................

De otra D. .... NIF .... en nombre y representación de .... (en adelante, EL HIPOTECANTE NO DEUDOR) domicilio ....

Y teniendo a mi juicio, los comparecientes, la capacidad legal necesaria, que aseguran no les está limitada, para celebrar el contrato de apertura de crédito con hipoteca que es objeto de esta escritura, de mutuo acuerdo,

EXPONEN

I.– Que el acreditado es propietario de las siguientes fincas registrales, sitas en el Conjunto denominado .... situado en esta ciudad de........, formando una manzana delimitada por la............; construido sobre un solar de .... metros cuadrados, que consta de .... viviendas unifamiliares o chalets adosados; ocupando una superficie total construida .... metros cuadrados, Bloques........, financiados por el Banco, con garantía hipotecaria, identificados actualmente con los números de expediente ....

La fincas registrales, inscritas en el RP........, de las que es actualmente propietario el Acreditado son las siguientes:

Expediente ....

......

II.– Que.........., es propietario de las fincas que a continuación se describen

....

III.– Que el acreditado, ha encargado, sin régimen de exclusividad, a .... S.A. (en adelante, ...), la promoción, difusión y gestión comercial destinada a la venta de los inmuebles cuyos datos de identificación y, precios mínimos de venta se recogen en el Anexo I de dicho encargo; y en el expositivo I de la presente.

Y existiendo la posibilidad de que las fincas objeto del mencionado encargo sean transmitidas por un precio inferior al importe del capital dispuesto del préstamo pendiente de amortizar que corresponda a cada una y la consiguiente cancelación parcial/total de la hipoteca, es por lo que acreditado ha solicitado al Banco la apertura de un crédito destinado a satisfacer la totalidad de los débitos derivados del citado préstamo, lo que ambas partes formalizan con arreglo a las siguientes

ESTIPULACIONES

1º.- APERTURA DE CRÉDITO. CUENTA CORRIENTE. DISPONIBILIDAD

El Banco abre un crédito en cuenta corriente hasta un límite máximo de .... EUROS a favor del acreditado, quien se obliga a reembolsar al Banco las cantidades que por cuenta del mismo dispongan, así como a pagar los intereses, comisiones, tributos y gastos, que graven estas operaciones, hasta su total pago, en el modo y condiciones y con las demás obligaciones que se establecen en la presente escritura.

La disposición del total importe del crédito se efectuará en las fechas y por las cantidades que indique el acreditado, que en todo caso deberán coincidir con la fecha del otorgamiento de cada escritura de compraventa así como con el importe de todos los débitos procedentes del préstamo correspondiente a la finca transmitida que no haya sido satisfecha con el precio de la misma. A estos efectos, el acreditado indicará al Banco, con cinco días hábiles de antelación al de la disposición, la cantidad que desea disponer. Dicha solicitud, que tendrá el carácter de firme e irrevocable, deberá ser efectuada por el acreditado mediante telegrama, télex, fax, carta o cualquier otra forma de notificación, dirigida a los domicilios e indicativos mencionados en la cláusula 12ª.

Sin perjuicio de lo dispuesto en el párrafo precedente, el otorgamiento de la escritura de compraventa de cualquiera de las fincas hipotecadas por un precio inferior al capital dispuesto del préstamo correspondiente a la misma será considerado como solicitud del acreditado de la disposición del importe del crédito necesario para satisfacer los débitos derivados de dicho préstamo, autorizando al Banco desde este momento para cargar en la cuenta de crédito el citado importe.

No obstante lo anterior, estando el crédito vigente y siendo el saldo deudor de la cuenta corriente del acreditado inferior al límite de disponibilidad máximo pactado, dicho límite quedará reducido de forma automática a la cantidad efectivamente dispuesta en caso de declaración de concurso del acreditado o del fiador/es, o de cualquiera de ellos, así como en los supuestos constitutivos de vencimiento anticipado de este contrato.

La disponibilidad del saldo de la cuenta de crédito queda sujeta, además, al cumplimiento de las condiciones que se establecen a continuación:

1º Que haya sido entregada al Banco la primera copia con carácter ejecutivo de esta escritura, debidamente inscrita en el Registro de la Propiedad y una copia simple de la misma.

2º Que haya sido entregada al Banco, igualmente, una certificación del mismo Registro que acredite que la hipoteca consta inscrita con la extensión pactada en esta escritura y que no existen cargas ni limitaciones inscritas o anotadas ni documentos presentados a los mismos efectos que resulten preferentes a dicha hipoteca o puedan disminuir su efectividad, salvo las que ya constan inscritas en el día de hoy, que figuran en el apartado de cargas de esta escritura.

El acreditado se obliga a obtener el exacto y total cumplimiento de estas condiciones en el plazo de noventa días a contar desde hoy, transcurrido el cual EL BANCO podrá ejercitar su facultad de vencimiento anticipado con arreglo a la estipulación 6ª BIS.

1ª BIS.– REDUCCIONES PARCIALES DEL LIMITE.

El límite fijado en la Cláusula Primera, se irá reduciendo trimestralmente en la cantidad de .... €, desde el día ..... hasta el........., ambas fechas inclusive.

Por lo tanto, el límite quedará en:

El día	....	el límite quedará fijado en	....
El día	....	el límite quedará fijado en	....
El día	....	el límite quedará fijado en	....
El día	....	el límite quedará fijado en	....
El día	....	el límite quedará fijado en	....

2º.– DESTINO Y CONTROL

El acreditado declara que destinará el importe del crédito única y exclusivamente a recoger los movimientos que procedan de los débitos y abonos derivados de las operaciones de compraventa de las viviendas descritas en el expositivo I, comprometiéndose asimismo a hacer entrega al Banco de la documentación necesaria para verificar la realidad de dichas operaciones.

A este respecto, el acreditado se obliga a abonar al Banco con cargo a este crédito, hasta el límite del mismo, tanto la deuda procedente del capital del préstamo correspondiente a la finca transmitida, como sus intereses ordinarios, de demora, comisiones, gastos y costas procesales que se hayan devengado hasta la fecha del otorgamiento de la escritura de compraventa.

Asimismo, el acreditado abonará en la cuenta las cantidades derivadas de la transmisión de los inmuebles que, una vez satisfechos todos los débitos correspondientes al préstamo de que se trate, resulten disponibles a su favor. Tanto estos abonos como cualquier otro que realice el acreditado con cargo a sus propios recursos únicamente serán disponibles en la forma y para la finalidad establecida en el presente contrato.

Además, el acreditado, previa autorización expresa de ...., podrá disponer del crédito con destino a satisfacer los gastos, comisiones e impuestos originados por la transmisión de los inmuebles objeto del encargo, así como aquéllos que resulten inherentes a la titularidad de los mismos (por ejemplo Impuesto sobre Bienes Inmuebles y gastos de comunidad, entre otros)

Se ingresarán en esta cuenta de crédito, las cantidades que queden a favor del acreditado tras deducir del precio de venta de cada uno de los inmuebles incluidos en las promociones citadas, los gastos generados por la formalización de la misma.

3ª.– PLAZO. CANCELACIÓN ANTICIPADA

El crédito vencerá el día............ El acreditado queda obligado a reintegrar, en la fecha de vencimiento, el saldo que a favor del Banco resulte por todos los conceptos. A su vencimiento podrá prorrogarse, de forma expresa, por un plazo de .... meses; y al finalizar el mismo, podrá llevarse a cabo de forma expresa una segunda prórroga por otro plazo de .... meses.

Sobre el límite de crédito concedido el Banco percibirá una comisión de apertura del........., de una sola vez, en la fecha de la firma de este contrato o en la fecha de la primera liquidación, mínimo de .... euros.

En el caso de modificación de condiciones que impliquen modificación o alteración del documento contractual (a título meramente enunciativo, modalidad de interés, modificación del plazo de vencimiento, períodos de carencia, sistemas de pago, garantías, cambio de fiadores) se percibirá una comisión del..........., sobre el límite de la operación.

Sin perjuicio de su duración el acreditado podrá cancelar el crédito en cualquier momento, procediéndose al cierre de su cuenta, previo el abono del saldo deudor a su cargo, más los intereses, comisiones, impuestos y gastos correspondientes a la fecha de cierre. Esta facultad no podrá ser ejercitada por el acreditado mientras existieren inmuebles de la promoción mencionada pendientes de venta durante la vigencia del contrato de mandato de venta y gestión de comercialización. En caso de amortización anticipada del crédito a solicitud del acreditado se percibirá en el momento de su amortización una comisión .... sobre el importe a cancelar. Los saldos deudores reintegrados durante los treinta días naturales anteriores a la fecha de cancelación anticipada total del crédito se considerarán cancelaciones anticipadas parciales, percibiéndose la citada comisión sobre el mayor saldo deudor valorado de dicho período. La amortización anticipada no dará derecho a la devolución de los intereses y comisiones satisfechos.

No obstante la duración pactada, el Banco podrá considerar vencido de pleno derecho el crédito, y exigibles todas las obligaciones de pago contraídas por el Acreditado, o por cualquiera de ellos cuando fueren varios, en las siguientes circunstancias:

a) Incumplimiento total o parcial de alguna de las siguientes obligaciones de carácter esencial asumidas por el Acreditado en virtud de este contrato:

(i) Cualquier obligación dineraria, incluida la de pago de intereses moratorios

(ii) La de otorgar garantía o conservarla

(iii) Las obligaciones que, conforme a lo pactado, tengan carácter de esenciales para el otorgamiento de este contrato.

b) Cuando se compruebe falseamiento en cualesquiera datos o documentos aportados por cualquiera de los Acreditados que sirvan de base a la concesión del crédito o a la vigencia del mismo, o cuando no faciliten al Banco la documentación precisa para conocer su situación jurídica o financiera si les fuera requerida.

c) Cuando concurra cualquiera de los siguientes supuestos de forma generalizada:

(i) La falta de pago de sus obligaciones tributarias o de las cuotas de Seguridad Social durante un plazo de ... mes.

(ii) La falta de pago de salarios, indemnizaciones y demás retribuciones derivadas de relaciones de trabajo o de prestación de servicios correspondientes a .... mensualidad.

(iii) La falta de pago a acreedores por operaciones de la actividad corriente de su negocio durante el plazo de .... mes.

d) Cuando enajene o grave más del ....% de su patrimonio en un plazo inferior a seis meses o en condiciones económicas inferiores a precios de mercado, atendida la naturaleza y características de dichos bienes, o existan embargos que afecten a un porcentaje superior al .....% de su patrimonio declarado.

No procederá el vencimiento anticipado por razón de las causas comprendidas bajo los anteriores apartados c) y d) en el caso de que el Acreditado/s garantice sus obligaciones a satisfacción del Banco, en los términos y condiciones establecidos en la cláusula Octava.

e) Cuando incumpla alguna de las siguientes obligaciones de carácter esencial asumidas por el Acreditado/s en virtud de otros contratos que tenga con el Banco:

(i) Las obligaciones dinerarias, incluido el pago de intereses moratorios

(ii) Compromiso de otorgar garantía o conservarla

(iii) Las obligaciones que, conforme a lo pactado, se haya determinado por las partes contratantes su carácter de condiciones esenciales para el otorgamiento de dichos contratos.

f) Cuando falleciere alguno de los fiadores y no existiere aceptación de la herencia por sus causahabientes o existiendo lo fuese a beneficio de inventario, se diere en cualquiera de dichos fiadores alguno de los supuestos prevenidos en los apartados anteriores, a no ser que el Acreditado ofrezca nuevos fiadores que garanticen a satisfacción del Banco las obligaciones derivadas del crédito.

g) Cuando no otorgue a favor del Banco las garantías a que estuviere comprometido conforme a lo establecido en la cláusula Octava.

4°.- CUENTA DE CRÉDITO

El crédito concedido se reflejará en una cuenta corriente de crédito abierta por el Banco en la Sucursal sita en............................., lugar que constituye a todos los efectos el de cumplimiento del contrato, y con el número .... a nombre del acreditado y admitirá, por cuanto a débitos se refiere, sólo los movimientos que procedan de las operaciones a que se hace referencia en la cláusula Segunda (Destino y Control) de esta escritura. Igualmente se adeudarán en cuenta los intereses, comisiones, impuestos y gastos que origine la operación por todos los conceptos. No se entregará al acreditado talonario de cheques ni ningún otro tipo de documentación para efectuar disposiciones.

5º.– COMISIONES E INTERESES

5.1. Comisiones.

Sobre el límite de crédito concedido el Banco percibirá una comisión de apertura del ....%, de una sola vez, en la fecha de la firma de esta escritura o en la fecha de la primera liquidación, mínimo de ...... euros.

En el caso de modificación de condiciones que impliquen modificación o alteración del documento contractual (a título meramente enunciativo, modalidad de interés, modificación del plazo de vencimiento, períodos de carencia, sistemas de pago, garantías, cambio de fiadores) se percibirá una comisión.........., sobre el límite de la operación.

En concepto de gastos de estudio de la operación, se percibirá, en la fecha de firma de esta escritura, una comisión del ...... sobre el límite autorizado, mínimo de .... euros.

En concepto de gastos de administración de la cuenta de crédito se percibirá con cada liquidación de intereses, una comisión .... euros por apunte.

En el caso de que el Banco reclame cantidades vencidas y no satisfechas percibirá, para compensar los gastos de gestión, un importe fijo de .... euros, que se cobrará una sola vez por cada rúbrica (nueva posición deudora vencida) y en el momento de su devengo o en la primera liquidación que se produzca de las posiciones deudoras, sin perjuicio de las costas y gastos judiciales que pudieran producirse en su caso.

5.2. Devengo de intereses ordinarios.

El saldo a favor del Banco que resulte de la cuenta durante el plazo de duración convenido, devengará el tipo de interés nominal anual del ....% fijo. En cada liquidación, el importe total de los intereses devengados se obtendrá, aplicando la fórmula siguiente: resultado de dividir entre .... la suma de los productos de cada saldo diario valorado que resulte a favor del Banco por el número de días en que dicho saldo permanezca sin variación y por el tipo de interés nominal anual contractualmente aplicable a dichos días.

Los intereses pactados se devengarán por días, se liquidarán y satisfarán con periodicidad trimestral, el último día de cada uno de los meses de .... incluidos dentro del plazo de duración de este crédito. En caso de modificación de las fechas de liquidación de intereses, el Banco lo comunicará previamente al acreditado. Los saldos de la cuenta a favor del acreditado no serán remunerados.

6º. INTERESES MORATORIOS Y EXCEDIDOS

6.1. Intereses moratorios.

Las obligaciones dinerarias del acreditado, dimanantes de este contrato, vencidas y no satisfechas, devengarán desde el día siguiente a su vencimiento un interés moratorio del .... nominal anual, calculado y liquidado del mismo modo que los intereses ordinarios, pero por meses o fracción en su caso y siempre por períodos vencidos, acumulable al principal en sus fechas de liquidación, capitalizándose los intereses vencidos y no satisfechos de forma que, como aumento de capital, devenguen nuevos intereses al tipo de interés moratorio aquí establecido. Las cantidades resultantes como intereses moratorios se considerarán firmes en el momento en que se perciban sin perjuicio del derecho del Banco a exigir los intereses moratorios devengados hasta cada momento.

6.2. Excedidos.

El Banco no está obligado a admitir disposiciones o adeudos que excedan del límite del crédito vigente en cada momento, viniendo obligado el acreditado, en tales casos, a reintegrar dichos excedidos de forma inmediata, sin necesidad de requerimiento alguno, considerándose el incumplimiento de esta obligación como causa de vencimiento anticipado de la totalidad del contrato.

Los excedidos se considerarán operaciones de crédito a todos los efectos, devengando un tipo de interés anual igual al publicado en cada momento por el Banco para estas operaciones en esta fecha el .... nominal anual, así como una comisión .... sobre el saldo máximo contable del exceso de cada período de liquidación mínimo de .... euros, todo ello liquidable en cada liquidación de intereses.

Los excedidos producidos como consecuencia de la diferencia de valoración de las partidas asentadas en la cuenta corriente de crédito o por cualquier otro motivo, no tendrán efectos novatorios del presente contrato.

6° BIS.– VENCIMIENTO ANTICIPADO

No obstante el plazo pactado, el BANCO podrá considerar vencido de pleno derecho el crédito y exigibles todas las obligaciones de pago contraídas por el Acreditado, o por cualquiera de ellos cuando fueren varios, en las siguientes circunstancias:

j) Falta de pago en sus vencimientos de una parte cualquiera del principal del crédito, sus intereses ordinarios y moratorios y cualquier otra obligación dineraria contraída por los Acreditados con el Banco en virtud del presente contrato.

k) Impago de impuestos y contribuciones que sean preferentes a la hipoteca constituida.

l) Cuando resulten cargas preferentes a la hipoteca que aquí se constituye distintas de las reseñadas en el apartado cargas de esta escritura.

m) No destinar el importe del crédito a la finalidad establecida.

n) Cuando el propietario de las fincas hipotecadas incumplieren las obligaciones de Conservación de la Garantía establecidas en esta escritura y cualquier otra que, conforme a lo pactado, tenga carácter de esencial para el otorgamiento del contrato.

o) Cuando se compruebe que han sido falseados cualesquiera datos relativos al/los Acreditado/s, al hipotecante no deudor, o a los documentos aportados por éstos que sirvan de base a la concesión del crédito o a la vigencia del mismo, y cuando estos no facilitaren al Banco la documentación precisa para conocer su situación jurídica o financiera cuando les fuera requerida a tal fin.

p) Cuando el Acreditado no ofrezca al Banco nuevas garantías igualmente seguras en el plazo de un mes, de ser requeridos para ello por causa de haberse cumplido alguno de los supuestos siguientes:

(iv) Cuando el/los Acreditado/s enajenen o graven más del ...% de su patrimonio en un plazo inferior a seis meses o en condiciones económicas inferiores a precios de mercado, atendida la naturaleza y características de dichos bienes, o existan embargos que afecten a un porcentaje superior al ....% de su patrimonio declarado.

(v) Cuando por razones de mercado o por cualquier otra circunstancia que haga desmerecer el precio del bien hipotecado el valor del mismo descienda por debajo de la tasación inicial en más del .... por ciento, conforme la tasación efectuada por Sociedad homologada.

(vi) La falta de pago de sus obligaciones tributarias o de las cuotas de Seguridad Social durante un plazo de ..... mes, de forma generalizada.

(iv) La falta de pago de salarios, indemnizaciones y demás retribuciones derivadas de relaciones de trabajo o de prestación de servicios correspondientes a ..... mensualidad, de forma generalizada.

(v) La falta de pago a acreedores por operaciones de la actividad corriente de su negocio durante el plazo de ..... mes, de forma generalizada.

q) Cuando cualquiera de los Acreditados solicitara ser declarado en situación legal de concurso o lo sea a instancia de los acreedores u otros terceros legitimados

r) Cuando incumpla alguna de las siguientes obligaciones de carácter esencial asumidas por el/los Acreditado/s en virtud de otros contratos que tenga con el Banco:

- Las obligaciones dinerarias, incluido el pago de intereses moratorios.
- Compromiso de otorgar garantía o conservarla.
- Aquellas obligaciones que, conforme a lo pactado, se haya determinado por las partes contratantes su carácter de condiciones esenciales para el otorgamiento de dichos contratos.

7ª.– GASTOS Y TRIBUTOS

Son de cuenta exclusiva del acreditado todos los tributos, comisiones y gastos ocasionados por la formalización, subsanación, modificación de este contrato, así como por la constitución, aceptación, conservación y cancelación de su garantía hipotecaria. Se entienden comprendidos los gastos de tasación del inmueble, los aranceles notariales y registrales, los gastos de tramitación de escrituras y los derivados de la conservación del inmueble hipotecado. También serán a cargo del acreditado los tributos y gastos correspondientes a la formalización de otras garantías, incluso los afianzamientos personales prestados por terceros, que en el futuro acuerden en aseguramiento de las obligaciones que se deriven de este contrato.

Cualquier servicio complementario que el Banco realice a solicitud del acreditado será facturado a éste con arreglo a las tarifas de comisiones y gastos vigentes en el momento de dicha solicitud, considerándose como servicio objeto de facturación los trabajos de preparación de antecedentes que deba realizar el Banco para el otorgamiento de la escritura de cancelación de hipoteca.

Igualmente, el acreditado queda obligado a satisfacer y resarcir al Banco cuantos daños, perjuicios y gastos de cualquier naturaleza, directos o indirectos, se originen al Banco por el incumplimiento del contrato o para el cobro del crédito, incluyendo los gastos y costes causados por las actuaciones del Banco cuyo objeto sea la reclamación de la deuda (como los resultantes de requerimientos de pago, notariales o por cualquier otro medio), a excepción de las costas judiciales cuyo pago será de quien determinen los tribunales en el correspondiente procedimiento.

Los Acreditados facultan al Banco para suplir los gastos necesarios para asegurar la correcta inscripción de la hipoteca que en este acto se constituye y de los títulos previos a esta escritura, así como los gastos derivados de la cancelación de cargas y anotaciones preferentes a dicha hipoteca. Los gastos suplidos podrán ser cargados en cuenta a los Acreditados en la forma y condiciones que se indican al final de esta cláusula.

El Banco queda facultado para cargar en cuenta o reclamar en cualquier momento a los Acreditados cuantas cantidades se le adeuden por los conceptos antes indicados. Las cantidades así adeudadas al BANCO devengarán, desde la fecha en que éste las hubiera satisfecho y sin necesidad de reclamación, el interés de demora establecido, y quedarán garantizadas con cargo a la cifra de responsabilidad hipotecaria prevista para gastos y costas.

8º.- (COMPROMISO DE GARANTÍA).

Si durante la vigencia del crédito se produjesen circunstancias que pudieran afectar negativamente a la solvencia del acreditado o a las garantías de la operación, dicho acreditado, sin perjuicio de la facultad de vencimiento anticipado a favor del Banco contemplada en la cláusula Tercera, se obliga a constituir, a requerimiento del Banco, las garantías reales sobre bienes inmuebles, muebles o derechos que por éste se le exijan, en aseguramiento de las obligaciones que en virtud del presente contrato tenga contraídas.

La obligación a que se refiere el párrafo anterior deberá ser cumplida por el acreditado dentro de los .... días siguientes al en que por el Banco se le haya requerido al efecto. Transcurrido dicho plazo sin que se haya dado cumplimiento por el acreditado a la citada obligación, el Banco podrá declarar vencido anticipadamente el presente contrato de conformidad con lo establecido en la cláusula Tercera.

Asimismo, en el supuesto de que, previa solicitud del acreditado y libre aceptación, en su caso, del Banco se modificase el plazo de duración y/o se ampliase el límite de crédito establecidos para este contrato, el acreditado se obliga a constituir a requerimiento del Banco, las hipotecas sobre bienes inmuebles que por éste se le exijan, en aseguramiento de las obligaciones que en virtud del presente contrato tenga contraídas. La presente obligación subsistirá en todo caso y circunstancia, salvo que en el propio documento modificativo u otro anexo al presente contrato se pactasen condiciones diferentes.

8º BIS.- SOLIDARIDAD, INDIVISIBILIDAD, IMPUTACIÓN, COMPENSACIÓN. OTROS PACTOS Y OBLIGACIONES

8.bis 1. Solidaridad

Cuando concurran como deudores más de una persona en las obligaciones derivadas de esta escritura, se entenderán asumidas con carácter solidario las deudas de tales personas frente al BANCO.

En el supuesto de que alguno/s de los acreditados, fiadores o avalistas, en su caso, fuese declarado en situación legal de concurso y el Banco votase favorablemente el Convenio correspondiente que resulte aprobado, el Banco podrá dirigirse contra el resto de los obligados del presente contrato de acuerdo con lo previsto en el mismo

8.bis 2. Indivisibilidad

La totalidad de los débitos vencidos derivados de este crédito, que se hallaren pendientes de pago en cada momento, se considerará, a los efectos del artículo l.l69 del Código Civil, como una deuda única, sobre la cual el acreedor no está obligado a admitir pagos parciales.

Sin perjuicio de ello, si existieren en algún momento varios débitos vencidos del acreditado frente al Banco, derivados de esta operación o de otra de cualquier índole, el Banco queda facultado para determinar libremente el débito, a cuyo pago se aplicará cada una de las cantidades que reciba del deudor o queden disponibles a favor de éste en cualquiera de las operaciones. A tal efecto el acreditado renuncia expresamente en favor del Banco a la imputación prevista en los artículos 1172 a 1174 del Código Civil.

8.bis 3. Compensación

La deuda que resulte contra el Acreditado por razón de este contrato, podrá ser compensada por el Banco con cualquier otra deuda de éste que el Acreditado pudiera tener a su favor, cualquiera que sea la forma y documentos en que esté representada, la fecha de su vencimiento, que a este efecto podrá anticipar el Banco, y el título de su derecho, incluso el de depósito.

Los contratantes pactan expresamente que la compensación aquí establecida tendrá lugar con independencia de que el crédito a compensar con la deuda sea atribuible a uno, a alguno o a todos los Acreditados. Los Acreditados dejan afectos al buen fin del presente contrato todos sus bienes presentes o futuros, y especialmente los que existan a su nombre en el Banco, quedando este autorizado irrevocablemente para proceder, en caso de que aquéllos incumplan sus obligaciones de pago, a la aplicación de los depósitos en efectivo y a la realización de todo tipo de derechos de crédito, efectos mercantiles o títulos valores que, asimismo, puedan estar depositados en el Banco, al objeto de, con su importe, atender hasta donde alcance los pagos pendientes.

8.bis 4. Otros pactos y obligaciones

Mientras se encuentre vigente esta operación, el acreditado se obliga a remitir anualmente el Banco los estados contables legalmente obligatorios, en el plazo máximo de un mes desde su aprobación, y a proporcionarle cuantos documentos, cuentas, balances e inventarios le permitan conocer la situación del deudor y su evolución económica, incluso el informe de auditores independientes si legalmente fuera exigible, además de permitirle el examen de sus libros y registros.

9º.– CONSTITUCIÓN DE HIPOTECA

.... constituye hipoteca, que el Banco acepta, sobre la(s) finca(s) que a continuación se describe(n), para asegurar el cumplimiento de las obligaciones a que se refiere la presente escritura, respondiendo:

a) de la devolución del saldo deudor de la cuenta de crédito en los casos, forma y plazos convenidos, HASTA UNA CANTIDAD MÁXIMA DE............. EUROS, en concepto de capital e intereses ordinarios que se adeuden en la cuenta.

b) Del pago de los intereses de demora convenidos en la estipulación 6ª:

(i) para el supuesto de que la finca sobre la que se constituye la hipoteca no esté destinada a vivienda habitual de la parte acreditada o de sus fiadores: al tipo máximo a efectos hipotecarios del .... nominal anual, limitándose además esta responsabilidad, a efectos de lo dispuesto en el artículo 114 de la Ley Hipotecaria, en la cantidad máxima de .... EUROS.

(ii) para el supuesto de que la finca sobre la que se constituye la hipoteca esté destinada a vivienda habitual de la parte acreditada o de sus fiadores: al tipo máximo a efectos hipotecarios de tres veces el interés legal del dinero en los términos previstos en el artículo 114 de la Ley Hipotecaria, y en todo caso sin que pueda superar el ....% nominal anual, limitándose además esta responsabilidad, a efectos de lo dispuesto en el referido artículo, en la cantidad máxima de .... euros.

c) Del pago de las costas procesales y otros gastos:

(i) para el supuesto de que la finca sobre la que se constituye la hipoteca no esté destinada a vivienda habitual de la parte acreditada o de sus fiadores: limitándose hipotecariamente esta responsabilidad a una cantidad máxima igual al .... del capital del préstamo, y del pago de los gastos por tributos, gastos de comunidad y primas de seguro correspondientes a la finca hipotecada que fuesen anticipados por el Banco, limitándose hipotecariamente esta responsabilidad a una cantidad máxima igual al .... de dicho capital. En consecuencia, el importe total máximo de responsabilidad por cada uno de estos dos conceptos es de .... € y ....€, respectivamente.

Esta hipoteca será extensiva a cuanto determinan los arts. 334 del Código Civil y 109 y 110 de la Ley Hipotecaria, y, además, a los frutos, rentas y muebles a que se refiere el art. 111 de la misma y a las obras y mejoras que existan o en adelante se realicen en la(s) finca(s) hipotecada(s) incluso las edificaciones levantadas donde antes no las hubiera, excepto en los casos en que las haya costeado un tercer poseedor, conforme a lo establecido en el artículo 112 de la Ley Hipotecaria, así como en general, a cuanto sea anejo o accesorio a la(s) finca(s) hipotecada(s), material o jurídicamente.

En caso de reclamación judicial, EL BANCO podrá pedir, para sí o para persona que lo represente, la administración y/o posesión interina de la(s) finca(s) hipotecada(s).

LAS FINCAS QUE SE HIPOTECAN SON LAS NUEVE QUE SE HAN DESCRITO EN EL EXPOSITIVO SEGUNDO DE ESTA ESCRITURA.

ESTADO DE CARGAS:

No obstante, se estará a lo que resulte de la certificación exigida en la cláusula 1ª, apartado 1.1.

DISTRIBUCIÓN DE HIPOTECA:

El importe del crédito correspondiente a cada una de las fincas y, por ello, sus respectivas responsabilidades hipotecarias por este concepto, así como por intereses ordinarios, intereses de demora y costas, figuran en un cuadro, que me entregan, firmado por los otorgantes, al cual se remiten y tienen por reproducido en este lugar, consintiéndolo. Este cuadro está compuesto por UNA hoja que reintegro, sello y rubrico y dejo unidas a esta matriz para ser reproducido en sus traslados.

En dicho cuadro también figuran los valores de subasta de cada una de las fincas hipotecadas.

ARRENDAMIENTOS:

Finca/s libre/s de arrendatarios y ocupantes, y al corriente en el pago de las obligaciones derivadas del artículo 9, 5 de la vigente Ley de Propiedad Horizontal, según asegura el dueño.

10ª. DOMICILIO. TIPO DE SUBASTA. TÍTULO EJECUTIVO.

Se fijan como domicilios del acreditado y del hipotecante no deudor a efectos de requerimientos y notificaciones el que figura en la comparecencia.

Se establece como precio en que los interesados tasan las fincas y para que sirva de tipo en la subasta las cantidades QUE FIGURAN EN UN CUADRO COMPUESTO POR UNA HOJA QUE SE PROTOCOLIZA CON LA PRESENTE FIRMADO POR AMBAS PARTES, EN EL QUE TAMBIÉN SE INDICA LA RESPONSABILIDAD HIPOTECARIA DE CADA FINCA POR TODOS LOS CONCEPTOS, las cuales no son inferiores al .... por cien del valor que figura en el certificado de tasación que se incorpora como Anexo a la presente escritura, realizada conforme a las disposiciones de la Ley 2/1981, de 25 de marzo de Regulación del Mercado Hipotecario.

El acreditado y el hipotecante no deudor consienten desde ahora en que tengan carácter ejecutivo cuantas segundas copias de la presente escritura solicite el BANCO, dispensándole del cumplimiento de cualquier requisito establecido para tal fin, solicitando desde ahora las partes contratantes del Notario autorizante que así lo haga constar en el pie y nota de expedición.

A efectos de lo dispuesto en el artículo 153 de la Ley Hipotecaria, se pacta expresamente por los contratantes que para el cumplimiento de las obligaciones del acreditado se considerará cantidad líquida y exigible el saldo que resulte de la liquidación que el Banco practique con arreglo a su contabilidad. En su virtud, bastará para el ejercicio de la acción hipotecaria la presentación de copia autorizada de esta escritura y la aportación de un certificado expedido por el Banco del saldo que resulte a cargo del acreditado por todos los conceptos. En documento fehaciente hará constar el fedatario público que intervenga, a requerimiento de la Entidad acreedora, que el citado saldo coincide con el que aparece en la contabilidad del Banco y que la liquidación de la deuda se ha practicado en la forma pactada por las partes y que ha sido previamente notificada al deudor. A los efectos del ejercicio de la acción ejecutiva hipotecaria, y conforme a lo dispuesto en el artículo 153 de la Ley Hipotecaria y 245 de su Reglamento, se notificará judicial o notarialmente al deudor un extracto de la cuenta, pudiendo éste alegar, en la misma forma, dentro de los ocho días siguientes, error o falsedad, procediéndose en estos casos, como determinan los cuatro últimos párrafos del citado artículo 153 que se dan aquí por reproducidos.

El contrato al que se refiere la presente escritura ha sido formalizado, según se expresa anteriormente, con la intervención del Fedatario Público que se señala, a todos los efectos, incluso a los previstos en el número 4° del artículo 517 de la Ley de Enjuiciamiento Civil y legislación concordante.

Si la entidad acreedora decide acudir a la vía ejecutiva, conforme al número 4° del artículo 517 de la Ley de Enjuiciamiento Civil y demás disposiciones concordantes, podrá instar acción ejecutiva, de acuerdo con el artículo citado, vencido el crédito por cualquier causa o motivo, con el fin de reintegrarse del saldo deudor de la cuenta de crédito, intereses remuneratorios y moratorios, comisiones y gastos, en las condiciones establecidas en este contrato.

A los efectos de lo dispuesto en el número 2 del art. 572 de la Ley de Enjuiciamiento Civil, el Banco podrá acompañar, junto con el título ejecutivo previsto en el número 4° del artículo 517 de la Ley de Enjuiciamiento Civil, certificación expedida en los términos previstos en el número 1 del artículo 573 de dicha Ley, acreditativa del saldo deudor de la cuenta de la operación, en la forma convenida en este contrato. En su virtud, bastará para el ejercicio de la acción ejecutiva la presentación del título ejecutivo prevenido en el número 4° del artículo 517 de la Ley de Enjuiciamiento Civil y la aportación de la documentación prevenida en el número 1 del art. 573 de la misma Ley.

11ª.- CONSERVACIÓN DE LA GARANTÍA

Mientras no esté totalmente amortizado el crédito, el hipotecante no deudor queda obligado:

A) A conservar con la diligencia debida la(s) finca(s) que se hipoteca(n) en la presente escritura, haciendo en ella(s) las obras y reparaciones necesarias para su conservación, a fin de que no disminuya su valor, comprometiéndose, además, a poner en conocimiento del BANCO, dentro del término de ... mes, todos los menoscabos que sufra(n) por cualquier causa o cuanto la(s) haga desmerecer de valor o ponga en duda o le prive de su derecho de propiedad.

B) A no celebrar, sin consentimiento del BANCO, contrato de arrendamiento de vivienda sometido a prórroga forzosa en el que, tenga o no cláusula de estabilización, la renta anual pactada sea inferior al .... del tipo de subasta que se fija en esta escritura.

Igualmente queda obligado a acreditar al BANCO semestralmente, por medio de los oportunos recibos, hallarse al corriente en el pago de toda clase de tributos, gastos de comunidad y primas de seguro que corresponda satisfacer por la finca hipotecada y de cualquier deuda por créditos que puedan resultar preferentes a esta hipoteca, quedando facultado EL BANCO para satisfacer estos débitos a los acreedores correspondientes y para cargarlos en cuenta o reclamarlos a los Acreditados como se establece en la cláusula 6ª.

En todo caso, el Banco tendrá derecho a hacer las inspecciones que juzgue convenientes en la finca hipotecada, al objeto de comprobar el cumplimiento de las obligaciones que incumben a la parte acreditada.

12ª.- COMUNICACIONES

Sin perjuicio de lo pactado en la anterior estipulación 10ª respecto del domicilio del acreditado y del hipotecante no deudor para la práctica de requerimientos y notificaciones, a efectos de comunicaciones entre las partes, se conviene expresamente que podrá utilizarse cualquier medio que permita tener constancia de su envío y recepción. Expresamente se declara válido el envío de un telegrama dirigido al domicilio correspondiente o un télex, fax, o correo electrónico, constituyendo prueba fehaciente de la comunicación el resguardo de emisión del telegrama o del correo electrónico, o el original del télex o fax en el que conste su recepción en el indicativo ....

Asimismo, se entiende como domicilio del Banco, a efectos de este contrato, el de la oficina que figure en el mismo. A los mismos efectos, las partes fijan las siguientes direcciones de correo electrónico: Acreditado:...........; Banco. ....

13ª.- APODERAMIENTO

El acreditado y el hipotecante no deudor apoderan expresamente a............., en la forma más amplia y necesaria en derecho, para que en su nombre y representación pueda realizar las subsanaciones o aclaraciones necesarias a la vista de la calificación verbal o escrita del Registrador por adolecer esta escritura de algún defecto subsanable, para lograr la inscripción de la misma, siempre que ello no afecte a las condiciones económicas del crédito garantizado, y aunque ello incurra en la figura jurídica de la autocontratación. Asimismo, la parte acreditada y el hipotecante no deudor quedan obligados, si la subsanación del defecto así lo exigiera, a la adopción por sus órganos sociales de los acuerdos necesarios para tal fin.

14ª.- Solicitud de copia ejecutiva. Conforme a lo previsto en los art. 17 de la Ley del Notariado y 233 del Reglamento Notarial, el acreditado solicita expresamente al Sr. Notario autorizante de esta escritura expida a su favor primera copia de la presente con carácter ejecutivo.

15ª.- Anotación de suspensión.

Si de la calificación registral resultase el presente documento con defecto subsanable, las partes solicitan expresamente la anotación de suspensión del mismo, de conformidad con lo dispuesto en el artículo 42.9 de la Ley Hipotecaria.

16ª.- Otras obligaciones del Acreditado

16.1. El acreditado asume las siguientes obligaciones, que tienen la consideración de elementos esenciales del presente contrato:

16.1.1. Obligaciones de proporcionar información contable, financiera y de composición accionarial:

El acreditado y, en su caso, el fiador/es, se compromete/n, durante la vigencia del presente contrato, a:

a) Llevar su contabilidad con los requisitos que impone la legislación vigente.

b) Proporcionar al Banco, a petición de éste, y en cualquier momento, sus cuentas anuales, así como cuantos datos y documentos relacionados con la operación le/s requiera. En el caso de personas físicas, declaración de renta y, en su caso, patrimonio.

c) Suministrar al Banco, dentro de los treinta días siguientes a su aprobación por la Junta General, sus cuentas anuales (memoria, balance, cuenta de resultados...), debidamente auditadas, en su caso, con arreglo a la legislación vigente.

Si no fuesen aprobadas sus cuentas anuales, se entregarán al Banco las formuladas por los administradores en el citado plazo.

d) Comunicar al Banco: a) la variación en su composición accionarial que afecte a más del 5% de dicho accionariado, si se trata de sociedad cotizada, o del 10% en otro caso; y b) cualquier variación que suponga la toma o pérdida de control de la empresa por alguno/s de sus socios, entendiendo como tal la mayoría absoluta del accionariado.

e) Facilitar idéntica información reflejada en los puntos anteriores, con respecto al Grupo económico de que, en su caso, forme parte, según las normas contables y fiscales vigentes.

Adicionalmente, facilitar igual información de las sociedades individuales que lo componen.

f) En el supuesto de ser persona/s física/s, tendrá/n obligación de entregar, anualmente, declaración de renta y, en su caso, patrimonio, en el plazo de tres meses desde la finalización de los plazos legales de presentación.

16.1.2. Otras obligaciones:

a) Notificar por escrito al Banco la existencia de cualquier situación que le obligue a proceder al reembolso anticipado de cualquier otra financiación contraída o si fuese requerido para proceder efectivamente al citado reembolso anticipado.

b) Mantener asegurados sus bienes e instalaciones en la forma que es habitual en las empresas de su mismo sector y estar al corriente del pago de las primas y demás obligaciones impuestas en los contratos de seguro.

c) Presentar los justificantes acreditativos de hallarse al corriente en el cumplimiento de sus obligaciones de carácter laboral, fiscal y en materia de seguridad social.

d) El acreditado declara que, actualmente, no tiene entregadas mejores garantías que las otorgadas a favor del Banco, ya sean reales, propias o de terceros, o personales, propias o de terceros, a ninguno de sus acreedores.

El acreditado se compromete a no entregar mejores garantías que las otorgadas a favor del Banco, ya sean reales, propias o de terceros, o personales, propias o de terceros, a ninguno de sus acreedores, sin el consentimiento del Banco.

16.2. Las partes convienen que si alguno de los Acreditados solidarios, fiadores o avalistas, en su caso, fuese declarado en situación legal de concurso y el Banco votase favorablemente el Convenio correspondiente que resultare aprobado, el Banco podrá dirigirse contra el resto de los obligados en el presente contrato de acuerdo con lo previsto en el mismo.

17ª (Cesión). El Banco podrá ceder, transmitir o enajenar, total o parcialmente, este crédito o cualquiera de los derechos derivados de este contrato.

El Banco formaliza el presente Contrato en atención a la personalidad y solvencia del acreditado, por lo que ni el acreditado, ni cualquiera de ellos, podrán ceder, transmitir o enajenar, total o parcialmente, el presente contrato ni cualquiera de los derechos derivados del mismo, sin consentimiento expreso del Banco.

18º.– Cláusula final.

Cada uno de los otorgantes del presente documento autoriza, y en lo menester otorga mandato expreso a la Gestoría .... para que, en su nombre y representación, pueda presentar a la Administración la presente escritura y cuantas otras hayan podido formalizarse o se formalicen, necesarias para la inscripción de la misma en el Registro de la Propiedad o Mercantil competentes, así como efectuar las gestiones y declaraciones que como sujetos u obligados tributarios les correspondan en relación con los actos que se contienen en las referidas escrituras, en orden a comunicar a la Administración los datos necesarios para la liquidación de los tributos que se devenguen como consecuencia de tales actos, y otros de contenido informativo, encaminados a calificar y cuantificar el importe a ingresar o la cantidad que resulte a compensar o devolver, quedando igualmente facultado dicho autorizado/mandatario para interponer cuantos recursos sean convenientes o dirigir comunicaciones a la Administración en orden a proteger los derechos de los otorgantes, así como a recibir de aquélla cuantas comunicaciones y notificaciones sean necesarias, dirigidas a los mismos.

A los efectos de lo establecido en el artículo 196 del Reglamento de la organización y régimen del Notariado, según la redacción dada por el Real Decreto 45/2007, los trámites de inscripción en el registro de la Propiedad serán realizados por la indicada Gestoría.

CLÁUSULA ADICIONAL.– VENTA EXTRAJUDICIAL.

Para su ejecución, además de los procedimientos judiciales legalmente previstos, podrá instar el Banco la venta extrajudicial a que se refiere el artículo 129 de la Ley Hipotecaria. A este efecto, y con arreglo al artículo 234 de su Reglamento, el deudor designa como persona que en su día haya de otorgar la escritura de venta de la finca en representación del hipotecante al Banco, que podrá actuar mediante cualquiera de sus apoderados.

El valor en que los interesados tasan las fincas para que sirva de tipo en la subasta y el domicilio del hipotecante para la práctica de requerimientos y notificaciones son los mismos que se fijan en la cláusula 10ª para los procedimientos judiciales, y se dan aquí por reproducidos.

De conformidad con lo dispuesto en el artículo 129 de la Ley Hipotecaria, se hace constar que la finca hipotecada NO tiene el carácter de vivienda habitual de la parte acreditada.

Este procedimiento solamente se podrá utilizar cuando se haya dejado de pagar el capital o los intereses de la cantidad garantizada, tal y como establece el art. 129.1 de la ley Hipotecaria.

A tal efecto, el nacimiento de la obligación u obligaciones garantizadas se hará constar en el Registro de la Propiedad previamente a la ejecución, a través de la nota marginal prevista en el art. 143 de la Ley Hipotecaria, u otro procedimiento adecuado.

DECLARACIÓN ESPECÍFICA: CONDICIONES GENERALES DE CONTRATACIÓN

En cumplimiento de lo dispuesto en la Ley 7/1998, de 13 abril, sobre condiciones generales de la contratación, se hace constar que tienen el carácter de condiciones generales la totalidad de las cláusulas de esta escritura, salvo los elementos de aquellas que tengan contenido financiero o económico, los cuales han sido convenidos como condiciones particulares de esta operación, o que reproduzcan o den cumplimiento a requisitos exigidos por la normativa vigente. Las condiciones generales no figuran inscritas en el Registro mencionado en la citada Ley.

El acreditado declara que ha tenido a su disposición el texto íntegro de las condiciones generales con antelación suficiente a la celebración del contrato y que conoce con toda claridad el significado y alcance de las mismas.

TAE Y OTROS ELEMENTOS DE COSTE

A efectos de información a la parte prestataria, se hace constar que la Tasa Anual Equivalente (TAE) de la operación, según el importe efectivo de la misma y los términos pactados contractualmente, es del ......%, y ha sido calculada de conformidad con las disposiciones establecidas en la Norma Octava y Anexo V de la Circular del Banco de España nº 8/90, de 7 de septiembre, (BOE 20-9-90), modificada por la Circular nº 13/93, de 21 de diciembre (BOE de 31-12-93), incluyéndose en su cálculo las comisiones de apertura y estudio contractualmente pactadas. Dicha tasa equivalente no incluye: 1° Los gastos que el cliente pueda evitar en uso de las facultades que le concede el contrato, en particular, y, en su caso, los gastos por transferencia de los fondos debidos; 2° Los gastos a abonar a terceros, en particular, los corretajes, gastos notariales y registrales e impuestos; 3° Los gastos por seguros o garantías.

F056. CONTRATO DE CASH POOLING

En la ciudad de ...., hoy día ...... de .... de ....

REUNIDOS

Don........... de nacionalidad española, mayor de edad, vecino de........, con domicilio en la calle......., núm. .... y DNI/NIF ....

Doña........., de nacionalidad española, mayor de edad, vecina de..........., con domicilio en la calle........., núm. .... y DNI/NIF ....

Don............, de nacionalidad española, mayor de edad, vecino de............., con domicilio en la calle.............., núm... y DNI/NIF ....

INTERVIENEN

De una parte;

Don............ interviene en nombre y por cuenta, en su condición de Consejero Delegado, de la sociedad anónima de nacionalidad española .... S.A., domiciliada en............ Constituida por tiempo indefinido mediante escritura autorizada el .... por el notario de.........., Don.......... Inscrita en el Registro Mercantil de la provincia de .... al tomo ...., del libro de sociedades, folio.........., hoja número ...., inscripción .... CIF ....

De otra parte;

Doña .... interviene en nombre y por cuenta, en su condición de Consejero Delegado, de la sociedad anónima de nacionalidad española .... S.A., domiciliada en ...., calle......... núm........... Constituida por tiempo indefinido mediante escritura autorizada el .... de .... de.........., por el notario de.........., Don............. Inscrita en el Registro Mercantil de la provincia de .... al tomo........, del libro de sociedades, folio.........., hoja número......., inscripción .... CIF ....

Don........... interviene en nombre y por cuenta, en su condición de Consejero Delegado, de la sociedad anónima de nacionalidad española .... S.A., domiciliada en ...., calle ...., núm. .... Constituida por tiempo indefinido mediante escritura autorizada el .... de .... de ...., por el notario de ...., Don........... Inscrita en el Registro Mercantil de la provincia de .... al tomo ...., del libro de sociedades, folio ...., hoja número ...., inscripción .... CIF ....

Las partes, reconociéndose recíproca capacidad para este acto, libre y espontáneamente, y formando todas ellas parte del GRUPO DE SOCIEDADES denominado ....

EXPONEN

I.– Que todas las sociedades aquí intervinientes forman parte del GRUPO DE SOCIEDADES denominado .... según lo establecido en el art 42 del Código de Comercio.

II.– Que la sociedad .... es la sociedad "dominante o matriz" del citado grupo d sociedades.

III.– Que el GRUPO DE SOCIEDADES .... tiene el objetivo de garantizar la liquidez, la gestión eficiente del circuito de cobros y pagos, en general la gestión de la tesorería del GRUPO DE SOCIEDADES y la minimización de los gastos financieros y optimización de los fondos disponibles del grupo, mediante la centralización de fondos.

Que por todo ello han convenido realizar un contrato de cash pooling, la sociedad matriz............... (en adelante la SOCIEDAD POOLER) y las sociedades .... S.L./ S.A. (en adelante la SOCIEDADES PARTICIPANTES) con las condiciones y pactos que se establecen en las siguientes;

CLÁUSULAS

PRIMERA.– Mandato.

1.1.– Las SOCIEDADES PARTICIPANTES encargan a la SOCIEDAD POOLER la organización de la gestión centralizada de la Tesorería del GRUPO DE SOCIEDADES........... mediante la agrupación de la totalidad de las diferentes cuentas de las empresas del grupo recogidas todas ellas en el ANEXO I, traspasándose de ésta forma los saldos de las cuentas de las sociedades (en adelante periféricas) a una cuenta central (en adelante máster account).

1.2.– La SOCIEDAD POOLER se compromete por tanto a la prestación de los servicios que requieren la Tesorería Corporativa y las tesorerías de las Sociedades Participantes para operar de manera conjunta de acuerdo con un modelo de gestión de Cash-pooling

SEGUNDA.– Cuentas.–

2.1.– Las sociedades participantes se obligan a ordenar a sus respectivas entidades bancarias la trasferencia de sus respectivos saldos con la periodicidad de.............. DÍAS desde sus cuentas a la cuenta central o máster account.

2.2.– A los efectos del presente contrato, la sociedad POOLER contratara con una entidad bancaria que opere en el territorio nacional el servicio de cash pooling en cualquiera de sus modalidades. A los citados efectos se aperturará una cuenta especial unificada denominada CUENTA CENTRAL o máster account.

2.3.– El presente contrato regula las relaciones entre la SOCIEDAD POOLER y las SOCIEDADES PARTICIPANTES respecto a la cuenta CENTRAL o máster account que se encontrara materializada en el balance de la primera bajo el número de cuenta que se designe una vez aperturada.

TERCERA.– Mecanismo Regulador.

3.1.– Los traspasos ya sean de carácter positivo o negativo realizados hacia la sociedad POOLER tendrán la consideración de préstamos entre compañías. De esta manera si en la regularización o neteo el saldo barrido es positivo, se considerará un préstamo efectuado por la sociedad participante a la sociedad pooler, mientras que si se produce un traspaso negativo se considera un préstamo de la sociedad pooler, a la sociedad participante.

3.2.– Una vez hayan sido transferidos los saldos desde las cuentas periféricas a la cuenta central, se efectuaran los barridos con periodicidad diaria restituyéndose de esta manera la liquidez recibida por las distintas SOCIEDADES PARTICIPANTES, debiendo ser anotados contablemente /compensados por cada una de las mismas.

CUARTA.– Intereses.

Que dado que el GRUPO DE SOCIEDADES........... no consolida fiscalmente los traspasos de saldo intercompañías quedan sujeto a la normativa fiscal vigente al considerarse operaciones vinculadas, y devengándose un interés a favor de la que resulte prestamista durante el plazo de duración del mismo, el interés de mercado existente en el momento de los traspasos de los saldos, y que a efectos del presente contrato se toma como referente el del mercado interbancario a un año (EURÍBOR) más un diferencial de .... puntos porcentuales, liquidándose de forma semestral.

QUINTA.– Deber de Información.

La SOCIEDAD POOLER deberá informar de forma mensual de los distintos movimientos efectuados, debiéndose de ajustar a los objetivos que se recogen en el EXPONIENDO III del presente contrato.

Además se establece expresamente como mecanismo de control el deber de informar trimestralmente de la situación financiera de las SOCIEDADES PARTICIPANTES.

SEXTA – Comisión.

No obstante lo anterior la SOCIEDAD POOLER desempeñara su función empleando y ordenando, con total y plena autonomía, su actividad y sus propios medios materiales y humanos. Se establece como contraprestación a la prestación de los servicios de GESTIÓN DE LA TESORERÍA del grupo una comisión del...........% del Resultado Financiero consolidado contablemente del GRUPO DE SOCIEDADES.

SÉPTIMA.– Duración.

La duración del presente contrato será indefinida, no obstante se establece de forma expresa por aplicación analógica ex art 279 del Cco, el derecho al desistimiento unilateral para cada una de las SOCIEDADES PARTICIPANTES en el presente contrato, estableciéndose para ello un preaviso de.............. meses para comunicar dicho desistimiento, y siempre que se haya producido la liquidación de saldos

OCTAVA.– Gastos.

Los gastos e impuestos que se devenguen por el presente contrato, serán repartidos a partes iguales entre la SOCIEDAD POOLER y el resto de SOCIEDADES PARTICIPANTES.

NOVENA.– Fuero.

Para cuantas divergencias pudieran surgir con motivo de la interpretación y cumplimiento de lo pactado en este documento y anexo, las partes, haciendo expresa renuncia al fuero que pudiera corresponderles, se someten a los Tribunales de....................

Y en prueba de conformidad con cuanto antecede, se firma el presente contrato, por duplicado y a un sólo efecto en el lugar y fecha antes indicados.

F057. AVAL BANCARIO INTERVENIDO POR NOTARIO

Normativa aplicable: *Arts. 1.822 y ss. Real Decreto de 24 de julio de 1889, texto de la edición del Código Civil mandada publicar en cumplimiento de la Ley de 26 de mayo último. Arts. 439 y ss. Real Decreto de 22 de agosto de 1885, por el que se publica el Código de Comercio.*

El banco .... (el "Banco"), con domicilio en ...., y en su nombre y representación, Don/Doña ...., con DNI .... haciendo uso de las facultades que tienen conferidas en virtud del poder otorgado a su favor en fecha ...., ante el/la notario de ...., Don/Doña ...., en fecha ...., bajo el nº .... de su protocolo, cuya vigencia y suficiencia para obligar al Banco en el presente acto declaramos, en virtud del presente documento

AVALA

solidaria e incondicionalmente, a la sociedad .... (el "Avalado"), titular del CIF ...., constituida por tiempo indefinido mediante escritura autorizada por el Notario de ...., Don........ el día .... con el número .... de su protocolo, e inscrita en el Registro Mercantil de ...., al Tomo ...., Folio ...., sección ...., Hoja ...., titular del CIF ...., con domicilio en ...., en favor de la sociedad .... (el "Beneficiario"), titular del CIF..........., con domicilio social en ...., hasta la suma total de .... (letra) euros (........ *números*) (la "Cantidad Máxima Garantizada"), en garantía del correcto cumplimiento por parte del Avalado de todas las obligaciones asumidas en el Contrato de arrendamiento de fecha ..... relativo al local comercial identificado con el número ...... del Centro Comercial ".............", y especialmente del pago de todos los conceptos económicos derivados del mismo.

Este aval se emite con carácter irrevocable y con renuncia expresa por el Banco a los beneficios de excusión, orden y división a que se refieren los artículos 1.830 y concordantes del Código Civil, así como cualesquiera otros derechos, facultades o excepciones que, por cualquier motivo, pudieran corresponderle al Banco frente al Beneficiario.

El presente aval es autónomo, independiente, abstracto e incondicional y se hará efectivo al primer requerimiento, aún en caso de oposición al pago por parte del Avalado y sin que el Banco entre a considerar el cumplimiento o no de lo dispuesto en el Contrato.

La cantidad solicitada por el Beneficiario en la ejecución del presente aval, hasta el máximo de la Cantidad Máxima Garantizada, se hará efectiva por el Banco, en un plazo de .... días hábiles desde la recepción del requerimiento escrito de pago, en la cuenta designada por el Beneficiario en dicho requerimiento y con fecha valor de .... hábiles desde la recepción del mencionado requerimiento de pago.

El Banco acepta, consiente y autoriza al Beneficiario a conceder prórrogas a favor del Avalado para el cumplimiento por éste de las obligaciones dimanantes del Contrato sin que ello suponga la extinción de la presente garantía. Asimismo, el Banco autoriza al Beneficiario a ceder a terceros la presente garantía, en todo o en parte, sin más que comunicar al Avalado y al Banco por escrito los datos del cesionario y el propio hecho de la cesión.

El presente aval es irrevocable, pudiendo ser ejecutado total o parcialmente en una o más ocasiones, hasta la Cantidad Máxima Garantizada. La garantía que mediante este documento se otorga entrará en vigor en la fecha de su firma y será válida hasta el ...., fecha en que dejará de surtir efecto automáticamente sin formalidad alguna.

Las notificaciones que deban realizarse las partes con relación a esta garantía a primer requerimiento, se efectuarán en las respectivas direcciones que se indican a continuación.

El Banco:

....

El Beneficiario:

....

Toda notificación que deba ser efectuada por escrito podrá efectuarse mediante télex o telefax, presumiéndose tales notificaciones realizadas mediante la simple presentación del comprobante de envío, no siendo necesaria la confirmación del envío salvo petición por escrito del Banco o el Beneficiario.

El presente aval se somete al Derecho español. Las partes se someten desde este momento a los Tribunales de .... con renuncia a cualquier otro fuero.

Este aval ha sido inscrito en el Registro Especial de avales del Banco de España, con el número ....

F058. AVAL A PRIMER REQUERIMIENTO

Normativa aplicable: *Arts. 1.822 y ss. Real Decreto de 24 de julio de 1889, texto de la edición del Código Civil mandada publicar en cumplimiento de la Ley de 26 de mayo último. Arts. 439 y ss. Real Decreto de 22 de agosto de 1885, por el que se publica el Código de Comercio.*

Don........., en nombre y representación de la sociedad .... S.A., domiciliada en ......, calle ...., núm. ..... Constituida por tiempo indefinido mediante escritura autorizada el ... de .... de ....., por el notario de ......, Don.............. Inscrita en el Registro Mercantil de la provincia de ...... al tomo ...., del libro de sociedades, folio ....., hoja número ....., inscripción .... CIF ....

AVALA A PRIMER REQUERIMIENTO

A la sociedad ...., domiciliada en ......, calle ...., núm. ..., inscrita en el Registro Mercantil de la provincia de ...... al tomo ...., del libro de sociedades, folio ....., hoja número ....., inscripción .... CIF .... y ante la sociedad beneficiaria de este Aval .... S.L., domiciliada en ......, calle ...., núm. y CIF .... y hasta a cantidad o límite máximo de ..... euros.

El presente aval se hará efectivo, en una o varias veces, y hasta el límite máximo anteriormente reseñado, A PRIMER REQUERIMIENTO del beneficiario y en el pazo de .... días a contar desde la recepción escrito fehaciente dirigido por éste al avalista anunciado la decisión de ejecutar el mismo.

Este AVAL A PRIMER REQUERIMIENTO será válido y estará vigente hasta el .... Transcurrida dicha fecha, el mismo caducará y quedará automáticamente extinguido y cancelado, sin más trámite y sin que sea preciso la devolución del original del presente documento.

F059. CARTA DE PATROCINIO

En.........., a...............

Don........, mayor de edad, vecino de........... con domicilio en.......... y provisto de DNI/NIF .... Interviene en nombre y representación, en calidad de Administrador Único de la mercantil ...., con domicilio en ...., y con CIF ...., según según consta en escritura de poder otorgada en ante el notario de Don......... el día .... de .... y con el número de protocolo.............

Muy Sres. Nuestros:

Mediante la presente carta, habiendo tenido conocimiento de la operación de refinanciación/reestructuración de deuda concertada entre ustedes y la sociedad .... y en concreto de la operación de crédito nº expediente .... de la cual se adjunta copia, respecto de la misma les hacemos constar lo siguiente:

PRIMERO.– Que la sociedad que consta como parte acreditada /prestataria en dicha operación es una filial de nuestro grupo, y en la cual venimos participando desde su constitución en un porcentaje del ......% de su capital social, y sobre la cual manifestamos nuestra plena confianza en la gestión de los administradores de la prestataria.

SEGUNDO.– Que para la concesión del préstamo en cuestión y el otorgamiento de condiciones beneficiosas a la sociedad prestataria se ha contemplado especialmente la solidez financiera de la misma, derivada de nuestra participación accionarial.

TERCERO.– En nuestra condición de sociedad matriz les manifestamos que mantendremos nuestra participación accionarial mencionada y apoyo financiero a la citada sociedad para que pueda cumplir correctamente con los compromisos asumidos, y en especial los relativos a la mencionada operación de refinanciación. Así mismo les comunicaremos cualquier alteración que se pueda producir de ahora en adelante de nuestra participación accionarial en la sociedad prestataria. El presente compromiso permanecerá en vigor en tanto subsistan responsabilidades derivadas de la citada operación

CUARTO.– Las presentes manifestaciones constituyen únicamente una declaración de intenciones y de soporte a la sociedad prestataria, no pudiendo deducirse de las mismas que sean constitutivas del otorgamiento de una garantía personal por parte de la sociedad matriz hacia la prestataria, ni en relación a sus acreedores.

No obstante lo anterior, en el caso de que esta participación accionarial deje de ser mayoritaria y por tanto no se tenga el control de más del 51%, nos obligamos a prestar aval solidario como garantía de la restitución del préstamo antes identificado, en las siguientes condiciones ... (ALTERNATIVA: conforme al siguiente modelo de AVAL que se acompaña como anejo I a este carta).

F060. PÓLIZA DE AFIANZAMIENTO

Normativa aplicable: *Arts. 1.822 y ss. Real Decreto de 24 de julio de 1889, texto de la edición del Código Civil mandada publicar en cumplimiento de la Ley de 26 de mayo último. Arts. 439 y ss. Real Decreto de 22 de agosto de 1885, por el que se publica el Código de Comercio.*

En .... a ... de ... de ....

REUNIDOS

..............., S.A. (en adelante el Banco), de una parte, representado suficientemente por los Apoderados D............, con DNI ....

y de otra parte (en adelante fiador/es):

.... NIF.........., con domicilio en ...., inscrita en el Registro Mercantil de ...., representada en virtud de poder bastante por D............, con DNI ...., y con la intervención del Fedatario Público D. .... expresamente requerido para la formalización del presente contrato,

CONVIENEN

I. Celebrar el presente contrato en virtud del cual el fiador/es constituye fianza a favor del Banco, y éste la acepta, para garantizar las operaciones, relacionadas con el tráfico bancario, que realice o tenga en la actualidad pendientes de vencimiento.............., S.L. NIF. .... (en adelante el afianzado/s) con el Banco o, en su caso, y si no se especifica afianzado/s alguno en el presente epígrafe, para garantizarse recíprocamente en todas las operaciones que cualquiera de ellos realice con el Banco (en cuyo caso cada uno de éstos se denominará contractualmente fiador/es con respecto al otro/s y afianzado/s con respecto al otro/s), todo ello con arreglo a las siguientes

CLÁUSULAS

PRIMERA.– (Duración y límite). La fianza que se constituye por el presente contrato es de duración indefinida, pudiendo, en todo momento, cualquiera de los fiadores retirarla en cuanto a operaciones futuras, por medio de carta certificada dirigida por conducto notarial al Banco o cualquier otra forma de notificación admitida por éste, a partir de cuyo recibo quedará cancelada la fianza para dichas operaciones, sin perjuicio de subsistir hasta el completo pago de las hasta entonces contraídas"

La cantidad máxima por la que el fiador/es responderá al Banco como consecuencia de las operaciones a que esta póliza se refiere es de .... euros.

SEGUNDA.– (Carácter de la fianza). La fianza se pacta con carácter solidario entre el fiador/es y con el afianzado/s, renunciando aquél/llos expresamente a los beneficios de orden, excusión y división.

TERCERA.– (Extensión). La fianza se extiende a todas las operaciones que el afianzado/s realizadas con el Banco y que se reseñan en la cláusula decimoséptima (adicional) de este contrato.

La fianza por tales operaciones comprenderá principal, intereses y comisiones de las operaciones garantizadas, así como los gastos extrajudiciales y de cualquier otra clase que se le produzcan al Banco a consecuencia de las gestiones o reclamaciones que deba efectuar relativas a las citadas operaciones, a excepción de las costas judiciales cuyo pago será de quien determinen los tribunales en el correspondiente procedimiento.

En el supuesto de que alguno/s de los afianzados fuese declarado en situación legal de concurso, el fiador/es acepta que el voto favorable del Banco al Convenio correspondiente no modificará la responsabilidad asumida por dicho fiador/es en virtud del presente contrato.

CUARTA.– (Cuenta). Los contratantes pactan expresamente que la deuda garantizada del afianzado/s podrá estar representada por saldos deudores en cuenta, facultándose en forma específica al Banco, a estos efectos, para abrir una cuenta, con el nº............, a nombre del fiador/es, en la que se adeudarán los importes, por todos los conceptos, de las obligaciones del afianzado/s, derivadas de sus operaciones efectuadas con el banco y que se encuentren vencidas e impagadas, o a las que el Banco haya tenido que hacer frente, constituyendo el saldo de dicha cuenta cantidad líquida y exigible a efectos de ejecución y aceptando expresamente el fiador/es la certeza y liquidez de la deuda declarada.

QUINTA.– (Información). El fiador/es podrá solicitar del Banco en cualquier momento los datos precisos para la determinación del importe a que ascienden las obligaciones afianzadas dentro de los límites de la presente póliza. Sin embargo el Banco no tendrá obligación de dar cuenta al fiador/es de la devolución de las letras negociadas o descontadas, ni de comunicar la existencia de descubiertos o saldos deudores en las cuentas del afianzado/s, ni de los importes que haya tenido que abonar como consecuencia de los avales prestados por cuenta del afianzado/s.

SEXTA.– (Ejercicio de los derechos y acciones derivadas de las operaciones afianzadas). Los derechos y acciones que competen al Banco en virtud del presente documento son independientes de las que a éste corresponden por cada una de las operaciones específicas afianzadas y que podrán ser ejercitadas con plena independencia y sin perjuicio de aquéllas.

SÉPTIMA.– (Intereses moratorios). Las obligaciones dinerarias del afianzado/s que resulten impagadas y el saldo de la cuenta a la que se refiere la cláusula Cuarta devengarán desde el día siguiente al de su vencimiento o débito un interés moratorio del ....% nominal anual, liquidable por meses naturales o fracción, en su caso, y siempre por períodos vencidos, capitalizándose, en la cuenta especial antes referida, los intereses vencidos y no satisfechos de forma que como aumento de capital devenguen nuevos intereses al tipo de interés aquí establecido.

OCTAVA.– (Imputación de pagos y compensación). Las partes pactan expresamente que el Banco determinará libremente las operaciones que tenga con el interviniente/s a cuyo pago aplicará las cantidades que reciba o queden disponibles por cualquier concepto a favor de éste/os.

La deuda que resulte contra el afianzado/s por razón de este contrato, podrá ser compensada por el Banco con cualquier otra que el fiador/es pudiera tener a su favor, cualquiera que sea la forma y documentos en que esté representada, la fecha de su vencimiento, que a este efecto, podrá anticipar el Banco, y el título de su derecho, incluso si fuera el de depósito. Los contratantes pactan expresamente que la compensación aquí establecida tendrá lugar con independencia de que el crédito a compensar con la deuda sea atribuible a uno, a alguno o a todos los fiadores. El fiador/es deja afectos al buen fin del presente contrato todos sus bienes presentes o futuros, y especialmente los que existan a su nombre en el Banco, quedando éste autorizado irrevocablemente para proceder, en caso de que aquél/aquéllos incumplan sus obligaciones de pago, a la aplicación de los depósitos en efectivo y a la realización de todo tipo de derechos de crédito, efectos mercantiles o títulos valores que, asimismo, puedan estar depositados en el Banco, al objeto de, con su importe, atender hasta donde alcance los pagos pendientes, pudiendo, incluso, proceder a su vencimiento anticipado.

NOVENA.– (Gastos). Todos los tributos o gravámenes creados o que se creen por el Estado, Comunidades Autónomas, Diputaciones, Ayuntamientos o Entidades análogas, así como los gastos de cualquier clase que se originen por la constitución, cumplimiento, comunicación o extinción de las obligaciones resultantes de este contrato, a excepción de las costas judiciales cuyo pago será de quien determinen los tribunales en el correspondiente procedimiento, y especialmente los honorarios o corretajes de los Fedatarios Públicos por su intervención en este contrato o por sus diligencias o intervenciones posteriores, y, en su caso, los gastos de verificaciones registrales o similares necesarios para que el Banco obtenga el resarcimiento de la deuda, serán por cuenta del fiador/es.

En el caso de que el Banco reclame cantidades vencidas y no satisfechas percibirá, para compensar los gastos de gestión, un importe fijo de .... euros, que se cobrará una sola vez por cada rúbrica (nueva posición deudora vencida) y en el momento de su devengo o en la primera liquidación que se produzca de las posiciones deudoras.

DÉCIMA.– (Fuerza ejecutiva). El contrato al que se refiere la presente póliza ha sido formalizado, según se expresa anteriormente, con la intervención del Fedatario Público que se señala, a todos los efectos, incluso a los previstos en el número 5° del apartado 2 del artículo 517 de la Ley de Enjuiciamiento Civil y legislación concordante.

El Banco podrá hacer efectiva la fianza aquí constituida desde el momento en que cualquiera de las obligaciones garantizadas por la misma se hallare vencida e impagada y ello mediante la puesta en conocimiento del fiador/es del importe vencido correspondiente. Para proceder judicialmente con este documento se acompañarán al mismo los documentos que representen la deuda del afianzado/s.

A los efectos de lo dispuesto en el número 2 del artículo 572 de la Ley de Enjuiciamiento Civil, se pacta expresamente por los contratantes que la liquidación para determinar la deuda ejecutivamente reclamable será la resultante de la liquidación del saldo deudor de la cuenta practicada por el Banco en la forma convenida en este contrato. En su virtud, bastará para el ejercicio de la acción ejecutiva la presentación del título ejecutivo, expedido en la forma que resulte de la normativa notarial aplicable, y la aportación de la documentación prevenida en el número 1 del artículo 573 de la misma Ley.

El fiador/es consiente desde ahora en que se consideren título ejecutivo cuantas copias autorizadas o testimonios de la presente póliza solicite el Banco con dicha finalidad en cualquier momento.

Serán por cuenta del fiador/es los honorarios o corretajes de los Fedatarios Públicos por su intervención en la primera expedición de las citadas copias autorizadas o testimonios.

DECIMOPRIMERA.– (Domicilio del fiador/es). Para todos los efectos de notificaciones, requerimientos y comunicaciones, a que dé lugar el presente contrato, y especialmente en cuanto a la notificación prevista en el artículo 573.1.3° de la Ley de Enjuiciamiento Civil a través de cualquier medio de comunicación, incluso télex o telegrama, el domicilio del fiador/es será el designado en el encabezamiento de la presente póliza para el primero de ellos, a no ser que medie notificación fehaciente al Banco del cambio de dicho domicilio. Se entiende como domicilio del Banco, a efectos de este contrato, el de la oficina que figure en el mismo.

DUODÉCIMA.– (Tratamiento de datos personales).

I. El/los intervinientes (en lo sucesivo "el interviniente") autoriza/n que sus datos personales, incluidos los derivados de operaciones realizadas a través del Banco, se incorporen a ficheros de éste para las siguientes finalidades:

a) La gestión de la relación contractual y la prestación de servicios bancarios y/o financieros.

b) El control y valoración automatizada o no de riesgos, impagos e incidencias derivadas de relaciones contractuales.

c) Para cualesquiera otras finalidades no incompatibles con cualquiera de las previstas en este apartado.

II. Asimismo los intervinientes autorizan que sus datos personales se incorporen a ficheros del Banco para las siguientes finalidades:

a) La elaboración de perfiles de cliente con fines comerciales, a efectos de ofrecer productos o servicios bancarios, y de análisis de riesgos para futuras operaciones.

b) La remisión, a través de cualquier medio, incluso por correo electrónico u otro medio de comunicación electrónica equivalente, de cualesquiera informaciones sobre productos o servicios bancarios o de terceros.

c) Para cualesquiera otras finalidades no incompatibles con cualquiera de las previstas en este apartado.

III. Los datos de cualquier relación contractual, incluidos los obtenidos de acuerdo con lo previsto en los apartados anteriores, podrán ser utilizados una vez finalizada la misma durante el plazo de veinticuatro meses para las finalidades previstas en el apartado II anterior, siempre y cuando el interviniente correspondiente mantenga alguna otra relación contractual con el Banco.

Extinguidas todas las relaciones contractuales con el Banco dichos datos sólo se podrán utilizar durante el plazo citado para la finalidad prevista en la letra b) del citado apartado II.

IV. Si alguno/s de los intervinientes tuviera riesgos con el Banco, se comunicarán junto con sus datos personales, incluida, en su caso, la condición de empresario individual, a la Central de Información de Riesgos del Banco de España. Asimismo, si solicita una operación de riesgo, el Banco podrá obtener información de los datos que figuren registrados en dicha Central.

V. Asimismo se informa a los Intervinientes que en caso de y tener deudas ciertas, vencidas, exigibles e impagadas con el Banco a cuyo pago hayan sido requeridos previamente por el Banco los datos referidos a dichas deudas podrán ser comunicados por el Banco a ficheros de terceros relativos al cumplimiento o incumplimiento de obligaciones dinerarias, siempre que no hayan transcurrido seis años desde la fecha de vencimiento de la deuda u obligación impagada.

VI. Los interviniente consienten y autorizan al Banco a comunicar sus datos de identificación y comunicación a las Entidades del Grupo .... en España para su utilización con la finalidad del apartado II. b).

VII. Las entidades de crédito y demás proveedores de servicios de pago, así como los sistemas de pago y prestadores de servicios tecnológicos relacionados a los que se transmitan los datos para llevar a cabo las transacciones realizadas al amparo del presente contrato pueden estar obligados por la legislación del Estado donde operen, o por los Acuerdos concluidos por éste a facilitar información sobre estas transacciones a las autoridades u organismos oficiales de otros países, situados tanto dentro como fuera de la Unión Europea, en el marco de la lucha contra la financiación del terrorismo y formas graves de delincuencia organizada y la prevención del blanqueo de capitales.

VIII. El responsable del tratamiento es el Banco con domicilio social en .... El interviniente podrá ejercitar gratuitamente los derechos de acceso, rectificación, cancelación y oposición en cualquiera de sus oficinas.

IX. Específicamente el Banco informa a los intervinientes que en el momento de la presente contratación o con posterioridad a la misma y en cualquiera de sus oficinas puedan manifestar su negativa al tratamiento por el Banco de sus datos personales para cualquiera de las finalidades indicadas en el apartado II de la presente cláusula.

DECIMOTERCERA.– (Formalización). El presente contrato, incluidos, en su caso, anexos, cláusulas adicionales y documentos unidos se formaliza en el número de hojas que se hace constar más adelante, todas ellas con el reverso en blanco, y numeradas, selladas y rubricadas por el Fedatario interviniente.

Las partes intervinientes con una única firma estampada al final de documento contractual, prestan su conformidad y aprobación a la totalidad del mismo, incluidos en su caso anexos, cláusulas adicionales y documentos unidos, tal y como aparece redactado y por todos los conceptos por los que intervienen.

DECIMOCUARTA.– Se advierte expresamente por el Banco que las cláusulas de este contrato han sido redactadas previamente por el mismo, por lo que aquellas que no recojan pactos de carácter financiero o que no vengan reguladas por una disposición de carácter general o específico que las haga de aplicación obligatoria para los contratantes o que no hayan sido objeto de una negociación específica, se consideran condiciones generales de la contratación, dejando constancia los contratantes con el Banco de su aceptación expresa de las mismas y de su incorporación al contrato, de conformidad con la Ley sobre Condiciones Generales de la Contratación.

DECIMOQUINTA.– Digitalización de documentos.

1. El o los Intervinientes, (en adelante, para todos los supuestos, "el Interviniente"), autorizan al Banco para que mediante dispositivos que digitalicen la escritura capture la firma del Interviniente en cualesquiera documentos presentados por el Banco que suscriba con ocasión de las relaciones que mantiene o pueda mantener con el Banco, incluidos los documentos necesarios para la contratación de productos y servicios con el Banco.

A los efectos de esta cláusula se entiende por digitalización de la escritura la utilización de dispositivos que transforman la morfología de la firma en una imagen codificada en formato electrónico.

La captura de la firma mediante tales dispositivos tendrá como finalidad su utilización por el Banco para la comprobación de las firmas obrantes en cualquier documento de orden, disposición de dinero o de cualquier otra índole, referido a cualquier contrato de productos y servicios que pueda tener contratados o que contrate en el futuro con el Banco, en los que figure o pueda figurar como titular, representante, autorizado a disponer o en cualquier otro concepto; y para la identificación del Interviniente cuando sea preciso, a criterio del Banco, en la gestión y desarrollo de las relaciones comerciales y/o contractuales.

En consecuencia, el Interviniente acepta que la firma en los citados documentos podrá ser recogida mediante cualquier dispositivo de digitalización de escritura, otorgándole a la firma así recogida el mismo valor que a la firma manuscrita recogida en papel.

2. La firma capturada por el Banco de conformidad con el procedimiento previsto en esta cláusula se configura como elemento esencial para la prestación de los servicios o funcionalidades contractuales que impliquen la previa comprobación de firmas o la identificación del Interviniente en la gestión y desarrollo de las relaciones comerciales o contractuales, por lo que la revocación de la autorización y/o aceptación previstas en el anterior apartado 1 facultará al Banco para poder cancelar anticipadamente los contratos en que se hubieren estipulado los servicios y funcionalidades que exijan la citada comprobación de firmas o la identificación del Interviniente.

3. La firma estampada en los documentos referidos en el anterior apartado 1, incluida su firma digitalizada y los propios documentos reseñados en el citado apartado, quedan

sujetos, además de a lo establecido anteriormente, al tratamiento de datos personales pactado por el Interviniente con el Banco.

DECIMOSEXTA.– Para los casos en que el fiador/es, o alguno de ellos, sea una persona física, el fiador/es y el Banco acuerdan que no será de aplicación a la presente operación lo previsto en la Orden EHA/2899/2011, de 28 de octubre, de transparencia y protección del cliente de servicios bancarios.

DECIMOSÉPTIMA.– (Cláusula adicional)

Las obligaciones garantizadas por esta Póliza de Afianzamiento se limitan al préstamo hipotecario de ....€ (........) constituido mediante escritura otorgada por el Notario de.................. D. ...., con fecha..........., bajo su número de protocolo ...., que grava las naves oficinas y almacén en..........., inscritas en el RP........, Fincas Registrales ....

II. Tanto el Banco como el fiador/es, aceptan el presente contrato, en los términos, condiciones y responsabilidades que se establecen en el mismo, recibiendo el fiador/es un ejemplar del documento contractual.

Y en prueba de ello y para cumplimiento de lo convenido, las partes, de conformidad con la legislación vigente, con una única firma estampada al final del documento contractual, prestan su conformidad y aprobación a la totalidad del mismo, que firman en documento ....; dando fe de ello el Fedatario que interviene, así como de su contenido, de la identidad y capacidad legal de los contratantes, de la legitimidad de sus firmas, y de que el documento contractual, incluidos, en su caso, anexos, cláusulas adicionales y documentos unidos, está integrado por .... hojas, incluida la presente, todas ellas con el reverso en blanco, y numeradas, selladas y rubricadas por dicho Fedatario.

En ...., a...............

F061. ANEXO A PÓLIZA DE AFIANZAMIENTO

Normativa aplicable: *Arts. 1.822 y ss. Real Decreto de 24 de julio de 1889, texto de la edición del Código Civil mandada publicar en cumplimiento de la Ley de 26 de mayo último. Arts. 439 y ss. Real Decreto de 22 de agosto de 1885, por el que se publica el Código de Comercio.*

............, S. A., en lo sucesivo el Banco, representada por D. ....

De otra parte............. S.A., en adelante la Avalada, representada por D. ....

Y de otra la mercantil..............., en adelante la avalista, representada por D. ....

Y con la intervención del Notario D................, expresamente requerido para la formalización del presente anexo,

EXPONEN

I.– Que el día............., las partes formalizaron una póliza de afianzamiento mediante la cual, la avalista garantizaba a .... el pago de las obligaciones asumidas por la avalada en el crédito formalizado con esta el día............, mediante escritura otorgada ante el Notario de............, con el número .... de su orden de protocolo, por un límite de .... €

II.– Que en fecha de hoy, mediante escritura, formalizada ante el Notario de ...., con el número .... de protocolo, la avalada y el Banco han novado las condiciones del citado crédito. A la operación resultante le han asignado el número de expediente ....

III.– Que las partes han convenido, tras la novación, mantener la fianza, con efectos desde el día de hoy, en los mismos términos expresados en la póliza reseñada en el expositivo I, y extender la misma a los efectos derivados de la novación.

Y a tal efecto

CONVIENEN

PRIMERO.– El avalista mantiene la fianza en los mismos términos expresados en la póliza reseñada en el expositivo I, y extienden la misma a los efectos derivados de la novación.

Por lo tanto, se mantiene la duración indefinida de la misma.

SEGUNDO.– Los gastos y tributos que conlleve la formalización del presente documento serán satisfechos por .... (la avalada), cualquiera que sea el sujeto pasivo, por ser esta una condición esencial para llevar a cabo la mencionada novación del crédito.

TERCERO.– Con independencia de lo ahora convenido, se mantiene íntegramente, en lo demás, el contenido de la póliza a la que este anexo se adiciona, sin que la presente modificación suponga novación, ni extinción alguna de la referida póliza, que queda ratificada en todas sus cláusulas, excepto en lo que se especifica y expresamente se modifica por la presente anexo

Y en prueba de ello y para cumplimiento de lo convenido, las partes, de conformidad con la legislación vigente, con una firma estampada al final del presente documento, prestan su conformidad y aprobación a la totalidad del mismo, que firman por ÚNICO EJEMPLAR, dando fe de ello el Notario que interviene, así como de su contenido, de la identidad y capacidad legal de los contratantes, de la legitimidad de sus firmas, y de que el documento contractual está integrado por hojas, incluida la presente, con el reverso en blanco, numeradas, selladas y rubricadas por dicho Notario.

En.............., a..............

F062. CLÁUSULA DE ANTICRESIS COMO GARANTÍA ADICIONAL EN PRÉSTAMO HIPOTECARIO

Normativa aplicable: *Arts. 1.881-1.886 Real Decreto de 24 de julio de 1889, texto de la edición del Código Civil mandada publicar en cumplimiento de la Ley de 26 de mayo último.*

Sin perjuicio de la responsabilidad personal e ilimitada de la parte prestataria y de la garantía de hipoteca inmobiliaria constituida a favor de la Caja, en garantía de la obligación principal de la amortización del presente préstamo, ... cede a favor de .... todos los derechos de cobro de las rentas arrendaticias de la finca hipotecada, actuales, de acuerdo con los términos del contrato de arrendamiento de fecha..........., a favor de.........., y para caso de extinción de dicho contrato, las que en el futuro se puedan derivar de los arrendamientos que se lleguen a formalizar.

Las mencionadas rentas cedidas serán aplicadas por la .... al pago de las cuotas de amortización del principal e intereses del préstamo y sin perjuicio del resto de garantías pactadas, personal del prestatario y de la hipoteca inmobiliaria CONSTITUIDA A FAVOR DE LA CAJA, ya que la cesión del derecho a percibir las rentas será "pro solvendo" y no "pro soluto".

A los efectos anteriores, ... autoriza expresamente a .... para que notifique fehacientemente al arrendatario la cesión a favor de .... de dichas rentas y los incrementos que en el futuro se produzcan de acuerdo con los términos del contrato, así como de la orden irrevocable de pago emitida por el propietario-prestatario de abonar dichas rentas directamente a .... en la cuenta nº..........., propiedad de ....

La cesión del derecho al cobro de las rentas arrendaticias del inmueble hipotecado, actuales o que en el futuro puedan existir, se formaliza con independencia de la garantía hipotecaria, como derecho real de anticresis al amparo de los artículos 1.881 y siguientes del Código Civil, por el plazo máximo frente a terceros que la legislación aplicable permita sin perjuicio del carácter obligacional entre las partes por todo el tiempo necesario hasta el reembolso total del préstamo y sus intereses.

El pago de las contribuciones, gastos de comunidad en su caso y demás cargas que pesen sobre la finca objeto del derecho real de anticresis, serán a cargo de la prestataria o, en su caso, si así lo hubiera pactado, a cargo del arrendatario de la finca. Igualmente serán a cargo de la parte prestataria o de su arrendatario los gastos necesarios para la conservación y reparación de la finca, con total y absoluta indemnidad en este sentido para..........., por lo que no podrá deducirse de las rentas arrendaticias cantidad alguna a dichos fines.

F063. PRENDA DE IMPOSICIÓN A PLAZO FIJO

Normativa aplicable: *Arts. 1.863 y ss. Real Decreto de 24 de julio de 1889, texto de la edición del Código Civil mandada publicar en cumplimiento de la Ley de 26 de mayo último.*

ANEXO A LA ESCRITURA DE NOVACIÓN DE CRÉDITO CON GARANTÍA HIPOTECARIA

Nº ....

FORMALIZADA ANTE EL NOTARIO Don.......... Estipulación Cuarta de la escritura de novación del crédito hipotecario formalizada en fecha.........., ante el Notario de............, bajo el número .... de ante el notario, a .... ENTRE .... Y la entidad mercantil ....

.... (en adelante el Banco), de una parte representado suficientemente por los Apoderados

D/Dña.. DNI ....

Y D/Dña.. DNI ....

y de otra parte (en adelante el Titular) .... CIF............... con domicilio en .... inscrita en el Registro Mercantil de ...., hoja ...., folio ...., representada/os en virtud de poder bastante por

D/Dña. ....

DNI ....

y con la intervención del Fedatario Público

D/Dña.. expresamente requerido para la formalización del presente documento

y de otra parte (en adelante el Pignorante/es) .... CIF............... con domicilio en .... inscrita en el Registro Mercantil de ... ., hoja ...., folio ...., representada/os en virtud de poder bastante por

D/Dña. .... DNI ....

y con la intervención del Fedatario Público

D/Dña.. expresamente requerido para la formalización del presente documento

CONVIENEN

PRIMERO.– En fecha Que mediante escritura otorgada el día..............., por el Notario de................, con el nº .... de su protocolo, subsanada por Diligencia de.............., ... y .... Operación que fue novada en fecha .... Tanto en la escritura inicial como en las novaciones............. interviene como Hipotecante No Deudor.

SEGUNDO.– En garantía del cumplimiento de las obligaciones contraídas por............., S.A. frente al Banco en la escritura y novaciones indicadas al inicio de este anexo (en adelante "la Operación"), y sin perjuicio de la responsabilidad personal, ilimitada y, en su caso, solidaria de los Titulares, el Pignorante constituye derecho real de prenda, a favor del Banco, que la acepta, sobre los derechos de crédito, ya sea sobre el saldo, intereses que se devenguen y cualesquiera incrementos de dicho saldo, que éstos ostenta/n contra la Entidad o Entidades que se indican a continuación derivados del/de los contrato/s de cuenta a plazo/depósito que se indican a continuación:

....

El Pignorante declara que no existe prenda, embargo o carga alguna preferente sobre dicho derecho de crédito objeto de pignoración así como que el mismo no está afecto al cumplimiento de otra obligación.

CLÁUSULAS

PRIMERA.– Entrega. El Pignorante/s hacen entrega en este acto al Banco del certificado de titularidad y saldo de las cuentas a plazo y/o depósitos así como, en su caso, de la/s libreta/s correspondientes.

Cuando se trate de cuentas a plazo o depósitos abiertos en el propio Banco, éste se da por formalmente notificado de la prenda constituida sobre los derechos de crédito que de dichas cuentas o depósitos se derivan.

Cuando se trate de cuentas a plazo o depósitos abiertos en entidad de crédito (la Entidad de crédito) distinta del Banco el Pignorante/s encarga/n expresamente al Fedatario Público interviniente que notifique a la Entidad de crédito la presente pignoración, quedando el Banco facultado para efectuar la citada notificación en nombre y por cuenta del Pignorante/s.

La presente garantía se constituye como prenda ordinaria sobre un derecho de crédito, conforme lo establecido por el Código Civil del Estado Español

SEGUNDA.– Duración.

2.1. La presente garantía prendaria se considerará vigente mientras subsistan responsabilidades derivadas de la Operación por cualquier concepto.

2.2. Tratándose de pignoración de cuentas a plazo o depósitos en el Banco, el Pignorante/s y el Banco convienen expresamente que llegado el vencimiento de la/s citada/s cuenta/s a plazo y/o depósito y estando todavía pendiente de pago la obligación garantizada, se entenderá/n la/s cuenta a plazo o depósito/s prorrogado/s por períodos iguales y en los propios términos que en el contrato regulador de los mismos figure/n, incluido en su caso el tipo de interés previamente comunicado, hasta la extinción de las obligaciones garantizadas.

En el caso de que las condiciones de la cuenta a plazo o depósito no admitiesen la prorroga, el Pignorante/s se obliga a entregar el importe de la cuenta a plazo o depósito al Banco, donde quedará asentado en una cuenta especial constituida a nombre del Pignorante/s, para lo cual el Pignorante/s cursa instrucciones irrevocables al Banco para que en su nombre y por su cuenta materialice dicha entrega en la fecha de vencimiento de la cuenta a plazo o deposito; y los derechos a favor del Pignorante/s derivados de dicha cuenta especial sustituirán automáticamente al derecho objeto de esta prenda, quedando bajo el régimen de la misma por subrogación real sin solución de continuidad, a la que será de aplicación lo siguiente:

a) Tendrá un plazo cuyo vencimiento coincidirá con la extinción de las responsabilidades derivadas de la Póliza.

b) Devengará intereses en favor del Pignorante/s al tipo de interés nominal anual del ....% (TAE ....%). Los intereses se devengarán diariamente y su liquidación y pago se efectuará al vencimiento de la IPF, desde la fecha de constitución de la cuenta especial. Los intereses devengados no se incorporarán al capital. La cuantía de dichos intereses se calculará multiplicando el importe del saldo de la cuenta especial por el tanto por ciento en que consista el tipo de interés nominal anual, multiplicando a su vez este producto por el número de días transcurridos, y dividiendo el resultado por ....

2.3. Cuando se trate de cuentas a plazo o depósitos abiertos en otra Entidad de crédito, el Pignorante/s se obliga a prorrogarlos en los términos indicados en el anterior apartado 2.2, salvo que los importes correspondientes se entreguen al Banco y queden asentados en una cuenta especial constituida a nombre del Pignorante/s, en los mismos términos y condiciones previstos en el citado apartado 2.2., para lo cual el Pignorante/s igualmente cursa instrucciones irrevocables al Banco para que en su nombre y por su cuenta materialice la entrega al Banco del importe de la cuenta a plazo o deposito en su fecha de vencimiento.

2.4. Las posibles reducciones de la deuda garantizada no confieren al Pignorante/s derecho a exigir la liberación parcial o proporcional de la garantía prestada.

TERCERA.– Indisponibilidad. Los derechos pignorados quedarán indisponibles hasta que se hayan cumplido totalmente las obligaciones garantizadas. En consecuencia no podrá efectuarse débito alguno con cargo a la/s cuenta/s a plazo o depósito/s salvo autorización expresa del Banco, ni realizar acción alguna que impida o dificulte dicha indisponibilidad.

CUARTA.– Devolución. Satisfechas totalmente las obligaciones garantizadas, por todos los conceptos, el Banco permitirá la libre disposición de la/s cuenta/s a plazo y/o depósito/s cuyos derechos de crédito son objeto de pignoración, devolviendo al Pignorante/s, en su caso, las libretas entregadas, salvo lo dispuesto en el artículo 1866 del Código Civil, que por pacto expreso se declara aplicable a la seguridad y solvencia de cualquier otra responsabilidad que los Titulares o cualquiera de ellos tuvieran contraída con el Banco, pudiendo éste retener la/s cuenta/s a plazo o depósito/s en cuestión hasta que esté satisfecha. Igualmente, si una vez ejecutada la garantía, quedare remanente, quedará de libre disposición para el Pignorante/s.

QUINTA.– Ejercicio de acciones. Los derechos y acciones que competen al Banco en virtud del presente documento y de las cuentas a plazo y/o depósitos cuyos derechos de crédito son objeto de pignoración son independientes de las que al Banco corresponden por la operación específica garantizada o por cualquier otra garantía obtenida del Pignorante/es, Titulares o de un tercero, que podrán ser ejercitadas con plena independencia y sin perjuicio de aquéllas.

SEXTA.– Realización de la prenda. Si las obligaciones garantizadas resultaren incumplidas, el Banco queda expresamente facultado para, sin necesidad de comunicación previa al Pignorante/s ni trámite especial alguno, compensar o hacerse pago hasta donde alcance, con el saldo e intereses de las cuentas a plazo y/o depósitos, de la deuda resultante de las obligaciones garantizadas, autorizando expresamente el Pignorante/s al Banco para, en su caso, cancelar anticipadamente las cuentas a plazo y/o depósitos pignorados, aceptando el Pignorante/s la penalización y demás repercusiones y/o contingencias que se puedan derivar como consecuencia de dicha cancelación anticipada.

En el caso de cuentas a plazo o depósitos abiertos en otra Entidad de crédito, queda expresamente facultado el Banco para dirigirse a la misma y requerirle la entrega de las cuentas o depósitos pignorados, los cuales una vez se reciban, se aplicarán al pago de la deuda resultante de las obligaciones garantizadas, sirviendo el presente documento de autorización para disponer de los referidos saldos ante la Entidad de crédito, sin necesidad de acreditar frente a ésta el incumplimiento de la operación garantizada, y siendo suficiente el simple requerimiento del Banco a tal efecto.

SÉPTIMA.– Se advierte expresamente por el Banco que las cláusulas de este contrato han sido redactadas previamente por el mismo, por lo que aquellas que no recojan pactos de carácter financiero o que no vengan reguladas por una disposición de carácter general o específico que las haga de aplicación obligatoria para los contratantes o que no hayan sido objeto de una negociación específica, se consideran condiciones generales de la contratación, dejando constancia los contratantes con el Banco de su aceptación expresa de las mismas y de su incorporación al contrato, de conformidad con la Ley 7/1998, de 13 de abril, sobre Condiciones Generales de la Contratación.

OCTAVA.– Gastos.– Todos los tributos o gravámenes creados o que se creen por el Estado, Comunidades Autónomas, Diputaciones, Ayuntamientos o Entidades análogas, así como los gastos de cualquier clase que se originen por la constitución, cumplimiento, comunicación o extinción de las obligaciones resultantes de este Anexo, a excepción de las costas judiciales cuyo pago será de quien determinen los tribunales en el correspondiente procedimiento, y especialmente los honorarios o corretajes de los Fedatarios Públicos por su intervención en este Anexo o por sus diligencias o intervenciones posteriores, y, en su caso, los gastos de verificaciones registrales o similares necesarios para que el Banco obtenga el resarcimiento de la deuda, serán por cuenta del Pignorante/s, extendiéndose también, en su caso, a la cobertura de su pago el afianzamiento prestado.

Igualmente serán por cuenta del Pignorante/s los honorarios o corretajes de los Fedatarios Públicos por su intervención en la primera expedición de copias autorizadas y testimonios del presente Anexo, extendiéndose también el afianzamiento prestado, en su caso, al pago de dichos honorarios o corretajes.

En caso de que el Pignorante/s no satisfaga dichos gastos, el Banco tendrá derecho a pagarlos en nombre y por cuenta del Pignorante/s y a reclamarle el pago posteriormente quedando igualmente cubierta esta obligación por esta prenda.

NOVENA.– Tratamiento de datos personales

I. Los Intervinientes autorizan que sus datos personales, incluidos los derivados de operaciones realizadas a través del Banco, se incorporen a ficheros de éste para las siguientes finalidades:

a) La gestión de la relación contractual y la prestación de servicios bancarios y/o financieros.

b) El control y valoración automatizada o no de riesgos, impagos e incidencias derivadas de relaciones contractuales.

II. Asimismo los Intervinientes autorizan que sus datos personales se incorporen a ficheros del Banco para las siguientes finalidades:

a) La elaboración de perfiles de cliente con fines comerciales, a efectos de ofrecer productos o servicios bancarios, y de análisis de riesgos para futuras operaciones.

b) La remisión, a través de cualquier medio, incluso por correo electrónico u otro medio de comunicación electrónica equivalente, de cualesquiera informaciones sobre productos o servicios bancarios o de terceros.

III. Los datos de cualquier relación contractual, incluidos los obtenidos de acuerdo con lo previsto en los apartados anteriores, podrán ser utilizados una vez finalizada la misma durante el plazo de veinticuatro meses para las finalidades previstas en el apartado II anterior, siempre y cuando el interviniente correspondiente mantenga alguna otra relación contractual con el Banco.

Extinguidas todas las relaciones contractuales con el Banco dichos datos sólo se podrán utilizar durante el plazo citado para la finalidad prevista en la letra b) del citado apartado II.

IV. Si alguno/s de los Intervinientes tuviera riesgos con el Banco, se comunicarán junto con sus datos personales, incluida, en su caso, la condición de empresario individual, a la Central de Información de Riesgos del Banco de España. Asimismo, si solicita una operación de riesgo, el Banco podrá obtener información de los datos que figuren registrados en dicha Central.

V. Asimismo se informa a los Intervinientes que en caso de tener deudas ciertas, vencidas, exigibles e impagadas con el Banco, a cuyo pago hayan sido requeridos previamente por el Banco, los datos referidos a dichas deudas podrán ser comunicados por el Banco a ficheros de terceros relativos al cumplimiento o incumplimiento de obligaciones dinerarias, siempre que no hayan transcurrido seis años desde la fecha de vencimiento de la deuda u obligación impagada.

VI. Los Intervinientes consienten y autorizan al Banco a comunicar sus datos de identificación y comunicación a las Entidades de .... en España para su utilización con la finalidad del apartado II.b).

VII. Las entidades de crédito y demás proveedores de servicios de pago, así como los sistemas de pago y prestadores de servicios tecnológicos relacionados a los que se transmitan los datos para llevar a cabo las transacciones realizadas al amparo del presente contrato pueden estar obligados por la legislación del Estado donde operen, o por Acuerdos concluidos por éste, a facilitar información sobre estas transacciones a las autoridades u organismos oficiales de otros países, situados tanto dentro como fuera de la Unión Europea, en el marco de la lucha contra la financiación del terrorismo y formas graves de delincuencia organizada y la prevención del blanqueo de capitales.

VIII. El responsable del tratamiento es el Banco con domicilio social en .... Los Intervinientes podrán ejercitar gratuitamente los derechos de acceso, rectificación, cancelación y oposición en cualquiera de sus oficinas.

IX. Específicamente el Banco informa a los intervinientes que en el momento de la presente contratación o con posterioridad a la misma y en cualquiera de sus oficinas, pueden manifestar su negativa al tratamiento por el Banco de sus datos personales para cualquiera de las finalidades indicadas en el apartado II de la presente Cláusula.

DÉCIMA.– Cláusula adicional.

La presente pignoración se formaliza al amparo de lo pactado por las partes en la Estipulación Cuarta de la escritura de novación del crédito hipotecario formalizada en fecha............, ante el Notario de..........., la entidad mercantil .... bajo el número .... de su protocolo, por lo que el presente importe pignorado se aplicará a reducir la deuda de la citada cuenta de crédito, hasta donde alcance, si a la fecha de su vencimiento subsistiera deuda pendiente de pago

Y en prueba de ello y para cumplimiento de lo convenido, las partes, de conformidad con la legislación vigente, con una única firma estampada al final del presente Anexo, prestan su conformidad y aprobación a la totalidad del mismo, que firman en documento ....; dando fe de ello el Fedatario que interviene, así como de su contenido, de la identidad y capacidad legal de los contratantes, de la legitimidad de sus firmas, y de que el documento contractual, incluidos, en su caso, anexos, cláusulas adicionales y documentos unidos, está integrado por .... hojas, incluida la presente, todas ellas con el reverso en blanco, y numeradas, selladas y rubricadas por dicho Fedatario.

F064. PRENDA DE ALQUILERES

Normativa aplicable: *Arts. 1.863 y ss. Real Decreto de 24 de julio de 1889, texto de la edición del Código Civil mandada publicar en cumplimiento de la Ley de 26 de mayo último.*

En la ciudad de................., hoy......., a........ de................. de ....

COMPARECEN

De una parte la mercantil.............., CON..........., con domicilio en................, representada en este acto por........ Y.......... con DNI ...., en su calidad de Consejeros Delegados mancomunados, en uso de las facultades conferidas mediante escritura otorgada el .... ante el Notario de .... e inscrita en el Registro Mercantil de .... en el Tomo........., Libro .... Folio .... Sección ..... Hoja .... Inscripción ....

Y de otra la............, (en adelante.........) con domicilio social en .... representada en este acto por D ....

EXPONEN:

I.– La mercantil .... (arrendadora), es titular de los derechos de crédito derivados del contrato de arrendamiento suscrito en fecha .... con la mercantil .... (arrendataria) y ello en virtud de Escritura de Compraventa de fecha .... autorizada por el notario de .... en la que la mercantil .... le transmite los inmuebles arrendados y se subroga en cuantos derechos y obligaciones se derivan del mencionado contrato de arrendamiento.

El contrato de arrendamiento se pactó por un plazo de .... años estableciéndose como renta mensual la cantidad inicial de .... euros que fue incrementada en .... según ANEXO CUARTO firmado el día ....

Dicho contrato de arrendamiento, cuya fotocopia se une a este documento como anexo, tiene por objeto el alquiler de las siguientes fincas que en el mismo se describen:

....

Que, los señores comparecientes, en el concepto en que respectivamente intervienen, han convenido la constitución del derecho real de prenda sobre PARTE DE los derechos de crédito derivados del contrato de arrendamiento anteriormente indicado, a favor de la .... para destinar su importe a la devolución del capital, intereses pactados, comisiones y gastos debidos por razón de este préstamo, conforme a las siguientes:

CLÁUSULAS

1.– Sin perjuicio de la responsabilidad personal ilimitada de la parte prestataria, derivada de la póliza de préstamo que antecede, y sin perjuicio de cualquier otra garantía propia o de terceros, presente o futura que pudiera existir, la mercantil la mercantil .... en este acto, de forma expresa e irrevocable, constituye derecho real de prenda, a favor de..........., sobre PARTE del derecho de crédito que ostenta frente a la mercantil .... por importe de hasta .... EUROS de la renta mensual derivada del Contrato de Arrendamiento de las fincas descritas en el Exponiendo I suscrito en fecha .... entre la prestataria y la mercantil ....

EXPRESAMENTE SE HACE CONSTAR QUE EL RESTO DE LA CITADA RENTA MENSUAL, EN LA PARTE QUE EXCEDA DE LOS REFERIDOS......... EUROS, NO ES OBJETO DEL PRESENTE DERECHO REAL DE PRENDA AQUÍ CONSTITUIDO.

La mercantil la mercantil .... mientras esté en vigor la presente Póliza de Préstamo Personal se compromete a entregar copia de los recibos representativos, a............, por constar en ellos cuantificado, el importe de la renta a cobrar, siempre única y exclusivamente a instancias de la propia ....

2.– La mercantil .... en su condición de arrendadora manifiesta ser legítimo titular del derecho de crédito que AQUÍ se grava EN CUANTO A LA SUMA DE .... EUROS, que no se halla afecto a garantía alguna, ni ha sido objeto de traba, ni tiene limitada la facultad de disposición sobre el mismo.

3.– Para la plena efectividad de esta cesión PARCIAL, la .... y la mercantil .... requieren conjuntamente al Notario interviniente, para que notifique, por medio que deje constancia y tenga plena efectividad conforme a derecho, a la mercantil .... con domicilio en .... como arrendatario de la constitución de prenda sobre los derechos de crédito de hasta .... EUROS de la renta mensual derivada del Contrato de Arrendamiento de las fincas descritas anteriormente (apartado I) a los efectos oportunos conforme a lo establecido en el art. 347 y 348 del Código de Comercio.

La parte prestataria autoriza expresamente a la mercantil .... a que notifique a .... cualquier incidencia que impida la constitución de la presente garantía de prenda al efecto de poder subsanarla.

4.– En virtud de la constitución de este derecho de prenda, todas y cada una de las rentas derivadas del contrato de arrendamiento, serán ingresadas en la cuenta IBAN .... abierta en la Sucursal número........ de........, a nombre de la mercantil .... quedando afecto únicamente el antes citado importe pignorado de .... euros al pago de las obligaciones derivadas de la presente póliza de préstamo. El RESTO DE LA RENTA MENSUAL EN LA PARTE QUE EXCEDA DE LA CITADA SUMA DE .... EUROS, como se dijo anteriormente, NO ES OBJETO DE la presente prenda por lo que no quedara AFECTA NI SUFRÍA DISPOSICIÓN O RETENCIÓN ALGUNA POR PARTE DE .... Y SERÁ DE LIBRE DISPOSICIÓN POR LA ARRENDADORA, ...

Los bienes pignorados, a efectos de la constitución de la presente garantía, se configuran como indivisibles, de modo que solo se podrá pedir la cancelación de la prenda cuando se haya satisfecho la totalidad de lo adeudado, sin que los pagos parciales permita obtener la cancelación parcial de la prenda. Todos los bienes pignorados, ESTO ES, LA REFERIDA SUMA DE .... EUROS MENOS LA ANTES CITADA, responderán solidariamente del crédito garantizado por la totalidad de la deuda y subsistirá mientras no se realice el pago por principal, intereses pactados, comisiones y gastos.

5.– La mercantil la mercantil .... de forma expresa e irrevocable autoriza a la................, para disponer de las cantidades OBJETO DE PIGNORACIÓN QUE FUERAN ingresadas en dicha cuenta u otra que pudiera percibirlas en un futuro, a fin de reducir o cancelar los débitos contraídos en virtud del presente contrato de préstamo. El RESTO DE LA RENTA MENSUAL EN LA PARTE QUE EXCEDA DE LA CITADA SUMA DE .... EUROS, que NO ES OBJETO DE LA PRESENTE PRENDA como se dijo anteriormente, NO QUEDARA AFECTA NI SUFRIRÁ RETENCIÓN o disposición ALGUNA POR PARTE DE..............., siendo de LIBRE DISPOSICIÓN POR PARTE DE ....

EXPRESAMENTE SE HACE CONSTAR QUE LOS SALDOS QUE ARROJEN LA ANTES CITADA CUENTA CORRIENTE NO PODRÁN SER OBJETO DE COMPENSACIÓN, total o parcial, O APLICARSE A CANCELAR, IGUALMENTE TOTAL O PARCIALMENTE, CUALESQUIERA DÉBITO QUE TUVIESE CONTRAÍDO, en la actualidad o en un futuro y con INDEPENDENCIA DE SU CONDICIÓN DE DEUDOR PRINCIPAL, AVALISTA, FIADOR GARANTE O CUALQUIER OTRO MOTIVO, ... con..............., salvo lo dispuesto en el párrafo precedente.

6.– El contrato de arrendamiento suscrito entre la mercantil la mercantil .... y la mercantil .... descrito en este anexo y cuya copia forma parte del mismo, NO podrá ser objeto de modificación ALGUNA, sin la previa autorización de la.............., hasta tanto en cuanto no se hayan cumplido íntegramente las obligaciones que se derivan de la presente Póliza de Préstamo Personal Y SIEMPRE QUE LA RENTA MENSUAL PACTADA EN EL ANTES REFERENCIADO CONTRATO DE ARRENDAMIENTO vigente al tiempo de la modificación proyectada fuera INFERIOR A .... EUROS. SI FUERE SUPERIOR DICHA RENTA, NO SERA PRECISA AUTORIZACIÓN ALGUNA POR PARTE DE .... A UNA EVENTUAL MODIFICACIÓN DEL CONTRATO DE ARRENDAMIENTO antes reseñado.

7.– La citada constitución de derecho de prenda no exime al prestatario, en caso de que el importe de cada renta no cubra lo que corresponda a cada cuota de amortización y/o intereses del préstamo, de su obligación de satisfacer a .... la cantidad necesaria para que dicha cuota sea satisfecha en su totalidad.

8.– Esta constitución de derecho de prenda se regirá por las presentes cláusulas y por los arts. 347 y siguientes del Código de Comercio y, subsidiariamente, por las disposiciones del Código Civil relativos a la constitución de derecho de prenda.

9.– Todos los gastos e impuestos que se originen con ocasión de la formalización de la presente cláusula, incluido el corretaje del Notario interviniente, serán de cuenta del prestatario.

10.– Para toda comunicación y notificación que se originen como consecuencia del presente documento, se fija como domicilio del prestatario y de........, los detallados en el encabezamiento de esa cláusula. Cualquier modificación en los domicilios indicados, deberá ser comunicado fehacientemente a la otra parte en un plazo no superior a los ocho días, desde que se produzca.

11.– Si en cualquier momento, cualquier cláusula de este Contrato fuese considerada ilegal, nula o no exigible, la legalidad, validez o exigibilidad de las demás no quedará afectada o menoscabada de ninguna forma por tal circunstancia.

Así lo dicen y otorgan y, en prueba de su conformidad, los contratantes firman el presente anexo y yo, el Notario, doy fe de todo lo contenido en este anexo, así como de su otorgamiento, de la identidad y capacidad legal de los otorgantes y de la legitimidad de sus firmas.

F065. PRENDA DE ACCIONES DE SICAV

Normativa aplicable: *Arts. 1.863 y ss. Real Decreto de 24 de julio de 1889, texto de la edición del Código Civil mandada publicar en cumplimiento de la Ley de 26 de mayo último.*

En el caso de que el/los Constituyente/s de la Prenda fuera/n persona/s jurídica/s, se hace constar expresamente que la presente garantía se constituye en base a las disposiciones normativas sobre los acuerdos de compensación contractual y garantías financieras previstas en el Capítulo II del Real Decreto Ley 5/2005, de 11 de marzo, así como al régimen general de la prenda previsto en el artículo 1.857 y siguientes del Código Civil, para todo aquello que no contraviniera lo dispuesto en dicha norma, el cual se aplicará en todo caso, con carácter supletorio, para los casos en que el citado Real Decreto Ley no resultara de aplicación.

Sin perjuicio de la responsabilidad personal e ilimitada del Titular/es y de los fiadores solidarios, si los hubiere —EL/LOS CONSTITUYENTE/S DE LA PRENDA— constituye/n prenda sobre los títulos de su propiedad descritos al final de este documento, a favor de .... que éste acepta, quedando por tanto, formal y solidariamente pignorados para cumplir todas y cada una de las obligaciones contraídas en virtud del presente contrato. Los títulos pignorados se entregan junto con este documento a ....

En los casos de vencimiento normal o anticipado de la operación y, por acuerdo expreso, en contra de lo dispuesto en el artículo 323 del Código de Comercio, y en relación a la certificación que hace mención el mismo artículo, queda autorizado .... para hacer uso en cualquier momento, y con arreglo a la Ley, del derecho que para la enajenación de la garantía, le concede la disposición legal antes citada, con la simple intervención del Notario y la Sociedad o Agencia de Valores y Bolsa; abonando en la cuenta el importe líquido resultante una vez deducidos corretajes, impuestos o cualquier otro gasto legítimo.

Los títulos mencionados pertenecen a —EL/LOS CONSTITUYENTE/S DE LA PRENDA—, que los pignora según las operaciones de compra que se detallan a continuación:

CUADRO DESCRIPTIVO DE LA GARANTÍA:

Nº DE TÍTULOS	CLASE	FECHA COMPRA	REFERENCIA	VALOR MERCADO POR TÍTULO
....	....	....	....	....

El titular vendrá obligado a entregar al Banco el último día de cada trimestre natural una copia del último balance y cuenta de resultados presentado ante la Comisión Nacional del Mercado de Valores por ....

En el caso de que el valor de los valores constituidos en prenda descienda por debajo del ....% del importe del crédito objeto de la Póliza de referencia —EL/LOS CONSTITUYENTE/S DE LA PRENDA—, se compromete, en un plazo máximo de 5 días hábiles, a completar dicha minusvalía mediante la pignoración de nuevos valores hasta alcanzar un valor equivalente al ....% del importe del crédito objeto de la Póliza de referencia.

En el supuesto de que el valor de los valores constituidos en prenda alcance un importe superior al ....% del límite del crédito, ... a solicitud del Titular en el plazo de...... días a contar desde dicha solicitud, se compromete a despignorar el exceso por encima del ....% del límite del crédito.

El incumplimiento de esta obligación será causa de resolución anticipada del contrato identificado en el encabezamiento y, por consiguiente, el Banco podrá exigir a —EL/LOS TITULAR/ES—, el reembolso de las cantidades que se adeuden en virtud del mismo.

Si por cualquier causa las acciones pignoradas dejaran de cotizar en Bolsa —EL/LOS CONSTITUYENTE/S DE LA PRENDA— vendrá/n obligado/s a sustituir dichas acciones por otras incluidas en el IBEX-35, dentro de los......... días siguientes al que se le requiera para ello.

Si —EL/LOS CONSTITUYENTE/S DE LA PRENDA— no repusiera/n la garantía, o no la sustituyera/n en la forma y plazo señalados, o si no hiciera/n entrega al Banco de la documentación anteriormente citada, la operación garantizada se considerará vencida anticipadamente.

Esta cláusula no supone renuncia ni modificación de ninguna de las contenidas en este contrato.

En caso de resolución por incumplimiento y/o vencimiento, anticipado o no, de la obligación financiera garantizada, ... podrá, a su elección, proceder a la ejecución de la presente garantía por cualquiera de los procedimientos que legalmente le asisten, es decir (a) el procedimiento de ejecución previsto en el Real Decreto 5/2005, (b) el procedimiento extrajudicial establecido en el artículo 322 del Código de Comercio, (c) el procedimiento ejecutivo establecido en los artículos 681 a 698 de la Ley 1/2000, de 7 de enero, de Enjuiciamiento Civil, en los términos que más adelante se pactan y sin que la utilización de un procedimiento excluya la posibilidad de acudir a los demás en tanto las obligaciones garantizadas no hayan sido satisfechas en su integridad.

A.– Para el caso en que el .... procediese a la ejecución de la presente garantía por el procedimiento previsto en el Real Decreto Ley 5/2005, las partes acuerdan que:

i) .... enviará un requerimiento a la entidad depositaria de los valores pignorados de acuerdo con lo establecido en el citado Real Decreto Ley.

ii) A los efectos de la ejecución de la Prenda, el valor de adjudicación (en adelante, el "Valor de ejecución") de los valores pignorados será, en defecto de acuerdo entre las partes (entendidas por tal el deudor y el acreedor pignoraticio), la cotización media oficial

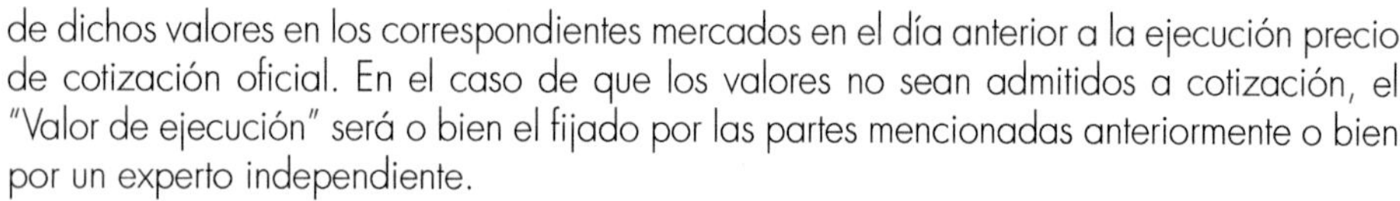

de dichos valores en los correspondientes mercados en el día anterior a la ejecución precio de cotización oficial. En el caso de que los valores no sean admitidos a cotización, el "Valor de ejecución" será o bien el fijado por las partes mencionadas anteriormente o bien por un experto independiente.

iii) .... podrá ejecutar la Prenda bien mediante la venta de los valores a cualquier tercero, bien mediante la apropiación de los mismos, siendo el precio mínimo de venta o el valor de adjudicación el Valor de Ejecución que corresponda a los Valores transmitidos.

iv) ...., a su libre elección, podrá proceder a enajenar al mismo tiempo todos los Valores o a efectuar enajenaciones parciales, bien se celebren éstas de modo simultáneo o sucesivo, de distintos paquetes de los Valores, hasta ser totalmente reembolsado de las Obligaciones Garantizadas.

B.– Si los títulos llegasen a cotizar en mercados secundarios, ... podrá, a su elección, acudir al procedimiento especial previsto en el artículo 322 del Código de Comercio, pactándose expresamente:

i) Que .... podrá dirigirse directamente a la entidad encargada del registro contable y de la compensación y liquidación de los valores para ejecutar la prenda respecto del número de valores necesario para satisfacer íntegramente las Obligaciones Garantizadas.

ii) Una vez que .... reciba el importe procedente de la realización de los valores necesarios para atender al pago de las Obligaciones Garantizadas, procederá a aplicarlo al pago de aquéllas, una vez descontados los gastos que se hubiesen ocasionado por la ejecución de la prenda.

iii) Las partes pactan dejar sin efecto el plazo de .... días hábiles para el inicio de dicho procedimiento extrajudicial, plazo que se prevé en el párrafo tercero del artículo 322 del Código de Comercio, pudiendo, pues, la acreedora ejecutante ordenar la venta de los valores pignorados sin sujeción a plazo alguno.

En el caso de que los valores, o parte de los mismos, no pudieran ser vendidos en el correspondiente mercado secundario oficial, ... podrá adjudicarse los mismos en pago de la deuda, por el valor que determinen las partes o bien por la cotización media en el correspondiente mercado secundario oficial en el día anterior a aquel en que se perfeccionara la ejecución. En este caso .... se reserva el derecho a ejercitar cuantas acciones estime oportunas para reclamar el pago del resto de la deuda.

C.– En caso ejecución judicial de la prenda, se actuará conforme a lo prevenido a estos efectos por la Ley de Enjuiciamiento Civil.

.... conservará todos sus derechos y acciones contra el deudor respecto de aquellas cantidades adeudadas que no hayan sido satisfechas y no se hayan cobrado con las resultas de la ejecución de la Prenda.

Asimismo, el pignorante concede un poder formal e irrevocable a .... tan amplio como en Derecho sea necesario, para que esta entidad proceda a enajenar a terceros las acciones que sean necesarias para su aplicación al pago de la deuda garantizada o a adjudicarse las mismas en propiedad en pago de la deuda, sin necesidad de acudir a ninguno de los procedimientos mencionados en los párrafos anteriores. El valor de adjudicación en este último caso será fijado:

- O bien por acuerdo de las partes.
- O bien por referencia a la cotización media en el mercado correspondiente en el día anterior al momento en que se realice la enajenación, de tratarse de valores cotizados
- O bien por un experto y/o entidad independiente de valoración de acciones no cotizadas nombrado al efecto por ....

Previa lectura íntegra de esta póliza, la suscriben como prueba de aceptación y conformidad, a un sólo efecto y para entregar a .... y al titular/es.

En .... a ....

F066. PROMESA DE PRENDA

Normativa aplicable: *Arts. 1.863 y ss. Real Decreto de 24 de julio de 1889, texto de la edición del Código Civil mandada publicar en cumplimiento de la Ley de 26 de mayo último.*

En..............., a.....................

INTERVIENEN

De una parte, Dª .... en nombre y representación de .... con poderes suficientes al efecto.

Y de otra parte, D............., con NIF............, mayor de edad, casado en régimen de ...., con domicilio en .... actuando en nombre y representación de .... con domicilio en............., y CIF...........

Se encuentra facultado para este acto a virtud de escritura de poder otorgada en........, el día .... de ...... de ....., ante el Notario de..........., bajo el número ...... de su protocolo (en adelante "el acreditado")

Y de otra parte, D............., con NIF..........., mayor de edad, casado en régimen de ...., con domicilio en .... actuando en nombre y representación de .... con domicilio en............., y CIF...........

Se encuentra facultado para este acto a virtud de escritura de poder otorgada en........, el día .... de ...... de ....., ante el Notario de..........., bajo el número ...... de su protocolo (en adelante "el pignorante").

Y de otra parte D............., con NIF..........., mayor de edad, casado en régimen de ...., con domicilio en .... actuando en nombre y representación de .... con domicilio en............., y CIF...........

Se encuentra facultado para este acto a virtud de escritura de poder otorgada en........, el día .... de ...... de ....., ante el Notario de..........., bajo el número ...... de su protocolo (en adelante "el titular de las acciones")

EXPONEN

I.– Que el Banco y el acreditado han formalizado en fecha .... un crédito número ...., por importe de .... euros, con vencimiento el .... intervenida ante el Notario de ....

II.– Que .... es titular de los siguientes títulos-valores:

....

Que .... es titular de los siguientes títulos-valores:

....

Los titulares de las acciones anteriormente indicados han firmado en fecha de .... y entregado al banco para su realización, escritura pública de .... sobre las acciones anteriormente señaladas, a favor de los pignorantes señalados en la intervención del presente documento, otorgada ante el Notario de .... y con el número .... de protocolo, estando por tanto, el cambio de titularidad de dichas acciones pendiente de ejecución en la/s cartera/s titularidad del pignorante nº .... que consta abierta en esta entidad.

III.– Que interesa a todas las partes incorporar al contrato de crédito de referencia la presente póliza de modificación con la finalidad de pactar la promesa de prenda sobre .... acciones de .... y .... acciones de..............., descritas en el expositivo II anterior por un importe mínimo de .... euros, a cuyos efectos

ACUERDAN

PRIMERA.– Que a fin de garantizar la deuda del citado Contrato de crédito, y sin perjuicio de la responsabilidad personal, solidaria e ilimitada del acreditado, el/los pignorante/s se compromete/n expresa e irrevocablemente a formalizar la constitución, a favor de..............., de garantía pignoraticia sobre .... acciones de .... y .... acciones de .... por un importe mínimo de .... euros, que resulten una vez efectuados los cambios de titularidad de las acciones señaladas a favor del/de los pignorante/s señalados, al amparo de la escritura de .... llevada a cabo en la escritura señalada en el expositivo II anterior.

SEGUNDA.– Que sobre los bienes, derechos, valores negociables o instrumentos financieros objeto de las futuras adquisiciones, declara/n el/los pignorante/s que es/son o será/serán legítimo/s titular/es, que no se hallan afectas a otra garantía ni han sido objeto de traba alguna, ni tienen limitada la facultad de disposición sobre las mismas.

TERCERA.–. Que asimismo, el/los pignorante/s se obliga/n a constituir, en el plazo máximo de dos meses a contar desde la fecha de otorgamiento de la presente, derecho real de prenda, a satisfacción del Banco, sobre las citadas acciones, en garantía de la totalidad de las obligaciones y responsabilidades que, por cualquier concepto, pudieran derivarse como consecuencia del crédito de la que esta póliza forma parte inseparable.

La prenda sobre los bienes, mencionados será constituida en una o en varias Adiciones a la póliza de crédito, debidamente intervenidas todas y cada una de ellas por Fedatario Público, cuyo modelo se adjunta como Anexo inseparable al presente contrato, y que el acreditado y el/los pignorante/s conoce/n y aceptan en todos sus términos, y que se regirá por las reglas, términos y condiciones estipulados en el mismo.

CUARTA.–. La prenda a constituir se configura como condición esencial para la continuidad del contrato de crédito a que se refiere este compromiso, por lo que el/los pignorante/s se compromete/n a formalizar la prenda en un plazo que no podrá ser superior a dos meses naturales a contar desde la firma de la presente póliza.

El incumplimiento de cualquiera de los compromisos asumidos en las estipulaciones anteriores, será considerado como una de las causas de vencimiento anticipado en los mismos términos y condiciones previstos en la Estipulación .... Vencimiento anticipado, del contrato de crédito descrito en el Expositivo Primero anterior.

QUINTA.– Habida cuenta que como anexo a la presente se incluyen Adiciones al contrato de crédito para formalizar pignoración sobre las citadas acciones, si, una vez adquiridas y depositadas en la/las cartera/s del/de los pignorante/s las mencionadas acciones y transcurrido el plazo señalado, el/los pignorante/s no hubiera/n formalizado la prenda en los términos de la Adición que se adjunta, el/los pignorante/s en este acto apodera/n expresa e irrevocablemente al Banco y éste consiente para que, por medio de dos de sus apoderados mancomunadamente, con poder suficiente para aceptar las garantías que el/los pignorante/s ofrezca/n al Banco en aseguramiento del citado crédito, y aunque se incurra en la figura jurídica de la autocontratación, conflicto de intereses o múltiple representación por ser el depositario de los bienes o por cualquier otra causa, comparezcan y procedan a formalizar la pignoración sobre el número exacto de acciones, tanto en nombre del/de los pignorante/s como en el propio nombre de................ y a suscribir cuantos otros documentos públicos o privados sean necesarios para la perfecta formalización y plena virtualidad de la garantía.

SEXTA.– La totalidad de los gastos, incluidos los notariales, tributos e impuestos que se deriven o traigan causa del cumplimiento de cualquiera de las obligaciones aquí asumidas, serán de cuenta exclusiva de la parte acreditada.

SÉPTIMA.–. Excepto por la modificación contenida en esta Póliza de modificación, seguirán vigentes los demás términos y condiciones recogidas en el contrato de crédito.

Las partes, con una única firma estampada en la presente hoja, prestan su conformidad y aprobación a la totalidad del contenido de la póliza tal como aparece redactada, incluidos, en su caso, los anexos y documentos unidos, y, en especial, a la incorporación a la misma de las condiciones generales de contratación que en ella se recogen, previa lectura de las mismas, así como a todos los conceptos por los que intervienen.

F067. ESCRITURA DE NOVACIÓN DE CRÉDITO HIPOTECARIO

En ...., a............

Ante mí, D.........., notario del Ilustre Colegio de .... y de su Ilustre Colegio.

COMPARECEN:

De una parte: D.............., en nombre y representación..........., CIF ...., en lo sucesivo "el Banco" o "el acreedor".

De otra, (en adelante, el ACREDITADO D. .... NIF .... en nombre y representación de .... (en adelante, el ACREDITADO o EL HIPOTECANTE) domicilio ....

Y de otra (en adelante, HIPOTECANTES NO DEUDORES)

D............ NIF .... en nombre y representación de .... domicilio ....

Y teniendo a mi juicio los comparecientes la capacidad legal necesaria que aseguran no les está limitada, para celebrar este contrato, de mutuo acuerdo

EXPONEN

I.– Que mediante escritura otorgada el día..........., por el Notario de ...., con el nº .... de su protocolo, subsanada por Diligencia de..........., el..............., concedió a ...., un crédito con garantía hipotecaria con un límite máximo de ...., con los pactos y condiciones y demás estipulaciones en ella recogidos que se dan aquí por reproducidos para evitar repeticiones con garantía de la hipoteca sobre varias fincas registrales subsistiendo actualmente la hipoteca sólo sobre las 7 que se describen a continuación que se describían a continuación:

....

III.– Mediante Escritura autorizada el día .... por el notario de............, con el nº .... de su protocolo, el Banco y .... procedieron a la novación del crédito indicado, reduciendo el límite, pactando determinadas reducciones del mismo de forma trimestral, modificando el tipo de interés nominal aplicable; y acordando la finalidad a la que se destinarían las cantidades que el acreditado fuere disponiendo.

Todo ello en los términos que constan en dicha(s) escritura(s) y que se dan aquí por reproducidos.

IV.– Mediante Escritura autorizada el día .... por el notario ...., con el nº .... de su protocolo, el Banco y .... procedieron nuevamente a la novación del crédito indicado conforme a los plazos, condiciones y finalidades que constan en dicha(s) escritura(s) y que se dan aquí por reproducidos.

V.– Que con carácter previo al vencimiento de esta cuenta de crédito, las partes han acordado una nueva ampliación del plazo reduciendo el límite del mismo así como otra serie de modificaciones relativas a la finalidad a la que se destinará el disponible y otro tipo de condiciones, manifestando además que las partes mantienen el carácter novatorio de la cuenta de crédito, a efectos del art. 153 de la Ley Hipotecaria, y por lo tanto, no se trata de una reunión contable, sino que el crédito se utiliza para determinadas finalidades, no pactadas en la escritura inicial.

Todo lo cual llevan a efecto con arreglo a las siguientes

ESTIPULACIONES

PRIMERA.– AMPLIACIÓN DEL PLAZO DEL CRÉDITO

Con efectos desde el................, las partes han acordado un ampliación del plazo del crédito hasta el............., quedando obligado la acreditada a reintegrar, en dicho día (o en el día hábil inmediatamente anterior si aquel fuese festivo), el saldo que a favor del banco resulte en la referida cuenta corriente de crédito más los intereses ordinarios devengados en su caso.

SEGUNDA.– REDUCCIÓN LIMITE DE CRÉDITO

Con efectos igualmente de .... las partes convienen la reducción del límite actual de la cuenta de crédito, límite que en este acto las partes acuerdan establecerlo en .... EUROS.

TERCERA.– MODIFICACIÓN DEL TIPO DE INTERÉS.

Desde el día..........., queda modificado el tipo de interés ordinario aplicable a la operación, que queda estipulado en el ....% nominal anual, fijo durante el resto de duración del crédito.

CUARTA.– DESTINO DEL CRÉDITO

Convienen los otorgantes modificar el destino del crédito pactado en la última novación efectuada, de manera que el límite de esta cuenta de crédito que al día .... es de .... EUROS y del cual a esa fecha ya se ha dispuesto la cantidad de .... EUROS podrá destinarse al pago de las siguientes finalidades relacionadas con las operaciones de financiación hipotecaria.

1°– Todos los gastos notariales y registrales relacionados con la formalización, tramitación e inscripción de esta escritura en el registro de la propiedad, incluidos también los gastos financieros que se devenguen.

2°– En relación con el Préstamo nº .... a, nombre de............, formalizado por Escritura autorizada el .... ante el Notario ...., novado en varias ocasiones, la última en el día de hoy ante mí, el cual tiene garantía hipotecaria de primer rango sobre los mismos inmuebles que garantizan esta cuenta de crédito.

La parte acreditada podrá solicitar disposiciones de la cuenta de crédito hasta su vencimiento para atender los siguientes pagos relacionados con la citada operación:

- Los intereses ordinarios o de demora que se devenguen en tales operaciones hasta el día del vencimiento de esta cuenta de crédito
- Para el caso de que alguna de las fincas hipotecadas en garantía de tales operaciones se venda por un precio inferior a la deuda que las grava, y previa conformidad del Banco, la parte acreditada podrá disponer de la cuenta de crédito la cantidad que resulte necesaria para amortizar parcialmente la hipoteca que grava la finca, con objeto de facilitar la compraventa.
- El pago de los IBI's de .... de los inmuebles en garantía de tales operaciones y que en el momento del devengo de dicho impuesto, sean propiedad de las partes prestatarias o acreditadas.
- También los gastos y tributos notariales y registrales derivados de la formalización, tramitación e inscripción en el Registro de la escritura de novación
- Por la venta de cada una de las fincas hipotecadas en garantía de este préstamo (actualmente ..... naves industriales), la acreditada podrá disponer con cargo a este crédito de una cantidad equivalente al ....% del precio de venta.
- Los gastos de cancelación registral de las hipotecas que gravan los inmuebles en garantía de esta operación en el caso de que resulte necesario para su venta.

3° Préstamo con garantía hipotecaria por importe de ....€ a, nombre de.........., formalizado en el día de hoy en virtud de escritura pública autorizada por mí y siendo los inmuebles en garantía; Finca .... del Registro de la Propiedad de.........; Finca .... del Registro de la Propiedad de .... y el ....% de la finca .... adscrita a este último Registro.

La parte acreditada podrá solicitar disposiciones de la cuenta de crédito hasta su vencimiento para atender los siguientes pagos relacionados con la citada operación:

- Los intereses ordinarios o de demora que se devenguen en tales operaciones hasta el día del vencimiento de esta cuenta de crédito.
- También los gastos y tributos notariales y registrales derivados de la formalización, tramitación e inscripción en el Registro de la escritura de novación
- Los gastos de cancelación registral de la hipoteca que grava las fincas Finca .... del Registro de la Propiedad de ....; Finca .... del Registro de la Propiedad de........ y el ....% de la finca .... adscrita a este último Registro constituida en virtud de hipoteca el .... ante el Notario .... bajo el número .... de su protocolo. En garantía de un Contrato de Confirmación de Opción sobre acción .... formalizado con fecha de hoy entre .... y .... identificado con el número de referencia: .... por un nominal de .... €, el cual trae causa del contrato de "Confirmación de Opción sobre Acción" suscrita el día .... entre.........., por importe nominal de .... (Ref...........), y que ha sido liquidado y cancelado en el día de hoy.

A los expresados efectos, las mercantiles comparecientes, según intervienen, autorizan e instruyen irrevocablemente al Banco para realizar el cargo en la cuenta de crédito y aplicación de las cantidades referidas, sin necesidad de nuevo mandato.

El Banco se reserva la facultad de no autorizar disposiciones para cualquier otra finalidad no prevista en el contrato de crédito objeto de novación por la presente, así como en el supuesto de que los obligados hubiesen incurrido en cualquier causa de incumplimiento en el mismo o en cualquiera de los otros contratos referidos.

QUINTA.– REDUCCIÓN DEL CRÉDITO La venta de las fincas descritas en el expositivo primero y la subrogación del comprador, o en su caso, cancelación de la hipoteca que las grava determinará la reducción del límite de la presente cuenta de crédito.

El nuevo límite de la cuenta de crédito estará determinado en cada momento por la suma de:

- Por un lado, la cuantía de la que, en concepto de principal, continúen respondiendo las fincas hipotecadas en garantía de esta operación que no se hayan enajenado.
- Por otro lado, las cantidades pignoradas en garantía igualmente de esta cuenta de crédito, constituidas de conformidad con las reglas que a continuación se indican:

1.– En los casos en los que la venta de las naves se efectúe por precio superior a la deuda hipotecaria que las grava, en garantía de esta cuenta de crédito, ... se obliga con el Banco a constituir prenda sobre el remanente del precio que exceda de la deuda hipotecaria.

2.– Dicho remanente se ingresará en una cuenta corriente/ahorro que se aperturará en el banco a nombre de .... a tal fin, y cuya finalidad y operatividad quedarán restringidos al depósito de tales cantidades que se pignorarán.

3.– La pignoración se efectuará ante Notario de manera simultánea a la venta de la finca de que se trate, debiendo de efectuarse la prenda conforme a las siguientes condiciones entre otras:

- Los saldos pignorados deberán estar libres de cargas y gravámenes, no afectos al cumplimiento de ningún tipo de obligación preferente.
- Se considerará vigente la prenda mientras subsistan responsabilidades derivadas del contrato principal garantizado, tanto por principal, como por intereses, comisiones, impuestos o gastos a cargo de los obligados.
- No podrá, mientras subsista la prenda, efectuarse débito alguno de cualquier naturaleza con cargo a la cuenta pignorada permaneciendo el saldo inicial inmovilizado salvo autorización expresa del Banco.
- Los derechos y acciones que competen al Banco en virtud del presente documento y de las cantidades pignoradas son independientes de las que a éste corresponden por la operación específica garantizada o por cualquier otra garantía obtenida del titular/es o de un tercero, que podrán ser ejercitadas con plena independencia y sin perjuicio de aquéllas.
- Si las obligaciones garantizadas, de acuerdo con las condiciones a que se hallan sujetas, resultaren incumplidas, el Banco queda expresamente facultado para, sin necesidad de comunicación previa al titular ni trámite especial alguno, compensar

o hacerse pago, con el saldo e intereses de la cuenta pignorada, de la deuda resultante garantizada por todos los conceptos.

En consecuencia, será la suma de estas dos cantidades la que determine cuál es el límite vigente de esta cuenta de crédito en cada momento y por consiguiente cual es la cantidad disponible para atender las finalidades previstas hasta donde alcance.

SEXTA.– Todos los demás pactos y condiciones, tanto del crédito, como de la hipoteca, son las consignadas en las escrituras reseñadas en la parte expositiva, condiciones que se dan aquí por reproducidas, y que se mantienen íntegramente vigentes, sin que las modificaciones acordadas entre las partes en esta escritura implique novación extintiva alguna sino simplemente modificativa, lo que hacen constar las partes a los efectos previstos en el art. 1.204 del Código Civil.

SÉPTIMA.– La parte acreditada se obliga a entregar al Banco dentro del plazo de .... días contados a partir de este otorgamiento la primera copia con carácter ejecutivo de esta escritura, debidamente inscrita en el Registro de la Propiedad y una copia simple de la misma, junto con una certificación del mismo Registro que acredite que la hipoteca mantiene su actual rango registral y que no existen cargas ni limitaciones inscritas o anotadas ni documentos presentados a los mismos efectos que resulten preferentes a dicha hipoteca o puedan disminuir su efectividad.

Transcurrido dicho plazo sin que se haya producido la inscripción de la presente escritura y la entrega al Banco de la certificación registral en los términos indicados, cesarán de tener efecto alguno las citadas modificaciones y se mantendrán íntegramente subsistentes las condiciones establecidas en las escrituras antes citadas.

OCTAVA.– Cuantos gastos e impuestos sean consecuencia del otorgamiento de esta escritura pública, de su inscripción registral, así como de los trámites necesarios para ello, serán de exclusiva cuenta de la parte acreditada.

NOVENA.– Comisión de novación modificativa.

La parte acreditada queda obligada a abonar al Banco una comisión de .... €, por la presente novación modificativa.

DÉCIMA.– Se solicita del Sr. Registrador haga constar en los libros de su cargo, mediante la correspondiente inscripción, las modificaciones del crédito aquí pactadas. La presente novación modificativa queda sujeta a la condición suspensiva consistente en que en el momento de la presentación de la primera copia de esta escritura en el Registro de la Propiedad correspondiente no se haya practicado asiento de inscripción o anotación en el libro de inscripciones posterior al de la inscripción del préstamo hipotecario que se modifica ni tampoco se haya practicado asiento de presentación en el libro diario de ningún título posterior a dicha fecha.

Si no existieren ninguno se considerará automáticamente cumplida la condición y la presente escritura podrá inscribirse en el Registro de la Propiedad.

Para el supuesto de que se hubieren practicado cualquiera de los asientos contemplados en el párrafo primero de esta estipulación, ambas partes contratantes solicitan expresamente del Sr. Registrador de la Propiedad que se abstenga de inscribir la modificación del crédito hipotecario y devuelva este documento al presentante. En este caso, si el Banco hubiera anticipado de alguna manera los efectos prácticos de la modificación del crédito hipotecario a que se refiere la presente escritura, queda expresa e irrevocablemente autorizado por el deudor hipotecario a reponer, en todos sus aspectos, la situación contractual al mismo estado en que estuviera en la fecha de otorgamiento de la presente escritura, sin que ello dé lugar a indemnización ni compensación económica alguna a favor del deudor hipotecario.

UNDÉCIMA.– Solicitud de copia ejecutiva.

Conforme a lo previsto en los art. 17 de la Ley del Notariado y 233 del Reglamento Notarial, la parte prestataria solicita expresamente al Sr. Notario autorizante de esta escritura expida a su favor primera copia de la presente con carácter ejecutivo.

DECIMOSEGUNDA.– La parte acreditada apodera expresamente al BANCO, en la forma más amplia y necesaria en derecho, para que en su nombre y representación pueda realizar las subsanaciones o aclaraciones necesarias a la vista de la calificación verbal o escrita del Registrador por adolecer esta escritura de algún defecto subsanable, para lograr la inscripción de la misma, siempre que ello no afecte a las condiciones económicas del crédito garantizado, y aunque ello incurra en la figura jurídica de la autocontratación. Asimismo, la parte acreditada queda obligada, si la subsanación del defecto así lo exigiera, a la adopción por sus órganos sociales de los acuerdos necesarios a tal fin.

DECIMOTERCERA.– Cláusula final.

Cada uno de los otorgantes del presente documento autoriza, y en lo menester otorga mandato expreso a la Gestoría ...., con CIF ...., y domicilio a efectos de notificaciones en .... para que, en su nombre y representación, pueda presentar a la Administración la presente escritura y cuantas otras hayan podido formalizarse o se formalicen, necesarias para la inscripción de la misma en el Registro de la Propiedad o Mercantil competentes, así como efectuar las gestiones y declaraciones que como sujetos u obligados tributarios les correspondan en relación con los actos que se contienen en las referidas escrituras, en orden a comunicar a la Administración los datos necesarios para la liquidación de los tributos que se devenguen como consecuencia de tales actos, y otros de contenido informativo, encaminados a calificar y cuantificar el importe a ingresar o la cantidad que resulte a compensar o devolver, quedando igualmente facultado dicho autorizado/mandatario para interponer cuantos recursos sean convenientes o dirigir comunicaciones a la Administración en orden a proteger los derechos de los otorgantes, así como a recibir de aquélla cuantas comunicaciones y notificaciones sean necesarias, dirigidas a los mismos.

A los efectos de lo establecido en el artículo 196 del Reglamento de la organización y régimen del Notariado, según la redacción dada por el Real Decreto 45/2007, los trámites de inscripción en el Registro de la Propiedad serán realizados por la indicada Gestoría.

Todo lo cual consignado, yo, el Notario, he hecho a las partes las reservas y advertencias legales.

En...................., a........................

F068. ESCRITURA DE AMPLIACIÓN PERÍODO DE CARENCIA SIN AMPLIACIÓN DE PLAZO TOTAL

En ...., a...................

Ante mí, D............ notario del Ilustre Colegio de .... y de su Ilustre Colegio.

COMPARECEN:

De una parte: D.......... (en nombre y representación de.................., CIF.............., en lo sucesivo "el Banco" o "el acreedor".

De otra, D ...., en representación de............, en adelante, "el promotor" o "la parte prestataria".

Y de otra (en adelante, "el fiador" o "la parte fiadora"):

D................ en representación de ....

Y teniendo a mi juicio los comparecientes la capacidad legal necesaria que aseguran no les está limitada, para celebrar este contrato, de mutuo acuerdo.

EXPONEN:

I.– Que mediante escritura de fecha............, otorgada ante el Notario...............,................. concedió a las mercantiles .... 16 préstamos por importe de .... de capital, con garantía hipotecaria sobre determinadas fincas.

II.– Mediante Escritura autorizada el día .... por el notario.........., el Banco y las mercantiles prestatarias procedieron a la novación de los préstamos a que se refiere, ampliando su carencia.

III.– Mediante Escritura autorizada el ...., por el Notario............., ... procedieron a la EXTINCIÓN DE CONDOMINIO sobre las fincas hipotecadas, adjudicando a .... las fincas que seguidamente se describen, únicas de su titularidad y a que se refiere la presente novación.

.... aceptó la liberación de .... de su responsabilidad personal por los préstamos garantizados con hipoteca sobre dichas fincas.

IV.– Mediante Escritura autorizada el día .... por el notario.........., el Banco y .... procedieron a la novación de dichos préstamos, ampliando otra vez el período de carencia, manteniendo el vencimiento final de los mismos.

V.– Mediante Escritura autorizada el día .... por el notario ...., el Banco y .... procedieron a la novación de dichos préstamos, ampliando otra vez el período de carencia, manteniendo el vencimiento final de los mismos.

El capital pendiente de amortizar correspondientes a los préstamos garantizados con la primera hipoteca sobre las fincas que se han descrito asciende, a la fecha de efecto de la presente escritura un total de .... EUROS.

VI. Que .... ha solicitado del Banco que ha accedido, una nueva ampliación del citado período de carencia, en los préstamos garantizados con hipoteca sobre las fincas registrales descritas, manteniendo el plazo de duración total de los préstamos, y reduciendo en su consecuencia el período de amortización para los mismos.

Asimismo, ambas partes han acordado una modificación de las condiciones financieras pactadas.

A las operaciones resultantes de esta novación, se le asigna el número de expediente................

Dicha novación modificativa, que no extintiva, tiene efectos a partir del día.............., y la llevan a cabo con arreglo a las siguientes

CLÁUSULAS

PRIMERA.– INCLUSIÓN DE PERIODO DE CARENCIA Y MODIFICACIÓN DEL PERIODO DE AMORTIZACIÓN DEL PRÉSTAMO.

A partir del día............, se amplía el periodo de carencia, sin modificación del plazo total de duración de los préstamos, que quedan divididos en los siguientes periodos:

a) Nuevo periodo de carencia. Se entiende por período de carencia aquel en que no se producen vencimientos de capital y que queda estipulado en un periodo de .... MESES a contar desde el día .... hasta el día.............., sin perjuicio de su conclusión anticipada el último día del mes en que se haya presentado al Banco la escritura de cada departamento debidamente inscrita en el Registro de la propiedad o testimonio notarial de la misma, conforme a lo estipulado en la escritura de préstamo objeto de novación.

El .... vencerán y serán exigibles los intereses ordinarios, que se calcularán sobre el capital dispuesto de los préstamos pendientes de amortizar al tipo de interés que seguidamente se estipula.

b) Periodo de amortización. Se entiende por período de amortización el resto de la duración pactada, que abarcará el plazo restante de duración de cada uno de los préstamos desde el término del periodo de carencia (........ años). El último día de cada uno de los meses comprendidos dentro del período de amortización vencerán y serán exigibles conjuntamente los intereses ordinarios devengados y una fracción del capital. La fecha de pago de la primera cuota será el día ....

Los préstamos se amortizarán gradualmente mediante reembolso del principal en cuotas mensuales calculadas de acuerdo con el sistema francés de amortización, conforme a la fórmula, tipos de referencia, diferenciales y demás condiciones estipuladas en la Escritura de préstamo con las modificaciones que se otorgan por la presente.

A los efectos del cómputo de los vencimientos si uno de estos fuese inhábil o no tuviera equivalente, el vencimiento se entenderá producido el inmediato día hábil anterior.

El defecto de duración que pudiera producirse en un período, como consecuencia de lo anterior, se añadirá en el inmediato siguiente. Estas reglas serán igualmente de aplicación a los vencimientos en el período de carencia.

Se entiende que los años, plazos y períodos en los que, en su caso, se divide el préstamo, son siempre sucesivos, sin solución de continuidad, y que el día inicial que en cada caso se indica está incluido en el cómputo.

En cada vencimiento del período de amortización, el importe absoluto de los intereses devengados desde el vencimiento anterior se calculará multiplicando el capital pendiente durante el plazo que media entre ambos vencimientos por el tipo de interés nominal anual (expresado en tanto por unidad) y por la duración de dicho plazo, expresada en años.

Durante el período de carencia, a efectos de este cálculo, se multiplicará el capital prestado por el tipo de interés nominal anual (expresado en tanto por unidad) y por los días durante los que ha estado dispuesto dicho capital, dividiendo el producto por............

SEGUNDA.– TIPO DE INTERÉS ORDINARIO DURANTE EL PERIODO DE CARENCIA.

Los intereses ordinarios se devengarán desde la fecha de efecto de la presente novación, ... y hasta la finalización del nuevo periodo de carencia (.............) al tipo fijo del ....% nominal anual.

No son objeto de modificación las reglas de cálculo del tipo de interés ordinario aplicable durante el periodo de amortización, estipuladas en la escritura de préstamo y de novación de que se ha hecho mérito.

TERCERA.– COMISIÓN DE NOVACIÓN MODIFICATIVA.

La parte prestataria queda obligada a abonar al Banco una comisión, por novación modificativa del préstamo, que se devenga por una sola vez en este acto, por importe de .... Euros.

CUARTA.– Limitación del Art 140 LH.–

Transcurrido el período de carencia, convienen los otorgantes que, de conformidad con lo establecido en el artículo 140 de la Ley Hipotecaria y previo cumplimiento de los requisitos que se establecen en esta cláusula, las partes pactan que la obligación de pago garantizada por las hipotecas reseñadas en esta escritura se haga efectiva solamente sobre los bienes hipotecados. La responsabilidad y la acción del acreedor por virtud del préstamo hipotecario referenciado quedaría así limitada al importe de los bienes hipotecados y no alcanza a los demás bienes del patrimonio del deudor, siempre que no exista causa, ajena a la voluntad del acreedor, que haya impedido la realización o el cobro del crédito con el producto de las fincas hipotecadas

Los requisitos para la limitación de responsabilidad que se estipulan son los siguientes:

1° Subsistencia de la garantía hipotecaria. Quedará sin efecto el pacto de limitación de responsabilidad si cualquiera de las garantías hipotecarias, por cualquier razón ajena a la voluntad del acreedor, dejan de ser realizables a través de los procedimientos judiciales o extrajudiciales contemplados en la escritura de constitución.

2º Reintegración concursal, total o parcial, de las garantías. Quedará asimismo sin efecto el pacto de limitación de responsabilidad si las garantías hipotecarias son reintegradas o anuladas en un posterior procedimiento concursal o en cualquier procedimiento singular, por virtud del cual fuese decretada la nulidad de la hipoteca, estuviese obligado o no el Banco a reintegrar cantidades percibidas por su realización.

Específicamente, quedará sin efecto el pacto de limitación si antes de que finalice el período de carencia la mercantil prestataria o la mercantil .... han sido declaradas en concurso de acreedores.

3º Inexistencia de otros gravámenes sobre los bienes hipotecados. Es igualmente requisito para que la limitación de responsabilidad tenga efecto que los inmuebles hipotecados o cualesquiera otras garantías constituidas a favor del Banco no se hallen gravadas, embargadas o afectas de cualquier modo a créditos de terceros anteriores a los que figuran en la actualidad inscritos en el registro de la propiedad.

4ª Transmisión de las fincas hipotecadas.– Esta limitación de responsabilidad y aplicación del artículo 140 Ley Hipotecaria es de aplicación exclusiva a la actual prestataria .... respecto de las fincas de las que continúe siendo titular al término del período de carencia, quedando sin efecto respecto de los terceros compradores de las fincas que se subroguen en la responsabilidad hipotecaria de la/s finca/s sin consentimiento expreso del Banco.

En el caso de incumplimiento total o parcial de las obligaciones de pago derivadas de esta operación antes de que finalice la carencia, será igualmente aplicable la limitación de responsabilidad pactada, siempre que se cumplan los requisitos estipulados para su aplicación. En consecuencia, salvo que se acredite el no cumplimiento de los requisitos pactados antes de que finalice la carencia, el Banco no iniciará ningún tipo de reclamación sobre este préstamo, ni judicial ni extrajudicial, antes del ....

QUINTA.– Todos los demás pactos y condiciones del préstamo y de las hipotecas son las consignadas en las escrituras mencionadas en la parte expositiva, no modificados por la presente, se mantienen íntegramente vigentes, sin que las modificaciones acordadas entre las partes en esta escritura implique novación extintiva alguna sino simplemente modificativa, lo que hacen constar las partes a los efectos previstos en el art. 1.204 del Código Civil.

SEXTA.– La parte prestataria se obliga a entregar al Banco dentro del plazo de sesenta días contados a partir de este otorgamiento la primera copia con carácter ejecutivo de esta escritura, debidamente inscrita en el Registro de la Propiedad y una copia simple de la misma, junto con una certificación del mismo Registro que acredite que la hipoteca mantiene su actual rango registral y que no existen cargas ni limitaciones inscritas o anotadas ni documentos presentados a los mismos efectos que resulten preferentes a dicha hipoteca o puedan disminuir su efectividad.

Transcurrido dicho plazo sin que se haya producido la inscripción de la presente escritura y la entrega al Banco de la certificación registral en los términos indicados, cesarán de tener efecto alguno las citadas modificaciones y se mantendrá íntegramente subsistentes las condiciones establecidas en la escritura citada en el expositivo segundo.

SÉPTIMA.– Cuantos gastos e impuestos sean consecuencia del otorgamiento de esta escritura pública, de su inscripción registral, así como de los trámites necesarios para ello, serán de exclusiva cuenta de la parte prestataria

OCTAVA.– Se solicita del Sr. Registrador haga constar en los libros de su cargo, mediante la correspondiente inscripción, las modificaciones del préstamo aquí pactadas. La presente novación modificativa queda sujeta a la condición suspensiva consistente en que en el momento de la presentación de la primera copia de esta escritura en el Registro de la Propiedad correspondiente no se haya practicado asiento de inscripción o anotación en el libro de inscripciones posterior al de la inscripción del préstamo hipotecario que se modifica ni tampoco se haya practicado asiento de presentación en el libro diario de ningún título posterior a dicha fecha.

Si no existieren ninguno se considerará automáticamente cumplida la condición y la presente escritura podrá inscribirse en el Registro de la Propiedad.

Para el supuesto de que se hubieren practicado cualquiera de los asientos contemplados en el párrafo primero de esta estipulación, ambas partes contratantes solicitan expresamente del Sr. Registrador de la Propiedad que se abstenga de inscribir la modificación del préstamo hipotecario y devuelva este documento al presentante. En este caso, si el Banco hubiera anticipado de alguna manera los efectos prácticos de la modificación del préstamo hipotecario a que se refiere la presente escritura, queda expresa e irrevocablemente autorizado por el deudor hipotecario a reponer, en todos sus aspectos, la situación contractual al mismo estado en que estuviera en la fecha de otorgamiento de la presente escritura, sin que ello dé lugar a indemnización ni compensación económica alguna a favor del deudor hipotecario.

NOVENA.– Solicitud de copia ejecutiva.

Conforme a lo previsto en los art. 17 de la Ley del Notariado y 233 del Reglamento Notarial, la parte prestataria solicita expresamente al Sr. Notario autorizante de esta escritura expida a su favor primera copia de la presente con carácter ejecutivo.

DÉCIMA.– La parte prestataria apodera expresamente al BANCO, en la forma más amplia y necesaria en derecho, para que en su nombre y representación pueda realizar las subsanaciones o aclaraciones necesarias a la vista de la calificación verbal o escrita del Registrador por adolecer esta escritura de algún defecto subsanable, para lograr la inscripción de la misma, siempre que ello no afecte a las condiciones económicas del crédito garantizado, y aunque ello incurra en la figura jurídica de la autocontratación. Asimismo, la parte prestataria queda obligada, si la subsanación del defecto así lo exigiera, a la adopción por sus órganos sociales de los acuerdos necesarios a tal fin.

UNDÉCIMA.– Cláusula final.

Cada uno de los otorgantes del presente documento autoriza, y en lo menester otorga mandato expreso a la Gestoría........., con CIF ...., y domicilio a efectos de notificaciones en ...., para que, en su nombre y representación, pueda presentar a la Administración la presente escritura y cuantas otras hayan podido formalizarse o se formalicen, necesarias para la inscripción de la misma en el Registro de la Propiedad o Mercantil competentes, así como efectuar las gestiones y declaraciones que como sujetos u obligados tributarios les correspondan en relación con los actos que se contienen en las referidas escrituras, en orden a comunicar a la Administración los datos necesarios para la liquidación de los tributos que se devenguen como consecuencia de tales actos, y otros de contenido informativo, encaminados a calificar y cuantificar el importe a ingresar o la cantidad que resulte a compensar o devolver, quedando igualmente facultado dicho autorizado/mandatario para interponer cuantos recursos sean convenientes o dirigir comunicaciones a la Administración en orden a proteger los derechos de los otorgantes, así como a recibir de aquélla cuantas comunicaciones y notificaciones sean necesarias, dirigidas a los mismos.

A los efectos de lo establecido en el artículo 196 del Reglamento de la organización y régimen del Notariado, según la redacción dada por el Real Decreto 45/2007, los trámites de inscripción en el registro de la Propiedad serán realizados por la indicada Gestoría.

DECLARACIÓN ESPECÍFICA.– En cumplimiento de lo dispuesto en la ley sobre condiciones generales de la contratación, se hace constar que tienen el carácter de condiciones generales la totalidad de las cláusulas de esta escritura, salvo los elementos de aquellas que tengan contenido financiero o económico, los cuales han sido convenidos como condiciones particulares de esta operación, o que reproduzcan o den cumplimiento a requisitos exigidos por la normativa vigente. Las condiciones generales no figuran inscritas en el Registro mencionado en la citada Ley.

Para reflejo contable de la presente novación modificativa, el Banco queda autorizado para efectuar las operaciones de índole administrativa que sean necesarias en su contabilidad interna, aunque las mismas implicasen modificación del número identificativos del préstamo

La parte prestataria declara que ha tenido a su disposición el texto íntegro de las condiciones generales con antelación suficiente a la celebración del contrato y que conoce con toda claridad el significado y alcance de las mismas.

En cuyos términos queda solemnizada esta escritura y consentida por los otorgantes según intervienen.

Todo lo cual consignado, yo, el Notario, he hecho a las partes las reservas y advertencias legales.

F069. CANCELACIÓN DE HIPOTECA

Normativa aplicable: *Decreto de 8 de febrero de 1946, por el que se aprueba la nueva redacción oficial de la Ley Hipotecaria.*

NÚMERO:

CANCELACIÓN DE HIPOTECA.– .... en favor de.............

En ...., a............

Ante mí, ..., Notario de esta Capital y de su Ilustre Colegio,

COMPARECEN:

DON............, mayor de edad, empleado de ...., casado, vecino de ...., con DNI..............

Y DON..........., mayor de edad, empleado de ...., casado, vecino de........., con DNI número..............

INTERVIENEN:

En nombre y representación, como apoderados, de la Compañía Mercantil de nacionalidad española denominada............., domiciliada en............; constituida por tiempo indefinido con la denominación de .... mediante escritura autorizada el día .... por el Notario de Valencia Don...........;

Inscrita en el Registro Mercantil de la Provincia de..........., al folio .... del tomo......., hoja número .... y en el Registro Especial de Sociedades de Arrendamiento Financiero del Banco de España con el número.........; con CIF.............

Hacen uso de poder a su favor conferido Don.........., en nombre de tal entidad, el día .... ante el Notario de .... Don........., número .... de protocolo, de cuya copia autorizada, que causó la inscripción .... en la hoja de la Sociedad y que tengo a la vista resultan facultados, con carácter MANCOMUNADO, para, obrando en nombre y representación de la entidad poderdante, cancelar cargas, gravámenes e hipotecas sobre bienes de cualquier naturaleza; aceptar y cancelar toda clase de garantías, reales y personales y cobrar, retirar y percibir cuantas cantidades, efectos y valores de cualquier clase incluso fianzas, acredite la Sociedad, por cualquier título, en sus relaciones con particulares y con toda clase de sociedades y entidades, privadas o públicas, inclusive Tribunales o Tribunales y Delegación de Hacienda, firmando al efecto los recibos y demás documentos que fueren necesarios, y para todo lo que antecede, otorgar y firmar cuantos documentos públicos y privados sean necesarios o se estimen convenientes.

Por tanto, tienen, a mi juicio, facultades representativas suficientes para otorgar la presente escritura y todos sus pactos y condiciones.

Aseveran la existencia y capacidad jurídicas de la entidad que representan en este otorgamiento, así como la subsistencia íntegra de las facultades conferidas, sin limitación, suspensión ni revocación ningunas, y que los datos de identificación de la persona jurídica representada, especialmente su objeto, no han variado respecto de los consignados en el documento reseñado.

LEY 10/2010, DE 28 DE ABRIL

Yo, Notario, hago constar expresamente que, por tratarse la presente de una entidad financiera domiciliada en la Unión Europea, de conformidad con lo dispuesto en la Ley 10/2010, de 28 de abril, de prevención del blanqueo de capitales y de la financiación del terrorismo, no es necesario aplicar las medidas de diligencia debida establecidas en el artículo 4 de la indicada Ley, relativas a la identificación los titulares reales de la entidad.

FE DE CONOCIMIENTO

Les identifico por medio de sus documentos de identidad reseñados, que me exhiben.

JUICIO DE CAPACIDAD

Tienen, a mi juicio, según intervienen, la capacidad legal necesaria para otorgar esta escritura de CARTA DE PAGO Y CANCELACIÓN DE HIPOTECA y, a tal efecto,

EXPONEN:

PRIMERO.– Mediante escritura pública autorizada el día .... por el Notario de .... Don.........., número .... de protocolo, ... concedió a ...., un préstamo por importe de .... de PRINCIPAL, por el plazo, tipo de interés y demás condiciones que constan en la misma.

SEGUNDO.– En garantía de la devolución del préstamo, sus intereses y costas correspondientes, la parte deudora, sin perjuicio de la responsabilidad personal ilimitada constituyó una sola hipoteca sobre la siguiente finca:

....

CUOTA DE PARTICIPACIÓN.– ....

VALOR Y REFERENCIA CATASTRALES.– .... Euros y..............., respectivamente, según certificación catastral descriptiva y gráfica por mí, Notario, obtenida de la Sede Electrónica del Catastro, que incorporo a esta matriz.

INSCRIPCIÓN.–......................

Ocupa una superficie............

Linda:.....................

RESPONSABILIDAD ASIGNADA.– La finca descrita quedó respondiendo por importe .... euros de principal; .... euros de intereses ordinarios; y .... euros de intereses de demora; hasta .... euros para costas y gastos.

TERCERO.– Que habiendo recibido la Entidad acreedora la cantidad de............, principal del préstamo atribuido a la finca antes descrita, así como los intereses correspondientes devengados hasta la fecha, por haber cargado su importe en la cuenta compensadora del préstamo en la entidad acreedora y, en parte, mediante un cheque bancario nominativo que me exhiben y del cual deduzco fotocopia, con valor de testimonio, que incorporo a esta matriz, los comparecientes, según intervienen, OTORGAN por dicho importe e intereses la más completa y eficaz CARTA DE PAGO y, en su virtud, CANCELAN LA RESPONSABILIDAD HIPOTECARIA ATRIBUIDA A DICHA FINCA, la cual, por razón de este otorgamiento, queda así liberada de todas cuantas responsabilidades y obligaciones traigan causa del préstamo de referencia, lo que solicitan del señor Registrador de la Propiedad haga constar en los libros a su cargo.

Hacen constar expresamente que otorgan la presente escritura a solicitud de .... con domicilio social en .... titular del CIF.............. siendo todos los gastos ocasionados por esta escritura de su cargo.

PETICIÓN DE EXENCIÓN FISCAL.– A efectos fiscales se hace constar que en aplicación del número 18° del apartado UNO del artículo 20 de la Ley del Impuesto sobre el Valor Añadido, se solicita para el presente negocio jurídico, sujeto a este impuesto, la EXENCIÓN del mismo y la NO SUJECIÓN al Impuesto sobre Transmisiones Patrimoniales onerosas de conformidad con lo establecido en el apartado cuarto del artículo 4 de la Ley del Impuesto sobre el Valor Añadido en relación con el artículo 7.5 del Texto Refundido del Impuesto de Transmisiones Patrimoniales.

AUTORIZACIÓN.– AUTORIZAN y en lo menester otorgan mandato expreso a .... con CIF.............., fijando como domicilio para notificaciones y requerimientos el de la indicada gestoría que está sito en............, para que, en su nombre y representación pueda presentar a la Administración la presente escritura y cuantas otras hayan podido formalizarse o se formalicen necesarias para la inscripción de la misma en el Registro de la Propiedad, así como efectuar las gestiones y declaraciones que como sujetos u obligados tributarios les correspondan en relación con los actos que se contienen en las referidas escrituras, en orden a comunicar a la Administración los datos necesarios para la liquidación de los tributos que se devenguen como consecuencia de tales actos, y otros de contenido informativo, encaminados a calificar y cuantificar el importe a ingresar o la cantidad que resulte a compensar o devolver, quedando igualmente facultado dicho autorizado/mandatario para interponer cuantos recursos sean convenientes o dirigir comunicaciones a la Administración en orden a proteger los derechos de los otorgantes, así como a recibir de aquélla cuantas comunicaciones y notificaciones sean necesarias dirigidas a los mismos.

PRESENTACIÓN TELEMÁTICA.– Solicitan la no presentación telemática ni por telefax de esta escritura en el Registro de la Propiedad correspondiente, conforme a lo dispuesto en el artículo 249 del Reglamento Notarial.

OTORGAMIENTO

Así lo dicen y otorgan ante mí, el Notario, después de hacerle las reservas y advertencias legales, especialmente:

- Las fiscales, entre ellas la obligación del interesado de presentar este documento a liquidación en la oficina competente dentro del plazo de un mes a contar desde el momento en que se produzca el hecho imponible, afección de los bienes al pago del impuesto, responsabilidades y sanciones en caso de incumplimiento, en los términos prevenidos por el artículo 114.2 y concordantes del Real Decreto 828/1995, de 29 de mayo, por el que se aprueba el Reglamento del Impuesto sobre Transmisiones Patrimoniales y Actos Jurídicos Documentados.
- Y las relativas a la Ley 8/1989, de 13 de abril, de Tasas y Precios Públicos, en relación con cuya Disposición Adicional Tercera queda reflejada en esta matriz la liquidación de derechos arancelarios correspondientes a la misma.

PROTECCIÓN DE DATOS

De acuerdo con lo establecido en la Ley Orgánica de protección de datos de carácter personal, quedan informados de y aceptan la incorporación de sus datos de carácter personal a los ficheros informatizados existentes en la notaría, así como de los derechos de acceso, rectificación y cancelación de los mismos y de la revocación de su consentimiento.

Dichos datos se conservarán con carácter confidencial, sin perjuicio de su tratamiento, automatizado o no, de las remisiones de obligado cumplimiento y de su cesión con la finalidad de posibilitar la tramitación de esta escritura.

AUTORIZACIÓN

Leída esta escritura conforme al artículo 193 del Reglamento Notarial, se ratifican en su contenido del que manifiestan haber quedado debidamente informados, y firman conmigo, Notario, que doy fe, de que el consentimiento ha sido libremente prestado, de que el otorgamiento se adecua a la legalidad y a la voluntad debidamente informada de los otorgantes o intervinientes y, en general, en lo procedente de lo contenido en este instrumento extendido en ocho folios de papel del Timbre del Estado, exclusivo para documentos notariales, serie y números el del presente y los correspondientes anteriores en orden correlativo.

F070. RENUNCIA DE DERECHO DE PRENDA POR EL ACREEDOR PIGNORATICIO

Normativa aplicable: *Arts. 1.863 y ss. Real Decreto de 24 de julio de 1889, texto de la edición del Código Civil mandada publicar en cumplimiento de la Ley de 26 de mayo último.*

En.........., a ....

Ante mí, ..., Notario de esta Capital y de su Ilustre Colegio.

COMPARECEN:

DON................, mayor de edad, casado, vecino de .... con DNI...............

Y DOÑA.............., mayor de edad, casada, vecina de..........., con DNI.................

INTERVIENEN:

En su calidad de apoderados mancomunados, en nombre y representación de ...., con domicilio en............, antes..........., mediante escritura de fusión por absorción, de fecha..........., ante el .... y nuevamente cambiada su denominación por la actual, mediante escritura autorizada por el Notario............, el día..........., número .... de su protocolo; inscrita en el Registro Mercantil de........, tomo ...., libro......, hoja........., inscripción............

Hacen uso para este acto del poder que dicha sociedad les tiene conferido:

1.– A DON..........., del poder que dicha sociedad le tiene conferido a su favor en escritura pública autorizada el día..........., por el Notario ....

2.– Y a DOÑA ...., del poder que dicha sociedad le tiene conferido a su favor en escritura pública autorizada el día.........., por el Notario ....

Copias auténticas debidamente inscritas en el Registro Mercantil tengo a la vista y les juzgo, bajo mi responsabilidad, a los apoderados, con facultades representativas suficientes para otorgar la presente escritura, atendiendo a las condiciones y pactos en la misma establecidos.

Afirman los representantes de la mercantil, bajo su responsabilidad, la subsistencia de ésta y la invariabilidad y vigencia de sus facultades representativas.

Me aseguro de la denominación, forma jurídica y domicilio de dicha entidad, por comprobación en los documentos antes reseñados, cuya copia auténtica se me exhibe, aseverando quien comparece representando a la misma que dichos datos de identificación de la persona jurídica y, especialmente, el domicilio, no han variado respecto de los consignados en el documento fehaciente presentado y que el objeto de la misma es la actividad bancaria y financiera en general.

FE DE CONOCIMIENTO:

Les identifico por medio de sus documentos de identidad reseñados, que me exhiben.

JUICIO DE CAPACIDAD:

Tienen, a mi juicio, según intervienen, la capacidad legal necesaria para otorgar la presente escritura, que redacto con arreglo a minuta proporcionada por la entidad cedente, y, a tal efecto:

DICEN Y OTORGAN:

I.– Que el .... y .... formalizaron ante el Notario.............., póliza de crédito, de límite.............., con fecha..............., prorrogada tácitamente el............, con vencimiento............, renovada con fecha.........., con vencimiento................, con las siguientes garantías:

- PÓLIZA DE MODIFICACIÓN DE LA PÓLIZA DE CRÉDITO Nº .... de fecha..............: Garantía personal mancomunada de .... responderá del ....% de la deuda vigente en cada momento; .... responderá del ....% de la deuda vigente en cada momento; y.............., responderá del ....% de la deuda vigente en cada momento.
- CLÁUSULA ADICIONAL I y II A LA PÓLIZA DE CRÉDITO Nº..............: Pignoración de Prenda de los siguiente pagarés, cuyo librador es..................

  ....
- ANEXO I A LA PÓLIZA DE CRÉDITO Nº............, compromiso a constituir primera hipoteca sobre la finca de .... libre de cargas, perteneciente a .... NIF:............, inmueble aportado para la responsabilidad de.......................
- Garantía prendaria sobre Valores Convertibles..........: nº de títulos ...., Clase Valor Valores, Serie/Número Referencia Registro .... Valor Unitario .... EUROS, titularidad de D..............., NIF:..................., constituida en virtud de Póliza/cláusula adicional de fecha.........., nº .... ante el Notario Don................. Esta prenda queda expresamente limitada exclusivamente para la responsabilidad ....

II.– Que no interesando a .... continuar disponiendo de las citadas garantía, en este acto y por el presente instrumento público,......................., renuncia y libera del afianzamiento personal y de las garantías prendarias a las que se hace referencia en el punto anterior en relación con la citada póliza nº............., quedando todas ellas extinguidas y finiquitadas en este acto. Queda no obstante subsistente, la obligación principal cuyas garantías se han extinguido.

Se hace entrega por parte del Banco este acto de los pagarés pignorados a que se hace referencia en el expositivo I.

III.– La parte otorgante me requiere a mi el Notario, para que notifique fehacientemente la renuncia a la garantía prendaria recogida en el presente documento a la Entidad encargada del registro contable de los valores pignorados Banco............ en su domicilio en......................., a los efectos de que tome razón de la liberación de prenda.

IV.– Gastos.– Cuantos gastos e impuestos se puedan derivar de la presente escritura, serán de cuenta de.......................

V.– Las partes se facultan para que cada una de ellas pueda obtener de la presente segundas y posteriores copias con valor de primeras y efectos ejecutivos.

VI.– EXENCIÓN FISCAL.– La presente operación está sujeta a IVA y exenta y por tanto no sujeta al Impuesto sobre Transmisiones Patrimoniales y Actos Jurídicos Documentados en su modalidad de Transmisiones y a su vez exenta de la modalidad de Actos Jurídicos Documentados, por no ser inscribible en un Registro.

OTORGAMIENTO:

Hice las reservas y advertencias legales y fiscales, especialmente:

- Las relativas a la Ley de Protección de Datos de Carácter Personal, informando sobre su contenido y aceptando la incorporación de sus datos a los ficheros informatizados existentes en la Notaría, con la finalidad propia de la actividad notarial, que se conservarán en la misma con carácter confidencial, sin perjuicio de las remisiones de obligado cumplimiento, siendo responsable el Notario autorizante en su domicilio profesional.
- Las fiscales, entre ellas la obligación del interesado de presentar este documento a liquidación en la oficina competente dentro del plazo de treinta días hábiles a contar desde el momento en que se produzca el hecho imponible, afección de los bienes al pago del impuesto, responsabilidades y sanciones en caso de incumplimiento.
- Y las relativas a la Ley 8/1989, de 13 de abril, de Tasas y Precios Públicos, en relación con cuya Disposición Adicional Tercera queda reflejada en esta matriz la liquidación de derechos arancelarios correspondiente a la misma.

AUTORIZACIÓN:

Leída por mí esta escritura, por renunciar al derecho que les advertí tenían a leerla por sí, hacen constar haber quedado debidamente informados del contenido de este instrumento, se ratifican en su contenido y en prueba de ello, prestan su consentimiento de manera libre y firman conmigo, el Notario, que doy fe de la legalidad y contenido de este instrumento público extendido en seis folios de papel timbrado exclusivo para uso notarial, serie y números el del presente y los correspondientes anteriores en orden sucesivo.

F071. PACTO DE REFINANCIACIÓN O REESTRUCTURACIÓN (I)

En ....

REUNIDOS

De una parte

.... con NIF número .... y Don........... con NIF número .... actuando en nombre y representación de.............., con CIF .... y domicilio a estos efectos en .... (En adelante .... o EL BANCO)

De otra parte,

Don................ Cámara con NIF .... actuando en nombre y representación de........... con CIF .... con domicilio a estos efectos en.......... (en adelante ....)

Y de otra parte,

Don................ Cámara con NIF .... actuando en nombre y representación de........... con CIF .... con domicilio a estos efectos en.......... (en adelante ....)

Reconociéndose mutuamente capacidad para otorgar el presente documento,

EXPONEN

I.– Que con fecha................., las partes formalizaron diversas operaciones dentro de una estrategia global de (i) reducir el endeudamiento que estas sociedades tenían en.............., (ii) facilitar la desinversión de activos (iii) reestructurar su deuda (iii) liquidez por ventas, etc.... Operaciones todas ellas que permitían a ..... y .... ajustar sus gastos financieros y continuar con su actividad empresarial.

II.– Que al amparo de la citada estrategia se han vendido la totalidad de las viviendas que .... tenía en .... así como .... naves industriales que la mercantil .... tenía en garantía del préstamo nº .... (actualmente identificado con el nº..........) el cual fue también objeto de novación en dicha fecha, lo que ha permitido a estas sociedades obtener recursos y reducir su endeudamiento financiero en más de ....€.

III.– Que a fecha de hoy todavía no se han podido vender la totalidad de las naves que garantizan con primera hipoteca el préstamo .... y con segunda hipoteca la cuenta de crédito, lo que ha imposibilitado la cancelación de tales créditos, y del mismo modo, todavía queda pendiente de cancelar la deuda que se ha generado por el vencimiento del Contrato de Confirmación de Opción sobre acción .... formalizado entre .... y .... identificado con el número de referencia: .... y que asciende a .... a la cantidad de ....€.

Y para poder dar una solución satisfactoria a esta situación, ... y................, se han dirigido de nuevo al Banco solicitando continuar con la estrategia de desinversión acordada en.............., lo cual el Banco ha aceptado y ambas partes han acordado conforme a los siguientes

PACTOS

PRIMERO.– RESPECTO DEL PRÉSTAMO GARANTIZADO CON PRIMERA HIPOTECA SOBRE LAS NAVES INDUSTRIALES (................)

1.1.– Títulos.– Se trata de un préstamo concedido inicialmente en escritura de fecha.............., otorgada ante el Notario.............., ... concedió a las mercantiles ...., ... préstamos por importe de .... euros de capital, con garantía hipotecaria sobre determinadas fincas, y posteriormente novado en mediante Escritura autorizada el día .... por el notario ...., el Banco y las mercantiles prestatarias procedieron a la novación de los préstamos a que se refiere, ampliando su carencia, y procediéndose nuevamente a su novación (i) en Escritura autorizada el día .... por el Notario ...., (ii) en Escritura autorizada el día .... por el notario.........., y finalmente (iii) mediante Escritura autorizada el .... por el notario ....

1.2.– Acuerdo.– Las partes han acordado con efectos desde .... una ampliación de la carencia hasta el .... sin ampliación del plazo final y resto de condiciones conforme consta en la escritura formalizada en el día de hoy ante el Notario .... que dan aquí por reproducidos.

Y siendo el capital pendiente de amortizar correspondientes a los préstamos garantizados con la primera hipoteca sobre las fincas que se han descrito asciende, a la fecha de efecto de la presente escritura un total de .... EUROS

Y siendo las fincas registrales sobe las que subsiste la garantía las siguientes:

....

SEGUNDO.– RESPECTO DE LA CUENTA DE CRÉDITO GARANTIZADA CON SEGUNDA HIPOTECA SOBRE LAS NAVES INDUSTRIALES (............)

2.1.– Títulos.– Se trata de una cuenta de crédito autorizada mediante escritura otorgada el día............, por el Notario............., subsanada por Diligencia de............., el............, concedió a .... con un límite máximo de .... con los pactos y condiciones y demás estipulaciones en ella recogidos que se dan aquí por reproducidos para evitar repeticiones con garantía de la hipoteca sobre varias fincas registrales subsistiendo actualmente la hipoteca sólo sobre las .... fincas anteriormente reseñadas, y habiendo sido objeto de novación y de reducciones de límite en varias ocasiones (i) Mediante Escritura autorizada el día .... por el notario............, y la última (ii) Mediante Escritura autorizada el día .... por el notario.............

2.2.– Acuerdo.– Las partes han acordado con efectos desde .... una ampliación del plazo hasta el .... y una reducción del límite de la cuenta de crédito a la cantidad de .... EUROS así como resto de condiciones conforme consta en la escritura formalizada en el día de hoy ante el Notario .... que dan aquí por reproducidos.

Haciendo constar las partes además que con fecha de hoy, ... y .... han dado instrucciones al banco para aplicar la cantidad de .... EUROS que consta depositada en las cuentas nº......... y nº .... en garantía de esta cuenta de crédito para reducir el saldo deudor de la misma, de manera que el saldo dispuesto de esta cuenta de crédito una vez aplicada dicha pignoración será de .... EUROS.

TERCERO.– FORMALIZACIÓN DE RESTO DE OPERACIONES QUE COMPONEN LA ESTRATEGIA

Con esta misma fecha, se llevan a cabo la formalización del resto de operaciones de las que se ha hecho mención en este documento de modo que todas ellas forman parte de un pacto que tiene el carácter de acuerdo unitario respecto del resto de operaciones que componen la estrategia global descrita. En consecuencia, la aceptación de este acuerdo tiene carácter conjunto, sin que las partes queden obligadas de forma parcial al cumplimiento de una de ellas sino a todas en su conjunto.

Y para que conste se firma el presente por triplicado y a un solo efecto.

F072. PACTO DE REFINANCIACIÓN (II)

En ...., a......................

REUNIDOS

De una parte

.... con NIF número .... y Don........... con NIF número .... actuando en nombre y representación de..............., con CIF .... y domicilio a estos efectos en .... (En adelante .... o EL BANCO)

De otra parte,

Don................ con NIF .... actuando en nombre y representación de........... con CIF .... con domicilio a estos efectos en.......... (en adelante ....)

Y de otra parte,

Don................ con NIF .... actuando en nombre y representación de........... con CIF .... con domicilio a estos efectos en.......... (en adelante ....)

Reconociéndose mutuamente capacidad para otorgar el presente documento,

EXPONEN

I.– Que .... es propietaria entre otras de las siguientes fincas urbanas en la actualidad libres de cargas:

....

Dichas fincas serán denominadas en adelante "LOS INMUEBLES"

II.– Que entre ....,................ y .... existen formalizadas, entre otras, las siguientes operaciones:

1.– .... (Bloques 1 y 2).– Préstamo nº .... formalizado el .... por importe de .... € y autorizada por el Notario .... bajo el número .... de su protocolo, y novado ampliando carencia en varias ocasiones, la última en virtud de escritura de .... autorizada por el Notario ....

Titular del préstamo: ....

Vencimiento de la carencia: ....

Garantía: ....

2.– .... (Bloques 1 y 2).– Préstamo nº .... formalizado el .... por importe de .... € y autorizada por el Notario .... bajo el número .... de su protocolo, y novado ampliando carencia en varias ocasiones, la última en virtud de escritura de .... autorizada por el Notario ....

Titular del préstamo: ....

Vencimiento de la carencia: ....

Garantía: ....

3.- .... (Bloques 1 y 2).- Préstamo nº .... formalizado el .... por importe de .... € y autorizada por el Notario .... bajo el número .... de su protocolo, y novado ampliando carencia en varias ocasiones, la última en virtud de escritura de .... autorizada por el Notario ....

Titular del préstamo: ....

Vencimiento de la carencia: ....

Garantía: ....

4.- Cuenta de crédito nº .... formalizada el .... por límite de .... ante el Notario ....

Titular de la cuenta de crédito: ....

Vencimiento: ....

Garantía: ....

III.- SALDOS DEUDORES DE LAS OPERACIONES ANTES CITADAS.-

Que las 4 operaciones reseñadas en el expositivo anterior se encuentran impagadas arrojando los siguientes saldos deudores por principales de:

....

IV.- OFERTA DE COMPRA DE................, en adelante (...........)

Que .... se encuentra inmersa en un proceso de desinversión de activos, y por los INMUEBLES reseñados en el expositivo I ha recibido una oferta de compra por parte de............., sociedad integrante dentro del Grupo de .... por importe de ....€, con la finalidad de destinar su importe íntegramente a reducir/cancelar la deuda derivada de las operaciones citadas y de este modo poder llevar a término la estrategia acordada con .... que permita tanto a .... como a .... reducir su endeudamiento y continuar con su actividad empresarial. Dicha estrategia global consiste en:

1.- Novación ampliando carencia en .... meses, sin ampliar vencimiento, de las operaciones de .... citadas en la parte expositiva de este documento (expedientes............), así como la que a continuación se indica

- Préstamo nº ....

  Titular del préstamo: ....

2.- Mandatar/encargar la comercialización de todos los activos que garantizan las anteriores operaciones por un plazo de .... meses.

3.- Amortización anticipada de los préstamos de .... ajustando de forma aproximada la deuda que grava cada uno de las viviendas a los precios de mandato/encargo de comercialización

4.– Reducir dispuesto de la cuenta de crédito.........., de forma que quede disponible suficiente para atender la carga financiera de las operaciones que se novan durante el plazo de .... meses así como atender otros gastos de diferente índole.

5.– Cancelación de la deuda derivada de la operación reseñada en el expositivo II con el número ....

V.– Que conviniendo a las partes la realización de la estrategia antes indicada .... ha vendido los "INMUEBLES" a .... por el precio ofertado de .... €, todo ello conforme a los siguientes

PACTOS

PRIMERO.– APLICACIÓN DEL PRECIO DE COMPRAVENTA Y PAGO A...........

El importe íntegro del precio de la compraventa de los .... inmuebles será aplicado a reducir la deuda que .... tienen con .... según el siguiente detalle:

1ª ESCRITURA Compra-Venta

Fincas Objeto de compra (1): Finca registral .... del Registro de la propiedad ....

VENDEDORA:................

Precio: ....

Forma de pago y Aplicación del precio:

....

2ª ESCRITURA Compra-Venta

Fincas Objeto de compra (1): Finca registral .... del Registro de la propiedad ....

VENDEDORA: ....

Forma de pago y Aplicación del precio:

....

SEGUNDO.– REDUCCIÓN DEL ENDEUDAMIENTO BANCARIO ....

En virtud de la compraventa efectuada en el día de hoy queda cancelado el crédito que .... ostenta frente a .... en la operación nº..........., se reduce la deuda de los préstamos de .... que queda fijada en:

- Para el préstamo nº .... la deuda queda fijada en: ....€
- Para el préstamo nº .... la deuda queda fijada en: ....€
- Respecto a la cuenta de crédito .... queda con un disponible de .... €

TERCERO.– En relación con la novación de la escritura de cuenta de crédito por límite de .... € firmada en el día de hoy de la que es acreditada.......... hipotecante no deudora .... las partes llegan al siguiente acuerdo:

1.– En el caso de incumplimiento de las obligaciones de pago derivadas de la citada cuenta de crédito, el Banco cobrará su crédito con cargo a las cantidades que se encuentren pignoradas en garantía de su devolución conforme a lo pactado, e iniciará la ejecución hipotecaria de las fincas en garantía dándose en su caso por satisfecho con el producto de las fincas hipotecadas sin que nada más tenga que reclamar a .... ni a ninguno de los fiadores o avalistas a partir de entonces, quedando por tanto liberados de sus garantías personales otorgadas.

No obstante, para que ello tenga lugar será necesario:

a) Que las garantías hipotecarias de todas las operaciones novadas en el día de hoy no hayan sido reintegradas o anuladas en un posterior procedimiento concursal o en cualquier procedimiento singular, por virtud del cual fuese decretada la nulidad de la hipoteca, y estuviese obligado o no el Banco a reintegrar cantidades percibidas por su realización.

Específicamente, será necesario que dentro del plazo de plazo de dos años a contar desde la formalización de este documento ni .... ni .... hayan sido declaradas en concurso de acreedores.

b) Que dichas garantías hipotecarias no dejen de ser realizables por causas ajenas a la voluntad del acreedor

c) Inexistencia de otros gravámenes sobre los bienes hipotecados en estas operaciones novadas en el día de hoy. Es igualmente requisito para que la limitación de responsabilidad tenga efecto que los citados inmuebles hipotecados o cualesquiera otras garantías constituidas a favor del Banco no se hallen gravadas, embargadas o afectas de cualquier modo a créditos de terceros anteriores a los que figuran en la actualidad inscritos en el Registro de la Propiedad.

2.– Transmisión de las fincas hipotecadas.– Esta limitación de responsabilidad es de aplicación exclusiva a la actual acreditada .... respecto de las fincas de las que continúe siendo titular al término de los .... años, quedando sin efecto respecto de los terceros compradores de las fincas que se subroguen en la responsabilidad hipotecaria de la/s finca/s sin consentimiento expreso del Banco.

3.– En el caso de incumplimiento total o parcial de las obligaciones de pago derivadas de esta operación antes del plazo de los .... años antes citados, será igualmente aplicable la limitación de responsabilidad pactada, siempre que se cumplan los requisitos estipulados para su aplicación. En consecuencia, salvo que se acredite el no cumplimiento de los requisitos pactados antes del plazo de los .... años, el Banco no iniciará ningún tipo de reclamación sobre este préstamo, ni judicial ni extrajudicial, antes del.........................

TERCERO.– FORMALIZACIÓN DE RESTO DE OPERACIONES QUE COMPONEN LA ESTRATEGIA

Con esta misma fecha, se llevan a cabo la formalización del resto de operaciones de las que se ha hecho mención en este documento de modo que las operaciones de compra venta de los INMUEBLES forman parte de un pacto que tiene el carácter de acuerdo unitario respecto del resto de operaciones que componen la estrategia global descrita. En consecuencia, la aceptación de este acuerdo tiene carácter conjunto, sin que las partes queden obligadas de forma parcial al cumplimiento de una de ellas sino a todas en su conjunto.

Y para que conste se firma el presente por triplicado y a un solo efecto.

F073. CARTA DE CANCELACIÓN DE CUENTA DE CRÉDITO Y TRASPASO DE SALDO

En ...., a................

Muy señores nuestros,

Les rogamos procedan a la total cancelación de la cuenta de crédito nº .... que consta abierta bajo titularidad de .... mediante transferencia que recibirán de la entidad .... y de no recibir saldo suficiente para la total cancelación del crédito, les autorizo a compensar contra el saldo y/o valores de cualesquiera cuentas corrientes y/o de valores titularidad de................ en su entidad, hasta la total cancelación del crédito, y posteriormente a dicha cancelación, procedan a realizar el traspaso de la totalidad de los instrumentos financieros contenidos en la cartera nº .... que consta abierta bajo titularidad de .... así como a transferir el saldo de la cuenta nº .... que consta abierta en su entidad bajo la misma titularidad, todo ello a la cartera nº .... y cuenta nº .... que constan abiertas en la entidad..............., todo ello en los términos y condiciones establecidos en el mensaje SWIFT que han recibido con fecha .... y previa deducción, en concepto de provisión de fondos de la cantidad de ...., por la liquidación a su favor de las comisiones y gastos que correspondan, y que deberán ser justificadas con posterioridad.

Les rogamos igualmente que procedan a cancelar la pignoración sobre las acciones de la mercantil............. que cambió su denominación la actual .... según escritura del notario ...., en fecha..............

Sin otro particular

Reciban un cordial saludo

VIII. PROPIEDAD INDUSTRIAL E INTELECTUAL. PUBLICIDAD, PATROCINIO, CULTURA, IMAGEN Y SONIDO

F074. CONTRATO DE LICENCIA DE MARCA

Normativa aplicable: *Art. 48 Ley 17/2001, de 7 de diciembre, de Marcas.*

En ...., a.....................

REUNIDOS

De una parte ....

Y, de otra parte, D............., mayor de edad, provisto de NIF nº .... y D............, mayor de edad, provisto de NIF............, ambos con domicilio a estos efectos en ....

INTERVIENEN

D. .... (en adelante, el "Licenciatario").

D. .... y D................., en nombre y representación de .... sociedad constituida ante el notario .... en fecha ...., con domicilio social en .... y provista de CIF nº.............; inscrita en el Registro Mercantil de ...., intervienen en calidad de administradores mancomunados, cargo para que fueron nombrados en la escritura fundacional (en adelante el "Licenciante")

MANIFIESTAN

I. Que................. es titular de las siguientes marcas, cuyo registro se encuentra en vigor:

....

Se incorpora como anexo nº .... al nº copia del certificado de registro de las citadas marcas.

II. El registro del licenciante, ampara la clase .... de Niza, en concreto para los siguientes productos:

- ....
- ....
- ....

III. Que el licenciatario se dedica a la fabricación, importación y venta de productos textiles para.........., teniendo su sede fabril y administrativa en España, concretamente en ....

IV. Que el licenciatario está interesado en obtener la licencia de la marca descrita en el expositivo "I" para fabricación, importación y venta de los productos descritos en el expositivo "II" ..... en el país de..........., dentro de su territorio en el continente Europeo, a lo que accede el licenciante, por lo que ambas partes, reconociéndose la capacidad suficiente para el otorgamiento del presente contrato, suscriben el CONTRATO DE LICENCIA DE MARCA, con sujeción a las siguientes

CLÁUSULAS

PRIMERA.– OBJETO

El licenciante concede licencia de las marcas descritas en el expositivo "I" de este contrato a favor del licenciatario para la venta de los productos descritos en el expositivo "II" de este contrato, en el territorio de la nación de ..... comprendido en el continente Europeo.

En los mismos términos, el licenciante concede licencia para la fabricación en España de dichos productos con la marca licenciada y para la importación de los mismos, siempre que el mercado de destino sea Francia, tal y como se describe en la cláusula tercera de este contrato. La licencia no ampara la comercialización de los productos bajo la marca licenciada en España, lo que queda excluido.

La licencia se concede en exclusiva para las marcas, productos y ámbito territorial reseñado y, a su vez, de manera excluyente, el licenciatario no puede explotar las marcas licenciadas fuera del territorio, productos y condiciones definidos en el presente contrato.

A su vez, el licenciante se compromete a no comercializar por sí o a través de terceros, las marcas y productos licenciados en el ámbito territorial autorizado en este contrato. No obstante, el licenciante sí podrá vender en dicho territorio el tipo de productos licenciados pero bajo otras marcas, así como podrá comercializar otro tipo de productos bajo la misma marca, llegado el caso.

SEGUNDA.– CANAL DE DISTRIBUCIÓN DE VENTAS

El licenciatario podrá promover la venta al consumidor final directamente o a través del comercio minorista, comercio mayorista, de gran distribución o a través de internet, así como mediante acciones promocionales.

TERCERA.– ÁMBITO TERRITORIAL

El producto licenciado únicamente podrá venderse en el territorio de la nación de .... comprendido dentro del continente Europeo, a los comerciantes cuyas ventas se materialicen en su establecimiento comercial sito en dicho territorio y para su venta a consumidores finales con residencia en dicho territorio.

Es condición esencial para que el licenciante otorgue su consentimiento al presente contrato de licencia, el compromiso firme del licenciatario de impedir, por todos los medios, que el producto licenciado y comercializado por él en................., se comercialice fuera del territorio autorizado, para evitar el perjuicio al licenciante o a terceros licenciatarios en otros territorios. Para ello, sus ventas estarán condicionadas al comercio y consumo dentro del territorio pactado y así deberá el licenciatario trasladarlo a sus clientes en los contratos de fabricación, de venta, de distribución, promoción o cualquier otro, como condición esencial de los mismos.

Así, por ejemplo, si el cliente del licenciatario es una cadena de gran superficie o distribución con establecimientos comerciales dentro y fuera de............, deberá requerir el compromiso de su cliente de no vender los productos licenciados en los establecimientos de su propia cadena fuera del territorio licenciado.

Del mismo modo, si el licenciatario se vale del canal de distribución o promoción a través de internet, fijará o hará fijar las condiciones de compra de manera que se vea limitada la consumación de la misma únicamente a los residentes en el territorio licenciado e impedida a los restantes consumidores. Para ello empleará sistemas técnicos que impidan la venta y entrega de la mercancía fuera de los términos pactados. Si la venta a través de la red la hace por mediación de terceros, les trasladará esta misma obligación, como condición esencial.

El licenciatario perseguirá por todos los medios, incluso judiciales, a su costa, cargo y riesgo, el incumplimiento de estas condiciones por sus clientes o terceros. De todo lo cual informará debidamente al licenciante.

El incumplimiento del requisito esencial de vender los productos licenciados en el territorio exclusivo, evitando su comercialización fuera de dicho territorio, supone un incumplimiento grave del licenciatario que facultará al licenciante a resolver el contrato de manera inmediata a tener conocimiento del incumplimiento. Adicionalmente, el licenciatario pagará al licenciante una penalidad de importe equivalente al triple del canon de la licencia pactada para los cinco años de duración del contrato presente, ello con independencia de la indemnización de daños y perjuicios que proceda.

CUARTA.– DURACIÓN

La licencia se otorga por un período de.......... años desde la entrada en vigor del presente contrato, finalizados los cuales queda resuelto automáticamente este contrato. La entrada en vigor de la licencia es la fecha del presente contrato, esto es ....

QUINTA.– CONTRAPRESTACIÓN Y NIVEL MÍNIMO DE VENTAS.

La licenciataria pagará a la licenciante un canon anual equivalente .... por ciento del volumen de ventas de los productos licenciados.

No obstante, la LICENCIATARIA se compromete a alcanzar un nivel mínimo de ventas, que implique el pago, como mínimo, de los siguientes importes anuales, contados los períodos desde el uno de abril de dos mil trece, inclusive:

- Primer año .... euros.
- Segundo año .... euros.
- Tercer año .... euros.
- Cuarto año .... euros.
- Quinto año .... euros.

El incumplimiento de los citados objetivos de venta no afectará al derecho de la LICENCIANTE de cobrar dichos cánones mínimos por los periodos señalados, los cuales son ineludibles y no reembolsables.

SEXTA.– FORMA DE PAGO

En este acto entrega el licenciatario al licenciante el importe de.......... euros correspondiente al ....% del canon mínimo del primer año. El pago se hace mediante entrega de cheque bancario nominativo de la entidad..........., por el que da carta de pago el licenciante, salvo buen fin del cheque. Copia del cheque se incorpora como ANEXO ...... a este documento.

Para el pago del canon mínimo anual, el licenciatario entregará un cheque nominativo al licenciante cada trimestre, por importe equivalente al ....% del canon mínimo anual pactado para cada anualidad y de vencimiento el último día del trimestre. Ello, según el calendario de pagos del canon mínimo que se adjunta como ANEXO Nº ..... a este contrato.

El pago del importe del canon sobre ventas que supere el mínimo pactado, se liquidará dentro del trimestre siguiente a la finalización del período anual de ventas, es decir, dentro del segundo trimestre del año natural.

SÉPTIMA.– CÁLCULO DEL CANON SOBRE VENTAS

Como se ha dicho, la licenciataria pagará a la licenciante por todos los derechos otorgados en este contrato, un mínimo garantizado a cuenta del canon sobre las ventas anuales y el canon del .... por ciento de las ventas, calculado sobre el precio neto de facturación de los productos licenciados distinguidos con la marca (excluyendo el IVA, costes de transportes, primas de seguros y descuentos conformes con los usos comerciales), según precio de la lista de precios al cliente.

Siempre que sea requerido para ello y, en todo caso, con periodicidad trimestral, La LICENCIATARIA pondrá en conocimiento de la LICENCIANTE de forma detallada y por escrito el número de productos fabricados y distribuidos con la marca de la LICENCIANTE, los clientes suministrados (indicando marca, precio y fecha de suministro), así como cualquier otro dato que resulte relevante para un correcto control del uso de la marca por la LICENCIATARIA y las ventas del productos licenciados. Además, remitirá con la misma periodicidad prevista para los pagos trimestrales del canon, la documentación justificativa de la cantidad a satisfacer por dicho concepto. La documentación se remitirá antes del vencimiento del plazo previsto para efectuar dicho pago.

La LICENCIANTE podrá examinar la contabilidad de la LICENCIATARIA para comprobar la exactitud de la liquidación realizada. E incluso, si fuese necesario para los fines de control del adecuado pago de los cánones pactados podrá controlar, a su costa, y personalmente o por persona expresamente autorizada al efecto, la producción de la LICENCIATARIA. No obstante, si de la auditoría se desprende que las ventas declaradas son superiores en un ......% a las declaradas, la licenciataria vendrá obligada a liquidar de inmediato el canon correspondiente a dichas ventas no declaradas y, además, a costear los gastos en que incurra la licenciante para la inspección o auditoría.

La licenciante podrá requerir la información en los formularios que elabore para la transmisión de los datos, incluso sistemas de carácter informático.

En caso de que la licenciataria no suministrase la información requerida para el cálculo del canon por licencia, la licenciante podrá someter a la licenciataria al pago del canon calculado en base a la cantidad media facturada durante los períodos previos. Dicha cantidad se considerará pagadera de inmediato.

La licenciataria se compromete a conservar todos los antecedentes contables y comerciales necesarios para la determinación del canon a pagar, durante todo el tiempo de duración del contrato de licencia y, como mínimo, seis años más tras la finalización del contrato.

OCTAVA.– FABRICACIÓN Y DISTRIBUCIÓN DE LOS PRODUCTOS CON LA MARCA LICENCIADA

8.1.– Fabricación propia.– La licenciataria se compromete a fabricar por sus propios medios técnicos y humanos y en sus propias instalaciones los productos con la marca licenciada.

8.2.– Contratistas o proveedores.– En el supuesto de que precise contratar la fabricación o distribución de algunos de los productos o fases de su producción, trasladará sus proveedores, contratistas y distribuidores las obligaciones de preservar la marca y las restricciones sobre fabricación y venta contenidas en este contrato. En cualquier caso la licenciataria será responsable de toda actuación de sus contratistas o proveedores que suponga un perjuicio para la marca, para el licenciante o terceros, estando obligado a perseguir y reparar, por todos los medios, a su cargo, costa y riesgo, las actuaciones indebidas de dichos sujetos.

Es aplicable lo expuesto en los párrafos precedentes de esta cláusula, al supuesto de que la licenciataria importe mercancía de terceros países.

En cualquier momento la licenciante podrá solicitar información sobre dichos contratistas o proveedores, viniendo obligada la licenciataria a reportar diligentemente dicha información.

8.3.– Aprobación expresa previa.– Antes de la fabricación de los productos bajo licencia, la licenciataria deberá presentar ante la licenciante para su revisión y aprobación expresa y por escrito, las características técnicas, de calidad, materiales y artísticas del producto. Posteriormente, presentará un modelo, prototipo o muestra del producto, para someterlo a la aprobación de la licenciante. Del mismo modo se someterán a supervisión y aprobación los demás elementos de presentación del producto, como son envases, embalajes, catálogos, etiquetas, publicidad, promoción, etc. La entrega de muestras y material para su aprobación tiene el carácter de gratuito, no debiendo abonar precio alguno la licenciante por ello.

Los productos u otros elementos no aprobados no podrán ser fabricados ni comercializados.

La licenciataria debe obtener la aprobación expresa por parte de la licenciante, la cuál deberá emitirse en el plazo de .... días desde la presentación del producto para su aprobación. En caso de que transcurran los quince días sin que la licenciante haya dado su autorización, se entenderá que no ha sido aprobado.

8.4.– Calidad de los productos.– Los productos deberán mantener una calidad media-alta respecto a otros productos del mercado y contener, al menos, un ....% de materias naturales (lino, algodón, etc). La licenciante podrá requerir información que le deberá se aportada, así como podrá realizar los controles de calidad que estime necesarios para verificar el cumplimiento por parte de la licenciataria.

8.5.– Campañas publicitarias y promociones.– El licenciatario deberá informar con carácter previo y obtener aprobación de la licenciante sobre de todas campañas publicitarias y las promociones a emprender, en cualquier medio, en particular las que se lleven a cabo a través de internet o comercio electrónico. La licenciataria entregará un calendario de dichas campañas, su contenido y medios para seguimiento y control de las mismas.

La LICENCIATARIA se obliga a no realizar una política activa de ventas de dichos productos en los territorios en los que la marca esté protegida y que no han sido objeto de la presente licencia. En particular, no realizará en dichos territorios campañas publicitarias dirigidas a la distribución del producto y no mantendrá almacenes o sucursales para dicha venta.

8.6.– Inicio de las ventas.– La licenciataria se compromete a tener los productos en el mercado de destino no más tarde del mes de .... del año ....

NOVENA.– MANTENIMIENTO DE LA MARCA

La licenciante, único titular del material licenciado, mantendrá vigente el registro de las marcas licenciadas, costeando los gastos de renovación y defensa en el ámbito administrativo registral, ante marcas incompatibles, siempre según su criterio. No obstante, podrá renunciar a la renovación de aquellos registros cuyo ámbito de protección se solape, sin que ello suponga incumplimiento del presente contrato.

La LICENCIANTE declara no conocer la existencia de mejores derechos de terceros sobre la marca objeto del contrato. Por ello, y partiendo de la premisa de su actuación de buena fe, se declara expresamente que no asume ningún tipo de responsabilidad en caso de que por sentencia firme la LICENCIATARIA se vea privada de su derecho de licencia por el mejor derecho de un tercero sobre la marca.

La licenciataria perseguirá y erradicará a su cargo, por todos los medios, incluso judiciales, toda acción o actuación que perjudique la marca y los productos licenciados en el ámbito territorial autorizado, que pueda dañar la imagen de la marca, del producto o del licenciante en relación a la marca. Cualquier actuación en este sentido, deberá contar con el previo consentimiento y supervisión de la licenciante, incluso en la elección de los profesionales a quienes se encargue la defensa jurídica. La licenciante será la beneficiaria de la indemnización que, en su caso, se obtenga por el perjuicio causado a la marca.

La licenciataria no podrá registrar por sí y para sí ningún signo distintivo que pueda derivar de las marcas licenciadas gráfica, fonética, tipográfica o descriptivamente en el ámbito territorial autorizado, en general que puedan llevar a identificarlos, confundirlos o recordar a la marca licenciada. Todo ello en relación con el objeto de licencia en este contrato.

En caso de que la licenciataria creara, por sí o a través de sus empleados o terceros, derivaciones, adaptaciones o variaciones del objeto licenciado en este contrato, serán automáticamente propiedad del licenciante, quien tendrá la opción de proceder a su registro en la oficina de marcas nacional o comunitaria, a lo que contribuirá con su colaboración la licenciataria.

La licenciataria se obliga a no vincular la marca licenciada con otras marcas que puedan desprestigiarla o con otros símbolos o caracteres que provoquen un efecto igualmente negativo. La licenciante tendrá la capacidad de vetar las actuaciones de la licenciataria en este aspecto.

DÉCIMA.– OTRAS OBLIGACIONES DEL LICENCIATARIO

10.1.– El licenciatario actuará en su propio nombre, por su cuenta, riesgo y a su cargo, sin que en ningún momento pueda dar a entender que actúa por cuenta de la licenciante, como representante, mandatario, socio o cualquier otra vinculación que pueda comprometer u obligar a la licenciante.

10.2.– La licenciataria mantendrá indemne a la licenciante respecto a cualquier responsabilidad administrativa, penal, mercantil u otras, derivada del uso de la marca, la fabricación o importación y comercialización de los productos licenciados. La facultad conferida a la licenciante en este contrato para la vigilancia, auditoría y aprobación de los procesos de producción, distribución o publicitarios, o sobre los propios productos, no le hacen responsable de los resultados obtenidos, ni de los daños que el licenciatario o un tercero cualquiera pueda sufrir.

10.3.– La licenciataria se compromete a cumplir todas las obligaciones legales relacionadas con su actividad, en particular las de carácter administrativo aplicables, referidas a identificación de productos y productor o importador, homologación de productos, protección del consumidor y usuario, etiquetado, embalaje, etc. La licenciante podrá requerir y la licenciataria deberá aportar, justificación del cumplimiento de las obligaciones legales en el momento que precise.

UNDÉCIMA.– PUBLICIDAD

La licenciataria se obliga a invertir en concepto de publicidad el 1% del importe mínimo anual de ventas comprometidas en este contrato para cada anualidad de duración. Tal inversión debe ser justificada ante el licenciante dentro de cada período anual. Si no se justificara la inversión en publicidad, la licenciataria vendrá obligada a abonar a la licenciante ese ....% referido, en concepto de indemnización por pérdida de imagen de la Marca en el territorio.

DUODÉCIMA.– CONFIDENCIALIDAD

Ambas partes se comprometen a no desvelar a terceros cualquier información de carácter confidencial de que tengan conocimiento por razón de este contrato. No se considerarán terceros, los empleados de las partes que necesiten de la información confidencial para llevar a cabo su trabajo, quienes, en todo caso, deberán ser conocedores y cumplir las medidas necesarias para mantener el carácter confidencial de la información referida.

DECIMOTERCERA.– CESIÓN DEL CONTRATO

La licenciataria no podrá ceder la licencia, ni siquiera parcialmente, sin consentimiento previo y expreso de la licenciante, quien deberá consentir sobre el cesionario y la variación sobre las condiciones de la licencia.

La licenciante podrá libremente transmitir la licencia objeto del contrato, comprometiéndose a poner en conocimiento del nuevo titular los compromisos adquiridos con el aquí licenciante.

DECIMOCUARTA.– RESOLUCIÓN DEL CONTRATO

El contrato podrá ser resuelto por incumplimiento de sus términos.

Dicha resolución anticipada por parte de la licenciante, no supondrá la renuncia al cobro del importe equivalente al canon mínimo estipulado a lo largo de la duración del contrato, el cuál será exigible a la licenciataria en todo caso y al momento de la resolución e íntegramente, en concepto de penalidad e independientemente de la indemnización que por daños y perjuicios corresponda percibir a la licenciante.

La licenciataria no podrá pedir compensación ante la resolución anticipada por causa que le sea imputable.

En particular, la licenciante podrá resolver el contrato de manera inmediata y automática, sin que la licenciataria pueda percibir compensación alguna por ello, en el supuesto de impago del canon por la licenciataria, transcurridos .... días desde que la licenciante haya requerido el pago a la licenciataria, ante el retraso en el mismo.

Consecuencias de la resolución por cualquier causa del contrato:

a) La licenciataria vendrá obligada a devolver a la licenciante cualquier material que le haya sido entregado por la licenciante para la explotación de la marca.

b) La licenciataria facilitará a la licenciante inventario de los productos en fabricación y los terminados, con determinación de los compromisos y condiciones de venta adquiridos, en su caso, así como localización física de su almacenamiento, ya sea en almacenes propios o de terceros.

Respecto a los productos en curso de fabricación o importación y los acabados no vendidos, tendrá la licenciante la opción de adquirirlos preferentemente. La licenciataria deberá comunicar a la licenciante las condiciones de venta para el ejercicio de la opción por la licenciante en el plazo de quince días.

Respecto a todos los productos acabados cuya venta ya estuviera comprometida o los acabados que no interesen a la licenciante, tendrá la licenciataria tres meses para su venta y posterior liquidación del canon a la licenciante. Los productos no vendidos en este plazo, deberán ser destruidos, teniendo la licenciataria que acreditar fehacientemente la destrucción de los mismos.

Si la resolución es por causa imputable a la licenciataria, la licenciante podrá optar por adquirir, permitir la venta en los términos del párrafo anterior o por exigir su destrucción.

DECIMOQUINTA.– MODIFICACIONES DEL CONTRATO

Cualquier modificación contractual o prórroga de su duración, deberá plasmarse por escrito y ser consensuada y firmada por ambas partes expresamente.

DECIMOSEXTA.– LEY APLICABLE

Las partes se someten al derecho español.

Y, como muestra de conformidad, firman las partes el presente contrato por duplicado ejemplar y a un solo efecto en el lugar y fecha al inicio indicados.

F075. CONTRATO DE LICENCIA DE MARCAS (II)

Normativa aplicable: *Art. 48 Ley 17/2001, de 7 de diciembre, de Marcas.*

CONTRATO DE LICENCIA

ENTRE LOS SUSCRITOS:

La sociedad X, de derecho español, con C.I.FX, y domiciliada en X

Representada por su Director General, D. X, con facultades suficientes para este acto en virtud de escritura de poder otorgada ante X, el X, con el número X de su protocolo,

En adelante**"SOCIEDAD 1"**

POR UNA PARTE,

Y:

La Sociedad **X.**, Sociedad limitada unipersonal de derecho español, inscrita en el Registro Mercantil de X, con CIF número X, domiciliada en X

Representada por su Gerente, el Señor X, debidamente autorizado a efectos del presente acuerdo,

En adelante el **"LICENCIADO"**

POR LA OTRA

En adelante llamadas, individualmente, la "**PARTE**",y/o colectivamente, las "**PARTES**".

PREÁMBULO:

SOCIEDAD 1 es titular y organizadora de la competición ciclista de carácter internacional denominada

"..............."(en adelante la"PRUEBA").

SOCIEDAD 1 es asimismo titular, con carácter exclusivo, de las marcas de la PRUEBA para los fines de la explotación de este acontecimiento deportivo, en especial la(s) MARCA(S) tal como se define(n) más adelante.

En su calidad de organizadora de la PRUEBA, la sociedad SOCIEDAD 1 es además propietaria del derecho de explotación de esta prueba, y, con tal calidad, es la única que esté habilitada a conceder todo derecho sobre la PRUEBA, en las condiciones que determine ella misma.

SOCIEDAD 1 ha desarrollado un programa de licencias en el TERRITORIO cuyo objeto es autorizar a fabricantes y/o distribuidores previamente seleccionados, para fabricar y comercializar productos derivados de la PRUEBA, llamados de merchandising.

Por su parte, el LICENCIADO, quien declara y garantiza a SOCIEDAD 1 encontrarse en poder de todos los derechos y aptitudes necesarias para adelantar su proyecto, ha declarado su interés en fabricar y difundir los productos pormenorizados en el artículo 1.2, estampados con la/las MARCA(S) según se definen en el artículo 1.1 más adelante.

Por consiguiente las PARTES han adelantado conversaciones con el fin de celebrar el presente contrato de licencia de marcas (en adelante llamado el "CONTRATO").

El CONTRATO está constituido, por orden de importancia decreciente, por:

(1) El preámbulo, las presentes condiciones particulares, en las que se incluyen sus anexos, que forman parte integrante y que son indisociables de éstas (en adelante llamadas "CONDICIONES PARTICULARES"), y

(2) Las condiciones generales (en adelante llamadas las "CONDICIONES GENERALES"), quedando claro que (1) y (2) forman un conjunto indisociable.

El CONTRATO rige las relaciones entre las PARTES en cuanto al objeto del presente documento, excluyendo cualquier otro documento, así como acuerdos escritos o verbales; sustituye y reemplaza cualquier acuerdo oral o escrito celebrado entre las PARTES con anterioridad a la celebración del presente y relativo a su objeto.

En caso de conflicto entre las CONDICIONES PARTICULARES y las CONDICIONES GENERALES, se aplicarán las disposiciones de las CONDICIONES PARTICULARES, y las CONDICIONES GENERALES se tendrán por modificadas en forma concordante.

CONDICIONES PARTICULARES

1.1. MARCA(S)

....

En adelante llamada(s) la(s) "MARCA(S)" cuya lista se encuentra en el Anexo1 del presente.

1.2. PRODUCTOS

....

excluyendo cualquier otro(s) producto(s) y/o servicio(s).

En adelante los "PRODUCTOS".

1.3. TERRITORIO

España,

Excluyendo cualquier otro(s) países.

En adelante el "TERRITORIO".

1.4. CANAL(ES)

Venta directa al público, incluida la venta on line, en adelante los "**CANALES**".

El LICENCIADO podrá proponer ventas en su sitio web siempre e y cuando se comprometa a respetar las siguientes condiciones:

– Solo podrá ofrecer como opción de idiomas el idioma del TERRITORIO, exceptuando cualquier otro;

– no se le impedirá al LICENCIADO responder a pedidos no solicitados procedentes de clientes establecidos en países fuera del TERRITORIO pero dentro de la Unión Europea.

– Llegado el caso, el LICENCIADO facilitará con regularidad a SOCIEDAD 1 una lista de los sitios web de sus distribuidores en los cuales estén disponibles los PRODUCTOS para la venta.

1.5. PLAZO DEL CONTRATO

Del .... de .... de .... al .... de .... de ....

En adelante el "PLAZO".

Fecha efectiva: .... de .... de ....

1.6. EXCLUSIVIDAD/NO EXCLUSIVIDAD

Derecho exclusivo de fabricación y/o distribución de los PRODUCTOS bajo las MARCAS

1.7. ROYALTIES

1.7.1. Ratio de Royalties

1.7.7.1. En contrapartida de los derechos que concede SOCIEDAD 1, el LICENCIADO se compromete a pagar a SOCIEDAD 1 Royalties netas que quedan fijadas en:

el 20% (veinte por ciento) del importe del Volumen de Negocios neto facturado por el LICENCIADO por todo el PLAZO, sumas a la que habrá que agregar el IVA o cualquier otro impuesto eventual aplicable, al ratio vigente, llegado el caso.

1.7.2. El LICENCIADO comunicará a SOCIEDAD 1 mensualmente estados de certificados del Volumen de Negocios que haya conseguido para los PRODUCTOS en todo el TERRITORIO y por en CANAL. A más tardar:

– El 31 de Diciembre de 2020; y

– El 31 de Marzo de 2021.

1.7.1.3. El LICENCIADO procederá a efectuar el pago de las Royalties tan pronto se reciban los estados mencionados más arriba.

1.7.2. Mínimo Garantizado de Royalties

No se aplica este artículo.

1.8. DISTRIBUCIÓN DE LOS PRODUCTOS

1.8.3. El LICENCIADO se compromete a fabricar y comercializar, a título de previsión, un mínimo de 50.000 (cincuenta mil) PRODUCTOS.

1.8.4. El LICENCIADO se compromete a comercializar los PRODUCTOS en el TERRITORIO a partir del 15 de Octubre de 2020 (en adelante la "FECHA DE INICIO").

Si el LICENCIADO no fabrica ni comercializa los PRODUCTOS en el TERRITORIO, en la FECHA DE INICIO, entonces los derechos arriba mencionados otorgados por SOCIEDAD 1 al LICENCIADO respecto del o de los PRODUCTO(S) concernidos serán automáticamente retrocedidos a SOCIEDAD 1, de pleno derecho, de forma que, a partir de la FECHA DE INICIO, dichos derechos serán considerados como excluidos de la definición de los PRODUCTOS.

1.9. ENTREGA DE PRODUCTOS A SOCIEDAD 1

No se aplica este artículo.

1.10. DISPOSICIONES ESPECIALES

Ninguna.

1.11. LISTA DE ANEXOS

Anexo n° 1: MARCA(S)

Anexo n° 2: CARTA GRÁFICA DE LA(S) MARCA(S) Anexo n° 3: CARTA ETICA

Anexo n° 4: FORMULARIO DE APROBACIÓN EN CASO DE SUBCONTRATATACIÓN

Fecha: ....

Para SOCIEDAD 1:

Señor X

Director General

Firma:

Para el LICENCIADO:

Señor X

Gerente

Firma:

CONDICIONES GENERALES

2.1. DERECHOS CONCEDIDOS - EXCLUSIVIDAD

2.1.1 SOCIEDAD 1 concede al LICENCIADO, quien acepta, el derecho no transferible de desarrollar, fabricar, comercializar y promover los PRODUCTOS con la(s) MARCA(S) en el TERRITORIO, por los CANALES y durante el PLAZO del CONTRATO, todo ello en las condiciones definidas en el presente documento.

2.1.2 El LICENCIADO se abstendrá de utilizar la(s) MARCA(S) sea cual sea el motivo, el fin o la manera, en caso de ser distintas de las expresamente autorizadas por SOCIEDAD 1 en el presente CONTRATO y para el TERRITORIO.

El LICENCIADO de esta forma se abstendrá de utilizar la(s) MARCA(S) o cualquier marca derivada de esta(s) última(s) para otros productos, distintos de los PRODUCTOS concedidos, así tuvieran proximidad en cuanto a su naturaleza o su función o se pudieran considerar como accesorios de estos últimos. Esta interdicción también se extiende a los servicios, aunque sean susceptibles de quedar asociados a la explotación de los PRODUCTOS, así como al uso de la(s) MARCA(S) o de cualquier otra marca combinada o derivada de estas últimas, tales como enseñas, nombres comerciales, razones o denominaciones sociales, nombres de dominio o cuentas de Twitter.

El LICENCIADO no usará la(s) MARCA(S), ni cualquier abreviación, ni otro nombre, signo o cifra asociada a la(s) MARCA(S) o a SOCIEDAD 1 para formar una parte cualquiera de una dirección electrónica, de un nombre de dominio, nombre de sitio web, palabra-clave o etiqueta para motor de búsqueda o toda forma de identificación del LICENCIATARIO en un medio electrónico sin el previo acuerdo escrito de SOCIEDAD 1.

2.1.3 Asimismo, el LICENCIADO se abstendrá de ofrecer a la venta los PRODUCTOS en cualesquiera otros países distintos de los incluidos en el TERRITORIO, y por medio de cualquier canal de distribución distinta de las incluidas en los CANALES, a menos de autorización excepcional concedida por SOCIEDAD 1 mediante el intercambio de la correspondencia correspondiente (fax, correo electrónico, etc.).

2.1.4 Además, el LICENCIADO se abstendrá de valerse de la calidad de "patrocinador", "espónsor", "asociado", "proveedor", "auspiciante",de la PRUEBA y/o de cualquier otra designación que pueda inducir una relación de partrocinaje con SOCIEDAD 1 y/o con la PRUEBA, a menos que tal derecho le haya sido concedido mediante documento separado.

2.1.5 Cuando la presente licencia se conceda en forma no exclusiva, SOCIEDAD 1 queda libre de conceder a quien le parezca, en el TERRITORIO y en los CANALES, licencia sobre la(s) MARCA(S) para cualesquiera productos y/o servicios, idénticos o similares a los productos, así como para explotar directamente en el TERRITORIO y en los CANALES la(s) MARCA(S) para cualesquiera productos y/o servicios idénticos o similares a los PRODUCTOS.

Cuando la presente licencia sea concedida en forma exclusiva, SOCIEDAD 1 se abstendrá de conceder licencias sobre la(s) MARCA(S) y de explotar por sí misma la(s) MARCA(S) en el TERRITORIO y en los CANALES, para cualesquiera productos y/o servicios idénticos o similares a los PRODUCTOS.

2.1.6 SOCIEDAD 1 se reserva cualesquiera derechos que no hayan sido expresamente concedidos al LICENCIADO por medio del presente.

2.2. CONDICIONES DE REALIZACIÓN DE LOS PRODUCTOS QUE LLEVEN LA(S) MARCA(S)

La presente concesión de licencia queda subordinada al estricto cumplimiento por parte del LICENCIADO de cada una de las obligaciones que se enumeran a continuación.

2.2.1. Los productos que lleven la(s) MARCA(S) deben ser de alta calidad y corresponder con la imagen de marca de SOCIEDAD 1 y de la PRUEBA.

Además, los productos la(s) MARCA(S) deben ser fabricados por empresas que llenen rigurosamente las condiciones de la CARTA ÉTICA que figura en el Anexo 2 del presente.

2.2.2. El LICENCIADO se obliga igualmente a fijar la(s) MARCA(S) en los productos, sus embalajes, el material publicitario y/o promocional siguiendo el grafismo definido por la CARTA GRÁFICA de la(s) MARCA(S) que figura en el Anexo 2 del presente.

Además, el LICENCIADO se abstendrá de agregar a cualquiera de las MARCAS, marca, denominación, logo o signo alguno, distinto de aquellas marcas indicadas entre las MARCAS, quedando claro que la marca del LICENCIADO no puede aparecer sino solamente en las condiciones definidas en la CARTA GRÁFICA de la(s) MARCA(S) que figura en Anexo 2 del presente.

En especial, el LICENCIADO se compromete a conseguir que ninguna marca comercial, nombre comercial, emblema, logo, marca de servicio o cualquier otro signo distintivo que identifique a un tercero o a los productos y/o servicios de tal tercero, se aplique a: (i) los PRODUCTOS que lleven cualquiera de las MARCAS; o (ii) el material publicitario o promocional que lleve cualquiera de las MARCAS, salvo aprobación previa y expresa de SOCIEDAD 1 que se haya efectuado en las condiciones indicadas en el artículo 2.2.3, más abajo.

2.2.3. Antes de cualquier fabricación de los PRODUCTOS, el LICENCIADO se compromete expresamente a someter a la aprobación previa y escrita de SOCIEDAD 1 un modelo, un prototipo y/o un concepto de producto acompañado por una fotografía de los PRODUCTOS con calidad de 300 dpi con fondo blanco, acompañados por su embalaje, etiquetas, etcétera.

Los modelos o prototipos suministrados por y a costa del LICENCIADO serán conservados por SOCIEDAD 1

SOCIEDAD 1 dispondrá de un plazo de diez (10) días hábiles una vez recibido el modelo prototipo de los productos enviados por el LICENCIADO por recomendado con acuse de recibo, o por cualquier otro medio equivalente, para dar a conocer su decisión. Sin embargo, la ausencia de respuesta de SOCIEDAD 1 dentro del plazo indicado en ningún caso podrá ser considerada como acuerdo tácito, salvo después de recordatorio, sin respuesta durante más de cinco (5) días hábiles.

En la misma forma, cualquier publicidad o promoción, sean cuales sean su forma y/o soporte, en favor de los PRODUCTOS o en relación con estos, deberá ser objeto de una autorización previa y escrita de SOCIEDAD 1, en las mismas condiciones mencionadas más arriba.

2.2.4. SOCIEDAD 1 dispone de total libertad de apreciación de la calidad de los PRODUCTOS y de las razones que haya tenido para una eventual negativa de aprobación.

La aprobación impartida por SOCIEDAD 1 a un PRODUCTO no podrá tener incidencia alguna en los derechos de SOCIEDAD 1 o en las obligaciones que impone el presente al LICENCIADO, y en especial no podrá hacer que SOCIEDAD 1 pueda tener la menor responsabilidad en caso que el PRODUCTO incurra en violación de los derechos de un tercero o de las normas aplicables vigentes.

2.3. CONDICIONES DE DISTRIBUCIÓN DE LOS PRODUCTOS QUE LLEVEN LA(S) MARCA(S)

2.3.1. Las PARTES acordarán de común acuerdo la fecha en la cual se deba efectuar la primera puesta en venta de los PRODUCTOS que lleve(n) la(s) MARCA(S) en el TERRITORIO.

2.3.2. El LICENCIADO se compromete a explotar de forma eficaz la(s) MARCA(S) y a fabricar, hacer fabricar y vender los PRODUCTOS en la forma más activa y diversificada posible, dándoles la mayor difusión posible dentro de los límites de las condiciones fijadas en el presente CONTRATO.

2.3.3. El LICENCIADO se compromete a cumplir la legislación, reglamentación, códigos de deontología profesionales y directivas aplicables y en vigor, relativas a la fabricación, distribución, comercialización, publicidad y promoción de los PRODUCTOS.

2.3.4. El LICENCIADO se encargará de la distribución de los PRODUCTOS en condiciones tales que la calidad y el carácter propio de estos últimos no puedan sufrir alteración. Con tal objeto seleccionará, para la puesta en marcha del canal de distribución de los PRODUCTOS, puntos de venta que, por su ubicación, su disposición y la índole de los PRODUCTOS que habitualmente ofrecen al público, llenen tales criterios.

2.3.5. El LICENCIADO determinará libremente los precios de venta de los PRODUCTOS, siempre y cuando los precios propuestos se encuentren conformes con los que habitualmente existen para productos de la misma calidad. El LICENCIADO informará periódicamente a SOCIEDAD 1 del precio de venta de cada uno de los PRODUCTOS.

2.3.6. El LICENCIADO se compromete irrevocablemente a enviar a SOCIEDAD 1, a título gratuito y a su propia costa, en calidad de muestras, una dotación global de varios ejemplares de cada uno de los PRODUCTOS, en las condiciones y plazos fijados en las CONDICIONES PARTICULARES.

2.4. PROPIEDAD INTELECTUAL

2.4.1. Derechos de autor

Los derechos de autor y/o de propiedad industrial (dibujos y modelos, en especial) relativos a las creaciones originales del LICENCIADO para la fabricación de los PRODUCTOS, el material promocional y el material de presentación, son de propiedad plena y total del LICENCIADO que, con todo, se abstendrá de explotar y/o de hacer explotar por fuera del marco del presente CONTRATO, sea cual sea la forma, y sea cual sea el título o la modalidad, las creaciones diseñadas y realizadas especialmente para SOCIEDAD 1

2.4.2. Asistencia

El LICENCIADO se compromete a informar inmediatamente a SOCIEDAD 1 sobre cualquier falsificación o utilización no autorizada de la(s) MARCA(S) que puedan llegar a su conocimiento. En tal caso, el LICENCIADO deberá proporcionar a SOCIEDAD 1 todas las informaciones necesarias sobre dicha falsificación o utilización no autorizada.

En caso de juzgarla necesaria, la acción por falsificación relativa a la(s) MARCA(S) será decidida por SOCIEDAD 1, quedando claro que la totalidad de sus costos correrá a su cargo, y que la totalidad del beneficio de los posibles daños y perjuicios que se obtengan será igualmente en su provecho.

De ser el caso, la acción por falsificación relativa a los derechos de autor sobre los PRODUCTOS cuyo titular es el LICENCIADO depende del LICENCIADO, en caso que éste la juzgue necesaria, quedando claro que la totalidad de sus costos correrá a su cargo, y que la totalidad del beneficio de los posibles daños y perjuicios que se obtengan será igualmente en su provecho.

Cada una de las PARTES tendrá además la facultad de entablar acción contra cualquier tercero por competencia ilícita o desleal, en la medida de sus intereses y a su costa, a su riesgo y beneficio. El LICENCIADO se compromete sin embargo a conseguir la aprobación previa y escrita de SOCIEDAD 1 antes de cualquier acción judicial. Las PARTES podrán acordar, de ser necesario, cualquier otra modalidad de acción contra tales terceros y, en especial, el entablar un procedimiento conjunto con costos, riesgos y beneficios compartidos.

En ningún caso podrá el LICENCIADO exigir reparación a SOCIEDAD 1 por cualquier perjuicio sufrido debido a una falta de protección de la(s) MARCA(S) o debido a la falsificación de la(s) MARCA(S) por parte de un tercero. SOCIEDAD 1 declara que la(s) MARCA(S), en el momento de la celebración del presente CONTRATO, no son ni han sido objeto de venta alguna, total o parcial, ni de compromiso alguno por razón de cualquier garantía o prenda, especial o general.

2.5. GARANTÍAS

2.5.1. Garantías del LICENCIADO

El LICENCIADO garantiza expresamente a SOCIEDAD 1 que tiene la plena facultad y calidades para explotar los derechos concedidos por el presente y, en especial, que es titular de la totalidad de los derechos de autor y/o de los derechos de propiedad industrial relativos a los PRODUCTOS, y que tales derechos no han sido, en forma alguna, objeto de cesión, hipoteca, gravamen, ni entregados en forma alguna a favor de un tercero.

El LICENCIADO declara y garantiza a SOCIEDAD 1 que dispone de las aptitudes técnicas y comerciales así como de la organización que le permita llevar adelante la comercialización de los PRODUCTOS en las mejores condiciones posibles.

En términos generales, el LICENCIADO garantiza a SOCIEDAD 1 contra cualquier reclamo, acción o tentativa alguna susceptible de vincularse con el ejercicio de los derechos y obligaciones que impone el CONTRATO, sin que pueda oponer a SOCIEDAD 1 una aprobación tácita o formal que esta última haya impartido a las modalidades de ejecución de la presente concesión.

Por consiguiente, el LICENCIADO deberá indemnizar a SOCIEDAD 1 y mantenerla a salvo de cualquier responsabilidad relacionada con quejas, acciones, pérdidas, daños, responsabilidades, costos y expensas, incluyendo las jurídicas, por su importe total, que puedan resultar o ser consecuencia de, cualquier violación, o violación presunta del presente CONTRATO, garantía que se concede en virtud del convenio de licencia, o que pueda provenir de la venta, la fabricación o la utilización de los PRODUCTOS, o de cualquier otro acto u omisión que se reproche al LICENCIADO.

2.5.2. Garantías de SOCIEDAD 1

En su calidad de titular de derechos exclusivos sobre la(s) MARCA(S) en el TERRITORIO, SOCIEDAD 1 garantiza al LICENCIADO el goce pacífico de los derechos que aquí se conceden en los países del TERRITORIO en el que la(s) MARCA(S) hayan sido definitivamente registradas y, con tal condición expresa, lo garantiza contra cualquier reivindicación de la que pueda ser objeto en el ejercicio conforme de dichos derechos.

2.6. DISPOSICIONES FINANCIERAS

Como contrapartida de los derechos que le concede SOCIEDAD 1, el LICENCIADO se compromete a pagar a SOCIEDAD 1 las sumas definidas en las CONDICIONES PARTICULARES, en las condiciones definidas más adelante.

2.6.1. Royalties

Como contrapartida de los derechos que se le conceden por el presente sobre la(s) MARCA(S), el LICENCIADO pagará a SOCIEDAD 1 royalties netas, que podrán ser calculadas en la forma siguiente, dependiendo de las modalidades definidas en las CONDICIONES PARTICULARES:

(i) un porcentaje sobre el volumen de negocios sin impuestos conseguido por el LICENCIADO por la distribución y la venta de los PRODUCTOS; o bien,

(ii) un importe fijo por cada PRODUCTO vendido,

en adelante las "Royalties"

Una royalty neta se define como una royalty que no será gravada por impuesto alguno, tasa o retención en la fuente, sea cual sea su naturaleza, y cuyo importe final correrá exclusivamente a cargo del LICENCIADO.

2.6.2. Mínimo Garantizado de Royalties

Con el fin de garantizar una explotación cabal, eficaz y real por parte del LICENCIADO de la(s) MARCA(S), éste se obliga a pagar a SOCIEDAD 1 un Mínimo Garantizado de Royalties tal como queda definido en las CONDICIONES PARTICULARES, en las fechas allí precisadas. Además del pago de este mínimo garantizado, el LICENCIADO se compromete a pagar royalties adicionales en las condiciones definidas más adelante.

El Mínimo Garantizado de Royalties no es reembolsable y pertenecerá a SOCIEDAD 1 de pleno derecho y en cualquier caso, lo que queda expresamente aceptado por el LICENCIADO, independientemente del volumen de negocios que el LICENCIADO consiga en el año considerado, todo esto aplicable a cada uno de los años de ejecución del CONTRATO.

Se acuerda expresamente entre las PARTES que las Royalties pagadas además del Mínimo Garantizado de Royalties que se deba por un período de ejecución, tal como queda definido más arriba, no podrán deducirse del mínimo garantizado que se deba por el período de ejecución siguiente.

Por otra parte, el Mínimo Garantizado de Royalties se deducirá de las Royalties que deba el LICENCIADO a SOCIEDAD 1. En el caso de definirse el Mínimo Garantizado de Royalties por un período de ejecución dentro del PLAZO, las Royalties pagadas además del Mínimo Garantizado de Royalties que se deba por un año/período de ejecución no podrán deducirse del Mínimo Garantizado de Royalties que se deba por otro año/período de ejecución.

2.6.3. Condiciones de pago del mínimo garantizado y de las royalties

Cualesquiera sumas que se salgan a deber de acuerdo con las CONDICIONES PARTICULARES serán pagaderas en euros, incrementadas por el impuesto al valor añadido ("IVA") o cualquier otra tasa eventual aplicable, según el porcentaje vigente, por giro bancario a la cuenta de SOCIEDAD 1 en las fechas mencionadas en las CONDICIONES PARTICULARES, y a presentación de las facturas correspondientes, sin deducción o retención alguna. Sin embargo, en caso de retención en la fuente impuesta por la legislación fiscal del país del LICENCIADO, su importe será deducido del importe a pagar, con la condición expresa que el LICENCIADO suministre a SOCIEDAD 1 los documentos fiscales necesarios que SOCIEDAD 1 pueda requerir para evitar la doble imposición. Deberán cumplirse todos los plazos de pago. Cualquier atraso de pago hará que corran, de pleno derecho, intereses de mora calculados a razón de tres veces el tipo de interés legal vigente a partir de la fecha de vencimiento y hasta el pago efectivo y total, sin perjuicio de cualesquiera daños y perjuicios y de la aplicación de la cláusula resolutoria incluida más adelante.

2.6.4. Derechos de verificación

El LICENCIADO se compromete a mantener una contabilidad analítica separada y detallada relativa a las ventas de los PRODUCTOS, así como estados de resumen de las existencias mensuales.

El LICENCIADO autoriza a SOCIEDAD 1 a proceder, en cualquier momento, a cualquier verificación contable y financiera mediante el delegado que escoja, dentro de sus propios locales, en relación con los PRODUCTOS, con el fin de verificar el adecuado cumplimiento de sus compromisos aquí adquiridos.

En caso de resultar, una vez efectuada la verificación, una diferencia superior a 5% (cinco por ciento) en perjuicio de SOCIEDAD 1 en relación con las cifras que hayan sido comunicadas por el LICENCIADO, éste último se compromete a reembolsar a primera solicitud todos los costos en que haya incurrido SOCIEDAD 1 para la ejecución de dicho control, así como todos los pagos complementarios relacionados, cuyo importe se incrementará automáticamente al triple de la suma debida, todo lo anterior sin perjuicio de cualquier derecho o acción por daños y perjuicios a que haya lugar.

2.7. PLAZO

El CONTRATO se celebra únicamente por el PLAZO determinado indicado en las CONDICIONES PARTICULARES, salvo el caso de rescisión anticipada en las condiciones definidas más adelante.

Por consiguiente, al vencimiento del plazo, el CONTRATO termina de pleno derecho, sin formalidad ni indemnización alguna a cargo de ninguna de las PARTES, salvo lo previsto en las disposiciones del artículo 2.9, más adelante.

2.8. RESCISIÓN ANTICIPADA

2.8.1. En caso de no respetarse cualquiera de los Artículos 2.1.2, 2.1.3., 2.1.4., 2.1.5., 2.2.1., 2.2.2., 2.3.2., 2.3.3., 2.3.4., 2.4.1., 2.5.1., 2.5.2., 2.6.1., 2.6.2., 2.6.3., 2.10 y/o 2.12.1, y/o para el LICENCIADO de no suministrar a SOCIEDAD 1 la Garantía de Pago prevista al artículo 1.7.2.2. de las CONDICIONES PARTICULARES dentro de un plazo de 20 (veinte) días a partir de la firma del CONTRATO, llegado el caso, éste podrá ser rescindido, de pleno derecho, si la PARTE perjudicada lo considera oportuno, 15 (quince) días después de haberse enviado un requerimiento de ejecución a la PARTE incumplidora mediante carta certificada con acuse de recibo, habiendo quedado sin efecto, total o parcialmente, dicho requerimiento en dicho plazo.

2.8.2. Si no cumpliese el LICENCIADO en proveer la GARANTÍA DE PAGO tal como previsto en el artículo 1.8.1.2. de las CONDICIONES PARTICULARES dentro de los veinte (20) días de la firma del CONTRATO, el mismo podrá ser rescindido, de pleno derecho, por SOCIEDAD 1 si la misma lo estimase oportuno, quince (15) días luego de la entrega al LICENCIADO de una notificación por carta certificada con acuse de recibo, si dicha notificación permanece sin efectos dentro del tiempo mencionado.

2.8.4. En caso de rescisión del CONTRATO por causa del LICENCIADO:

– el importe del Mínimo Garantizado de Royalties y de las Royalties debidas por el año de ejecución en curso por el LICENCIADO a SOCIEDAD 1 pertenecerá a esta última de pleno derecho, sea cual sea la fecha en que se produzca la terminación del CONTRATO; y

– Según en caso de contrato pluri ediciones, el importe del Mínimo Garantizado de Royalties debido por el año/edición que enseguida siga será abonable de inmediato a título de clausula penal,

Sea cual sea la fecha en que se produzca la terminación del CONTRATO y sin perjuicio de todos los demás daños y perjuicios a que haya lugar.

2.9. CONSECUENCIAS DE LA TERMINACIÓN DEL CONTRATO

2.9.1. Al término del CONTRATO, sea cual sea la causa, incluso por llegarse a la fecha de vencimiento, el LICENCIADO se obliga a suspender de inmediato la fabricación, la distribución de los PRODUCTOS y la utilización de la(s) MARCA(S), sea cual sea la manera y la forma, y deberá suministrar a SOCIEDAD 1 un estado certificado de las cifras de ventas de los PRODUCTOS hasta la fecha de terminación, en las mismas condiciones que se definen en las CONDICIONES PARTICULARES, y un estado certificado detallado de las existencias residuales que subsistan.

2.9.2. En caso de rescisión del CONTRATO por causa del LICENCIADO, las existencias residuales eventuales se entregarán gratuitamente y sin plazo alguno a SOCIEDAD 1, a costa de LICENCIADO, así como todos los documentos, artículos, soportes, en especial aquellos que lleven en todo o en parte alguna de la(s) MARCA(S) y/o que hagan referencia directa o indirectamente a dicha(s) MARCA(S), y/o serán destruidas a costa de LICENCIADO en presencia de SOCIEDAD 1 o de cualquier mandatario designado de común acuerdo por las PARTES.

2.9.3. En caso de terminación del CONTRATO por vencimiento del plazo, las existencias de PRODUCTOS en manos del LICENCIADO se mantendrán en su poder con el fin de ser comercializadas, quedando sin embargo claro que el LICENCIADO dispondrá de un plazo que no exceda tres (3) meses a partir de la fecha de rescisión del CONTRATO y, desde luego, sin que quepa reabastecimiento.

Al final del plazo indicado de tres (3) meses, el LICENCIADO deberá entregar un nuevo estado certificado de la cifra de las ventas efectuadas durante tal plazo, y un estado detallado certificado de la existencia residual que aún mantenga.

La existencia residual que mantenga será entregada gratuitamente y sin plazo alguno a SOCIEDAD 1 a costa del LICENCIADO, así como todos los documentos, artículos, soportes, en especial aquellos que, en todo o en parte, tengan alguna de la(s) MARCA(S) y/o que hagan referencia directa o indirectamente a dicha(s) MARCA(S), y/o serán destruidas a costa del LICENCIADO en presencia de SOCIEDAD 1 o de cualquier mandatario designado de común acuerdo por las PARTES.

2.10. INTUITU PERSONAE

2.10.1. Se deja constancia expresa que la persona del LICENCIADO constituye a ojos de SOCIEDAD 1 la garantía de su capacidad, y que ha sido determinante para que esta última conceda la presente licencia.

Por consiguiente, el presente CONTRATO es estrictamente personal en cuanto al LICENCIADO, y no puede ser objeto por parte de este último de transferencia o cesión alguna, así como tampoco de sub-licencia, sea cual sea su forma o sea cual sea el título, sin que medie el acuerdo escrito previo de SOCIEDAD 1

2.10.2. Sin embargo, el LICENCIADO tiene la facultad, si así lo desea, de hacer que se fabriquen para él los PRODUCTOS, con la salvedad de entregar a los subcontratistas los formularios de aprobación firmados por el fabricante tal como figuran en el Anexo 4 del CONTRATO, antes de iniciar la fabricación de los PRODUCTOS.

2.10.3. En todo caso, el LICENCIADO es solidariamente responsable con sus posibles subcontratistas por todas las obligaciones que le impone el presente CONTRATO, y será enteramente responsable de todas las acciones u omisiones de estos últimos, y de las consecuencias que de ellas resulten.

2.11. RELACIONES CONTRACTUALES

2.11.1. Queda claro que las relaciones contractuales que crea el presente CONTRATO entre SOCIEDAD 1, por una parte, y el LICENCIADO, por la otra, no son relaciones de mandante y mandatario o de agente comercial, ni tampoco relaciones de asociados, ni siquiera en participación, sino que constituyen claramente un contrato de concesión de licencia de marcas celebrado entre personas jurídicas independientes. Por consiguiente, ninguna de las PARTES y ninguno de sus agentes, mandatarios o representantes puede asumir compromiso alguno, expreso o tácito, por cuenta de la otra PARTE.

2.11.2. El LICENCIADO deberá ejercer los derechos que concede el presente CONTRATO por su propia cuenta y riesgo, durante todo el PLAZO de dicho CONTRATO, de conformidad con los requisitos y condiciones de este último.

2.12. CONFIDENCIALIDAD- DATOS PERSONALES

2.12.1 Las PARTES reconocen que el CONTRATO, sus anexos y cualquier documento que les sea entregado para la realización y/o la ejecución del CONTRATO, así como cualquier información sobre una de las dos PARTES de la que puedan tener conocimiento con motivo de la realización y/o ejecución del CONTRATO, tienen carácter confidencial. Las PARTES mantendrán la confidencialidad de cualquier información que tenga carácter confidencial y, para dicho efecto, impondrán todos los medios necesarios a su personal y/o cualquier persona implicada en la forma que sea, de manera permanente u ocasional. La obligación de confidencialidad no se aplica a la información conocida por las PARTES y sobre la que puedan demostrar haber tenido conocimiento de ella por sí mismas o por un tercero distinto de las PARTES antes de la fecha de firma del CONTRATO, que esté en el dominio público o cayera en él a lo largo de la ejecución del CONTRATO, salvo por acciones u omisiones de una de las PARTES, y/o del personal y/o de cualquier persona implicada en la forma que sea empleada, de manera permanente u ocasional. La obligación de confidencialidad sobrevivirá a la terminación o la rescisión del CONTRATO, cual sea la causa, mientras la Parte que la detiene tenga un interés en ello.

2.12.2 En caso de que datos personales sean adquiridos por una o la otra PARTE en el marco del cumplimiento del presente CONTRATO, las mismas se comprometen a respetar las disposiciones de la Ley Orgánica 3/2018 de 5 de Diciembre de 2018llamada "LOPD" y del Reglamento europeo 2016/679 del 27 de Abril de 2016 relativo a la protección de datos personales, y en particular la adquisición, la explotación, el almacenamiento y la destrucción de dichos datos.

Las PARTES se comprometen en particular:

– A haber establecido las medidas técnicas y de organización adaptadas contra la destrucción accidental o ilícita de datos personales que tratan o su pérdida accidental, alteración, divulgación no autorizada o ilegal;

– A informar a la otra PARTE, lo antes posible luego de ser informada de ello, de toda falla de seguridad que afecte la confidencialidad de dichos datos;

– A haber establecido los procesos de seguridad adecuados para evitar que personas no autorizadas puedan acceder a los datos personales o a su equipo de tratamiento y que las personas a las cuales autoriza el acceso a dichos datos personales estén en medida de respetar y mantener la confidencialidad y la seguridad de dichos datos;

– A no usar los datos personales más que dentro del marco autorizado por la ley arriba mencionada. En el marco del cumplimiento del presente CONTRATO:

Llegado el caso que el LICENCIADO trate datos adquiridos por el mismo y los comunique a SOCIEDAD 1 para el buen cumplimiento de operaciones marketing de SOCIEDAD 1, el LICENCIADO actuaría como. Encargado del tratamiento según el sentido de la reglamentación aplicable y asumirá todas sus obligaciones en particular de información previa a la adquisición y del respeto del derecho de las personas.

SOCIEDAD 1 también es susceptible de adquirir datos personales y de comunicarlos al LICENCIADO en el marco del cumplimiento de operaciones marketing o publicitarias. En caso de que SOCIEDAD 1 actúe como Encargada del tratamiento, SOCIEDAD 1 asumirá en dicha calidad todas sus obligaciones en particular de información previa a la adquisición y del respeto del derecho de las personas. En el marco de la puesta a disposición del LICENCIADO de datos personales adquiridos por SOCIEDAD 1, el LICENCIADO se compromete a tratar los datos en cuestión en las condiciones que fijará SOCIEDAD 1 caso por caso en particular en función de los consentimientos obtenidos por parte de las personas naturales consideradas.

Duración de la conservación de los datos personales mencionados: cada PARTE conservará copias por duplicados de los datos personales mencionados únicamente durante el periodo legal de conservación para según cada tipo de datos personales y luego procederá a destruirlos de forma segura, excepto si la otra PARTE lo solicita de lo contrario o si la ley lo exige de forma distinta.

2.13. REGISTRO

Cualquier portador de uno de los originales del presente documento goza del derecho de proceder, a su propia costa, a las formalidades de registro que sean necesarias ante el organismo de inscripción y registro de marcas competente.

2.14. VARIOS

2.14.1. Los títulos de los artículos del presente CONTRATO se han incluido en él simplemente para mayor facilidad y no afectan en manera alguna el sentido de las disposiciones a las cuales hacen referencia.

2.14.2. Se conviene expresamente entre las PARTES que el presente CONTRATO deja sin efecto alguno cualquier acuerdo, arreglo o contrato anterior, escrito o no, celebrado entre las PARTES y relacionado con el objeto del presente.

2.14.3. Cualesquiera convenciones excepcionales o complementarias del presente CONTRATO deben figurar por escrito.

2.14.4. Ninguna tolerancia que exista por parte de SOCIEDAD 1, aún repetida, podrá tenerse por renuncia de su parte a exigir cualquiera de las disposiciones del presente CONTRATO.

2.14.5. En caso de nulidad de cualquiera de las disposiciones del CONTRATO, las PARTES tratarán de convenir de buena fe de disposiciones equivalentes válidas; sea como sea, las demás disposiciones se mantendrán vigentes.

2.15. LITIGIOS

2.15.1. El presente CONTRATO está regido por todos sus aspectos por la legislación española.

Ha sido redactado en idioma español, que se considera, sea cual sea el caso, como el idioma único.

2.15.2. Cualquier desacuerdo entre las PARTES en relación con su validez, interpretación, ejecución y/o rescisión se someterá, por convenio expreso, a la competencia exclusiva del Tribunal de ...., aún en caso de demandas incidentales, o de garantía, o en caso de pluralidad de demandados.

Para la ejecución del presente, y para cualquier procedimiento que pueda ser su consecuencia, las PARTES eligen domicilio en su sede social indicada más arriba. Cualquier cambio será oponible a la otra parte solamente a partir del recibo de su notificación por carta recomendada con acuse de recibo

F076. CESIÓN DE DERECHOS DE IMAGEN

Normativa aplicable: *Arts. 42 y ss. Real Decreto Legislativo 1/1996, de 12 de abril, por el que se aprueba el texto refundido de la Ley de Propiedad Intelectual, regularizando, aclarando y armonizando las disposiciones legales vigentes sobre la materia.*

Muy Sres. Nuestros:

Por la presente les autorizo y cedo de forma totalmente gratuita los derechos necesarios para que .... pueda utilizar e incorporar en el programa de televisión "..........." (en lo sucesivo, el ".............") las imágenes que les entrego junto a esta carta (en adelante las "Imágenes").

En particular, autorizo a .... para que pueda incorporar y explotar, total o parcialmente, las Imágenes en el..........., y cedo los derechos que resulten necesarios de reproducción, distribución, comunicación pública, transformación y subtitulado, abarcando cualquier forma de explotación.

Reconozco, asimismo, a .... el derecho a llevar a cabo, por sí o por medio de terceros, para todo el mundo y por el plazo máximo de explotación previsto en la Ley de Propiedad Intelectual, la explotación y comercialización del PROGRAMA que incorpore dichas Imágenes en cualquiera de sus modalidades, (i) televisiva, a través de televisión analógica, digital, por cable, por satélite, TV de pago o codificada; (ii) a través de sistemas audiovisuales informáticos, Internet o de telefonía; (iii) videográfica (producción y distribución de videocasetes, DVD's mini-DVD, HDV, Blu-Ray); (iv) gráfica, que incluye la reproducción y distribución de imágenes en revistas, folletos, álbumes, colecciones, etc.; y (v) producción y venta de merchandising y productos derivados. Asimismo, reconozco a .... el derecho para que pueda modificar la forma de emisión del PROGRAMA que exija la programación, incluida la eliminación o adición de secuencias y la emisión de secuencias en otros programas que tengan por objeto la promoción del PROGRAMA, programas recopilatorios o del estilo "así se hizo" "videozapping".

Por último, les garantizo a .... que las Imágenes fueron tomadas lícitamente, con el consentimiento de las personas que en ellas figuran, y cuento con los derechos y autorizaciones necesarias para el uso y explotación arriba indicados. En consecuencia, me comprometo a mantener indemne a .... de cualquier reclamación de terceros derivad de la eventual infracción de derechos de propiedad intelectual sobre las referidas Imágenes o de los derechos de imagen de las personas que en ellas aparecen.

Sin otro particular, reciban un cordial saludo.

F077. CONTRATO DE CESIÓN DE DERECHOS DE IMAGEN Y PATROCINIO

Normativa aplicable: *Arts. 42 y ss. Real Decreto Legislativo 1/1996, de 12 de abril, por el que se aprueba el texto refundido de la Ley de Propiedad Intelectual, regularizando, aclarando y armonizando las disposiciones legales vigentes sobre la materia.*

En.........., a............

REUNIDOS

DE UNA PARTE,

D................, mayor de edad, con DNI..........., quien interviene en nombre y representación de la sociedad............., con CIF............, domiciliada en.........., inscrita en el Registro Mercantil de........., tomo........, folio......., hoja......., inscripción........, en su calidad de Director General según escritura de delegación de facultades, otorgada ante el Notario de ...., D.........., en fecha.........., con número .... de su protocolo. (En adelante,.......)

DE OTRA PARTE,

En su propio nombre y derecho, Doña............, mayor de edad, vecina de........, con DNI........... (En adelante,...........).

MANIFIESTAN

I. Que .... es una sociedad que tiene por objeto la comercialización y venta al por mayor de vehículos y repuestos de la marca .... en España. (En adelante, la Marca).

II. Que .... es una piloto con licencia federativa en vigor que se declara libre de todo compromiso relacionado con un objeto idéntico o similar al de la presente.

III. Que .... está interesada en utilizar la imagen de .... para fines publicitarios y promocionales y.........., en autorizar dicho uso a cambio de una retribución, en los términos y condiciones que más adelante se especifican.

IV. Que en consecuencia, las partes (en adelante, las "Partes") han convenido en formalizar el presente contrato de autorización de uso de imagen, conformidad con las siguientes,

ESTIPULACIONES

PRIMERA.– Objeto del contrato

Constituye el objeto del presente contrato la autorización por .... a.........., a cambio de una retribución, del uso de su imagen para fines publicitarios y promocionales de la Marca........, y por lo tanto, podrá utilizar la imagen de .... en los términos estipulados en el presente contrato durante el periodo contractual.

SEGUNDA.– Honorarios y forma de pago

Como consecuencia de la cesión de sus derechos de imagen, ... emitirá a .... una factura por un importe total de .... con el IVA correspondiente. Del importe de la misma se descontará el porcentaje de retención aplicable según la legislación vigente.

El pago se llevará a cabo previa la presentación de la correspondiente factura por parte de..........., bajo la modalidad de transferencia bancaria, en un plazo máximo de .... días desde la presentación de la correspondiente factura.

TERCERA.– Obligaciones de ....

.... se obliga a colaborar publicitariamente con .... en los términos siguientes:

a) .... se compromete a no promocionar productos o servicios que sean competencia directa de la Marca.

b) .... se compromete a participar en los eventos publicitarios que organice........., corriendo ...... con los gastos de desplazamiento, manutención y alojamiento de .... si fueran necesarios.

c) .... acepta no suscribir con terceros ningún otro contrato con empresas que puedan ser competencia directa de la Marca durante el periodo del contrato.

d) Al no tener .... la exclusividad de la imagen de......., ésta podrá autorizar el uso de su imagen a terceros, siempre que éstos no sean competidores directos de la Marca.

CUARTA.– Obligaciones de ....

a) .... vendrá obligada a pagar los honorarios en los términos y condiciones establecidos en la cláusula segunda.

b) .... se compromete a no desacreditar la reputación de ....

c) .... intentará aprovechar los medios de que disponga a fin de mejorar la imagen de ....

d) .... comunicará de forma fehaciente con al menos .... días de antelación la fecha, hora y lugar donde requiera la presencia de .... para el evento pactado.

QUINTA.– Duración

El presente contrato entrará en vigor el día.........., fecha en la cual será plenamente eficaz entre las partes y finalizará el día...............

SEXTA.– Cesión del derecho de imagen.

............, bajo los términos pactados en este contrato, reconoce a .... haber cedido sus derechos de imagen, por lo que en consecuencia, ésta autoriza a .... a explotar publicitariamente su imagen hasta el día...........

SÉPTIMA.– Autorización para el uso y explotación de la cesión de imagen.

La firma de este contrato conlleva la autorización a .... para la grabación total o parcial de la colaboración publicitaria de .... por medio de fotografías, vídeos, entrevistas, spots televisivos o eventos para darle un uso comercial, publicitario, etc. que consideren oportuno, sin derecho por su parte a recibir compensación económica adicional a la ya pactada en este contrato.

OCTAVA.– Causas de incumplimiento y resolución anticipada.

El incumplimiento por cualquiera de las partes de las obligaciones resultantes del presente contrato dará derecho a la parte que hubiere cumplido las suyas a exigir el cumplimiento de la obligación o a promover la resolución del contrato de acuerdo con lo dispuesto en el artículo 1124 del Código Civil.

Sin perjuicio de lo anterior se establece expresamente que el incumplimiento por parte de .... de las obligaciones previstas en los apartados b) y d) de la estipulación TERCERA, conllevará la obligación por parte de la misma de abonar a .... una penalización no sustitutiva de daños y perjuicios e intereses por un importe equivalente al precio recibido en virtud del presente contrato a la fecha en que hubiere cometido el incumplimiento.

El contrato se podrá resolver anticipadamente por las siguientes causas:

a) El incumplimiento por cualquiera de las Partes de las obligaciones esenciales asumidas por cada una de ellas en este contrato. Tendrán la consideración de obligación no esencial aquéllas que, no vulnerando la naturaleza y el espíritu de este contrato, pudieran subsanarse en el plazo máximo de un mes a computar desde la fecha del requerimiento efectuado al incumplidor por la Parte afectada por el incumplimiento.

b) El incumplimiento reiterado de una obligación no esencial o su no subsanación en el plazo establecido en el apartado anterior.

c) El mutuo acuerdo de las Partes, con los efectos que en el mismo se establezcan.

La resolución del contrato, cualquiera que sea su causa, requerirá que la parte que la decida, la notifique fehacientemente a la otra, con expresión de la causa que dé lugar a ella y ello en todo caso dejando a salvo la reclamación de daños y perjuicios que pueda corresponder a cualquiera de las partes.

NOVENA.– Notificaciones.

Todas las notificaciones y comunicaciones que procedan a efectos del presente contrato se harán por escrito, mediante cualquier medio con el que el remitente pueda acreditar su emisión al destinatario y su contenido, y se dirigirán a las direcciones que figuran en el encabezamiento de este documento.

A efectos de notificaciones, las Partes podrán variar sus direcciones, que han quedado indicadas en el encabezamiento, comunicándolo a la otra parte por escrito, en la forma indicada en el apartado anterior.

DÉCIMA.– Confidencialidad.

La existencia de este documento y su contenido tendrá el carácter de confidencial, no pudiéndose revelar, en relación con el mismo o su contenido, información alguna a terceros distintos de las Partes o sus abogados salvo que ello venga impuesto por ley o por otra obligación impuesta por autoridades administrativas o judiciales (i), o para dar cumplimiento a lo previsto en este Contrato (ii). De darse el supuesto (i), será necesario que exista un requerimiento previo de una autoridad competente (judicial o administrativa) y la Parte requerida habrá de informar previamente y por escrito a la otra parte de todos los extremos relativos a la información/documentación que va a facilitar a la citada autoridad.

Únicamente tendrá efectos liberatorios de esta obligación de confidencialidad el consentimiento expreso y escrito de la otra Parte. Dicha obligación de confidencialidad se extiende a cuanta información haya recibido cada Parte de las otras durante las negociaciones del presente.

UNDÉCIMA.– Acuerdo único.

Cuanto se recoge en este acuerdo sustituye a cualesquiera otros acuerdos o pactos sobre el mismo objeto que pudieran existir entre las Partes, verbales o escritos, que quedan sin valor o efecto a partir del día de hoy.

Carecerá de validez y eficacia cualquier modificación del presente que no se recoja por escrito.

DUODÉCIMA.– Inexistencia de renuncia.

El no ejercicio por una de las Partes de cualquier derecho o acción que le asistan en virtud de este acuerdo o la renuncia a exigir el cumplimiento de alguna de las obligaciones previstas en el mismo:

(i) no liberará a la otra Parte del cumplimiento íntegro de las restantes obligaciones contenidas en el presente; y (ii) no se entenderá como una renuncia a exigir en un futuro el cumplimiento de cualquier obligación o a ejercer derechos o acciones previstas en este acuerdo.

La dispensa, aplazamiento o renuncia a alguno de los derechos o acciones derivados del presente, o a una parte de las mismas, únicamente será vinculante si consta por escrito y podrá quedar sujeta a las condiciones que el otorgante de dicha dispensa, aplazamiento o renuncia considere oportunas.

DECIMOTERCERA.– Nulidad.

La posible declaración, por órgano judicial o administrativo, de ilegalidad, nulidad, invalidez o inexigibilidad de una o más cláusulas del presente o de parte de las mismas, no acarreará la ilegalidad, nulidad, invalidez o inexigibilidad de las demás cláusulas ni de las restantes partes de las mismas, las cuales permanecerán plenamente válidas en todo aquello que proceda, todo ello siempre que las cláusulas o parte de las mismas declaradas ilegales, nulas, inválidas o inexigibles no sean esenciales.

Las cláusulas o partes de las mismas declaradas ilegales, nulas, inválidas o no exigibles se entenderán eliminadas de este acuerdo o no aplicables en esa circunstancia, según los casos, y las Partes negociarán de buena fe su sustitución y las medidas que se adecuen en mayor medida a la finalidad pretendida por las mismas.

DECIMOCUARTA.– Protección de datos

En cumplimiento de lo dispuesto en la normativa vigente en materia de Protección de Datos de Carácter Personal, se informa a los intervinientes de que los datos personales que figuran en este Contrato y los que se deriven de la relación, serán tratados por ambas partes para la gestión de la relación contractual.

La base para el tratamiento de los datos es la correcta ejecución del contrato firmado entre las partes. Es necesario facilitar dichos datos pues en caso contrario no sería posible gestionar la relación contractual.

Los datos se conservarán mientras se mantenga le relación y no se solicite su supresión y en cualquier caso en cumplimiento de plazos legales de prescripción que le resulten de aplicación.

No se cederán datos a terceros, salvo obligación legal ni están previstas transferencias internacionales de dichos datos.

Los interesados pueden ejercitar sus derechos de acceso, rectificación, supresión, portabilidad y la limitación u oposición dirigiéndose por escrito a los domicilios de cada una de las partes que figuran en el encabezado del presente contrato.

Asimismo, los interesados tienen derecho a reclamar ante la Autoridad de Control (Agencia Española de Protección de Datos: www.agpd.es).

DECIMOQUINTA.– Jurisdicción

Las Partes, con renuncia expresa a cualquier otro fuero que les pudiera corresponder, se someten voluntariamente para la resolución de los conflictos que puedan surgir respecto a la interpretación o ejecución del mismo, a la jurisdicción de los Tribunales de la ciudad de ....

Y en prueba de conformidad, firman los comparecientes por triplicado ejemplar el presente contrato en la fecha y lugar indicados en el encabezamiento.

F078. CONTRATO DE CO-BRANDING

CONTRATO DE CO-BRANDING

En ...., a .... de ....

REUNIDOS

De una parte,

.................., con domicilio social en .... y CIF ...., representada por....................., mayor de edad, con domicilio profesional en ...., con D.N.I. número.................., en calidad de.............. de la citada sociedad, (en adelante también, "..............................")

De otra parte,

.... SA, con domicilio social en......................., con C.I.F. B-... .... representada por .... mayor de edad con D.N.I. número.............., en calidad de .... de la citada sociedad, (en adelante también, "**..............................**").

.... y............................ se denominarán colectivamente como las "**Partes**" e individual e indistintamente como una "**Parte**".

Las partes, reconociéndose plena capacidad para el otorgamiento del presente contrato, dan su conformidad al otorgamiento del mismo, y en la representación que ostentan

MANIFIESTAN

I................................ es una empresa que se dedica principalmente a la producción y comercialización de, entre otras, aceitunas de mesa, entre las que se encuentran, aceitunas rellenas de pasta de anchoa.

II................................ es única propietaria y legítima titular, entre otras, de la marca figurativa número................................ que se encuentra debidamente inscrita a su favor en la Oficina de Propiedad Intelectual de la Unión Europea cuyos datos identificativos se especifican en el **Anexo I** (en adelante también la "**Marca.............................**") siendo su representación gráfica la que sigue:

....

III................................ es una empresa que se dedica, entre otras actividades, a la producción de anchoas en salazón y filete de anchoas para su posterior comercialización a sus clientes.

IV................................, con la voluntad de mantener indemne a.............................., garantiza que es titular de la marca figurativa número.................... que se encuentra debidamente inscrita a su favor en la Oficina de Propiedad Intelectual de la Unión Europea cuyos datos identificativos se especifican en el **Anexo II** (en adelante también la "**Marca..............................**"), en el curso de su actividad utiliza los siguientes signos distintivos para distinguir sus productos y servicios (el "**Logo..............................**", o la **"Marca de..............................."**):

....

V................................ está interesado en incluir en su gama de productos una aceituna rellena de pasta de anchoa, a través de la utilización, dentro del proceso de fabricación y elaboración que le es propio, de anchoas suministradas por.............................. (en adelante también, el "**Producto**"), estando ambas Partes interesadas en que el Producto incorpore la Marca.............................. y el Logo.............................. actuando este último como sello de calidad del Producto titularidad de................................

VI. En consecuencia, ambas Partes tienen interés en colaborar en un proyecto de *co-branding*, consistente en la fabricación y posterior comercialización del Producto por parte de.............................. con la incorporación y coloración del Logo.............................., en los términos y condiciones del presente contrato.

VII................................ celebra este contrato con carácter *intuitu personae*, en consideración a las capacidades organizativas, las competencias técnicas y el prestigio profesional de................................ Por tanto, cualquier cambio que se produzca en.............................. de tales circunstancias será relevante para.............................. en relación con la continuidad o no de su relación contractual con................................

En virtud de lo anterior, las Partes acuerdan suscribir el presente **CONTRATO DE CO-BRANDING** (el "**Contrato**"), que se regirá por las siguientes:

CLÁUSULAS

1. Objeto

1.1. El objeto del presente Contrato es establecer los términos y condiciones bajo los cuales: (i) se fabricará el Producto por parte de..............................; (ii) se colocarán la Marca.............................. y el Logo.............................. en el Producto; (iii) se comercializará el Producto; y (iv) se retribuirá a.............................. por la licencia de uso del Logo................................

1.2. Las Partes pactan que:

(i).............................., únicamente durante la vigencia de este acuerdo, no podrá celebrar acuerdos con terceros para diseñar, fabricar, comercializar, distribuir o identificar productos idénticos o similares al Producto, en el ámbito territorial del Estado Español (territorio insular incluido), que incorporen la Marca.............................. ni el

Logo............................ sin contar con carácter previo, expreso y por escrito con la autorización de................................

1.3. La presente relación contractual entre las Partes tiene carácter mercantil. Las Partes declaran expresamente su condición de empresarios independientes, que en modo alguno se verá alterada por el presente Contrato. Ninguna relación de agencia, sociedad, alianza estratégica, o de empleo, se entenderá constituida o inferida en virtud de la existencia o del cumplimiento de los términos de este Contrato.

2. Fabricación del Producto

2.1............................... fabricará el Producto en sus instalaciones respetando el procedimiento habitual para esta tipología de productos, así como los estándares de calidad que les son característicos.

2.2.............................. colaborará con............................., en todo aquello que sea menester a requerimiento de............................, para que el Producto mantenga los estándares de calidad que vienen siendo reconocidos por el consumidor medio y el público general en favor de los productos de...............................

2.3. Aunque la fabricación del Producto corresponda en exclusiva a............................, así como la titularidad única de su invención, y cualesquiera derecho inherente al mismo, y/o derivado del mismo,............................ podrá aportar cuantas ideas, sugerencias o propuestas de modificación considere oportunas en relación con los diseños iniciales y/o los prototipos del Producto las cuales serán valoradas por parte de............................, pero en ningún caso quedará............................ vinculada por las referidas sugerencias o propuestas de...............................

2.4. Todos los gastos incurridos en la fabricación del Producto serán a cargo de...............................

3. Envoltorio del Producto

3.1. Las Partes deberán aprobar de mutuo acuerdo el lugar que ocupan la Marca............................ y el Logo............................ en el envase del Producto. En cualquier caso, las Partes convienen que la Marca............................ ocupe un lugar destacado en el Producto mientras que el Logo............................ tendrá un carácter secundario, apareciendo en un tamaño menor, actuando como sello de calidad del Producto.

En todo caso, y para mayor claridad se adjunta como ANEXO XXX el diseño de las partes acordado y consensuado expresamente entre las partes.

4. Comercialización del Producto

4.1. Las Partes convienen en hacer sus mejores esfuerzos para comercializar el Producto tan pronto como sea posible y, a más tardar, el.......................

4.2..............................., como único propietario del Producto, así como de cualesquiera derecho inherente y/o derivado del mismo, tendrá derecho a comercializar el Producto únicamente en el ámbito territorial del Estado de España (territorio insular incluido), y por cualquier canal de venta y/o distribución utilizando su red comercial sin limitación alguna de conformidad con su propia política comercial y de precios.

4.3. Ambas partes deberán hacer sus mejores esfuerzos para llegar a un acuerdo sobre el diseño e implementación de la política de marketing del Producto, si bien, en caso de discrepancia entre las partes, corresponderá a............................. la decisión sobre esta concreta cuestión.

4.4. La promoción del Producto será realizada, organizada, dirigida y supervisada exclusivamente por............................... En cualquier caso, la promoción del producto podrá ser llevada a cabo por............................ conjuntamente con............................., ello siempre que con carácter previo medie acuerdo expreso y por escrito entre ambas partes.

5. Garantías y obligaciones de............................

5.1..............................., con la voluntad de mantener indemne a............................ por la utilización de la Marca............................., garantiza que es titular de la Marca............................., de tal modo que no existe limitación alguna para la utilización de la Marca............................ en la comercialización del Producto de conformidad con lo pactado en el presente Contrato, asumiendo por tanto............................ la responsabilidad que pudiera, en su caso, devenir por la utilización de la referida Marca. De este modo,............................ exime de cualquier tipo de responsabilidad, de la clase o índole que fuere, a............................., por la utilización de la Marca...............................

5.2............................... garantiza que la Marca............................ está inscrita en la Oficina Española de Patentes y Marcas y/o en otras oficinas competentes, que se encuentra plenamente en vigor, no está incursa en causa de caducidad, es plenamente eficaz y oponible a terceros y se encuentra al corriente de pago de impuestos, tasas de renovación y cualquier otro tipo de exacciones que pudiera afectarle.

5.3. Sin perjuicio de las demás obligaciones previstas en otras cláusulas de este Contrato,............................ estará sujeto a las siguientes obligaciones:

(a)............................ no llevará a cabo ninguna acción que pudiera perjudicar a la Marca............................ ni el Logo............................., en particular, su reputación o la reputación del Producto o la de............................ y, en general, no realizará ninguna acción que pudiera impedir o hacer más difícil el ejercicio de los derechos otorgados a............................ en virtud de este Contrato.

(b)............................ adoptará las medidas oportunas para mantener vigente la Marca............................ durante la vigencia de este Contrato sin que ello suponga coste alguno para...............................

(c)............................ deberá mantener debidamente informado a............................ de cualquier hecho o circunstancia que llegara a su conocimiento y que pudiera afectar a la Marca............................ y, en general, al uso del Logo............................ por parte de...............................

6. Obligaciones de.............................

6.4. Sin perjuicio de las demás obligaciones previstas en otras cláusulas de este Contrato,.............................. estará sujeto a las siguientes obligaciones:

a) No utilizar el Logo.............................. para productos distintos al Producto sin autorización expresa de................................

b) Abonar a.............................. las cantidades que resulten en concepto de contraprestación.

c).............................. no llevará a cabo ninguna acción que pudiera perjudicar a la Marca.............................. ni el Logo.............................., en particular, su reputación o la reputación del Producto y, en general, no realizará ninguna acción que pudiera impedir o hacer más difícil el ejercicio de los derechos otorgados a.............................. en virtud de este Contrato.

d).............................. deberá mantener debidamente informado a.............................. de cualquier hecho o circunstancia que llegara a su conocimiento y que pudiera afectar a.............................. en virtud de las actuaciones derivadas del presente contrato.

7. Derechos de propiedad industrial e intelectual preexistentes y del Producto

Derechos preexistentes

7.5. Las Partes reconocen que los derechos de propiedad industrial e intelectual de la otra Parte pertenecen y pertenecerán en todo momento a dicha Parte y que este Contrato no le atribuye a ninguna Parte, más allá de lo expresamente pactado en este, derecho alguno sobre los signos distintivos de la otra Parte, ni sobre otras marcas, nombres de dominio y cualesquiera otros derechos de propiedad industrial o intelectual de la otra Parte.

Derechos del Producto

7.6................................ reconoce que todos los derechos de propiedad industrial e intelectual del Producto le pertenecen y pertenecerán en todo momento y en exclusiva a.............................., no atribuyendo el presente Contrato ningún derecho ni facultad de disposición a.............................. en relación con el Producto más allá de lo expresamente pactado en este mismo Contrato.

7.7. Serán igualmente titularidad exclusiva de.............................. todos los derechos sobre el Producto susceptibles de ser protegidos por patentes, modelos de utilidad, topografías de productos semiconductores, obtenciones vegetales, diseños industriales, marcas y otros signos distintivos, secretos industriales, comerciales o cualquier otra modalidad de conocimiento que tenga valor por su carácter secreto y, en general, sobre cualquier elemento del Producto que sea o pueda ser objeto de protección conforme a la normativa vigente o futura en materia de propiedad industrial.

7.8. La titularidad de.............................. sobre el Producto será en régimen de exclusiva (sin perjuicio de lo previsto en el presente Contrato) y sin ningún tipo de limitación temporal o territorial, es decir, abarcará todo el plazo de duración de los derechos que corresponda legalmente y a nivel mundial................................ podrá explotar tales derechos de la forma que estime conveniente, pudiendo cederlos, transmitirlos o licenciarlos a cualesquiera terceros, en régimen de exclusiva o no, sin necesidad de obtener el consentimiento de.............................. ni comunicarle dicha circunstancia.

7.9................................ deberá colaborar de buena fe para la efectividad de los derechos previstos en esta cláusula, y abstenerse de realizar cualquier conducta que pudiera impedir o hacer más difícil dicha efectividad. En particular, pero sin limitación,.............................. deberá, a solicitud de.............................., otorgar todos los acuerdos, certificaciones u otros instrumentos, o realizar cualesquiera otros actos, que.............................. considere necesarios o deseables para evidenciar, establecer, mantener, perfeccionar, proteger, registrar, hacer exigible o defender sus derechos, títulos o intereses en o sobre el Producto.

8. Contraprestación

8.1. Como contraprestación por el uso del Logo de.............................. sobre el Producto de conformidad con lo previsto en el presente Contrato,.............................. deberá satisfacer a.............................., con carácter trimestral (coincidiendo con los trimestres naturales), una cantidad al ....% de las ventas netas totales de Producto que.............................. realice durante esos tres meses.

8.2. A los efectos de determinar la retribución, se entenderá por ventas netas la suma total de las ventas del Producto obtenidas por.............................., una vez deducidos cualesquiera descuentos, rappels, comisiones, devoluciones, bonificaciones, el impuesto sobre el valor añadido (IVA) y, en general, cualquier impuesto que grave las ventas, así como el coste del transporte, seguros y fletes en la medida en que consten en la factura y sean asumidos por el comprador.

8.3................................ entregará a.............................. una declaración de las ventas de Producto realizadas durante el período facturable anterior, con objeto de que.............................. pueda verificar la corrección de las cantidades devengadas.

8.4................................ deberá efectuar el pago de la contraprestación variable dentro de los primeros quince (15) días del mes inmediatamente siguiente a aquel al que correspondan los importes devengados mediante transferencia bancaria a la cuenta bancaria que, a estos efectos, designe................................ Previamente al pago,.............................. deberá remitir la factura correspondiente a la contraprestación variable a................................

9. Duración

9.1. El presente Contrato tendrá una duración de .... (...............) años desde la fecha de su firma.

9.2. A partir de la fecha de finalización del periodo inicial de vigencia prevista en el párrafo anterior, el Contrato se renovará automáticamente por períodos sucesivos de ...., salvo que cualquiera de las Partes notifique por escrito a la otra su voluntad de dar el Contrato por finalizado con, al menos tres (3) meses de antelación a la expiración del período inicial o al de cualquiera de sus prórrogas.

10. Extinción del Contrato

10.1. El Contrato se extinguirá en los supuestos siguientes:

(a) Por el transcurso del plazo inicial de duración del Contrato estipulado en la cláusula anterior o por el transcurso del plazo de duración de cualquiera de sus prórrogas.

(b) Por mutuo acuerdo de las Partes formalizado por escrito.

(c) Por el incumplimiento sustancial o esencial por cualquiera de las Partes de alguna de las obligaciones establecidas en el Contrato, excepto cuando dicho incumplimiento fuese subsanable y se subsanase dentro de los quince (15) días siguientes a la fecha en que se notifique y requiera a la Parte incumplidora para su subsanación. Transcurrido dicho plazo sin que la Parte incumplidora proceda a la misma, la Parte no incumplidora podrá instar la terminación del Contrato remitiendo a la otra parte notificación fehaciente. El Contrato se considerará terminado a la fecha de notificación de la terminación, sin perjuicio del ejercicio de las acciones legales oportunas que la Parte no incumplidora decida llevar a cabo.

(d) Automáticamente y por la mera comunicación de............................., cuando se produzca cualquier cambio de control en............................. (en el sentido que se da a dicho término en el artículo 42 del Código de Comercio) que pueda afectar de algún modo a la capacidad económica o técnica de este y/o cuando su capacidad profesional o reputacional, a discreción de............................., perjudique a la Marca de............................. y/o a la del Producto................................ tiene el derecho a requerir a............................. en cualquier momento a que presente pruebas suficientes de que no se ha producido ningún cambio de control.

11. Consecuencias de la extinción

11.2. En el caso de que este Contrato finalice por cualquier motivo, cesarán y quedarán resueltos todos los derechos y obligaciones aquí contenidos, ello sin liberar a las Partes de ninguna de sus obligaciones ya originadas en virtud del Contrato. En particular,............................. deberá cesar inmediatamente en el uso del Logo............................., salvo en caso de atender obligaciones contractuales de fecha anterior a la extinción del Contrato cuyo incumplimiento pudiera conllevar cualquier perjuicio a................................

11.3. Sin perjuicio de lo anterior,............................. podrá continuar con la venta del Producto existente en su stock o en el de cualquiera de sus distribuidores durante un plazo máximo e improrrogable de seis (6) meses desde la extinción del Contrato.

12. Cesión

12.1. Ninguna de las partes podrá ceder los derechos y obligaciones resultantes de este Contrato sin el previo consentimiento por escrito de la otra parte.

13. Confidencialidad

13.1. En el marco del Contrato, las Partes pueden tener acceso a información confidencial de la otra Parte, entendida como cualquier información relativa a las Partes, a empresas de su grupo, o a demás personas o entidades relacionadas con actividades de las Partes, incluyendo, con carácter meramente enunciativo pero no limitativo, información societaria, técnica, de negocio, contable, financiera, programas o software, métodos, know-how, planos, dibujos, procesos, listas de clientes y proveedores presentes o potenciales (la "**Información Confidencial**").

13.2. Las Partes, salvo permiso expreso, previo y por escrito otorgado por la otra Parte, se obligan a mantener secreto y confidencial el Contrato, su objeto, términos y condiciones, así como la Información Confidencial. En particular, las Partes se obligan a no revelar ninguno de los aspectos de la Información Confidencial a ninguna persona distinta de aquellas que integren su órgano de administración o su alta dirección, o de quienes participen profesionalmente en condición de asesores de las Partes en materia jurídica, contable, financiera o de otra especialidad, a no ser que sea requerido para ello por cualquier órgano regulador, inspector o supervisor, o instancia judicial. Asimismo, las Partes se obligan a que sus directivos, empleados y asesores den cumplimiento a lo previsto en esta cláusula.

13.3. En el caso de que alguna de las Partes resulte legalmente obligada a hacer pública la totalidad o parte de la Información Confidencial, deberá:

(a) Notificar por escrito tal circunstancia a la otra Parte, a la mayor brevedad posible y, en todo caso, antes de la divulgación o entrega de la Información Confidencial, acompañando a dicha notificación copia de los documentos e información relevante para que las demás Partes puedan adoptar aquellas medidas que consideren apropiadas para proteger sus derechos y la Información Confidencial; y

(b) Determinar de mutuo acuerdo junto con las demás Partes el contenido de la Información Confidencial que sea legalmente necesario divulgar, excepto si este contenido viene fijado por decisión de la autoridad competente que requiera a la Parte en cuestión a suministrar tal información.

13.4. La obligación de confidencialidad prevista en esta cláusula será de aplicación incluso en caso de terminación del Contrato de manera indefinida exclusivamente en relación al uso y la divulgación de conocimientos técnicos que no sean de dominio público.

14. Información sobre el tratamiento de datos personales

14.1. Cada una de las Partes del Contrato, cuyos datos de identificación y domicilio de contacto constan en el encabezamiento, actuando de forma independiente como responsable del tratamiento, tratará los datos personales que constan en el Contrato relativos a las personas físicas que actúan en representación de las otras Partes o que intervienen en nombre propio.

14.2. La finalidad del tratamiento, así como su base jurídica, es el cumplimiento de los derechos y obligaciones derivados del Contrato. El tratamiento es estrictamente necesario para esta finalidad. No se tomarán decisiones automatizadas que puedan afectar a los interesados. Los datos se conservarán por todo el tiempo de vigencia del Contrato y por el tiempo necesario para cumplir con las obligaciones legales y contractuales relacionadas con la ejecución del Contrato. Los datos serán tratados únicamente por las Partes y por aquellos terceros a los que las Partes estén legal o contractualmente obligadas a comunicarlos.

14.3. Los interesados podrán ejercer los derechos de solicitar el acceso a sus datos personales, su rectificación o supresión, la limitación del tratamiento, la portabilidad de sus datos, así como su derecho a oponerse al tratamiento, dirigiendo una comunicación por escrito a la Parte en cuestión a la dirección especificada en el encabezamiento. Asimismo, podrán presentar una reclamación ante la Autoridad de protección de datos competente.

15. Notificaciones

15.1. Forma. Todas las comunicaciones y notificaciones que deban realizarse las Partes en virtud del Contrato o que estén relacionadas con el mismo deberán efectuarse por escrito, y mediante:

(a) entrega en mano con confirmación escrita de la recepción por la otra Parte;

(b) conducto notarial;

(c) burofax; o

(d) correo postal o electrónico, así como cualquier otro medio, siempre que en todos estos casos se deje constancia de su debida recepción por el destinatario o destinatarios.

15.2. Domicilio y destinatarios. Las comunicaciones y notificaciones entre las Partes deberán ser remitidas a los domicilios y a la atención de las personas que se indican en el encabezamiento.

15.3. Cambios. Cualquier modificación en los domicilios o personas a efectos de notificaciones deberá ser inmediatamente comunicada a la otra Parte de acuerdo con las reglas establecidas en esta cláusula. En tanto una Parte no haya recibido notificación de tales cambios, las notificaciones que ésta realice conforme a dichas reglas de acuerdo con los datos originarios se entenderán correctamente efectuadas.

16. Ley aplicable y jurisdicción

16.1. El presente Contrato se rige por el derecho español común.

16.2. Las Partes acuerdan someter toda cuestión litigiosa derivada o relacionada con este Contrato a los tribunales de ...., con renuncia expresa a su fuero propio, si otro les correspondiere.

Y en prueba de conformidad con cuanto antecede, las Partes firman el presente Contrato por duplicado y a un solo efecto en el lugar y fecha indicados en el encabezamiento.

F079. CONTRATO ANUNCIANTE-AGENCIA PUBLICIDAD

En ..., hoy día ... de ... de ...

REUNIDOS

De una parte, Don.......................con DNI...................., en nombre y representación de ...., con CIF.......................... y domicilio a los efectos del presente contrato en............................... (en adelante también "el Anunciante", o "el Cliente", o "..........................".

De otra parte, Don.......................con DNI...................., en nombre y representación de ...., con CIF.......................... y domicilio a los efectos del presente contrato en............................... (en adelante también "la Agencia".

EXPONEN

I.– Que el Anunciante y la Agencia han mantenido conversaciones previas a los efectos de alcanzar un acuerdo por el que la Agencia proceda a la prestación de sus servicios al Anunciante consistentes en..................................

En virtud de lo anterior, ambas partes, reconociéndose mutuamente capacidad suficiente para el otorgamiento de este acto, formalizan el presente Acuerdo con sujeción a las siguientes

CLÁUSULAS

PRIMERA.– Presupuestos previos

Todo trabajo, encargo o desarrollo que pudiera generar gastos para el Anunciante, y honorarios en favor de la Agencia, de la clase que sean, deberá ser objeto de un presupuesto previo acordado por las partes, de tal forma que no se asumirá ningún compromiso de gasto, por parte de la Agencia, ni se cobrará importe alguno al Anunciante por la prestación de sus servicios sin la autorización previa y por escrito del correspondiente presupuesto por parte del Cliente.

Es decir, cualquier prestación de servicios por parte de la Agencia deberá venir precedida necesariamente del correspondiente presupuesto, autorizado por el Anunciante expresamente y por escrito, en el que deberán figurar los honorarios a percibir por parte de la Agencia, así como los gastos, de la clase que fueran, que vaya a tener que asumir esta última con ocasión de los trabajos a desarrollar.

SEGUNDA.– Cooperación y Servicios Contratados

El Anunciante facilitará a la Agencia unos briefings claros y se encargará de que toda la información que le facilita a la Agencia, acerca de las características, contenidos y beneficios de sus productos sea veraz, para así adecuar la publicidad a las disposiciones legales.

Los servicios a prestar por parte de la Agencia al Anunciante, siempre que medie presupuesto previo autorizado por el Cliente en los términos establecidos en la Cláusula Primera, son los siguientes:

....

TERCERA.– Custodia del material y documentación. Confidencialidad

La Agencia se hará cargo de los materiales que el Anunciante le confíe. La Agencia, una vez finalizada la vigencia del presente contrato, procederá a la devolución al Anunciante de todo el material y documentación que éste le hubiera entregado durante la relación contractual.

CONFIDENCIALIDAD

I.– INFORMACIÓN CONFIDENCIAL

A los efectos previstos en este Acuerdo, por "Información Confidencial" se entenderá, a modo orientativo, pero no limitativo, la información a la que se hará referencia a continuación, ya sea transmitida de forma verbal, escrita o en soporte magnético o por cualquier otro medio electrónico y/o telemático, existente actualmente o que pueda crearse en el futuro, aunque sea de conocimiento o acceso público, en el marco de la relación entre ambas partes reseñada en el exponen I de este documento:

A) Información económica, financiera, comercial, estratégica y técnica, de cualquier clase. En este punto se incluye expresamente cualquier información relativa a volúmenes de venta o planes de negocio.

B) Información, del tipo que sea, relativa a los procesos de producción y fabricación, ya sea capacidad de producción, líneas de fabricación, costes de fabricación, entre otros.

C) Conocimientos y experiencias directamente vinculados al resultado y ejecución de la relación comercial entre las partes, así como cualquier análisis, recopilación, estudio, resumen, extracto o documentación de todo tipo elaborado por cualquiera de las partes o por ambas conjuntamente, en el desarrollo de su relación.

D) Cualquier tipo de conversación, reunión, negociación o acuerdo entre las partes, ya sea verbalmente o por escrito, así como su íntegro contenido.

En el supuesto de que, previamente a la celebración de este Acuerdo, se hubiera tenido acceso a información, ésta será considerada, a todos los efectos previstos en el presente documento, como Información Confidencial.

II.– OBLIGACIONES

La Agencia se obliga a:

A) Mantener cualquier información directa o indirectamente recibida de la entidad.........................., y los datos de carácter personal, con sujeción a la más estricta confidencialidad, accediendo a los datos de acuerdo con lo establecido en la normativa de protección de datos, y con independencia de que la misma sea publica, pues incluso en este caso quedará sujeta a la más estricta confidencialidad.

B) Usar la información solamente para el uso propio al que sea destinada y que se reseña en el exponen II de este documento, asumiendo la entidad .... la responsabilidad por todo uso distinto al mismo, realizado por ella o por sus empleados, a los que haya permitido el acceso a la información.

C) No alterar ningún distintivo referente a los derechos de propiedad o a la confidencialidad que pudieran estar incorporados a la información. La entidad .... podrá realizar copias de la información únicamente en la cantidad estrictamente necesaria para la finalidad mencionada y siempre que los citados distintivos sean colocados en todas las copias.

D) No realizar modificaciones o alteraciones, ya sean totales o parciales, en el contenido de la información ni en el de las copias autorizadas que, conforme a lo previsto en el número anterior, hubiese obtenido válidamente.

E) Tratar la información confidencial recibida con el mismo grado de cuidado y atención con que protegería su propia información confidencial.

F) Mantener en secreto, tanto la información como el contenido de cualquier actuación que las Partes puedan desarrollar en relación con el proceso reseñado en el exponen II de este documento.

G) Restringir la utilización de la información exclusivamente para aquellos empleados, colaboradores y/o profesionales de ...... que tengan necesidad de conocerla a los efectos de lo reseñado en el exponen II de este documento, y advertir a dichos empleados, colaboradores y/o profesionales de sus obligaciones respecto a la confidencialidad, velando por el cumplimiento de la misma y respondiendo frente a la otra parte de las posibles infracciones al presente contrato que dichos empleados puedan provocar.

H) No realizar ninguna actuación que vulnere los derechos de propiedad intelectual e/o industrial por los que pudiera estar amparada la información.

I) En general, abstenerse de realizar cualquier actuación que pudiera poner en peligro o disminuir el valor de la información tratada o de la propia compañía.

J) A primer requerimiento de.......................... y en cualquier caso a la finalización del proceso reseñado en el exponen II, la entidad.................devolverá a.......................... en el plazo de treinta días la Información Confidencial suministrada y borrará o destruirá cualquier copia de la misma que hubiese sido realizada, certificando dicho extremo a requerimiento de.......................... de acuerdo con la solicitud expresa que esta última le realice, sin que pueda ser revelada o utilizada. Así mismo, cualquier información así como las conversaciones, reuniones y/o conversaciones mantenidas entre las partes, y su íntegro contenido, deberán mantenerse estrictamente confidenciales, indefinidamente, sin que las mismas puedan ser reveladas o utilizadas para ningún fin.

K) Si en algún momento la entidad......................., receptora de la información confidencial descubriera que alguno o algunos de sus empleados o una tercera persona ha tenido acceso o ha revelado información confidencial que se hallaba bajo su posesión y sujeta a este documento, lo comunicará inmediatamente a.......................... y tomará todas las medidas posibles para minimizar el efecto de la divulgación y para evitar futuras divulgaciones, sin perjuicio de la responsabilidad en que haya podido incurrir.

L) Las disposiciones contenidas en el presente contrato no suponen cesión o transferencia de derecho alguno. Toda Información revelada con arreglo al presente continuará siendo de la propiedad de............................

M) Cualquier tipo de obligación entre las partes que transcienda del ámbito del presente contrato, necesitará un nuevo acuerdo escrito entre las mismas.

N) La entidad................. se obliga a que sus trabajadores, colaboradores y/o profesionales firmen el oportuno acuerdo de confidencialidad y de protección de datos respecto a los datos y demás información que les suministre o vayan conociendo como consecuencia de lo reseñado en el exponen II de este documento.

III.– DURACIÓN

Las disposiciones del presente acuerdo relativas a las obligaciones de confidencialidad permanecerán en vigor de forma indefinida, incluso con posterioridad a la finalización de la relación reseñada en el exponen I de este documento

CUARTA. Cesión del contrato

El presente contrato no podrá ser objeto de cesión a terceros, ello salvo que el Anunciante así lo autorice a la Agencia de forma expresa y por escrito.

QUINTA.– Incumplimiento

Será derecho de cualquiera de las partes, resolver el presente contrato en cualquier momento y sin necesidad de aviso previo, en caso de que la parte contraria incumpla cualquiera de las obligaciones establecidas en el mismo, siendo esenciales todas y cada una de las cláusulas contenidas en el presente contrato.

SEXTA.– Responsabilidad

La Agencia se compromete a vigilar que ningún trabajo entregado con arreglo al presente contrato infrinja los derechos de terceros en particular los de autor y los derechos a la propia imagen o las leyes en vigor, asumiendo expresamente la Agencia cualquier responsabilidad, de la clase que fuere, por cualquier infracción de los derechos de terceros o las leyes de aplicación en vigor, eximiendo por tanto de cualquier responsabilidad al Anunciante.

SÉPTIMA.– Carácter personal del contrato

En virtud del carácter personal del presente acuerdo, ambas partes se comprometen a informarse inmediatamente de todos los cambios que se produzcan en sus accionariados (fusiones, absorciones, etc.) que implique perjuicio o menoscabo de alguna de las obligaciones nacidas del presente contrato, especialmente si dichos cambios tienen relación con personas o empresas competidoras de cualquiera de las partes.

OCTAVA.– Auditoría

La Agencia reconoce derecho al Anunciante para examinar en sus locales, por medio de auditores propios de la organización del Anunciante y/o externos, la documentación que permita verificar el cumplimiento de las obligaciones definidas en el presente contrato. A tal fin, la Agencia pondrá a disposición de los auditores la información y documentación que pudiera contribuir a la verificación de las mencionadas obligaciones.

La Agencia no tendrá obligación de facilitar a los auditores del Anunciante, la documentación que pudiera vulnerar su obligación de confidencialidad para con otros anunciantes.

NOVENA.– Duración y extinción del contrato

El presente contrato entrará en vigor a partir de la fecha de la firma del presente contrato y se prolongará durante un plazo mínimo de doce meses. El Anunciante podrá rescindir el presente contrato durante los doce primeros meses, pero vendrá en la obligación de abonar a la Agencia los honorarios y gastos que se hubieran pactado en el correspondiente presupuesto de conformidad con lo dispuesto en la Cláusula Primera del presente contrato.

Transcurrido este plazo de doce meses el contrato se entenderá renovado automáticamente por periodos iguales, de no mediar un preaviso en sentido contrario, remitido de forma fehaciente con sesenta (60) días de antelación al vencimiento, a instancia de la parte que desee dar el mismo por rescindido.

Durante el periodo de preaviso, se mantendrán en su totalidad, las obligaciones de ambas partes.

DÉCIMA.– Efectos de la resolución

Terminado el periodo de preaviso, la resolución del contrato, producirá todos sus efectos, obligándose las partes al pago de todas las cantidades pendientes derivadas del contrato y de su vigencia.

DECIMOPRIMERA.– Jurisdicción

Las partes intervinientes renuncian expresamente a cualquier fuero que pudiera corresponderles, sometiéndose voluntariamente a la competencia de los Tribunales de ....

DECIMOSEGUNDA.– Utilización y uso del correo electrónico Internet

El Anunciante autoriza a la Agencia a enviarle todo tipo de correspondencia, incluyendo informes, cartas o comunicaciones de cualquier naturaleza que sean objeto de los servicios de la Agencia, así como a remitir cualquier tipo de información por vía de correo electrónico en cualquiera de sus modalidades.

Asimismo, cualquier orden, construcción o encargo de servicios que el Anunciante realice de forma inequívoca y expresa a la Agencia por vía de correo electrónico en cualquiera de sus modalidades, será válida y motiva todos sus efectos.

DECIMOTERCERA.– Servicios no incluidos

– Marketing directo.

– Actividades interactivas de los medios.

– Consejos sobre responsabilidad o proyectos de contribución corporativas.

– Actividades de RRPP.

– Las comunicaciones internas y los planes de motivación.

Y en virtud de lo anterior, las Partes firman el presente Acuerdo, en el lugar y fecha arriba indicados.

El Anunciante *La Agencia*

F080. CONTRATO DISCOGRÁFICO

Normativa aplicable: *Arts. 58 y ss. Real Decreto Legislativo 1/1996, de 12 de abril, por el que se aprueba el texto refundido de la Ley de Propiedad Intelectual, regularizando, aclarando y armonizando las disposiciones legales vigentes sobre la materia.*

En ....., a .. de ....

REUNIDOS

De una parte .... con domicilio social en............., que se denominará en adelante LA COMPAÑÍA y representada en este acto por ....

Y de otra parte .... con NIF .... y domicilio en .... que se denominará en adelante EL ARTISTA.

INTERVIENEN

D. .... en la mencionada representación de la sociedad ...., y ...., actuando en su propio nombre y derecho, y siendo en adelante denominados EL ARTISTA.

Dicho ARTISTA es conocido artísticamente como ....

Ambas partes, reconociéndose mutuamente capacidad suficiente para la firma del presente contrato, acuerdan llevarlo a cabo, con arreglo a las siguientes

ANTECEDENTES

PRIMERO.– EL ARTISTA forma parte del conjunto musical................, conjunto musical que tiene a su vez en vigor contrato de exclusividad artística con LA COMPAÑÍA, contrato de fecha ...., para la fijación y explotación en exclusiva de las interpretaciones de los miembros de dicho conjunto musical.

SEGUNDO.– Sin perjuicio de que el contrato citado en el antecedente anterior ya vincula con carácter exclusivo, tanto individualmente como formando parte de cualquier grupo, conjunto o colectivo musical, a EL ARTISTA con LA COMPAÑÍA, las partes han decidido regular de forma específica las obligaciones de cada parte en lo relativo a las grabaciones individuales de EL ARTISTA en la forma que sigue.

CLÁUSULAS

I.– OBJETO DEL CONTRATO

a) En virtud del presente contrato de arrendamiento de servicios EL ARTISTA (individualmente o formando parte de cualquier grupo o conjunto) arrienda de forma exclusiva en la duración y términos que se especificarán más adelante, a favor de LA COMPAÑÍA sus servicios como intérprete vocal o instrumental en grabaciones y registros sonoros, destinados a su reproducción o publicación por cuantos procedimientos sonoros existan en la actualidad o puedan existir en el futuro, tales como Discos Fonográficos, Musicassettes, Compact Disc, DCC (Digital Compact Cassette), Minidisc, Disco Numérico o cualquier otro sistema de reproducción sonora así como cualquier sistema de acoplamiento de imagen al sonido (sistemas audiovisuales) tales como Videoscopios, Videocassettes, Videodiscos, Laser Disc, DVD (Digital Video Disc), CD-I, CD-ROM, CD-Plus y otros procedimientos similares, ya utilicen soportes físicos o electrónicos, destinados a la explotación comercial. Esta relación es meramente enunciativa y no limitativa. Queda incluida dentro de las modalidades de explotación que LA COMPAÑÍA podrá emprender con las grabaciones objeto de este contrato, la explotación on-line en sus diversas formas, tanto mera comunicación pública, como puesta a disposición, distribución, etc., y bajo cualquier sistema actual o futuro que opere en Internet (entre ellos, de forma enunciativa, Downloading y streaming).

b) Para el buen fin de dicho objeto, EL ARTISTA, que se declara libre de cualquier otro compromiso, obligación o gravamen que pudiera impedirle lo aquí pactado, accederá cuando ello fuere preciso a que se proceda a las tomas necesarias tanto de vídeo como de sonido.

c) Todos estos derechos son concedidos a LA COMPAÑÍA tanto para España como para el resto del mundo, bien sea para su explotación de una forma directa, o a través de sus representantes, concesionarios o licenciados.

d) En aquellos supuestos en que EL ARTISTA sea autor o coautor de cualquier música o letra que sea grabada o registrada de cualquier forma en virtud del presente contrato, EL ARTISTA se compromete a editar tales obras musicales por medio de EDICIONES............ u otra que LA COMPAÑÍA designe, en las condiciones normales y acostumbradas en este tipo de contratos y siendo la participación del ...% para EL ARTISTA y el ...% para dicha editorial. En estos mismos casos, EL ARTISTA autoriza a LA COMPAÑÍA durante todo el plazo de la vigencia del Copyright, para fabricar, distribuir, ceder, vender y modificar todas las grabaciones que se realicen derivadas del presente contrato y lo mismo respecto de los vídeos y filmes que igualmente se lleven a cabo y ello por medio de Discos Fonográficos, Musicassettes, Compact Disc, DCC, Videocassettes, Videodisco, Laser Disc, etc., y en general con cualquier clase de formato actual o futuro. Esa autorización se extiende a la reproducción, comunicación pública y sincronización en cualquier medio de las citadas grabaciones, filmes y vídeos (requiriéndose, no obstante lo anterior, el consentimiento expreso de EL ARTISTA para la modificación de las grabaciones originales que se realicen al amparo del presente contrato, así como para la sincronización de las mismas en medios diferentes de películas cinematográficas). LA COMPAÑÍA, a través de la pertinente sociedad de gestión, satisfará los derechos de autor que a esta corresponda satisfacer según la legalidad vigente.

II.– DURACIÓN DEL CONTRATO

a) El presente contrato entrará en vigor el día de la fecha y tendrá una duración inicial de un año (periodo inicial).

b) EL ARTISTA concede a LA COMPAÑÍA .... opciones consecutivas y separadas, cada una de ellas por una duración de un año (períodos opcionales). Cada opción se entenderá tácitamente ejercitada por LA COMPAÑÍA siempre y cuando el contrato no sea denunciado por la misma, bien durante los .... meses siguientes a la terminación del período inicial o al de cada una de las opciones respecto de las sucesivas.

c) Durante el plazo de .... meses a partir de la finalización del presente contrato, LA COMPAÑÍA gozará del derecho de tanteo, y en su caso del de retracto, respecto de los futuros contratos que EL ARTISTA pretenda celebrar con cualquier tercero. Para el ejercicio por LA COMPAÑÍA de estos derechos, EL ARTISTA le notificará, en forma fehaciente, la persona, el período y las condiciones en que pretende realizar el nuevo contrato.

LA COMPAÑÍA tendrá un derecho de contratación preferente en igualdad de condiciones durante el plazo de .... días contado a partir de la recepción de la notificación fehaciente. Pasado éste sin que LA COMPAÑÍA haya hecho uso de su derecho, EL ARTISTA podrá libremente contratar con dicho tercero.

LA COMPAÑÍA gozará de un derecho de retracto para el supuesto de que el contrato celebrado por EL ARTISTA con dicho tercero se realice con persona distinta, por precio o en condiciones diferentes a las mencionadas fehacientemente. LA COMPAÑÍA ejercitará este derecho durante el plazo de .... días, a contar desde la fecha en que tenga conocimiento de dicha diferencia de persona, precio y/o condiciones.

III.- COMPROMISO DE GRABACIÓN

a) Durante el período inicial, EL ARTISTA se obliga a grabar un mínimo de .... disco de larga duración, entendiendo que dicho disco debe contener, al menos, ... canciones originales e inéditas obra (autoría) de EL ARTISTA.

b) Durante cada uno de los períodos opcionales EL ARTISTA se obliga a grabar por período un mínimo de un disco de larga duración, definido en los términos antes mencionados.

c) En el supuesto caso de que llegado el término del presente contrato no se hubiese cumplido el mínimo de registros acordados por causa no justificada por parte de LA COMPAÑÍA, y dentro de los ..... primeros meses, EL ARTISTA podrá a petición escrita fehaciente, solicitar el cumplimiento de los registros pendientes. LA COMPAÑÍA tendrá el plazo de .. mes después de la recepción de esta petición, para decidir si desea o no realizar tal grabación bajo las condiciones aquí descritas. Transcurrido dicho plazo, y si EL ARTISTA no hubiese recibido contestación por parte de LA COMPAÑÍA, o si esta hubiese sido negativa, la obligación de grabación en exclusiva prevista en el presente contrato quedará sin efecto.

d) En los restantes casos, donde las grabaciones sujetas al presente contrato no se hayan cumplimentado, y salvo que LA COMPAÑÍA decida lo contrario, el período de este acuerdo será extendido hasta el día en que todas las grabaciones pendientes se hayan realizado.

Dentro de los .... meses siguientes a la fecha de terminación, LA COMPAÑÍA notificará por escrito a EL ARTISTA si decide o no extender el período de contrato. En caso de prórroga, LA COMPAÑÍA se compromete a cumplir las grabaciones pendientes dentro de un tiempo razonable. En el supuesto de que no se produzcan en dicho plazo las notificaciones mencionadas, el contrato se entenderá tácitamente prorrogado hasta cumplir las grabaciones pendientes.

IV.– OTROS COMPROMISOS DE EL ARTISTA

EL ARTISTA ya sea formando parte de un grupo conjunto, o bien individualmente, se compromete a:

a) Durante la vigencia de este contrato no participar, bien bajo su nombre o bajo seudónimo, en cualquier grabación de registros sonoros y/o visuales, por cuenta de o para cualquier otra entidad o persona distinta a LA COMPAÑÍA, salvo en aquellos casos en que ésta conceda su autorización por escrito. En caso de incumplimiento de esta cláusula EL ARTISTA perderá todos los derechos económicos que este contrato le otorga, sin perjuicio de que LA COMPAÑÍA haga uso de las acciones que la ley señale para el caso.

b) Durante la vigencia de este contrato, no autorizar el uso de su nombre, imagen o cualquier otro medio de identificación con el propósito de distribuir, vender, anunciar o explotar grabaciones que no pertenezcan a LA COMPAÑÍA. EL ARTISTA cede a LA COMPAÑÍA los derechos sobre su imagen para su comercialización en el contexto de este contrato, autorizándole a que ejercite las oportunas acciones legales en caso de utilización indebida de la misma por parte de terceros.

c) No realizar registros para cualquier otra compañía, persona o entidad dedicada a una actividad similar a la de LA COMPAÑÍA de aquellas obras que hubiesen grabado durante la vigencia de este contrato, mientras no hayan transcurrido .... años desde la finalización del presente contrato.

d) Durante la vigencia de este contrato, no participar, ni tener ningún compromiso de una forma directa o indirecta en ninguna actividad que pueda tener conflicto de intereses con la industria del disco o del vídeo ni por consiguiente en publicidad de cintas vírgenes. EL ARTISTA se compromete a cooperar con LA COMPAÑÍA en cuantas acciones ésta entable para combatir y reprimir toda grabación o copia de grabación ilícita de las interpretaciones de EL ARTISTA.

e) Informar inmediatamente a LA COMPAÑÍA sobre sus conciertos, galas y tours. Asimismo, en la medida que sea posible, interpretar los registros sujetos al presente contrato.

f) Proporcionar a LA COMPAÑÍA con carácter previo a cada grabación y con la suficiente antelación los datos de información de etiqueta a fin de posibilitar la inclusión de las oportunas menciones de los títulos, autores etc. en la carátula del disco.

V.– DERECHOS DE LA COMPAÑÍA

a) LA COMPAÑÍA obtiene el derecho exclusivo de propiedad con carácter definitivo sobre los registros sonoros y/o visuales de EL ARTISTA derivados del presente contrato en el mundo entero, y correspondiéndole sobre los mismos la condición de productor de fonogramas y/o grabaciones audiovisuales, con toda la amplitud que a tal condición confiere la vigente Ley de Propiedad Intelectual así como los tratados y disposiciones internacionales aplicables. Corresponde a LA COMPAÑÍA el derecho exclusivo de fijación de interpretaciones de EL ARTISTA, de reproducción, distribución, comunicación al público, puesta a disposición del público, transformación de tales interpretaciones fijadas (requiriéndose no obstante el acuerdo de EL ARTISTA para la realización de remezclas sobre grabaciones preexistentes), con la extensión suficiente para la fabricación, distribución —ya sea mediante copias físicas y/o electrónicas de los registros sonoros y/o visuales objeto del presente contrato— venta, radiación, fragmentación, ejecución pública, cesión, etc., sobre los citados registros, pudiendo, con entera libertad, hacer los acoplamientos que estime convenientes tanto en grabaciones de EL ARTISTA como con las de terceros, hacer compilaciones, etc.

Dentro de los derechos a los que se alude se encuentra la explotación on-line de las grabaciones que se realicen al amparo del presente contrato, entendiendo como explotación on-line la comercialización de las mismas a través de Internet o cualquier otro sistema de transmisión electrónica similar que pueda crearse en el futuro, y a través de cualquiera de los medios existentes en la actualidad o creados en el futuro para dicho tipo de explotación. LA COMPAÑÍA podrá por lo tanto comercializar las grabaciones bajo cualquier sistema (entre otros específicamente aquellos conocidos como streaming y down loading), y, en definitiva, ejercitar cualquier derecho de explotación reconocido y reconocible al productor fonográfico por la legislación española, europea, y por los tratados internacionales vigentes en la materia.

Para la grabación, reproducción, y publicación de los aludidos registros, LA COMPAÑÍA podrá utilizar cualquier medio de grabación o reproducción que exista en la actualidad o en el futuro, bien reproduzca sonido, o imagen y sonido de forma simultánea.

b) LA COMPAÑÍA obtiene el derecho de usar y de permitir a otros usar el nombre de EL ARTISTA (incluido cualquier nombre profesional adoptado), fotografías, imagen, material biográfico etc. con fines de publicidad, promoción, y comercio, siendo lo anterior aplicable a la explotación on-line, pudiendo LA COMPAÑÍA utilizar nombre, fotografías, imagen, material biográfico, etc., del artista, en páginas web controladas por LA COMPAÑÍA, sus afiliadas o licenciatarias, incluso utilizar el nombre de EL ARTISTA para denominar cualquier dominio controlado por LA COMPAÑÍA, todo ello en relación al objeto del presente contrato y siempre que no se menoscabe el derecho moral inherente a su condición de Artista.

EL ARTISTA se obliga a colaborar al máximo con LA COMPAÑÍA para desarrollar sus actividades artísticas ante el público, radio, televisión etc., de acuerdo con los planes promocionales establecidos por LA COMPAÑÍA. En caso de que EL ARTISTA no acudiera a algún acto o entrevista promocional, previamente acordada por LA COMPAÑÍA, sin la debida justificación, que deberá ser comunicada con antelación suficiente, LA COMPAÑÍA podrá dar por incumplido el presente contrato, con aplicación de las consecuencias previstas en el mismo, sin perjuicio del ejercicio de las acciones legales que considere oportunas.

En la realización de cualquier actividad promocional que requiera la presencia física de EL ARTISTA, será necesario el acuerdo de ambas partes, haciéndose cargo LA COM-

PAÑÍA de los gastos de desplazamiento de LOS ARTISTAS desde su lugar habitual de residencia, manutención y estancia en Hotel, como mínimo de .... estrellas, en régimen de alojamiento y desayuno. Cualquier otro gasto (teléfono, consumiciones, mini-bar etc...) deberá ser pagado por EL ARTISTA, pudiendo ser deducido de sus liquidaciones de royalties. Los desplazamientos en avión serán realizados en categoría preferente.

Ambas partes, de mutuo acuerdo, decidirán la necesidad de usar un estilista en la realización de cualquier actividad promocional y, en caso afirmativo, LA COMPAÑÍA correrá con los gastos del mismo.

c) EL ARTISTA estará a disposición de LA COMPAÑÍA para cumplir con los compromisos por ésta adquiridos con cualquier tercero para la promoción de las grabaciones objeto del presente contrato por un tiempo razonable desde la edición de cada uno de los discos que se editen al amparo del mismo.

d) LA COMPAÑÍA obtiene el derecho de comercializar los registros objeto del presente contrato bajo cualquier nombre, marca o sello que LA COMPAÑÍA o sus subsidiarios, afiliados o licenciados puedan elegir.

e) LA COMPAÑÍA y EL ARTISTA decidirán de mutuo acuerdo las siguientes cuestiones:

- Fijación de la fecha y el lugar en el que se realizará cada grabación fonográfica.
- Elección de los productores musicales-realizadores de cada grabación.
- Elección de las composiciones que serán fijadas.
- Elección de las fotografías o diseños que se utilicen en las cubiertas de los discos que se graben al amparo del presente contrato.

Sin embargo, será decisión exclusiva de LA COMPAÑÍA la obtención de la calidad técnica, artística y comercial de cada grabación.

Todo ello dentro de los presupuestos que LA COMPAÑÍA, según su criterio y a su única elección, decida.

f) La calidad de las grabaciones realizadas deberá ser objetivamente acorde con los medios materiales y económicos puestos por LA COMPAÑÍA al alcance de EL ARTISTA. En el caso de que LA COMPAÑÍA así lo decida, EL ARTISTA realizará nuevas tomas de sonido y/o vídeo hasta lograr un resultado plenamente satisfactorio para ambas partes.

g) En caso de que después de haber sido fijada una fecha para la grabación, EL ARTISTA no acudiera sin motivo justificado, en la fecha y hora previstas, LA COMPAÑÍA descontará a EL ARTISTA la cantidad necesaria para satisfacer los perjuicios ocasionados, tales como alquiler de estudio, músicos, etc., salvo que EL ARTISTA realice el pertinente aviso con al menos .... días de antelación.

h) LA COMPAÑÍA queda facultada para tomar las iniciativas pertinentes a la fabricación y venta de cualquier forma de registros interpretados por EL ARTISTA, sin limitación alguna y para todos los países del mundo. Igualmente es competencia de LA COMPAÑÍA todo cuanto se relaciona con la producción, establecimiento de precios y forma de distribución.

VI.– DERECHOS DE EL ARTISTA: ROYALTIES

a) Por su prestación artística EL ARTISTA percibirá en concepto de remuneración un canon o Royalty, calculado sobre la base especificada en el punto d), consistente en:

- Un ....% (.......), desde la primera copia vendida hasta la ......
- Un ....% (.......), desde la copia ...... vendida hasta la ......
- Un ....% (.......), desde la copia .... vendida en adelante.

El anterior royalty se reducirá en un .....% en el supuesto de ventas realizadas sobre formatos digitales de tecnología conocida en el momento de la firma de este contrato pero no utilizada aún para la distribución de fonogramas y/o videogramas, o cuya tecnología sea en la fecha presente aún desconocida.

b) Este porcentaje se reducirá un ....% en los siguientes casos:

1. Ventas realizadas a través de clubes de discos.

2. Ventas de soportes anunciados en campañas de TV, si la campaña de TV correspondiente se llevase a cabo transcurridos ...... meses desde la edición de tales soportes y para la venta que se produzca desde .... días hábiles antes del inicio de la campaña hasta pasados .... meses de la finalización de dicha campaña.

No obstante lo anterior, si alguno de los títulos es editado en soportes acoplado con otros de otros artistas, sí estará afectado por la reducción especificada dentro de los doce meses posteriores a la edición de tales soportes.

3. Ventas de soportes incluidos en categorías de precio inferiores en un ....% al precio ordinario.

4. Ventas realizadas sobre soportes conocidos como single o maxi-single, cualquiera que sea su soporte físico.

5. Ventas de productos audiovisuales, Videodisco, Videocassette, Videoscopio, Laser Disc, etc (excluyendo el DVD Video).

6. Ventas on line o a través de cualquier sistema de comercio electrónico.

7. Ventas de grabaciones co-interpretadas con otros artistas, en el caso de que la colaboración del artista del que se trate devengue el pago de un royalty.

c) Sobre los soportes vendidos a precio de saldo no se satisfará ningún tipo de Royalty. Se entiende por precios de saldo aquellos que sean inferiores o iguales una vez deducidos los impuestos a los costes incrementados en un ....%.

d) La base para el cálculo de Royalty será el precio de lista publicado por LA COMPAÑÍA a sus distribuidores deduciéndose todo tipo de impuestos y el ....% en concepto de fundas, excepto para los soportes conocidos como Compact-Disc y DCC (Digital Compact Cassette), que tendrán una deducción en concepto de fundas del ......%.

No obstante lo previsto en el párrafo anterior, la base para el cálculo del Royalty para ventas de las grabaciones objeto del presente contrato mediante archivos electrónicos a través de cualquier sistema de comercio electrónico, en cualquiera de las modalidades hoy conocidas o que se desarrollen el en futuro, y a través de cualquier medio o sistema de venta conocido o por conocer (Internet, telefonía móvil, etc.) será el ....% de los ingresos obtenidos por LA COMPAÑÍA por tales ventas.

e) El número de unidades liquidable será el .....% de las vendidas y cobradas; no se computarán como unidades vendidas aquellas dadas a título gratuito como ejemplares de Promoción, primas de venta, y en general todas aquellas salidas sin cargo del almacén a LA COMPAÑÍA.

f) Si LA COMPAÑÍA editase registros compartiendo tal edición con registros de otro u otros artistas, el importe a percibir por EL ARTISTA será la parte proporcional de su participación en cada edición.

g) De los soportes vendidos fuera de España le corresponderá a EL ARTISTA ..... de los ingresos netos obtenidos por LA COMPAÑÍA sobre los mismos.

h) EL ARTISTA, en aquellos casos en los que sea autor o titular de cualesquiera derechos de autor correspondientes a las obras musicales realizadas al amparo del presente contrato, autorizan a LA COMPAÑÍA, con facultades de cesión a terceros, para reproducir tales obras en los territorios de .... y ...., a un canon equivalente al ......% de la tarifa oficial ("Statutory rate") vigente en cada momento, sin que resulte pagadero canon alguno por las obras contenidas en exceso de .... en cada disco de larga duración.

i) Cualquier ingreso obtenido por LA COMPAÑÍA por la comercialización de material producido al amparo del presente contrato cuya remuneración no esté prevista expresamente en el clausulado del mismo, y específicamente distinto de la venta de música (entendida como tal tanto la distribución de copias físicas en cualquier formato presente o futuro, como la transmisión electrónica de las mismas en cualquier medio o sistema) y previo cálculo de la cantidad neta de tal ingreso, se repartirá correspondiendo a LA COMPAÑÍA el ....%, y el ...% restante a EL ARTISTA. Entrarán en este concepto, a modo enunciativo, la comercialización de tonos producidos a partir de grabaciones realizadas al amparo del presente, dedicatorias, imágenes, ingresos por licencias para sincronización, etc.

VII.– DERECHOS DE EL ARTISTA: LIQUIDACIONES

a) LA COMPAÑÍA liquidará a EL ARTISTA el importe de los Royalties devengados por semestres naturales y dentro de los ..... días siguientes al final de cada semestre.

b) LA COMPAÑÍA pagará tal cantidad una vez deducidos los impuestos vigentes, así como cualquier tipo de deuda que EL ARTISTA pueda tener con LA COMPAÑÍA.

c) Sobre los registros vendidos en el extranjero, LA COMPAÑÍA abonará los Royalties en moneda nacional una vez deducidos los impuestos, siendo el cambio aplicable el del día en que LA COMPAÑÍA percibiese el pago proveniente del extranjero.

d) En el supuesto de producirse cargo en las liquidaciones de Royalties en concepto de devoluciones o reservas por utilizarse el sistema de ventas con derecho a devolución o depósito, EL ARTISTA acepta que se efectúe en sus liquidaciones la correspondiente deducción por este concepto.

e) Independientemente de la duración de este contrato, EL ARTISTA continuará percibiendo el Royalty que les corresponda por las obras grabadas con LA COMPAÑÍA.

LA COMPAÑÍA podrá continuar vendiendo las grabaciones hechas por EL ARTISTA, tanto en España como en el extranjero, aún después de la terminación de este contrato.

f) EL ARTISTA podrá realizar las comprobaciones que estime pertinentes en las cuentas de LA COMPAÑÍA que se refieran a los registros realizados en virtud de lo previsto en el presente contrato, para verificar la exactitud de las liquidaciones semestrales, una vez al año y previo aviso a LA COMPAÑÍA con un mes de antelación.

VIII. OTROS

a) LA COMPAÑÍA tendrá derecho, si lo desea, a contratar a su favor una póliza de seguro de vida o incapacidad de EL ARTISTA, los cuales se comprometen a firmar cuanta documentación sea necesaria para este fin, así como a pasar el correspondiente examen médico. Los gastos ocasionados por el citado seguro serán por cuenta de LA COMPAÑÍA.

b) EL ARTISTA no podrá ceder ninguno de sus derechos y obligaciones sujetos al presente contrato a terceros, sin previo consentimiento escrito por parte de LA COMPAÑÍA.

c) Si EL ARTISTA, debido a enfermedad, accidente o causa mayor, no pudiera cumplir con las obligaciones previstas en este contrato, éste podrá ser prorrogado por LA COMPAÑÍA durante un tiempo equivalente a dicho período inhábil, o bien pura y simplemente rescindirlo sin perjuicio de los derechos ya adquiridos por LA COMPAÑÍA.

d) Si durante el tiempo del presente contrato, EL ARTISTA decidiesen cambiar material o sustancialmente su forma o medio de actuar, por el cual están reconocidos, o bien poner fin a su carrera artística, LA COMPAÑÍA tendrá el derecho de cancelar el presente contrato inmediatamente, sin perjuicio de ejercitar las acciones legales que pudieran corresponderle para el resarcimiento de los daños o perjuicios ocasionados.

e) A la expiración del presente contrato, aquellos derechos aquí concedidos por EL ARTISTA y que resulten necesarios para la explotación de las grabaciones de EL ARTISTA continuarán siendo detentados por LA COMPAÑÍA.

f) Cualquier modificación en la forma jurídica de LA COMPAÑÍA o transformación o fusión de LA COMPAÑÍA con otras personas jurídicas, no será obstáculo para la validez y continuidad de este contrato durante todo el período que queda establecido.

LA COMPAÑÍA se reserva, además, la facultad de hacerse sustituir durante la vigencia del presente contrato, por cualquier otra persona natural o jurídica, bien sea para todos los territorios o bien para parte de ellos, quedando en vigor, no obstante, todos y cada uno de las obligaciones y derechos aquí establecidos.

g) Con el fin de evitar cualquier duda, EL ARTISTA confirma que LA COMPAÑÍA tendrá, y aquí lo garantizan, la exclusividad sobre los derechos audiovisuales derivados del presente contrato. A los efectos del mismo, la expresión "derechos audiovisuales" se refiere al derecho de explotar todos los recursos audiovisuales en su más amplio significado.

A estos efectos queda claro que la intervención de EL ARTISTA (a título individual o formando parte de un grupo) en películas cinematográficas o de cualquier clase donde esté prevista su actuación musical como cantantes o instrumentistas, necesitará previamente la autorización de LA COMPAÑÍA, sin perjuicio de la opción de la misma a la exclusiva discográfica de la banda sonora y a la exclusiva videográfico-musical de la película en cuestión que fuese posible.

h) En caso de que se contrate un productor, será por cuenta de LA COMPAÑÍA y a su cargo el pago al mismo del correspondiente Royalty.

Si por mutuo acuerdo entre LA COMPAÑÍA y EL ARTISTA se decidiese la contratación por LA COMPAÑÍA de un productor determinado cuyo Royalty fuese superior al ...% sobre los mismos supuestos establecidos en el punto VI precedente, el exceso sobre el citado ...% será pagado al .....% por LA COMPAÑÍA, y EL ARTISTA.

X.– JURISDICCIÓN

Para cualquier litigio que pueda surgir de la interpretación del presente acuerdo o de su ejecución, se entienden competentes los Tribunales de ......; no obstante, en caso de que los presuntos incumplimientos se hayan producido en otros países, ambas partes se reservan el derecho de entablar las acciones legales oportunas en los países respectivos sin perjuicio de que la acción principal pueda entablarse en ....

CLÁUSULA ADICIONAL.– PARTICIPACIÓN DE LA COMPAÑÍA EN INGRESOS

a) Como compensación por las actividades desarrolladas por LA COMPAÑÍA al amparo del presente contrato, impulsoras del resto de actividad artística de EL ARTISTA, a partir de la edición del disco correspondiente al período inicial y hasta transcurridos .... meses desde la finalización por cualquier causa del presente contrato, LA COMPAÑÍA percibirá el porcentaje indicado a continuación sobre cualquier ingreso que EL ARTISTA genere en relación con su actividad artística en España y aquellos países en los que se editen los discos objeto del presente contrato (a excepción de derechos de autor y royalties por venta de fonogramas):

- Por los ingresos brutos derivados de las actuaciones en vivo (tanto en directo como en play-back total o parcial) de EL ARTISTA, EL ARTISTA satisfará a LA COMPAÑÍA un porcentaje del ....% sobre la base especificada en el punto b).
- Por los ingresos brutos derivados de la cesión de EL ARTISTA de sus derechos de imagen y/o nombre personal o artístico para cualquier fin, incluida la participación en campañas de publicidad, así como derivados de actividades de esponsorización (sponsorship), EL ARTISTA satisfará a LA COMPAÑÍA un porcentaje del .....% (diez por ciento) sobre la base especificada en el punto b).
- Cualquier otro ingreso percibido por EL ARTISTA derivado de su actividad artística devengará un derecho económico similar a favor de LA COMPAÑÍA, el cual será negociado por las partes de buena fe.

b) Los anteriores porcentajes se aplicarán sobre la siguiente base:

- Con carácter general, sobre los ingresos brutos totales generados por la actividad en cuestión a favor de EL ARTISTA, sus representantes, mediadores, agentes, subcontratados o derechohabientes (esto es, en el caso de una actuación en directo, el caché por todos los conceptos de EL ARTISTA en el caso de ser contratado por un tercero —completamente ajeno al artista—; en el caso de la cesión de derechos de imagen, el pago total devengado por dicha cesión; etc.).

- En aquellos casos en los que sea directamente EL ARTISTA quien organice y promueva la actuación asumiendo el riesgo de la misma (actividad comúnmente conocida como "empresa" o conciertos "a taquilla"), sobre los ingresos brutos generados por la actuación deducido un .....% por los gastos asumidos por EL ARTISTA en el concierto en cuestión (publicidad, Sociedad General de Autores, alquiler del local).

c) Las cantidades resultantes de realizar los anteriores cálculos serán liquidadas por EL ARTISTA en períodos semestrales, debiendo presentar una liquidación pormenorizada a LA COMPAÑÍA dentro de los ..... días siguientes al final de cada semestre natural.

d) EL ARTISTA autoriza expresamente a LA COMPAÑÍA a compensar las cantidades que a su favor se devenguen en aplicación de los apartados a) y b) anteriores con aquellas cantidades que ésta deba satisfacer a EL ARTISTA en virtud de éste o cualquier otro acuerdo. Las cantidades que se devenguen por los conceptos previstos en esta cláusula son independientes de las que se generen por la explotación de los Discos (royalties). De tal forma, no servirán para amortizar o aminorar cantidades entregadas por LA COMPAÑÍA, en su caso, como anticipo de royalties.

Y para que conste, firman el presente contrato, por triplicado y a un sólo efecto, en prueba de conformidad, ambas partes contratantes, en el lugar y fecha arriba indicados.

F081. CONTRATO DE LICENCIA SOBRE GRABACIONES FONOGRÁFICAS (I)

Normativa aplicable: *Real Decreto Legislativo 1/1996, de 12 de abril, por el que se aprueba el texto refundido de la Ley de Propiedad Intelectual, regularizando, aclarando y armonizando las disposiciones legales vigentes sobre la materia.*

En ...., a .. de .... de ....

REUNIDOS

De una parte: D............, en nombre y representación de............, con domicilio en..........., a quién en lo sucesivo se le denominará EL LICENCIATARIO.

Y de otra: D. ...., a quienes en lo sucesivo se denominará EL TITULAR.

Ambas partes, reconociéndose mutuamente capacidad suficiente para obligarse a través del presente contrato

EXPONEN

PRIMERO.– Que es voluntad de EL TITULAR licenciar a EL LICENCIATARIO, en los términos establecidos a continuación, los derechos de explotación sobre las grabaciones fonográficas y audiovisuales detalladas en documento anexo.

SEGUNDO.– EL TITULAR declara y garantiza que ostenta todos los derechos necesarios para obligarse en los términos del presente contrato, así como la capacidad de cederlos, en relación con las grabaciones fonográficas y audiovisuales detalladas en documento anexo.

TERCERO.– EL LICENCIATARIO declara poseer la infraestructura necesaria para asumir los derechos y obligaciones que contrae en este acto.

CUARTO.– Las partes convienen en definir los términos claves del presente contrato a los efectos de su uniforme interpretación, del modo siguiente

DEFINICIONES

a) "Masters" son las grabaciones originales o los duplicados de las grabaciones originales de las interpretaciones enumeradas en el anexo I al presente contrato, o en aquellos anexos sucesivos que, en su caso, las partes suscriban, en la forma de cintas estereofónicas en un sistema de grabación analógica o digital.

b) "Disco" o "Discos" se denominará a los acoples de fonogramas que se produzcan como resultado de la reproducción de los Masters en los diferentes tipos de soportes de sonido (cassettes, CD, DAT o cualquier otro) o audiovisuales (VHS, DVD etc.).

c) "Término de Vigencia" comenzará con la firma del presente contrato y se extenderá hasta transcurridos diez años desde la edición del Disco. Dicho período se prorrogará de forma automática por períodos idénticos salvo manifestación en contra de cualquiera de las partes, la cual deberá comunicarlo a la otra con una antelación mínima de .... meses a la finalización del período inicial o de cualquiera de sus prórroga.

d) "El Territorio" estará conformado por el territorio de EL MUNDO.

e) "Royalties" se denominará a la remuneración que deberá pagar EL LICENCIATARIO a EL TITULAR como contraprestación por la explotación que de los Discos realice. Esta remuneración incluirá todos los derechos de cualquier índole que EL TITULAR ostenta en relación con las grabaciones objeto de contrato y que en este acto transmite a EL LICENCIATARIO con el alcance establecido más adelante, incluido cualquier derecho que ostentase sobre los diseños de cubiertas que en su caso hubieran diseñado para la comercialización de los Masters y para cuyo uso facultare a EL LICENCIATARIO. El único derecho no incluido en los royalties es el derecho de autor sobre las obras contenidas en los Masters, que deberá ser pagado directamente por EL LICENCIATARIO a la correspondiente entidad de gestión de derechos de autor que corresponda.

f) "Cubiertas" se denominará al trabajo artístico desarrollado en el diseño de las portadas, portadillas o carátulas de los Discos y cuyos derechos de explotación ostenta EL TITULAR. EL TITULAR suministrará a EL LICENCIATARIO los materiales necesarios en la etapa de arte final para que este reproduzca las Cubiertas. EL TITULAR autoriza a EL LICENCIATARIO a diseñar sus propias Cubiertas en caso de no satisfacerle las proporcionadas por EL TITULAR. En el primer caso, cualquier derecho sobre los diseños de cubierta se considerará remunerado con el pago de los royalties estipulados en este contrato.

Hechas las declaraciones y definiciones anteriores, las partes convienen en obligarse según los términos y condiciones siguientes:

PRIMERA.– DERECHOS OBJETO DE LICENCIA

EL TITULAR licencia y garantiza a EL LICENCIATARIO, durante el Término de Vigencia del presente contrato y para el Territorio, los derechos exclusivos de explotación correspondientes al productor fonográfico y audiovisual sobre los Masters, a modo enunciativo y no limitativo, el derecho exclusivo a reproducir, distribuir, comunicar al público, poner a disposición del público, transformar y, en definitiva, producir, vender y publicitar los Discos objeto del presente contrato bien sea para su ejercicio de una forma directa, bien a través de sus representantes, concesionarios o licenciados, a través de los canales tradicionales de venta, incluidos en éstos canales los clubes de discos (venta a club) y la explotación electrónica (venta a través de Internet, venta a terminales de telefonía móvil, etc.), y ello en cualquier soporte o formato, físico o electrónico, conocido a la fecha de firma del presente contrato o que se desarrolle en el futuro, y siguiendo sus propios criterios comerciales.

Asimismo, formarán parte de la presente licencia, teniendo la consideración de Masters a los efectos del presente contrato desde el momento de su producción, cualquier grabación realizada sobre interpretaciones musicales de los artistas intérpretes principales de los Masters relacionadas con el lanzamiento o la explotación del Disco, tales como duetos con terceros artistas, edición especial Gira, etc.

EL TITULAR garantiza la absoluta exclusividad para la explotación por parte de EL LICENCIATARIO de los derechos anteriormente descritos en "el Territorio".

Asimismo, EL TITULAR licencia en exclusiva a EL LICENCIATARIO los derechos necesarios para publicitar y promocionar en el caso de considerarlo necesario los Discos, así como para comercializar materiales relacionados con los mismos, fundamentalmente los derechos de propiedad industrial sobre las marcas y signos distintivos contenidos en las Cubiertas o que sirvan para identificar a los artistas intérpretes de los mismos, el nombre de éstos, su imagen y datos biográficos, todo ello para su uso en exclusiva por EL LICENCIATARIO y para su destino a la promoción y publicidad de los Discos, así como a la comercialización de otras grabaciones tales como melodías monofónicas y polifónicas basadas en los Discos, imágenes, dedicatorias, etc. destinadas a terminales de telefonía móvil u otros productos que pueda EL LICENCIATARIO comercializar a partir del material relacionado con los Discos (portada, imágenes promocionales, etc.), incluyendo la comercialización de elementos de merchandising.

EL TITULAR autoriza en exclusiva asimismo a EL LICENCIATARIO a acoplar total o parcialmente las grabaciones incorporadas a los Discos en discos del mismo artista (en cuyo caso el diseño gráfico será responsabilidad y decisión de EL LICENCIATARIO aunque partiendo en el caso de las imágenes de material entregado por EL TITULAR previamente) o en discos compartidos con otros intérpretes editados por EL LICENCIATARIO o cualquier tercero (recopilatorios), así como la posibilidad de autorizar la sincronización de dichas grabaciones en cualquier medio. En el caso de las cesiones a terceros para su inclusión en álbumes recopilatorios que superen la vigencia de este contrato, no deberán realizarse por plazo superior a .... años desde finalizado el mismo.

SEGUNDA.– ENTREGA DE PARTES DE PRODUCCIÓN Y PLAZO DE EDICIÓN

EL TITULAR entregará a EL LICENCIATARIO las partes de producción del disco en un plazo no superior a los ..... días a partir de la firma del presente. Dichas partes de producción deberán consistir en:

- El Máster de las grabaciones de audio en formato Multipistas, ProTools o cualquier otro previamente aceptado por escrito por EL LICENCIATARIO.
- El Máster de las grabaciones audiovisuales en formato Betacam o cualquier otro previamente aceptado por escrito por EL LICENCIATARIO.
- El diseño gráfico del disco, incluyendo portada, contraportada, páginas y libreto interiores y cualquier otro elemento gráfico que vaya a ser utilizado en la comercialización y/o la promoción del Disco.
- Las imágenes y datos biográficos que vayan a ser utilizados en la promoción del Disco.
- La información de etiqueta (label copy) del Máster completa.

A partir de la recepción completa y satisfactoria de lo anterior, EL LICENCIATARIO tendrá un plazo de ..... días para editar el Disco en España, transcurridos los cuales los derechos sobre el Disco en cuestión revertirán a EL TITULAR salvo que las partes decidan lo contrario o el retraso no sea imputable a EL LICENCIATARIO, y ello sin perjuicio del resto de derechos de EL LICENCIATARIO derivados del presente contrato. EL LICENCIATARIO se compromete a fabricar en España las reproducciones del Disco que realice en el caso de que así lo indique EL TITULAR.

TERCERA.– MUESTRAS

EL LICENCIATARIO entregará a EL TITULAR .... copias de cada formato del Disco que se edite en ejecución de este contrato. Cualquier petición por encima de tal cifra será atendida al precio de lista publicado por EL LICENCIATARIO a sus clientes para el Disco, aplicando un descuento del .....%.

CUARTA.– CRÉDITOS

Los discos deberán ostentar en un lugar visible, tanto en el fonograma como en cubierta, la leyenda que EL TITULAR indique en función, en su caso, de cada cedente, siempre bajo un formato similar al siguiente:

"Producido bajo licencia de ...."

QUINTA.– DERECHOS ECONÓMICOS DEL TITULAR

a) El Royalty a percibir por EL TITULAR en contraprestación por la totalidad de derechos licenciados en virtud del presente contrato un porcentaje del ....% calculado sobre la base establecida en el apartado c) de esta cláusula:

Dicho royalty se reducirá en un ....% para aquellas ventas que se realicen en formatos desconocidos en el momento de firmarse el presente documento o que siendo desconocidos no hayan sido utilizados hasta dicha fecha para la venta de fonogramas o videogramas.

b) Este porcentaje se reducirá en los siguientes porcentajes y en los siguientes casos:

1. .....% en el caso de ventas realizadas a clubes de discos y ventas en formato sencillo (single).

2. ......% en el caso de ventas en series media o budget, entendiendo como tales aquellas incluidas en categorías de precio inferiores en un .....% al precio completo o full price utilizado por EL LICENCIATARIO en sus ventas en cada momento.

3. ......% en el caso de licencias a terceros para la inclusión de cualquier Máster en recopilatorios, o en el caso de inclusión en recopilatorios propios.

c) La base para el cálculo de los Royalties será el precio de lista publicado por EL LICENCIATARIO a sus distribuidores (PPD) aplicado a la venta en concreto, deducidos todo tipo de impuestos, así como una deducción en concepto de fundas o packaging del .....% para soportes físicos digitales (a modo enunciativo, CD, DVD), y del ..... para soportes físicos analógicos (a modo enunciativo, MC, VHS).

Lo establecido en el párrafo anterior no será aplicable para las ventas derivadas de la explotación electrónica antes definida. En tales casos, la base para el cálculo del Royalty será el .....% de los ingresos obtenidos por EL LICENCIATARIO por tales ventas aplicables a las grabaciones contenidas en los Discos.

d) El número de unidades liquidable será el ....% de las vendidas, cobradas y no devueltas (salvo lo establecido en el párrafo anterior para explotación electrónica); no se computarán como unidades vendidas aquellas dadas a título gratuito como ejemplares de Promoción, primas de venta, y en general todas aquellas salidas sin cargo del almacén a EL LICENCIATARIO, las cuales se entregarán en cantidades razonables y dentro de los usos normales de la industria discográfica.

e) Si EL LICENCIATARIO editase grabaciones contenidas en el Máster con grabaciones no contenidas en el mismo (recopilatorios o similares), el importe a percibir por EL TITULAR será la parte proporcional de la participación de las grabaciones contenidas en el Máster en cada edición.

f) Para los Discos vendidos fuera del territorio de España, el porcentaje a aplicar será el .....% del Royalty establecido para España, con las mismas deducciones que en España, siendo la base para el cálculo del Royalty el PPD publicado por cada una de las compañías afiliadas o licenciatarias a sus distribuidores en los respectivos países, deducidos los impuestos que legalmente sean aplicables para este tipo de operaciones.

g) Los ingresos netos que EL LICENCIATARIO perciba por la cesión a terceros de los Masters para su sincronización, o cualquier ingreso no contemplado específicamente en el presente contrato (por ejemplo ingresos por explotación de tonos, imágenes o similares a través de terminales de telefonía móvil) serán repartidos entre las partes correspondiendo un .....% a cada una.

SEXTA.– LIQUIDACIONES DE ROYALTIES

a) EL LICENCIATARIO liquidará a EL TITULAR el importe de los Royalties devengados por semestres naturales y dentro de los ..... días siguientes al final de cada semestre.

b) EL LICENCIATARIO pagará tal cantidad una vez deducidos los impuestos vigentes, así como cualquier tipo de deuda que EL TITULAR pueda tener con EL LICENCIATARIO.

c) Sobre los Discos vendidos en el extranjero, EL LICENCIATARIO abonará los Royalties en moneda nacional una vez deducidos los impuestos, siendo el cambio aplicable el del día en que EL LICENCIATARIO percibiese el pago proveniente del extranjero.

d) EL TITULAR autoriza a EL LICENCIATARIO a retener en cada liquidación de royalties una cantidad en previsión de futuras devoluciones, cantidad que no podrá ser superior al .....% del total liquidado, y que deberá ser regularizado a partir de la siguiente liquidación.

e) EL TITULAR podrá realizar las comprobaciones que estimen pertinentes en las cuentas de EL LICENCIATARIO que se refieran a los registros realizados en virtud de lo previsto en el presente contrato, para verificar la exactitud de las liquidaciones semestrales, una vez al año y previo aviso a EL LICENCIATARIO con un mes de antelación.

f) Cualquier modificación en la forma jurídica de EL LICENCIATARIO o transformación o fusión de EL LICENCIATARIO con otras personas jurídicas, no será obstáculo para la validez y continuidad de este contrato durante todo el período que queda establecido.

EL LICENCIATARIO se reserva, además, la facultad de hacerse sustituir durante la vigencia del presente contrato, por cualquier otra persona natural o jurídica, bien sea para todos los territorios o bien para parte de ellos, quedando en vigor, no obstante, todas y cada una de las obligaciones y derechos aquí establecidos.

SÉPTIMA.– FINALIZACIÓN DEL CONTRATO Y PERÍODO DE "SELL OF"

Una vez concluido el término de vigencia de los derechos de explotación aquí otorgados, EL LICENCIATARIO está obligado a cesar la producción de los Discos.

No obstante lo anterior, una vez concluido el término de vigencia del ejercicio de los derechos exclusivos de explotación, EL LICENCIATARIO contará con el derecho no exclusivo a vender y distribuir en EL TERRITORIO, durante un periodo de .... meses contados a partir de dicho vencimiento, el stock de Discos producidos con anterioridad y aún no vendidos. La cuantía y forma de los pagos durante el periodo de sell-off serán idénticas a las establecidas para la vigencia de los derechos exclusivos.

Durante el periodo de sell-off EL LICENCIATARIO podrá convenir con EL TITULAR un ajuste del precio que se utiliza como base para el cálculo de los royalties.

Una vez concluido el periodo de sell-off, EL TITULAR decidirá si prefiere la destrucción de los Discos que aún quedarán en stock o una negociación del destino de los mismos con EL LICENCIATARIO.

OCTAVA.– OPCIONES

EL TITULAR concede a EL LICENCIATARIO tres opciones consecutivas y separadas, cada una de ellas para la edición de los tres próximos discos que realicen los artistas intérpretes principales del Máster (detallados en documento anexo). Cada opción se entenderá tácitamente ejercitada por EL LICENCIATARIO siempre y cuando éste no manifieste lo contrario dentro de los ..... días laborables siguientes a la recepción de cada una de las grabaciones, las cuales serán enviadas por EL TITULAR, como máximo, dentro de los ...... días siguientes a la fecha de finalización de la grabación, siendo obligación esencial de EL TITULAR que tal finalización de la grabación no se produzca más tarde de ..... meses desde la edición por EL LICENCIATARIO del Disco anterior.

EL TITULAR concede una opción para un ..... disco que realicen el/los artista/s anteriormente descritos si, con anterioridad a la finalización del contrato, se hubieran fabricado en España de la totalidad de los discos editados hasta aquella fecha .... unidades o más, o facturado por todos los conceptos relacionados con el presente contrato .... € o más. Dicha tercera opción se realizará y estará sometida a las mismas condiciones establecidas para las ...... primeras opciones a las que se hace referencia en el presente contrato.

En todos los casos anteriores, los nuevos discos tendrán a todos los efectos la consideración de Discos según en este contrato se definen, y las grabaciones originales o duplicados de la misma tendrán la consideración de Máster. La relación de grabaciones que lo/s compongan se adjuntará como anexo al presente contrato, sin que la falta de dicho anexo pueda suponer una falta de derecho por parte de EL LICENCIATARIO.

El Término de Vigencia para cada uno de los Discos sobre los que se ejercite la opción comenzará a contar a partir de la edición del mismo.

En tanto en cuanto permanezcan pendientes a favor de EL LICENCIATARIO cualquiera de las anteriores opciones, y hasta transcurridos ..... meses desde el ejercicio de la última, la exclusividad que EL TITULAR posee y garantiza sobre las fijaciones sonoras y audiovisuales de las interpretaciones musicales del artista intérprete principal de los Discos y sobre la explotación de las mismas será aplicable también a EL LICENCIATARIO, de forma que toda interpretación musical que dicho artista grabe durante tal plazo será incluida dentro de los Discos del presente contrato y por lo tanto licenciado a EL LICENCIATARIO en los términos aquí establecidos.

En virtud de lo anterior, EL TITULAR garantiza a EL LICENCIATARIO que el contrato que le une con los mencionados artistas-intérpretes tiene una vigencia al menos suficiente para la grabación y explotación de los .... discos cuya opción aquí se concede, no pudiendo por lo tanto dichos artistas grabar para tercera compañía sin permiso de EL TITULAR, ni suscribir nuevo contrato de exclusividad artística, al menos hasta haber ofrecido todas las opciones a EL LICENCIATARIO y esperado la respuesta en los plazos previstos.

Los artistas-intérpretes mencionados firman el presente documento en señal de conformidad con el contenido del mismo, y de compromiso con EL LICENCIATARIO de grabación y opción de los ... discos aquí pactados. Adicionalmente, se manifiestan de acuerdo en que en el caso resolución o rescisión anticipada por cualquier causa del contrato que les une con EL TITULAR (independientemente de quién promueva tal resolución) ofrecerán a EL LICENCIATARIO la contratación preferente en las condiciones previamente suscritas con EL TITULAR.

NOVENA.– MARKETING Y PROMOCIÓN

En aquellas acciones que EL LICENCIATARIO emprenda para promocionar las grabaciones objeto de licencia, EL TITULAR se compromete a colaborar al máximo con EL LICENCIATARIO en el desarrollo de dichas acciones, incluyendo la participación activa de los artistas intérpretes principales de los Masters.

EL TITULAR declara tener suscrito con dichos artistas intérpretes principales documentos privados por los que dichos artistas se obligan personalmente a responder del cumplimiento del presente documento, así como a permitir el uso de su nombre e imagen, material biográfico, etc, colaborar en la promoción del producto en términos tan extensos como sea necesario, no participar en grabaciones para otras personas distintas de EL TITULAR o sociedades a ésta última vinculadas, ni permitir la utilización de su nombre por terceros para grabaciones ajenas a las realizadas por tales sociedades, etc.

DÉCIMA.– RELACIONES CON TERCEROS

EL TITULAR garantiza a EL LICENCIATARIO la obligación de todas las personas físicas y/o jurídicas que hayan intervenido en los Discos (artistas, productores musicales y ejecutivos, músicos y cualquier otro colaborador) de dirigirse a EL TITULAR, y no a EL LICENCIATARIO, para reclamar cualquier cantidad en concepto de Royalties, cánones, fijos o cualquier otro concepto por la explotación del Máster, cantidades que serán satisfechas en su integridad, así como los de productores y cualquier otro colaborador, por EL TITULAR y únicamente reclamables a éste. EL TITULAR exonera expresamente a EL LICENCIATARIO de tales eventuales conflictos y reclamaciones, comprometiéndose a reembolsar a éste cualquier cantidad que debiera desembolsar como consecuencia de acciones derivadas de lo anterior en las que participara, incluyendo dentro de los costes que EL TITULAR asumiría en dicho supuesto el de la defensa legal que se decidiera contratar siguiendo un criterio de mayor eficacia.

A los efectos anteriores, EL TITULAR declara tener suscrito con el/los autores, artista/s, interpretes, músicos, productores, y cualquier otra persona participante en la grabación del Máster, documentos privados que permiten la pacífica explotación del Máster por EL LICENCIATARIO. De tal forma, EL TITULAR se hace responsable de la legítima, plena y pacífica explotación del Máster por parte de EL LICENCIATARIO, exonerándole de cualquier responsabilidad en la normal explotación del mismo y haciéndose cargo de cualquier reclamación de terceros motivada en el ejercicio por EL LICENCIATARIO de los derechos objeto de licencia, incluyendo dentro de los costes que EL TITULAR asumiría en dicho supuesto el de la defensa legal que se decidiera contratar siguiendo un criterio de mayor eficacia.

En cualquier momento podrá EL LICENCIATARIO solicitar, y EL TITULAR deberá mostrar, todos los documentos suscritos con las diferentes personas participantes en la grabación y producción de los Masters y su arte gráfico (artistas intérpretes y/o ejecutantes, productores artísticos, musicales, ejecutivos, técnicos, diseñadores, etc.). EL TITULAR declara haciéndose responsable que no existe ningún derechohabiente adicional sobre los Masters fuera de los que en tal supuesto detalle.

UNDÉCIMA.– DERECHOS DE TANTEO Y RETRACTO

EL LICENCIATARIO gozará de los derechos de tanteo y de retracto en el caso de decidir EL TITULAR deshacerse de todos o cualesquiera de los derechos que le corresponden sobre los Máster y sobre los servicios profesionales de los artistas principales participantes en los mismos, permaneciendo dicho derecho en vigor durante la vigencia del presente acuerdo y hasta transcurridos .... años desde su finalización.

DECIMOSEGUNDA.– EDICIÓN FUERA DE ESPAÑA

EL LICENCIATARIO dispondrá de un plazo de ..... meses a contar desde la edición en España del Disco para editarlo en el resto de países que forman parte del Territorio.

Transcurrido tal plazo de .... meses, EL TITULAR podrá iniciar conversaciones con terceros para la edición del Disco en el país del que se trate. En el caso de detectar EL TITULAR interés, constatable en cualquier caso por EL LICENCIATARIO, en un determinado territorio, deberá comunicarlo a EL LICENCIATARIO, quien dispondrá de ..... días laborables para constatar tal extremo y confirmar a EL TITULAR si decide editar en tal territorio a través de su compañía afiliada o licenciataria en el país del que se trate, al amparo del presente contrato y sin necesidad de satisfacer adelanto ni cantidad alguno ni realizar nuevos actos a los aquí previstos, o bien si opta por proceder a su licencia, en términos aceptables para EL LICENCIATARIO y en condiciones de mercado, a la compañía contactada por EL TITULAR.

DECIMOTERCERA.– LEY Y FUERO

Las partes convienen en cumplir de buena fe los términos y condiciones del presente contrato. Cualquier conflicto que surja con motivo de su interpretación o ejecución será resuelto de forma amigable. No obstante, en caso de no ser posible el acuerdo, las partes se someten de forma expresa a los Tribunales de .... y a la legislación española.

Y como prueba de conformidad se firma el presente contrato en la fecha y lugar indicados en el encabezamiento.

F082. CONTRATO DE LICENCIA SOBRE GRABACIONES FONOGRÁFICAS (II)

Normativa aplicable: *Real Decreto Legislativo 1/1996, de 12 de abril, por el que se aprueba el texto refundido de la Ley de Propiedad Intelectual, regularizando, aclarando y armonizando las disposiciones legales vigentes sobre la materia.*

En ...., a.............

REUNIDOS

De una parte: D.............., con DNI ...., actuando en nombre y representación de ...., con domicilio social en .... y CIF:................, debidamente apoderado para este acto, en adelante el LICENCIATARIO.

Y de otra: D. ...., a quienes en lo sucesivo se denominará EL LICENCIANTE.

Ambas partes, reconociéndose mutuamente capacidad suficiente para obligarse a través del presente contrato

EXPONEN

PRIMERO.– Que es voluntad de EL LICENCIANTE licenciar a EL LICENCIATARIO, en los términos establecidos a continuación, los derechos de explotación sobre las grabaciones fonográficas y audiovisuales (videoclips) detalladas en documento anexo (denominadas en lo sucesivo "La Canción").

SEGUNDO.– Que EL LICENCIANTE declara y garantiza que ostenta todos los derechos necesarios para obligarse en los términos del presente contrato, así como la capacidad de cederlos.

TERCERO.– Que EL LICENCIATARIO declara poseer la infraestructura necesaria para asumir los derechos y obligaciones que contrae en este acto.

CUARTO.– Que las partes convienen en definir los términos claves del presente contrato a los efectos de su uniforme interpretación, del modo siguiente

DEFINICIONES

g) "Máster/s" son las grabaciones originales o los duplicados de las Grabaciones, o en los sucesivos que, en su caso, las partes suscriban, en un sistema de grabación analógica o digital.

h) "Disco/s" y "Videoclips" se denominará a los acoples de fonogramas y/o grabaciones audiovisuales que se produzcan como resultado de la reproducción de los Masters en los diferentes tipos de soportes de sonido (CD, discos de vinilo o cualquier otro) y/o archivos electrónicos de sonido, soportes audiovisuales (videoclips) (DVD, Blue Ray, etc.) y/o archivos electrónicos audiovisuales.

i) "Término de Vigencia" comenzará con la firma del presente contrato y se extenderá hasta transcurridos .... años desde la primera edición por EL LICENCIATARIO en España, de los "Discos". Dicho período se prorrogará de forma automática por períodos idénticos salvo manifestación en contra de cualquiera de las partes, la cual deberá comunicarlo a la otra con una antelación mínima de .... meses a la finalización del período inicial o de cualquiera de sus prórrogas.

j) "El Territorio" estará conformado por todo el mundo.

k) "Royalties" se denominará a la remuneración que deberá pagar EL LICENCIATARIO a EL LICENCIANTE como contraprestación por la explotación que de las Grabaciones realice. Esta remuneración incluirá todos los derechos de cualquier índole que EL LICENCIANTE ostenta en relación con las Grabaciones y que en este acto transmite a EL LICENCIATARIO con el alcance establecido más adelante, incluido cualquier derecho que ostentase sobre los diseños de Cubiertas que en su caso hubieran diseñado para la comercialización de los Discos y Videoclips y para cuyo uso facultare a EL LICENCIATARIO. El único derecho no incluido en los royalties es el derecho de autor sobre las obras reproducidas en las Grabaciones, que deberá ser abonado directamente por EL LICENCIATARIO a la entidad de gestión de derechos de autor que corresponda.

l) "Cubiertas" se denominará al trabajo artístico desarrollado en el diseño de las portadas, portadillas, carátulas del/los álbum/es en el que se incluyan las Grabaciones, contraportadas y libretos de los mismos.

Hechas las declaraciones y definiciones anteriores, las partes convienen en obligarse según los términos y condiciones siguientes:

PRIMERA.– DERECHOS OBJETO DE LICENCIA

EL LICENCIANTE cede e a EL LICENCIATARIO, durante el Término de Vigencia y para El Territorio, todos los derechos de explotación correspondientes al productor fonográfico y audiovisual sobre "La Canción". A modo enunciativo y no limitativo, se ceden con carácter de exclusiva el derecho a reproducir, distribuir, comunicar al público, poner a disposición del público, transformar y, en definitiva, producir, comercializar y publicitar las Grabaciones, bien sea para su ejercicio de una forma directa, bien a través de sus representantes, concesionarios o licenciados, a través de los canales tradicionales de venta, incluidos en éstos los clubes de discos y Videoclips (venta a club) y la explotación electrónica (a través de Internet, telefonía móvil, etc.), y ello en cualquier soporte o formato, físico o electrónico, conocido a la fecha de firma del presente contrato o que se desarrolle en el futuro, y siguiendo sus propios criterios comerciales. EL LICENCIATARIO queda facultado en los términos aquí descritos, para explotar "La Canción" en forma individual y aislada o como parte del álbum de larga duración de la BSO de ....

De acuerdo con lo previsto en la presente cláusula, durante el Término de Vigencia y en El Territorio, corresponderá en exclusiva a EL LICENCIATARIO el ejercicio de todos los derechos inherentes a la condición de productor de fonogramas y/o de grabaciones audiovisuales de las Grabaciones, con el alcance previsto en el Texto Refundido de la Ley de Propiedad Intelectual y en la normativa comunitaria e internacional correspondiente.

EL LICENCIANTE autoriza a EL LICENCIATARIO, a acoplar" La Canción" en el disco de la Banda sonora original de la serie televisiva .... así como la posibilidad de autorizar la sincronización de dichas Grabaciones en cualquier medio siempre en el contexto de promoción o comunicación de la banda sonora o la serie ....

EL LICENCIATARIO queda facultado para el ejercicio de todos los derechos aquí señalados, para llevar a cabo la promoción y publicidad de "La Canción" en el Territorio y por el Término de Vigencia, en caso de considerarlo necesario.

EL LICENCIANTE declara expresamente y garantiza tener plena disposición sobre los derechos objeto de licencia, manifestando no existir sobre los mismos, gravamen o carga alguna, cesión previa a la presente o situación similar que pudiera perturbar la normal explotación por parte de EL LICENCIATARIO en los términos acordados en el presente documento. EL LICENCIANTE garantiza a EL LICENCIATARIO la veracidad de tal afirmación y se compromete a responder ante cualquier reclamación que éste pudiera tener con fundamento en tales derechos.

SEGUNDA.– ENTREGA DE PARTES DE PRODUCCIÓN Y PLAZO DE EDICIÓN

EL LICENCIANTE entregará a EL LICENCIATARIO las partes de producción de las Grabaciones en un plazo no superior a los .... días a partir de la firma del presente. Dichas partes de producción deberán consistir en:

- El Máster de las Grabaciones de audio en formato Wav.
- Las imágenes y datos biográficos que vayan a ser utilizados en la promoción de "La Canción".
- La información de etiqueta completa (label copy) del Máster.

TERCERA.– CRÉDITOS

Los Discos deberán ostentar en un lugar visible la leyenda que EL LICENCIANTE indique en función, en su caso, de cada cedente, siempre bajo un formato similar al siguiente:

"Canción" incluida por cortesía de ...."

CUARTA.– DERECHOS ECONÓMICOS DEL TITULAR

El Royalty a percibir por EL LICENCIANTE en contraprestación por la cesión de derechos necesarios para las operaciones de distribución física y electrónica de las Grabaciones, será un porcentaje del ....% (prorrata tituli) calculado sobre los ingresos netos percibidos por EL LICENCIATARIO. A los efectos de la presente cláusula tendrá la consideración de Ingresos Netos la cantidad resultante tras deducir de la totalidad de ingresos brutos recibidos por el LICENCIATARIO por las explotaciones realizadas, los gastos, comisiones e impuestos que sean de aplicación a estas operaciones.

QUINTA.– LIQUIDACIONES DE ROYALTIES

a) EL LICENCIATARIO enviará a EL LICENCIANTE las liquidaciones de los Royalties devengados por semestres naturales y dentro de los .... días siguientes al final de cada semestre.

b) EL LICENCIATARIO abonará a EL LICENCIANTE las cantidades que a éste corresponden una vez deducidos los impuestos vigentes. Cualquier pago que corresponda hacer por EL LICENCIATARIO a EL LICENCIANTE se hará efectivo, una vez recibida la correspondiente factura, en el plazo máximo establecido por la normativa vigente.

c) EL LICENCIANTE podrá realizar las comprobaciones que estimen pertinentes en las cuentas de EL LICENCIATARIO que se refieran al Álbum licenciado en el presente contrato, para verificar la exactitud de las liquidaciones semestrales, una vez al año y previo aviso a EL LICENCIATARIO con .... mes de antelación.

SEXTA.– DIRECCIÓN DE E-MAIL A EFECTOS DEL ENVÍO DE LIQUIDACIONES DE ROYALTIES

Para el caso de que EL LICENCIATARIO implemente un servicio de envío de las declaraciones de royalties a través de correo electrónico o e-mail, EL LICENCIANTE declara como dirección de e-mail a efectos del envío de las citadas liquidaciones el siguiente: ...., notificando a EL LICENCIATARIO por medio fehaciente cualquier cambio de dirección.

SÉPTIMA.– MARKETING Y PROMOCIÓN

En aquellas acciones que EL LICENCIATARIO emprenda para promocionar las Grabaciones objeto de licencia, EL LICENCIANTE se compromete a colaborar con EL LICENCIATARIO en el desarrollo de dichas acciones, incluida su aparición en la serie .... interpretando "la canción".

OCTAVA.– RELACIONES CON TERCEROS

EL LICENCIANTE garantiza a EL LICENCIATARIO que es titular en exclusiva de todos los derechos que cede en virtud de este contrato, así como de la obligación de todas las personas físicas y/o jurídicas que hayan intervenido en las Grabaciones (artistas, productores musicales y ejecutivos, músicos y cualquier otro colaborador) de dirigirse a EL LICENCIANTE y no a EL LICENCIATARIO, para reclamar cualquier cantidad en concepto de Royalties, cánones, fijos o cualquier otro concepto por la explotación de dichas grabaciones, cantidades que serán satisfechas en su integridad por EL LICENCIANTE y únicamente reclamables a éste. Asimismo, será por cuenta de EL LICENCIANTE la gestión de todos los permisos necesarios para la regrabación de las composiciones musicales fijadas en los Masters, en caso de que las mismas estuvieran sujetas a prohibición de regrabación, garantizando EL LICENCIANTE que cualquier cantidad, canon o royalty que corresponda abonar a cualquier tercero por las citadas regrabaciones, serán de exclusiva cuenta de EL LICENCIANTE.

Asimismo, EL LICENCIANTE declara tener suscrito con el/los autores, artista/s, intérpretes, músicos, productores, titulares de derechos sobre grabaciones y/o fragmentos de grabaciones preexistentes incluidas en las grabaciones fijadas en el Máster (samples) y cualquier otra persona participante en la grabación del Máster y/o producción o diseño de las Cubiertas, documentos que permiten el ejercicio pacífico por EL LICENCIATARIO, de todos los derechos licenciados en virtud del presente, y particularmente la explotación de las Grabaciones. Respecto de los titulares de los derechos de autor de las composiciones musicales y grabaciones audiovisuales grabadas en el Máster, EL LICENCIANTE manifiesta y garantiza haber obtenido de los mismos, todos los permisos necesarios para la pacífica explotación de las Grabaciones por parte de EL LICENCIATARIO, en las condiciones indicadas en el presente contrato.

EL LICENCIANTE garantiza a EL LICENCIATARIO que es titular exclusivo de los derechos de propiedad industrial e intelectual que cede en virtud del presente contrato, y expresamente sobre el nombre del grupo/intérprete, título de las Grabaciones y/o del álbum de larga duración en el que éstas se incluyen, signos distintivos e imágenes contenidas en las Cubiertas, todo ello con extensión suficiente para la plena y pacífica ejecución del presente contrato por parte de EL LICENCIATARIO, manifestando que no existen, respecto de dichos contenidos, otros titulares de derechos ni carga o gravamen de tipo alguno, y exonerando expresamente a EL LICENCIATARIO, de cualquier reclamación de terceros vinculada a tales conceptos.

En cualquier momento podrá EL LICENCIATARIO solicitar, y EL LICENCIANTE deberá mostrar, todos los documentos suscritos con las diferentes personas participantes en la grabación y producción de los Masters y su arte gráfico (Cubiertas) (artistas intérpretes y/o ejecutantes, productores artísticos, musicales, ejecutivos, técnicos, diseñadores, etc.), así como los títulos de marca correspondientes. EL LICENCIANTE declara haciéndose responsable que no existe ningún derechohabiente adicional sobre los Masters fuera de los que en tal supuesto detalle.

EL LICENCIANTE exonera expresamente a EL LICENCIATARIO de cualquier conflicto y/o reclamación vinculada con los derechos cedidos en el presente y/o garantías otorgadas en el mismo. De tal forma, EL LICENCIANTE se hace responsable de la legítima, plena y pacífica explotación de las Grabaciones por parte de EL LICENCIATARIO, exonerándole de cualquier responsabilidad en la normal explotación del mismo y haciéndose cargo de cualquier reclamación de terceros motivada en el ejercicio por EL LICENCIATARIO de los derechos objeto de licencia, incluyendo dentro de los costes que EL LICENCIANTE asumiría en dicho supuesto el de la defensa legal que se decidiera contratar siguiendo un criterio de mayor eficacia.

DÉCIMA.– VARIOS

a) Cualquier modificación en la forma jurídica de EL LICENCIATARIO o transformación o fusión de EL LICENCIATARIO con otras personas jurídicas, no será obstáculo para la validez y continuidad de este contrato durante todo el período que queda establecido. EL LICENCIATARIO se reserva, además, la facultad de hacerse sustituir durante la vigencia del presente contrato, por cualquier otra persona natural o jurídica, bien sea para todos los territorios o bien para parte de ellos, quedando en vigor, no obstante, todas y cada una de las obligaciones y derechos aquí establecidos.

b) La no exigencia de las partes de cualquiera de los derechos de conformidad con el presente contrato no se considerará que constituye una renuncia a dichos derechos en el futuro.

c) Si se demuestra que alguna estipulación de este contrato es nula, ilegal o inexigible, la validez, legalidad y exigibilidad del resto de las estipulaciones no se verán afectadas por aquella.

d) El presente contrato no constituye en ningún caso sociedad, empresa conjunta, ni contrato de trabajo entre las partes.

e) Los encabezamientos de las distintas cláusulas son sólo a efectos informativos, y no afectarán la interpretación del contrato.

DECIMOPRIMERA.– NOTIFICACIONES

a) Todas las comunicaciones y/o notificaciones que deban de practicarse en relación con el presente contrato deberán realizarse por escrito en los domicilios que para cada parte constan en el encabezamiento. Cualquier cambio de domicilio a efectos de notificaciones deberá ser comunicado a la otra parte por escrito con la suficiente antelación.

b) En relación con cualesquiera permisos y autorizaciones que sean necesarios por parte de EL LICENCIATARIO al amparo del presente contrato (en caso de haberlos), se entenderá que EL LICENCIANTE da su consentimiento y autoriza cada una de dichas peticiones si EL LICENCIATARIO no recibe comunicación por escrito en sentido contrario dentro de los plazos indicados en el cuerpo del contrato o, en su defecto, en el plazo de .... días naturales siguientes a la fecha de la correspondiente petición formulada por EL LICENCIATARIO (sea por carta, fax, burofax y/o cualquier otro medio que deje constancia de la fecha de entrega, incluyendo correo electrónico).

c) El cambio de domicilio de EL LICENCIANTE deberá ser notificado a EL LICENCIATARIO por medio fehaciente.

DECIMOSEGUNDA.– PROTECCIÓN DE DATOS PERSONALES

a) A través del presente documento, EL LICENCIATARIO queda plenamente facultado para el tratamiento, en forma automatizada o no, de los datos personales proporcionados en el presente contrato, a efectos de dar cumplimiento a la relación contractual establecida entre EL LICENCIANTE y EL LICENCIATARIO y con los límites derivados de la prestación contratada. Asimismo, EL LICENCIANTE queda autorizado a ceder los referidos datos personales a las empresas del grupo internacional al que pertenece y a cualesquiera otras cuya intervención sea necesaria para satisfacer las finalidades convenidas en la mencionada relación contractual o que, por normas de control interno, deban conocer los mencionados datos, así como a las asociaciones o entidades análogas a las que EL LICENCIATARIO pueda pertenecer, con la finalidad de controlar y comunicar el grado de cumplimiento de dicha relación contractual a cualesquiera de las anteriores entidades que pudiesen estar interesadas.

b) En caso de que el presente contrato se celebre entre EL LICENCIATARIO y otra u otras personas jurídicas, éstas se obligan, por medio del presente contrato, a obtener el necesario consentimiento de aquellas personas físicas cuyos datos se faciliten a EL LICENCIATARIO tras informarles previamente de todos los extremos mencionados en la presente cláusula, consintiendo el o los representantes de dichas personas jurídicas que suscriben el presente acuerdo al tratamiento de sus propios datos personales en los mismos términos previstos en la presente cláusula.

c) En caso de que el presente contrato se celebre entre EL LICENCIATARIO y una o varias personas naturales representadas por un tercero, éste se obliga, por medio del presente contrato, a obtener el necesario consentimiento de aquellas personas físicas cuyos datos se faciliten a EL LICENCIATARIO tras informarles previamente de todos los extremos mencionados en la presente cláusula, consintiendo el representante de dichas personas naturales que suscribe el presente acuerdo al tratamiento de sus propios datos personales en los mismos términos previstos en la presente cláusula.

d) Aquellas personas naturales cuyos datos se faciliten a EL LICENCIATARIO podrán dirigirse a EL LICENCIATARIO, responsable del fichero que contiene sus datos personales, con el fin de acceder, rectificar y cancelar los datos indicados en este documento, lo cual podrá hacer dirigiéndose al domicilio social de la misma reseñado en la cabecera del presente documento, donde se encuentra situada la base de datos que contiene sus datos personales.

DECIMOTERCERA.– LEY Y FUERO

Las partes convienen en cumplir de buena fe los términos y condiciones del presente contrato. Cualquier conflicto que surja con motivo de su interpretación o ejecución será resuelto de forma amigable. No obstante, en caso de no ser posible el acuerdo, las partes se someten de forma expresa a los Tribunales de .... y a la legislación española.

Y como prueba de conformidad se firma el presente contrato en la fecha y lugar indicados en el encabezamiento.

F083. CONTRATO DE EDICIÓN DISCOGRÁFICO (I)

Normativa aplicable: *Arts. 58 y ss. Real Decreto Legislativo 1/1996, de 12 de abril, por el que se aprueba el texto refundido de la Ley de Propiedad Intelectual, regularizando, aclarando y armonizando las disposiciones legales vigentes sobre la materia.*

En ...., a.................

DE UNA PARTE, Dña............... con NIF ...., mayor de edad, con domicilio en..............., en adelante EL AUTOR.

Y DE OTRA PARTE, ... con domicilio social en .... y con CIF............., representada en este acto por .... con DNI nº .... en su calidad de apoderada, con poderes suficientes para otorgar este acto (el "EDITOR").

Ambas partes se reconocen mutuamente la capacidad legal necesaria para formalizar el presente contrato y por medio de este documento

EXPONEN

I. Que el AUTOR afirma ser titular en pleno dominio de las obras enumeradas en el Anexo I de este contrato (en lo sucesivo, las "Obras") y que las mismas no infringen ningún derecho de propiedad intelectual preexistente, que no las tiene sujetas a carga ni gravamen alguno y le cabe respecto de ellas la más libre disponibilidad, así como que está plenamente facultado para celebrar este contrato y ceder los derechos que por el mismo se conceden, quedando el EDITOR exonerado de toda responsabilidad ante cualquier reclamación de terceros.

La titularidad mencionada le corresponde, en concepto de AUTOR Y/O COMPOSITOR MUSICAL en la forma y participación que se detalla en el Anexo I de este contrato, el cual forma parte integrante e inseparable del mismo.

Asimismo, el AUTOR declara ser miembro de SGAE para todos los derechos objeto de gestión colectiva necesaria por parte de esta entidad.

II. Que el EDITOR ejerce legalmente su actividad como editor musical, de acuerdo con la normativa vigente.

III. De acuerdo con lo expuesto, ambas partes, de mutuo acuerdo, celebran el presente contrato de edición (el "Contrato") bajo las siguientes

ESTIPULACIONES

PRIMERA.- OBJETO DEL CONTRATO. AUTOR otorga al EDITOR su consentimiento para que éste, por sí o por tercero, divulgue, publique, reproduzca, distribuya y ejerza los derechos cedidos en virtud de este Contrato, en exclusiva, sobre las Obras, sin más limitación que las que dimanen del Contrato y de la Ley.

SEGUNDA.– DERECHOS CEDIDOS. El AUTOR cede al EDITOR en exclusiva todos los derechos de explotación sobre las Obras, incluyendo, a título enunciativo: El DERECHO

DE REPRODUCCIÓN GRÁFICA Y DISTRIBUCIÓN DE EJEMPLARES IMPRESOS de las Obras, bien sea de forma gratuita o bien mediante

a) contraprestación, venta, alquiler, préstamo o cualesquiera otros métodos de explotación comercial o

b) modalidades de explotación, inclusive las de reproducción por medios gráficos, fonográficos, videográficos, digitales, audiovisuales, así como tratamiento de datos y soportes o sistemas de almacenamiento conocidos como multimedia (a título meramente enunciativo: CD ROM, CD Interactivos, Bases de datos, Redes Digitales tipo Internet, etc.) y su distribución por medio de ejemplares o redes telemáticas.

Igualmente, queda comprendida la cesión de los derechos de remuneración compensatoria en la proporción en que no sea irrenunciable para el AUTOR, regulados en el vigente Texto Refundido de la Ley de Propiedad Intelectual (en adelante, "TRLPI").

b) El DERECHO DE REPRODUCCIÓN, entendido como fijación, directa o indirecta, provisional o permanente, por cualquier medio y en cualquier forma, de las Obras, en su integridad o fragmentadas, o de su música y/o letra, en un medio que permita su comunicación y la obtención de copias; en cualesquiera soportes, ya sean de sonido o de imagen y sonido, analógico o digital, de almacenamiento (como multimedia) o de cualquier otro tipo, inclusive, a título meramente enunciativo, soportes fonográficos, videográficos, DVD, CD Rom, CD Interactivos, Redes Digitales tipo Internet, Bases de Datos, etc.; y el DERECHO DE DISTRIBUCIÓN de las Obras así reproducidas en cualquier forma, bien sea de forma gratuita o bien mediante contraprestación, venta, alquiler o préstamo (comprendiendo la cesión tanto los correspondientes derechos de autorización como, en la medida en que sean renunciables, los derechos a obtener una remuneración compensatoria) o bien por otro método de explotación comercial.

Dentro de estos derechos cedidos se encuentra además el DERECHO DE PRIMERA FIJACIÓN de las Obras o de parte de ellas, ya sea con destino a una explotación de carácter comercial o publicitario, para inclusión en obras audiovisuales, incluyendo videojuegos, como tono para telefonía o informática o cualquier otro uso por medio conocido; así como el derecho a la remuneración del artículo 25 TRLPI, en la proporción que no sea irrenunciable para el AUTOR.

c) El DERECHO DE COMUNICACIÓN PÚBLICA, entendido como todo acto por el cual la totalidad o parte de las Obras se ponen a disposición de una pluralidad de sujetos sin necesidad de previa distribución de ejemplares, incluyéndose, a título meramente enunciativo y no limitativo, la representación escénica, recitación, disertación y ejecución pública de las Obras mediante cualquier medio o procedimiento; la proyección o exhibición pública de las Obras, incorporadas a un soporte audiovisual; la emisión de las Obras por radiodifusión o por cualquier otro medio que sirva para la difusión inalámbrica de signos o sonidos, comprendiendo el concepto de emisión la producción de señales portadoras de programas hacia un satélite, cuando la recepción de las mismas por el público no es posible sino a través de entidad distinta de la de origen; la radiodifusión o comunicación al público vía satélite de las Obras; la transmisión de las Obras al público por hilo, cable, fibra óptica u otro procedimiento análogo, sea o no mediante abono; la retransmisión, por cualquiera de los medios citados en los apartados anteriores y por entidad distinta de la de origen, de las Obras radiodifundidas; la emisión o transmisión, en lugar accesible al público, mediante cualquier instrumento idóneo, de las Obras radiodifundidas; el derecho de puesta a disposición del público de las Obras por procedimientos alámbricos o inalámbricos, que faciliten el acceso a las Obras por cualquier persona desde el lugar y momento que ella elija, a través de cualquier tipo de red electrónica o digital, incluida Internet, o el acceso público en cualquier forma a las Obras incorporadas a una base de datos. Todo ello en cualquier modalidad de explotación, inclusive a título meramente enunciativo, las modalidades de acceso gratuito (como pueden ser las de Free TV), o acceso de pago (como Pay TV o Pay per View), y para cualquier medio de difusión (incluyendo, a título enunciativo, los digitales y analógicos).

Queda igualmente cedido el derecho a la remuneración compensatoria del artículo 90 del TRLPI, en la proporción que no sea irrenunciable para el AUTOR.

d) El DERECHO DE TRANSFORMACIÓN mediante arreglos musicales, adaptaciones y/o traducciones de las Obras a cualquier lengua o idioma, fragmentaciones, y cualquier otra modificación de la que derive una obra diferente, incluso con la posibilidad de que la obra derivada no sea una obra musical; Y EL DERECHO A INCLUIR LAS OBRAS EN OTRAS OBRAS O PRESTACIONES, incluyendo la creación de obras compuestas, la inclusión de las Obras, total o parcialmente, en "ringtones", "tonos", "politonos", "truetones", "realtones", "ring-back tones" o similares, su incorporación a bases de datos, producciones multimedia (ya sean "on line" u "off line") o páginas WEB, UMTS o WAP, la sincronización de las Obras en cualquier tipo de obra y/o grabación sonora, visual y/o audiovisual, con cualquier tipo de fin (desinteresado, comercial, publicitario, etc.) o asociada a cualquier servicio y/o producto.

Esta cesión lleva aparejada necesariamente la autorización para suscribir acuerdos que incluyan repartos de porcentajes sobre las obras resultantes de la transformación o incorporación, bien entendido siempre que en la parte que corresponda al AUTOR y al EDITOR se respetarán los porcentajes establecidos en la cláusula séptima del presente documento. En los supuestos de adaptación, el porcentaje del adaptador se establecerá según las normas aplicables de la correspondiente entidad de gestión.

e) El DERECHO DE COLECCIÓN: AUTOR renuncia a favor de EDITOR al derecho de colección, conforme se regula en el artículo 22 TRLPI.

El EDITOR podrá asimismo autorizar el uso del título de las Obras para cualquier utilización (como, por ejemplo, uso promocional, para obras audiovisuales, para licenciar a un tercero el uso de una marca sobre el mismo, etc.).

TERCERA.– SALVAGUARDA DEL DERECHO MORAL DEL AUTOR. Queda reservado al AUTOR su Derecho Moral. Este será respetado en todo momento por el EDITOR, que exigirá a los terceros con que contrate la salvaguarda del mismo.

CUARTA.– TERRITORIO. Los derechos se conceden para el territorio de todo el UNIVERSO (el "TERRITORIO").

En los Estados en los que exista entidad de gestión de derechos de autor con contrato de representación suscrito con las entidades de gestión españolas, los derechos de gestión colectiva se ejercerán por medio de aquellas. En los Estados en que no exista representación con entidad (es) de gestión, el AUTOR autoriza al EDITOR para el licenciamiento y cobro directo de cuantos derechos se ceden en virtud de este Contrato, bien entendido que el AUTOR no podrá exigir al EDITOR la persecución en dichos Estados de infracciones de los derechos sobre las Obras, dada la dificultad que las circunstancias jurídico-políticas de dichos Estados puede implicar.

QUINTA.– PLAZO DE VIGENCIA DEL CONTRATO. La duración inicial de este contrato es de .... años, prorrogable automáticamente por periodos iguales (........) años salvo acuerdo expreso de las partes. En caso de que una de las partes no quisiera renovar el contrato a su vencimiento será la encargada de notificar a SGAE la disolución del mismo.

SEXTA.– INDIVISIBILIDAD DE LAS OBRAS. Si las Obras estuviesen integradas por géneros distintos (literario o musical), no obstante considerarse indivisibles, el EDITOR está facultado para utilizar o autorizar a otros para que utilicen por separado tanto su letra como su música. En este caso, y en virtud de tal indivisibilidad, todos los autores de las Obras así utilizadas participarán en los rendimientos que se obtengan en la proporción establecida en este Contrato.

SÉPTIMA.– CONTRAPRESTACIÓN ECONÓMICA. Como contraprestación por los derechos cedidos, el EDITOR se obliga a satisfacer al AUTOR los siguientes porcentajes de los rendimientos que se obtengan por la explotación de las Obras:

a) Reproducción y distribución de ejemplares impresos.

La participación del AUTOR será del .... POR CIENTO del precio de venta al detallista, deducidos impuestos indirectos, de cada ejemplar efectivamente vendido en firme en España. En los casos de Obras creadas en colaboración, dicho porcentaje será calculado proporcionalmente a la participación de cada uno de los autores en la autoría de la Obra. Las cantidades netas que por este concepto se reciban del extranjero serán distribuidas al .... POR CIENTO el AUTOR y .... POR CIENTO el EDITOR.

Cuando las Obras hayan sido impresas en un álbum conjuntamente con otras, el EDITOR abonará al AUTOR los porcentajes estipulados anteriormente, en proporción al número de obras contenidas en dicho álbum (pro rata numeris).

Las liquidaciones correspondientes serán practicadas y enviadas por el EDITOR al AUTOR dentro de los .... días siguientes al fin de cada año natural.

b) Reproducción/Distribución Mecánica:

El reparto entre AUTOR y EDITOR es el establecido en el Anexo I de este Contrato.

El AUTOR reconoce que su porcentaje le será abonado a través de la entidad de gestión indicada en el Expositivo I, salvo para el reparto de las cantidades recaudadas por licencias de primera fijación u otras cantidades que el EDITOR pudiera percibir a tanto alzado, así como en el caso de derechos de reproducción y distribución mecánica cobrados en los países mencionados en el párrafo segundo de la cláusula cuarta.

c) Comunicación Pública:

El reparto entre AUTOR y EDITOR es el establecido en el Anexo I de este Contrato.

El AUTOR reconoce que su porcentaje le será abonado a través de la entidad de gestión indicada en el Expositivo I, salvo para el reparto de las cantidades recaudadas por derechos de comunicación pública que se pudieran cobrar en los países mencionados en el párrafo segundo de la cláusula cuarta.

d) Transformación, sincronización e incorporación a obras o prestaciones:

El reparto entre AUTOR y EDITOR es el establecido en el Anexo I de este Contrato.

Salvo para el caso de que alguna modalidad quede reservada a la entidad de gestión indicada en el Expositivo I por normativa interna de la misma (en cuyo caso el AUTOR reconoce que su porcentaje le será abonado a través de la misma), el reparto de las cantidades recaudadas se realizará por el EDITOR.

El AUTOR reconoce que los cobros que según lo anterior queden reservados para su realización a través de la entidad de gestión indicada en el expositivo I le serán abonados por ella, para los territorios cuyo control ha sido encomendado a dicha entidad y mientras siga vigente su mandato con ella, o por cualquier otra entidad de gestión a la cual en un futuro le sea encomendada dicha recaudación. El AUTOR conoce que el EDITOR ni siquiera tiene acceso a sus datos personales y económicos según obran en poder de la entidad de gestión, por lo que exime al EDITOR de toda responsabilidad respecto de las liquidaciones y pagos cuya recaudación y reparto sea competencia de la entidad de gestión.

Los importes cobrados por el EDITOR por los conceptos relacionados anteriormente y que no hayan sido confiados a la entidad de gestión para su reparto serán liquidados por el EDITOR al AUTOR dentro de los .... días siguientes al fin de cada semestre natural (......... y..........) en los términos de la cláusula octava. En cualquier caso, el EDITOR no viene obligado a practicar liquidaciones por los conceptos referidos en las precedentes letras a), b), c) y d) más que por derechos efectivamente cobrados por él y no confiados a la entidad de gestión para su reparto, sin que en ningún caso deba anticipar pagos al AUTOR sobre impagados, pagos fallidos, créditos de dudoso cobro, etc., riesgo que asumirán ambas partes.

El EDITOR podrá imprimir, fabricar y distribuir gratuitamente ejemplares impresos o soportes sonoros y/o audiovisuales, así como autorizar actos puntuales de comunicación pública sin contraprestación económica, con destinos promocionales; entrando tal distribución o comunicación dentro de las actividades promocionales inherentes al contrato de edición, dentro de los usos del sector. El AUTOR no podrá exigir contraprestación alguna por tal explotación gratuita.

OCTAVA.– FORMA DE PAGO. En los plazos de la cláusula anterior, el EDITOR enviará al AUTOR o sus derechohabientes las liquidaciones expresivas de las cantidades por las que el AUTOR debe remitir la correspondiente factura para proceder a su cobro. El EDITOR no viene obligado al pago en tanto no reciba factura expedida conforme a Ley, pago que realizará en la forma de pago acordada con el AUTOR o sus derechohabientes.

NOVENA.– DOMICILIO PARA NOTIFICACIONES Y PAGOS. El AUTOR designa como domicilio a efectos de comunicaciones y pagos (incluidos los envíos de liquidaciones) el del encabezamiento del Contrato, obligándose a comunicar mediante telegrama, burofax conducto notarial u otro medio que permita acreditar fehacientemente tal comunicación, cualquier cambio de domicilio o de lugar (cuenta) de pago, cambio que obligará al EDITOR a los .. días hábiles desde la recepción de la comunicación que le haga el AUTOR notificándole tal cambio de domicilio o lugar de pago.

DÉCIMA.– OBLIGACIONES DEL EDITOR.

a) Realizar, en la medida exigible según Ley, una edición impresa de las Obras, en un plazo no superior a dos años, a partir de la fecha de este Contrato. En la primera página de dicha edición figurará, a nombre del AUTOR y del EDITOR, la nota de reserva de derechos tras la palabra "copyright" o su símbolo ©.

b) Observar la diligencia necesaria en el cumplimiento de las formalidades requeridas por las leyes para la protección efectiva de las Obras.

c) Realizar cuanto sea necesario para asegurar a las Obras una explotación permanente y continua, de acuerdo con su naturaleza y según los usos de la profesión y satisfacer a su costa los gastos de toda índole derivados de tal explotación y del ejercicio de los derechos de explotación concedidos, tales como los de promoción y propaganda, por cualquier medio, y los de publicación de ejemplares impresos y/o fabricación de soportes sonoros, así como los de distribución de ejemplares o copias, cuyo precio fijará libremente el EDITOR.

UNDÉCIMA.– OBLIGACIONES DEL AUTOR.

a) Entregar al EDITOR en un plazo de quince días el manuscrito completo de las Obras totalmente acabadas (partitura y letra, en su caso) o, en su defecto, un soporte audio o que contenga una grabación sonora de las Obras que permita al EDITOR la reproducción gráfica según lo estipulado en la cláusula décima (a).

b) El AUTOR y el EDITOR se exoneran mutuamente de la obligación de someter, corregir y aprobar las pruebas de la tirada de la edición gráfica y/o las pruebas de fabricación, corte, acetatos, matrices y mastering de soportes sonoros.

DUODÉCIMA.– AUTORIZACIÓN PARA CESIÓN A TERCEROS. El EDITOR podrá vender, ceder o traspasar, parcial o totalmente, los derechos adquiridos en virtud del Contrato, así como confiar la explotación de los mismos a terceros, sin restricción ni limitación más que la de reservar al AUTOR los porcentajes de participación estipulados.

A título enunciativo, el EDITOR podrá concertar (i) contratos de subedición para cualquiera de los Estados del TERRITORIO, pudiendo ceder a otros editores extranjeros hasta el ...% de los derechos adquiridos por el EDITOR según este Contrato (en este caso, las participaciones de los arregladores y/o adaptadores se regirán de conformidad con las normas establecidas por las Entidades de gestión del o de los países correspondientes); así como (ii) contratos de coedición, pudiendo ceder a otros editores el porcentaje que considere conveniente de los derechos atribuidos a su participación editorial y/o incluso, las facultades de gestión y administración (siempre de conformidad con las normas vigentes que para estos casos existan en la(s) entidad (es) de gestión del o los países correspondientes).

DECIMOTERCERA.– REGISTRO DE LAS OBRAS. El EDITOR podrá inscribir las Obras en los Registros de Propiedad Intelectual, Copyright u otros del TERRITORIO, así como sus renovaciones, a nombre del EDITOR o del AUTOR, debiendo el AUTOR colaborar en lo que sea preciso.

DECIMOCUARTA.– UTILIZACIÓN DE IMAGEN, DATOS Y NOMBRE DEL AUTOR.

El EDITOR, a efectos de promoción o ejercicio de los derechos cedidos, podrá utilizar la imagen, el nombre y los datos biográficos del AUTOR, sin que este pueda exigir ninguna remuneración económica como contraprestación. Igualmente, el AUTOR autoriza a EDITOR (i) la inclusión de sus datos personales en una base de datos propia y/o del grupo de empresas a que pertenezca y (ii) el tratamiento de los mismos de acuerdo con la legislación vigente, con la finalidad del mantenimiento, seguimiento y control de la presente relación contractual. Asimismo, el AUTOR autoriza la cesión de sus datos personales a las entidades de gestión, coeditores y subeditores únicamente en la medida en que pueda resultar conveniente para la ejecución del presente Contrato y/o para la gestión de los derechos cedidos en virtud del mismo. El AUTOR podrá ejercitar los derechos de acceso, cancelación, rectificación u oposición dirigiéndose por escrito a la dirección de EDITOR (señalada más arriba).

DECIMOQUINTA.– DERECHOS DE TANTEO Y RETRACTO A FAVOR DEL EDITOR.

La cesión de derechos otorgada no alcanza a las modalidades de utilización o difusión inexistentes o desconocidas al tiempo de la cesión. Ahora bien, si en el futuro el EDITOR quisiera explotar los derechos por medio de una modalidad y/o medio actualmente desconocido, lo comunicará al AUTOR, entendiéndose que el mismo está conforme si en ... días no comunica su oposición en la forma acordada en el presente Contrato para notificaciones. El EDITOR ostentará un derecho de tanteo y, en su caso, de retracto, respecto de dichas nuevas modalidades de utilización y/o de difusión

DECIMOSEXTA.– DEFENSA DE LOS DERECHOS. El EDITOR podrá entablar, a su costa, por sí o por apoderado cualquier reclamación extrajudicial, judicial y/o administrativa en defensa de los derechos del AUTOR y/o del EDITOR sobre las Obras. Las indemnizaciones netas que se obtengan como consecuencia de dichas reclamaciones o procedimientos, una vez deducidos los gastos, serán repartidas entre el EDITOR y el AUTOR de conformidad con los porcentajes de reparto establecidos en la cláusula séptima de este Contrato. El AUTOR queda obligado a otorgar al EDITOR, o a la(s) persona(s) que éste designe, poderes notariales bastantes para llevar a efecto los aludidos procedimientos.

DECIMOSÉPTIMA.– SUCESIÓN MORTIS CAUSA. En el caso de sucesión mortis causa, el EDITOR no vendrá obligado al cumplimiento de ninguna de las obligaciones derivadas del este Contrato hasta que no se den las siguientes condiciones: (i) que los derechohabientes acrediten la sucesión con los documentos y formalidades que exija la Ley, (ii) que los derechohabientes, caso de ser más de uno, comuniquen fehacientemente al EDITOR quién de ellos es el administrador de los derechos sucesorios a efectos del presente Contrato; y (iii) que con posterioridad a cada liquidación, le sea remitida la correspondiente factura.

DECIMOCTAVA: ELEVACIÓN A ESCRITURA PÚBLICA. Este Contrato podrá ser elevado a escritura pública a petición de cualquiera de las partes, viniendo la contraparte obligada a realizar las actuaciones imprescindibles a este fin, y siendo a cargo del que lo solicita todos los gastos que se produzcan.

DECIMONOVENA.– LEGISLACIÓN APLICABLE Y SUMISIÓN JURISDICCIONAL.

Este Contrato se regirá por las Leyes españolas y, para toda cuestión o diferencia dimanante del mismo, las partes se someten a la jurisdicción de los Tribunales de..........., con renuncia expresa a cualquier otro fuero que pudiera corresponderles.

VIGÉSIMA.– ENTRADA EN VIGOR. El presente Contrato entrará en vigor a partir de la fecha de su firma, y redundará en beneficio de las partes y de sus sucesores y concesionarios.

Las partes leen por sí el presente Contrato, que se extiende por triplicado y a un solo efecto, y encontrándolo conforme, lo firman en el lugar y fecha indicados ut supra.

F084. CONTRATO DE EDICIÓN DISCOGRÁFICO (II)

Normativa aplicable: *Arts. 58 y ss. Real Decreto Legislativo 1/1996, de 12 de abril, por el que se aprueba el texto refundido de la Ley de Propiedad Intelectual, regularizando, aclarando y armonizando las disposiciones legales vigentes sobre la materia.*

En ...., a...........

REUNIDOS

DE UNA PARTE: .... con domicilio social en............., representada por Don............, Director General de .... y actuando como órgano de contratación de la sociedad, en adelante denominado EDITOR.

Y DE OTRA, ... con DNI nº .... y domicilio en.........., en lo sucesivo denominado AUTOR.

Ambas partes se reconocen mutuamente la capacidad legal necesaria para formalizar el presente Contrato y por medio de este documento,

EXPONEN

I.– Que AUTOR es titular del pleno dominio de su composición musical .... y que la misma no infringe el copyright de cualquier otra obra, afirmando no tenerla sujeta a carga ni gravamen alguno y caberle respecto de ella la más libre disponibilidad, así como estar plenamente facultado para celebrar este contrato y ceder los derechos que por el mismo se conceden, quedando EDITOR exonerado de toda responsabilidad ante cualquier eventual reclamación por parte de terceros.

La titularidad mencionada le corresponde, en concepto de creador, en la forma y participación que se detalla seguidamente:

MÚSICA: .....% LETRA ....%

Asimismo, AUTOR declara estar afiliado a la Entidad de Gestión SGAE para los derechos de reproducción mecánica, y a la Entidad de Gestión SGAE para los derechos dramáticos, de ejecución y de comunicación pública.

D. .... Código SGAE ....

II.– Que EDITOR ejerce legalmente su actividad, de acuerdo con la normativa vigente.

Y que en atención a lo expuesto, ambas partes, de mutuo acuerdo celebran el presente contrato bajo las siguientes:

ESTIPULACIONES

PRIMERA.– AUTOR otorga a EDITOR su consentimiento expreso para divulgar y publicar, en régimen de exclusiva, las obras objeto de este contrato, sin más restricción ni limitación que aquellos que dimanen del presente Contrato, y de la legislación vigente aplicable.

SEGUNDA.– AUTOR cede a EDITOR, también en régimen de exclusiva, la totalidad de derechos de explotación de las obras objeto de este Contrato y, en particular, los siguientes:

a) El derecho de reproducción gráfica y de distribución de los ejemplares impresos de las obras, bien sea de forma gratuita o bien mediante contraprestación, venta, alquiler o cualquier otros métodos de explotación comercial.

b) El derecho de reproducción mecánica derivado de la fijación (grabación) y reproducción sonora o audiovisual de las obras, en cualquier soporte que permita su comunicación pública y la obtención de copias de todas o parte de ellas, así como la reproducción de dichos soportes y su distribución, bien sea de forma gratuita o bien mediante contraprestación, venta, alquiler, préstamo o cualquiera otros métodos de explotación comercial. Se incluye expresamente la reproducción de la obra en cualquier formato analógico o digital, citando de manera enunciativa y no exhaustiva la reproducción en cd rom, cd+, mini-disc, láser disc, compact disc, DVD, telefonía móvil, etc, así como la reproducción de la obra en archivos y redes digitales on line, tales como intranet, internet, páginas web, etc. Y la comunicación pública de dichos soportes. Queda igualmente incluido el derecho a la remuneración compensatoria establecida en el artículo 25 de la vigente Ley de Propiedad Intelectual. Queda también comprendido el derecho de inclusión o de sincronización (primera fijación) de las obras completas o fragmentadas en cualquier grabación audiovisual, obra audiovisual, spot publicitario, programas derivados, etc., cualquiera que sea el soporte utilizado.

c) El derecho de comunicación pública en toda su amplitud: representación y ejecución por todos los medios y procedimientos, exhibición o proyección a partir de soportes sonoros y/o audiovisuales, emisión y retransmisión por radio y televisión (incluso si se efectúan vía satélite), transmisión inalámbrica y/o por cable, hilo, fibra óptica o cualquier otro procedimiento análogo, la emisión y retransmisión on-line de la obra y su puesta a disposición a través de redes digitales interactivas y de redes de telecomunicación informática de cualquier tipo. La difusión pública de las obras comunicadas, representadas, ejecutadas, exhibidas, proyectadas, emitidas, transmitidas, radiodifundidas y/o televisadas.

d) El derecho de transformación mediante arreglos musicales, adaptaciones y/o traducciones de las obras a cualquier lengua o idioma, y cualquier otra modificación en su forma, incluyendo la autorización para la constitución de obras compuestas.

e) El derecho a explotar la totalidad o parte de la obra objeto del presente contrato mediante producciones conocidas como "de multimedia", ya sea "on line" u "off line", el derecho a incorporar la totalidad o parte de dicha composición en obras "de multimedia" cuando se trate de nuevas creaciones y los derechos de explotación enumerados en la presente estipulación (segunda) que recaigan sobre las creaciones derivadas o compuestas fruto de la citada explotación "de multimedia", independientemente de que la legislación aplicable al acto de explotación sea la del país de origen o la del de destino de dicho acto.

TERCERA.– Queda reservado en favor del AUTOR las facultades comprensivas del Derecho Moral, que serán respetadas en todo momento por el EDITOR, quien exigirá a terceros con los que contrate la salvaguardia de este derecho.

CUARTA.– EL EDITOR ejercitará los derechos concedidos en el territorio de TODO EL MUNDO, en adelante denominado TERRITORIO.

QUINTA.– La duración del presente contrato es de ..... años, a contar desde la fecha de su firma, prorrogables por períodos de .... años, salvo denuncia por cualquiera de las partes suscribientes con un mes de antelación a la finalización del periodo inicial o de cualquiera de sus prórrogas. Sin perjuicio de lo anterior, dicho contrato podrá resolverse con anterioridad al vencimiento del contrato o de cualquiera de sus prórrogas, si en el plazo de .... años las obras no han generado derechos de remuneración.

SEXTA.– Si las obras objeto de este Contrato estuviesen integradas por aportaciones de diferentes autores y alguna de ellas perteneciese a géneros distintos (literario o musical), no obstante considerarse indivisibles aquéllas, el EDITOR está facultado para utilizar, o autorizar a otros que utilicen por separado, tanto las letras como las músicas de las obras. Todos los AUTORES de las obras así utilizadas participarán en los rendimientos que se obtengan en la proporción establecida en el presente Contrato.

SÉPTIMA.– Como contraprestación por los derechos aquí cedidos, el EDITOR se obliga a satisfacer al AUTOR los siguientes porcentajes de los rendimientos que se obtengan por la explotación de las obras:

a) Reproducción y distribución de ejemplares impresos.

La participación será del ..... POR CIENTO del precio de venta al público, deducidos impuestos, de cada ejemplar vendido en firme en España.

Cuando las obras hayan sido impresas en un álbum juntamente con otras, EDITOR abonará a AUTOR los porcentajes estipulados anteriormente, en proporción a las obras contenidas en dicho álbum.

Las liquidaciones correspondientes serán practicadas por EDITOR a AUTOR dentro de los .... días siguientes al fin de cada año natural.

b) Reproducción Mecánica, distribución y copia privada

AUTOR: .... POR CIENTO

EDITOR: .... POR CIENTO

AUTOR reconoce que estos porcentajes les serán abonados a través de la Entidad de Gestión indicada en el Expositivo I, para los territorios cuyo control ha sido encomendado a dicha Entidad y mientras siga vigente su mandato con ella, o por cualquier otra Entidad de Gestión a la cual en un futuro le sea encomendada dicha recaudación. AUTOR exime por tanto a EDITOR de toda responsabilidad al respecto.

c) Comunicación Pública:

AUTOR: .... POR CIENTO

EDITOR: .... POR CIENTO

AUTOR reconoce que estos porcentajes le serán abonados a través de la Entidad de Gestión indicada en el Expositivo I, para los territorios cuyo control ha sido encomendado a dicha Entidad y mientras siga vigente su mandato con ella, o por cualquier otra Entidad de Gestión a la cual en un futuro le sea encomendada dicha recaudación. AUTOR exime por tanto al EDITOR de toda responsabilidad al respecto.

OCTAVA.– Cuando fuese contratada la sub-edición de las obras para cualquier país extranjero comprendido en el TERRITORIO, las participaciones de los arregladores y/o adaptadores se regirán de conformidad con las normas establecidas por las Entidades de Gestión del o de los países correspondientes.

NOVENA.– AUTOR autoriza expresamente a EDITOR para percibir y hacer efectiva la cobranza de cuantos derechos se generen por la explotación de las obras en aquellos países donde las mencionadas Entidades de Gestión no tengan representación. La liquidación de tales derechos será practicada por EDITOR a AUTOR según los porcentajes fijados en la estipulación Séptima a), b) y c), y dentro de los .... días siguientes al fin de cada año natural.

DÉCIMA.– EDITOR podrá imprimir, fabricar y distribuir gratuitamente ejemplares impresos o soportes sonoros con destino a promoción a usuarios de los medios y/o entes de producción profesionales. Tales ejemplares y copias se entenderán excluidos de lo dispuesto en la estipulación Segunda, sin que AUTOR pueda exigir contraprestación alguna por razón de dicha distribución.

UNDÉCIMA.– EDITOR queda autorizado, de conformidad con lo previsto en la estipulación Segunda a otorgar autorizaciones de utilización y licencias de sincronización (primera fijación) de la obra completa o fragmentada, de manera onerosa o gratuita. Las cantidades que EDITOR reciba por estos conceptos, en el supuesto de cesión onerosa, serán liquidadas directamente por EDITOR a AUTOR, dentro de los .... días siguientes al .... y .... de cada año, de acuerdo con el reparto estipulado en la estipulación Séptima b). En todo caso, la fijación realizada en grabaciones u obras audiovisuales producidas o coproducidas por .... se otorgará con carácter gratuito. Las autorizaciones concedidas por el EDITOR deberán comunicarse al AUTOR oportunamente.

DUODÉCIMA.– EDITOR queda obligado:

a) En caso de ediciones impresas, en la primera página de esta edición impresa figurará la palabra "copyright" o su símbolo @ seguido del año de la publicación, del nombre del autor, del nombre y domicilio del editor y de la indicación relativa al territorio al que alcanzan los derechos de EDITOR.

b) A observar la diligencia necesaria en el cumplimiento de las formalidades requeridas por las Leyes para la protección efectiva de las obras.

c) A satisfacer a su costa los gastos de toda índole derivados del ejercicio de los derechos de explotación concedidos, tales como los de promoción y propaganda, por cualquier medio, y los de publicación de ejemplares impresos y/o fabricación de soportes sonoros, así como los de distribución de ejemplares o copias, cuyo precio podrá fijar libremente el EDITOR. Sin perjuicio de lo anterior, ... no producirá la grabación audiovisual necesaria para la explotación de las músicas.

d) Y a realizar cuanto sea necesario para asegurar a las obras una explotación permanente y continua, de acuerdo con su naturaleza y según los usos de la profesión.

AUTOR y EDITOR se exoneran mutuamente de la obligación de someter, corregir y aprobar las pruebas de la tirada de la edición gráfica y/o las pruebas de fabricación, corte, acetatos, matrices y mastering de soportes sonoros.

AUTOR renuncia a favor de EDITOR al derecho de colección, dado el carácter de exclusiva de este convenio.

DECIMOTERCERA.– EDITOR tendrá la facultad de vender, ceder o traspasar, parcial o totalmente, los derechos adquiridos en virtud del presente Contrato, así como de confiar la explotación de las obras a terceros, sin ninguna restricción ni limitación, incluso en régimen de co-edición y/o sub-edición, con o a cualquier otro editor pero con la obligación de reservar a favor del AUTOR los porcentajes de participación estipulados en este Contrato.

Las cesiones que el EDITOR pueda hacer en régimen de sub-edición estarán sujetas a las normas vigentes que para estos casos existan en la Sociedad General de Autores y Editores.

EDITOR estará asimismo facultado para autorizar el uso del título de las obras incluso como título de películas cinematográficas, videogramas, producciones de televisión y cualesquiera otras obras o producciones audiovisuales.

DECIMOCUARTA.– AUTOR autoriza a EDITOR a que realice la inscripción de las obras en los Registros de Propiedad Intelectual, Copyright u otros, de los países que correspondan al TERRITORIO concedido, así como las correspondientes renovaciones, bien a nombre de EDITOR o de los AUTORES indistintamente, firmando cuantos documentos sean precisos para ello.

DECIMOQUINTA.– La cesión de los derechos aquí otorgada no alcanza a las modalidades de utilización o de difusión inexistentes o desconocidas al tiempo de la cesión. Ahora bien, si en el futuro, el EDITOR quisiera explotar los derechos por medio de una modalidad o medio actualmente desconocido, lo comunicará fehacientemente a los AUTOR, entendiéndose que el mismo presta su entera conformidad si en plazo de .... días no hace reserva alguna.

DECIMOSEXTA.– EDITOR queda facultado para entablar por sí o por medio de apoderado cualquier procedimiento, judicial o administrativo, en defensa de los derechos correspondientes al AUTOR sobre las obras objeto de este Contrato, siendo de cuenta de EDITOR los gastos de toda índole que se puedan derivar de estas actuaciones. Las indemnizaciones netas que se obtengan como consecuencia de dichos procedimientos, una vez deducidos los gastos ocasionados, serán repartidas en partes iguales entre EDITOR y AUTOR. El AUTOR queda obligado a otorgar a EDITOR o a las personas que éste designe, poderes notariales bastantes para llevar a efecto los aludidos procedimientos.

DECIMOSÉPTIMA.– Cuando EDITOR sea demandado por cualquier causa relacionada con el contenido de este contrato, AUTOR se obliga a personarse en el procedimiento judicial abierto, tal como permite el artículo 13 de la Ley de Enjuiciamiento Civil.

DECIMOCTAVA.– En lo no previsto en el presente Contrato, se estará a lo dispuesto en la Ley de Propiedad Intelectual y demás normativa aplicable.

DECIMONOVENA.– Para toda duda, cuestión o diferencia dimanante del presente Contrato, las partes se someten expresamente a la jurisdicción de los Tribunales de .... con renuncia expresa a cualquier otro fuero que pudiera corresponderles.

VIGÉSIMA.– El presente Contrato entrará en vigor, con toda la fuerza de obligar, a partir de la fecha del mismo, y redundará en beneficio de las partes y de sus sucesores y concesionarios.

VIGESIMOPRIMERA.– Este Contrato podrá ser elevado a escritura pública a petición de cualquiera de las partes, siendo a cargo del que lo solicite todos los gastos que se produzcan.

Las partes leen por sí el presente Contrato, que se extiende por duplicado y encontrándolo conforme, lo firman en el lugar y fecha indicados en el encabezamiento.

F085. CONTRATO DE CO-EDICIÓN DISCOGRÁFICO

Normativa aplicable: *Arts. 58 y ss. Real Decreto Legislativo 1/1996, de 12 de abril, por el que se aprueba el texto refundido de la Ley de Propiedad Intelectual, regularizando, aclarando y armonizando las disposiciones legales vigentes sobre la materia.*

En ....., a ... de ..... de ....

REUNIDOS

De una parte,............, domiciliado en .... con CIF........., representado en este acto por Don............, en su calidad de representante legal, y............, domiciliado en..........., con CIF..........., representado en este acto por Doña..............., en su calidad de representante legal, en lo sucesivo denominado EDITOR.

Y de otra, ..., domiciliado en calle .... y NIF..........., representado en este acto por Don............, en su calidad de representante legal, en adelante denominado CO-EDITOR.

Reconociéndose ambas partes la capacidad legal necesaria para formalizar el presente contrato, en virtud del presente documento

ACUERDAN

PRIMERO.– Explotar conjuntamente, en régimen de co-edición, en el territorio de........., ampliable en aquellos países en que se publiquen dichas obras por medio de CO-EDITOR, y durante un periodo de .... AÑOS desde la fecha de este convenio, prorrogables mediante acuerdo escrito de las partes, la(s) obra(s) titulada(s):

....

que previamente ha(n) sido contratada(s) editorialmente por EDITOR ORIGINAL, mediante documento suscrito con el (los) autor (es) el (los) autor (es) ...., con fecha........., y Don..........., con fecha ....

SEGUNDO.– Que dicho régimen de co-edición, en cuanto a ingresos se refiere, se establece en la siguiente proporción:

Derechos de Comunicación Pública: ....: 34%

................: 33%

................: 33%

Derechos de Reproducción Mecánica: ....: 34%

................: 33%

................: 33%

A tal efecto, EDITOR ORIGINAL procederá a rectificar las claves de reparto en la SGAE.

TERCERO.– Que son obligaciones de CO-EDITOR:

1.– Asegurarse de la publicación en soporte fonográfico de las obras objeto de este contrato.

2.– Realizar un seguimiento del pago de los derechos de autor correspondientes, por la fabricación del disco por parte de la compañía discográfica, que incluya las obras objeto de este contrato, comprometiéndose al pago de dichos derechos fonomecánicos en caso de que la compañía discográfica elegida por CO-EDITOR no cumpliera con sus obligaciones ante la Sociedad General de Autores y Editores (SGAE).

3.– Comprometerse a conseguir de la compañía discográfica que publique el disco, un nivel de promoción adecuado a las necesidades del artista ....

CUARTO.– Que EDITOR ORIGINAL se encargará de la publicación y distribución exclusiva de la(s) obra(s) en edición papel; siempre y cuando la demanda del mercado lo requiera; comprometiéndose a reproducir conjuntamente su nombre y el de CO-EDITOR como co-editores de la(s) obra(s) en el mismo cuerpo tipográfico.

QUINTO.– Que CO-EDITOR se compromete a reembolsar a EDITOR ORIGINAL el .... de todas las inversiones realizadas y que tengan su origen en la publicación de la(s) obra(s) (tales como arreglos, copias, autografías, imprenta y litografía, papel de impresión, etc.,) todo ello debidamente justificado.

SEXTO.– Que EDITOR ORIGINAL conservará su facultad exclusiva de otorgar licencias, dentro de los términos que tiene convenidos con el (los) autor (es), para la utilización de la(s) obra(s) en todos los medios y soportes, incluida la publicidad.

SÉPTIMO.– Que, consecuentemente con lo expuesto, EDITOR ORIGINAL llevará la dirección administrativa de cuanto pueda afectar a la(s) obra(s) objeto de este convenio y muy en especial en todo lo relativo a posibles cesiones de la(s) misma(s) para el extranjero.

OCTAVO.– Que EDITOR ORIGINAL liquidará a CO-EDITOR, dentro de los .... DÍAS siguientes a la finalización de los semestres naturales de cada año, cualquier ingreso consecuencia de los derechos cedidos en este documento, producido en los territorios pactados y que perciba de manera directa durante la vigencia del presente convenio.

NOVENO.– Que CO-EDITOR no podrá vender, ceder y/o traspasar a terceros los derechos adquiridos por este convenio sin contar con la conformidad de EDITOR ORIGINAL.

DÉCIMO.– Que ambas partes se someten expresamente, para cualquier cuestión que pudiera derivarse de la interpretación o incumplimiento de este convenio, a los Tribunales de.........., haciendo expresa renuncia a cualquier otra competencia que, por razón de fuero e incluso de nacionalidad, pudiera corresponderles ahora o en lo sucesivo.

Lo que, en prueba de conformidad, firman por triplicado, en el lugar y fecha indicados al principio.

F086. CONTRATO PARA GRABACIÓN Y CESIÓN EXPLOTACIÓN REGISTROS SONOROS

Normativa aplicable: *Real Decreto Legislativo 1/1996, de 12 de abril, por el que se aprueba el texto refundido de la Ley de Propiedad Intelectual, regularizando, aclarando y armonizando las disposiciones legales vigentes sobre la materia.*

En ...., a......................

REUNIDOS

De una parte, D.., mayor de edad, domiciliado en ...., con DNI ...., en lo sucesivo denominado INTERPRETE.

Y de otra. D................, COMO REPRESENTANTE LEGAL DE ...., mayor de edad, con domicilio............., con DNI ...., y con CIF de ...., nº........, en lo sucesivo denominados PRODUCTOR

Reconociéndose mutuamente la capacidad legal necesaria para formalizar el presente contrato, por este documento,

EXPONEN

I. Que PRODUCTOR ejerce legalmente su actividad, de acuerdo con la normativa vigente.

II. Que INTERPRETE ha realizado la grabación de las obras que figuran en el anexo que se adjunta a este contrato, y que esta grabación ha sido retribuida como se expone en la estipulación sexta del presente contrato. Y que dichas obras son de dominio contrastado y propio de los firmantes y que las dataciones que son causa de este contrato quedan en propiedad de la PRODUCTORA Y que en atención a lo expuesto, ambas partes, de mutuo acuerdo celebran el presente contrato bajo las siguientes:

ESTIPULACIONES

PRIMERA.– INTÉRPRETE otorga a PRODUCTOR su consentimiento expreso para divulgar y publicar en exclusiva la(s) obra(s) objeto del presente contrato, sin restricción, ni limitación alguna.

SEGUNDA.– INTÉRPRETE cede en exclusiva a PRODUCTOR, con respecto a la(s) obra(s) mencionada(s) en el expositivo I los derechos de explotación en general de la(s) misma(s) y, en particular:

a) El de reproducción en forma gráfica y distribución (gratuita o mediante contraprestación, en venta, alquiler, etc...) de los ejemplares impresos.

b) El de reproducción mediante la fijación de la(s) obra(s) en cualquier soporte mecánico, visual y/o sonoro que permita su comunicación y la obtención de copias de toda o parte de ella(s), así como la reproducción pública en dichos soportes y su distribución mediante venta, alquiler o cualquier otra forma.

También queda comprendido el derecho de inclusión (sincronización) de la obra completa o fragmentada en cualquier soporte audiovisual o sonoro.

c) El de la comunicación pública de la(s) obra(s): representación y ejecución (por todos los medios y procedimientos); la proyección o exhibición a partir de soportes sonoros y/o audiovisuales; la emisión por radio o televisión (incluso la efectuada vía satélite de telecomunicación o radiodifusión); la retransmisión inalámbrica y la difusión pública de las obras radiodifundidas o televisadas y la transmisión por cable de esas mismas obras.

d) El derecho a explotar la totalidad o parte de la obra objeto del presente contrato mediante producciones conocidas como "de multimedia", ya sea "on line" u "off line", el derecho a incorporar la totalidad o parte de dicha composición en obras "de multimedia" cuando se trate de nuevas creaciones y los derechos de explotación enumerados en la presente estipulación (segunda) que recaigan sobre las creaciones derivadas o compuestas fruto de la citada explotación "de multimedia", independientemente de que la legislación aplicable al acto de explotación sea la del país de origen o la del de destino de dicho acto.

e) El derecho a la utilización del nombre, imagen, locución, interpretación y arreglos, así como cualquier otra variación del interprete respecto a la grabación de la obra(s) arriba indicada(s), quedando en propiedad de la PRODUCTOR los derechos de todo tipo que pudieran generarse a partir de la explotación de la obra por cualquier medio, en cualquier soporte y en cualquier tiempo o territorio.

TERCERA.– Queda reservado a INTÉRPRETE su derecho moral, el cual será respetado por PRODUCTOR, quién se obliga a exigir a los terceros con los que contrate, la salvaguarda de tal derecho.

CUARTA.– PRODUCTOR ejercitará los derechos concedidos en el territorio de todo el mundo, en adelante denominado TERRITORIO.

QUINTA.– La duración del presente contrato es por todo el tiempo que conceden las actuales Leyes y Convenciones Internacionales, y las que en lo sucesivo se dicten o acuerden.

SEXTA.– Como contraprestación por los derechos aquí cedidos, PRODUCTOR ha retribuido a INTÉRPRETE la cantidad que se establece en los usos habituales de la profesión.–............€

SÉPTIMA.– PRODUCTOR podrá imprimir y distribuir gratuitamente ejemplares impresos de la(s) obra(s), con destino a su propaganda, entre orquestas, conjuntos musicales etc... INTÉRPRETE y PRODUCTOR se exoneran mutuamente de la obligación de someter y corregir las pruebas de la tirada de la edición gráfica.

OCTAVA.– PRODUCTOR tendrá la facultad de vender, ceder o traspasar parte o la totalidad de los derechos adquiridos en virtud del presente contrato, así como de confiar la explotación de la(s) obra(s), sin limitación no restricción de ningún género, incluso en régimen de colaboración, con cualquier otra PRODUCTOR.

F087. CONTRATO DE CESIÓN DE DERECHOS DE EXPLOTACIÓN DE CONTENIDOS

Normativa aplicable: *Arts. 42 y ss. Real Decreto Legislativo 1/1996, de 12 de abril, por el que se aprueba el texto refundido de la Ley de Propiedad Intelectual, regularizando, aclarando y armonizando las disposiciones legales vigentes sobre la materia.*

En ...., a .. de .... de ....

REUNIDOS

De una parte

.... con CIF .... constituida en escritura pública otorgada el día .. de .... de .... ante el Notario de .... Don.............., inscrita en el Registro Mercantil de .... Tomo .... Folio ... Sección .. Hoja .... y domiciliada socialmente en C/ ...., representada en este acto por Don................., con DNI número .... en su calidad de Administrador, facultado para este acto según la Escritura de Apoderamiento otorgada ante el Notario de ...., D. ...., el día .... de .... de ...., con el número .... de su protocolo (en adelante, "LA CEDENTE").

De otra parte

D.............., mayor de edad, con NIF .... y domicilio profesional en.............., actuando en nombre y representación de la mercantil............... (en adelante "LA CESIONARIA"), con CIF .... y con domicilio en ...., en su calidad de Apoderado de la misma, con poderes suficientes para la firma de este contrato según consta en la escritura del Registro Mercantil de ...., otorgada ante el Notario D............., de fecha .... y nº de protocolo ...., que manifiesta no han sido revocados.

En adelante, la expresión "Partes" designará conjuntamente a .... y a .... La expresión "Parte" designará individualmente a cualquiera de ellos.

Las Partes se reconocen mutuamente la capacidad jurídica necesaria y suficiente para obligarse conforme a Derecho, así como la representación con que actúan, y al efecto

EXPONEN

I. Que LA CEDENTE es una compañía cuya actividad principal se basa en .... Ello no obstante, y aunque no forma parte del objeto principal de la compañía, fruto de la creación de una campaña publicitaria, LA CEDENTE es titular o ha adquirido legalmente de los autores y/o titulares de los derechos de propiedad intelectual sobre la obra detallada en el anexo I.

II. Que LA CESIONARIA es una compañía dedicada entre otras cosas, a la explotación (directamente y/o a través de terceros) de contenidos de diversa naturaleza a través del servicio de descarga desde dispositivos móviles y/o aplicaciones de telefonía para Voz por IP (VoIP), siendo ofrecidos dichos servicios desde distintos canales de comercialización, entre otros, los servicios se ofrecen desde soportes digitales (web, wap, i-mode, etc.), físicos (prensa, etc.).

III. Que LA CESIONARIA está interesada en adquirir los derechos de explotación del contenido que se especifica en el Anexo I al presente contrato para su comercialización a través del servicio de personalización de terminales telefónicos e Internet que gestiona.

IV. Que LA CEDENTE está legalmente capacitada para ceder los referidos derechos de propiedad intelectual conforme a lo previsto en el presente contrato. En este sentido, LA CEDENTE manifiesta ser titular o haber adquirido legalmente de los autores y/o titulares de los derechos de propiedad intelectual sobre la mencionada obra musical, la totalidad de los derechos que son susceptibles de ser objeto de cesión del presente Contrato, incluyendo la autorización para el uso del nombre del/ de los artista/s con la finalidad de promocionar el producto o servicio, y libera a LA CESIONARIA de cualquier responsabilidad derivada del incumplimiento de la presente afirmación.

V. Que interesando a LA CEDENTE la cesión de los mencionados derechos para la utilización del contenido señalado, y a LA CESIONARIA adquirirlos, las Partes suscriben el presente CONTRATO DE CESIÓN DE DERECHOS DE EXPLOTACIÓN (en adelante, el "Contrato") con arreglo a las siguientes

ESTIPULACIONES

PRIMERA.– DEFINICIONES

A los efectos del presente Contrato, se entenderá por:

Fonograma: es la grabación de una obra musical. Si bien suele entenderse por fonogramas los discos, las cintas, los compactos, también son fonogramas cualesquiera otros productos en que se fije una obra musical, a efectos del presente contrato, se denominarán fonogramas a todos aquellos archivos digitales en los que se fije una obra musical, ya fuere en formato audio (.mp3, .cda o .wav) o en cualquier otro tipo de formato que pudiere ser necesario para su utilización en el presente Contrato. Cada fonograma en formato digital deberá coincidir con la grabación comercializada por el productor de fonogramas bajo otro tipo de formato (compacto, vinilo, etc...), a excepción de lo referente a su duración.

Productor de fonogramas. Es el empresario bajo cuya iniciativa y responsabilidad se realiza la grabación de una obra musical. Al productor le corresponde el derecho exclusivo de autorizar la reproducción y distribución del fonograma. A efectos del presente Contrato, el productor de fonogramas se corresponderá con ....

Ring Back Tone: es el sonido que escucha el usuario-emisor de una llamada, desde que la compañía operadora ha conectado con el terminal móvil del usuario-receptor hasta que éste acepta la llamada (en adelante, también denominado en el presente Contrato como "RBT").

True Tone: es el sonido que se reproduce en el Terminal del receptor de una llamada y que contiene como sonido una música o sonido original (en adelante, también denominado en el presente Contrato como "TT").

FullTrack: es la distribución por cualquier medio o canal, de los autorizados en este Contrato, de la totalidad del sonido de una música o sonido original (en adelante, también denominado en el presente contrato como "FT").

Servicio SMS Premium: servicio consistente en la compra de contenidos o servicios por parte del usuario, realizada a través del envío y recepción de un SMS que el usuario envía a un número de destino y que recibe una respuesta del mismo, cerrando el ciclo del pedido y generando un coste adicional al propio del SMS en sí mismo.

Servicio WAP e IMODE Premium: Servicio consistente en la descarga de contenidos para el teléfono móvil mediante navegación WAP e I-Mode durante la cual el usuario selecciona dichos contenidos o servicios, los cuales tienen un coste añadido al propio de la navegación.

Peerade: aplicación de telefonía de Voz por IP desarrollada por LA CESIONARIA que permite a sus usuarios realizar y/o recibir llamadas a través de redes de VoIP y personalizar su ordenador o terminal con diversos tonos o sonidos (peertones, peerbacktones, vídeos, buzones y cualesquiera otros soportes o formatos que en un futuro LA CESIONARIA decida incorporar para su venta a través de dicha aplicación). El pago de dichos tonos o sonidos se realiza directamente a .... mediante tarjeta de crédito por parte de los usuarios. En adelante y a los efectos de este Contrato, también denominada simplemente como "aplicación y/o terminal de VoIP".

Peertones: es el sonido que escucha el receptor de una llamada realizada a través de Peerade en su ordenador o terminal, mientras acepta o rechaza la misma. Este sonido es emitido vía streaming desde un servidor central de forma que no se generan copias del archivo. Tiene una duración igual que los Ring Tones utilizados en telefonía móvil.

Peerbacktones: es el sonido que escucha el usuario-emisor de una llamada realizada a través de Peerade, hasta que el usuario-receptor acepta dicha llamada. Este sonido es emitido vía streaming desde un servidor central de forma que no se generan copias del archivo. Tiene una duración igual que los Ring Back Tones utilizados en telefonía móvil.

Descarga: es la acción de enviar o entregar una copia del fonograma original para ser guardado en el terminal telefónico del usuario.

Terminal de telefonía: es cualquier dispositivo electrónico susceptible de realizar y recibir llamadas de telefonía, de telefonía móvil, fija o sobre redes de VoIP.

Operadora o compañía operadora. La compañía proveedora de servicios de telefonía móvil.

Base de datos de...........: es la estructura física (hardware) y lógica (software) propiedad de .... en la que serán almacenados los ficheros originales de LA CEDENTE. Desde ellos se harán las descargas a los teléfonos móviles de los usuarios y en ellos quedarán registradas todas las descargas para la posterior liquidación de los royalties establecidos en el presente Contrato, con excepción del servicio de RBT prestado directamente por las operadoras de telefonía móvil y desde su base de datos y plataforma.

Usuario. Es el titular de Terminal de telefonía móvil o de VoIP que solicita la descarga y/o compra del Contenido.

SEGUNDA.– CONTENIDOS OBJETO DE LA PRESENTE CESIÓN

El contenido objeto de la presente cesión se reduce a:

- La grabación fonográfica que se describe en el Anexo 1.
- Nombres, marcas y logotipos relacionados con el anterior.

LA CEDENTE, cede y entrega a favor de LA CESIONARIA los derechos de explotación sobre el Contenido que pone a disposición de LA CESIONARIA, en la fecha de firma del contrato, por cualquiera de las vías o medios señalados en la Cláusula Octava. LA CESIONARIA, por medio de su representante en este acto, lo acepta y recibe.

El Contenido objeto de este acuerdo pertenecerá originaria o derivativamente a ....

La cesión de los derechos de explotación abarca todos los que fueren necesarios para la efectiva comercialización del Contenido en la forma y modo previsto en el presente Contrato, en particular:

- Derecho de reproducción
- Derecho de distribución
- Derecho de comunicación pública
- Derecho de transformación

No obstante, ambas Partes dejan constancia expresa que la cesión de derechos reflejada en el presente documento será amplia y suficiente para poder comercializar y distribuir legalmente el Contenido propiedad de .... a través de los Servicios en la forma descrita en este Contrato, lo cual afirman, constituye el objeto esencial del presente Contrato, de tal modo que si para el correcto funcionamiento del Servicio fuera necesario ceder el uso de algún derecho adicional a los mencionados, o bien por el contrario resultase que la cesión de alguno de los derechos mencionados no es necesario, tal circunstancia se aplicará de forma automática, entendiéndose que en todo momento la cesión de derechos contenida en este Contrato es y será lo suficientemente amplia para permitir el objeto del mismo.

En relación con lo anterior, se pacta expresamente que será responsabilidad exclusiva de LA CEDENTE gestionar y liquidar los derechos económicos que pudieran corresponderles a los distintos artistas, intérpretes y ejecutantes de las obras musicales de los fonogramas objeto del presente Contrato, tanto por su gestión individual como colectiva, de tal modo que ninguno de los artistas, intérpretes y ejecutantes pueda exigir a LA CESIONARIA el abono de tales derechos.

TERCERA.– FORMAS DE EXPLOTACIÓN AUTORIZADAS.

Se autoriza a LA CESIONARIA a explotar el Contenido a través de la puesta a disposición de los usuarios de terminales de telefonía para su descarga y venta en alguna de las siguientes modalidades (en adelante, el/los Servicios):

- Ringback tones y Peerback Tones (tonos para llamada en espera).
- True Tones (tonos con melodías reales) para terminales de telefonía móvil y/o de VoIP.
- FullTracks (totalidad del sonido de una música o sonido original) para terminales de telefonía móvil y/o de VoIP.

Los anteriores Servicios podrá prestarlos .... de forma directa y bajo su/s marca/s comerciales, como a través de terceros con los cuales hubiera suscrito los oportunos contratos de puesta a disposición de contenidos (y bajo la marca de dichos terceros, en la forma conocida como "marca blanca").

CUARTA.– LIMITACIÓN EN LA FORMA DE EXPLOTACIÓN

LA CESIONARIA queda autorizada en los términos de este Contrato, en la medida que el Contenido facilitado por LA CEDENTE sea instalados en su Base de datos y sea de igual modo descargados desde ésta, sin otorgar importancia a:

- El medio de comunicación que se utilice para promocionar la venta o descarga del Contenido.
- Si la promoción la lleva a cabo .... directamente, o a través de terceros y/o bajo la marca de éstos.
- El canal de comercialización elegido para vender las descargas. Con carácter enunciativo, que no limitativo, se hace mención expresa a la posibilidad de LA CESIONARIA de comercializar los Contenidos de LA CEDENTE a través de los servicios SMS Premium, Wap Premium, i-mode, prensa y aplicaciones de Voz por IP.

No obstante lo anterior, LA CEDENTE reconoce mediante el presente documento que CONOCE y ACEPTA el hecho de que el servicio de RBT se presta a través de las plataformas habilitadas al efecto por las operadoras de telefonía móvil, lo que conlleva necesariamente que el Contenido, en relación con dicho servicio, sea instalado en la Base de Datos de dichos operadores y sean descargado desde estas.

Cualquier uso de los derechos cedidos distinto al establecido en el presente Contrato no está autorizado, y conllevará la rescisión del mismo. Atendiendo a lo expuesto, se exceptúa de lo previsto en la presente cláusula lo establecido a efectos de publicidad y promoción en la Cláusula DÉCIMA.

QUINTA.– CONTRAPRESTACIÓN Y PAGO

5.1. Precio

El coste de la cesión de los derechos de explotación sobre los Contenidos propiedad de LA CEDENTE será el resultado de aplicar determinados porcentajes sobre el precio de venta al público percibido efectivamente por la Operadora de telefonía móvil por descarga realizada por un usuario o sobre el PVP efectivamente percibido por .... por cada venta de Contenido que realicen sus usuarios para aplicaciones de Voz por IP.

Dichos porcentajes son los siguientes:

- Ringback Tones o Peerback Tones: ......% PVP
- True Tones: .....% PVP
- Peertones: ....% PVP
- Fulltrack a través de telefonía móvil o de VoIP: ......% PVP

A dichas cantidades se les añadirá el correspondiente Impuesto sobre el Valor Añadido vigente en el momento del devengo del precio.

No se incluirán en el cómputo del total facturación las descargas o ventas de Contenidos realizadas por el usuario con carácter gratuito o promocional, entendiéndose por promocional aquéllas que supongan una rebaja superior al ....% del precio medio de tarifa de cada contenido objeto del Contrato. La carga de la prueba en este apartado corresponderá a LA CESIONARIA.

5.2. Facturación

El precio así calculado será satisfecho mensualmente por LA CESIONARIA, de acuerdo con el siguiente procedimiento. En los ..... días siguientes a cada mes natural, LA CESIONARIA facilitará a LA CEDENTE un informe del total de descargas realizadas durante el mes facturado, basado siempre en un informe previo emitido por la operadora. A la recepción del informe, LA CEDENTE emitirá factura por el total de descargas, más el correspondiente Impuesto sobre el Valor Añadido. De igual modo y en los mismos plazos procederá LA CESIONARIA para las ventas de Contenido a través de Voz por IP.

Esta factura será satisfecha por LA CESIONARIA de la siguiente forma:

RBT, Peerback Tones: en el plazo de .... días naturales a contar desde la fecha de recepción de la factura emitida por LA CEDENTE, siempre que LA CESIONARIA haya recibido de la operadora la liquidación y el pago correspondiente al mes al que se refiere la factura. De no ser así, y previa acreditación de la circunstancia que corresponda a LA CEDENTE, el pago tendrá lugar dentro de los .... días hábiles siguientes a la recepción de las liquidaciones por parte de la operadora.

Fulltrack, True Tones y Peertones: en el plazo de .... días naturales a contar desde la fecha de recepción de la factura emitida por la CEDENTE.

SEXTA.– DURACIÓN

La duración de la cesión de los derechos de explotación sobre los mencionados Contenidos será de .... años a contar desde la firma del presente Contrato. Transcurrido el plazo de........., se renovará tácitamente por años naturales, en tanto que ninguna de las Partes inste su terminación con un preaviso de .... meses.

Sin perjuicio de lo establecido en el párrafo anterior LA CESIONARIA podrá resolver el contrato en cualquier momento, previo aviso con .... meses de antelación.

SÉPTIMA.– ÁMBITO TERRITORIAL

La cesión de los derechos de explotación de los Contenidos y objeto de este Contrato se concede a LA CESIONARIA para su explotación en Latinoamérica y España, que en adelante y en este Contrato será referido como el "Territorio".

OCTAVA.– PUESTA A DISPOSICIÓN DE LOS CONTENIDOS

LA CEDENTE, previo aviso a LA CESIONARIA remitido por correo electrónico a la dirección establecida en la cláusula decimoquinta describirá los contenidos que se ponen a disposición de la CESIONARIA (y por tanto, son susceptibles de comercialización por ésta), pondrá los Contenidos a disposición de LA CESIONARIA por alguna de las siguientes formas: por correo electrónico a las direcciones de correo electrónico que .... le indique a estos efectos; mediante acceso ftp, en formato digitalizado que, como mínimo, será MP3 a 192 kps, o en su equivalente WAV a 16 bits —para las grabaciones fonográficas y/o videográficas—, y en formato jpg, con una resolución de, como mínimo, 72 dpi y tamaño de 3 x 3 cms. —para el caso de las imágenes y diseños— y asimismo podrán ser remitidos los Contenidos, con los estándares mínimos anteriormente señalados, vía correo ordinario a la dirección especificada en la Cláusula Decimoquinta.

Será responsabilidad de LA CESIONARIA formatear, y en su caso, fragmentar adecuadamente los Contenidos para posibilitar su explotación a través de los Servicios previstos. Su formateo no podrá suponer transformación ni alteración de los Contenidos, salvo por su fragmentación.

Junto con los Contenidos anteriores, LA CEDENTE facilitará a LA CESIONARIA la información básica relacionada con los mismos (nombre del artista intérprete de las grabaciones y/o cuya imagen sea cedida, título de la grabación y/o imagen, etc.).

LA CESIONARIA elegirá a su criterio cuáles de los Contenidos de LA CEDENTE puestos a su disposición, va a explotar por medio de los Servicios.

La cesión de los Contenidos puestos a disposición de LA CEDENTE en ningún caso tendrá carácter exclusivo (salvo que las partes así lo acuerden en documento que habrá de figurar por escrito), hallándose LA CEDENTE, facultada para cederlos con la misma finalidad a favor de terceros. Tampoco LA CESIONARIA tendrá la obligación de explotar exclusivamente los Contenidos de LA CEDENTE, pudiendo explotar a través del Servicio cualesquiera contenidos de terceros.

NOVENA.– CONTROL DE LAS DESCARGAS:

LA CESIONARIA facilitará a .... un acceso on-line, en tiempo real, a las descargas o ventas de sus Contenidos efectuadas a través del/los Servicio/s. Lo anterior no será aplicable para el servicio de RBT dado que la descarga de Contenidos para estos servicios en todo caso se realiza desde la base de datos del operador de telefonía móvil y a través de su plataforma.

DÉCIMA.– PUBLICIDAD Y PROMOCIÓN. COMERCIALIZACIÓN DEL SERVICIO.

LA CEDENTE autoriza expresamente a LA CESIONARIA a utilizar el Contenido cedido en actividades de promoción y publicidad por cualquier medio sin limitación (con carácter enunciativo, que no exhaustivo, entre otros, televisión, radio, Internet, revistas y periódicos, aplicaciones de Voz por IP etc.).

Dicha publicidad podrá consistir en insertar parte del fonograma original en forma de preescucha [estando incluidas las preescuchas a través de Internet o de locuciones IVR (Interactive Voice Response)], el título de la canción y/o los nombres de artistas, intérpretes y/o ejecutantes del fonograma objeto del Contrato en sus folletos o anuncios publicitarios, cualquiera que sea el medio de comunicación utilizado para ello.

Las actividades de promoción y publicidad podrán ser desarrolladas directamente bien por LA CESIONARIA o por cualquier tercero autorizado por ella, pero limitada a la publicidad y promoción del Contenido de los Servicios descritos en el presente Contrato.

Debido a su carácter promocional, y en la medida que LA CEDENTE puede resultar asimismo beneficiada de la publicidad realizada por LA CESIONARIA, no se devengará renta ni precio alguno como consecuencia de las actividades de promoción y publicidad desarrolladas por LA CESIONARIA.

DECIMOPRIMERA.– OBLIGACIONES Y DERECHOS DE LAS PARTES

Obligaciones de LA CEDENTE:

LA CEDENTE se compromete a respetar y cumplir todas y cada una de las obligaciones estipuladas en este contrato, y en su virtud expresamente se obliga a:

a) Respetar la cesión de sus derechos de propiedad intelectual, conforme a la duración y el Territorio pactados.

b) No realizar ningún negocio jurídico ni otro tipo de cesión que perjudique o impida la explotación de los mismos en la forma y con la finalidad prevista en el presente Contrato.

c) Informar de forma inmediata a LA CESIONARIA de cualquier plagio, copia o reproducción no autorizada por parte de un tercero no autorizado del que, por cualquier motivo, tenga conocimiento.

d) LA CEDENTE se responsabilizará ante LA CESIONARIA de cualquier reclamación judicial y extrajudicial que pueda surgir por parte de los titulares de los derechos de propiedad intelectual sobre el fonograma y Contenidos objeto del Contrato con motivo de la cesión de derechos que en él se efectúa, dejando a LA CESIONARIA indemne de cualquier daño, perjuicio o responsabilidad que pudiera derivarse como consecuencia de tales reclamaciones.

Obligaciones de LA CESIONARIA:

LA CESIONARIA se compromete a cumplir y respetar todas y cada una de las obligaciones estipuladas en el presente acuerdo y en su virtud expresamente se obliga a:

a) Ejercitar los derechos de explotación que se adquieren en virtud de este Contrato.

b) Respetar los derechos morales que recaigan sobre el fonograma objeto de este Contrato.

c) Abonar los pagos en la forma y plazos acordados.

d) Abonar los derechos de propiedad intelectual correspondientes a los autores de las obras musicales incluidas en el fonograma objeto del presente Contrato. LA CESIONARIA manifiesta disponer actualmente de una licencia que permite esta utilización y que está registrada en la SGAE con el número...........................

DECIMOSEGUNDA.– CONFIDENCIALIDAD

LA CEDENTE se compromete a partir de la firma de este Contrato, a guardar la más estricta confidencialidad respecto del objeto del mismo, por lo que no revelará en forma alguna y por ningún medio, directa o indirectamente, ningún tipo de información relativa al mismo que pueda vulnerar los intereses de LA CESIONARIA.

A la expiración de este Contrato, LA CEDENTE remitirá inmediatamente a LA CESIONARIA toda la documentación escrita, incluidas las copias, de estos materiales confidenciales o relativa a ellos, no hará ulterior uso de los mismos y realizará cuantos esfuerzos razonables sean precisos para asegurar que no se hace ulterior uso de ellos por los empleados, agentes y/o contratistas de LA CEDENTE.

No se considerará violación de lo dispuesto en esta cláusula la información que cualquiera de las Partes deba entregar o dar a conocer a entidades oficiales o instituciones públicas en cumplimiento de sus obligaciones legales.

DECIMOTERCERA.– LIMITACIÓN DE RESPONSABILIDAD

LA CEDENTE se compromete a vigilar que ningún Contenido entregado con arreglo al presente contrato infrinja los derechos de terceros —en particular los de autor y los de propiedad industrial— o las leyes en vigor. Por tanto, LA CEDENTE exonera a .... de toda responsabilidad que pudiera derivarse por infracción de derechos de terceros y le mantiene indemne de cualquier reclamación que pudiera surgir por este motivo.

Con excepción de lo dispuesto en el apartado anterior, las Partes bajo ninguna circunstancia responderán por cualesquiera daños que pueda sufrir la otra, sean indirectos, incidentales o consecuenciales, incluyendo pero no limitados a daños por lucro cesante o pérdida de información confidencial y similares, por interrupción de actividades, daños personales, pérdida de privacidad, o por cualquier otro concepto, incluso si las Partes han sido advertidas de la posibilidad de dichos daños.

DECIMOCUARTA.– NULIDAD

La nulidad o invalidez de alguna de las estipulaciones o cláusulas no afectará a la validez de las restantes. En el supuesto de que un Tribunal declarara tal invalidez, este Contrato continuará vigente en todas las demás cláusulas, comprometiéndose todas las Partes a adecuar el contenido que resultara vaciado por aquella desaparición.

DECIMOQUINTA.– NOTIFICACIONES

Cualquier notificación que se efectúe entre las Partes se hará por escrito de cualquier forma que certifique la recepción por la Parte notificada.

Todo cambio de domicilio deberá ser notificado a la otra Parte de forma inmediata confirmándose la recepción del mensaje.

A los efectos de practicar las oportunas notificaciones, ambas Partes designan como personas de contacto a:

Por parte de la CEDENTE Por la CESIONARIA:

....

email: .... email: ....

DECIMOSEXTA.– CESIÓN

Las Partes no podrán ceder a terceros, ni total, ni parcialmente, la realización objeto del presente Contrato o de cualquiera de sus anexos, salvo que medie autorización previa, expresa y escrita de la otra Parte.

No obstante lo anterior, se faculta a .... para ceder los derechos y obligaciones del presente Contrato o cualquiera de sus anexos, a terceras empresas filiales de .... cuyo capital pertenezca mayoritariamente a .... sin que ello suponga modificación alguna de los términos pactados. Esta circunstancia será oportunamente notificada a LA CESIONARIA.

DECIMOCUARTA.– LEY APLICABLE Y FORO JUDICIAL

El presente contrato se rige por lo estipulado en el mismo. En defecto de regulación se aplicará e interpretará según lo establecido en la legislación española aplicable a la materia y en particular a lo establecido en la Ley de Propiedad Intelectual.

Las partes intervinientes se comprometen a resolver amigablemente cualquier diferencia que sobre el presente acuerdo pueda surgir. En el caso de no ser posible una solución amigable, y resulte procedente acudir a la vida judicial, ambas partes acuerdan someterse a la jurisdicción de los Tribunales de ...., con renuncia expresa de cualquier otro fuero que pudiera corresponderles.

Y en prueba de su conformidad, las partes suscriben el presente Contrato, por duplicado ejemplar, y en un solo efecto, en el lugar y fecha indicados en el encabezamiento.

F088. CONTRATO DE PRODUCTOR DISCOGRÁFICO

Normativa aplicable: *Arts. 120 y ss. Real Decreto Legislativo 1/1996, de 12 de abril, por el que se aprueba el texto refundido de la Ley de Propiedad Intelectual, regularizando, aclarando y armonizando las disposiciones legales vigentes sobre la materia.*

D...........

DNI: ....

Doña...........

DNI: ....

En ...., a.................

Muy Sres. nuestros:

Por la presente les confirmamos las conversaciones mantenidas con Vds. en relación con vuestro trabajo a realizar para..........., S.A., (en lo sucesivo "LA COMPAÑÍA") como directores musicales (coloquialmente "PRODUCTOR" —como se les denominará en adelante—) de una grabación con las características detalladas en el Anexo nº I que se adjunta al presente contrato.

El citado trabajo de dirección musical se llevará a cabo de acuerdo con las siguientes condiciones:

PRIMERA.– DEFINICIONES

Con carácter previo, se realizan las siguientes definiciones para su validez a lo largo del presente contrato.

a) Máster: Cinta original de la grabación para cuya dirección es Ud. contratado, la cual deberá ser entregada a LA COMPAÑÍA una vez mezclada y masterizada en condiciones técnica y comercialmente satisfactorias para ésta en formato multipistas, ProTools o cualquier otro soporte aceptado por LA COMPAÑÍA. En la cinta o cintas originales EL PRODUCTOR incluirá la totalidad de las fijaciones sobre ejecuciones o interpretaciones de EL ARTISTA o de cualquiera de los participantes en la Grabación desde sus comienzos, las cuales serán propiedad de LA COMPAÑÍA con la extensión y facultades de explotación aquí previstas.

b) Disco: Cualquier tipo de soporte sonoro o audiovisual, fonográfico o videográfico (fonograma o videograma) existente en el momento de la firma del presente contrato o que sea desarrollado en un futuro, ya sea físico ya electrónico ya en cualquier otra modalidad por desarrollar, en que sea reproducido, total o parcialmente, el Máster. A modo enunciativo, serán Discos a los efectos del presente contrato los soportes físicos conocidos como Compact Disc (CD), cassette (MC), Digital Video Device (DVD), Videocassette, Compact Disc Video, Laser Disc, o los formatos electrónicos como. aac,.mp3,.wav,.mpeg4,. avi, etc.,.

SEGUNDA.– COMPROMISOS DEL PRODUCTOR

EL PRODUCTOR asume los siguientes compromisos a ejecutar en virtud del presente contrato:

a) Llevar a cabo los servicios de realización contratados, dirigidos a la dirección musical de las sesiones de preparación, ensayos, grabación, mezcla, masterización, y, en general, de todos los pasos necesarios para obtener el Máster en las condiciones aquí acordadas. Dicha labor se realizará con absoluto respeto al concepto musical del ARTISTA y siguiendo las instrucciones emanadas de la dirección artística de LA COMPAÑÍA. Los anteriores servicios requerirán necesariamente su presencia física en todos y cada uno de los diferentes pasos necesarios para la obtención del máster, desde ensayos de los músicos e intérpretes hasta la fijación de sus interpretaciones, la mezcla y masterización de la grabación obtenida, etc..

b) No reutilizar en grabaciones para productores fonográficos distintos de LA COMPAÑÍA aquellos arreglos musicales que en su caso realice en ejecución del presente contrato, así como no inspirarse en el sonido y estilo musical resultante en la Grabación para dirigir otras grabaciones distintas de forma tal que puedan conducir a la confusión en el público.

c) Hacer sus mejores esfuerzos por completar sus Servicios de Producción de forma que la Grabación tenga la mejor calidad artística y técnica y las mejores perspectivas comerciales posibles.

d) Finalizar la Grabación y entregar el Máster conteniendo la misma antes del día establecido en el documento Anexo nº I como "Fecha Máxima de Entrega", en las condiciones técnicas y comerciales satisfactorias para LA COMPAÑÍA y dentro de las directrices marcadas por esta.

e) Entregar junto con el Máster y en la fecha indicada en el punto d) anterior la Información de etiqueta o label copy completa, según los requerimientos a tal efecto de LA COMPAÑÍA. En el caso de errores u omisiones a criterio de LA COMPAÑÍA, EL PRODUCTOR se compromete a cumplir con lo que ésta solicite en un plazo razonable, no superior a........ días hábiles desde la solicitud a tal efecto.

f) Recabar, archivar, custodiar y tener a disposición de LA COMPAÑÍA para el momento en el que esta decida solicitarlos, sin límite de tiempo, la documentación completa de cesión de derechos de explotación por parte de todos aquellos derechohabientes participantes en la Grabación cuyos derechos deba obtener LA COMPAÑÍA para la pacífica explotación del álbum, y como mínimo de artistas intérpretes y/o ejecutantes (músicos, vocalistas, orquestas, etc.), autores (en el caso de que durante el proceso de grabación se hubiera realizado cualquier acto que requiera su consentimiento o el de la entidad de gestión que corresponda, como alteración, transformación o uso de una obra preexistente, etc.) y cualesquiera otros.

Dicha documentación deberá ser en los términos establecidos en el documento Anexo nº II que se adjunta al presente, debiendo ser autorizada por LA COMPAÑÍA por escrito cualquier variación a dichos términos.

En cualquier caso, las prestaciones de todos los participantes en la Grabación y la cesión de derechos oportuna será remunerada con la cantidad fija que EL PRODUCTOR haya pactado con cada uno de ellos dentro de los presupuestos aprobados por LA COMPAÑÍA, no debiéndose devengar a favor de aquellos cantidad variable, fija o por cualquier concepto por la explotación que de la Grabación realice LA COMPAÑÍA.

EL PRODUCTOR se responsabiliza del cumplimiento íntegro de lo anterior y de la pacífica explotación de LA COMPAÑÍA, sin pago a los anteriores fuera de lo presupuestado para la producción de la Grabación, eximiéndola en caso de inexactitud o falta de cumplimiento por su parte de lo anterior.

En el caso de que EL PRODUCTOR optara por no archivar y custodiar la documentación aquí referida, podrá entregarla a LA COMPAÑÍA junto con el resto de información requerida en esta cláusula, en cuyo caso será responsabilidad de EL PRODUCTOR dejar constancia de dicha entrega, constancia sin cuya existencia se presumirá que continúa, la documentación, en posesión de EL PRODUCTOR.

g) Contratar y subcontratar la totalidad de medios técnicos y humanos necesarios para la realización de la Grabación (estudios, músicos, vocalistas, ingenieros, copistas, transportistas, etc.) dentro de los presupuestos diseñados o aprobados por LA COMPAÑÍA y no excederse de dichos presupuestos, sometiendo a aprobación escrita de LA COMPAÑÍA cualquier desviación o incremento de dichos presupuestos. Para la presente producción, el productor contará con la cantidad que se prevé en el documento Anexo nº I como "Presupuesto Máximo de Grabación", presupuesto con el que deberá hacer frente a todos los gastos necesarios relacionados con la producción suficientes para completar la misma y entregarla a LA COMPAÑÍA en las condiciones acordadas, de forma que LA COMPAÑÍA no tendrá que hacer frente a gasto alguno relacionado con dicha producción una vez satisfecha la cantidad establecida (o desviaciones aprobadas por ésta por escrito), y debiendo cubrir en particular con dicha cantidad todos lo gastos de grabación, estudio, músicos, arreglos, máster, mastering, alquileres de equipos, tiempo de copiados, copias de escucha y de producción que se realicen, dietas, gastos de desplazamiento y estancia, honorarios y cualquier gasto personal (incluidos gastos de teléfono, internet,...) etc., de todo el personal involucrado en la grabación (músicos, ingenieros, coristas, etc.) y en general todos los conexos con la grabación y producción objeto del presente contrato. Dicha cantidad será satisfecha, contra la presentación de las facturas correspondientes, en un ....% al inicio de la grabación en estudio, y el ....% restante a la entrega del máster y aceptación del mismo por parte de LA COMPAÑÍA en las condiciones establecidas en este contrato.

En el caso de que LA COMPAÑÍA y PRODUCTOR, de mutuo acuerdo, decidan superar el presupuesto previsto en el Anexo nº 1, LA COMPAÑÍA podrá asumir el exceso sobre la anterior cantidad y descontarlo de las liquidaciones de royalties u otras cantidades que corresponda recibir a EL PRODUCTOR.

TERCERA.– DERECHOS SOBRE LA GRABACIÓN

EL PRODUCTOR reconoce la plena y absoluta propiedad de la Grabación y del Máster por parte de LA COMPAÑÍA, quien será la legítima titular, en su condición de productor fonográfico originario, de los derechos de explotación sobre la Grabación, capacitada por lo tanto para su más completa explotación en cualquier tipo de Disco y en cualquier otra forma, así como a cederla, transmitirla, licenciarla, gravarla, descatalogarla, etc..

El presente contrato es un contrato de arrendamiento de servicios, consecuencia de lo cual queda completamente extinguido con la entrega del Máster en las condiciones técnicas, artísticas, comerciales, etc., pactadas en el presente contrato salvo en aquellos compromisos de las partes que superen dicho momento (a modo enunciativo, la obligación de pago de royalty de LA COMPAÑÍA y los compromisos relativos a responsabilidad sobre la documentación de participantes, reutilización de arreglos y resultados de la Grabación por parte de EL PRODUCTOR). En consecuencia, EL PRODUCTOR, como contratado de LA COMPAÑÍA, no gozará de derecho alguno sobre la Grabación de tipo patrimonial, moral ni de ningún otro tipo.

Nada de lo establecido en el presente contrato supondrá obligación o compromiso alguno por parte de LA COMPAÑÍA de editar las Grabaciones.

CUARTA.– ROYALTIES

a) Como contraprestación por los Servicios de Producción, la COMPAÑÍA pagará al PRODUCTOR un canon o Royalty del ....% calculado sobre la base especificada en el siguiente punto d) y repartido de la siguiente forma:

a.1) ...% de Royalty para D.........

a.2) ...% de Royalty para D.........

b) El royalty establecido en el párrafo anterior se reducirá en los siguientes casos y en los siguientes porcentajes:

b.1) ...% en el caso de ventas realizadas a través métodos de correo directo, incluyendo entre ellas la denominada "venta a club" (ventas realizadas a través de clubes de discos).

b.2) ....% en el caso de ventas producidas simultáneamente a la realización de campañas de televisión para la promoción del Disco en cuestión, pero únicamente en el caso de que tal campaña de comienzo .... meses despups de la primera edición de dicho Disco, y para las ventas que se produzcan desde veinte días hábiles antes del inicio de la campaña hasta pasados ...... meses de la finalización de la misma.

No obstante lo anterior, cuando cualquiera de las grabaciones que componen la Grabación sea incluida en un álbum recopilatorio, la deducción aquí establecida sí se aplicará desde la edición del disco, independientemente del tiempo transcurrido desde dicha edición hasta la fecha de la campaña de televisión.

b.3) ...% en el caso de ventas de Discos a un precio igual o inferior al ...% del precio de lista de la compañía calificado como Standard Full Price dentro de su listado de precios vigente en cada momento (incluyendo las conocidas como "Serie Media" o "Serie Budget").

b.4) ...% en el caso de ventas producidas en formatos físicos conocidos como "Single" o "Maxisingle", así como en el caso de ventas de soportes audiovisuales de cualquier tipo.

b.5) ....% en el caso de ventas realizadas mediante transmisión electrónica de los temas que componen la Grabación.

c) Sobre los soportes vendidos a precio de saldo no se abonará Royalty alguno. Se entienden por precios de saldo aquellos que sean inferiores o iguales, una vez deducidos los impuestos, a los costes incrementados en un ....%

d) La base para el cálculo de los Royalties será el precio de lista publicado por LA COMPAÑÍA a sus distribuidores (PPD) aplicado a la venta en concreto, deducidos todo tipo de impuestos, así como una deducción en concepto de fundas o packaging del ..% para soportes físicos digitales (a modo enunciativo, CD, DVD), y del ..% para soportes físicos analógicos (a modo enunciativo, MC, VHS).

Lo establecido en el párrafo anterior no será aplicable para las ventas derivadas de la explotación electrónica antes definida. En tales casos, la base para el cálculo del Royalty será el ...% de los ingresos obtenidos por EL LICENCIATARIO por tales ventas aplicables a las grabaciones contenidas en los Discos.

e) El número de unidades liquidables será el ....% de las vendidas y cobradas, no computándose como unidades vendidas aquellas entregadas de forma gratuita como ejemplares de promoción, primas de venta y, en general, todas aquellas salidas del almacén de LA COMPAÑÍA que no obedezcan a contraprestación alguna. Tampoco serán consideradas unidades vendidas aquellas devueltas a LA COMPAÑÍA

f) Si LA COMPAÑÍA o un licenciatario de ésta editase en un mismo Disco temas comprendidos en la Grabación junto con otras grabaciones no sujetas al presente contrato, el royalty a percibir por EL PRODUCTOR se prorrateará en función de la parte que representen los temas comprendidos en la Grabación sobre el total de grabaciones incluidas en el Disco en cuestión.

g) Para los soportes vendidos fuera del territorio de España, el porcentaje a aplicar será el ....% del Royalty establecido para España, con las mismas deducciones que en España, siendo la base para el cálculo del Royalty el PPD publicado por cada una de las compañías afiliadas o licenciatarias a sus distribuidores en los respectivos países, deducidos los impuestos que legalmente sean aplicables para este tipo de operaciones.

h) En el caso de ser EL PRODUCTOR autor o coautor de cualquiera de las obras fijadas en la Grabación, autoriza a LA COMPAÑÍA, con facultades de cesión a terceros, para reproducir tales obras en los territorios de Estados Unidos y Canadá, a un canon equivalente al ....% de la tarifa oficial ("Statutory rate") vigente en cada momento, sin que resulte pagadero canon alguno por las obras contenidas en exceso de ..... en cada disco de larga duración. En el caso de que las sociedades correspondientes en dichos territorios negaran la validez de la autorización aquí conferida y recaudaran para EL PRODUCTOR cantidades por encima de los términos descritos, LA COMPAÑÍA podrá descontar de las liquidaciones de royalties a EL PRODUCTOR dichas cantidades en exceso.

QUINTA.– LIQUIDACIONES

a) LA COMPAÑÍA liquidará a EL PRODUCTOR el importe de los royalties devengados a su favor por semestres naturales, dentro de los ... días siguientes al final de cada uno de los semestres naturales.

b) LA COMPAÑÍA pagará el resultado de las liquidaciones una vez deducidos los impuestos vigentes, así como cualquier tipo de cantidad pendiente que EL PRODUCTOR o sus derechohabientes puedan tener con LA COMPAÑÍA por anticipos o cualquier otro concepto, en ambos casos, derivados del presente contrato.

c) Sobre los registros vendidos en el extranjero, LA COMPAÑÍA abonará los Royalties una vez deducidos los impuestos que le fueran aplicables, incluyendo los withholding taxes o las retenciones internacionales que resulten de aplicación, utilizando como cambio aplicable a la liquidación el vigente el día en que LA COMPAÑÍA perciba el pago proveniente del extranjero.

d) En el supuesto de producirse cargos en las liquidaciones de Royalties en concepto de devoluciones o reservas, por utilizarse algún sistema de ventas con derecho de devolución o depósito, EL PRODUCTOR acepta que se efectúe en sus liquidaciones de Royalties la correspondiente deducción por este concepto.

e) Independientemente de la duración de este contrato, EL PRODUCTOR continuará percibiendo el Royalty que le corresponda por las obras grabadas para LA COMPAÑÍA, a menos que se produzca un incumplimiento por parte de EL PRODUCTOR, lo cual dará derecho a LA COMPAÑÍA a retener los pagos del mencionado Royalty a la espera de la resolución de dicho incumplimiento.

f) EL PRODUCTOR podrá realizar las comprobaciones que estime pertinentes en las cuentas de LA COMPAÑÍA que se refieren a los registros realizados en virtud de lo previsto en el presente contrato, para verificar la exactitud de las liquidaciones semestrales, aunque nunca con una frecuencia superior a una vez al año, mediando un preaviso mínimo de ... mes, y no pudiendo retrotraerse las liquidaciones comprobadas más allá de los ..... últimos semestres.

g) Cualquier modificación en la forma jurídica de LA COMPAÑÍA, o la transformación, compraventa o fusión de/por LA COMPAÑÍA con/por otras personas jurídicas, no será obstáculo para la validez y continuidad de este contrato.

LA COMPAÑÍA se reserva, además, la facultad de hacerse sustituir durante la vigencia del presente contrato, por cualquier otra persona natural o jurídica, bien sea para todos los territorios o bien para parte de ellos, quedando en vigor, no obstante, todas y cada una de las obligaciones y derechos aquí establecidos.

SEXTA.– JURISDICCIÓN

Para la resolución de cualquier litigio que pueda surgir de la aplicación del presente contrato, bien en su interpretación bien en su ejecución, ambas partes se someten a los Tribunales de...... No obstante lo anterior y para el supuesto de que los incumplimientos se hayan producido en terceros países, ambas partes se reservan el derecho a entablar cuantas acciones legales estimen oportunas en los países respectivos, sin perjuicio de que la acción principal pueda entablarse en ....

Ambas partes leen el presente contrato y, encontrándolo conforme, lo firman en ...., a...................

Sin más que comunicarle, quedamos a la espera de que nos devuelva debidamente firmadas las copias que del presente contrato acompañamos.

Atentamente,

F089. CESIÓN DE DERECHOS DE AUTOR PARA GRABACIÓN BENÉFICA

Normativa aplicable: *Arts. 42 y ss. Real Decreto Legislativo 1/1996, de 12 de abril, por el que se aprueba el texto refundido de la Ley de Propiedad Intelectual, regularizando, aclarando y armonizando las disposiciones legales vigentes sobre la materia.*

Muy señores míos:

Por la presente les informo y expreso mi voluntad de ceder los derechos de autor correspondientes a las obras abajo indicadas y que son de mi autoría en parte o completamente, en cuanto a los porcentajes que me correspondan exclusivamente para el concierto que .... realiza el .... en el Teatro .... para la campaña benéfica de ....

Las obras son:

....

Ruego tomen nota de este hecho para obrar con conocimiento y actuar correspondientemente.

F090. CESIÓN DE DERECHOS ECONÓMICOS POR ACTUACIÓN MUSICAL A FAVOR DE ENTIDAD BENÉFICA

Normativa aplicable: *Arts. 42 y ss. Real Decreto Legislativo 1/1996, de 12 de abril, por el que se aprueba el texto refundido de la Ley de Propiedad Intelectual, regularizando, aclarando y armonizando las disposiciones legales vigentes sobre la materia.*

En ...., a................

SGAE

Director Gestión Socios

Muy señor mío:

Como vd. conoce, realicé mi intervención como artista en el concierto .... que se celebró el pasado día: .... en el Teatro............., organizado por: .... para su campaña..............

Mi participación en el mencionado concierto fue a título gratuito, impulsada por mí simpatía tanto hacia las entidades organizadoras, como por el hermoso fin que motivó este acto.

Por lo anterior, por medio la presente le informo que he decidido ceder los derechos económicos que se devenguen en el citado concierto a favor de la.................., por la comunicación pública en dicho concierto .... de obras de mí autoría que son:

....

Deberán hacer efectivo el ingreso de la cantidad que resulte de lo anteriormente expresado en la cuenta corriente número: .... de titularidad de:

....

....

Dirección..........

CIF ....

Atentamente

F091. CONTRATO DE COLABORACIÓN DE CANTANTE PARA LA GRABACIÓN DE UN DISCO DE OTRO ARTISTA DE DIFERENTE DISCOGRÁFICA

Normativa aplicable: *Real Decreto Legislativo 1/1996, de 12 de abril, por el que se aprueba el texto refundido de la Ley de Propiedad Intelectual, regularizando, aclarando y armonizando las disposiciones legales vigentes sobre la materia.*

En ...., a.....................

De una parte: Dña.........., mayor de edad, con DNI ...., actuando en su propio nombre y representación, y también en representación de .... como administradora única, con domicilio social en .... y CIF núm. .... (en adelante..............);

De otra parte:

D.............., mayor de edad, con DNI .... y D............., mayor de edad, con DNI ...., en nombre y representación de la mercantil ...., con domicilio a estos efectos en .... y CIF............, en adelante "............",

EXPONEN

I. Que es deseo de las partes regularizar la realización y explotación de una (1) colaboración fonográfica producida por .... y realizada por la artista musical conocida profesionalmente como .... (en adelante, "............."), con la participación del artista exclusivo de..........., D........... (en adelante, "..........").

II. Que la referida colaboración se titula tentativamente "............." (en adelante, la "Grabación"), y será incluida en el nuevo álbum de Artista .... cuyo título está todavía por confirmar "............" (en adelante, el "ÁLBUM").

III. Que en atención a lo anterior, las partes acuerdan suscribir el presente Contrato de Colaboración, por el que regulan sus relaciones en base a las siguientes

CLÁUSULAS

PRIMERO.– Condiciones Generales

1. .... no podrá utilizar la grabación como single (incluida la realización de videoclip), sin la autorización previa y expresa de ....

2. .... no deberá abonar a .... (y/o.............) royalty alguno por la explotación de la Grabación. Lo anterior será sin perjuicio de la responsabilidad de .... de abonar directamente a Artista .... y/o productor de la Grabación los royalties que pueda devengar la explotación de la misma en caso de ser necesario.

3. ...., como productora de la Grabación, y responsable de todos los gastos derivados de la producción y grabación de la misma, será titular exclusiva de todos los derechos de propiedad intelectual y de explotación sobre la Grabación reconocidos por la ley.

Asimismo, ... asignará a la Grabación su ISRC, que en este caso será el siguiente:

ISRC: ....

4. En virtud de lo anterior, ... será la única responsable de hacer frente a cualquier reclamación de terceros por la inclusión de "samples" y/o por temas autorales/editoriales relacionados con la obra musical incorporada en la Grabación.

5. La autorización de .... en cuanto a la Grabación, además de la comparecencia del.........., presupone el consentimiento de .... a dicha colaboración, e implica el levantamiento momentáneo de su exclusiva sobre las grabaciones de éste último para que pueda intervenir en la Grabación.

No obstante lo anterior, nada de lo establecido en este Acuerdo menoscabará de forma alguna los derechos exclusivos de explotación y de propiedad intelectual que .... tiene sobre la grabaciones, fonográficas y/o audiovisuales, y la imagen y el nombre de..............

5. .... entregará al Departamento Jurídico de............, libre de cargo, una semana antes del lanzamiento de la Grabación, una cinta o máster de producción en formato CDR o DAT, conteniendo la Grabación con la mezcla y masterización definitiva y la correspondiente información de etiqueta, para que .... de su aprobación definitiva a la Grabación, sin la cual la presente cesión carecerá de validez alguna.

6. El nombre y la imagen de .... podrá aparecer en la contraportada, libreto y los créditos de los productos en los que se incluya la Grabación. Cualquier otro uso distinto del nombre y/o la imagen de .... requerirá autorización previa y por escrito de.............

7. El territorio del presente acuerdo es el mundo y su duración es la máxima reconocida por la legislación aplicable a los productores de fonogramas.

SEGUNDO.– Cesión de derechos a favor de ....

1. Por la presente .... cede a .... de forma exclusiva y gratuita, sin limitación territorial alguna y por el plazo máximo reconocido por la legislación aplicable a los productores fonográficos, todos los derechos de propiedad intelectual y de explotación necesarios para que .... pueda a llevar a cabo la explotación de la participación de .... en la Grabación en los términos descritos en el presente acuerdo. Queda por lo tanto bien claro que .... podrá, a modo ilustrativo y no limitativo, explotar la Grabación en álbumes y en otros productos monográficos de .... (como, a modo ilustrativo, cualesquiera Álbumes, Grandes Éxitos y productos exclusivos), explotar en forma individual la Grabación (de forma conjunta y/o por separado) a través de redes digitales interactivas tales como Internet y/o Telefonía Móvil, a través de streaming, downloading y/o cualquier otro sistema de explotación análogo, así como incluir la Grabación en recopilatorios, ban-

das sonoras, etc., sin necesidad de recabar el consentimiento previo de............ Esto se aplicará tanto a explotaciones físicas como a electrónicas.

2. Por la explotación de la Grabación, ... no deberá abonar a .... (y/o..........) royalty y/o contraprestación alguna, sin perjuicio de que será exclusiva responsabilidad de .... abonar, según proceda, cualesquiera contraprestaciones a .... y los correspondientes productores artísticos y/o ejecutivos de la Grabación.

3. Sólo........, previo consentimiento por escrito de..........., podrá dar autorización para la sincronización y/o el "sampling" de la Grabación y para la inclusión de la misma en recopilatorios multi-artista.

4. Será responsabilidad exclusiva de .... la obtención y el pago de cualesquiera derechos autorales y/o editoriales derivados de las explotaciones que realice.

5. .... incluirá en todo soporte que incluya la Grabación los créditos ".............", y/o lo que las partes acuerden.

TERCERO.– Explotación por parte de...............:

(a) .... podrá proceder a la explotación de la Grabación transcurridos .... meses desde la primera explotación por parte de.......... Asimismo, sus explotaciones se sujetarán a lo siguiente:

(i) Sólo podrá explotar la Grabación en productos monográficos de su Artista, es decir, en cualesquiera Álbumes, Grandes Éxitos y productos exclusivos de su Artista. Esto se aplicará tanto a explotaciones físicas como a electrónicas.

(iii) En lo que respecta a las explotaciones electrónicas, ... sólo podrá explotar la Grabación conjuntamente con el resto de grabaciones del Álbum de .... en el que se incluyan. Esto implica que si los usuarios quisiesen descargarse la Grabación por Internet (a través de servicios y/o plataformas como iTunes o plataformas/servicios similares), sólo lo podrán hacer junto con el resto de grabaciones del producto donde se hubiese incluido (opción "Download Album" / "Album Only" / "Gratis con el Álbum" o equivalente). A tal efecto, ... se asegurará de dar las instrucciones correspondientes a sus clientes/socios en la explotación electrónica para que se establezcan dichas limitaciones.

.... no podrá explotar la Grabación a través de telefonía móvil, dado que este tipo de explotaciones siempre implica la explotación independiente e individual de la Grabación, salvo que en el futuro se pudiesen establecer en este canal el mismo tipo de restricciones.

.... no deberá abonar a .... royalty alguno por la explotación de la Grabación, siendo responsable tan sólo del royalty correspondiente a........... .... será responsable de los royalties y/o remuneraciones que pudieran corresponder a los Artistas/Intérpretes, productores, otros colaboradores distintos a Artista.........., propietario(s) / licenciatario(s) de la Grabación, etc. y/o de cualquier otro tercero interviniente, de cualquier forma, en la creación, producción, grabación y/o desarrollo de la Grabación. El pago de dichos royalties será responsabilidad única y exclusiva de ....

El nombre y la imagen de .... podrán aparecer en la contraportada, libreto y los créditos de los productos en los que se incluya la Grabación.

.... incluirá en todo soporte que incluya la Grabación los créditos ".............", y/o lo que las partes acuerden.

CUARTO.– Régimen aplicable a colaboraciones en grabaciones audiovisuales

1. Todos los términos del presente Acuerdo relativos a la Grabación se aplicarán, *mutatis mutandi*, a la explotación de grabaciones audiovisuales que incluyan Colaboraciones Audiovisuales de los Artistas de ambas Partes. A modo enunciativo, dichas colaboraciones podrán ser en conciertos en directo, videoclips, making of, lyric vídeos, pseudovideos, etcétera, (en caso de que .... así lo autorice expresamente) y se podrá proceder a su explotación a través de los mismos medios, formatos y soportes que los contemplados para la Grabación; esto podrá incluir la comercialización en formato físico (a través de su venta en formato DVD o similar, etc.) de la grabación audiovisual que contenga la Colaboración Audiovisual, así como cualquier explotación electrónica que implique la "puesta a disposición" de la misma (sea a través de Internet, Telefonía Móvil y/o sistemas similares).

QUINTO.– Protección de datos y confidencialidad

1. Los datos personales de las personas físicas que intervengan en la firma y ejecución del presente Contrato, ya sea en su propio nombre o en nombre y representación de las Partes, se incorporarán a ficheros de los que es responsable la otra Parte, para el desarrollo de la relación contractual y el cumplimiento de obligaciones legales. Las Partes podrán ceder los datos a las entidades de gestión de derechos de propiedad intelectual y a aquellas empresas que participen en la explotación objeto del presente Contrato en la medida necesaria para su ejecución, ya se encuentren dentro o fuera de la Unión Europea (por ejemplo, discográficas y otras empresas del grupo). El titular de los datos personales podrá ejercitar los derechos de acceso, rectificación, oposición y cancelación respecto del tratamiento del que cada Parte es responsable, dirigiéndose por escrito a la dirección de la otra Parte que figura en el encabezamiento. Cada una de las Partes, antes de facilitar a la otra Parte cualquier dato personal de cualquier persona física, habrá informado a esta persona de lo previsto en esta cláusula y cumplido cualesquiera otros requisitos aplicables para efectuar dicha comunicación, no teniendo la Parte receptora que realizar ninguna actuación adicional frente a dicha persona.

2. Hasta transcurrido un periodo de .... años tras la finalización de la vigencia de este Contrato, las Partes se obligan a mantener estricta confidencialidad respecto de los términos y condiciones del presente contrato, así como cualquier otra información intercambiada entre las partes en relación con el mismo, obligándose las Partes a no revelar dichos términos y condiciones a tercero alguno, excepto que así fuera requerido en procedimiento judicial, en cuyo caso igualmente las partes se obligan mutuamente a comunicarse tal circunstancia. No obstante lo anterior, las Partes podrán divulgar la información confidencial a otras entidades con las que subcontrate servicios específicos, a otras compañías del grupo empresarial al que pertenece, así como a entidades de gestión colectiva o asesores legales, si bien informándoles del carácter confidencial de la información.

SEXTO.– Legislación aplicable, resolución de conflictos y jurisdicción:

1. El presente Acuerdo, además de por sus propios pactos se regirá por la legislación española.

2. La relación contractual de las partes es de naturaleza civil/mercantil, con exclusión expresa en todo caso de cualquier norma de tipo laboral y/o de asociación más allá de lo estipulado en el presente Acuerdo

3. Para cualquier disputa que pudiera surgir en relación con la interpretación o ejecución del presente Acuerdo, las partes, con renuncia expresa al fuero que pudiera resultar competente, acuerdan someterse a la jurisdicción de los Tribunales de ....

Y en prueba de conformidad con todo lo anterior, las partes suscriben el presente documento, por duplicado y a un solo efecto, en el lugar y la fecha arriba indicados.

F092. CONDICIONES PARA LA PARTICIPACIÓN DE CANTANTE EN DISCO A FAVOR DE FUNDACIÓN SIN ANIMO DE LUCRO U ONG

Normativa aplicable: *Real Decreto Legislativo 1/1996, de 12 de abril, por el que se aprueba el texto refundido de la Ley de Propiedad Intelectual, regularizando, aclarando y armonizando las disposiciones legales vigentes sobre la materia.*

Muy Sres. nuestros:

Por medio de la presente venimos a confirmar la autorización por nuestra compañía y las condiciones aplicables a la realización de la grabación de audio titulada "............" (en lo sucesivo la GRABACIÓN) por nuestra artista exclusiva .... (en lo sucesivo ARTISTA) junto con la artista............, así como a la propiedad y explotación de la misma:

PRIMERA.– PRODUCCIÓN DE LA GRABACIÓN

1.1. ...., llevará a cabo bajo su iniciativa y a su coste y cargo la realización ejecutiva, técnica y artística de la GRABACIÓN para su inclusión en un álbum librodisco con carácter solidario y recopilatorio de diversas grabaciones de distintas artistas titulado "............" (en lo sucesivo el ALBUM).

1.2. El coste para la realización de la grabación ha sido asumido por............, lo que incluye cualquier concepto en general necesario para la pre-producción, producción, mezcla y mastering de la GRABACIÓN y, en especial, aunque sin que la siguiente enumeración tenga carácter limitativo, los siguientes conceptos: locales, estudios y técnicos de grabación, ingenieros, músicos y director de orquesta, voces y artistas, ARTISTA, materiales de producción y mezclas de la GRABACIÓN, productores artísticos y ejecutivos, viajes y estancias de los profesionales citados, obtención de las autorizaciones de todo orden y en general de todos los participantes en las GRABACIÓN, etc.

1.3. .... manifiesta que cuenta, con las autorizaciones necesarias para la edición y explotación pacífica de la GRABACIÓN y en especial, aunque sin que la siguiente enumeración tenga carácter limitativo, con las de: técnicos de grabación, estudios, músicos, autores en caso de arreglos o transformación de obras originales, realización de samplings, etc.

1.4. .... hará entrega a .... sin demora de todos los materiales intermedios y finales derivados de la producción de la GRABACIÓN así como la información de etiqueta de la GRABACIÓN y todas las autorizaciones anteriormente mencionadas en especial copia del contrato de producción ejecutiva y artística de la grabación y copia de cualquier documentación suscrita con ARTISTA para la realización de la GRABACIÓN.

SEGUNDA.– PROPIEDAD DE LA GRABACIÓN

2.1. La GRABACIÓN será en todo momento propiedad de .... y a la misma corresponderán todos los derechos de explotación económica de la misma y de los materiales intermedios sin limitación alguna en el tiempo ni en el espacio. De acuerdo con ello, ... no podrá, salvo por la autorización otorgada en este contrato, directa ni indirectamente, hacer uso alguno de ningún material intermedio (copias, partituras, etc.) empleado en la realización física de la GRABACIÓN. Tampoco permitirá .... que tal uso se realice por parte de ningún tercero.

2.2. Se entiende que a .... corresponden en exclusiva como propietaria de la .... todos los derechos sobre dicha grabación una vez realizada, en particular los de reproducción, distribución, transformación, comunicación pública y puesta a disposición, lo que incluye entre otros derechos aunque sin que la siguiente enumeración tenga carácter limitativo los de edición, venta, alquiler, préstamo, cesión, uso, sincronización de cualquier clase, retransmisión y comunicación, incluso por emisoras de radio y televisión por cualquier sistema de transmisión, Internet, telefonía móvil, etc., en el territorio de todo el mundo y por el plazo de duración que otorga la ley a los derechos del productor fonográfico.

Podrá, por tanto, ..., a su conveniencia, sin otras limitaciones en el tiempo y en el espacio que las establecidas expresamente en la presente autorización, iniciar o cesar la explotación de la grabación, por sí sola o en compilación con otras, así como realizar dicha explotación por sí o por terceros, total o parcialmente, pudiendo, por tanto, fabricar y vender y explotar en general, así como reproducir, ejecutar, difundir, etc., por cualquiera de los medios o formatos conocidos o por conocer, la GRABACIÓN.

Asimismo, ... podrá hacer uso, si lo desea, del nombre e imagen de todos los participantes citados y en especial del director artístico, en relación con la edición de la GRABACIÓN y su presentación, publicidad y promoción.

2.3. Por la explotación que realice .... de la GRABACIÓN, ... no deberá a abonar a .... contraprestación alguna.

Cualquier gasto o remuneración que pueda corresponder a cualquier tercero por la explotación de la GRABACIÓN, de tal modo que cualquier reclamación relativa al pago de cualquiera de los elementos, equipos, músicos, productores, estudios, sindicatos, etc. participantes o relacionados con la GRABACIÓN, será de la exclusiva cuenta y a cargo de..........., relevando .... a nuestra compañía expresamente de responsabilidad en tal sentido y viniendo obligada ésta al pago sin demora a .... de cualquier cantidad que tuviéramos que abonar por tales reclamaciones.

TERCERA.– CONDICIONES DE LICENCIA

En consideración a la iniciativa de .... en la realización de la GRABACIÓN, ... concede licencia exclusiva a .... para reproducir y editar la GRABACIÓN incluida en el ÁLBUM y explotar dicho ÁLBUM en situación de exclusividad durante los .... meses siguientes a la edición del mismo esto es el ....

3.1. Territorio: El Mundo.

3.2. Royalty: La presente licencia se concede con carácter gratuito sujeta a las siguientes condiciones

a) Ninguno de los artistas que colaboran en el álbum o sus compañías discográficas obtenga remuneración alguna por su colaboración.

b) La totalidad de los fondos obtenidos por la explotación del álbum sean destinados al fin solidario informado a.........., esto es a apoyar los programas de..............

3.3. Formatos autorizados: Formatos físicos DiscoLibro y electrónicos a través de Internet. Queda claro que la explotación debe ser siempre junto con el resto de las grabaciones incluidas en el ALBUM y nunca de manera separada, permitiéndose la venta de la grabación en Internet únicamente bajo la modalidad comúnmente conocida como "Album Only" o en "Bundle".

Cualquier otro uso distinto de la GRABACIÓN o su inclusión en álbumes o soportes distintos del ALBUM, requerirá la previa autorización por escrito de........., especialmente, y sin que los siguientes ejemplos tengan carácter limitativo, la transformación, sincronización, etc. Asimismo .... no podrá llevar a cabo la edición como single, ya sea promocional o comercial, de la GRABACIÓN salvo autorización previa y expresa de...........

En los casos y formatos autorizados para la explotación por distribución electrónica de la GRABACIÓN, ésta no se hará disponible a través de o en conjunción con cualquier servicio de piratería, red de peer to peer (o entidades afiliadas) o entidad que utilice Peer Caching Software. .... deberá utilizar reglas de control de derechos digitales o encriptar y proteger la GRABACIÓN con un "industry standard digital rights management system" (DRM).

3.4. Créditos: El nombre del ARTISTA únicamente podrá aparecer en los créditos de libreto del ALBUM, y, en su caso, en la contraportada del mismo, en ningún caso de forma más destacada respecto al del resto de los artistas participantes en el ALBUM. Cualquier utilización del nombre o imagen del ARTISTA de un modo distinto al mencionado en este acuerdo requerirá nueva y previa autorización por escrito de ....

Deberá expresarse de forma clara y legible la leyenda: "...............", e incluir la reserva de derechos de la GRABACIÓN: .... asimismo estará obligado a dar las oportunas instrucciones al fabricante, para la inclusión del código ISRC de la GRABACIÓN que .... asigne y comunique a............, tras la entrega por esta última de la información de etiqueta de la GRABACIÓN.

Con carácter previo a la edición al menos con .... días hábiles como mínimo a esta nos deberán ustedes facilitar boceto o muestra del material gráfico del ALBUM donde aparezca la mención gráfica.

Queda completamente excluida la utilización de la GRABACIÓN en unión de cualquier tipo de publicidad de terceros, ya sea en las propias carátulas, inlays, etiquetas etc. del ÁLBUM incluyendo la GRABACIÓN o en encartes separados; ya sea en la publicidad que en cualquier medio se haga del mencionado ÁLBUM. Todo ello se entiende sin la previa y expresa autorización de .... a tal fin.

3.5. Muestras: .... deberá facilitar sin cargo cinco ejemplares de todos los formatos del ALBUM tan pronto como sea editado a .... y así mismo una copia de la información de etiqueta original o label copy donde figuren los datos de la edición final y la fecha de la misma

3.6. Miscelánea: Las grabaciones objeto de autorización deberán ser editadas en su versión original previamente aprobada por.........., sin que puedan ser modificadas, versionadas, alteradas, arregladas o mezcladas en modo alguno.

La licencia otorgada en este epígrafe se condiciona con carácter resolutorio a que la lista de temas finalmente incluidos en el ALBUM no difiera de manera significativa de la lista tentativa enviada por ustedes a nuestra compañía y a que las menciones de cortesía anteriormente establecidas figuren del modo en que se ha establecido. Ante el incumplimiento por ustedes de cualquiera de las condiciones establecidas en esta licencia nuestra compañía podrá dar por finalizado anticipadamente la misma viniendo ustedes obligados desde ese mismo momento a cesar de manera inmediata en la utilización de las grabaciones aquí autorizadas, bastará para ello la comunicación que en tal sentido les dirija nuestra compañía indicando al tiempo el incumplimiento en que base su decisión

CUARTA.– CARÁCTER SOLIDARIO DE LA LICENCIA

4.1. .... se compromete a destinar la totalidad de los beneficios netos de la explotación del ÁLBUM, al proyecto solidario fin solidario informado a..........., esto es a apoyar programas de ....

4.2. A los efectos del presente contrato, se entiende por beneficios netos el resultado económico, directa o indirectamente obtenido por la explotación comercial del ALBUM tras las deducciones que por impuestos correspondan, así como las deducciones de los gastos efectivos y razonables de producción del mismo, en su caso, incluyendo el coste de grabación en estudio profesional, la realización del máster, gastos de fabricación y gastos de promoción.

4.3. La cesión anterior se hace en el entendido de que la explotación del la GRABACIÓN tendrá lugar en el marco del proyecto solidario que supone el ALBUM y que ningún participante en las mismas, o terceras compañías obtienen beneficio económico directo o indirecto alguno, de modo que si .... de cualquier modo tuviera conocimiento de que los beneficios netos no son destinados al proyecto solidario .... revocará la licencia gratuita a favor de .... y tendrá derecho a percibir la totalidad de los beneficios obtenidos por .... por los conceptos recogidos en el presente documento. Todo ello sin perjuicio a que, debido al incumplimiento anterior, ... pueda optar por la resolución del presente contrato y la indemnización por .... por los daños y perjuicios ocasionados a...............

4.4. Asimismo con el objetivo de garantizar el cumplimiento de su compromiso de destinar la totalidad de los beneficios obtenidos por la explotación del ALBUM, ... se obliga a suministrar a .... semestralmente, en los meses de .... de cada año balance de los beneficios obtenidos, así como a justificar el destino de los mismos.

A petición de.........., la .... deberá suministrar igualmente la documentación que requiera para la acreditación de las partidas que compongan el balance de explotación del ALBUM así como del destino de los beneficios de la misma.

QUINTA.– GENERALIDADES

5.1. .... autoriza el tratamiento automatizado de sus datos personales facilitados o puestos de manifiesto con ocasión del desarrollo del presente contrato, para la ejecución del mismo, así como para la oferta de productos y servicios de .... y la cesión de los datos a empresas de su grupo o a otras empresas con las que concluya acuerdos de colaboración en desarrollo del contrato y la explotación de la GRABACIÓN, radicadas en España o en el extranjero, respetando, en todo caso, la legislación española sobre protección de los datos de carácter personal. Los interesados tendrán en todo momento el derecho de acceder, rectificar y, en su caso, cancelar los datos personales que se incluirán en el fichero automatizado mediante petición escrita dirigida a ....

5.2. .... podrá auditar e inspeccionar sus libros y registros exclusivamente en relación con los cargos, abonos, facturas, liquidaciones y pagos establecidos en este contrato, así como la documentación de la que dichos conceptos se deriven o resulte necesaria para su cálculo, con excepción de la documentación no relacionada directamente con la ejecución del presente contrato y limitándose en todo caso la inspección a la documentación y registros producidos o recibidos por .... Dicha auditoria, en su caso, requerirá su previa notificación con una antelación mínima de .... días naturales a la fecha prevista para su comienzo, y deberá ser llevada a cabo por un auditor independiente, en sus oficinas, durante las horas normales de trabajo y realizarse de tal modo que no altere el curso normal del trabajo.

5.3. En el caso de que la mencionada auditoria tenga lugar, tanto el auditor independiente como .... estarán obligados a mantener estricta confidencialidad, lo que significa no revelar, divulgar o publicar ninguna información o dato obtenidos en virtud de la misma, a ninguna persona, entidad o corporación cualesquiera que fuesen distintos de cualquier órgano administrativo o judicial que interviniera en un procedimiento relativo al presente contrato.

5.4. La falta de acción, por cualquiera de las partes frente a cualquier infracción de lo pactado en el presente documento, no se considerará condonación ni renuncia frente a cualquier otra infracción del mismo.

5.5. Si alguna de las disposiciones del presente compromiso se declara inválida, nula o resulta imposible de cumplir o fuese modificada, en su totalidad o en parte, el resto de las condiciones del mismo seguirán vigentes, las partes se obligan a negociar de nuevo sin demora y bajo el principio de buena fe todos los apartados afectados por dicha invalidez o imposibilidad, continuando en vigor el resto de lo estipulado en el mismo.

5.6. Este compromiso se rige por las leyes españolas. Ambas partes renunciamos al fuero que en cualquier momento pudiera corresponderles y nos sometemos expresamente al de los Tribunales de.............., para el conocimiento y decisión de las cuestiones que pudieran derivarse de la interpretación y cumplimiento del presente compromiso.

Sin otro particular y rogándoles que en señal de conformidad con cuanto antecede se sirvan devolvernos, debidamente firmada por Uds., la copia que de la presente se acompaña, aprovechamos para saludarles muy atentamente,

F093. CONTRATO DE REPRESENTACIÓN ARTÍSTICA (I)

En..........., a .... de ....

REUNIDOS

De una parte: .... mayor de edad, con DNI ...., con domicilio en.........., calle ...., quien interviene en su propio nombre y derecho, designado en adelante como EL ARTISTA.

De otra parte, D..............., con DNI nº..........., quien actúa en representación de .... con CIF nº.........., domiciliada en.............; en adelante EL REPRESENTANTE.

EXPONEN

1.– Que EL ARTISTA se dedica a la composición, grabación e interpretación de temas musicales propios y ajenos, y no tiene cedidos con anterioridad al día de hoy a ningún tercero, directa o indirectamente, los derechos objeto de este contrato y que, por lo tanto, es titular del pleno dominio de ellos y que, como consecuencia, asume las responsabilidades que de toda índole se pudieran derivar.

2.– Que EL REPRESENTANTE está dedicado a la representación artística y comercial y que posee una infraestructura y organización adecuada para llevar a buen término este cometido.

En consideración a lo expuesto, ambas partes se reconocen capacidad suficiente para el otorgamiento del presente contrato de representación artística y comercial exclusiva de acuerdo a los siguientes

ACUERDOS

PRIMERO.– EL ARTISTA concede a EL REPRESENTANTE la representación en exclusiva de todas sus actividades artístico-comerciales y de imagen, negociando y gestionando sus contratos profesionales, en relación a las actuaciones musicales que se celebren en el periodo de vigencia, que se estipula en el presente documento.

SEGUNDO.– EL ARTISTA se declara libre de todo compromiso que pueda condicionar u obstaculizar la realización del presente contrato o de sus prórrogas, si las hubiere. Asimismo, EL ARTISTA se compromete, durante la vigencia del presente contrato, a no participar, bien bajo su nombre o bajo seudónimo, en cualquier actuación musical, teatral, cinematográfica o televisiva, grabación de registros sonoros y/o visuales o cualquier otra actividad profesional recogida en este documento, por cuenta de o para cualquier otra entidad o persona distinta de EL REPRESENTANTE. En caso de incumplimiento de esta cláusula, EL

ARTISTA perderá todos los derechos que este contrato le otorga, sin perjuicio de que EL MANAGER haga uso de las acciones que la Ley señale para el caso.

TERCERO.– EL ARTISTA faculta a EL REPRESENTANTE para negociar, firmar y comprometer en su nombre contratos artístico-comerciales o de imagen con terceros. EL ARTISTA deberá cumplir los contratos pactados por EL REPRESENTANTE, previa aceptación por parte de EL ARTISTA de los mismos.

CUARTO.– EL ARTISTA se compromete a acudir físicamente a todo requerimiento que en virtud de la representación exclusiva, objeto de este contrato, le haga EL REPRESENTANTE, previa aceptación por parte de EL ARTISTA de los mismos.

Paralelamente, EL REPRESENTANTE se compromete y obliga a prestar al ARTISTA, durante todo el tiempo de vigencia del presente contrato, un permanente y completo servicio de asesoramiento profesional y técnico, de cuantos aspectos profesionales le incumban, comprometiéndose a cumplir su deber de información frente al ARTISTA, referido, tanto al estado de la negociación con posibles terceros como a las condiciones de contratación con éstos.

QUINTO.– El ámbito territorial al que se refiere la representación objeto de este contrato, es todo el MUNDO, bien sea su explotación de una forma directa, o a través de sus representantes.

SEXTO.– EL REPRESENTANTE cobrará, en concepto de remuneración por su trabajo, el .....% de los ingresos brutos realmente satisfechos, generados por las actividades del ARTISTA descritas en el presente contrato, excepto pactos descritos en las cláusulas adicionales. En ese ......% está incluido el pago del porcentaje a los agentes de zona en los directos.

De igual forma, se aplicará el mencionado porcentaje del ....% a cualquier contraprestación que se acuerde en torno a la gira, incluyendo de manera enunciativa y no limitativa conceptos como sponsors o patrocinios, porcentajes sobre taquillaje, merchandising, etc.

Los ingresos percibidos por EL ARTISTA, en concepto de derechos de autor y royalties de la Compañía Discográfica, no generarán porcentaje alguno de remuneración para EL REPRESENTANTE.

SÉPTIMO.– La duración del presente contrato será de .... años a partir de la fecha de la firma del presente documento y se considerará renovado al finalizar este tiempo por periodos anuales prorrogables, siempre que no se comunique por escrito lo contrario a la otra parte, ... mes antes de su conclusión.

A la expiración del plazo establecido en el presente contrato, en caso de existir acuerdos pactados pendientes de ejecución y/o contratos aún no extinguidos, gestionados por EL REPRESENTANTE y aceptados por EL ARTISTA, serán de aplicación los mismos derechos aquí concedidos al REPRESENTANTE hasta la total resolución de los mismos.

OCTAVO.– El incumplimiento por cualquiera de las partes de alguno de los acuerdos pactados, o la rescisión unilateral del contrato, no libera de las obligaciones aquí determinadas; quedando facultada la otra parte a exigir el derecho a indemnización que por daños y perjuicios pueda corresponder.

NOVENO.– Ambas partes se someten a los Tribunales de .... con renuncia expresa de su propio fuero, si lo tuvieren, para cuantas cuestiones pudieran derivarse de la interpretación o incumplimiento del presente contrato.

Y en prueba de conformidad, firman el presente contrato por duplicado y a un solo efecto, en el lugar y fecha indicados.

F094. CONTRATO DE REPRESENTACIÓN ARTÍSTICA (II)

En .... a ...... de 20.....

REUNIDOS

De una parte, ... con domicilio en .... y NIF número ...., en su condición de director de ...., en adelante EL REPRESENTANTE.

De otra, ..., con domicilio en ....

.... y DNI ...., en adelante NOMBRE ARTÍSTICO, quien interviene en su propio nombre y representación, en adelante EL ARTISTA.

EXPONEN

I. Que EL ARTISTA está interesado en contratar los servicios de EL REPRESENTANTE, a fin de que éste tome a su cargo la dirección, organización y representación en todo lo relacionado con su actividad profesional.

II. Que habiendo llegado a un acuerdo sobre la forma en que deberá desarrollar la gestión, EL REPRESENTANTE y los derechos y obligaciones de ambas partes, han convenido suscribir el presente contrato privado con arreglo a las siguientes

CLÁUSULAS

PRIMERA.– OBJETO DEL CONTRATO

Por medio del presente contrato privado, EL ARTISTA designa como gestor único y exclusivo de su actividad profesional para todo el mundo a EL REPRESENTANTE, quién acepta, asumiendo la dirección y organización de todo aquello que se relacione directa o indirectamente con su actividad profesional.

Durante la vigencia del presente contrato, estará incluido dentro del objeto del mismo, toda actividad que desarrolle EL ARTISTA en el ámbito musical, sea conjuntamente o por separado, incluso si se lleva a cabo la actividad en unión de terceras personas.

El presente contrato privado tiene para EL REPRESENTANTE carácter no exclusivo, por lo que está en libertad para prestar sus servicios a terceros sin limitación alguna.

SEGUNDA.– DESARROLLO DEL CONTRATO

1°.– En desarrollo del presente contrato privado EL REPRESENTANTE asume las funciones:

a.– Promover, negociar, concluir y firmar contratos, negocios y representación de EL ARTISTA, en todo lo relacionado con el objeto del presente contrato privado, y en particular aquellos que tengan por objeto sus conciertos, giras, galas, actuaciones públicas, merchandising, patrocinio de actividades musicales, intervenciones en medios de comunicación, gestión de la publicidad de sus actividades, contratos de grabación discográficos y audiovisuales, utilización de los derechos de imagen, etc.

b.– Cooperar en el cumplimiento de las obligaciones y compromisos asumidos por el artista con terceras personas en ejecución y desarrollo del presente contrato privado.

c.– Representar a EL ARTISTA ante todo tipo de entidades pública o privadas, promoviendo, siguiendo y gestionando ante dichas entidades todos los asuntos relacionados o derivados de la actividad profesional de EL ARTISTA.

d.– Velar en todo momento por la protección de los intereses profesionales, artísticos y económicos de EL ARTISTA.

e.– Mantener informado a EL ARTISTA de la líneas generales de las negociaciones que se entablan en su nombre y de los contratos de las partes.

f.– Seguir en el desarrollo de la su actividad las directrices que con carácter general se establezcan por ambas partes.

g.– Percibir todas las cantidades que en el desarrollo del presente contrato deban ser abonadas a EL ARTISTA, realizando al efecto cuantas gestiones y acciones sean necesarias, hasta obtener el cobro de las mismas.

h.– Abonar a EL ARTISTA en el plazo máximo de .... días desde su efectiva percepción cualquier ingreso que a su favor se hubiera obtenido, previa la correspondiente liquidación.

Para el ejercicio de las anteriores actividades EL REPRESENTANTE gozará de un amplio margen de confianza y libertad de actuación, y contará con su propio personal, organización y servicios administrativos, pudiendo delegar a su libre criterio en terceras personas físicas o jurídicas las facultades que le atribuye el presente contrato privado.

2º– Por su parte, EL ARTISTA asume los siguientes compromisos.

a.– Contratar con la intermediación de EL REPRESENTANTE todas sus actividades profesionales, citándose con carácter meramente enunciativo y por lo tanto no limitativo: grabaciones sonoras y/o audiovisuales, actuaciones en medios de comunicación, apariciones públicas y conciertos, contratos de patrocinio, de giras y conciertos, merchandising, publicidad, etc., así como cuantos contratos o acuerdos complementarios para el desarrollo de tales actividades sean precisos.

EL ARTISTA se compromete a mantener puntualmente informado a EL REPRESENTANTE de las actividades ajenas a este contrato privado que pudieran desarrollar durante su vigencia, a fin de mantener la necesaria coordinación para que tales actividades no interfieran la correcta programación y desarrollo del resto de las actividades, siempre y cuando estén de acuerdo las dos partes.

b.– Informar a EL REPRESENTANTE con la antelación precisa de los criterios fiscales y contables que deberán seguirse en la contratación de EL ARTISTA, y particularmente de la forma en que deben realizarse en su nombre los ingresos y pagos.

En todo caso EL REPRESENTANTE queda expresamente liberado por el artista de cuantas responsabilidades legales, fiscales o contables pudieran derivarse para EL ARTISTA de los contratos suscritos en su nombre o de los pagos e ingresos que se produzcan.

c.– Reconocer durante la vigencia del contrato el derecho a EL REPRESENTANTE a designarse públicamente como manager exclusivo del mismo, por lo que el nombre y el logotipo de EL REPRESENTANTE u otros nombre comerciales, deberán figurar en todas las piezas promocionales o publicitarias que de EL ARTISTA y de sus actividades sean realizadas.

d.– Cumplir y respetar en todo momento los compromisos que asuma EL REPRESENTANTE en nombre de EL ARTISTA, siempre y cuando ambas partes estén de acuerdo.

TERCERA.– CONDICIONES ECONÓMICAS

1° Retribuciones:

Como contraprestación por sus servicios EL REPRESENTANTE percibirá las siguientes cantidades:

1°.1.– EL .... POR CIENTO de todos los ingresos brutos obtenidos por EL ARTISTA por los siguientes conceptos:

a.– Por la realización de conciertos, galas, actuaciones o giras, tanto en España como en el extranjero. Si en dicha contratación interviniera alguna persona física o jurídica, la comisión que dicho intermediario tuviera que percibir, será abonada a partes iguales entre EL REPRESENTANTE en concepto de gestión comercial y EL ARTISTA en concepto de producción local, infraestructuras y todo lo necesario para el buen desarrollo del concierto.

b.– Por actuaciones en televisión, cine, radio, u otros medios de comunicación.

c.– Por la publicidad de cualquier índole, tanto si se realiza por acuerdos directamente con empresas o entidades, como si se lleva a cabo a través de agencias de publicidad o de intermediarios, siempre que sean derivadas de la carrera artística de EL ARTISTA.

d.– Por patrocinios, tanto de entidades públicas como privadas.

e.– Por la venta de objetos de merchandising, tales como camisetas, gorras, libros, pegatinas, etc tanto si se realiza directamente por EL REPRESENTANTE como si lleva a cabo a través de terceras personas o entidades.

1°.2.– En aquellos conciertos, actuaciones o actividades en los cuales EL REPRESENTANTE y EL ARTISTA asuman parcial o totalmente el riesgo del resultado económico que se obtenga, los beneficios o perdidas se repartirán entre ambas partes contratantes al .... por ciento (....%) siempre que ambas partes estén de acuerdo.

2°– Liquidaciones y pagos:

Dentro de los treinta días siguientes a la efectiva percepción de cualquier ingreso que se produzca en desarrollo de este contrato privado. EL REPRESENTANTE deberá efectuar la correspondiente liquidación, abonando a EL ARTISTA la cantidad que le corresponda.

3°– Gastos

Serán de la exclusiva de EL REPRESENTANTE todos los gastos generales de la oficina en la que desarrolla la actividad profesional de EL ARTISTA, a excepción de la figura del road manager, técnicos, músicos, bailarines, equipamientos, viajes, hoteles, y todo lo que conlleve a la realización de cualquier actividad que serán a cargo de EL ARTISTA.

Los gastos generales ocasionados por la publicidad y comercialización de conciertos, entre ellos: revistas del sector, mailing postal, e-mailing (internet) serán a cargo de EL REPRESENTANTE, excepto la fabricación y envío de la cartelería o cualquier material que anuncie la celebración de un concierto y/o actividad que será a cargo de EL ARTISTA.

Todo gasto que se realice y se tenga que hacer cargo EL ARTISTA deberá ser consultado y presentado proyecto de antemano a éste por parte del EL REPRESENTANTE.

CUARTA.– DURACIÓN DEL CONTRATO PRIVADO

El presente contrato privado entrara en vigor el día de la fecha reseñada en el encabezamiento y tendrá una duración de ..... años finalizando por lo tanto el .... de 20........ A la conclusión del presente contrato, éste se renovará automáticamente por un periodo de .... años, y así sucesivamente, a no ser que una de las partes notifique lo contrario ...... días antes de su finalización.

QUINTA.– EFECTOS DE LA RESOLUCIÓN DEL CONTRATO

El presente contrato privado se resolverá por la voluntad de las partes, llegando al vencimiento del plazo inicial, comunicándolo con la antelación prevista en la cláusula anterior, por cualquiera de las causas previstas en la legislación vigente para la resolución de contratos o por incumplimiento grave de una de las partes de las obligaciones establecidas en el presente contrato privado.

En el supuesto de que en el momento en el que la resolución deba surgir efecto se estuviera realizando una gira o mediaran menos de .... días para su inicio, la resolución no surgirá efecto hasta transcurridos ..... (...) días de la conclusión de la gira en cuestión.

Resuelto el contrato privado, EL REPRESENTANTE continuará devengando las retribuciones que le correspondan conforme a lo establecido en la cláusula TERCERA por los contratos negociados por él, aunque los pagos establecidos en los mismos estuvieran aún pendientes de devengo o liquidación, por lo que deberá practicarse una liquidación provisional que deberá complementarse a medida que vayan produciéndose nuevos ingresos.

SEXTA.– SUSTITUCIÓN DE LAS PARTES

En el supuesto de que EL ARTISTA decidiera ceder total o parcialmente a favor de una sociedad civil o mercantil los derechos de la explotación de su nombre o imagen, u otros derechos relacionados con las actividades objeto del presente acuerdo, deberá comunicarlo a EL REPRESENTANTE con carácter previo, y en todo caso, la sociedad en cuestión deberá cumplir y respetar las obligaciones de EL ARTISTA derivadas del presente contrato privado, sin que sufran alteración las cláusulas del mismo, ni los derechos y obligaciones que de él se deriva para ambas partes.

Si EL ARTISTA hiciera uso del derecho establecido en el párrafo anterior, éste responderá de forma solidaria de las deudas contraídas con EL REPRESENTANTE por parte de la sociedad a favor de la que hubieran cedido estos derechos.

SÉPTIMA.– LEY APLICABLE

Este contrato privado se regirá por las disposiciones civiles y mercantiles españolas que sean de aplicación y muy especialmente por la práctica usual en este tipo de relación contractual.

OCTAVA.– SOMETIMIENTO A LOS TRIBUNALES

Por la interpretación, ejecución y desarrollo del presente contrato privado y para cuantas incidencias pudieran derivarse del mismo, las partes, con renuncia expresa a cualquier otro fuero al que pudieran tener derechos, se someten a la jurisdicción y competencia de los Tribunales de ....

Y en prueba de conformidad con cuanto acontece, firman las partes el presente documento, en duplicado ejemplar, en el lugar y fecha señalados en el encabezamiento.

F095. CONTRATO DE ACTUACIÓN MUSICAL (I)

Normativa aplicable: *Arts. 74 y ss. Real Decreto Legislativo 1/1996, de 12 de abril, por el que se aprueba el texto refundido de la Ley de Propiedad Intelectual, regularizando, aclarando y armonizando las disposiciones legales vigentes sobre la materia.*

En ...., a ... de ..... de .....

REUNIDOS

De un lado, Don........, con DNI ...., en nombre y representación de la compañía .... S.L., con domicilio en ...., calle ...., núm. .... CIF............ En Adelante, la EMPRESA.

De otro, ... con DNI .... y, que interviene en nombre y representación de la compañía ...., con domicilio en............ CIF............

Ambas partes reconociéndose capacidad legal necesaria y suficiente para el otorgamiento del presente contrato,

EXPONEN

I. Que la EMPRESA ha organizado el acto ...., que se celebrará el próximo día .. de .... de ....., estando interesada en que .... (en adelante, la ARTISTA) actué como cantante durante el citado acto.

II. Que corresponde a .... la gestión y explotación de la realización e intervención de la ARTISTA en eventos musicales, por lo que las partes acuerdan formalizar el presente CONTRATO DE ARRENDAMIENTO DE SERVICIOS (en adelante el "Contrato") con arreglo a las siguientes

ESTIPULACIONES

PRIMERA.– La EMPRESA contrata con .... la actuación de la ARTISTA como cantante durante el acto ...., que organiza, a su riesgo y ventura, LA EMPRESA y que tendrá lugar el día .... de ..... de ...., en ...., sito en ....

SEGUNDA.– La actuación de la ARTISTA se dividirá en .... intervenciones durante el acto de .... y tendrá una duración máxima, total y conjunta (esto es, comprensiva de ambas intervenciones), de entre... y ..... minutos, intervalo de tiempo en el que la ARTISTA interpretará canciones libremente elegidas por esta última, acompañada al piano por el músico habitual de la ARTISTA.

Salvo la retribución del músico reseñado en el párrafo precedente, que corresponderá a............, todos los medios materiales y humanos precisos para la actuación (a título de ejemplo y sin animo exhaustivo, escenario, luz, sonido, micrófonos, piano, técnicos, montaje, transporte.....,) serán organizados y contratados por la EMPRESA, siendo todo ello de exclusiva cuenta y cargo, riesgo y responsabilidad de esta última, que, en todo caso, tendrá necesariamente en cuenta las siguientes especificaciones:

A.– Se habilitará a efectos de la actuación aquí contratada un pequeño escenario, en el que se instalará un piano de media cola acústico, con espacio suficiente para la cantante y la instalación de los monitores de sonido junto al pianista y la cantante, por lo que el escenario, debe tener unas dimensiones de tres metros de largo por tres metros de ancho. Si existiere dicho escenario ya elevado, debe instalarse una lona negra que actué como aislante entre el suelo y los músicos.

B.– La iluminación de la actuación deberá ser acorde al tipo de actuación contratada y estar a cargo de un técnico de luces.

C.– La micrófono para el piano acústico y la cantantes, así como los monitores de escucha y el equipo de sonido, deberá ser el adecuado a la vista de las condiciones de la sala y deberá ser instalado y supervisados por técnico competente. Especialmente, deberá corregirse la afinación del piano una vez ubicado en el escenario.

D.– Se habilitará un pequeño camerino para uso de la ARTISTA y el músico, con buena iluminación y un espejo, en el que se hallará a disposición de ambos diversas botellas de agua mineral.

TERCERA.– Por la citada actuación, ... percibirá una retribución de .... EUROS, más su correspondiente IVA por importe de ...., en total .... EUROS que será abonada, en cuanto a la suma de .... EUROS a la firma del presente contrato, sirviendo el presente documento de eficaz carta de pago, en cuanto a la suma de .... euro, será pagada antes del día .... y la restante suma de .... antes de la actuación aquí contratada, en ambos casos, necesariamente mediante trasferencia bancaria a la siguiente cuenta corriente .... Dentro de las ... horas anteriores a la celebración del acto, la EMPRESA deberá acreditar el pago de la citada retribución y su IVA.

Las partes pactan que, con la firma del presente contrato, la anterior retribución se entiende devengada a favor de .... S.L., por lo que en el supuesto que la actuación aquí contratada no se celebrase por causa no imputable de forma directa a la ARTISTA, la EMPRESA deberá abonar a .... la total retribución antes reseñada. Este acuerdo ha sido elemento esencial para que preste su consentimiento .... al presente contrato.

CUARTA.– El presente contrato podrá resolverse en los casos previstos en la Ley. Especialmente, ... podrá resolver, automáticamente y sin más trámite, el presente contrato en los siguientes supuestos: A.– Falta de pago de las cantidades reseñadas en la estipulación tercera de este contrato en la forma y plazo previstos en dicha estipulación B.– Falta de acreditación por la EMPRESA del pago dentro del plazo señalado en la predicha estipulación tercera. C.– La suspensión o aplazamiento del acto ......, y/o de la actuación contratada, siempre que tal circunstancia no sea imputable a la ARTISTA o .... D.–

La falta de cumplimiento por la EMPRESA, total o parcialmente, de las especificaciones reseñadas en la estipulación quinta.

Las partes pactan que con la firma del presente contrato, la retribución reseñada en la estipulación tercera se entiende devengada a favor de..........., por lo que en el supuesto que la actuación aquí contratada no se celebrase por cualquier causa no imputable de forma directa a la ARTISTA, la EMPRESA deberá abonar a .... la citada total retribución pactada aun cuando dicha actuación no se celebrase, riesgo éste de no celebración de la actuación en los términos de este párrafo y consiguiente pago de retribución que expresamente aquí asume la EMPRESA. Todo ello sin perjuicio de las acciones que asistan tanto a .... como a la ARTISTA caso de incumplimiento de sus obligaciones por LA EMPRESA, especialmente la de indemnización de daños y perjuicios. Este acuerdo ha sido elemento esencial para que preste su consentimiento .... al presente contrato.

QUINTA.– En cualquier caso, la ARTISTA y............., quedarán liberados del presente contrato, sin que nada tenga que reclamar la EMPRESA salvo la devolución de las cantidades que hubiera abonado en virtud de lo dispuesto en la estipulación tercera, en el supuesto que, por indisposición o enfermedad certificada por facultativo competente, la ARTISTA estuviese imposibilitada para actuar en el acto.

Ambas partes otorgan y firman el presente contrato por duplicado, previa su lectura íntegra, el cual declaran entender y con cuyo contenido están conformes.

F096. CONTRATO DE ACTUACIÓN MUSICAL EN PROGRAMA TELEVISIVO (II)

Normativa aplicable: *Arts. 74 y ss. Real Decreto Legislativo 1/1996, de 12 de abril, por el que se aprueba el texto refundido de la Ley de Propiedad Intelectual, regularizando, aclarando y armonizando las disposiciones legales vigentes sobre la materia.*

En ...., a.............

CELEBRADO ENTRE:

....	....
(En adelante..........)	(En adelante LA ENTIDAD)
CIF	CIF ....
Dirección..............	Dirección...........
Representada por	Representada por
....	....
NIF:	NIF:...............

LA ENTIDAD ha suscrito un contrato de exclusividad con DÑA............, con NIF............... (en lo sucesivo EL ARTISTA) para la contratación del mismo en todas aquellas actividades relacionadas con su intervención en obras y grabaciones audiovisuales, y es titular en exclusiva de los derechos de explotación que se deriven de las actuaciones del ARTISTA, estando facultada para percibir los rendimientos que procedan.

Mediante el presente documento, ... contrata con LA ENTIDAD la participación del ARTISTA en el PROGRAMA para la realización de la interpretación o ejecución artística o intervención objeto del presente contrato, con sujeción a las CONDICIONES GENERALES que se adjuntan y, en su caso, a las CONDICIONES PARTICULARES que convengan las partes.

PROGRAMA: ....

EMISIÓN: ....

OBJETO: INTERPRETACIÓN DE LA VERSIÓN DEL TEMA MUSICAL ".........." JUNTO CON ....

TIEMPO DE LA PRESTACIÓN: ....

CONDICIONES PARTICULARES:

La cesión de derechos de propiedad intelectual se otorga con carácter gratuito. Sin perjuicio de lo anterior, en el supuesto de que se llevara a cabo la explotación de un DVD del PROGRAMA, EL ARTISTA suscribirá un contrato con .... que establezca, de mutuo acuerdo, las condiciones de explotación y contraprestación, o en su caso, un royalty prorrata *tituli/tempori* sobre los soportes del DVD vendidos que contengan LA OBRA AUDIOVISUAL y MUSICAL realizadas en virtud de este acuerdo.

CONDICIONES GENERALES

1.– LA ENTIDAD garantiza que dispone de legitimación suficiente para suscribir el presente contrato, y que se encuentra en posesión del justo título sobre los derechos de explotación de las interpretaciones del ARTISTA de una manera suficiente, respondiendo LA ENTIDAD de su ejercicio pacífico por ....

2.– LA ENTIDAD se compromete a que EL ARTISTA preste sus servicios de forma diligente para la correcta grabación del PROGRAMA, atendiendo a las indicaciones de los responsables de Producción y Dirección del PROGRAMA, acudiendo al lugar de grabación que sea designado en el horario y fecha que se le comunique y colaborando en cuantos ensayos, pruebas, grabaciones, etc. se consideren necesarios, sin percibir por ello LA ENTIDAD ni EL ARTISTA remuneración adicional alguna.

3.– La prestación de los servicios contratados tiene naturaleza mercantil. LA ENTIDAD será la única responsable del cumplimiento de todas las obligaciones de carácter laboral, civil, mercantil, fiscal y de pago de la Seguridad Social que se deriven del desempeño de las actividades objeto del presente contrato, eximiendo expresamente a .... de toda responsabilidad ante cualquier reclamación del ARTISTA o de terceros, pudiendo en todo caso .... exigir la acreditación del cumplimiento de las obligaciones expuestas. .... podrá retener de las facturas pendientes de pago las cantidades correspondientes, ante reclamaciones del fisco o de la Seguridad Social.

4.– LA ENTIDAD cede en exclusiva a..........., con facultad de cesión a terceros en exclusiva, para todo el mundo, por el máximo plazo de tiempo de protección establecido por la Ley de Propiedad Intelectual, los derechos de fijación, reproducción, distribución, comunicación pública, puesta a disposición, doblaje, incluido el doblaje al castellano neutro, y transformación de su fijación, de la intervención EL ARTISTA, así como sus registros sonoros, voz e imagen en orden a la explotación televisiva (incluyendo de forma enunciativa y no exhaustiva, la televisión por ondas hertzianas, por cable, vía satélite —en todos los casos tanto analógico como digital—, TV previo pago, TV codificada, TV en abierto, o cualquier otra modalidad de emisión, transmisión o retransmisión, ya sea digital o analógica, y en general a través de todas las modalidades de comunicación pública previstas en el artículo 20.2 de la Ley de Propiedad Intelectual), cinematográfica, videográfica, en formato videocasete, laserdisc, vídeodisc, CDI, CDI-DV, CDRom, DVD, vídeo a la carta, bajo demanda o casi bajo demanda u otros que pudieran crearse, telefonía móvil, Internet y cualquier otra tecnología de comunicación a través de banda ancha móvil o fija, discográfica o impresa, a través de merchandising, ...

5.– La decisión final acerca de los contenidos y fotogramas a incluir en la versión definitiva de EL PROGRAMA, corresponde a......... .... no adquiere compromiso alguno respecto a la emisión de EL PROGRAMA en la que participa EL ARTISTA, a su periodicidad o al horario en que pudiera realizarse o a la inclusión de los planos o secuencias en los que aparezca EL ARTISTA en el montaje final. .... podrá permitir realizar emisiones parciales de EL PROGRAMA y, en su caso, de las intervenciones en el mismo del ARTISTA, así como escoger los planos o secuencias que considere más adecuados para la emisión, la promoción o comercialización de EL PROGRAMA.

6.– .... proporcionará al ARTISTA los servicios de vestuario, maquillaje, peluquería Y DESPLAZAMIENTO. Para el supuesto de que fuera necesario alojamiento en un hotel, ... se hará cargo de dicho gasto.

7.– El presente contrato se configura con carácter de exclusiva durante su vigencia

8.– LA ENTIDAD indemnizará a .... de cuantos daños y perjuicios pudiera ocasionarse a la misma por el incumplimiento de las obligaciones que asume en virtud del presente contrato.

9.– Por la suspensión/extinción del contrato que .... mantiene con LA CADENA y que es causa del presente, ... podrá suspender/extinguir el presente contrato, sin que se derive por ello ninguna otra obligación para .... que la mera comunicación de dicha suspensión o extinción a LA ENTIDAD.

10.– Los datos personales que se recogen por el presente contrato serán objeto de tratamiento automatizado y serán incorporados a ficheros de responsabilidad de..........., con la finalidad de gestionar la relación contractual y su utilización en futuros procesos de convocatoria o selección.

Se podrán ejercitar sus derechos de acceso, rectificación, si bien la cancelación no será posible cuando los datos sean necesarios para el mantenimiento y cumplimiento de la relación contractual entre LA ENTIDAD y...............

11.– Para la interpretación y resolución de los conflictos que pudieran surgir como consecuencia de este contrato, y con renuncia expresa a cualquier fuero que pudiera corresponderles, las partes se someten a la jurisdicción de los Tribunales de ....

F097. CONTRATO PARTICIPACIÓN DE ACTRIZ EN SERIE DE TELEVISIÓN MEDIANTE REPRESENTANTE

Normativa aplicable: *Real Decreto Legislativo 1/1996, de 12 de abril, por el que se aprueba el texto refundido de la Ley de Propiedad Intelectual, regularizando, aclarando y armonizando las disposiciones legales vigentes sobre la materia.*

En ...., a..............

REUNIDOS

DE UNA PARTE: D. ...., con DNI nº .... como administrador único de la sociedad "......................". con CIF.........., domicilio social en ...., con nº de la Seguridad Social de la empresa en Régimen General: .... y en Régimen de Artistas: ....

Y de otra, Don.................... mayor de edad, con DNI nº......, que actúa para este acto en nombre y representación de la sociedad ......, con CIF........................., y con domicilio social en .... (en lo sucesivo el "REPRESENTANTE").

(Denominados conjuntamente en adelante las "Partes")

Ambas Partes con plena capacidad legal para obligarse en la calidad con que actúan, que expresa y mutuamente se reconocen, libre y espontáneamente

MANIFIESTAN

I. Que la PRODUCTORA va a llevar a cabo la producción de la primera y la segunda temporada de la obra audiovisual seriada titulada provisionalmente "...................." (en adelante la "OBRA"), que constará de ... capítulos la primera temporada y .... capítulos la segunda, de una duración aproximada de .... minutos cada uno, para lo que desea que Doña.., (en lo sucesivo el "ACTOR/ACTRIZ"), con DNI nº.., preste sus servicios como ACTOR/ACTRIZ en dicha OBRA, que va a ser contratada por la cadena de televisión.............. (en lo sucesivo, LA CADENA).

II. Que el REPRESENTANTE es una agencia de representación de conocidos artistas y actores que se encarga de su búsqueda y selección para su participación en producciones televisivas, cinematográficas, audiovisuales y, en general, en eventos y diversos acontecimientos sociales y de medios de comunicación, o de otra índole.

III. Que la PRODUCTORA está interesado en que el REPRESENTANTE realice los servicios de mediación necesarios para conseguir la participación del ACTOR/ACTRIZ como actor/actriz de la OBRA.

En mérito de lo expresado, las Partes han acordado el presente contrato que se regirá por las siguientes,

CLÁUSULAS

PRIMERA.– SERVICIOS DE MEDIACIÓN

EL REPRESENTANTE se obliga a realizar en favor de la PRODUCTORA los servicios necesarios para conseguir la participación del ACTOR/ACTRIZ como actor/actriz de la OBRA, y en particular a:

A continuar realizando toda la actividad tendente y necesaria para poner en contacto al PRODUCTOR con el ACTOR/ACTRIZ.

A gestionar, promover y garantizar las intervenciones del ACTOR/ACTRIZ en relación con la OBRA, que incluyen, entre otras, la realización de ensayos, la realización de sesiones de rodaje, la realización de sesiones de maquillaje, peluquería, estilismo y vestuario, la realización de sesiones de fotografía, actividades de carácter promocional y, en general, cualesquiera otras actividades que resulten necesarias para la producción de la OBRA.

A colaborar con carácter general en cuantas labores de mediación, en relación con el ACTOR/ACTRIZ, pudiera necesitar la PRODUCTORA para la producción de la OBRA.

SEGUNDA.– PERIODO DE COMPROMISO

Este contrato entrará en vigor en la fecha de su firma y seguirá vigente hasta la terminación por cualquier causa del contrato laboral celebrado en esta misma fecha entre el ACTOR/ACTRIZ y la PRODUCTORA, fecha en la que quedará por tanto extinguido de modo automático y sin necesidad de comunicación ni preaviso.

TERCERA.– SERVICIOS DE MEDIACIÓN REALIZADOS POR EL REPRESENTANTE CON ANTERIORIDAD A LA ENTRADA EN VIGOR DE ESTE CONTRATO

El REPRESENTANTE ha venido realizando una labor de puesta en contacto y mediación entre la PRODUCTORA y el ACTOR/ACTRIZ con anterioridad a la entrada en vigor de este contrato con la finalidad de alcanzar los acuerdos necesarios que se han plasmado en el presente contrato y en el contrato laboral antes citado.

CUARTA.– REMUNERACIÓN POR LOS SERVICIOS PRESTADOS

Como contraprestación por los servicios de mediación recogidos en la cláusula Primera anterior y por los servicios de mediación anteriores a la entrada en vigor de este contrato recogidos en la cláusula Tercera del mismo, la PRODUCTORA abonará al REPRESENTANTE la suma total de.... euros, por capítulo, más el IVA correspondiente y menos las retenciones e impuestos que en su caso procedan, por cada capítulo en que efectivamente participe el ACTOR/ACTRIZ. Esta remuneración será actualizable según el correspondiente IPC.

El abono de la anterior cantidad se realizará, mediante transferencia bancaria a la cuenta que a tal efecto designe el REPRESENTANTE, a los ... días de la presentación de la correspondiente factura, que se entregará a la finalización de cada mes.

QUINTA.– RESOLUCIÓN ANTICIPADA

No obstante lo dispuesto en la cláusula Segunda de este contrato, las Partes quedan facultadas para resolver unilateral mente el presente contrato mediante simple notificación escrita a la otra parte, antes del término fijado en la citada cláusula, cuando cualquiera de las Partes:

a) Incumpla cualquiera de las obligaciones y pactos contenidos en el presente contrato.

En este caso, la parte que pretenda resolver el presente contrato deberá previamente notificar por correo certificado con acuse de recibo a la parte incumplidora la obligación u obligaciones que a su entender se estén vulnerando, concediendo a dicha parte incumplidora un plazo máximo de.... días desde la recepción de la citada notificación para subsanar el incumplimiento en cuestión.

b) Se constituya en suspensión de pagos, quiebra, concurso de acreedores o cualquiera otra situación de insolvencia jurídica o de hecho.

c) En caso de resolución del contrato laboral suscrito en esta misma fecha entre el PRODUCTOR y el ACTOR/ACTRIZ.

SEXTA.– CONFIDENCIALIDAD

Las Partes acuerdan mantener absoluta confidencialidad sobre el presente contrato, exceptuándose la revelación del mismo en cumplimiento de la normativa aplicable o de requerimiento de las autoridades competentes.

Si alguna norma o autoridad requiriese la publicación o revelación de alguna información que afecte o pueda afectar a alguno de los términos de este contrato, la parte con obligación de efectuar dicha publicación o proporcionar tal información comunicará por adelantado a la otra parte la necesidad de proceder en tal sentido, acordando ambas en la medida de lo posible el contenido de la publicación o comunicación.

SÉPTIMA.– LEY Y JURISDICCIÓN

Las Partes someten el presente contrato a la Ley española. Este contrato tiene carácter mercantil y se regirá por sus propias cláusulas y en lo que en ellas no estuviere previsto, por las disposiciones del Código de Comercio, y en su defecto, por lo dispuesto en el Código Civil.

Cualquier duda o divergencia entre las partes se someterá a la competencia de los Tribunales de......, renunciando las partes expresamente a cualquier otro fuero que pudiera corresponderles.

OCTAVA.– NOTIFICACIONES

Todas las notificaciones o comunicaciones que las Partes se efectúen entre sí en relación con el presente contrato, deberán realizarse por escrito y enviarse por correo certificado con acuse de recibo o telefax, a las direcciones descritas en el encabezamiento.

NOVENA.– PROTECCIÓN DE DATOS

En cumplimiento de la ley de Servicios de la Sociedad de la Información de comercio electrónico y de la Ley Orgánica de protección de Datos de carácter personal, el firmante autoriza y consiente a que sus datos personales se incluyan en los ficheros de la EMPRESA así como su utilización y tratamiento, automatizados o no, siempre que tengan la finalidad el desenvolvimiento del presente contrato, así mismo serán cedidos a la Asesoría, empleados de la misma y terceras entidades vinculadas a esta y a cualquier entidad bancaria con que trabaje la PRODUCTORA, para que se puedan pagar las retribuciones pactadas.

Y en prueba de conformidad, las Partes firman el presente contrato por triplicado, en el lugar y fecha indicados en el encabezamiento,

F098. CONTRATO DE PROMESA DE COMPRAVENTA DE OBRA DE ARTE

En ...., a................

REUNIDOS

De una parte, por la PROMITENTE VENDEDORA.–

.........., mayor de edad, con domicilio en .... y, provista de DNI nº ....

Y de otra, por la PROMITENTE COMPRADORA.–

D............, mayor de edad, empresario, vecino de .... y provisto de DNI nº ....

INTERVIENEN

DOÑA .... (titular de la *Colección........*), interviene en su propio nombre y derecho,

El Sr.........., interviene en nombre y representación de la mercantil ...., con domicilio social en .... y CIF.........., en su calidad de Administrador único de la misma, tal y como consta inscrito en el Registro mercantil de.........., estando plenamente vigente dicho cargo y/o poder, y siendo suficiente para este otorgamiento, tal y como asegura el compareciente,

Todos los comparecientes en los conceptos indicados tienen, y mutuamente se reconocen, capacidad legal suficiente para otorgar y dotar de eficacia al presente CONTRATO DE PROMESA DE COMPRAVENTA, y a tal fin, libre y voluntariamente,

EXPONEN

I.– Que DOÑA.........., es dueña de las siguientes obras de arte:

1.– OBRA denominada.................

Se acredita la autenticidad de la citada obra, con certificado expedido por .... de fecha............., que se acompaña como ANEXO I.1 a este documento.

Le pertenece a DOÑA .... por título de adquisición por disolución de sociedad de gananciales y donación de su difunto esposo, efectuada el día ....

Está libre de cargas y gravámenes, en perfectas condiciones de conservación y no ha sido declarada BIC ni incluida en el Inventario General de Bienes Muebles, según manifiesta su propietaria y resulta del Informe de Conservación y mapa de daños realizado por .... de fecha ...., que se acompaña como ANEXO I.2.

2.– OBRA denominada ....

Se acredita la autenticidad de la citada obra, con certificado expedido por .... de fecha..........., que se acompaña como ANEXO II.1 a este documento.

Le pertenece a .... por título de adquisición por disolución de sociedad de gananciales y donación de su difunto esposo, efectuada el día ....

Está libre de cargas y gravámenes, en perfectas condiciones de conservación y no ha sido declarada BIC ni incluida en el Inventario General de Bienes Muebles, según manifiesta su propietaria y resulta del Informe de Conservación y mapa de daños realizado por .... de fecha ...., que se acompaña como ANEXO II.2

3.– OBRA denominada ....

Se acredita la autenticidad de la citada obra, con certificado expedido por .... de fecha..........., que se acompaña como ANEXO II.1 a este documento.

Le pertenece a .... por título de adquisición por disolución de sociedad de gananciales y donación de su difunto esposo, efectuada el día ....

Está libre de cargas y gravámenes, en perfectas condiciones de conservación y no ha sido declarada BIC ni incluida en el Inventario General de Bienes Muebles, según manifiesta su propietaria y resulta del Informe de Conservación y mapa de daños realizado por .... de fecha ...., que se acompaña como ANEXO II.2.

4.– OBRA denominada ....

Se acredita la autenticidad de la citada obra, con certificado expedido por .... de fecha..........., que se acompaña como ANEXO II.1 a este documento.

Le pertenece a .... por título de adquisición por disolución de sociedad de gananciales y donación de su difunto esposo, efectuada el día ....

Está libre de cargas y gravámenes, en perfectas condiciones de conservación y no ha sido declarada BIC ni incluida en el Inventario General de Bienes Muebles, según manifiesta su propietaria y resulta del Informe de Conservación y mapa de daños realizado por .... de fecha ...., que se acompaña como ANEXO II.2.

II.– Que DOÑA .... ha depositado las obras objeto de este contrato mencionadas en el expositivo anterior a favor del MUSEO.........., sito en la calle..........., sin perjuicio de los compromisos que asume en virtud de este contrato respecto del ....

III.– Que la mercantil ...., está interesada en adquirir por compraventa las cuatro obras de arte descritas en el expositivo primero.

IV.– Y siendo así, habiendo alcanzado las partes acuerdo al respecto, convienen en obligarse y suscribir el presente CONTRATO DE PROMESA DE COMPRAVENTA, que se regirá en adelante por las siguientes:

CLÁUSULAS

PRIMERA.– DOÑA............, se compromete a vender y transmitir a............., que representado en este acto por Don.............., se compromete a comprar y adquirir, el pleno dominio de las obras descritas en el Expositivo I de este documento, en perfectas condiciones de estado y conservación, como cuerpo cierto, con cuántos derechos le son inherentes o accesorios y en el estado de libre de cargas y gravámenes.

Durante el tiempo estipulado previo a la traslación del dominio, DOÑA .... tendrá las obras a que se refiere este contrato temporalmente cedidas al MUSEO.........., a quien podrá informársele de la existencia de este contrato a juicio y voluntad de ....

La promesa de vender y comprar, respectivamente, no podrá ser considerada como una mera declaración de intenciones, sino como un verdadero contrato, con los derechos y obligaciones que se derivan del art. 1.451 del Código Civil, por existir conformidad entre las partes en el objeto y precio de la futura compraventa. En consecuencia, DOÑA .... no podrá vender las obras a ningún tercero ajeno a .... de no mediar previamente la renuncia de éste o su autorización fehaciente.

SEGUNDA.– El precio de la futura compraventa es de un total de............., individualizándose dicho precio por cada una de las obras de la siguiente forma:

1.– OBRA denominada.............: ....€

2.– OBRA denominada.............: ....€

3.– OBRA denominada.............: ....€

4.– OBRA denominada.............: ....€

TERCERA.– El pago de la cantidad arriba indicada se realizará por......... a DOÑA .... en un plazo no superior a .... meses desde la firma del contrato, coincidiendo con el otorgamiento de la escritura pública de compraventa, mediante cheque bancario en favor de la vendedora, momento en que el comprador adquirirá el pleno dominio de las obras y será libre de continuar o no con la cesión de las obras al MUSEO ....

La fecha exacta de otorgamiento de la citada escritura será comunicada por doña .... a .... con una antelación mínima de .... días.

CUARTA.– La escritura pública de compraventa se otorgará ante el Notario de .... Don..............................., o quien le sustituya en el protocolo, en el plazo indicado en la cláusula anterior.

Los gastos e impuestos que se produzcan como consecuencia del otorgamiento de la escritura pública de compraventa serán satisfechos de conformidad con la Ley.

QUINTA.– Se hace constar que las OBRAS cuya compraventa se compromete en este contrato han sido depositadas por DOÑA .... en la sede e instalaciones del MUSEO .... de conformidad con el acta de recepción de fecha .... y en virtud de convenio que se acompaña como ANEXO V. El depósito de las obras durará, al menos, hasta que llegue a perfeccionarse la compraventa, momento en que .... será libre para decidir si continuar con él a su nombre o finalizarlo.

SEXTA.– El presente contrato podrá resolverse en los supuestos contemplados en la ley. Será causa especial de resolución el incumplimiento por parte de .... de su obligación de formalizar escritura pública de compraventa y consiguiente pago en los términos y fechas indicadas.

Si transcurrido el plazo de .... meses desde la fecha de firma de este documento, DOÑA .... no comunicara a la compradora fecha y hora para la firma de la escritura de compraventa ante el Notario .... o por quien protocolo le sustituya, ello facultará a .... a elevar a público mediante acta notarial este contrato, depositando en dicho notario el importe del precio de la compraventa y pudiendo tomar las acciones legales que a su derecho convenga, incluyendo la reclamación de daños y perjuicios que le pudiera asistir.

SÉPTIMA.– El presente contrato no podrá ser objeto de cesión por las partes sin el previo consentimiento escrito y fehaciente de la otra parte.

OCTAVA.– Ambas partes se someten voluntariamente a los Tribunales de........, con renuncia expresa a cualquier otro fuero y domicilio que pudiera corresponderles.

Y en prueba de conformidad, firman el presente documento, por triplicado, en el lugar y fecha arriba indicado.

F099. CONTRATO PRIVADO DE COMPRAVENTA DE OBRA DE ARTE

En................, a ....

REUNIDOS

De una parte, por la PARTE VENDEDORA.–

D..............., mayor de edad, agente exclusivo, vecino de .... y, provisto de DNI nº ....

Y de otra, por la PARTE COMPRADORA.–

D.............., mayor de edad, empresario, vecino de .... y provisto de DNI nº ....

INTERVIENEN

La parte vendedora, el Sr............., en nombre y representación de DOÑA .... (Colección de arte...........), mayor de edad, con domicilio en............., en su calidad de agente exclusivo y mandatario autorizado según ...., que se acompaña a este documento como ANEXO I, estando plenamente vigente dicho cargo y/o poder, y siendo suficiente para este otorgamiento, tal y como asegura el compareciente,

Por su parte, el Sr............, interviene en nombre y representación de la mercantil ...., con domicilio social en .... y CIF......, en su calidad de Administrador único de la misma, tal y como consta inscrito en el Registro mercantil de........., estando plenamente vigente dicho cargo y/o poder, y siendo suficiente para este otorgamiento, tal y como asegura el compareciente,

Todos los comparecientes en los conceptos indicados tienen, y mutuamente se reconocen, capacidad legal suficiente para otorgar y dotar de eficacia al presente CONTRATO, y a tal fin, libre y voluntariamente,

EXPONEN

I.– Que DOÑA..........., es dueña de las siguientes obras de arte:

1.– OBRA denominada.................

Se acredita la autenticidad de la citada obra, con certificado expedido por .... de fecha............., que se acompaña como ANEXO I.1 a este documento.

Le pertenece a DOÑA .... por título de adquisición por disolución de sociedad de gananciales y donación de su difunto esposo, efectuada el día ....

Está libre de cargas y gravámenes, en perfectas condiciones de conservación y no ha sido declarada BIC ni incluida en el Inventario General de Bienes Muebles, según manifiesta su propietaria y resulta del Informe de Conservación y mapa de daños realizado por .... de fecha ...., que se acompaña como ANEXO I.2.

2.– OBRA denominada.................

Se acredita la autenticidad de la citada obra, con certificado expedido por .... de fecha............., que se acompaña como ANEXO I.1 a este documento.

Le pertenece a DOÑA .... por título de adquisición por disolución de sociedad de gananciales y donación de su difunto esposo, efectuada el día ....

Está libre de cargas y gravámenes, en perfectas condiciones de conservación y no ha sido declarada BIC ni incluida en el Inventario General de Bienes Muebles, según manifiesta su propietaria y resulta del Informe de Conservación y mapa de daños realizado por .... de fecha ...., que se acompaña como ANEXO I.2.

3.– OBRA denominada.................

Se acredita la autenticidad de la citada obra, con certificado expedido por .... de fecha............., que se acompaña como ANEXO I.1 a este documento.

Le pertenece a DOÑA .... por título de adquisición por disolución de sociedad de gananciales y donación de su difunto esposo, efectuada el día ....

Está libre de cargas y gravámenes, en perfectas condiciones de conservación y no ha sido declarada BIC ni incluida en el Inventario General de Bienes Muebles, según manifiesta su propietaria y resulta del Informe de Conservación y mapa de daños realizado por .... de fecha ...., que se acompaña como ANEXO I.2.

4.– OBRA denominada.................

Se acredita la autenticidad de la citada obra, con certificado expedido por .... de fecha............., que se acompaña como ANEXO I.1 a este documento.

Le pertenece a DOÑA .... por título de adquisición por disolución de sociedad de gananciales y donación de su difunto esposo, efectuada el día ....

Está libre de cargas y gravámenes, en perfectas condiciones de conservación y no ha sido declarada BIC ni incluida en el Inventario General de Bienes Muebles, según manifiesta su propietaria y resulta del Informe de Conservación y mapa de daños realizado por .... de fecha ...., que se acompaña como ANEXO I.2.

II.– Que la mercantil............, está interesada en adquirir por compraventa las cuatro obras de arte descritas en el expositivo primero, siendo plena conocedora la citada mercantil del estado físico y jurídico de las mismas y que expresamente acepta.

III.– Y siendo así, habiendo alcanzado las partes acuerdo al respecto, convienen en obligarse y suscribir el presente CONTRATO DE COMPRAVENTA, que se regirá en adelante por las siguientes:

CLÁUSULAS

PRIMERA.– DOÑA............., representada en este acto por Don................, vende y transmite a ...., que representado en este acto por Don........... compra, adquiere y recibe para su representante, el pleno dominio de las obras descritas en el Exponen I de este documento, en perfectas condiciones de estado y conservación, como cuerpo cierto, con cuántos derechos le son inherentes o accesorios y en el estado de libre de cargas y gravámenes.

SEGUNDA.– El precio de esta compraventa, según manifiestan los comparecientes, es de un total de .... euros individualizándose dicho precio por cada una de las obras de la siguiente forma:

1.– OBRA denominada ....: .... €

2.– OBRA denominada ....: .... €

3.– OBRA denominada ....: .... €

4.– OBRA denominada ....: .... €

TERCERA.– El pago de la cantidad arriba indicada se realizará por la compradora en el plazo máximo de .. meses contados desde la firma del presente documento, coincidiendo con el otorgamiento de la escritura pública de compraventa, mediante cheque bancario en favor de la vendedora o persona designada por ella, de conformidad con la estipulación siguiente.

CUARTA.– El presente contrato de compraventa se elevará a escritura pública ante el Notario de .... Don................, o quien le sustituya en el protocolo, en un plazo no superior a .... meses desde la firma de este contrato, debiendo, la parte vendedora comunicar a la parte compradora con un plazo mínimo de .. días, la fecha y hora para la correspondiente firma.

Las partes acuerdan que la escritura pública se otorgará, y por tanto también el pago del precio, a favor de la persona o personas, físicas o jurídicas, que la compradora designe, sin que ello suponga modificación del contenido del contrato en ninguno de sus extremos.

Los gastos e impuestos que se produzcan como consecuencia del otorgamiento de la escritura pública de compraventa serán satisfechos de conformidad con la Ley.

Así mismo, la vendedora se compromete a no realizar a partir de la fecha de firma del presente contrato, ningún tipo de acto o contrato de disposición o gravamen sobre las obras objeto de compraventa, así como a no realizar actos que pudieran suponer, directa o indirectamente, una minoración del valor de las mismas.

QUINTA.– Siendo parte esencial del acuerdo, las partes convienen hacer entrega de la posesión de las 4 obras objeto de este contrato en el plazo de .. días siguientes a la firma del presente, aun cuando no se haya formalizado ante notario la compraventa.

Esta entrega se realiza bajo la premisa de que LAS OBRAS serán depositadas directamente en la sede e instalaciones del MUSEO.........., asumiendo la parte VENDEDORA todos los gastos derivados del traslado de la obra a las instalaciones especificadas, verificándose en el momento de recepción por el MUSEO ..... el buen estado de las mismas.

Al mismo tiempo LA COMPRADORA, ... junto con el MUSEO .... asumen todos los gastos del seguro, con una cobertura a todo riesgo del valor convenido (......... €) de las obra durante el período de tiempo de duración entre la entrega de las obras y su depósito en el MUSEO .... (al menos .. meses) y hasta el momento que se perfeccione la compraventa ante notario conforme a lo estipulado en la cláusula CUARTA de este contrato.

Una vez elevado a público la correspondiente escritura de compraventa ante notario, la parte compradora podrá, siempre bajo el mejor criterio de conservación y cuidado de las obras, proceder al cambio de ubicación de las mismas, así como su libre disposición.

SEXTA.– El incumplimiento por parte de LA COMPRADORA de su obligación de pago o en caso de no perfeccionarse la compraventa por la no asistencia en el día y hora notificada por la VENDEDORA, facultará a LA VENDEDORA para exigir su cumplimiento o resolver el presente Contrato y recuperar la plena posesión de LAS OBRAS.

Si transcurrido el plazo de .. meses desde la fecha de firma de este documento, sin que la VENDEDORA comunique a la compradora fecha y hora para la firma de escritura de compraventa ante el Notario .... o por quien protocolo le sustituya, facultará a la COMPRADORA a elevar a público mediante acta notarial este contrato, exigiendo su cumplimiento y pudiendo tomar las acciones legales que a su derecho convenga, incluyendo la reclamación de daños y perjuicios que le pudiera asistir.

SÉPTIMA.– Ambas partes se someten voluntariamente a los Tribunales de......., con renuncia expresa a cualquier otro fuero y domicilio que pudiera corresponderles.

Y en prueba de conformidad, firman el presente documento, por triplicado, en el lugar y fecha arriba indicado.

F100. ESCRITURA DE COMPRAVENTA DE OBRA DE ARTE (I)

NÚMERO

En ...., ...

Ante mí, ..., Notario de .... y de su Ilustre Colegio,

COMPARECEN:

DE UNA PARTE.– DOÑA .... (familiarmente y entre sus amistades conocida por el sólo nombre de..........), mayor de edad, casada, vecina de .... provista de Documento Nacional de Identidad y Número de Identificación Fiscal ....

DOÑA .... (familiarmente y entre sus amistades conocida por el sólo nombre de............), mayor de edad, divorciada, vecina de..............., provista de Documento Nacional de Identidad y Número de Identificación Fiscal.................

Don.............. (familiarmente y entre sus amistades conocido por el sólo nombre de..........), mayor de edad, casado, vecino de .... provisto de Documento Nacional de Identidad y Número de Identificación Fiscal ....

DOÑA .... (familiarmente y entre sus amistades conocida por el sólo nombre de..............), mayor de edad, soltera, vecina de............, provista de Documento Nacional de Identidad y Número de Identificación Fiscal ....

Y DE OTRA.–.........., mayor de edad, ...

INTERVIENEN:

Todos ellos en su propio nombre y derecho.

Tienen, a mi juicio, los comparecientes, según intervienen, capacidad para otorgar esta Escritura, y,

EXPONEN:

I.– Que............., son dueños, por CUARTAS e IGUALES PARTES INDIVISAS, de lo siguiente:

OBRA denominada ....

Se acredita la autenticidad de la citada obra, con certificado expedido por Doña............., cuya firma en este acto legitimo. Los propietarios me exhibe y entregan el original del referido certificado, que yo notario incorporo a esta matriz.

TÍTULO.– Les pertenece, en la proporción indicada, por herencia de su madre Doña..........., según escritura de adjudicación de adición de herencia otorgada ante mí hoy con el número de protocolo anterior al de la presente

CARGAS.– Libre de cargas y gravámenes, y en perfectas condiciones de conservación según manifiestan sus propietarios, quienes igualmente manifiestan que no existe ninguna limitación para la transmisión a la compradora de la referida obra. No obstante yo, el Notario, hago la advertencia reglamentaria.

II.– Y que, llevando a efecto lo convenido, los señores comparecientes, según intervienen, otorgan la presente escritura de COMPRAVENTA, con arreglo a las siguientes:

ESTIPULACIONES:

PRIMERA.– ...., venden y transmiten a.............., que compra y adquiere, el pleno dominio de la obra descrita en la exposición de esta escritura, en perfectas condiciones de estado y conservación, con cuántos derechos le son inherentes o accesorios y en el estado de libre de cargas y gravámenes.

La entrega de la obra por parte de los vendedores al comprador, no se realiza en este acto ni a través de la presente escritura sino que se lleva a cabo.......... y así se obligan los vendedores. En tanto en cuento no se lleve a cabo la entrega del cuadro, el riesgo de la perdida o deterioro de la obra aquí vendida corresponde a la parte vendedora

SEGUNDA.– El precio de esta compraventa, según manifiestan los comparecientes, es de .... euros que se abonan íntegramente en este acto mediante ocho cheques bancarios nominativos a favor de la parte vendedora procedentes de la cuenta de la que la compradora es titular número..............; copia de dichos cheques, fiel y exacta reproducción de sus originales que tengo a la vista y he cotejado, dejo incorporada a la presente.

Por los indicados importes recibidos, otorga la parte vendedora a favor de la parte compradora, carta de pago.

Yo el Notario advierto expresamente de la necesidad de acreditar el medio de pago utilizado en los términos previstos en la Ley 36/2006 de 29 de noviembre, de Medidas para la Prevención del Fraude Fiscal.

TERCERA.– Todos los gastos e impuestos que se originen con motivo del otorgamiento de ésta escritura serán soportados por las partes con arreglo a Ley, con la excepción de los gastos notariales del otorgamiento de esta escritura que será soportada por la compradora.

Además, se exceptúan los honorarios de intermediación de la Entidad .... con domicilio en .... con CIF ...., cuyo representante legal es Don..........., con DNI número............., que serán satisfechos por la parte vendedora.

CUARTA.– Cualquier trámite o actuación administrativa que fuere precisa o consecuencia de la presente compraventa corresponde llevarla a cabo a la parte vendedora.

Los intervinientes aceptan la incorporación de sus datos y la copia del documento de identidad a los ficheros de la Notaría con la finalidad de realizar las funciones propias de la actividad notarial y efectuar las comunicaciones de datos previstas en la Ley de las Administraciones Públicas y, en su caso, al Notario que suceda al actual en la plaza. Puede ejercitar sus derechos de acceso, rectificación, cancelación y oposición en la Notaría autorizante.

Hago las reservas y advertencias legales y, en especial, a efectos fiscales, la de que el plazo para presentar esta escritura a liquidación es el de treinta días hábiles, a contar desde hoy, la de la responsabilidad en que incurriría el sujeto pasivo de no efectuar dicha presentación, la de quedar la finca afecta al pago del impuesto correspondiente y la relativa a las consecuencias que puede originar la inexactitud de sus declaraciones.

Y yo, el Notario, DOY FE:

a.– De haber identificado a los comparecientes por medio de sus documentos identificativos, reseñados en la comparecencia, que me han sido exhibidos.

b.– De que los comparecientes, a mi juicio, tienen capacidad y están legitimados para el presente otorgamiento.

c.– De que el otorgamiento se adecua a la legalidad y a la voluntad libre y debidamente informada de los comparecientes.

d.– De haber leído este instrumento público a los otorgantes, previamente advertidos de su derecho a hacerlo por si, que han ejercido, y de que manifiestan haber quedado debidamente enterados del íntegro contenido del mismo, al que prestan su consentimiento, todo ello conforme al artículo 193 del Reglamento Notarial.

F101. ESCRITURA DE COMPRAVENTA DE OBRA DE ARTE (II)

ESCRITURA DE COMPRAVENTA DE OBRA DE ARTE, OTORGADA ENTRE Don........... Y DON.................

NÚMERO

En ...., a....................

Ante mí, ..., Notario de .... y de su Ilustre Colegio, personado, previo requerimiento, en............., a solicitud del Sr........., ... COMPARECEN:

DE UNA PARTE.– DON..........., mayor de edad, empresario, vecino de..............., provisto de Documento Nacional de Identidad y Número de Identificación Fiscal ....

Y DE OTRA.– DON..............., de nacionalidad española, mayor de edad, soltero, empresario, vecino de............, con Documento Nacional de Identidad y Número de identificación fiscal ....

INTERVIENEN:

El primero en su propio nombre y derecho.

Y el último, como Apoderado, en nombre y representación de DON..........., de nacionalidad española, mayor de edad, casado en régimen de gananciales con Doña............, en virtud del poder especial y expreso para la operación que se realiza mediante esta escritura, que le tiene conferido según escritura, otorgada en..........., el día ......, ante el Notario, Don......., con el número .... de su protocolo, copia autorizada de la cual tengo a la vista, y se acompañará a la que de la presente sea expedida, donde fuere menester...............................

Asevera el compareciente que el poder de referencia no le ha sido limitado, suspenso ni revocado.......................................

A los efectos prevenidos en el artículo 98 de la Ley 24/2001, y de conformidad con lo dispuesto en el Reglamento Notarial, hago constar que a mi juicio son suficientes las facultades representativas acreditadas para el otorgamiento de la presente escritura, en los términos que a continuación se indican.......................................

Tienen, a mi juicio, los comparecientes, según intervienen, capacidad para otorgar esta Escritura, y,

EXPONEN:

I.– Que DON............, es dueño de lo siguiente:

OBRA denominada ....

Se acredita la autenticidad de la citada obra, con certificado expedido por Doña ...., que me exhiben y del que deduzco fotocopia que dejo incorporada a esta matriz.

TÍTULO.– El compareciente manifiesta que le pertenece por compraventa a .... en fecha..............., careciendo de cualquier justificante o factura que acredite dicha titularidad, según resulta del acta de manifestación y protocolización instada por el mismo Sr. .... ante el notario de........., Don............., el........., con número de protocolo......, que me exhibe el original.

CARGAS.– Libre de cargas y gravámenes, y en perfectas condiciones de conservación según manifiesta su propietario y resulta del Informe de Conservación realizado por ...., provisto de Documento Nacional de Identidad ...., del que el propietario me exhibe el original del que yo el Notario deduzco fotocopia que dejo incorporada a esta matriz.–................................

El propietario igualmente manifiesta que no existe ninguna limitación para la transmisión a la compradora de la referida. No obstante yo, el Notario, hago la advertencia reglamentaria.

II.– Y que, llevando a efecto lo convenido, los señores comparecientes, según intervienen, otorgan la presente escritura de COMPRAVENTA, con arreglo a las siguientes:

ESTIPULACIONES:

PRIMERA.– DON..............., vende y transmite a DON............., que representado en este acto por Don............... compra, adquiere y recibe para su representante, el pleno dominio de la obra descrita en la exposición de esta escritura, en perfectas condiciones de estado y conservación, con cuántos derechos le son inherentes o accesorios y en el estado de libre de cargas y gravámenes.

La obra, por tanto, queda puesta en poder y posesión de la parte compradora, a su satisfacción, en este acto y en presencia del infrascrito.

SEGUNDA.– El precio de esta compraventa, según manifiestan los comparecientes, es de .... euros que se abonan íntegramente en este acto mediante un cheques bancario nominativos a favor de la parte vendedora procedentes de la cuenta de la que la compradora es titular número...............; copia de dicho cheque, fiel y exacta reproducción de su original que tengo a la vista y he cotejado, dejo incorporada a la presente.

Por el indicado importe recibido, otorga la parte vendedora a favor de la parte compradora, carta de pago.

Yo el Notario advierto expresamente de la necesidad de acreditar el medio de pago utilizado en los términos previstos en la Ley 36/2006 de 29 de noviembre, de Medidas para la Prevención del Fraude Fiscal.

TERCERA.– Todos los gastos e impuestos que se originen con motivo del otorgamiento de ésta escritura serán soportados por las partes con arreglo a Ley, con la excepción de los gastos notariales del otorgamiento de esta escritura que será soportada por la compradora.

Además, se exceptúan los honorarios de intermediación de la Entidad ...., con domicilio en ...., de ...... con CIF ...., cuyo representante legal es ...., con DNI número ...., que serán satisfechos por la parte vendedora.

CUARTA.– Cualquier trámite o actuación administrativa que fuere precisa o consecuencia de la presente compraventa corresponde llevarla a cabo a la parte vendedora.

Los intervinientes aceptan la incorporación de sus datos y la copia del documento de identidad a los ficheros de la Notaría con la finalidad de realizar las funciones propias de la actividad notarial y efectuar las comunicaciones de datos previstas en la Ley de las Administraciones Públicas y, en su caso, al Notario que suceda al actual en la plaza. Puede ejercitar sus derechos de acceso, rectificación, cancelación y oposición en la Notaría autorizante.

Hago las reservas y advertencias legales y, en especial, a efectos fiscales, la de que el plazo para presentar esta escritura a liquidación es el de treinta días hábiles, a contar desde hoy, la de la responsabilidad en que incurriría el sujeto pasivo de no efectuar dicha presentación, la de quedar la finca afecta al pago del impuesto correspondiente y la relativa a las consecuencias que puede originar la inexactitud de sus declaraciones.

Y yo, el Notario, DOY FE:

a.– De haber identificado a los comparecientes por medio de sus documentos identificativos, reseñados en la comparecencia, que me han sido exhibidos.

b.– De que los comparecientes, a mi juicio, tienen capacidad y están legitimados para el presente otorgamiento.

c.– De que el otorgamiento se adecua a la legalidad y a la voluntad libre y debidamente informada de los comparecientes.

d.– De haber leído este instrumento público a los otorgantes, previamente advertidos de su derecho a hacerlo por si, que han ejercido, y de que manifiestan haber quedado debidamente enterados del íntegro contenido del mismo, al que prestan su consentimiento, todo ello conforme al artículo 193 del Reglamento Notarial.

e.– De que el presente instrumento público queda extendido en seis folios de papel timbrado de uso exclusivo para documentos notariales, serie ...., yo, el Notario, doy fe.

F102. CONTRATO DE COMODATO DE BIEN CULTURAL (I)

Normativa aplicable: *Arts. 1.741 y ss. Real Decreto de 24 de julio de 1889, texto de la edición del Código Civil mandada publicar en cumplimiento de la Ley de 26 de mayo último. Real Decreto Legislativo 1/1996, de 12 de abril, por el que se aprueba el texto refundido de la Ley de Propiedad Intelectual, regularizando, aclarando y armonizando las disposiciones legales vigentes sobre la materia.*

En .... a .... de ...... de ....

REUNIDOS

De una parte, Doña........., en su calidad de concejala de Patrimonio artístico y cultural del Ayuntamiento de.........., designada por el pleno del Ayuntamiento de .... de fecha...........

De otra, don..........., con DNI .... en su calidad de propietario de las obra relacionada en la cláusula primera, actuando en nombre propio.

Ambas partes se reconocen mutuamente plena competencia y capacidad para celebrar el presente contrato y

MANIFIESTAN

PRIMERO.– El Museo .... (en adelante COMODATARIO) es un Museo de Titularidad municipal gestionado por la concejalía del Ayuntamiento de .... de Patrimonio artístico y cultural, sito en ....

SEGUNDO.– D. .... (en adelante el COMODANTE) es propietario de los bienes que se relacionan en la cláusula primera y expresa su voluntad de cederlo en concepto de comodato al ....

El Museo..........., por su parte considera de interés público exponer y difundir los citados bienes en este Museo que es referente de la vida y obra del pintor ....

Conforme a lo expuesto se conviene celebrar el presente contrato de comodato sujeto a las siguientes

CLÁUSULAS

PRIMERA.– DESCRIPCIÓN DE LA OBRA

El COMODANTE entrega en comodato al COMODATARIO las siguientes 20 obras de arte:................

SEGUNDA.- OBJETO

La obra se cede al Museo .... para su exhibición pública durante el plazo del comodato. La obra deberá estar expuesta en todo momento en un espacio que ofrezca las medidas de seguridad y conservación necesarias, durante todo el plazo de duración del presente comodato. En la exposición de las obras se utilizarán los créditos "Comodato de colección particular".

TERCERA.- CONSERVACIÓN

El COMODANTE entrega la citada obra de arte en perfecto estado de conservación, según análisis previo.

Mientras la obra se encuentre en poder del Museo en cumplimiento de lo especificado en el presente contrato, el Museo se compromete a conservarla custodiarla, a su exclusiva cuenta, cargo y riesgo, con el cuidado y la diligencia debida, teniendo siempre en cuenta la fragilidad, el valor, y la imposibilidad de reposición de la misma, con un debido control de la temperatura, humedad y luminosidad ambiental adecuada. Igualmente, se responsabiliza de la restauración de cualquier daño que pudiera sufrir durante la permanencia de las obra en su poder, aunque sea por causa ajena al propio Museo. El Museo no podrá limpiar la obra, ni restaurarla, ni someterla a ningún tipo de examen técnico científico sin la expresa autorización por escrito del COMODANTE.

En caso de peligro para la integridad y buen estado de conservación de la obra de arte, el Museo deberá actuar de forma diligente para protegerla, comunicando dicha circunstancia al COMODANTE a la mayor brevedad.

El COMODANTE se reserva el derecho a efectuar las inspecciones técnicas y de seguridad que considere necesarias.

CUARTA.- DURACIÓN DEL CONTRATO

Este comodato se pacta por un plazo de........... a partir de la fecha del presente contrato, y se presumirá renovado tácitamente a partir del vencimiento de dicho plazo inicial por periodos anuales, si ninguna de las partes manifiesta por escrito su intención de finalizarlo con tres meses de antelación a la fecha de conclusión del comodato o cualquiera de sus prórrogas.

QUINTA.- RESTITUCIÓN

El COMODATARIO se obliga a la restitución de la obra de arte en el momento de la finalización del presente contrato o prórroga vigente. Esta obligación es consustancial al presente acuerdo. La entrega que el COMODANTE realiza de estas obras de arte no entraña la transmisión de la propiedad sobre dicha obra ni la atribución al COMODATARIO de un derecho particular de uso y disfrute sobre las mismas.

SEXTA.- EMBALAJE, TRANSPORTE Y GASTOS

El COMODATARIO se encargará, a su coste, del embalaje y transporte de la obra al Museo............, sito en............. Dicho cuadro se encuentra en el momento de entrega en.........., donde será recogido por el COMODATARIO.

Todos los gastos para restituir el objeto del comodato al domicilio del COMODANTE serán a cargo del COMODATARIO.

Estos gastos se realizarán de conformidad con la disponibilidad presupuestaria y con arreglo a lo establecido en la Ley de Contratos del Sector Público, así como en la Ley General Presupuestaria.

Las operaciones de desembalaje en el momento de la entrega de la obra deberán ser presenciada y conformada por un técnico que el Museo designe y por un representante del COMODANTE, si así fuese designado. El representante del Museo redactará un acta de entrega detallando el estado de conservación de la obra, que incluirá fotografías de la misma, y remitirá una copia al propietario.

El Museo procederá a la contratación de un seguro sobre la obra en la modalidad "clavo a clavo" a todo riesgo que cubra el tránsito de la obra desde su lugar de recogida hasta el Museo, y viceversa en el retorno de las misma. El seguro deberá reflejar la valoración a efectos de su aseguramiento, y en el mismo el COMODATARIO será el tomador del seguro y el COMODANTE el beneficiario en caso de siniestro. Así mismo se establecerá una "cláusula de demérito" en el seguro para cubrir una indemnización, en caso de producirse un daño que pueda restaurarse, por la disminución del valor económico de la obra derivada de ese hecho.

Cualesquiera otros gastos derivados del comodato que constituye el objeto del presente acuerdo correrán a cargo del COMODATARIO, incluyendo los que puedan derivarse de una correcta exhibición y difusión de las obras.

Una vez que las pieza ingrese en el Museo............, a tenor de lo dispuesto en la normativa reguladora del Patrimonio Histórico Español, durante todo el tiempo de su permanencia en el museo, el bien objeto de este comodato queda sometido al mismo régimen de protección establecido para los bienes de interés cultural adscritos al Museo .... y quedará integrada en los sistemas de seguridad que cubren al conjunto de bienes que forman parte de éste.

La salida de la obra de su lugar habitual, ya sea por restauración, préstamo para exposición, etc., contará con las debidas condiciones de conservación y seguridad, y le corresponde al COMODATARIO o, en su caso, a la entidad organizadora de la exposición, asumir todo coste generado, así como los de viajes y estancia de personal técnico que deba acompañar, instalar o inspeccionar dicha obra.

En el caso de préstamo de para exposiciones temporales fuera del Museo........., se requerirá la autorización expresa del COMODANTE. Así mismo, será preceptiva la contratación de un seguro en la modalidad "clavo a clavo", que incluya "cláusula de demérito", que cubra el transporte de la obra y todo el periodo de duración del préstamo, y que en el mismo el COMODANTE (propietario de la obra) aparezca como beneficiario en caso de cualquier siniestro. El Museo .... se responsabilizará de que el transporte, manejo, seguro y exhibición de la pieza se realice en las condiciones adecuadas, garantizando que los mismos corran a cargo de la entidad exhibidora.

SÉPTIMA.– DERECHOS DE IMAGEN

Todos los derechos de imagen pertenecerán en todo momento al COMODANTE, que autoriza al Museo a promover la difusión de las obras mediante exposiciones o publicaciones tanto nacionales como internacionales, previa consulta y autorización escrita del COMODANTE.

La obra no podrá ser reproducida por medios mecánicos, electrónicos, o de cualquier otra índole sin la autorización expresa del COMODANTE.

OCTAVA.– CONFIDENCIALIDAD

Exceptuando aquellos casos en que sea preceptivo por imperativo legal informar a cualquier tercero, tanto la existencia de este documento como su contenido tienen el carácter de confidencial y por tanto no podrán ser divulgados a ningún tercero sin el previo consentimiento escrito de las dos partes. La presente cláusula se mantendrá en vigor incluso tras el término o resolución del presente contrato.

NOVENA.– NOTIFICACIONES

Todas las notificaciones que se deban enviar en relación con el presente acuerdo, deberán enviarse por escrito, por correo electrónico, fax, mensajero o correo certificado a las siguientes direcciones:

COMODATARIO:

Dirección: ....

Fax: ....

Correo electrónico: ....

COMODANTE:

Dirección: ....

Teléfono: ....

Fax: ....

Correo electrónico: ....

DÉCIMA.– CAUSAS DE RESOLUCIÓN

Si el COMODANTE estimase oportuno resolver el contrato deberá comunicarlo al Museo con una antelación mínima de un mes. Será causa de resolución de este comodato el incumplimiento de lo establecido por cualquiera de las dos partes; si las condiciones técnicas y de seguridad del comodato no son las adecuadas a juicio del COMODANTE; si se hace del comodato un uso distinto del expresado en este contrato.

Y a los efectos oportunos, suscriben el presente documento por duplicado en la fecha indicada en el encabezamiento.

F103. CONTRATO DE COMODATO DE BIEN CULTURAL (II)

Normativa aplicable: *Arts. 1.741 y ss. Real Decreto de 24 de julio de 1889, texto de la edición del Código Civil mandada publicar en cumplimiento de la Ley de 26 de mayo último. Real Decreto Legislativo 1/1996, de 12 de abril, por el que se aprueba el texto refundido de la Ley de Propiedad Intelectual, regularizando, aclarando y armonizando las disposiciones legales vigentes sobre la materia.*

En ...., ...

REUNIDOS

De una parte, don..........., Director General de.........., designado mediante .... y de acuerdo a las competencias que el artículo .... de................

De otra, don............., con DNI .... actuando en su calidad de administrador único de la entidad ...., con CIF.........., propietaria de la obra relacionada en la cláusula primera.

Ambas partes se reconocen mutuamente plena competencia y capacidad para celebrar el presente contrato y

MANIFIESTAN

PRIMERO.– El Museo .... (en adelante COMODATARIO) es un Museo de Titularidad Estatal gestionado por la Dirección General de Bellas Artes del Ministerio de Cultura y Deporte.

SEGUNDO.– .... (en adelante el COMODANTE) es la propietaria del bien que se relaciona en la cláusula primera y en su nombre Don............., expresa su voluntad de cederlo en concepto de comodato al Museo ....

El Museo..........., por su parte considera de interés público exponer y difundir el citado bien en este Museo que es referente de la vida y obra del pintor ....

TERCERO.– El Reglamento de Museos de Titularidad Estatal y del Sistema Español de Museos aprobado por Real Decreto 620/1987, de 10 de abril, regula en su capítulo III los Depósitos de Fondos Museísticos.

Conforme a lo expuesto se conviene celebrar el presente contrato de comodato sujeto a las siguientes

CLÁUSULAS

PRIMERA.– DESCRIPCIÓN DE LA OBRA

El COMODANTE entrega en comodato al COMODATARIO la siguiente obra de arte:

Título: "............"

Autor: ....

Material/técnica: ....

Medidas:..........

Fecha: ....

Valoración Seguro: ....

SEGUNDA.– OBJETO

La obra se cede al Museo .... para su exhibición pública durante el plazo del comodato. La obra deberá estar expuesta en todo momento en un espacio que ofrezca las medidas de seguridad y conservación necesarias, durante todo el plazo de duración del presente comodato. En la exposición de las obras se utilizarán los créditos "Comodato de colección particular".

TERCERA.– CONSERVACIÓN

El COMODANTE entrega la citada obra de arte en el estado de conservación que consta en el análisis previo y que deberá ser comprobado a su llega al Museo.

Mientras la obra se encuentre en poder del Museo en cumplimiento de lo especificado en el presente contrato, el Museo se compromete a custodiarla, a su exclusiva cuenta, cargo y riesgo, con el cuidado y la diligencia debida, teniendo siempre en cuenta la fragilidad, el valor, y la imposibilidad de reposición de la misma, con un debido control de la temperatura, humedad y luminosidad ambiental adecuada. Igualmente, se responsabiliza de la restauración de cualquier daño que pudiera sufrir durante la permanencia de las obra en su poder, aunque sea por causa ajena al propio Museo. El Museo no podrá limpiar la obra, ni restaurarla, ni someterla a ningún tipo de examen técnico científico sin la expresa autorización por escrito del COMODANTE.

En caso de peligro para la integridad y buen estado de conservación de la obra de arte, el Museo deberá actuar de forma diligente para protegerla, comunicando dicha circunstancia al COMODANTE a la mayor brevedad.

El COMODANTE se reserva el derecho a efectuar las inspecciones técnicas y de seguridad que considere necesarias.

CUARTA.– DURACIÓN DEL CONTRATO

Este comodato se pacta por un plazo de .... años a partir de la fecha del presente contrato, y se presumirá renovado tácitamente a partir del vencimiento de dicho plazo inicial por periodos anuales, si ninguna de las partes manifiesta por escrito su intención de finalizarlo con tres meses de antelación a la fecha de conclusión del comodato o cualquiera de sus prórrogas.

QUINTA.– RESTITUCIÓN

El COMODATARIO se obliga a la restitución de la obra de arte en el momento de la finalización del presente contrato o prórroga vigente. Esta obligación es consustancial al presente acuerdo. La entrega que el COMODANTE realiza de estas obras de arte no entraña la transmisión de la propiedad sobre dicha obra ni la atribución al COMODATARIO de un derecho particular de uso y disfrute sobre las mismas.

SEXTA.– EMBALAJE, TRANSPORTE Y GASTOS

El COMODANTE se encargará, a su coste, del embalaje y transporte de la obra al Museo.........., sito en la calle ....

Todos los gastos para restituir el objeto del comodato al domicilio del COMODANTE serán a cargo del mismo.

Las operaciones de desembalaje en el momento de la entrega de la obra deberán ser presenciadas y conformadas por un técnico que el Museo designe y por un representante del COMODANTE, si así fuese designado. El representante del Museo redactará un acta de entrega detallando el estado de conservación de la obra, que incluirá fotografías de la misma, y remitirá una copia al propietario.

Cualesquiera otros gastos derivados del comodato que constituye el objeto del presente acuerdo correrán a cargo del COMODATARIO, incluyendo los que puedan derivarse de una correcta exhibición y difusión de las obras.

Estos gastos se realizarán de conformidad con la disponibilidad presupuestaria y con arreglo a lo establecido en la Ley 9/2017, de 8 de noviembre, de Contratos del Sector Público, por la que se transponen al ordenamiento jurídico español las Directivas del Parlamento Europeo y del Consejo 2014/23/UE y 2014/24/UE, de 26 de febrero de 2014.

Una vez que la pieza ingrese en el Museo........., a tenor de lo dispuesto en el artículo 60 de la Ley 16/1985, de 25 de junio, del Patrimonio Histórico Español, durante todo el tiempo de su permanencia en el museo, el bien objeto de este comodato queda sometido al mismo régimen de protección establecido para los bienes de interés cultural adscritos al Museo Sorolla y quedará integrada en los sistemas de seguridad que cubren al conjunto de bienes que forman parte de éste.

La salida de la obra de su lugar habitual, ya sea por restauración, préstamo para exposición, etc., contará con las debidas condiciones de conservación y seguridad, y le corresponde al COMODATARIO o, en su caso, a la entidad organizadora de la exposición, asumir todo coste generado, así como los de viajes y estancia de personal técnico que deba acompañar, instalar o inspeccionar dicha obra.

En el caso de préstamo para exposiciones temporales fuera del Museo........., se requerirá la autorización expresa del COMODANTE. Así mismo, será preceptiva la contratación de un seguro en la modalidad "clavo a clavo", que incluya "cláusula de demérito", que cubra el transporte de la obra y todo el periodo de duración del préstamo, y que en el mismo el COMODANTE (propietario de la obra) aparezca como beneficiario en caso de cualquier siniestro. El Museo .... se responsabilizará de que el transporte, manejo, seguro y exhibición de la pieza se realice en las condiciones adecuadas, garantizando que los mismos corran a cargo de la entidad exhibidora.

SÉPTIMA.– DERECHOS DE IMAGEN

Todos los derechos de imagen pertenecerán en todo momento al COMODANTE, que autoriza al Museo a promover la difusión de las obras mediante exposiciones o publicaciones tanto nacionales como internacionales, previa consulta y autorización escrita del COMODANTE.

La obra no podrá ser reproducida por medios mecánicos, electrónicos, o de cualquier otra índole sin la autorización expresa del COMODANTE.

OCTAVA.– CONFIDENCIALIDAD

Exceptuando aquellos casos en que sea preceptivo por imperativo legal informar a cualquier tercero, tanto la existencia de este documento como su contenido tienen el carácter de confidencial y por tanto no podrán ser divulgados a ningún tercero sin el previo consentimiento escrito de las dos partes. La presente cláusula se mantendrá en vigor incluso tras el término o resolución del presente contrato.

NOVENA.– NOTIFICACIONES

Todas las notificaciones que se deban enviar en relación con el presente acuerdo, deberán enviarse por escrito, por correo electrónico, fax, mensajero o correo certificado a las siguientes direcciones:

Si al COMODATARIO:

MUSEO ....

....

Fax: ....

Correo electrónico: ....

Si al COMODANTE:

....

....

Teléfono: ....

Fax: ....

Correo electrónico: ....

DÉCIMA.– CAUSAS DE RESOLUCIÓN

Si el COMODANTE estimase oportuno resolver el contrato deberá comunicarlo al Museo con una antelación mínima de .... mes. Será causa de resolución de este comodato el incumplimiento de lo establecido por cualquiera de las dos partes; si las condiciones técnicas y de seguridad del comodato no son las adecuadas a juicio del COMODANTE; si se hace del comodato un uso distinto del expresado en este contrato.

Y a los efectos oportunos, suscriben el presente documento por duplicado en la fecha indicada en el encabezamiento,

F104. ACTA DE RECEPCIÓN DE OBRA DE ARTE PARA EXHIBICIÓN TEMPORAL EN MUSEO

En.......... a..........., doña............, como directora y en representación del Museo .... recibe de .... y en su nombre su administrador único D.........., con DNI ...., la siguiente pieza de su propiedad:

Título: ....

Autor: ....

Material/técnica: ....

Medidas: ....

Fecha: ....

Valoración Seguro: ....

En calidad de depósito temporal, hasta la firma del contrato de comodato que se acordará entre dicho propietario y el Ministerio de Educación, Cultura y Deporte.

Y en prueba de conformidad, firman la presente en el lugar y fecha señalados en el encabezamiento.

IX. CONTRATOS Y SOCIEDADES MERCANTILES

F105. CARTA DE INTENCIONES SOBRE COMPRAVENTA DE EMPRESA

Muy señores nuestros:

Ante todo les queremos manifestar nuestro agradecimiento por el trato que hemos recibido de Ustedes y sus asesores en nuestros sucesivos encuentros, y por la oportunidad que nos ofrecen de analizar la compra de la empresa ....

Como continuación a las conversaciones mantenidas hasta la fecha, dirigimos la presente Carta a .... (todos ellos conjuntamente, los "Vendedores"), con la intención de definir los aspectos básicos de un acuerdo sobre la adquisición del 100% del capital social (la "Operación") de .... (la "Sociedad").

1. Precio y descripción de la operación propuesta

1.1. Los compradores adquirirán el 100% del capital de la Sociedad por un importe total y conjunto de .... euros (el "Precio"), considerando para dicho importe el neto patrimonial resultante del balance provisional a fecha........., facilitado a la parte compradora el día.......... El precio indicado anteriormente sufrirá modificaciones, al alza o a la baja, si como consecuencia del cierre definitivo del ejercicio .... y de la Due Diligence a realizar, se pusiesen de manifiesto alteraciones en el importe del neto patrimonial que figura en dicho balance provisional.

1.2. La formalización de la Operación están basados en las siguientes consideraciones:

1.2.1. Se ha tenido en cuenta el Balance de la Sociedad provisional a fecha........., y que se adjunta como Anexo 1.2.1 (el "Balance..........");

1.3. Desde la aceptación de la presente Carta hasta el momento de la formalización de la Operación, los Vendedores así como los administradores de la Sociedad se comprometen a gestionar la Sociedad bajo el principio de continuidad, en los términos que se ha venido realizando hasta ahora, debiendo preservar sus respectivos activos.

1.4. La oferta de compra en sí está supeditada a los resultados de la Due Diligence a satisfacción los compradores; y (iii) al otorgamiento por parte de los Vendedores de unas manifestaciones y garantías en los términos habituales para este tipo de operaciones.

2. Due Diligence

2.1. Los Vendedores permiten desde la firma del presente documento que los compradores, a través de sus consejeros, empleados, asesores, consultores y representantes, lleven a cabo una revisión global (Due Diligence) habitual en este tipo de operaciones con respecto a la Sociedad. La mencionada Due Diligence comprenderá, sin carácter limitativo, la revisión de su situación contable, financiera, fiscal, mercantil, administrativa, laboral, procesal y cuantos otros aspectos considere necesarios los compradores.

2.2. Los Vendedores (por sí o a través de la Sociedad) se comprometen a facilitar al máximo posible la labor de revisión los compradores (por sí o a través de terceros) con el fin de que el resultado de la misma refleje de la forma más ajustada posible la situación real de la Sociedad.

2.3. Tras la firma de la presente Carta de Intenciones, los compradores proporcionarán a los Vendedores una lista de información requerida para poder practicar la Due Diligence.

2.4. El plazo máximo previsto para la realización del proceso de Due Diligence se establece en 3 meses, a contar desde la puesta a disposición por parte de la Sociedad de la documentación requerida.

2.5. Los compradores deberá quedar satisfecho con los resultados del Due Diligence para formalizar la Operación.

3. Condiciones previas y necesarias para la adquisición

3.1. Una vez concluido el proceso de Due Diligence, y siendo el resultado del mismo satisfactorio para los compradores, los Vendedores se comprometen a:

3.1.1. La reestructuración del actual equipo directivo de la Sociedad que implica de facto el cese y salida de la compañía del mismo, con la finalidad de establecer una estructura más acorde a la filosofía empresarial de la parte compradora, y necesidades actuales del mercado.

3.1.2 Del mismo modo se establece la salida de todos los socios-trabajadores, que son los que se relacionan a continuación:

- Don....................
- Don....................

3.2. Las actuaciones descritas en el apartado 3.1 anterior deberán ser necesariamente realizadas y concluidas con éxito con carácter previo a la formalización de la correspondiente escritura pública de compra de la Sociedad. Lo previsto en el presente apartado tiene carácter esencial para los compradores.

3.3. Las partes se comprometen a negociar de buena fe y a realizar sus mejores esfuerzos para que, tras la realización de las actuaciones descritas en el apartado 3.1 anterior, a la mayor brevedad posible y en un plazo no superior a ... meses desde la finalización de la Due Diligence, firmar la correspondiente escritura pública de compraventa de la Sociedad, así como otros documentos públicos o privados que sean necesarios o convenientes, donde se recogerán todos los detalles de la Operación e incluirán las cláusulas habituales en este tipo de contratos.

3.4. Los Vendedores se comprometen a mantener informado en todo momento al Comprador y a sus asesores de los detalles y de la marcha de las operaciones referidas en el apartado anterior.

3.5. La consumación de la Operación aquí contemplada queda expresamente sujeta a la obtención de todos los consentimientos y aprobaciones necesarios de entidades privadas o públicas que pudieran ser necesarios, y a la ausencia de restricciones al efecto, y a la entrega de las notificaciones pertinentes, en el caso que sea necesario, por ambas partes. Los Vendedores y los compradores se obligan a adoptar, o hacer que se tomen, cuantas medidas sean razonablemente necesarias tomar por su parte para obtener las citadas aprobaciones.

3.6. Los Compradores se comprometen a cancelar o sustituir los avales y garantías hipotecarias que los actuales socios han prestado a la sociedad garantizando el pago de deudas a entidades financieras, avales que se relacionan a continuación. Dicha cancelación o sustitución se realizará de forma inmediata a la formalización de la escritura de compraventa.

Avales y garantías hipotecarias prestados por los socios:

Entidad Importe

....

Los Vendedores manifiestan que .... no es avalista ante ninguna entidad pública ni privada.

4. Forma de Pago

4.1. El Precio será abonado en los siguientes términos y condiciones:

4.1.1. Aplazamiento del pago del 50% del Precio, es decir serán abonados UN MILLÓN DE EUROS de forma simultánea al otorgamiento de la escritura pública de compraventa, y los otros restantes UN MILLÓN DE EUROS, se abonarán en el plazo de 6 meses a contar desde la firma de dicha escritura pública de compraventa de acciones.

4.2. No obstante las Partes podrán pactar, en garantía de las posibles contingencias detectadas en la Sociedad, el otorgamiento de garantías habituales en este tipo de operaciones.

5. Plazos y exclusividad

5.1. La formalización de la compraventa y los acuerdos derivados de esta Operación, se llevarán a cabo no más tarde del........... Este periodo se prorrogará automáticamente, salvo comunicación en sentido contrario por alguna de las dos Partes, por periodos sucesivos de un mes. Sin perjuicio de lo expuesto, el presente documento estará en vigor hasta la ejecución de la presente adquisición mediante la firma de la escritura correspondiente.

5.2. Durante la vigencia de la presente Carta, los Vendedores se comprometen a no tener directa o indirectamente conversaciones con otros posibles potenciales compradores de la Sociedad, o cualquiera de los activos más significativos de ésta.

6. Gastos de la operación

6.1. Los compradores asumirán los costes de la Due Diligence, de sus asesores legales en la compraventa y aquellos otros que considere oportunos en este proceso.

6.2. Los Vendedores asumirán los costes de sus asesores en la compraventa y aquellos otros que consideren oportunos en este proceso.

6.3. Los gastos que se deriven del otorgamiento de la escritura pública de compraventa, así como del resto de documentos públicos o privados que se formalicen, se repercutirán entre las partes según Ley.

7. Manifestaciones y garantías

7.1. En el contrato o escritura de compraventa, los Vendedores declararán y garantizarán al Comprador, entre otras, que toda la información proporcionada a aquél o a sus asesores es fiel y correcta.

7.2. En el documento que instrumente la compraventa se recogerán las responsabilidades de los Vendedores por activos, cuentas a cobrar, pasivo, contingencias fiscales, laborales o de cualquier otra índole y/o reclamaciones de terceros que pudieran afectar a la Sociedad y/o a la Filial con posterioridad a la transmisión de sus acciones, así como las declaraciones y garantías habituales en las compraventas de sociedades. El límite temporal de tales garantías finalizará con la prescripción de las respectivas contingencias. El contrato recogerá igualmente el procedimiento habitual de defensa jurídica de las reclamaciones de terceros que pudieren plantearse.

7.3. Los Vendedores se obligarán a indemnizar solidariamente a los Compradores, en los términos que desarrolle el contrato que formalice la compraventa, frente a la totalidad y cualesquiera de las reclamaciones y daños y perjuicios que, por cualquier concepto y acción, se deriven de infracción de tales declaraciones y garantías, y de cualquier incumplimiento del Contrato así como de los quebrantos que se produzcan en la Sociedad como consecuencia de las circunstancias señaladas en el párrafo anterior.

8. Aceptación y vinculación de la presente carta

8.1. Mediante la firma de la presente Carta, los Vendedores y los compradores se comprometen a respetar el espíritu del acuerdo establecido, que se desarrollará de forma completa y definitiva en el contrato de compraventa.

8.2. En cualquier caso, los Vendedores estarán obligados a vender la Sociedad si en el plazo expuesto en el punto 5.1 de la presente carta, reciben una oferta en firme por parte los compradores por el Precio estipulado en el punto 1.1.

8.3. Respecto de la parte compradora, en cualquier momento durante la realización de la Due Diligence podrá dar la misma por concluida y no formalizar la operación, sin tener que acreditar justificación alguna de dicha decisión. En el supuesto de que de la Due Diligence se realice en su integridad, también podrá la parte compradora no formalizar la operación por no estar satisfecha con los resultados de la misma, de igual manera sin tener que acreditar justificación alguna de dicha decisión. En ambos casos no dará lugar a ningún tipo de indemnización para los vendedores.

8.4. Si, por circunstancias ajenas a las Partes, la Sociedad fuese declarara en situación concursal antes de haberse formalizado la Operación, ésta y la presente carta de intenciones quedará sin efecto y no producirá efecto entre las Partes. En este supuesto, ninguna de las Partes podrá exigir a la otra indemnización alguna.

8.5. La escritura pública de compraventa se otorgará a favor de la persona o personas, físicas o jurídicas, que los compradores designen, sin que ello suponga modificación del contenido de la presente carta en ninguno de sus extremos.

9. Comunicaciones

A los efectos de la presente carta, los Vendedores designan como representante de todos ellos, a los efectos de recibir y enviar las oportunas notificaciones entre las Partes, y servir igualmente de interlocutor único con los compradores, a D. .... en su condición de Vendedor, mediante la firma de este Contrato acepta su nombramiento como Representante de los Vendedores y se obliga irrevocablemente a desempeñar la función de representante en los términos de esta carta

En el supuesto de que el Representante de los Vendedores no pudiese seguir actuando como tal por cualquier causa, incluida su muerte, incapacidad, cese o cualquier otra, los Vendedores se comprometen a nombrar a la mayor brevedad posible otro representante común y a comunicarlo inmediatamente al Comprador a través de dicho nuevo representante. En tal supuesto, todas las referencias de este contrato al Representante de los Vendedores se entenderán realizadas al nuevo representante así comunicado.

Los Vendedores actuarán en la ejecución del presente Contrato como unidad, de modo que cualquier decisión que hayan de adoptar será única y vinculante para todos ellos, sin que puedan imponer al Comprador decisiones o actuaciones diversas.

10. Confidencialidad

10.1. A excepción de lo dispuesto por Ley, ninguna de las Partes podrá, directa o indirectamente, revelar o hacer uso de Información Confidencial, tal y como ésta se define a continuación, de la otra Parte a la que haya tenido acceso a consecuencia de la Operación contemplada en la presente Carta.

10.2. "Información Confidencial" significa la propia existencia de la Operación, así como cualquier información sobre cualquiera de las Partes identificada por escrito como tal a la otra Parte, siempre que no incluya información que se pueda demostrar (i) que generalmente sea conocida públicamente por otro medio que no sea la revelación indebida por una de las Partes o (ii) que la Parte obtenga dicha información a través de un medio que no sea la otra Parte, siempre que este medio no se hallase sujeto a una obligación de confidencialidad.

11. Naturaleza jurídica de esta carta

La presente Carta refleja el acuerdo de intenciones alcanzado entre ambas Partes, sustituyendo a cualquier documento o acuerdo anterior. El contenido de esta Carta no tiene carácter vinculante para las Partes y por lo tanto las obligaciones y responsabilidades de las Partes están limitadas a los estrictos términos establecidos en la misma.

12. Jurisdicción

Los posibles conflictos que pudiesen surgir en la interpretación de la presente Carta se someterán a la jurisdicción de los Tribunales de.........., renunciando las partes expresamente a recurrir a cualquier otra jurisdicción que pudiese corresponderles.

F106. CONTRATO PRIVADO DE COMPRAVENTA DE EMPRESA MEDIANTE TRANSMISIONES DE ACCIONES/PARTICIPACIONES SOCIALES

Normativa aplicable: *Arts. 106 y ss. Real Decreto Legislativo 1/2010, de 2 de julio, por el que se aprueba el texto refundido de la Ley de Sociedades de Capital.*

En ...., a.................

COMPARECEN

DE UNA PARTE:

Doña..........., mayor de edad, con domicilio en .... y con DNI y NIF número ....

D............, mayor de edad, con domicilio en .... con DNI y NIF número ....

D. .... mayor de edad, con domicilio en..........., y con DNI y NIF número ....

Y, DE OTRA PARTE:

D. .... mayor de edad, con domicilio en .... y con DNI y NIF número ....

D. .... mayor de edad, con domicilio en .... y con DNI y NIF número ....

INTERVIENEN

.... intervienen en su propio nombre y derecho......... (en adelante, conjuntamente, los "Vendedores").

.... intervienen en representación de la Mercantil............, con domicilio social en .... e inscrita en el Registro mercantil de Valencia, al tomo....... Folio, Hoja, provista de CIF .... (en adelante, conjuntamente, los "Compradores").

En adelante, se hará referencia, conjuntamente, los Compradores y a los Vendedores como las "Partes".

EXPONEN

I. Que las los Vendedores, son titulares del cien por cien del capital social de la compañía .... (en adelante, "la Sociedad" o la "Compañía"), con domicilio en .... inscrita en el Registro Mercantil de ...., Provista de CIF ....

Cada uno de los Vendedores es propietario, en pleno dominio, de las siguientes acciones de la Sociedad:

a) Doña .... es titular de........... acciones serie A, con los siguientes números:..............., representativas del ....% del capital social de la Sociedad;

b) D. es titular de........... acciones serie A, con los siguientes números:..............., representativas del ....% del capital social de la Sociedad;

c) D es titular de........... acciones serie A, con los siguientes números:..............., representativas del ....% del capital social de la Sociedad (en adelante, se hará referencia al total de las .... acciones referidas, representativas del 100% del capital social de la Sociedad, conjuntamente, como las "Acciones").

II. Que los Compradores está interesado en adquirir la totalidad de las Acciones de la Sociedad, y que los Vendedores están interesados en transmitirlas.

III. Y, de conformidad con cuanto antecede, las Partes, reconociéndose recíprocamente la capacidad necesaria, formalizan el presente contrato de compraventa de las Acciones de la Sociedad (en adelante, el "Contrato"), con arreglo a las siguientes

CLÁUSULAS

PRIMERA.– COMPRAVENTA DE LAS ACCIONES DE LA SOCIEDAD

En los términos que se recogen en este Contrato, los Vendedores venden y transmiten a los Compradores, que compra y adquiere, la plena y exclusiva propiedad de las Acciones, con la numeración que se relaciona en el Expositivo I anterior, representativas del 100% del capital social de la Sociedad, con todos sus derechos y libres de cargas, gravámenes, restricciones a su disponibilidad o transmisión y de derechos a favor de terceros.

SEGUNDA.– PRECIO Y FORMA DE PAGO

El precio total de compra convenido de las Acciones objeto de este Contrato es de .... euros por el 100% de las Acciones,

Se entregan .... euros en este mismo acto de compraventa, y los otros restantes .... euros se abonarán en el plazo de ... meses a contar desde la firma de dicha escritura pública de compraventa de acciones.

TERCERA.– TITULARIDAD DE LAS ACCIONES.

Por los compradores se hace constar y garantizan que la totalidad de las Acciones han sido válidamente emitidas y están íntegramente suscritas y desembolsadas en su totalidad. También que todos los requisitos para la válida y eficaz transmisión de las Acciones, objeto de esta compraventa, han sido cumplidos y que todas las acciones están libres de toda clase de cargas, gravámenes o derechos de terceros. Y que no existe ninguna opción, derecho de suscripción, derecho de tanteo o retracto sobre las Acciones de la Sociedad, ni otros derechos para adquirir las Acciones y no se ha acordado ninguna ampliación de capital que esté pendiente de inscripción en el Registro Mercantil.

CUARTA.– DECLARACIONES Y GARANTÍAS DE LOS VENDEDORES

Cada uno de los Vendedores efectúa, en el día de la fecha, las declaraciones y garantías que a continuación siguen. El Comprador, por su parte, formaliza la presente compraventa precisamente con base en las declaraciones y garantías de los Vendedores y confiando en su veracidad, por tanto, son condición esencial para la firma del presente Contrato.

4.1.– Licencias y Autorizaciones

La Sociedad tienen en la actualidad todas las licencias, permisos y demás autorizaciones del Estado, Autonómicas y Locales, necesarias para poseer y utilizar sus bienes y llevar a cabo todas sus actividades y para prestar los servicios que presta en el modo en que actualmente lo hace, y ninguna de tales licencias, permisos o autorizaciones requiere renovación o prórroga.

4.2.– Capital social

La totalidad de las Acciones han sido válidamente emitidas y están íntegramente suscritas y desembolsadas en su totalidad.

Todos los requisitos para la válida y eficaz transmisión de las Acciones, objeto de esta compraventa, han sido cumplidos. Todas las acciones están libres de toda clase de cargas, gravámenes o derechos de terceros.

No existe ninguna opción, derecho de suscripción, derecho de tanteo o retracto sobre las Acciones de la Sociedad, ni otros derechos para adquirir las Acciones y no se ha acordado ninguna ampliación de capital que esté pendiente de inscripción en el Registro Mercantil.

Ni la propiedad de los activos de la Sociedad ni su capacidad de desarrollar su giro y tráfico como se viene desarrollando en la fecha presente, se hallan condicionados al hecho de pertenecer las Acciones a un accionista u accionistas determinados.

La transmisión de todas las acciones de la Sociedad no constituye causa que limite, condicione o restrinja la titularidad o el uso de los bienes de la Sociedad, ni la capacidad para desarrollar su giro y tráfico, ni constituye causa de resolución, terminación o de cambio de condiciones esenciales de ningún contrato del que la Sociedad sea parte.

4.3.– Situación Patrimonial y Financiera de la Sociedad

La situación patrimonial y financiera de la Sociedad y de la Filial se refleja con claridad y exactitud en los siguientes documentos que se incluyen como Anexo I al presente Contrato:

2. Balance de situación de la Sociedad y de la Filial a .... formulado y firmado por todos los Consejeros de la Sociedad;

3. Cuenta Anuales de ...., formuladas y firmadas por todos los Consejeros de la Sociedad y auditadas;

4. Balance de Sumas y Saldos de la Sociedad y de la Filial a.........., firmado por todos los consejeros de la Sociedad

5. Detalle de todas las deudas con la Hacienda Pública a fecha..........., indicando sus vencimientos;

6. Detalle de todas las deudas con la Tesorería General de la Seguridad Social a fecha..............., indicando sus vencimientos;

7. Detalle de deuda de la Sociedad mantenida con los accionistas y/o entidades vinculadas a los mismos, a fecha............, desglosada por acreedores e indicando sus vencimientos;

8. Detalle de la deuda de la Sociedad mantenida con sus trabajadores, administradores o directivos a fecha

La anterior documentación o información, que se adjunta al presente Contrato, es condición esencial para la firma del presente Contrato, por parte del Comprador.

Toda la información financiera que se adjunta a este Contrato es, a la fecha en que cada documento fue emitido, correcta y dichos documentos contables no contienen ninguna declaración falsa ni omiten ningún hecho que pueda inducir a error y han sido preparados de acuerdo con principios de contabilidad generalmente aceptados y aplicados de forma homogénea, reflejando la posición financiera de la Sociedad a sus respectivas fechas.

Los Vendedores manifiestan que actualmente la Sociedad no adeuda ninguna cantidad a los Accionistas, a sus familiares ni a sociedades vinculadas y/o participadas por ellos, ya que las deudas existentes con los mismos han sido cedidas previamente a favor del Comprador por valor de un euro, como condición esencial para la firma de la presente Compraventa.

Los Vendedores manifiesta que actualmente no hay en la Sociedad ningún Accionista, ascendiente, descendiente, cónyuge o persona vinculada a ellos que sea trabajador, administrador o directivo de la Sociedad y que no se les adeuda ninguna cantidad derivada de cualquier relación que hubieran podido tener con la Sociedad antes de la fecha del presente Contrato, ya sean, a título meramente enunciativo, indemnizaciones por despido, finiquitos, remuneraciones como administradores, etc.

4.4.– Derechos de propiedad industrial e intelectual

La Sociedad es la exclusiva propietaria del nombre comercial y marca registrada .... (registrada con número de expediente........... en la Oficina Española de Patentes y Marcas) y "copy-rights", y todas las inscripciones y solicitudes en ellos enumerados. No hay reclamaciones, demandas o procedimientos iniciados, pendientes o que se vayan a iniciar por parte de cualquier otra persona, entidad o compañía, que sea conocido por los Vendedores, disputando el derecho de la Sociedad a obtener, mantener o utilizar cualesquiera de dichos nombres comerciales, marcas registradas o "copy-rights", o cualquier solicitud e inscripciones, o cualquiera de dichos "copy-rights" o información comercial secreta, o cualquier proceso, máquina, producto o fórmula o materia utilizado en cualquiera de los negocios de la Sociedad.

En relación con el uso de propiedad intelectual perteneciente a terceros la Sociedad es titular de las licencias necesarias para desarrollar su negocio en la manera en que lo viene desarrollando, estando las mismas vigentes. La Sociedad ha cumplido con cualesquiera obligaciones que pudieran derivarse para ella de las leyes protectoras de los derechos de propiedad industrial, propiedad intelectual y protección de datos de carácter personal.

No hay reclamaciones, demandas o procedimientos iniciados por parte de cualquier otra persona, entidad o compañía, que sea conocido por los Vendedores, por infracciones del derecho de propiedad industrial, propiedad intelectual o derecho a la protección de datos de carácter personal.

4.5.– Clientes/Proveedores de importancia

Los Vendedores no tienen conocimiento de que ningún cliente de la Sociedad o proveedor de bienes o servicios de importancia para el desarrollo del negocio de la Sociedad haya manifestado, con anterioridad a la fecha de este Contrato, su intención de dar por terminadas sus relaciones con la Sociedad.

Consejeros, Directivos y Trabajadores

Los Vendedores manifiestan que el importe total de la retribución por todos los conceptos que consta en las Cuentas Anuales o en las nóminas, en cada caso, es el único importe de retribución que reciben los Consejeros, Directivos y Trabajadores.

4.6.– Garantías

La Sociedad no ha garantizado ni avalado deudas de ninguna persona, entidad o compañía en el curso o fuera del curso ordinario del negocio salvo las siguientes:

Respecto a las deudas que hubieran sido avaladas personalmente por los compradores, dichos avales serán sustituidos por los de la compradora, aunque no obstante si llegado el momento de la elevación a público del presente contrato ello no hubiera tenido lugar la compradora asume las responsabilidades que por ello pudieran derivarse. Dichas deudas son las siguientes:

4.7.– Derechos de adquisición preferente

Cada uno de los Vendedores, a título personal e individual, renuncian expresamente a cualquier derecho de adquisición preferente, de tanteo o de retracto, que pudiera corresponderles para adquirir las Acciones de cualquiera de los otros accionistas de la Sociedad que transmite por la presente al Comprador.

4.8.– Expresamente declaran y garantizan los vendedores .... que no existe ningún tipo de impedimento, público o privado, para la transmisión de acciones objeto de la presente compraventa, hallándose las mismas libres de cargas, embargos u otros gravámenes. Especialmente, manifiestan y declaran que ningún derecho, personal o real, asiste a ninguna persona, física o jurídica, sobre las expresadas acciones de .... S.A., aquí transmitidas.

4.9.– Como se ha hecho constar, las partes reiteran que el contenido y consistencia patrimonial de .... recogida en la declaración de garantía 4.3 es elemento esencial del objeto del presente contrato, que elevan a causa del mismo. Por tal motivo, los vendedores ..... expresamente declaran y garantizan a la parte compradora:

4.9.1.– Que el balance de la sociedad, cerrado a fecha .... de ..... de dos mil ....., es el que se acompaña como ANEXO I, balance que fue auditado con fecha .... de .... de dos mil ... por Don...................., auditor de cuentas de la sociedad. El informe de auditoría se acompaña como ANEXO II.

Del expresado balance resultan las siguientes partidas, que se desglosan a continuación:

Desde la fecha de auditoría, se han registrado los siguientes hechos que afectan a la imagen que ofrece el expresado balance:

4.9.2.– Que el libro de actas de la sociedad se halla debidamente legalizado y recoge la transcripción literal de la totalidad de las actas de la Junta General y del Consejo de Administración de la sociedad celebradas desde su constitución hasta el día de la fecha.

Los acuerdos adoptados en el seno de tales reuniones que fuese susceptibles de inscripción registral, previa su elevación a público, constan inscritos en el Registro Mercantil de la provincia de ....

Los poderes generales o especiales otorgados por .... son los que se relacionan en el ANEXO III.

La contabilidad social se lleva en soporte informático, habiéndose formado los correspondientes libro inventario y cuentas anuales, así como el libro diario, que fueron debidamente legalizados. Las cuentas anuales de la sociedad, correspondientes a cada uno de los ejercicios sociales, se hallan depositadas en el Registro Mercantil de la provincia de .... y fueron formuladas a partir de los registros contables de la sociedad.

4.9.3.– Que los bienes inmuebles de los que es legítima propietaria la sociedad son los que se reseñan en el ANEXO IV, con expresión del título de adquisición, inscripción registral y cargas o gravámenes sobre los mismos.

4.9.4.– Que las patentes, marcas y modelo de utilidad propiedad de .... son los que se relacionan en el ANEXO V.

4.9.5.– Que la plantilla de trabajadores de la compañía, es la que se relaciona en el ANEXO VI, con expresión del nombre del trabajador, categoría, tipo de contrato, antigüedad y salario.

En el ANEXO VII se relacionan los compromisos asumidos respecto de sus trabajadores por la sociedad en materia de planes o fondos de pensiones, opciones sobre acciones, seguros y participación en beneficios. También los relativos a la retribución de altos directivos y del órgano de administración.

4.9.6.– Que los afianzamientos u otras garantías prestadas por la sociedad son los que se relacionan en el ANEXO VIII, con expresión de la deuda y la persona garantizada.

Igualmente, se reseñan en el ANEXO IX, las garantías prestadas por terceros a favor de la sociedad.

4.9.7.– Los préstamos o créditos concedidos por y a la compañía .... S.A., son los que se relacionan en el ANEXO X, con indicación de la persona que concede o a la que se concedió el préstamo o crédito, importe, vencimiento, deuda pendiente y cuadro de amortización.

4.9.8.– Que las cuentas bancarias de las que es titular la sociedad, son las que se reseñan en el ANEXO XI.

4.9.9.- Que los procedimientos judiciales en los que interviene .... S.A., como demandante o demandado, son los relacionados en el ANEXO XII.

Expresamente se declara y garantiza que la sociedad ha cumplido todas las obligaciones legales en materia de urbanismo, medioambiente, laboral y seguridad e higiene en el trabajo. También que la sociedad se halla al día en el pago de las obligaciones fiscales y de Seguridad Social, no teniendo constancia de ninguna actuación administrativa que versen sobre el cumplimiento por .... S.A. de tales obligaciones.

4.9.10.- En el Anexo XIII se relacionan todas las pólizas de seguro que cubren a la Sociedad de determinados riesgos y que los Vendedores manifiestan que están en vigor.

4.9.11.- Cláusula Penal

Los Vendedores se obligarán a indemnizar solidariamente a los Compradores, en la cantidad de .... que se establece expresamente como cláusula penal, frente a la totalidad y cualesquiera de las reclamaciones y daños y perjuicios que, por cualquier concepto y acción, se deriven de infracción de las anteriores declaraciones y garantías, y de cualquier incumplimiento del Contrato así como de los quebrantos que se produzcan en la Sociedad como consecuencia de las circunstancias señaladas los párrafos anteriores.

QUINTA.- ADMINISTRACIÓN DE LA SOCIEDAD

Por los compradores, simultáneamente a este otorgamiento, se celebra Junta Universal de Accionistas, por la que cesan todos los miembros del órgano de administración de la misma, renuncian a todos los poderes que tenían conferidos y hacen constar que no tienen reclamación ni crédito pendiente alguno frente a la Sociedad y renuncian a todos los que pudieran surgir como consecuencia de tal dimisión.

En la referida Junta de Accionistas se procede por el nuevo socio al nombramiento de las personas que van a ocupar los cargos del órgano de administración.

SEXTA.- NO COMPETENCIA.

Los vendedores por el presente contrato se comprometen a que, en un plazo de .... años, ni ellos, ni sus respectivos cónyuges, ascendientes o descendientes o, en caso de persona jurídica, ninguno de sus accionistas o administradores, directa o indirectamente, ni ninguna de sus filiales tomarán parte o en forma alguna adquirirán interés alguno en ningún negocio, sociedades o empresas dedicadas al sector arrocero.

SÉPTIMA.- CONFIDENCIALIDAD

Los Vendedores se comprometen mediante el presente Contrato a mantener en secreto y confidencialmente toda la información que puedan poseer y toda información a la que hayan tenido acceso en relación con los negocios de la Sociedad, y ni ellos, ni sus sociedades afiliadas divulgarán o comunicarán a cualquier tercero dicha información.

A su vez, los Vendedores manifiestan que el Know-How y todos los diseño industriales y demás derechos de propiedad industrial de los que sea titular la Sociedad seguirán perteneciendo a la Sociedad, en cada caso, y se comprometen a guardar la más estricta confidencialidad y a no hacer uso de los mismos ni a permitir su uso por parte de terceros.

Las Partes se comprometen a preservar la más absoluta confidencialidad del presente Contrato, obligándose a no revelar a terceros ni su existencia ni sus específicos términos y condiciones, salvo de mutuo acuerdo o en caso de que lo exija el cumplimiento de alguna Ley.

OCTAVA.– RESOLUCIÓN DEL CONTRATO.

El presente contrato podrá ser resuelto en los casos que marca la ley, así como por el incumplimiento de cualquiera de las obligaciones derivadas del mismo para las partes.

Especialmente podrá resolver la compradora el presente contrato:

I.– Existencia de cualesquiera tipo de impedimento, público o privado, para la transmisión de acciones objeto de la presente compraventa, o la existencia de cargas, embargos u otros gravámenes sobre las mismas.

II.– Incumplimiento de la obligación de confidencialidad o la de no competencia, reseñadas en la estipulación cuarta de esta escritura.

III.– Cualesquiera inexactitud, voluntaria o involuntaria, de la vendedora o incumplimiento, en ambos casos, respecto de las declaraciones y garantías objeto de la estipulación quinta, y especialmente, la existencia de partidas de pasivo no contempladas en el balance de la sociedad, cerrado a fecha .... de ..... de dos mil ....., que se acompaña como ANEXO I o la inexistencia de elementos de activo recogidas en el expresado balance.

NOVENA.– GASTOS, IMPUESTOS Y HONORARIOS

Cada una de las Partes soportará los gastos e impuestos en que incurra como consecuencia de la preparación y ejecución de este Contrato, excepto que otra cosa se prevea expresamente. Cualquier impuesto devengado en relación con este contrato se abonará de acuerdo con la ley española. Los aranceles y gastos por la actuación de fedatarios, serán pagados con arreglo a Ley.

DÉCIMA.– NOTIFICACIONES

Cualesquiera notificaciones que hayan de remitirse como consecuencia del presente contrato se dirigirán por escrito a la dirección que a continuación se expresa para cada una de las Partes y dicha notificación se entenderá efectuada si es remitida mediante correo certificado, fax, o entregada personalmente a:

Cada Parte será responsable de comunicar al resto los cambios que pudieren producirse en su domicilio para notificaciones. En tanto no conste la notificación de la modificación, se entenderán correctamente efectuadas las comunicaciones dirigidas al domicilio que consta en este contrato.

UNDÉCIMA.– Expresamente se hace constar por las partes que la presente compraventa, lo es, exclusivamente, de las acciones arriba reseñadas, no transmitiéndose por los vendedores ni adquiriéndose por el comprador a través de la misma empresa, patrimonio o negocio alguno. Tampoco el contenido o consistencia patrimonial de .... o su filial, contenido o consistencia ésta que no fundamenta ni es causa o elemento esencial del presente contrato, ni los vendedores la garantizan en modo alguno. Únicamente adquiere el comprador las reseñadas acciones.

DUODÉCIMA.– LEY APLICABLE Y JURISDICCIÓN

El presente Contrato se regulara por lo establecido en el mismo y, en su defecto, por la ley española. Para la solución de cualquier conflicto que pudiera plantearse entre las partes dimanante del presente contrato éstas, con renuncia a cualquier fuero propio que pudiera corresponderles, se someterán a los Tribunales de ....

DECIMOTERCERA.– ELEVACIÓN A PÚBLICO

La escritura pública de compraventa se otorgará en el plazo máximo de .... meses ante el Notario de ....., Don...... (o quien le sustituya en su protocolo), cuya notaría se halla en .... previa notificación por parte del comprador con una antelación de ...... días.

Y para que así conste, se firma el presente documento en....................

F107. CONTRATO PRIVADO DE COMPRAVENTA DE EMPRESA MEDIANTE TRANSMISIONES DE PARTICIPACIONES SOCIALES (I)

CONTRATO DE COMPRAVENTA DE PARTICIPACIONES SOCIALES

REUNIDOS

De una parte, Doña.............................., mayor de edad, casada en régimen de separación de bienes, con domicilio en c/............................. (..............................) y con DNI número................., actuando en su propio nombre y representación, así como en nombre y representación, en su condición de administradora única de la mercantil.............................., S.L., Sociedad de Responsabilidad Limitada española, con domicilio en............................ (..............................),........................... y con CIF .... (En adelante también ".............................").

En lo sucesivo, Doña............................. y............................. se denominarán indistintamente como el "Vendedor" y de manera conjunta como los "Vendedores".

De otra parte, ..., sociedad debidamente constituida y existente con arreglo a las leyes de...................., con domicilio social en......................., e inscrita en el Registro Mercantil de................. con el número .... (En adelante también, "..........." o el "..............").

El Comprador está debidamente representado por D......................., mayor de edad, de nacionalidad................., con pasaporte .... y NIE número................., en vigor, en su calidad de director general.

Y de otra parte, Don.............................., mayor de edad, casado en régimen de separación de bienes, con domicilio en c/............................. (..............................) y con DNI.............., el cual interviene a los únicos propósitos de lo dispuesto en la Cláusula 8 del presente contrato, en su propio nombre y derecho y como socio único y administrador único de la entidad.............................., sociedad española, con domicilio social............................., C/...................., con CIF ...., e inscrita en el Registro Mercantil de............................. al tomo.............., hoja ...., folio .... (en adelante también ".............................").

En lo sucesivo, se denominará a los Vendedores, al Comprador y a D............................. y su entidad.............................., indistintamente, como una "Parte" y, colectivamente, como las "Partes".

Las Partes se reconocen mutuamente la capacidad legal necesaria para obligarse en los términos del presente contrato y, al efecto,

EXPONEN

I. Que los Vendedores, en el momento de la suscripción del presente contrato, son titulares del 100% del capital social de la siguiente sociedad:

.............................., S.L., Sociedad española, con domicilio social en Calle........................,.............................., con NIF número........................, e inscrita en el Registro Mercantil de.............................. al tomo....................., hoja.................., folio.................., es una sociedad de reconocido prestigio y trayectoria nacional e internacional en el ámbito de........................... Se constituyó en virtud de escritura pública otorgada el día .... ante el Notario de.............................., D....................., bajo el número .... de su protocolo (en adelante también, "..............................." o la "Sociedad").

El capital social de la Sociedad asciende a la cantidad de .... euros, dividido en .... participaciones sociales numeradas de la 1 a la................., todas incluidas, de .... euros de valor nominal cada una de ellas.

Los Vendedores son titulares de las .... participaciones sociales de la Sociedad, que representan el 100% de su capital social en las siguientes proporciones:

(i) Doña.............................. es titular de .... participaciones sociales de la Sociedad, representativas del ....% de su capital social:

– De la.............. a la ...., ambos inclusive, en virtud de la escritura de compraventa de participaciones otorgada el .... ante el Notario de.............................., D. .... bajo el número .... de su protocolo.

– De la .... a la ...., ambos inclusive, en virtud de la escritura de ampliación de capital otorgada el .... ante el Notario de..............................., D. .... bajo el número .... de su protocolo.

(i).............................., S.L. es titular de 1.100 participaciones sociales de la Sociedad, representativas del ....% de su capital social:

– De la...... a la ...., ambos inclusive, en virtud de póliza notarial otorgada el .... ante el Notario D.....................

– De la .... a la ...., ambos inclusive, en virtud de la escritura de constitución de la Sociedad.

II. El Comprador es una filial de....................., dedicado a........................, y es una sociedad debidamente constituida y existente conforme a las leyes de........................, con domicilio social en ....

III. Que los Vendedores están interesados en vender y transmitir al Comprador, y el Comprador está interesado en comprar y adquirir de los Vendedores la totalidad de las participaciones de la Sociedad, es decir, las .... participaciones sociales (en adelante también las "Participaciones"), números........................, ambos inclusive, de las que los Vendedores son titulares, y, en consecuencia, adquirir el 100% del capital social de la Sociedad.

IV. Con carácter previo a la suscripción del presente Contrato, el Comprador ha llevado a cabo un proceso de due diligence de la Sociedad a requerimientos propios del Comprador, en relación con la información relativa a aspectos legales, fiscales, laborales y financieros (en adelante también la "Due Diligence"), durante el cual el Comprador ha solicitado la documentación que ha tenido por conveniente y necesario y tenido acceso a la documentación e información de la Sociedad facilitada a tal efecto por los Vendedores (en adelante también la "Información Facilitada") contenida en un data room virtual en One Drive entre el .... y el...................., ambos inclusive, cargando posteriormente toda la información en la plataforma .... (en adelante también el "Data Room").

Toda la Información Facilitada (requerida por el Comprador y facilitada por los Vendedores) ha sido grabada en una unidad USB (el "USB"), respecto de la cual se han realizado tres (3) copias idénticas en formato no regrabable y no editable junto con el correspondiente certificado de contenido. Cada copia del USB contiene una copia completa de toda la Información Facilitada puesta a disposición en la Sala de Datos en el marco de la Due Diligence. Cada una de las Partes recibirá y conservará una (1) copia idéntica del USB, que será certificada por el proveedor de la Sala de Datos, tan pronto como sea razonablemente posible y a más tardar cinco (5) días hábiles después de la firma del presente Contrato. La tercera copia idéntica del USB se depositará ante el Notario de .... (............................), Don ....

El Comprador manifiesta y declara que la Información Facilitada ha sido revisada por el Comprador declarando este que, sin perjuicio de lo establecido en el presente contrato, la misma es adecuada y suficiente, no habiendo sido necesario, por tanto, el complemento de la misma, todo ello a los efectos de prestar el adecuado consentimiento para la formalización del presente contrato.

V. En vista de lo anterior, las Partes acuerdan celebrar el presente Contrato de compraventa de participaciones (en adelante también el "Contrato") con sujeción a los términos y condiciones que se establecen en las siguientes

CLÁUSULAS

1. Reglas de interpretación.

1.1. Salvo que se indique expresamente lo contrario, este Contrato será interpretado de acuerdo con las reglas de interpretación establecidas en los artículos 1.281, 1.283, 1.284, 1.285 y 1.286 del Código Civil español.

2. Objeto del contrato.

2.1. El objeto del presente Contrato es regular:

(a) los términos y condiciones conforme a los cuales los Vendedores venden y transmiten al Comprador y el Comprador compra y adquiere de los Vendedores las Participaciones junto a todos los derechos inherentes a las mismas, libres de Cargas, así como (b) otros acuerdos y compromisos alcanzados por las Partes con motivo de dicha compraventa (en adelante también la "Compraventa").

A los efectos de este Contrato "Carga" significa hipotecas, promesas de hipoteca, escrituras de fideicomisos, retenciones, afecciones fiscales, prendas, cargas, gravámenes, prestaciones accesorias, acuerdos de sindicación, reclamaciones, intereses de garantía, intereses de equidad, opciones, reservas de dominio, derechos de adquisición preferente, servidumbres de uso, pactos restrictivos, usurpaciones, derechos de paso y todo tipo de limitaciones o derechos de terceros.

2.2. En consecuencia, en virtud del presente Contrato, y en cumplimiento de los términos y condiciones del mismo, los Vendedores venden y transmiten al Comprador y el Comprador compra y adquiere las Participaciones, junto con todos los derechos inherentes a las mismas y libre de Cargas, titularidad de los Vendedores, que en su conjunto representan el 100% del capital social de............................ (en adelante también la "Operación"), de tal modo que tras la ejecución de la Compraventa,............................. adquirirá la condición de socio único de la Sociedad.

2.3. Los Vendedores y el Comprador han suscrito este Contrato confiando plenamente en la Información Facilitada, la cual ha sido revisada, comprobada y verificada por el Comprador a su satisfacción con la única salvedad de lo dispuesto en las indemnidades especificas previstas en el apartado 8 del presente Contrato, todo ello en el proceso de Due Diligence al que se ha hecho referencia en el Expositivo IV, así como confiando en las Manifestaciones y Garantías realizadas por los Vendedores en este Contrato

3. Precio de la Compraventa

3.1. El precio de compra por la adquisición de las Participaciones es el siguiente:

.... EUROS (.................... €) (en adelante, el "Precio"), correspondiendo a............................ S.L. .... (................. €) y el resto a Dª............................, esto es .... (.............. €).

En cuanto al pago del Precio, el Comprador transfiere a los Vendedores en este acto el 70% del Precio, esto es, ..., mediante sendas transferencias bancarias, conforme al siguiente desglose:

– .... EUROS (.................... €) a Doña............................., al siguiente número de cuenta: IBAN...............................

– ....EUROS (....................... €) a............................., S.L., al siguiente número de cuenta: IBAN..........................

En cuanto al 30% del Precio, esto es, ... EUROS (.................€) se transfieren en este acto a la cuenta de clientes de la notaría de............................ (.............................), de Don................., con número de IBAN: IBAN.......................

En concepto de garantía para cubrir cualesquiera Daños (tal y como esto se define más adelante) por cuestiones derivadas de hechos anteriores a la Fecha de Cierre, las Vendedoras entregarán al Comprador, mediante su depósito en la notaría de.............................

(.............................), de Don ...., los siguientes avales bancarios a favor del Comprador, en el plazo máximo de quince (15) días desde el día de hoy:

b.1.– Dos por valor del 15% del Precio acordado, con vencimiento en fecha......................., correspondiendo uno a............................ S.L. por .... EUROS (.......................... €), y otro a............................ por .... EUROS (.......................... €)

b.2.– Dos por valor del 15% del Precio acordado, con vencimiento en fecha............................, correspondiendo uno a............................ S.L. por .... EUROS (....................... €), y otro a............................ por .... EUROS (............................... €).

Dichos avales bancarios, a primera demanda, deberán tener la redacción que a estos efectos se indica en el Anexo 1 a este Contrato. En el momento en el que dichos avales queden entregados en la mencionada notaría, podrán los Vendedores percibir el 30% del Precio depositado notarialmente, en la siguiente proporción:

– .... EUROS (.................... €) se podrán transferir a Doña............................

– .... EUROS (................. €) se podrán transferir a............................, S.L.

Por su parte, el Comprador o cualquier persona que éste designe, podrá retirar los anteriores avales bancarios a primera demanda.

Los costes y aranceles notariales por el depósito notarial del 30% del Precio así como por el depósito de los avales, será abonado por los Vendedores.

En el momento en el que exista una Reclamación o una Reclamación de Tercero (según se definen estos términos en la cláusula Quinta) y el Comprador se lo notifique a los Vendedores, las partes podrán acordar conjuntamente que los Vendedores depositen notarialmente el importe de la reclamación correspondiente hasta que se determine de manera firme el estado de dicha Reclamación o Reclamación de Tercero, momento en el que el notario liberará el importe, a favor de los Vendedores o del Comprador, según corresponda, por haberse determinado (a) por acuerdo entre los Vendedores y el Comprador o (b) por resolución judicial de carácter firme. En el caso de no acordar las partes conjuntamente el depósito notarial de la Reclamación o la Reclamación de Tercero, podrá el Comprador ejecutar parcialmente cualquiera de los anteriores avales vigentes por el importe de dicha reclamación y depositar ante notario, por su cuenta, el importe en cuestión, en los mismos términos, hasta que exista igualmente acuerdo entre las partes o resolución judicial de carácter firme.

4. Cierre

4.1. La Compraventa de las Participaciones y las Actuaciones a la Fecha de Cierre, tal y como este término se define a continuación, se llevarán a cabo en la notaría de............................ (............................), Don....................... (en adelante también el "Notario"), el día hoy (la "Fecha de Cierre").

4.2. En la Fecha de Cierre, en los términos del apartado 4.1 precedente, las Partes, en función del caso, realizarán las siguientes actuaciones simultáneamente y en unidad de acto (en adelante también las "Actuaciones a la Fecha de Cierre"):

(i) Las Partes exhibirán ante el Notario poderes suficientes o documentación relevante que ponga de manifiesto su capacidad legal suficiente para la consumación de la Compraventa y del resto de actuaciones y obligaciones asumidas bajo este Contrato.

(ii) Certificado del órgano de administración de la Sociedad. Los Vendedores entregarán al Comprador un certificado en virtud del cual se certifique que: de acuerdo con los libros registros de socios de la Sociedad, (a) los Vendedores e propietario y tiene pleno título sobre las Participaciones; (b) las Participaciones están debidamente registradas en el libro registro de socios (c) las Participaciones se encuentran libres de toda Carga, y (d) todas las disposiciones para la válida transmisibilidad de las Participaciones, contenidas en los estatutos sociales de la Sociedad, han sido debidamente cumplidas.

(iii) Las Partes comparecerán ante el Notario para otorgar una escritura pública de compraventa de las Participaciones en la que, entre otras, se elevará a público este Contrato por el que los Vendedores transfieren las participaciones de la Sociedad al Comprador, (en adelante también la "Escritura").

(iv) Los Vendedores entregarán al Notario el original de la/s escritura/s públicas acreditativa/s de la adquisición por los Vendedores de las Participaciones, a fin de que el Notario proceda a anotar en las mismas la transmisión de dichas Participaciones a favor del Comprador.

(v) El Comprador abonará el Precio de Compra a los Vendedores en la forma y plazos establecidos en la Cláusula 3 del presente Contrato.

(vi) Se inscribirá en el libro registro de socios de la Sociedad la transmisión de las Participaciones a favor del Comprador.

(vii) Tal y como consta en Información Facilitada y es aceptado por el Comprador, los libros societarios son telemáticos, por lo que no procede la entrega de los mismos en formato físico, entregándose un pendrive con copia en formato digital de todos ellos, así como copia acreditativa de su diligencia y depósito ante el Registro Mercantil, así como, claves o información necesaria para la continuidad de la gestión social, en la Fecha de Cierre. En este punto, la parte Vendedora asevera que en el citado pendrive constan también las actas de las juntas celebradas entre el 1 de enero hasta la Fecha de Cierre, incluyendo la de aprobación de entrega de dividendos, conocidas por la parte compradora.

(viii) Los Vendedores entregarán al Comprador una carta de dimisión, debidamente firmada, por la cual la administradora única de la Sociedad dimite con efectos a partir de la Fecha de Cierre y manifiesta que sus relaciones con la Sociedad han sido liquidadas y saldadas, y que no existen reclamaciones pendientes frente a la Sociedad.

(ix) Las Partes suscribirán los acuerdos sociales, documentos y escrituras públicas necesarias para realizar los cambios en el órgano de administración de la Sociedad.

(x) Los Vendedores entregarán copia de las actas de formulación y aprobación de las cuentas anuales de la Sociedad correspondientes al ejercicio.............................., y resguardo de su presentación en el Registro Mercantil correspondiente, y en caso de no poseerlas, se aportan en este acto certificado del auditor sin salvedades, así como los balances cerrados, memoria, y demás documentación que contienen las citadas cuentas firmadas en su integridad por la administradora única quien las ha formulado.

(xi) Los Vendedores entregarán al Comprador los estados financieros a 31 de marzo de.............................. firmados por la administradora (los "Estados Financieros de Cierre"), aseverando la parte Vendedora que no se han producido cambios de tesorería o activo que pudieran afectar a dichos estados y a los, salvo por lo que se refiere al reparto de dividendos con cargo a reservas efectuado a favor de los Vendedores, en fecha.............................. por importe conjunto de .... €.

(xii) El nuevo órgano de administración de la Sociedad nombrado por el Comprador revocará los poderes otorgados hasta la Fecha de Cierre en la Sociedad a procuradores de los tribunales, y otorgará unos nuevos poderes generales con los límites que se acuerden por el órgano de administración.

(xiii) La Sociedad y.............................. (y en ejercicio de los servicios contratados, D..............................) suscribirán el Contrato de Prestación de Servicios previsto en la Cláusula 7, con fecha de inicio a partir del día siguiente a la Fecha de Cierre

(xiv).............................. entregará un certificado en virtud del cual se certifique que la junta general de socios ha aprobado la transmisión del 100% de las participaciones sociales de la Sociedad.

(xv) Las Partes depositarán ante el Notario una copia del USB que contenga la Información Facilitada.

(xvi) Cambio de control. Los Vendedores entregarán al Comprador las cartas de las entidades de crédito renunciando a resolver anticipadamente los contratos de financiación vigentes por el cambio de control que se produce por medio de este Contrato.

4.3. Las actuaciones anteriormente mencionadas se llevarán a cabo simultáneamente en la Fecha de Cierre y en unidad de acto. Por tanto, ninguna de las actuaciones se considerará realizada hasta el momento en el que se hayan completado todas ellas.

5. Compromisos de los Vendedores

Manifestaciones y Garantías de los Vendedores

5.1. Los Vendedores manifiestan y garantizan que las siguientes declaraciones (en adelante también las "Manifestaciones y Garantías de los Vendedores") son veraces, exactas, completas, y no inducen a error en la Fecha de Cierre, salvo que de la Información Facilitada resultado de los requerimientos efectuados por el Comprador en el proceso de Due Diligence se concluya lo contrario:

(i) La Información Facilitada, es veraz, exacta y completa en todos sus aspectos y, desde la finalización del proceso de Due Diligence, la Sociedad ha mantenido su actividad consistente con anteriores prácticas y en el curso ordinario de los negocios. Los Vendedores no tienen conocimiento a día de hoy de ningún hecho o asunto o circunstancia no divulgada al Comprador que pueda hacer que la Información Facilitada sea falsa, inexacta, incompleta o deliberadamente errónea en cualquier aspecto y, desde la finalización del proceso de Due Diligence referido, no ha habido cambios adversos en la situación patrimonial, financiera y de resultados de la Sociedad, ni reclamaciones de terceros que constituyan o puedan constituir una contingencia para la Sociedad.

(ii) Manifiestan los Vendedores que se ha procedido a la resolución del contrato de arrendamiento del local que se disponía en............................ como almacén, trasladando la mercancía allí existente a la nave en............................, y por tanto ocupando mayor superficie en esta última, provocando la suscripción de un nuevo contrato de arrendamiento que se acompaña a este documento como Anexo 2, situación ésta que las partes aceptan y asumen. En este aspecto, y dado que la nave de............................ es propiedad de la mercantil............................ SAU y donde también se encuentran las instalaciones y oficinas de la citada mercantil, las partes reconocen, aceptan y asumen esta situación durante al menos ENTRE 6 Y 12 meses desde la firma de este Contrato, fecha esta que se prevé para la finalización de las nuevas instalaciones, propiedad de............................, S.A.U la cual será destinada como nueva ubicación del CENTRO LOGÍSTICO de............................ Llegado el momento de finalización de dichas instalaciones, las partes acuerdan que serán ofrecidas a............................ para su arriendo por precios de mercado (entendiéndose precio de mercado el actual que paga............................ por la ocupación de espacios previa actualización anual por variaciones del IPC de dicho alquiler) y por una duración no inferior a 6 años. En caso de no proceder a dicho arriendo, se le ofrecerá la renovación del arrendamiento de las instalaciones actuales, a precio de mercado (entendiéndose precio de mercado el actual que paga............................ por la ocupación de espacios previa actualización anual por variaciones del IPC de dicho alquiler) y por una duración no inferior a 6 años.

(iii) La Información Facilitada contiene la totalidad de los contratos vigentes de los que es parte la Sociedad, habiéndose cumplido con las obligaciones a cargo de la Sociedad en todos ellos.

(iv) La Sociedad no es parte de ninguna garantía o, aval, en cuanto a las cartas de crédito, siendo el tráfico habitual con proveedores, se suscriben nuevas con cada pedido y cancelado otras, lo que las partes conocen y aceptan. Se adjunta copia de las cartas de crédito vigentes en la Fecha de Cierre como Anexo 3.

(v) Los libros de la Sociedad incluidos en la Información Facilitada y entregados en la Fecha de Cierre, son completos y reflejan fielmente todo lo que legalmente deben recoger.

(vi) La información financiera que forma parte de la Información Facilitada, las cuentas anuales cerradas a 31/12/............................, (los "Estados Financieros") que aquí se entregan y se adjuntan como Anexo 4 y los Estados Financieros de Cierre, reflejan la imagen fiel, completa y verdadera del patrimonio, de la situación financiera y de los resultados de conformidad con la normativa vigente y los principios de contabilidad generalmente aceptados en España, no habiéndose distribuido dividendos, reservas u otro tipo de transacciones que supongan pagos a los Vendedores no reflejados en los Estados Financieros o en los Estados Financieros de Cierre, salvo por lo que se refiere al reparto de dividendos con cargo a reservas efectuado a favor de los Vendedores, en fecha............................ por importe conjunto de .... Los Estados Financieros y los Estados Financieros de Cierre y guardan uniformidad con los aplicados por la Sociedad en los ejercicios anteriores.

(vii) La Sociedad no ha suscrito pólizas de seguros ni hay hechos, siniestros o circunstancias relativas a los mismos que no se hayan notificado al Comprador dentro de la Información Facilitada.

(viii) La Sociedad ha cumplido con sus obligaciones fiscales y no hay documentos, hechos, requerimientos o comunicaciones relativos a Impuestos u obligaciones de carácter fiscal que afecten a la Sociedad, no divulgados dentro de la Información Facilitada. No existen personas físicas no residentes que actúen como agentes de la Sociedad fuera de España, no necesitando por tanto la Sociedad disponer de certificados de residencia fiscal. A los efectos de este Contrato, "Impuesto" significa cualquier tipo de tributo, nacional, regional, provincial, local, gravamen gubernamental o municipal, tasa, arancel, contribución, retención u obligación que sea exigible en España o en cualquier otra jurisdicción.

(ix) La Sociedad ha cumplido con todas sus obligaciones laborales y de seguridad social y no existen documentos, hechos, requerimientos o comunicaciones relativos a obligaciones de carácter laboral y de seguridad social que afecten a la Sociedad, no divulgados dentro de la Información Facilitada. No existen empleados discapacitados en la Sociedad, por lo que no es necesario disponer de documentación específica.

(x) La Sociedad cuenta con los permisos y licencias necesarios para el ejercicio de su actividad tal y como lo ha venido desarrollando hasta la fecha y cumple asimismo con la normativa medioambiental de aplicación y no existen documentos, hechos, requerimientos o comunicaciones relativos a permisos, licencias y cumplimiento con normativa medioambiental que afecten a la Sociedad, no divulgados dentro de la Información Facilitada, con las salvedades indicadas por la parte compradora en el apartado 8 y cubiertas por Indemnidades Específicas.

(xi) La Sociedad no es parte de ningún procedimiento o reclamación judicial o extrajudicial en marcha, ni sentencia o resolución pendiente de cumplimiento, ni los Vendedores tienen conocimiento de ningún hecho que pudiera dar lugar a tales procedimientos o reclamaciones, que afecten a la Sociedad que puedan dar lugar a cualquier responsabilidad o daño a la Sociedad y no haya sido divulgado dentro de la Información Facilitada.

5.2. Cada una de las Manifestaciones y Garantías de los Vendedores es individual, independiente y no está limitada por el resto de las manifestaciones y garantías o por cualquier conocimiento concreto o presunto de los Vendedores.

Obligación de los Vendedores de indemnizar al Comprador

5.3. Los Vendedores responderán de cualesquiera daños cuantificables económicamente que pudiese sufrir el Comprador, ya sea de forma directa o indirecta, ya sean puestos de manifiesto por reclamaciones de terceros (y que no resulten cubiertos por los seguros suscritos por la entidad) o por cualquier otra parte, en relación con, o a resultas de:

(i) el incumplimiento, inexactitud, información incompleta, falsedad o error en cualquiera de las Manifestaciones y Garantías de los Vendedores, siempre que tengan su origen o vinieran producidos en virtud de actos, negocios, situaciones o hechos anteriores a la

Fecha de Cierre, aunque dichos hechos sean conocidos con posterioridad (en adelante también "Manifestación Errónea de los Vendedores");

(ii) el incumplimiento de cualquier obligación o pacto de los Vendedores contenido en el presente Contrato, o en cualquier otro documento de la Operación.

(iii) en caso de fraude, dolo o negligencia grave de los Vendedores, si así lo hubiese determinado un Tribunal de conformidad el presente Contrato.

5.4. Los Vendedores responderán por el 100% del valor de los Daños cuantificables que se produzcan o deduzcan una vez resuelto y finalizados los procedimientos establecidos y de conformidad con lo dispuesto en el apartado de "Procedimiento de Reclamaciones".

5.5. A los efectos de este Contrato, "Daños" significará cualquier pérdida o daño emergente cuantificable, carga, pasivo, minusvalía, sanción, recargo, interés o gastos, incluidos costas y honorarios de abogados, procuradores, fedatarios, auditores, contables, expertos, peritos u otros profesionales, que sean real y efectivamente incurridos por el Comprador, en la defensa de una Reclamación según lo establecido en "Procedimiento de Reclamaciones", y una vez deducido o incrementado con cualquier impacto fiscal efectivo (beneficio o pérdida) que se pueda producir en el Comprador.

Límite temporal

5.6. La responsabilidad de los Vendedores prescribirá transcurridos veinte (20) Días Hábiles desde la finalización del plazo de prescripción legal establecido para dicha responsabilidad en la legislación aplicable a la materia en cuestión.

5.7. Las Partes acuerdan que cualquier Reclamación o notificación debidamente motivada de cualquier hecho o circunstancia que acredite que se haya producido o que se pueda razonablemente producir un Daño, realizada dentro de los plazos anteriores, interrumpirá la prescripción establecida para cada caso concreto.

Exclusiones de responsabilidad de los Vendedores

5.8. Los Vendedores no serán responsables frente al Comprador en virtud del presente Contrato:

(i) en la medida en que el hecho generador del daño reclamado esté específicamente provisionado en los Estados Financieros, hasta el importe de dicha provisión;

(ii) en el supuesto de que el daño reclamado se deduzca directa o indirectamente, de la Información Facilitada a la fecha del presente Contrato.

Procedimiento de Reclamaciones

5.9. En el caso de existir cualquier reclamación por Daños (cada una, una "Reclamación"), serán de aplicación las siguientes disposiciones.

5.10. Si la Reclamación no proviniese de una Reclamación de Tercero derivados de actuaciones u omisiones previos a la firma del presente acuerdo (tal y como este término se definirá posteriormente):

(i) El Comprador notificará dentro de los cinco (5) días hábiles siguientes desde su conocimiento a los Vendedores por escrito la existencia de cualquier Daño y Reclamación (en adelante también una "Notificación de Reclamación de Daños").

(ii) Cada Notificación de Reclamación de Daños recogerá los detalles de la Reclamación y una estimación de la cuantía de los Daños, o una estimación de los mismos cuando no fueran determinables.

(iii) Si el importe de Daños fuese contingente en el momento de envío de la Notificación de Reclamación de Daños, el Comprador tendrá derecho a reclamar el importe íntegro de los Daños cuando este haya sido finalmente determinado (i.e. el Comprador tiene el derecho a reclamar el exceso cuando la cantidad final de los Daños supere lo estimado por la valoración realizada por el tercero independiente).

(iv) Los Vendedores dispondrán de un plazo de seis (6) Días Hábiles desde la recepción de la Notificación de Reclamación de Daños para responder al Comprador, indicando si aceptan o se oponen a la Reclamación, total o parcialmente.

(v) Si los Vendedores aceptan la Reclamación, ésta será final y vinculante.

(vi) Si el plazo para responder a la Notificación de Reclamación de Daños ha vencido sin que el Comprador haya recibido respuesta alguna de los Vendedores, la cuantía de los Daños señalados en la Notificación de Reclamación de Daños será definitiva y vinculante.

(vii) Si los Vendedores se oponen a la Reclamación, los Vendedores y el Comprador negociarán de buena fe durante quince (15) Días Hábiles para llegar a un acuerdo en relación con (a) la justificación de la Reclamación y si ésta es apropiada o no, y (b) en su caso, la cuantía de los Daños.

(viii) En el caso de que no sean capaces de llegar a un acuerdo dentro de los quince (15) Días Hábiles anteriormente mencionados, aplicará lo dispuesto en la Cláusula 15.

(ix) Una vez agotado el procedimiento de reclamaciones al que se ha hecho referencia en el presente apartado 5.10, el Comprador podrá usar, en cualquier momento, cualquier acción que estime necesaria para la defensa de sus intereses.

5.11. Si la Reclamación está basada en Daños que sean consecuencia de una reclamación realizada contra el Comprador por parte de un tercero derivados o relacionados, total o parcialmente, con hechos, actuaciones u omisiones previos a la firma del presente Contrato (incluyendo, en particular, pero sin limitación, las autoridades tributarias, laborales, administrativas, o de Seguridad Social) (una "Reclamación de Tercero"):

(i) Los Vendedores notificarán dentro de los cinco (5) Días Hábiles siguientes desde su conocimiento al Comprador de la Reclamación de Tercero (la "Notificación de Reclamación de Daños de Tercero"). La Notificación de Reclamación de Daños de Tercero deberá incluir una copia de la Reclamación de Tercero y cualquier otra documentación necesaria para la defensa contra dicha Reclamación de Tercero.

(ii) Los Vendedores informarán por escrito al Comprador si acepta o si quiere oponerse y litigar contra la Reclamación de Tercero dentro de los TRES (3) Días Hábiles siguientes a la recepción de la Notificación de Reclamación de Daños de Tercero, o si la Reclamación de Tercero está sujeta a un plazo para recurrir u oponerse a la misma, antes del transcurso del segundo tercio (2/3) del plazo disponible para contestar o responder a la Reclamación de Tercero, si dicho plazo fuera inferior al mencionado plazo de tres (3) Días Hábiles. Si los Vendedores no comunican al Comprador su decisión dentro de dicho plazo, se entenderá que los Vendedores aceptan la Reclamación de Tercero y la cuantificación total del Daño aplicándose lo dispuesto en el siguiente párrafo.

(iii) Si los Vendedores aceptan la Reclamación de Tercero y la cuantificación total del Daño, ésta será definitiva y vinculante. Los Vendedores tendrán que abonar el importe del Daño al Comprador con un mínimo de 24 horas de antelación a la finalización del plazo voluntario de pago establecido en la comunicación o reclamación. En el supuesto de que los Vendedores no realicen dicho pago dentro del plazo establecido, el Comprador podrá llevar a cabo cualquier acción que estime necesaria para el cobro de sus derechos de crédito bajo el presente Contrato.

(iv) Si los Vendedores hubiesen notificado al Comprador que quieren oponerse y litigar contra la Reclamación de Terceros, los Vendedores tendrán el derecho (pero no la obligación) de asumir la defensa de la Reclamación de Tercero. Si los Vendedores desean asumir la defensa frente a la Reclamación de Tercero, tendrán el derecho a elegir a sus asesores. Todos los honorarios y gastos de defensa, incluyendo la obligación de constituir fianzas o depósitos, entregar avales o anticipar pagos, correrán por cuenta exclusiva de los Vendedores.

(v) En el supuesto de que los Vendedores decidan no asumir la defensa sobre la Reclamación de Tercero, el Comprador asumirá de buena fe la defensa de dicha Reclamación de Tercero. Todos los honorarios y gastos de defensa que se originen, incluyendo la obligación de constituir fianzas o depósitos, entregar avales o anticipar pagos, correrán por cuenta exclusiva de los Vendedores.

(vi) En el supuesto de que los Vendedores entiendan que la Reclamación de Tercero no debe tener la consideración de Daño de acuerdo con este Contrato, deberán notificarlo al Comprador. En ese caso, el Comprador asumirá la defensa de dicha Reclamación de Tercero y designará a unos asesores de reconocido prestigio. El Comprador se compromete a mantener informado en todo momento a los Vendedores sobre el estado y evolución de la Reclamación.

(vii) Si dicha Reclamación de Tercero que los Vendedores estimaban que no produciría un Daño al Comprador, finalmente produjera un Daño efectivo, el Comprador tendrá frente a los Vendedores un derecho de crédito por los Daños sufridos.

(viii) Si la Reclamación de Tercero fuera finalmente resuelta (a) mediante sentencia judicial o laudo arbitral, o (b) mediante un acuerdo transaccional vinculante, como resultado del cual el Comprador quedara exento de cualquier obligación de compensar al tercero reclamante, el Comprador tendrá frente a los Vendedores un derecho de crédito únicamente por los costes y gastos de defensa que hubiera soportado el Comprador.

(ix) Una vez agotado el procedimiento de reclamaciones al que se ha hecho referencia en el presente apartado 5.11, el Comprador podrá usar, en cualquier momento, cualquier acción que estime necesaria para hacer frente a pagos anticipados, fianzas o avales y para resarcirse del Daño y cobrar sus derechos de crédito.

5.12. El Comprador y los Vendedores se mantendrán informados mutuamente en todo momento del estado de las Reclamaciones de Terceros, independientemente de la Parte que haya asumido la defensa. Las Partes acuerdan cooperar y prestarse mutuamente toda la asistencia que razonablemente fuese necesaria o conveniente en relación con la defensa de Reclamaciones de Terceros.

5.13. No obstante lo anterior, en el supuesto en el que los Vendedores asuman el control de la defensa de dicha Reclamación de Tercero:

(i) Los Vendedores harán sus mejores esfuerzos para evitar que se dicte una sentencia o resolución en firme que disponga o imponga al Comprador culpa, obligación o responsabilidad alguna (entre las que se incluyen las medidas cautelares u otras medidas no monetarias que afecten al Comprador), interponiendo al efecto los recursos que, en su caso, correspondan.

(ii) Los Vendedores y sus representantes o asesores legales consultarán y buscarán el asesoramiento (no vinculante) del Comprador en relación con todas las decisiones de relevancia de cara a ejercer la defensa; y mantendrán al Comprador debidamente informado en todo momento del curso de la defensa.

(iii) En el caso de que los Vendedores alcancen un pacto con relación a una Reclamación de Tercero, deberán abonar, en su caso, el Daño que en dicho pacto se acuerde.

(iv) Los Vendedores y sus representantes o asesores legales deberán, tan pronto como sea razonablemente posible, realizar o instar a que se realicen las acciones que sean necesarias para acelerar y hacer que progrese la defensa de dicha Reclamación de Tercero.

6. Manifestaciones y Garantías del Comprador

6.14. El Comprador manifiesta y garantiza que las siguientes declaraciones son veraces, exactas, completas y no inducen a error a la Fecha de Cierre:

(i) El Comprador cuenta con la capacidad y autoridad necesarias, sin restricción alguna, para celebrar el presente Contrato y cumplir las obligaciones a su cargo que derivan del mismo, así como para suscribir cualquier documentación que fuera necesaria a estos efectos.

(ii) El Comprador no se encuentra en situación de concurso de acreedores ni se ve afectado por ninguna causa legal de insolvencia.

(iii) Ningún tercero ha iniciado (ni ha comunicado su intención de iniciar) acción legal alguna para la declaración del concurso de acreedores del Comprador.

(iv) El Comprador manifiesta que ha aceptado el Precio, tomando como referencia los Estados Financieros y, en particular, por la manifestación de los Vendedores recogida en la Cláusula 5.1 (vi).

7. Plan de transición y prestación de servicios. Compromisos de dedicación, permanencia y no competencia

7.1. Plan de Transición y prestación de servicios por.............................., S.A.U en la persona de D..............................

(i) El Comprador ha diseñado un plan de transición que incluye las medidas organizativas necesarias (incluyendo la incorporación de nuevos directivos) para hacer posible una eventual salida de D............................. de la gestión del día a día de la Sociedad de forma gradual y sin que ello ocasione un deterioro de la Sociedad (el "Plan de Transición"). El Comprador va a ir incorporando gradualmente directivos para, de este modo, ir formando un nuevo equipo directivo con capacidad y autonomía suficientes para gestionar la Sociedad.

(ii) Hasta el momento en que se complete el Plan de Transición a juicio del Comprador, D............................. seguirá desempeñando su labor como director comercial de la Sociedad. Las relaciones entre éste y la Sociedad se regirán por el contrato de prestación de servicios suscrito entre la sociedad............................. (siendo el Sr............................. la persona designada quien realizaría personalmente la prestación) y la Sociedad en la Fecha de Cierre (el "Contrato de Prestación de Servicios") que se adjunta como Anexo 5.

7.2. Compromiso de dedicación y permanencia.

(i) Hasta el 31/12/............................. y desde la Fecha de Cierre, D............................., a través del contrato suscrito, se compromete a mantener un nivel de dedicación a la Sociedad suficiente para realizar su labor de director comercial de la Sociedad, siguiendo las instrucciones del Comprador y el órgano de administración de la Sociedad, ello conforme a las condiciones establecidas en el Contrato de Prestación de Servicios que se ha adjuntado como Anexo 5.

7.3. Compromiso de no competencia

(i) Los Vendedores y D............................. asumen un compromiso de no-competencia mientras este último mantenga su relación de prestación de servicios con la Sociedad y hasta el transcurso de dos (2) años desde la fecha de su desvinculación total. Durante dicho período, (en adelante también el "Periodo de No Competencia"), los Vendedores y D............................. asumen la obligación de no competir con la Sociedad y sus negocios, directa o indirectamente, a través de personas o entidades vinculadas, y en particular no podrán:

a) Realizar en España cualquier actividad empresarial que pueda competir, directa o indirectamente, con la actividad empresarial de la Sociedad o que pueda estar relacionada con servicios similares a los que ofrece la Sociedad; y/o

b) Suscribir otro acuerdo, asociación, relación, contrato o contrato de socios, ser titular de participaciones, acciones, otros derechos o intereses, o de otra forma participar en cualquier negocio o adquirir total o parcialmente una sociedad en España cuyo objeto pueda ser cualquiera de las líneas de actividad que forman parte del negocio de la Sociedad o que de otra forma puedan estar relacionadas con ella; y/o

c) Establecer, directa o indirectamente, cualquier sociedad que tenga o realice actividades relacionadas con el negocio de la Sociedad.

7.4. Durante el Periodo de No Competencia, los Vendedores y D............................. no tratarán, solicitarán, harán prospección, contratarán o buscarán de cualquier otro modo el negocio de ninguna persona que sea o haya sido en cualquier momento durante los veinticuatro (24) meses anteriores a la Fecha de Cierre, un cliente de la Sociedad, siempre que ello sea con intención de ofrecer a dicha persona servicios o productos que compitan directamente con la Sociedad.

7.5. Los Vendedores y D............................, no utilizarán (directa o indirectamente) en el curso de cualquier negocio, el nombre comercial "............................" o cualquier signo que pueda ser confundido con dicha palabra, marca, diseño o logotipo.

7.6. Los Vendedores y D............................ no ofrecerán, directa o indirectamente, empleo, celebrarán un contrato de servicios o intentarán atraer a cualquier persona que, en el momento de la oferta o el intento o veinticuatro (24) meses anteriores a dicha oferta o intento, fuera un administrador, agente o empleado en un puesto ejecutivo o directivo de la Sociedad.

7.7. A los efectos de esta cláusula, "persona" significa todas las personas físicas, corporaciones, sociedades, empresas conjuntas, asociaciones, sociedades, y sus herederos, sucesores y cesionarios.

7.8. El compromiso de no competencia es y ha sido un elemento clave en la decisión del Comprador de invertir en la Sociedad debiendo asumir los Vendedores y D............................ los daños y perjuicios que de forma directa, efectiva y acreditable se ocasionen al Comprador o la Sociedad.

7.9. Las partes conocen, y especialmente acepta la parte compradora y el grupo al que pertenece, que la entidad............................ aquí representada por su socio y administrador único, Sr............................, tiene objeto social "............................", pudiendo por tanto coincidir en el mismo mercado y sector que............................

No obstante lo anterior, las partes reconocen expresamente que............................ continúe con su actividad siempre que ello no suponga un incumplimiento de cualquiera de las anteriores obligaciones, respecto del negocio y los productos fabricados y/o comercializados a la Fecha de Cierre por............................

Por último, tampoco supone incumplimiento de No competencia el hecho que el Sr............................, como socio y administrador único de............................ perciba salario, retribución, dividendos o cualquier tipo de cuantía de dicha entidad, hecho que se acepta y consiente, así como la propia prestación de servicios que presta a la entidad............................ SAU.

7.10. En caso de que se determinara que alguna restricción fuera inaplicable, ésta sería válida si se suprimiera alguna de sus partes o si se redujera su periodo o área de aplicación y se aplicará con las modificaciones que fueran necesarias para hacerla válida y aplicable.

8. Indemnidades Específicas

8.1. Los Vendedores indemnizarán íntegramente y mantendrán indemnes al Comprador y/o a la Sociedad, previa solicitud y después de impuestos con respecto a cualquier daño sufrido o incurrido por el Comprador y/o la Sociedad a partir de la Fecha de Cierre (inclusive) en el caso de que el Comprador y/o la Sociedad sean considerados responsables frente a terceros o se les exija el pago de cualquier cantidad adeudada, ello, exclusivamente, con respecto a cualquier responsabilidad u obligación relacionada con o derivada de los actos descritos a continuación, sin que las limitaciones de la Cláusula 5.7 sean de aplicación:

1.–Ausencia o no localización de licencia para la fabricación de piezas metálicas en la instalación de .... y de licencia en los establecimientos de............................ y/o............................ (en el caso de............................, mientras dicha instalación fue ocupada por la Sociedad).

2.– Ausencia o falta de comunicación a las autoridades laborales de la apertura de los centros de trabajo de............................ y/o............................ (en el caso de............................, mientras dicha instalación fue ocupada por la Sociedad).

3.– Posibles incidencias con la administración por posible aplicación no adecuada del Convenio Colectivo del Metal de............................

4.– Almacenamiento incorrecto y/o incumplimiento de las normas de envasado y etiquetado de residuos peligrosos.

La responsabilidad de los Vendedores en relación a este apartado prescribirá a la finalización del plazo de prescripción legalmente aplicable.

9. Confidencialidad

9.1. Las Partes se obligan a mantener en secreto y a no revelar a terceros la información confidencial sobre cuestiones de carácter económico, estratégico o de negocio relativas a las Partes y sus actividades, así como la existencia y el contenido del presente Contrato.

9.2. Se exceptúa de lo anterior cualquier obligación de revelación de información impuesta por una norma imperativa, y/o para exigir o permitir el cumplimiento de los derechos u obligaciones derivados de este Contrato o para información de los asesores o auditores de cada una de las Partes, siempre y cuando ambos se comprometan a mantener con carácter confidencial tal información mediante pacto expreso o de acuerdo con sus normas profesionales.

9.3. El contenido de los comunicados de prensa relacionados con la Operación, o de las comunicaciones publicitarias o comerciales, independientemente del medio por el que se divulguen, será acordado por las Partes de buena fe y por escrito antes de emitir o divulgar el contenido.

10. Notificaciones

10.1. Todas las notificaciones entre las Partes se harán por escrito y de acuerdo con alguno de los siguientes métodos:

(i) Correo certificado;

(ii) Burofax con acuse de recibo; o

(iii) Correo electrónico con acuse de recibo.

10.2. Estas notificaciones deberán ser enviadas a las direcciones indicadas a continuación o a la dirección que cada Parte designe en sustitución de estas, siempre que dicha Parte comunique tal cambio a las otras con, al menos, diez (10) Días Hábiles de antelación a la entrada en vigor de dicha modificación:

Si se dirige a los Vendedores:

A la atención de: ....

Dirección: c/............................. (.............................)

Teléfono: ....

Correo electrónico ....

Si se dirige al Comprador:

A la atención de: D. ....

Dirección: ....

Teléfono: ....

Correo electrónico: ....

10.3. La notificación se entenderá recibida en la fecha que aparezca en el acuse de recibo, tanto si la notificación ha sido enviada mediante correo certificado, burofax o correo electrónico.

11. Invalidez

11.1. La invalidez de una o más Cláusulas de este Contrato no afectará al resto de las mismas, que serán aplicables mientras sean válidas de acuerdo con la Ley.

12. Cesión

12.1. Las Partes acuerdan que el Comprador podrá ceder libremente la totalidad o parte de sus derechos y/u obligaciones asumidas en virtud del presente Contrato a cualquier sociedad que forme parte de su Grupo, siempre que previamente se haya garantizado debidamente la satisfacción de cualesquiera pagos pendientes, dando los Vendedores en este acto, su consentimiento expreso a dicha cesión, sin que sea necesario ratificación ulterior. Sin perjuicio de lo anterior, en caso de cesión, el Comprador deberá notificar a los Vendedores de la misma, así como la identidad del cesionario.

A los efectos de este Contrato "Grupo" tiene el significado atribuido en el artículo 42 del Código de Comercio.

12.2. Las Partes acuerdan que los Vendedores no podrán ceder los derechos adquiridos ni las obligaciones asumidas en virtud de este Contrato sin la previa autorización por escrito del Comprador.

1. Gastos e Impuestos

1.3. Los gastos de la operación serán asumidos por la Parte que haya incurrido en dichos gastos, pero nunca por la Sociedad.

1.4. No obstante lo anterior, los gastos derivados de la elevación a público del presente Contrato serán satisfechos con acuerdo a Ley.

1.5. Cualesquiera Impuestos derivados de este Contrato y las operaciones contempladas en el mismo serán soportados por la Parte obligada a su pago en virtud de la Ley aplicable.

2. Idioma

2.1. Este Contrato ha sido negociado y firmado en idioma español.

3. Jurisdicción

3.1. Las Partes acuerdan someter la resolución de cualquier controversia derivada de este Contrato o que guarde relación con él, a los tribunales de.............................., renunciando a cualquier otro fuero que por Ley pudiera corresponder.

4. Ley Aplicable

4.1. El presente Contrato se regirá e interpretará de conformidad con la Ley común española.

EN VIRTUD DE LO EXPUESTO, las Partes firman este Contrato en un único ejemplar, que será objeto de elevación a público conforme a lo establecido en la Fecha de Cierre, en el lugar y fecha señalados en su encabezamiento.

EL COMPRADOR

D. Holger Büscherhoff en nombre y representación de..............................

LOS VENDEDORES

Doña.............................., en su propio nombre y representación, así como en nombre y representación de.............................., S.L.

F108. CONTRATO PRIVADO DE COMPRAVENTA DE EMPRESA MEDIANTE TRANSMISIONES DE PARTICIPACIONES SOCIALES (II)

En ...., a ....

De una parte,

- **"..........................., S.L."**, sociedad de nacionalidad española, con domicilio en ...., inscrita en el Registro Mercantil de .... y con CIF número .... ("**Beneficiario**"), representada en este acto por sus Administradoras Mancomunadas, las entidades "**..........................."**, respectivamente representadas a su vez por sus personas físicas representantes por Don .... y Don ....

En adelante, "e**l Comprador**".

Y de otra parte,

- **DON ....**, mayor de edad, de nacionalidad española, casado en régimen de separación de bienes, con domicilio en .... y NIF número ...., en su propio nombre y representación.
- **DON ....**, mayor de edad, de nacionalidad española, casado en régimen de separación de bienes, con domicilio en .... y NIF número ...., en su propio nombre y representación.
- **DON ....**, mayor de edad, de nacionalidad española, casado en régimen de separación de bienes, con domicilio en .... y NIF número ...., en su propio nombre y representación.

En adelante, serán referidos conjuntamente como "**los Vendedores**".

- Interviene asimismo, a los efectos que se indicarán, **DOÑA ....**, mayor de edad, de nacionalidad española, casada en régimen de separación de bienes, con domicilio en .... y NIF número ...., en su propio nombre y representación.

El Comprador y los Vendedores serán denominados conjuntamente como las "**Partes**" e individualmente como la "**Parte**".

Las Partes se reconocen mutuamente capacidad legal para suscribir este Contrato de Compraventa (el "**Contrato**") y, a tal efecto,

EXPONEN

I. Que los Vendedores son propietarios de las participaciones sociales que de continuo se identifican respecto de las siguientes entidades:

1. "......................., S.L.", sociedad con domicilio en ...., constituida el ...., la cual se encuentra debidamente inscrita en el Registro Mercantil de .... y con CIF número ...., contando con un capital social de

.... €, dividido en .... participaciones sociales, numeradas de la uno a la cuatro mil quinientas, ambas inclusive, conforme a la siguiente distribución:

- **DON ....** es titular de .... participaciones sociales, representativas del **.................%** del capital social de la Sociedad, las cuales le corresponden:
  - Las numeradas de la **...........** a la **...........**, ambas inclusive; en virtud de la escritura de **constitución de la sociedad**, otorgada el día .... ante el notario de ...., D. ....
  - Las numeradas de la **...........** a la **...........**, ambas inclusive; en virtud de la escritura de **constitución de la sociedad**, otorgada el día .... ante el notario de ...., D. ....
  - Las numeradas de la **...........** a la **...........**, ambas inclusive; en virtud de la escritura de **constitución de la sociedad**, otorgada el día .... ante el notario de ...., D. ....
- **DON ....** es titular de .... participaciones sociales, representativas del **.................%** del capital social de la Sociedad, las cuales le corresponden:
  - Las numeradas de la **...........** a la **...........**, ambas inclusive; en virtud de la escritura de **constitución de la sociedad**, otorgada el día .... ante el notario de ...., D. ....
  - Las numeradas de la **...........** a la **...........**, ambas inclusive; en virtud de la escritura de **constitución de la sociedad**, otorgada el día .... ante el notario de ...., D. ....
  - Las numeradas de la **...........** a la **...........**, ambas inclusive; en virtud de la escritura de **constitución de la sociedad**, otorgada el día .... ante el notario de ...., D. ....
- **DON ....** es titular de .... participaciones sociales, representativas del **.................%** del capital social de la Sociedad, las cuales le corresponden:
  - Las numeradas de la **...........** a la **...........**, ambas inclusive; en virtud de la escritura de **constitución de la sociedad**, otorgada el día .... ante el notario de ...., D. ....
  - Las numeradas de la **...........** a la **...........**, ambas inclusive; en virtud de la escritura de **constitución de la sociedad**, otorgada el día .... ante el notario de ...., D. ....
  - Las numeradas de la **...........** a la **...........**, ambas inclusive; en virtud de la escritura de **constitución de la sociedad**, otorgada el día .... ante el notario de ...., D. ....

2. "......................., S.L.", sociedad con domicilio en ...., constituida el ...., la cual se encuentra debidamente inscrita en el Registro Mercantil de .... y con CIF número ...., contando con un capital social de

.... €, dividido en .... participaciones sociales, numeradas de la uno a la cuatro mil quinientas, ambas inclusive, conforme a la siguiente distribución:

- **DON ....** es titular de .... participaciones sociales, representativas del **..................%** del capital social de la Sociedad, las cuales le corresponden:
  - Las numeradas de la **...........** a la **............**, ambas inclusive; en virtud de la escritura de **constitución de la sociedad**, otorgada el día .... ante el notario de ...., D. ....
  - Las numeradas de la **...........** a la **............**, ambas inclusive; en virtud de la escritura de **constitución de la sociedad**, otorgada el día .... ante el notario de ...., D. ....
  - Las numeradas de la **...........** a la **............**, ambas inclusive; en virtud de la escritura de **constitución de la sociedad**, otorgada el día .... ante el notario de ...., D. ....
- **DON ....** es titular de .... participaciones sociales, representativas del **..................%** del capital social de la Sociedad, las cuales le corresponden:
  - Las numeradas de la **...........** a la **............**, ambas inclusive; en virtud de la escritura de **constitución de la sociedad**, otorgada el día .... ante el notario de ...., D. ....
  - Las numeradas de la **...........** a la **............**, ambas inclusive; en virtud de la escritura de **constitución de la sociedad**, otorgada el día .... ante el notario de ...., D. ....
  - Las numeradas de la **...........** a la **............**, ambas inclusive; en virtud de la escritura de **constitución de la sociedad**, otorgada el día .... ante el notario de ...., D. ....
- **DON ....** es titular de .... participaciones sociales, representativas del **..................%** del capital social de la Sociedad, las cuales le corresponden:
  - Las numeradas de la **...........** a la **............**, ambas inclusive; en virtud de la escritura de **constitución de la sociedad**, otorgada el día .... ante el notario de ...., D. ....
  - Las numeradas de la **...........** a la **............**, ambas inclusive; en virtud de la escritura de **constitución de la sociedad**, otorgada el día .... ante el notario de ...., D. ....
  - Las numeradas de la **...........** a la **............**, ambas inclusive; en virtud de la escritura de **constitución de la sociedad**, otorgada el día .... ante el notario de ...., D. ....

En adelante, todas las anteriores serán referidas conjuntamente como "**las Participaciones Sociales**".

Asimismo, en adelante **"......................., S.L."** y **"......................., S.L."** serán referidas conjuntamente como "**las Sociedades**".

II. Que el Comprador está interesado en la adquisición de las Participaciones Sociales de las Sociedades, libres de Cargas y Gravámenes, como medio para adquirir el control de la actividad y demás derechos, obligaciones y activos dirigidos, gestionados y que son propiedad de las Sociedades; y los Vendedores, por su parte, están interesados en vender al Comprador las Participaciones Sociales de las Sociedades.

III. Que con carácter previo a la suscripción del presente Contrato el Comprador ha llevado a cabo un proceso de Due Diligence de la Sociedad a requerimientos propios del Comprador, en relación con la información relativa a aspectos legales, fiscales, laborales y financieros (en adelante también la "Due Diligence"), durante el cual el Comprador ha tenido el acceso que ha tenido por conveniente y necesario a la documentación e información de las Sociedades requerida por el Comprador y facilitada a tal efecto por los Vendedores (en adelante también la "Información Facilitada"). La Información requerida por el Comprador y proporcionada por los Vendedores al Comprador (Información Facilitada) es veraz según manifiestan los Vendedores, quienes no tienen conocimiento a día de hoy de ningún hecho o asunto o circunstancia no divulgada al Comprador que pueda hacer que dicha información sea falsa o deliberadamente errónea en cualquier aspecto.

IV. Que el Comprador manifiesta y declara que la Información Facilitada ha sido revisada por el Comprador declarando este que, sin perjuicio de lo establecido en el presente contrato, la misma es suficiente, no habiendo sido necesario, por tanto, el complemento de la misma, todo ello a los efectos de prestar el consentimiento para la formalización del presente contrato en los términos en él establecidos. El Comprador ha decidido adquirir las Participaciones Sociales en los términos establecidos en el presente Contrato, sobre la base de las manifestaciones realizadas por los Vendedores durante las negociaciones que han conducido al mismo y que se recogen en el Contrato, constituyendo causa esencial de la formación de la voluntad del Comprador y de su decisión de compra, la realidad y veracidad de tales manifestaciones.

V. Que, consecuentemente con lo anteriormente expuesto, los Vendedores y el Comprador acuerdan la compraventa de las Participaciones Sociales de las Sociedades, de acuerdo con los términos del Contrato y conforme a las siguientes,

CLÁUSULAS

1. Definiciones e interpretación

1.1 Definiciones

1. En el Contrato los siguientes términos tendrán el significado que se especifica a continuación:

"**Cargas y Gravámenes**" significa hipotecas, promesas de hipoteca, escrituras de fideicomisos, retenciones, afecciones fiscales, prendas, cargas, gravámenes, prestaciones accesorias, acuerdos de sindicación, reclamaciones, intereses de garantía, intereses de equidad, opciones, reservas de dominio, servidumbres de uso, pactos restrictivos, usurpaciones y todo tipo de limitaciones o derechos de terceros, incluidos los derechos de adquisición o........................transmisión preferente, y limitaciones a su libre........................ transmisión o derechos a favor de persona distinta del Comprador que, en su caso, pudieran limitar la disposición, uso o explotación de las Participaciones Sociales o, en su caso, de los activos y derechos de las Sociedades.

"**Cuentas Bancarias de los Vendedores**" significa las siguientes cuentas bancarias que cada uno de los Vendedores deja señaladas a los efectos previstos en el Contrato:

Don	....
Don	....
Don	....

"**Curso Ordinario del Negocio**" el giro normal de las operaciones comerciales de las Sociedades, aplicado de un modo uniforme y constante durante los últimos 3 ejercicios sociales.

"**Daños y Perjuicios**" significa los daños y perjuicios que sean consecuencia de: (**i**) cualesquiera falsedades, inexactitudes u omisiones en las Declaraciones y Garantías o en cualquier otra manifestación realizada o garantía otorgada en el Contrato; (**ii**) cualquier incumplimiento de cualquier obligación establecida en el Contrato; o (**iii**) actos, omisiones o hechos anteriores a la Fecha del Contrato.

"**Declaraciones y Garantías**" significa las declaraciones y garantías que una Parte formula en beneficio de la otra Parte de acuerdo con lo previsto en la ***Cláusula 5***.

"**Día Hábil**" significa cualquier día excepto sábados, domingos y festivos nacionales y/o en la Comunidad de Castilla y León y en la Región de Cantabria.

"**Estados Financieros de Referencia**" significa el Balance de Situación, la Cuenta de Pérdidas y Ganancias y demás estados contables de las Sociedades entregados por los Vendedores al Comprador en la Fecha del Contrato, referidos en fecha **31 de Diciembre de........................**, y formulados previamente a la Fecha de Contrato, así como los correspondientes a los cuatro ejercicios sociales precedentes.

"**Fecha del Contrato**" significa la fecha en la que se suscribe el Contrato, que es la que figura en el encabezamiento del mismo.

"**Grupo Familiar ....**" significa D.....................

"**Grupo Familiar ....**" significa D. ....

"**Negocio**" significa la actividad desarrollada por las Sociedades, esto es:

o Agencia operador de........................transportes.

o transportes y distribución por cualquier vía, de ámbito nacional e internacional.

o Servicios de almacenamiento y logística.

o Alquiler y compraventa de vehículos, en su caso.

"**Notario**" significa el notario público ante el cual se eleva a público el Contrato.

"**Participaciones Sociales**" significa las participaciones sociales de **"......................., S.L."** y **"......................., S.L."** que son propiedad de los Vendedores y que han quedado descritas en el ***Expositivo I*** anterior.

"Pérdida" se refiere a cualquier daño o pérdida sufrida por el Comprador y/o las Sociedades, incluidos, entre otros, el lucro cesante, la pérdida de beneficios, el aumento de los costes, las pérdidas de valor, las responsabilidades, las reclamaciones, las obligaciones de pago, las contingencias, las sanciones, las multas, los intereses de demora, los recargos, los impuestos, los impactos fiscales (incluido el impacto fiscal de los gastos no deducibles), los costes, los gastos (incluidos, entre otros, los costes legales y de procedimiento, honorarios y gastos de abogados y procuradores, la provisión de garantía para apelaciones o suspensión de la ejecución de sentencias ejecutivas) y cualquier otro monto incurrido para subsanar cualquier contingencia, incumplimiento o remediar cualquier reclamación y para poner al Comprador y/o a las Sociedades en la misma posición en la que habrían estado en ausencia de dicha contingencia, incumplimiento o reclamación, todos los cuales resulten de cualquier acto, omisión o evento anterior a la Fecha del Contrato.

"**Precio**" significa el precio convenido entre las Partes por las Participaciones Sociales.

"**Pronunciamiento**" significa resolución judicial firme, laudo arbitral o....................... transacción.

"**Representante de los Vendedores**" significa **Don ....**

"**Sociedades**" significa **"......................., S.L."** y **"......................., S.L."**.

"**Tributos**" significa cualquier impuesto, tasa, arbitrio, contribución, exacción fiscal o parafiscal, o cualquier obligación de practicar retenciones o ingresos a cuenta establecidos por la normativa que resulte de aplicación en cada momento (incluyendo normativa estatal, autonómica, foral o local), así como cualquier cargo o importe relacionado con los mismos (incluyendo multas, sanciones, intereses y recargos).

1.2 Interpretación

2. En el Contrato, salvo que se indique lo contrario:

(i) Las alusiones al Contrato deben entenderse realizadas al presente contrato y a los Anexos.

(ii) Las referencias a una "cláusula" o un "Anexo" deben entenderse realizadas a una cláusula o un anexo del Contrato.

(iii) Las alusiones a una "persona" incluyen a cualquier persona física o jurídica, entidad, organización, asociación sin personalidad jurídica o autoridad pública.

(iv) Siempre que se utilicen los términos "incluye", "incluido", "incluidos", "incluyen" e "incluyendo" se considerará que van seguidos de la expresión "sin limitación".

(v) La referencia a un género incluye el otro, y las palabras en singular incluirán el plural y viceversa.

(vi) Cualquier referencia a "días" se entenderá hecha a "días naturales". Los plazos expresados en días comenzarán a contar a partir del día inmediatamente siguiente al del inicio del cómputo. Si el último día de un plazo no fuese un Día Hábil, el plazo de que se trate se entenderá automáticamente prorrogado hasta el primer Día Hábil siguiente. Los plazos expresados en meses se contarán de fecha a fecha salvo que en el último mes del plazo no existiese tal fecha, en cuyo caso el plazo terminará el Día Hábil siguiente.

(vii) Cualquier referencia a "desde", "a partir de" o "hasta" una fecha se entenderá que incluye dicha fecha.

(viii) Los títulos utilizados en el Contrato se incluyen únicamente a efectos de referencia, no formarán parte del mismo a ningún otro efecto y no afectarán a la interpretación de ninguna de sus cláusulas.

2. Objeto del Contrato

2.3 Compraventa de las Participaciones Sociales

2.3.1 Con sujeción a los términos y condiciones del Contrato y en particular a lo previsto en la ***Cláusula 5*** siguiente de Declaraciones y Garantías, el Comprador compra y adquiere a los Vendedores, que venden y transmiten, todas y cada una de las Participaciones Sociales que son propiedad de los mismos y que han quedado respectivamente identificadas en el ***expositivo I*** anterior.

2.3.2 La ejecución de la compraventa se instrumentará conforme a la escritura pública de compraventa que simultáneamente a la firma del presente Contrato se suscribe entre las Partes.

2.3.3 Las Participaciones Sociales se venden y compran libres de cualesquiera Cargas y Gravámenes, se encuentran totalmente asumidas y desembolsadas y gozan plenamente de los derechos legales y estatutarios inherentes a las mismas sin limitaciones ni restricciones de ningún tipo.

2.3.4 Manifiestan las Partes ser su voluntad la venta de la totalidad de las Participaciones Sociales que los Vendedores ostentan en las Sociedades de modo que, tras este otorgamiento, los mismos no tengan participación alguna en el capital de las Sociedades ni ostenten ninguna clase de derecho frente a éstas.

2.3.5 Conforme a lo anterior, si por alguna razón se hubieran omitido alguna o algunas participaciones sociales (en adelante "**las Participaciones Sociales Preteridas**"), estas Participaciones Sociales Preteridas se entenderán incluidas dentro de las Participaciones Sociales transmitidas y, en consecuencia, se entenderán también debidamente transmitidas al Comprador en el día de hoy sin necesidad de intimación, reclamación, petición o instrumentación documental posterior alguna al respecto.

2.3.6 Las Partes reconocen que la finalidad del presente Contrato es transmitir el control de la actividad y demás derechos, obligaciones y activos dirigidos, gestionados y que son propiedad de las Sociedades como un negocio en marcha, siendo el instrumento jurídico para adquirir el control sobre el Negocio la totalidad de operaciones previstas en el presente Contrato.

2.3.7 Inaplicabilidad y renuncia de derechos de adquisición preferente.

1. Los Vendedores declaran que cualquier restricción a la transmisión de las Participaciones Sociales establecida en la Ley de Sociedades de Capital, los Estatutos Sociales de las Sociedades o en cualquier otro acuerdo o contrato que ellas mismas o los Vendedores hubieran formalizado entre sí o con un tercero, no resultan de aplicación en la medida en que se transmite el 100% de las participaciones sociales en que se encuentra dividido el capital social de las Sociedades.

3. Precio

3.4 Determinación del Precio

3. Para la determinación del Precio las Partes han acordado valorar las Participaciones Sociales en un **total** de .... (de los cuales .... corresponden a **"......................., S.L."** y .... corresponde a **"......................., S.L."**), distribuidos en una **parte fija** y una **parte variable** del Precio conforme sigue:

• **Parte fija**:

1. Por la totalidad de las participaciones sociales de **"......................., S.L."**: **....................**, a razón de .... por participación social.

2. Por la totalidad de las participaciones sociales de **"......................., S.L."**: **..............**, a razón de .... por participación social.

• **Parte variable**: La especificada en la ***Cláusula 3.2.2*** siguiente.

3.5 Pago del Precio

3.5.8 La **parte fija** del Precio es abonada por el Comprador a los Vendedores en este acto:

(i) Mediante cheques bancarios cuya copia se incorpora al Contrato como ***Anexo 3.2.1.***, distribuido en las siguientes cantidades por las que los Vendedores otorgan a favor del Comprador la más completa y formal carta de pago:

Don	....
Don	....
Don	....

2.

(ii) Mediante una transferencia bancaria que, por cuenta de los Vendedores, realiza el Comprador en este acto a la cuenta de Depósito en Garantía prevista en la ***cláusula 5.3*** siguiente, por el sumatorio total de los siguientes importes:

Por cuenta de Don	....
Por cuenta de Don	....
Por cuenta de Don	....

3.5.9 La **parte variable** del Precio, por importe máximo de .... (de los cuales .... corresponden a **"......................., S.L."** y .... corresponden a **"......................., S.L."**), sería abonada por el Comprador a los Vendedores a las Cuentas Bancarias de los Vendedores en función de cuanto sigue:

3.

(i) Preliminar:

Las Partes manifiestan que la causa y objetivo de la parte variable del Precio es garantizar una adecuada transición entre la gestión de los Vendedores y el Comprador tras la formalización de la operación, con la finalidad de asegurar el mantenimiento comercial, al menos, con los principales clientes de las Sociedades, en una cifra de negocio similar a la registrada en el ejercicio ....

En la siguiente tabla se detalla el importe de la cifra de negocio de cada uno de los principales clientes en el ejercicio .... y el sumatorio total de las mismas (en adelante, la "**Cifra de Negocio Conjunta**"):

CLIENTE	CIFRA DE NEGOCIO ....
.... SL	**................**
.... S.A."	**................**
.... S.A."	**................**
.... S.L.U."	**................**
.... S.L.U."	**................**
TOTAL CIFRA DE NEGOCIO CONJUNTA	**................ €**

4.

(ii) Condición:

La parte variable del Precio se devengará a favor de los Vendedores conforme se verifique que la suma de la cifra de negocio de los cinco principales clientes identificados en la tabla anterior, en el ejercicio social cerrado el ....; es igual o superior a la Cifra de Negocio Conjunta de......................., sin perjuicio del pago a cuenta al que tendrán derecho los Vendedores previsto en el apartado ***3.2.2.(iii).1*** siguiente.

Dicha revisión se realizará durante el mes de .... y cuyo resultado será compartido con el Representante de los Vendedores.

(iii) Plazos de pago de la parte variable del Precio:

1. En este acto se hace entrega por parte del Comprador a favor de los Vendedores de sendos pagarés bancarios con fecha de vencimiento 15 de ...., copia de los

cuales se adjunta como ***Anexo 3.2.2.(iii)***, cuyo importe se corresponde con el 50% de la parte variable del Precio y a cuenta del mismo, conforme a la siguiente tabla:

5.

Don	....
Don	....
Don	....

6.

2. Si tras la correspondiente revisión prevista en el apartado (ii) anterior se verificara el cumplimiento del requisito establecido, se devengará el restante 50% de la parte variable del Precio pendiente. Dicho pago se llevará a cabo dentro de los 15 primeros días del mes de ....

3. Si tras la correspondiente revisión prevista en el apartado (ii) anterior se verificara el cumplimiento parcial del requisito establecido, se devengará y liquidará la parte variable del Precio en el mismo porcentaje de cumplimiento que la Cifra de Negocio Conjunta de .... represente respecto de la Cifra de Negocio Conjunta de........................ Dicha liquidación se llevará a cabo dentro de los 15 primeros días del mes de ...., una vez descontado el pago a cuenta identificado en el apartado ***3.2.2.(iii).1*** anterior.

(iv) Forma de pago: Mediante transferencias a las Cuentas Bancarias de los Vendedores en la proporción que a cada uno les corresponda en función de su respectiva participación en el capital social de las Sociedades a la que se ha hecho referencia en la parte expositiva del presente contrato.

(v) Cumplimiento alternativo de la condición: En caso de que alguno de los principales clientes identificados en el apartado ***3.2.2.(iii).1*** dejase de operar con las Sociedades durante estos 4 años, se considerará a efectos del cálculo de la Cifra de Negocio Conjunta de .... la obtenida por otros clientes nuevos que D. .... pueda incorporar a la cartera de clientes del Comprador y/o de las Sociedades.

4. Consumación de la compraventa y transmisión de las Participaciones Sociales

4.1 Transmisión de las Participaciones Sociales

4. La compraventa y transmisión de las Participaciones Sociales se perfecciona con la suscripción del Contrato y su simultánea elevación a público.

4.2 Actuaciones a llevar a cabo simultáneamente con la suscripción del Contrato

7. En la Fecha del Contrato y en unidad de acto, las Partes formalizan ante el Notario la transmisión de las Participaciones Sociales a favor del Comprador y realizan las siguientes actuaciones:

(i) Entrega al Notario por los Vendedores, para su incorporación en la escritura pública, de escritos de dimisión y renuncia de los correspondientes administradores de las Sociedades; así como de los restantes Vendedores, haciendo constar todos ellos de modo expreso que se encuentran al día en el pago de cualquier tipo de retribuciones, dividendos o cualesquiera otros de similar naturaleza, así como que no tienen nada que reclamar a las Sociedades, renunciando para todo caso a cualquier derecho o acción en relación con las mismas. Copia de tales escritos se adjuntan al Contrato como documento ***Anexo 4.2.(i)***;

(ii) Entrega al Notario por los Vendedores, de las escrituras de propiedad de las Participaciones Sociales, a fin de que el Notario realice los correspondientes rebajes en las citadas escrituras;

(iii) Entrega a favor del Comprador por los Vendedores de todos los libros societarios y contables de las Sociedades, incluyendo sin limitación: las escrituras de constitución, las escrituras de modificación de los estatutos sociales y cualquier otra escritura otorgada desde la constitución de las Sociedades, los Libros de Actas y los Libros Registro de Socios, debidamente legalizados, así como toda la documentación legal, contable, fiscal y técnica relativa al Negocio y a las Sociedades y, en particular, toda aquella documentación necesaria para que las Sociedades puedan cumplir con sus obligaciones en materia tributaria, medioambiental, administrativa, laboral y de Seguridad Social;

(iv) Entrega de certificados expedidos por los correspondientes administradores de las Sociedades, en los que se acredite que: (**i**) las Participaciones Sociales pertenecen a los Vendedores; (**ii**) están libres de Cargas y Gravámenes; y (**iii**) se han cumplido todas las disposiciones legales y estatutarias para la válida transmisión de las mismas al Comprador. Copia de tales certificados se adjunta al Contrato como documento ***Anexo 4.2.(iv)***;

(v) Entrega de las cuentas anuales de las Sociedades correspondientes al ejercicio social cerrado a 31 de diciembre de........................: (**i**) firmadas y formuladas por los correspondientes administradores; (**ii**) aprobadas por las Juntas Generales de Socios de las Sociedades; y (iii) debidamente presentadas a depósito en el Registro Mercantil de ....; copia de todo lo cual se adjunta como documento ***Anexo 4.2.(v)***;

(vi) Suscripción entre **"........................, S.L."** y Don ....; así como igualmente entre **"........................, S.L."** y Doña ....; de sendos contratos de prestación de servicios, de carácter laboral el segundo de ellos, que se adjuntan al presente contrato como ***Anexo 4.2 (vi)*** a cuyo contenido se remiten las partes en su integridad y en virtud de los cuales las Partes se obligan a cumplir los compromisos y obligaciones contenidos en los referidos contratos de prestación de servicios; compromisos y obligaciones cuyo cumplimiento se fija por plazo de 18 meses entre las Partes. La finalización de tales contratos una vez transcurrido el referido plazo de 18 meses no representará ningún tipo de coste para el Comprador ni "........................, S.L.".

5. Declaraciones y Garantías

5.3 Declaraciones y Garantías del Comprador

5. El Comprador formula a favor de los Vendedores las Declaraciones y Garantías que se recogen en el ***Anexo 5.1*** y declara que las mismas son veraces, completas y exactas.

5.4 Declaraciones y Garantías de los Vendedores

(i) Los Vendedores formulan a favor del Comprador las Declaraciones y Garantías que se recogen en el ***Anexo 5.1.***

(ii) La Información Facilitada a requerimiento del Comprador, es veraz, exacta y completa en todos sus aspectos y, desde la finalización del proceso de Due Diligence, la Sociedad ha mantenido su actividad consistente con anteriores prácticas y en el curso ordinario de los negocios. Los Vendedores no tienen conocimiento a día de hoy de ningún hecho o asunto o circunstancia no divulgada al Comprador que pueda hacer que la Información Facilitada sea falsa, inexacta, incompleta o deliberadamente errónea en cualquier aspecto y, desde la finalización del proceso de Due Diligence referido, no ha habido cambios adversos en la situación patrimonial, financiera y de resultados de la Sociedad, ni reclamaciones de terceros que constituyan o puedan constituir una contingencia para la Sociedad.

(iii) La valoración de las Participaciones Sociales y el Precio se han fijado sobre la base de: (**a**) la realidad de los Estados Financieros de Referencia facilitados por los Vendedores; (**b**) la veracidad, y exactitud de las Declaraciones y Garantías recogidas en el presente contrato y en el ***Anexo 5.1***, así como de la Información Facilitada en el proceso de Due Diligence a requerimiento del Comprador llevado a cabo previamente a la formalización del presente contrato; (**c**) la inexistencia en las Sociedades y/o sus activos de Cargas y Gravámenes, Pérdidas, contingencias, pasivos o vicios ocultos; y (**d**) las garantías recogidas en el Contrato.

(iv) Los Vendedores garantizan y responden de la veracidad y exactitud de todas y cada una de las Declaraciones y Garantías, así como las demás manifestaciones realizadas y garantías otorgadas en el Contrato, todo ello a los efectos de la prestación por parte del Comprador del consentimiento para la formalización del presente contrato en los términos en él establecidos, y reconocen que las mismas, así como las demás manifestaciones realizadas y garantías otorgadas en el Contrato, tienen carácter esencial para el Comprador, y que tanto el Precio, como la decisión de compra y sus demás términos y condiciones han sido fijados y decididos sobre la base de su veracidad y exactitud.

5.5 Garantía

La obligación de pago por parte de los Vendedores a favor del Comprador y/o de las Sociedades derivada del régimen de responsabilidad pactado en el presente Contrato, queda garantizada en este acto mediante la constitución de un Depósito en Garantía, copia del cual se adjunta como documento ***Anexo 5.3*** con un plazo de duración de cuatro (4) años y por los siguientes importes cada uno de ellos:

Don	....
Don	....
Don	....

5.6 Las partes acuerdan que los importes depositados se reducirán y/o liberarán en favor de los Vendedores, a las respectivas Cuentas Bancarias de los Vendedores, en la proporción en que a cada Vendedor corresponda según vayan prescribiendo los ejercicios sujetos a inspección, a razón del 25% del importe inicialmente fijado para la constitución del depósito una vez descontados los eventuales pagos que haya habido que realizar en favor del Comprador en caso de haberse materializado alguna contingencia. En este punto, se acuerda por las partes que la referida reducción y/o liberalización anual tendrá lugar, en su caso, los días 31 de octubre de cada ejercicio, a contar desde el año ....

6. Régimen de responsabilidad e Indemnización

6.1 Alcance de la responsabilidad

6. Los Vendedores responderán en los términos previstos más adelante de cualesquiera daños cuantificables económicamente que pudiese sufrir el Comprador, ya sea de forma directa o indirecta, ya sean puestos de manifiesto por reclamaciones de terceros o por cualquier otra parte, así como los Vendedores se obligan a mantener indemne al Comprador por cualesquiera Daños y Perjuicios y Pérdidas, todo ello en relación con, o a resultas de:

(i) el incumplimiento, falsedad o error en cualquiera de las Manifestaciones y Garantías de los Vendedores unidas como ***Anexo 5.1***, siempre que tengan su origen o vinieran producidos en virtud de actos, negocios, situaciones o hechos anteriores a la Fecha de Cierre, y/o;

(ii) el incumplimiento de cualquier obligación o pacto de los Vendedores contenido en el presente Contrato, o en cualquier otro documento de la operación de compraventa de participaciones sociales, y/o;

(iii) en caso de fraude, dolo o negligencia grave de los Vendedores, si así lo hubiese determinado un Tribunal de conformidad el presente Contrato.

(iv) Cada uno de los Vendedores responderá en proporción al porcentaje de capital social que cada uno ostentara de las Sociedades. Sin perjuicio de lo anterior y con carácter cumulativo, los miembros del Grupo Familiar .... responderán solidariamente entre sí; así como los miembros del Grupo Familiar .... responderán del mismo modo solidariamente entre sí. La obligación de responder siempre que se de alguno de los supuestos establecidos en el presente apartado 6.1 se haría efectiva después de que: a) el Comprador concediera a los Vendedores un plazo razonable para subsanar cualquier diferencia, según la ***Cláusula 6.5*** de procedimiento de reclamación, entre las declaraciones y la realidad, además de permitirles ejercitar en tal caso las acciones legales que precisaran llevar a cabo contra o ante terceros, a nombre de las Sociedades; b) haya sido agotado el importe depositado como Garantía por los Vendedores y que se ha indicado en el apartado 5.3.

6.2 Límite temporal

(i) La obligación de indemnizar de los Vendedores conforme a esta ***Cláusula 6*** permanecerá en vigor durante los cuatro (4) años siguientes a la Fecha del Contrato.

(ii) Se exceptúan de la regla anterior:

a. aquellas obligaciones de indemnización que se deriven de pasivos ocultos o contingencias fiscales, laborales, administrativas, de Seguridad Social, así como aquellas relativas a cuestiones penales, medioambientales y protección de datos de carácter personal, que permanecerán en vigor hasta tres (3) meses después de que expiren sus correspondientes plazos legales de prescripción;

b. aquellas obligaciones de indemnización que se deriven de Declaraciones y Garantías emitidas por los Vendedores: (i) mediando mala fe, fraude y/o dolo si así lo hubiese determinado un Tribunal de conformidad el presente Contrato; (ii) y respecto de la titularidad y ausencia de Cargas y Gravámenes sobre las Participaciones Sociales; todas las cuales no estarán sometidas a limitación temporal alguna.

(iii) Estos plazos de prescripción quedarán interrumpidos respecto a los Daños y Perjuicios que hayan sido notificados dentro de los mismos, en los términos previstos en la ***Cláusula 11.6***, aunque las responsabilidades o pasivos contingentes deviniesen efectivos después de expirados los plazos referidos en los apartados (i) y (ii).

6.3 Cálculo de la indemnización

(i) A los efectos del cálculo de la indemnización que proceda por Daños y Perjuicios, se tendrán en cuenta los importes que la Parte que resulte perjudicada venga obligada a satisfacer a terceros y los costes internos o externos en que incurra en relación con las reclamaciones de los mismos, el valor de reposición de los activos inexistentes o que no cumplan las condiciones referidas en las Declaraciones y Garantías, el importe de los pasivos no reflejados en las Declaraciones y Garantías, el efecto de la omisión, falta de veracidad o incumplimiento de las Declaraciones y Garantías y todos los restantes Daños y Perjuicios, directos e indirectos y Pérdidas, incluyendo daño emergente y lucro cesante, sufridos por dicha Parte perjudicada o por las Sociedades, o por los administradores y directivos de las mismas.

6.4 Obligación de pago

(i) La Parte obligada al pago de la indemnización la hará efectiva a la otra Parte dentro de los quince (15) días naturales siguientes a la fecha en que existiese acuerdo entre las Partes o Pronunciamiento sobre la reclamación. En caso de que la Parte obligada al pago fueran los Vendedores, dicho pago podrá producirse bien mediante compensación, siempre y cuando exista saldo disponible al efecto, o bien mediante desembolso del importe que proceda en caso contrario.

(ii) Cada una de las Partes tendrá derecho, desde el momento en que tenga conocimiento de una contingencia que pudiera dar lugar a una reclamación frente a la otra, a retener el importe que corresponda hasta que exista acuerdo entre las Partes o Pronunciamiento sobre la reclamación.

(iii) No obstante lo dispuesto en el apartado (ii) precedente, en el caso de que fuera necesario constituir depósitos o prestar avales o cauciones que fuesen exigibles a las Sociedades o al Comprador en relación con una reclamación o contingencia, o existiera ejecución provisional de resolución judicial o arbitral, dichas cantidades o garantías deberán ser satisfechas, adelantadas o constituidas por los Vendedores por cuenta de las Sociedades y/o del Comprador, en los plazos legal o contractualmente exigibles, sin que las Sociedades o el Comprador deban adelantar cantidad alguna, ni soportar coste alguno por tales conceptos.

(iv) En el supuesto de que los Vendedores no cumplieran en plazo la obligación identificada en el párrafo (iii) anterior, el Comprador podrá utilizar para estos fines cualesquiera importes sean debidos a los Vendedores en ese momento y/o cualquier otra garantía hubiesen entregado estos últimos al Comprador.

6.5 Procedimiento de reclamaciones

6.5.1 Reclamación directa entre las Partes

(i) Notificación de la reclamación

8. La Parte que entienda que se ha producido una circunstancia que pudiese dar lugar a la obligación de indemnizar en virtud del Contrato procederá a informar por escrito a la otra en el plazo máximo de quince (15) días desde que tenga conocimiento de lo anterior, siguiendo lo previsto en la ***Cláusula 11.6***.

(ii) Negociación entre las Partes

(a) Las Partes negociarán de buena fe durante un período de quince (15) días a contar desde la fecha de la notificación a que se refiere el apartado (i) anterior, para intentar alcanzar un acuerdo con respecto a la existencia de la responsabilidad y la cuantía de la indemnización a pagar por razón de la misma.

9.

(b) En el caso de que no se alcance un acuerdo, la Parte objeto de la reclamación notificará por escrito a la otra Parte, dentro de los quince (15) días siguientes al término del período de negociaciones antes referido, si rechaza o reconoce su responsabilidad y, en este caso, la cuantía que reconoce estar obligado a satisfacer.

(c) En el supuesto de que se reconozca la responsabilidad, la cantidad reconocida deberá abonarse en un plazo máximo de quince (15) días a contar desde que se alcance un acuerdo al respecto.

(d) Se entenderá que no se acepta la responsabilidad en el supuesto de que en el plazo referido en el apartado (b) no se curse notificación escrita a la otra Parte.

(iii) Inexistencia de acuerdo entre las Partes

10. Si las Partes no llegan a un acuerdo en las negociaciones contempladas en el apartado (ii), se procederá conforme al procedimiento contemplado en la ***Cláusula 12.2***.

6.5.2 Reclamaciones de tercero

(i) Notificación de reclamación de tercero

11. En caso de que un tercero reclame a las Sociedades y/o al Comprador conceptos de los que deban responder los Vendedores o se inicien actuaciones administrativas contra la parte compradora o las Sociedades de los que pudiera derivarse un daño que debiera ser indemnizable por los Vendedores, éstos tendrán derecho de asumir la defensa de la reclamación de terceros.

12. A estos efectos, el Comprador comunicará fehacientemente cualquiera de dichas circunstancias a los Vendedores en el plazo más breve posible y, como máximo, dentro de la primera cuarta parte del plazo hábil establecido legalmente para contestar a la reclamación de terceros.

13. A la vista de la reclamación de terceros, los Vendedores podrán durante la siguiente cuarta parte del plazo hábil, comunicar a la parte compradora si desean asumir la defensa de tal reclamación.

(ii) Documentación acompañante

14. El Comprador acompañará a la notificación prevista en el párrafo (i) anterior la información y documentación que tuviera en relación con la reclamación del tercero para permitir a los Vendedores: (a) evaluar la conveniencia de transigir o alcanzar un acuerdo en relación con la misma; o (b) preparar la defensa frente a la reclamación, en el caso de que la estimen improcedente y puedan asumir la defensa frente a la misma, de conformidad con lo previsto en el apartado (iv) siguiente.

(iii) Defensa frente a la reclamación

(a) Los Vendedores podrán asumir la defensa frente a la reclamación del tercero siempre que: (i) asuman expresamente los costes y gastos que dicha impugnación u oposición comporte; y (ii) se obliguen a informar y consultar por escrito con el Comprador de forma previa sobre cualquier decisión relevante que deba adoptarse en relación con la reclamación.

(b) En caso de que los Vendedores no estén interesados en hacerse cargo de la defensa frente a la reclamación del tercero o desistan de la misma, será el Comprador quien se encargue de la defensa legal de los intereses de las Sociedades, lo cual no reducirá ni limitará en modo alguno la responsabilidad que, en su caso, sea imputable a los Vendedores por la reclamación del tercero en los términos del Contrato.

(c) Los recursos, acciones y defensas frente a la reclamación del tercero deberán ser ejercitados de manera prudente y razonable, dando preferencia a los intereses de las Sociedades. En el supuesto de que la reclamación traiga causa de hechos o circunstancias susceptibles también de generar daños de los que los Vendedores no deban responder en virtud del Contrato, los derechos y medios de defensa que procedan serán ejercitados coordinadamente por las Partes, de la manera más neutral posible y dando siempre preferencia al interés de las Sociedades.

(d) El Comprador otorgará los poderes que sean necesarios en favor de los asesores que designen los Vendedores en aquellos casos en que, de acuerdo con lo dispuesto en los apartados anteriores, los Vendedores asuman la defensa frente a la reclamación del tercero.

(e) La Parte que asuma la defensa frente a la reclamación del tercero mantendrá puntualmente informada a la otra Parte del desarrollo de la misma.

(f) Independientemente de quien asuma la defensa frente a la reclamación del tercero, los Vendedores correrán con todos los costes y gastos que comporte la citada reclamación incluidos los costes de los avales y garantías que se hayan de prestar, ello siempre que la reclamación del tercero traiga causa de conceptos por los que deban responder los Vendedores.

(g) En el supuesto de que se condene al tercero al pago a favor de las Sociedades o del Comprador, de honorarios o costes de cualquier naturaleza relacionados con la reclamación, dichas cantidades, si fueran entregadas a las Sociedades, al Comprador o a los asesores de aquellos, serán reembolsadas inmediatamente a los Vendedores una vez descontado el importe de los costes y gastos asociados a la reclamación que hubiesen sido incurridos por el Comprador o las Sociedades.

(iv) Transacciones

15. Los Vendedores podrán alcanzar un acuerdo con el tercero a condición de que previamente: (i) pongan a disposición de las Sociedades y/o el Comprador los fondos que deban satisfacer al tercero en virtud del mismo; y (ii) obtengan su consentimiento escrito, el cual no podrá ser denegado sin causa justificada.

(v) Decisiones urgentes

16. El Comprador podrá en todo caso realizar las actuaciones y tomar las decisiones que puedan considerarse urgentes e ineludibles para defender sus intereses y los de las Sociedades, de las cuales habrá de informar de forma inmediata a los Vendedores.

7. Pactos adicionales

7.6 Pacto de no competencia

7.6.3 Alcance del pacto

(i) Cada uno de los Vendedores se obliga, por un plazo de cinco (5) años desde la Fecha del Contrato, a no actuar en el territorio de España, ni directa ni indirectamente, ni por sí mismos, ni a través de sus ascendientes, descendientes, o cualesquiera otros familiares naturales o políticos hasta el 2° grado de consanguinidad (es decir, como personas interpuestas), ni mediante la constitución de sociedades o la adquisición de acciones y/o participaciones en sociedades nuevas o preexistentes, así como a no desarrollar, prestar sus servicios o tener interés de ningún tipo; en actividad alguna que pueda ser competencia de las Sociedades en el desarrollo del Negocio, o del Comprador.

(ii) Queda exceptuado de dicha limitación:

a. El hecho de que **Don ...., así como Doña ....** continuarán prestando sus servicios a favor de **"........................, S.L."** de conformidad con lo establecido en los respectivos contratos que se adjuntan al presente contrato como ***Anexo 4.2 (vi)***; así como el hecho de que **Don ....** continúe prestando sus servicios a favor de esta última; si bien el pacto de no competencia aquí alcanzado les será de aplicación a todos los anteriores desde el mismo instante en que concluyan sus respectivas relaciones con **"...................., S.L."** o cualquier otra sociedad del grupo del Comprador.

17. Asimismo, en caso de que **"........................, S.L."** decidiese poner final a la relación laboral que le une con **Don ....**, de forma tal que su despido fuese declarado judicialmente como improcedente, **"........................, S.L."** o cualquiera de las sociedades pertenecientes al Grupo del Comprador, a la mera elección de este último, indemnizarán a **Don ....** con un importe equivalente a dos (2) años de salario, en concepto de compensación por la asunción de la obligación de No Competencia recogida en la presente cláusula.

b. El hecho de que Don .... continúe desarrollando su actividad profesional con carácter laboral para la sociedad .... sociedad que lleva a cabo actividades de almacenaje y logística en el sector energético.

(iii) Cada uno de los Vendedores se obliga a no ser apoderado, mandatario, socio, agente, administrador, consejero, empleado o consultor, ni participar directa o indirectamente, en el capital social o en el órgano de administración de Sociedades o entidades que operen en España en el/los sector/es de actividad en el/los que operan las Sociedades y el Comprador.

(iv) Los Vendedores se consideran expresamente compensados por la asunción del presente pacto de no competencia con el precio a recibir por la compraventa objeto del Contrato.

7.6.4 Sanción por incumplimiento

18. En caso de incumplimiento de las obligaciones a que se refiere la ***Cláusula 7.1.1***, el Comprador ostentará los siguientes derechos frente a los Vendedores, que tendrán carácter cumulativo:

(i) Recibir una pena convencional equivalente al 20% de la cifra de negocios de las Sociedades, por cada año (o parte proporcional en caso de período/s inferior/es) en que persista el incumplimiento; Ser indemnizado por los Daños y Perjuicios y Pérdidas que se le irroguen;

(ii) Obtener el cese inmediato del incumplimiento.

7.7 Pacto de no captación

7.7.5 Alcance del pacto

19. Los Vendedores se obligan frente al Comprador, durante el plazo de cinco (5) años contados a partir de la Fecha del Contrato, a no contratar o tratar de contratar a ningún empleado de las Sociedades y/o del Comprador, o inducirles a la terminación de su relación laboral.

7.7.6 Sanción por incumplimiento

20. En caso de incumplimiento de las obligaciones a que se refiere la ***Cláusula 7.2.1*** el Comprador tendrá los derechos referidos en la ***Cláusula 7.1.2***.

8. Cesión

7. El Comprador podrá ceder los derechos y obligaciones derivados del presente Contrato a la entidad o entidades que libremente determine.

9. Representante de los Vendedores

(i) Los Vendedores nombran a Don .... como su Representante, autorizándole para realizar cualesquiera actuaciones que a su juicio procedan en interés de los mismos en relación con el Contrato.

(ii) La sustitución del Representante de los Vendedores no surtirá efecto hasta su notificación al Comprador de acuerdo con lo previsto en la ***Cláusula 11.6***.

(iii) Se entenderá que el Comprador ha cumplido las obligaciones a su cargo previstas en el Contrato relativas a notificaciones, si lo hiciera tanto con el Representante de los Vendedores, como directamente a cualquiera de ellos.

10. Deber de confidencialidad

10.8 Extensión del deber de confidencialidad

(i) Las Partes tratarán de forma estrictamente confidencial toda aquella información a la que accedan como resultado de las negociaciones mantenidas y de la suscripción del Contrato y que se refiera a:

(a) la existencia o el contenido del Contrato o de los documentos a que haga referencia el mismo; y

(b) las negociaciones relacionadas con el Contrato o con los documentos a que se haga referencia en el mismo.

(ii) Asimismo, los Vendedores se obligan frente al Comprador, incluso en el supuesto de resolución del Contrato, durante un plazo de cinco (5) años contados a partir de la Fecha del Contrato, a mantener secretos todos los conocimientos técnicos y del mercado en el que operan las Sociedades, y a no revelar a terceros por motivo alguno datos o informaciones reservados de estas últimas sin el previo consentimiento escrito del Comprador.

(iii) Las Partes se comprometen a que sus directivos, empleados y asesores den cumplimiento a lo previsto en esta ***Cláusula 10***.

(iv) La sanción por incumplimiento de la presente obligación será equivalente a la prevista en la ***Cláusula 7.1.2*** anterior.

10.9 Excepciones al deber de confidencialidad

8. Las Partes podrán revelar información considerada confidencial en los siguientes supuestos: (i) cuando la revelación de la información sea exigida por un organismo judicial o administrativo al que esté sometida alguna de las Partes, independientemente de dónde esté situado dicho organismo y de si la exigencia de revelación tiene o no fuerza de ley; (ii) cuando resulte necesario que los empleados, asesores profesionales, socios, auditores o entidades financiadoras de una Parte tengan conocimiento de una información determinada, conocimiento que deberá estar sujeto al oportuno acuerdo o deber de confidencialidad; (iii) cuando la otra Parte haya dado su previo consentimiento por escrito a revelar la información; o (iv) cuando la revelación de información resulte necesaria para que una Parte pueda exigir el cumplimiento de los derechos que le asisten en virtud del Contrato.

11. Miscelánea

11.10 Acuerdo único

9. El Contrato sustituye a todos los restantes contratos o pactos, escritos o verbales, concluidos entre las Partes de forma previa a la suscripción del Contrato en relación con el objeto del mismo, los cuales dejarán de tener vigencia y efectividad desde la Fecha del Contrato.

11.11 Modificaciones

10. Carecerá de validez y eficacia cualquier modificación del Contrato que no se recoja por escrito y que no sea formalizada por las Partes en forma idéntica a la del Contrato.

11.12 Carácter independiente de las cláusulas

(i) La posible declaración, por órgano judicial o administrativo, de ilegalidad, nulidad, invalidez o inexigibilidad de una o más cláusulas del Contrato o de parte de las mismas, no acarreará la ilegalidad, nulidad, invalidez o inexigibilidad de las demás cláusulas ni de las restantes partes de las mismas, las cuales permanecerán plenamente válidas en todo aquello que proceda, todo ello siempre que las cláusulas o parte de las mismas declaradas ilegales, nulas, inválidas o inexigible no sean esenciales.

(ii) Las cláusulas o partes de las mismas declaradas ilegales, nulas, inválidas o no exigibles se entenderán eliminadas del Contrato o no aplicables en esa circunstancia, según los casos, y las Partes negociarán de buena fe su sustitución y las medidas que se adecuen en mayor medida a la finalidad pretendida por las mismas.

11.13 Inexistencia de renuncia

(i) La renuncia de una de las Partes a exigir el cumplimiento de alguna de las obligaciones previstas en el Contrato o a ejercer alguno de los derechos o Participaciones Sociales que le asisten en virtud del mismo:

(a) no liberará a la otra Parte del cumplimiento íntegro de las restantes obligaciones contenidas en el Contrato; y

(b) no se entenderá como una renuncia a exigir en un futuro el cumplimiento de cualquier obligación o a ejercer derechos o acciones previstos en el Contrato.

(ii) La dispensa, aplazamiento o renuncia a alguno de los derechos contemplados en el Contrato, o a una parte de los mismos:

(a) únicamente será vinculante si consta por escrito;

(b) podrá quedar sujeta a las condiciones que el otorgante de dicha dispensa, aplazamiento o renuncia considere oportuno;

(c) se limitará al caso concreto en el que se produjo; y

(d) no afectará a la exigibilidad en otros supuestos del derecho al que afecta ni a la exigibilidad de ningún otro derecho que exista en relación con las Partes.

11.14 Gastos y Tributos

(i) Cada Parte correrá con los costes en que incurra con ocasión de la preparación, negociación y perfeccionamiento del Contrato.

(ii) Los honorarios notariales ocasionados por la elevación a público del Contrato y la transmisión de las Participaciones Sociales serán sufragados por las Partes con arreglo a la ley.

(iii) Los Tributos que graven las transacciones previstas en el Contrato serán soportados por las Partes con arreglo a la ley.

11.15 Notificaciones entre las Partes

11.15.1 Requisitos

21. Las notificaciones, autorizaciones, consentimientos y demás comunicaciones que tengan relación con el Contrato:

(i) deberán efectuarse por escrito;

(ii) se entregarán en mano, con acuse de recibo, o se enviarán por cualquier medio que acredite fehacientemente el contenido y su fecha de envío;

(iii) se enviarán a los destinatarios y a las direcciones que se recogen en el encabezamiento del presente Contrato.

11.15.2 Fecha de la notificación

22. Las notificaciones se entienden efectuadas en su fecha de envío.

12. Ley aplicable y fuero

12.16 Ley Aplicable

11. El Contrato se regirá e interpretará conforme al derecho común español.

12.17 Fuero

12. Las Partes, con renuncia expresa a cualquier otro fuero que en Derecho les pudiera corresponder, someten expresamente a la competencia de los tribunales de .... la resolución de cualquier controversia o reclamación que puedan surgir con respecto a la interpretación o ejecución del Contrato, incluso aquellas referidas a obligaciones no contractuales que surjan del mismo o estén relacionadas con él.

Y, EN PRUEBA DE CONFORMIDAD, las Partes formalizan el Contrato en 1 ejemplar a un solo efecto, y para su simultánea elevación a público en el lugar y fecha indicados en el encabezamiento.

LOS VENDEDORES

....

EL COMPRADOR

....

....

DOÑA ....

F109. CONTRATO PRIVADO DE COMPRAVENTA DE EMPRESA MEDIANTE TRANSMISIONES DE PARTICIPACIONES SOCIALES (III)

Este Contrato se ha firmado por medios electrónicos en las fechas abajo indicadas.

PARTES

COMO PRIMERA PARTE:

1. ...., sociedad anónima, válidamente constituida y existente bajo el derecho .... bajo la forma de sociedad anónima con consejo de administración, con un capital social de .... con domicilio en ...., e inscrita en el Registro Mercantil y de Sociedades de .... bajo el número .... (el "Comprador"), representada en este acto por el Sr. ...., mayor de edad, de nacionalidad ...., con domicilio profesional en la sede social mencionada anteriormente y con pasaporte número ...., debidamente facultado para tal fin por el Sr. .... anteriormente y con pasaporte número ...., en su calidad de ....

COMO SEGUNDA PARTE:

2. Don ...., mayor de edad, nacido en.......................... el ...., de nacionalidad española, soltero, vecino de .... y con documento de identidad español número ...., actuando en su propio nombre y derecho (".................").

3. Don ...., mayor de edad, nacido en.......................... el ...., de nacionalidad española, soltero, vecino de .... y con documento de identidad español número ...., actuando en su propio nombre y derecho (".................").

Don....................... y don....................... se denominan en adelante conjuntamente los "Vendedores".

Y COMO TERCERA PARTE:

4.........................., S.L., sociedad limitada, válidamente constituida y existente bajo el derecho español, con un capital social totalmente desembolsado de ...., con domicilio en ...., inscrita en el Registro Mercantil de .... y con (NIF................., representada en este acto por Don...................., actuando en su calidad de administrador único por tiempo indefinido, cargo para el que fue designado por acuerdo de la junta general de socios en su reunión del día ...., elevado a público mediante escritura otorgada el .... ante el notario Don .... bajo el número .... de su protocolo e inscrita en el Registro Mercantil de .... con fecha ...., en adelante denominada la "Sociedad".

En adelante, los Vendedores y el Comprador se denominarán conjuntamente las "Partes" e individualmente una "Parte".

Las Partes se reconocen mutuamente la capacidad legal necesaria para la celebración de este Contrato, en adelante denominado el "SPA".

ANTECEDENTES

1. Los Vendedores declaran ser titulares de pleno derecho y en las proporciones abajo indicadas, de todas las Participaciones (las "Participaciones"), representativas de la totalidad del capital y de los derechos de voto de la Sociedad, libres de todo tipo de cargas, gravámenes, pignoraciones y derechos de terceros:

Socios	Núm. participantes	% capital y dcho voto
....	....	.....................%
....	....	.....................%
Total	....	.....................%

2. Don........................ declara que es propietario de sus respectivas Participaciones como bienes privativos y en consecuencia, está facultado para vender y transmitir sus Participaciones con su sola firma.

3. Don..................... declara que es propietario de sus respectivas Participaciones como bienes gananciales dentro de su régimen económico matrimonial y que, en consecuencia, su cónyuge es también Parte en el presente Contrato

4. Con fecha ...., las Partes firmaron una oferta indicativa no vinculante (la "NBIO") respecto de la venta por los Vendedores y la compra por el Comprador de las Participaciones, en la que establecieron los términos y condiciones básicos aplicables a la transacción (la "Transacción").

5. Ahora los Vendedores han acordado vender y el Comprador ha acordado comprar las Participaciones con los pactos y condiciones establecidos en este SPA y en especial sobre la base de las Declaraciones, Garantías y Compromisos de Indemnización de los Vendedores aquí establecidos.

6. Conforme a lo establecido en el NBIO, actuando por cuenta del Comprador y con anterioridad a la firma de este Contrato, el despacho de abogados, ... ha llevado a cabo una revisión regular de debida diligencia en materia jurídica, la sociedad de auditoría, ... una revisión regular de debida diligencia en materia financiera y fiscal, y la empresa .... una due diligence financiera respecto de la Sociedad, en adelante conjuntamente denominadas la "Revisión de Debida Diligencia Financiera, Jurídica y Fiscal" o "Due Diligence").

7. Todo lo anterior sobre la base de haberse realizado un proceso de Due Diligence a nivel fiscal, financiero y legal a requerimiento del Comprador en todos los términos y requerimientos exigidos por el Comprador, habiendo resultado a plena conformidad del Comprador.

8. Sobre la base de las referidas revisiones de debida diligencia, el Comprador continúa estando interesado en la compra de las Participaciones en los términos y condiciones establecidos en este SPA. Sin embargo, este hecho no producirá restricción alguna en las Declaraciones, Garantías y Compromisos de Indemnización de los Vendedores ni en la Responsabilidad de los Vendedores, aquí establecidas.

9. La Sociedad es Parte de este Contrato exclusivamente con el fin de quedar directamente obligada por los compromisos, pactos u obligaciones, establecidos en éste, cuyo cumplimiento recaiga bajo su responsabilidad.

SE ACUERDA lo siguiente:

1. INTERPRETACIÓN

1.1 Definiciones

En este SPA y en sus apéndices, salvo que del contexto se desprenda otra interpretación, los siguientes términos y expresiones tendrán el siguiente significado:

(a) "Estatutos Sociales" significa los estatutos de la Sociedad, en su versión vigente, que se encuentra inscrita en el Registro Mercantil.

(b) "Garantía bancaria" significa la garantía bancaria a primer requerimiento respecto de cada uno de los Vendedores proporcionada por, bancos nacionales o internacionales de primer rango, que cubra todas las Responsabilidades de los Vendedores, derivadas del presente SPA, de conformidad con la Cláusula 14 del presente SPA.

(c) "Precio Base de Compraventa" significa .... euros.

(d) "Incumplimiento" significa

1. la inexactitud de cualquiera de las Declaraciones, Garantías y Compromisos de Indemnización de los Vendedores, o

2. cualquier deuda, pago u obligación de la Sociedad, que tenga su origen en un hecho, que haya tenido lugar con anterioridad a o en la Fecha de Cierre,

3. cualquier inexactitud o falta de fiabilidad existente en las Cuentas de Referencia, que produzca un Daño en el Comprador o en la Sociedad.

(e) "Negocio" significa el negocio realizado por la Sociedad y sus filiales en la Fecha de Cierre.

(f) "Cláusulas de Cambio de Control," significa cualesquiera cláusulas acordadas en (i) un contrato de crédito o préstamo entre la Sociedad e instituciones financieras o en (ii) un contrato entre la Sociedad y otros terceros, incluidas las compañías de seguros, que establezcan que la Transacción o las modificaciones societarias posteriores ésta, puedan dar lugar a un incumplimiento, resolución o modificación contractual o a otra consecuencia adversa en ejecución de los referidos contratos.

(g) «Reclamación» significa tanto «Reclamaciones directas» como «Reclamaciones de terceros», tal y como se definen dichos términos en las cláusulas 10 y 11 del presente Contrato.

(h) "Sociedad" significa la sociedad española.........................., S.L.

(i) "Cierre" significa la ejecución de la compraventa de las Participaciones en la Fecha de Cierre.

(j) "Cuentas de Cierre" significa las cuentas interinas auditadas —de la Sociedad en la Fecha de Cierre, certificadas tras la Fecha de Cierre por el nuevo Auditor de cuentas, designado por la parte compradora, en la Fecha de Cierre: ....

(k) "Fecha de Cierre" significa un día hábil, a acordar entre las Partes a la fecha en la que se hayan cumplido todas las Condiciones Suspensivas haciendo las Partes los mejores esfuerzos para completar la Transacción, no más tarde del ....

(l) "Condiciones Suspensivas" significa las condiciones que deben cumplirse con anterioridad al Cierre, de acuerdo con lo establecido en el presente SPA.

(m) "Contrato de Consultoría" significa el contrato de consultoría, a ser firmado en el Cierre entre la Sociedad y Don....................... en los términos acordados por escrito entre éste y el Comprador, mediante el que se regularán sus futuras actividades de consultoría para la Sociedad con sujeción a la legislación mercantil española.

(n) "Contrato de Gestión Corporativa" significa el contrato de gestión corporativa, a ser firmado en el Cierre entre la Sociedad y Don....................... en los términos acordados por escrito entre éste y el Comprador, mediante el que se regularán sus futuras actividades de gestión para la Sociedad en calidad de miembro de su consejo de administración y que, en consecuencia, estará sujeto a la legislación mercantil española en lugar de a la legislación laboral y se basará en los paquetes de retribución previamente acordados en consonancia con las políticas y prácticas de remuneración del Comprador.

(o) "Daños y perjuicios" significa todos los daños emergentes, incluidos sin que suponga limitación alguna, cualesquiera obligaciones, deudas, pérdidas, gastos y desembolsos más los honorarios razonables y debidamente justificados de abogados y procuradores y los gastos razonables de defensa judicial, así como los gastos extrajudiciales, y cualquier lucro cesante, que se produzcan en el Comprador o en la Sociedad como consecuencia de un Incumplimiento.

(p) "Revisión de Debida Diligencia Financiera, Jurídica y Fiscal" significa la revisión regular de debida diligencia en materia jurídica llevada a cabo por el despacho de abogados, ... la revisión regular de debida diligencia en materia financiera y fiscal llevada a cabo por la sociedad de auditoría, ... y la revisión de due diligence financiera realizada por la empresa ...., todas ellas por cuenta del Comprador, a su plena satisfacción y con anterioridad a la firma de este SPA, denominadas conjuntamente.

(q) "Declaraciones, Garantías y Compromisos de Fundamentales" significa las Declaraciones, Garantías y Compromisos de Indemnización de los Vendedores, relacionados en las Subcláusulas 1. Declaraciones Preliminares a 5. Periodo interino y posición financiera de la Sección I. Declaraciones, Garantías y Compromisos Fundamentales del Anexo 5 de este SPA.

(r) "PGCA" significa las leyes, reglamentos, principios y directrices contables, aplicables a los estados financieros y a los informes normalizados, que contribuyen a garantizar la exactitud y la transparencia y que son generalmente reconocidos de forma general como aplicables por las autoridades contables y aplicados de forma consistente a todas las actividades empresariales y/o profesionales desarrolladas en España, incluyendo, entre otras características, la coherencia, la honestidad y la transparencia para proteger a los inversores y garantizar la exactitud de los informes.

(s) "Experto Independiente" significa el experto independiente acreditado, designado mediante acuerdo entre las Partes o por el Registro Mercantil de ...., a solicitud de cualquiera de éstas, para determinar cualesquiera cuestiones en disputa entre las Partes respecto del cálculo de (i) la Posición Neta de Tesorería Normativa y el Precio Final.

(t) "Arrendamiento" significa el contrato de arrendamiento al que se hace referencia en la cláusula 9 del anexo 5, Declaraciones y garantías.

(u) "Cambio Significativo Adverso" significa cualesquiera hechos o circunstancias, que produzcan o de los que razonablemente pueda esperarse que produzcan, individual o conjuntamente, un efecto significativo adverso sobre los activos netos, la situación financiera o los resultados operativos de la Sociedad o sobre su capacidad de continuar desarrollando su negocio en la forma en que lo ha hecho hasta la fecha, salvo cuando se trate de (i) evoluciones generales del mercado o de los precios, que no afecten de forma desproporcionada a la Sociedad en comparación con otras empresas activas en la misma línea de negocio, (ii) de cambios en las leyes, reglamentos o en su aplicación o de (iii) hechos de los cuales el Comprador no sea responsable.

Cambio Significativo Adverso significa, en particular, los riesgos geopolíticos, las epidemias o pandemias con un impacto significativo en la Sociedad o sus cooperadores clave, la pérdida significativa de mercados, el deterioro de las condiciones de operación de la actividad, la rescisión o conclusión de contratos significativos, debido a un cambio de control, la destrucción de existencias, los incendios que afecten a los locales de la Empresa o las prohibiciones administrativas que afecten a sus operaciones.

(v) "NBIO" significa la oferta indicativa no vinculante, firmada entre el Comprador y los Vendedores con fecha .... respecto de la venta por los Vendedores y la compra por el Comprador de las Participaciones, en la que establecieron los términos y condiciones básicos aplicables a la transacción sin perjuicio que prevalecerá lo acordado en el presente contrato.

(w) "Nuevo Edificio" significa el nuevo edificio operativo de .... m2 de superficie, incluyendo .... m2 de almacén para existencias, ... m^2 de aparcamiento subterráneo con .... plazas, que la Sociedad tiene previsto construir con un presupuesto estimado de ....

(x) "Posición Neta de Tesorería Acordada" (Caja Neta) significa el resultado del siguiente cálculo, a ser realizado sobre la base de las Cuentas de Referencia:

a) efectivo en bancos y en caja, y efectos a corto plazo, Según las Cuentas de Referencia, reducidas de los importes de cualquier distribución realizada después de la Fecha de las Cuentas de Referencia hasta la Fecha de Cierre incluida, tales como dividendos, menos

b) deuda financiera, definida como préstamos bancarios y demás préstamos, incluidos los contraídos con socios, incluidos los intereses devengados y los compromisos fuera de balance que puedan dar lugar a una salida de tesorería, y los ajustes destinados a presentar una versión normativa de este agregado, si procede.

(y) "Notario" significa el notario de.......................... Don .... designado por las partes a fin de que las mismas, con el fin de que las Partes otorguen

(i) una escritura pública de transmisión de las Participaciones y de elevación a público del presente SPA;

(ii) una escritura pública de nombramiento de los nuevos administradores y de revocación y otorgamiento de los poderes de representación de la Sociedad así como otros acuerdos de transcendencia societaria como nombramiento de auditor de cuentas.

(z) "Notificación de Reclamación Directa" tendrá el significado establecido en la Cláusula 10.

(aa) "Notificación de Reclamaciones de Terceros" tendrá el significado establecido en la Cláusula 11.

(bb) "Partes" significa el Comprador, los Vendedores y la Sociedad, denominados conjuntamente, y "Parte" cualquiera de las Partes, denominada individualmente.

(cc) "Precio de Compraventa" significa el precio de compraventa de las Participaciones, a ser pagado por el Comprador a los Vendedores como contraprestación por la transmisión de las Participaciones, establecido en la Cláusula 3.3 del Contrato.

(dd) "Comprador" significa la sociedad ....

(ee) "Cuentas de Referencia" significa las cuentas interinas auditadas de la Sociedad, cerradas a la Fecha de las Cuentas de Referencia. Las Cuentas de Referencia deberán ser certificadas por los auditores .... —designados por los Vendedores por un pedido específico a tal efecto y asumiendo los Vendedores dicho coste. Se acompañan como Anexo 1 del presente SPA, balances de situación, pérdidas y ganancias y Sumas y saldos de las citadas Cuentas de Referencia (antes de dicha certificación)

(ff) "Fecha de las Cuentas de Referencia" significa el día ....

(gg) "Vendedores" significa don....................... y don Mr.........................., mencionados conjuntamente.

(hh) "Responsabilidad o Garantía de los Vendedores" significa la obligación de los Vendedores de proteger, resarcir y mantener indemne al Comprador y a la Sociedad frente a cualesquiera Daños, derivados de un Incumplimiento.

(ii) "Declaraciones, Garantías y Compromisos de Indemnización de los Vendedores" significa las declaraciones, garantías y compromisos indemnizatorios, otorgados solidariamente por los Vendedores a favor del Comprador en este SPA, como correctas y verdaderas desde la fecha de este SPA hasta y durante la Fecha de Cierre.

(jj) "Representante de los Vendedores" significa don Don..........................

(kk) "Participaciones" significa trece mil trescientas once (13.311) Participaciones, que representan un 100% del capital de la Sociedad, propiedad de los Vendedores, de acuerdo con el siguiente reparto:

a) Don........................ es titular de.................. Participaciones,........................ todos inclusive, que representan un ....% del capital de la Sociedad; y

b) Don........................ es titular de.................. Participaciones,........................ todos inclusive, que representan un ....% del capital de la Sociedad.

(ll) "SPA" significa el presente contrato y todos sus anexos;

(mm) "Auditores de la Sociedad" significa los actuales auditores de la sociedad, es decir, ..., cuyo nombramiento ha sido por periodos anuales, siendo el ultimo nombramiento para las cuentas del año ...., estando pendiente de nombrar nuevo auditor por la parte compradora una vez realizada la transacción.

(nn) "Transacción" significa la venta y transmisión de las Participaciones por los Vendedores al Comprador.

(oo) "Transmisión" significa la transmisión por los Vendedores al Comprador de la propiedad de las Participaciones, objeto de este SPA.

1.2 Reglas de interpretación

Los anexos forman parte integrante de este SPA, considerándose que toda referencia al SPA incluye los Anexos.

Se considerará que las palabras en singular incluyen el plural y viceversa.

Los títulos de las cláusulas del presente Contrato sirven sólo a fines de conveniencia y no afectarán a la interpretación de ninguna de las disposiciones contractuales.

2. VENTA DE LAS PARTICIPACIONES

Con sujeción a los pactos y condiciones aquí establecidos y por la contraprestación abajo indicada, los Vendedores venden y el Comprador compra en este acto las Participaciones, libres de todo tipo de cargas, gravámenes, derechos de terceros y reclamaciones, junto con todos los derechos que actualmente o en el futuro sean accesorios o se deriven de las Participaciones y con los derechos de cobro de todos los dividendos, distribuciones de beneficios o reembolsos de capital, acordados o pagados en la Fecha de las Cuentas de Referencia o con posterioridad a ésta, todo ello teniendo en cuenta lo previsto en este contrato respecto a lo indicado sobre el exceso de caja.

Cada uno de los Vendedores renuncia en este acto a cualesquiera derechos de tanteo o retracto sobre cualquiera de las Participaciones, establecidos en la Ley o en los Estatutos Sociales o derivados de cualquier acto jurídico.

La transmisión de las Participaciones tendrá lugar en el Cierre con sujeción a las disposiciones y condiciones establecidas en el presente Contrato.

3. PRECIO DE COMPRAVENTA

3.1 Precio Base de Compraventa

El precio base de compraventa de las Participaciones ("Precio Base de Compraventa") importa .... Euros.

3.2 Ajustes

a) Con anterioridad al Cierre, las Partes determinarán y calcularán conjuntamente los siguientes importes:

(i) Posición Neta de Tesorería Acordada (caja neta)

Posición Neta de Tesorería Acordada (caja neta) significa el resultado del siguiente cálculo, a ser realizado sobre la base de las Cuentas de Referencia:

a) efectivo en bancos y en caja, y efectos a corto plazo de conformidad las Cuentas de Referencia, se deducirán los importes de cualquier distribución realizada después de la Fecha de las Cuentas de Referencia hasta la Fecha de Cierre incluida, tales como dividendos, menos

b) deuda financiera, definida como préstamos bancarios y demás préstamos, incluidos los contraídos con socios, incluidos los intereses devengados y los compromisos fuera de balance que puedan dar lugar a una salida de tesorería, y los ajustes destinados a presentar una versión normativa de este agregado, si procede.

(ii) Valoración de existencias

Se realizará un inventario muestral de existencias quince (15) días antes de la Fecha de Cierre con la participación de un experto de Deloitte, cuyos honorarios serán pagados íntegramente por el Comprador.

Sobre la base de dicho inventario muestral, las diferencias entre el recuento realizado por Deloitte y el inventario teórico entregado por el vendedor en esa fecha serán justificadas por los Vendedores sobre la base de cualquier documento contable justificativo. Las diferencias injustificadas darán lugar a ajustes en la valoración de las existencias sobre una base de euro por euro.

(iii) Provisión sobre el inventario

Sobre la base de la información de la rotación de inventario a la Fecha de las Cuentas de Referencia que figura en el Anexo 1.2, y considerando la provisión ya dotada en las Cuentas de Referencia, se ajustará una provisión adicional sobre el inventario a partir del criterio de cálculo incluido como 'Método 1. Cálculos en base a la última venta incluido en el Anexo 1.2. Cálculo deterioro existencias ....' con los porcentajes de depreciación que se indica según el último año de venta.

b) Las Partes realizarán el mayor esfuerzo para calcular y evaluar los ajustes anteriores en un plazo de 3 días naturales, contados a partir de la realización del inventario de stock, mediante notificación enviada por cualquiera de las Partes (la «Parte Notificante») a la otra Parte (la «Parte Receptora»), indicando el cálculo detallado de la Posición Neta de Tesorería Acordada ajustada, cualquier otro ajuste según la Cláusula 3.2 del presente SPA, así como el cálculo del Precio Base de Compraventa según la Cláusula 3.3 del presente SPA (la «Notificación de la Contraprestación de Compra»). Como excepción a la cláusula 15.10 del presente Contrato, la notificación de la contraprestación de la compra solo podrá notificarse válidamente por correo electrónico de conformidad con la cláusula 15.10.2.

En caso de desacuerdo entre las Partes en relación con la Notificación de la Contraprestación de Compra la Parte Receptora podrá, dentro de un plazo de tres (3) días naturales, contado a partir de su recepción, realizar una notificación a la Parte Notificante, especificando los puntos y los importes relevantes en los cuales no estén de acuerdo, y los motivos de desacuerdo. En el supuesto de que la Parte Notificante no presente ninguna objeción en la forma y plazos indicados, los cálculos realizados por la Parte Notificante se considerarán aprobados por la Parte Receptora a todos los efectos. Como excepción a la cláusula 15.10 del presente documento, la notificación de objeción solo podrá notificarse válidamente por correo electrónico de conformidad con la cláusula 15.10.2.

En el supuesto de que las Partes no puedan resolver alguna de sus diferencias, dentro de un plazo de tres (3) días naturales, contado a partir de la recepción de la notificación, los puntos en disputa serán determinados de forma definitiva y vinculante, a solicitud de cualquiera de las Partes, por un experto independiente (el "Experto Independiente"). Si las Partes no pudieran ponerse de acuerdo sobre la designación del Experto Independiente en un plazo de diez (10) días naturales, el Experto Independiente será designado, a solicitud de cualquiera de las Partes, por el Registro Mercantil de..........................

En el supuesto de que el Experto Independiente designado rechace el nombramiento o no determine los puntos en disputa dentro de un plazo de veintiocho (28) días naturales, contados, contados a partir de la fecha de su nombramiento, las Partes podrán acordar designar un nuevo Experto Independiente o hacerlo nombrar por el Registro Mercantil de.........................., a petición de cualquiera de las Partes. La decisión del Auditor Independiente se limitará al alcance de la disputa entre las Partes y será definitiva y vinculante para las Partes, conforme a lo establecido en el art. 1447 del Código Civil español. El Comprador y los Vendedores se harán cargo de los gastos del Auditor Independiente en dos partes iguales.

Los Vendedores asegurarán que el Comprador y el Experto Independiente tengan acceso a todos los registros e informaciones disponibles en la Sociedad, así como a los miembros de la dirección y a los demás empleados de la Sociedad, en la medida en que resulte necesario a los efectos de la revisión de cualquiera de los cálculos.

3.3 Cálculo del Precio de Compraventa

El precio de compraventa de las Participaciones (el "Precio de Compraventa") será igual al Precio de Compraventa Base, ajustados a la baja, sobre una base de euro por euro, de los siguientes importes:

a) la diferencia entre €................. y el importe de la Posición Neta de Tesorería Acordada (caja neta), resultante de las Cuentas de Referencia, ajustadas conforme a lo dispuesto en la Cláusula 3.2 (a)(i);

b) el importe total de los ajustes positivos y negativos relacionados con:

(i) la valoración de las existencias según la Cláusula 3.2 a) (ii), y

(ii) la provisión sobre existencias según la Cláusula 3.2 a) (iii), siempre que dicho importe total supere los .... euros.

Si dicho importe total no supera los .... euros, no se realizará ningún ajuste al Precio de Compra Base por ese motivo.

3.4 Pago del Precio de Compraventa

El Precio de Compraventa será pagado por el Comprador a los Vendedores en su totalidad en el Cierre esto es, de forma simultánea al otorgamiento de la escritura de compraventa ante el Notario ya designado por las partes, mediante transferencias bancarias vía OMF a las cuentas bancarias que a tal efecto designen los Vendedores al efecto conforme a lo siguiente:

a) El .... por ciento del precio de compra al Sr.........................., como vendedor de.................... participaciones, números ...., todo incluido, que representan el ....% del capital social de la empresa.

b) El .... por ciento del precio de compra al Sr.........................., como vendedor de.................... participaciones, números ...., todo incluido, que representan el ....% del capital social de la empresa.

Como se ha indicado, todos los pagos del Precio de Compraventa se realizarán mediante transferencia bancaria vía OMF a la cuenta bancaria comunicada con ese fin por el respectivo Vendedor al Comprador.

4. TÉRMINOS Y CONDICIONES ESENCIALES

4.1 Aprobación por el Consejo de Administración

El Cierre de la Transacción está sujeto a su aprobación por el Consejo de Administración del Comprador, debiendo acreditar el Comprador a los Vendedores la referida aprobación con la aportación del correspondiente certificado emitido por el Consejo de Administración.

4.2 Compromisos aplicables durante el período transitorio

Desde la firma del NBIO hasta la Fecha de Cierre, la Sociedad ha sido y será gestionada con prudencia y racionalidad en el curso ordinario de los negocios actividades. En particular:

– no se ha realizado ni se realizará ningún cambio en los métodos de gestión ni en las prácticas contables con el propósito o el efecto de mejorar artificialmente la presentación de la situación de la Sociedad, sus inventarios, cuentas, balances de gestión provisionales, situación de tesorería o necesidades de capital circulante;

– se ha informado y se informará lo antes posible y, a más tardar, en el momento en que se produzca cualquiera de los siguientes acontecimientos al Comprador sobre cualesquiera (i) enajenaciones de activos fijos por importe superior a .... euros (IVA incluido), (ii) endeudamientos adicionales, (iii) contrataciones de directivos (iv) ocurrencia de Cambios Significativos Adversos y (v) cualquier distribución;

– los Vendedores no realizarán desde la fecha del presente documento distribución alguna (pago de dividendos, reducción de capital, etc.), salvo en el caso de que la Posición Neta de Tesorería Acordada (caja neta) supere .... euros que estará sujeto a retención fiscal de acuerdo con la ley;

– la Sociedad no ha realizado ni realizará inversión alguna por encima de un importe de .... euros, ni ningún cambio significativo en la consistencia o en el valor de sus activos, sin el acuerdo previo del Comprador.

4.3 Margen operativo

Los Vendedores proporcionarán al Comprador la documentación y los análisis financieros oportunos, que acrediten la sostenibilidad del margen operativo de la Sociedad en un nivel igual o superior al ....%, sobre la base de sus resultados históricos, contratos existentes, su estructura de costes y condiciones del mercado.

4.4 Contrato de gestión empresarial

La Sociedad firmará en la Fecha de Cierre un contrato de gestión corporativa con don........................ (el "Contrato de Gestión Corporativa") en los términos acordados por escrito entre éste y el Comprador, que regulará sus futuras actividades de gestión para la Sociedad en su calidad de miembro de su consejo de administración y, en consecuencia, estará sujeto al derecho mercantil español en lugar de al derecho laboral y se basará en los paquetes de remuneración previamente discutidos y coherentes con las políticas y prácticas de remuneración del Comprador

Se adjunta al presente documento como Anexo 2 una copia del contenido íntegro del Contrato de Gestión Corporativa, acordado entre las Partes.

4.5 Contrato de consultoría

La Sociedad firmará en la Fecha de Cierre un contrato de consultoría con don........................ (el "Contrato de Consultoría") en los términos acordados por escrito entre éste y el Comprador, que regulará sus futuras actividades de consultoría, que prestará a la Sociedad con arreglo a la legislación mercantil española.

Se adjunta al presente documento, como Anexo 3 una copia del contenido íntegro del Contrato de Consultoría, acordado entre las Partes.

4.6 Posición Neta de Tesorería Acordada

La tesorería será gestionada de forma razonable y prudente hasta la Fecha de Cierre. La Posición Neta de Tesorería Acordada de la Sociedad deberá importar, al menos, ... euros en la Fecha de Cierre tras los ajustes previstos en este documento, pudiendo los Vendedores repartirse dividendos en la parte que exceda de dicho importe.

4.7 Ausencia de deuda de los vendedores

Los Vendedores no tienen ninguna deuda con la Sociedad, y esta no ha otorgado ninguna garantía con respecto a ninguna obligación de los Vendedores o sus filiales o partes relacionadas.

4.8 Garantía bancaria

Las partes acordarán los términos de las garantías bancarias a primer requerimiento, esto es, avales bancarios a aportar al Comprador por parte de los Vendedores.

5. CONDICIONES SUSPENSIVAS

5.1 El Cierre estará condicionado al cumplimiento de las siguientes condiciones suspensivas (las "Condiciones suspensivas"):

a) Titularidad de las Participaciones

Los Vendedores deberán acreditar la propiedad de pleno derecho del 100% de las Participaciones, libres de cualesquiera pignoraciones, gravámenes, obligaciones, cargas, opciones, restricciones o derechos de terceros de cualquier naturaleza, y estar facultados de pleno derecho para su transmisión al Comprador.

b) Cuentas de Referencia certificadas sin reservas

Los Vendedores procurarán proporcionar una certificación sin reservas de las Cuentas de Referencia firmada por los auditores .... a quienes se les encomendará por los Vendedores, que asumirán el coste una misión específica a este respecto.

c) Ausencia de insolvencia

La Sociedad no se verá afectada por ninguna situación o procedimiento de insolvencia, ni por negociaciones con sus acreedores, ni por ningún otro procedimiento amistoso o judicial relacionado con la protección o resolución de dificultades de sociedades en crisis.

d) Inexistencia de derechos de terceros

Las Participaciones estarán libres de cualesquiera pignoraciones, gravámenes, cargas, garantías reales u obligaciones de otro tipo.

El negocio o fondo de comercio y demás activos de la Sociedad, incluidos los bienes inmuebles, no estarán sujetos a ningún gravamen u otros derechos de terceros.

e) Propiedad intelectual

Los Vendedores deberán acreditar la titularidad vigente y de pleno derecho por la Sociedad de todas las patentes, patentes de utilidad, diseños, programas, licencias, marcas comerciales, sitios web y nombres de dominio, así como de cualquier otro derecho de propiedad intelectual, y en particular de la marca «..........................».

f) Cambio Significativo Adverso

No se habrá producido ningún Cambio Significativo Adverso en la Fecha de Cierre o con anterioridad a ésta.

g) Declaraciones, Garantías y Compromisos de Indemnización de los Vendedores

Las Declaraciones, Garantías y Compromisos de Indemnización de los Vendedores son verdaderas y correctas en la fecha del presente SPA y lo serán en la Fecha de Cierre, y con anterioridad a ésta.

h) Cambio de control

Los Vendedores deberán justificar antes del cierre que la empresa ha enviado correos electrónicos a:

(i) las instituciones financieras que son parte de los acuerdos de crédito o préstamo existentes de la Sociedad, y

(ii) otros terceros que sean parte de cualquier acuerdo, incluidas las compañías de seguros, adjuntando una cláusula de cambio de control, con el fin de:

(a) informarles de la transacción prevista y

(b) solicitar su confirmación de que no tienen intención de solicitar la aplicación de dicha cláusula de cambio de control.

Los terceros mencionados anteriormente deberán haber proporcionado respuestas por escrito confirmando su posición al respecto antes del Cierre

Los terceros contratistas afectados deben incluir, como mínimo:

....

i) Existencias

Con 15 días de antelación a la Fecha de Cierre se realizará un inventario conjunto de las existencias de la Sociedad con intervención de un experto, utilizando métodos que cumplan las condiciones establecidas en los PGCA. El Comprador y los Vendedores firmarán ese inventario, que servirá de base para el ajuste de la evaluación del stock y, posteriormente, para la determinación del Precio de Compraventa.

5.2 El Comprador se reserva el derecho a renunciar, en todo o en parte, a las condiciones suspensivas anteriores, dado que éstas se otorgan exclusivamente a favor suyo, o cualquiera de ellas, no siendo la renuncia efectiva salvo que se realice por escrito y se notifique a los Vendedores.

5.3 Las Partes realizarán el máximo esfuerzo para asegurar que las Condiciones Suspensivas estén cumplidas por ambas partes.

6. CIERRE

6.1 Fecha de Cierre

El Cierre tendrá lugar cuando se todas las Condiciones Suspensivas se encuentren debidamente cumplidas, o bien en cualquier otra fecha, que las Partes fijen de mutuo acuerdo (la "Fecha de Cierre") y como fecha límite, el [........................], en las oficinas del notario de.......................... Don ...., situadas en la Calle.........................., y consistirá en la realización por las Partes de los actos establecidos en la presente Cláusula 6.

6.2 Entregas previas al Cierre

En la Fecha de Cierre, los Vendedores entregarán al Comprador los siguientes documentos:

1) El libro registro de socios actualizado y las cuentas individuales de los socios, que acrediten que los Vendedores son propietarios de las Participaciones, libres de cualesquiera gravámenes, garantías u otros derechos de terceros;

2) los registros legales de la sociedad, actualizados a la Fecha de Cierre (acuerdos de socios y de los representantes legales, si los hubiera);

3) Documento Acreditativo del registro público concursal, de que la Sociedad no se encuentra en situación ni en proceso de insolvencia, ni en negociaciones con sus acreedores, ni en ningún otro procedimiento amistoso o judicial, relacionado con la protección y resolución de dificultades de sociedades en crisis, de fecha anterior en 8 días a la Fecha de Cierre;

4) un certificado de los Vendedores en el que se enumeren todas las marcas comerciales, los servicios de alojamiento en Internet y los nombres de dominio, propiedad de la Sociedad, y en el que se certifique que ningún tercero ha presentado reclamación alguna sobre los referidos derechos de propiedad intelectual ni ha solicitado una compensación o indemnización al respecto;

5) una declaración por escrito de los Vendedores en la que se haga constar que la Posición Neta de Tesorería Acordada asciende, al menos, a un importe de .... en la Fecha de Cierre, y que se han cumplido debidamente los compromisos relativos al período intermedio;

6) un certificado, emitido por el administrador único saliente ("certificado del administrador único"), que justifique que las Participaciones, el negocio y los activos de la Sociedad, incluidos los bienes inmuebles, están libres de cualesquiera pignoraciones, gravámenes, cargas, garantías de naturaleza real, obligaciones u otros derechos de terceros con fecha anterior, al menos en 8 días, a la Fecha de Cierre;

7) la declaración por escrito, de los Vendedores, en calidad de representantes legales de la Sociedad, de que no se ha producido ningún Cambio Significativo Adverso en la Fecha de Cierre o con anterioridad a ésta;

8) los correos electrónicos enviados por la Sociedad a los contratistas externos enumerados en la cláusula 5g (Cambio de control) de conformidad con dicha cláusula;

9) las respuestas por escrito proporcionadas por los contratistas externos enumerados en la cláusula 5g (Cambio de control) en las que confirman su posición con respecto a la cláusula de cambio de control, teniendo en cuenta la transacción prevista;

10) la renuncia de don....................... a su relación laboral con la Sociedad;

11) Un acuerdo firmado con el Sr.......................... que establece (i) la terminación de su relación especial de «jubilación activa» con la Compañía, (ii) que el Sr.......................... solicitará por lo tanto la jubilación completa en la Fecha de Finalización y (iii) que el Sr.......................... asumirá todas las contribuciones derivadas de su situación.

12) una copia original de las Garantías Bancarias cuyos términos habrán sido previamente acordados por las Partes según lo dispuesto en las cláusulas 4.8 y 14 del presente Contrato.

13) todos los demás documentos que justifiquen que las condiciones suspensivas y demás términos y condiciones esenciales se han cumplido y realizado debidamente.

En el supuesto de que alguno de los documentos referidos no se entregue en la Fecha de Cierre, el Comprador estará facultado para aplazar la el Cierre hasta que le hayan proporcionado todos los documentos de conformidad con los términos del presente SPA.

6.3 Ejecución de la Transacción

6.3.1 En el Cierre los Vendedores

(a) transmitirán las Participaciones al Comprador, mediante la firma, conjuntamente con el Comprador, de la escritura pública de transmisión de las Participaciones y de elevación a público del presente Contrato ante el Notario. En esa escritura pública, los Vendedores reiterarán las Declaraciones, Garantías y Compromisos de Indemnización de los Vendedores, declarando que han sido verdaderas y correctas desde la fecha de la firma de este SPA y que siguen siéndolo en la Fecha de Cierre.

(b) D.........................., administrador único de la Sociedad, dimitirá de sus funciones sin percibir indemnización alguna por dicha dimisión y entregará al Comprador su dimisión por escrito con un reconocimiento firmado de que no tiene derecho a reclamar a la Sociedad indemnización alguna por pérdida de cargo o de cualquier otro tipo (excepto por cualquier remuneración acumulada y gastos pendientes de reembolso).

(c) Don........................ firmará con el nuevo presidente designado en el Consejo de administración de la Sociedad el Contrato de Gestión Corporativa.

(d) Don........................ firmará con el nuevo presidente designado en el Consejo de administración de la Sociedad el contrato de consultoría que se adjunta como ANEXO 3.

6.3.2 En el Cierre el Comprador:

a) Pagará a los Vendedores el importe íntegro del Precio de Compraventa, mediante transferencia bancaria vía OMF a la respectiva cuenta bancaria, comunicada por cada Vendedor al Comprador con ese fin.

b) Firmará ante el Notario, junto con los Vendedores, la escritura pública de transmisión de las Participaciones y de elevación a público de este SPA.

c) Firmará en calidad de nuevo socio único de la Sociedad un acta con su decisión de nombrar un nuevo consejo de administración de la Sociedad y auditores de cuentas.

d) Asegurará que los consejeros firmen el acta con los acuerdos del consejo de administración de nombramiento de su presidente y secretario y de revocación y otorgamiento de poderes de representación de la Sociedad.

e) Asegurará que el secretario

(i) firme ante el Notario una escritura de elevación a público de las actas del socio único y del consejo de administración, referidas en el apartado anterior;

(ii) firme ante el Notario una escritura pública en la que haga constar que el Comprador ha pasado ser el socio único de la Sociedad es decir el carácter de unipersonalidad de la entidad;

(iii) inscriba al Comprador como nuevo socio único en el libro registro de socios de la Sociedad.

f) Asegurará que el nuevo presidente designado en el Consejo de administración de la Sociedad firme el Contrato de Gestión Corporativa con don..........................

g) Asegurará que el nuevo presidente designado en el Consejo de administración de la Sociedad firme el Contrato de Consultoría con don........................ mencionado en la estipulación 6.3.1 (d)

6.3.3 Acto único

Todos los actos a realizar en la Fecha de Cierre se ejecutarán en unidad de acto. Las Partes reconocen y acuerdan expresamente que la ejecución de todos los actos previstos en la Fecha de Cierre, constituye una obligación esencial a cumplir bajo este SPA y que ninguno de los referidos actos se considerará cumplido hasta tanto todos y cada uno de los actos a realizar hayan sido debidamente ejecutados.

7. COMPROMISOS ESPECÍFICOS

7.1 No competencia

Durante un período de tres (3) años, contados a partir de (i) la Fecha de Cierre, o de la (ii) conclusión de su relación con la Sociedad, según cual sea el acto posterior, los Vendedores, don...................... y don...................... se abstendrán, tanto personalmente como en calidad de socios, partícipes, empleados, agentes o en cualquier otra calidad, de:

– crear o participar, en cualquier calidad (empleado, asesor, socio, directivo, concedente o facilitador de financiación, etc.), directa o indirectamente, en cualquier fondo, empresa, grupo o sociedad, cuya actividad sea similar a la de la Sociedad, que tenga su domicilio social o desarrolle sus actividades en España y/o Portugal (el "Territorio");

– consultar, solicitar, hacer negocios o contratar con cualquier persona que haya sido cliente, asesor, agente o empleado de la Sociedad durante los dos (2) años anteriores, o inducir o intentar persuadir a esa persona para que resuelva o modifique su relación con la Sociedad en relación con el Negocio.

En caso de incumplimiento, una o varias veces, de esta cláusula de no competencia por parte de cualquiera de los Vendedores, el Vendedor o Vendedores incumplidores serán responsables solidariamente de pagar al Comprador una penalización mensual de .... por cada incumplimiento con un máximo de .... € por cada vendedor, que seguirá aplicándose mensualmente mientras se mantenga la situación de competencia.

Las restricciones anteriores son consideradas razonables por las Partes, pero en caso de que alguna de ellas se considere inválida, pero sería válida si se suprimiera alguna parte de la misma o se redujera el período de aplicación, el Territorio o el alcance de la actividad afectada, dicha restricción se aplicará con las modificaciones necesarias para que sea válida y efectiva.

7.2 Apoyo

Don...................... se compromete a continuar en el ejercicio del cargo de miembro del Consejo de Administración y consejero delegado de la Sociedad durante un período de cinco (5) años con el fin de facilitar la toma de control de la Sociedad por parte del Comprador, en las condiciones financieras a acordar con éste.

No se pagará ninguna indemnización con motivo de la conclusión del ejercicio del cargo por don......................, salvo lo previsto en el propio contrato a firmar

Don...................... informará de la fecha prevista para la terminación de sus actividades para la Sociedad a los directivos del Comprador con seis meses de antelación con el fin de que puedan organizar la transición, de conformidad con la normativa aplicable.

Así mismo, en caso de que la resolución del contrato lo sea a voluntad de la Sociedad, deberá comunicarse tal resolución del contrato al Sr.......................... con ese mismo plazo de preaviso.

7.3 Información extrafinanciera

.... se compromete, como futuro director general de la Sociedad a adoptar las medidas necesarias para al día .... estar en condiciones de proporcionar al Comprador los 19 indicadores enumerados en el anexo 4 de este SPA, así como los métodos utilizados para su cálculo.

7.4 Regularización de asuntos de "compliance"

.... se compromete, como futuro director general de la Sociedad, a velar por que la Sociedad:

– regularice el registro de nóminas por género de acuerdo con la normativa aplicable, utilizando la herramienta promovida por el Gobierno,

– desarrolle e implemente un protocolo de desconexión digital de conformidad con la normativa aplicable.

7.5 Cuentas de Cierre

Los Vendedores proporcionarán al Comprador un balance provisional y una cuenta de resultados de la Sociedad que cumpla con la PGCA y con Fecha de Cierre (las «Cuentas de Cierre») no más tarde de quince (15) días a partir de la fecha de Cierre.

8. DECLARACIONES, GARANTÍAS Y COMPROMISOS DE INDEMNIZACIÓN DE LOS VENDEDORES

8.1 Los Vendedores declaran y garantizan en este acto de forma solidaria al Comprador como garantía independiente, que las manifestaciones realizadas en el Apéndice 5 (las "Declaraciones, Garantías y Compromisos de Indemnización de los Vendedores"), son verdaderas y exactas a la fecha del presente Contrato y que continuarán siéndolo en la Fecha de Cierre.

8.2 Cada una de las Declaraciones, Garantías y Compromisos de Indemnización de los Vendedores, establecidas en un apartado del Anexo 5, se entenderá separada e independiente.

8.3 Los Vendedores saben y reconocen que el Comprador ha celebrado este Contrato sobre la base de su confianza en las Declaraciones, Garantías y Compromisos de Indemnización de los Vendedores.

8.4 Los Vendedores no realizarán ni autorizarán ningún acto, no permitirán omisión alguna y procurarán en todo aquello que no escape a su control, que no se produzca acto u omisión alguno con anterioridad al Cierre, que pudiera constituir un incumplimiento de alguna de las Declaraciones, Garantías y Compromisos de Indemnización de los Vendedores, si éstas hubieran sido otorgadas en el momento de la producción del acto, omisión o suceso y/o convirtiese a alguna de las Declaraciones, Garantías y Compromisos de Indemnización de los Vendedores en incoherente o confusa en el caso de que fuese otorgada en ese momento. Los Vendedores se obligan a informar por escrito al

Comprador de cualquier hecho que tenga lugar con anterioridad al Cierre, que suponga un incumplimiento de o resulte incoherente con cualquiera de las Declaraciones, Garantías y Compromisos de Indemnización de los Vendedores o que convierta a cualquiera de las éstas en incoherente o confusa, con carácter inmediato tan pronto como tengan conocimiento de los hechos.

9. RESPONSABILIDAD DE LOS VENDEDORES

9.1 Con sujeción a los artículos 1475 a 1483 (título defectuoso), 1484 a 1490 (defectos ocultos o deudas), 1101 a 1108 (responsabilidad civil contractual), 1902 a 1910 (responsabilidad civil por negligencia) o 1092 (responsabilidad civil derivada de un delito) del Código Civil español, según cual sea el caso, los Vendedores responderán solidariamente frente al Comprador y a la Sociedad por

a) todos los daños emergentes, incluidos, sin que suponga limitación alguna, cualesquiera obligaciones, deudas, pérdidas, gastos y desembolsos, mas los honorarios razonables y debidamente justificados de abogados y procuradores y los gastos razonables de defensa judiciales y extrajudiciales, y por

b) cualquier lucro cesante

c) cualquier déficit en los activos, es decir: cualquier activo registrado en las Cuentas de Referencia por un importe que estaría sobrevalorado, en su totalidad o en parte,

d) cualquier pasivo que no se registraría o provisionaría, en su totalidad o en parte, en las Cuentas de Referencia;

(los "Daños"), derivados de

a) la inexactitud de cualquiera de las Declaraciones, Garantías y Compromisos de Indemnización de los Vendedores,

b) cualquier deuda, pago u obligación de la Sociedad, que tenga su origen en un hecho que haya tenido lugar con anterioridad a o en la Fecha de Cierre,

c) la inexactitud y falta de fiabilidad de las Cuentas de Referencia;

(el "Incumplimiento"), estando obligados los Vendedores a proteger, resarcir y mantener indemne al Comprador y a la Sociedad frente a cualesquiera de estos Daños de esta naturaleza.

La exactitud de las declaraciones, garantías e indemnizaciones del Vendedor se evaluará únicamente a partir de las declaraciones, garantías e indemnizaciones de cada Vendedor, tal y como se recogen en el anexo 5 del presente contrato, incluidos sus respectivos apéndices. No se tendrá en cuenta ninguna otra información previa, expresa o tácita, a este respecto, incluida la relativa a la realización de la diligencia debida por parte del Comprador.

9.2 Los Vendedores no serán responsables frente al Comprador o la Sociedad por un Daño, en la medida en que:

a) Esté reflejado en las Cuentas de Referencia, mediante un ajuste de valor, una deuda o una provisión, en el bien entendido de que, si el ajuste de valor, deuda o provisión no cubriera el Daño en su totalidad, los Vendedores responderán de un importe igual a la diferencia entre la cuantía del Daño y el importe del ajuste de valor, deuda o provisión, según cual sea el caso.

b) Sea recuperable conforme a lo establecido en las pólizas de seguro aplicables, en el bien entendido de que, si el importe recuperado no cubriera el Daño en su totalidad, los Vendedores responderán de un importe igual a la diferencia entre la cuantía del Daño y el importe de la compensación percibida bajo la póliza de seguros.

c) Haya sido previamente indemnizado, es decir, los Vendedores no estarán obligados a indemnizar al Comprador o a la Sociedad más de una vez respecto del mismo Daño).

9.3 En el supuesto de que una indemnización, que deba ser satisfecha por los Vendedores al Comprador en virtud de esta cláusula, esté sujeta a tributación, los Vendedores deberán pagar al Comprador el importe adicional que resulte necesario para que la cantidad percibida por el Comprador después de impuestos sea igual al importe bruto de la indemnización adeudada. Igualmente, en el cálculo de la cuantía de la compensación, el Daño se minorará en el importe neto de cualquier ahorro fiscal, generado por el Daño y devengado a favor del Comprador o de la Sociedad.

9.4 El Comprador podrá, a su sola elección y en cualquier momento, reclamar el resarcimiento en metálico de los daños y perjuicios, en lugar de solicitar de los Vendedores la subsanación del defecto en las Declaraciones, Garantías y Compromisos de Indemnización de los Vendedores.

9.5 La obligación de indemnización de los Vendedores, derivada de la presente Cláusula 9, estará sujeta a las siguientes limitaciones cuantitativas:

a) La Responsabilidad de los Vendedores, respecto de cualesquiera reclamaciones realizadas de conformidad con la presente Cláusula 9 (el "Límite de Responsabilidad de los Vendedores") se limita a un importe máximo de:

– un 20% del Precio de Compraventa durante el primer año, contado a partir de la Fecha de Cierre;

– un 15% del Precio de Compraventa durante el primer año, contado a partir de la Fecha de Cierre, y

– un 10% del Precio de Compraventa hasta la extinción de la Responsabilidad del Vendedor, ello con sujeción a lo estrictamente previsto en la Cláusula 9.6.

b) Los Vendedores sólo estarán obligados a indemnizar por Daños, cuyo importe individual supere la cantidad de .... (el "Importe Mínimo Reclamable"). No obstante, varios Daños, de un importe inferior a .... cada uno, podrán ser tenidos en cuenta a la hora de establecer el Importe Mínimo Reclamable, siempre y cuando se deriven de Incumplimientos de la misma naturaleza, y su importe conjunto supere la cantidad de .... Todos los Daños, que superen el Importe Mínimo, se tendrán en cuenta a partir del primer euro de su importe, con motivo de la determinación del Umbral de Indemnización, definido en la subcláusula 9.5b) siguiente.

c) El Vendedor sólo estará obligado a indemnizar los Daños, cuando la suma acumulada de éstos supere un importe de .... (el "Umbral de Indemnización"). A efectos del cálculo del Umbral de Indemnización, sólo se tendrán en cuenta los Daños, que individualmente o acumulados con otros Daños, alcancen o superen el Importe De Minimis, calculado en los términos recogidos en la estipulación 9.5 b). Una vez alcanzado el importe del Umbral de Indemnización, los Vendedores estarán obligados a indemnizar al Comprador o a la Sociedad por la cantidad total reclamada (es decir, desde el primer euro).

Las limitaciones cuantitativas, arriba establecidas, no se aplicarán a las reclamaciones resultantes de (i) una inexactitud, error u omisión en las Declaraciones, Garantías y Compromisos de Indemnización Fundamentales o (ii) del fraude o dolo de cualquiera de los Vendedores.

9.6 El derecho del Comprador a reclamar el resarcimiento bajo de la presente Cláusula 9, estará en vigor durante un periodo de tres (3) años, contado a partir de la Fecha de Cierre. Esta limitación temporal no será aplicable:

a) A las reclamaciones derivadas de un defecto en el título de propiedad de las Participaciones, que serán exigibles sin limitación temporal alguna.

b) A las reclamaciones, derivadas del Incumplimiento de otras Declaraciones, Garantías y Compromisos de Indemnización Fundamentales o de asuntos relativos a impuestos, seguridad social, relaciones laborales o al medioambiente, que serán exigibles mientras no se haya producido la prescripción de las respectivas obligaciones potenciales, de conformidad con las disposiciones prescriptivas aplicables.

10. RECLAMACIONES DIRECTAS

10.1 Cuando el Comprador considere que se ha producido una circunstancia, que pueda dar lugar a la producción de un Daño y, en consecuencia, a la responsabilidad de los Vendedores bajo este SPA (una "Reclamación Directa"), deberá notificar este hecho a los Vendedores por escrito certificado y con acuse de recibo y tan pronto como sea posible y, en cualquier caso, dentro de un plazo de sesenta (60) días naturales, contados a partir de la fecha en la que el Comprador haya tenido conocimiento de esa circunstancia (la "Notificación de Reclamación Directa").

La Notificación de Reclamación deberá contener un breve resumen de los hechos, cualquier otra información o documentación disponible en relación con la reclamación y, de ser posible, una estimación del importe reclamado.

La práctica fuera de plazo de la Notificación de Reclamación Directa no dará lugar a la caducidad automática de las pretensiones del Comprador a menos que se demuestre que este retraso es la única razón que impidió subsanar el daño o evitarlo, pero en ese caso la Responsabilidad de los Vendedores derivada de la reclamación tardía no comprenderá el importe de los l Daños adicionales, causados por el retraso en la notificación.

Los Vendedores dispondrán de treinta (30) días naturales desde la recepción de la Notificación de Reclamación Directa (o menos cuando así lo exija el procedimiento aplicable) para comentar la reclamación y notificar al Comprador si aceptan o rechazan la responsabilidad derivada de la reclamación (la "Respuesta de los Vendedores a la Reclamación Directa").

10.3 Los Vendedores y el Comprador intentarán de buena fe y durante un plazo de veintiocho (28) días naturales, contados a partir de la fecha de recepción por los Vendedores de la Notificación de Reclamación, alcanzar un acuerdo sobre:

(i) la existencia del Daño y la responsabilidad de los Vendedores; y

(ii) el importe reclamado a los Vendedores..

En el supuesto de que se alcance un acuerdo, los Vendedores pagarán al Comprador el importe acordado, dentro del plazo adicional de siete (7) días hábiles.

10.3 Si las Partes no lograsen alcanzar un acuerdo en las negociaciones mencionadas en la cláusula anterior, la Reclamación se decidirá conforme a lo establecido en este Contrato para la resolución de disputas entre las Partes.

11. RECLAMACIONES DE TERCEROS FRENTE AL COMPRADOR O LA SOCIEDAD

11.1 Las Reclamaciones de Terceros, de las cuales los Vendedores sean responsables en virtud de lo establecido en las Cláusulas 8 y 9 ("Reclamación de Terceros"), se regirán por las siguientes reglas:

a) En un plazo de treinta (30) días naturales, contados desde que el Comprador haya recibido formalmente una reclamación de terceros, que pudiera dar lugar a un Daño, o en un plazo de 10 días naturales, cuando el plazo de respuesta al tercero sea de 30 días naturales o menos, el Comprador informará a los Vendedores por escrito sobre la existencia de Reclamación de Terceros ("Notificación de Reclamación de Terceros").

La omisión de ésta notificación no liberará a los Vendedores de su responsabilidad, en virtud de la Cláusula 9 de este SPA. La práctica fuera de plazo de la Notificación de Reclamación Directa no dará lugar a la caducidad automática de responsabilidad de los de los Vendedores, a menos que se demuestre que dicho retraso es la única razón que impidió subsanar el daño o evitarlo. La Responsabilidad de los Vendedores derivada de la reclamación comunicada tardíamente no comprenderá el importe de los Daños adicionales, causados por el retraso en la notificación.

La Notificación de Reclamación de Terceros deberá incluir (i) una copia del documento, que contenga la Reclamación de Terceros o del documento de inicio de una inspección o revisión o del documento en el que se base la reclamación, según cual sea el caso; (ii) el importe del Daño, en el caso de que se conozca; (iii) la referencia a la disposición del presente Contrato, de la que se derive que el Daño deba ser indemnizado, y (iv) cualquier otra información, que resulte necesaria o apropiada para fundamentar la Reclamación de Terceros. A la Notificación de Reclamación de Terceros se unirá cualquier otra documentación justificativa, que el Comprador considere razonable y pertinente. El Comprador se ocupará de que los Vendedores y sus asesores cuenten con todos los medios razonables para el estudio de la reclamación.

b) Los Vendedores deberán reembolsar con carácter inmediato al Comprador y a la Sociedad todos los gastos en los que éstos vayan incurriendo en relación con su defensa frente a la Reclamación de Terceros.

c) Los Vendedores podrán, a su sola opción y asumiendo todos los gastos, participar y estar presentes en la defensa frente a la Reclamación de Terceros, pero no controlar la defensa, negociación o transacción de ésta, actos que permanecerán bajo el control del Comprador y/o de la Sociedad.

11.2 Mediante notificación por escrito del Representante de los Vendedores al Comprador, realizada dentro de los veintiocho (28) días posteriores a la recepción de la Notificación de Reclamación de Terceros ("Respuesta de los Vendedores Notificación de Reclamación de Terceros"), los Vendedores podrán (i) notificar al Comprador si aceptan o rechazan la Responsabilidad de los Vendedores y/o (ii) optar por contribuir a la estrategia de defensa, negociación y liquidación de la reclamación, haciéndose cargo de todos los gastos. En caso contrario, se considerará que aceptan la Responsabilidad de los Vendedores y renuncian a su derecho a contribuir a la estrategia de defensa, negociación y resolución de la reclamación.

En caso de desacuerdo entre las Partes sobre la estrategia de defensa, negociación o acuerdo transaccional, prevalecerá la posición del Comprador, no afectando este hecho a la Responsabilidad de los Vendedores. No obstante, en ese caso la Responsabilidad de los Vendedores no comprenderá el incremento del Daño, que se derive de la posición del Comprador.

12. PAGOS DE LOS VENDEDORES

Todos los pagos al Comprador, derivados de la Responsabilidad de los Vendedores serán satisfechos:

(i) En el supuesto de una Reclamación de Terceros, en la fecha en la que la Sociedad deba desembolsar fondos o cumplir una obligación en virtud de (1) una oferta transaccional, (2) una resolución o sentencia ejecutable (incluso con carácter provisional) de un tribunal, autoridad administrativa (incluidas las autoridades fiscales o de la seguridad social) o tribunal arbitral, con independencia de que exista o no un derecho de recurso o apelación.

(ii) En el supuesto de Reclamación Directa (1) dentro de los 8 días hábiles siguientes a un acuerdo entre las Partes o (2) a falta de un acuerdo, dentro de los 8 días hábiles siguientes a una resolución o sentencia firme de un Tribunal competente.

Cualquier cantidad vencida devengará intereses al tipo del interés legal, incrementado en un 5% anual, a partir del vencimiento del plazo contractual para el pago.

13. INDEMNIZACIONES ESPECÍFICAS

13.1 Salvo el importe específicamente provisionado en las Cuentas de Referencia, los Vendedores pagarán al Comprador la suma de cualesquiera impuestos, contribuciones a la Seguridad Social u otras cargas públicas (incluidos intereses, sanciones y recargos), liquidados frente a la Sociedad, en especial en el marco de futuras inspecciones fiscales y/o reevaluaciones, respecto de cualquier período de devengo, que haya concluido en la Fecha de Cierre o con anterioridad a ésta. El pago deberá realizarse con al menos siete (7) días hábiles de antelación a la fecha de vencimiento del impuesto, contribución o carga, siempre que el Comprador haya requerido de pago al Representante de los Vendedores en plazo con presentación de una copia de la notificación de la correspondiente liquidación del impuesto, contribución o carga pública.

13.2 Las reclamaciones del Comprador, derivadas de lo establecido en la presente Cláusula, serán eficaces hasta tanto no haya transcurrido un periodo de seis (6) meses, contado a partir de la fecha de prescripción de la respectiva deuda fiscal potencial, conforme a las disposiciones prescriptivas aplicables.

14. GARANTÍA BANCARIA

La obligación de pago por parte de los Vendedores derivada del régimen de responsabilidad pactado en el presente Contrato, quedará garantizada mediante garantías bancarias a primer requerimiento respecto de cada Vendedor cuyo importe total será decreciente de Acuerdo con lo siguiente:

1) un 10% del Precio de Compraventa hasta el primer aniversario de la Fecha de Cierre; a continuación

2) un 7,5% del Precio de Compraventa hasta el segundo aniversario de la Fecha de Finalización; y a continuación

3) Un 5% del Precio de Compraventa hasta el tercer aniversario de la fecha de finalización.

15. DISPOSICIONES VARIAS

15.1 Responsabilidad Solidaria

Todos los acuerdos, compromisos y obligaciones, asumidos por los Vendedores en este SPA son solidarios.

El Comprador podrá renunciar a o negociar las obligaciones de cualquiera de los Vendedores o conceder a cualquiera de los Vendedores plazos u otras condiciones, sin que esto afecte a las obligaciones de ninguno de los demás Vendedores.

15.2 Renuncia

Ninguna renuncia de una Parte de un incumplimiento de cualquiera de las Partes de alguna disposición de este SPA, será interpretada como una renuncia respecto de ningún otro incumplimiento subsiguiente de esa o de otra disposición y ninguna concesión o retraso de una Parte en el ejercicio de sus derechos derivados de este SPA serán interpretados como una renuncia a esos derechos.

15.3 Validez Posterior al Cierre

Este SPA, una vez haya tenido lugar el Cierre, continuará en vigor y producirá plenos efectos respecto de todas las disposiciones pendientes de realización o ejecución y (sin perjuicio de la generalidad de lo anterior) respecto de las Declaraciones, Garantías y Compromisos de Indemnización de los Vendedores y de la Responsabilidad de los Vendedores.

15.4 Resolución

El Comprador estará facultado para resolver este SPA en el supuesto de que no estén cumplidas todas las condiciones suspensivas al día ....

15.5 Confidencialidad

Cada una de las Partes mantendrá confidencial y no revelará a ningún tercero el contenido de este SPA, así como cualesquiera secretos del negocio o de naturaleza comercial y demás información confidencial sobre la otra Parte, que le haya sido revelada en relación con el presente Contrato o su aplicación, excepto cuando y con el alcance que se haya acordado expresamente con la otra Parte. Cualquier comunicado de prensa u otra comunicación pública en relación con el presente Contrato requerirá del consentimiento previo por la otra Parte.

Las obligaciones de confidencialidad establecidas en el NBIO seguirán siendo de aplicación y se incorporarán al presente documento por referencia.

Sin perjuicio de lo anterior, una Parte podrá revelar cualquier información, cuando sea necesario para el cumplimiento de la ley aplicable o de una resolución firme de un tribunal o administración pública, estando sin embargo obligada, en la medida legalmente admisible y practicable, a notificar este hecho con carácter previo a la otra Parte, tratando de alcanzar con ésta un acuerdo sobre el contenido de la referida información.

15.6 Contrato único

El SPA constituye la expresión final y completa del consentimiento de las Partes. Contiene el acuerdo íntegro entre las Partes al día de su fecha y no puede ser complementado ni interpretado por declaraciones o escritos de fecha anterior. Este SPA sustituye y reemplaza cualquiera comunicaciones, compromisos o acuerdos verbales o por escrito anteriores.

Cualquier modificación de este SPA deberá realizarse por escrito y ser firmada por todas las Partes, en español e Inglés, prevaleciendo el español

15.7 Nulidad, Invalidez e Ineficacia

La nulidad, invalidez o ineficacia de cualquier disposición de este SPA no afectará a la legalidad, validez, o eficacia de cualesquiera otras disposiciones de éste.

En ese supuesto, las Partes modificarán la disposición nula, inválida o ineficaz en la medida en que resulte razonable para obtener su eficacia, de acuerdo la finalidad económica de este SPA.

15.8 Gastos

Cada Parte asumirá sus propios gastos y desembolsos, incluidos los honorarios de intermediarios, corredores o introductores de negocios, así como los gastos de sus representantes, abogados y/o asesores incurridos en relación con la Transacción.

Los gastos y honorarios del Notario, que se produzcan en el Cierre con motivo del otorgamiento de la escritura pública de ejecución de la compraventa de las Participaciones y de la elevación a público del presente Contrato serán pagados con arreglo a ley

Todos los impuestos y demás gastos y desembolsos, que se produzcan en relación con este SPA serán pagados por las Partes según Ley, salvo que se especifique lo contrario en este documento

La Sociedad por tanto, deberá asumir el coste y gastos de todas aquellas escrituras o actas que supongan modificación de sus estatutos, su órgano de administración, poderes, revocación de los mismos, etc.

15.9 Representante del Vendedor

Don........................ designa irrevocablemente a don........................ como su representante para la ejecución de este SPA y para cualquier asunto relativo a la Responsabilidad de los Vendedores.

Cada notificación recibida por don........................ se considerará recibida por ambos Vendedores a efectos de este SPA, incluidas las disposiciones sobre la Responsabilidad de los Vendedores y representará su posición común. Cada notificación enviada por el Comprador a don........................ en virtud de este SPA incluido cualquier asunto relativo a la Responsabilidad de los Vendedores, se considerará válidamente enviado y oponible a ambos Vendedores.

15.10 Notificaciones

Todas y cada una de las comunicaciones previstas en este SPA se realizarán por escrito y en lengua española e inglesa y sólo serán válidas si se efectúan

1) mediante su entrega en mano contra acuse de recibo, fechado y firmado por el destinatario en cuyo caso la notificación se considerará realizada tras la firma del acuse de recibo por parte del destinatario,

2) mediante correo electrónico, siempre que el destinatario haya acusado recibo:

a. al Comprador:

b. a los Vendedores:

en cuyo caso la notificación se considerará realizada en el momento del envío del correo electrónico.

3) por carta certificada con acuse de recibo enviada:

a. a la sede del Comprador, a la atención de doña .... y de ...., o

b. al domicilio de don....................... mencionado en la parte expositiva de este SPA, o a cualquier otra dirección notificada por don........................ al Comprador de conformidad con la presente Cláusula, en cuyo caso la notificación se considerará realizada en el momento del envío de la carta.

15.11 Ley aplicable y Jurisdicción

Este Contrato será interpretado y aplicado a todos los efectos de acuerdo con el Derecho español.

Las partes acuerdan de forma irrevocable que los tribunales de la ciudad de.......................... tengan la jurisdicción exclusiva para la resolución de cualesquiera disputas que puedan surgir de o en relación con este SPA.

15.12 Idioma de este SPA

Este SPA se firma en español e inglés, prevaleciendo la versión española en caso de discrepancia.

15.13 Firma electrónica

Las Partes acuerdan firmar el SPA mediante firma electrónica y declaran por la presente que la versión firmada electrónicamente del presente SPA constituirá el documento original y será plenamente válida y vinculante entre ellas.

EN TESTIMONIO de lo anterior, este SPA ha sido firmado en el lugar y la fecha arriba indicados.

F110. CONTRATO DE PRESTACIÓN DE SERVICIOS Y PROHIBICIÓN DE COMPETENCIA TRAS COMPRAVENTA DE PARTICIPACIONES SOCIALES

En.............., a ....

REUNIDOS

De una parte,

D. ...., mayor de edad, de nacionalidad española, con domicilio a estos efectos en ...., con D.N.I. número .... en vigor.

De otra parte,

D. ...., mayor de edad, de nacionalidad española, con domicilio a estos efectos en ...., con D.N.I. número .... en vigor.

INTERVIENEN

El primero, en nombre y representación de la sociedad mercantil ...., sociedad de nacionalidad española, constituida por tiempo indefinido el .... ante el Notario de.............., Don .... bajo el número .... de su protocolo, e inscrita en el Registro Mercantil de esta provincia, y con C.I.F. número ...., en vigor.

En adelante la "Sociedad".

La segunda, ... con D.N.I. número ...., en su propio nombre y representación

En adelante, el "Profesional".

La Sociedad y el Profesional serán denominados en lo sucesivo conjuntamente como las "Partes" e individualmente como la "Parte".

Las Partes se reconocen mutuamente capacidad jurídica y de obrar necesarias para comparecer y obligarse en los términos del presente contrato y a tal objeto

EXPONEN

I.– Que la sociedad .... sociedad dedicada a la logística y distribución de mercancías, ha adquirido en el día de hoy el 100% de las participaciones sociales de la Sociedad con el fin de expandir sus actividades y fortalecer su posición en el mercado.

II.– Que, para garantizar una transición eficiente y exitosa tras la adquisición de la Sociedad, resulta esencial que D. ...., dada su experiencia y conocimiento profundo sobre las operaciones y actividades de la empresa adquirida, preste sus servicios profesionales a la Sociedad.

III.– Que D. .... acepta prestar servicios de dirección y gestión para facilitar la integración y optimización de las operaciones de transición anteriormente indicadas, reconociéndose mutuamente las partes la capacidad necesaria para la formalización de este acuerdo.

IV.– Que, a tal fin, ambas Partes, reconociéndose mutua y recíprocamente la capacidad legal necesaria para obligarse, han acordado formalizar la relación de prestación de servicios que precisan, y en consecuencia han convenido el otorgamiento del presente contrato de prestación de servicios (el "Contrato"), que se regirá por las siguientes

ESTIPULACIONES

—PRIMERA—
OBJETO

El objeto del presente contrato es regular la prestación, por parte de D. ...., a favor de la Sociedad, de servicios profesionales de dirección y gestión, con el fin de garantizar una transición ordenada y eficiente tras la adquisición por parte de la mercantil .... de las participaciones de la Sociedad.

En particular, los servicios que el Profesional se compromete a prestar incluyen, entre otros:

1. Labores de Dirección General

o Supervisión estratégica de la integración de las operaciones de la empresa adquirida.

o Definición de objetivos y planificación estratégica alineada con los intereses de la Sociedad.

2. Labores de Gestión Operativa

o Optimización de los procesos productivos, logísticos y administrativos.

o Control y seguimiento de indicadores clave de rendimiento (KPI).

3. Labores de Consultoría y Asesoramiento

o Transferencia de conocimientos y mejores prácticas sobre la operación de la empresa adquirida.

o Participación en la resolución de problemas técnicos, organizativos y comerciales.

Las partes reconocen que la relación entre ellas tiene carácter exclusivamente mercantil, y que está excluida la normativa laboral.

El Profesional desarrollará sus funciones con total autonomía técnica y organizativa, ajustándose a las necesidades de la Sociedad. Sin perjuicio de lo anterior, el Profesional podrá llevar a cabo sus funciones a su elección, dentro de las instalaciones de la Sociedad, o en cualquier otro lugar acordado por ambas partes.

—SEGUNDA—
INICIO Y DURACIÓN

A los efectos descritos en los expositivos de este Contrato, las Partes convienen que el periodo de vigencia del presente Contrato sea de 18 meses a contar desde la fecha de hoy ("Periodo de Vigencia"). Durante el Periodo de Vigencia, la dedicación del Profesional será la necesaria para la correcta prestación de los Servicios en los términos de la Estipulación Primera.

En caso de incumplimiento por parte de la Sociedad del Período de Vigencia, deberá indemnizar al Profesional por el total importe que tuviera derecho a percibir hasta la conclusión de dicho Período de Vigencia, a menos que lo anterior tuviera origen en una resolución contractual declarada judicialmente procedente en la persona del Profesional, en cuyo caso no procederá el abono de indemnización alguna a su favor.

Habida cuenta de la relevancia que para la Sociedad supone el cumplimiento del Periodo de Vigencia por parte del Profesional, éste se compromete a cumplirlo íntegramente en los términos aquí establecidos.

Transcurrido el periodo de vigencia, el presente contrato quedará resuelto automáticamente.

—TERCERA—
RETRIBUCIÓN POR LA PRESTACIÓN DE SERVICIOS Y FORMA DE PAGO

3.1. Retribución.

La retribución a percibir por parte del Profesional como contraprestación por los Servicios prestados a favor de la Sociedad estará compuesta por:

– Una retribución fija anual por importe de .... anuales. A dicha cantidad se le añadirá el I.V.A. correspondiente (la "Retribución").

La contraprestación pactada en virtud de la presente cláusula no incluirá los gastos, de la clase que fueren, incurridos por el Profesional en relación con la prestación de los Servicios. La Sociedad pagará a el Profesional los gastos, de la clase que fueren en su más amplio sentido, en que hubiere incurrido en la prestación de los Servicios, debidamente justificados con las correspondientes facturas, de conformidad con la política de gastos de la Sociedad y, en todo caso, de conformidad con lo que sería comúnmente aceptado en el mercado. Además, la Sociedad pondrá a disposición del Profesional para su uso y disfrute tanto de carácter laboral como personal el vehículo de empresa, marca .... La totalidad de los gastos, de la clase que fueren, debidamente justificados, derivados de la utilización del referido vehículo para los fines del presente contrato serán abonados por la Sociedad al Profesional. Una vez resuelta la presente relación contractual, la Sociedad ofrecerá al Profesional una opción de compra del referido vehículo a precio de mercado.

3.2. Forma de pago.

La Retribución Fija se devengará con carácter mensual. A tal efecto, el Profesional emitirá una factura dentro de los cinco (5) primeros días hábiles del mes correspondiente, por importe de .... BRUTOS. La Sociedad vendrá obligada a abonar el importe total de la factura correspondiente dentro del plazo de cinco (5) días hábiles siguientes a la fecha de recepción de la factura.

—CUARTA—
NO COMPETENCIA Y NO CAPTACIÓN

Con relación a las obligaciones de No Competencia y No Captación asumidas por el Profesional, las Partes se remiten a lo acordado en la cláusula 7 del "Contrato de Compraventa de Participaciones Sociales de "........., S.L.", suscrito en el día de hoy y elevado a público ante el notario de, dando por íntegramente reproducidas aquí las obligaciones asumidas en virtud de dicha cláusula.

—QUINTA—
EXCLUSIVIDAD

Durante la vigencia del presente contrato, el Profesional se compromete a prestar sus servicios de forma exclusiva a favor de la Sociedad. En virtud de esta cláusula, el Profesional no podrá, directa ni indirectamente:

1. Prestar servicios similares a los contemplados en este contrato a terceros, ya sea en calidad de trabajador, consultor, asesor, socio o colaborador, sin el consentimiento expreso y por escrito de la Sociedad.

2. Participar en proyectos, actividades o relaciones comerciales que puedan interferir o entrar en conflicto con los intereses de la Sociedad o las obligaciones asumidas en el presente contrato.

3. Usar su experiencia o conocimientos obtenidos en el marco del presente contrato para beneficiar a empresas o personas diferentes de la Sociedad, salvo autorización previa y por escrito.

Esta exclusividad se extiende a las actividades relacionadas con la dirección, gestión, optimización operativa y demás funciones acordadas, según lo establecido en la cláusula PRIMERA del presente contrato.

El incumplimiento de esta cláusula facultará a la Sociedad para rescindir el contrato de manera inmediata y a ejercitar el derecho a reclamar indemnización por los daños y perjuicios ocasionados.

—SEXTA—
DERECHOS DE PROPIEDAD INTELECTUAL E INDUSTRIAL

6.1 Cesión de derechos de propiedad intelectual

El Profesional reconoce y acepta que todos los documentos, informes, escritos, modelos de contrato, dictámenes, estrategias, bases de datos, y cualquier otro material generado, elaborado o desarrollado en el marco de la prestación de servicios para la Sociedad, serán de exclusiva propiedad de la Sociedad. Esto incluye, pero no se limita a, todos los derechos de explotación económica y patrimonial reconocidos en la Ley de Propiedad Intelectual española (Real Decreto Legislativo 1/1996, de 12 de abril).

Por el presente contrato, el Profesional cede a la Sociedad, de manera irrevocable, exclusiva, indefinida y sin limitación geográfica, todos los derechos patrimoniales de propiedad intelectual sobre dichos trabajos y materiales, incluyendo, entre otros, los derechos de reproducción, distribución, comunicación pública, transformación, y cualquier otro derecho reconocido por la normativa vigente, para cualquier modalidad de uso en cualquier territorio.

6.2 Cesión de derechos de propiedad industrial

Asimismo, el Profesional cede a la Sociedad todos los derechos sobre invenciones, diseños industriales, signos distintivos, marcas o nombres comerciales que se desarrollen o creen en el marco de la prestación de servicios objeto del presente contrato, conforme a lo establecido en la Ley de Patentes (Ley 24/2015, de 24 de julio) y la Ley de Marcas (Ley 17/2001, de 7 de diciembre).

En caso de que las creaciones o invenciones del Profesional sean susceptibles de protección mediante registro, el Profesional se compromete a colaborar plenamente con la Sociedad para realizar los trámites necesarios, sin coste adicional para esta última. La titularidad de tales registros será exclusivamente de la Sociedad.

6.3 Material preexistente

Quedan excluidos de esta cesión aquellos materiales o elementos protegidos por derechos de propiedad intelectual o industrial que sean de titularidad exclusiva del Profesional antes del inicio de la relación contractual, salvo que dichos materiales sean adaptados, modificados o incorporados específicamente para la prestación de los servicios a favor de la Sociedad. En tal caso, el Profesional concede a la Sociedad una licencia no exclusiva, indefinida y gratuita para su uso.

6.4 Confidencialidad

El Profesional se compromete a mantener la confidencialidad sobre cualquier material o información relacionada con los derechos de propiedad intelectual e industrial desarrollados o utilizados en el marco del contrato, así como a no utilizarlos fuera del ámbito de colaboración con la Sociedad, salvo autorización previa y por escrito.

6.5 Entrega de materiales y documentos

Al finalizar la relación contractual, el Profesional se obliga a entregar a la Sociedad todos los materiales, documentos, soportes, notas internas y cualquier contenido generado en el marco de la prestación de servicios. Dicha entrega incluirá tanto las versiones finales como los borradores que puedan ser susceptibles de protección por derechos de propiedad intelectual o industrial.

Todos los documentos, informes, datos, resultados, estrategias o conclusiones que se produzcan como consecuencia de la prestación de los Servicios, serán propiedad exclusiva de la Prestataria, renunciando expresamente el Profesional a cualquier derecho que pudiese obtener como autor de los mismos.

—SÉPTIMA—
NATURALEZA MERCANTIL

El presente contrato tiene naturaleza estrictamente mercantil, quedando expresamente excluida cualquier relación de carácter laboral entre las partes. El Profesional prestará sus servicios de forma autónoma, independiente y bajo su propio criterio técnico, sin estar sujeto a horario ni ámbito de subordinación, salvo en cuanto a las directrices específicas que, en el marco del encargo profesional, le encomiende la Sociedad.

—OCTAVA—
CONFIDENCIALIDAD

El Profesional manifiesta y reconoce que, en el curso de la prestación de los Servicios, tendrá pleno acceso a información de la Sociedad (en adelante, la "Información").

El Profesional manifiesta y reconoce que la Información es propiedad y está bajo el control de la Sociedad y es confidencial y está amparada bajo el deber de secreto profesional y secreto de empresa.

El Profesional asume durante el Periodo de Vigencia e indefinidamente tras su extinción, un deber de secreto con relación a la Información a la que haya tenido acceso o conocimiento durante la vigencia del Contrato.

El Profesional no podrá revelar la Información a terceros ni utilizarla para fines ajenos al desarrollo y prestación de los Servicios, en interés propio o ajeno.

—NOVENA—
PROHIBICIÓN DE CESIÓN DE DERECHOS Y OBLIGACIONES

El Profesional no podrá ceder ni subcontratar los derechos y obligaciones que se deriven del Contrato, a ninguna persona física o jurídica.

—DÉCIMA—
EXTINCIÓN DEL CONTRATO

El presente Contrato se extinguirá en los supuestos y con las consecuencias que a continuación se señalan:

1. Por el transcurso del plazo de vigencia.

2. En cualquier momento de la vigencia del contrato, previa notificación de la Sociedad con una antelación mínima de un mes, por haber finalizado, a juicio de la Sociedad, el periodo de transición necesario tras la adquisición de la empresa propiedad del profesional. En este supuesto, la Sociedad deberá abonar, en el plazo de CINCO (5) días desde la referida notificación el importe íntegro de la retribución fija total pactada en la Cláusula Tercera que le restara por abonar al Profesional hasta la finalización del Periodo de Vigencia.

3. Incumplimiento grave por parte del Profesional de las obligaciones contenidas en este contrato.

4. Actuaciones contrarias a la ética profesional o que perjudiquen los intereses de la Sociedad o de sus clientes.

Si se produjera la extinción con anterioridad al cumplimiento del plazo de vigencia por las causas establecidas en los puntos 3 y 4 anteriores o cualquier otra ajena a la Sociedad y no aceptada por ella, dicha extinción dará lugar al derecho a reclamar por parte de la Sociedad el importe íntegro de la retribución fija total pactada en la Cláusula Tercera que le restara por abonar al Profesional hasta la finalización del Periodo de Vigencia.

—UNDÉCIMA—
NOTIFICACIONES

Todas las comunicaciones entre las Partes relativas al cumplimiento y ejecución del Contrato se realizarán en las personas de contacto, direcciones y teléfonos siguientes:

La Sociedad:

Persona contacto: D. ....

Dirección: ....

E mail: ....

El Profesional:

Persona contacto: D. ....

Dirección: ....

E mail: ....

—DUODÉCIMA—
LEGISLACIÓN Y JURISDICCIÓN APLICABLE

La existencia, validez e interpretación de las cláusulas contenidas en el presente contrato se regirá con arreglo a la legislación común española y, en lo no expresamente dispuesto en el mismo, por las disposiciones del Código de Comercio, leyes especiales, usos mercantiles y artículos 1.542 y siguientes del Código Civil. Si alguna de las cláusulas del

Contrato resultare nula por contravenir la legislación aplicable, se mantendrán vigentes el resto de las estipulaciones que no se encuentren viciadas por la nulidad.

Para cualquier divergencia derivada de la interpretación o ejecución del presente Contrato, las Partes se someten, con expresa renuncia a cualquier otro fuero, a la competencia de los Tribunales de la ciudad de ....

En prueba de su conformidad, las Partes contratantes firman, por duplicado y a un solo efecto, todas y cada una de las páginas extendidas en papel común que integran el presente Contrato, en el lugar y fecha indicados en el encabezamiento.

F111. CONTRATO DE COMPRAVENTA UNICAMENTE DE ACCIONES Y NO DE EMPRESA

Normativa aplicable: *Arts. 120 y ss. Real Decreto Legislativo 1/2010, de 2 de julio, por el que se aprueba el texto refundido de la Ley de Sociedades de Capital.*

En ...., a.................

COMPARECEN

DE UNA PARTE:

D.............., mayor de edad, con domicilio en .... y con DNI y NIF número ....

Y, DE OTRA PARTE:

D.............., mayor de edad, con domicilio en .... y con DNI y NIF número ....

D.............., mayor de edad, con domicilio en .... y con DNI y NIF número ....

D.............., mayor de edad, con domicilio en .... y con DNI y NIF número ....

INTERVIENEN

D............., en nombre y representación de .... sociedad válidamente constituida por tiempo indefinido ante.........., Notario de ...., en............., con domicilio social en .... y NIF.........; inscrita en el Registro Mercantil de .... en el tomo ...., folio ...., hoja número ...., inscripción ....; interviene en su condición de administrador único (en adelante, el "Comprador").

D............., en nombre y representación de .... sociedad válidamente constituida por tiempo indefinido ante.........., Notario de ...., en............., con domicilio social en .... y NIF.........; inscrita en el Registro Mercantil de .... en el tomo ...., folio ...., hoja número ...., inscripción ....; interviene en su condición de administrador único (en adelante, el "Vendedor").

En adelante, se hará referencia, conjuntamente, al Comprador y a los Vendedores como las "Partes".

EXPONEN

IV. Que los Vendedores, son titulares del cien por cien del capital social de la compañía...... (en adelante, "la Sociedad" o la "Compañía"), con domicilio en .... s/n; inscrita en el Registro Mercantil de......., al Tomo ...., Folio ...., Hoja ...., inscripción .... Provista de CIF ....

Cada uno de los Vendedores es propietario, en pleno dominio, de las siguientes acciones de la Sociedad:

d) D. .... es titular de .... acciones, con los siguientes números:.................; todas inclusive, representativas del ....% del capital social de la Sociedad;

e) D. .... es titular de .... acciones, con los siguientes números:.................; todas inclusive, representativas del ....% del capital social de la Sociedad;

f) D. .... es titular de .... acciones, con los siguientes números:.................; todas inclusive, representativas del ....% del capital social de la Sociedad;

g) D. .... es titular de .... acciones, con los siguientes números:.................; todas inclusive, representativas del ....% del capital social de la Sociedad;

(en adelante, se hará referencia al total de las .... acciones referidas, representativas del 100% del capital social de la Sociedad, conjuntamente, como las "Acciones")

V. Que la Sociedad es accionista único de la sociedad .... con CIF .... (en adelante, la "Filial").

VI. Que el Comprador está interesado en adquirir la totalidad de las Acciones de la Sociedad, y que los Vendedores están interesados en transmitirlas.

VII. Y, de conformidad con cuanto antecede, las Partes, reconociéndose recíprocamente la capacidad necesaria, formalizan el presente contrato de compraventa de las Acciones de la Sociedad (en adelante, el "Contrato"), con arreglo a las siguientes

CLÁUSULAS

PRIMERA.– COMPRAVENTA DE LAS ACCIONES DE LA SOCIEDAD

En los términos que se recogen en este Contrato, los Vendedores venden y transmiten al Comprador, que compra y adquiere, la plena y exclusiva propiedad de las Acciones, con la numeración que se relaciona en el Expositivo I anterior, representativas del 100% del capital social de la Sociedad, con todos sus derechos y libres de cargas, gravámenes, restricciones a su disponibilidad o transmisión y de derechos a favor de terceros.

SEGUNDA.– PRECIO Y FORMA DE PAGO

El precio total de compra convenido de las Acciones objeto de este Contrato es de .... euros por el 100% de las Acciones, que es entregado en el momento de la firma del presente Contrato, por el Comprador a los Vendedores, quienes otorgan la más completa y eficaz carta de pago.

TERCERA.– Por los vendedores se hace constar que actualmente la Sociedad y la Filial no adeudan ninguna cantidad a los Accionistas, a sus familiares ni a sociedades vinculadas y/o participadas por ellos, ya que las deudas existentes con los mismos han sido cedidas previamente a favor del Comprador por valor de un euro, en los términos del contrato de fecha........., como condición esencial para la firma de la presente Compraventa.

Igualmente, los Vendedores manifiestan y garantizan, de forma solidaria entre ellos, que la totalidad de las Acciones han sido válidamente emitidas y están íntegramente suscritas y desembolsadas en su totalidad. También que todos los requisitos para la válida y eficaz transmisión de las Acciones, objeto de esta compraventa, han sido cumplidos y que todas las acciones están libres de toda clase de cargas, gravámenes o derechos de terceros. Y que no existe ninguna opción, derecho de suscripción, derecho de tanteo o retracto sobre las Acciones de la Sociedad, ni otros derechos para adquirir las Acciones y no se ha acordado ninguna ampliación de capital que esté pendiente de inscripción en el Registro Mercantil.

Finalmente, los Vendedores manifiestan que.............. ha renunciado a cualquier acción de reembolso que pudiera corresponderle por los pagos efectuados hasta la fecha de la presente escritura, correspondientes a deudas de la Sociedad que ella había afianzado o avalado. Concretamente, a título meramente enunciativo, los pagos efectuados hasta la fecha con relación a las siguientes deudas:

....

CUARTA.– RENUNCIA DERECHO DE ADQUISICIÓN PREFERENTE.

Cada uno de los Vendedores, a título personal e individual, y todos en conjunto, renuncian expresamente a cualquier derecho de adquisición preferente, de tanteo o de retracto, que pudiera corresponderles para adquirir las Acciones de cualquiera de los otros accionistas de la Sociedad que transmite por la presente al Comprador.

QUINTA.– ADMINISTRACIÓN DE LA SOCIEDAD

Por el Comprador, simultáneamente a este otorgamiento, se celebra Junta Universal de Accionistas, por la que cesan todos los miembros del órgano de administración de la Sociedad y de la Filial, se revocan todos los poderes que tenían conferidos los apoderados de la Sociedad y de la Filial, y se hacen constar, por parte de los administradores, que no tienen reclamación ni crédito pendiente alguno frente a la Sociedad ni la Filial y renuncian a todos los que pudieran surgir como consecuencia de tal cese, ya fuera de índole mercantil y/o laboral. Especialmente, D. .... manifiesta que ha presentado su baja voluntaria respecto a la relación laboral que mantenía con la Sociedad y que no tienen ninguna cantidad que reclamar a la Sociedad.

En la referida Junta de Accionistas se procede por el nuevo socio al nombramiento de las personas que van a ocupar los cargos del órgano de administración.

SEXTA.– NO COMPETENCIA.

Los Vendedores por el presente contrato se comprometen a que, en un plazo de .... años, ni ellos, ni sus respectivos cónyuges, ascendientes o descendientes o, en caso de persona jurídica, ninguno de sus accionistas o administradores, directa o indirectamente, ni ninguna de sus filiales, tomarán parte o en forma alguna adquirirán interés alguno en ningún negocio, sociedades o empresas dedicadas a la estampación textil. La presente prohibición también resultará aplicable a las sociedades holding que sean titulares, de forma directa o indirecta, de sociedades que desempeñen la actividad referida.

SÉPTIMA.– CONFIDENCIALIDAD

Los Vendedores se comprometen mediante el presente Contrato a mantener en secreto y confidencialmente toda la información que puedan poseer y toda información a la que hayan tenido acceso en relación con los negocios de la Sociedad y/o la Filial, y ni ellos, ni sus sociedades afiliadas divulgarán o comunicarán a cualquier tercero dicha información.

A su vez, los Vendedores manifiestan que el Know-How y todos los diseño industriales y demás derechos de propiedad industrial de los que sea titular la Sociedad y/o la Filial seguirán perteneciendo a la Sociedad y/o la Filial, en cada caso, y se comprometen a guardar la más estricta confidencialidad y a no hacer uso de los mismos ni a permitir su uso por parte de terceros.

Las Partes se comprometen a preservar la más absoluta confidencialidad del presente Contrato, obligándose a no revelar a terceros ni su existencia ni sus específicos términos y condiciones, salvo de mutuo acuerdo o en caso de que lo exija el cumplimiento de alguna Ley.

OCTAVA.– GASTOS, IMPUESTOS Y HONORARIOS

Cada una de las Partes soportará los gastos e impuestos en que incurra como consecuencia de la preparación y ejecución de este Contrato, excepto que otra cosa se prevea expresamente. Cualquier impuesto devengado en relación con este contrato se abonará de acuerdo con la ley española. Los aranceles y gastos por la actuación de fedatarios, serán pagados con arreglo a Ley.

NOVENA.– NO VENTA DE EMPRESA

Expresamente se hace constar por las partes que la presente compraventa, lo es, exclusivamente, de las acciones arriba reseñadas, no transmitiéndose por los vendedores ni adquiriéndose por el comprador a través de la misma empresa, patrimonio o negocio alguno. Tampoco el contenido o consistencia patrimonial de .... o su filial, contenido o consistencia ésta que no fundamenta ni es causa o elemento esencial del presente contrato, ni los vendedores la garantizan en modo alguno. Únicamente adquiere el comprador las reseñadas acciones.

DÉCIMA.– LEY APLICABLE Y JURISDICCIÓN

El presente Contrato se regulara por lo establecido en el mismo y, en su defecto, por la ley española. Para la solución de cualquier conflicto que pudiera plantearse entre las partes dimanante del presente contrato éstas, con renuncia a cualquier fuero propio que pudiera corresponderles, se someterán a los Tribunales de la ciudad de ....

Y de conformidad con cuanto antecede las partes formalizan el presente contrato en .. ejemplares, uno para cada una de las partes y otra para el fedatario interviniente, con la intervención del notario D................, en el lugar y fecha designados en el encabezamiento.

F112. ESCRITURA DE COMPRAVENTA DE EMPRESA A TRAVÉS DE LA COMPRA DE ACCIONES

Normativa aplicable: *Arts. 120 y ss. Real Decreto Legislativo 1/2010, de 2 de julio, por el que se aprueba el texto refundido de la Ley de Sociedades de Capital.*

COMPRAVENTA DE LAS ACCIONES DE LA SOCIEDAD

....

otorgada por

DOÑA .... y sus hijos ....

a favor de

DON............. y ....

Número

En la Ciudad de ...., mi residencia, a................

Ante mí, ..., Notario de .... y de su Ilustre Colegio,

COMPARECEN:

DOÑA...................., vecina de .... Con DNI/NIF número................

DOÑA...................., vecina de .... Con DNI/NIF número................

DOÑA...................., vecina de .... Con DNI/NIF número................

DOÑA...................., vecina de .... Con DNI/NIF número................

Y, DE OTRA PARTE:

Don......................., vecino de .... Con DNI/NIF número..................

Y Don...................., vecino de .... Con DNI/NIF número..................

Todos mayores de edad.

Les identifico por medio de sus respectivos documentos exhibidos y reseñados.

INTERVIENEN:

a) .... en su propio nombre y derecho (en adelante, conjuntamente, los "Vendedores").

b) Y ...., en su propio nombre y derecho (en adelante, conjuntamente, los "Compradores").

En adelante, se hará referencia, conjuntamente, los Compradores y a los Vendedores como las "Partes".

Tienen, a mi juicio, capacidad para otorgar la presente escritura de COMPRAVENTA DE ACCIONES, y al efecto, en la condición en que intervienen,

EXPONEN:

I.– Que los Vendedores, son titulares del cien por cien del capital social de la compañía .... (en adelante, "la Sociedad" o la "Compañía"), de nacionalidad española, con domicilio social en .... y CIF número ....

Constituida, por tiempo indefinido, mediante escritura otorgada en ....

La sociedad tiene un capital social de .... euros representado por .... acciones nominativas de la serie A de .... euros de valor nominal cada una de ellas, numeradas correlativamente del.........., totalmente suscritas y desembolsadas; y .... acciones nominativas de la serie B de .... euros de valor nominal cada una de ellas numeradas correlativamente del.........., ambas inclusive totalmente suscritas y desembolsadas.

Cada uno de los Vendedores es propietario, en pleno dominio, de las siguientes acciones de la Sociedad:

a) Doña .... es titular de .... acciones de la serie A, con los siguientes números:.............., representativas del .....% del capital social de la Sociedad.

Títulos de adquisición.– ....

....

b) Doña .... es titular de .... acciones de la serie A, con los siguientes números:.............., representativas del ...% del capital social de la Sociedad

Títulos de adquisición.– ....

....

c) Doña .... es titular de .... acciones de la serie A, con los siguientes números:.............., representativas del ....% del capital social de la Sociedad.

Títulos de adquisición.– ....

....

d) Doña .... es titular de .... acciones de la serie A, con los siguientes números:.............., representativas del ....% del capital social de la Sociedad

Títulos de adquisición.– ....

....

Los expresados en el certificado de la referida mercantil expedido el día de hoy por el Secretario del Consejo de Administración Don............ con el visto bueno del Presidente Don................ cuyas firmas legitimo por haber sido puestas en mi presencia, y a petición de los comparecientes dejo unido a la presente escritura (en adelante, se hará referencia al total de las .... acciones referidas, representativas del 100% del capital social de la Sociedad, conjuntamente, como las "Acciones").

II.– Que sobre los títulos objeto de esta operación no pesa retención judicial ni de otra índole, y no están sujetos a embargos, estando libres de cargas y gravámenes.

III.– Que no les afecta la prohibición contenida en el artículo 96.3º del Código de Comercio vigente ya que no se hallan las partes intervinientes en situación de suspensión de pagos, quiebra o concurso.

IV.– Que la presente transmisión no está comprendida en los supuestos específicos del art. 314 del Real decreto legislativo 4/2015, de 23 de octubre, encontrándose en consecuencia, exenta del Impuesto sobre Transmisiones Patrimoniales y Actos Jurídicos Documentados y del Impuesto sobre el Valor Añadido.

V.– Que las acciones a que se refiere la presente escritura no se hallan sujetas a cotización en ningún mercado oficial.

VI.– Que los Compradores están interesados en adquirir la totalidad de las Acciones de la Sociedad, y que los Vendedores están interesados en transmitirlas.

VII.– Y, de conformidad con cuanto antecede, las Partes, reconociéndose recíprocamente la capacidad necesaria, formalizan el presente contrato de compraventa de las Acciones de la Sociedad (en adelante, el "Contrato"), con arreglo a las siguientes,

CLÁUSULAS:

PRIMERA.– COMPRAVENTA DE LAS ACCIONES DE LA SOCIEDAD

En los términos que se recogen en este Contrato, los Vendedores venden y transmiten a los Compradores, que compran y adquieren, la plena y exclusiva propiedad de las Acciones, con la numeración que se relaciona en el Expositivo I anterior, representativas del 100% del capital social de la Sociedad, con todos sus derechos y libres de cargas, gravámenes, restricciones a su disponibilidad o transmisión y de derechos a favor de terceros.

SEGUNDA.– PRECIO Y FORMA DE PAGO.

El precio total de compra convenido de las Acciones objeto de este Contrato es de .... euros por el 100% de las Acciones.

Se entregan .... euros en este mismo acto mediante cheques bancarios nominativos de los que obtengo copia que con valor de testimonio quedan unidas al presente contrato, y los otros restantes .... euros se abonarán en el plazo de .... meses a contar desde la firma de la presente escritura pública de compraventa de acciones.

TERCERA.– DECLARACIONES Y GARANTÍAS DE LOS VENDEDORES.

Cada uno de los Vendedores efectúa, en el día de la fecha, las declaraciones y garantías que a continuación siguen. Los Compradores, por su parte, formalizan la presente compraventa precisamente con base en las declaraciones y garantías de los Vendedores y confiando en su veracidad, por tanto, son condición esencial para la firma de la presente escritura.

3.1.– Licencias y Autorizaciones.

La Sociedad tienen en la actualidad todas las licencias, permisos y demás autorizaciones del Estado, Autonómicas y Locales, necesarias para poseer y utilizar sus bienes y llevar a cabo todas sus actividades y ninguna de tales licencias, permisos o autorizaciones requiere renovación o prórroga.

3.2.– Capital social

La totalidad de las Acciones han sido válidamente emitidas y están íntegramente suscritas y desembolsadas en su totalidad.

Todos los requisitos para la válida y eficaz transmisión de las Acciones, objeto de esta compraventa, han sido cumplidos. Todas las acciones están libres de toda clase de cargas, gravámenes o derechos de terceros.

No existe ninguna opción, derecho de suscripción, derecho de tanteo o retracto sobre las Acciones de la Sociedad, ni otros derechos para adquirir las Acciones y no se ha acordado ninguna ampliación de capital que esté pendiente de inscripción en el Registro Mercantil.

Ni la propiedad de los activos de la Sociedad ni su capacidad de desarrollar su giro y tráfico como se viene desarrollando en la fecha presente, se hallan condicionados al hecho de pertenecer las Acciones a un accionista u accionistas determinados.

La transmisión de todas las acciones de la Sociedad no constituye causa que limite, condicione o restrinja la titularidad o el uso de los bienes de la Sociedad, ni la capacidad para desarrollar su giro y tráfico, ni constituye causa de resolución, terminación o de cambio de condiciones esenciales de ningún contrato del que la Sociedad sea parte.

3.3.– Situación Patrimonial y Financiera de la Sociedad.

La situación patrimonial y financiera de la Sociedad se refleja con claridad y exactitud en los siguientes documentos que se incluyen como Anexo I a la presente escritura:

1.– Balance de situación de la Sociedad a .... formulado y firmado por todos los Consejeros de la Sociedad.

2.– Cuenta Anuales de........., formuladas y firmadas por todos los Consejeros de la Sociedad y auditadas.

3.– Balance de Sumas y Saldos de la Sociedad a..........., firmado por todos los consejeros de la Sociedad.

4.– Detalle de todas las deudas con la Hacienda Pública a fecha..........., indicando sus vencimientos.

5.– Detalle de todas las deudas con la Tesorería General de la Seguridad Social a fecha ...., indicando sus vencimientos.

6.– Detalle de deuda de la Sociedad mantenida con los accionistas y/o entidades vinculadas a los mismos, a fecha .... desglosada por acreedores e indicando sus vencimientos.

7.– Detalle de la deuda de la Sociedad mantenida con sus trabajadores, administradores o directivos a fecha..................

8.– Relación detallada de los pagarés emitidos por la sociedad y pendientes de vencimiento a la fecha de esta escritura, o estando vencidos no hubiesen sido cargados en cuenta.

La anterior documentación o información, que se adjunta a la presente escritura, es condición esencial para la firma de la presente, por parte de los Compradores.

Toda la información financiera que se adjunta a esta escritura es, a la fecha en que cada documento fue emitido, correcta y dichos documentos contables no contienen ninguna declaración falsa ni omiten ningún hecho que pueda inducir a error y han sido preparados de acuerdo con principios de contabilidad generalmente aceptados y aplicados de forma homogénea, reflejando la posición financiera de la Sociedad a sus respectivas fechas.

Los Vendedores manifiestan que actualmente la Sociedad no adeuda ninguna cantidad a los Accionistas, a sus familiares ni a sociedades vinculadas y/o participadas por ellos, distintas de las reflejadas en el anexo .... (redactar anexo con la deuda pendiente por arroz, pagarés, indemnizaciones por despido etc).

Con excepción de lo manifestado en el párrafo anterior, Los Vendedores manifiestan que actualmente no hay en la Sociedad ningún Accionista, ascendiente, descendiente, cónyuge o persona vinculada a ellos que mantenga vigente cualquier clase de relación mercantil, contractual o de cualquier otra clase con la sociedad, o bien sea trabajador, administrador o directivo de la Sociedad y que no se les adeuda ninguna cantidad derivada de cualquier relación sea cual fuere que hubieran podido tener con la Sociedad antes de la fecha del presente Contrato, ya sean, a título meramente enunciativo, indemnizaciones por despido, finiquitos, remuneraciones como administradores, etc.

3.4.– Derechos de propiedad industrial e intelectual

La Sociedad es la exclusiva propietaria del nombre comercial y marca registrada .... (marca nº...........), y del dominio de internet "............". No hay reclamaciones, demandas o procedimientos iniciados, pendientes o que se vayan a iniciar por parte de cualquier otra persona, entidad o compañía, que sea conocido por los Vendedores, disputando el derecho de la Sociedad a obtener, mantener o utilizar la marca registrada y el dominio mencionado, o cualquier solicitud e inscripción, o cualquier información comercial secreta, o cualquier proceso, máquina, producto o fórmula o material utilizado en cualquiera de los negocios de la Sociedad.

En relación con el uso de propiedad intelectual perteneciente a terceros, la Sociedad es titular de las licencias necesarias para desarrollar su negocio en la manera en que lo viene desarrollando, estando las mismas vigentes. La Sociedad ha cumplido con cualesquiera obligaciones que pudieran derivarse para ella de las leyes protectoras de los derechos de propiedad industrial, propiedad intelectual y protección de datos de carácter personal.

No hay reclamaciones, demandas o procedimientos iniciados por parte de cualquier otra persona, entidad o compañía, que sea conocido por los Vendedores, por infracciones del derecho de propiedad industrial, propiedad intelectual o derecho a la protección de datos de carácter personal.

3.5.– Clientes/Proveedores de importancia

Los Vendedores no tienen conocimiento de que ningún cliente de la Sociedad o proveedor de bienes o servicios de importancia para el desarrollo del negocio de la Sociedad haya manifestado, con anterioridad a la fecha de este Contrato, su intención de dar por terminadas sus relaciones con la Sociedad.

3.6.– Consejeros, Directivos y Trabajadores.

Los Vendedores manifiestan que el importe total de la retribución por todos los conceptos que consta en las Cuentas Anuales o en las nóminas, en cada caso, es el único importe de retribución que reciben los Consejeros, Directivos y Trabajadores.

Los Vendedores manifiestan que no existen en .... contratos o acuerdos verbales o escritos con ningún miembro del Órgano de Administración o empleado de .... en los que se pacten indemnizaciones por despido, por jubilación o por cualquier otra causa, que no sean las legales y por importe superior a las legales.

1.1.– Garantías.

La Sociedad no ha garantizado ni avalado deudas de ninguna persona, entidad o compañía en el curso o fuera del curso ordinario del negocio

Respecto a las deudas que hubieran sido avaladas personalmente por los Vendedores, dichos avales, en un plazo no más tarde del..........., teniendo dicha cancelación carácter esencial. No obstante si llegada dicha fecha ello no hubiera tenido lugar la parte compradora asume las responsabilidades que por ello pudieran derivarse

Dichas deudas son las siguientes:

....

3.8.– Derechos de adquisición preferente.

Cada uno de los Vendedores, a título personal e individual, renuncian expresamente a cualquier derecho de adquisición preferente, de tanteo o de retracto, que pudiera corresponderles para adquirir las Acciones de cualquiera de los otros accionistas de la Sociedad que transmite por la presente al Comprador.

3.9.– Expresamente declaran y garantizan los Vendedores que no existe ningún tipo de impedimento, público o privado, para la transmisión de acciones objeto de la presente compraventa, hallándose las mismas libres de cargas, embargos u otros gravámenes. Especialmente, manifiestan y declaran que ningún derecho, personal o real, asiste a ninguna persona, física o jurídica, sobre las expresadas acciones de ....

3.10.– Como se ha hecho constar, las partes reiteran que el contenido y consistencia patrimonial de .... recogida en la declaración de garantía 3.3 es elemento esencial del objeto del presente contrato, que elevan a causa del mismo. Por tal motivo, los vendedores expresamente declaran y garantizan a la parte compradora:

3.10.1.– Que el balance de la sociedad, cerrado a fecha ...., es el que se acompaña en el Anexo I, balance que fue auditado con fecha .... por Don...................., auditor de cuentas de la sociedad. El informe de auditoría se acompaña incluye en el Anexo I junto a las cuentas anuales auditadas del ejercicio ....

Desde la fecha de auditoría, la empresa ha seguido desarrollando su actividad ordinaria y normalmente, llegando al balance de situación a fecha .... que se incluye en el Anexo I. sin que hayan efectuado actos extraordinarios y/o ajenos al tráfico ordinario de la compañía.

3.10.2.– Que el libro de actas de la sociedad se halla debidamente legalizado y recoge la transcripción literal de la totalidad de las actas de la Junta General de la sociedad celebradas desde su constitución hasta el día de la fecha.

Que no existe libro de actas del consejo de Administración y expresamente manifiestan que no existen acuerdos del Consejo de Administración o de la Junta General distintos de los que constan inscritos en el Registro Mercantil.

Los acuerdos adoptados en el seno de tales reuniones que fuesen susceptibles de inscripción registral, previa su elevación a público, constan inscritos en el Registro Mercantil de la provincia de Badajoz.

Los poderes generales o especiales otorgados por..........., son los que se relacionan en el Anexo II.

La contabilidad social se lleva en soporte informático, habiéndose formado los correspondientes libro inventario y cuentas anuales, así como el libro diario, que fueron debidamente legalizados. Las cuentas anuales de la sociedad, correspondientes a cada uno de los ejercicios sociales, se hallan depositadas en el Registro Mercantil de la provincia de .... y fueron formuladas a partir de los registros contables de la sociedad.

3.10.3.– Que los bienes inmuebles de los que es legítima propietaria la sociedad son los que se reseñan en el Anexo III, con expresión del título de adquisición, inscripción registral y cargas o gravámenes sobre los mismos.

3.10.4.– Que las patentes, marcas y modelo de utilidad propiedad de ...., son los que se relacionan en el Anexo IV.

3.10.5.– Que la plantilla de trabajadores de la compañía, es la que se relaciona en el Anexo V, con expresión del nombre del trabajador, categoría, tipo de contrato, antigüedad y salario.

En el Anexo VI se relacionan los compromisos asumidos respecto de sus trabajadores por la sociedad en materia de planes o fondos de pensiones, opciones sobre acciones, seguros y participación en beneficios. También los relativos a la retribución de altos directivos y del órgano de administración.

3.10.6.– Que los afianzamientos u otras garantías prestadas por la sociedad son los que se relacionan en el Anexo VII, con expresión de la deuda y la persona garantizada.

Igualmente, se reseñan en el Anexo VIII, las garantías prestadas por terceros a favor de la sociedad.

3.10.7.– Los préstamos o créditos concedidos por y a la compañía .... son los que se relacionan en el Anexo IX, con indicación de la persona que concede o a la que se concedió el préstamo o crédito, importe, vencimiento, deuda pendiente y cuadro de amortización.

3.10.8.– Que las cuentas bancarias de las que es titular la sociedad, son las que se reseñan en el Anexo X.

3.10.9.– Que los procedimientos judiciales en los que interviene .... como demandante o demandado, son los relacionados en el Anexo XI.

Expresamente se declara y garantiza según su leal saber y entender que la sociedad ha cumplido todas las obligaciones legales en materia de urbanismo, medioambiente, laboral y seguridad e higiene en el trabajo. También que la sociedad se halla al día en el pago de las obligaciones fiscales y de Seguridad Social, no teniendo constancia de ninguna actuación administrativa que verse sobre el cumplimiento por .... de tales obligaciones.

3.10.10.– En el Anexo XII se relacionan todas las pólizas de seguro que cubren a la Sociedad de determinados riesgos y que los Vendedores manifiestan que están en vigor.

3.10.11.– Los Vendedores manifiestan expresamente que no existe ningún acuerdo con proveedores o con suministradores de servicios, de los que puedan desprenderse obligaciones futuras para la sociedad con excepción de los relacionados en el anexo XIII............ (incluir contratos de seguros, asesorías, limpieza, prevención de riesgos.................).

CUARTA.– RESPONSABILIDAD DE LOS VENDEDORES.

1. Evicción de las Acciones de la Sociedad.

Las partes reconocen que es esencial para el Comprador la adquisición del pleno y libre dominio de todas las acciones. En caso de evicción de todas o parte de las acciones, o de alguno de los derechos que les son inherentes, el Comprador podrá resolver la compraventa respecto de todas las acciones con devolución, de la parte del precio pagado, y sin perjuicio de la correspondiente indemnización por daños y perjuicios que corresponda al Comprador en tal caso, incluidos los costes y gastos en los que el Comprador haya incurrido como consecuencia de la presente compraventa.

2. Responsabilidad del Vendedor.

El Vendedor se obliga, con carácter firme e irrevocable, y de forma mancomunada en función del porcentaje de titularidad de la sociedad, a indemnizar al Comprador por los daños y perjuicios que hubiera podido sufrir como consecuencia: (i) de la falsedad, incorrección o inexactitud relevante de las Declaraciones y Manifestaciones y/o en la información contenida en este Contrato y sus Anexos; (ii) de cualesquiera reclamaciones de cualquier tipo, contractuales o extracontractuales, realizadas por terceros, incluyendo a las administraciones públicas, derivadas de hechos anteriores a la fecha de este Contrato; y/o (iii) de cualesquiera incumplimiento por el Vendedor de cualesquiera compromisos asumidos en el presente Contrato.

Igualmente el Vendedor será el único responsable y deberá mantener al Comprador y a la Sociedad indemnes de cualesquiera perjuicios que se deriven de reclamaciones efectuadas por empleados de la Sociedad cuya relación laboral con la Sociedad hubiera finalizado con anterioridad a la firma del presente Contrato.

A la responsabilidad indemnizatoria del Vendedor se añadirá, en todo caso y sin perjuicio de otros conceptos, los intereses, recargos, sanciones y multas.

El Vendedor reconoce expresamente que, asimismo, estará obligado a indemnizar al Comprador por aquellas circunstancias o incidencias que, a pesar de venir enunciadas en el presente Contrato y/o en sus Anexos, en los mismos se dispone expresamente que deben ser objeto de indemnización por el Vendedor a favor del Comprador.

No podrá exigirse responsabilidad alguna al vendedor, y por tanto, queda excluido de las garantías y responsabilidades, en relación al crédito concedido a ....

3. Plazo.

La responsabilidad indemnizatoria del Vendedor se extinguirá transcurridos dos años desde la firma del presente contrato de compraventa de acciones, salvo en relación con las reclamaciones que dentro de ese plazo el Comprador hubiere identificado y notificado al Vendedor.

Por excepción, no obstante lo establecido en el párrafo anterior, la responsabilidad por vicios de índole fiscal, laboral (incluyendo Seguridad Social) y administrativa, aplicable a la Sociedad subsistirá hasta la prescripción de los posibles pasivos de la índole respectiva, respondiendo el Vendedor de aquéllos que el Comprador identifique y notifique seguidamente al Vendedor.

No existe límite temporal en cuanto a cualesquiera responsabilidades que surjan respecto a la titularidad y/o libertad de cargas y gravámenes de las acciones.

1. La notificación al Vendedor de una reclamación en los términos del presente Contrato, interrumpirá los plazos antes referidos respecto de dicha reclamación hasta la definitiva resolución de la reclamación y, en su caso, el correspondiente pago al Comprador. 4.4Límites a la obligación de indemnización.

Con carácter general, la responsabilidad total del Vendedor derivada de lo dispuesto en esta Cláusula 4 queda limitada a la cantidad de............. euros.

No obstante, no existirá limitación cuantitativa ni temporal alguna de responsabilidad: (a) en el supuesto de saneamiento por evicción en relación con las acciones de la Sociedad; ni (b) en el supuesto de daños y perjuicios causados al Comprador por dolo del Vendedor.

QUINTA.– NO COMPETENCIA.

Los Vendedores por el presente contrato se comprometen a que, en un plazo de .... MESES, ni ellos, ni sus respectivos cónyuges, ascendientes o descendientes o, en caso de persona jurídica, ninguno de sus accionistas o administradores, directa o indirectamente, ni ninguna de sus filiales tomarán parte o en forma alguna adquirirán interés alguno en ningún negocio, sociedades o empresas dedicadas al sector de transformación .... salvo que las actividades que realicen a través de cualesquiera de las formas de participación anteriormente descritas no impliquen concurrencia directa con.....................,

S.A. Se autoriza expresamente que los vendedores puedan desarrollar las actividades no coincidentes con la antes señalada.

....

....

....

SEXTA.– CONFIDENCIALIDAD.

Los Vendedores se comprometen mediante el presente Contrato a mantener en secreto y confidencialmente toda la información que puedan poseer y toda información a la que hayan tenido acceso en relación con los negocios de la Sociedad, y ni ellos, ni sus sociedades afiliadas divulgarán o comunicarán a cualquier tercero dicha información.

A su vez, los Vendedores manifiestan que el Know-How y todos los diseños industriales y demás derechos de propiedad industrial de los que sea titular la Sociedad seguirán perteneciendo a la Sociedad, en cada caso, y se comprometen a guardar la más estricta confidencialidad y a no hacer uso de los mismos ni a permitir su uso por parte de terceros.

De forma expresa, los vendedores permiten la información de este acuerdo y de materias relacionadas con el mismo, al principal cliente de la cadena de Distribución destinataria de la producción de.............

SÉPTIMA.– RESOLUCIÓN DEL CONTRATO.

El presente contrato podrá ser resuelto en los casos que marca la ley, así como por el incumplimiento de cualquiera de las obligaciones derivadas del mismo para las partes.

Especialmente podrá resolver la compradora el presente contrato:

I.– Existencia de cualquier tipo de impedimento, público o privado, para la transmisión de acciones objeto de la presente compraventa, o la existencia de cargas, embargos u otros gravámenes sobre las mismas.

II.– Incumplimiento de la obligación de confidencialidad o la de no competencia, reseñadas en las estipulaciones séptima y octava de este contrato.

III.– La existencia de partidas de pasivo relevantes no contempladas en el balance de la sociedad, cerrado a fecha..........., que se acompaña como Anexo I o la inexistencia de elementos de activo relevante recogidas en el expresado balance.

OCTAVA.– GASTOS, IMPUESTOS Y HONORARIOS

Cada una de las Partes soportará los gastos e impuestos en que incurra como consecuencia de la preparación y ejecución de este Contrato, excepto que otra cosa se prevea expresamente. Cualquier impuesto devengado en relación con este contrato se abonará de acuerdo con la ley española. Los aranceles y gastos por la actuación de fedatarios, serán pagados con arreglo a Ley.

NOVENA.– NOTIFICACIONES

Cualesquiera notificaciones que hayan de remitirse como consecuencia del presente contrato se dirigirán por escrito a la dirección que a continuación se expresa para cada una de las Partes y dicha notificación se entenderá efectuada si es remitida mediante correo certificado, fax, o entregada personalmente a:

Cada Parte será responsable de comunicar al resto los cambios que pudieren producirse en su domicilio para notificaciones. En tanto no conste la notificación de la modificación, se entenderán correctamente efectuadas las comunicaciones dirigidas al domicilio que consta en este contrato.

DÉCIMA.– LEY APLICABLE Y JURISDICCIÓN

El presente Contrato se regulara por lo establecido en el mismo y, en su defecto, por la ley española. Para la solución de cualquier conflicto que pudiera plantearse entre las partes dimanante del presente contrato éstas, con renuncia a cualquier fuero propio que pudiera corresponderles, se someterán a los Tribunales de la ciudad de............

UNDÉCIMA.– La parte compradora queda enterada por mí, el Notario, de que debe comunicar al órgano administrador de la sociedad la presente transmisión, para así hacer constar en el Libro Registro de Socios la nueva titularidad de las acciones transmitidas.

OTORGAMIENTO Y AUTORIZACIÓN:

Hago las reservas y advertencias legales, en especial las pertinentes fiscales, y leo esta escritura, informados de su derecho a hacerlo por sí y por su opción tácita, a los comparecientes, quienes la encuentran conforme, otorgan y firman conmigo, el Notario, que doy fe de haberles identificado por la documentación exhibida y reseñada, y de todo lo consignado en este instrumento público, extendido en tres folios de papel notarial, serie y números el del presente y anteriores en orden.

Con relación a los datos de carácter personal que en la presente constan, referidos al compareciente, queda éstos enterados de que los mismos se incorporan a mis ficheros automatizados, lo que aceptan, así como del derecho de oposición, acceso a ellos, rectificación o cancelación de los mismos.

Así lo dicen y otorgan, y leída a los comparecientes la presente, a su elección, por mí, el Notario, antes enterados de su derecho a leerla por sí, que renuncian, la ratifican y firman. De identificarles por el documento de identidad reseñado, de que el consentimiento ha sido libremente prestado y de que el otorgamiento se adecua a la legalidad y a la voluntad del otorgante y de todo el contenido de este instrumento público, extendido en............ folios de papel exclusivo para documentos notariales, serie y números el presente y los tres anteriores en orden, yo, el Notario, doy fe.

F113. COMUNICACIÓN AL VENDEDOR DE LA EMPRESA DE LA EXISTENCIA DE RECLAMACIONES FISCALES CONTRA LA SOCIEDAD VENDIDA

Entregar a:

....

En relación a la cláusula cuarta de la escritura de compraventa de las acciones de la sociedad .... de fecha................, por la presente les comunicamos la recepción el día .... de la notificación por parte de la Agencia Tributaria de trámite de alegaciones y propuesta de liquidación provisional de referencia..........., correspondiente a la sociedad ....

Se ha procedido a iniciar el trabajo de preparación de las alegaciones ante la propuesta de liquidación, pero quedamos a su disposición en lo referente a lo estipulado en la cláusula cuarta de la mencionada escritura.

Les adjuntamos la notificación de la Agencia Tributaria.

F114. OFERTA POR UNIDAD PRODUCTIVA DE SOCIEDAD CONCURSADA EN LIQUIDACIÓN

Normativa aplicable: *Arts. 215 y ss. Real Decreto Legislativo 1/2010, de 2 de julio, por el que se aprueba el texto refundido de la Ley de Sociedades de Capital.*

En .... a ....

Muy Señores nuestros:

Como ya les hemos adelantado varias veces por vía telefónica y les reiteramos en nuestra reunión que mantuvimos en su oficina el pasado día .... les formulamos la presente oferta de compra VINCULANTE de la unidad productiva que a continuación se reseñará.

A) UNIDAD PRODUCTIVA OBJETO DE LA OFERTA DE COMPRA

Unidad productiva sita en .... compuesta por los medios organizados, actualmente en funcionamiento, destinados por ustedes para el desarrollo de la actividad de .... Dichos medios y organización, se relacionan y describen en el ANEXO I de este documento, que forma parte inseparable del presente y que se da aquí por íntegramente reproducido para evitar innecesarias repeticiones y que coincide con el perímetro básico fijado por la Administración Concursal, designada por el Tribunal de Instancia, sección de lo mercantil (plaza núm ...), de ....

La citada unidad productiva y los elementos, bienes y derechos etc. que la componen, se hallan libres de cargas y gravámenes.

Los trabajadores que se integran en la unidad productiva son los relacionados en el ANEXO II del presente escrito, que forma parte inseparable del presente y que se da aquí por íntegramente reproducido para evitar innecesarias repeticiones. Dado que caso de llevarse a cabo la transmisión, a efectos laborales, nos hallaríamos ante una sucesión de empresa la presente oferta se condiciona a que el Tribunal del concurso acuerde en su momento y con anterioridad a la transmisión objeto de la presente, que el adquirente no se subrogue en la parte de la cuantía de los salarios o indemnizaciones pendientes de pago anteriores a la enajenación objeto de la presente oferta que sea asumida por el Fondo de Garantía Salarial de conformidad con lo dispuesto en el art. 33 del Estatuto de los Trabajadores.

Esta parte se subrogará en los derechos y obligaciones derivados de los contratos afectos a la continuidad de la actividad de la concursada salvo el contrato de fecha......... suscrito en su día con la entidad..............

B) PERSONA QUE REALIZA LA PRESENTE OFERTA

La sociedad..........., con domicilio social en .... Constituida mediante escritura otorgada ante el notario de Don........ el día.......... Adaptados sus estatutos sociales a la vigente LSC mediante acuerdo de su Junta General Extraordinaria celebrada el día .... elevado a público mediante escritura autorizada por el citado notario, Don....... el día .... Inscrita en el Registro Mercantil de la provincia de ...... al tomo ..... folio ...., del libro ...... de sociedades, hoja....... CIF.........

La intervención y facultades de Don........ para suscribir la presente oferta en nombre y representación de.........., resulta de su condición de administrador único de la citada sociedad, cargo que está vigente y para el que fue nombrado por acuerdo de la Junta General Extraordinaria celebrada el día .... elevado a público mediante escritura autorizada por el citado notario, Don.........., el día Inscrita en el Registro Mercantil de la provincia de.........

C) CONDICIONES DE LA TRANSMISIÓN

La Unidad productiva anteriormente reseñada se adquirirá por .... a título de compraventa, libre de cargas y gravámenes, así como de arrendatarios u otros ocupantes, como operación de liquidación concursal de la vendedora, y en los términos del presente escrito y, especialmente, de los ANEXOS I y II del mismo, cuyo contenido y exactitud es elemento esencial y ha sido tenido en cuenta por la oferente a la hora de decidir formular y prestar su consentimiento a la presente oferta.

Precio: El precio alzado de la compraventa se fija en la suma de .... euros.

Forma de pago: El precio de la compraventa se pagará, simultáneamente al otorgamiento de la escritura de compraventa mediante cheque bancario a favor de .... S.L.

Posesión: la posesión la Unidad Productiva se entregará a la compradora simultáneamente al otorgamiento de la escritura de compraventa, que se otorgará en el plazo de ....

D) CONDICIONES IGUALMENTE ESENCIALES DE LA PRESENTE OFERTA

I.– La presente oferta se formula exclusivamente a la vista de la apertura de la liquidación concursal de .... y queda condicionada al necesario e imperativo cumplimiento de los trámites exigidos por la legislación Concursal para llevar a cabo la misma en dicha liquidación concursal, en los términos del presente escrito y sus ANEXOS I Y II.

II.– La presente oferta es absoluta e íntegramente confidencial no pudiendo ser comunicada a nadie con la única excepción de los administradores concursales, el Tribunal de Instancia, sección de lo Mercantil (plaza .....) de ....., y las partes personadas en el procedimiento concursal arriba reseñado (estos últimos, en tanto en cuanto se les notifique la presente oferta por el Tribunal a los efectos previstos en el TRLC).

III.– A los efectos de lo previsto en el art. 218 TRLC se acompaña la información reseñada en el citado precepto y que se reseña a continuación: ....

La presente oferta es vinculante e irrevocable.

Atentamente.

F115. INFORME ADMINISTRACIÓN CONCURSAL SOBRE LAS OFERTAS RECIBIDAS POR LA UNIDAD PRODUCTIVA

INFORME ECONÓMICO OFERTAS

1. CONSIDERACIONES PREVIAS

En el presente escrito se trata de informar sobre el contenido económico de las ofertas recibidas considerando los tres criterios esgrimidos por el Tribunal en el Auto de aprobación de las reglas de Liquidación de ...., S.L. de fecha .... de ...... de ....

Se le da mayor valor a la oferta económica, en tanto en cuanto, la conservación de los puestos de trabajo es asumida por casi todas las ofertas en mayor o menor medida y se cuantifica el importe de las posibles indemnizaciones que se derivarían, si en un futuro, el adjudicatario despidiese a los trabajadores.

No obstante, la viabilidad empresarial no resulta baladí, en tanto en cuanto la no continuidad del proyecto empresarial asumido puede dar lugar a la presentación de otro concurso y a que sea el FONDO DE GARANTÍA SALARIAL el que asuma las indemnizaciones de los trabajadores subrogados en la compra de la unidad productiva.

Vamos a descartar el pronunciamiento sobre las ofertas que no se corresponden con la compra de la unidad productiva descrita en nuestro informe, independientemente que como veremos posteriormente haya una oferta que incluye la unidad productiva y las Inversiones Financieras conjuntamente, que corresponden a la participación de la empresa concursada en otras empresas, que también se pretenden incluir en la unidad productiva.

Sobre las inversiones financieras, esta Administración Concursal decidirá sobre la mejor oferta presentada en su momento.

Todas las ofertas llegaron antes de la finalización del plazo otorgado de presentación de ofertas.

2. DESCRIPCIÓN DE LAS OFERTAS

Se han recibido un total de ...... ofertas sobre la unidad productiva. Al margen de aportar los documentos presentados como ofertas, y sus anexos correspondientes, el objetivo de este Informe, es resumir los principales contenidos económicos de las ofertas y el perímetro de éstas.

.........., S.L.

1.– EMPRESA

......., S.L. se constituyó en .... en .... como empresa familiar. Cuenta con .... años de experiencia en el sector y actualmente se encuentra dirigida por la segunda generación familiar.

La empresa cuenta con varios canales para su distribución y puntos de venta propios repartidos por todo el territorio nacional, destacando por su importancia y envergadura los que se encuentran en ....

La sociedad cuenta con fondos propios positivos de más de ..... millones de euros, y entendemos que tiene capacidad de endeudamiento para poder abordar la operación, a la vista de las cuentas anuales de la compañía ofertante.

La actividad de la ofertante es el comercio al por mayor de frutas y hortalizas. Es una empresa de reconocido prestigio en el sector.

ELEMENTOS INTEGRANTES DE LA OFERTA

La oferta realizada por la unidad productiva de la concursada está formada por:

- Perímetro básico establecido por la Administración Concursal.
- Subrogación en la totalidad de trabajadores
- Subrogación en los contratos existentes necesarios para la continuidad de la actividad
- No subrogación en el contrato de .... con la mercantil ....

OFERTA ECONÓMICA Y FORMA DE PAGO

La oferta se realiza por importe de .... €.

El pago se efectuará en el plazo de .... días hábiles desde la firmeza el auto de adjudicación de la siguiente forma:

- Pago deuda Seguridad Social: .... €
- Ingreso cuenta intervenida: .... €

ASUNCIÓN DE DEUDAS Y/O PASIVOS

La oferta no incluye la asunción de deudas anteriores o posteriores a la declaración del concurso, únicamente se asume un pasivo contingente derivado de las eventuales indemnizaciones de los trabajadores (......% de la plantilla) y calculado por esta Administración Concursal en .... €. Ese pasivo procedería si, en un futuro tras la adjudicación procediese el adjudicatario al despido de los trabajadores asumidos. El citado importe no lo ha descontado el oferente del precio de la oferta.

PLAN DE VIABILIDAD

No presenta Plan de viabilidad a futuro de forma numérica, y únicamente hace alusión a que la trayectoria de la empresa hasta el momento actual permitirá que con la experiencia y la mejora en las instalaciones se pueda incorporar la unidad productiva a su organización global, no obstante, como ya se ha comentado anteriormente, es una empresa de reconocido prestigio y presencia en el mercado.

CONCLUSIÓN

La oferta se presenta por una empresa solvente, a la vista de los fondos propios de la misma (obtenidos de informe de ....), y se realiza por empresa de reconocido prestigio en el sector, subrogándose en la plantilla de trabajadores, aunque el importe económico de la oferta es netamente inferior a la de otros ofertantes.

.... S.L.

2– EMPRESA

.... S.L. se constituyó en .... en .... Cuenta con .... años de experiencia en el sector.

La sociedad cuenta con fondos propios positivos de más de .... millones de euros, y entendemos que tiene capacidad de endeudamiento para poder abordar la operación, a la vista de las cuentas anuales de la compañía ofertante.

La actividad de la ofertante es el comercio al por mayor de frutas y hortalizas.

También es una empresa de reconocido prestigio en el sector agropecuario.

ELEMENTOS INTEGRANTES DE LA OFERTA

La oferta realizada por la unidad productiva de la concursada está formada por:

- Perímetro básico establecido por la Administración Concursal.
- Subrogación parcial de trabajadores: únicamente se subroga en el personal fijo discontinuo del almacén.
- Subrogación en los contratos existentes necesarios para la continuidad de la actividad
- No subrogación en el contrato de .... con la mercantil .... S.A.

OFERTA ECONÓMICA Y FORMA DE PAGO

La oferta se realiza por importe de .... €.

El pago se efectuará en el plazo de .... días hábiles desde la firmeza el auto de adjudicación de la siguiente forma:

- Ingreso cuenta intervenida: .... €

ASUNCIÓN DE DEUDAS Y/O PASIVOS

La oferta no incluye la asunción de deudas anteriores o posteriores a la declaración del concurso, únicamente se asume un pasivo contingente derivado de las indemnizaciones de los trabajadores que asume (personal fijo discontinuo de almacén) y calculado por el ofertante en .... €. Ese pasivo procedería si, en un futuro tras la adjudicación procediese el adjudicatario al despido de los trabajadores asumidos. El citado importe no lo ha descontado el oferente del precio de la oferta

PLAN DE VIABILIDAD

No presenta Plan de viabilidad a futuro de forma numérica, y únicamente hace alusión a que se pretende adquirir la unidad productiva para integrarla en su proyecto empresarial, consistente en la potenciación de una empresa ya instalada desde tiempo en el sector de los cítricos.

CONCLUSIÓN

La oferta se presenta por otra empresa de instalada y con experiencia y prestigio en el sector de la citricultura, muy solvente a la vista de sus fondos propios (más de .... millones de euros), que no se subroga en la totalidad de la plantilla (solo en el personal fijo discontinuo del almacén) y el importe económico de la oferta es sustancialmente inferior a la de otros ofertantes.

............, S.L.

3.– EMPRESA

............., S.L. se constituyó en .... en ....

No hemos podido obtener los datos económicos de la sociedad al no haber presentado cuentas anuales desde su constitución. En estos momentos tiene cerrada la hoja registral y varias incidencias con administraciones públicas, sin indicar en su oferta, la solución de estas cuestiones.

La actividad de la ofertante es el comercio al por menor de equipos de telecomunicaciones en establecimientos especializados. Carece de reconocimiento en el sector hortofrutícola y no ha acreditado experiencia en el mismo.

ELEMENTOS INTEGRANTES DE LA OFERTA

La oferta realizada por la unidad productiva de la concursada está formada por:

- Perímetro básico establecido por la Administración Concursal.
- Subrogación parcial de trabajadores: únicamente se subroga en el personal fijo discontinuo del almacén.

- Subrogación en los contratos existentes necesarios para la continuidad de la actividad
- No subrogación en el contrato de maquila con la mercantil ...., S.A.

OFERTA ECONÓMICA Y FORMA DE PAGO

La oferta se realiza por importe de .... €.

El pago se efectuará en el plazo de .... días hábiles desde la firmeza el auto de adjudicación de la siguiente forma:

- Ingreso cuenta intervenida: .... €

ASUNCIÓN DE DEUDAS Y/O PASIVOS

La oferta no incluye la asunción de deudas anteriores o posteriores a la declaración del concurso, únicamente se asume un pasivo contingente derivado de las indemnizaciones de los trabajadores que asume (personal fijo discontinuo de almacén) y calculado por el ofertante en .... €. Ese pasivo procedería si, en un futuro tras la adjudicación procediese el adjudicatario al despido de los trabajadores asumidos. El citado importe no lo ha descontado el oferente del precio de la oferta

PLAN DE VIABILIDAD

No presenta Plan de viabilidad.

CONCLUSIÓN

La oferta se realiza por empresa que no ha acreditado (no nos consta) experiencia en el sector. Dado el correo electrónico desde el que se envía (lotes concursales), nos empuja a intuir que se dedica a la compraventa de activos concursales, sin prejuzgar nada más.

Se subroga en el personal fijo discontinuo del almacén y no ha acreditado su solvencia, ni presenta plan de viabilidad.

No obstante, su oferta económica es superior a otras ofertantes, aunque no es la más elevada.

............, S.A.U.

4.– EMPRESA

................, S.A.U. se constituyó en .... en ....

Con la finalidad de proporcionar información sobre la solvencia de la ofertante y del grupo empresarial del que forma parte, se acompañan las cuentas anuales de las cuatro sociedades que forman el grupo ...., cuya sociedad cabecera es .... S.L. De las cifras que se observan, podemos destacar que el patrimonio neto del grupo en el ejercicio .... supera los .... millones de euros. Asimismo, se acompañan dos certificados bancarios que acreditan una disponibilidad inmediata por depósitos por importe total de .... millones de euros.

La actividad de ...., S.A.U. es:

1. La compraventa de productos agrarios al por mayor y menor, su manipulación y transporte, así como su exportación e importación; la compraventa en comisión mediante intermediarios de productos agrarios en territorio nacional o extranjero. También podrá tener almacenes de distribución y sucursales.

2. La compraventa de fincas rústicas, su transformación y parcelación, su explotación agrícola y ganadera, o de cualquier otra índole de que sean susceptibles ya sea directamente o en forma de arriendo; la industrialización y comercio interior o exterior de los productos de las fincas.

La sociedad forma parte de un grupo mercantil cuya sociedad cabecera es .... S.L. y cuyas sociedades participadas son .... S.A.U., ... S.A.U., ... S.L.U. y ...., S.A.U.

La actividad y fechas de constitución de las sociedades del grupo son las siguientes:

- ...., S.A.U.: fue constituida en .... y su actividad es la explotación, transformación, compra y venta de toda clase de fincas rústicas y urbanas, así como, sus frutos y productos con o sin comercialización o industrialización de los mismos.
- ...., S.L.U.: fue constituida en .... y su actividad es la explotación agraria de fincas rústicas.
- .... S.A.U.: fue constituida en .... y su actividad es la compra y venta de terrenos rústicos, transformación de los mismos, producción, cultivo, manipulación, comercio y transporte por carretera, de productos hortofrutícolas.

Como puede observarse, el grupo empresarial cuenta con experiencia de más de ..... años en el sector agropecuario, como acabamos de señalar.

ELEMENTOS INTEGRANTES DE LA OFERTA

La oferta realizada por la unidad productiva de la concursada está formada por:

- Perímetro básico establecido por la Administración Concursal.
- Concesiones administrativas de cuatro paradas en el mercado de abastos de ....
- Propiedad industrial: todas las marcas de la concursada
- Internet y redes sociales: derechos sobre el dominio de internet ...., perfil de Facebook .... asociado a www.......... es perfil de Twitter .... y perfil de Instagram .... (incluye la comunicación de códigos de usuario).
- Subrogación en la totalidad de trabajadores
- Subrogación en los contratos existentes necesarios para la continuidad de la actividad

CLÁUSULAS

PRIMERA.– OBJETO DEL CONTRATO DE COMPRAVENTA DE UNIDAD PRODUCTIVA.

Don................, en su condición de Administrador Concursal de la mercantil ...., y en ejecución del auto adjudicatorio dictado por el Tribunal de Instancia de .... (plaza núm. ....) arriba citado, VENDE Y TRANSMITE los activos de la referida mercantil que componen su unidad productiva y otros elementos de la citada concursada —y que constan debidamente detallados y desglosados en los documentos unidos al presente contrato— a la entidad .... que, según está representada, la COMPRA Y ADQUIERE, teniendo la presente operación efectos desde la fecha otorgamiento del auto de adjudicación de la unidad productiva a ....

SEGUNDA.– DESGLOSE DE LOS ACTIVOS DE LA CONCURSADA OBJETO DE TRANSMISIÓN.

La presente transmisión, en su forma de enajenación por unidad productiva dentro de procedimiento concursal, incluye los reseñados en el ANEXO .... Sin ánimo exhaustivo y a título de ejemplo, los siguientes grupos de elementos:

I.– ELEMENTOS INCLUIDOS EN EL PERÍMETRO BÁSICO FORMULADO POR LA ADMINISTRACIÓN CONCURSAL DE .... Entre otros:

A) Inmovilizado Intangible:

1.– Propiedad Industrial. Marcas ....

2.– Aplicaciones informáticas.

B) Inmovilizado Material:

1.– Terrenos y Construcciones: ....

2.– Instalaciones Técnicas, Maquinaria, Utillaje, Otras Instalaciones, Mobiliario, Equipos Informáticos y Elementos de Transporte.

C) Existencias

D) Cargas asociadas

1.– Nomina de ....

2.– Deuda concursal de con la Tesorería General pendiente de pago y reconocida en los textos definitivos del concurso por importe de ....

II.– BIENES, DERECHOS, CONTRATOS Y LICENCIAS O AUTORIZACIONES NO INCLUIDOS EXPLÍCITAMENTE DENTRO DEL PERÍMETRO BÁSICO DE LA UNIDAD PRODUCTIVA PERO OBJETO DE TRANSMISIÓN.

A) Concesiones administrativas.

1.– Derechos de uso de los puestos ubicados en el mercado de abastos de ....

B) Propiedad Industrial.

1.– Nombre comercial ....

C) Internet y redes sociales.

1.– Derechos sobre el dominio de internet tollupol. es.

- Perfil de Facebook ....
- Perfil de Twitter ....
- Perfil de Instagram ....

C) Otros contratos.

Asimismo, ... se subroga en los contratos de suministro de luz, agua y gas, teléfono, pólizas de seguro de las instalaciones y elementos incluidos dentro del perímetro de la oferta, y renting o leasing, en su caso, de las líneas de envasado u otros elementos incluidos dentro del perímetro de la oferta, salvo los referidos a vehículos de turismo o cualesquiera otros activos no directamente afectos a la actividad empresarial desarrollada por la Unidad Productiva, e igualmente, manifiesta su voluntad de subrogarse en los contratos de arrendamiento de elementos patrimoniales directamente afectados a la actividad empresarial desarrollada por la Unidad Productiva.

En este sentido se hace constar que el Auto de fecha .... dictado por el Tribunal de Instancia, sección de lo Mercantil (plaza núm ...) de ...., , por el que se adjudica la Unidad Productiva de la mercantil .... a favor de............., establece lo siguiente:

"La adjudicación extiende sus efectos respecto del perímetro integro de la Unidad productiva, por remisión de las reglas de liquidación judicialmente aprobadas, junto con las precisiones que resultan del contenido de la oferta que aquí se acepta."

TERCERA.– CONTRATOS, LICENCIAS O AUTORIZACIONES RESPECTO DE LOS CUALES .... NO SE SUBROGA.

A.– Contrato de maquila suscrito con ....

B.– Acuerdos o contratos de cesión de marcas y denominaciones comerciales, suscritos con........... o con cualquier otra empresa.

C.– Contrato de cesión del uso de los puestos en el mercado de abastos de .... y de comisión de venta de cítricos con la cesionaria de los puestos, ya sea ésta .... o cualquier otro tercero.

D.– Contrato de comisión de venta de cítricos con la entidad mercantil ...., o cualquier otro tercero.

E.– Otros contratos que puedan haberse suscrito con entidades participadas o vinculadas a ....

F.– Otros contratos en los que el ofertante manifiesta su intención de no subrogarse.

Además de los indicados, la ofertante no se subroga en ninguno de los contratos afectos a la Unidad Productiva, respecto de los que no se haya manifestado expresamente la voluntad de subrogarse, particularmente cualesquiera contratos de compra o suministro de material de envasado, ceras y otros productos post-cosecha de preparación de cítricos, productos agrícolas, contratos de transporte, contratos de leasing o renting, salvo los referidos a elementos del activo afectos a la actividad empresarial desarrollada por la Unidad Productiva y contratos de arrendamiento, salvo los relacionados con la actividad empresarial desarrollada por la Unidad Productiva.

CUARTA.– ASUNCIÓN DE LA DEUDA CON LA SEGURIDAD SOCIAL QUE TIENE CARÁCTER DE CRÉDITO CONCURSAL

.... asume y hará efectiva la cantidad de .... euros que se adeudan a la Tesorería General de la Seguridad Social, en concepto de crédito concursal reconocido en los textos definitivos a cuyo pago resulta obligada .... como consecuencia del diseño del parámetro básico de la oferta planteado en las reglas especiales de liquidación. Ello en los términos y plazo señalados en el auto de adjudicación de la Unidad productiva.

QUINTA.– SUBROGACIÓN DE LOS TRABAJADORES.

Se hace constar que con fecha .... y en ejecución del auto adjudicatorio de la Unidad productiva objeto de este documento, se ha producido a la subrogación de la parte compradora en .... puestos de trabajo, asumiendo las antigüedades y derechos laborales de todos los trabajadores incluidos en la misma.

SEXTA.– MANTENIMIENTO DE VIGENCIA MARCAS Y OTROS.

Dado que la Unidad Productiva objeto de este documento, fue entregada ya a .... el pasado día..........., es de cuenta y cargo y riesgo de .... mantener la vigencia de: a) las marcas, dominios de internet, patentes, diseños comunitarios, y demás derechos de propiedad industrial cuya titularidad ha adquirido como consecuencia de esta oferta; b) contratos, servicios, licencias y autorizaciones, en las que, como consecuencia de esta oferta, se ha subrogado .... y c) cualquier otro bien o derecho, contractual o no, objeto de la oferta aceptada por el Tribunal.

SÉPTIMA.– EFECTOS DE LA ENAJENACIÓN DE UNIDAD PRODUCTIVA EN SEDE CONCURSAL.

La presente adquisición se integra dentro de lo dispuesto en el último párrafo del art. 42.1 de la Ley General Tributaria, que establece que los adquirentes de unidades productivas en sede concursal no están sujetos a los efectos de la responsabilidad solidaria de las deudas tributarias contraídas por el anterior titular.

Por lo que respecta a la deuda mantenida por la concursada con la Tesorería General de la Seguridad Social, la asunción de dicha deuda por la mercantil .... se limita única y exclusivamente a los trabajadores asumidos con la compra.

En este sentido se hace constar que el Auto de fecha .... dictado por Tribunal de Instancia, sección de lo Mercantil (plaza núm ...) de ....,, por el que se adjudica la Unidad Productiva de la mercantil .... a favor de............, establece lo siguiente:

....

Ello no obstante, si se iniciara cualquier expediente administrativo contra la adquirente que exigiera desembolso por su parte de tales deudas, el comprador las asume expresamente y se compromete a no repetir contra la concursada y su Administración Concursal.

OCTAVA.– PRECIO.

El precio de esta operación de compraventa por unidad productiva en procedimiento concursal, asciende a la suma de .... euros Impuesto a parte, que se pagará de la siguiente forma:

A.– En cuanto a la suma de ...... euros, la misma ha sido pagada en fecha ..... mediante transferencia a la siguiente cuenta bancaria ...., dando carta de pago por el citado importe.

B.– En cuanto a la restante suma de ..... euros, la misma es abonada en este acto, mediante cheque bancario número ....., banco ...., por el citado importe, dando carta de pago salvo buen fin del mismo.

A estos pagos se suma la asunción de los pasivos de la mercantil concursada referenciados en la oferta de compra de la unidad productiva y en el presente documento, que se abonará, como se dijo anteriormente, en el plazo marcado en el Auto de Adjudicación.

En relación con el establecimiento DE UN PLAZO MÁXIMO PARA EL PAGO DEL PRECIO TOTAL DE LA PRESENTE COMPRAVENTA Y EL ESTABLECIMIENTO DE UNA CONDICIÓN RESOLUTORIA EN CASO DE INCUMPLIMIENTO DE DICHO PLAZO MÁXIMO, se hace constar que el Auto de fecha .... dictado por el Tribunal de Instancia, sección de lo Mercantil (plaza núm ...) de ...., , por el que se adjudica la Unidad Productiva de la mercantil .... a favor de............., establece lo siguiente:

....

NOVENA.– CARGAS Y GRAVÁMENES.

La compraventa de los bienes y derechos que integran la Unidad Productiva descrita en la Estipulación Segunda del presente contrato, se realiza libre de cargas y gravámenes —salvo las expresamente asumidas por el comprador— a cuyo efecto el Tribunal deberá expedir los oportunos mandamientos de cancelación de cargas y gravámenes que pesan sobre los activos que son objeto de la presente transmisión.

En este sentido se hace constar que el Auto de fecha .... dictado por el Tribunal de Instancia, sección de lo Mercantil (plaza núm ...) de ...., , por el que se adjudica la Unidad Productiva de la mercantil .... a favor de................, establece lo siguiente:.............:

....

OCTAVA.– EXENCIÓN DE RESPONSABILIDAD POR EL ESTADO DE LOS ACTIVOS OBJETO DE TRANSMISIÓN.

La parte compradora manifiesta conocer el estado actual —físico y jurídico— en que se transmiten los activos que integran la Unidad Productiva de............., pues se haya en posesión de la misma y le fue entregada y recepcionada a su satisfacción el pasado............, aceptando el mismo y exonerando de cualquier tipo de responsabilidad tanto a la mercantil .... como a la Administración Concursal, renunciando asimismo el comprador a realizar cualquier tipo de reclamación futura a este respecto.

NOVENA.– GASTOS E IMPUESTOS.

En cuanto a los efectos tributarios de la presente operación, de conformidad con el art. 7.1 de la Ley del IVA, se sitúa dentro de las operaciones no sujetas a este impuesto.

Sin perjuicio de lo anterior, ambas partes acuerdan que todos los gastos e impuestos que se derivaren del otorgamiento de CUALQUIER DOCUMENTO, PUBLICO O PRIVADO

OTORGADO O QUE SE OTORGUE PARA LA COMPRAVENTA DE LA UNIDAD PRODUCTIVA Y OTROS ELEMENTOS DE..........., serán satisfechos en su integridad por la mercantil adquirente.

DÉCIMA.– OTORGAMIENTO DE DOCUMENTOS.

En este acto, las partes suscriben todos los documentos necesarios, públicos y privados, que requiere la transmisión de la unidad productiva y elementos objeto de este documento a efectos registrales y de protección ante terceros. Tales documentos se acompañan como ANEXO ...

Si fuera menester las partes se obligan a realizar todas las subsanaciones, rectificaciones y/u omisiones que correspondan, todo ello, sin perjuicio de que el presente contrato surta efectos desde el día ....

UNDÉCIMA.– OFERTA Y AUTO DE ADJUDICACIÓN.

Expresamente señalan las partes, que el integro contenido del auto de adjudicación de fecha .... dictado por el Tribunal de Instancia de ...., Sección de lo mercantil (plaza núm. ....) y el contenido de la oferta presentada por..............., en cuanto no sea contrario a lo dispuesto en el citado auto, tienen la consideración de contenido de este contrato, formando parte de su clausulado.

En caso de discrepancia entre tales documentos, en los términos señalados en el párrafo anterior, y este contrato, prevalecerá el contenido de los primeros y, en caso de conflicto entre el auto y la oferta, prevalecerá, como se dijo anteriormente lo dispuesto en el auto.

DUODÉCIMA.– FECHA DE CORTE DE OPERACIONES.

- El corte de las operaciones se establece por las partes en fecha............, asumiendo expresamente el adquirente los costes salariales y de seguridad social desde tal fecha de efectos con independencia de la fecha de subrogación efectiva en los contratos de trabajo.
- Respecto al resto de gastos o costes que asuma .... hasta la efectiva subrogación, serán tratados de forma individualizada atendiendo a las circunstancias de cada uno de ellos.
- En caso de discrepancia sobre estos costes, las partes se someten expresamente a la posición que determine el Tribunal de Instancia, sección de lo Mercantil (plaza núm ...) de ...., que conoce del procedimiento concursal.

Y en prueba de su conformidad, afirmándose y ratificándose en el contenido del presente documento, lo firman las partes por duplicado y a un solo efecto, en la ciudad y fecha referidas *ut supra*.

F117. ESCRITURA DE COMPRAVENTA DE UNIDAD PRODUCTIVA DE SOCIEDAD CONCURSADA EN LIQUIDACIÓN

Normativa aplicable: *Arts. 215 y ss. Real Decreto Legislativo 1/2020, de 5 de mayo, por el que se aprueba el texto refundido de la Ley Concursal.*

En la ciudad de.............., mi residencia, hoy día...... de........... de dos mil...

Ante mí,......................., notario del Ilustre Colegio de..............

COMPARECEN

I.– Don.............. mayor de edad, de nacionalidad española, casado, con domicilio en calle...................., núm.................., dotado de DNI/NIF....................

II.– Don.............. mayor de edad, de nacionalidad española, soltero, con domicilio en calle...................., núm..............., dotado de DNI/NIF....................

Les identifico por los documentos de identidad anteriormente reseñados, que me son exhibidos, y por sus propias manifestaciones.

INTERVIENEN

I.– Don.................... interviene, en nombre y representación de la sociedad....................... S.A., de la es administrador concursal, sociedad constituida mediante escritura autorizada el día...... de.............. de..........., ante el notario de...................., Don......................... Inscrita en el Registro Mercantil de la provincia de...................., al tomo........., folio........., hoja núm............., inscripción 1ª.

Modificados y adaptados sus estatutos sociales a la derogada Ley de Sociedades Anónimas, en virtud de acuerdo adoptado por la Junta General Extraordinaria de la sociedad el día...... de........... de.............., elevado a público mediante escritura otorgada ante el notario de................., Don................., e inscrita en el citado el Registro Mercantil de la provincia de.............., al tomo........., folio..........., hoja núm............., inscripción..............

El domicilio social de.................... S.A., se halla en...................., consistiendo su objeto social en.............. CIF..............

La sociedad................. S.A. actualmente se halla declarada en estado de concurso voluntario de acreedores, que se tramita actualmente ante el Tribunal de Instancia, sección de lo Mercantil (plaza núm ...) de ...., bajo el número de autos........... La declaración del citado concurso fue acordada por el expresado Tribunal mediante auto de fecha...... de.............. de........, en el se acordó la conservación por el concursado de las facultades de administración y disposición sobre su patrimonio, quedando sometido el régimen de estas a la intervención de los administradores concursales, mediante su autorización o conformidad. Mediante auto de fecha...... de......... de......, se ha aperturado en el citado proceso concursal la fase de liquidación, habiendo cesado los administradores sociales y sustituidos por la Administración Concursal.

Todo ello consta en el Registro Mercantil de la Provincia de..........., al tomo..........., folio.............., hoja núm..................

El compareciente actúa en ejecución de las operaciones de liquidación y de las reglas especiales de liquidación aprobadas mediante auto de fecha...... de......... de...... recaído en el citado procedimiento núm....... de autos, y acredita su cargo con la exhibición que me efectúa de la oportuna credencial expedida a su favor con fecha de......... de.........

El Sr.......... me hace entrega de testimonio con expresión de firmeza de los referidos autos de declaración de concurso, apertura de la fase de liquidación y de aprobación de las reglas especiales de liquidación, que, yo notario, incorporo a la presente escritura.

Yo, notario, considero que tiene facultades suficientes para el otorgamiento de la presente escritura de compraventa.

II.– Don................. interviene en nombre y representación de la sociedad........................ S.A., sociedad constituida mediante escritura autorizada el día...... de.............. de.............., ante el notario de................., Don........................ Inscrita en el Registro Mercantil de la provincia de..........., al tomo..........., folio..........., hoja núm............, inscripción 1ª.

Modificados y adaptados sus estatutos sociales a la derogada Ley de Sociedades Anónimas, en virtud de acuerdo adoptado por la Junta General Extraordinaria de la sociedad el día...... de.............. de.............., elevado a público mediante escritura otorgada ante el notario de................., Don.............., e inscrita en el citado el Registro Mercantil de la provincia de................., al tomo........, folio..........., hoja núm............, inscripción.................

El domicilio social de.................... S.A., se halla en...................., consistiendo su objeto social en........... CIF..............

Don................. actúa en nombre y representación de.............. S.A. en su condición de administrador único de dicha compañía, cargo que asegura vigente y para el que fue designado en virtud de acuerdo de la Junta General extraordinaria de la citada sociedad adoptado el día de......... de......... y que fue elevado a público mediante escritura autorizada el día de......... de..........., ante el notario de..........., Don.............. Inscrita en el citado Registro Mercantil de la provincia de...................., al tomo........, folio..........., hoja núm............, inscripción..............

Yo, notario, considero que tiene facultades suficientes para el otorgamiento de la presente escritura de compraventa.

Tienen, a mi juicio, capacidad necesaria para otorgar la presente escritura de compraventa y al efecto:

EXPONEN

I.– Que la sociedad.................... S.A. es dueña, en pleno dominio, de la siguiente unidad productiva:

Unidad productiva sita en.............., calle........, núm........., compuesta por los medios organizados, actualmente en funcionamiento, destinados al desarrollo de la actividad de........... Dichos medios y organización, incluidos activos, pasivos, derechos y obligaciones, se relacionan y describen en el ANEXO I de este documento, que forma parte inseparable de la presente escritura.

Los trabajadores que se integran en la unidad productiva son los relacionados en el ANEXO II del presente escrito, que forma parte inseparable de la presente escritura y que se da aquí por íntegramente reproducido para evitar innecesarias repeticiones.

Cargas y gravámenes: Libre de cargas y gravámenes.

II.– Que........... S.A. tiene interés en adquirir por título de compraventa la unidad productiva reseñada en el anterior exponen, lo que pactan las partes y llevan a cabo en base a las siguientes:

ESTIPULACIONES

PRIMERA.– COMPRAVENTA.

.... S.A. representada por su administración concursal cede y transmite a la compañía................ S.A., representada por su administrador único, Don................, que compra y adquiere, la unidad productiva reseñada en el exponen I de esta escritura, en los términos de dicho exponen I y los ANEXOS I y II esta escritura, con cuanto le sea inherente y/o accesorio, libre de cargas y gravámenes, así como de arrendatario y ocupantes.

SEGUNDA.– PRECIO Y FORMA DE PAGO.

El precio de la presente compraventa se fija en la suma de.............. euros, que es pagado en este acto, mediante cheques bancario, por importe de........... euros y a favor de la vendedora, que en este acto y en unión a los administradores concursales, recibe, dando la más eficaz y completa carta de pago, salvo buen fin del efecto.

TERCERA.– POSESIÓN.

Con el otorgamiento de la presente escritura se entrega a la compradora la posesión de la unidad productiva aquí transmitida.

La parte compradora se subroga en los derechos y obligaciones derivados de los contratos afectos a la continuidad de la actividad de la concursada salvo el contrato de fecha ..... suscrito en su día con la entidad ..... También en las licencias y autorizaciones administrativas en los términos del TRLC

CUARTA.– IVA.

La presente compraventa no está sujeta al Impuesto sobre el Valor Añadido.

QUINTA.– GASTOS Y TRIBUTOS.

Todos los gastos y tributos que se devenguen con ocasión de la presente compraventa, serán de cuenta y cargo de la compradora.

SEXTA.– ACTO DE DISPOSICIÓN EN EJECUCIÓN DE LAS REGLAS ESPECIALES DE LIQUIDACIÓN.

Expresamente se hace constar que mediante auto de fecha...... de......... de......, y en el procedimiento concursal de la vendedora,............ S.A., seguido ante el Tribunal de Instancia, sección de lo Mercantil (plaza núm ...) de ...., autos........., se ha aperturado la fase de liquidación, habiendo cesado los administradores sociales y sustituidos por la Administración Concursal.

La presente compraventa se otorga y lleva a cabo en ejecución de las operaciones de liquidación y de las reglas especiales de liquidación aprobadas mediante auto de fecha...... de......... de...... recaído en el citado procedimiento núm....... de autos.....

SÉPTIMA.– SUBROGACIÓN EMPRESARIAL.

Se hace constar que mediante auto de fecha...... de...... de......, recaído en el proceso concursal de la vendedora, autos........., se ha acordado que el aquí adquirente no se subrogue en la parte de la cuantía de los salarios o indemnizaciones pendientes de pago anteriores a la enajenación objeto esta escritura que sea asumida por el Fondo de Garantía Salarial de conformidad con lo dispuesto en el art. 33 del Estatuto de los Trabajadores.

OCTAVA.– INSCRIPCIÓN PARCIAL.

Se solicita la inscripción de esta escritura en el Registro de.................... En el cualquier caso, se solicita la inscripción parcial de esta escritura, si no fuera posible su inscripción total, y la oportuna nota de calificación, debidamente fundamentada, en la que se establezca los extremos no inscritos.

OTORGAMIENTO

Así lo dicen y otorgan los comparecientes ante mí. Hago las reservas y advertencias legales, especialmente las pertinentes fiscales y la necesidad de inscribir esta escritura en el Registro de la propiedad. También advierto sobre la correspondiente incorporación de datos a los ficheros automatizados regulados en la Orden de 19 de febrero de 2003 (484/2003), del Ministerio de Justicia.

AUTORIZACIÓN

Los comparecientes, previa solicitud que me formulan al efecto y sin perjuicio de advertirles sobre el contenido del art. 193 RN, leen en mi presencia la presente escritura. Manifiestan su consentimiento y conformidad a su contenido, firmándola conmigo, el notario. Compruebo que se ajusta este instrumento a la Ley y la voluntad manifestada en este acto por los comparecientes, y doy fe en cuanto sea procedente de todo lo consignado en este instrumento público, extendido en.......................... folios de papel exclusivo para documentos notariales, serie, y números el del presente y anteriores en orden.

F118. PACTO PARASOCIAL

Normativa aplicable: *Art. 29 Real Decreto Legislativo 1/2010, de 2 de julio, por el que se aprueba el texto refundido de la Ley de Sociedades de Capital.*

En ....

REUNIDOS

Don............., mayor de edad, ... calle .... y DNI/NIF ....

Don............., mayor de edad, ... calle .... y DNI/NIF ....

Don............., mayor de edad, ... calle .... y DNI/NIF ....

Don............., mayor de edad, ... calle .... y DNI/NIF ....

Don............., mayor de edad, ... calle .... y DNI/NIF ....

Don............., mayor de edad, ... calle .... y DNI/NIF ....

Y Don.........., mayor de edad, ... calle .... y DNI/NIF ....

INTERVIENEN

Como partes de este contrato, Don.............. Don................., y Don................., intervienen en su propio nombre y representación y por si.

También intervienen en su propio nombre y representación y por si, aunque no son partes de este contrato, Don..............., y Don...............

Don............., Don.................., Don..............., Don.............. y Don..............., además, intervienen en su condición de únicos socios de la compañía................, con domicilio .... y CIF........... Los cuatro primeros señores arriba reseñados y Don................, y Don.................. además, intervienen en su condición de únicos miembros del Consejo de Administración de dicha compañía. Y Don............... y Don................... también en su condición de Consejeros Delegados de ....

EXPONEN

I.– Que la sociedad .... es una sociedad constituida en el año ...... bajo la denominación de .... sociedad esta que en el año ...... incorporó la oficina técnica de ingeniería ...., integrada por los en la actualidad y desde su fundación, por lo socios de............, Don................, Don.............. y Don............ Los citados señores, en su conjunto, son titulares del cincuenta por ciento del capital social de ....

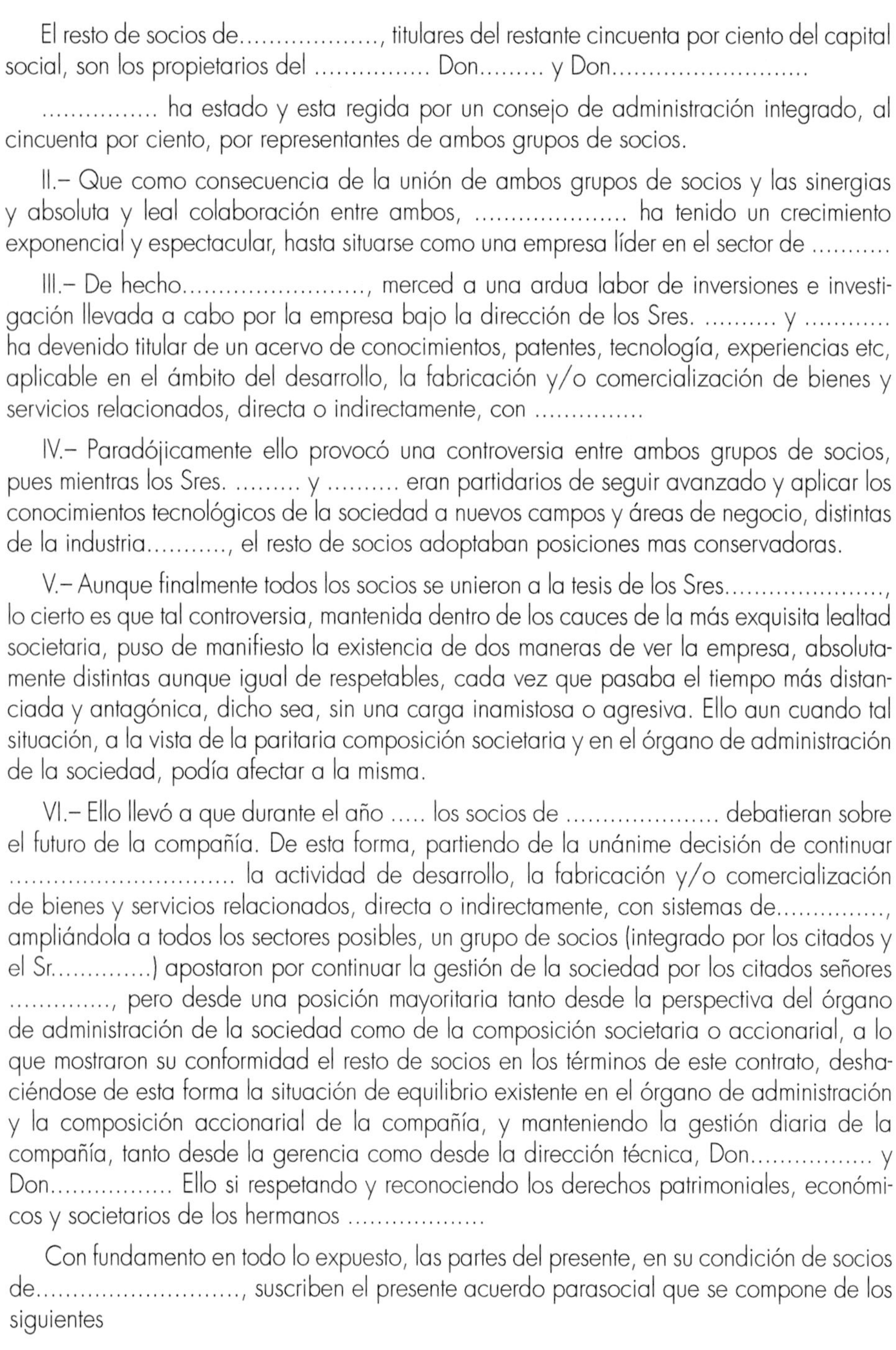

El resto de socios de................., titulares del restante cincuenta por ciento del capital social, son los propietarios del .... Don......... y Don.........................

.... ha estado y esta regida por un consejo de administración integrado, al cincuenta por ciento, por representantes de ambos grupos de socios.

II.– Que como consecuencia de la unión de ambos grupos de socios y las sinergias y absoluta y leal colaboración entre ambos, ... ha tenido un crecimiento exponencial y espectacular, hasta situarse como una empresa líder en el sector de ....

III.– De hecho........................, merced a una ardua labor de inversiones e investigación llevada a cabo por la empresa bajo la dirección de los Sres. .... y .... ha devenido titular de un acervo de conocimientos, patentes, tecnología, experiencias etc, aplicable en el ámbito del desarrollo, la fabricación y/o comercialización de bienes y servicios relacionados, directa o indirectamente, con ....

IV.– Paradójicamente ello provocó una controversia entre ambos grupos de socios, pues mientras los Sres. .... y .... eran partidarios de seguir avanzado y aplicar los conocimientos tecnológicos de la sociedad a nuevos campos y áreas de negocio, distintas de la industria..........., el resto de socios adoptaban posiciones mas conservadoras.

V.– Aunque finalmente todos los socios se unieron a la tesis de los Sres....................., lo cierto es que tal controversia, mantenida dentro de los cauces de la más exquisita lealtad societaria, puso de manifiesto la existencia de dos maneras de ver la empresa, absolutamente distintas aunque igual de respetables, cada vez que pasaba el tiempo más distanciada y antagónica, dicho sea, sin una carga inamistosa o agresiva. Ello aun cuando tal situación, a la vista de la paritaria composición societaria y en el órgano de administración de la sociedad, podía afectar a la misma.

VI.– Ello llevó a que durante el año ..... los socios de .... debatieran sobre el futuro de la compañía. De esta forma, partiendo de la unánime decisión de continuar .... la actividad de desarrollo, la fabricación y/o comercialización de bienes y servicios relacionados, directa o indirectamente, con sistemas de.............., ampliándola a todos los sectores posibles, un grupo de socios (integrado por los citados y el Sr.............) apostaron por continuar la gestión de la sociedad por los citados señores ...., pero desde una posición mayoritaria tanto desde la perspectiva del órgano de administración de la sociedad como de la composición societaria o accionarial, a lo que mostraron su conformidad el resto de socios en los términos de este contrato, deshaciéndose de esta forma la situación de equilibrio existente en el órgano de administración y la composición accionarial de la compañía, y manteniendo la gestión diaria de la compañía, tanto desde la gerencia como desde la dirección técnica, Don................ y Don................ Ello si respetando y reconociendo los derechos patrimoniales, económicos y societarios de los hermanos ....

Con fundamento en todo lo expuesto, las partes del presente, en su condición de socios de..........................., suscriben el presente acuerdo parasocial que se compone de los siguientes

PACTOS

PRIMERO.– TRANSMISIÓN DE PARTICIPACIONES SOCIALES DE LA SOCIEDAD ....

I.– Como consecuencia de la nueva y definitiva etapa aperturada por la sociedad .... en la que, tal y como se ha reflejado en el exponen de este documento, se ha acordado un cambio en la composición societaria de la compañía, con una nueva mayoría en el capital social de.................., Don........................ consienten, a la vista de lo expuesto en el exponen de este contrato y del resto de pactos del presente documento, y se comprometen a transmitir y transmitirán a la propia sociedad ...., previo, en su caso, acuerdo de reducción de capital social adoptado por la Junta General, el primero de ellos........ participaciones sociales de .... y el segundo otras........ participaciones sociales de la citada compañía.

II.– Las condiciones de la citada transmisión de participaciones sociales será la siguiente:

A.– Título: Compraventa de participaciones sociales propias para su amortización al amparo de lo previsto en el Texto Refundido de la Ley de Sociedades de Capital.

B.– Precio. En conjunto, respecto a la compraventa de participaciones sociales de Don................ la suma de .... EUROS. Y respecto de la compraventa de Don......................., el precio conjunto asciende a la suma de .... euros

C.– Forma de pago: El precio reseñado será abonado por la sociedad en los siguientes términos:

I.– Compraventa de Don...................

1.– En cuanto a la suma de .... euros será pagada simultáneamente al otorgamiento de la escritura de compraventa.

2.– La restante suma de .... euros será abonada mediante ...... pagos anuales sucesivos, cada uno de ellos de .... euros, el primero con vencimiento el .... y el último el............., mediante transferencia bancaria a la siguiente cuenta corriente designada por el vendedor: ....

II.– Compraventa de Don......................

1.– En cuanto a la suma de .... euros será pagada simultáneamente al otorgamiento de la escritura de compraventa.

2.– La restante suma de .... será abonada mediante .... pagos anuales y sucesivos, cada uno de ellos de .... euros, el primero con vencimiento el día .... y el último el día .... mediante transferencia bancaria a la siguiente cuenta corriente designada por el vendedor..........

D.– Interés: El aplazamiento que aquí se concede y que se establece en exclusivo beneficio del deudor, devengará, anualmente, el interés legal vigente en cada momento. Tal interés se abonará junto a la parte del precio correspondiente.

E.– Las participaciones se transmitirán libres de cargas y gravámenes.

F.– Gastos de la compraventa con arreglo a Ley.

III.– Tras la citada transmisión de participaciones sociales Don.............................. participarán en la sociedad .... en los porcentajes que a continuación se señalan:

A.– Don................ titularizará .. participaciones sociales, que en su conjunto supondrán el .....% del capital social.

B.– Don......................... titularizará .. participaciones sociales, que en su conjunto supondrán el ....% del capital social.

C.– Don................. titularizará ... participaciones sociales, que en su conjunto supondrán el ....% del capital social.

D.– Don............ titularizará ... participaciones sociales, que en su conjunto supondrán el .....% del capital social.

E.– Don.............. titularizará ... participaciones sociales, que en su conjunto supondrán el .....% del capital social.

SEGUNDO.– ADMINISTRACIÓN DE LA SOCIEDAD ....

I.– Las partes, expresamente pactan, que el gobierno y administración de .... se adecuará a los pactos contenidos en el presente Contrato, obligándose a efectuar las partes todos aquellos actos societarios tendentes a dar cumplimiento a lo pactado.

II.– El órgano de administración de la sociedad estará conformado por un Consejo de Administración integrado por .... MIEMBROS pactándose expresamente por los socios de .... que cada uno de ellos tendrá derecho y podrá designar un consejero. También, una vez nombrado, tendrá derecho a separarlo en cualquier momento de su cargo y a sustituirlo por otro.

Esto es, y en virtud de lo reseñado en el párrafo precedente, Don..............., tiene derecho a designar a uno de los consejeros; Don............... otro consejero, Don................, un consejero, Don...................., otro consejero y Don................. el restante consejero, y en este acto, se efectúan las siguientes designaciones:

Este derecho a separar, nombrar o sustituir al consejero a que cada socio tiene derecho se ejercerá mediante notificación dirigida a la sociedad y al resto de socios por aquella parte que desee nombrar, separar o sustituir al consejero por ella nombrado y necesariamente previo acuerdo de la Junta General de la sociedad que, a tal efecto deberá convocarse, sin perjuicio de su eventual celebración con el carácter de universal, en cuyo caso tal convocatoria no sería precisa.

III.– El Consejo de Administración, que se reunirá como mínimo diez veces al año, podrá delegar sus facultades, salvo las indelegables por mandato de la Ley o los Estatutos Sociales, en un Consejero Delegado, que será, a su vez, el gerente de la compañía y que percibirá la correspondiente retribución por la gerencia de la empresa.

IV.– El cargo de consejero únicamente será retribuido mediante dietas que no serán superiores a la suma de ... euros por sesión. Ello sin perjuicio de la que les corresponda en razón de la prestación de servicios profesionales o de vinculación laboral, según sea el caso, que puedan tener con ....

V.– Igualmente las partes pactan que Don................, en atención a su vasta experiencia y a su prestigio humano y empresarial, todo lo cual es unánimemente reconocido y público y notorio, mientras sea consejero de la compañía, ocupara el cargo de Presidente del Consejo de Administración.

VI.– La administración y representación de la sociedad corresponderá a los administradores de la misma, adoptándose los acuerdos en el seno de la misma por mayoría absoluta de los consejeros concurrentes a la reunión. No obstante, las partes expresamente pactan que los asuntos de gran importancia para la sociedad, que a continuación o en otras partes de este contrato se reseñan, deberán adoptarse por el Consejo de Administración de la sociedad mediante el correspondiente acuerdo con el voto favorable de .... CONSEJEROS por medio del correspondiente acuerdo de tal órgano societario. Tales materias de gran importancia son las siguientes:

a) Dar y/o recibir dinero a préstamo. Concertar, en cualquier posición contractual, prestamos participativos, líneas de crédito, descuento, factoring y/o garantías, sean personales o reales. Todo ello en cuanto exceda del limite individual de................ euros por operación o conjunto por mes de............... euros.

b) Adquirir, enajenar y/o gravar bienes inmuebles.

c) La contratación con ascendientes, descendientes y parientes colaterales de hasta segundo grado de cualquiera socio de ....

d) Establecer y/o modificar la retribución, salarial o de cualquier otra clase, correspondiente al personal directivo de la empresa en cuanto exceda de los parámetros que se determinan a continuación. En todo caso tendrán la consideración de personal directivos los socios que presten sus servicios a la sociedad. Se hace constar que, en la actualidad, los únicos directivos de la empresa son los señores Dichos parámetros son:

A.– RETRIBUCIÓN DE LOS SRES. ....

1.– La retribución bruta anual fija correspondiente a cada uno de los señores .... por el desempeño del cargo de gerente y Director Técnico ascenderá a la suma de .... euros. La citada retribución anual se actualizará cada año aplicando el correspondiente IPC general. Los Sres................. podrán optimizar fiscalmente, dentro del citado importe bruto, la retribución antes reseñada mediante retribuciones en especie.

2.– Junto a la retribución bruta anual fija antes citada, los Sres................ tendrán derecho a percibir una paga anual que se determinará aplicando al beneficio antes de impuestos y después de amortizaciones el porcentaje del ....%.

3.– En el supuesto que Don........... y/o Don............ fueran despedidos de la empresa dentro del plazo de los .... años reseñado en el pacto octavo y tal despido fuera declarado improcedente tendrán derecho a una paga por importe de .... euros, que será adicional al finiquito que le correspondería por tal despido.

B.– RETRIBUCIÓN DE OTROS DIRECTIVOS.

La retribución bruta anual de cualesquiera otro directivo que pudiese contratar la empresa no podrá exceder de la suma de .... euros.

TERCERO.– ADOPCIÓN DE ACUERDOS EN LA JUNTA GENERAL.

Los acuerdos sociales se adoptarán en la Junta General de .... por mayoría de los votos válidamente emitidos, salvo aquellos que a continuación o en otras partes de este contrato se reseñan y que deberán adoptarse con el voto favorable del .... del capital social:

- El aumento o la reducción del capital social y el otorgamiento o emisión de préstamos participativos y/o convertibles en participaciones sociales (en consecuencia, tanto en calidad de prestamista como de prestataria), creación, modificación o supresión de clases o series especiales de acciones o participaciones y supresión del derecho de asunción preferente en los aumentos de capital.
- Modificación del tipo de órgano de administración y/o del número de los miembros del Consejo de Administración o la determinación concreta de las personas que hayan de ocupar el cargo de Consejero, siempre respetando lo dispuesto en el pacto segundo de este contrato.
- La modificación del objeto social de la compañía.
- La autorización a los administradores para que se dediquen, por cuenta propia o ajena, al mismo, análogo o complementario género de actividad que constituya el objeto social de la compañía.
- La transformación, fusión, escisión, cesión global de activo o pasivo o cualquier otra modificación estructural de la compañía.
- La disolución de la sociedad.

CUARTO.– DIVIDENDOS.

I.– Expresamente se pacta que si el resultado del ejercicio social, después de impuestos, arrojara beneficio y una vez efectuadas las atenciones legales, se distribuirá entre lo socios y en proporción a su participación en el capital social de la compañía, el siguiente dividendo:

BENEFICIO DESPUÉS DE IMPUESTOS Y TRAS ATENCIONES LEGALES	PORCENTAJE DE DIVIDENDO

El porcentaje se aplicará no por tramos sino desde el primer euro. Esto es y a título de ejemplo, si el beneficio después de impuestos y tras las atenciones legalmente establecidas es de .... euros, el dividendo a repartir entre los socios en proporción a su participación en el capital social será de .... euros Si es de .... euros, el dividendo ascenderá a ..... euros.

En tanto en cuanto no haya sido abonado íntegramente por la sociedad el precio de la compraventa reseñada en el pacto primero de este documento, sólo se repartirá como dividendo anual la suma de.............. euros, pues la cantidad que resulte de aplicar los porcentajes reseñados en la tabla precedente tras deducir la citada suma de .... euros, se destinará íntegramente al pago de la parte del precio que se hallarse pendiente en tal momento, anticipando su vencimiento y reduciéndose el mismo en ese importe.

II.– Ello salvo acuerdo en sentido contrario al reparto de dividendos, o aprobando un dividendo distinto al impuesto en el número I precedente, adoptado por la Junta General por la mayoría reforzada del setenta y cinco por ciento reseñada en el pacto tercero precedente.

QUINTO.– PACTO DE NO COMPETENCIA

I.– Don............, Don..............., Don................, Don.........., y Don................ en su propio nombre y derecho y en su condición de socios de la compañía......................, se obligan a no realizar, sea directa o indirectamente, actividad alguna, remunerada o gratuita, por sí o por cuenta ajena, consistente en el desarrollo, la fabricación y/o comercialización de bienes y servicios relacionados, directa o indirectamente, con...............

También se comprometen a no participar, directa o indirectamente, en el capital social (con la única excepción de los supuestos de sociedades cotizadas, siempre que la participación en la citada sociedad no fuere superior al 0,10 por ciento de su capital social) y en los órganos societarios y/o de gestión, incluso como apoderados o personal directivo, de empresas que, directa o indirectamente, realicen las reseñadas actividades, en este último caso, con excepción de los órganos societarios de las compañías mercantiles en las que participe como socia ....

II.– Si alguno de los socios de .... conociera o tuviese interés en acometer un proyecto relacionado, directa o indirectamente, con la actividad reseñada en el párrafo precedente, y este proyecto no tuviese su base, directa o indirectamente, en la previa experiencia y/o conocimiento de .... ni tampoco estuviese en ese momento en fase de estudio, desarrollo o ejecución, directa o indirectamente, por......................, el citado socio se obliga a comunicar el proyecto fehaciente, inmediata e imperativamente, a la sociedad para que .... lo lleve a cabo y ejecute, lo que sucederá salvo que:

a) el órgano de administración de la sociedad mediante acuerdo adoptado por la mayoría reforzada señalada en el pacto segundo desestime llevarlo a cabo y

b) en ese caso, la Junta General de la sociedad, mediante acuerdo adoptado por la mayoría del setenta y cinco por ciento reseñado en el pacto tercero también desestime llevarlo a cabo.

A tal efecto, se convocará dentro del pazo de ..... días a contar desde la comunicación del socio, reunión del Consejo de Administración a los efectos de que lo reseñado en la letra a) precedente. Si el Consejo de Administración desestimará llevar a cabo el proyecto en cuestión, en la propia reunión en que se produzca tal desestimación se convocará la Junta General de la sociedad reseñada en la letra b) precedente a los efectos reseñados en la citada letra b).

En el supuesto que tanto el Consejo de Administración como la Junta General desestimen llevar a cabo el proyecto, el socio desistirá de llevarlo a cabo salvo que la Junta general de la sociedad reseñada en la letra b) precedente expresamente autorice al socio a llevarlo a cabo, personalmente o con otros socios, fuera de la sociedad ....

III.– El presente pacto de no competencia que todos los socios reconocen como vital para la continuación, desarrollo y expansión de la actividad de..........................., permanecerá en vigor tanto tiempo mientras cada uno de los socios titularice, directa o indirectamente, las participaciones sociales de .... y durante ......AÑOS después que deje de titularizarlas.

SEXTO.– DERECHOS DE LA MINORÍA.

Sin perjuicio de los derechos que asisten a los socios minoritarios, esto es, a Don....... y Don........................., las partes pactan que dado que los citados señores se apartan de la gestión diaria de la compañía, al abandonar el cargo de consejero delegado que ocupaba Don........... hasta la fecha, tendrán a su disposición un asesor, por ellos designados, cuya retribución correrá a cargo de .... con un importe equivalente al que en la actualidad y con carácter mensual viene percibiendo Don................., a efectos que les asesore e informe con relación a la marcha de la sociedad,. El citado asesor podrá acceder a toda la información y documentación a la que se refiera la misma sin limitación alguna, ni en las formalidades ni en los tiempos, salvo la mera necesidad de acreditar debidamente su condición, y no molestar ni entorpecer el normal funcionamiento de la empresa, y deberá presentar a los citados señores, anualmente, un informe de pre auditoria que será puesto a disposición del Consejo de Administración de la sociedad.

SÉPTIMO.– BUENA FE Y CONFIDENCIALIDAD.

I.– Las partes declaran y asumen el carácter confidencial del presente contrato, así como obligación dimanante de este contrato para los mismos, la de actuar de buena fe y lealmente entre si y con ...., actuando en el sentido que requieran los intereses de ésta.

Especialmente manifiestan que los socios aquí firmantes no han suscrito ningún otro documento y acuerdo contractual vinculante, análogo al presente y que tenga por objeto cualquier actividad de desarrollo, fabricación y/o comercialización relacionada, directa o indirectamente, con sistemas de ....

II.– Los comparecientes según intervienen, se comprometen a tratar, de modo indefinido, como secreta y confidencial cualquier información tecnológica, industrial, química, económico-financiera, o comercial de la compañía .... o relacionada con ella, sus asociados, proveedores o clientes, a la que hubiera tenido acceso o hubiese conocido, directa o indirectamente, por razón de su relación laboral o societaria con la expresada sociedad, o por cualquier otro cauce.

Los aquí comparecientes son conscientes de que el hecho de facilitar información confidencial conforme aquí se describe, a cualquier cliente, o actual o potencial competidor de .... pondría a la misma en una grave situación de desventaja competitiva y le causaría incalculables daños no sólo económicos, sino comerciales, financieros y de otros tipos.

III.– Sin perjuicio de lo anterior, para el supuesto que cualquiera de los socios pretenda transmitir inter vivos, total o parcialmente, sus participaciones sociales de .... transmisión que no será libre en ningún caso, la transmitente deberá comunicar al proyectado adquirente de las mismas, con carácter previo a la transmisión y a la notificación prevista en el art.... LSC, la existencia y el contenido del presente documento, así como de cualquiera de sus modificaciones, en su caso, y obtener del mismo la expresa aceptación y asunción de los compromisos y obligaciones pactados en este contrato y, en su caso, sus modificaciones, subrogándose con la transmisión el adquirente en la posición contractual del transmitente.

Lo mismo reseñado también será de aplicación respecto de las transmisiones mortis causa, de tal forma que el adquirente deberá aceptar y asumir los compromisos y obligaciones pactados en este contrato y, en su caso, sus modificaciones, subrogándose con la transmisión el adquirente en la posición contractual del transmitente. A tal efecto, los socios se obligan a levar a cabo cuanto fuera menester a tal fin

OCTAVO.– PERMANENCIA DE DIRECTIVOS.

Como todos los socios reconocen la presencia en la compañía de Don.................... y Don.................... es vital para la continuación, desarrollo y expansión de la actividad de .... Por ello, los socios Don............................. y Don.................... se obligan frente al resto de socios y frente a .... a permanecer como mínimo durante un plazo de ....AÑOS como socios de la Sociedad en los mismos términos y con una participación en el capital de la sociedad no inferior a la que se reseña en el número III del pacto primero de este Contrato y también a permanecer en el puesto laboral que ocupan en la actualidad y a desempeñarlo con el máximo nivel de calidad y eficacia en régimen de exclusividad.

NOVENO.– COMPROMISO DE ADQUISICIÓN DE PARTICIPACIONES SOCIALES.

En el supuesto que alguna/s de la/s parte/s pretenda transmitir, directa o indirectamente, sus participaciones sociales de la compañía .... y alguno/s de los restantes socios no adquiriese las participaciones sociales objeto de transmisión en los términos de los estatutos sociales y la ley, a requerimiento de cualquiera de estos últimos formulado dentro del plazo de ..... días a contar desde el vencimiento del fijado para el ejercicio del derecho de adquisición preferente reseñado, la vendedora se obliga a que el comprador, so pena de no llevar a cabo la compraventa proyectada, adquiera también las participaciones sociales que ostente el socio/s requirente/s en la sociedad, en proporción que determine el socio/s requirente/s y las mismas condiciones que le hubiesen sido ofrecidas a la vendedora, salvo que el socio/s requirente/s no estuviese/n conforme con las mismas, en cuyo caso, las condiciones de venta serán las siguientes:

a) Precio: el valor razonable de las mismas a fecha del requerimiento, fijado por el auditor de cuentas de la provincia de .... que designen de mutuo acuerdo el socio/s requirente/s y el órgano de Administración de la sociedad y, en su defecto, por el que designe el Registro Mercantil de la Provincia de ....

b) Forma de pago: Simultáneamente al otorgamiento de la escritura de compraventa, mediante cheque bancario.

c) La transmisión de las participaciones sociales se realizará a título de compraventa, con todos sus derechos inherentes libres de trabas, embargos y gravámenes.

d) Los gastos y tributos de la compraventa serán soportados por las partes con arreglo a Ley.

e) La escritura de compraventa de las participaciones sociales se otorgará ante el Notario de....., que designe la compradora, dentro del plazo de ..... días a contar desde la fijación del valor razonable de las participaciones sociales.

DÉCIMO.– ADOPCIÓN DE ACUERDOS.

Las partes se comprometen a adoptar, en el seno de la Junta General de.........................., los acuerdos sociales precisos para dar cumplimiento a los compromisos alcanzados en este documento. En especial, para adaptar los Estatutos sociales al contenido del modelo que se acompaña como.........., que se aprueba por todas las partes y se da aquí por íntegramente reproducido.

Si el Registro Mercantil no admitiera la inscripción de los citados estatutos una vez modificados según la redacción contenida en los mismos, manifestando uno o varios defectos, las partes se comprometen a efectuar cuantas aclaraciones sean precisos para tal subsanación, manteniendo en la medida de lo posible el contenido de los acuerdos alcanzados y reflejados en los citados estatutos sociales. Cualquier otra modificación exigirá la aprobación expresa de las partes de este contrato.

En caso de discrepancia entre el presente Contrato y los Estatutos de la Sociedad vigentes en cada momento, independientemente de que se hallen o no inscritos en el Registro Mercantil, este Contrato prevalecerá en las relaciones existentes entre las Partes. En cualquier caso las Partes declaran que este Contrato tiene la naturaleza de pacto extra estatutario y que por ello no podrán invocar los Estatutos Sociales para eludir su aplicación, prevaleciendo lo pactado en el mismo sobre los Estatutos en caso de contracción o incompatibilidad.

UNDÉCIMO.– INCUMPLIMIENTO.

En el supuesto que una de las partes, incumpliese cualesquiera de las obligaciones aquí asumidas, que todas ellas tienen para las partes la consideración de esenciales, deberá abonar a las partes cumplidoras la suma de .... Euros, en concepto de cláusula penal expresamente aquí pactada, y sin perjuicio de la correspondiente indemnización de los daños y perjuicios que con su actuación hubiese irrogado y el ejercicio de cuantas acciones procediese como consecuencia del citado incumplimiento.

DUODÉCIMO.– CESIÓN DE DERECHOS

Ninguna de las Partes de este Contrato podrá ceder sus derechos y obligaciones dimanantes del mismo. Los derechos y obligaciones dimanantes de este Contrato vincularán a los herederos, legatarios, albaceas, y otros representantes así como a los sucesores, causahabientes y cesionarios de cada parte.

Las Partes se obligan recíprocamente a votar, en la medida de sus respectivos derechos en cada momento, bien sea como socios o como consejeros de la sociedad, de forma que ninguna persona sea inscrita como titular de derecho alguno sobre participación alguna sin haberse respetado el presente Contrato.

DECIMOTERCERO.– VIGENCIA DEL CONTRATO

El presente Contrato permanecerá en vigor y, por tanto, desplegará todos sus efectos, en tanto en los socios firmantes del mismo mantengan la condición de socio de .... y sin perjuicio de la vigencia de las obligaciones previstas en este contrato que surtan sus efectos y permanezcan tras la pérdida de la condición de socio de la compañía ....

Sin perjuicio de lo dispuesto en el párrafo anterior y en la legislación aplicable, el Contrato quedará extinguido anticipadamente, dejando de producir efectos entre las Partes, en los siguientes casos:

a) por la terminación voluntaria y expresa de las Partes, y

b) por disolución y liquidación de la Sociedad.

DECIMOCUARTO.– RENUNCIAS Y MODIFICACIONES

Ninguna renuncia tácita por parte de cualquiera de las Partes o el no-ejercicio de cualquiera de sus derechos aquí recogidos será considerado como una renuncia a otros derechos o a los mismos derechos en el futuro.

Ninguna modificación, cambio o renuncia de cualquiera de las provisiones del presente Contrato será efectiva a no ser que se realice por escrito y cuente con la firma de la Parte frente a quien debe operar tal modificación, cambio o renuncia.

DECIMOQUINTO.– NOTIFICACIONES

Para la práctica de cuantos requerimientos o notificaciones hayan de verificarse, ambas partes designan los domicilios reseñados en el encabezamiento de este contrato. Dichos domicilios podrán ser modificados por cualquiera de las partes de este documento previa notificación fehaciente a la otra del expresado cambio.

DECIMOSEXTO.– Acuerdo único

En el caso de que cualquier pacto del presente Contrato fuera nula o anulable, por cualquier resolución legal, administrativa o arbitral, la validez del mismo en su conjunto no quedará afectada por dicha circunstancia, siempre que no se trate de una parte sustancial del mismo. El pacto legalmente ineficaz será sustituido por uno nuevo, o interpretado de un modo legalmente aceptable, que sea de un tenor lo más aproximado posible al pacto que las partes habrían formalizado de haber tenido conocimiento de la ineficacia del pacto en cuestión.

Cada Parte se obliga a ejercitar todos sus derechos y, en particular, sus derechos como socio y/o Consejeros de .... en la forma que resulte precisa o conveniente para cumplir o asegurar el cumplimiento de este Contrato. Igualmente, se obligan a realizar los máximos esfuerzos y a adoptar las medidas necesarias a fin de que la actuación de los Consejeros, apoderados, Consejeros Delegados y/o miembros de Comisiones Ejecutivas nombrados a su instancia sea la necesaria o conveniente para cumplir o asegurar el cumplimiento de este Contrato.

El contenido del presente documento tiene la consideración de acuerdo de la Junta General .... y de su órgano de administración.

DECIMOSÉPTIMO.– LEY APLICABLE Y JURISDICCIÓN

Este Contrato está sujeto a la ley española y será interpretado de acuerdo con la misma. Las partes, con renuncia expresa al fuero que pudiera corresponderles, acuerdan someter cualquier controversia o reclamación que pueda surgir entre las partes con respecto a la validez, ejecución, cumplimiento o resolución, total o parcial, de este Contrato a los Tribunales de ......

Y para que así conste, firman el presente en el lugar y fecha señalados "ut supra".

F119. PROTOCOLO FAMILIAR (I)

PROTOCOLO - PACTO DE SOCIOS DE LA MERCANTIL

[................], S.L.

INDICE:

Antecedentes

ACUERDOS

PROTOCOLO FAMILIAR - PACTO DE SOCIOS DE LA MERCANTIL

.............., S.L.

En la ciudad de ...., a ... de ....

REUNIDOS:

Don..................

Doña ....

Doña ....

INTERVIENEN todos ellos en su propio nombre y representación, Don.............. lo hace también en nombre de la mercantil ...., en adelante .... S.L., y a tal efecto

MANIFIESTAN

I.– ANTECEDENTES DE LA EMPRESA

1.1. Antecedentes

.............., S.L. (en adelante, la Sociedad o ....), con NIF .... fue constituida el .... como sociedad limitada, y tiene su domicilio social en la calle ....

Su actividad consiste en ....

El capital social asciende a ...., siendo la participación de cada uno de los socios la siguiente, según consta en el Libro Registro de Socios:

SOCIO	PARTICIPACIONES	% CAPITAL

1.2. Participación en la actividad de los socios.

Actualmente algunos socios intervienen en la gestión y dirección diaria de la empresa, así como cónyuges de socios:

Nombre	Condición	Responsabilidad

Las decisiones tomadas por los socios desde la constitución figuran en las actas aprobadas por la Junta General de Socios.

El organigrama de la Sociedad consta en ANEXO 2, donde se describe el encuadramiento de cada uno de los anteriores socios en los distintos departamentos de la sociedad.

1.3. Políticas salariales y recursos humanos del Grupo ....

Con este protocolo, es intención de .... el desarrollo e implementación de una política retributiva y de recursos humanos con el objetivo de profesionalizar la gestión de la empresa y asignar salarios de mercado en función de las tareas y responsabilidades asumidas.

Igualmente se regulará el acceso a los puestos de trabajo de familiares según su experiencia y capacidades, la profesionalización de la dirección y las retribuciones en sus distintas modalidades.

II.– Actuaciones a desarrollar

2.1. Justificación del pacto de socios

La justificación de elaborar este pacto de socios viene dada por las siguientes inquietudes:

- Poder evitar futuros problemas o tensiones propias de este tipo de empresas y eludir así las circunstancias en las que se han visto envueltas otras empresas familiares.
- Vincular la propiedad de las participaciones con la intervención en la actividad de la empresa.
- La formalización del cargo de .... como actual gerente, y las condiciones para la selección y preparación de un futuro sucesor, dentro de las próximas gene-

raciones del entorno familiar con el liderazgo directivo necesario, o alternativamente la búsqueda de un candidato externo.

- Vincular las decisiones de los grupos familiares a las directrices de ...., en aras de una profesionalización de la gestión realizada por los mismos.

2.2. Ampliación de las actividades a desarrollar

Este protocolo debe ser la herramienta que permita a la dirección de la empresa emprender nuevos proyectos en actividades distintas de las comprendidas actualmente en el objeto social de la actividad, limitado al ....

También debe fijar estrategias de crecimiento en los distintos mercados, directamente desde .... o bien a través de la compra de otras sociedades, con la configuración de un futuro grupo ....

III.– DIRECCIÓN DEL GRUPO

3.1. El líder

Actualmente la Dirección General de la empresa recae sobre .... que cuenta con autonomía y con la plena confianza de todos los socios.

3.2. Valores iniciales.

Varios son los ejes que sustentan la filosofía de una empresa como "..............., S.L." y que inspiran este pacto:

- Creatividad y calidad.
- Competitividad empresarial y valoración continua, para conseguir que .... compita en igualdad de condiciones con otras empresas líderes.
- El respeto y la consideración hacia las personas.
    - § Entorno laboral digno y estimulante, donde cada persona puede aportar el máximo de sus capacidades.
    - § Sensibilidad hacia las personas (empleados, clientes y proveedores).
    - § Sinceridad y claridad en las relaciones. Diálogo abierto que enriquezca la labor de los equipos.
- Capacidad de trabajo y superación. ...., S.L., reinvierte sus excedentes para con ello crecer en productos, ofrecer niveles de calidad superiores, aumentar su capital humano.
- Cultura de inclusión hacia las nuevas generaciones que reúnan las capacidades y experiencia necesarias para abordar con éxito el proyecto ....
- Compartimentación de riesgos, sin exposición innecesaria de los distintos activos de la sociedad, o sociedades que se creen inmuebles, a la evolución de los negocios.

En su virtud, los firmantes confiando en que, lo previsto en este Pacto de socios se convierta en tradición y costumbre, toman la determinación de obligarse y cumplir cada una de las normas previstas en el mismo, mediante la firma de este documento, a cuyo efecto reconociéndose capacidad legal suficiente:

ACUERDAN

PRIMERO.– PRINCIPIOS REGULADORES DEL PACTO DE SOCIOS

1.1. Introducción

El presente contrato regula un PACTO DE SOCIOS, y es el primer documento suscrito por los socios que afecta a la sucesión familiar y patrimonial de ...., S.L.

Queremos evitar que se tenga la empresa meramente como una herencia de familia. Existe una responsabilidad profesional, por eso, trataremos de prevenir que existan cargos asumidos por familiares sin capacitad suficiente o experiencia inadecuada.

En este sentido, tenemos la firme convicción de que en el trabajo necesitamos tener la humildad suficiente para rodearnos de los mejores profesionales, incluso de más valía y mejor preparados que los propios socios o sus familiares, que nos garanticen eficacia en el trabajo que desarrollan.

La meta de este pacto de socios es hacer posible la buena convivencia entre los socios, directivos y no directivos, y miembros de sus familias, y la buena marcha de los negocios. Por unanimidad de todos los socios, decidimos elaborar este Pacto de Socios con el fin de lograr la continuidad de la empresa.

Confiamos en que el Pacto de Socios nos podrá ayudar a reducir la posibilidad de aparición de conflictos en el seno de la sociedad y entre los distintos familiares, motivados por problemas en la empresa, y estamos tratando de definir criterios y valores fundamentales para poder tratar aquellos conflictos, en caso de que aparezcan, encaminando los objetivos de las familias y la empresa hacia intereses conjuntos.

1.2. Valores

Asumimos que la continuidad de la empresa se asegurará siempre y cuando se apueste por:

– La profesionalización de la gestión de la empresa.
– El estímulo al compromiso del personal de la empresa, y la mejora continua de la gestión.
– Queremos que el esfuerzo de todos, en especial de los que trabajan en la empresa, sirva como elemento de unión de los distintos familiares, en ningún caso debe derivar en un conflicto familiar.
– La adecuación de la empresa a las exigencias del mercado y de los clientes como principal criterio para guiar las decisiones de carácter empresarial.

SEGUNDO.– FASE PREPARATORIA Y ACUERDOS SOCIETARIOS

2.1. Como consecuencia de los acuerdos recogidos en este pacto de socios, se realizará la modificación de estatutos para proteger la propiedad de las participaciones de ...., S.L. en los actuales socios y sus grupos familiares según propuesta que figura en ANEXO 1.

2.2. Actualmente los socios y partes vinculadas mantienen préstamos y cuentas corrientes con la sociedad, cuyo detalle, importe, y fecha de exigibilidad y pago consta en ANEXO 4.

2.3. Para formalizar la condición de director, al que se le nombrará consejero delegado, se firmará entre el Consejo de Administración y el nuevo director un contrato exigido por la Ley de Sociedades de Capital, en los términos que figuran en el ANEXO 3.

TERCERO.– NORMAS RESPECTO A LA PROPIEDAD DE LAS PARTICIPACIONES

3.1. Objetivo

Nuestra política es la de mantener en manos de los familiares, ... y ...., el control total de la propiedad de ...., S.L., o del futuro grupo que le suceda, y procurando que en el capital de la sociedad sólo puedan participar familiares consanguíneos de los fundadores.

3.2. Supuestos generales de transmisión de las participaciones

Cualquier transmisión de participaciones quedará sujeta en su eficacia a la aceptación y firma del presente pacto de socios.

Cada socio tiene libertad para transmitir sus participaciones, ya sea intervivos o mortis causa a sus descendientes directos por consanguinidad o por adopción.

Cualquier transmisión de participaciones (voluntario, forzosa, ínter vivos, mortis causa, a título lucrativo u onerosa, o por liquidación de la sociedad conyugal) a personas distintas de las señaladas estará restringida, estableciéndose un derecho de preferente adquisición a favor de los demás socios. Este derecho preferente se regirá del siguiente modo:

- Primero, los familiares directos en primer grado, padres o hijos.
- Segundo, el resto de los familiares.
- Tercero, la propia sociedad podrá adquirir las participaciones en caso de que los miembros de la familia no puedan hacerlo.
- Cuarto, las participaciones serán ofrecidas a terceros, si ninguna de las condiciones anteriores se cumple.

La transmisión de participaciones se regirá según las siguientes normas:

a) No podrán venderse las participaciones sin el consentimiento expreso del Consejo de Administración, pudiendo la sociedad denegar la entrada de los no parientes, y a los familiares políticos. Esto no supone la imposibilidad de venta, simplemente crea un procedimiento que protege la propiedad actual.

b) Derecho de adquisición preferente entre ramas.

c) El derecho de adquisición preferente se fijará sobre el valor razonable de la sociedad, que se obtendrá a partir del valor contable de la misma.

d) En caso de transmisión forzosa de participaciones, se establece un derecho de adquisición preferente a favor de los socios o de la propia sociedad en lugar del rematante o acreedor.

El valor por el que se realizará el derecho de adquisición preferente será el valor contable determinado sobre el último balance anual cerrado de la Sociedad.

Si las disposiciones legales vigentes en el momento no lo permitieran, se aplicará el valor razonable determinado por el auditor de la sociedad o en su defecto, por un auditor o perito contable, a elección de las partes, que será nombrado por las mismas o en caso de discrepancias, por el Registro Mercantil de ....

Un familiar político no puede llegar a ser socio, debiendo existir un derecho de adquisición preferente de un familiar consanguíneo o de la propia sociedad.

e) Se establece una prestación accesoria consistente en el cumplimiento de este protocolo familiar.

f) Se establece un derecho de arrastre, de tal forma que, en el caso de compra de la sociedad por un tercero, bajo ciertas condiciones, todos los socios están obligados a vender.

Los anteriores acuerdos se recogen en una nueva redacción de los estatutos sociales que se acompaña en ANEXO 1.

3.3. Obligaciones civiles de los miembros del Grupo Familiar ....

Todas las personas integrantes del grupo familiar ...., presentes en la firma de este Pacto de socios, manifiestan su total acuerdo para adoptar las siguientes medidas, imprescindibles para el correcto desarrollo del presente documento:

1. Los integrantes de este grupo familiar manifiestan tener ya redactado su testamento y, además, los miembros de la familia acuerdan que la titularidad de las participaciones de ...., corresponderá, a las personas que forman parte, según el epígrafe 3. 1, del núcleo familiar.

2. Los socios ya casados, y los solteros o divorciados en el caso de contraer matrimonio o nuevo matrimonio, deben regirse por el régimen económico-matrimonial de absoluta separación de bienes, siendo recomendable hacer constar expresamente en las correspondientes capitulaciones matrimoniales que en caso de extinción del régimen por separación judicial, divorcio o nulidad del matrimonio, los posibles pagos de pensiones y/o compensaciones económicas se realizarán en metálico y nunca con la entrega de la propiedad o cualquier otro tipo de derecho sobre participaciones y/o participaciones en sociedades mercantiles titularidad de alguno o ambos cónyuges.

3. Asimismo, los socios adquieren el compromiso de no modificar dicho régimen económico-matrimonial con posterioridad a la firma del presente documento tanto para los matrimonios vigentes como los posibles futuros.

3.4. Obligaciones civiles de los miembros del Grupo Familiar ....

Todas las personas integrantes del grupo familiar ...., presentes en la firma de este Pacto de socios, manifiestan su total acuerdo para adoptar las siguientes medidas, imprescindibles para el correcto desarrollo del presente documento:

1. Don.............. manifiestan tener ya redactado su testamento y, además, los miembros de la familia acuerdan que la titularidad de las participaciones de ...., corresponderá, a las personas que forman parte, según el epígrafe 3. 1, del núcleo familiar.

2. Los socios ya casados, y los solteros o divorciados en el caso de contraer matrimonio o nuevo matrimonio, deben regirse por el régimen económico-matrimonial de absoluta separación de bienes, siendo recomendable hacer constar expresamente en las correspondientes capitulaciones matrimoniales que en caso de extinción del régimen por separación judicial, divorcio o nulidad del matrimonio, los posibles pagos de pensiones y/o compensaciones económicas se realizarán en metálico y nunca con la entrega de la propiedad o cualquier otro tipo de derecho sobre participaciones y/o participaciones en sociedades mercantiles titularidad de alguno o ambos cónyuges.

3. Asimismo, los socios adquieren el compromiso de no modificar dicho régimen económico-matrimonial con posterioridad a la firma del presente documento tanto para los matrimonios vigentes como los posibles futuros.

CUARTO.– NORMAS SOBRE LA GESTIÓN Y EL TRABAJO EN LA EMPRESA

Los familiares hasta cuarto grado, cónyuges o parejas de hecho de los socios no podrán formar parte de la plantilla de la Sociedad, ni de las sociedades que en un futuro formen el grupo ....

QUINTO.– DIRECCIÓN ACTUAL DE ....

5.1. Gerente

Actualmente la dirección de la sociedad es ejercida por .... Es el máximo representante de la sociedad.

Resulta conveniente establecer un plan de formación continua en materia de dirección de empresa e idiomas.

5.2. Adjunto a la dirección de......................., S.L.

Se considera igualmente necesario crear el cargo de adjunto a la dirección, y por ello conveniente establecer un plan de formación que durará .... MESES para formar a la persona que actualmente se no se ha seleccionado, al que se le impartirá la formación básica acorde con el puesto.

SEXTO.– ACCESO DE FAMILIARES A OTROS CARGOS EN LA EMPRESA

6.1. Entrada de familiares en la empresa

Existe el compromiso de que cualquier hijo/hija de los actuales socios que quiera trabajar en la empresa familiar tiene el derecho a incorporarse a la empresa, siempre que exista un puesto de trabajo disponible, necesario y adecuado a las expectativas del candidato, y éste se haya cualificado profesionalmente para ocuparlo con la formación y capacidades adecuadas, y la experiencia previa requerida.

Como familia, queremos estimular a sus miembros a que se preparen lo mejor posible para intervenir con éxito en la gestión y en el gobierno de la empresa en el futuro.

Los familiares políticos de los socios no podrán acceder a puestos de responsabilidad en la compañía.

Sí podrán prestar servicios profesionales independientes a la misma siempre que la sociedad requiriera de esos servicios, y el familiar acredite una organización de medios materiales, personales y experiencia suficiente para el desempeño de la actividad. Las condiciones y precio vendrán regulados en un contrato escrito que responderá a condiciones de mercado.

Como familia consideramos que uno de los principios fundamentales es que los familiares que trabajen en la empresa tengan una adecuada preparación para ocupar puestos de responsabilidad y defender los intereses de las familias propietarias a través de una gestión profesional.

A estos efectos, se podrá optar a puestos de dirección y cargos intermedios-operarios. En cualquier caso, la retribución, dineraria y en especie, deberá ser aprobada por el Consejo de Administración y resultará acorde con el cargo que ocupe, la dedicación y el nivel de responsabilidad.

Los familiares no podrán prestar servicios profesionales independientes a la sociedad.

6.2. Puestos de dirección distintos a la Dirección General.

Para el acceso de familiares de hasta tercer grado a los puestos directivos es necesario que el interesado haya mostrado su motivación para incorporarse y que las condiciones del puesto de trabajo (horario, vacaciones, salario, evaluación, plan de carrera a medio plazo) estén claramente definidas, sobre el organigrama de la Sociedad que se acompaña en ANEXO 2.

Es requisito que el Consejo de Administración debe aprobar la incorporación y las condiciones.

Por esta razón, para que un miembro de la familia pueda acceder a un puesto de trabajo debe cumplir con las siguientes condiciones:

- Es necesario que tenga una experiencia laboral, preferentemente en un puesto de trabajo similar, no necesariamente del mismo sector, y por un período mínimo de....... años.
- Estar en posesión de una titulación académica acorde con el puesto de trabajo a ocupar.
- Tener formación de inglés nivel mínimo ....
- Cursar un programa previo de formación rotativo por áreas.

La idoneidad de su adecuación al puesto de trabajo será decidida por el Consejo de Administración previo informe favorable de un consultor de recursos humanos.

Con el objetivo de que la incorporación a la empresa sea ordenada y responda a necesidades objetivos de la empresa, siempre responderá al déficit de personal en un puesto de trabajo o para ser el líder de un proyecto específico. Para evitar ambigüedades y falta de claridad en sus funciones, el puesto de trabajo desempeñado por este familiar deberá estar perfectamente definido en todos los casos y validado por el Consejo de Administración.

Las condiciones de trabajo en cuanto a funciones, dependencia jerárquica, retribución, formación, evaluación, elaboración del plan de carrera y promoción de los familiares que trabajen en la empresa serán equiparables a las del mercado para una posición similar.

En cuanto al horario de trabajo un familiar que trabaja en la empresa familiar debe respetar los horarios de entrada y salida establecidos por la empresa.

La remuneración de un familiar que trabaje en la empresa estará en función del puesto desempeñado, de acuerdo con retribuciones de mercado (responsabilidad, categoría según el convenio colectivo...) y de la política retributiva de ....

6.3. Cargos intermedios – operarios

Para el acceso a los puestos intermedios y básicos no existirá limitación. No obstante, deberán cumplirse las siguientes condiciones:

- Edad mínima 18 años
- Estar en posesión del certificado de estudios secundarios
- Nivel de inglés ....
- Haber superado un curso de especialización acorde con el puesto de trabajo
- Debe existir un puesto vacante según el organigrama que figura en ANEXO 2.
- Pasará un proceso de selección que contará con el informe favorable del responsable de recursos humanos y con la calificación de un consultor externo especializado en RRHH.
- Experiencia mínima de......... años en actividades relacionadas con el puesto de trabajo
- Autorización expresa del Consejo de Administración.
- Retribución acordada por el Consejo de Administración.

6.4. Promoción interna

Cualquier miembro de la familia que ocupe un puesto intermedio puede optar a un cargo directivo siempre que exista un puesto vacante y cumpla con los siguientes requisitos:

- Haber superado un curso de especialización acorde con el puesto de trabajo.
- Nivel medio de inglés, mínimo ....
- Pasará un proceso de selección que contará con el informe favorable del departamento de recursos humanos y con la calificación de un consultor externo especializado en RRHH.
- El acceso a la empresa familiar requerirá la aprobación por parte del Consejo de Administración.
- Retribución acordada por el Consejo de Administración.

SÉPTIMO.– RESTRICCIÓN EN LA FIRMA DE AVALES O GARANTÍAS.

Los socios firmantes de este protocolo tienen como objetivo evitar aportar garantía o avales personales o de sus empresas patrimoniales a .... o el grupo o sociedades que le sucedan.

No obstante lo anterior, se ser necesaria la aportación de los mismos, ésta garantía afectará por igual a todos los socios y será retribuida.

OCTAVO.– POLÍTICA SALARIAL

La totalidad de las retribuciones anuales que vayan a percibir los socios y familiares que trabajen en la sociedad, como empleados o directivos, requerirá de la aprobación por el Consejo de Administración, excepto por la parte que les corresponda según convenio del sector. Una vez fijada, la misma se mantendrá en los años siguientes salvo acuerdo de modificación expreso del Consejo de Administración.

Los niveles retributivos serán los de mercado, basándose en una parte fija y otra variable en función de objetivos marcados en los presupuestos anuales y en el plan estratégico que en su caso se apruebe.

Si el Consejo de Administración no aprobara los presupuestos anuales, se tomará como referencia el último presupuesto aprobado para calcular la retribución variable.

El salario de los familiares directivos consistirá en un parte fija dineraria, y en su caso en especie, y en otra variable.

La parte fija que perciban será conforme a su puesto de trabajo desempeñado, en sintonía con la responsabilidad y equiparable al resto de los empleados; incrementándose cada ejercicio en el porcentaje de incrementos de precios al consumo.

Por su parte, la retribución variable consistirá en un porcentaje del beneficio de explotación u otras variables calculado sobre el cumplimiento de los presupuestos y del plan estratégico. El abono de esta retribución variable será efectivo una vez cerrado y formulado el balance anual y con el visto bueno del director del departamento financiero, sobre el cumplimiento del presupuesto anual y plan estratégico.

Si el Consejo de Administración no aprobara los presupuestos anuales, se tomará como referencia el último aprobado para calcular la retribución variable.

Las retribuciones en especie sólo podrán consistir en la utilización de un vehículo turismo, retribución ésta reservada exclusivamente al Director General.

Sobre los trabajadores directivos no familiares se asume la necesidad de implantación de políticas retributivas extraordinarias para evitar fugas.

Cualquier préstamo o crédito que soliciten los socios o familiares, que trabajen o no en la sociedad, requerirá de la aprobación por el Consejo de Administración.

NOVENO.– POLÍTICA DE DIVIDENDOS

9.1. Importe

Anualmente se repartirá una cantidad mínima equivalente al .... del resultado contable después de impuestos y en su caso de la compensación de resultados negativos de ejercicios anteriores, en concepto de dividendos.

No obstante, si por razones presupuestarias no se considera conveniente el reparto del dividendo, el porcentaje de reparto de dividendos podrá ser inferior o incluso nulo, siempre que así lo acuerden la totalidad de los socios que representan el total del capital social.

A tal efecto se incluye en ANEXO 1 propuesta de modificación estatutaria.

9.2. Periodo de pago

Los dividendos serán satisfechos antes del .... del año siguiente al cierre del ejercicio social.

Se repartirá una cantidad equivalente al .... del resultado en curso, en concepto de dividendo a cuenta, en el mes de .... calculado sobre el resultado corriente después de impuestos.

DÉCIMO.– DERECHO DE SEPARACIÓN DE SOCIOS

Se reconoce el derecho de separación de socios, de tal forma que el socio que desee separarse de la sociedad tendrá derecho a que la sociedad .... le compre sus participaciones tomando como valor el razonable, que se calculará tomando el último balance trimestral cerrado, corregido con las plusvalías tácitas y los pasivos contingentes no registrados.

El porcentaje máximo que se puede acoger a este derecho de separación es del .... anual. Las condiciones y plazos del derecho de separación se recogen en la propuesta de modificación de estatutos que se acompaña en ANEXO 1.

DECIMOPRIMERO.– PARTICIPACIONES PARA EL DESBLOQUEO DE LA SOCIEDAD

Ante la paridad en las participaciones sociales, y en aras de evitar posibles bloqueos, se considera conveniente entregar .... participaciones sociales a empleados/familiar de común consenso/terceros...

En el caso de empleados, estas participaciones tendrán prestaciones accesorias, de tal forma que, si el empleado cesa su relación con la empresa, por cualquier motivo, procedente o improcedente, las acciones serán adquiridas por la sociedad para su amortización.

DECIMOSEGUNDO.– ENTRADA EN NUEVOS NEGOCIOS Y ADQUISICIÓN DE SOCIEDADES

Aunque el actual modelo económico de .... está dirigido a la comercialización por cuenta propia o ajena de .... principalmente, los socios acuerdan ampliar el objeto social de la sociedad para entrar en los siguientes sectores y actividades.

Para hacer posible la realización de actividades diferenciadas de la comercialización de mobiliario, se acuerda ampliar el objeto social a las siguientes actividades:

- ....
- ....
- ....

A tal efecto se modificarán los estatutos sociales, cuya redacción figura en ANEXO 1.

DECIMOTERCERO.– EL CONSEJO DE ADMINISTRACIÓN

El modelo de sucesión elegido por las partes supone la elección de un Consejo de Administración que recibirá las instrucciones de la Junta de Socios.

El Consejo de Administración es el órgano encargado de la gestión y la representación de la Sociedad. Sus miembros son nombrados por la Junta General de Socios, sin ser necesario ostentar la condición de socio para ocupar el cargo de consejero.

Funciones del Consejo de Administración.

Las funciones del Consejo de Administración pueden ser diversas y, a modo de resumen se pueden establecer las siguientes:

- Supervisar y ayudar al Director General a cumplir los objetivos.
- Establecer objetivos y políticas a largo plazo.
- Representar, informar y, en su caso, proteger a los socios.
- Cumplir y hacer cumplir los Estatutos de la empresa
- Asegurar la supervivencia de la empresa, actuando en caso de crisis.
- Seleccionar, nombrar y despedir a los miembros del comité, ejecutivo.
- Mejorar la imagen de la empresa
- Promover nuevos proyectos para la empresa.
- Fijar la retribución de los familiares que participen en la empresa.
- Emitir informes a requerimiento del Comité Familiar en relación a incumplimientos del Pacto de socios Familiar.

Y cualquier otra relacionada con la finalidad del Consejo de Administración.

Funcionamiento

El Funcionamiento del Consejo de Administración, incluidas las mayorías de votación, se regirá por lo dispuesto en la Ley de Sociedades de Capital vigente.

El consejo tendrá al menos cuatro sesiones anuales, una por trimestre. Los consejeros podrán percibir dietar por su asistencia.

Con carácter previo a la celebración de la sesión del consejo, los consejeros tendrán derecho a obtener la documentación sometida a su aprobación, y la información y apoyo necesario para su comprensión.

En las sesiones del Consejo de administración podrán estar presentes, en calidad de invitados, el/la directora/a financiera y los profesionales que se estimen con un máximo de dos.

Nombramiento de un Consejero Delegado

Duración (........)

Condiciones contractuales (........)

Seguro de responsabilidad civil (........).

DECIMOCUARTO.– CLÁUSULA PENAL

El incumplimiento de lo acordado en el presente pacto será sancionado con un importe de (............) euros que será satisfecho por la parte que incumpla el mismo.

DECIMOQUINTO.– FUERO

Respecto a cualquier disputa o desacuerdo que pueda surgir entre las partes sobre la interpretación del presente Contrato o sobre su cumplimiento, las partes, con renuncia expresa a cualquier otro fuero que pudiera corresponderles, se someten a la jurisdicción y competencia de los Tribunales de ....

Y en prueba de cuanto antecede, las Partes suscriben el Contrato, en seis ejemplares y a un solo efecto, en el lugar y fecha señalados en el encabezamiento.

F120. PROTOCOLO FAMILIAR (II)

En ...., a...................

REUNIDOS

Los cónyuges Don................ y Doña ...., mayores de edad, casados en régimen de gananciales, vecinos de ...., calle .... núm. .... y DNI/NIF .... y DNI/NIF ....

Los cónyuges Don................ y Doña ...., mayores de edad, casados en régimen de gananciales, vecinos de ...., calle .... núm. .... y DNI/NIF .... y DNI/NIF ....

Doña ...., mayor de edad, casada bajo el régimen de absoluta separación de bienes con ...., vecina de ...., calle............. núm. ..... y DNI/NIF ....

Doña .... mayor de edad, casada bajo el régimen de absoluta separación de bienes con ...., vecina de ...., calle............. núm. ..... y DNI/NIF ....

Don.............., mayor de edad, casado bajo el régimen de absoluta separación de vienes con ...., vecino de ...., calle............. núm. ..... y DNI/NIF ....

Y Don.............., mayor de edad, casado bajo el régimen de absoluta separación de vienes con ...., vecino de ...., calle............. núm. ..... y DNI/NIF ....

INTERVIENEN

Los cónyuges Don............ y Doña ...., y Don............. y Doña ...., así como Doña ...., Doña .... Don........... y Don.........., intervienen en su propio nombre y representación y por sí.

Los señores, ... además, intervienen en su condición de socios y administradores de las compañías......................, las dos primeras con domicilio social en ...., y CIF .... Y la tercera en ...., calle ....

EXPONEN

....

Con fundamento en todo lo expuesto, las partes del presente, en su condición de miembros de la familia .... (......., de la rama ...... y ...., miembros de la rama ....), socios y herederos del ...., suscriben el presente acuerdo parasocial que se compone de los siguientes

PACTOS

PRIMERO.– ADMINISTRACIÓN DE LAS SOCIEDADES DEL.......................

I.– Las partes, expresamente pactan que el gobierno y administración de .... así como de .... y las sociedades por cualesquiera de ellas participadas, se adecuará a los pactos contenidos en el presente Contrato, obligándose a efectuar las partes todos aquellos actos societarios tendentes a dar cumplimiento a lo pactado.

II.– El órgano de administración de las sociedades................, estará conformado por un Consejo de Administración integrado por .... consejeros, la mitad de ellos, serán designados por los socios integrantes de la familia.................. Y la otra mitad serán designados por los socios integrantes de la familia.................... Una vez nombrado consejeros por cada familia, ésta tendrá derecho a separar o cesar los por ello nombrados en cualquier momento de su cargo y a sustituirlo/s por otro/s de su libre designación.

Este derecho a separar, nombrar o sustituir al consejero a que cada familia tiene derecho se ejercerá mediante notificación dirigida a la sociedad y al resto de socios por aquella parte que desee nombrar, separar o sustituir al consejero por ella nombrado y necesariamente previo acuerdo de la Junta General de la sociedad que, a tal efecto deberá convocarse, sin perjuicio de su eventual celebración con el carácter de universal, en cuyo caso tal convocatoria no sería precisa.

Los cónyuges de cualesquiera socio de .... y .... en ningún caso podrá ocupar el cargo de administrador de ninguna de las citadas sociedades.

En este acto, por la familia .... se efectúan las siguientes designaciones como miembros del órgano de Administración de ....

....

Y por la familia.............., se efectúa la siguiente designación igualmente miembros del órgano de Administración de ....:

....

El Consejo de Administración, que se reunirá como mínimo .... veces al año, y delegará sus facultades, salvo las indelegables por mandato de la Ley o los Estatutos Sociales, en .... Consejeros Delegados, que actuarán de forma solidaria. En este acto se designa como Conejeros delegados a las siguientes personas:

Familia......................: ....

Familia......................: ....

Con la excepción del nombramiento anteriormente realizado, sólo podrá desempeñar el cargo de Consejero Delegado, quien, con una anterioridad de .... (.....) AÑOS al nombramiento haya sido empleado de .... o ....

II.– Con relación al órgano de administración de .... y .... S.A., estará conformado igualmente por un Consejo de Administración integrado por .... miembros, desempeñando tal cargo, necesaria e imperativamente, las mismas personas que sean administradores de .... El Consejo de Administración también se reunirá, como mínimo, ... veces al año, y delegará sus facultades, salvo las indelegables por mandato de la Ley o los Estatutos Sociales, en .... Consejeros Delegados, que actuarán de forma solidaria. El cargo de Consejero Delegado de............., lo ocupará quien ostente el cargo de Consejero Delegado en ....

III.– Común a las expresadas sociedades..........., ... y...................:

A.– El cargo de consejero será retribuido mediante dietas de asistencia y una suma anual, en concepto de sueldo, cuya cantidad será fijada para cada ejercicio por acuerdo del Consejo de Administración y que no podrá exceder de .... euros, suma fija ésta que solo podrá ser percibida por quien ejercite el cargo de Consejero Delegado en las citadas sociedades. Ello sin perjuicio de la que les corresponda en razón de la prestación de servicios profesionales o de vinculación laboral, según sea el caso, que puedan tener con ....

Expresamente se hace constar que la retribución fija reseñada en el párrafo precedente, viene referida, en conjunto, a todas las sociedades del............., esto es, ..., ..., ... y .... S.L.

B.– Las partes pactan que Don............., en atención a su vasta experiencia y a su prestigio humano y empresarial, todo lo cual es unánimemente reconocido y público y notorio, mientras sea consejero de la compañía, ocupara el cargo de Presidente del Consejo de Administración de .... Y Don..........., por idénticos motivos, ocupará tal cargo en ....

La administración y representación de .... corresponderá a los administradores de las mismas, adoptándose los acuerdos en el seno de la misma por mayoría absoluta de los consejeros concurrentes a la reunión. No obstante, las partes expresamente pactan que los asuntos de gran importancia para la sociedad, que a continuación o en otras partes de este contrato se reseñan, deberán adoptarse por el Consejo de Administración de la correspondiente sociedad mediante acuerdo con el voto favorable de tres cuartas partes de los miembros integrantes del Consejo de .... por medio del correspondiente acuerdo de tal órgano societario. Tales materias de gran importancia, referidas a las sociedades citadas, o cualesquiera sociedad participada por cada una de ellas, son las siguientes:

a) Dar y/o recibir dinero a préstamo. Concertar, en cualquier posición contractual, prestamos participativos, líneas de crédito, descuento, factoring y/o garantías, sean personales o reales. Todo ello en cuanto exceda del limite individual de .... euros por operación o conjunto por mes de .... euros.

b) Adquirir, enajenar y/o gravar activos hasta un limite de ....

c) La contratación con ascendientes, descendientes y parientes colaterales de hasta segundo grado de cualquiera socio de ....

d) Establecer y/o modificar la retribución, salarial o de cualquier otra clase, correspondiente al personal directivo de la empresa en cuanto exceda de los parámetros que se determinan a continuación. En todo caso tendrán la consideración de personal directivos los administradores de "las sociedades" y los socios de las mismas que presten sus servicios profesionales o laborales a "las sociedades".

e) Nombrar y/o cesar a administradores de las sociedades participadas por "las sociedades".

SEGUNDO.– RETRIBUCIÓN DE TRABAJADORES Y DIRECTIVOS; ACCESO DE FAMILIARES A PUESTOS DE TRABAJO EN "LAS SOCIEDADES".

1.– La retribución bruta anual fija correspondiente a quien ocupe el cargo de consejero delegado en "las sociedades", ascenderá por el desempeño de sus servicios laborales y/o profesionales, así como por el ejercicio del cargo de administrador y consejero delegado, y por todos los conceptos, a la suma para cada uno de ellos de .... euros, quienes podrán optimizar fiscalmente, dentro del citado importe bruto, la retribución antes reseñada mediante retribuciones en especie, etc.

2.– Junto a la retribución bruta anual fija antes citada, los Consejeros delegados tendrán derecho a percibir una paga anual que se determinará aplicando al beneficio antes de impuestos y después de amortizaciones el porcentaje del ......%.

3.– En el supuesto que los Consejeros delegados fueran despedidos de la empresa dentro del plazo de los cinco años reseñado en el pacto .... y tal despido fuera declarado improcedente tendrán derecho a una paga por importe de .... euros, que será adicional al finiquito que le correspondería por tal despido.

4.– La retribución bruta anual de cualesquiera otro directivo que pudiese contratar cualquiera de "Las Sociedades" no podrá exceder, por todos los conceptos, de la suma de .... euros.

5.– Sin perjuicio de lo reseñado en el pacto primero de este documento, la contratación laboral o profesional de ascendientes, descendientes y parientes colaterales de hasta segundo grado de cualquiera socio de "las sociedades", requerirá, como mínimo, que el candidato reúna las siguientes cualidades:

A.– Haber trabajado en empresas ajenas a "Las Sociedades" durante al menos .... años.

B.– Ostentar la condición de licenciado o titular de grado, así como haber recibido formación de postgrado en escuela de negocios tipo ESADE, ICADE, Instituto de la Empresa o similar.

C.– Tener experiencia profesional acreditable en el puesto que se pretende ocupe el familiar candidato.

TERCERO.– ADOPCIÓN DE ACUERDOS EN LA JUNTA GENERAL.

Los acuerdos sociales se adoptarán en la Junta General de "las sociedades", por mayoría de los votos válidamente emitidos, salvo aquellos que a continuación o en otras partes de este contrato se reseñan y que deberán adoptarse con el voto favorable del .... POR CIENTO del capital social:

– El aumento o la reducción del capital social y el otorgamiento o emisión de prestamos participativos y/o convertibles en participaciones sociales (en consecuencia, tanto en calidad de prestamista como de prestataria), creación, modificación o supresión de clases o series especiales de acciones o participaciones y supresión del derecho de asunción preferente en los aumentos de capital.

– Modificación del tipo de órgano de administración y/o del número de los miembros del Consejo de Administración o la determinación concreta de las personas que hayan de ocupar el cargo de Consejero, siempre respetando lo dispuesto en el pacto PRIMERO de este contrato.

– La modificación del objeto social de la compañía, así como cualquier modificación de estatutos sociales.

– La autorización a los administradores para que se dediquen, por cuenta propia o ajena, al mismo, análogo o complementario género de actividad que constituya el objeto social de la compañía.

– La transformación, fusión, escisión, cesión global de activo o pasivo o cualquier otra modificación estructural de la compañía.

– La disolución de la sociedad.

– La constitución de sociedades participadas por cualesquiera de "LAS SOCIEDADES".

– La compra y venta de activos de "las sociedades" por un importe unitario superior a .... euros.

– ....

CUARTO.– DIVIDENDOS.

I. Expresamente se pacta que si el resultado del ejercicio social de ...., después de impuestos, arrojara beneficio y una vez efectuadas las atenciones legales, se distribuirá entre lo socios y en proporción a su participación en el capital social en la respectiva compañía, el siguiente dividendo:

BENEFICIO DESPUÉS DE IMPUESTOS Y TRAS ATENCIONES LEGALES	PORCENTAJE DE DIVIDENDO
De 0 euros a .... euros	%
Superior a .... y no superior a .... euros	%
Superior a .... euros	%

El porcentaje se aplicará no por tramos sino desde el primer euro. Esto es y a título de ejemplo, si el beneficio después de impuestos y tras las atenciones legalmente establecidas es de 350.000 euros, el dividendo a repartir entre los socios en proporción a su participación en el capital social será de 140.000 euros (40% de 350.000 euros). Si es de 800.000 euros, el dividendo ascenderá a 400.000 euros (50% de 800.000 euros).

Ello salvo acuerdo en sentido contrario al reparto de dividendos, o aprobando un dividendo distinto al impuesto en el número I precedente, adoptado por la Junta General por la mayoría reforzada del .... por ciento reseñada en el pacto tercero precedente.

QUINTO.– PACTO DE NO COMPETENCIA

I.– Los socios y administradores de cualquiera de "las sociedades" se obliga a no realizar, sea directa o indirectamente, actividad alguna, remunerada o gratuita, por sí o por cuenta ajena, consistente en la actividad empresarial y/u objeto social de las compañías .... o cualquier otra actividad análoga, accesoria o concurrente con la citada actividad y/u objeto.

También se comprometen a no participar, directa o indirectamente, en el capital social (con la única excepción de los supuestos de sociedades cotizadas, siempre que la participación en la citada sociedad no fuere superior al 0,10 por ciento de su capital social) y en los órganos societarios y/o de gestión, incluso como apoderados o personal directivo, de empresas que, directa o indirectamente, realicen la reseñada actividad y/u objeto social, en este último caso, con excepción de los órganos societarios de las compañías mercantiles en las que participe como socia cualquiera de las compañías participadas por "Las sociedades".

II.– Si alguno de los socios o administradores de "las sociedades" o de cualesquiera otra sociedad participada por "las sociedades" conociera o tuviese interés en acometer un proyecto relacionado, directa o indirectamente, con la actividad y/u objeto social reseñada en el apartado I precedente, y este proyecto no tuviese su base, directa o indirectamente, en la previa experiencia y/o conocimiento de "las sociedades", o cualquiera de las sociedades participadas por "las sociedades", ni tampoco estuviese en ese momento en fase de estudio, desarrollo o ejecución, directa o indirectamente, por cualquiera de las citadas sociedades, el citado socio se obliga a comunicar el proyecto fehaciente, inmediata e imperativamente, a .... para que, esta, en su caso, lo lleve a cabo y ejecute, directa o indirectamente, lo que sucederá salvo que:

a) el órgano de administración de .... mediante acuerdo adoptado por la mayoría reforzada señalada en el pacto segundo desestime llevarlo a cabo y

b) en ese caso, la Junta General de la sociedad, mediante acuerdo adoptado por la mayoría del .... por ciento reseñado en el pacto tercero también desestime llevarlo a cabo.

A tal efecto, se convocará dentro del pazo de .... días a contar desde la comunicación del socio, reunión del Consejo de Administración a los efectos de que lo reseñado en la letra a) precedente. Si el Consejo de Administración desestimará llevar a cabo el proyecto en cuestión, en la propia reunión en que se produzca tal desestimación se convocará la Junta General de la sociedad reseñada en la letra b) precedente a los efectos reseñados en la citada letra b).

En el supuesto que tanto el Consejo de Administración como la Junta General desestimen llevar a cabo el proyecto, el socio desistirá de llevarlo a cabo salvo que la Junta general de la sociedad reseñada en la letra b) precedente expresamente autorice al socio a llevarlo a cabo, personalmente o con otros socios, fuera del ....

III.– El presente pacto de no competencia que todos los socios reconocen como vital para la continuación, desarrollo y expansión de la actividad de "las sociedades", permanecerá en vigor tanto tiempo mientras cada uno de los socios titularice, directa o indirectamente, participaciones sociales de "las sociedades", o cualquiera de las sociedades del .... y durante .... AÑOS después que deje de titularizarlas.

SEXTO.– DERECHOS DE LOS SOCIOS AJENOS A LA GESTIÓN DEL ....

Los sodios de cualquiera de las sociedades que no intervengan de la gestión diaria de la compañía, tendrá a su disposición un asesor, por ella designada, que no podrá ser su cónyuge, cuya retribución correrá a cargo de .... por un importe máximo de......... euros por experto y socio, a efectos que les asesore e informe con relación a la marcha de................. El citado asesor podrá acceder a toda la información y documentación a la que se refieran las mismas sin limitación alguna, ni en las formalidades ni en los tiempos, salvo la mera necesidad de acreditar debidamente su condición, y no molestar ni entorpecer el normal funcionamiento de las empresas, y deberá presentar al socio no gestor, anualmente, un informe de pre auditoria que será puesto a disposición del Consejo de Administración de la correspondiente sociedad.

SÉPTIMO.– BUENA FE Y CONFIDENCIALIDAD.

I.– Las partes declaran y asumen el carácter confidencial del presente contrato, así como obligación dimanante de este contrato para los mismos, la de actuar de buena fe y lealmente entre si y con "las sociedades", o cualquiera de las compañías participadas por cualquiera de "las sociedades", actuando en el sentido que requieran los intereses de todas éstas.

Especialmente manifiestan que los socios aquí firmantes no han suscrito ningún otro documento y acuerdo contractual vinculante, análogo al presente y que tenga por objeto cualquier actividad y/o el objeto social desarrollado por "las sociedades" o cualquiera de las compañías participadas por "las sociedades".

II.– Los comparecientes según intervienen, se comprometen a tratar, de modo indefinido, como secreta y confidencial cualquier información tecnológica, industrial, química, económico-financiera, o comercial de las sociedades" o cualquiera de las compañías participadas por "las sociedades", o relacionada con ellas, sus asociados, proveedores o clientes, a la que hubiera tenido acceso o hubiese conocido, directa o indirectamente, por razón de su relación laboral o societaria con la expresada sociedad, o por cualquier otro cauce.

Los aquí comparecientes son conscientes de que el hecho de facilitar información confidencial conforme aquí se describe, a cualquier cliente, o actual o potencial competidor de "las sociedades" o cualquiera de las compañías participadas por "las sociedades", pondría a la misma en una grave situación de desventaja competitiva y le causaría incalculables daños no sólo económicos, sino comerciales, financieros y de otros tipos.

III.– Sin perjuicio de lo anterior, para el supuesto que cualquiera de los socios pretenda transmitir inter vivos, total o parcialmente, sus participaciones sociales de las sociedades" o cualquiera de las compañías participadas por "las sociedades", transmisión que no será libre en ningún caso, la transmitente deberá comunicar al proyectado adquirente de las mismas, con carácter previo a la transmisión y a la notificación prevista en los Estatutos Sociales, la existencia y el contenido del presente documento, así como de cualquiera de sus modificaciones, en su caso, y obtener del mismo la expresa aceptación y asunción de los compromisos y obligaciones pactados en este contrato y, en su caso, sus modificaciones, subrogándose con la transmisión el adquirente en la posición contractual del transmitente.

Lo mismo reseñado también será de aplicación respecto de las transmisiones mortis causa, de tal forma que el adquirente deberá aceptar y asumir los compromisos y obligaciones pactados en este contrato y, en su caso, sus modificaciones, subrogándose con la transmisión el adquirente en la posición contractual del transmitente. A tal efecto, los socios se obligan a levar a cabo cuanto fuera menester a tal fin

OCTAVO.– COMPROMISO DE ADQUISICIÓN DE PARTICIPACIONES SOCIALES.

En el supuesto que alguna/s de la/s parte/s pretenda transmitir, directa o indirectamente, por actos inter vivos, sus participaciones sociales de "las sociedades" o cualquiera de las compañías participadas por "las sociedades"., o cualquiera de las sociedades del .... y alguno/s de los restantes socios no adquiriese las participaciones sociales objeto de transmisión en los términos de los estatutos sociales y la ley, a requerimiento de cualquiera de estos últimos formulado dentro del plazo de .... días a contar desde el vencimiento del fijado para prestar el consentimiento a la transmisión reseñado en el art. 107.2 de la Ley de Sociedades de capital, la vendedora se obliga a que el comprador, so pena de no llevar a cabo la compraventa proyectada, adquiera también las participaciones sociales que ostente el socio/s requirente/s en la sociedad, en proporción que determine el socio/s requirente/s y las mismas condiciones que le hubiesen sido ofrecidas a la vendedora, salvo que el socio/s requirente/s no estuviese/n conforme con las mismas, en cuyo caso, las condiciones de venta serán las siguientes:

a) Precio: el valor razonable de las mismas a fecha del requerimiento, fijado por el auditor de cuentas de la provincia de Alicante que designen de mutuo acuerdo el socio/s requirente/s y el órgano de Administración de la sociedad y, en su defecto, por el que designe el Registro Mercantil de la Provincia de..........

b) Forma de pago: Simultáneamente al otorgamiento de la escritura de compraventa, mediante cheque bancario.

c) La transmisión de las participaciones sociales se realizará a título de compraventa, con todos sus derechos inherentes libres de trabas, embargos y gravámenes.

d) Los gastos y tributos de la compraventa serán soportados por las partes con arreglo a Ley.

e) La escritura de compraventa de las participaciones sociales se otorgará ante el Notario de ...., que designe la compradora, dentro del plazo de .... días a contar desde la fijación del valor razonable de las participaciones sociales.

NOVENO.– SEPARACIÓN DE SOCIOS.

En cualquier momento, el socio de cualquiera de "las sociedades" o de cualquiera de las desde la constitución de la sociedad, cualquier socio podrá separarse de la misma, recibiendo el valor de reembolso de las participaciones que titularice en la sociedad. El procedimiento para el ejercicio de tal derecho de separación y la determinación del reembolso de participaciones sociales se regirá por lo dispuesto en el Texto Refundido de la Ley de Sociedades de Capital y en los Estatutos Sociales. El importe a reembolsar al socio separado será pagado por la sociedad en .... plazos, con vencimiento cada uno de ellos anual, aplazamiento éste que no devengará interés alguno a favor del socio separado.

DÉCIMO.– SUCESIÓN.

A efectos de facilitar que la permanencia de las acciones y participaciones sociales de las compañías que conforman el .... en manos de parientes consanguíneos en línea directa o colateral, con independencia del grado, Don.............. se obligan a otorgar testamento que, como mínimo, contenga el contenido reseñado en el anexo I de este contrato.

I.– En uso de sus facultades dispositivas que le confiere el Código Civil, en especial los artículos 841 y 1056 del mismo, establecerán en su testamento las siguientes Normas Particionales, que sólo y exclusivamente serán de aplicación en relación con la adjudicación, administración y disposición futura de los bienes que integran la herencia del testador en cuanto a las acciones y participaciones sociales del .... Tales Normas Particionales son las siguientes:

En el supuesto de fallecimiento de cualquiera de los herederos o, sus descendientes, con posterioridad al fallecimiento del testador, las acciones y participaciones sociales del .... permanecerán sujetas a las siguientes reglas de transmisión, a las que atribuye el carácter de sustitución fideicomisaria de residuo:

A.– Se estará en cuanto a su titularidad a las disposiciones testamentarias del hijo heredero del testador, con la limitación de que si este tuviere hijos, deberá recaer en uno de sus hijos o descendientes y no quedar gravados con derechos a favor del cónyuge o pareja de hecho, en usufructo o en otra formula legal que limite el pleno dominio.

B.– Si por disposición testamentaria o fallecimiento intestado correspondiesen a un grupo de sucesores, en el acto particional deberán adjudicarse necesariamente a uno o varios hijos o descendientes.

C.– Si los beneficiarios de la sucesión fuesen menores de veintiséis años, quedaran sujetas a administración hasta que cumplan dicha edad, correspondiendo la administración de forma conjunta a ....

D.– El incumplimiento de las previsiones contenidas en este apartado, se configura como condición resolutoria de cualquier legado relativo a acciones y participaciones sociales del .... a favor del incumplidor, cuya porción acrecerá a los demás legatarios y herederos en la proporción en que participan en dicho legado o herencia.

II.- Cualquier legado o herencia que se efectuase al cónyuge deberá efectuarse con cargo a cualquier bien del testador distinto de las acciones y participaciones sociales del ....

El adquirente mortis causa acciones o participaciones sociales de compañías integrantes del................, deberá aceptar y asumir los compromisos y obligaciones pactados en este contrato y, en su caso, sus modificaciones, subrogándose con la transmisión el adquirente en la posición contractual del transmitente mortis causa. A tal efecto, los socios se obligan a levar a cabo cuanto fuera menester a tal fin.

DÉCIMO.- ADOPCIÓN DE ACUERDOS.

Las partes se comprometen a adoptar, en el seno de la Junta General de cualquiera de "las sociedades", o cualquiera compañía participada "por las sociedades", los acuerdos sociales precisos para dar cumplimiento a los compromisos alcanzados en este documento. En especial, para adaptar preceptos de los Estatutos sociales al contenido del modelo que se acompaña como ANEXO II, que se aprueba por todas las partes y se da aquí por íntegramente reproducido.

Si el Registro Mercantil no admitiera la inscripción de los citados estatutos una vez modificados según la redacción contenida en los mismos, manifestando uno o varios defectos, las partes se comprometen a efectuar cuantas aclaraciones sean precisos para tal subsanación, manteniendo en la medida de lo posible el contenido de los acuerdos alcanzados y reflejados en los citados estatutos sociales. Cualquier otra modificación exigirá la aprobación expresa de las partes de este contrato.

En caso de discrepancia entre el presente Contrato y los Estatutos de la Sociedad vigentes en cada momento, independientemente de que se hallen o no inscritos en el Registro Mercantil, este Contrato prevalecerá en las relaciones existentes entre las Partes. En cualquier caso las Partes declaran que este Contrato tiene la naturaleza de pacto extra estatutario y que por ello no podrán invocar los Estatutos Sociales para eludir su aplicación, prevaleciendo lo pactado en el mismo sobre los Estatutos en caso de contracción o incompatibilidad.

UNDÉCIMO.- INCUMPLIMIENTO.

En el supuesto que una de las partes, incumpliese cualesquiera de las obligaciones aquí asumidas, que todas ellas tienen para las partes la consideración de esenciales, deberá abonar a las partes cumplidoras, por cada acto e incumplimiento, la suma de .... Euros, en concepto de cláusula penal expresamente aquí pactada, y sin perjuicio de la correspondiente indemnización de los daños y perjuicios que con su actuación hubiese irrogado y el ejercicio de cuantas acciones procediese como consecuencia del citado incumplimiento.

DUODÉCIMO.- CESIÓN DE DERECHOS

Ninguna de las Partes de este Contrato podrá ceder sus derechos y obligaciones dimanantes del mismo. Los derechos y obligaciones dimanantes de este Contrato vincularán a los herederos, legatarios, albaceas, y otros representantes así como a los sucesores, causahabientes y cesionarios de cada parte.

Las Partes se obligan recíprocamente a votar, en la medida de sus respectivos derechos en cada momento, bien sea como socios o como consejeros de la sociedad, de forma que ninguna persona sea inscrita como titular de derecho alguno sobre participación alguna sin haberse respetado el presente Contrato.

DECIMOTERCERO.– VIGENCIA DEL CONTRATO

El presente Contrato permanecerá en vigor y, por tanto, desplegará todos sus efectos, en tanto en los socios firmantes del mismo mantengan la condición de socio de cualquiera de "las sociedades", o cualquiera de las compañías participadas por "las sociedades" y sin perjuicio de la vigencia de las obligaciones previstas en este contrato, que surtan sus efectos y permanezcan tras la pérdida de la condición de socio de "las sociedades", o cualquiera de las compañías participadas por "las sociedades" en virtud de lo pactado en este documento.

Sin perjuicio de lo dispuesto en el párrafo anterior y en la legislación aplicable, el Contrato quedará extinguido anticipadamente, dejando de producir efectos entre las Partes, en los siguientes casos:

a) por la terminación voluntaria y expresa de las Partes, y

b) por disolución y liquidación de "las sociedades" y las sociedades participadas por "las sociedades".

DECIMOCUARTO.– RENUNCIAS Y MODIFICACIONES

Ninguna renuncia tácita por parte de cualquiera de las Partes o el no-ejercicio de cualquiera de sus derechos aquí recogidos será considerado como una renuncia a otros derechos o a los mismos derechos en el futuro.

Ninguna modificación, cambio o renuncia de cualquiera de las provisiones del presente Contrato será efectiva a no ser que se realice por escrito y cuente con la firma de la Parte frente a quien debe operar tal modificación, cambio o renuncia.

DECIMOQUINTO.– NOTIFICACIONES

Para la práctica de cuantos requerimientos o notificaciones hayan de verificarse, ambas partes designan los domicilios reseñados en el encabezamiento de este contrato. Dichos domicilios podrán ser modificados por cualquiera de las partes de este documento previa notificación fehaciente a la otra del expresado cambio.

DECIMOSEXTO.– Acuerdo único

En el caso de que cualquier pacto del presente Contrato fuera nula o anulable, por cualquier resolución legal, administrativa o arbitral, la validez del mismo en su conjunto no quedará afectada por dicha circunstancia, siempre que no se trate de una parte sustancial del mismo. El pacto legalmente ineficaz será sustituido por uno nuevo, o interpretado de un modo legalmente aceptable, que sea de un tenor lo más aproximado posible al pacto que las partes habrían formalizado de haber tenido conocimiento de la ineficacia del pacto en cuestión.

Cada Parte se obliga a ejercitar todos sus derechos y, en particular, sus derechos como socio y/o administradores de "las sociedades" o cualquiera de las compañías participadas por "las sociedades", en la forma que resulte precisa o conveniente para cumplir o asegurar el cumplimiento de este Contrato. Igualmente, se obligan a realizar los máximos esfuerzos y a adoptar las medidas necesarias a fin de que la actuación de los administradores, Consejeros, apoderados, Consejeros Delegados y/o miembros de Comisiones Ejecutivas nombrados a su instancia sea la necesaria o conveniente para cumplir o asegurar el cumplimiento de este Contrato.

En cuanto fuera menester, el contenido del presente documento tiene la consideración de acuerdo de la Junta General las sociedades" o cualquiera de las compañías participadas por "las sociedades", y de sus órganos de administración.

DECIMOSÉPTIMO.– LEY APLICABLE Y JURISDICCIÓN

Este Contrato está sujeto a la ley española y será interpretado de acuerdo con la misma. Las partes, con renuncia expresa al fuero que pudiera corresponderles, acuerdan someter cualquier controversia o reclamación que pueda surgir entre las partes con respecto a la validez, ejecución, cumplimiento o resolución, total o parcial, de este Contrato a los Tribunales de ....

Y para que así conste, firman el presente en el lugar y fecha señalados "ut supra".

F121. CONSTITUCIÓN DE SOCIEDAD HOLDING EN VIRTUD DE PROTOCOLO FAMILIAR

Normativa aplicable: *Arts. 19 y ss. Real Decreto Legislativo 1/2010, de 2 de julio, por el que se aprueba el texto refundido de la Ley de Sociedades de Capital.*

AG.

Número:

CONSTITUCIÓN DE LA SOCIEDAD

Denominación: "............"

En ...., a..............

Ante mí, ..., Notario con residencia en .... y de su Ilustre Colegio,

COMPARECEN:

DON.............., empresario, casado .... vecinos de .... Con DNI/ NIF..............

DON.............., empresario, casado .... vecinos de .... Con DNI/ NIF..............

DON.............., empresario, casado .... vecinos de .... Con DNI/ NIF.............

DON.............., empresario, casado .... vecinos de .... Con DNI/ NIF..............

Les identifico por medio de la documentación reseñada que me exhiben.

INTERVIENEN:

Todos en su propio nombre y derecho.

Tienen a mi juicio la capacidad necesaria para esta escritura de CONSTITUCIÓN DE SOCIEDAD LIMITADA y al efecto,

EXPONEN:

I.– Que fundan y constituyen una entidad mercantil, conforme a las disposiciones de la Ley de Sociedades de Capital, con la denominación de ".......", que se regulará por las normas de dicha Ley y en particular por los Estatutos que me entregan, extendidos en cinco folios de papel exclusivo para documentos notariales, serie y números el .... y los cuatro siguientes en orden, los cuales declaran conocer por haber leído, aprueban en mi presencia y firman en el último de dichos folios, dándose por reproducidos.

CERTIFICACIÓN DE NOMBRE: Me entregan y protocolizo con ésta matriz certificado del Registro Mercantil Central acreditativo de no hallarse inscrita sociedad con igual denominación.

II.– La sociedad se constituye con un capital social de .... euros dividido en .... participaciones sociales de .... euros cada una, totalmente suscritas y desembolsadas y numeradas del uno al ...., ambos inclusive.

La suscripción y desembolso se realiza en la siguiente forma:

DON.........., suscribe y desembolsa .... participaciones sociales, números.........., inclusive, por su valor de .... euros que desembolsa mediante la aportación, que conforme a lo previsto en el Artículo 1.384 del Código Civil, efectúa a la Sociedad, del pleno dominio de las siguientes acciones nominativas que le pertenecen,

....

Correspondiéndole a esta aportación .... participaciones de la sociedad que ahora se constituye, concretamente, las números .... ambos inclusive.

DON........................, suscribe y desembolsa .... participaciones sociales, números................, inclusive, por su valor de .... euros que desembolsa mediante la aportación, que conforme a lo previsto en el Artículo 1.384 del Código Civil, efectúa a la Sociedad, del pleno dominio de las siguientes acciones nominativas que le pertenecen,

....

Correspondiéndole a esta aportación .... participaciones de la sociedad que ahora se constituye, concretamente, las números.............., ambos inclusive.

Y DON.........., suscribe y desembolsa .... participaciones sociales, números.........., inclusive, por su valor de .... euros que desembolsa mediante la aportación, que conforme a lo previsto en el Artículo 1.384 del Código Civil, efectúa a la Sociedad, del pleno dominio de las siguientes acciones nominativas que le pertenecen,

....

Correspondiéndole a esta aportación .... participaciones de la sociedad que ahora se constituye, concretamente, las números.............., ambos inclusive

Título de adquisición de las acciones aportadas:

En virtud de......................

Acreditan la libertad para efectuar la aportación indicada mediante certificaciones de la Junta General de ambas sociedades, de esta misma fecha, que se incorporan a esta matriz, que estando suscritas por......................

Queda así el capital totalmente asumido y desembolsado.

III.– Los comparecientes, dando a este acto el carácter de Junta general universal de socios, acuerdan por unanimidad:

PRIMERO.– Estructura y nombramiento del primer órgano de administración.– Quedan establecidas por esta escritura fundacional las siguientes determinaciones:

A.– El nombramiento del Órgano de Administración se realiza como condición del contrato social.

B.– El órgano de administración de esta sociedad será el de Consejo de Administración.

C.– Se fija en cuatro el número de miembros y se nombran Consejeros a..............

D.– Su nombramiento se hace por plazo INDEFINIDO.

E.– Los designados ACEPTAN SU CARGO, se comprometen a su fiel desempeño, toman posesión del mismo y manifiesta no hallarse incursos en causa alguna de incapacidad, incompatibilidad o prohibición para ejercerlo. Hacen constar que sus circunstancias personales son las consignadas en la comparecencia de esta escritura.

SEGUNDO.– Los Consejeros designados dando a este acto el carácter de primera reunión del Consejo de Administración realizan los siguientes nombramientos:

PRESIDENTE DEL CONSEJO:.................

VICEPRESIDENTE DEL CONSEJO:.................

SECRETARIO DEL CONSEJO:.................

VOCAL:...........................

CONSEJEROS DELEGADOS SOLIDARIOS:....................

El poder de representación de la sociedad, en los términos establecidos por la Ley y art. 12° de los Estatutos corresponde al propio Consejo que actuará colegiadamente.

Se delegan solidariamente en los Consejeros Delegados nombrados todas y cada una de las facultades que estatutariamente corresponden al Consejo de Administración y constan en el artículo 14° de los Estatutos sociales, a saber:

a) El uso de la firma social, la dirección del giro y tráfico mercantil de la empresa y su administración.

b) Adquirir, enajenar, comprar, vender inmuebles y bienes muebles, incluso constituir sobre los mismos cualquier gravamen y toda clase de derechos reales y la modificación, cancelación y liberación de los mismos, pudiendo también concertar préstamos con cualquier entidad de crédito privada y oficial, concertar leasings o arrendamientos financieros en calidad de arrendatarios.

c) Celebrar y firmar cuantos contratos se precisen y convengan, con el Estado, Provincia, Municipio, entes autonómicos y cualesquiera otros organismos públicos, así como particulares; concurrir a toda clase de subastas, concursos o suministros, oficiales o particulares, pudiendo por tanto redactar, suscribir, presentar, y en su caso, mejorar en licitación verbal las ofertas o proposiciones pertinentes, así como realizar si fuere preciso las aclaraciones necesarias para la mejor apreciación de su propuesta, y en general, actuar en todas las incidencias y actos propios de la subasta, percibir y cobrar, en todo o en parte, las cantidades, efectos o valores que se les entreguen o adjudiquen en pago de ventas o suministros realizados, ya sea por particulares, ya por Organismos, Entidades, Dependencias, Oficinas, funcionarios públicos, suscribiendo el oportuno recibo o carta de pago, en incluso, si procediere, el correspondiente documento de adjudicación definitiva; constituir en dinero, efectos o valores los depósitos o fianzas provisionales o definitivas que se exijan en toda clase de subastas, concursos o suministros a que la sociedad acuda, así como sustituir y cancelar unas y otras, retirando y cobrando los fondos que las constituyan.

d) Solicitar de los poderes públicos, autoridades, centros y oficinas, la obtención de toda clase de privilegios, concesiones, subvenciones, etc. y retirar de Organismos del Estado, Provincia y Municipio, y Entes Autonómicos, así como de los privados, cualesquiera cantidades que a la sociedad se le adeuden por el concepto que fuere.

e) Nombrar y separar todo el personal administrativo y laboral de la sociedad, organizar y reglamentar sus servicios y contratar y resolver toda clase de seguros relacionados con el objeto social.

f) Decidir y realizar el ejercicio de las acciones que correspondan a la sociedad, personándose ante cualquier Autoridad o Tribunal, ordinario, especial, etc. pudiendo interponer toda clase de reclamaciones o recursos judiciales, administrativos, económico-administrativos, contencioso-administrativos, gubernativos, laborales o sindicales, así como desistir de las acciones interpuestas; y otorgar consiguientemente poderes a favor de Letrados, Procuradores de los Tribunales y Graduados Sociales, con las facultades que se crean necesarias, incluidas las de sustituir y subapoderar.

g) Transigir y componer el juicio de arbitraje.

h) Otorgar poderes con el alcance que se estime conveniente y revocarlos. En tales poderes podrá conceder a los apoderados facultades de subapoderamiento y sustitución y ello con carácter sucesivo, de forma que los subapoderados puedan a su vez, en sucesión indefinida, volver a subapoderar.

i) Otorgar y firmar en nombre de la sociedad las escrituras, contratos y documentos públicos y privados, civiles y mercantiles o de cualquier otro orden, que a la sociedad interesen.

j) Autorizar con su firma la correspondencia.

k) Pagar, librar, girar, aceptar, endosar, cobrar y protestar, por falta de aceptación y de pago letras de cambio, y documentos análogos; abrir cuentas corrientes y de crédito en toda clase de bancos, incluso en el de España, y establecimientos de crédito, cancelar y retirar fondos de las mismas, cobrar créditos y pagar deudas; constituir y retirar fianzas, percibir sus intereses y cancelarlas y renovarlas, y, en general, llevar a efecto cuantas gestiones sean precisas para el tráfico mercantil de la sociedad.

IV.– Para el caso de que la calificación registral resultase contraria a alguna de las cláusulas estatutarias, o apartado concreto de las mismas, solicitan la inscripción parcial de la presente escritura y de los Estatutos unidos en cuanto a las restantes y se confieren poder recíproco para subsanar la presente en los puntos necesarios para su inscripción en el Registro mercantil.

V.– Estipulaciones especiales.– Facultades del órgano de Administración durante la fase anterior a la inscripción de la Sociedad.

Durante dicha fase y para los efectos determinados en la Ley especial, se confieren al Órgano de Administración, expresa y especialmente, las mismas facultades que los Estatutos y las normas legales le atribuyen con carácter general. Y se reitera que, en la letra h) del artículo 14° de los Estatutos Sociales, como facultad del Órgano de Administración se contiene la siguiente: "h) Otorgar poderes con el alcance que se estime conveniente y revocarlos. En tales poderes podrá conceder a los apoderados facultades de subapoderamiento y sustitución y ello con carácter sucesivo, en forma que los subapoderados puedan a su vez, en sucesión indefinida, volver a subapoderar".

Además de manera particularísima y aunque pueda ser innecesario, se autoriza, solidariamente, a los propios Consejeros-Delegados para que puedan disponer de los fondos depositados en la expresada cuenta abierta a nombre de la Sociedad, o de cualquier otra cuenta o depósito bancario existente o que exista en el futuro a nombre de la Sociedad, pudiendo a tal efecto proceder a la apertura de las mismas, firmando los contratos pertinentes y retirando talones de cheques para poder disponer de dichos fondos.

VI.– Hacen constar los comparecientes, que esta sociedad será dada de alta con el CNAE n° ....

VII.– En relación con el Real Decreto Ley de 3 de diciembre de 2010, manifiesta:

a) Que optan por los Estatutos propios que han quedado protocolizados.

b) Que me instan EXPRESAMENTE a mí, el Notario, para que no remita al RM copia autorizada Telemática del presente instrumento, optando los comparecientes por la tramitación mediante el procedimiento manual, apoderando los intervinientes al propio Notario autorizante, según sus términos, para las subsanaciones de mero detalle a que se refiere el texto.

Protección de datos.– Con relación a los datos de carácter personal que en la presente constan, referidos a los comparecientes, quedan estos enterados de que los mismos se incorporan a mis ficheros automatizados, lo que aceptan, así como del derecho de oposición, acceso a ellos, rectificación o cancelación de los mismos.

Hechas las reservas y advertencias legales, en especial de orden fiscal —plazo de presentación de 30 días hábiles, responsabilidades y afecciones—, así como las relativas a la inscripción en el Registro Mercantil, les leo esta escritura, previa advertencia y renuncia de su derecho a leer por sí, la aprueban y firman.

De identificarles por el documento de identidad reseñado, de la legitimación de los intervinientes, de que los actos contenido de este otorgamiento se adecuan a la legalidad y a su voluntad debidamente informada, y de todo lo contenido en este instrumento público, extendido en catorce folios de papel exclusivo para documentos notariales, serie y números el presente y los anteriores en orden, yo, el Notario, doy fe.

ESTATUTOS DE LA COMPAÑÍA MERCANTIL "...............".

TÍTULO I. DENOMINACIÓN, OBJETO, DURACIÓN Y DOMICILIO DE LA SOCIEDAD.

Artículo 1°.– Con el nombre de "................" se constituye una compañía mercantil de responsabilidad limitada y nacionalidad española que se regirá por los presente Estatutos y en lo no previsto o modificado por éstos por la Ley de Sociedades de Capital y demás preceptos sobre dichas entidades que en cada momento se hallen vigentes.

Artículo 2°.– La sociedad tendrá por objeto:

- La suscripción, adquisición y disfrute de acciones, participaciones y cualesquiera otros títulos, ya sea de renta fija o variables, por cuenta propia con exclusión de las actividades sujetas a legislación especial, fundamentalmente Ley del Mercado de Valores e Instituciones de Inversión Colectiva la administración y gestión de tales activos y el ejercicio de los confiados en las mismas. La prestación de servicios de asesoramiento, management y apoyo a la gestión, en tales ámbitos y a las entidades participadas.
- La enumeración de las actividades sociales especificadas no presupone el inmediato desenvolvimiento de todas ellas ni la simultaneidad de las mismas, sino la posibilidad de su ejercicio, condicionado a las circunstancias libremente apreciadas por la Administración social en su caso, que podrá iniciar o no dichas actividades, así como suspenderlas y reemprenderlas cuando a su juicio lo requiera el interés social.
- Las actividades enumeradas podrán también ser desarrolladas por la Sociedad, total o parcialmente, de modo indirecto, mediante la participación en otras sociedades con objeto análogo.

Si las disposiciones legales exigiesen para el ejercicio de alguna de las actividades comprendidas en el objeto social, algún título profesional o autorización administrativa, o inscripción en registros públicos, dichas actividades deberán realizarse por medio de persona que ostente la requerida titulación no siendo de aplicación en ningún caso la Ley 2/2007 de 15 de marzo de Sociedades Profesionales, al ser tal o tales prestaciones de mera intermediación con los profesionales actuantes.

Artículo 3°.– La duración de la sociedad será por tiempo indefinido y dará comienzo a sus operaciones el día del otorgamiento de la escritura de constitución.

Artículo 4°.– El domicilio social se fija en.................., no obstante, con exclusión de la competencia atribuida al órgano de administración por el artículo 285-2 de la Ley de Sociedades de Capital, previo acuerdo de la Junta General de Socios, podrá ser cambiado a cualquier otro lugar dentro del territorio español, con observancia de los requisitos legales al respecto.

El órgano de administración de la entidad, con cumplimiento de los preceptos legales, podrá establecer Sucursales, Agencias y Delegaciones en cualquier lugar de España o del extranjero, así como suprimirlas.

TÍTULO II.– CAPITAL SOCIAL, PARTICIPACIONES Y SU TRANSMISIÓN Y RÉGIMEN.

Artículo 5°.– El capital social se fija en la cantidad de .... EUROS dividido en .... participaciones sociales de ...... EUROS de valor nominal cada una de ellas, iguales, acumulables e indivisibles y totalmente suscrito y desembolsado, cuyas participaciones estarán numeradas correlativamente a partir de la unidad.

Artículo 6°.– Cada participación confiere a su legítimo titular la condición de socio y, como tal, le corresponden los siguientes derechos:

a) Participar en el reparto de los beneficios sociales y en el resultado de la liquidación de la sociedad en la proporción directa a sus participaciones sociales.

b) El derecho de tanteo para la adquisición preferente de participaciones sociales en el caso de que se pongan a la venta las de otros socios, y el de suscripción preferente en las ampliaciones de capital.

c) El derecho de asistir a las Juntas de Socios y emitir su voto en las mismas, correspondiéndole un voto por cada participación social de que sea titular.

Artículo 7°.– Será libre la transmisión voluntaria de participaciones por acto inter vivos, a título oneroso o lucrativo, cuando el adquirente sea ya socio de la entidad o cuando sea ascendiente o descendiente de un socio aunque éste no sea el transmitente, o cuando el adquirente sea una sociedad del mismo grupo que la transmitente, remitiéndose al Artículo 42 del Código de Comercio para la fijación de tal concepto.

En los demás casos regirán:

a) Para la transmisión voluntaria, el artículo 107-2 y concordantes de la Ley de Sociedades de Capital.

b) Para la transmisión forzosa el artículo 109 de dicha ley.

c) Para la transmisión mortis causa, el artículo 110-1 de la ley indicada..............

Artículo 8°.– Siempre que una participación social pertenezca proindiviso a varias personas, éstas habrán de designar la que haya de ejercer los derechos inherentes a esta participación. Esto no obstante, del incumplimiento de las obligaciones del socio con la sociedad, responderán solidariamente todos los comuneros.

Artículo 9°.– En el caso de usufructo de participaciones sociales, la cualidad de socio residirá en el nudo propietario. Él usufructuario tendrá derecho a participar en los dividendos acordados por la sociedad durante el período del usufructo y a ejercitar los demás derechos del socio.

TÍTULO III.– GOBIERNO DE LA SOCIEDAD

Artículo 10°.– La administración, gobierno y representación de la sociedad, corresponde:

a) A la voluntad de los socios, expresada en Junta General.

b) Al Órgano de Administración.

Artículo 11°.– La voluntad de los socios, expresada por mayoría, regirá la vida de la Sociedad. Los acuerdos de los socios se adoptarán en Junta General.

La Junta General será convocada por el Órgano de Administración de la entidad, el cual deberá hacerlo para ser celebrada dentro de los seis primeros meses de cada ejercicio con el fin de censurar la gestión social, aprobar en su caso las cuentas del ejercicio anterior y resolver sobre la aplicación del resultado. Deberán también convocarlas cuando lo soliciten uno o varios socios que representen al menos el cinco por ciento del capital social, expresando en la solicitud los asuntos a tratar en la Junta, dándose cumplimiento en tal caso a las previsiones legales para la materia, incluyendo necesariamente en el Orden del Día los asuntos que hubiesen sido objeto de solicitud.

Podrá también convocarse la Junta a instancia de cualquier persona legitimada para ello por disposición legal o reglamentaria, así como por cualquier medio establecido por dichas disposiciones.

El Órgano de Administración convocará la Junta mediante carta certificada con acuse de recibo remitida con una antelación mínima de quince días entre la remisión del anuncio al último de ellos y la celebración, salvo los supuestos en los que la Ley exija un plazo superior o forma, que deberán ser observados, expresando el nombre de la sociedad, fecha, hora y lugar de celebración, en el término municipal donde la sociedad tenga su domicilio, y Orden del Día en que figuren los asuntos a tratar, así como las demás menciones legal o reglamentariamente exigidas y el cargo de la persona o personas que realizan la convocatoria.

El domicilio de remisión de la convocatoria será el que figure en el Libro Registro de Socios, salvo que en forma fehaciente un socio haya designado uno diferente.

La Junta podrá también constituirse con carácter de universal sin necesidad de previa convocatoria y para tratar cualquier asunto siempre que este presente o representada la totalidad del capital social y los concurrentes acepten por unanimidad la celebración de la reunión y su Orden del Día.

Se regirán por las normas legales y reglamentarias que resulten de aplicación la competencia de la Junta General, sus *quorums* y régimen de mayorías, ordinarios o reforzados, así como la adopción de acuerdos, su constancia en Acta y la forma de certificar aquéllos.

Actuaran como Presidente y Secretario los asistentes que designen los concurrentes al comienzo de la reunión y el Presidente concederá la palabra a quien la solicite, declarando cerrado el debate sobre cada punto del Orden del Día cuando lo juzgue pertinente y procediéndose a las votaciones mediante expresión oral del voto, salvo que alguno de los concurrentes solicite votación escrita y secreta.

Artículo 12°.– Del órgano de administración.

La administración y representación de la sociedad, estará a cargo de, alternativamente:

a) Un Administrador único.

b) De dos a siete Administradores solidarios

c) De dos a siete Administradores mancomunados que ejercerán el poder de representación mediante la actuación conjunta de dos de ellos.

d) Un Consejo de Administración compuesto de tres a once miembros, designados por la Junta, quienes elegirán un Presidente y un Secretario. Dicho órgano podrá delegar sus facultades legalmente delegables en algún o algunos de los consejeros.

Corresponde al Presidente del Consejo dirigir la deliberación de éste sobre los puntos del día, procediéndose a continuación a la votación a mano alzada entre los Consejeros presentes, adoptándose los acuerdos por mayoría de los asistentes salvo que la Ley exija una mayoría superior.

Las reuniones del Consejo serán convocadas por el presidente mediante carta certificada con cinco días de antelación, indicando día, lugar, hora y Orden del día; sin perjuicio de poderse constituir con carácter de universal si concurren todos sus miembros y acuerdan por unanimidad su celebración.

El Consejo de Administración se entenderá válidamente constituido cuando concurran la mitad más uno de sus miembros.

El órgano de administración ejercerá su cargo por tiempo indefinido sin perjuicio de la facultad de separación que con arreglo a la Ley corresponde a la Junta General, con el régimen de mayorías legalmente establecido al respecto.

Para pertenecer al órgano de administración no será necesario ser socio de la sociedad.

Artículo 13°.– No podrán ocupar dicho cargo las personas incursas en ninguna prohibición o incompatibilidad legal en especial las comprendidas en el artículo 213 del Texto Refundido de la Ley de Sociedades de Capital.

Artículo 14°.– El órgano de administración asumirá todos los asuntos relativos al giro, tráfico mercantil y a la vida general de la misma, obligándola con sus actos y contratos, estándole atribuidas todas cuantas facultades no se hallen expresamente encomendadas a la Junta de Socios por estos estatutos o por la Ley. A título enunciativo y no limitativo corresponderán al órgano de administración, las siguientes facultades especiales:

a) El uso de la firma social, la dirección del giro y tráfico mercantil de la empresa y su administración.

b) Adquirir, enajenar, comprar, vender inmuebles y bienes muebles, incluso constituir sobre los mismos cualquier gravamen y toda clase de derechos reales y la modificación, cancelación y liberación de los mismos, pudiendo también concertar préstamos con cualquier entidad de crédito privada y oficial, concertar leasings o arrendamientos financieros en calidad de arrendatarios.

c) Celebrar y firmar cuantos contratos se precisen y convengan, con el Estado, Provincia, Municipio, entes autonómicos y cualesquiera otros organismos públicos, así como particulares; concurrir a toda clase de subastas, concursos o suministros, oficiales o particulares, pudiendo por tanto redactar, suscribir, presentar, y en su caso, mejorar en licitación verbal las ofertas o proposiciones pertinentes, así como realizar si fuere preciso las aclaraciones necesarias para la mejor apreciación de su propuesta, y en general, actuar en todas las incidencias y actos propios de la subasta, percibir y cobrar, en todo o en parte, las cantidades, efectos o valores que se les entreguen o adjudiquen en pago de ventas o suministros realizados, ya sea por particulares, ya por Organismos, Entidades, Dependencias, Oficinas, funcionarios públicos, suscribiendo el oportuno recibo o carta de pago, en incluso, si procediere, el correspondiente documento de adjudicación definitiva; constituir en dinero, efectos o valores los depósitos o fianzas provisionales o definitivas que se exijan en toda clase de subastas, concursos o suministros a que la sociedad acuda, así como sustituir y cancelar unas y otras, retirando y cobrando los fondos que las constituyan.

d) Solicitar de los poderes públicos, autoridades, centros y oficinas, la obtención de toda clase de privilegios, concesiones, subvenciones, etc. y retirar de Organismos del Estado, Provincia y Municipio, y Entes Autonómicos, así como de los privados, cualesquiera cantidades que a la sociedad se le adeuden por el concepto que fuere.

e) Nombrar y separar todo el personal administrativo y laboral de la sociedad, organizar y reglamentar sus servicios y contratar y resolver toda clase de seguros relacionados con el objeto social.

f) Decidir y realizar el ejercicio de las acciones que correspondan a la sociedad, personándose ante cualquier Autoridad o Tribunal, ordinario, especial, etc. pudiendo interponer toda clase de reclamaciones o recursos judiciales, administrativos, económico-administrativos, contencioso-administrativos, gubernativos, laborales o sindicales, así como desistir de las acciones interpuestas; y otorgar consiguientemente poderes a favor de Letrados, Procuradores de los Tribunales y Graduados Sociales, con las facultades que se crean necesarias, incluidas las de sustituir y subapoderar.

g) Transigir y componer el juicio de arbitraje.

h) Otorgar poderes con el alcance que se estime conveniente y revocarlos. En tales poderes podrá conceder a los apoderados facultades de subapoderamiento y sustitución y ello con carácter sucesivo, de forma que los subapoderados puedan a su vez, en sucesión indefinida, volver a subapoderar.

i) Otorgar y firmar en nombre de la sociedad las escrituras, contratos y documentos públicos y privados, civiles y mercantiles o de cualquier otro orden, que a la sociedad interesen.

j) Autorizar con su firma la correspondencia.

k) Pagar, librar, girar, aceptar, endosar, cobrar y protestar, por falta de aceptación y de pago letras de cambio, y documentos análogos; abrir cuentas corrientes y de crédito en toda clase de bancos, incluso en el de España, y establecimientos de crédito, cancelar y retirar fondos de las mismas, cobrar créditos y pagar deudas; constituir y retirar fianzas, percibir sus intereses y cancelarlas y renovarlas, y, en general, llevar a efecto cuantas gestiones sean precisas para el tráfico mercantil de la sociedad.

l) Ejecutar los acuerdos sociales.

TÍTULO IV. EJERCICIOS SOCIALES. BALANCE

Artículo 15º.– Los ejercicios sociales comienzan en primero de enero y terminan en treinta y uno de diciembre de cada año. Por excepción, el ejercicio social correspondiente al año en que la sociedad se constituye, comenzará en la fecha en que inicie sus operaciones. Al cierre de cada ejercicio social, se deberán formular las cuentas anuales de la empresa, que comprenderán el balance, la cuenta de pérdidas y ganancias, un estado que refleje los cambios en el patrimonio neto del ejercicio, un estado de flujos de efectivo y la memoria. Estos documentos forman una unidad. El estado de flujos de efectivo no será obligatorio cuando así lo establezca una disposición legal.. Los socios tendrán derecho al conocimiento y examen de las cuentas anuales y sus antecedentes en el plazo y en la forma que legal o reglamentariamente se halla regulada.

TÍTULO V. DISOLUCIÓN Y LIQUIDACIÓN

Artículo 16º.– La sociedad se disolverá por las causas previstas en la Ley de Sociedades de Capital y demás legislación aplicable.

Artículo 17º.– Disuelta la sociedad, se procederá conforme a lo dispuesto en la Ley de Sociedades de Capital.

TÍTULO VI. DISPOSICIONES FINALES

Artículo 18º.– Cualquier duda o diferencia que surja entre los socios a causa de la interpretación de estos Estatutos o en el ejercicio de los derechos y obligaciones dimanantes de este contrato de sociedad, se someterá al laudo arbitral de la forma que se expresa en la Legislación vigente, salvo los casos en que por la Ley se establezca procedimientos especiales por carácter imperativo.

RETRIBUCIÓN DE LOS ADMINISTRADORES

Artículo 19º.– Los miembros del Órgano de Administración ejercerán su cargo con carácter retribuido mediante el sistema de salario y dietas en la cuantía establecida por la Junta General para cada ejercicio.

TÍTULO VII.– RÉGIMEN ESPECIAL DE UNIPERSONALIDAD...

Mientras la sociedad tenga el carácter de unipersonal, por pertenecer todo el capital social a un socio único, la vida societaria se ajustará a las previsiones legales y reglamentarias, ejerciéndose las competencias de la Junta general a las previsiones de la Ley de Sociedades de Capital.

F122. TESTAMENTO ABIERTO DERIVADO DE PROTOCOLO FAMILIAR

Normativa aplicable: *Arts. 694 y ss. Real Decreto de 24 de julio de 1889, texto de la edición del Código Civil mandada publicar en cumplimiento de la Ley de 26 de mayo último.*

Número:

TESTAMENTO ABIERTO DE DON................

En la Ciudad de .... a...........

Ante mí, ..., Notario de la Ciudad y del Ilustre Colegio de............

COMPARECE:

DON..........., nacido en........, provincia de ...., el día...........; casado, empresario, vecino de.........., con domicilio en .... y que me exhibe su Documento Nacional de Identidad y NIF nº............

DECLARACIONES:

I.– Declara ser hijo de los consortes .... ya fallecidos, ser viudo de su primer matrimonio contraído con............, con la que tuvo .... hijos, llamados, estar casado con Doña............, con quien contrajo segundas nupcias.

II.– Ostentar la vecindad civil valenciana, hallarse sometido a la legislación civil común, y que su régimen económico-matrimonial es el de separación de bienes, pactado en escritura autorizada el .... por el Notario................

III.– El compareciente, que manifiesta saber y poder leer, se halla a mi juicio, con la capacidad legal necesaria para testar, y ordena de palabra su última voluntad, que yo Notario, con arreglo a ella, redacto en las siguientes,

CLÁUSULAS

PRIMERA.– Lega a su esposa DOÑA............., con cargo al tercio de mejora y, en lo que excediere con cargo al tercio libre:

El usufructo universal y vitalicio de los siguientes inmuebles:................

Los gastos derivados del disfrute de dichos bienes serán soportados por la legataria, a excepción del Impuesto sobre Bienes Inmuebles y los gastos de comunidad.

La legataria queda facultada para tomar por sí posesión de este legado y relevada de la obligación de fianza e inventario.

Una renta vitalicia de un importe de .... anuales, pensión que se actualizará anualmente en función de las variaciones que experimente el Índice General de Precios al Consumo, o índice oficial que lo sustituya.

El abono de dicha renta corresponderá, como carga impuesta por razón del legado que se ordena en la cláusula segunda, a los beneficiarios de este, ... con carácter solidario frente a la beneficiaria y mancomunado a partes iguales entre sí; también como carga impuesta de dicho legado corresponderá a dichos legatarios, en la misma forma, el abono del Impuesto sobre Bienes Inmuebles y Gastos de Comunidad que puedan corresponder a la esposa del testador por razón del usufructo sobre los inmuebles, objeto de legado en esta cláusula.

El derecho al cobro de la pensión se extinguirá al fallecimiento de la legataria.

La legataria tendrá derecho al cobro íntegro de la pensión desde el mismo momento de la muerte del testador y la pensión correspondiente al año de la muerte de la legataria deberá satisfacerse por los obligados a su pago en su integridad, sin que los mismos puedan reclamar la devolución proporcional a los días que no hubiese vivido.

El pago de la pensión se verificará: El año de la muerte del testador, en los seis meses siguientes a su fallecimiento, y las restantes anualidades, durante el mes de enero del año natural correspondiente.

SEGUNDA.– En cuanto a la patrimonial "...............", domiciliada en............., titular del CIF, número .... de la que en este momento el testador es socio único, dispone el testador que LEGA, por partes iguales, a sus hijos .... las participaciones sociales "..........." que el testador titularice al tiempo de su fallecimiento.

El testador, en uso de sus facultades dispositivas que le confiere el Código Civil, en especial los artículos 841 y 1056 del mismo, establece las siguientes Normas Particionales, que sólo y exclusivamente serán de aplicación en relación con la adjudicación, administración y disposición futura de los bienes que integran la herencia del testador en cuanto a dichas participaciones sociales de "............". Tales Normas Particionales son las siguientes:

En el supuesto de fallecimiento de cualquiera de los herederos o, sus descendientes, con posterioridad al fallecimiento del testador, las participaciones sociales de "..........", —Sociedad Unipersonal— permanecerán sujetas a las siguientes reglas de transmisión, a las que atribuye el carácter de sustitución fideicomisaria de residuo:

A.– Se estará en cuanto a su titularidad a las disposiciones testamentarias del hijo heredero del testador, con la limitación de que si este tuviere hijos, deberá recaer en uno de sus hijos o descendientes y no quedar gravados con derechos a favor del cónyuge o pareja de hecho, en usufructo o en otra formula legal que limite el pleno dominio.

B.– Si por disposición testamentaria o fallecimiento intestado correspondiesen a un grupo de sucesores, en el acto particional deberán adjudicarse necesariamente a uno o varios hijos o descendientes.

C.– Si los beneficiarios de la sucesión fuesen menores de veintiséis años, quedaran sujetas a administración hasta que cumplan dicha edad, correspondiendo la administración de forma conjunta a............., y a Don............ y en defecto de éste a.........., y en defecto de ambos a Don..................

D.– El incumplimiento de las previsiones contenidas en este apartado VI, se configura como condición resolutoria del legado relativo a participaciones sociales de la mercantil .... a favor del incumplidor, cuya porción acrecerá a los demás legatarios en la proporción en que participan en dicho legado.

TERCERA.– LEGA los activos líquidos, depósitos, fondos de inversión, títulos de bolsa y otros activos semejantes, con exclusión de las participaciones sociales de .... y las acciones y participaciones sociales de cualquier otra sociedad que no cotice en bolsa, a Don............., en un ...., y en el restante........., por partes iguales, a sus hijos.............., con derecho de sustitución vulgar a favor de sus respectivos descendientes.

CUARTA.– En el resto de todos sus bienes, instituye herederos, por partes iguales, a sus hijos..............., los cuales serán sustituidos, en caso de premoriencia o renuncia, con carácter vulgar, por sus respectivos descendientes, conforme a las normas del derecho de representación, dándose, en otro caso, el derecho de acrecer entre ellos.

Ningún heredero traerá a colación bien o cantidad alguna que en vida hubiere recibido del testador.

Todas las donaciones, condonaciones de deudas o actos de liberalidad realizados en vida por el testador a favor de alguno de sus descendientes, se entenderán realizados con cargo al tercio de libre disposición, en su defecto, al de mejora y, finalmente, a la legítima estricta del descendiente.

QUINTA.– Si alguno de los herederos no aceptase alguna de las disposiciones del presente testamento, quedará reducida su parte a lo que por legítima estricta le corresponda, acreciendo la participación de los demás coherederos, y disponiendo que no pueda ser satisfecha su participación hereditaria con participaciones sociales de................

Si todos los herederos rechazasen esta disposición, les lega lo que por legítima estricta les corresponda, instituye herederos a sus nietos por estirpes, y en caso de que alguno no llegase a tenerlos su cuota acrecerá proporcionalmente entre todos los herederos y faculta a los herederos a que, conforme a los artículos 841 y siguientes del Código Civil, paguen en metálico dichas legítimas.

SEXTA.– Nombra a .... como albacea-contador-partidor, por plazo de cinco años desde que sea notificado el fallecimiento del testador; el ejercicio del cargo será gratuito, sus facultades serán las legales, y además las especiales de liquidación de la sociedad conyugal, en su caso, con el cónyuge viudo, partición de la herencia, entrega de legados; también podrá realizar sobre la fincas de la herencia las modificaciones hipotecarias que estime pertinentes para la adjudicación por partes a los herederos o legatarios.

Igualmente podrá el contador-partidor adjudicar los bienes de la herencia a alguno o algunos de los hijos o descendientes ordenando que se pague en metálico la porción hereditaria de los demás.

De manera expresa, el testador prohíbe que los herederos, aunque medie entre ellos acuerdo unánime, prescindir de la intervención del albacea-contador-partidor aquí designado y efectuar, por si solos, la partición del modo que tengan por conveniente. Por lo tanto, la partición de la herencia del testador será llevada a cabo, necesaria e imperativamente, sin excepción alguna salvo renuncia al cargo, por el citado albacea-contador-partidor aquí designado.

SÉPTIMA.– Revoca cualquier disposición testamentaria que hubiese otorgado con anterioridad.

Tal es el testamento que otorga el compareciente, a quien advierto de su derecho a leer por si este instrumento, a lo que renuncia. Yo Notario efectúo su lectura, íntegramente, en alta voz y en un solo acto.

Enterado en su contenido el testador declara solemnemente que lo escrito y leído es fiel y exacta expresión de su manifestada voluntad y ratificándose firma en el acto conmigo el Notario, siendo las ....

Hago las reservas legales oportunas, en especial las relativas a la Ley Orgánica de protección de datos de carácter personal.

De identificar al testador por su documento de identidad exhibido, cuyos datos personales coinciden con los expuestos, concordando la fotografía y firma estampados en el documento de identidad exhibido, con las del compareciente, de que tiene la capacidad que requiere, de haberse observado en un solo acto todas las formalidades legales y en general, restante contenido de este instrumento público que extiendo en ocho folios de papel timbrado de uso exclusivo para documentos notariales, números el del presente y anterior en orden, yo, el Notario doy fe.

F123. CONTRATO SOCIEDAD-CONSEJERO DELEGADO

Normativa aplicable: *Art. 249 Real Decreto Legislativo 1/2010, de 2 de julio, por el que se aprueba el texto refundido de la Ley de Sociedades de Capital.*

.... S.L.

CONTRATO DE CONSEJERO DELEGADO

En la ciudad de ...., a .... de .... dos mil ....,

COMPARECEN:

Dª ...., con domicilio profesional en ...., y NIF ....

D. ...., con domicilio profesional en ...., y NIF ....

D. ...., con domicilio profesional en ...., y NIF ....

Los tres lo hacen en su propio nombre y en representación de la mercantil .... S.L. en su calidad de miembros del consejo de Administración, y

EXPONEN

I. Que .... S.L. fue constituida, por tiempo indefinido mediante escritura autorizada ....

El objeto social de .... S.L. consiste en ....

II. La Sociedad pertenece a un grupo de Sociedades a los efectos del artículo 42 del Código de Comercio. La Sociedad dominante del grupo —GRUPO ....— es la Sociedad "..............

III.– La Ley de Sociedades de Capital, para la mejora del gobierno corporativo exige la formalización en contrato de la relación entre el consejero delegado y la entidad.

IV.– Que los tres firmantes ostentan el cargo de Administradores, pero sólo D. .... desarrollará tareas ejecutivas y de gestión diaria en la misma a través de su cargo como director de la sociedad, quedando Don........ y D. .... dedicados a las funciones propias del Consejo, participación en las distintas sesiones y adopción de acuerdos sobre la política general de la sociedad.

V.– De este modo se reconoce la necesidad de formalizar el presente contrato por el que se reconoce y retribuye la labor realizada por Don....................., así como las responsabilidades atribuidas, de conformidad con el citado artículo 249.3 de la Ley de Sociedades de Capital.

VI. La distribución de la retribución entre los distintos administradores se establece por acuerdo de éstos y, en el caso del consejo de administración, por decisión del mismo, tomando en consideración las funciones y responsabilidades atribuidas a cada consejero.

VII. El órgano de administración se encuentra retribuido según consta en los estatutos de la sociedad.

VIII. Don.............. declara que su capacidad para suscribir este contrato de ("el Acuerdo ") no está limitada en modo alguno y que no está vinculado por ningún tipo de empresa u obligación de permanecer, exclusividad o no-contractual con ninguna empresa, empresa, organismo, persona física o jurídica, que pudiera excluir o limitar indirectamente la ejecución de dicho Acuerdo.

En el caso de que el consejero delegado tenga cualquier tipo de obligación de permanecer, exclusividad o no-contractual con cualquier compañía, entidad, empresa, cuerpo, persona física o jurídica, y no comunique expresamente esto por escrito al representante de la Compañía que firma este Acuerdo, la Compañía se reserva el derecho de rescindir este Contrato inmediatamente sin previo aviso. En este caso, el consejero delegado no tendrá derecho a recibir ninguna indemnización o indemnización por la terminación del presente Acuerdo. Las Partes acuerdan que el hecho de que el consejero delegado no facilite información sobre sus obligaciones existentes menoscabaría el consentimiento de la empresa para suscribir el presente Acuerdo.

Por todo lo anterior, y reconociéndose las partes el poder suficiente, formalizan el presente contrato según las siguientes

CLÁUSULAS:

PRIMERA.– Se le asignan al consejero delegado D. .... las funciones y responsabilidades propias de la gestión y dirección diaria de la empresa, con sometimiento a la política comercial, financiera y de recursos humanos del Grupo ...., como Consejero Delegado de ....

SEGUNDA.– Exclusividad. Durante la vigencia del Contrato, salvo acuerdo específico por parte de la Compañía por adelantado y por escrito, el consejero trabajará exclusivamente para la Compañía. En consecuencia, el consejero delegado no puede trabajar directa o indirectamente para ningún tercero o por cuenta propia, aun cuando las actividades no compitan con las de la Compañía y puedan llevarse a cabo fuera del horario de trabajo, sin el consentimiento previo por escrito del Consejo de Administración.

No obstante lo anterior, el Consejero delegado (i) puede servir como funcionario o director de organizaciones educativas, asistenciales, sociales, religiosas y cívicas y (ii) puede ser un propietario pasivo de menos del ..% de cualquier clase de acciones de una corporación, que clase de acciones se negocian públicamente, siempre y cuando el Consejero delegado no interfiera en las funciones de la empresa y siempre y cuando, en cada caso, tales actividades, en el juicio de la junta directiva, no interfieran con los deberes, responsabilidades o funciones del consejero delegado a la empresa y a los afiliados de la compañía bajo este acuerdo.

La compensación por este compromiso de exclusividad se incluye en la remuneración fija establecida en la cláusula tercera siguiente.

TERCERA.– Por las citadas funciones y responsabilidades percibirá una retribución fija anual de .... MIL EUROS anuales brutos, cuantía que será fijada anualmente por el Consejo de Administración en función de la evolución de las cifras económicas anuales. La retribución será percibida en concepto de salario por las funciones ejecutivas. Esta cantidad será pagada en .... mensualidades iguales: .... mensualidades ordinarias, un pago extra en junio y otro pago extra en diciembre.

Diez por ciento de la remuneración fija se destinará para compensar la obligación de exclusividad del trabajador según lo establecido en la cláusula 2

CUARTA.– Bonus. El consejero delegado D. .... tendrá derecho a percibir un bonus por cumplimiento del plan con las siguientes reglas:

Si la relación mercantil como consejero o de empleo de .... con la Compañía termina, por cualquier razón (excepto para los casos de despidos calificados como despido improcedente), antes de la referida 3 calendario-año, ... no tendrá derecho a recibir ninguna cantidad como Bonus.

QUINTA.– El contrato deberá ser conforme con la política de retribuciones aprobada, en su caso, por la junta general. Además, la remuneración de los administradores deberá en todo caso guardar una proporción razonable con la importancia de la sociedad, la situación económica que tuviera en cada momento y los estándares de mercado de empresas comparables. El sistema de remuneración establecido deberá estar orientado a promover la rentabilidad y sostenibilidad a largo plazo de la sociedad e incorporar las cautelas necesarias para evitar la asunción excesiva de riesgos y la recompensa de resultados desfavorables.

SEXTA.– Información confidencial. Don........... se compromete, durante la vigencia del presente contrato o en los años posteriores al cese de su relación, a no revelar, transmitir o ceder, bajo ningún concepto o medio, sin consentimiento del Órgano de Administración, secretos empresariales de .... o del GRUPO ...., mediante el acceso, apropiación o copia no autorizadas de documentos, objetos, materiales, sustancias, ficheros electrónicos u otros soportes, que contengan el secreto empresarial o a partir de los cuales se pueda deducir; o cualquier otra actuación que, en las circunstancias del caso, se considere contraria a las prácticas comerciales leales.

A efectos de la presente cláusula, "secreto empresarial" es cualquier tipo de información económica, financiera, técnica, comercial, estratégica, administrativa o de cualquier otro tipo que el empleado, consejero delegado o directivo genere o tenga conocimiento en cualquier momento durante la vigencia del presente Contrato, como consecuencia del desempeño de sus funciones y de cualesquiera otras que le sean asignadas por la Compañía o el Grupo .... en virtud del presente Acuerdo, o mediante el estudio verbal, o sumario. "Información confidencial" es toda la información que el consejero delegado tiene acceso o crea como consecuencia (en el sentido más amplio) de su relación laboral, y que se clasifique como propiedad exclusiva o confidencial, o debido a su naturaleza o a las circunstancias en que se produzca la creación o divulgación, se considerará confidencial de buena fe.

Don............. se compromete a utilizar la información exclusivamente para el desempeño de sus funciones en virtud del presente Acuerdo. Don........... debe tratar como y mantener confidencial toda la Información Confidencial y, en particular, no divulgarla a ningún tercero o cualquier otro empleado de la Compañía sin el consentimiento previo de la Compañía, excepto en el desempeño de las funciones que le son encomendadas por el presente Acuerdo o por ley, y no reproducir, transformar o, en general, utilizarla de otra manera que sea necesaria para el cumplimiento de sus obligaciones.

SÉPTIMA.– Los Administradores D. .... y D. .... no percibirán retribuciones como miembros del consejo.

OCTAVA.– Las partes se someten a los tribunales de la ciudad de.................

NOVENA.– El presente contrato se aprueba por el consejo de administración con el voto favorable de las dos terceras partes de sus miembros, habiéndose abstenido D. .... de asistir a la deliberación y de participar en la votación.

En conformidad con lo expuesto firman por triplicado:

F124. CONTRATO DE APOYO A LA GESTIÓN HOLDING

En la ciudad de ...., a dos de ....

REUNIDOS:

De una parte, Don............... con NIF: .... y domicilio a estos efectos en ....

De otra parte, ...

ACTÚAN EN NOMBRE Y REPRESENTACIÓN:

EN PRIMER LUGAR, Don............... que actúan en nombre y representación de la mercantil "..............., S.L.", Sociedad domiciliada en la ciudad de .... y con el NIF .... En lo sucesivo EL PROVEEDOR.

EN SEGUNDO LUGAR, Don............... que actúa en nombre y representación de la mercantil ...., S.L. Su domicilio social se encuentra en ...., EL CLIENTE.

Reconociéndose, mutuamente las partes, capacidad para contratar y obligarse, otorgan mediante el presente CONTRATO DE ARRENDAMIENTO DE SERVICIOS, y en virtud del cual,

MANIFIESTAN

I.– Que la Sociedad, ..., S.L. es una sociedad dedicada principalmente a la dirección, gestión y representación de sociedades y empresas nacionales y extranjeras; el asesoramiento ....

II.– Que la Sociedad, ..., S.L. dispone de una serie de medios materiales y humanos en el campo de la gestión administrativa, financiera, legal, urbanismo, y de recursos humanos, y en su caso, por los medios específicos aportados por terceras partes o por otras sociedades, los cuales se encuentra en la posición de facilitar una extensa diversidad de servicios en varias de las áreas de la actividad del negocio, para beneficio del CLIENTE.

Que los servicios a facilitar por o a través DEL PROVEEDOR al CLIENTE serán retribuidos a precios comerciales aceptables, y basándose en el valor normal de mercado. Asimismo, en la distribución de los gastos incurridos se seguirán criterios de continuidad y racionalidad.

Será necesario acreditar la naturaleza y el volumen de los servicios que se documenta en cada factura, y la correlación entre la contraprestación consignada en la factura y los servicios a que se refiere. Resulta necesaria la vinculación concreta de cada servicio prestado al CLIENTE con la realización de operaciones por ésta, y todo ello de forma individualizada.

Mediante el sistema de facturación y repercusión de costes, deben quedar acreditados los efectivos servicios prestados al CLIENTE y el beneficio a la misma de tales servicios, y cuáles de los gastos soportados por EL PROVEEDOR se corresponden con servicios efectiva y directamente utilizados por EL CLIENTE.

Por todo ello, EL PROVEEDOR manifiesta estar interesada en prestar distintos servicios de apoyo a la gestión AL CLIENTE.

III.– Que EL CLIENTE reconoce la necesidad de recibir distintos servicios de asesoramiento y apoyo a la gestión de gran utilidad por EL PROVEEDOR en coordinación con las distintas sociedades del grupo al que pertenecen. Y para evitar la duplicación de trabajos y esfuerzos, la óptima concentración de actividades será ejecutada por EL PROVEEDOR; beneficiándose de este modo las sociedades del grupo, de una adecuada coordinación mediante un común, único y centralizado organismo de apoyo a la gestión.

Por todo ello, EL CLIENTE manifiesta estar interesado en que EL PROVEEDOR preste los servicios descritos, que permitan mejorar e incrementar sus negocios, aportando grandes ventajas en las distintas áreas de la actividad.

En virtud de lo expuesto, las partes convienen la formalización del presente contrato de arrendamiento de servicios conforme a las siguientes

CLÁUSULAS

PRIMERA.– OBJETO.– NATURALEZA DE LOS SERVICIOS

Los servicios a facilitar por parte de la Sociedad ...., S.L. como PROVEEDOR por medio de este Contrato comprenden los siguientes servicios:

a) Servicios financieros:

- Análisis del control de presupuestos y gastos generales. Desviaciones e incrementos.
- Previsión tesorería.
- Gestión de pólizas de crédito con entidades bancarias y cancelación de las mismas si no proceden.
- Revisión de presupuestos de gastos generales. Análisis patrimonio. Ratios endeudamiento. Análisis riesgo bancario.

b) Laboral y Recursos humanos:

EL PROVEEDOR facilitará asistencia y asesoramiento a cuestiones de gestión de personal, incluyendo la formulación de políticas de retribución salarial, relaciones laborales, formación laboral, cumplimiento de la normativa de seguridad y salud en el trabajo, incentivos, planes de pensiones, búsqueda de personal, indemnizaciones y cobertura social, resolución de disputas sociales y asuntos relacionados.

c) Gestión sobre la relación con los clientes y establecimiento de estrategias de negocios centradas en los clientes. Políticas de retención y lealtad de los clientes, desarrollo de un marketing efectivo.

Establecimiento de metodologías, software y, en general, herramientas relacionadas con las capacidades de Internet que ayudan a la empresa a gestionar las relaciones con sus clientes de una manera organizada.

d) Proyectos de inversión

Estudios de mercado, análisis de inversiones.

e) Legal y fiscal

EL PROVEEDOR facilitará asesoramiento jurídico e información legislativa que pueda afectar a la actividad del CLIENTE en todas las ramas del ordenamiento jurídico, especialmente en temas laborales y fiscales.

f) Dirección, gestión y representación de la sociedad.

g) Cumplimiento de la normativa referente a la Ley de Protección de Datos.

SEGUNDA.– CONDICIONES Y MEDIOS DE PRESTACIÓN DE LOS SERVICIOS

2.1. Los servicios serán suministrados en la forma y modos en que ambas partes consideren más conveniente y apropiados a la vista de los requerimientos específicos de EL CLIENTE y a modo de ejemplo:

- Correspondencia: cartas, informes, estudios, correo electrónico, etc.
- Consultas verbales: llamadas telefónicas, conferencias.
- Reuniones.
- Visitas y viajes, los cuales incluyen visitas del personal de EL CLIENTE a las instalaciones DEL PROVEEDOR.

2.2. La asignación de personal para la prestación de los servicios por parte DEL PROVEEDOR, o en su nombre, será determinado por EL PROVEEDOR.

2.3. EL PROVEEDOR no prestará ningún servicio que por imperativo legal deba ser realizado expresa y únicamente por un profesional independiente, especialmente formado para ese fin.

2.4. EL PROVEEDOR tendrá el derecho de utilizar la asistencia, los medios, la experiencia y los servicios de terceras partes y de otras empresas del grupo empresarial con el fin de prestar los servicios AL CLIENTE incluidos en este acuerdo.

2.5. EL CLIENTE tiene derecho a revisar todos los archivos e información necesaria relacionada con los costes que se les facturen, y de solicitar cualquier explicación al respecto o de la corrección de los costes imputados.

TERCERA.– OBLIGACIONES DEL PROVEEDOR

EL PROVEEDOR queda obligada a:

1. Prestar AL CLIENTE los servicios solicitados, siguiendo las condiciones de este contrato en general y las instrucciones impartidas ésta.

2. Mantener los archivos concernientes a los servicios descritos en este acuerdo y prestados por dicha sociedad AL CLIENTE, así como a informar en cualquier momento AL CLIENTE sobre el desarrollo de los servicios concertados.

3. Organizar reuniones de trabajo con EL CLIENTE con el objeto de analizar sus necesidades, y de dirigir y coordinar los servicios facilitados.

4. Mantener la más estricta confidencialidad sobre toda información comunicada por EL CLIENTE con motivo de la prestación de los servicios objeto de este contrato; comprometiéndose a utilizar dicha información únicamente para esta finalidad. Igualmente, tanto los resultados económicos como la documentación entregada por EL CLIENTE serán considerados como confidenciales.

CUARTA.– OBLIGACIONES DEL CLIENTE

Con el objeto de que EL PROVEEDOR pueda cumplir con sus obligaciones, cada cliente queda obligado a:

1. Satisfacer AL PROVEEDOR el precio del servicio prestado según lo establecido en la cláusula quinta del presente contrato.

2. Permitir AL PROVEEDOR el acceso a cualquier archivo de la empresa que se estime conveniente; en particular, a los archivos concernientes a las ventas y a la planificación de las actividades del negocio del CLIENTE.

3. Informar AL PROVEEDOR de todas sus actividades empresariales y de sus planes; y no impedir el uso de la información necesaria para que EL PROVEEDOR pueda realizar su actividad de un modo razonable.

QUINTA.– PRECIO Y FORMA DE PAGO

Se establecen los siguientes métodos de distribución de los gastos por los servicios prestados, atendiendo siempre a criterios de continuidad y racionalidad:

5.1. Precio

5.1.1. Como contraprestación a los servicios que prestará EL PROVEEDOR, bajo las condiciones acordadas en este contrato, EL PROVEEDOR facturará AL CLIENTE los gastos soportados por la prestación efectiva de los servicios más un margen del .... Este margen también se aplicará al coste de los servicios prestados por terceros y soportados por EL PROVEEDOR.

5.1.2. Se establece un importe anual máximo de .... EUROS especificando en las facturas el importe de los servicios de asesoramiento y la parte correspondiente al Impuesto sobre el Valor Añadido que pueda gravar la prestación de servicios realizada.

5.1.3. El PROVEEDOR deberá acreditar el precio final del periodo con la naturaleza y el volumen de los servicios que se documenta en cada factura, y la correlación entre la contraprestación consignada en la factura y los servicios a que se refiere. Resulta necesaria la vinculación concreta de cada servicio prestado a la sociedad CLIENTE con la ventaja atribuida a la realización de operaciones por ésta, y todo ello de forma individualizada, debiendo documentarse la totalidad de los trabajos concretos repercutidos al cliente, personas o entidades involucradas, coste específico individualizado, según los trabajos realizados, debidamente documentados, y los gastos imputados al cliente, de acuerdo con la cláusulas de este contrato.

5.1.4 Si por la dedicación real del PROVEEDOR la facturación excediese del límite anual fijado en el apartado 5.1.1 anterior, aquel requerirá de la autorización expresa del CLIENTE y aportará la relación de horas y costes incurridos que justifique el exceso sobre la cantidad máxima.

5.2. Condiciones de pago

5.2.1. EL PROVEEDOR expedirá las facturas pertinentes por los servicios prestados AL CLIENTE con periodicidad anual, a en los quince primeros días del año siguiente, respecto de los servicios prestados en el período anterior.

EL CLIENTE pagará AL PROVEEDOR los importes debidos durante los días siguientes desde la finalización del mes en el que EL PROVEEDOR haya emitido su factura.

SEXTA.– DURACIÓN

Este contrato tiene un período de vigencia de .... años a partir su firma. Al término de dicho período, la relación contractual quedará automáticamente renovada por periodos de un año, a menos que, una de las partes notifique a la otra la resolución o no renovación de este acuerdo, dentro del plazo de los .... meses anteriores a la finalización de dicho período inicial o de cualquiera de los períodos anuales siguientes.

SÉPTIMA.– INCUMPLIMIENTO

7.1. Este acuerdo podrá resolverse en cualquier momento en los siguientes supuestos:

a) Por incumplimiento de cualquiera de las partes de sus obligaciones contractuales, siempre que se haya notificado previamente por escrito a la parte incumplidora la necesidad de subsanar dicho incumplimiento, no enmendándolo en los.......... días siguientes a dicha notificación.

b) Por cese en su actividad de cualquiera de los contratantes.

d) Por el impago de alguno de EL CLIENTE de los honorarios, estipulados en la cláusula quinta, al PROVEEDOR, siempre que ésta haya notificado previamente por escrito al CLIENTE, requiriéndole para que realice el pago, no ejecutándolo en los.......... días siguientes a dicha notificación.

7.2. En caso de cancelación de este acuerdo, por cualquier causa, todas las deudas adeudadas por el CLIENTE, deberán pagarse dentro del plazo de.......... días desde la fecha efectiva de resolución del contrato.

OCTAVA.– NO INDEMNIZACIÓN

En caso de resolución o no renovación de este acuerdo por cualquier motivo o incumplimiento imputable AL PROVEEDOR, ésta no incurrirá en ninguna responsabilidad con EL CLIENTE, no debiendo realizar pago alguno en concepto de indemnización por los servicios no prestados.

NOVENA.– NOTIFICACIONES

Cualquier notificación entre las partes será válida desde el momento en que su receptor tenga conocimiento de dicha comunicación.

La notificación por escrito será indispensable y preceptiva en las comunicaciones relativas a la cláusula octava del presente contrato. En los demás supuestos, cualquier medio de notificación será válida.

DÉCIMA.– CESIÓN

El presente contrato no podrá ser subrogado o cedido a terceros, salvo previo acuerdo escrito entre las partes.

DÉCIMO PRIMERA.– GASTOS DEL CONTRATO

Todos los gastos derivados de este contrato serán de cuenta DEL PROVEEDOR. Cualquiera de las partes podrá compeler a la otra a la elevación en escritura pública de este contrato, existiendo un preaviso de .... MES, realizado de manera fehaciente (correo certificado, telegrama, burofax) a la otra parte contratante, desde el día de recepción de la notificación hasta el día en que se produzca el otorgamiento de las mismas ante Notario. Dicho preaviso no surtirá efecto si los interesados renuncian al mismo en interés de las partes. Los gastos e impuestos que se devenguen por el presente contrato serán de cuenta y cargo de la sociedad que los originara

DÉCIMO SEGUNDA.– CONFIDENCIALIDAD Y PROTECCIÓN DE DATOS

Cada una de las partes acuerda guardar confidencialmente toda la documentación que el otro revele a menos que dicha información esté señalada por el otro como no confidencial.

Tal obligación no se refiere a la información que es públicamente conocida en el momento de su revelación, o que la parte receptora pueda demostrar que estaba ya en posesión de dicha información. Estas obligaciones persistirán aun con la terminación del acuerdo, pero terminará cuando dicha información se haga pública o esté en posesión de cualquiera de las partes desde una fuente que no esté bajo la obligación de confidencialidad a la otra parte.

Las partes se comprometen a guardar confidencialidad en los términos de la Ley 1/2019, de 20 de febrero, de Secretos Empresariales.

Ambas Partes se comprometen a guardar el más absoluto secreto respecto de los datos de carácter personal a que tengan acceso en cumplimiento del presente contrato y a observar todas las previsiones legales que se contienen la Ley Orgánica de Protección de Datos Personales y garantía de los derechos digitales, y el Reglamento Europeo de Protección de Datos.

Protección de datos personales.

.............., S.L., como Encargado del tratamiento, informa al CLIENTE que los datos personales contenidos en el presente contrato y los generados por la prestación del servicio, todos ellos proporcionados por el CLIENTE, serán tratados de acuerdo con la Ley Orgánica (LOPD), con la finalidad de prestar el servicio, entendiendo que la firma del presente contrato implica su consentimiento para llevar a cabo dicho tratamiento.

Respecto de los datos personales a los que ...., S.L. tenga acceso como consecuencia de la prestación del servicio, se entenderán facilitados de forma voluntaria por el CLIENTE, y sólo serán utilizados con la finalidad de prestar aquél, siguiendo en todo momento las instrucciones del CLIENTE, comprometiéndose ...., S.L. a no aplicarlos ni utilizarlos para finalidad distinta de la pactada y a no comunicarlos, ni siquiera para su conservación, a otras personas, así como a destruirlos o devolverlos al CLIENTE, al igual que cualquier soporte o documentos donde se contengan dichos datos, al finalizar el presente contrato, salvaguardando en todo caso las pruebas necesarias respecto a las actuaciones realizadas. En todo caso, los papeles de trabajo y el diseño o sistema de análisis serán propiedad de ...., S.L.

Asimismo, ambas partes se comprometen a adoptar las necesarias medidas de seguridad para la protección de dichos datos en el nivel que les corresponda, de acuerdo a la regulación legal.

Igualmente le informa de que, en ocasiones, el cumplimiento del presente contrato podrá implicar la cesión de datos personales a la Hacienda Pública para la consecución de la prestación del servicio arriba indicado, de acuerdo en todo caso con lo dispuesto en la normativa legal, y de forma específica en la LOPD y en la Ley General Tributaria.

Si tal cesión se produjera previo requerimiento de la Administración Tributaria, EL PROVEEDOR lo comunicará de forma inmediata al CLIENTE.

DÉCIMO TERCERA.– PRELACIÓN DE NORMAS Y ARBITRAJE

Las partes contratantes se atendrán con carácter preferente a lo dispuesto en el presente contrato, y en su defecto, a lo establecido en la legislación vigente.

Cualquier controversia que surja entre las partes sobre el cumplimiento o resolución de este contrato, se resolverá mediante arbitraje de equidad y conforme a la regulación contenida en la Ley de Arbitraje de Derecho Privado.

Y en prueba de conformidad con cuanto antecede, se firma el presente contrato compuesto de .... folios, con dos copias y a un sólo efecto en el lugar y fecha antes indicados.

X. CONSTRUCCIÓN E INGENIERÍA

F125. CONTRATO DE CONSTRUCCIÓN (I)

En..... a......, de ......

REUNIDOS:

De una parte, D......., mayor de edad, casado, vecino de ....., con domicilio en ...... y DNI/NIF .... Actúa en nombre y representación, en su condición de ...., según resulta de ...., de la mercantil ......, con domicilio en .... inscrita en el Registro Mercantil de ......, al Tomo......, Folio..... CIF.....

Y de otra, D......, mayor de edad, casado, vecino de ......, con domicilio en ..... y DNI/NIF ....Actúa en nombre y representación, en su condición de .... según resulta de ...., de la mercantil ......, con domicilio en ...., inscrita en el Registro Mercantil de ......, al Tomo......, Folio..... CIF......

EXPONEN:

PRIMERO.– Que ..... (en adelante EL PROMOTOR), tiene proyectado construir ...... sobre una superficie de ..... metros cuadrados sita en .....,

El terreno sobre el que se pretende edificar es propiedad de....., y se encuentra inscrito en el registro de la Propiedad de ...., constituyendo la Finca registral número.......

SEGUNDO.– Que Don...... (en adelante CONSTRUCTOR) tiene experiencia en la ejecución de obras, cuya oferta económica ha sido valorada positivamente por el PROMOTOR, por lo que ambas partes han convenido el presente contrato, el cual se regirá por las siguientes;

ESTIPULACIONES:

PRIMERA.– OBJETO DEL CONTRATO.

1. Constituye el objeto del presente contrato la ejecución por parte del CONSTRUCTOR, de la obra comprendida en los documentos a que se refieren las estipulaciones SEGUNDA y TERCERA de este contrato, para la construcción de un........, en ....

2. El PROMOTOR encarga al El CONSTRUCTOR, y este acepta, la construcción, en plazo contractual, de las obras antes referidas, con inclusión del suministro, transporte y montaje de los materiales, así como todos aquellos elementos y actividades precisos para el desarrollo y ejecución del proyecto en la forma y condiciones contemplados en este contrato.

3. El CONSTRUCTOR cumplirá con su obligación entregando la obra encargada, dentro del plazo convenido, con las especificaciones y en las condiciones establecidas en el presente contrato.

SEGUNDA.– DOCUMENTACIÓN.

1. El CONTRATISTA, ejecutará las obras dentro de los términos de este contrato y de acuerdo con las especificaciones contenidas en los siguientes documentos:

a) El presente contrato con sus anexos.

b) El proyecto base y de ejecución con su pliego de condiciones, memoria, planos y presupuesto.

c) Pliego de condiciones técnicas.

d) Memoria de calidades del proyecto de ejecución.

e) Presupuesto y estado de mediciones de la CONTRATISTA con precios descompuestos.

f) Calendario de ejecución, con la duración de los trabajos de cada actividad.

g) ....

Especialmente, las especificaciones que se reseñan en el ANEXO I de este contrato.

2. El CONSTRUCTOR reconoce que los documentos y planos reseñados en estas cláusulas son suficientes para la ejecución completa de la obra de acuerdo con las buenas normas de la construcción, y con sujeción a los precios que se acompañan a este contrato.

3. La construcción objeto del presente contrato se ejecutará de acuerdo con el proyecto elaborado por el Arquitecto D..... que figura como anexo del presente documento.

CUARTA.– DIRECCIÓN FACULTATIVA DE LA OBRA Y SUPERVISIÓN

1. La construcción objeto del presente contrato se ejecutará de acuerdo con el proyecto elaborado por el Arquitecto D...., que figura como anexo del presente documento.

2. Corresponderá al Arquitecto superior Don......., la Dirección facultativa de las obras objeto de este contrato.

3. El CONSTRUCTOR obedecerá siempre y en todo caso las ordenes de los técnicos designados por el PROMOTOR.

QUINTA.– LIBRO DE ORDENES Y ACTAS DE OBRA.

1. El CONSTRUCTOR tendrá en todo momento en la oficina de la obra el libro de ordenes a disposición de la Dirección facultativa, así como una copia del proyecto de ejecución de las obras.

2. Las notificaciones entre el CONSTRUCTOR y el PROMOTOR se realizaran por escrito a través de la Dirección Facultativa, sin perjuicio de las comunicaciones que se consideren urgentes y que se transmitan por el medio más rápido.

SEXTA.– MATERIALES.

1. El CONSTRUCTOR no podrá variar los materiales expresados en la memoria de calidades, presupuesto y proyecto de ejecución citados anteriormente, salvo acuerdo escrito con EL PROMOTOR y aprobado por la Dirección facultativa.

2. Todos los materiales, herramientas, maquinaria o cualquier elemento de obra se trasladará hasta esta por cuenta y riesgo del CONSTRUCTOR, e irán consignados a su nombre.

3. Si el CONSTRUCTOR ejecutase algún trabajo con materiales o sistemas constructivos inadecuados que la dirección facultativa considerase inadmisibles, vendrá obligada a modificarlos a sus expensas y no podrá reclamar del precio por estos motivos.

4. En cualquier caso, El CONSTRUCTOR deberá seguir las instrucciones que le facilite DIRECCIÓN FACULTATIVA en todo lo relativo a la selección de material y suministradores, herramientas, maquinaria, contratistas y subcontratistas, y cualesquiera otro aspecto relativo a la ejecución de la obra.

SÉPTIMA.– ENSAYOS Y RECONOCIMIENTOS.

1. Serán a cargo del CONSTRUCTOR el coste de los ensayos de materiales e instalaciones exigidos para las comprobaciones previas y por la normativa del control de calidad que sea aplicable.

2. Todos los controles, ensayos e informes deberán ser realizados por laboratorios homologados y los resultados serán remitidos a la dirección facultativa a fin de que esta pueda tomar las decisiones oportunas.

3. El PROMOTOR podrá disponer que el CONSTRUCTOR efectúe los controles de calidad y ensayos a través de laboratorios homologados que ella misma determine.

OCTAVA.– PERSONAL DEL CONSTRUCTOR.

1. La mano de obra empleada por el CONSTRUCTOR en cada uno de los cometidos deberá ser la adecuada en calidad y número al tipo y magnitud de la obra a realizar. En cualquier momento, el PROMOTOR podrá ordenar la separación de la obra del personal que, a su juicio, no este lo suficientemente capacitado para el trabajo a desarrollar o su actitud sea manifiestamente perjudicial para la obra. El CONSTRUCTOR podrá asimismo ordenar el incremento de personal necesario para la consecución de los plazos contratados previo acuerdo entre las partes.

2. Todo el personal que intervenga en la prestación de servicios dentro del recinto de la obra, se atenderá en todo a los horarios, normas y costumbres existentes.

3. El primer día hábil de cada mes, el CONSTRUCTOR entregará al PROMOTOR una lista firmada por aquel en el que se relaciones de forma individualizada el personal del CONSTRUCTOR que se encuentre en la obra, indicando su categoría, número de afiliación a la Seguridad Social, fecha de alta con el CONSTRUCTOR y fecha de incorporación a la obra. Cualquier alta o baja que a lo largo del mes se produzca deberá ser comunicada en el mismo día y por escrito al PROMOTOR.

4. Todo el personal que figure en las listas antedichas deberá estar dado de alta en la Seguridad Social y al corriente en el pago de las cuotas. A fin de acreditar esta circuns-

tancia, el CONSTRUCTOR presentará al inicio de los trabajos una fotocopia de la última liquidación de Seguros Sociales, debidamente diligenciada por la entidad gestora o banco de recaudación. Cada mes el CONSTRUCTOR presentará la liquidación de Seguros Sociales satisfechos con expresión en los mismos del personal que trabaja en la obra, justamente con el documento original del cargo contable emitido por el banco o entidad gestora, justificativo de haber sido satisfechos los referidos seguros sociales.

5. El CONSTRUCTOR presentará al PROMOTOR, antes del inicio de la obra, fotocopia de los contratos de trabajo del personal que desarrollará sus funciones en la obra. Al finalizar la relación laboral de este personal con el CONSTRUCTOR, éste remitirá al PROMOTOR copia del recibo del finiquito de los que hayan causado baja.

6. El primer día hábil de cada mes y durante el transcurso de la obra, el CONSTRUCTOR presentará un certificado acreditativo de que todo el personal empleado está al corriente en las percepción de sus haberes.

7. El CONSTRUCTOR presentará al PROMOTOR fotocopia del pago del Impuesto de Actividades Económicas y del recibo de pago de la última prima devengada de la póliza de accidentes de trabajo que cubra el importe dela indemnización extraordinaria que por muerte, incapacidad (permanente, absoluta y gran invalidez), venga establecida en los convenios colectivos provinciales de la construcción o que resulten aplicables. Asimismo, y si lo requiriese el PROMOTOR, podrá a su disposición el libro de visitas de la Inspección de Trabajo.

8. El CONSTRUCTOR deberá cumplir con respeto a sus trabajadores todas las normas de Seguridad y Salud y/o laborales en vigor, el Plan de seguridad y salud de la obra que declara conocer y aquellas normas que durante la vigencia del presente contrato se puedan promulgar.

9. Sin perjuicio del deber de coordinación necesaria entre PROMOTOR y CONSTRUCTOR para la efectiva prevención de riesgos laborales, el CONSTRUCTOR deberá: a) tener integrada la actividad preventiva en su estructura empresarial; b) mantener la presencia preventiva de recursos propios durante el tiempo que permanezcan sus trabajadores desarrollando la actividad contratada en la obra; c) vigilar el cumplimiento de las medidas incluidas en el Plan de seguridad y Salud en el trabajo y comprobar la eficacia de estas con respecto a sus trabajadores; d) acreditar previamente al comienzo de los trabajos, y por escrito, la evaluación de riesgos y planificación de su actividad preventiva y el cumplimiento de las labores de formación e información con los trabajadores que vayan a prestar sus servicios en la obra. El CONSTRUCTOR deberá tener en cuenta el contenido de la evaluación de riesgos del PROMOTOR, en la evaluación de riesgos propia que deba efectuar; y e) acreditar durante la realización de los trabajos que ha establecido los medios de coordinación necesarios entre las empresas concurrentes a los efectos de su comprobación por el PROMOTOR.

10. La paralización de un trabajo por falta de seguridad no podrá ser nunca causa justificable para incumplir el plazo de entrega ni encarecimiento en el precio contratado.

11. El CONSTRUCTOR deberá designar a un representante con carácter técnico, que coordine todas sus relaciones con el PROMOTOR, atendiendo a las instrucciones dictadas

por éste. El incumplimiento por parte de este representante de las citadas instrucciones, no exime al CONSTRUCTOR de su responsabilidad. De igual forma, deberá designar un técnico de prevención que evalúe, vigile, actualice y coordine con el PROMOTOR el seguimiento del Plan de Prevención.

NOVENA.– EJECUCIÓN DE LAS OBRAS Y RESPONSABILIDADES.

1. El CONSTRUCTOR ejecutará las obras con arreglo a los documentos y estipulaciones del presente contrato, así como cuantas prescripciones, reglamentos y normas sean aplicables para que sean perfectamente acabadas y, en todo caso, conforme a las reglas de la buena fe y una diligente y responsable construcción.

2. Se consideran comprendidas dentro del contrato, la ejecución de las obras auxiliares a la construcción del edificio, tales como protección con red o de tipo horizontal, oficinas, teléfono de obras, etc.

3. El CONSTRUCTOR dispondrá de ... días naturales desde la firma del presente contrato para realizar el replanteo de las obras.

4. El CONSTRUCTOR no podrá instalar ningún cartel o anuncio publicitario en el recinto de la obra, sin expresa autorización del PROMOTOR y siguiendo sus indicaciones en cuanto a su tamaño y contenido.

DÉCIMA.– POLICÍA DE OBRA E INSPECCIÓN.

1. Sin perjuicio de la función de dirección e inspección que en todo momento corresponde a dirección facultativa, el PROMOTOR se reserva el derecho de inspeccionar las obras, empleando el personal que estime necesario. Por su parte el CONSTRUCTOR se obliga a facilitar el acceso para tal finalidad.

2. Al término de la obra, el CONSTRUCTOR deberá desmontar a su costa, demoler y transportar fuera de la obra la maquinaria, encofrados, casetas de obra y cualquier elemento sobrante de la edificación, dejándolo limpio para su uso.

UNDÉCIMA.– PLAZO DE EJECUCIÓN.

1. El plazo total para la ejecución de la obra será de ... MESES, a contar desde el comienzo efectivo de las mismas que en ningún caso deberá ser más tarde de ... días posteriores a la firma de este contrato. La obra, incluyendo la limpieza final del Sitio, deberán estar terminada a mas tardar el día ......

2. El Contratista deberá elaborar dentro de los ... días siguientes a la firma de este contrato, su propio Cronograma de Trabajo el cual incluirá las diferentes etapas que son necesarias para realizar la totalidad de la obra, indicando además los valores estimativos de cada una de las etapas correspondientes a los mismos. Dicho Cronograma una vez aprobado por el PROMOTOR se anexará como parte del presente Contrato y no podrá ser alterado sin la aprobación escrita del PROMOTOR y la Dirección Facultativa.

3. Si el CONSTRUCTOR tuviera conocimiento de circunstancias que impidiesen o retrasasen la construcción conforme al calendario trazado, lo comunicará inmediatamente al Arquitecto técnico designado, así como al PROMOTOR y al Supervisor, a fin de adoptar las medidas necesarias o convenientes para eliminar el obstáculo.

DUODÉCIMA.– PRECIO Y FORMA DE PAGO.

1. El precio total que EL PROMOTOR pagará al CONSTRUCTOR por la ejecución de la obra objeto de este contrato es de........ EUROS, precio que se considera cerrado y que no podrá alterarse. Queda entendido que el Contratista ha tomado en cuenta todos los trabajos necesarios, licencias, permisos y autorizaciones necesarias y que ha estudiado suficientemente los Documentos de Contrato para hacerse responsable de la ejecución de la obra en su totalidad por el precio arriba señalado.

2. En el caso de que durante la ejecución del presente contrato sufriera modificación el coste de los salarios de los trabajadores empleados por el CONSTRUCTOR, así como de los materiales suministrados o cualesquiera otros elementos empleados en la obra, no sufrirá modificación el precio señalado en la estipulación anterior. El precio establecido en el anterior apartado comprende, pues, todos los conceptos.

3. El pago se realizará de la siguiente forma:

a) ......%, del precio pactado, a la firma de este contrato, constituyendo el presente documento eficaz carta de pago.

b) El resto, contra certificaciones de obra ejecutada emitidas mensualmente por la Dirección Facultativa, por importe de la obra ejecutada de acuerdo con la certificación emitida. El PROMOTOR retendrá de cada certificación el ...% para responder de la recepción definitiva de la obra. En el supuesto de unidades de obra no realizadas se descontará su valor al precio unitario de mercado del total convenido y presupuestado.

c) Después de la Recepción Provisional de la obra, cuando ya se haya completado el 100% de la obra debidamente certificado por La Dirección Facultativa, el PROMOTOR efectuará el pago restante al CONSTRUCTOR, menos la retención del ....% para el fondo de reserva, a ser devuelto hasta que se efectúe la Recepción Final y así lo certifique la dirección.

4. El CONSTRUCTOR no hará el último pago mientras el CONSTRUCTOR no le demuestre, en forma satisfactoria, que todos los pedidos y reclamos de terceros han sido satisfechos y que todos los suministros de materiales y mano de obra han sido pagados.

5. EL CONSTRUCTOR tendrá que demostrar también que ha cumplido con todos los requisitos legales que fueran exigibles y aplicables. EL CONSTRUCTOR deberá entregar al PROMOTOR una declaración que exima a este de cualquier responsabilidad en el caso de que surjan reclamos o solicitudes por los conceptos comprendidos en los dos párrafos anteriores.

6. El último pago comprenderá además del saldo, todas las sumas debidas al Contratista por los materiales y trabajos extra, con excepción de las sumas retenidas por reclamos del PROMOTOR.

7. Los trabajos extras se ejecutarán solo mediante Ordenes expresas de Cambio del PROMOTOR debidamente autorizadas por la DIRECCIÓN FACULTATIVA y se cancelarán a medida que sean terminadas, según lo contempla el inciso anterior. De estos pagos también se deducirá un ..% para el fondo de reserva que se cancelará al momento de la Recepción Final de los trabajos.

8. Los pagos reseñados en esta estipulación, así como cualesquiera otros que deba realizar el PROMOTOR en cumplimiento de este contrato, se efectuaran mediante ....

DECIMOTERCERA.– CERTIFICACIONES DE OBRA.

1. La redacción de las certificaciones de obra se llevará a cabo el día .... de cada mes, conjuntamente por la Dirección Facultativa y el PROMOTOR quienes comprobaran que las referidas certificaciones se ajustan a la realidad del estado de la obra.

2. Todas las certificaciones serán conformadas por la Dirección facultativa antes de ser entregadas al PROMOTOR.

3. Las certificaciones serán hechas basándose en las valorizaciones de las etapas parciales completas conforme los avances mencionados en el calendario de ejecución. El CONSTRUCTOR deberá preparar y presentar a la certificación del Supervisor y a la aprobación del PROMOTOR la correspondiente certificación por lo menos con cinco días de anticipación.

4. A la terminación de la obra, El CONSTRUCTOR deberá redactar la certificación o liquidación final de toda la obra, desglosada debidamente por conceptos.

DECIMOQUINTA.– RECEPCIÓN PROVISIONAL

1. Con una antelación de ... días, como mínimo, El CONSTRUCTOR comunicará a la Dirección Facultativa y al PROMOTOR la fecha que prevé terminar totalmente la obra dentro del plazo acordado, a fin de que se fije el día y hora en que se ha de efectuar la recepción provisional.

2. La Dirección Facultativa junto con la Dirección revisarán exhaustivamente las obras, elaborando una relación si procede, de defectos a subsanar y pruebas no superadas, relación que se adjuntará al acta de recepción provisional.

3. Si el estado de las obras fuera satisfactorio, el PROMOTOR extenderá el acta de recepción provisional positiva, debiendo retirar El CONSTRUCTOR de la obra la totalidad de sus pertenencias en un plazo de.......... días.

4. En caso de que el examen no fuera satisfactorio, el PROMOTOR extenderá un acta de recepción negativa dejando constancia de los defectos observados. Transcurrido un plazo de ... días, durante los cuales El CONSTRUCTOR deberá subsanar las deficiencias observadas, se repetirán los exámenes y si resultasen satisfactorios se extenderá el acta de recepción provisional positiva.

5. Los nuevos plazos que se concedan al CONTRATISTA para subsanar las deficiencias en ningún caso significarán prórroga de los plazos contractuales y, en consecuencia, aquel será responsable de las penalidades y/o indemnizaciones de daños y perjuicios en que incurra por tal motivo.

6. Verificada la recepción provisional comenzara el cómputo del plazo que convencionalmente se pacta en dos años para que tenga lugar la recepción final.

DÉCIMO SEXTA.– RECEPCIÓN DEFINITIVA.

1. .... días antes de que finalice el período establecido en el último apartado de la estipulación anterior, EL CONSTRUCTOR notificará al PROMOTOR el vencimiento de

dicho periodo, solicitando la recepción definitiva de la obra. A la vista de tal solicitud, EL PROMOTOR comunicará al CONSTRUCTOR la fecha fijada para la recepción definitiva.

2. En el día fijado se procederá en presencia del CONSTRUCTOR a comprobar el estado de la obra y a verificar su estado. En caso de resultado positivo LA PROMOTOR extenderá la correspondiente acta de recepción definitiva.

3. Cuando el acta de recepción definitiva no sea conforme deberán figurar en ella los defectos observados y el plazo concedido para corregirlos, transcurrido el cual sin haber sido subsanados, LA FUNDACIÓN quedará facultada para obtener la oportuna indemnización por daños y perjuicios.

4. Aquellas obras o elementos que el CONSTRUCTOR haya tenido que reconstruir, reparar o sustituir durante el período que media entre la recepción provisional y la definitiva prorrogarán su período de garantía y, por tanto, su plazo de recepción definitiva por el período de duración establecido de la garantía después de su reconstrucción, reparación o sustitución.

5. En caso de resolución del contrato a instancia del PROMOTOR O DEL CONSTRUCTOR, se procederá a extender el acta de recepción definitiva con los mismos requisitos y condiciones que los establecidos en los párrafos anteriores.

6. Una vez levantada el acta de recepción definitiva, comenzará un plazo de ... meses de garantía durante los cuales el CONSTRUCTOR deberá subsanar y reparar todas las deficiencias, desperfectos e irregularidades que aparecieren o se observaren.

7. Dentro de los ... días siguientes a la terminación del plazo de ... meses establecido en el apartado anterior, EL PROMOTOR procederá a devolver el total de los importes retenidos y al pago de la suma pendiente del precio pactado, así como las garantías entregadas por el Contratista.

8. La garantía establecida en el apartado anterior, se entiende sin perjuicio de la responsabilidad por vicios en la construcción que prevé la legislación vigente.

DÉCIMO SÉPTIMA.– CLÁUSULA POR INCUMPLIMIENTO DEL PLAZO. POSIBILIDAD DE RESOLUCIÓN DEL CONTRATO.

1. El incumplimiento por parte del CONSTRUCTOR de la entrega de la obra en el plazo establecido en la estipulación anterior, facultará al PROMOTOR a exigir el pago de la cantidad de ....

2. No obstante lo establecido en el párrafo anterior, no se tendrán en cuenta los retrasos o incumplimientos que tengan su causa en fuerza mayor u otros motivos imprevistos y ajenos a la voluntad del CONSTRUCTOR.

DÉCIMO OCTAVA.– JURISDICCIÓN.

Las partes con renuncia al fuero que les pueda corresponder se someten para la resolución de cualquier discrepancia que pueda surgir en la ejecución del presente contrato a la competencia de los Tribunales de......

En prueba de conformidad, firman las partes el presente contrato por duplicado ejemplar y a un solo efecto, en el lugar y fecha al principio indicado.

F126. CONTRATO DE CONSTRUCCIÓN (II)

En ......, a......

REUNIDOS:

De una parte, ... con CIF ...., representada en este acto por D..............., con DNI ...., con sede social en .... (.......), Avda. .... nº ...., seguidamente denominada "...........".

Y de otra parte, con CIF y/o NIF, representada en este acto por, y con sede social en, empresa y/o profesional de la construcción en posesión de la Licencia Fiscal del Impuesto Industrial correspondiente, seguidamente denominada/o "El Contratista".

Reconociéndose ambas partes con la capacidad legal necesaria y suficiente para otorgar este contrato de construcción, a tal fin

EXPONEN:

A.– Que sobre la parcela de la Urbanización............, de........., de la que promueve la empresa .... se proyecta construir una vivienda unifamiliar compuesta de.........., modelo, según planos, proyecto técnico, detalles de ejecución, croquis, perspectivas, características y calidades de construcción que se adjuntan al presente contrato y que forman parte integrante del mismo.

B.– Que el Contratista es consciente de las obligaciones que en materia de impuestos, prevención de riesgos laborales, seguridad e higiene en el trabajo, seguridad social, etc. impone la legislación vigente, así como de las exigencias de la LOE. Manifiesta estar al corriente en el pago de todo tipo de impuestos y contribuciones y se obliga a tener a todo su personal debidamente asegurado cumpliendo estrictamente con lo legislado.

C.– Que......... y el contratista han alcanzado un acuerdo para contratar la obra referenciada en el expositivo A.

D.– Que el contratista ejecutará y llevará a cabo hasta su completa terminación la obra referenciada mediante el establecimiento de un centro de trabajo propio en la citada parcela, sometiendo se ambas partes a las siguientes;

CLÁUSULAS:

TOTAL PRECIO:

I.– El presupuesto total de las obras asciende a...... euros, más ..... euros correspondientes al IVA al tipo del ...% lo que totaliza la cantidad de Euros. En el precio estipulado se incluye la totalidad de trabajos a realizar y/o materiales a aportar hasta dejar totalmente terminada la construcción, de acuerdo con el proyecto, planos, anexos, condiciones y detalles técnicos del presente contrato, no admitiéndose ninguna factura adicional.

II.– El precio se fija a tanto alzado y con carácter definitivo, sin posibilidad de revisión de precios por ninguna causa, a excepción, de los menos importes que pudieran resultar por no aportar y/o ejecutar el contratista aquellas partidas que así le autoriza el contrato.

FORMA DE PAGO:

III.– Se pagará por medio de CERTIFICACIONES DE OBRA, y cada chalet dispondrá de .....

a. La primera certificación se pagará cuando esté completamente terminada la cimentación, los zunchos de atado y el primer planche con su correspondiente mallazo de hierro y hormigón. El contratista deberá aportar original o copia de los albaranes facilitados por la planta que suministre el hormigón y por el laboratorio de control encargado de tomar las probetas. Con anterioridad al pago de esta certificación deberá haberse concretado si el contratista asume las partidas relativas a excavaciones, o estas quedan a cargo de........... a fin de suscribir el correspondiente menos importe.

La cantidad a pagar será del ...% en el supuesto de que no se considere incluida la elevación de la vivienda y del ...% en el supuesto de que se encuentre incluida, siempre y cuando, la elevación sea superior a ... metros cuadrados. En cualquier caso los porcentajes se calculan sobre el importe total del contrato.

b. La segunda certificación se expedirá cuando estén completamente terminados los muros de cerramiento de la vivienda, los zunchos de atado y el segundo planche con su correspondiente mallazo y hormigón en las partes donde vayan tabiquillos de cubierta, y debidamente enlucido y preparado para colocar la tela asfáltica en las zonas donde se tenga que colocar directamente el tejado o terraza. El Contratista deberá aportar original o copia de los albaranes facilitados por la planta que suministre el hormigón y por el laboratorio de control encargado de tomar las probetas. Igualmente deberán haberse construido la totalidad de accesos hasta la calle o interiores de la parcela, con sus barandillas, quedando únicamente pendiente el chapado de piedras naturales o empisado.

La cantidad a pagar será del ..% del importe total del contrato.

c. La tercera certificación se expedirá cuando estén los tabiquillos de cubierta construidos, con sus correspondientes bardos colocados debidamente enlucidos, con la tela asfáltica colocada y las tejas recibidas con mortero de cemento con doble salida en las cornisas.

La cantidad a pagar será del ..% del importe total del contrato.

d. La cuarta certificación se expedirá cuando esté la tabiquería interior terminada, las instalaciones de agua y luz hechas y los enlucidos interiores y exteriores maestreados terminados.

La cantidad a pagar será del ..% del importe total del contrato.

e. La quinta certificación se expedirá cuando estén colocados los pavimentos, tanto interiores como exteriores con sus correspondientes rodapies, y hayan sido completamente terminados los chapados de azulejos en baños y cocina y la chimenea, así como los porches o terrazas completamente terminados, con su tela asfáltica y pavimento correspondiente. En cualquier caso se hará prueba de estanquiedad inundando la terraza durante al menos .. horas. Será preceptivo para proceder al cobro de la certificación que se concluyan totalmente los accesos, incluso chapados.

Con anterioridad al pago de esta certificación deberá haberse concretado si el Contratista asume las partidas relativas a, azulejo, pavimento y cocina, o estas quedan a cargo de .... a fin de suscribir el correspondiente menos importe.

La cantidad a pagar será del ....% del importe total final del contrato, si estas partidas no han sido incluidas y del ....% del importe total final del contrato si han sido incluidas.

f. La sexta certificación se expedirá cuando la obra esté totalmente terminada, con la carpintería colocada, los muebles de cocina colocados, los aparatos sanitarios y complementos instalados, debidamente pintada y barnizada, tanto en el interior como en el exterior, y con todos los detalles de construcción totalmente terminados.

Para proceder al pago de esta certificación, el Contratista deberá aportar los boletines y dictámenes de agua y electricidad. En esta certificación se pagará el resto del importe final del contrato.

IV.– El Contratista presentará facturas de dichas certificaciones, debidamente cumplimentadas hasta un importe máximo igual al precio estipulado, a fin de proceder al cobro de las cantidades que, de acuerdo con la cláusula III y como consecuencia del presente contrato le corresponda.

V.– El Contratista autoriza a .... a realizar pagos a cuenta del precio estipulado en el presente contrato, a aquellos proveedores que entreguen materiales para la construcción de la vivienda objeto de contratación y presenten factura de los mismos o que efectúen trabajos que corresponderían haber sido realizados por el Contratista, siempre y cuando su intervención o entrega esté demostrada, reconociendo y admitiendo que el importe de estos pagos a terceros le serán descontados del precio estipulado, aminorando los pagos que procedan efectuar al Contratista de acuerdo con la cláusula III.

DE LA CONSTRUCCIÓN:

VI.– Se realizará totalmente de acuerdo con el proyecto y características del mismo, así como las especificaciones de ejecución, detalles, materiales, y calidades expresadas en el presente contrato o en documentos aparte, pudiendo rechazar.......... cualquier material no reconocido o en malas condiciones, cumpliendo con las observaciones de la LOE, las directrices señaladas por la Dirección General de .... (Ministerio de ....), y/o autoridad administrativa competente, por la Dirección Facultativa del Proyecto y por ....

VII.– El emplazamiento de la obra lo fijará.........., debiendo avisar al Contratista para dicho acto con dos días de antelación con el fin de que este disponga de personal en la obra, a fin de prestar ayuda para su replanteo. Igualmente, por orden de .... se realizará la excavación de la cimentación, debiendo iniciar el Contratista las obras en un plazo máximo de .... días desde la finalización de la excavación. Es obligación del Contratista avisar a .... antes de proceder al relleno de la cimentación, para obtener su visto bueno.

VIII.– .... está facultada para vigilar las obras en cualquier momento, pudiendo ordenar la suspensión de las mismas si aprecia que no se ajustan al proyecto, o a la relación de materiales, características y/o detalles establecidos en el presente contrato y anexos, o no se cumplan las indicaciones de la dirección facultativa.

PLAZOS DE EJECUCIÓN:

IX.– La obra motivo del presente contrato se ejecutará en el plazo de meses, a contar desde la fecha de la firma del presente contrato, por lo que se fija como fecha límite de terminación y entrega el.

Para poder cumplir con la fecha de terminación prevista, se establecen los siguientes plazos máximos en los que la totalidad de trabajos detallados deberán estar completamente terminados. Estos plazos contarán a partir de la fecha de la firma del presente.

a.– La cimentación en días (días naturales).

b.– El segundo planche en (días naturales).

c.– La cubierta de aguas y terrazas sobre planches en (días naturales).

d.– La tabiquería, preinstalaciones y enlucidos en (días naturales.

e.– Los chapados y alicatados en (días naturales).

f.– La pintura e instalaciones en (días naturales).

g.– La limpieza y otros hasta dejar totalmente terminada la obra en el plazo que reste hasta la fecha límite pactada.

X.– En caso de no cumplirse el ritmo de construcción previsto, ... podrá optar por penalizar al Contratista aplicando una indemnización de ..... euros/día por cada uno de retraso, o bien, rescindir el contrato con una carta remitida por conducto Notarial, mostrándose conforme en éste supuesto el Contratista, en abandonar inmediatamente la obra, con pérdida de lo que tenga ejecutado en concepto de indemnización por daños y perjuicios, con el fin de que......... pueda contratar la terminación de la construcción y así cumplir con su cliente en la entrega de la vivienda en el plazo pactado con éste último. En el supuesto que el Contratista entienda que pueda producirse demora por la falta de elección de materiales o causa imputable a .... deberá notificar fehacientemente con acuse de recibo del representante de .... que firma este contrato, en el momento en que se produzca, el motivo o falta, prorrogándose automáticamente el plazo de entrega en los días que transcurran hasta obtener respuesta escrita a su demanda.

CARACTERÍSTICAS DE LA CONSTRUCCIÓN:

Lo detallado en las cláusulas desarrolladas bajo este capítulo se consideran detalles técnicos de obligada ejecución, incluidos en el precio estipulado en la cláusula I, por lo que no se admitirá ninguna factura adicional, salvo que así quede especificado.

XI.– EXCAVACIONES: ....

XII.– CIMENTACIÓN: ....

XIII.– ELEVACIONES: ....

XIV.– PLANCHES: ....

XV.– ZUNCHOS DE ATADO: ....

XVI.– PAREDES EXTERIORES: ....

XVII.– CUBIERTAS: ....

XVIII.– TABIQUES INTERIORES: ....

XIX.– ENLUCIDOS: ....

XX.– PAVIMENTOS: ....

XXI.– ALICATADOS: ....

XXII.– CARPINTERÍA EXTERIOR: ....

XXIII.– CARPINTERÍA INTERIOR: ....

XXIV.– INSTALACIONES:

XXV.– MUEBLES DE COCINA Y ENCIMERA DE GRANITO:

XXVI.– TERMO ELÉCTRICO: ....

XXVII.– TERRAZAS:

XXVIII.– PINTURA: ....

1.– FACHADAS Y MUROS EXTERIORES:................

2.– REJAS, BARANDILLAS Y OTROS ELEMENTOS DE HIERRO O HIERRO GALVANIZADO:...............

3.– INTERIOR PAREDES:..............

4.– INTERIOR TECHOS BAÑOS:.............

5.– MADERA EXTERIOR: ....

XXIX.– PROTECCIONES: ....

XXX.– CHIMENEAS: ....

XXXI.– ACCESOS:............

XXXII.– ZÓCALO DE PIEDRAS: ....

XXXIII.– ESCOMBROS Y BASURAS: ....

XXXIV.– OTROS: ....

OBLIGACIONES GENERALES DEL CONTRATISTA:

XXXV.– El Contratista estará obligado a cumplir estrictamente las medidas de prevención de riesgos laborales redactando el correspondiente plan de seguridad que necesariamente contemplará las medidas de seguridad e higiene en el trabajo. Este plan deberá ser presentado a la dirección facultativa. Igualmente se obliga a cumplir estrictamente lo ordenado por la LOE 38/1999 de fecha 5 de noviembre de 1999. Será responsabilidad del Contratista, por tanto, cumplir con la totalidad de obligaciones impuestas legalmente siendo el único responsable frente a terceros por el incumplimiento de la legislación vigente.

XXXVI.– Todas las relaciones del Contratista se dirigirán única y exclusivamente a .... no pudiendo atender sugerencias ni órdenes del cliente o de los clientes.

XXXVII.– Todas las modificaciones, suplementos o alteraciones del proyecto, se convendrán con .... mediante documento adicional de este contrato, siendo de obligatoria aceptación para el Contratista. Estas modificaciones o suplementos no alterarán los plazos de ejecución de las obras, salvo acuerdo expreso fijado por ambas partes.

XXXVIII.– El Contratista no podrá colocar ningún cartel anunciador de su empresa, ni tampoco podrá ponerse en contacto directo con el, o los clientes y propietarios de la casa o casas, obligando se a remitir a los clientes a .... y a no contratar bajo ninguna circunstancia con este o estos.

XXXIX.– .... no responderá frente a los suministradores de materiales, ni tampoco frente a los trabajadores del Contratista, siendo el Contratista el único responsable, tanto ante unos como ante otros, estando obligado a cumplir con sus obligaciones fiscales y a tener el personal asegurado en la SS contra todas las contingencias de enfermedad, accidentes, etc............ podrá vigilar en cualquier momento la situación laboral de los trabajadores del Contratista, pudiendo resolver el presente contrato, en caso de que El Contratista no cumpla sus obligaciones laborales con el personal a su cargo.

XL.– Esta incluido en el precio del contrato y por lo tanto a cargo del Contratista, como ya se ha dicho, la terminación completa de las obras, así como:

a.– La entrega de 1,5 m^2 de cada pavimento o azulejo utilizado en la casa, en el momento de la terminación de las obras.

b.– La recogida de escombros y residuos de la construcción, sin que puedan ser vertidos dentro de la urbanización.

c.– La limpieza completa de la casa, de la parcela, de la carretera y parcelas colindantes, que pudieran haber servido de paso para efectuar la construcción.

d.– Las averías de las tuberías de agua, de contadores de agua, de las líneas eléctricas y de los contadores eléctricos que pueda provocar.

e.– El pago del consumo del agua y luz que exceda del gasto normal de construcción, y que se haya ocasionado por negligencias o roturas de conducciones empleadas por el Contratista.

f.– Las averías en tuberías de agua, líneas eléctricas y contadores.

g.– Los desperfectos que en las carreteras pudiera ocasionar.

h.– El alquiler de elementos mecánicos o manuales que fueran necesarios para la ejecución de la obra, tales como, grúas, hormigoneras, bombas de impulsión, etc., así como el montaje, desmontaje y transporte de los mismos si fuera necesario.

XLI.– El Contratista deberá utilizar solo y exclusivamente la parcela motivo del presente contrato para proceder a la construcción, obligándose a respetar al máximo la naturaleza de la misma y a cortar solamente los árboles estrictamente necesarios para la ejecución de la obra. En caso de ser preciso utilizar parte de las parcelas colindantes para efectuar la construcción, deberá recabar permiso por escrito de ....

XLII.– El Contratista será el único responsable frente al cliente o clientes de todas las reclamaciones que surjan, así como de los vicios ocultos, siendo de aplicación en dichos casos los preceptos del Código Civil en materia de arrendamiento de obras a tanto alzado y de la LOE.

OBLIGACIONES DE ...., S.L.:

XLIII.–.......... realizará el proyecto técnico que debidamente visado por el Colegio de Arquitectos servirá para la obtención de la licencia de obra.

XLIV.–........... facilitará a pie de obra las conexiones de luz y agua necesarias para la ejecución de la obra.

XLV.–........... realizará el estudio geotécnico del terreno donde se emplaza la obra.

XLVI.– .... contratará los servicios de la Oficina de Control Técnico y el laboratorio para que controlen, analicen y supervisen la obra, si bien, queda a cargo del Contratista realizar los correspondientes avisos conforme evolucionan los trabajos a .... a la OCT y al laboratorio a efectos de que estos puedan visitar la obra.

OTROS:

XLVII.– Ambas partes, con renuncia expresa de su propio fuero, se someten a los Tribunales de ....

XLVIII.– Caso de incumplimiento de este contrato por parte del Contratista, todos los gastos que se produzcan, incluso el pago de impuestos por liquidación de este contrato, y los judiciales, incluidos los honorarios del letrado y derechos del procurador, aunque su intervención no fuera preceptiva, serán de cuenta del Contratista.

Y en prueba de conformidad, firman el presente por duplicado y a un solo efecto en......... a.......

F127. CONTRATO DE INGENIERÍA Y ASISTENCIA TÉCNICA

En ...., a................

REUNIDOS

Por una parte: la mercantil .... S.L.", sociedad de derecho español, con sede social en .... inscrita en el registro mercantil de ...., representada por..........., debidamente autorizado para las presentes. En adelante llamada "el PROVEEDOR"

Y Por otra parte: la mercantil ".............", ... en adelante "el CLIENTE".

Ambas partes manifiestan tener y se reconocen, mutua y recíprocamente, la capacidad legal necesaria para otorgar el presente Contrato, a cuyos efectos

MANIFIESTAN

I.– Que el Prestador forma parte de un grupo de sociedades industriales, cuya sociedad dominante es ...., que tienen como actividad principal la prestación de servicios de ingeniería y .... al sector de ....

II.– Que el Prestador dispone de los conocimientos y medios materiales y humanos necesarios, gracias a los cuales se encuentra en disposición de facilitar una extensa diversidad de servicios en varias áreas de la actividad del negocio, para beneficios del Cliente.

III.– Que el Cliente se dedica al sector servicios de consultoría de ingeniería, y reconoce la necesidad de recibir distintos servicios de mantenimiento en el área de elaboración de sus productos.

IV.– Que las Partes tienen acordada la celebración de un contrato de prestación de servicios en los términos que en el presente documento se establezcan.

Que, en virtud de las consideraciones precedentes, las Partes, de sus libres y espontáneas voluntades, han acordado otorgar el presente Contrato de Prestación de Servicios (en adelante, "el Contrato") con sujeción a las siguientes

CLÁUSULAS

PRIMERA.– Objeto

En virtud del presente Contrato, el Prestador se compromete a prestar los servicios descritos en el ANEXO I (en adelante "los Servicios") del presente Contrato en los términos y las condiciones establecidos en las cláusulas siguientes.

Las partes acuerdan que, en cualquier momento durante la vigencia del presente Contrato, el Cliente podrá modificar, completar o incrementar la naturaleza de las prestaciones de mantenimiento y negociar de buena fe cualesquiera modificaciones correspondientes que serán objeto de un acuerdo adicional por escrito.

SEGUNDA.– Duración.

El Prestador realizará los Servicios objeto del presente Contrato durante el periodo de .... años desde la suscripción del presente Contrato.

Una vez finalizado dicho plazo sin que ninguna de las partes haya manifestado, de forma fehaciente, lo contrario, el presente contrato se entenderá renovado tácitamente por periodos anuales.

TERCERA.– Precio.

El precio que el Cliente deberá abonar al Prestatario por la realización de los Servicios objeto del presente Contrato es el que se establece en el ANEXO II, pagaderos con periodicidad mensual (en adelante, "el Precio"). El Precio establecido en el presente Contrato no incluye los impuestos indirectos que según la legislación sean aplicables. El Precio establecido en el presente Contrato está fijado a efectos de la prestación del Servicio objeto del presente Contrato. En el supuesto de modificar o ampliar los Servicios, el Cliente y el Prestador se comprometen a negociar el nuevo precio por el Servicio. El Precio será abonado de la forma siguiente:

El Cliente procederá al abono de la cuota mensual, por meses adelantados, mediante domiciliación bancaria. El Cliente acepta que mensualmente el Prestador domicilie el Precio por la prestación de los Servicios objeto del presente Contrato al número de cuenta de su titularidad que le comunique.

CUARTA.– Modificaciones o ampliaciones de los Servicios

Si durante la vigencia del presente Contrato el Cliente o Prestador del Servicio consideran oportuno modificar o ampliar el Servicio objeto del presente Contrato, ambas partes deberán negociar el alcance de dichas modificaciones o ampliaciones en la prestación.

Los acuerdos adoptados en la negociación deberán constar por escrito. En el caso que ambas Partes no se pusieran de acuerdo sobre dichas modificaciones o ampliaciones, cualquiera de las Partes podrá resolver el presente Contrato.

En su caso, el Cliente o Prestador que considere oportuno modificar o alterar el Servicio objeto del presente Contrato deberá enviar propuesta por escrito a la otra Parte a fin de negociar el nuevo precio del Servicio.

QUINTA.– Responsabilidad

Incurrirá en responsabilidad cualquiera de las Partes que actúe de forma negligente o culposa en el cumplimiento de las obligaciones establecidas en el presente Contrato y ocasionare con ello un daño o perjuicio a la otra Parte. La Parte que tenga que afrontar cualquier tipo de daño o perjuicio en virtud de la actuación de la contraparte podrá reclamar la indemnización por dichos daños y perjuicios.

EL PROVEEDOR cumplirá con las siguientes normas que serán facilitadas por el CLIENTE:

Normas Administrativas

- Partes de Trabajo
- Partes de Obra
- Hoja de Gastos

Normas referentes al trabajo.

- Normas de Prevención de Riesgos Laborales
- Desarrollo del trabajo asignado

Normas referentes a Maquinaria y Vehículos

- Uso de vehículo de empresa
- Maquinaria y herramientas

Normas frente a terceros (Clientes, proveedores, autoridades en general)

SEXTA.– Resolución del Contrato

Las Partes acuerdan que podrá resolverse el Contrato por las siguientes causas:

a) Por voluntad de cualquiera de las Partes mediando preaviso por escrito con una antelación mínima de .... días.

b) Por voluntad de cualquiera de las Partes cuando medie incumplimiento grave de las obligaciones pactadas, especialmente por el incumplimiento de pago en el plazo previsto para ello.

c) La extinción de la personalidad jurídica de cualquiera de las Partes.

d) Por cese en su actividad de cualquiera de los contratantes.

e) Por insolvencia provisional o definitiva (concurso de acreedores o liquidación) de una de las partes.

f) Por el impago del precio estipulado, siempre que se haya notificado previamente por escrito al Cliente, requiriéndole para que realice el pago, no ejecutándolo en los .... días siguientes a dicha notificación.

En cualquier caso, y como requisito previo a la resolución del Contrato por cualquiera de las Partes, se deberá notificar a la Parte incumplidora el incumplimiento y conceder un plazo de .... días desde la notificación para que subsane dicho incumplimiento. Transcurrido dicho plazo se podrá resolver el Contrato.

En su caso, el incumplimiento de cualquiera de las obligaciones supondrá el nacimiento de un derecho de indemnización por los daños y perjuicios producidos por incumplimiento de cualquiera de las partes de sus obligaciones contractuales, siempre que se haya notificado previamente por escrito a la parte incumplidora la necesidad de subsanar dicho incumplimiento, no enmendándolo en los......... días siguientes a dicha notificación.

En caso de resolución de este contrato, por cualquier causa, todas las cantidades adeudadas por el Cliente deberán pagarse dentro del plazo de .... días desde la fecha efectiva de resolución del contrato.

SÉPTIMA.– Confidencialidad y Datos Personales

Las Partes se obligan a guardar absoluta confidencialidad sobre la información y documentación que ambas Partes se faciliten mutuamente o tengan acceso durante la prestación del Servicio. Ambas Partes se obligan a no revelar, ni utilizar directa o indirectamente la información y conocimientos adquiridos, derivados de la relación contractual acordada entre las Partes en otros servicios que no sean el objeto del presente Contrato. Las Partes se comprometen a tomar las medidas necesarias, tanto respecto a sus empleados como a terceros que pudieran tener alguna relación con el presente Contrato, para asegurar el cumplimiento de lo acordado en esta cláusula. Una vez extinguido el presente Contrato, el Prestatario destruirá toda información que sobre la presente relación haya almacenado en cualquier soporte o haya reproducido por cualquier procedimiento.

Las partes se comprometen a guardar confidencialidad en los términos de la Ley 1/2019, de 20 de febrero, de Secretos Empresariales.

Ambas Partes se comprometen a guardar el más absoluto secreto respecto de los datos de carácter personal a que tengan acceso en cumplimiento del presente contrato y a observar todas las previsiones legales que se contienen la Ley Orgánica 3/2018, de 5 de diciembre, de Protección de Datos Personales y garantía de los derechos digitales, y el Reglamento Europeo de Protección de Datos 679/2016. En particular, el Prestador se compromete a no aplicar o utilizar los datos de carácter personal tratados o aquellos a los que hayan tenido acceso durante la prestación del Servicio, con fin distinto al que figura en el presente Contrato, ni a cederlos, ni siquiera para su conservación, a otras personas. El Prestador aplicará a los datos que trate por cuenta del Cliente, las medidas de seguridad establecidas Reglamento de Seguridad, en virtud del tipo de datos que trate. Una vez finalizado el Servicio, deberá devolver los datos al Cliente en el mismo soporte que se los remitió y no guardará ninguna copia de los mismos. Las Partes responderán una frente a la otra por los daños y perjuicios que puedan derivarse del incumplimiento de esta obligación.

OCTAVA.– Garantía

El Prestador garantiza al Cliente que dispone de todas las autorizaciones y licencias necesarias para prestar los Servicios. Asimismo, el Prestador garantiza que dispone de una póliza de seguro que cubre cualquier indemnización que tuviera que afrontar el Prestatario a favor del Cliente, derivada de la incorrecta e irregular prestación del Servicio.

NOVENA.– Inexistencia de relación laboral.

Las Partes establecen que, en ningún momento, existirá relación laboral entre el Prestador y el Cliente. El Prestador manifiesta que el personal técnico que prestará el Servicio está contratado conforme a la Ley y que cumple con todas las obligaciones legales en materia laboral.

El Cliente renuncia expresamente a contratar, directamente o a través de terceros, a ningún empleado del Prestador mientras no finalice el presente Contrato, estableciéndose que en caso contrario pagaría una indemnización a favor del Prestador de .... euros por persona contratada.

El Cliente podrá requerir al Prestador que le facilite copia de la documentación justificativa de encontrarse al corriente de las obligaciones laborales y tributarias con la administración o cualquier tercero jurídicamente obligatorio.

DÉCIMA.– Cesión.

Las Partes no podrán ceder su posición en el presente Contrato, ni tampoco los derechos u obligaciones que del mismo se derivan a su favor o a su cargo, sin el consentimiento por escrito de la otra Parte.

DECIMOPRIMERA.– Ley aplicable y jurisdicción competente

El presente Contrato se regirá e interpretará de acuerdo con las Leyes de España y se someterá a la jurisdicción de los Tribunales de .... (España).

DECIMOSEGUNDA.– Notificaciones

Todas las notificaciones, requerimientos, peticiones y otras comunicaciones que hayan de efectuarse por las Partes en relación con el presente Contrato, deberán realizarse por escrito y se entenderá que han sido debidamente realizadas cuando hayan sido entregadas en mano o bien remitidas por correo certificado al domicilio de la otra Parte que conste en el encabezamiento del presente Contrato, o bien a cualquier otro domicilio que a estos efectos cada Parte pueda indicar a la otra.

DECIMOTERCERA.– Gastos e impuestos

Todos los gastos de elevación a público, en caso de que una de las partes así lo requiera y, en su caso, impuestos indirectos derivados del otorgamiento del presente Contrato serán soportados por las Partes según Ley.

El Impuesto sobre el Valor Añadido se aplicará según las reglas de localización del servicio.

La partes MANIFIESTAN, a los efectos de la aplicación del Convenio de doble imposición suscrito el .... entre el Gobierno de España y el Gobierno de ...., que en ningún caso los importes percibidos en contraprestación corresponden al uso de patentes, marcas, dibujos o modelos, planos, fórmulas o procesos secretos; o por el uso o el derecho de uso de equipos industriales, comerciales o científicos; o por información sobre experiencia industrial, comercial o científica.

Las Partes manifiestan su conformidad con el presente Contrato, que otorgan y firman en dos ejemplares igualmente originales, en el lugar y fecha arriba indicados.

XI. CONFIDENCIALIDAD Y SECRETO

SUMARIO: F128. CONTRATO DE CONFIDENCIALIDAD Y DE ACCESO A DATOS PARA REALIZAR AUDITORÍA POR LABORATORIO. F129. ACUERDO DE CONFIDENCIALIDAD PARA REALIZAR DUE DILIGENCE. F130. ACUERDO DE CONFIDENCIALIDAD PARA ANALIZAR POSIBLE INVERSIÓN. F131. ACUERDO DE CONFIDENCIALIDAD PARA PROPORCIONAR APOYO EN EL ÁREA DE GESTIÓN FINANCIERA, PREPARAR UN MODELO FINANCIERO, Y ELABORAR UN CUADERNO DE VENTAS. F132. ACUERDO DE CONFIDENCIALIDAD PARA EL DESARROLLO DE UN CONVENIO. F133. ACUERDO DE CONFIDENCIALIDAD A EFECTOS DE VALORAR LA COMPRA DE UNA SOCIEDAD MERCANTIL.

F128. CONTRATO DE CONFIDENCIALIDAD Y DE ACCESO A DATOS PARA REALIZAR AUDITORÍA POR LABORATORIO

En ...., a.......... de......... de ....

REUNIDOS

De una parte,

..............., con CIF .... y domicilio social en..................., representada en este acto por........... en calidad de.......... En lo sucesivo denominada "EL DISTRIBUIDOR".

De otra parte,

.................., con CIF .... y domicilio social en.............., representada en este acto por .... en calidad de .... En lo sucesivo denominada "LA AUDITORA".

Y de otra parte,

.... con domicilio en .... y CIF............, representada por ...., en su condición de .... "EL LABORATORIO".

Referidas conjuntamente como "las Partes".

Los intervinientes se reconocen recíprocamente la plena capacidad jurídica y de obrar, así como la representación que respectivamente ostentan, asegurando que continúan vigentes en esta fecha sus respectivos apoderamientos, por no haber sido revocados ni renunciados, y que tienen atribuidas las facultades suficientes para contratar y obligarse, por lo que, a tal efecto

EXPONEN

I. Que LA AUDITORA es una empresa independiente especializada en................, y tiene en vigor con EL LABORATORIO un contrato de servicios de tratamiento y gestión de datos de fecha.......... de......... de......, por el que la AUDITORA tiene encargado el tratamiento y la gestión de los datos de venta de los productos de EL LABORATORIO que vende el DISTRIBUIDOR con el objeto de generar un Informe de Ventas Mensual.

II. Que EL DISTRIBUIDOR es una empresa que se dedica a .... y distribuye los productos del LABORATORIO.

III. Que para la correcta comercialización de los productos del LABORATORIO, es necesario que el DISTRIBUIDOR comunique mensualmente una serie de datos. Por este motivo, el LABORATORIO ha contratado los servicios profesionales de la AUDITORA.

IV. Que las partes tienen la firme voluntad de firmar el presente Contrato con la única finalidad de asegurar el secreto y confidencialidad de la comunicación de datos del DISTRIBUIDOR a la AUDITORA, y que ésta pueda disponer de la referida información para generar y entregar al LABORATORIO el Informe Mensual de Ventas en los términos que más adelante se expondrán.

Y con la finalidad de fijar las condiciones con arreglo a las cuales ha de llevarse a cabo dicha relación, las partes acuerdan formalizar el presente Contrato de Confidencialidad y Acceso a Datos con arreglo y sujeción a las siguientes

ESTIPULACIONES

Primera.– LA AUDITORA se compromete a mantener en secreto y de forma estrictamente confidencial cualquier información sobre la distribución de Productos que, directa o indirectamente, le facilite el DISTRIBUIDOR, quedándole terminantemente prohibida su comunicación, total o parcial, a cualquier tercero, excepto al LABORATORIO en las condiciones especificadas.

A los efectos del presente contrato, dicha información se denominará en lo sucesivo "DATOS".

Para que el LABORATORIO pueda llevar a cabo una adecuada política comercial, es necesario que el DISTRIBUIDOR facilite a la AUDITORA los "DATOS" que se detallan a continuación para que pueda realizar las comprobaciones correspondan.

En todo momento el DISTRIBUIDOR decidirá según su criterio el precio final de venta de los productos y en ningún caso se lo facilitará ni al LABORATORIO ni a la AUDITORA.

Igualmente, la AUDITORA elaborará un informe general con los siguientes datos para calcular el cumplimiento de los objetivos:

Ventas en unidades

Ventas por cliente y código postal

Descripción producto

Fecha de compra

La AUDITORA facilitará al LABORATORIO únicamente el resultado final que le permita conocer el grado de cumplimiento de los objetivos comerciales.

En cualquier caso no podrá facilitar datos personales de clientes o del DISTRIBUIDOR.

La primera entrega de información contendrá la información del mes en curso a la fecha de la firma del presente contrato.

El DISTRIBUIDOR se compromete desde la firma del presente contrato a prestar su total colaboración y a comunicar a la AUDITORA toda la información y documentación que ésta le solicite a los referidos efectos mediante correo electrónico a la siguiente dirección..............

La AUDITORA se obliga a realizar los informes con sujeción a las normas propias de su profesión y a entregarlo al LABORATORIO antes del último día de cada mes.

En caso de incumplimiento de plazo de ejecución señalado, el LABORATORIO estará facultado para requerir a la AUDITORA el pago de.......... por cada día de retraso salvo que el mismo sea debido a causa imputable a la falta de entrega del DISTRIBUIDOR o a fuerza mayor.

Una vez entregado el informe al LABORATORIO, dispondrá éste de un plazo de......... días para, en su caso, constatar y poner en conocimiento de la AUDITORA la existencia de defectos u omisiones, debiendo esta última proceder a su subsanación en un plazo de....... días, sin derecho a retribución adicional, salvo que los defectos sean imputables al DISTRIBUIDOR por haber proporcionado una información defectuosa que haya dificultado la realización del informe.

El DISTRIBUIDOR a la hora de comunicar esos datos a la AUDITORA no facilitará informaciones ni datos comerciales que sean considerados sensibles.

En el supuesto de que por error el DISTRIBUIDOR facilitará a la AUDITORA cualquier dato comercialmente sensible o diferente de aquellos que sean necesarios para confeccionar el "informe mensual de ventas", la AUDITORA deberá destruir inmediatamente esa información, documentación o dato, y en ningún caso la facilitará al LABORATORIO.

El DISTRIBUIDOR deberá permitir y facilitar a la AUDITORA las labores de comprobación de la información que ésta estime pertinentes u oportunas

El LABORATORIO podrá en cualquier momento durante la vigencia del presente Contrato cambiar la firma de auditoría que haya de prestar los servicios, en caso de que la AUDITORA incumpla cualquiera de sus obligaciones derivadas del presente contrato notificándolo al DISTRIBUIDOR.

El coste de los servicios profesionales prestados por la AUDITORA derivados de la ejecución del presente Contrato es y será asumido por EL LABORATORIO.

Segunda.– Los Datos pertenecen única y exclusivamente al DISTRIBUIDOR, sin que este Contrato sea constitutivo de derechos de clase ninguna clase a favor de la parte que recibe los Datos, esto es, la AUDITORA o el LABORATORIO.

La AUDITORA y el LABORATORIO se obligan a adoptar las medidas necesarias para que no se produzca la vulneración de tales derechos por parte de su personal dependiente, empleados o colaboradores

Tercera.– LA AUDITORA mantendrá el carácter confidencial, secreto y restringido de los datos por tiempo indefinido.

En cualquier caso, el LABORATORIO y la AUDITORA se obligan durante la relación contractual, y aun después de la misma, a no divulgar la información confidencial a que hayan accedido por razón del contrato, así como a imponer contractualmente idéntica obligación a su personal dependiente, empleados o colaboradores que hayan tenido acceso a esa información.

Cuarta.– La AUDITORA se compromete a no utilizar los Datos para ninguna finalidad que no sea la de cumplir con el presente Contrato.

Cualquier otra utilización de los Datos distinta de la contemplada en éste contrato requerirá formalizar previamente el correspondiente contrato que autorice el nuevo uso.

Quinta.– La AUDITORA se compromete a gestionar y tratar los Datos comunicados por el DISTRIBUIDOR internamente de forma restringida, por lo que únicamente permitirá acceder a los mismos a aquellos empleados y/o colaboradores que necesiten razonablemente disponer de ellos, adoptando todas las medidas que sean necesarias para garantizar que se cumpla estrictamente con lo dispuesto en el presente contrato, y en concreto con la Estipulación Tercera.

Sexta. Si EL DISTRIBUIDOR dispusiera de sistemas de acceso a la información con claves de acceso, será responsabilidad y obligación de la AUDITORA mantener y asegurar la confidencialidad de su/s clave/s de acceso.

La AUDITORA informará inmediatamente al DISTRIBUIDOR si se produce la pérdida o extravío de la/s clave/s de acceso.

Asimismo, es responsable de mantener la/s misma/s en lugar seguro y fijar los procedimientos necesarios para que pueda/n ser utilizada/s únicamente por los usuarios acreditados para los usos a los que estén autorizados.

La AUDITORA será responsable del uso de las claves que pueda realizar cualquier empleado, representante, personal dependiente, apoderado o persona que haya recibido las mismas por indicación de ésta, aunque ya no ostente tal condición.

La AUDITORA deberá informar puntual e inmediatamente de cualquier cambio que se produzca en relación con las personas autorizadas por ella.

Séptima.– La AUDITORA, en sus funciones, se ajustará en todo momento a lo establecido en la Normativa Europea vigente en Protección de Datos de Carácter Personal y, la AUDITORA, el LABORATORIO, y el DISTRIBUIDOR garantizan que cumplirán en todo momento con la normativa española vigente y futura en materia de protección de datos de carácter personal.

Octava.– En caso que la AUDITORA haga un uso indebido de los Datos que se le ceden, será la única responsable por el mismo, eximiendo al DISTRIBUIDOR y al LABORATORIO, de cualquier responsabilidad.

Novena.– Todas las notificaciones, consentimientos, aprobaciones u otras notificaciones requeridas para las partes en virtud de este Contrato se harán por escrito y se considerarán debidamente entregadas si se envían por correo certificado (se exige acuse de recibo) a las direcciones indicadas en este Contrato.

Los legales representantes del DISTRIBUIDOR, de la AUDITORA y del LABORATORIO, reconocen quedar informados y consentir, que sus datos personales reflejados en el presente contrato, así como los que se generen por la prestación de los servicios, serán incorporados a los ficheros titularidad del DISTRIBUIDOR y de la AUDITORA respectivamente, así como a los de las empresas del Grupo del LABORATORIO con la finalidad de gestionar la prestación de los servicios concertados, considerando todas las partes que dicha cesión es necesaria para una correcta prestación y realización del presente contrato.

Décima.– La duración del contrato está vinculada a la vigencia de la relación mercantil entre el LABORATORIO y el DISTRIBUIDOR, así como al contrato de prestación de servicios que tienen suscrito el LABORATORIO y la AUDITORA.

Por ello, será resuelto automáticamente y sin necesidad de previo aviso en el caso de terminación de la relación mercantil y/o del contrato de prestación de servicios referidos, si bien en este último caso, un tercero podrá subrogarse en la posición contractual de la AUDITORA en este Contrato si así lo notificara el LABORATORIO al DISTRIBUIDOR.

En caso de que se subrogara en este contrato un tercero en la posición de la AUDITORA, la AUDITORA se obliga a facilitar al tercero toda la información, documentación, datos que sean necesarios para el correcto desarrollo de la prestación de los servicios que se detallan en este contrato, cuestión que acepta expresamente el DISTRIBUIDOR, todo ello respetando la legislación vigente en materia de protección de datos.

Así mismo, el presente contrato se resolverá automáticamente y sin necesidad de previo aviso a causa del incumplimiento grave por cualquiera de las partes de las obligaciones que les corresponden, finalizando el contrato a la recepción de la notificación escrita en que conste la voluntad de darlo por extinguido y la causa de extinción.

En particular, procederá la resolución en la forma señalada, a instancia del LABORATORIO, cuando la AUDITORA incurra en un retraso de más de............ días en el plazo previsto para la entrega en la cláusula primera de este contrato, aplicándose además, la penalización prevista en la misma, siempre que tal incumplimiento no sea a consecuencia de la falta de entrega de la información por parte del DISTRIBUIDOR o a causa de fuerza mayor.

Undécima.– El presente Contrato constituye el acuerdo íntegro y definitivo de las partes respecto a la concreta materia objeto del mismo, sustituyendo y anulando cualquier correspondencia, cartas de intención, y acuerdos verbales o escritos que previamente puedan existir entre las partes en relación a las materias tratadas en el presente contrato.

En relación a las materias reguladas en este Contrato y a los efectos de garantizar al DISTRIBUIDOR que no existe ningún otro acuerdo bilateral entre la AUDITORA y el LABORATORIO que pudiera ser contrario a lo establecido en el presente Contrato, las partes acuerdan que en caso de contradicción entre el contenido del presente Contrato y cualquier disposición de cualquier otro acuerdo, verbal o escrito, presente o futuro que pudieran haber suscrito o suscribir en el futuro bilateralmente la AUDITORA y el LABORATORIO, prevalecerá en todo caso lo establecido en el presente Contrato.

Por otra parte, la AUDITORA reconoce y garantiza que la firma del presente Contrato y su ejecución no le permitirá plantear ningún tipo de reclamación frente al DISTRIBUIDOR o frente al LABORATORIO, a lo cual renuncia expresamente desde este momento.

Duodécima.– El idioma para cualquier tipo de controversia, notificación, correspondencia o cualquier comunicación entre las partes en relación al presente contrato será el español, siendo éste el único idioma válido.

Decimotercera.– Ambas partes, con renuncia del fuero que les pudiera corresponder, se someten libre y voluntariamente a los Tribunales de .... para resolver cuantas cuestiones pudieran suscitarse en relación con el presente contrato, siendo únicamente aplicable la legislación española para la interpretación y la ejecución del mismo, con exclusión de la legislación laboral.

Y en prueba de conformidad con su contenido, los comparecientes, en la calidad en que actúan, aceptan el presente contrato y lo firman en duplicado ejemplar, y a un sólo efecto, en el lugar y fecha indicados en el encabezamiento.

F129. ACUERDO DE CONFIDENCIALIDAD PARA REALIZAR DUE DILIGENCE

En ...., a ....

Por medio del presente escrito, ... (en adelante LA COMPAÑÍA), con CIF nº..... con domicilio en ...., en ...., representada a estos efectos por D./Dª ...., con DNI .... en su calidad de Administrador de ...., y:................ (en adelante LA COMPAÑÍA), y, a estos efectos, con domicilio en .... (provincia de .....) y CIF nº ...., representada por ...., en su condición de ....

ACUERDAN

1.– De acuerdo con lo firmado en la Carta de Intenciones el .... por ..... ha recibido el encargo de realizar una Due Diligence (DD) con carácter previo a la firma del contrato de compraventa, con el fin de revisar toda la información necesaria respecto al objeto de dicho contrato, e identificar posibles riesgos que se asumen con la operación.

2.– A efectos de avanzar en la propuesta de inversión, ... requiere de .... la entrega de diversa información de carácter confidencial. Las PARTES definen TODA esta información como la "información necesaria para el desarrollo del proyecto".

3.– A fin de que .... suministre dicha información, parte de la cual es confidencial, se establece el procedimiento siguiente:

a) La información confidencial que .... suministre a LA COMPAÑÍA en el presente proceso vendrá expresamente señalada e identificada como "información confidencial", recogiéndose dicha categoría en las comunicaciones que .... realice a LA COMPAÑÍA.

b) LA COMPAÑÍA utilizará la "información confidencial" facilitada por ...... exclusivamente para identificar posibles contingencias que afecten a la adquisición de ....

c) Salvo indicación contraria, ... es la propietaria de la citada "información confidencial" aportada por aquella a LA COMPAÑÍA, por lo que ésta se compromete a restituir la misma a .... tan pronto ésta se lo requiera formalmente por escrito.

d) El concepto "información confidencial" no incluye aquella información que:

Ha sido o puede ser en el futuro publicada, o es, o pueda ser en el futuro del dominio público, sin que esto sea por incumplimiento de la presente declaración.

Haya sido recibida de tercero, o lo sea con posterioridad a esta declaración, no constando a LA COMPAÑÍA limitación en dicho tercero para comunicar dicha información.

Sea difundida con autorización escrita del dueño de la información.

Deba ser divulgada por disposición legal o por orden de un Tribunal competente.

Sea de dominio público.

e) La "información confidencial" suministrada por ...... a LA COMPAÑÍA será analizada exclusivamente por personal, profesionales y asesores financieros que estén vinculados a LA COMPAÑÍA. LA COMPAÑÍA comunicará a dicho personal y profesionales el carácter "confidencial" de dicha información.

4.– El presente compromiso de confidencialidad de LA COMPAÑÍA tiene una vigencia de dos años a contar desde la fecha del presente escrito.

F130. ACUERDO DE CONFIDENCIALIDAD PARA ANALIZAR POSIBLE INVERSIÓN

En .., a ..... de ..... de ....

Por medio del presente escrito,.................................. (en adelante ....), con CIF nº .... con domicilio en C/....................., representada a estos efectos por D. .... en su calidad de representante de.........., y.......... (en adelante LA COMPAÑÍA), y, a estos efectos, con domicilio en .... (provincia de ....) y CIF nº ...., representada por ......, en su condición de ....

ACUERDAN

1.–.................. ha recibido una propuesta de inversión por parte de .... con el siguiente detalle:

XXX

2.– A efectos de avanzar en la propuesta de inversión, ... requiere de.......... la entrega de diversa información de carácter confidencial. Las PARTES definen TODA esta información como la "información necesaria para el desarrollo del proyecto".

3.– A fin de que .... suministre dicha información, parte de la cual es confidencial, se establece el procedimiento siguiente:

a) La información confidencial que .... suministre a .... en el presente proceso vendrá expresamente señalada e identificada como "información confidencial", recogiéndose dicha categoría en las comunicaciones que .... realice a ....

b) Salvo indicación contraria, ... es la propietaria de la citada "información confidencial" aportada por aquella a ...., por lo que ésta se compromete a restituir la misma a .... tan pronto ésta se lo requiera formalmente por escrito.

c) El concepto "información confidencial" no incluye aquella información que:

Ha sido o puede ser en el futuro publicada, o es, o pueda ser en el futuro del dominio público, sin que esto sea por incumplimiento de la presente declaración.

Haya sido recibida de tercero, o lo sea con posterioridad a esta declaración, no constando a .... limitación en dicho tercero para comunicar dicha información.

Sea difundida con autorización escrita del dueño de la información.

Deba ser divulgada por disposición legal o por orden de un Tribunal competente.

Sea de dominio público.

d) La "información confidencial" suministrada por .... a .... será analizada exclusivamente por personal, profesionales y asesores financieros que estén vinculados a .... comunicará a dicho personal y profesionales el carácter "confidencial" de dicha información.

4.– .... se compromete a no actuar de forma unilateral con ninguna de las partes relacionadas con la "información confidencial" sin previo aviso a ....

5.– El presente compromiso de confidencialidad de .... tiene una vigencia de dos años a contar desde la fecha del presente escrito.

F131. ACUERDO DE CONFIDENCIALIDAD PARA PROPORCIONAR APOYO EN EL ÁREA DE GESTIÓN FINANCIERA, PREPARAR UN MODELO FINANCIERO, Y ELABORAR UN CUADERNO DE VENTAS

......, a ...... de ...... de ....

Por medio del presente escrito,......................... (en adelante ....), con CIF nº .... con domicilio en C/..............................., representada a estos efectos por D. .... en su calidad de representante de ...., y ...... (en adelante ....), y, a estos efectos, con domicilio en .... (provincia de................) y CIF nº ...., representada por ...., en su condición de ....

Se refieren individualmente como LA PARTE, y colectivamente como LAS PARTES.

ACUERDAN

1.– .... va a recibir información confidencial de .... con el objeto de evaluar la posibilidad de proporcionar apoyo en el área de gestión financiera, preparar un modelo financiero, y elaborar un Cuaderno de Ventas con el objetivo futuro de la venta total de la sociedad. En adelante, EL PROYECTO.

2.– A efectos de avanzar en EL PROYECTO, ... precisa de la entrega de diversa información de carácter confidencial. Las PARTES definen TODA esta información como la "información necesaria para el desarrollo de EL PROYECTO".

3.– A fin de que .... suministre dicha información, parte de la cual es confidencial, se establece el procedimiento siguiente:

a) La información confidencial que .... suministre para EL PROYECTO vendrá expresamente señalada e identificada como "información confidencial", recogiéndose dicha categoría en las comunicaciones que se realicen LAS PARTES.

b) .... utilizará la "información confidencial" facilitada por .... exclusivamente para valorar el desarrollo de EL PROYECTO.

c) Salvo indicación contraria, ... es propietaria de la citada "información confidencial" aportada a ...., por lo que ésta se compromete a restituir la misma a aquella tan pronto ésta se lo requiera formalmente por escrito.

d) El concepto "información confidencial" no incluye aquella información que:

Ha sido o puede ser en el futuro publicada, o es, o pueda ser en el futuro del dominio público, sin que esto sea por incumplimiento de la presente declaración.

Haya sido recibida de tercero, o lo sea con posterioridad a esta declaración, no constando a la otra PARTE limitación en dicho tercero para comunicar dicha información.

Sea difundida con autorización escrita del dueño de la información.

Deba ser divulgada por disposición legal o por orden de un Tribunal competente.

Sea de dominio público.

e) La "información confidencial" suministrada a .... será analizada exclusivamente por personal, profesionales y asesores financieros que estén vinculados a ésta, y comunicará a dicho personal y profesionales el carácter "confidencial" de la información recibida.

4.– LAS PARTES se comprometen a no actuar de forma unilateral con ninguna de las partes relacionadas con la "información confidencial" ni con las partes relacionadas con el desarrollo de EL PROYECTO sin previo aviso a la otra PARTE.

5.– El presente compromiso de confidencialidad entre LAS PARTES tiene una vigencia de .... años a contar desde la fecha del presente escrito.

F132. ACUERDO DE CONFIDENCIALIDAD PARA EL DESARROLLO DE UN CONVENIO

En ...., a .... de ...... de .... de.............

REUNIDOS

De una parte, D. .... Mayor de edad, con DNI ...., en nombre y representación de la mercantil .... (integrada en el grupo de ....), con domicilio en .... y CIF...........

De otra, D. .... mayor de edad, con DNI ...., en nombre y representación de .... de ...., con domicilio en .... (o en su propio nombre y representación).

Reconociéndose ambas partes, mutua y recíprocamente capacidad legal suficiente para el otorgamiento del presente acuerdo, libre y espontáneamente suscriben el presente

ACUERDO

.... reconoce que........... (y las empresas a ella vinculadas) ha desarrollado y es propietaria y beneficiaria de un importante y sustancial conjunto de valiosa información confidencial tecnológica, industrial, económico-financiera y comercial. .... da acceso a .... para que pueda desarrollar adecuadamente su actividad y obligaciones para con la empresa y el desarrollo del convenio............. y que solo podrá usar para tal y exclusivo fin.

Asimismo, reconoce que entre sus obligaciones y actuación se incluyen, sin limitación, la obligación de buena fe y lealtad hacia..........., así como la de actuar siempre en el mejor de los intereses para la misma.

.... es consciente de que el hecho de facilitar información confidencial conforme aquí se describe, a cualquier cliente, o actual o potencial competidor de la empresa (o empresas vinculadas), pondría a la misma en una grave situación de desventaja competitiva y le causaría incalculables daños, no sólo económicos, sino comerciales, financieros y de otros tipos.

.... en cumplimiento y desarrollo de sus obligaciones, de buena fe y lealtad a..........., tanto de forma directa como indirecta, tratará, de modo indefinido, durante y con posterioridad a ...., sea cual sea el momento en que se requieran o preste los mismos, como secreta y confidencial cualquier información tecnológica, industrial, económico-financiera o comercial de..........., o relacionada con ella, sus asociados, proveedores o clientes, a la que hubiera tenido acceso o hubiese conocido por razón dicha relación con .... o cualquier otro motivo.

Asimismo se compromete, igualmente de forma directo a como indirecta, al secreto y total confidencialidad en relación a contraseñas y símbolos de seguridad, información etc tales como manuales de aplicación, material de apoyo, símbolos de identificación, materiales preparatorios, número o identificación de usuarios, propios de.......... o del sistema operativo, sea cuales fueren éstos, de los que pudiera tener conocimiento por razón de formación, y/o uso del software que utilice .... en su sistema informático.

La información, así descrita y entendida en su más amplio concepto, a la que tenga acceso .... no será en ningún caso incorporada, copiada ni extraída en soporte documental, informático, o de cualquier otro tipo, fuera de la empresa, salvo que así expresamente y por escrito lo acuerde.........., en cuyo caso, al acabar el .... deberá ser devuelta a dicha empresa por........, quien no podrá guardar copia alguna de la misma en ninguna clase de formato.

En caso de incumplimiento de las anteriores obligaciones de confidencialidad por parte de ...., éste responderá, civil y penalmente de cuantos daños y perjuicios, contractuales o extracontractuales, pudiese ocasionar dicho incumplimiento, así como el pago de la suma de .... por cada acto de incumplimiento de lo aquí pactado, que en concepto de cláusula penal y sin perjuicio de la reclamación de daños y perjuicios aquí expresamente se pacta.

El cumplimiento de todo lo expuesto en los párrafos anteriores lo asume .... también respecto a sus trabajadores, colaboradores, becarios, subcontratistas etc que destine al proyecto de .... quienes deberán asumir de forma expresa antes de su intervención el contenido integro de este documento. .... responderá de forma solidaria frente a .... por cualquier incumplimiento del mismo por los anteriormente citados en este párrafo.

Y estando las partes conformes en un todo con lo anteriormente expuesto, una vez leído, se ratifican y lo firman por duplicado ejemplar a un solo efecto, en el lugar y fecha del encabezamiento.

F133. ACUERDO DE CONFIDENCIALIDAD A EFECTOS DE VALORAR LA COMPRA DE UNA SOCIEDAD MERCANTIL

En ....., a ... de ..... de ......

REUNIDOS

DE UNA PARTE D................, Don.......... Y Don............ en nombre y representación de la sociedad .... en su condición de accionistas de la misma, con domicilio social en............... y CIF nº.............. y Don.............. en nombre y representación propia y en su condición de Jefe de Administración, en adelante todos ellos..................

Y DE OTRA PARTE D. .... Don............. y Don............... en nombre y representación propia en adelante los compradores.

EXPONEN

Que los accionistas de .... han manifestado a LOS COMPRADORES su disposición para vender el 100% de las acciones de la compañía mediante la firma de la carta de intenciones de fecha................ Y, en consecuencia, LOS COMPRADORES con dicho fin precisarían obtener de ...., S.A. cierta información económico-financiera, comercial, patrimonial y fiscal sobre la compañía.

Que .... está dispuesto a facilitar la información requerida a los efectos antedichos.

Que ambas partes convienen que el hecho de que se contemple la posible venta de la compañía debe mantenerse en la más estricta confidencialidad. También será objeto de confidencialidad toda la información referida en el apartado anterior. Es decir, la información financiera y contable, técnica, comercial y fiscal que sea objeto de discusión y entrega son datos altamente delicados y confidenciales, así como también lo son la identidad de D. .... y el hecho de que sea ésta la persona que en su condición de Jefe de Administración de .... sea la persona encargada de facilitar a los compradores toda la información que fuera necesaria.

CLÁUSULAS

1. A los únicos efectos de que LOS COMPRADORES valore su interés en la iniciación de negociaciones para la adquisición de una participación en la compañía, ... facilitará a LOS COMPRADORES la información económico-financiera, comercial, etc. que le sea requerida, y en especial la relativa a obligaciones, avales o garantías a favor de terceros; así como otras cargas y gravámenes (pasadas, presentes o comprometidas su materialización en el futuro) que en adelante pudieran comprometer a la compañía.

2. .... garantiza que la información que facilite será veraz, actualizada y completa.

3. El contenido del presente contrato; la denominación de las compañía representada por cada una de las partes; el hecho de que se contemple una compraventa; y los nombres de las personas que toman parte de la negociación o contacto, se consideran confidenciales.

4. Toda la información recibida con respecto a la posible compra de la compañía se mantendrá confidencial por parte de los accionistas de .... durante el tiempo que duren las negociaciones.

5. En el caso de que después de realizada la *due diligence* no se llevara a cabo la transacción, el compromiso de confidencialidad seguirá vigente durante un periodo de .... años desde el momento en que LOS COMPRADORES manifieste por escrito su falta de interés en la adquisición de la compañía. En este caso LOS COMPRADORES se compromete a devolver a .... cuantos documentos hubiese recibido de éste, en virtud de este Acuerdo, de forma inmediata y contra petición escrita de la compañía vendedora.

En prueba de conformidad, los representantes autorizados de las dos partes firman este compromiso en la fecha indicada al pie del documento.

XII. PRESTACIÓN DE SERVICIOS Y COLABORACIÓN ENTRE EMPRESARIOS

F134. CONTRATO DE CUENTAS EN PARTICIPACIÓN

Normativa aplicable: *Arts. 239- 243 Real Decreto de 22 de agosto de 1885, por el que se publica el Código de Comercio.*

En la ciudad de......... a............ de...........

REUNIDOS

D./Dª.............., mayor de edad, de nacionalidad..........., con domicilio en..........., y NIF número............

D./Dª.........., mayor de edad, de nacionalidad......, con domicilio en........., y NIF número..........

INTERVIENEN

D./Dª.........., en nombre y representación de la mercantil..........., con domicilio social en......., con CIF......., en su calidad de (administrador único, solidario, consejero delegado, apoderado), según escritura otorgada ante el Notario de........, D/Dª......, en fecha....., con el número......., de su protocolo, en adelante, el Gestor.

D/Dª........, en nombre e interés propios (o en nombre y representación de la mercantil..., con domicilio social en........, con CIF......, en su calidad de (administrador único, solidario, consejero delegado, apoderado), según escritura otorgada ante el Notario de......., D/Dª......, en fecha......., con el número......, de su protocolo), en adelante, el/la Partícipe.

Ambas partes se reconocen mutuamente capacidad legal y representación suficiente para suscribir el presente contrato de cuentas en participación y, en tal condición,

EXPONEN

I. Que la sociedad mercantil......., tiene el siguiente objeto social....... y en cumplimiento del cual pretende llevar a cabo la ejecución de la siguiente operación o proyecto.........

II. Que D./Dª......... en cuanto partícipe, está interesado en contribuir económicamente en la expresada actividad o proyecto, participando en sus ganancias o pérdidas, con las aportaciones que más adelante se detallan. Habiendo recibido toda la información relativa a las características de la actividad proyectada, así como los estudios y previsiones, en su caso, en poder del gestor.

III. Que, en consecuencia, las partes suscriben el presente contrato de cuentas en participación, el cual se regirá por sus normas naturales y, especialmente, por las siguientes,

ESTIPULACIONES

PRIMERA.– OBJETO DEL CONTRATO.

El objeto del presente contrato es regular la participación de D./Dª........... en los beneficios o en las pérdidas resultantes de la actividad o proyecto descrita en el expositivo I de la sociedad..........., cuya inversión prevista es de......., euros.

La actividad o proyecto objeto de este contrato está previsto que se inicie o se ponga en marcha en el plazo de........, días/meses.

SEGUNDA.– APORTACIÓN

La aportación de D./Dª......... consiste en.........

Opción a): La suma de........, euros, que el/la Partícipe entrega en este acto a la mercantil......... mediante cheque nº..........., librado contra la cuenta corriente nº........., de la entidad bancaria............ sirviendo el presente documento como la más eficaz carta de pago de la referida cantidad, con el buen fin del indicado cheque.

Opción b): La finca (descripción registral y datos de su inscripción en el Registro de la Propiedad) que ha sido transmitida al Gestor con anterioridad a este acto mediante la escritura pública de compraventa otorgada ante el Notario de..., D./Dª..........., en fecha......... con el nº de protocolo.......... e inscrita en el Registro de la propiedad de........ como finca registral número.........

TERCERA.– PARTICIPACIÓN EN LOS RESULTADOS.

Como consecuencia de su aportación, D./Dª.........., adquiere el derecho a participar de los resultados de la actividad proyectada de la sociedad........ en la proporción de un.........%, de los beneficios netos, es decir, una vez deducidos y descontados los impuestos y gastos que proceda repercutir sobre la actividad participada.

En caso de resultados negativos, el participe sólo responderá de las pérdidas hasta el importe de su aportación.

CUARTA.– RENDICIÓN DE CUENTAS.

El gestor deberá rendir cuentas de las operaciones realizadas y de los resultados de la actividad objeto del contrato de cada ejercicio económico, dentro de los.......... días siguientes a la fecha de cierre del mismo.

El partícipe tiene derecho a examinar las cuentas anuales junto a los antecedentes necesarios y justificativos de aquellas, bien personalmente o bien acompañado por un profesional técnico. El participe también tiene derecho a solicitar una auditoría de las cuentas a cargo de un experto independiente siendo de su cargo los gastos que se ocasionen si no resultan irregularidades trascendentes.

QUINTA.– GESTIÓN DEL NEGOCIO

El gestor dirige la actividad proyectada objeto de este contrato, bajo su responsabilidad, sin que el partícipe pueda intervenir o entorpecer de cualquier forma la gestión de la actividad.

El gestor se obliga a la ejecución de su actividad acordada con la diligencia de un ordenado empresario.

El gestor destinará la aportación realizada por el Partícipe a la operación concreta o actividad indicada sin que pueda distraerla a otros fines.

El gestor no modificará la actividad ni pondrá fin anticipadamente a la misma sin consentimiento del partícipe.

El gestor tampoco puede dedicarse por sí o por medio de otras personas a una actividad similar a la que constituye el objeto de este contrato.

SEXTA.– DURACIÓN DEL CONTRATO.

El contrato entrará en vigor en el día de su firma y su duración será:..........

Opción a) De duración indefinida; siendo suficiente su denuncia por cualquier de las partes respetando un periodo de preaviso de .... mes.

Opción b) por.............. años desde este momento.

SÉPTIMA.– EXTINCIÓN DEL CONTRATO.

Son causas de extinción del contrato:

a. El mutuo acuerdo de las partes.

b. El transcurso del tiempo pactado, o conclusión de la operación acordada como objeto del contrato.

OCTAVA.– RECUPERACIÓN DE LA APORTACIÓN.

El partícipe recuperará su aportación al término del contrato, en el caso de que subsista y no se haya perdido como resultado del éxito o fracaso de la empresa emprendida. La recuperación del montante aportado es independiente de la participación en los beneficios antes convenida.

NOVENA.– CIERRE FINAL DE LA CUENTA EN PARTICIPACIÓN.

Además de la rendición periódica del gestor durante la vigencia de este contrato, una vez finalizado el mismo por cualquier causa, el gestor deberá realizar un balance final que resuma el resultado económico de la actividad objeto de este contrato.

DÉCIMA.– CESIÓN A TERCEROS.

El gestor no puede ceder su posición a un tercero sin el previo consentimiento del Partícipe. En caso de ser autorizado, el cesionario quedará subrogado en todas las obligaciones y derechos del gestor.

Por el contrario, el partícipe puede ceder a un tercero sus derechos y obligaciones, sin necesitar el consentimiento del gestor, con tan solo informar de la cesión con ..... meses de antelación.

UNDÉCIMA.– GASTOS E IMPUESTOS

Los gastos e impuestos que genere el presente contrato de cuentas en participación serán soportados por las partes con arreglo a la ley.

DUODÉCIMA.- SUMISIÓN JURISDICCIONAL

Las partes, con renuncia al fuero que les pueda corresponder, se someten expresamente a los Tribunales de la ciudad de......... para la resolución de todas las controversias que puedan surgir en la aplicación e interpretación de este contrato.

O bien, Cualquier controversia derivada de la aplicación o interpretación de este contrato, las partes se someten a un arbitraje de derecho o de equidad, ante el Tribunal Arbitral.......... que será resuelta definitivamente conforme a su Reglamento, que se entiende incorporado a esta cláusula a todos los efectos. El arbitraje se decidirá por un solo árbitro y su lugar de celebración será la sede del Tribunal en...............

DÉCIMO TERCERA.- COMUNICACIONES ENTRE LAS PARTES.

Las partes se comunicarán cualquier modificación o cambio en sus respectivos datos de contacto, siendo válida y eficaz cualquier notificación que se realicen utilizando los siguientes datos, mientras no sea comunicada su variación:

Por el Gestor: dirección postal......., email....., teléfono........

Por el participe: dirección postal......., email......., teléfono.......

Y en prueba de conformidad, los comparecientes suscriben el presente documento por duplicado y a un solo efecto en la ciudad y fecha indicadas en el encabezamiento.

F135. CONTRATO DE PRESTACIÓN DE SERVICIOS PARA DESARROLLO DE UN PROGRAMA DE FIDELIZACIÓN DE CLIENTES

En ...., a...................

REUNIDOS

De una parte, D. ...., mayor de edad, con DNI/NIF número .... en nombre y representación de la mercantil...................... con domicilio social sito en ...., Calle .... nº ..., con CIF número ......; en adelante EL EMPRESARIO

Y de otra parte, ... con domicilio social sito en .... con CIF número ....; en adelante EL COLABORADOR

EXPONEN

I.– Que la EMPRESA tiene interés en llevar a cabo un programa de fidelización que permita a sus clientes disfrutar de descuentos y regalos a partir de los puntos que obtengan los CLIENTES mediante el uso de tarjetas, acceso a web, contratación de servicios y/o productos de la EMPRESA, consumos en establecimientos asociados a la EMPRESA etc

II.– Que el COLABORADOR es una compañía de comunicación que se dedica profesionalmente y por cuenta de terceros a crear, proyectar, ejecutar y/o distribuir estrategias de comunicación publicitarias para cualquier medio de difusión, incluido el diseño y la ejecución de programas de fidelización de clientes de empresas.

III.– Con relación a todo ello, ambas partes han llegado al acuerdo de colaborar recíprocamente en el citado ámbito, lo que llevan a efecto por el presente contrato y de acuerdo con las siguientes:

ESTIPULACIONES

1.– OBJETO

El COLABORADOR se compromete a diseñar e implementar para la EMPRESA un programa de fidelización por puntos (en adelante, el PROGRAMA) que permita a los clientes de la EMPRESA (en adelante los CLIENTES) disfrutar de descuentos y regalos por cuenta y cargo y riesgo de la EMPRESA, a partir de los puntos que obtengan los CLIENTES mediante el uso de tarjetas, acceso a web, contratación de servicios y/o productos de la EMPRESA, consumos en establecimientos asociados a la EMPRESA etc, incluida la creación, desarrollo, programación y gestión de una web del PROGRAMA. Todo ello en las condiciones especificadas en el presente Contrato.

2.- SERVICIOS DEL COLABORADOR

COLABORADOR prestará a la EMPRESA, los servicios que a continuación se detallan, a desarrollar durante la vigencia del presente Contrato con relación al PROGRAMA y a cuenta y cargo y riesgo de la EMPRESA:

- Estrategia y políticas de fidelización de los CLIENTES y diseño del programa de fidelización por puntos.
- Estrategia On-line
- Diseño On-line.
- Programación y software de fidelización.
- Registro de Dominios.
- Diseño e implantación de pagina Web para gestión del programa
- Hosting (Alojamiento web).
- Gestión, actualización y tratamiento de Web.
- E-mailing
- Ews letter.
- Gestión de base de datos.
- Suministro de los productos a ofertar a los CLIENTES del PROGRAMA.
- Gestión y logística de los pedidos de los CLIENTES verificados en el PROGRAMA.

3.- REMUNERACIÓN

Por la prestación de los servicios que se detallan en la Estipulación 2, la EMPRESA abonará al COLABORADOR, de forma mensual, los siguientes honorarios (impuestos excluidos):

A.- Costes Implantación sistema: ....€

- Software/ Hosting/ Implantación y adecuación de sistemas. .... €
- Software de Gestión CRM y Estadísticas
- Cálculo de puntos y verificación .... €
- Estrategias de fidelización. Gestión de bases de datos y newsletter ....€
- Diseño e implantación Página, Web y diferentes actualizaciones ....€

B.- Honorarios gestión: La suma mensual de .... € euros.

4.- GASTOS Y COSTES.

Todos los gastos y costes en que se incurra por el COLABORADOR como consecuencia del presente contrato y/o del PROGRAMA serán de exclusiva cuenta y cargo y riesgo de la EMPRESA, especialmente, la adquisición, suministro, coste, trasporte, logística, y aseguramiento de los productos y servicios ofertados en el PROGRAMA. Con carácter previo a la contracción del gasto o coste, LA EMPRESA deberá autorizar los mismos y su importe.

5.- FACTURACIÓN Y PAGO DE LOS HONORARIOS.

Los honorarios, gastos y costes serán facturados durante los primeros ..... días del mes siguiente a aquel que corresponda y serán pagados por la EMPRESA, mediante transferencia bancaria a la cuenta que designe el COLABORADOR, dentro del plazo de .... días a contar desde la fecha de la factura.

6.- IMPUESTOS

El presente Contrato está sujeto a las normas impositivas del estado español y a las variaciones que el Ministerio de Hacienda u otras entidades pudieran establecer sobre tipos o conceptos impositivos.

7.- DERECHOS DE LA PROPIEDAD INTELECTUAL

Durante la vigencia del presente contrato, el COLABORADOR cederá en exclusiva a la EMPRESA los derechos de explotación del material desarrollado.

Los derechos de imagen y de utilización de obras preexistentes protegidas por la Propiedad Intelectual o Industrial, serán de propiedad exclusiva del COLABORADOR.

8.- CONFIDENCIALIDAD

El COLABORADOR se compromete a mantener en estricto secreto y se abstendrá de utilizar para fines distintos de los expresamente pactados, cualquier información que la EMPRESA le pueda facilitar a efectos del cumplimiento del presente Contrato.

El deber de confidencialidad desaparecerá en aquellos supuestos en los que la información en cuestión haya devenido del dominio público. El COLABORADOR adoptará cuantas medidas sean precisas a fin de que los terceros no puedan acceder a la información confidencial facilitada por la EMPRESA.

9.- COOPERACIÓN

La EMPRESA se encargará de que toda la información que facilite al COLABORADOR a los efectos de este contrato sea veraz para así adecuar su actuación a las disposiciones legales y al mejor cumplimiento del objeto de este contrato.

10.- INCUMPLIMIENTO

Cualquiera de las partes podrá resolver el presente contrato en cualquier momento y sin necesidad de aviso previo, en caso de que la parte contraria incumpla cualquiera de las obligaciones establecidas en el mismo, siendo esenciales todas y cada una de las cláusulas del mismo.

11.- PROTECCIÓN DE DATOS DE CARÁCTER PERSONAL.

Se prohíbe expresamente que el COLABORADOR acceda a datos de carácter personal que pudiera conocer como consecuencia o durante la prestación de los servicios objeto de este contrato.

El COLABORADOR será responsable directo por el incumplimiento de lo dispuesto en el párrafo anterior. Asimismo, será el único responsable de las infracciones en que pudiera incurrir como consecuencia de la vulneración de lo dispuesto en la Ley Orgánica de Protección de Datos de Carácter Personal y en el caso de que los datos de carácter personal sean comunicados o cedidos a terceros, así como de cualquier reclamación que por los interesados se interponga ante la Agencia de Protección de Datos, y de la indemnización que, en su caso, se reconozca al afectado que, ejercite la acción de responsabilidad por el daño o lesión que sufra en sus bienes o derechos.

12.- DURACIÓN Y EXTINCIÓN DEL CONTRATO

El presente Contrato entrará en vigor el día .... hasta el..........., renovable automáticamente cada año si no existe un preaviso de .... meses de antelación.

13.- SUBCONTRATACIÓN.

El COLABORADOR podrá subcontratar, total o parcialmente, las tareas y servicios objeto de este contrato.

14.- CUSTODIA DEL MATERIAL Y DOCUMENTACIÓN

El COLABORADOR se hará cargo de los materiales que la EMPRESA le confíe. El COLABORADOR, una vez finalizada la vigencia del presente Contrato, procederá a la devolución a la EMPRESA del material y documentación que éste le hubiera entregado durante la relación contractual.

Asimismo, el COLABORADOR hará entrega al Anunciante de los contratos que hubiera firmado con terceros, que directa o indirectamente, hubieran tenido su origen en el presente Contrato, y se obliga a firmar cuantos documentos sean necesarios para permitir la subrogación de la EMPRESA o del tercero por ella designado, en cuantos contratos, derechos y obligaciones se encontraran vigentes a la terminación de la relación contractual.

15.- PROTECCIÓN DE DATOS

De acuerdo con lo establecido en la Ley Orgánica, los comparecientes quedan informados, por la lectura de este contrato y aceptan, la incorporación de todos sus datos a los ficheros automatizados existentes en AGENCIA que se conservarán en la misma con carácter confidencial, sin perjuicio de las remisiones de obligado cumplimiento.

16.- JURISDICCIÓN

Las partes intervinientes renuncian expresamente a cualquier fuero que pudiera corresponderles, sometiéndose voluntariamente a la competencia de los Tribunales de ....

En cumplimiento de lo acordado, ambas partes firman por duplicado y a un solo efecto, el presente contrato en la fecha y lugar que consta en el encabezamiento.

F136. CONTRATO DE PRESTACIÓN DE SERVICIOS DE ADMINISTRACIÓN, GESTIÓN, CONTABILIDAD, COORDINACIÓN DE ENTRADAS Y SALIDAS, Y CONTROL DE RESERVAS EN APARTAHOTEL

En ...., a .... de .... de ....

REUNIDOS

De una parte la sociedad .... inscrita en..........., con NIF:..........., representada en este acto por .... mayor de edad, con DNI nº .... y por .... mayor de edad, con DNI nº .... en su condición ambos de representantes mancomunados, según consta el acta de nombramiento de representantes de .... de ....

Y de otra parte, la sociedad......... inscrita en .... con CIF............, representada en este acto por .... mayor de edad, con DNI nº .... en su condición de Administrador Solidario de la citada mercantil según consta en escritura de poder de fecha .... otorgada ante el notario de .... Don......... nº protocolo ....

ACUERDAN

1. Que................ es titular del Edificio destinado a apartamentos denominado ...., sito en la esquina entre la Av. .... y la calle .... El edificio consta de .... plantas con un total de ...... apartamentos. Existen dos tipos de apartamentos, el Tipo A que se ubica en los laterales del edificio, teniendo por tanto el acceso lateral a los mismos, y el Tipo B que se ubica en la parte central del edificio, ambos de......... metros cuadrados útiles, y con una distribución básica que se compone de salón-comedor, dormitorio principal, recibidor, baño, cocina y lavadero. Consta de .... plazas de aparcamientos. La zona de ocio se contemplan dependencias para gimnasio, sauna, y salón recreativo. También dispone de espacio para Juegos Infantiles, y piscinas exteriores una para adultos y otra infantil.

2. Que la mercantil ...., es una entidad con acreditada experiencia en la explotación, organización y gestión de establecimientos dedicados al arrendamiento y explotación de apartamentos.

3. Que ...., está interesada en contratar con .... la prestación de los servicios de Administración, Gestión, Contabilidad, Coordinación de entradas y salidas, control de reservas, en relación a los apartamentos de su propiedad anteriormente descritos para lo cual acuerdan el presente CONTRATO DE PRESTACIÓN DE SERVICIOS que se regirá por las siguientes:

CLÁUSULAS

PRIMERA.– OBJETO DEL CONTRATO.

.... está interesada en obtener la prestación de los servicios consistentes en Administración, Gestión, Contabilidad, Coordinación de entradas y salidas, control de reservas del edificio .... por parte de .... la cual se considera cualificada para realizar las prestaciones interesadas por la primera, al tiempo que declara poseer los medios materiales y humanos necesarios a tal fin.

SEGUNDA.– DURACIÓN

La duración del presente contrato es de .... años, sin perjuicio de las prórrogas de las que, por iguales períodos anuales pueda ser objeto, en caso de acuerdo entre ambas partes, que se considerará prestado en el caso de que no manifiesten lo contrario con, al menos, treinta día naturales de antelación anteriores al vencimiento del plazo referido.

Con todo, cualquiera de las partes podrá extinguir la relación contractual en cualquier momento mediante la manifestación en este sentido que habrá de comunicar a la contraparte de manera fehaciente con un mes de preaviso, sin necesidad de alegar causa alguna.

TERCERA.– DERECHOS DEL PROPIETARIO DE ....

A ...., le corresponden los siguientes derechos:

3.1. Los derechos inherentes a la propiedad del inmueble y a la titularidad de la explotación, entre los que se incluye especialmente el de contratar con Proveedores, Agencias de viaje, Touroperadores, Centrales de reservas o similares, así como contratar trabajadores para el desarrollo de la explotación.

3.2. Solicitar y obtener información de ...., en los más amplios términos posibles sobre el funcionamiento de la gestión y administración de los apartamentos......... lo que comprenderá:

3.2.1 Recibir informe mensual sobre el desarrollo de los contratos con Proveedores, Agencias de viaje, Touroperadores, Centrales de reservas o similares, etc suscritos por............, sin perjuicio de lo dispuesto en la cláusula sexta (6.6).

3.2.2 Aprobar las obras de mantenimiento y posibles reformas que deban efectuarse en el inmueble y someterlas a posterior ratificación.

CUARTA.– OBLIGACIONES DEL PROPIETARIO DE ....

A..............., le corresponden las siguientes obligaciones:

4.1. Las obligaciones inherentes a la propiedad del inmueble y a la titularidad de la explotación.

4.2. Dotar al Inmueble de las condiciones y medios necesarios para que .... pueda llevar a cabo una correcta gestión y administración de los apartamentos ....

4.3. Abono a .... de la retribución acordada en el presente contrato.

QUINTA.– DERECHOS DE LA AGENCIA DE GESTIÓN.

............, tendrá derecho:

5.1. Percibir, en el plazo establecido, la remuneración pactada en el presente contrato.

SEXTA.– OBLIGACIONES DE AGENCIA DE GESTIÓN.

6.1. Control de las reservas que deriven de los contratos que se señalan en el apartado (3.2.1)

6.2. Coordinar las entradas y salidas de los clientes de los apartamentos.

6.3. Seleccionar y formar a los empleados que presten sus servicios en los apartamentos..........

6.4. Gestionar el marketing, publicidad, imagen de los apartamentos

6.5. Proponer a ...., la gestión de las obras, mejoras y reparaciones que fueran necesarias para el adecuado sostenimiento del inmueble.

6.6. .... no podrá en ningún caso contratar en nombre de................, por carecer expresamente de dicha facultad, con ninguna Agencias de viaje, Touroperadores, particulares, Centrales de reservas o similares salvo autorización expresa y por escrito de .... Los contratos que actualmente se encuentren vigentes a la firma del presente contrato los cuales se relacionan en el ANEXO I, y que hayan sido suscritos con anterioridad al mismo por .... deberán de ser sustituidos a su vencimiento por los nuevos contratos que deberán ser suscritos por ....

SÉPTIMA.– REMUNERACIÓN DE AGENCIA DE GESTIÓN.

.............., se obliga a pagar a............, durante la vigencia del contrato, por los servicios prestados una retribución de carácter variable del ....% de la facturación neta obtenida por el arrendamiento de los .... apartamentos que comprenden los............., y en concepto de servicios prestados consistentes en la Administración, Gestión, Contabilidad, Coordinación de entradas y salidas, control de reservas, que se pagará de forma mensual, dentro de los diez primeros días de cada mes en la cuenta que a tal efecto señale ....

Por facturación neta se entiende el resultado de restar a la base imponible de las facturas emitidas por .... (por el alojamiento de clientes en los .... apartamentos), el importe de las comisiones devengadas por las personas o entidades que actúen como intermediarios. Tendrán la consideración de intermediarios a estos efectos, los intermediarios digitales (especialmente plataformas colaborativas), analógicas o tradicionales cuya actividad en la operación haya consistido finalmente en la efectiva confluencia entre la oferta y la demanda.

A la retribución anterior se añadirá el correspondiente IVA y cualesquiera otros tributos que sean aplicables.

Para el cobro de la remuneración pactada del ...% sobre la facturación neta, ... emitirá y entregará a .... las correspondientes facturas con periodicidad mensual.............

OCTAVA.– FUERO.

En caso de divergencia en la interpretación y aplicación del presente contrato, las partes, con renuncia expresa al posible fuero que pudiera corresponderles, se someterán a la jurisdicción de los Tribunales de ....

En......... a .... de .... de ....

F137. ACUERDO DE COLABORACIÓN EN PROYECTO DE DESARROLLO URBANÍSTICO

En .... a .... de ...... de ....

REUNIDOS:

De una parte: Don.............., mayor de edad, casado en régimen legal......./ soltero, vecino de ...., calle ...., número ...., y titular del DNI número ....;

Y de otra:

Don.............., mayor de edad, casado en régimen legal......./ soltero, vecino de ...., calle ...., número ...., y titular del DNI número ....; y Don........, mayor de edad, casado en régimen legal........../ soltero, vecino de .... y con DNI número ....

INTERVIENEN:

El Primero en su calidad de Administrador de la entidad mercantil de nacionalidad española, ... domiciliada en........... Tiene el CIF número ....

Y los segundos, como administradores mancomunados, en nombre y representación de la entidad mercantil de nacionalidad española, ... domiciliada en........... Tiene el CIF número ....

Constituida por tiempo indefinido en escritura autorizada por el Notario de .... Don............., el día..........., número .... de protocolo. Inscrita en el Registro Mercantil de........., al Tomo......, folio........, hoja número..........

Están especialmente facultados para este acto, por acuerdo de la Junta General Extraordinaria y Universal de la Sociedad celebrada el día ....

Se reconocen mutuamente plena capacidad para contratar y obligarse, asegurando la vigencia de su cargo, que no ha variado la capacidad de sus representadas, y que están debidamente facultados por las expresadas mercantiles para la celebración de este contrato, y de su más libre y espontánea voluntad,

EXPONEN:

I.– Que la mercantil .... es titular del pleno dominio de la siguiente finca:

RUSTICA:.............., sita en............., de superficie, después de varias segregaciones .... metros cuadrados. LINDA: por el Este y Norte,............; al Sur, y al Oeste, ...

Inscrita: al Tomo .... Libro .... de........, folio ...., finca ....

Título: le pertenece por aportación a la sociedad, en escritura otorgada en .... ante el Notario de Manresa..........., que causó la inscripción .... de la finca.

Cargas: Afecta a la servidumbre de paso de gaseoducto de gas natural, en virtud de escritura otorgada el ...., ante el Notario de............, en una longitud de........... Dicho gaseoducto penetra en la finca por su linde Sur, por donde, limita con la tierra .... mediante.........., en una longitud de..............., efectúa un giro a la derecha para tomar la dirección Oeste Suroeste, a Este/Nordeste, en una longitud de.........., gira ahora a la izquierda para tomar de nuevo la dirección de Sur Suroeste, a Norte Nordeste, y tras discurrir en una longitud de.........., sale de la finca por su linde norte por donde limita mediante riera, con heredad.........., obrante al folio .... de este mismo tomo, propia de............ Las afecciones de dicha servidumbre son las especificadas en la Resolución de Servicios Territoriales de industria de.........., de............., y comprende en el presente caso las siguientes LIMITACIONES: a) Servidumbre perpetua de paso en una franja de terreno de .... metros dentro de la cual se situará enterrada la tubería o canalización, junto con los accesorios, elementos auxiliares y de señalización, que sean precisos, vistos o enterrados. Los limites de la franja quedarán definidos a .... metros respectivamente a cada lado del eje del trazado de la conducción. Esta franja se utilizará para instalar la canalización para hacer la renovación, vigilancia, y mantenimiento, para esto se dispondrá en esta franja del libre acceso del personal, los elementos útiles necesarios con pago de los daños sufridos que se ocasionan en cada caso; b) La prohibición de hacer trabajos de arar, cavar u otros parecidos a una profundidad superior a los .... centímetros en la franja que se hace referencia en el apartado a); c) La prohibición de plantar árboles o arbustos de tallo alto o hacer movimientos de tierras en la franja mencionada en el apartado a); d) No se permitirá levantar edificaciones o construcciones de ningún tipo, aunque tenga el carácter temporal o provisional, ni variar la cota del terreno, ni efectuar ningún acto que pueda dañar o perturbar el buen funcionamiento, la vigilancia, la conservación, las reparaciones y las sustituciones necesarias, si conviene, de la canalización y de los elementos anexos, a una distancia de .... metros, mediodía cada lazo del eje del trazado de canalización instalada; e) Sin embargo, en casos especiales y cuando por razones muy justificados no se pueda observar lo indicado, será necesario pedir autorización a los Servicios Territoriales de Industria de la........, que podrán conceder, previa petición de informe a.........., y a aquellos Organismos que consideren convenientes consultar. Todo ello según la inscripción........, de la finca ...... de........., obrante al folio .... del tomo .... del archivo, libro.........

SUJETA esta finca, como predio sirviente, y a favor de los titulares presentes y futuros de la finca número........, obrante al folio .... del tomo .... del archivo, libro .... de.........., como predio dominante, a la servidumbre de paso, constituida mediante escritura otorgada el .... ante el Notario de.........., cuyo tenor literal es el siguiente: "El predio dominante tendrá derecho de paso a través del predio sirviente para acceder a..........., desde el linde Sur del predio dominante y viceversa, es decir, desde .... hasta el linde Sur del predio dominante. La servidumbre tendrá carácter permanente, con una anchura de hasta .... metros y una longitud de .... metros"; según la inscripción ......, de fecha.........., de la finca número........., obrante al folio .... del tomo .... del archivo, libro .... de ....

III.– Que la mercantil .... es titular del pleno dominio de las siguientes fincas:

RÚSTICA: PORCIÓN DE TERRENO, sito en..........., en la zona de ...., procedente de la heredad..........., de figura irregular, y con una cabida de.............. hectáreas, ... metros cuadrados. LINDA: al Norte, con resto de finca matriz, propiedad de ...., siendo el límite entre ambas fincas la línea actualmente proyectada del futuro trazado de la Carretera..........; al Este, también con la finca matriz, siendo en este caso el límite entre ambas fincas la línea actualmente proyectada del futuro trazado del enlace entre la Carretera .... y el municipio de..........; al Oeste, en parte con tierras de........., y en parte con otra finca propiedad de..........: y al Sur, con la riera de ....

Inscrita en el Registro de la Propiedad número . de......, en el Tomo......., Libro......., Folio........, finca ...... de ....

Título: Le pertenece en virtud de Escritura de Compraventa a .... otorgada ante el Notario de.........., en fecha ...., número .... de su protocolo.

Cargas: gravada con una servidumbre, predio sirviente, a favor de............, constituida mediante instancia suscrita el día............, ante el Notario de .... Don........... de paso de gaseoducto de gas natural, en una longitud de.......... Dicho gaseoducto penetra en la finca por el linde Sur, por donde limita con.........., efectúa un giro a la derecha para tomar la dirección Oeste/Suroeste, a Este/Nordeste, en una longitud de.........., gira ahora a la izquierda para tomar de nuevo al dirección de Sur/Suroeste, por norte/nordeste, y tras discurrir en una longitud de.........., sale de la finca por su linde Norte, por donde limita mediante riera, con.........., propio de.............. Las características de dicha servidumbre son las especificadas en la resolución al proyecto aprobado en la Resolución de..........., y comprende en el presente caso las siguientes LIMITACIONES: A.) Servidumbre perpetua de paso en una franja de .... metros dentro de la cual será enterrada una tubería o canalización. Esta franja se utilizará para la construcción, vigilancia, y el mantenimiento de las instalaciones y para la colocación subterránea o a la vista de los medios de señalización adecuados, par esto se dispondrá en esta franja del libre acceso del personal, los elementos útiles necesarios, con pago de los daños sufridos que se ocasionen en cada caso; B) La prohibición de hacer trabajos de arar, cavar u otros parecidos a una profundidad superior a los .... en la franja de terreno que se hace referencia en el apartado A; C) La prohibición de plantar árboles o arbustos de tallo alto o hacer movimientos de tierras en la franja de cuatro .... mencionada en el apartado anterior letra A); D) No se permitirá levantar edificaciones o construcciones de ningún tipo, aunque tenga el carácter temporal o provisional, ni variar la cota del terreno, ni efectuar ningún acto que pueda dañar o perturbar el buen funcionamiento, la vigilancia, la conservación, las reparaciones y las sustituciones necesarias, si conviene, de la canalización y de los elementos anexos, a una distancia de......... metros, medida a cada lado del eje del trazado de canalización instalada. E) No obstante, en casos especiales que por razones muy justificadas no se pueda observar lo indicado, se podrá solicitar la autorización a la dirección General de Energía de......., los cuales la podrán conceder, previa una petición de informe a ...., y aquellos Organismos que consideren convenientes consultar. Todo ello según resulta de la inscripción......., de la finca .... de.........., fechada el..........., obrante al folio .... del tomo ...... del archivo, libro..........

B.– RÚSTICA: PORCIÓN DE TERRENO, procedente de........., situada en..........., de superficie .... HECTÁREAS, equivalentes a .... METROS CUADRADOS y LINDA: al Norte, con..........; al Sur, con..........; al este, con........., propiedad de ....; y al oeste, con ....

Inscrita en el Registro de la Propiedad número ...... de..........., al Tomo........, Libro ...., Folio ...., Finca número .... de ....

Título: Le pertenece en virtud de Escritura de Compraventa a .... otorgada ante el Notario de ...., Don en fecha..........., número .... de su protocolo.

Cargas: Por su origen afecta a la servidumbre siguiente: Debido a que la finca segregada y vendida a............, se halla enclavada dentro de las tierras de finca matriz........, se establece sobre la finca........, del tomo .... del archivo y a favor de la porción segregada número........., que obra al folio .... del tomo .... del archivo, una SERVIDUMBRE PERPETUA Y GRATUITA de paso apto para vehículos a través del camino particular de la heredad........., desde su inicio el lado mismo del puente existente en la carretera de .... hasta el límite de entrada de otro camino en el que existe el depósito de agua, y por el camino de dicha heredad denominado ...., Don............., actual propietario del predio sirviente y quien en lo sucesivo ostente tal carácter, vendrá obligado a mantener en óptimas condiciones de uso el tramo de caminos sobre los que se ha construido la servidumbre, debiendo el propietario del predio dominante satisfacer el cincuenta por ciento de los gastos que supusiesen el mantenimiento y conservación de dichos caminos y, el señor ...., tendrá el derecho de pasar tubos de aguas y electricidad por los lugares de la finca que ...., tenía inscrita al folio ...... del tomo .... del archivo y que no estén edificados o que se edifiquen en lo sucesivo; constituida en virtud de la escritura otorgada el........., ante el Notario de............, según la inscripción .., de la finca ...., obrante al folio .... del tomo .... del archivo, libro .... de ....

POR SU ORIGEN Afecta a la servidumbre siguiente: SERVIDUMBRE de paso de gaseoducto que penetra la finca por su lindero S.O. donde linda con la parcela nº .... del polígono .... del catastro, la atraviesa en dirección S.O./N.E. hasta el vértice .... del proyecto donde ligeramente se deriva en ángulo de cuarenta y cinco grados para tomar la dirección Sur/Norte y sale por el citado lindero Norte donde linda con la parcela .... del polígono.......... La longitud de canalización es de .... metros. Dicha servidumbre de paso de gases de gaseoducto comprende las limitaciones siguientes: A) Servidumbre de paso en una franja de terreno de .... de anchura por lo cual correrá soterrada la canalización. Esta franja se utilizará para la construcción, vigilancia y mantenimiento de las instalaciones y para la colocación soterrada a la vista de los medios de señalización adecuados, B) Prohibición de hacer trabajos de arada, cava u otros análogos a una profundidad superior a .... en la franja de terreno de ...... metros a que se refiere el apartado anterior, C) Prohibición de plantas árboles o arbustos de tallo alto en la franja de terreno de .... metros a que se refiere el apartado letra a). Esta prohibición no afecta a la plantación de viña, D) no se permitirá levantar edificaciones o construcciones de cualquier tipo aunque sean de carácter provisional o temporal, ni efectuar acto que pueda dañar a perturbar el buen funcionamiento, vigilancia, conservación, reparación o sustituciones necesarias en su caso de la canalización los accesorios y los elementos auxiliares, a una distancia inferior a .... metros, respecto al eje del trazado de la tubería. No obstante, en casos especiales, cuando por razones muy justificadas no pueda observarse lo indicado, se podrá solicitar autorización a los Servicios Territoriales.........., los cuales podrán concederla previa petición de informe a .... y a aquellos organismos que considere conveniente consultar, E) libre acceso a las instalaciones y canalizaciones efectuadas del personal y de los elementos y medios para poder vigilar, mantener o renovar dichas instalaciones, con pago de los daños que se ocasionen en cada caso, F) Servidumbre de ocupación temporal durante el período de ejecución de obras, en una franja o pista donde se hará desaparecer todo obstáculo, cuya anchura máxima será de .... y .... metros, contados a partir de la franja de .... metros a que se hace referencia en el apartado letra a) con pago de los daños que se ocasione en cada caso; constituida a favor de.........., sobre la superficie inscrita de .... hectáreas; en virtud de acta de ocupación definitiva de.........., según la inscripción ..., obrante al folio ..... vuelto, del tomo .... del archivo, libro .... de ....

POR SU ORIGEN Afecta a la servidumbre constituida por ...., y son las siguientes: SERVIDUMBRE de acueducto sobre la finca .... del tomo .... del archivo, a favor de las fincas .... que obran a los folios .... del tomo .... del archivo, se reconoce y está construida una tubería de .... de diámetro y de .... metros de longitud, que discurre a profundidades diferentes, en su recorrido, desde su salida de la finca antes citada .... hasta el camino público de..........., que sigue en su recorrido izquierdo, atravesando a la altura de .... y siguiente el propio recorrido de dicho camino por su derecha, hasta el inicio de la curva que forma dicho camino, lindante con la citada finca .... en la que entra. Esta servidumbre de acueducto sólo podrá utilizarse exclusivamente para aguas procedentes de la citada finca.........

SERVIDUMBRE DE PASO. Se establece sobre la finca............, dominante, en virtud de la cual, a través de un camino de .... metros de ancho, suficiente para camiones y grúas de reparación de la maquinaria del pozo, desde el camino público de .... hasta el predio dominante en una longitud de .... metros, con zona final ensanchada para maniobras; extendida dichas servidumbres sobre la superficie de .... HECTÁREAS; en virtud de la escritura otorgada el.........., ante el Notario de .... Don.........., según la inscripción ......, obrante al folio .... del tomo .... del archivo, libro .... de ....

Situación arrendaticia: Manifiesta las partes que todas las fincas se hallan libres de ocupantes, arrendatarios y aparceros y que no ha ejercido en los últimos seis años, el derecho que le confiere el artículo 26.1 de la Ley de Arrendamientos Rústicos.

IV.– Que en la actualidad dichos terrenos tienen la calificación urbanística de no urbanizables según clave .... del Plan General del Municipio (agrícola, cultivo o forestal), de manera que lo que se pretende en primer lugar es impulsar las figuras de planeamiento urbanístico necesarias con el objetivo de obtener su reclasificación como terreno industrial.

Sin embargo, según exposición al público que efectuó el Ayuntamiento de........, de los trabajos de modificación del Plan de Ordenación Urbanística Municipal, previos a su aprobación inicial, en el ámbito territorial definido por la superficie ocupada por dichas fincas propiedad de ...., más la finca propiedad de......... descrita en el expositivo anterior, está prevista la ubicación de un polígono industrial, por lo que, si definitivamente se aprueba, ya no sería necesario impulsar las figuras de planeamiento urbanístico necesarias con el objetivo de obtener su reclasificación como terreno industrial, sino que al contenerse entre las previsiones del indicado POUM, llevarían a cabo el seguimiento del procedimiento urbanístico hasta la aprobación definitiva del citado Plan que incluya la previsión de la ubicación de un polígono industrial en los citados terrenos; y posteriormente llevar a cabo cuantas actuaciones sean precisas para el correcto desarrollo de la promoción inmobiliaria correspondiente al indicado polígono industrial, que incluya el desarrollo de un Plan Parcial hasta su aprobación definitiva, constituir la correspondiente Junta de Compensación que se ocupará de su ejecución por medio del desarrollo de los correspondientes proyectos de compensación y urbanización, y una vez obtenidas las parcelas resultantes, proceder a su comercialización, ya sea como suelo o bien una vez construidas, como edificios industriales.

V.– Siendo pues coincidentes las voluntades y objetivos de ambas partes respecto del desarrollo urbanístico de los terrenos de que son propietarias, han convenido llevar a cabo conjuntamente las actuaciones enumeradas en el expositivo anterior, y en general cuantas sean precisas para la urbanización de los terrenos y la ubicación y comercialización del polígono industrial resultante, para lo cual han desean recoger en este documento los acuerdos alcanzados a tal fin.

Y expuesto cuanto antecede,

PACTAN

1.– OBJETO DEL CONTRATO.

1.1.– Este contrato tiene por objeto la delimitación del marco jurídico en el que deben desenvolverse las relaciones entre .... y............, en su respectiva condición de colaboradores en el proyecto común que consistente en lo siguiente:

Impulsar las figuras de planeamiento urbanístico necesarias con el objetivo de obtener la reclasificación de los terrenos indicados en el expositivo, como terreno industrial, o bien llevar a cabo el seguimiento del procedimiento urbanístico hasta la aprobación definitiva de la revisión del Plan de Ordenación Urbanística Municipal que incluya la previsión de la ubicación de un polígono industrial en los citados terrenos.

Una vez aprobadas definitivamente las figuras de planeamiento necesarias que contengan la clasificación de los terrenos como urbanizables para uso industrial, llevar a cabo cuantas actuaciones sean precisas para el correcto desarrollo de la promoción inmobiliaria, que comprenderán la redacción y desarrollo de un Plan Parcial y figuras de planeamiento tanto previas como complementarias, que permitan la implantación de un polígono industrial en el ámbito definido por la superficie incluida en las fincas de su propiedad citadas en el expositivo, y su posterior ejecución, hasta la completa urbanización del polígono, y su posterior comercialización, ya sea como parcelas industriales, o bien de las edificaciones que habrán construido sobre las mismas.

1.2.– La aceptación recíproca de estos principios, reglas y compromisos es lo que determina que .... haya decidido establecer este contrato de colaboración con ...., por lo que ambas partes se comprometen al fiel cumplimiento de los mismos, con sumisión expresa al contenido de este contrato, a la legislación vigente, y especialmente a las reglas de la buena fe.

1.3.– Este acuerdo no implica en ningún caso transmisión alguna de la propiedad de las fincas a las que afecta. En este sentido, las Partes manifiestan que cada una conserva su respectiva titularidad.

2. OBJETIVO Y DURACIÓN

2.1.– En una primera fase de desarrollo del acuerdo y una vez calificadas las fincas de urbanizables, se elaborará el Plan Parcial y las figuras de planeamiento necesarias, tanto previas como complementarias que permitan la implantación de un polígono industrial en el ámbito definido por las superficies de las tres fincas definidas en el expositivo, el cual se presentará a las administraciones competentes para su aprobación, se ejecutará.

La duración de este contrato viene determinada por la duración del proyecto urbanístico que emprenden ambas partes. Se fija para la consecución de dichos objetivos un máximo de ...... años a contar desde el momento en que se apruebe definitivamente la reclasificación de los terrenos como urbanizables. Transcurrido dicho plazo, si no se han completado las actuaciones previstas en este documento, las partes deberán acordar un nuevo convenio a tal fin, que recoja las circunstancias existentes en ése momento, así como el nuevo plazo que se fijan para lograr su objetivo.

2.2.– Costes:

Para la consecución de los fines perseguidos por ambas mercantiles, serán necesarios desembolsos económicos a terceros, que cada una de las partes deberá realizar en proporción equivalente a la superficie del terreno de su propiedad implicado en el proyecto, para atender el pago de los costes y gastos que ello suponga, ya se incluya todo el terreno o no, en el posterior plan parcial.

TITULAR	SUPERFICIE DE LA FINCA	% DE PARTICIPACIÓN EN LOS GASTOS
....	.... m^2	.........%
....	.... m^2	.........%

A estos efectos se requerirá la expedición de las facturas correspondientes a nombre de los respectivos titulares .... y .... de acuerdo con las proporciones establecidas anteriormente.

Ambas sociedades prestar sus respectivos terrenos en garantía del pago de las cuotas que resulten de lo convenido en este documento, de modo que deberán estar siempre sin más cargas que las actuales y libres de arrendatarios y ocupantes.

2.3.– Ambas partes se comprometen expresamente a iniciar la ejecución del Plan Parcial inmediatamente después de su aprobación, aunque pueda desarrollarse en diversas fases; así como a iniciar la construcción de las parcelas enseguida que pueda contarse como los permisos y licencias administrativas que resulten preceptivas. A estos efectos, ambas partes se obligan a prestar las garantías que en cada momento sean exigidas por las Administraciones competentes para llevar a cabo la urbanización o la edificación de las parcelas.

3.– FINANCIACIÓN.

En caso de que se aprobase definitivamente el Plan Parcial por parte de las Administraciones competentes, se ejecutaría por el sistema de compensación, por lo que deberá crearse formalmente la correspondiente Junta de Compensación.

a) Se incorporará a la Junta en el momento de su constitución.............., no sólo como propietaria de terreno en el sector, sino también en calidad de empresa urbanizadora, al amparo de lo previsto en el art. .... de la Ley.......... ...., en su calidad de empresa urbanizadora, no sólo participará en la gestión de la urbanización, sino que también llevará a cabo su ejecución material. Ambas tareas podrá desarrollarlas tanto de forma personal como a través de otras empresas especializadas de reconocida solvencia.

4.– DERECHOS Y OBLIGACIONES.

4.1.– Ambas partes además de las obligaciones ya contraídas en virtud de este contrato, se comprometen y obligan a:

a) Colaborar entre sí en todo cuanto fuese necesario para llevar buen fin el proyecto de implantación y urbanización de un polígono industrial en los terrenos descritos en el expositivo I y II de este contrato.

b) Permitir el acceso a sus fincas para realizar cuantos trabajos fuesen precios para la efectividad de la elaboración del Plan parcial, y posteriormente para la correcta urbanización del polígono, si se aprobase, y edificación en las parcelas resultantes.

c) En caso de aprobarse definitivamente el Plan Parcial que permita desarrollar dicho polígono, a aportar ambas fincas a la Junta de Compensación que deberá constituirse al efecto.

d) A satisfacer puntualmente las cantidades que en cada momento sean precisas para el correcto desarrollo de la promociones inmobiliarias que ambas partes han decidido acometer.

e) Suscribir cuantos documentos públicos y privados sean necesarios para la plena efectividad de los acuerdos reflejados en éste documento.

f) No entorpecer en ningún momento la buena marcha de la elaboración de las figuras de planeamiento necesarias para desarrollar el objetivo previsto en este contrato, su aprobación, ni la posterior ejecución de la urbanización y edificación de las parcelas.

g) El aprovechamiento urbanístico resultante se asignará en la reparcelación de modo consensuado entre las partes con independencia de la situación física de las parcelas iniciales.

4.2.– Las partes, sin perjuicio de los derechos que ya derivan a su favor en virtud de lo establecido en el presente contrato, tienen derecho a:

a) recibir de la otra parte cuanta información precisen en todo momento y que pueda afectar a la efectividad del presente acuerdo.

b) en especial, ... tiene derecho a recibir de........., todo aquello que implique la ejecución del presente acuerdo, puntual información respecto de la marcha del mismo, y en especial de la documentación o los contratos suscritos, de los que deriven obligaciones a cargo de la primera, debiendo facilitar en todo momento copia de los mismos.

c) .... podrá exponer en las reuniones periódicas que se celebren entre ambos contratantes todo aquello que pueda contribuir a una más eficaz realización de los objetivos de este acuerdo.

A este respecto, ... y .... mantendrán una reunión cada .... meses en la que .... informará a .... de los asuntos que afecten a este pacto, relativos a la elaboración y ejecución del mencionado plan parcial.

6.– EXTINCIÓN DEL ACUERDO.

6.1.– El presente acuerdo podrá resolverse, o su eficacia jurídica se extinguirá por cualquiera de las siguientes causas:

a) Por mutuo acuerdo de las partes.

b) Por haberse cumplido la finalidad prevista para su otorgamiento, y haberse cumplido todos los compromisos adquiridos.

c) Por haber transcurrido el plazo de vigencia del acuerdo fijado en la cláusula 2.1, sin haber logrado la aprobación del Plan Parcial o la resolución administrativa que deniegue su aprobación. Sin embargo en este caso las partes deberán acordar un nuevo convenio, que recoja las circunstancia existentes en ése momento, así como el nuevo plazo que se fijan para lograr su objetivo

d) La declaración de quiebra, la solicitud de suspensión de pagos o situación de concurso de acreedores o cualquier otro supuesto de insolvencia declarada o de intervención judicial o administrativa de los activos o los negocios de cualquiera de las partes, salvo acuerdo de éstas en contrario.

e) La cesión del presente contrato, o el cambio en la mayoría de la propiedad del capital social de cualquiera de las mercantiles firmantes, salvo que mediase el previo consentimiento de la otra. Se exceptúa la cesión efectuada a empresas vinculadas o sociedades que formen parte del Grupo de la cedente, entendiéndose por tales aquéllas que cumplan las condiciones establecidas en el Real decreto legislativo 4/2015, de 23 de octubre.

f) Por la denuncia del contrato por cualquiera de las Partes, basada en el incumplimiento grave de cualquiera de las obligaciones asumidas por la otra Parte en el presente Acuerdo, sin perjuicio del derecho de la Parte perjudicada de optar por la continuación del Acuerdo y exigir de la otra, tanto el íntegro cumplimiento de sus obligaciones en cualquiera de los casos, como la reparación del perjuicio causado a la Parte.

6.2.– A la cesación del presente Acuerdo por cualquier causa, conservarán su vigencia, hasta agotar su virtualidad, todas aquellas cláusulas del mismo que regulan los efectos de la cesación de este Acuerdo, y aquellas otras que contienen derechos u obligaciones de las Partes ligados al supuesto de cesación del mismo. Asimismo, en cualquier supuesto de cesación del acuerdo, las partes se liquidaran mutuamente de sus compromisos y obligaciones hasta la fecha de la resolución, de acuerdo con lo convenido en este contrato.

7.– CUMPLIMIENTO DE LAS DISPOSICIONES DEL ACUERDO.

7.1.– Las partes se obligan a actuar en todo momento con arreglo a los principios, reglas y compromisos establecidos en el presente contrato.

7.2.– En consecuencia, las Partes se comprometen y garantizan que impartirán las oportunas instrucciones a sus respectivos representantes en los distintos órganos de su sociedad, con el fin de que la actuación de estos últimos resulte acorde con las disposiciones contenidas en el presente Acuerdo.

8.– PREVALENCIA DEL PRESENTE ACUERDO.

8.1.– Las partes reconocen que la Junta de Compensación a constituir en la segunda fase de ejecución del Acuerdo constituirá un instrumento para materializar algunos de los pactos recogidos en el presente Acuerdo y dejan constancia de que los Estatutos correspondientes reflejarán el contenido de tales pactos y serán integrados en los mismos, en la medida de que dicho contenido pueda ser objeto aprobación por la Administración competente.

8.2.– Las Partes declaran que para el caso de que alguno de los pactos recogidos en este Acuerdo no puedan ser incluidos en los Estatutos de la Junta de Compensación por no ser objeto de aprobación por la administración competente, ello no será impedimento para que, en el ámbito de las relaciones entre sí, dichos Estatutos habrán de ser interpretados conforme a los principios y disposiciones contenidos en el presente Acuerdo y que, en tanto conserve su vigencia, el presente Acuerdo prevalecerá sobre las disposiciones contenidas en los Estatutos de la Junta en caso de conflicto, o contradicción con los mismos.

9.– INCUMPLIMIENTO E INDEMNIZACIÓN.

9.1.– El incumplimiento por cualquiera de las Partes de cualesquiera compromisos y obligaciones asumidos en el presente Acuerdo, legitimará a la otra Parte para exigir la indemnización de los daños y perjuicios que tal incumplimiento pueda ocasionar, sin perjuicio de la posibilidad de exigir el cumplimiento forzoso del acuerdo en sus estrictos términos.

10.– RESOLUCIÓN DE CONFLICTOS.

10.1.– En el caso de que se produzca cualquier tipo de discrepancia o diferencia entre las Partes en relación con la interpretación del presente Acuerdo, las Partes negociarán de buena fe para intentar resolver tal discrepancia o diferencia dentro del plazo máximo de ..... días a contar desde la fecha en que cualquiera de ellas notifique formalmente a la otra el surgimiento de la discrepancia.

10.2.- Para el supuesto de que la discrepancia o diferencia no se resolviera dentro del plazo máximo señalado, todo litigio o discrepancia relativo a la existencia, validez, interpretación, alcance, contenido, ejecución, suspensión o resolución de este Acuerdo o de cualquier Anexo o documento complementario que lo desarrolle o complemente, se resolverán acudiendo a los Tribunales de..........., con renuncia a cualquier otro fuero, si fuese distinto.

11.- ELEVACIÓN A PÚBLICO.

El presente contrato, a solicitud de cualquiera de las Partes, podrá ser elevado a escritura pública, en todos o alguno/s de sus pactos, a lo que se obligan expresamente, siendo a cargo la parte que lo instare los gastos y honorarios de cualquier clase, índole y naturaleza que por ello se deriven.

12..- NOTIFICACIONES.

Las partes designan para toda clase de requerimientos y notificaciones relacionados con este contrato, los domicilios siguientes:

13.- NULIDAD PARCIAL:

En caso de que alguna de las cláusulas del presente acuerdo fuese declarada nula, se acuerda que dicha nulidad no afecte al resto de cláusulas, que mantendrán su plena vigencia y eficacia, obligándose las partes a sustituir aquellas afectadas de nulidad por otras que reflejen la voluntad de las partes.

14.- DISPOSICIONES GENERALES.

A los efectos de lo dispuesto en la Ley General de la Contratación se hace constar que con anterioridad a la firma del contrato, las partes han negociado libremente y conforme a sus respectivos intereses el contenido del mismo, habiendo dispuesto del asesoramiento adecuado para conocer el alcance y los derechos y obligaciones dimanantes de todas y cada una de sus cláusulas y estipulaciones, por lo que el precedente documento es el resultado fiel y expresión del acuerdo alcanzado entre ambas.

A los efectos de lo que dispone la LO de protección de datos, las partes hacen constar que los datos personales contenidos en el presente contrato o en los documentos previos preparativos del mismo, serán de uso exclusivo a efectos de las recíprocas relaciones negociables, pudiendo figurar dichos datos en los ficheros automatizados de titularidad privada de cualquiera de los contratantes, en cuyo caso se reconocen mutua y recíprocamente los derechos de acceso, rectificación y cancelación de los respectivos ficheros, así como la confidencialidad y seguridad de los mismos frente a terceros.

Y en prueba de conformidad y aceptación, firman por duplicado ejemplar, aunque a un solo efecto, en la ciudad y fecha al principio indicadas.

F138. CONTRATO DE COLABORACIÓN PARA DESARROLLAR MEJORAS EN EL PROCESO DE DEPURACIÓN Y VALORIZACIÓN DE LOS EFLUENTES INDUSTRIALES Y SUBPRODUCTOS RESIDUALES

CONTRATO DE COLABORACIÓN EMPRESARIAL

En ..., a ... de .... de ......

REUNIDOS

De una parte la sociedad..................... S.L., con domicilio social en .... y CIF ....; representada en este acto en su condición de apoderado por Don ...., con NIF ...., y domicilio a los presentes efectos en .... En adelante también "....................".

Y de la otra, la sociedad..................... S.L., con domicilio social en .... y CIF ....; representada en este acto en su condición de gerente y administrador único por Don ...., con NIF ...., y domicilio a estos efectos en .... En adelante también "....................".

EXPONEN

I.– Que..................... es una empresa que se dedica al asesoramiento, entre otras actividades, del proceso de cocido, fermentación, envasado de aceitunas de mesa, y generación de aguas de proceso y otros efluentes que se tratan con tecnologías de depuración.

II.– Que..................... es una empresa que se dedica, como principal actividad, a desarrollar soluciones para regenerar aguas residuales y subproductos residuales.

III.– Que.................... y.................... suscribieron, en ...., un contrato de confidencialidad BILATERAL para proteger el intercambio de información confidencial que les permita la presente colaboración.

IV.– Que ambas empresas reconocen que no tienen ni han tenido ningún tipo de relación de dependencia jerárquica ni vinculación societaria, así como que son personas jurídicas distintas e independientes que actuarán en este acuerdo como personas distintas e independientes, sin perjuicio de la colaboración precisa entre ambas para la ejecución y cumplimiento del mismo.

Así mismo, expresamente se hace contar que el presente documento no constituye acto alguno de creación de sociedad o entidad, sea capitalista o no, por parte de..................... y..................... ni compromiso u obligación alguna de tal constitución.

Reconociéndose ambas partes capacidad legal suficiente para obligarse mutuamente y estando interesadas en el establecimiento y mantenimiento de una relación colaborativa que será desarrollada posteriormente, por medio del presente suscriben CONTRATO DE COLABORACIÓN EMPRESARIAL, que se regirá por las siguientes

CLÁUSULAS

PRIMERA.– OBJETO.

Mediante el presente contrato, las empresas.................... y...................., establecen un marco de colaboración con el fin de desarrollar mejoras en el proceso de depuración y valorización de los efluentes industriales y subproductos residuales.

SEGUNDA.– RESPONSABILIDADES, OBLIGACIONES Y COMPROMISOS DE LAS PARTES

Por parte de...................., desarrollar y diseñar mejoras en la instalación industrial de depuración y valorización de los efluentes generados, alcanzando nuevas soluciones para regenerar y valorizar las aguas y subproductos residuales.

Por parte de...................., pondrá a disposición de.................... el apoyo de su personal técnico de diferentes disciplinas así como el uso de un espacio de trabajo en ...., en una ubicación a designar, que disponga de los medios necesarios para un adecuado desempeño de su labor.

Las Partes se comprometen a cumplir con sus compromisos acordados con respecto al proyecto, en un plazo razonable que permita avanzar en la consecución de los objetivos aquí arriba manifestados. Desde el .... hasta el ...., prorrogable mensualmente si fuera necesario.

Así mismo, se acuerda mantener reuniones periódicas que serán fijadas de común acuerdo por las partes para realizar el seguimiento del proyecto, el análisis de los resultados y la planificación de las actuaciones siguientes.

En cualquier caso, cada parte será responsable de su propia actuación frente a terceros, eximiendo a la contraparte de las responsabilidades derivadas de tal actuación y manteniéndole indemne frente a cualquiera reclamación de tercero.

Por último, se deja constancia de que cada una de las partes desempeñará su actividad con independencia y plena autonomía, que es distinta e independiente de la de la contraparte, con sus respectivos recursos humanos y materiales y conforme a sus propios criterios.

TERCERA.– RECURSOS Y CONTRIBUCIONES

Por parte de...................., se aportarán a su discreción en función de las necesidades del proyecto recursos técnicos enfocados al desarrollo del proyecto, con la tecnología más avanzada en la regeneración de aguas residuales industriales. Los gastos y costes de cualquier clase derivados de los recursos aportados por.................... serán asumidos íntegramente por......................

Por parte de...................., se aportarán a su discreción en función de las necesidades del proyecto expertos en procesos industriales de aceituna de mesa, con conocimientos de las necesidades sectoriales, para la determinación de requerimientos y para la verificación en las distintas fases de desarrollo del proyecto. Los gastos y costes de cualquier clase derivados de los recursos aportados por.................... serán asumidos íntegramente por.......................

CUARTA.– CONOCIMIENTOS PREVIOS Y ADQUIRIDOS; PROPIEDAD SOBRE LOS RESULTADOS Y DERECHOS DE PROPIEDAD INDUSTRIAL Y/O INTELECTUAL; PUBLICACIÓN Y DIFUSIÓN DE LOS RESULTADOS

4.1.– Cada Parte sigue siendo propietaria de los conocimientos previos aportados a las actividades contratadas en el marco del proyecto, así como cualquier propiedad intelectual o industrial, patentable o no, know-how, método, conocimiento, información técnica etc., existente con anterioridad a la entrada en vigor de este acuerdo y que se emplee con ocasión del mismo, sin que su uso en virtud del presente acuerdo confiera a la contraparte no titular derecho alguno sobre los mismos, sea de titularidad, indemnizatorio, compensatorio o cualquier otro.

Se entiende por conocimientos previos la información, el conocimiento, los métodos, las herramientas, el software y/o los derechos de propiedad industrial e intelectual, patentable o no, know-how aportados por cada una de las partes, anteriores a la firma del presente contrato y necesarios para la ejecución del mismo, así como aquella información, conocimiento, métodos, herramientas, software o derechos de propiedad industrial e intelectual, patentable o no, know-how aportados por cada una de las partes durante la vigencia del presente Acuerdo.

Los conocimientos previos de cada parte se consideran información confidencial y están sujetos a lo estrictamente previsto en la CLÁUSULA QUINTA.

Cada parte concede a la otra parte una licencia no exclusiva de uso de los conocimientos previos única y exclusivamente para llevar a cabo las actividades del proyecto objeto del presente contrato, sin que dicho uso confiera a la contraparte no titular derecho alguno sobre los mismos. Dicha licencia decaerá y quedará sin efecto alguno tras la resolución del presente acuerdo.

4.2.– Los resultados de las actividades del proyecto objeto del presente contrato, los conocimientos adquiridos resultantes del proyecto, así como los resultados y conocimientos adquiridos durante el desarrollo del proyecto, todos ellos enfocados y dirigidos exclusivamente a la regeneración de aguas y recuperación de polifenoles de la industria de aceituna de mesa, pertenecerán al CINCUENTA POR CIENTO (50%) a cada una de las partes, poseyendo ambas en el referido porcentaje los derechos de registro de propiedad Intelectual y Patentes.

Se considerará resultados de las actividades del Trabajo, así como resultados durante el desarrollo del Trabajo objeto del presente Acuerdo, con carácter enunciativo pero no limitativo, aquel proceso completo para la regeneración de aguas y recuperación de polifenoles de la industria de la aceituna de mesa, protegido o no, que se obtenga de la colaboración y que provenga de la ejecución de las actividades que son objeto del presente Acuerdo, pero en ningún caso los materiales, proceso y tecnologías utilizadas en este proyecto, que formen parte del correspondiente proceso, y que puedan ser explotados para su uso y aplicación en la regeneración de otro tipo de aguas residuales.

Se considera conocimientos adquiridos resultantes del proyecto, así como los conocimientos adquiridos durante el desarrollo del proyecto aquella información técnica o de cualquier clase, conocimiento, métodos, herramientas y/o software cuya aplicación vaya a ser dirigida exclusivamente a la regeneración de aguas y recuperación de polifenoles de la industria de la aceituna de mesa, sin incluirse en este contrato otras aplicaciones o usos que se pueda dar a la tecnología en otros sectores, que las partes obtengan durante la realización de las actividades del proyecto objeto del presente Acuerdo, distintos de los Conocimientos Previos, y que pueden ser parte de los mencionados resultados.

De igual manera, en el caso en el que, de los resultados de las actividades del proyecto objeto del presente Acuerdo, se deriven derechos de propiedad industrial y/o intelectual patentable o no, know-how, entre otros, dirigido exclusivamente a la regeneración de aguas residuales y recuperación de polifenoles de la industria de la aceituna de mesa, el derecho y la titularidad sobre los mismos recae al CINCUENTA POR CIENTO (50%) a cada una de las partes."

En este caso, se deja constancia que los referidos derechos podrán ser ejercidos tanto por las sociedades que suscriben el presente acuerdo como por aquellas sociedades vinculadas societariamente a las mismas, esto es, aquellas sociedades en las que posean participaciones o acciones sociales, advirtiendo que, para que pueda operar el referido ejercicio se requerirá comunicación previa y por escrito a la contraparte.

Así mismo, se acuerda que ambas partes podrán ceder los derechos de propiedad industrial y/o intelectual patentable o no, know-how, entre otros a aquellas sociedades vinculadas societariamente a las mismas, esto es, aquellas sociedades en las que posean participaciones o acciones sociales, advirtiendo que, para que pueda operar el referido ejercicio se requerirá comunicación previa y por escrito a la contraparte.

Cualquier otra cesión no prevista en el presente acuerdo queda expresamente prohibida, lo que es aceptado por las partes.

4.3.– Los derechos de explotación, así como los derechos de producción, utilización de tecnologías y comercialización que, en su caso, pudieran derivarse del proyecto objeto del presente contrato serán acordados por las partes en un contrato posterior.

QUINTA.– CONFIDENCIALIDAD

Los conocimientos previos de cada parte, así como los resultados e información o documentación de cualquier clase que se obtengan se consideran información confidencial y están sujetos a lo estrictamente regulado en el contrato de confidencialidad de fecha .... suscrito entre las partes al cual se remiten las partes por serles enteramente conocido.

SEXTA- Duración y Terminación

El presente contrato entrará en vigor a la fecha de su firma, y permanecerá vigente hasta el .... Llegada esa fecha las partes evaluarán los resultados de la colaboración mantenida a fin de proceder o no a su renovación por un plazo máximo adicional y no prorrogable de UN (1) año (esto es, hasta el ....) sin necesidad de intervención alguna de las partes, a menos que exista una notificación por escrito de cualquier parte a la otra manifestando su voluntad de no prorrogar el acuerdo con una antelación mínima de UN (1) mes antes del término del periodo inicial.

A partir del transcurso del plazo inicial o de su prórroga, en su caso, el contrato quedará definitivamente extinguido por terminación del mismo.

Todo lo anterior sin perjuicio de la facultad resolutoria que se establece en la CLÁUSULA OCTAVA.

SÉPTIMA.– NOTIFICACIONES

Cualquier aviso, consentimiento o autorización que haya o puedan darse según el presente acuerdo será efectuado (a) enviándolo por escrito mediante correo certificado con acuse de recibo dirigido a las Partes a notificar o correo electrónico con acuse de recepción y lectura o, (b) entregándolo personalmente por escrito a las Partes a notificar, contra recibo de la entrega en la dirección de tales Partes, indicadas a continuación:

....

....

OCTAVA.– RESOLUCIÓN

Este acuerdo podrá darse por resuelto por acuerdo expreso y por escrito de las partes, así como unilateralmente por cualquiera de las Partes, siempre que medie incumplimiento de las obligaciones de la contraparte y el referido incumplimiento esté debidamente acreditado y justificado. La terminación del acuerdo no afectará a la validez y efectividad de los actos y negocios realizados con terceros en virtud del mismo, que continuará desarrollándose, en cuanto sea necesario para su válida efectividad, hasta la normal terminación de cada uno de dichos actos y negocios.

NOVENA.– DILIGENCIA DEBIDA Y DEBER DE COLABORACIÓN

Las partes se comprometen a colaborar de conformidad con lo estipulado en el presente acuerdo y con la diligencia debida, de acuerdo a los usos y costumbres mercantiles.

DÉCIMA.– MISCELÁNEA

Ninguna renuncia tácita por parte de cualquiera de las partes o el no ejercicio de cualquiera de sus derechos aquí recogidos será considerada como una renuncia a otros derechos o a los mismos derechos en el futuro.

Ninguna modificación, cambio o renuncia de cualquiera de las provisiones del presente acuerdo será efectiva a no ser que se realice por escrito y cuente con la firma de la Parte frente a quien debe operar tal modificación, cambio o renuncia.

Ninguna de las Partes de este acuerdo podrá ceder sus derechos y obligaciones dimanantes del mismo, salvo que medie consentimiento expreso y por escrito de la contraparte, ello con las salvedades establecidas en la CLÁUSULA CUARTA.

En el caso de que cualquier pacto del presente acuerdo fuera nula o anulable, por cualquier resolución legal, administrativa o judicial, la validez del mismo en su conjunto no quedará afectada por dicha circunstancia, siempre que no se trate de una parte sustancial del mismo. El pacto legalmente ineficaz será sustituido por uno nuevo, o interpretado de un modo legalmente aceptable, que sea de un tenor lo más aproximado posible al pacto que las partes habrían formalizado de haber tenido conocimiento de la ineficacia del pacto en cuestión.

DECIMOPRIMERA.– NATURALEZA, LEY APLICABLE Y RESOLUCIÓN DE CONFLICTOS

Este acuerdo tiene naturaleza privada y se regirá e interpretará de conformidad con la normativa española que resulte de aplicación.

Las partes realizarán todos los esfuerzos razonables para resolver, mediante negociaciones de buena fe, cualquier controversia, diferencia o reclamación que pueda surgir durante la ejecución del presente acuerdo.

En el caso de que las Partes no puedan resolver la controversia, diferencia o reclamación en un periodo de sesenta (60) días naturales a contar desde la fecha en la que la misma fuera presentada por una Parte a cualquiera de las otras Partes, las Partes se someterán, con expresa renuncia al foro que pudiese corresponderle, a los tribunales de ....

En virtud de todo lo anterior, las Partes contratantes dejan redactado el presente documento, en cuyo contenido se afirman y ratifican, firmándolo por duplicado en la ciudad y fecha en el encabezamiento expresadas.

En ...., a ....

F139. CONVENIO ESPECÍFICO ENTRE EMPRESA Y UNIVERSIDAD PARA LA REALIZACIÓN DE ESTUDIOS DE VIABILIDAD Y DESARROLLO DE NUEVAS TÉCNICAS ELECTROMAGNÉTICAS

En ...., a .... de .... de ....

REUNIDOS

DE UNA PARTE: DON..................., Rector Magnífico de la Universidad .... (......) (CIF ....), nombrado por .... actuando en nombre y representación de la misma, en virtud de las facultades que le confieren los Estatutos de la Universidad........., aprobados por Decreto de la Comunidad Autónoma ....

DE OTRA PARTE: D.................. con DNI .... como................ de la Empresa (CIF..............) con domicilio en C/........... actuando en nombre y representación de la misma.

Se reconocen ambas partes con poder, competencia y legitimación bastante para formalizar el presente Contrato y

EXPONEN

PRIMERO.– Que la Empresa........... en adelante la Empresa, está interesada en la colaboración del............ Departamento......... de la ETSI de .... de la........., para realizar los trabajos de: ".................."

SEGUNDO.– Que al presente contrato le son de aplicación las normas contenidas en el Título III de los Estatutos de la .... y en la Normativa para contratar con Entidades Públicas y privadas la realización de trabajos de carácter científico, técnico o artístico y cursos de especialización, que regulan las condiciones y procedimientos de autorización que se aplican en la..........., al amparo del art. 83 de la Ley Orgánica de Universidades, la cual es conocida y aceptada por los firmantes del presente Contrato, que se responsabilizan de su publicidad a los terceros intervinientes en el mismo.

TERCERO.– Que..........., como responsable del .... y ...., en adelante el Director de los Trabajos, acepta y se compromete a que se realicen los trabajos que se describen en el Anexo I del presente Contrato en la forma y condiciones pactadas en el mismo, y se responsabiliza de que hayan sido concedidas las autorizaciones reguladas en la normativa expuesta.

Los restantes Profesores participantes relacionados en el Informe del Departamento que figura como Anexo II, aceptan expresa e individualmente las obligaciones del presente contrato, que ejecutarán en los términos que determine el Director de los trabajos, y las autoridades universitarias.

Por todo ello formalizan el presente Contrato privado de PRESTACIÓN DE SERVICIOS, en base a las siguientes

CLÁUSULAS

I. OBJETO

1º.– El objeto del presente Contrato es la realización, por parte del Grupo de Investigación .... de la..............., de los Trabajos técnicos señalados en el exponiendo primero, para la Empresa ....

2º.– El Director de los trabajos y los Profesores participantes asumen la realización del trabajo de acuerdo con el plan de actuación que se contiene en el Anexo I y en base a la propuesta de distribución de los recursos que se adiciona mediante Anexo III.

3º.– El Director de los trabajos informará regularmente a la Empresa de la marcha de dichos trabajos. Finalizado el proyecto emitirá un informe final estableciendo las conclusiones a que se llegue en los mismos, del que remitirá copia al Rectorado de la ...., en que conste la recepción de la Empresa contratante.

II. PLAZO DE EJECUCIÓN

4º.– La duración prevista para el desarrollo del proyecto será de .... años/meses pudiendo prorrogarse o renovarse de mutuo acuerdo si ambas partes consideran oportuna su prosecución, o por tácita reconducción, de acuerdo con lo previsto en el art. 1566 del Código Civil. (En caso contrario tachar esto último).

En este último caso, el Director del Trabajo lo notificará al Rectorado de la .... para la prórroga de la autorización.

III. PRECIO Y FORMA DE PAGO

5º.– Como contraprestación para la realización del trabajo, la Empresa se compromete a abonar a la UPM la cantidad de .... EUROS, que hará efectiva según el siguiente calendario:

...........% a la firma del Contrato...%.........

........% a la finalización de los trabajos.

6º.– El abono de dichas cantidades se hará efectivo en la ...., a nombre de ....

El retraso en el pago de cualquier cantidad significará la constitución en mora de la obligación, de acuerdo con el art. 1100.1° del Código Civil, devengándose desde su vencimiento el interés legal del dinero, incrementado en dos puntos.

IV. ADMINISTRACIÓN Y GESTIÓN

7º.– La Oficina .... será la Unidad Administrativa de la .... encargada de la gestión y administración del Contrato, en cuanto a su registro, cobros, pagos, obligaciones fiscales y demás servicios de apoyo de carácter administrativo derivados de la realización del mismo.

V. SECRETO DE LA INVESTIGACIÓN

8º.– Cada una de las partes se compromete a no difundir, bajo ningún aspecto, las informaciones científicas o técnicas pertenecientes a la otra parte a las que haya podido tener acceso en el desarrollo de los trabajos correspondientes al proyecto objeto de este contrato.

VI. FINALIZACIÓN ANTICIPADA

9º.– La realización de los trabajos objeto del presente Contrato podrá interrumpirse por mutuo acuerdo entre las partes contratantes, bien porque consideren los trabajos finalizados antes del período marcado, o por cualquier otra causa que haga inviable su prosecución.

10º.– El incumplimiento grave de cualquiera de las obligaciones contraídas por el presente Contrato por una de las partes, facultará a la otra para rescindir el mismo, quedando automáticamente anulados todos los derechos y obligaciones correspondientes sobre el objeto de la contratación.

11º.– La parte responsable de incumplimiento por causas que no sean de fuerza mayor, indemnizará debidamente a la otra por los daños y perjuicios causados, hasta el momento de la resolución

12º.– Las partes podrán denunciar o modificar el presente documento en cualquier momento por mutuo acuerdo. Las disposiciones del apartado V y siguientes del presente Contrato subsistirán después de la terminación o rescisión del mismo.

VII. NATURALEZA Y JURISDICCIÓN

13º.– El presente Contrato tiene naturaleza privada. En caso de litigio sobre su interpretación y aplicación, los Tribunales de .... serán los únicos competentes, renunciando ambas partes a cualesquiera otros fueros que pudieran corresponderles, previo agotamiento ante la Universidad de la reclamación previa a que hace referencia la Ley de Procedimiento Administrativo.

14º.– Este documento podrá ser elevado a escritura pública a petición de la Empresa, a su coste, o cuando así lo exija la legislación vigente, en los términos que se determinen.

Habiendo leído el presente por sí mismos y hallándose conformes, lo firman por triplicado y a un sólo efecto, en lugar y fecha arriba citados.

ANEXOS

I.– Memoria de los trabajos a realizar y plan de actuación

Título: "..............................."

Objetivos: se trata de la contratación, durante seis meses, de la...................., investigadora del ...... para la realización de las actividades encaminadas a establecer la viabilidad de aplicaciones de técnicas optoelectrónicas para la de la calidad interna de alimentos. 2: antes de final del año ....., realizar una solicitud de Tareas (hay que revisarlas, pero podéis ver lo que representa lo hablado entre vosotros.

- Revisión bibliográfica de equipos, aplicaciones, potencialidades (Mes 1).

- Diseño de experimentos en base a las sugerencias del .... y .... sobre aplicaciones de interés con el objetivo de establecer las que son viables y las condiciones de inspección óptimas (Meses 2-4).
- Realizar experimentos preliminares con referencias para establecer la metodología y protocolos de adquisición de datos y desarrollar los procedimientos para el análisis de los mismos (meses 4-6).
- Análisis de datos, discusión, reuniones, conclusiones (meses 2-6).

Condiciones: La .... contrata a.........., durante ...... meses, con cargo a los ingresos que sobre el presente contrato realiza ....La investigadora seguirá siendo por tanto personal adscrito a la ...., dentro del ......, con actividad compartida con la empresa, en su localidad, en función de las necesidades de su trabajo.

Financiación:

Los costes:

- Un ingeniero o un doctor a tiempo completo cuestan a partir de ... /año, incluido seguros, y quince pagas
- Gastos de desplazamientos (de aquí allí, o viceversa, de ella misma o de las doctoras............) gastos de viajes y dietas
- Otros gastos no previstos serán cubiertos directamente por ....
- Los gastos indirectos de la.........., hay que sumar un ...% del total.
- Contrato pre/pos doc. (mismo coste) ....
- Desplazamientos....................
- Costes indirectos ....

F140. ACUERDO MARCO DE COLABORACIÓN ENTRE EMPRESA Y UNIVERSIDAD

En ...., a................ de....................... de ....

Por una parte, Don..........., en nombre y representación .... en su calidad de .... de la misma, con domicilio en ...., en adelante .... y

Por otra, D................., Excmo. y Mgfco. Sr. Rector de la Universidad .... (CIF ....), nombrado por Decreto ...., actuando en nombre y representación de la misma, en virtud de las facultades que le confieren los Estatutos de la Universidad ...., aprobados por Decreto de la Comunidad Autónoma de ...., de .... de ..... (BOC..... del ... de .... de ...), en adelante UP.

EXPONEN

1.– Que. .... es una Entidad de ....

2.– Que la UP es una Entidad de Derecho Público de carácter multisectorial y pluridisciplinar que desarrolla actividades de docencia, investigación y desarrollo científico y tecnológico.

3.– Que tanto .... como la UP están de acuerdo en establecer una colaboración en los campos formativos, científicos y técnicos de interés común, incluyendo la participación en proyectos conjuntos tanto de ámbito nacional como internacional.

Teniendo en cuenta lo anteriormente expuesto. .... y la UP

CONVIENEN

Estrechar sus relaciones, aunar esfuerzos y establecer normas amplias de actuación que encaucen e incrementen, dentro del marco preestablecido, los contactos y colaboraciones de acuerdo con las siguientes

CLÁUSULAS

PRIMERA.– FINALIDAD DEL ACUERDO MARCO

El objeto de este Acuerdo es el establecimiento de un marco de actuación para la colaboración entre. .... y el Grupo de Investigación reconocido .... del Departamento de Ingeniería .... de la UP, en actividades de soporte científico y tecnológico y de colaboración en temas específicos.

SEGUNDA.– MODALIDADES DE COLABORACIÓN

a) Cooperación en programas de formación.

b) Participación en proyectos conjuntos tanto de ámbito nacional como internacional.

c) Asesoramiento mutuo en cuestiones relacionadas con la actividad de ambas Entidades.

d) Facilitamiento mutuo para el uso de instalaciones

e) Cuantas otras sean consideradas de interés mutuo, dentro de las disponibilidades de las partes y de las actividades que constituyen el objeto del presente Acuerdo Marco.

TERCERA.– CONTENIDO DE LOS CONVENIOS ESPECÍFICOS.

Cada proyecto y/o programa de actuación en el marco de este Acuerdo será objeto de un Convenio Específico que deberá contener, entre otros, los siguientes aspectos

a) Definición del objeto que se persigue.

b) Descripción del Plan de Trabajo, que incluirá las distintas fases del mismo y la cronología de su desarrollo.

c) Presupuesto total y medios materiales y humanos que requiera el citado programa, especificando las fuentes de financiación.

d) Normas para la coordinación, ejecución y seguimiento del proyecto.

e) Nombre de las personas, una por cada parte, que se designarán por mutuo acuerdo y se responsabilizarán de la marcha del Convenio.

CUARTA.– NORMAS DE FUNCIONAMIENTO.

Las colaboraciones derivadas de este Acuerdo Marco quedarán sujetas a las normas de y la ...., en la forma que establezcan los Convenios Específicos, teniendo en cuenta la naturaleza de la colaboración y el Centro donde se realice el trabajo.

SECRETO DE LA INVESTIGACIÓN: Cada una de las partes se compromete a no difundir, bajo ningún aspecto sin previo acuerdo, las informaciones científicas o técnicas pertenecientes a la otra parte a las que haya podido tener acceso en el desarrollo de los trabajos correspondientes al proyecto objeto de este convenio/contrato. En particular: ningún resultado de interés tecnológico que no haya sido patentado previamente podrá ser publicado pro ningún medio; los resultados científicos solamente podrán ser publicados en los medios de difusión pertinentes a partir de los 5 años de su obtención........

Los resultados obtenidos durante el proyecto relacionados con el trabajo experimental o estudios, serán recogidos en todo caso en informes internos que se harán llegar a las partes periódicamente.

QUINTA.– ESTABLECIMIENTO DE LA COMISIÓN MIXTA.

Para facilitar la colaboración de los Convenios Específicos, su seguimiento y cumplimiento, se constituirá una Comisión Mixta paritaria integrada por los firmantes del Convenio, o personas en quien deleguen, dos representantes de.............. y dos representantes del Grupo de Investigación .... de la ....

Dicha comisión se constituirá en el plazo de .... días, contados a partir de la fecha de la firma de este Acuerdo Marco.

La Comisión Mixta dictará sus normas internas de funcionamiento.

SEXTA.– FUNCIONAMIENTO DE LA COMISIÓN MIXTA.

A la Comisión Mixta le corresponden, entre otras, las siguientes funciones:

a) Promover posibilidades de colaboración en temas científico-tecnológicos de interés común.

b) Preparar los Convenios Específicos de ejecución del presente Acuerdo Marco sobre las materias seleccionadas, dentro de las modalidades de colaboración establecidas en la cláusula segunda.

c) Elevar las propuestas que elabore a los órganos competentes de las dos partes.

d) Aclarar y decidir cuantas dudas puedan plantearse en la interpretación y ejecución de los Convenios Específicos.

e) Realizar el seguimiento de los Convenios Específicos que se suscriban.

SÉPTIMA.– ENTRADA EN VIGOR Y DURACIÓN.

El presente Acuerdo Marco entrará en vigor en el momento de su firma y su vigencia será de .... años, renovables por períodos iguales por acuerdo tácito.

OCTAVA.– MODIFICACIÓN Y RESCISIÓN.

Las partes podrán modificar o denunciar el presente documento en cualquier momento por mutuo acuerdo. Cualquiera de las partes podrá a su vez, denunciar el presente acuerdo comunicándolo por escrito a la otra parte con .... meses de antelación a la fecha en que vaya a darlo por terminado. En ambos casos deberán finalizarse las tareas de los Convenios Específicos que estén en vigor.

.... y la .... se comprometen a resolver de forma amistosa cualquier desacuerdo que pueda surgir en el desarrollo del presente acuerdo, renunciando a, en caso de conflicto, someterlo a los Tribunales.

Y en prueba de conformidad de cuanto antecede, firman por duplicado el presente documento en el lugar y fecha arriba indicados.

F141. CONVENIO DE COLABORACIÓN ENTRE EMPRESAS PARA EL DESARROLLO CONJUNTO DE NEGOCIO DE OBTENCIÓN Y COMERCIALIZACIÓN DE INGREDIENTES

En .... hoy día .... de ....

REUNIDOS

De una parte, ..., con CIF núm............., de nacionalidad española, con domicilio social en calle .... y representada por D. .... con DNI ...., actuando como Administrador único de la misma, cargo inscrito en el registro Mercantil de .... y vigente a la fecha (en adelante...........)

De otra parte, ..., con CIF núm..........., de nacionalidad española, con domicilio a efectos del presente Acuerdo en............., representada por D................., con DNI..........., cuyo cargo manifiesta vigente (en adelante..............)

DECLARAN

I.. Que .... es una empresa dedicada, a la investigación, desarrollo, obtención y purificación de ingredientes así como a la fabricación y comercialización de los mismos.

II.– Que .... es una empresa dedicada al cultivo de especies vegetales, entre las que destaca el .... en todas sus variedades.

III.– Que .... y .... tienen interés en el desarrollo conjunto del negocio de ingredientes procedentes a partir del..........., dando como resultado la comercialización de los mismos así como de productos finales a partir de estos ingredientes (el "objeto del convenio").

IV.– Que es interés de las partes suscribir un convenio, desde la base de la mutua confianza y el reconocimiento de las capacidades propias de cada parte,

Con relación a todo ello celebran el presente convenio en base a las siguientes

CLÁUSULAS

PRIMERA.– DEFINICIONES

1.1. Especificaciones: Las características del producto

1.2. Materia Prima: Partes de las especies vegetales (principalmente..............), utilizadas para la obtención de extractos e ingredientes.

1.3. Material de Acondicionamiento: Cualquier material empleado en el acondicionamiento de productos, a excepción de los embalajes utilizados para el transporte o envío. El material de acondicionamiento se clasifica en primario o secundario según esté o no en contacto directo con el producto.

1.4. Parte(s): .... y .... conjuntamente y .... o .... individualmente, según el contexto en el que este término se emplee.

1.5. Producto Final: Ingrediente listo para la venta y producto formulado por mezcla de distintos ingredientes listo para la venta.

1.6. Mejoras: Nuevos desarrollos efectuados en relación con la presentación, composición, formulación, eficacia, calidad, seguridad, fabricación, análisis, uso y propiedades

SEGUNDA.– OBJETO DEL CONTRATO

Las partes formalizan y pactan el presente convenio de colaboración siendo su OBJETO el desarrollo conjunto del negocio de ingredientes procedentes a partir del............, dando como resultado la comercialización de los mismos así como de productos finales a partir de estos ingredientes.

Actividades iguales o similares en todo o parte a las relacionadas en el OBJETO, iniciadas por alguna de las partes con anterioridad a la firma del presente convenio, se podrán desarrollar por las mismas poniéndolo en conocimiento de la otra parte, e indicándolo en el Anexo I. Estas actividades podrán ser incorporadas en la parte no desarrollada externamente al presente convenio, aplicándoles las mismas cláusulas del mismo. Cada una de estas actividades dada su posible diversidad, se desarrollarán en Anexos al presente Convenio.

TERCERA.– APORTACIONES Y COMPROMISOS DE LAS PARTES PARA LA EXPLOTACIÓN CONJUNTA

La colaboración entre las partes para la explotación conjunta del negocio citado se articula, entre otros, en los siguientes términos:

3.1. Corresponde a.............:

La investigación, desarrollo, obtención, purificación y fabricación de ingredientes así como también la formulación y fabricación de productos finales para la venta partiendo de tales ingredientes.

3.2. Corresponde a.............:

El desarrollo y cultivo de las materias primas y su adaptación para ser utilizadas en el proceso de elaboración tanto de los ingredientes como de las formulaciones de productos

La gestión comercial y comercialización de los productos resultantes de este convenio.

3.3. Corresponde a las Partes:

Para cada proyecto que se ponga en marcha, se acordarán por las partes los precios de transferencia, que se incorporarán como Anexos específicos al presente convenio, con el objetivo de que el beneficio generado en la comercialización al cliente final quede repartido de forma equitativa.

Así como cualquier otro documento que sea necesario para cumplir los requerimientos de la Administración Sanitaria o de los clientes.

Los precios convenidos, que no incluyen el Impuesto sobre el Valor Añadido, son alzados, fijos y cerrados e incluyen la contraprestación por la totalidad de servicios y conceptos que, como consecuencia de este Convenio se presten entre sí, de tal manera que la contraparte no satisfará cantidad alguna adicional por cualquier otro concepto distinto. El pago del precio se realizará por la parte obligada dentro del plazo de .... días a contar desde la fecha de la factura mediante pagaré o transferencia bancaria a la cuenta que cada parte designe.

Los beneficios del negocio se repartirán al............ Para compensar a la otra parte por las diferencias que pudiesen haber en esta distribución, se emitirá por la contraparte, la correspondiente factura, que hará referencia al negocio relacionado.

Dada que el objetivo final de este convenio es repartir equitativamente los resultados de este negocio, a partir de un volumen de venta determinado y/o pasado el primer año de este convenio, sería conveniente configurar una sociedad para la comercialización conjunta.

3.4. Cada una de las partes de este Convenio desempeñará su actividad con independencia y plena autonomía, organizando libremente su actividad empresarial, que es distinta e independiente de la de la contraparte, con sus respectivos recursos humanos y materiales y conforme a sus propios criterios.

.... y .... son personas jurídicas distintas e independientes y actuarán en este Convenio como personas distintas e independientes, sin perjuicio de la colaboración precisa entre ambas para la ejecución y cumplimiento de este.

Expresamente se hace contar que el presente documento no constituye acto alguno de creación de sociedad o entidad, sea capitalista o no, por parte de .... y .... ni compromiso u obligación alguna de tal constitución.

CUARTA.– PROPIEDAD INTELECTUAL O INDUSTRIAL

Cualquier propiedad intelectual o industrial, patentable o no, know-how, método, conocimiento, información técnica etc, existente con anterioridad a la entrada en vigor de este convenio y que se emplee con ocasión del mismo, corresponde, en exclusiva, a la parte titular de los mismos, sin que su uso en virtud del presente convenio confiera a la contraparte no titular derecho alguno sobre los mismos, sea de titularidad, indemnizatorio, compensatorio o cualquier otro.

Del mismo modo reseñado en el párrafo anterior, se procederá respecto de cualquier propiedad intelectual o industrial, patentable o no, know-how, método, conocimiento, información técnica etc que se desarrolle u obtenga con ocasión de este convenio, como consecuencia de la propiedad intelectual o industrial, patentable o no, know-how, método, conocimiento, información técnica etc, existente con anterioridad a la entrada en vigor de este convenio y que se emplee con ocasión del mismo.

La propiedad intelectual o industrial, patentable o no, know-how, método, información técnica, etc., que se derive de la investigación, desarrollo, obtención, fabricación y formulación de los ingredientes y productos finales a que se refiere el punto 3.1 de la cláusula tercera, corresponderá a ambas partes.

QUINTA.– CONFIDENCIALIDAD

.... y .... asumen individualmente el compromiso de mantener secreta y no difundir, cualesquiera informaciones y procesos revelados en relación con el presente convenio, su objeto, o desarrollo posterior. Este compromiso no alcanzará a aquellas informaciones y procesos a los que cada parte pudiera acceder de forma legítima, bien con ocasión de su propia actividad, bien a través de terceros, bien por alcanzar éstos la condición de dominio público.

Cada una de las partes hace igualmente extensivo dicho compromiso de confidencialidad a la actuación de su personal y/u otros colaboradores que, encontrándose bajo su dirección, tengan relación o conocimiento de tales informaciones y procesos. Por ello, ... y .... adoptarán individual y/o conjuntamente cuantas precauciones sean razonablemente exigibles para asegurar el cumplimiento de los compromisos aquí establecidos. .... y .... manifiestan su compromiso de respetar y reconocer los conocimientos pre-existentes que la contraparte pudiera suministrar con ocasión del presente convenio, no instando unilateralmente protección alguna derivada de los mismos, ni facilitando su difusión o generalización, salvo expresa y previa autorización otorgada por la parte que hubiese suministrado los mismos.

Igualmente, la información obtenida/desarrollada en cumplimiento del presente convenio, se mantendrá en régimen de absoluta reserva y confidencialidad, entre las partes y frente a terceros.

Las partes, individualmente, no inducirán a empleados de la contraparte (o colaboradores que guarden relación con la contraparte), para que terminen o dimitan en los cargos, relaciones laborales o profesionales que mantengan con cualquiera de las restantes partes aquí representadas. Limitaciones de contrataciones laborales: Las partes se obligan recíprocamente a no contratar, directamente ni a través de terceros a ninguno de los trabajadores que tengan la consideración de personal técnico o profesionalmente cualificado de la otra contraparte tanto durante el periodo de vigencia del presente acuerdo como durante el periodo de dos años posteriores a su resolución. Salvo acuerdo previo y por escrito de la otra contraparte.

SEXTA.– OBLIGACIONES Y RESPONSABILIDADES DE LAS PARTES

Las partes se obligan a no fabricar, adquirir, vender, promover la venta o distribuir, directa ni indirectamente, por cuenta propia o de terceros, productos iguales o similares y concurrentes o competitivos con los productos objeto de este convenio. Ello con la excepción establecida en la cláusula tercera de este documento.

.... y .... asumen la obligación de actuar de buena fe y lealmente entre sí, actuando en el sentido que requieran el desarrollo leal del negocio objeto de este contrato.

Especialmente manifiestan los aquí firmantes que no han suscrito, directa o indirectamente, ningún otro documento y acuerdo contractual vinculante, análogo al presente y que tenga por objeto la obtención, purificación y desarrollo de ingredientes a partir del..........., la comercialización de los mismos y de productos finales a partir de estos ingredientes.

Cada parte será responsable de su propia actuación frente a terceros, eximiendo a la contraparte de las responsabilidades derivadas de tal actuación y manteniéndole indemne frente a cualquiera reclamación de tercero.

Cada una de las partes serán responsables de las inversiones en personal, instalaciones, almacenes, medios técnicos, etc, que tengan que hacer acometer como consecuencia del presente contrato, por lo que ninguna de las partes satisfará a la contraparte ninguna clase de indemnización, compensación etc por estos conceptos u otros a la finalización del mismo, cualquiera que fuese el motivo de la terminación del contrato.

En el supuesto que una de las partes, incumpliese cualesquiera de las obligaciones aquí asumidas, que todas ellas tienen para las partes la consideración de esenciales, deberá abonar a las partes cumplidoras la suma de.............. EUROS, en concepto de cláusula penal expresamente aquí pactada, y sin perjuicio de la correspondiente indemnización de los daños y perjuicios que con su actuación hubiese irrogado y el ejercicio de cuantas acciones procediese como consecuencia del citado incumplimiento.

SÉPTIMA.– DURACIÓN Y VIGENCIA DEL CONTRATO

El presente Convenio entrará en vigor el día de la fecha del presente documento y tendrá una duración inicial de .... a contar desde la fecha de su entrada en vigor. Dicho plazo se renovará de manera automática a partir del primer año por un período de............, salvo que cualquiera de las partes, con una antelación mínima de .... al vencimiento del plazo inicial y de .... de cualquiera de sus prórrogas, manifieste expresa y fehacientemente a la contraparte su voluntad de dar por terminado el presente convenio.

Además, el presente convenio podrá ser resuelto en los casos previstos en la Ley y automáticamente a instancias de cualesquiera de las partes cuando la otra parte incumpliera cualesquiera de sus obligaciones derivadas del convenio, y no las remediare, en su caso, dentro de los .... días naturales siguientes a la notificación de dicho incumplimiento por la contraparte.

La terminación del Convenio no afectará a la validez y efectividad de los actos y negocios realizados con terceros en virtud del mismo, que continuará desarrollándose, en cuanto sea necesario para su válida efectividad, hasta la normal terminación de cada uno de dichos actos y negocios.

Extinguido sea el presente convenio, cesará la obligación de no competencia reseñada en la cláusula sexta de este documento. Sin perjuicio de lo anterior, tras la referida extinción y hasta transcurridos cuatro años desde la misma, las partes no podrán suscribir con tercero alguno, directa o indirectamente, ningún otro documento y acuerdo contractual vinculante, análogo al presente y que tenga por objeto proyectos desarrollados conjuntamente al amparo del presente convenio.

OCTAVA.– Ninguna renuncia tácita por parte de cualquiera de las Partes o el no-ejercicio de cualquiera de sus derechos aquí recogidos será considerada como una renuncia a otros derechos o a los mismos derechos en el futuro.

Ninguna modificación, cambio o renuncia de cualquiera de las provisiones del presente Convenio será efectiva a no ser que se realice por escrito y cuente con la firma de la Parte frente a quien debe operar tal modificación, cambio o renuncia.

NOVENA.– Para la práctica de cuantos requerimientos o notificaciones hayan de verificarse, ambas partes designan los domicilios reseñados en el encabezamiento de este contrato. Dichos domicilios podrán ser modificados por cualquiera de las partes de este documento previa notificación fehaciente a la otra del expresado cambio.

DÉCIMA.– En el caso de que cualquier pacto del presente Convenio fuera nula o anulable, por cualquier resolución legal, administrativa o judicial, la validez del mismo en su conjunto no quedará afectada por dicha circunstancia, siempre que no se trate de una parte sustancial del mismo. El pacto legalmente ineficaz será sustituido por uno nuevo, o interpretado de un modo legalmente aceptable, que sea de un tenor lo más aproximado posible al pacto que las partes habrían formalizado de haber tenido conocimiento de la ineficacia del pacto en cuestión.

DÉCIMO PRIMERA.– Ninguna de las Partes de este Convenio podrá ceder sus derechos y obligaciones dimanantes del mismo.

DÉCIMO SEGUNDA.– El presente convenio entrará en vigor el día de la fecha del presente documento.

DÉCIMO TERCERA.– .... y .... procurarán solucionar pacíficamente cualquier discrepancia que de la interpretación y aplicación del presente convenio pudiera derivarse, con arreglo a los principios de buena fe y equilibrio en las prestaciones que orientan las relaciones entre las partes. No obstante, para el caso no se llegara a un entendimiento, los Tribunales de la ciudad de .... serán los únicos competentes, renunciando ambas partes a cualesquiera otros fueros que pudieran corresponderles, salvo los legalmente indisponibles.

Por todo ello, y hallándose conformes las partes en cuanto aquí se dispone, lo formalizan y suscriben, por duplicado ejemplar, y a un solo efecto, en................, a .... de ....

F142. ACUERDO DE COLABORACIÓN PARA VENTA ACTIVOS

En ....., a ....

REUNIDOS

De una parte, D. ...., mayor de edad, con DNI.......... y domicilio a estos efectos en ....

De otra parte, D .... mayor de edad, con DNI nº .... y domicilio a estos efectos en ...... CP Ciudad.

INTERVIENEN

D........................., en nombre y representación de .... (en adelante AF), con CIF nº................, en su condición de .....

D ...., en su propio nombre y representación.

Los comparecientes se reconocen mutuamente la capacidad legal necesaria para otorgar el presente CONTRATO DE COLABORACIÓN y

MANIFIESTAN

I.– Que .... tiene más de ... años de experiencia en el sector de la consultoría y de la administración concursal. Como resultado de su actividad, ... tiene frecuente contacto con inversores y acceso a la gestión de una amplia variedad de activos. Recientemente, ... ha recibido una muestra de interés de la propiedad del edificio sito en Paseo de .... de ...., para la venta de su totalidad (en adelante, EL PROYECTO).

II.– Que D ..... tiene como actividad principal ...... y dispone de los conocimientos, medios y contactos necesarios para acometer con éxito EL PROYECTO, y objeto del presente contrato

III.– Que por todo ello, ambas partes han acordado la celebración del presente contrato de colaboración, en los términos que se estipulan en las siguientes

CLÁUSULAS

PRIMERA.– OBJETO DE LA COLABORACIÓN

..... se encargará de coordinar los esfuerzos y negociación de la propuesta con la parte vendedora, así como encauzar las negociaciones ante la/s propuestas recibidas.

...... se encargará de ......

En ningún caso se considerará que la relación entre ..... y D ..... es de naturaleza laboral.

SEGUNDA.– HONORARIOS A ÉXITO

En caso de que el proyecto se formalizase, las partes percibirán una comisión a éxito dividida a ......

El pago se efectuará con la presentación de la factura correspondiente durante la firma de los contratos de compraventa en notaria.

TERCERA.– VIGENCIA DEL CONTRATO

El presente contrato tiene una vigencia de ..... años a contar desde la firma del mismo.

CUARTA.– CONFIDENCIALIDAD

.... se compromete a no divulgar la información y documentación confidencial referente a la otra parte y de la que haya tenido conocimiento por razón de la ejecución del presente contrato y a mantenerla en secreto, incluso después de la finalización del mismo.

Y acuerda tomar las medidas necesarias respecto a su personal e incluso terceros que puedan tener acceso a dicha información y documentación, a fin de garantizar la confidencialidad objeto de esta cláusula.

QUINTA.– NO-ACTUACIÓN UNILATERAL

AF se compromete a no llevar a cabo ninguna comunicación ni actuación unilateral con la parte inversora, ni con ninguna parte relacionada con la misma exceptuando a .....

..... se compromete a no llevar a cabo ninguna comunicación ni actuación unilateral con la parte vendedora, ni con ninguna parte relacionada con la misma exceptuando a AF.....

SEXTA.– LEY APLICABLE JURISDICCIÓN COMPETENTE. INEXISTENCIA DE RELACIÓN LABORAL

Al presente contrato se aplica la normativa española sobre contratos de arrendamientos de servicios prevista en el Código Civil y cualquier litigio sobre el mismo se resolverá por arbitraje de equidad ante el Tribunal Arbitral del Ilustre Colegio de la Abogacía de ....

SÉPTIMA.– COMUNICACIONES Y NOTIFICACIONES

En general las comunicaciones entre las partes de asuntos relacionados con el presente contrato se realizarán por teléfono y por correo electrónico con acuse de recibo

A tal efecto se designan los siguientes correos electrónicos

Por ...., el correo electrónico de .....

Por ...., el correo electrónico de .....

Y leído el presente documento, ambas partes lo firman en prueba de su conformidad, a un solo efecto y por duplicado, en el lugar y fecha ut supra.

F143. RESOLUCIÓN DE MUTUO ACUERDO DE CONVENIO DE COLABORACIÓN

En ...., a .... de ....

REUNIDOS

DE UNA PARTE.– La entidad............, con CIF:............, y con domicilio en ...., representada por.........., con DNI/NIF.........., en calidad de ....

Y DE OTRA PARTE.– La entidad........., con CIF:.........., y con domicilio en ...., representada por........ con DNI/NIF........, en calidad de................

Los comparecientes se reconocen mutuamente con la capacidad legal suficiente para el otorgamiento del presente documento y al efecto,

MANIFIESTAN Y CONVIENEN

I.– Que las entidades .... y .... firmaron el.........., un convenio de colaboración que tenía como objeto el desarrollo conjunto por ambas compañías del negocio de fabricación y comercialización, incluida la compraventa, promoción de venta y/o distribución, de............., actualmente en vigor, en los términos y condiciones que resultan del mismo y que se dan aquí por íntegramente reproducidos en aras a una mayor brevedad.

II.– Que ambas partes dan por resuelto el citado convenio de colaboración de fecha..........., y extinguido el mismo, sin que tengan nada que reclamarse la una a la otra y renuncian expresamente a todas y cuantas acciones de cualquier índole que pudieran corresponderles a consecuencia del citado convenio de colaboración.

III.– Que el presente acuerdo de resolución contractual supone:

- El cese para ambas partes de la obligación de no competencia reseñada en la cláusula .... del convenio de colaboración de fecha .... resuelto por el presente escrito.
- La presente resolución del convenio de colaboración de fecha .... no afectará a la validez y efectividad de los actos y negocios realizados con terceros en virtud del mismo, que continuará desarrollándose, en cuanto sea necesario para su valida efectividad, hasta la terminación de cada uno de dichos actos y negocios.
- La eliminación para ambas partes de la prohibición por plazo DE .... años desde la extinción del convenio, para suscribir con terceros documentos o acuerdos contractuales vinculantes análogos, a la que hace referencia la cláusula séptima del convenio de colaboración de fecha .... resuelto por el presente escrito.

- El mantenimiento para ambas partes por plazo de........ años de los compromisos de confidencialidad a que hace referencia la cláusula .... del convenio de colaboración de fecha .... resuelto por el presente escrito.

Leído el presente documento los comparecientes lo encuentran conforme con su voluntad, por lo que se ratifican en su contenido y lo suscriben por duplicado, quedando un ejemplar en poder de cada parte.

XIII. CONTRATACIÓN Y CONCURSO DE ACREEDORES

SUMARIO: F144. RESOLUCIÓN DE CONTRATO DE RESERVA. CONCURSO ACREEDORES. F145. ESCRITURA DE COMPRAVENTA DE INMUEBLE ANTES DE LA APROBACIÓN JUDICIAL DEL CONVENIO O LA APERTURA DE LA LIQUIDACIÓN SUJETA A AUTORIZACIÓN JUDICIAL. F146. ESCRITURA DE COMPRAVENTA DE INMUEBLE ANTES DE LA APROBACIÓN JUDICIAL DEL CONVENIO O LA APERTURA DE LA LIQUIDACIÓN. CONDICIÓN SUSPENSIVA: SOMETIMIENTO A LA AUTORIZACIÓN DEL TRIBUNAL DE CONCURSO. F147. ESCRITURA DE COMPRAVENTA DE INMUEBLE ANTES DE LA APROBACIÓN JUDICIAL DEL CONVENIO O LA APERTURA DE LA LIQUIDACIÓN. ACTO INDISPENSABLE PARA GARANTIZAR LA VIABILIDAD DE LA EMPRESA O NECESIDADES DE TESORERÍA. F148. ESCRITURA DE COMPRAVENTA DE INMUEBLE ANTES DE LA APROBACIÓN JUDICIAL DEL CONVENIO O LA APERTURA DE LA LIQUIDACIÓN. BIEN NO NECESARIO PARA LA ACTIVIDAD DE LA CONCURSADA. F149. COMPRAVENTA DE INMUEBLE EN EJERCICIO DE LA ACTIVIDAD EMPRESARIAL. F150. COMPRAVENTA DE INMUEBLE COMO OPERACIÓN DE LIQUIDACIÓN. F151. CONTRATO DE COMPRAVENTA DE CRÉDITOS TITULARIZADOS POR LA CONCURSADA FRENTE A TERCEROS. F152. CONTRATO DE COMPRAVENTA DE CRÉDITOS TITULARIZADOS POR LA CONCURSADA FRENTE A TERCEROS. COMPRA DE CRÉDITOS POR MITADES INDIVISAS. F153. ESCRITURA DE COMPRAVENTA DE PARTICIPACIONES SOCIALES Y CESIÓN DE CRÉDITO COMO OPERACIÓN DE LIQUIDACIÓN. F154. CONTRATO DE COMPRAVENTA DE MAQUINARIA CUYA TITULARIDAD LA OSTENTA UNA SOCIEDAD DECLARADA EN CONCURSO DE ACREEDORES DE MICROEMPRESA.

F144. RESOLUCIÓN DE CONTRATO DE RESERVA. CONCURSO ACREEDORES

Normativa aplicable: *Arts. 160 y ss. Real Decreto Legislativo 1/2020, de 5 de mayo, por el que se aprueba el texto refundido de la Ley Concursal.*

En la Ciudad de..........., a ....

REUNIDOS

DE UNA PARTE.– Don................, con DNI/NIF..........., mayor de edad y con domicilio en ....

Y DE OTRA PARTE.– La entidad..............., con CIF............., y con domicilio ambos a estos efectos en.............. Representada por su administración concursal integrada por ....

Los comparecientes se reconocen mutuamente con la capacidad legal suficiente para el otorgamiento del presente documento y al efecto,

MANIFIESTAN Y CONVIENEN

I.– Que Don................ y la mercantil .... (actualmente .... en liquidación) firmaron un contrato el .... por el que Don........... entregó la cantidad de .... euros en concepto de reserva de la vivienda tipo ... en la .... planta del edificio que construía la citada mercantil, de ...... viviendas en altura, entresuelos, local en planta baja y plazas de garaje y trasteros en sótano, con fachada en la calle en proyecto ... y proyecto.., s/n, en............ Como consecuencia de la citada entrega Don.........., aparece como acreedor en el Informe emitido por la Administración Concursal antes indicada, en el procedimiento concursal de la mercantil .... en liquidación.

II.– Mediante Auto de fecha .... del Tribunal de Instancia, sección de lo Mercantil (plaza núm. ...) de ...., se ha acordado la apertura de la Fase de Liquidación del Concurso de Acreedores de la entidad "......... en liquidación" concurso de acreedores que fue declarado por Auto de dicho Tribunal de fecha ....

III.– Que atendiendo al interés general del Concurso de Acreedores, por un lado, y para posibilitar en la medida de lo posible las reglas de la liquidación por otro, ambas partes acuerdan dar por resuelto el citado contrato, reconociendo en consecuencia "........... en liquidación" a Don............, un crédito por importe de la cantidad mencionada, cantidad de .... €, que se satisfará, como crédito contra la masa, en función del resultado de la liquidación de la masa activa del concurso de acreedores, a resultas de lo que definitivamente se obtenga en cumplimiento las reglas de la liquidación, y por el orden legalmente establecido.

IV.– Como consecuencia de la resolución contractual convenida, Don............., reconoce no ostentar derecho alguno respecto de la citada vivienda, la cual queda a disposición de la Administración Concursal para dar cumplimiento a las reglas de la liquidación del procedimiento concursal mencionado.

V.– El presente acuerdo de resolución será presentado por la Administración Concursal en el procedimiento concursal ya indicado, solicitando su homologación por el Tribunal de Instancia, sección de lo Mercantil (plaza núm. ...) de ...., en los autos..........., en cumplimiento de lo establecido en los arts. 160 y ss. de la Ley Concursal vigente, Real Decreto Legislativo 1/2020, de 5 de mayo, por el que se aprueba el texto refundido de la Ley Concursal, y su eficacia queda condicionada suspensivamente a que en un plazo de tres meses a contar desde el día de su firma se obtenga la expresada homologación.

Leído el presente documento los comparecientes lo encuentran conforme con su voluntad, por lo que se ratifican en su contenido y lo suscriben por duplicado, quedando un ejemplar en poder de cada parte.

F145. ESCRITURA DE COMPRAVENTA DE INMUEBLE ANTES DE LA APROBACIÓN JUDICIAL DEL CONVENIO O LA APERTURA DE LA LIQUIDACIÓN SUJETA A AUTORIZACIÓN JUDICIAL

En la ciudad de..............., mi residencia, hoy día...... de......... de dos mil......

Ante mí,........................., notario del Ilustre Colegio de..............

COMPARECEN

I.– Don.............. mayor de edad, de nacionalidad española, casado, con domicilio en calle........................, núm..................., dotado de DNI/NIF........................

II.– Don.............. mayor de edad, de nacionalidad española, casado, con domicilio en calle........................, núm..................., dotado de DNI/NIF..........................

III.– Don.............. mayor de edad, de nacionalidad española, casado, con domicilio en calle........................, núm..................., dotado de DNI/NIF.......................... y.

IV.– Don.............. mayor de edad, de nacionalidad española, casado, con domicilio en calle........................, núm..................., dotado de DNI/NIF..........................

V.– Don........................ mayor de edad, de nacionalidad española, casado, con domicilio en calle.................., núm.........., dotado de DNI/NIF.......................

Les identifico por los documentos de identidad anteriormente reseñados, que me son exhibidos, y por sus propias manifestaciones.

INTERVIENEN

I.– Don................. interviene en nombre y representación de la sociedad..................... S.A., sociedad constituida mediante escritura autorizada el día...... de..................... de.............., ante el notario de................., Don........................ Inscrita en el Registro Mercantil de la provincia de.............., al tomo..........., folio.............., hoja núm..............., inscripción 1ª.

Modificados y adaptados sus estatutos sociales a la derogada Ley de Sociedades Anónimas, en virtud de acuerdo adoptado por la Junta General Extraordinaria de la sociedad el día...... de.............. de.............., elevado a público mediante escritura otorgada ante el notario de................., Don...................., e inscrita en el citado el Registro Mercantil de la provincia de................., al tomo........, folio..........., hoja núm..............., inscripción.................

El domicilio social de...................... S.A., se halla en.........................., consistiendo su objeto social en......... CIF..............

La sociedad................. S.A. actualmente se halla declarada en estado de concurso voluntario de acreedores, que se tramita actualmente ante el Tribunal de Instancia, sección de lo Mercantil (plaza núm ...) de ...., bajo el número de autos.............. La declaración del citado concurso fue acordada por el expresado Tribunal mediante auto de fecha...... de............... de........., en el se acordó la conservación por el concursado de las facultades de administración y disposición sobre su patrimonio, quedando sometido el régimen de estas a la intervención de los administradores concursales, mediante su autorización o conformidad. Todo ello consta en el Registro Mercantil de la Provincia de..........., mediante la oportuna anotación marginal de tal declaración y régimen de facultades al tomo..........., folio.............., del libro general de sociedades, hoja núm............

Don................. actúa en nombre y representación de................. S.A., en su condición de administrador único de dicha sociedad, cargo que asegura vigente y para el que fue designado en virtud de acuerdo de la Junta General extraordinaria de la citada compañía adoptado el día de......... de......... y que fue elevado a público mediante escritura autorizada el día de......... de..........., ante el notario de..........., Don.............. Inscrita en el citado Registro Mercantil de la provincia de................., al tomo..........., folio..........., del libro general de sociedades, hoja núm..............., inscripción..............

Yo notario, considero que tiene facultades suficientes para el otorgamiento de la presente escritura de compraventa, toda vez la intervención en la misma de la administración concursal que más adelante se indicará, completando la capacidad de obrar de la concursada y firmando esta escritura en señal de aceptación y conformidad a su íntegro contenido.

II.– Don....................... interviene en nombre y representación de la sociedad.............. S.A., sociedad constituida mediante escritura autorizada el día...... de................. de.............., ante el notario de..........., Don................. Inscrita en el Registro Mercantil de la provincia de.............., al tomo..........., folio.............., hoja núm............, inscripción 1ª.

Modificados y adaptados sus estatutos sociales a la derogada Ley de Sociedades Anónimas, en virtud de acuerdo adoptado por la Junta General Extraordinaria de la sociedad el día...... de.............. de.............., elevado a público mediante escritura otorgada ante el notario de................, Don................, e inscrita en el citado el Registro Mercantil de la provincia de................., al tomo..........., folio.............., hoja núm............, inscripción..............

El domicilio social de................. S.A., se halla en................., consistiendo su objeto social en la promoción, construcción y compraventa de edificios, bien en bloques completos o locales separados, así como la compraventa de solares, fincas rusticas y/en curso de urbanización. CIF..............

Don.............. actúa en nombre y representación de................. S.A. en su condición de administrador único, cargo que asegura vigente y para el que fue designado en virtud de acuerdo de la Junta General extraordinaria de la citada sociedad adoptado el día de......... de......... y que fue elevado a público mediante escritura autorizada el día de........ de..........., ante el notario de..........., Don.............. Inscrita en el citado Registro Mercantil de la provincia de................., al tomo..........., folio.............., hoja núm..............., inscripción.................

Yo, notario, considero que tiene facultades suficientes para el otorgamiento de la presente escritura de compraventa.

III.– Don................. y Don................. interviene en nombre y representación de la sociedad BANCO..................... S.A., sociedad constituida mediante escritura autorizada el día...... de.............. de.............., ante el notario de................., Don.. .... Inscrita en el Registro Mercantil de la provincia de................., al tomo..........., folio.............., hoja núm..............., inscripción 1°.

Modificados y adaptados sus estatutos sociales a la derogada Ley de Sociedades Anónimas, en virtud de acuerdo adoptado por la Junta General Extraordinaria de la sociedad el día...... de.............. de.............., elevado a público mediante escritura otorgada ante el notario de......................., Don...................., e inscrita en el citado el Registro Mercantil de la provincia de......................., al tomo..........., folio.............., hoja núm..............., inscripción.................

El domicilio social de.................... S.A., se halla en...................., consistiendo su objeto social en.............. CIF..............

Don................. y Don.................... actúan en nombre y representación del BANCO.............. S.A. en virtud de poder, que aseguran vigente, otorgado a su favor de forma mancomunada mediante escritura autorizada el día de........ de..........., ante el notario de..........., Don.............. Inscrita en el citado Registro Mercantil de la provincia de...................., al tomo..........., folio.............., hoja núm..............., inscripción.................

Yo notario, considero que tienen facultades suficientes para el otorgamiento de la presente escritura de compraventa en virtud del reseñado poder.

IV.– Y Don...... en su condición de único integrante de la administración concursal del concurso voluntario de la sociedad................ S.A., nombrado en el referido auto de fecha de........ de.............. en que se declaró el concurso voluntario de........... S.A., cargo que acredita con la oportuna credencial, expedida a su favor con fecha de.........

A los efectos previsto en el Artículo 160, letra f) de la Ley de Sociedades de Capital, la representación de las sociedades intervinientes HACEN CONSTAR que el bien objeto de compraventa NO tiene la consideración de activo esencial tanto de la transmitente como de la adquirente, y especialmente que lo transmitido-comprado no supera el veinticinco por ciento del valor de los activos.

LEY 10/2010.– Yo el Notario, hago constar expresamente que he cumplido con la obligación de identificación del titular real que impone la Ley 10/2010, de 28 de abril, cuyo resultado consta:

- En cuanto a la mercantil "............." en acta autorizada el día....... de... de.... por el Notario de...., Don.........., bajo número... de protocolo.
- Y en cuanto a la mercantil "......... S.A." en acta autorizada el día....., por la Notario de..., Don...., bajo número... de su protocolo.

Manifestando sus representantes no haberse modificado el contenido de las mismas, consultada la base de datos no existe discrepancia entre lo reflejado en dicha base y lo manifestado por los clientes.

Yo, notario, considero que tienen, a mi juicio, capacidad necesaria para otorgar la presente escritura de compraventa y al efecto:

EXPONEN

I.– Que la sociedad.................... S.A. es dueña, en pleno dominio, del siguiente inmueble:

Descripción:.................

Inscripción Registral: Inscrita en el Registro de la Propiedad de........., al tomo................., libro........., folio, finca, inscripción...........

Situación Urbanística:..........................

Referencia catastral:.........................., que resulta del recibo del IBI del año..........., que me exhibe la vendedora y del que deduzco testimonio que, yo notario, incorporo a la presente.

Título: Le pertenece por título de compraventa a Doña........., en virtud de escritura pública de compraventa autorizada por el notario de..........., Don......... el día..... de................. de.........

Arrendamientos: Libre de arrendamientos y otros ocupantes.

Cargas: Hipoteca a favor del Banco.................... S.A., constituida mediante escritura de fecha de......... de.............., autorizada por el notario de Don................., el día de......... de.............., en garantía de un préstamo concedido a la citada sociedad................. S.A. mediante escritura otorgada ante el notario de........... Don.............., el día..... de........... de......... Responde de........... euros de principal,........... euros de intereses y gastos y........... euros para costas.

La deuda objeto de dicho préstamo garantizado con la hipoteca antes reseñada, asciende en la actualidad a....................... euros, y será abonada con cargo al precio de la presente compraventa.

IMPUESTO SOBRE BIENES INMUEBLES.– La Vendedora manifiesta y garantiza, con plena indemnidad para la compradora, que se encuentra al corriente de pago del Impuesto sobre Bienes Inmuebles (IBI), a excepción del Ejercicio......, cuyo pago asume la compradora, consulta del Ayuntamiento de.........., se incorpora.

PLUSVALÍA MUNICIPAL.– A los efectos de levantar el cierre registral previsto en el art. 254-5 de la Ley Hipotecaria mientras no se acredite el pago o presentación del Impuesto sobre el Incremento de Valor de los Terrenos de Naturaleza Urbana, la parte adquirente ME REQUIERE a mí, el Notario autorizante, para que remita al Ayuntamiento correspondiente copia simple de esta escritura, con el valor de la comunicación a que se refiere el art. 110-6-b de la Ley reguladora de las Haciendas Locales. Yo, el notario, acepto el requerimiento al que daré cumplimiento bien por el sistema integrado notarial SIGNO o bien mediante correo postal certificado dejando constancia del mismo en la presente por incorporación mediante diligencia del resguardo de la notificación que se realice.

INFORMACIÓN REGISTRAL. La descripción del inmueble, su titularidad y situación de cargas, en la forma expresada en los párrafos anteriores, resulta de las manifestaciones de la parte vendedora, de los títulos de propiedad que me exhibe y de nota simple del Registro de la Propiedad obtenida que incorporo a la presente.

ADVERTENCIA.– No obstante lo anterior, yo, la Notario, advierto a los otorgantes que la situación registral existente con anterioridad a la presentación de esta escritura en el Registro de la Propiedad prevalecerá sobre la información registral antes expresada.

II.– Que.............. S.A. tiene interés en adquirir por título de compraventa la finca reseñada en el anterior exponen, lo que pactan las partes y llevan a cabo en base a las siguientes:

ESTIPULACIONES

PRIMERA.– COMPRAVENTA.

.... S.A. representada por su administrador único, Don....................... y con la intervención del administrador concursal, vende a la compañía................. S.A., representada por su administrador único, Don................., que compra y adquiere, la finca reseñada en el exponen I de esta escritura, como cuerpo cierto, con cuanto le sea inherente y/o accesorio, libre de cargas y gravámenes, así como de arrendatario y ocupantes, y al corriente en el pago de impuestos, arbitrios y cualesquiera otra obligación de pago referida a la finca aquí enajenada, incluido las de índole urbanística.

SEGUNDA.– PRECIO Y FORMA DE PAGO.

El precio de la presente compraventa se fija en la suma de.............. euros, que es pagado en este acto, mediante sendos cheques bancario, uno por importe de........... euros a favor del banco................. S.A. y otro, por importe de.............. euros, a favor de la vendedora, que en este acto y en unión a los administradores concursales, recibe, dando la más eficaz y completa carta de pago, salvo buen fin del efecto.

TERCERA.– POSESIÓN.

Con el otorgamiento de la presente escritura de compraventa se entrega a la compradora la posesión de la finca aquí transmitida.

CUARTA.– IVA.

La presente compraventa está sujeta y no exenta al Impuesto sobre el Valor Añadido, que al tipo del.....%, por importe de................. euros, y como ordena el art. 84.1.2° LIVA, es objeto de auto repercusión por el propio comprador y será ingresado por este en la Hacienda Pública en la forma y plazos previstos en la Ley.

QUINTA.– CANCELACIÓN DE LA HIPOTECA.

En este acto, la parte vendedora en unión y con la intervención de la administración concursal, paga al BANCO............ S.A. el importe del préstamo bancario pendiente de pago por importe de................. euros, garantizado por la hipoteca que grava la finca aquí enajenada, mediante la entrega de cheque bancario por el citado importe, reseñado en la estipulación segunda de esta escritura, dando BANCO............ S.A. la más eficaz y completa carta de pago, salvo buen fin del efecto entregado.

BANCO............ S.A. procederá a la cancelación de la hipoteca que grava la finca transmitida a continuación de la presente escritura de compraventa, pactando las partes y BANCO......... S.A., que tal cancelación será de exclusiva cuenta y cargo del citado Banco.

SEXTA.– GASTOS Y TRIBUTOS.

Todos los gastos y tributos que se devenguen con ocasión de la presente compraventa, incluido el impuesto sobre el incremento de valor de los terrenos de naturaleza urbana, serán de cuenta y cargo de la compradora.

SÉPTIMA.– AUTORIZACIÓN JUDICIAL.

Toda vez que la vendedora se halla en estado legal de concurso voluntario de acreedores, que se tramita ante el Tribunal de Instancia, sección de lo Mercantil (plaza núm. ...), de ...., procedimiento concursal...................., de conformidad con lo dispuesto en el art. 205 TRLC por la administración concursal y la concursada se solicitó autorización al Tribunal a efectos de llevar a cabo la presente compraventa. Dicha autorización que fue concedida mediante auto de fecha de........... de...........

Por la parte vendedora se me hace entrega de testimonio del citado auto, así como del informe de la administración concursal y de la oferta en su día cursada por la aquí compradora, a las cuales se remite el citado auto, que yo, notario, incorporo a la presente, pasando a formar parte de esta matriz.

OCTAVA.– INSCRIPCIÓN REGISTRAL.

Se solicita la inscripción de esta escritura en el Registro de.................... En el cualquier caso, se solicita la inscripción parcial de esta escritura, si no fuera posible su inscripción total, y la oportuna nota de calificación, debidamente fundamentada, en la que se establezca los extremos no inscritos.

Presentación al Libro Diario.– Los comparecientes quedan enterados del sistema de presentación telemática en el Registro, previsto en el artículo 249 del Reglamento Notaria

OTORGAMIENTO

Así lo dicen y otorgan los comparecientes ante mí. Hago las reservas y advertencias legales, especialmente las pertinentes fiscales y la necesidad de inscribir esta escritura en el Registro de la propiedad. También advierto sobre la correspondiente incorporación de datos a los ficheros automatizados regulados en la Orden de 19 de febrero de 2003 (484/2003), del Ministerio de Justicia.

AUTORIZACIÓN

Los comparecientes, previa solicitud que me formulan al efecto y sin perjuicio de advertirles sobre el contenido del art. 193 RN, leen en mi presencia la presente escritura. Manifiestan su consentimiento y conformidad a su contenido, firmándola conmigo, el notario. Compruebo que se ajusta este instrumento a la Ley y la voluntad manifestada en este acto por los comparecientes, y doy fe en cuanto sea procedente de todo lo consignado en este instrumento público, extendido en........................... folios de papel exclusivo para documentos notariales, serie, y números el del presente y anteriores en orden.

F146. ESCRITURA DE COMPRAVENTA DE INMUEBLE ANTES DE LA APROBACIÓN JUDICIAL DEL CONVENIO O LA APERTURA DE LA LIQUIDACIÓN. CONDICIÓN SUSPENSIVA: SOMETIMIENTO A LA AUTORIZACIÓN DEL TRIBUNAL DEL CONCURSO

En la ciudad de..............., mi residencia, hoy día... de............ de dos mil......

Ante mí,........................, notario del Ilustre Colegio de..............

COMPARECEN

I.– Don............... mayor de edad, de nacionalidad española, casado, con domicilio en calle........................, núm..................., dotado de DNI/NIF........................

II.– Don............... mayor de edad, de nacionalidad española, soltero, con domicilio en calle........................, núm..................., dotado de DNI/NIF........................

III.– Don.............. mayor de edad, de nacionalidad española, casado, con domicilio en calle........................, núm..................., dotado de DNI/NIF........................

Les identifico por los documentos de identidad anteriormente reseñados, que me son exhibidos, y por sus propias manifestaciones.

INTERVIENEN

I.– Don............... interviene en nombre y representación de la sociedad................. S.A., sociedad constituida mediante escritura autorizada el día...... de.................... de..............., ante el notario de....................., Don.................. Inscrita en el Registro Mercantil de la provincia de..............., al tomo............, folio..............., hoja núm................, inscripción 1ª.

Modificados y adaptados sus estatutos sociales a la derogada Ley de Sociedades Anónimas, en virtud de acuerdo adoptado por la Junta General Extraordinaria de la sociedad el día...... de.............. de..............., elevado a público mediante escritura otorgada ante el notario de........................, Don....................., e inscrita en el citado el Registro Mercantil de la provincia de........................, al tomo..........., folio..............., hoja núm................, inscripción.................

El domicilio social de.................... S.A., se halla en.........................., consistiendo su objeto social en................. CIF..............

La sociedad........................ S.A. actualmente se halla declarada en estado de concurso voluntario de acreedores, que se tramita actualmente ante el Tribunal de Instancia, sección de lo Mercantil (plaza núm ...), de ...., bajo el número de autos.............. La declaración del citado concurso fue acordada por el expresado Tribunal mediante auto de fecha...... de.............. de........, en el se acordó la conservación por el concursado de las facultades de administración y disposición sobre su patrimonio, quedando sometido el régimen de estas a la intervención de los administradores concursales, mediante su autorización o conformidad. Todo ello consta en el Registro Mercantil de la Provincia de..........., mediante la oportuna anotación marginal de tal declaración y régimen de facultades al tomo..........., folio.............., hoja núm............

Don................. actúa en nombre y representación de................. S.A. en su condición de administrador único de dicha sociedad, cargo que asegura vigente y para el que fue designado en virtud de acuerdo de la Junta General extraordinaria de la citada sociedad adoptado el día de......... de......... y que fue elevado a público mediante escritura autorizada el día de........ de..........., ante el notario de..........., Don.............. Inscrita en el citado Registro Mercantil de la provincia de......................., al tomo..........., folio.............., hoja núm..............., inscripción.................

Yo notario, considero que tiene facultades suficientes para el otorgamiento de la presente escritura de compraventa, toda vez la intervención en la misma de la administración concursal que más adelante se indicará, completando la capacidad de obrar de la concursada y firmando la presente en señal de aceptación y conformidad a su íntegro contenido.

II.– Don.............. interviene en nombre y representación de la sociedad.................... S.A., sociedad constituida mediante escritura autorizada el día...... de................ de.............., ante el notario de...................., Don............................ Inscrita en el Registro Mercantil de la provincia de......................., al tomo..........., folio.............., hoja núm..............., inscripción 1ª.

Modificados y adaptados sus estatutos sociales a la derogada Ley de Sociedades Anónimas, en virtud de acuerdo adoptado por la Junta General Extraordinaria de la sociedad el día...... de.............. de.............., elevado a público mediante escritura otorgada ante el notario de......................., Don...................., e inscrita en el citado el Registro Mercantil de la provincia de......................., al tomo..........., folio.............., hoja núm..............., inscripción.................

El domicilio social de......................... S.A., se halla en.........................., consistiendo su objeto social en la promoción, construcción y compraventa de edificios, bien en bloques completos o locales separados, así como la compraventa de solares, fincas rusticas y/o en curso de urbanización. CIF..............

Don................. actúa en nombre y representación de................. S.A. en su condición de administrador único de esta compañía, cargo que asegura vigente y para el que fue designado en virtud de acuerdo de la Junta General extraordinaria de la citada sociedad adoptado el día de......... de......... y que fue elevado a público mediante escritura autorizada el día de........ de..........., ante el notario de..........., Don.............. Inscrita en el citado Registro Mercantil de la provincia de......................., al tomo..........., folio.............., hoja núm..............., inscripción.................

Yo notario, considero que tiene facultades suficientes para el otorgamiento de la presente escritura de compraventa.

III.– Y Don................. en su condición de administrador concursal del concurso voluntario de la sociedad................. S.A., nombrado en el referido auto de fecha de........

de.............. en que se declaró el concurso voluntario de........... S.A., cargo que acredita con la oportuna y respectiva credencial, expedida a su favor con fecha de......... de.........

A los efectos previsto en el Artículo 160, letra f) de la Ley de Sociedades de Capital, la representación de las sociedades intervinientes HACEN CONSTAR que el bien objeto de compraventa NO tiene la consideración de activo esencial tanto de la transmitente como de la adquirente, y especialmente que lo transmitido-comprado no supera el veinticinco por ciento del valor de los activos.

LEY 10/2010.– Yo el Notario, hago constar expresamente que he cumplido con la obligación de identificación del titular real que impone la Ley 10/2010, de 28 de abril, cuyo resultado consta:

- En cuanto a la mercantil ".............." en acta autorizada el día....... de... de.... por el Notario de...., Don.........., bajo número... de protocolo.
- Y en cuanto a la mercantil ".......... S.A." en acta autorizada el día....., por la Notario de..., Don...., bajo número... de su protocolo.

Manifestando sus representantes no haberse modificado el contenido de las mismas, consultada la base de datos no existe discrepancia entre lo reflejado en dicha base y lo manifestado por los clientes.

Tienen, a mi juicio, capacidad necesaria para otorgar la presente escritura de compraventa y al efecto:

EXPONEN

I.– Que la sociedad................. S.A. es dueña, en pleno dominio, del siguiente inmueble:

Descripción:........................

Inscripción Registral: Inscrita en el Registro de la Propiedad de..........., al tomo................., libro........., folio, finca, inscripción...........

Situación Urbanística:.....................................

Referencia catastral:..............................., que resulta del recibo del IBI del año..........., que me exhibe la vendedora y del que deduzco testimonio que, yo notario, incorporo a la presente.

Título: Le pertenece por título de compraventa a Doña........., en virtud de escritura pública de compraventa autorizada por el notario de.............., Don.............. el día...... de......................... de..............

Cargas: Libre de cargas y arrendamientos.

Arrendamientos: Libre de arrendamientos y otros ocupantes.

IMPUESTO SOBRE BIENES INMUEBLES.– La Vendedora manifiesta y garantiza, con plena indemnidad para la compradora, que se encuentra al corriente de pago del Impuesto sobre Bienes Inmuebles (IBI), a excepción del Ejercicio................, cuyo pago asume la compradora, consulta del Ayuntamiento de........................, se incorpora.

PLUSVALÍA MUNICIPAL.– A los efectos de levantar el cierre registral previsto en el art. 254-5 de la Ley Hipotecaria mientras no se acredite el pago o presentación del Impuesto sobre el Incremento de Valor de los Terrenos de Naturaleza Urbana, la parte adquirente ME REQUIERE a mí, el Notario autorizante, para que remita al Ayuntamiento correspondiente copia simple de esta escritura, con el valor de la comunicación a que se refiere el art. 110-6-b de la Ley reguladora de las Haciendas Locales. Yo, el notario, acepto el requerimiento al que daré cumplimiento bien por el sistema integrado notarial SIGNO o bien mediante correo postal certificado dejando constancia del mismo en la presente por incorporación mediante diligencia del resguardo de la notificación que se realice.

INFORMACIÓN REGISTRAL. La descripción del inmueble, su titularidad y situación de cargas, en la forma expresada en los párrafos anteriores, resulta de las manifestaciones de la parte vendedora, de los títulos de propiedad que me exhibe y de nota simple del Registro de la Propiedad obtenida que incorporo a la presente.

ADVERTENCIA.– No obstante lo anterior, yo, la Notario, advierto a los otorgantes que la situación registral existente con anterioridad a la presentación de esta escritura en el Registro de la Propiedad prevalecerá sobre la información registral antes expresada.

II.– Que.............. S.A. tiene interés en adquirir por título de compraventa la finca reseñada en el anterior exponen, lo que pactan las partes y llevan a cabo en base a las siguientes:

ESTIPULACIONES

PRIMERA.– COMPRAVENTA.

.... S.A. representada por su administrador único, Don........................ y con la intervención del administrador concursal, Don............, vende a la compañía................. S.A., representada por su administrador único, Don................., que compra y adquiere, la finca reseñada en el exponen I de esta escritura, como cuerpo cierto, con cuanto le sea inherente y/o accesorio, libre de cargas y gravámenes, así como de arrendatario y ocupantes, y al corriente en el pago de impuestos, arbitrios y cualesquiera otra obligación de pago referida a la finca aquí enajenada, incluso las de índole urbanístico.

SEGUNDA.– PRECIO Y FORMA DE PAGO.

El precio de la presente compraventa se fija en la suma de.............. euros, que es pagado en este acto, mediante cheque bancario por dicho importe, del que deduzco copia que incorporo a la presente, sirviendo el presente instrumento como la más eficaz y completa carta de pago, salvo buen fin del efecto, una vez cumplida la condición suspensiva que más adelante se expondrá.

TERCERA.– POSESIÓN.

La entrega de la finca aquí enajenada se producirá con el otorgamiento de esta escritura, una vez cumplida la condición suspensiva a que se somete la presente compraventa.

CUARTA.– IVA.

La presente compraventa está sujeta y no exenta al Impuesto sobre el Valor Añadido, que al tipo del......%, por importe de.................................. euros, y como ordena el art. 84.1.2° LIVA, será objeto de autorepercusión por el propio comprador y será ingresado por este en la Hacienda Pública en la forma y plazos previstos en la Ley.

QUINTA.– CONDICIÓN SUSPENSIVA.

La eficacia de la presente compraventa queda sujeta a la siguiente condición suspensiva: que dentro del plazo de......... meses a contar desde el presente otorgamiento, por el Tribunal de Instancia, sección de lo Mercantil (plaza núm. ...), de ....,en el procedimiento concursal núm. de autos.................., se dicte auto aprobando la oferta de compra cursada por............ S.A. e informada por la administración concursal de dicho concurso voluntario, oferta e informe que por copia uno a la presente, y por lo tanto, se autorice la compraventa del inmueble reseñado en el exponen I, en base a la cual se ha otorgado la presente escritura. Transcurridos tres meses desde el otorgamiento de la presente escritura sin que se hubiera cumplido la reseñada condición suspensiva, la presente compraventa no tendrá eficacia y no producirá efecto alguno.

SEXTA.– DEPÓSITO.

Como consecuencia de la condición suspensiva a la que se somete la presente compraventa, las partes pactan que el precio de la compraventa, cuyo pago queda instrumentalizado en los cheques bancarios acompañados a esta escritura, queden depositados en mi notaría hasta que se cumpla tal condición, y por tanto deviniendo eficaz la presente compraventa. El citado cumplimiento que se acreditará con exhibición de testimonio del auto dictado por el referido Tribunal a que se refiere la estipulación sexta precedente.

Cumplida tal condición, yo, notario, entregaré los referidos cheques bancarios a la partes vendedora, en unión a los administradores concursales. Por el contrario, transcurrido el plazo fijado para que se cumpla la condición suspensiva, sin que la misma se hubiere cumplido, procederé a la devolución de los efectos entregados en depósito a la parte compradora. Para todo lo cual las partes expresamente me instruyen y facultan de manera tan amplia como en derecho fuera menester.

SÉPTIMA.– GASTOS Y TRIBUTOS.

Todos los gastos y tributos que se devenguen con ocasión de la presente compraventa, incluido el impuesto sobre el incremento de valor de los terrenos de naturaleza urbana, serán de cuenta y cargo de la compradora.

OCTAVA.– AUTORIZACIÓN JUDICIAL.

Toda vez que la vendedora se halla en estado legal de concurso voluntario de acreedores, que se tramita ante el Tribunal de Instancia, sección de lo Mercantil (plaza núm ...), de ....,, procedimiento concursal...................., de conformidad con lo dispuesto en el art. 205 TRLC por la administración concursal y la concursada se ha solicitado autorización al Tribunal, habiéndose condicionado suspensivamente la presente compraventa a la obtención de la referida autorización.

NOVENA.– INSCRIPCIÓN REGISTRAL.

Se solicita la inscripción de esta escritura en el Registro de.................... En el cualquier caso, se solicita la inscripción parcial de esta escritura, si no fuera posible su inscripción total, y la oportuna nota de calificación, debidamente fundamentada, en la que se establezca los extremos no inscritos.

Presentación al Libro Diario.– Los comparecientes quedan enterados del sistema de presentación telemática en el Registro, previsto en el artículo 249 del Reglamento Notaria

OTORGAMIENTO

Así lo dicen y otorgan los comparecientes ante mí. Hago las reservas y advertencias legales, especialmente las pertinentes fiscales y la necesidad de inscribir esta escritura en el Registro de la propiedad. También advierto sobre la correspondiente incorporación de datos a los ficheros automatizados regulados en la Orden de 19 de febrero de 2003 (484/2003), del Ministerio de Justicia.

AUTORIZACIÓN

Los comparecientes, previa solicitud que me formulan al efecto y sin perjuicio de advertirles sobre el contenido del art. 193 RN, leen en mi presencia la presente escritura. Manifiestan su consentimiento y conformidad a su contenido, firmándola conmigo, el notario. Compruebo que se ajusta este instrumento a la Ley y la voluntad manifestada en este acto por los comparecientes, y doy fe en cuanto sea procedente de todo lo consignado en este instrumento público, extendido en.......................... folios de papel exclusivo para documentos notariales, serie, y números el del presente y anteriores en orden.

DILIGENCIA

Que pongo yo el notario, para hacer constar que a las......... del día...... de........... comparecen las personas reseñadas en la escritura inicial, quienes intervienen en la misma condición y representación que en dicha escritura y MANIFIESTAN:

I.– Que por el Tribunal de Instancia, sección de lo Mercantil (plaza núm. ...), de ...., se ha dictado auto de fecha por el que se autoriza la compraventa del inmueble que fue enajenado en la escritura que motiva la presente diligencia, por lo que se ha cumplido la condición suspensiva a la que se sometía la compraventa.

Los comparecientes me exhiben testimonio del citado auto, que me entregan y que, yo notario, incorporo a la presente.

II.– Cumplida la condición suspensiva que limitaba la eficacia de la compraventa, los comparecientes me requieren a efectos que haga entrega a.............. S.A., en unión a su administrador concursal, de los cheques bancarios que fueron depositados en mi notaria. Yo notario, considero cumplida tal condición y acreditado tal cumplimiento, por lo que realizo la citada entrega.

Doy fe del contenido de la presente diligencia redactada en mi notaria, extendida en un folio.............. integrante de la escritura inicial.

F147. ESCRITURA DE COMPRAVENTA DE INMUEBLE ANTES DE LA APROBACIÓN JUDICIAL DEL CONVENIO O LA APERTURA DE LA LIQUIDACIÓN. ACTO INDISPENSABLE PARA GARANTIZAR LA VIABILIDAD DE LA EMPRESA O NECESIDADES DE TESORERÍA

En la ciudad de.............., mi residencia, hoy día...... de.............. de dos mil......

Ante mí,...................., notario del Ilustre Colegio de.......................

COMPARECEN

I.– Don............................ mayor de edad, de nacionalidad española, casado, con domicilio en calle.., núm.................., dotado de DNI/NIF.......................

II.– Don............................ mayor de edad, de nacionalidad española, soltero, con domicilio en calle..............................., núm.................., dotado de DNI/NIF........ ....

III.– Don............................ mayor de edad, de nacionalidad española, casado, con domicilio en calle............................, núm..........................., dotado de DNI/NIF...

Les identifico por los documentos de identidad anteriormente reseñados, que me son exhibidos, y por sus propias manifestaciones.

INTERVIENEN

I.– Don............................... interviene en nombre y representación de la sociedad............................ S.A., sociedad constituida mediante escritura autorizada el día...... de....................................... de............................, ante el notario de ...., Don... Inscrita en el Registro Mercantil de la provincia de........................., al tomo......................., folio............................, hoja núm....................., inscripción 1ª.

Modificados y adaptados sus estatutos sociales a la derogada Ley de Sociedades Anónimas, en virtud de acuerdo adoptado por la Junta General Extraordinaria de la sociedad el día...... de............................ de............................, elevado a público mediante escritura otorgada ante el notario de..., Don ...., e inscrita en el citado el Registro Mercantil de la provincia de..............................., al tomo......................., folio............................, hoja núm....................., inscripción..........................

El domicilio social de....................... S.A., se halla en.......................... ...., consistiendo su objeto social en.............. CIF....................... La sociedad... S.A. actualmente se halla declarada en estado de concurso voluntario de acreedores, que se tramita actualmente ante el Tribunal de Instancia, sección de lo Mercantil (plaza núm. ...), de ...., bajo el número de autos............................ La declaración del citado concurso fue acordada por el expresado Tribunal mediante auto de fecha...... de............................ de................., en el se acordó la conservación por el concursado de las facultades de administración y disposición sobre su patrimonio, quedando sometido el régimen de estas a la intervención de los administradores concursales, mediante su autorización o conformidad. Todo ello consta en el Registro Mercantil de la Provincia de......................., mediante la oportuna anotación marginal de tal declaración y régimen de facultades al tomo.............., folio.............., hoja núm...............

Don.......................... actúa en nombre y representación de.................... S.A. en su condición de administrador único de dicha sociedad, cargo que asegura vigente y para el que fue designado en virtud de acuerdo de la Junta General extraordinaria de la citada sociedad adoptado el día de................ de................ y que fue elevado a público mediante escritura autorizada el día de................ de......................., ante el notario de......................., Don............................ Inscrita en el citado Registro Mercantil de la provincia de......................., al tomo.............., folio........, hoja núm.........., inscripción...........

Yo notario, considero que tiene facultades suficientes para el otorgamiento de la presente escritura de compraventa, toda vez la intervención en la misma de la administración concursal que más adelante se indicará, completando la capacidad de obrar de la concursada y firmando la presente en señal de aceptación y conformidad a su íntegro contenido.

II.– Don... interviene en nombre y representación de la sociedad.. S.A., sociedad constituida mediante escritura autorizada el día...... de.............................. de...................., ante el notario de........................., Don................................ Inscrita en el Registro Mercantil de la provincia de..............................., al tomo..........., folio..........., hoja núm..............., inscripción 1ª.

Modificados y adaptados sus estatutos sociales a la derogada Ley de Sociedades Anónimas, en virtud de acuerdo adoptado por la Junta General Extraordinaria de la sociedad el día...... de........................... de............................, elevado a público mediante escritura otorgada ante el notario de.............................., Don............ ...., e inscrita en el citado el Registro Mercantil de la provincia de.............., al tomo......................., folio........, hoja núm................., inscripción...........

El domicilio social de.................... S.A., se halla en..............................., consistiendo su objeto social en la promoción, construcción y compraventa de edificios, bien en bloques completos o locales separados, así como la compraventa de solares, fincas rusticas y/o en curso de urbanización. CIF............................

Don................ actúa en nombre y representación de................ S.A. en su condición de administrador único de esta compañía, cargo que asegura vigente y para el que fue designado en virtud de acuerdo de la Junta General extraordinaria de la citada sociedad adoptado el día de................ de................ y que fue elevado a público mediante escritura autorizada el día de................ de......................., ante el notario de........................, Don.................. Inscrita en el citado Registro Mercantil de la provincia de...................................., al tomo..............., folio............, hoja núm..................., inscripción...........................

Yo notario, considero que tiene facultades suficientes para el otorgamiento de la presente escritura de compraventa.

III.– Y Don......... en su condición de administrador concursal del concurso voluntario de la sociedad.................................. S.A., nombrado en el referido auto de fecha de................. de.............................. en que se declaró el concurso voluntario de........................ S.A., cargo que acredita con la oportuna y respectiva credencial, expedida a su favor con fecha de................. de.................

A los efectos previsto en el Artículo 160, letra f) de la Ley de Sociedades de Capital, la representación de las sociedades intervinientes HACEN CONSTAR que el bien objeto de compraventa NO tiene la consideración de activo esencial tanto de la transmitente como de la adquirente, y especialmente que lo transmitido-comprado no supera el veinticinco por ciento del valor de los activos.

LEY 10/2010.– Yo el Notario, hago constar expresamente que he cumplido con la obligación de identificación del titular real que impone la Ley 10/2010, de 28 de abril, cuyo resultado consta:

- En cuanto a la mercantil ".............." en acta autorizada el día....... de... de.... por el Notario de...., Don.........., bajo número... de protocolo.
- Y en cuanto a la mercantil ".......... S.A." en acta autorizada el día....., por la Notario de..., Don...., bajo número... de su protocolo.

Manifestando sus representantes no haberse modificado el contenido de las mismas, consultada la base de datos no existe discrepancia entre lo reflejado en dicha base y lo manifestado por los clientes.

Tienen, a mi juicio, capacidad necesaria para otorgar la presente escritura de compraventa y al efecto:

EXPONEN

I.– Que la sociedad........................ S.A. es dueña, en pleno dominio, del siguiente inmueble:

Descripción:...

Inscripción Registral: Inscrita en el Registro de la Propiedad de..................., al tomo.............., libro................., folio, finca, inscripción.......................

Situación Urbanística:......................................

Referencia catastral:..................................., que resulta del recibo del IBI del año......................., que me exhibe la vendedora y del que deduzco testimonio que, yo notario, incorporo a la presente.

Título: Le pertenece por título de compraventa a Doña................., en virtud de escritura pública de compraventa autorizada por el notario de............................., Don...... .... el día...... de........................ de..................

Arrendamientos: Libre de arrendamientos y otros ocupantes.

IMPUESTO SOBRE BIENES INMUEBLES.– La Vendedora manifiesta y garantiza, con plena indemnidad para la compradora, que se encuentra al corriente de pago del Impuesto sobre Bienes Inmuebles (IBI), a excepción del Ejercicio......, cuyo pago asume la compradora, consulta del Ayuntamiento de.........., se incorpora.

PLUSVALÍA MUNICIPAL.– A los efectos de levantar el cierre registral previsto en el art. 254-5 de la Ley Hipotecaria mientras no se acredite el pago o presentación del Impuesto sobre el Incremento de Valor de los Terrenos de Naturaleza Urbana, la parte adquirente ME REQUIERE a mí, el Notario autorizante, para que remita al Ayuntamiento correspondiente copia simple de esta escritura, con el valor de la comunicación a que se refiere el art. 110-6-b de la Ley reguladora de las Haciendas Locales. Yo, el notario, acepto el requerimiento al que daré cumplimiento bien por el sistema integrado notarial SIGNO o bien mediante correo postal certificado dejando constancia del mismo en la presente por incorporación mediante diligencia del resguardo de la notificación que se realice.

INFORMACIÓN REGISTRAL. La descripción del inmueble, su titularidad y situación de cargas, en la forma expresada en los párrafos anteriores, resulta de las manifestaciones de la parte vendedora, de los títulos de propiedad que me exhibe y de nota simple del Registro de la Propiedad obtenida que incorporo a la presente.

ADVERTENCIA.– No obstante lo anterior, yo, la Notario, advierto a los otorgantes que la situación registral existente con anterioridad a la presentación de esta escritura en el Registro de la Propiedad prevalecerá sobre la información registral antes expresada.

II.– Que............................ S.A. tiene interés en adquirir por título de compraventa la finca reseñada en el anterior exponen, lo que pactan las partes y llevan a cabo en base a las siguientes:

ESTIPULACIONES

PRIMERA.– COMPRAVENTA.

.... S.A. representada por su administrador único, Don........................ y con la intervención del administrador concursal, Don........................, vende a la compañía.................... S.A., representada por su administrador único, Don........................, que compra y adquiere, la finca reseñada en el exponen I de esta escritura, como cuerpo cierto, con cuanto le sea inherente y/o accesorio, libre de cargas y gravámenes, así como de arrendatario y ocupantes, y al corriente en el pago de impuestos, arbitrios y cualesquiera otra obligación de pago referida a la finca aquí enajenada, incluso las de índole urbanístico.

SEGUNDA.– PRECIO Y FORMA DE PAGO.

El precio de la presente compraventa se fija en la suma de................. euros, que es pagado en este acto, mediante cheque bancario por dicho importe, del que deduzco copia que incorporo a la presente, sirviendo el presente instrumento como la más eficaz y completa carta de pago, salvo buen fin del efecto., una vez cumplida la condición suspensiva que más adelante se expondrá.

TERCERA.– POSESIÓN.

La entrega de la finca aquí enajenada se producirá con el otorgamiento de esta escritura.

CUARTA.– IVA.

La presente transmisión está sujeta y no exenta al Impuesto sobre el Valor Añadido, que al tipo del.........%, por importe de.................................. euros, y como ordena el art. 84.1.2º LIVA, es objeto de autorepercusión por el propio comprador y será ingresado por este en la Hacienda Pública en la forma y plazos previstos en la Ley.

QUINTA.– GASTOS Y TRIBUTOS.

Todos los gastos y tributos que se devenguen con ocasión de la presente compraventa, incluido el impuesto sobre el incremento de valor de los terrenos de naturaleza urbana, serán de cuenta y cargo de la compradora.

SEXTA.– ACTO DE DISPOSICIÓN INDISPENSABLE PARA GARANTIZAR LA VIABILIDAD DE LA EMPRESA (O LAS NECESIDADES DE TESORERÍA QUE EXIJA LA CONTINUIDAD DEL CONCURSO).

Toda vez que la vendedora se halla en estado legal de concurso voluntario de acreedores, que se tramita ante el Tribunal de Instancia, sección de lo Mercantil (plaza núm. ...), de ....,, procedimiento concursal.., se hace constar que a efectos de la presente compraventa no es precisa la autorización judicial a que se refiere el art. 205 TRLC, toda vez que la misma, a juicio de la Administración concursal es un acto de disposición indispensable para garantizar la viabilidad de la concursada (o las necesidades de tesorería que exija la continuidad del concurso) y, por lo tanto, no queda sujeta a tal autorización judicial ex art, 206 TRLC. Ello con independencia que la Administración concursal, de conformidad con este último artículo de la TRLC, procede inmediatamente a comunicar al Tribunal del Concurso la presente enajenación, acompañando justificación de su necesidad.

SÉPTIMA.– INSCRIPCIÓN REGISTRAL.

Se solicita la inscripción de esta escritura en el Registro de....................... En el cualquier caso, se solicita la inscripción parcial de esta escritura, si no fuera posible su inscripción total, y la oportuna nota de calificación, debidamente fundamentada, en la que se establezca los extremos no inscritos.

Presentación al Libro Diario.– Los comparecientes quedan enterados del sistema de presentación telemática en el Registro, previsto en el artículo 249 del Reglamento Notaria.

OTORGAMIENTO

Así lo dicen y otorgan los comparecientes ante mí. Hago las reservas y advertencias legales, especialmente las pertinentes fiscales y la necesidad de inscribir esta escritura en el Registro de la propiedad. También advierto sobre la correspondiente incorporación de datos a los ficheros automatizados regulados en la Orden de 19 de febrero de 2003 (484/2003), del Ministerio de Justicia.

AUTORIZACIÓN

Los comparecientes, previa solicitud que me formulan al efecto y sin perjuicio de advertirles sobre el contenido del art. 193 RN, leen en mi presencia la presente escritura. Manifiestan su consentimiento y conformidad a su contenido, firmándola conmigo, el notario. Compruebo que se ajusta este instrumento a la Ley y la voluntad manifestada en este acto por los comparecientes, y doy fe en cuanto sea procedente de todo lo consignado en este instrumento público, extendido en............. folios de papel exclusivo para documentos notariales, serie, y números el del presente y anteriores en orden.

F148. ESCRITURA DE COMPRAVENTA DE INMUEBLE ANTES DE LA APROBACIÓN JUDICIAL DEL CONVENIO O LA APERTURA DE LA LIQUIDACIÓN. BIEN NO NECESARIO PARA LA ACTIVIDAD DE LA CONCURSADA

En la ciudad de..........., mi residencia, hoy día...... de........... de dos mil......

Ante mí,............................, notario del Ilustre Colegio de.......................

COMPARECEN

I.– Don............................ mayor de edad, de nacionalidad española, casado, con domicilio en calle......................., núm............, dotado de DNI/NIF................ ....

II.– Don............................ mayor de edad, de nacionalidad española, soltero, con domicilio en calle..., núm......., dotado de DNI/NIF..........................

III.– Don....................... mayor de edad, de nacionalidad española, casado, con domicilio en calle............................, núm..............., dotado de DNI/NIF............ ....

Les identifico por los documentos de identidad anteriormente reseñados, que me son exhibidos, y por sus propias manifestaciones.

INTERVIENEN

I.– Don............................ interviene en nombre y representación de la sociedad....................... S.A., sociedad constituida mediante escritura autorizada el día...... de............................ de................, ante el notario de................, Don...... .... Inscrita en el Registro Mercantil de la provincia de.............., al tomo.............., folio..........., hoja núm............................., inscripción 1ª.

Modificados y adaptados sus estatutos sociales a la derogada Ley de Sociedades Anónimas, en virtud de acuerdo adoptado por la Junta General Extraordinaria de la sociedad el día...... de.............. de..........., elevado a público mediante escritura otorgada ante el notario de................, Don................, e inscrita en el citado el Registro Mercantil de la provincia de......................., al tomo........, folio........, hoja núm............, inscripción..............

El domicilio social de............................ S.A., se halla en.........................., consistiendo su objeto social en........... CIF.................

La sociedad............................ S.A. actualmente se halla declarada en estado de concurso voluntario de acreedores, que se tramita actualmente ante el Tribunal de

Instancia, sección de lo Mercantil (plaza núm. ...), de ...., bajo el número de autos............................ La declaración del citado concurso fue acordada por el expresado Tribunal mediante auto de fecha...... de.................... de................., en el se acordó la conservación por el concursado de las facultades de administración y disposición sobre su patrimonio, quedando sometido el régimen de estas a la intervención de los administradores concursales, mediante su autorización o conformidad. Todo ello consta en el Registro Mercantil de la Provincia de......................., mediante la oportuna anotación marginal de tal declaración y régimen de facultades al tomo......................., folio.............., hoja núm..........

Don.................................. actúa en nombre y representación de.................... S.A. en su condición de administrador único de dicha sociedad, cargo que asegura vigente y para el que fue designado en virtud de acuerdo de la Junta General extraordinaria de la citada sociedad adoptado el día de................. de................. y que fue elevado a público mediante escritura autorizada el día de................. de......................., ante el notario de......................., Don................. Inscrita en el citado Registro Mercantil de la provincia de............................, al tomo.............., folio..........., hoja núm..............., inscripción.................

Yo notario, considero que tiene facultades suficientes para el otorgamiento de la presente escritura de compraventa, toda vez la intervención en la misma de la administración concursal que más adelante se indicará, completando la capacidad de obrar de la concursada y firmando la presente en señal de aceptación y conformidad a su íntegro contenido.

II.– Don............................. interviene en nombre y representación de la sociedad.................................. S.A., sociedad constituida mediante escritura autorizada el día...... de....................... de..........., ante el notario de................, Don.......... .... Inscrita en el Registro Mercantil de la provincia de......................., al tomo..........., folio.............., hoja núm.........., inscripción 1ª.

Modificados y adaptados sus estatutos sociales a la derogada Ley de Sociedades Anónimas, en virtud de acuerdo adoptado por la Junta General Extraordinaria de la sociedad el día...... de........................... de............................, elevado a público mediante escritura otorgada ante el notario de........................., Don........................, e inscrita en el citado el Registro Mercantil de la provincia de........................., al tomo......................., folio..........., hoja núm............, inscripción..................................

El domicilio social de....................... S.A., se halla en.................................... , consistiendo su objeto social en la promoción, construcción y compraventa de edificios, bien en bloques completos o locales separados, así como la compraventa de solares, fincas rusticas y/o en curso de urbanización. CIF...................

Don............................... actúa en nombre y representación de................. S.A. en su condición de administrador único de esta compañía, cargo que asegura vigente y para el que fue designado en virtud de acuerdo de la Junta General extraordinaria de la citada sociedad adoptado el día de................. de................. y que fue elevado a público mediante escritura autorizada el día de................. de......................., ante el notario de......................, Don............................ Inscrita en el citado Registro

Mercantil de la provincia de..............................., al tomo........., folio........., hoja núm................, inscripción.................

Yo notario, considero que tiene facultades suficientes para el otorgamiento de la presente escritura de compraventa.

III.– Y Don.............. en su condición de administrador concursal del concurso voluntario de la sociedad........................ S.A., nombrado en el referido auto de fecha de........... de........................ en que se declaró el concurso voluntario de................. S.A., cargo que acredita con la oportuna y respectiva credencial, expedida a su favor con fecha de.............. de..............

A los efectos previsto en el Artículo 160, letra f) de la Ley de Sociedades de Capital, la representación de las sociedades intervinientes HACEN CONSTAR que el bien objeto de compraventa NO tiene la consideración de activo esencial tanto de la transmitente como de la adquirente, y especialmente que lo transmitido-comprado no supera el veinticinco por ciento del valor de los activos.

LEY 10/2010.– Yo el Notario, hago constar expresamente que he cumplido con la obligación de identificación del titular real que impone la Ley 10/2010, de 28 de abril, cuyo resultado consta:

- En cuanto a la mercantil "............." en acta autorizada el día....... de... de.... por el Notario de...., Don.........., bajo número... de protocolo.
- Y en cuanto a la mercantil ".......... S.A." en acta autorizada el día....., por la Notario de..., Don...., bajo número... de su protocolo.

Manifestando sus representantes no haberse modificado el contenido de las mismas, consultada la base de datos no existe discrepancia entre lo reflejado en dicha base y lo manifestado por los clientes.

Tienen, a mi juicio, capacidad necesaria para otorgar la presente escritura de compraventa y al efecto:

EXPONEN

I.– Que la sociedad... S.A. es dueña, en pleno dominio, del siguiente inmueble:

Descripción:...

Inscripción Registral: Inscrita en el Registro de la Propiedad de........................, al tom o................................., libro................., folio, finca, inscripción........................

Situación Urbanística:..

Referencia catastral:.................................., que resulta del recibo del IBI del año........................, que me exhibe la vendedora y del que deduzco testimonio que, yo notario, incorporo a la presente.

Título: Le pertenece por título de compraventa a Doña................., en virtud de escritura pública de compraventa autorizada por el notario de.............., Don......... el día..... de.......................... de...........

Arrendamientos: Libre de arrendamientos y otros ocupantes.

IMPUESTO SOBRE BIENES INMUEBLES.– La Vendedora manifiesta y garantiza, con plena indemnidad para la compradora, que se encuentra al corriente de pago del Impuesto sobre Bienes Inmuebles (IBI), a excepción del Ejercicio......, cuyo pago asume la compradora, consulta del Ayuntamiento de.........., se incorpora.

PLUSVALÍA MUNICIPAL.– A los efectos de levantar el cierre registral previsto en el art. 254-5 de la Ley Hipotecaria mientras no se acredite el pago o presentación del Impuesto sobre el Incremento de Valor de los Terrenos de Naturaleza Urbana, la parte adquirente ME REQUIERE a mí, el Notario autorizante, para que remita al Ayuntamiento correspondiente copia simple de esta escritura, con el valor de la comunicación a que se refiere el art. 110-6-b de la Ley reguladora de las Haciendas Locales. Yo, el notario, acepto el requerimiento al que daré cumplimiento bien por el sistema integrado notarial SIGNO o bien mediante correo postal certificado dejando constancia del mismo en la presente por incorporación mediante diligencia del resguardo de la notificación que se realice.

INFORMACIÓN REGISTRAL. La descripción del inmueble, su titularidad y situación de cargas, en la forma expresada en los párrafos anteriores, resulta de las manifestaciones de la parte vendedora, de los títulos de propiedad que me exhibe y de nota simple del Registro de la Propiedad obtenida que incorporo a la presente.

ADVERTENCIA.– No obstante lo anterior, yo, la Notario, advierto a los otorgantes que la situación registral existente con anterioridad a la presentación de esta escritura en el Registro de la Propiedad prevalecerá sobre la información registral antes expresada.

II.– Que......... S.A. tiene interés en adquirir por título de compraventa la finca reseñada en el anterior exponen, lo que pactan las partes y llevan a cabo en base a las siguientes:

ESTIPULACIONES

PRIMERA.– COMPRAVENTA.

.... S.A. representada por su administrador único, Don.....................y con la intervención del administrador concursal, Don........................, vende a la compañía.................... S.A., representada por su administrador único, Don........................, que compra y adquiere, la finca reseñada en el exponen I de esta escritura, como cuerpo cierto, con cuanto le sea inherente y/o accesorio, libre de cargas y gravámenes, así como de arrendatario y ocupantes, y al corriente en el pago de impuestos, arbitrios y cualesquiera otra obligación de pago referida a la finca aquí enajenada, incluso las de índole urbanístico.

SEGUNDA.– PRECIO Y FORMA DE PAGO.

El precio de la presente compraventa se fija en la suma de................. euros, que es pagado en este acto, mediante cheque bancario por dicho importe, del que deduzco copia que incorporo a la presente, sirviendo el presente instrumento como la más eficaz y completa carta de pago, salvo buen fin del efecto, una vez cumplida la condición suspensiva que más adelante se expondrá

TERCERA.– POSESIÓN.

La entrega de la finca aquí enajenada se producirá con el otorgamiento de esta escritura, una vez cumplida la condición suspensiva a que se somete la presente compraventa.

CUARTA.– IVA.

La presente compraventa está sujeta y no exenta al Impuesto sobre el Valor Añadido, que al tipo del.........%, por importe de..................... euros, y como ordena el art. 84.1.2° LIVA, es objeto de autorepercusión por el propio comprador y será ingresado por este en la Hacienda Pública en la forma y plazos previstos en la Ley.

QUINTA.– GASTOS Y TRIBUTOS.

Todos los gastos y tributos que se devenguen con ocasión de la presente compraventa, incluido el impuesto sobre el incremento de valor de los terrenos de naturaleza urbana, serán de cuenta y cargo de la compradora.

SEXTA.– ACTO DE DISPOSICIÓN DE BIEN NO NECESARIO PARA LA ACTIVIDAD DEL CONCURSADO.

Toda vez que la vendedora se halla en estado legal de concurso voluntario de acreedores, que se tramita ante el Tribunal de Instancia, sección de lo Mercantil (plaza núm. ...), de ....,, procedimiento concursal................., se hace constar que no es precisa la autorización judicial a que se refiere el art. 205 TRLC, al hallarnos ante un bien que no es necesario para la continuidad de la actividad de la concursada y coincidir sustancialmente la oferta origen de la presente compraventa y el valor del bien que se le ha dado en el inventario, haciéndose constar que la citada oferta fue comunicada inmediatamente al Tribunal del concurso mediante escrito de fecha......... y aprobada mediante auto de fecha...... de...... de......, que el compareciente me exhibe y del que deduzco testimonio que yo, notario, incorporo al presente instrumento por mi autorizado.

SÉPTIMA.– INSCRIPCIÓN REGISTRAL.

Se solicita la inscripción de esta escritura en el Registro de.................................... ..... En el cualquier caso, se solicita la inscripción parcial de esta escritura, si no fuera posible su inscripción total, y la oportuna nota de calificación, debidamente fundamentada, en la que se establezca los extremos no inscritos.

Presentación al Libro Diario.– Los comparecientes quedan enterados del sistema de presentación telemática en el Registro, previsto en el artículo 249 del Reglamento Notaria.

OTORGAMIENTO

Así lo dicen y otorgan los comparecientes ante mí. Hago las reservas y advertencias legales, especialmente las pertinentes fiscales y la necesidad de inscribir esta escritura en el Registro de la propiedad. También advierto sobre la correspondiente incorporación de datos a los ficheros automatizados regulados en la Orden de 19 de febrero de 2003 (484/2003), del Ministerio de Justicia.

AUTORIZACIÓN

Los comparecientes, previa solicitud que me formulan al efecto y sin perjuicio de advertirles sobre el contenido del art. 193 RN, leen en mi presencia la presente escritura. Manifiestan su consentimiento y conformidad a su contenido, firmándola conmigo, el notario. Compruebo que se ajusta este instrumento a la Ley y la voluntad manifestada en este acto por los comparecientes, y doy fe en cuanto sea procedente de todo lo consignado en este instrumento público, extendido en.. folios de papel exclusivo para documentos notariales, serie, y números el del presente y anteriores en orden.

F149. COMPRAVENTA DE INMUEBLE EN EJERCICIO DE LA ACTIVIDAD EMPRESARIAL

En la ciudad de................, mi residencia, hoy día.... de................. de.........

Ante mí,........................, notario del Ilustre Colegio de..............

COMPARECEN

I.– Don.............. mayor de edad, de nacionalidad española, casado, con domicilio en calle...................., núm.................., dotado de DNI/NIF.......................

II.– Don.............. mayor de edad, de nacionalidad española, soltero, con domicilio en calle........................, núm.................., dotado de DNI/NIF.......................

III.– Don.............. mayor de edad, de nacionalidad española, casado, con domicilio en calle........................, núm.................., dotado de DNI/NIF.......................

Les identifico por los documentos de identidad anteriormente reseñados, que me son exhibidos, y por sus propias manifestaciones.

INTERVIENEN

I.– Don........................ interviene en nombre y representación de la sociedad............................. S.A., sociedad constituida mediante escritura autorizada el día...... de.................... de.............., ante el notario de...................., Don........ .... Inscrita en el Registro Mercantil de la provincia de......................., al tomo..........., folio..........., hoja núm............, inscripción 1ª.

Modificados y adaptados sus estatutos sociales a la derogada Ley de Sociedades Anónimas, en virtud de acuerdo adoptado por la Junta General Extraordinaria de la sociedad el día...... de.............. de.............., elevado a público mediante escritura otorgada ante el notario de......................., Don...................., e inscrita en el citado el Registro Mercantil de la provincia de...................., al tomo..........., folio.............., hoja núm..............., inscripción.................

El domicilio social de................. S.A., se halla en...................., consistiendo su objeto social en........... CIF..............

La sociedad....................... S.A. actualmente se halla declarada en estado de concurso voluntario de acreedores, que se tramita actualmente ante el Tribunal de Instancia, sección de lo Mercantil (plaza núm ...), de ...., bajo el número de autos.............. La declaración del citado concurso fue acordada por el expresado Tribunal mediante auto de fecha...... de.............. de........., en el se acordó la conservación por el concursado de las facultades de administración y disposición sobre su patrimonio, quedando sometido el régimen de estas a la intervención de los administradores concursales, mediante su autorización o conformidad. Todo ello consta en el Registro Mercantil de la Provincia de..........., mediante la oportuna anotación marginal de tal declaración y régimen de facultades al tomo..........., folio.............., hoja núm..............., inscripción.................

Don................. actúa en nombre y representación de................. S.A. en su condición de administrador único de dicha sociedad, cargo que asegura vigente y para el que fue designado en virtud de acuerdo de la Junta General extraordinaria de la citada sociedad adoptado el día de......... de......... y que fue elevado a público mediante escritura autorizada el día de......... de..........., ante el notario de..........., Don.............. Inscrita en el citado Registro Mercantil de la provincia de................., al tomo........, folio..........., hoja núm..............., inscripción.................

Yo, notario, considero que tiene facultades suficientes para el otorgamiento de la presente escritura de compraventa, toda vez la intervención en la misma de la administración concursal que más adelante se indicará, completando la capacidad de obrar de la concursada y firmando la presente en señal de aceptación y conformidad a su íntegro contenido.

II.- Don........................ interviene en nombre y representación de la sociedad........................... S.A., sociedad constituida mediante escritura autorizada el día...... de................. de.............., ante el notario de................., Don........ .... Inscrita en el Registro Mercantil de la provincia de...................., al tomo..........., folio.............., hoja núm..............., inscripción 1°.

Modificados y adaptados sus estatutos sociales a la derogada Ley de Sociedades Anónimas, en virtud de acuerdo adoptado por la Junta General Extraordinaria de la sociedad el día...... de.............. de.............., elevado a público mediante escritura otorgada ante el notario de...................., Don...................., e inscrita en el citado el Registro Mercantil de la provincia de......................., al tomo..........., folio.............., hoja núm..............., inscripción.................

El domicilio social de....................... S.A., se halla en.................................., consistiendo su objeto social en la promoción, construcción y compraventa de edificios, bien en bloques completos o locales separados, así como la compraventa de solares, fincas rusticas y/en curso de urbanización. CIF..............

Don................. actúa en nombre y representación de................. S.A. en su condición de administrador único de dicha compañía, cargo que asegura vigente y para el que fue designado en virtud de acuerdo de la Junta General extraordinaria de la citada sociedad adoptado el día de......... de......... y que fue elevado a público mediante escritura autorizada el día de......... de..........., ante el notario de..........., Don.............. Inscrita en el citado Registro Mercantil de la provincia de......................., al tomo..........., folio.............., hoja núm..............., inscripción.................

Yo, notario, considero que tiene facultades suficientes para el otorgamiento de la presente escritura de compraventa.

III.- Y Don........ en su condición de administrador concursal del concurso voluntario de la sociedad................. S.A., nombrado en el referido auto de fecha de........ de.............. en que se declaró el concurso voluntario de........... S.A., cargo que acredita con la oportuna y respectiva credencial, expedida a su favor con fecha de......... de.........

A los efectos previsto en el Artículo 160, letra f) de la Ley de Sociedades de Capital, la representación de las sociedades intervinientes HACEN CONSTAR que el bien objeto de compraventa NO tiene la consideración de activo esencial tanto de la transmitente como de la adquirente, y especialmente que lo transmitido-comprado no supera el veinticinco por ciento del valor de los activos.

LEY 10/2010.– Yo el Notario, hago constar expresamente que he cumplido con la obligación de identificación del titular real que impone la Ley 10/2010, de 28 de abril, cuyo resultado consta:

- En cuanto a la mercantil "............." en acta autorizada el día....... de... de.... por el Notario de...., Don.........., bajo número... de protocolo.
- Y en cuanto a la mercantil ".......... S.A." en acta autorizada el día....., por la Notario de..., Don...., bajo número... de su protocolo.

Manifestando sus representantes no haberse modificado el contenido de las mismas, consultada la base de datos no existe discrepancia entre lo reflejado en dicha base y lo manifestado por los clientes.

Tienen, a mi juicio, capacidad necesaria para otorgar la presente escritura de compraventa y al efecto:

EXPONEN

I.– Que la sociedad.................... S.A. es dueña, en pleno dominio, del siguiente inmueble:

Descripción:....................

Inscripción Registral: Inscrita en el Registro de la Propiedad de..........., al tomo................., libro........., folio, finca, inscripción...........

Situación Urbanística:...............................

Referencia catastral:.........................., que resulta del recibo del IBI del año..........., que me exhibe la vendedora y del que deduzco testimonio que, yo notario, incorporo a la presente.

Título: Le pertenece por título de compraventa a Doña........., en virtud de escritura pública de compraventa autorizada por el notario de.............., Don.............. el día...... de....................... de..............

Arrendamientos: Libre de arrendamientos y otros ocupantes.

Cargas y gravámenes: Libre de cargas y gravámenes.

IMPUESTO SOBRE BIENES INMUEBLES.– La Vendedora manifiesta y garantiza, con plena indemnidad para la compradora, que se encuentra al corriente de pago del Impuesto sobre Bienes Inmuebles (IBI), a excepción del Ejercicio......, cuyo pago asume la compradora, consulta del Ayuntamiento de.........., se incorpora.

PLUSVALÍA MUNICIPAL.– A los efectos de levantar el cierre registral previsto en el art. 254-5 de la Ley Hipotecaria mientras no se acredite el pago o presentación del Impuesto sobre el Incremento de Valor de los Terrenos de Naturaleza Urbana, la parte adquirente ME REQUIERE a mí, el Notario autorizante, para que remita al Ayuntamiento correspondiente copia simple de esta escritura, con el valor de la comunicación a que se refiere el art. 110-6-b de la Ley reguladora de las Haciendas Locales. Yo, el notario, acepto el requerimiento al que daré cumplimiento bien por el sistema integrado notarial SIGNO o bien mediante correo postal certificado dejando constancia del mismo en la presente por incorporación mediante diligencia del resguardo de la notificación que se realice.

INFORMACIÓN REGISTRAL. La descripción del inmueble, su titularidad y situación de cargas, en la forma expresada en los párrafos anteriores, resulta de las manifestaciones de la parte vendedora, de los títulos de propiedad que me exhibe y de nota simple del Registro de la Propiedad obtenida que incorporo a la presente.

ADVERTENCIA.– No obstante lo anterior, yo, la Notario, advierto a los otorgantes que la situación registral existente con anterioridad a la presentación de esta escritura en el Registro de la Propiedad prevalecerá sobre la información registral antes expresada.

II.– Que.............. S.A. tiene interés en adquirir por título de compraventa la finca reseñada en el anterior exponen, lo que pactan las partes y llevan a cabo en base a las siguientes:

ESTIPULACIONES

PRIMERA.– COMPRAVENTA.

.... S.A. representada por su administrador único, Don................. y con la intervención de la administración concursal vende a la compañía......... S.A., representada por su administrador único, Don........., que compra y adquiere, la finca reseñada en el exponen I de esta escritura, como cuerpo cierto, con cuanto le sea inherente y/o accesorio, libre de cargas y gravámenes, así como de arrendatario y ocupantes, y al corriente en el pago de impuestos, arbitrios y cualesquiera otra obligación de pago referida a la finca aquí enajenada.

SEGUNDA.– PRECIO Y FORMA DE PAGO.

El precio de la presente compraventa se fija en la suma de.............. euros, que es pagado en este acto, mediante cheques bancario, por importe de........... euros y a favor de la vendedora, que en este acto y en unión a los administradores concursales, recibe, dando la más eficaz y completa carta de pago, salvo buen fin del efecto.

TERCERA.– POSESIÓN.

Con el otorgamiento de la presente escritura de compraventa se entrega a la compradora la posesión de la finca aquí transmitida.

CUARTA.– IVA.

La presente compraventa está sujeta y no exenta al Impuesto sobre el Valor Añadido, que al tipo del.........%, por importe de.................................... euros, y como ordena el art. 84.1.2º LIVA, es objeto de autorepercusión por el propio comprador y será ingresado por este en la Hacienda Pública en la forma y plazos previstos en la Ley.

QUINTA.– GASTOS Y TRIBUTOS.

Todos los gastos y tributos que se devenguen con ocasión de la presente compraventa, incluido el impuesto sobre el incremento de valor de los terrenos de naturaleza urbana, serán de cuenta y cargo de la compradora.

SEXTA.– ACTO DE DISPOSICIÓN INHERENTE A LA CONTINUACIÓN DE LA ACTIVIDAD EMPRESARIAL DE.................. S.A.

Aun cuando la vendedora se halla en estado legal de concurso voluntario de acreedores, que se tramita ante el Tribunal de Instancia, sección de lo Mercantil (plaza núm ...), de ....,, procedimiento concursal.................., dado que la presente compraventa se trata de un acto de disposición inherente a la continuación de la actividad empresarial de............ S.A., de conformidad con lo previsto en el art. 206 TRLC, no es precisa la autorización de la presente enajenación por el Tribunal del concurso, bastando la intervención de la administración concursal.

OPCIONAL Y EN SU CASO: No obstante lo anterior, aun no siendo necesario y a los efectos de facilitar la inscripción de la compraventa en el Registro de la Propiedad, esta parte comunicó al Tribunal del concurso la compraventa proyectada, quien mediante resolución de fecha...... de........... de.............. confirmó el carácter de acto de disposición inherente a la continuación de la actividad empresarial de........... S.A. de la presente compraventa y la innecesariedad de autorización judicial de la misma. Por la parte vendedora se me hace entrega de testimonio de la citada resolución judicial que yo, notario, incorporo a la presente, pasando a formar parte de esta matriz.

SÉPTIMA.– INSCRIPCIÓN PARCIAL.

Se solicita la inscripción de esta escritura en el Registro de... En el cualquier caso, se solicita la inscripción parcial de esta escritura, si no fuera posible su inscripción total, y la oportuna nota de calificación, debidamente fundamentada, en la que se establezca los extremos no inscritos.

Presentación al Libro Diario.– Los comparecientes quedan enterados del sistema de presentación telemática en el Registro, previsto en el artículo 249 del Reglamento Notaria.

OTORGAMIENTO

Así lo dicen y otorgan los comparecientes ante mí. Hago las reservas y advertencias legales, especialmente las pertinentes fiscales y la necesidad de inscribir esta escritura en el Registro de la propiedad. También advierto sobre la correspondiente incorporación de datos a los ficheros automatizados regulados en la Orden de 19 de febrero de 2003 (484/2003), del Ministerio de Justicia.

AUTORIZACIÓN

Los comparecientes, previa solicitud que me formulan al efecto y sin perjuicio de advertirles sobre el contenido del art. 193 RN, leen en mi presencia la presente escritura. Manifiestan su consentimiento y conformidad a su contenido, firmándola conmigo, el notario. Compruebo que se ajusta este instrumento a la Ley y la voluntad manifestada en este acto por los comparecientes, y doy fe en cuanto sea procedente de todo lo consignado en este instrumento público, extendido en................. folios de papel exclusivo para documentos notariales, serie, y números el del presente y anteriores en orden.

F150. COMPRAVENTA DE INMUEBLE COMO OPERACIÓN DE LIQUIDACIÓN

En la ciudad de..............., mi residencia, hoy día... de........... de dos mil...

Ante mí,........................, notario del Ilustre Colegio de..............

COMPARECEN

I.– Don.............. mayor de edad, de nacionalidad española, casado, con domicilio en calle........................, núm..................., dotado de DNI/NIF........................

II.– Don.............. mayor de edad, de nacionalidad española, soltero, con domicilio en calle........................, núm..................., dotado de DNI/NIF........................

Les identifico por los documentos de identidad anteriormente reseñados, que me son exhibidos, y por sus propias manifestaciones.

INTERVIENEN

I.– Don....................... interviene, en nombre y representación de la sociedad........................ S.A., de la es administrador concursal, sociedad constituida mediante escritura autorizada el día...... de................. de.............., ante el notario de................., Don.......................... Inscrita en el Registro Mercantil de la provincia de................., al tomo..........., folio..........., hoja núm............, inscripción 1ª.

Modificados y adaptados sus estatutos sociales a la derogada Ley de Sociedades Anónimas, en virtud de acuerdo adoptado por la Junta General Extraordinaria de la sociedad el día...... de.............. de..............., elevado a público mediante escritura otorgada ante el notario de......................., Don....................., e inscrita en el citado el Registro Mercantil de la provincia de....................., al tomo........., folio............, hoja núm..............., inscripción..............

El domicilio social de.................... S.A., se halla en.........................., consistiendo su objeto social en la promoción, construcción y compraventa de edificios, bien en bloques completos o locales separados, así como la compraventa de solares, fincas rusticas y/en curso de urbanización. CIF..............

La sociedad................. S.A. actualmente se halla declarada en estado de concurso voluntario de acreedores, que se tramita actualmente ante el Tribunal de Instancia, sección de lo Mercantil (plaza núm ...), de ...., bajo el número de autos........... La declaración del citado concurso fue acordada por el expresado Tribunal mediante auto de fecha...... de.............. de........., en el se acordó la conservación por el concursado de las facultades de administración y disposición sobre su patrimonio, quedando sometido el régimen de estas a la intervención de los administradores concursales, mediante su autorización o conformidad. Mediante auto de fecha...... de......... de......, se ha aperturado

en el citado proceso concursal la fase de liquidación, habiendo cesado los administradores sociales y sustituidos por la Administración Concursal.

Todo ello consta en el Registro Mercantil de la Provincia de..........., al tomo..........., folio.............., hoja núm..................

El compareciente actúa en ejecución de la liquidación y de las reglas especiales de liquidación aprobadas mediante auto de fecha...... de......... de...... recaído en el citado procedimiento núm....... de autos, y acredita su cargo con la exhibición que me efectúa de la oportuna credencial expedida a su favor con fecha de......... de.........

El Sr......... me hace entrega de testimonio con expresión de firmeza de los referidos autos de declaración de concurso, apertura de la fase de liquidación y de aprobación de las reglas de la liquidación que, yo notario, incorporo a la presente escritura. Dicho plan prevé enajenación directa de los bienes libres de cargas en términos correspondientes a lo que resulta del presente otorgamiento.

Se hace la advertencia de que según resoluciones recientes de la Dirección General de los Registros y del Notariado la inscripción de la compraventa —que no la validez— de la transmisión requiere la firmeza del Auto que aprueba las reglas de la liquidación; la firmeza de dicho Auto (de fecha..........) la constancia de dicha firmeza consta en testimonio librado por dicho Tribunal, con fecha......., que me exhibe y entrega, y por testimonio se acompañará a la copia que de la presente se libre.

ALTERNATIVA: En relación con los efectos registrales de la transmisión se hace constar lo siguiente: Resulta de las reglas de la liquidación que el Administrador Concursal complementa sus facultades representativas por la ejecución de las referidas reglas. Dicho Auto no es firme por haber sido objeto de recurso de reposición, pero el Tribunal no ha dotado efectos suspensivos a dicho recurso, de lo que resulta la plena vigencia de las facultades indiciadas y consiguientemente la inatacabilidad de la presente transmisión como consecuencia de la apelación.

No obstante pongo en conocimiento de las partes la existencia de una resolución de la DGRN de 6 de julio de 2015 que, tras argumentar sólidamente la validez de la operación principal vira, en la decisión final para sostener la denegación de inscripción que en aquél caso formuló el Registrador por entender que no cabe el acceso a Registro mientras el auto no sea firme.

En tal sentido comunico a las partes mi opinión contraria a dicho criterio, que a mi juicio aplica el Artículo 3 de la Ley Hipotecaria sin tener en cuenta que se halla cumplido por el otorgamiento de la escritura, que es el título inscribible; y que cubierto dicho requisito no parece admisible la paradoja de que un acto válido civilmente no acceda al Registro. Dicho en otros términos, es al Tribunal a quién compete, al recibir el recurso de apelación decidir si éste produce o no efectos suspensivos. Habiendo decidido que no los produzca, como es el caso, en el momento de la transmisión existe firmeza, no procesal del Auto, sino del complemento de capacidad que precisa la actuación del Administrador Concursal y por tanto resulta injustificado que no se inscriba la adquisición; todo ello sin perjuicio de la vigencia del artículo 98 de las Leyes 24/2001 y 24/2005, aparentemente soslayadas en la citada resolución.

Por todo ello reitero mi juicio de suficiencia al tiempo que advierto que el acceso al Registro puede verse obstaculizado —o no, con arreglo al criterio del Registrador competente— por la doctrina de la DGRN, denegación que deberá ser revocada mediante Recurso Gubernativo o juicio y que en caso de no prosperar la inscripción puede demorarse hasta la firmeza en uno u otro sentido —es decir, cualesquiera que sean los resultados de la reposicion, dado que la falta de efectos suspensivos impide la retroacción de sus efectos— de las reglas especiales de liquidación.

Yo, notario, considero que tiene facultades suficientes para el otorgamiento de la presente escritura de compraventa.

II.- Don.................... interviene en nombre y representación de la sociedad.......................... S.A., sociedad constituida mediante escritura autorizada el día...... de................. de..........., ante el notario de................., Don....................... Inscrita en el Registro Mercantil de la provincia de................., al tomo........., folio.............., hoja núm............, inscripción 1ª.

Modificados y adaptados sus estatutos sociales a la derogada Ley de Sociedades Anónimas, en virtud de acuerdo adoptado por la Junta General Extraordinaria de la sociedad el día...... de........... de.............., elevado a público mediante escritura otorgada ante el notario de................., Don.............., e inscrita en el citado el Registro Mercantil de la provincia de................., al tomo........., folio..........., hoja núm.........., inscripción..............

El domicilio social de................. S.A., se halla en.........................., consistiendo su objeto social en la promoción, construcción y compraventa de edificios, bien en bloques completos o locales separados, así como la compraventa de solares, fincas rusticas y/en curso de urbanización. CIF...........

Don.............. actúa en nombre y representación de.............. S.A. en su condición de administrador único de dicha compañía, cargo que asegura vigente y para el que fue designado en virtud de acuerdo de la Junta General extraordinaria de la citada sociedad adoptado el día de......... de......... y que fue elevado a público mediante escritura autorizada el día de......... de..........., ante el notario de..........., Don.............. Inscrita en el citado Registro Mercantil de la provincia de...................., al tomo........., folio........., hoja núm............, inscripción..............

Yo, notario, considero que tiene facultades suficientes para el otorgamiento de la presente escritura de compraventa.

A los efectos previsto en el Artículo 160, letra f) de la Ley de Sociedades de Capital, la representación de las sociedades intervinientes HACEN CONSTAR que el bien objeto de compraventa NO tiene la consideración de activo esencial tanto de la transmitente como de la adquirente, y especialmente que lo transmitido-comprado no supera el veinticinco por ciento del valor de los activos.

LEY 10/2010.- Yo el Notario, hago constar expresamente que he cumplido con la obligación de identificación del titular real que impone la Ley 10/2010, de 28 de abril, cuyo resultado consta:

- En cuanto a la mercantil "............." en acta autorizada el día....... de... de.... por el Notario de...., Don.........., bajo número... de protocolo.
- Y en cuanto a la mercantil "......... S.A." en acta autorizada el día....., por la Notario de..., Don...., bajo número... de su protocolo.

Manifestando sus representantes no haberse modificado el contenido de las mismas, consultada la base de datos no existe discrepancia entre lo reflejado en dicha base y lo manifestado por los clientes.

Tienen, a mi juicio, capacidad necesaria para otorgar la presente escritura de compraventa y al efecto:

EXPONEN

I.– Que la sociedad................. S.A. es dueña, en pleno dominio, del siguiente inmueble:

Descripción:..................

Inscripción Registral: Inscrita en el Registro de la Propiedad de........., al tomo................., libro......, folio, finca, inscripción.........

Situación Urbanística:.............................

Referencia catastral:...................., que resulta del recibo del IBI del año......, que me exhibe la vendedora y del que deduzco testimonio que, yo notario, incorporo a la presente.

Título: Le pertenece por título de compraventa a Doña........., en virtud de escritura pública de compraventa autorizada por el notario de..........., Don........... el día...... de................. de.........

Arrendamientos: Libre de arrendamientos y otros ocupantes.

Cargas y gravámenes: Libre de cargas y gravámenes.

IMPUESTO SOBRE BIENES INMUEBLES.– La Vendedora manifiesta y garantiza, con plena indemnidad para la compradora, que se encuentra al corriente de pago del Impuesto sobre Bienes Inmuebles (IBI), a excepción del Ejercicio......, cuyo pago asume la compradora, consulta del Ayuntamiento de.........., se incorpora.

PLUSVALÍA MUNICIPAL.– A los efectos de levantar el cierre registral previsto en el art. 254-5 de la Ley Hipotecaria mientras no se acredite el pago o presentación del Impuesto sobre el Incremento de Valor de los Terrenos de Naturaleza Urbana, la parte adquirente ME REQUIERE a mí, el Notario autorizante, para que remita al Ayuntamiento correspondiente copia simple de esta escritura, con el valor de la comunicación a que se refiere el art. 110-6-b de la Ley reguladora de las Haciendas Locales. Yo, el notario, acepto el requerimiento al que daré cumplimiento bien por el sistema integrado notarial SIGNO o bien mediante correo postal certificado dejando constancia del mismo en la presente por incorporación mediante diligencia del resguardo de la notificación que se realice.

INFORMACIÓN REGISTRAL. La descripción del inmueble, su titularidad y situación de cargas, en la forma expresada en los párrafos anteriores, resulta de las manifestaciones de la parte vendedora, de los títulos de propiedad que me exhibe y de nota simple del Registro de la Propiedad obtenida que incorporo a la presente.

ADVERTENCIA.– No obstante lo anterior, yo, la Notario, advierto a los otorgantes que la situación registral existente con anterioridad a la presentación de esta escritura en el Registro de la Propiedad prevalecerá sobre la información registral antes expresada.

II.– Que........... S.A. tiene interés en adquirir por título de compraventa la finca reseñada en el anterior exponen, lo que pactan las partes y llevan a cabo en base a las siguientes:

ESTIPULACIONES

PRIMERA.– COMPRAVENTA.

.... S.A. representada por su administración concursal vende a la compañía.............. S.A., representada por su administrador único, Don.............., que compra y adquiere, la finca reseñada en el exponen I de esta escritura, como cuerpo cierto, con cuanto le sea inherente y/o accesorio, libre de cargas y gravámenes, así como de arrendatario y ocupantes, y al corriente en el pago de impuestos, arbitrios y cualesquiera otra obligación de pago referida a la finca aquí enajenada.

SEGUNDA.– PRECIO Y FORMA DE PAGO.

El precio de la presente compraventa se fija en la suma de.............. euros, que es pagado en este acto, mediante cheques bancario, por importe de........... euros y a favor de la vendedora, que en este acto y en unión a los administradores concursales, recibe, dando la más eficaz y completa carta de pago, salvo buen fin del efecto.

TERCERA.– POSESIÓN.

Con el otorgamiento de la presente escritura de compraventa se entrega a la compradora la posesión de la finca aquí transmitida.

CUARTA.– IVA.

La presente compraventa está sujeta y no exenta al Impuesto sobre el Valor Añadido, que al tipo del.........%, por importe de................. euros, y como ordena el art. 84.1.2° LIVA, es objeto de autorepercusión por el propio comprador y será ingresado por este en la Hacienda Pública en la forma y plazos previstos en la Ley.

QUINTA.– GASTOS Y TRIBUTOS.

Todos los gastos y tributos que se devenguen con ocasión de la presente compraventa, incluido el impuesto sobre el incremento de valor de los terrenos de naturaleza urbana, serán de cuenta y cargo de la compradora.

SEXTA.– ACTO DE DISPOSICIÓN EN EJECUCIÓN DE LA LIQUIDACIÓN.

Expresamente se hace constar que mediante auto de fecha...... de......... de......, y en el procedimiento concursal de la vendedora,............ S.A., seguido ante el Tribunal de

Instancia, sección de lo Mercantil (plaza núm ...), de ....,, autos........., se ha aperturado la fase de liquidación, habiendo cesado los administradores sociales y sustituidos por la Administración Concursal.

La presente compraventa se otorga y lleva a cabo en ejecución de la liquidación y de las reglas especiales de liquidación aprobadas mediante auto de fecha...... de......... de...... recaído en el citado procedimiento núm....... de autos

SÉPTIMA.– INSCRIPCIÓN PARCIAL.

Se solicita la inscripción de esta escritura en el Registro de..................... En el cualquier caso, se solicita la inscripción parcial de esta escritura, si no fuera posible su inscripción total, y la oportuna nota de calificación, debidamente fundamentada, en la que se establezca los extremos no inscritos.

Presentación al Libro Diario.– Los comparecientes quedan enterados del sistema de presentación telemática en el Registro, previsto en el artículo 249 del Reglamento Notarial.

OTORGAMIENTO

Así lo dicen y otorgan los comparecientes ante mí. Hago las reservas y advertencias legales, especialmente las pertinentes fiscales y la necesidad de inscribir esta escritura en el Registro de la propiedad. También advierto sobre la correspondiente incorporación de datos a los ficheros automatizados regulados en la Orden de 19 de febrero de 2003 (484/2003), del Ministerio de Justicia.

AUTORIZACIÓN

Los comparecientes, previa solicitud que me formulan al efecto y sin perjuicio de advertirles sobre el contenido del art. 193 RN, leen en mi presencia la presente escritura. Manifiestan su consentimiento y conformidad a su contenido, firmándola conmigo, el notario. Compruebo que se ajusta este instrumento a la Ley y la voluntad manifestada en este acto por los comparecientes, y doy fe en cuanto sea procedente de todo lo consignado en este instrumento público, extendido en..................... folios de papel exclusivo para documentos notariales, serie, y números el del presente y anteriores en orden.

F151. CONTRATO DE COMPRAVENTA DE CRÉDITOS TITULARIZADOS POR LA CONCURSADA FRENTE A TERCEROS

En..........., a.... de....... de.........

REUNIDOS

De una parte la mercantil.............., S.A., EN LIQUIDACIÓN, con domicilio social en.........., Carretera......., s/n, con CIF.......... representada por su administrador concursal y liquidador único, Don..........., con DNI/NIF............. En lo sucesivo, también vendedor o vendedora.

Y, de otra parte, la entidad................, S.L., sociedad domiciliada en la ciudad de..........., calle........, núm...... con CIF..........., representada por............, provista de DNI/NIF............. en lo sucesivo comprador o compradora.

Ambas partes se reconocen mutua capacidad de actuar y de obligarse por virtud del presente contrato.

EXPONEN

I.– Que la mercantil..........., S.L., en liquidación, es titular de la total cartera comprensiva de los siguientes créditos y titulares:

- Crédito titularidad de............., S.L. contra la mercantil............. IMPORTE:.......... Euros. VENCIMIENTO:.............. GARANTÍAS:........... SITUACIÓN DEL CRÉDITO:...........
- Crédito titularidad de............., S.L. contra la mercantil............. IMPORTE:.......... Euros. VENCIMIENTO:.............. GARANTÍAS:........... SITUACIÓN DEL CRÉDITO:...........
- Crédito titularidad de............., S.L. contra la mercantil............. IMPORTE:.......... Euros. VENCIMIENTO:.............. GARANTÍAS:........... SITUACIÓN DEL CRÉDITO:...........

II. Que algunos de los anteriores créditos son difícilmente cobrables, si no incobrables, debido a su antigüedad y a la situación de notoria insolvencia de algunas de las sociedades deudoras.

III.– Que la mercantil............, S.L. tienen interés en la compra de los citados créditos, por lo que ambas partes llevan a efecto la misma de acuerdo con las siguientes:

ESTIPULACIONES

PRIMERA.– Que la entidad............., S.L., debidamente representada por Doña.................... adquiere por título de compraventa, por un precio total de......... los créditos que constan en el Exponen Primero del presente contrato, titularidad de...................., S.L., junto con sus correspondientes derechos accesorios.

SEGUNDA.– El precio convenido por la presente compraventa es el de......... euros (impuestos excluidos), que abona en este acto la parte compradora a la vendedora mediante cheque nominativo sirviendo el presente documento de carta de pago y recibo de dicha cantidad.

TERCERA.– Que la entidad adquirente de los citados créditos,.................. S.L. es conocedora del hecho de que dichos créditos adquiridos tienen la consideración de créditos de dudoso cobro con las consecuencias que ello conlleva en orden al cobro y contabilización de los mismos. La cedente no responde de la existencia y legitimidad del crédito. Tampoco responde de la solvencia del deudor.

CUARTA.– Todos los gastos y tributos que se deriven de la presente compraventa serán soportados por las partes con arreglo a Ley.

QUINTA.– A efectos de notificaciones, las partes, de manera expresa, señalan los domicilios reseñados en la comparecencia de este contrato, esto es, por la vendedora................. y por la compradora.......................

SEXTA.– Expresamente se hace constar que mediante auto de fecha...... de......... de......, y en el procedimiento concursal de la vendedora,............ S.L., seguido ante el Tribunal de Instancia, sección de lo Mercantil (plaza núm. ...), de ....,., se ha aperturado la fase de liquidación, habiendo cesado los administradores sociales y sustituidos por la Administración Concursal.

La presente compraventa se otorga y lleva a cabo en ejecución las reglas de la liquidación aprobadas en el citado procedimiento núm....... de autos

Y para ser cumplido de buena fe firman el presente documento por triplicado y a un solo efecto en la ciudad y fecha indicadas al principio.

F152. CONTRATO DE COMPRAVENTA DE CRÉDITOS TITULARIZADOS POR LA CONCURSADA FRENTE A TERCEROS. COMPRA DE CRÉDITOS POR MITADES INDIVISAS

En..........., a..... de........ de........

REUNIDOS

De una parte la mercantil .... S.L., con domicilio social en............., Avenida................., núm........., con CIF..................., representada por su administrador concursal y liquidador único Don..................., con DNI/NIF.................. En lo sucesivo, también vendedor o vendedora.

Y de otra parte la entidad .... S.L. con domicilio social en......., carretera de................., número....., con CIF.................., debidamente representada por Doña........., DNI/NIF..........; y la entidad............. S.L., Unipersonal, con domicilio social en..............., carretera......-.........., número....., con CIF.........., debidamente representada por su administradora única Doña......., con DNI/NIF.......... En lo sucesivo comprador o compradora.

Ambas partes se reconocen mutua capacidad de actuar y de obligarse por virtud del presente contrato.

EXPONEN

Primero.– Que la mercantil......... S.L. es titular de los siguientes créditos:

- Crédito titularidad de........ S.L. contra la mercantil........ S.L. por un importe de............ EUROS Y.......... CÉNTIMOS DE EURO. VENCIMIENTO:..........:............ SITUACIÓN Y CIRCUNSTANCIAS DEL CRÉDITO:...............
- Crédito titularidad de........ S.L. contra la mercantil........ S.L. por un importe de............ EUROS Y.......... CÉNTIMOS DE EURO. VENCIMIENTO:.......... GARANTÍAS:............ SITUACIÓN Y CIRCUNSTANCIAS DEL CRÉDITO:...............
- Crédito titularidad de........ S.L. contra la mercantil........ S.L. por un importe de............ EUROS Y.......... CÉNTIMOS DE EURO. VENCIMIENTO:.......... GARANTÍAS:............ SITUACIÓN Y CIRCUNSTANCIAS DEL CRÉDITO:...............

II.– Que las mercantiles............... S.L. y............. S.L., Unipersonal, tienen interés en la compra de los citados créditos, por lo que ambas partes llevan a efecto la misma de acuerdo con las siguientes:

ESTIPULACIONES

PRIMERA.– Que la entidad........... S.L., debidamente representada por Doña.........; y la entidad.......... S.L., Unipersonal, debidamente representada por su administradora única Doña......... adquieren por título de compraventa, con carácter proindiviso, por mitades indivisas y por un precio total de............. euros los créditos que constan en el Exponen Primero del presente contrato, titularidad de .... S.L., junto con sus correspondientes derechos accesorios.

SEGUNDA.– El precio convenido por la presente compraventa es el de........ euros (impuestos incluidos), que abonará la parte compradora a la vendedora en la siguiente forma:

a.– La cantidad de........ euros la abona la compradora............ S.L. a la vendedora........ S.L., en efectivo metálico, sirviendo el presente documento de carta de pago y recibo de dicha cantidad.

b.– La cantidad de..... euros la abona la compradora........... S.L., Unipersonal, a la vendedora........ S.L., en efectivo metálico, sirviendo el presente documento de carta de pago y recibo de dicha cantidad.

TERCERA.– Que las entidades adquirentes de los citados créditos,........ S.L. y........... S.L., Unipersonal, son conocedoras del hecho de que dichos créditos adquiridos tienen la consideración de créditos de dudoso cobro con las consecuencias que tiene dicha consideración en relación al cobro y contabilización de los mismos.

La cedente no responde de la existencia y legitimidad del crédito. Tampoco responde de la solvencia del deudor.

Expresamente se hace constar que las deudoras............. S.L. y.................... S.L., se hallan en situación de concurso de acreedores (las dos mercantiles ante el Tribunal de Instancia, sección de lo Mercantil (plaza núm ...), de ...., (autos.....), estando en fase de convenio sin que se haya cumplido el mismo. También se hace constar expresamente que la entidad................., S.L. que fue declarada también en concurso por el Tribunal de Instancia, sección de lo Mercantil (plaza núm ...), de ...., en los citados autos......, se encuentra en fase de liquidación ante la imposibilidad por su parte de cumplir el convenio. De todo lo anterior tienen conocimiento las mercantiles compradoras y ha sido tenido en cuenta por las partes a la hora de fijar el precio establecido en este contrato de compraventa.

CUARTA.– Todos los gastos y tributos que se deriven de la presente compraventa serán soportados por las partes con arreglo a Ley.

QUINTA.– A efectos de notificaciones, las partes, de manera expresa, señalan los domicilios reseñados en la comparecencia de este contrato, esto es, por la vendedora........... y por la compradora.............

SEXTA.– Expresamente se hace constar que mediante auto de fecha...... de........ de......, y en el procedimiento concursal de la vendedora,................. S.L., seguido ante el Tribunal de Instancia, sección de lo Mercantil (plaza núm. ...), de ...., autos........., se ha aperturado la fase de liquidación, habiendo cesado los administradores sociales y sustituidos por la Administración Concursal.

La presente compraventa se otorga y lleva a cabo en ejecución de la liquidación y de las reglas especiales de liquidación aprobadas mediante auto de fecha...... de......... de...... recaído en el citado procedimiento núm....... de autos.

Y para ser cumplido de buena fe firman el presente documento por duplicado y a un solo efecto en la ciudad y fecha indicadas al principio.

F153. ESCRITURA DE COMPRAVENTA DE PARTICIPACIONES SOCIALES Y CESIÓN DE CRÉDITO COMO OPERACIÓN DE LIQUIDACIÓN

En la Ciudad de..........., mi residencia, a........ de...................

Ante mí,.........., Notario de la Ciudad y del Ilustre Colegio de...........

COMPARECE

DE UNA PARTE EN REPRESENTACIÓN DE LA PARTE VENDEDORA:

DON.............., mayor de edad, con domicilio a estos efectos en........, calle........, nº....., CP...... Con DNI/NIF..........

DE OTRA PARTE EN REPRESENTACIÓN DE LA PARTE COMPRADORA

DON..........., mayor de edad, con domicilio a estos efectos, en..........., número.....º, CP........, con DNI/NIF............

Las circunstancias personales constan de sus manifestaciones.

Les identifico por sus documentos nacionales de identidad que me exhiben.

INTERVIENEN

A) DON........ en nombre y representación, de........ SLP, Administrador Concursal de la mercantil.......... S.L. EN CONCURSO Y FASE DE LIQUIDACIÓN, domiciliada en......... calle........, y con CIF...... cuyo objeto es actuar como Sociedad holding mediante la participación en el capital de entidades residentes y no residentes en el territorio español, existentes o de nueva creación; fomento de nuevas actividades empresariales, tomando participaciones en las empresas creadas para su desarrollo; dirigir y gestionar dichas participaciones y prestar servicios de asesoramiento y apoyo a la gestión a las sociedades participadas contando con los medios humanos y materiales necesarios para ello; de duración indefinida, constituida en escritura otorgada el........., ante el entonces Notario de........, Don........, número de protocolo......, inscrita en el Registro Mercantil de...... al tomo......, folio...., sección......, hoja........ inscripción......

Dicha sociedad se encuentra en situación concursal y fase de liquidación, tal y como consta en los autos del procedimiento de concurso ordinario tramitado en el Tribunal de Instancia, sección de lo Mercantil (plaza núm. ...), de ...., al número......., lo que conlleva la suspensión de las facultades de administración y disposición del deudor sobre su patrimonio, el cese de los administradores o liquidadores, quienes son sustituidos por la administración concursal, según la vigente Ley Concursal decretada la apertura de la fase de liquidación por auto de fecha......... dictado por el Tribunal de Instancia, sección de lo Mercantil (plaza núm. ...), de ....,, en los autos del procedimiento referido.

La legitimación de Don........ para este acto resulta de su designación como persona física representante de la mercantil.......... SLP, según consta en los autos del procedimiento concursal...... y del acta de aceptación del cargo y designación de persona física y la credencial de administrador concursal expedidas por el Tribunal de Instancia, sección de lo Mercantil (plaza núm. ...), de ...., el día............, que me exhiben y como fotocopia coincidente con el original exhibido incorporo a la presente matriz.

Y manifiesta hacerlo en ejecución de la liquidación y de las reglas especiales de liquidación aprobadas por auto de fecha........., documentos que me exhiben y que por fotocopia coincidente con los originales exhibidos incorporo a la presente matriz.

Lo relacionado resulta de exhibición de copia autentica de la meritada escritura y actuaciones judiciales sin que en lo omitido haya nada que lo restrinja, modifique o condicione y manifiesta la vigencia de su representación, así como que no ha variado la capacidad de su representada.

En consecuencia hago constancia expresa de que la citada administración concursal tiene facultad suficiente para este otorgamiento.

B.– DON............., en nombre y representación de la mercantil........ S.L., Paseo......, número......°, CP......, dedicada a............, de duración indefinida, constituida por escritura otorgada ante el notario de......., Don......, el día... de.... de...., bajo el número de protocolo.... Inscrita en el Registro Mercantil de......, al tomo...., folio..., hoja....., inscripción...ª

Su CIF es el número.....

Está legitimado para este otorgamiento, en virtud de su expresado cargo de Administrador Único, que afirma vigente, para el que fue nombrado, por plazo indefinido y aceptó en la reunión de la Junta General Extraordinaria, de carácter Universal, celebrada el........., formalizada en la escritura de cese y nombramiento de cargos, otorgada en......... ante el Notario, Don....., bajo número..... de protocolo, inscrita en el Registro Mercantil de....., al tomo......, folio...., hoja......., inscripción....ª, que he tenido a la vista y considero suficiente para este acto.

Yo, el Notario, hago constar expresamente que he cumplido con la obligación que impone la ley 10/2010, de 28 de abril, cuyo resultado consta en acta autorizada por el Notario de........, Don........, el día......., en cuanto a "...... S.L.", bajo nº... de protocolo; y acta autorizada por el Notario de......, Don.........., el día..... en cuanto a "............ S.L.", bajo nº.... de protocolo, manifestando no haberse modificado el contenido de las mismas.

Tienen a mi juicio, según interviene, la capacidad necesaria para otorgar la presente escritura de CESIÓN DE PARTICIPACIONES SOCIALES Y CRÉDITO, y al efecto

EXPONEN:

I.– Que la mercantil ".......... S.L.", es titular-propietaria, de ochocientas noventa y nueve participaciones sociales identificadas con los números... al....., ambos inclusive, de la compañía mercantil "..........., S.L.", domiciliada en.........., Avenida........., número......., constituida como Sociedad Anónima, por tiempo indefinido, mediante escritura autorizada por el Notario de........, Don.........., el día......., transformada en limitada, mediante otra escritura otorgada en......, ante el nombrado Notario señor........, el día.... de...... de....., con el número de protocolo....., que fue inscrita en el Registro Mercantil de la Provincia de.........., al tomo....... general, folio...., hoja número....., inscripción.... Adaptados sus Estatutos a la Ley 2/1995 de 23 de marzo, en virtud de escritura autorizada por el Notario de........, Don............, número de protocolo.........

Tiene CIF nº...........

El capital social es de........... EUROS, dividido en.... participaciones sociales de...... euros de valor nominal, cada una de ellas, y están desembolsadas en su totalidad.

Su objeto:................

TÍTULO.– Aportación no dineraria en aumento de capital de la mercantil.............. S.L., según resulta de escritura otorgada en......., ante el Notario Don......., el....... de......... de....., número de protocolo..

CARGAS.– Libres de cargas, gravámenes y afecciones.

II. Que la mercantil........., S.L. ostenta un crédito contra............ S.L., por un importe de.............. EUROS como consecuencia de diversos préstamos concedidos por la citada sociedad a la compañía...... S.L.

DISPONEN

PRIMERO.– La mercantil ".......... S.L." vende y transmite las........... participaciones sociales de la mercantil......... S.L., de la que es titular-dueña, números 1 al......, ambos inclusive a la mercantil "........... S.L.", que según está aquí representada las compra y adquiere.

Igualmente, la mercantil "......... S.L." cede y transmite el crédito que ostenta frente a.......... S.L., reseñado en la parte expositiva de esta escritura por mi notario, autorizada, a la mercantil ".................. S.L.", que según está aquí representada compra y adquiere.

SEGUNDO.– El precio conjunto de esta venta es el.......... EUROS, correspondiendo.......... EUROS a las participaciones sociales y.......... EUROS al crédito que la vendedora confiesa recibir en este acto de la compradora mediante la entrega que esta le hace de cheque bancario núm......... de la entidad..........., cuya fotocopia con valor de testimonio incorporo a esta matriz, por lo que le formaliza carta de pago.

Dicho cheque ha sido emitido con cargo a la cuenta nº......

TERCERO.– Las participaciones sociales y el referido crédito se transmiten libres de toda especie de carga, gravamen o afección, no pesando retención judicial ni de otra índole y no están sujetas a embargos.

CUARTO.– Se hace constar por las partes que el crédito aquí cedido se transmite en la situación en que actualmente se halla, como dudoso y sin que el deudor responda de la solvencia del deudor, con total renuncia por el comprador a la evicción o saneamiento que pudiere corresponderle frente al cedente del crédito.

QUINTO.– Que no existen pactos estatutarios ni privados no cumplidos que impidan la libre transmisión de las referidas participaciones sociales, ni otros impedimentos de carácter público o privado para la válida transmisión, dado que la Junta General de la sociedad.......... S.L. ha autorizado la presente compraventa de participaciones sociales según resulta de la certificación que se acompaña librada por su administrador solidario cuya firma legitimo e incorporo a la presente

SEXTO.– Todos los gastos e impuestos que se originen por la formalización de la presente compraventa de participaciones sociales y crédito, serán satisfechos por la parte compradora.

SÉPTIMO.– Expresamente se hace constar que mediante auto de fecha...... de......... de......, y en el procedimiento concursal de la vendedora,............ S.L., seguido ante el Tribunal de Instancia, sección de lo Mercantil (plaza núm ...), de ...., autos........., se ha aperturado la fase de liquidación, habiendo cesado los administradores sociales y sustituidos por la Administración Concursal. La presente compraventa se otorga y lleva a cabo en ejecución de la liquidación y las reglas especiales de la liquidación aprobada mediante auto de fecha...... de......... de...... recaído en el citado procedimiento núm....... de autos.

OCTAVO.– Los comparecientes me requieren a mi, el notario, para que notifique la cesión del crédito instrumentalizada a través del presente instrumento por mi, el notario, autorizada, a la deudora, a la compañía............ S.L. con domicilio en,........, Avenida..............., núm......

II.– RÉGIMEN FISCAL.–

- La transmisión de participaciones sociales formalizada en esta escritura está exenta del Impuesto de Transmisiones Patrimoniales y Actos Jurídicos Documentados, al amparo de lo dispuesto en el art. 314 del Real decreto legislativo 4/2015, de 23 de octubre, habida cuenta de que no incurre en ninguna de las excepciones que contempla dicho precepto legal.

En cumplimiento de lo dispuesto en la Ley Orgánica de Protección de Datos de carácter Personal, quedan informados los comparecientes de la incorporación de los datos personales que de esta escritura resultan a los ficheros automatizados existentes en mi Notaria, donde se conservarán con carácter confidencial, sin perjuicio de las remisiones que resulten de obligado cumplimiento.

OTORGAMIENTO Y AUTORIZACIÓN

Así lo dicen y otorgan.

Hago las reservas y advertencias legales; en particular y a efectos fiscales advierto de las obligaciones y responsabilidades tributarias que incumben a las partes en su aspecto material, formal y sancionador, y de las consecuencias de toda índole que se derivarían de la inexactitud de sus declaraciones.

Leo esta escritura a los comparecientes, quienes renuncian a su derecho de hacerlo por sí, y que la encuentran conforme en todo, instruyéndoles, no obstante, sobre su contenido, efectos y consecuencias de sus pactos, ratificándola todos ellos y firmando conmigo en prueba de conformidad, dándose por satisfactoriamente atendidos e informados por mí.

De todo lo cual y en especial de que este otorgamiento se adecua a la legalidad y a la voluntad debidamente informada de los otorgantes, y en general del contenido de este instrumento público extendido en .... folios de papel exclusivo para documentos notariales, números el del presente y los anteriores en orden y el del presente, yo, el Notario, doy fe.

F154. CONTRATO DE COMPRAVENTA DE MAQUINARIA CUYA TITULARIDAD LA OSTENTA UNA SOCIEDAD DECLARADA EN CONCURSO DE ACREEDORES DE MICROEMPRESA

CONTRATO DE COMPRAVENTA DE BIENES MUEBLES

En ...., a ....

REUNIDOS

De una parte, D. ...., con DNI nº .... y .... con DNI ...., como administradores mancomunados y liquidadores mancomunados de la Mercantil .... con domicilio social en .... y con CIF: .... (en adelante la VENDEDORA), entidad que se encuentra en fase de liquidación en el seno del Concurso de Acreedores de Microempresas ...., en virtud Auto de ...., dictado por el Tribunal de Instancia, Sección de lo Mercantil (PLAZA ...), ..., habiendo sido aprobadas las correspondientes reglas especiales de liquidación mediante auto de fecha .... Los comparecientes declaran vigente los cargos en virtud de los cuales actúan, manifestando que son suficientes para la firma del presente contrato, bajo su responsabilidad.

De otra parte, D. ...., con DNI nº ...., como apoderado de la Mercantil .... S.A. con domicilio social en .... y con CIF: .... (en adelante la COMPRADORA). El compareciente declara vigente el cargo en virtud del cual actúa, manifestando que es suficiente para la firma del presente contrato, bajo su responsabilidad.

Todas las partes, en el respectivo carácter con el que intervienen, se reconocen mutuamente la capacidad legal en Derecho necesaria para concertar el presente CONTRATO DE COMPRAVENTA DE BIENES MUEBLES, y a tal efecto, libremente y de común acuerdo,

EXPONEN

I.– Que LA VENDEDORA, en cumplimiento de lo dispuesto en las reglas de liquidación aprobadas mediante auto de fecha ...., desea transmitir una maquinaria industrial de .... Se adjunta manual de instrucciones de la maquinaria y fotografías de la maquinaria, como bloque documental nº 1.

II.– Que LA COMPRADORA está interesado en la adquisición de la referida maquinaria.

III.– Que la parte compradora manifiesta que ha sido informada del estado de la maquinaria y ha tenido ocasión de inspeccionarlos con anterioridad a la firma del presente documento, estando conforme con el estado en que se encuentran.

CLÁUSULAS

PRIMERA.– OBJETO.– Constituye el objeto del presente Contrato la compraventa de la maquinaria que se describe en el expositivo I.

SEGUNDA.– PRECIO.– Teniendo en cuenta las características, estado y antigüedad de la maquinaria que se transmite, se pacta de común acuerdo el precio en la cantidad de .... más el IVA (al 21%), lo que suma un total de ....

TERCERA.– FORMA DE PAGO.– El pago del precio se realizará mañana ...., mediante transferencia bancaria, vía Banco de España (Transferencia OMF) por parte de LA COMPRADORA del precio en la siguiente c.c.c. / IBAN .... de la que es titular LA VENDEDORA en el Banco de Santander y de la que se remitirá justificante de la transferencia vía mail a las siguientes direcciones de correo electrónico ....

CUARTA.– ENTREGA.– LA VENDEDORA hará entrega de la Maquinaria a LA COMPRADORA, en sus instalaciones sitas en .... una vez se haya acreditado la transferencia de la forma reseñada en la estipulación anterior la cual ya ha sido verificada y aceptada por LA COMPRADORA, mediante visita de inspección el pasado ...., haciéndose cargo y responsable de la referida maquinaria en su integridad desde ese mismo momento, incluido el transporte de los mismos desde las instalaciones de la vendedora hasta sus propias instalaciones.

QUINTA.– GARANTÍA.– Que se pacta expresamente por las partes que no se otorga Garantía alguna sobre los bienes muebles objeto de la presente transmisión, por lo que no existirá responsabilidad de LA VENDEDORA por la necesaria puesta en marcha, averías o deficiencias de la misma que puedan aparecer tras su venta.

SÉPTIMA.– GASTOS E IMPUESTOS.– Todos los gastos e impuestos que se originen como consecuencia de la formalización, cumplimiento o extinción del presente Contrato y de las obligaciones que de él se deriven serán de cargo de LA COMPRADORA.

OCTAVA.– SUMISIÓN A TRIBUNALES.– Para cuantas cuestiones o divergencias pudieran suscitarse en relación con el presente Contrato, ambas partes establecen someterse a los Tribunales de ...., renunciando expresamente a su fuero propio si lo tuvieran.

El presente Contrato tiene carácter mercantil y se regirá por sus propias cláusulas, y en lo en ellas no dispuesto, por lo previsto en el Código de Comercio, demás leyes especiales y usos mercantiles.

NOVENA.– GENERALIDADES.– El presente Contrato anula y reemplaza cualquier contrato o acuerdo anterior entre las partes con el mismo objeto y sólo podrá ser modificado por un nuevo acuerdo firmado por ambas partes y si alguna de las cláusulas del presente

Contrato fuere declarada nula o inaplicable, dicha cláusula se considerará excluida del contrato, sin que implique la nulidad del mismo. En este caso las partes harán cuanto esté a su alcance para encontrar una solución equivalente que sea válida y que refleje debidamente sus intenciones.

Y en prueba de conformidad y aceptación de cuanto antecede, ambas partes firman el presente Contrato, extendido por duplicado y a un solo efecto, en la ciudad y fecha mencionadas en el encabezamiento.

XIV. TRANSACCIÓN Y ACUERDOS EXTRAJUDICIALES DE RESOLUCIÓN DE CONTROVERSIAS

SUMARIO: F155. TRANSACCIÓN MERCANTIL (I). F156. TRANSACCIÓN MERCANTIL (II). F157. TRANSACCIÓN MERCANTIL (III).

F155. TRANSACCIÓN MERCANTIL (I)

En la ciudad de ......, hoy día .. de ..... de .....

REUNIDOS

Don........., de nacionalidad española, mayor de edad, vecino de ...., con domicilio en la calle ......, núm. ..... y DNI/NIF ....

Doña ...., de nacionalidad española, mayor de edad, vecina de ...., con domicilio en la calle ......, núm. ..... y DNI/NIF ....

INTERVIENEN

Don............ interviene en nombre y por cuenta, en su condición de Consejero Delegado, de la sociedad anónima de nacionalidad española .... S.A., domiciliada en ......, calle ...., núm. ..... Constituida por tiempo indefinido mediante escritura autorizada el ... de .... de ....., por el notario de ......, Don.............. Inscrita en el Registro Mercantil de la provincia de ...... al tomo ...., del libro de sociedades, folio ....., hoja número ....., inscripción .... CIF ....

Doña .... interviene en nombre y por cuenta, en su condición de administradora única, de la sociedad de responsabilidad limitada de nacionalidad española .... S.L., domiciliada en ......, calle ...., núm. ..... Constituida por tiempo indefinido mediante escritura autorizada el ... de .... de ....., por el notario de ......, Don.............. Inscrita en el Registro Mercantil de la provincia de ...... al tomo ...., del libro de sociedades, folio ....., hoja número ....., inscripción .... CIF ....

Las partes, reconociéndose recíproca capacidad para este acto, libre y espontáneamente,

DECLARAN Y CONVIENEN

PRIMERO.– Que en fecha ... de .... de .... se suscribió entre las sociedades ...... S.A. y .... S.L. contrato de suministro por el que la sociedad ...... S.A. se obligaba a suministrar a la compañía .... S.L., las partidas que ésta precisará y solicitará y solicite de los productos de ...... fabricados por la primera, documento que se da aquí por íntegramente reproducido en aras a una mayor brevedad.

SEGUNDO.– Que durante la vigencia del presente contrato, concretamente mediante burofax de fecha ... de ... de ..., la sociedad ...... S.L. notificó y reclamó extrajudicialmente a la sociedad .... S.A., la existencia de determinados daños y perjuicios que le habían sido causados como consecuencia del suministro por ...... S.A. de una partida de ......

defectuosa, que había afectado a su producción. Dichos daños y perjuicios los cuantificaba en la suma de ..... euros.

Dicha reclamación fue íntegramente rechazada por .... S.A. mediante burofax de fecha ... de .... de ....

TERCERO.– Que como consecuencia de todo ello, en fecha ... de .... de ..., la compañía .... S.L. interpuso demanda de juicio ordinario contra ..... S.A. en reclamación de la citada suma de .... euros, más los correspondientes intereses y costas procesales. Ello en los términos de la citada demanda y documentación aneja a los mismos, que también se dan aquí por íntegramente reproducidos.

Dicha demanda se sustancia ante el Tribunal de Instancia, sección civil (plaza núm. ....), de ...., en el procedimiento ordinario núm. de autos ....

CUARTO.– Que mediante escrito de fecha .. de ... de ..., cuyo contenido se da aquí también por reproducido, la sociedad .... S.A. contestó la citada demanda oponiéndose a la misma e interesando su íntegra desestimación, con expresa imposición de costas a la demandante.

QUINTO.– Que las partes del presente contrato han acordado resolver amistosamente y de mutuo acuerdo, la controversia planteada en el citado procedimiento ordinario ...., tramitado ante el referido Tribunal y, en este acto y sin que el acuerdo aquí alcanzado suponga en modo alguno reconocimiento o asunción por parte de la sociedad .... S.A. de la existencia de productos defectuosos, existencia de daños y perjuicios y su cuantía que se reseñada en el apartado primero de este contrato y en el citado procedimiento judicial ...., las sociedades aquí comparecientes, TRANSACCIONAN y resuelven total y definitivamente, la controversia objeto del procedimiento .... en los siguientes términos:

I.– La sociedad .... S.A. pagará a la sociedad .... S.L. la suma total y alzada de .... euros, en .... plazos, cada uno de ellos de ..... euros, y con un vencimiento mensual sucesivo. El primero, el día ... de ... de ... y el último el día ... de .... de ..... El pago de cada uno de los citados plazos se efectuará por la sociedad .... S.A. a la sociedad ..... S.L., mediante transferencia bancaria a la cuenta corriente por esta última designada y que se reseña a continuación: ....

II.– Respecto a las costas procesales, cada parte soportará las suyas y las comunes por mitad.

SEXTO.– Con el presente acuerdo, que se efectúa al amparo de los previsto en los arts. 1255 y 1809 CC y 19 LEC, queda finiquitada y resuelta la cuestión litigiosa objeto del expresado procedimiento.

SÉPTIMO.– Dado que el convenio aquí acordado no esta prohibido por la Ley, ni afecta al interés general ni el de terceros, las partes, en el plazo de tres días a contar desde la fecha de este documento, formalizarán judicialmente la presente transacción e interesarán la homologación del mismo por el Tribunal de Instancia, sección civil (plaza núm. ....), de ....., de conformidad y a los efectos de lo previsto en el art. 19 LEC.

Así lo conviene las partes, quienes tras leer el presente documento y encontrándolo conforme a sus manifestaciones, lo suscriben en su integridad por duplicado ejemplar, ratificándose en su contenido en el lugar y fecha señalados "ut supra".

F156. TRANSACCIÓN MERCANTIL (II)

En ...., a ..... de .... de ....

REUNIDOS

DE UNA PARTE, D................., mayor de edad, con DNI .... y domicilio en ....

DE UNA PARTE, D. ...., mayor de edad, con DNI .... y domicilio en ....

INTERVIENEN

D. ...., en nombre y representación de la sociedad............., con CIF, en virtud de su condición de administrador único de la sociedad

D. ...., en nombre y representación de la sociedad............., con CIF, en virtud de su condición de administrador único de la sociedad

ACUERDAN

I. Que ambas partes suscribieron un contrato de agencia en fecha........... que se ha mantenido vigente hasta la fecha del presente documento.

II. Que ambas partes, ante la imposibilidad de cumplir con los objetivos e hitos marcados inicialmente en el referido contrato, han acordado resolver las discrepancias entre ambas y proceder en este acto a la resolución de mutuo acuerdo del referido contrato de fecha .... con efectos desde la fecha de la firma del presente contrato, y manifiestan quedar saldadas y finiquitadas sus respectivas obligaciones, así como que no tienen nada más que reclamarse.

Y EN PRUEBA DE CONFORMIDAD, las partes firman el presente documento por duplicado ejemplar y a un solo efecto en el lugar y fecha indicados en el encabezamiento.

F157. TRANSACCIÓN MERCANTIL (III)

En ...., a ..... de .... de ....

De una parte:

DON..... en nombre y representación de la mercantil ...... S.L., con CIF......, con domicilio a estos efectos en ...., como administrador de la sociedad.

De otra parte:

DOÑA ...., con DNI/NIF ......, mayor de edad, vecina de ...., en su propio nombre y representación y además, en nombre y representación de la mercantil....., con CIF ...., con ......, como administradora de la sociedad.

MANIFIESTAN

I.– Que ambas partes, mantienen un litigio ante el Tribunal de Instancia, sección civil (plaza núm. ....), de ...., como procedimiento monitorio, número de autos ..../.....

II.– Que las partes firmantes, demandante y demandadas, de conformidad con lo dispuesto en los artículos 1.255 y 1.809 y siguientes del Código Civil y el artículo 19 de la Ley de Enjuiciamiento Civil, han alcanzado un ACUERDO TRANSACCIONAL para poner fin al litigio antedicho, el cual formalizan en este acto para conferirle plena eficacia, sometiéndolo a las siguientes

CLÁUSULAS

PRIMERA.– Que la mercantil....... S.L., por escrito de fecha ...., presentó demanda de proceso monitorio contra la mercantil...... S.L. y DOÑA...., por la que se reclamaba la cantidad de .... (.... euros), reclamación que tiene su origen en el contrato de seguro de responsabilidad civil de fecha ..., número ...., todo ello en los términos de la citada demanda y documentación acompañada a la misma que aquí se dan por íntegramente reproducidos en aras de una mayor brevedad.

Que dicha demanda de proceso monitorio ha dado lugar a las actuaciones de procedimiento monitorio número../.... que se siguen ante el referido Tribunal de Instancia de ....

SEGUNDA.– Que la mercantil...... S.L., como parte demandante, y la mercantil..... S.L. y DOÑA..... como parte demandada, acuerdan resolver de forma pacífica la controversia a que hace referencia la cláusula primera de este escrito pagando ...., S.L. a la demandante la suma de .... euros y por lo tanto, en este acto, transaccionan y resuelven total y definitivamente la controversia objeto de la citada litis, con el expresado pago, reconociéndose que nada se debe entre las partes y sin reclamación alguna de costas entre las mismas.

TERCERA.– El presente acuerdo transaccional tiene carácter plenamente vinculante entre las partes que lo firman desde este momento. No obstante, cualquiera de las partes podrá solicitar del Tribunal de Instancia, sección civil (plaza ....), de ...., la homologación judicial del acuerdo.

En el caso de que una de las partes solicitara la homologación, la otra parte se obliga a presentar escrito ante el mismo Tribunal a los efectos de manifestar su conformidad con la homologación del acuerdo. Ambas partes se obligan a instar cuantas actuaciones fueran necesarias para obtener la homologación del acuerdo.

Y siendo todo ello de plena conformidad para las partes, así lo firman por triplicado en el lugar y fecha consignados en el encabezamiento.

XV. CONTRATACIÓN VARIA

SUMARIO: F158. CONTRATO DE TRANSPORTE TERRESTRE DE MERCANCÍAS. F159. CONTRATO DE EXCLUSIVIDAD EMPRESA DE TRANSPORTE. F160. CONTRATO DE COMPRAVENTA DE ARROZ. F161. CONTRATO DE VERDEO. F162. CONTRATO DE GESTIÓN DE SPA. F163. DISCLAIMER DE NO VINCULACIÓN. F164. DEMANDA COMPETENCIA DESLEAL.

F158. CONTRATO DE TRANSPORTE TERRESTRE DE MERCANCÍAS

Normativa aplicable: *Ley 15/2009, de 11 de noviembre, del contrato de transporte terrestre de mercancías. Arts. 349-379 Real Decreto de 22 de agosto de 1885, por el que se publica el Código de Comercio.*

En la ciudad de ...., hoy día .... de .... de ....

REUNIDOS

Por un lado, Don.........., de nacionalidad española, mayor de edad, con domicilio en ....., calle .... y DNI/NIF ....

Por un lado, Don.........., de nacionalidad española, mayor de edad, con domicilio en ....., calle .... y DNI/NIF ....

INTERVIENEN

El Sr. .... interviene en nombre y representación, en su condición de Consejero Delegado, de la compañía ...., con domicilio en ...., calle .... y CIF ....

El Sr. .... interviene en nombre y representación, en su condición de ...., de la compañía ...., con domicilio en ......, calle .... y CIF ....

Ambos comparecientes reconocen la capacidad legal necesaria para el presente otorgamiento, y en su virtud,

EXPONEN:

I.– Que .... es una empresa que se dedica al transporte internacional de mercancías por carretera.

II.– Que ...... tiene interés en contratar los servicios de .... para que transporte determinada mercancía a ....

III.– Que en base a lo anterior, las partes acuerdan el presente contrato de TRANSPORTE TERRESTRE DE MERCANCÍAS que se regirá por sus propias normas naturales y, preferentemente por las siguientes:

ESTIPULACIONES:

PRIMERA.– Es objeto del presente contrato, el transporte terrestre por parte de la TRANSPORTISTA, de la mercancía reseñada en el ANEXO I, propiedad del REMITENTE, desde los almacenes de ésta última empresa que se hallan en el país de .... (PUNTO DE RECEPCIÓN) hasta el domicilio de ......, sito en la localidad de .... (República de ....), calle .... (PUNTO DE DESTINO), lugar este en el que se entregará la citada mercancía a .... (EL DESTINATARIO). Ello en los términos y condiciones del presente contrato.

En el anexo I se recoge la denominación, especificaciones, embalaje, marcas, peso bruto y número de la MERCANCÍA.

SEGUNDA.– El presente transporte se concierta a porte pagado. El precio del presente transporte de ..... euros (IVA Incluido), es a cargo del REMITENTE, y será pagado, en el plazo de .... días desde la entrega de la mercancía al DESTINATARIO en el PUNTO DE DESTINO, mediante transferencia bancaria a la siguiente cuenta corriente: ....

Sin perjuicio de lo establecido en este contrato, el citado precio, que es alzado y cerrado, incluye todos los gastos accesorios del citado transporte, tributos y/o cualquier coste en que incurra el TRANSPORTISTA con ocasión del presente TRANSPORTE.

TERCERA.– La mercancía será recepcionada por el TRANSPORTISTA el día .... en el PUNTO DE RECEPCIÓN y deberá ser entregada al DESTINATARIO, antes de las .... horas del día ..... en el PUNTO DE DESTINO.

La carga y descarga de la mercancía se realizará conforme a lo establecido en el ANEXO ....

CUARTA.– El TRANSPORTISTA y el REMITENTE suscribirán la oportuna carta de porte de las condiciones del transporte, que contendrá, junto a las legalmente establecidas, las siguientes menciones:

a) Datos del TRANSPORTISTA y REMITENTE.

b) Datos del DESTINATARIO.

c) Lugar fecha y hora de entrega de la mercancía al TRANSPORTISTA.

d) Lugar y plazo de entrega de la MERCANCÍA al destinatario.

e) Identificación de la MERCANCÍA: calidad genérica, número de bultos, peso bruto, marcas y números de los bultos.

f) Gastos de transporte.

En el supuesto que el REMITENTE, requerido al efecto por el TRANSPORTISTA, se negase a extender la citada carta de porte, el TRANSPORTISTA podrá negarse a realizar el transporte, sin que nada tenga que reclamar el REMITENTE por tal motivo.

El TRANSPORTISTA, al recepcionar en el PUNTO DE RECEPCIÓN la mercancía objeto de TRANSPORTE, deberá revisar el estado genérico de la mercancía y su embalaje, así como el número de paquetes, marcas, números y peso bruto de los mismos, reseñados en la carta de porte. Si observase alguna anomalía, deberá formular la oportuna reserva. Caso contrario, se entenderá recepcionada la misma en perfectas condiciones y en los términos de este contrato y sus anexos.

QUINTA.– El TRANSPORTISTA será libre para decidir todas las cuestiones relativas al itinerario o rutas de transporte. Igualmente, el TRANSPORTISTA realizará el transporte con los medios materiales y humanos propios. Expresamente se hace constar que el transporte objeto de este contrato lo llevará a cabo el TRANSPORTISTA, sin la intervención de otros distintos de aquel.

No obstante lo anterior, y la vista de la concreta naturaleza y especificaciones de la MERCANCÍA objeto de transporte, el vehículo que se utilice a tal efecto por el TRANSPORTISTA deberá reunir los requisitos que se reseñan en el ANEXO .. de este contrato.

SEXTA.– Corresponderá al TRANSPORTISTA el cumplimiento de las formalidades aduaneras durante el transporte conforme a las instrucciones del REMITENTE que se recogen en el ANEXO ...., siendo los gastos y derechos aduaneros devengados con tal motivo de cuenta y cargo de ....

SÉPTIMA.– El riesgo de pérdida, destrucción o deterioro de la mercancía corresponde a ....

OCTAVA.– En el supuesto de retraso por parte del TRANSPORTISTA en la entrega de la MERCANCÍA, y tal retraso sea imputable al TRANSPORTISTA, éste vendrá obligado a abonar al REMITENTE, la suma de .... euros por día de retraso que, en concepto de cláusula penal, expresamente pactan las partes por tal incumplimiento y sin perjuicio de la reclamación de los correspondientes daños y perjuicios y/o el ejercicio de cualquier acción que asista a el REMITENTE como consecuencia del citado incumplimiento.

Novena.– El REMITENTE podrá impartir instrucciones al TRANSPORTISTA con relación al transporte objeto de contrato. Del mismo modo que este último podrá solicitar instrucciones del primero. El pago de los gastos derivados de las instrucciones recibidas y/o recabadas corresponde al REMITENTE.

DÉCIMA.– El presente contrato queda sujeto a la Ley ....

UNDÉCIMA.– Las partes con renuncia al fuero que por razón del domicilio o cualquier otra circunstancia les pudiera corresponder, acuerdan someterse expresamente para todas cuantas cuestiones se susciten entre las mismas con ocasión de la interpretación, cumplimiento o ejecución de este contrato, a los Tribunales de ......

Y para que así conste y en señal de conformidad, firman el presente por duplicado ejemplar en el lugar y fecha señalados "ut supra".

F159. CONTRATO DE EXCLUSIVIDAD EMPRESA DE TRANSPORTE

En la ciudad de ...., hoy día ... de ....

REUNIDOS

Don................., de nacionalidad española, mayor de edad, vecino de......, con domicilio en la calle......, núm. ...... y DNI/NIF.........

Doña........., de nacionalidad española, mayor de edad, vecina de......, con domicilio en la calle......, núm. ...... y DNI/NIF.........

INTERVIENEN

Don................. interviene en nombre y por cuenta, en su condición de........................, de la sociedad anónima de nacionalidad española .... SA, domiciliada en ...., con CIF nº número .... En adelante también "..........................."

Don........... interviene en nombre y por cuenta, en su condición de................., de la sociedad de nacionalidad española......, domiciliada en......, calle........., núm. ......, con CIF........... En adelante también "..........................."

Las partes, reconociéndose recíproca capacidad para este acto, libre y espontáneamente,

EXPONEN

I.– Que.......................... tiene por objeto, entre otros, la fabricación y comercialización de aceitunas de mesa.

II.– Que la mercantil.......................... tiene por objeto la prestación de servicios de transporte de mercancías enmarcadas en diferentes sectores productivos.

III.– Que ambas partes han mantenido, y continúan manteniendo, una relación comercial por la que.......................... ha venido solicitando de.......................... determinados servicios de transporte de los productos fabricados y comercializados por.........................., entre los que se encuentran las aceitunas de mesa a las que se ha hecho referencia en el EXPONEN I anterior.

IV.– Que, en virtud de la referida relación comercial, y en aras a continuar con la misma de forma satisfactoria para ambas partes,.......................... y.......................... han acordado que la prestación del servicio de transporte de productos y mercancías enmarcados en el sector de las aceitunas de mesa en su más amplio sentido sea prestado por.......................... en favor de.......................... de forma exclusiva en todo el territorio nacional, no pudiendo.......................... prestar sus servicios de transporte de mercancías a otras empresas que operen en el sector de las aceitunas de mesa en su más amplio sentido, todo ello de conformidad con las siguientes:

ESTIPULACIONES

PRIMERA.–.......................... se obliga a prestar sus servicios de transporte de mercancías respecto a productos enmarcados dentro del sector de la aceituna de mesa en su más amplio sentido de forma exclusiva para.......................... en todo el territorio español.

Es decir,.......................... no podrá contratar servicios de transporte de mercancías en todo el territorio español con ninguna otra empresa que opere en el sector de la aceituna de mesa en su más amplio sentido.

Por el contrario,.......................... podrá seguir prestando sus servicios de transporte para cualquier otra empresa que opere en sectores distintos al de la aceituna de mesa en su más amplio sentido.

SEGUNDA.– El presente acuerdo tendrá una duración de... años, a contar desde la firma del presente, y se entenderá prorrogado por anualidades en tanto en cuanto ninguna de las partes comunique a la otra por escrito fehaciente su voluntad de no prorrogar el mismo.

TERCERA.– Este contrato no podrá ser cedido, en todo ni en parte, ni se podrá conceder derecho alguno sobre el mismo, salvo excepcionalmente cuando así lo acuerden ambas partes de forma expresa y por escrito.

CUARTA.– Cualquier modificación o novación de los derechos y obligaciones establecidos en este contrato, deberá realizarse por escrito firmado por ambas partes.

En el caso de que una de las partes tolere actuaciones de la otra que pudieran ser contrarias a lo establecido en las cláusulas del presente contrato, dicha tolerancia no llevará implícita la renuncia a exigir en cualquier momento el cumplimiento de las obligaciones y derechos establecidos en este contrato.

QUINTA.– En el supuesto que.........................., incumpliese cualesquiera de las obligaciones aquí asumidas, que todas ellas tienen la consideración de esenciales, deberá abonar a.........................., la suma de .... EUROS (...............) Euros, en concepto de cláusula penal expresamente aquí pactada, y sin perjuicio de la correspondiente indemnización de los daños y perjuicios que con su actuación hubiese irrogado y el ejercicio de cuantas acciones procediese como consecuencia del citado incumplimiento.

SEXTA.– Para la práctica de cuantos requerimientos o notificaciones hayan de verificarse, ambas partes designan los señalados en el encabezamiento de este escrito.

SÉPTIMA.– Para cuantas divergencias pudieran surgir con motivo de la interpretación y cumplimiento de lo pactado en este documento y anexos, las partes, haciendo expresa renuncia al fuero que pudiera corresponderles, se someten a los Tribunales de ....

Así lo conviene las partes, quienes tras leer el presente documento y encontrándolo conforme a sus manifestaciones, lo suscriben en su integridad por duplicado ejemplar, ratificándose en su contenido en el lugar y fecha señalados "ut supra".

Fdo.................................... Fdo....................................

F160. CONTRATO DE COMPRAVENTA DE ARROZ

Normativa aplicable: *Arts. 325-345 Real Decreto de 22 de agosto de 1885, por el que se publica el Código de Comercio.*

En............, a................

De una parte............., DNI............, de ...., CIF .... como comprador, y de otra parte,

.... con DNI .... en calidad de vendedor

EXPONEN:

1. El vendedor se dedica a la producción y comercialización de arroz.

2. El comprador es industrial, y se dedica a la compra del arroz para su transformación y posterior envasado.

3. Que tanto comprador como vendedor están interesados en la transacción comercial de la cosecha correspondiente a la campaña ...., de sus variedades de arroz largo (sirio e hibrido), aproximadamente según indica el vendedor entre .... kg de su propiedad, (lo que resulte de la cosecha, tras limpieza y secado del mismo por parte del vendedor), según las siguientes estipulaciones:

ESTIPULACIONES

1. Constituyen el objeto del siguiente contrato la transacción comercial de la cosecha, correspondiente a la campaña ...., de las variedades de arroz estimadas en:

Arroz cascara largo hibrido aproximadamente entre .... kg a......... kg

Arroz cascara largo sirio aproximadamente entre kg a .... kg

2. El vendedor informará al comprador de las incidencias que puedan afectar a la cantidad y calidad de la producción objeto del contrato, así mismo informa de ser conocedor de la legislación vigente relativa a los límites máximos de residuos de plaguicidas y su control de productos autorizados para el arroz. Reconoce que el arroz ha sido tratado únicamente con productos autorizados y cumplen los límites máximos permitidos por la legislación vigente.

3. El precio de la presente compraventa es el reseñado es la estipulación 1 de este contrato, a los que se aplicaran, de común acuerdo, para su determinación final los siguientes factores relacionados con la calidad del producto entregado:

– Limpieza de la mercancía, y un porcentaje de materias extrañas, inferior al .....%

- Granos partidos de la partida inferiores al ....%
- Rendimiento del arroz blanqueado en granos enteros superior al ......%.
- Ausencia de insectos, mohos y olores.

No obstante la aplicación de los citados factores no podrá incrementar o disminuir el precio en un +/- ....%.

A. El vendedor recibirá la factura emitida por el comprador una vez finalice la retirada, y se emitirá un pago bancario en el periodo de los ..... días siguientes posteriores a la finalización de la entrega de la mercancía. El plazo máximo de la retirada de la mercancía se establecerá en el ....

B. La retirada de la mercancía se iniciará cuando el vendedor finalice las tareas de limpieza, secado, refrigeración y ventilación, reposado de la mercancía, y comunicación del estado del arroz al comprador para la retirada.

C. El contrato será vigente desde la fecha de suscripción mediante la firma de ambas partes hasta la entrega total de la mercancía. No obstante, el contrato podrá extinguirse por mutuo acuerdo de ambas partes. Cualquiera de las partes podrá resolver el contrato de manera unilateral, sin necesidad de requerimiento alguno, y en particular por causa de impago, incumplimiento de los plazos de entrega y/o recepción así como por un incumplimiento reiterado de los parámetros de calidad establecidos

D. El porte de la entrega de la mercancía será por cuenta del comprador que enviará sus vehículos a la carga de la mercancía, y lo destinará a las instalaciones que decida.

E. El vendedor se encargará de cuidar del estado de la mercancía, sin focos de "calentamiento" de la misma, ni excesos de humedad, aparición de mohos, olores, etc, hasta la retirada total.

F. Asisten al comprador y vendedor los derechos y obligaciones previstos en la ley, y especialmente en la ley 12/2013 de 2 de agosto de medidas para mejorar el funcionamiento para la cadena alimentaria.

Y para que así conste, suscriben el presente, en el lugar y fecha arriba señalados.

F161. CONTRATO DE VERDEO

En ...., a..............

REUNIDOS

DE UNA PARTE Don..................... mayor de edad, con DNI/NIF.............., con domicilio a estos efectos en ....

Y DE OTRA Don................... mayor de edad, con DNI/NIF .... con domicilio............................

Actúa el primero en nombre y representación de la mercantil........................, con CIF .... en calidad de Administrador de la sociedad, cargo que asegura mantiene vigente, mientras que el segundo actúa en nombre y representación de la mercantil .... con CIF .... en virtud de poder otorgado al efecto, el cual asegura vigente, ante el Notario de............ Don/Doña............ bajo su número de protocolo.................

Ambas partes por lo manifestado se reconocen suficiente capacidad para obligarse y contratar, y en su virtud

EXPONEN

PRIMERO.– Que la mercantil .... tiene por objeto la conserva de vegetales entre otros, y en concreto el ....

SEGUNDO.– Que la mercantil ...., tiene interés en el verdeo de ....

Y dicho lo anterior,

ESTIPULAN

I.– Que la mercantil .... encarga a la mercantil .... quien acepta el encargo, de proceder al verdeo de las aceitunas de la primera.

II.– Que la duración del presente contrato será por cuatro años a contar desde la firma del presente, y para la época en que se deba de efectuar dicho verdeo.

III.– Que la cantidad de aceituna a verdear es de .... para este año, pudiéndose aumentar dicha cantidad en los próximos .... años, y sin que la cantidad pueda ser inferior a la dicha en el expósito segundo, salvo que por causas de la producción de la cosecha no fueran imputables a la mercantil ...., lo cual deberá de justificar.

El verdeo se efectuará en las instalaciones de la mercantil .... que esta indique.

IV.– El precio por el verdeo se fija en...........................), incluyéndose en el mismo todos lo productos necesarios y la mano de obra, a excepción de la aceituna que será por cuenta y riesgo de la mercantil ....

La forma de pago, será el ...% a la firma del presente contrato, el cual hace la más eficaz carta de pago, un ...% a la finalización del verdeo, y el ..% restante a noventa días a contar desde la entrega de la aceituna verdeada.

En los siguientes años, el precio se incrementará a tenor de la variación que experimente el Índice Nacional de Precios al Consumo, y la forma de pago será el ..% al inicio del verdeo, y el resto en las mismas condiciones, es decir ..% a la finalización del verdeo, y el ..% restante a noventa días desde la finalización.

A dichos importes se le incrementaran los impuestos vigentes establecidos por la Ley.

V.– Que la mercantil .... se compromete a efectuar el verdeo en régimen de exclusiva, durante la duración del presente contrato a excepción del verdeo que se efectúa a la mercantil...................., con un límite de ....) cada año de duración del contrato.

VI.– Que para el caso de que la aceituna proporcionada por .... fuera inferior a los .... y no justificara, dicha mercantil, que la falta de producción no es por causa imputable a la misma, el importe a abonar será el correspondiente al de verdear ....

VII.– En caso de discrepancia e interpretación del contrato con independencia del fuero que les pudiera corresponderles, ambas partes pacta someterse a los Tribunales de la ciudad de ....

Y para que así conste, se suscribe el presente por duplicado ejemplar, en el lugar y fecha arriba señalados *ut supra*.

F162. CONTRATO DE GESTIÓN DE SPA

En ...., a .... de .....

COMPARECEN

DE UNA PARTE: Don..........., mayor de edad, vecino de ...., con domicilio en ...., provisto de DNI/NIF ...., quien INTERVIENE en nombre y por cuenta de la compañía ...., sociedad legalmente constituida, cuyo domicilio social se encuentra en ...., calle ...., CIF ...., a quien representa en virtud de .... Inscrita en el Registro Mercantil de la Provincia de ...... Hoja ....

Y DE OTRA: Don......, mayor de edad, vecino de ...., con domicilio en ...., provisto de DNI/NIF ...., quien INTERVIENE en nombre y por cuenta de la compañía ...., sociedad legalmente constituida, cuyo domicilio social se encuentra en ...., calle ...., CIF ...., a quien representa en virtud de .... Inscrita en el Registro Mercantil de la Provincia de ...... Hoja ....

Las partes, según intervienen, se reconocen recíproca capacidad para este acto y

EXPONEN

PRIMERO.– La sociedad ...., a la que en adelante se identificará como LA EMPRESA, realiza la actividad de prestación de servicios de masaje, disponiendo de medios idóneos para prestar los referidos servicios.

SEGUNDO.– La sociedad ...., a la que en adelante se identificará como el HOTEL está interesada en obtener de LA EMPRESA la prestación por ésta de sus servicios de spa en su hotel denominado .... (En adelante, el ESTABLECIMIENTO HOTELERO).

Las partes han alcanzado un acuerdo y consienten en estipular el presente contrato, el cual se regirá por sus normas naturales, en la medida que las normas legales encuentren supuesto de hecho para su aplicación y, de modo especial y preferente, por las siguientes estipulaciones.

ESTIPULACIONES

PRIMERA.– Por el presente, el HOTEL contrata con LA EMPRESA, la prestación de servicio de spa a los clientes del ESTABLECIMIENTO HOTELERO propiedad de la primera. Ello en los términos que a continuación se reseñan.

SEGUNDA.– La prestación de los servicios objeto del presente contrato, se realizará en las instalaciones del spa del ESTABLECIMIENTO HOTELERO, que deberán reunir los requisitos reseñados en el ANEXO I y que se denominará ".............".

También la EMPRESA podrá prestar servicios en las habitaciones de los clientes cuando soliciten el servicio "............" y en la zona de la piscina-jardín y en las propias habitaciones del mismo, en este caso, cuando así lo requieran sus huéspedes.

TERCERA.– El servicio se prestará todos los días de la semana, excepto el domingo por la tarde, en el siguiente horario: de 10:00 a 14:00 horas y de 16:00 a 20:00 horas. En los meses de julio, agosto y septiembre el horario se extenderá hasta las 21:00 horas.

CUARTA.– LA EMPRESA desempeñará su actividad, con sus propios empleados, con independencia y plena autonomía, organizando libremente su actividad profesional y el tiempo dedicado a la misma conforme a sus propios criterios.

QUINTA.– El HOTEL se obliga a percibir de los huéspedes, el importe de los servicios de spa que preste la EMPRESA en virtud del presente contrato. La percepción del citado importe se realizara con anterioridad a la prestación del servicio al cliente, en la recepción del hotel y se documentará en la forma establecida en el anexo II.

SEXTA.– LA EMPRESA percibirá del HOTEL por la prestación de los servicios aquí contratados, la suma consistente en el ....% de los ingresos que se obtengan con la prestación de tratamientos spa recogidos en el anexo III de este contrato.

Tal retribución, se liquidará mensualmente y se pagará dentro de los diez días naturales siguientes a la finalización del mes correspondiente, mediante transferencia bancaria a la cuenta que designe LA EMPRESA. El retraso en el pago devengará, sin necesidad de requerimiento o trámite alguno, un interés a favor de la empresa de ....% anual y facultará a LA EMPRESA a) para suspender la prestación del servicio hasta que se produzca el pago o b) continuar la prestación del servicio cobrando directamente a los clientes el importe de los servicios prestados. En este último caso la EMPRESA, de la liquidación que corresponda al HOTEL, deducirá las cantidades que le fueren debidas por este último y, el resto, se lo entregará al HOTEL.

Los ingresos que obtenga la EMPRESA por la venta cosméticos que realice en el spa a los clientes del ESTABLECIMIENTO HOTELERO, corresponderá, en exclusiva e íntegramente, a la EMPRESA, quien percibirá directamente de los clientes el importe de tales productos vendidos.

SÉPTIMA.– Correrá por cuenta de LA EMPRESA, los productos cosméticos que se precisen para la prestación del servicio de spa, siendo los mismos de su propiedad.

Sin perjuicio de lo anterior y sin coste para la EMPRESA, el HOTEL podrá a disposición de la EMPRESA las toallas y sábanas necesarias para la prestación del servicio de spa, siendo de cuenta y cargo del HOTEL el lavado, planchado y en general el servicio de lavandería de las mismas.

LA EMPRESA no tendrá que pagar cantidad alguna al HOTEL por la ocupación de las instalaciones donde se presta el servicio, ni por los suministros, agua, luz, teléfono, medios y otros servicios del ESTABLECIMIENTO HOTELERO que afecte o se emplee, directa o indirectamente, en la prestación del servicio contratado. Tampoco por la colaboración y apoyo que le pudiesen prestar el personal del ESTABLECIMIENTO HOTELERO.

OCTAVA.– El HOTEL, a su exclusiva cuenta y cargo y dentro de los servicios que oferta en el ESTABLECIMIENTO HOTELERO, publicitará e informará a sus huéspedes, sobre la disponibilidad del servicio de spa, así como sus condiciones de prestación, precios, etc. Ello en los términos del ANEXO IV.

El coste del material publicitario (folletos, diplays, monolitos, etc.) correrán a cargo de LA EMPRESA.

NOVENA.– Los precios de los servicios spa son los que se recogen en la lista de precios que se acompañan al presente como ANEXO V.

LA EMPRESA se reserva la facultad de modificar libremente tal lista, comunicándolo con cinco días de antelación a aquel en que surta efecto las nuevas tarifas.

DÉCIMA.– Al finalizar cada jornada, las partes firmarán una hoja resumen comprensiva de los servicios prestados durante la misma, la persona a quien se le ha prestado y el precio del mismo.

UNDÉCIMA.– El presente contrato tiene una duración de ...... años y entra en vigor el .... y finaliza el ....

No obstante, se prorrogará por sucesivos períodos de .... años, salvo que cualquiera de las partes manifieste su voluntad de no prorrogarlos, de forma fehaciente y con .... mes de antelación a la fecha de terminación del plazo contractual o de cualquiera de sus prórrogas.

En el supuesto que, durante la vigencia del contrato, el HOTEL resolviera el mismo, sin justa causa, deberá abonar a la EMPRESA la suma de ...... euros, que en concepto de cláusula penal expresamente pactada por tal resolución y sin perjuicio de las acciones que le asistan a LA EMPRESA por tal motivo, incluido la reclamación de daños y perjuicios.

DUODÉCIMA.– El contrato podrá ser resuelto a instancia de cualquiera de las partes en el caso de incumplimiento esencial de la otra parte, mediante comunicación por escrito a la otra parte de forma fehaciente con .... días de antelación.

DECIMOTERCERA.– La terminación del contrato obligará, en cualquier caso, a la devolución inmediata por parte del HOTEL a la EMPRESA, de todos los productos y material que en el momento de dicha terminación se encontraran en las instalaciones del HOTEL.

DECIMOCUARTA.– La EMPRESA se obliga a suscribir un seguro de responsabilidad civil. La suma asegurada será la de.... euros, y será entregada al HOTEL copia de la póliza.

DECIMOQUINTA.– Las partes acuerdan someter la resolución de los conflictos o litigios que pudieran derivar de la ejecución del presente contrato a los Tribunales de........, con renuncia a su propio fuero.

Y en prueba de conformidad, las partes según intervienen firman el presente documento en duplicado ejemplar, y a un sólo efecto, en el lugar y fecha del encabezamiento.

F163. DISCLAIMER DE NO VINCULACIÓN

....

NIF: ....

Dirección: ....

....

(La "Sociedad")

Sociedad........

NIF: ....

Dirección: ....

En ...., a .... de .... de ....

Muy Sres. Nuestros,

Yo, D./Dña.............., en nombre y representación de la Sociedad ...., por medio de la presente

DECLARO QUE

i. No existe ni ha existido en los .... últimos años ningún tipo de relación contractual entre la Sociedad y ninguna de las sociedades de promoción inmobiliaria que se detallan a continuación cuya deuda con .... está en proceso de ser parcialmente cancelada con los fondos de la Sociedad, así como tampoco con sus socios, accionistas o administradores:

- Sociedades de promoción inmobiliaria:

  ....

  ....

  ....

En adelante, los "Deudores".

ii. No existe ni ha existido en los .... últimos años ningún tipo de relación contractual entre la Sociedad y ninguno de los fiadores de los Deudores cuya deuda está en proceso de ser parcialmente cancelada con los fondos de la Sociedad así como tampoco con sus socios, accionistas o administradores.

iii. La Sociedad y ninguno de los Deudores o Fiadores, así como sus socios, accionistas o administradores no constituyen o forman parte de un mismo grupo de sociedades en los términos del artículo 42 del Código de Comercio.

iv. No existe ningún tipo de relación personal (de amistad o enemistad manifiesta) entre la Sociedad y ninguno de los Deudores o Fiadores, así como sus socios, accionistas o administradores.

EXCEPTO ....

....

....

....

....

En el supuesto de que las declaraciones anteriores no se ajustasen a la verdad o fuesen inexactas, la Sociedad asume todos los daños y perjuicios que dicha falta de veracidad o inexactitud pudieran causar a........., debiendo, en consecuencia, la Sociedad indemnizar a .... de conformidad con lo dispuesto en el Código Civil.

Atentamente,

F164. DEMANDA COMPETENCIA DESLEAL

AL TRIBUNAL DE INSTANCIA, SECCIÓN DE LO MERCANTIL

..........., Procuradora de los Tribunales y de la mercantil ...., (...........,), bajo la dirección letrada del abogado, ..., letrado del Ilustre colegio de abogados de Valencia, con número .... y con dirección de correo electrónico ...., ante el Tribunal comparezco y, como mejor proceda en Derecho, **DIGO:**

Que por medio del presente escrito, en la representación que ostento, formulo la presente **DEMANDA DE JUICIO ORDINARIO** contra ...., con CIF número ...., y domicilio en ...., ..., en el ejercicio de:

- **ACCIÓN DECLARATIVA DE DESLEALTAD**, prevista en el artículo 32.1 de la Ley de Competencia Desleal (LCD) (Ley 3/1991 de 10 de enero), de .... frente a .... derivada de la resolución unilateral del contrato de suministro, al concurrir los presupuestos del artículo 16.3 y 16.2.

- **ACCIÓN DE RESARCIMIENTO** prevista en el artículo 32.1.5ª de la Ley de Competencia Desleal (LCD) (Ley 3/1991 de 10 de enero), de resarcimiento de daños y perjuicios ocasionados a mi representada en los términos contenidos en el presente escrito y resumidos en el SUPLICO de la presente demanda, con expresa imposición de las costas procesales al DEMANDADO.

Que la presente demanda se basa en los siguientes

HECHOS

PREVIA (I).– Sobre el proceso de negociación previo y medios de solución de controversias.

Esta parte, con carácter previo a la presentación de esta demanda y a efectos de cumplir el presupuesto de procedibilidad, ha llevado a cabo a cabo diversos esfuerzos de negociación con .... tendentes a resolver la controversia aquí planteada de manera amistosa y extrajudicial. Dichas negociaciones se han mantenido por mi mandante de buena fe y con la voluntad e intención inequívoca de lograr una solución satisfactoria.

En este sentido, por mi poderdante se remitió a ...., y a su domicilio social, un burofax, en fecha ...., manifestando su disposición para dialogar y negociar, y propuso las siguientes alternativas de solución: ....

Dicho burofax fue recibido por la aquí demandada, que, a fecha de hoy, no ha contestado a dicha propuesta de negociación (ALTERNATIVA: y fue contestado por ...... mediante otro burofax de fecha ...., rechazando las alternativas expuestas así como mostrando su abierta negativa a cualquier tipo de negociación o mediación.

Además, mi mandante ....

Acreditando todo lo anterior, se acompañan como DOCUMENTOS ..., los siguientes: ......

EN SU CASO. Se acompaña la oportuna declaración responsable, señalatoria de la imposibilidad de la actividad negociadora previa a la vía judicial como consecuencia de la abierta negativa de la parte demandada a negociar.

De este modo, queda perfectamente acreditado el cumplimiento de la obligación de intentar resolver la controversia a través de medios previos de negociación y solución alternativa, antes de acudir a la presente vía judicial.

PREVIA (II).– Dada la complejidad de la exposición, entendemos necesario de forma previa a su desarrollo, confeccionar un índice de la estructura de la presente demanda, que a continuación se acompaña:............

Asimismo esta parte ha solicitado un INFORME PERICIAL a la sociedad ...., que se aporta como Documento nº 1, y que servirá de base para parte de las afirmaciones realizadas en el presente escrito de Demanda.

PRIMERO.- DE LA MERCANTIL ....

.... es una empresa familiar fundada en .... por Don .... En un primer momento, la empresa se ubicó en .... aunque en el año 1985 trasladó su domicilio social y su planta industrial a ...., donde se encuentra ubicada en la actualidad.

En cuanto a la evolución de la compañía, los inicios fueron bastante laboriosos. Empezaron desde cero, debiendo reunir el capital humano y la cartera de clientes necesarios para poder llevar a cabo llevar a cabo el proyecto. En estos primeros años se distribuía a numerosos clientes pequeños, carnicerías de barrio actualmente desaparecidas, así como a pequeñas cadenas de supermercados como ...., adquiridas posteriormente por ....

En 1994, se produjo un gran salto cualitativo en la empresa............ llevó a cabo una campaña para modernizar y urbanizar un producto de calidad y muy arraigado en la Comunidad Valenciana, transmitiendo una imagen sana y de calidad, aunando tradición con modernidad y creando una marca comercial reconocida por todos.

Se decidió dar personalidad propia a cada uno de los productos de .... aprovechando la publicidad realizada en la promoción del deporte del Baloncesto. Así se creó el "equipo de baloncesto de ...." compuesto por "...........", "...........", "...........", "..........." y "..........." asociando, cada producto de l..........., a un personaje de ese equipo. Todos los jóvenes de entonces recuerdan esa publicidad presente en todos los partidos del actual ....

Se acompaña como Documento nº 2 nota simple emitida por el Registro Mercantil de la Provincia de Valencia en donde consta la historia jurídica de mi representada.

Igualmente, y afectos de acreditar la publicidad realizada por mi principal, se acompañan como Documento nº 3 foto del equipo de Baloncesto de ....

Este hecho es más relevante de lo que parece ya que toda esta publicidad y posicionamiento del producto realizado por mi mandante lo fue, no solo en beneficio propio, sino también de .... que se benefició directamente de una campaña de publicidad que fue financiada 100% por ....

Asimismo gracias a esta publicidad se pudo organizar una serie de acciones como campañas de educación para la convivencia, educación vial, cultura del deporte etc.

I........... fue pionera, aportando un plus a la sociedad valenciana promocionando el deporte de base además de contribuir a una dieta alimenticia sana.

SEGUNDO.- DE LA COOPERATIVA ....

El inicio de .... se remonta al año .... con la apertura de su primer local en ....). En estos primeros años el crecimiento de .... fue posible por la suma de diferentes cooperativas de consumo existentes en otras localidades como ....

A partir de mediados de los años 80 la expansión de la cooperativa se produce consecuencia de la compra de otras empresas de distribución. Así se adquirieron .... en la Comunidad Valenciana así como .... en Cataluña.

En el 2004 se produce la ruptura de .... con la .... a la cual pertenecía hasta entonces.

A partir de .... y hasta el .... se siguen produciendo adquisiciones de empresas de distribución. Así se realiza la compra de 53 Supermercados ...., 62 .... de .... repartidos por la Comunidad Valenciana, Murcia, Castilla-La Mancha y Andalucía, y 21 supermercados de ....

En la actualidad, ... tiene una red comercial formada por más de........... supermercados tanto propios como franquiciados.

Su ámbito geográfico de actuación se desarrolla en la Comunidad Valenciana, Cataluña, Murcia, Castilla-La Mancha, Aragón y Andalucía.

En cuanto a su implantación en el mercado de la comunidad valenciana, ocupa el .... lugar con una facturación anual (año ....) de .... €. Igualmente y en cuanto a su cuota de mercado se consolida .... en mas cuota con un ....

A efectos probatorios se acompaña como Documento nº 4 informe económico sintético de la demandada y como Documento nº 5 artículo de prensa.

TERCERO.- DE LAS RELACIONES COMERCIALES MANTENIDAS ENTRE .... Y...........

La relación comercial entre .... y .... se remonta a hace más de 30 años cuando la cooperativa valenciana compro en el año .... la red de supermercados........... donde mi mandante suministraba sus productos.

Dicha relación comercial fue creciendo con el paso del tiempo, tanto por compras de cadenas de supermercados (como por ejemplo .... en el año ....) donde también .... distribuía sus productos, como por acuerdos directos entre mi mandante y .... Después de este largo proceso de consolidación, ... se convirtió en el proveedor de referencia de la cooperativa para el suministro de ....

El vínculo entre ambas empresas con una duración de mas de 30 años, se instrumentó de diferentes maneras. En el año .... mediante un **"Contrato Marco de Suministro de Mercancías de Alimentación"** así como una **"Plantilla de Logística Proveedor"** y otra **"Plantilla de Condiciones Comerciales"** y demás anexos.

Anteriormente al .... se firmaba la **"Plantilla de Condiciones Comerciales"** que como Anexo I incluía las Cláusulas Generales (que posteriormente al año .... se documentaron en el **"Contrato Marco de Suministro de Mercancías de Alimentación"**) así como otros anexos.

Al objeto de acreditar la antigüedad en el tiempo de la relación mercantil, se acompaña como Documento nº 6

a. modelo 347 Declaración Anual de Operaciones de............ del año .... en donde en su página 6 aparecen las ventas realizadas a ....SA.

b. modelo 347 Declaración Anual de Operaciones de .... del año .... donde en su página 1/3 constan las ventas realizadas a ambas mercantiles, ...

Se incluye además como Documento nº 7

a. Contrato Marco de Suministro de Mercancías de Alimentación del año ....

b. Anexo nº 1 Cláusulas Generales de la Plantilla Comercial correspondiente al año ....

c. Anexo nº 1 Cláusulas Generales de la Plantilla Comercial correspondiente al año ....

d. Anexo nº 1 Cláusulas Generales de la Plantilla Comercial correspondiente al año ....

De los contratos aportados interesa reseñar la estipulación segunda del Contrato de .... referida a la duración del contrato. Así se establece una duración hasta el 31 de diciembre de cada ejercicio, si bien se va prorrogando por anualidades salvo comunicación expresa en contra.

Asimismo la estipulación I de las Cláusulas Generales del ...., ... y .... establece que el contrato se prorrogará automáticamente por periodos anuales.

CUARTO.- DE LOS HITOS CONTRACTUALES MÁS RELEVANTES

Los hitos más importantes que queremos destacar en la relación contractual entre ...., por orden cronológico, son los siguientes:

1. Finales año ....: se inicia la relación comercial con ....cuando la cooperativa compra la red de supermercados de la cadena .... (17 tiendas) donde l............ suministraba sus productos.

2. Marzo de ....: se produce la compra de 63 supermercados de ....por parte de .... (48 en la Comunidad Valenciana, 5 en la Región de Murcia, 4 en Andalucía y 6 en Castilla-La Mancha). Este hecho es de vital importancia ya que supuso para ....un aumento de su facturación a .... de más del 20%, dado que mi mandante no era proveedor de referencia de ....

3. Febrero de ...: durante los meses de noviembre y diciembre de ...., la mercantil .... ofrece a mi mandante la posibilidad de incluir en su contrato referencias que hasta dicho momento no suministraba. Dicho suministro empezó el 1 de febrero de .... y supuso para .... un aumento de más del 60% en la producción a .... Para cubrir este aumento en la producción la Sociedad tuvo que realizar importantes inversiones tanto en medios materiales (instalaciones, maquinaria, elementos de transporte etc.) como en medios humanos con un incremento notable en la plantilla de trabajadores.

Dicho incremento en los productos suministrados por .... a partir del ..... se articuló mediante un procedimiento de pública concurrencia con otros proveedores de demostrada calidad y capacidad productiva, y donde mi mandante presentó a .... la oferta más beneficiosa tanto técnicamente como económicamente.

Se incluye como Documento nº 8 correos electrónicos entre ....e .... donde aparecen las nuevas referencias a producir así como la fecha de inicio del suministro.

A partir de este momento la práctica totalidad de los medios materiales y humanos de I...........se destinaron a servir a su cliente principal.

4. Año .....: en el contrato y la plantilla de este año se establecía la obligatoriedad de que los proveedores de "frescos":

"Disponer de certificado vigente en materia de desarrollo e implantación de Sistemas de Gestión y/o Inocuidad Alimentaria, tipo "BRC", "IFS" ó ISO 2200."

Mi representada, en su línea de mejora y ante la exigencia impuesta por ...., adaptó todos sus equipos de producción, sistemas informáticos, control de calidad y procedimientos internos para poder pasar "con nota" la auditoría de la IFS (International Featured Standards) y conseguir por lo tanto la certificación exigida por .... Dicha adaptación supuso una inversión importantísima para .... tanto por el precio de la propia auditoría como por la adaptación de su proceso productivo a dichos estándares.

Dicha auditoría fue realizada el ... de septiembre de .... y fue pasada con nota excelente por parte de .... Se adjunta como Documento nº 9 Certificado IFS a nombre de .... de ....

5. ... de ...... de ....: resolución unilateral del contrato por parte de .... después de más de 30 años de colaboración. De esta resolución hablaremos más detalladamente en los siguientes apartados.

6. Desde el cierre hasta la presentación de la Demanda: .... siguió intentando negociar con la dirección de .... una solución beneficiosa para ambas partes.

Dado que prácticamente el único proveedor de I........... era la hoy demandada, se vio obligada a proceder a su disolución de conformidad con lo dispuesto en la legislación mercantil.

Así, y de conformidad con lo dispuesto en el artículo 363 de la LSC, y ante la imposibilidad de poder mantener la actividad social, casi absoluta de este cliente, los socios de la Compañía, en junta general celebrada el ...., adoptaron el acuerdo de disolver

.... con designación de liquidadores, "...ante la imposibilidad de mantener la actividad comercial y mantener la viabilidad, aun parcialmente, de la empresa...".

Se adjunta como Documento nº .... BORME del .... donde se convoca a los accionistas a Junta General para decidir, entre otras, la:

" ... Disolución de la sociedad con causa en la imposibilidad manifiesta de conseguir el fin social..."

En numerosas ocasiones el Administrador Único de ...., Sr. ...., intento concertar una reunión con el Director General de la cooperativa para analizar las causas de esta resolución unilateral del contrato sin que haya sido posible concertar la misma. Este intento de reunirse con la dirección general chocó frontalmente con los mandos intermedios de........... que se opusieron a la misma alegando diferentes razones, creemos que interesadas, no tramitando la misma. Ante esta negativa de los mandos intermedios a concertar esta entrevista la dirección de ....desistió de la misma.

Asimismo mi mandante cumplió cabalmente con todas sus obligaciones con empleados, proveedores, acreedores, AEAT, TGSS y entidades financieras pagando todas las deudas que tenía en un intento de que la transición fuera lo más ordenada posible y que no se viesen afectados los colectivos más vulnerables por esta situación.

CAPÍTULO II.- DE LA RESOLUCIÓN UNILATERAL DEL CONTRATO.

QUINTO.- DE LA RESOLUCIÓN UNILATERAL DE LA RELACIÓN

Para poder analizar la resolución de la relación comercial entre ambas entidades, se hace necesario exponer aun cuando sea de forma sucinta los distintos hitos temporales, basándonos en la exposición anterior:

5.1- Relación mantenida hasta el ejercicio ....

Como hemos tenido ocasión de exponer, la relación entre ambas mercantiles fue el reflejo de su evolución comercial dentro del sector. De esta forma a media que ...., iba ganando cuota de mercado, ... fue suministrando mayor cantidad de producto. Durante todo este periodo no existió ninguna queja por parte del departamento de calidad, y la simbiosis entre ambas mercantiles alcanzó tal grado que la dependencia de .... era total frente a ....

La relación comercial entre ambas se sustentaba en un contrato anual, con una serie de plantillas, tal y como hemos reflejado anteriormente.

5.2- Del contrato para el ejercicio ....

El día .....de ....de ...., ambas partes suscribieron el contrato marco con efectos desde el .... hasta el .... Este contrato, participaba de los mismos elementos que las cláusulas generales de los años anteriores, tanto los referidos al plazo, la prórroga tácita de la vigencia, facturación, pagos etc.

Dicho contrato incluía una diferencia muy sensible frente a los anteriores. Así, en la estipulación octava, referida a la gestión de seguridad alimentaria y de la calidad, se exigía a mi principal.

"Disponer de certificado vigente en materia de desarrollo e implantación de Sistemas de Gestión y/o Inocuidad Alimentaria, tipo "BRC", "IFS" ó ISO 2200."

Como solución alternativa, ante al ausencia de este certificado se fijó un control interno por parte de ...., que en caso de no ser satisfactorio para él, podría suponer la resolución unilateral del contrato.

Mi representada, en su línea de mejora y ante la exigencia impuesta por ...., adaptó todos sus equipos de producción, sistemas informáticos, control de calidad y procedimientos internos para poder pasar "con nota" la auditoría de la IFS (International Featured Standards) y conseguir por lo tanto la certificación exigida por .... Dicha adaptación supuso una inversión importantísima para I...........A tanto por el precio de la propia auditoría como por la adaptación de su proceso productivo a dichos estándares.

Dicha auditoría fue realizada el .... de .... de .... y fue pasada con nota excelente por parte de ....

5.3- De la reunión mantenida en .... de ....

Con fecha .... en una reunión, donde participaron por parte de .... Don .... (administrador único) y Don .... (director de administración y logística) y por parte de .... Don .... y Doña .... se comunicó a mi mandante que estaban valorando la posibilidad e cambiar de proveedor de ....

Durante los meses siguientes a la reunión de ...., la dirección de ....procuró, ante la sorpresa de la noticia y la imprecisión de la información recibida de los empleados de ...., determinar si había existido algún tipo de problema en la calidad de los productos suministrados. En ningún caso los responsables de calidad y logística de .... manifestaron la existencia de ningún tipo de queja.

De esta forma, la única explicación a la comunicación recibida fue la remisión de diversos correos electrónicos, todos ellos referidos al futuro cambio de proveedor.

5.4- De la prórroga del contrato para el ejercicio ....

A pesar de la reunión mantenida con ...., y de la manifestación de éstos de la intención de cambiar de proveedor, lo bien cierto es que llegado el día ...., mi principal continuó suministrando sus productos a ....

Debe tenerse en cuenta que el contrato otorgado en el ....., quedó tácitamente prorrogado para el ejercicio ...., y por tanto mi principal se veía en la obligación de seguir suministrando en las mismas condiciones que en ...... **Esa cláusula incluida en el Contrato Marco del ...... y en las Cláusulas Generales aseguraba a .... el que no quedaría desabastecida de productos y obligaba a .... a seguir suministrando productos.**

El .... se firmó por parte de .... e ....únicamente los precios vigentes y condiciones de facturación con vigencia desde el ....y hasta el ....

Se incluye como Documento nº 11 plantillas y demás anexos firmados en ....

Es fundamental destacar que NO SE OTORGO UN NUEVO CONTRATO PARA EL EJERCICIO ...., por lo que el del año .... debe entenderse vigente de conformidad con su propio clausulado (estipulación segunda).

5.5- De la resolución unilateral por parte de ....

Llegado el ...., ...dio por resuelto el contrato de forma unilateral por la vía de dejar de realizar pedidos a mi principal.

Esta parte se encuentra con la dificultad de aportar algún tipo de documento oficial emitido por ....en donde conste expresamente la resolución del contrato pero, lo bien cierto es que, éste deja de tener eficacia en el mismo momento en el que........... deja de realizar pedidos y procede a contratar con otro proveedor ....

CAPÍTULO III.- DE LA ACCIÓN EJERCITADA

SEXTO.- DEL ARTÍCULO 32 DE LA LEY DE COMPETENCIA DESLEAL

El artículo 32 de la LCD establecen las diferentes acciones que se pueden ejercitar. Dicho artículo señala:

"ARTÍCULO 32

Acciones.

1. Contra los actos de competencia desleal, incluida la publicidad ilícita, podrán ejercitarse las siguientes acciones:

1ª. Acción declarativa de deslealtad.

2ª. Acción de cesación de la conducta desleal o de prohibición de su reiteración futura. Asimismo, podrá ejercerse la acción de prohibición, si la conducta todavía no se ha puesto en práctica.

3ª. Acción de remoción de los efectos producidos por la conducta desleal.

4ª. Acción de rectificación de las informaciones engañosas, incorrectas o falsas.

5ª. Acción de resarcimiento de los daños y perjuicios ocasionados por la conducta desleal, si ha intervenido dolo o culpa del agente.

6ª. Acción de enriquecimiento injusto, que sólo procederá cuando la conducta desleal lesione una posición jurídica amparada por un derecho de exclusiva u otra de análogo contenido económico.

2. En las sentencias estimatorias de las acciones previstas en el apartado anterior, números 1.ª a 4.ª, el tribunal, si lo estima procedente, y con cargo al demandado, podrá acordar la publicación total o parcial de la sentencia o, cuando los efectos de la infracción puedan mantenerse a lo largo del tiempo, una declaración rectificadora.

Además, esta publicidad podrá realizarse a criterio del tribunal y previa remisión al efecto, a través de la Autoridad para la Igualdad de Trato y la No Discriminación y los observatorios o de los órganos competentes del departamento u organismo con competencias en materia de igualdad entre mujeres y hombres de ámbito nacional o su equivalente en el ámbito autonómico.

Se va a ejercitar la acción declarativa prevista en el artículo 32.1.1°.

"Acción declarativa de deslealtad."

Es decir que el Tribunal determine que la actuación realizada por ...., resolviendo unilateralmente el contrato de mi mandante, se encuentra incluida dentro de los actos de competencia desleal previstos en el articulo 16.2 y 16.3 de la LCD.

Paralelamente se va a ejercitar la acción descrita en el artículo 32.1.5ª de la LCD:

"Acción de resarcimiento de los daños y perjuicios ocasionados por la conducta desleal, si ha intervenido dolo o culpa del agente."

SÉPTIMO.- DE LA DEPENDENCIA ECONÓMICA

El requisito que cabe calificar como esencial para apreciar la actuación contraria a la competencia, reside en la **situación de dependencia económica** entre una sociedad dominante (...........) y otra dependiente (...........).

Así, tanto si concurre el supuesto objeto del 16.3 como el del 16.2, ambos de la LCD, debe primeramente de concurrir esta situación de dependencia.

Ante la ausencia de unas regulación positiva, nuestros más altos tribunales han establecido diferentes pautas para determinar cuando nos encontramos ante esta situación de dependencia económica. Estos criterios, que vamos a analizar en detalle como concurren en la relación comercial existente entre ...., son valorados de manera conjunta por nuestros tribunales valorando, caso a caso, si se da dicha situación de dependencia.

7.1.- Volumen de negocio – resultado económico.

El primer requisito por el que podemos suponer la existencia de dependencia económica entre .... vendría determinado por el volumen de negocio así como la incidencia del mismo en los resultados de la mercantil dependiente. Este análisis supone, en nuestro caso, determinar que porcentaje de las ventas de .... corresponden a su principal cliente .... y cuales al resto de sus clientes.

En la pericial realizada por ...., y aportada al procedimiento por esta parte, se reflejan que:

"... En términos generales hablaremos de una **concentración del 90% de las ventas en** ...., mientras que para ésta, las transacciones realizadas con I........... suponen un pequeño porcentaje de la totalidad de sus compras..."

"... La importantísima dependencia de I........... se muestra en la tabla siguiente, donde se comparan las ventas hechas a ....con las ventas totales de I...........;

AÑO	**VENTAS A ....**	**VENTAS TOTALES**	**% DE DEPENDENCIA**
....	....	....	86,4%
....	....	....	90,8%

....	....	....	92,1%
....	....	....	92,4%
....	....	....	87,4%

..."

Como decíamos, no existe una regulación expresa dentro de la Ley de Competencia Desleal, no solo sobre lo que debe entenderse por empresa dependiente, sino tampoco sobre sus elementos integradores.

Teniendo en cuenta el sector en el que nos encontramos sería de aplicación la Ley 12/2013 de 2 de agosto, de medidas para mejorar el funcionamiento de la cadena alimentaria, que en su regulación inicial se ocupó de esta situación, afirmando:

"...3. El ámbito de aplicación del Capítulo I del Título II de esta ley se circunscribe a las relaciones comerciales de los operadores que realicen transacciones comerciales cuyo precio sea superior a 2.500 euros, siempre que éstos se encuentren en algunas de las siguientes situaciones de desequilibrio:

a) Que uno de los operadores tenga la condición de PYME y el otro no.

b) Que, en los casos de comercialización de productos agrarios no transformados, perecederos e insumos alimentarios, uno de los operadores tenga la condición de productor primario agrario, ganadero, pesquero o forestal o una agrupación de los mismos y el otro no la tenga.

c) Que uno de los operadores tenga una ***situación de dependencia económica*** *respecto del otro operador,* ***entendiendo por tal dependencia, que la facturación del producto de aquél respecto de éste sea al menos un 30% de la facturación del producto del primero en el año precedente.***

En cuanto a la jurisprudencia menor, son múltiples las resoluciones en las que se califica un porcentaje cercano al 80% de ventas al mismo cliente, como elemento para considerar que éste volumen de facturación se configura como elemento esencial de la dependencia económica.

Incluso algunas Audiencias, llegan mas allá disminuyendo el umbral de facturación. Citamos por todas La Sentencia 105/2012 de la AP de Barcelona de 13 de marzo de 2012 señala como volumen de negocio un 40% de las ventas aunque considera que este criterio no basta, por si solo, para apreciar dependencia económica:

"... la concurrencia de este requisito y su existencia se deriva de la prueba pericial de parte aportada a las actuaciones, de la que se deriva que casi la mitad (aproximadamente un 40 %) de las ventas de los productos que realizaba la actora correspondían a los productos de VBF...

... que no basta, para apreciar la existencia de dependencia económica, que una parte sustancial de la facturación proceda del proveedor que ha resuelto el contrato. Para determinar si existe posición de dependencia económica es preciso comenzar recordando

que es presupuesto previo para la misma que exista una situación relativa de dominio por parte de una empresa respecto de la otra..."

Por lo tanto podríamos considerar que, en función del volumen de negocio, nuestro mandante tiene una relación de dependencia económica frente a ....

7.2.- Importancia de la sociedad dominante en el mercado frente a la de la Sociedad dependiente.

La importancia relativa de una sociedad en el mercado afecta notablemente a la dependencia económica de sus clientes y/o proveedores con respecto a ella. Así, a medida que la sociedad dominante tenga una importancia relativa mayor en el mercado existe un mayor riesgo de dependencia económica entre esta y sus clientes/proveedores.

Este hecho condiciona el que la empresa dominante pueda imponer sus condiciones a la sociedad dependiente que no tiene más remedio que aceptarlas para no quedarse fuera del mercado.

En la PERICIAL aportada de .... se afirma taxativamente:

"... Resulta notoria la diferencia de tamaño entre ambas empresas. .... contaba, al cierre de .... con unos activos de 1,8 millones de euros para unas ventas de 5 millones y .... vende 2.518 millones con unos beneficios anunciados de 46 millones de euros.

No solo el tamaño sino la relación mantenida resultan importantes; .... era proveedor de .... quien, como la práctica totalidad de las grandes distribuidoras **ostentaba una posición de fuerza sobre sus proveedores**, que una vez atrapados en la red de importantes volúmenes de ventas, tenían un margen de negociación muy limitado sobre los suministros, precios, rappels y otras condiciones..."

Ratificamos los datos de la pericial aportada con la información obtenida de una entrevista dada por el presidente de .... Don ...., a el periódico ...., donde señalaba que .... tiene actualmente **más de 700 establecimientos** repartidos por el arco mediterráneo,. Al cierre del ejercicio ...., **la cuota de mercado** de .... a nivel nacional ascendía al .... **%,** porcentaje que se incrementaba al .... **%** en su zona de expansión. En cuanto a su **volumen de negocio** este ascendió a .... **millones de euros** siendo su **resultado** de ....

Adjuntamos **el link de la noticia** del El Mundo donde se muestran todos estos datos y estadísticas y entrecomillamos las cuestiones más representativas de la misma:

....

....

Dichos datos han sido cotejados por esta parte con la información que aparece en la página web de la entidad donde en el siguiente link señala:

....

....

Igualmente interesa recordar el documento nº 4 acompañado en el que se señala la implantación en el mercado de la Comunidad Valenciana de .... ocupando el .... lugar con una facturación anual (año ....) de .... euros. Igualmente y en cuanto a su cuota de mercado, se consolida la ....empresa en mas cuota con un ....%.

Frente a estos números de la cooperativa..........., l...........facturó, en el ejercicio ...., ... millones de euros, lo que supone **un 0,19% de las ventas de** ...., y obtuvo un resultado de ....millones de euros lo que equivale a un **0,18% de los resultados de** ....

Se incluye como Documento nº 12 informe completo de ....obtenido de la mercantil INFORMA donde aparecen todos los datos mercantiles y económicos obtenidos de los diferentes registros públicos.

Creemos que estos datos muestran claramente la situación de dependencia económica de .... ***frente a*** ...., ***máxime cuando mi mandante es una entidad 100% Valenciana cuyo ámbito geográfico coincidía plenamente con el*** ....

La postura expuesta ha sido acogida por diversas sentencias, por todas la Sentencia 16/2014 de la AP de Orense de 24 de febrero de 2014 cuando establece:

"...La posición dominante de la empresa demandada respecto de la demandantes y la correlativa dependencia económica de esta última, resulta clara, si tenemos en cuenta ***no solo la distinta importancia económica de ambas empresas****, que se deduce de la prueba documental obrante en los autos, sino del hecho de ser la* ***empresa demandada el único suministrador del producto objeto del contrato*** *y de precisarse un volumen importante de suministro para que su actividad industrial fuese rentable, como se deriva de los propios términos de lo pactado...*

... La situación de desventaja de la demandante era evidente, no solo por la dificultad de encontrar otro suministrador con la misma capacidad de suministro y en las condiciones pactadas ***(a nivel nacional, como se probó, la demandada tiene el 6% de la producción)*** *sino por la notoria dificultad de recuperar la máquina en condiciones de ser utilizada en otra empresa del ramo, cuando menos en un período prudencial en el que la actora se vería privada de su negocio. A ello ha de sumarse que la empresa demandante era únicamente exportadora del producto, que la exportación se verificaba mediante transporte marítimo y desde el puerto de Vigo, siendo también estratégica la situación geográfica de la demandada respecto de este punto; y prácticamente la única con dicha capacidad de suministro y esa ubicación, lo que reforzaba su posición de dominio...*

7.3.- Inversiones específicas realizadas.

Otro criterio que valoran nuestros más altos tribunales para determinar la dependencia económica entre dos sociedades, una dominante y otra dependiente, es si esta última ha realizado inversiones específicas para atender la demanda de la primera.

Como queda probado con la pericial de .... aportada:

"...Desconocemos en qué momento decidió ....romper de manera unilateral su relación comercial pero es evidente que .... venía trabajando en un escenario que no contemplaba esa eventualidad. Prueba de ello es que en el año 2017 se completó el proceso de obtención de la certificación en la norma IFS, exigida por el cliente, y que durante 2017 se ejecutaron inversiones en inmovilizado, tales como:

CONCEPTO	COSTE DE LA INVERSIÓN
Construcción zona trasera fábrica	19.507
Instalaciones ampliación zona trasera	22.792
Alimentadora tripas-Andher	1.950
Compresor Danfoss-Milosa	1.424
Alimentadora tripas Andher	1.950
Máquina limpiasuelas-Betelguex	7.280
Batería Evap. Secadero-Milosa	4.030
Transpaleta manual y colgador	1.110
Grupo etiquet-M R. Garrigos (2)	10.555
Citroen Jumpy-Edu Motor	14.200

No resulta razonable invertir casi .... euros en un año si hubiese existido alguna expectativa de rotura de la relación comercial, alguna noticia de la futura resolución..."

Hay varios momentos en la relación entre .... y .... donde la primera tuvo que realizar inversiones específicas y concretas para poder atender la demanda creciente de la cooperativa. Estos hitos los resumimos en los siguientes:

• Como hemos señalado en apartados anteriores, a finales del ...., la sociedad .... realizó una propuesta a mi mandante para que le suministrase la práctica totalidad de los embutidos frescos comercializados por .... Dicho acuerdo se inició, por compromisos anteriores de ...., en febrero de .... y supuso un incremento de la producción de .... de más del 60%. Para poder atender a este requerimiento de la cooperativa mi mandante tuvo que realizar una serie de inversiones específicas tanto en maquinaria, medios auxiliares, personal y formación del mismo.

• Durante los últimos ejercicios ....ha tenido que adaptar sus sistemas productivos a las exigencias de su cliente principal y casi único. Ha habido nuevos requerimientos de la cooperativa tanto en dimensiones y tipos de bandejas como en el etiquetaje de los productos suministrados.

• Asimismo ....exigió a ....para continuar con su suministro que en el ejercicio .... debía de conseguir la certificación IFS. Así quedo plasmado dicho requerimiento en el contrato firmado entre las partes. Durante este ejercicio .... mi mandante tuvo que adaptar todo su proceso productivo y todo su inmovilizado (fábrica de ....) a los requerimientos exigidos por la IFS.

Posteriormente valoraremos más detalladamente las inversiones específicas realizadas por I............ y que han sido cotejadas por la pericial presentada.

En este sentido, citar la Sentencia 256/2006 de la AP de Castellón de 1 de junio de 2006 señala:

"... ***Ha quedado probado que la inversión en personal, herramientas, formación del personal, taller exterior a Ferro etc. se hizo para dar el servicio que esa empresa necesitaba.*** *La implicación del demandante era tan grande, que como ha quedado demostrado tenía acceso a un despacho y buzón propio en Ferro, diseñaba los turnarios del mantenimiento eléctrico de sus plantas, etc. la estructura y estrategia de la empresa de J. Morales creció en la medida que su cliente Ferro lo demandaba de manera que puede establecerse claramente que el mercado relevante de la empresa del demandante era Ferro y se hallaba respecto de ella en una situación de dependencia.* ***Y no contradice para nada esa situación, ni deben ser tenidos en cuenta para desdecir dicha calificación la posibilidad de que, una vez se ha producido el abuso de esa situación de dependencia, la empresa pueda desinvertir y buscar otros clientes o reestructurar su posición en el mercado*** *abriendo su establecimiento al público en general. Esto es lógico, como ha señalado algún testigo, no tiene otro remedio, si no quiere verse abocada a la desaparición. Queda determinado, por tanto, que el mercado relevante para J. Morales y su continuadora Puntocid era la empresa Ferro...*"

En conclusión, mi principal ha realizado importantes inversiones al objeto de poder servir exclusivamente a las necesidades de la hoy demandada.

7.4.- Duración de la relación comercial.

La duración de la relación comercial entre dos sociedades se configura como otro factor determinante para considerar la existencia de dependencia.

En el caso que nos ocupa nos encontramos ante una relación comercial entre .... Y I............ de más de 30 años *desde que, como ya hemos descrito en los apartados anteriores, en el año .... adquiriese ....* Se han aportado como Documento nº 6 Modelos 347 de la AEAT de diferentes ejercicios donde aparece refrendada esta afirmación.

Por lo tanto este solo hecho sirve para demostrar que .... **se encontraba en situación de dependencia económica de su cliente ....**

Nuestros tribunales han intentado determinar cual debe ser la duración de esta relación para que exista una dependencia económica. Así la AP de Madrid en su Sentencia 313/2011 de 28 de octubre de 2011 considera que 1 año y dos meses no es suficiente para que se de la misma:

"... *En definitiva, no cabe apreciar escasez de establecimientos de distribución minorista en Canarias, ni se han producido inversiones específicas,* ***siendo, por lo demás, de escasa duración la relación habida entre las partes que, tal y como se indica en la demanda, se inicia en marzo de 2007 y finaliza en mayo de 2008,*** *disponiendo además la demandante de fuentes alternativas suficientes a las que vender o suministrar el aceite de oliva envasado y, además, razonables en la medida que no implicaban costes o desventajas competitivas inasumibles o, al menos, no consta otra cosa...*"

Por el contrario la Sentencia 256/2006 de la AP de Castellón de 1 de junio de 2006 si que ve dicha dependencia en una relación iniciada en 1987:

"... Pero dadas las circunstancias que concurren en este caso ***como la duración de la relación contractual de suministro de servicios desde 1987****, la inversión en maquinaria y personal para desarrollar esa actividad en Ferro, la formación del personal, la toma de decisiones, su ubicación dentro de la empresa, su dedicación a la misma, la contratación de trabajadores suyos como personal de plantilla cuando se quiso reducir drásticamente las relaciones comerciales con Puntocid, etc.* ***nos llevan a determinar una situación de deslealtad, de abuso de esa relación de dependencia en la que se encontraba dicha empresa*** *y que era bien conocida por su cliente, Ferro Spain. El llamado preaviso que se aporta como documento n° 2 de la contestación de la demanda fechado el 26 de julio de 2004 como respuesta a otro remitido por J Morales el 23 de julio de 2004 es decir tres días antes, en el que se pone de manifiesto la imposibilidad de acceder a su despacho y la negociación con varios de sus trabajadores para que se incorporaran como plantilla a Ferro, no exime de deslealtad al acto, tanto por la forma (como respuesta a los requerimientos de J. Morales) como por el tiempo en que se hace (se marca un calendario muy breve en proporción con la duración de las relaciones comerciales y la situación de dependencia en que se encuentra el proveedor). Esa situación ha provocado un daño en esa empresa, por su imposibilidad, tras largos años de dependencia, de salir al mercado en la misma posición concurrencial de sus competidoras, de adecuación de su estrategia en personal, inversiones, etc. a la nueva situación etc. que debe ser reparado..."*

7.5.- Dedicación del proveedor al distribuidor.

Nos encontramos ante una relación de dependencia cuando existe un contrato en exclusiva entre la sociedad dominante y la sociedad dependiente. Esta exclusividad debe analizarse no solamente desde un punto de vista jurídico, es decir por la existencia en el contrato de un **pacto en exclusiva**, sino desde la realidad de la relación comercial. Es decir si .... dedicaba todos sus activos, tanto materiales como humanos, al servicio de ....

En la pericial presentada de ....se afirma en este sentido:

"... En resumen, ... trabajó cumpliendo el contrato que los unió mientras........... le realizó pedidos, ***dedicando la práctica totalidad de sus recursos materiales y humanos a su cliente****, lo que, de hecho, imposibilitaba su capacidad para ir reestructurando su cartera de clientes por la vía de dedicar parte de esos recursos a diferentes alternativas comerciales..."*

Así lo interpretan nuestros Tribunales de Justicia cuando señalan que no es necesario un pacto en exclusiva para que exista dicha dedicación en exclusiva de la sociedad dependiente a la dominante.

Así, la Sentencia 256/2006 de la AP de Castellón de 1 de junio de 2006 señala:

"... Partiendo de esa situación procede comprobar si en dicho mercado existen alternativas equivalente para la empresa proveedora de J. Morales. No puede considerarse que, en el momento en que se valoran los hechos existieran alternativas equivalentes para J. Morales por cuanto, en el marco geográfico y de tiempo considerados y dada su dedi-

cación, como se ha dicho al 99% a Ferro no podía colocar sus servicios a otras empresas. Varios testigos han afirmado ***que la dedicación era completa a Ferro, que absorbía toda la plantilla.*** *Hubiera sido imposible trabajar con la misma dedicación a otras empresas. Por lo tanto, las alternativas de colocación de servicios o no existían o no eran ni mucho menos equivalentes, teniendo en cuenta que su presencia ha de ser real y efectiva, en el momento y lugar considerados y no únicamente potencial..."*

Es evidente que siendo la facturación, prácticamente del 90% a ...., todos los medios humanos y materiales se destinaban a dar servicio a la demandada.

7.6.- Gravosidad de la alternativa.

Este último requisito hace referencia a dos cuestiones fundamentales relacionadas, en cierta medida con el punto anterior.

Por una parte a que, dada la dedicación casi en exclusiva de ....a su cliente principal, era prácticamente imposible dedicar esfuerzos a otros clientes sin haber tenido que realizar nuevas e importantes inversiones tanto en material humano como en inversiones específicas.

Por otra parte también hace referencia a que no se le ofreció a mi cliente un plazo razonable para poder buscar alternativas a su cliente principal.

Señalar en este punto una de las conclusiones del informe presentado con esta demanda:

"... Un período de desenganche es necesario ***para que el proveedor pueda buscar otras alternativas a su cliente casi único*** *de manera que no se vea perjudicado ante decisiones unilaterales de quien mantiene el dominio económico de la relación comercial..."*

También nuestros tribunales de justicia han intentado regular esta imposibilidad de buscar alternativas tanto en la vida de la relación como una vez resuelta la misma, en diferentes Sentencias:

Así, la Sentencia 256/2006 de la AP de Castellón de 1 de junio de 2006 señala:

"... Partiendo de esa situación ***procede comprobar si en dicho mercado existen alternativas equivalente para la empresa proveedora*** *de J. Morales. No puede considerarse que, en el momento en que se valoran los hechos existieran alternativas equivalentes para J. Morales por cuanto, en el marco geográfico y de tiempo considerados y dada su dedicación, como se ha dicho al 99% a Ferro no podía colocar sus servicios a otras empresas. Varios testigos han afirmado que la dedicación era completa a Ferro, que absorbía toda la plantilla.* ***Hubiera sido imposible trabajar con la misma dedicación a otras empresas. Por lo tanto, las alternativas de colocación de servicios o no existían o no eran ni mucho menos equivalentes, teniendo en cuenta que su presencia ha de ser real y efectiva, en el momento y lugar considerados y no únicamente potencial****..."*

Queda analizar si ha existido un abuso de dicha situación de dependencia. En este sentido, la explotación de una situación de una situación de dependencia económica como genero de acto de competencia desleal puede situarse entre la mera discriminación en sentido estricto y la conducta abusiva en sentido amplio. Podemos afirmar que la decisión de Ferro de limitar al máximo su contrato de suministro de servicios eléctricos con

Puntocid, comunicada a éste en julio de 2004, desestabilizó la situación de esta empresa en el mercado, perturbó el normal desenvolvimiento de sus estrategias, afectó al negocio y dio lugar a numerosos despidos de personal, puso en peligro su estructura competitiva en el mercado y falseó su comportamiento competitivo.

...

***Esa situación ha provocado un daño en esa empresa, por su imposibilidad, tras largos años de dependencia, de salir al mercado en la misma posición concurrencial de sus competidoras, de adecuación de su estrategia en personal, inversiones, etc. a la nueva situación etc. que debe ser reparado**... "*

7.7.- Conclusión.

Esta parte considera que, dado lo expuesto anteriormente donde ha quedado probado que se dan todas las pautas o requisitos exigidos por la Jurisprudencia, **EXISTIÓ UNA SITUACIÓN DE DEPENDENCIA ECONÓMICA entre ...., sociedad dominante, e ...., Sociedad dependiente, en la relación contractual que las unió durante 30 años.**

La pericial aportada de .... es categórica en su análisis cuando afirma:

"... Esta afirmación se puede corroborar mediante la simple lectura de los llamados "Contrato Marco de Suministro de Mercancías de Alimentación" y las correspondientes "Plantillas" de condiciones comerciales y logísticas, que se firmaban con periodicidad anual ***en condición de debilidad para el proveedor respecto del cliente****. Cada año tenían que negociarse las condiciones, lo que llevaba, tal como veremos,* ***a que*** *...........* ***mantuviese una cifra de ventas significativa (5 millones) para lograr un beneficio de entre 0,2 y 0,3 millones, sin posibilidad "real" de prescindir de su principal cliente*** *y hurtarse a sus requerimientos en cuanto a descuentos rappels y contribuciones... "*

OCTAVO.- DEL SUPUESTO OBJETIVO PREVISTO EN EL ARTÍCULO 16.3 a)

El primer supuesto constitutivo de acto desleal sería el contemplado en la letra a) del apartado 3 del artículo 16 que, aun cuando es de sobra conocido, transcribimos su contenido:

"3. Tendrá asimismo la consideración de desleal:

La ruptura, aunque sea de forma parcial, de una relación comercial establecida sin que haya existido preaviso escrito y preciso con una antelación mínima de seis meses, salvo que se deba a incumplimientos graves de las condiciones pactadas o en caso de fuerza mayor."

Con independencia de la acreditación de la dependencia económica ya analizada en el punto anterior, este artículo exige la concurrencia de cuatro requisitos, configurando una responsabilidad cuasi objetiva, en caso de converger:

- Ruptura, aunque sea parcial, de una relación comercial.
- Que exista un preaviso **escrito y preciso**.
- Que este preaviso tenga una antelación mínima de 6 meses.

• Que no haya incumplimientos graves o causas de fuerza mayor.

8.1.- Ruptura, aunque sea parcial, de una relación comercial.

Parece evidente que existe esta resolución contractual, al dejar de solicitar a mi mandante producto por parte de.........................

8.2.- Preaviso escrito y preciso

No existe ningún preaviso por escrito y preciso en el que se comunique LA RESOLUCIÓN CONTRACTUAL.

Es cierto que existió una reunión en el mes de Octubre de .... en la que se comunicó la intención de .... de cambiar de Proveedor, y que en correos electrónicos posteriores se reafirmaba esta situación, pero lo bien cierto es que a fecha de hoy sigue sin existir una notificación por parte de la empresa en los términos que exige el precepto.

Pero es mas, los actos de ambas partes hacen pensar que no existía idea de resolver el contrato.

Así, es incongruente que si realmente se iba a resolver la relación durante el periodo del .... hasta el ...., este periodo fuera el que mas facturación tuviera l........... a........... en comparación con otros años.

En este sentido transcribimos las conclusiones del informe pericial aportado:

"... Es más, hasta el día 29 de junio, ... estuvo suministrando pedidos a .... a nivel "normal", como prueba el hecho de que las ventas de ese primer semestre fueron de más de 2 millones, ***nivel incluso ligeramente superior al del año anterior****..."*

Como decíamos es incoherente mantener una resolución contractual, cuando se le exige al proveedor la misma o incluso una mayor dedicación, mediante el incremento del suministro de los productos.

8.3.- Que el preaviso tenga una antelación mínima de 6 meses.

Difícilmente podemos hablar de un preaviso mínimo de 6 meses, cuando la propia demandada no ha respetado el plazo que unilateralmente fijo en el contrato de preaviso de UN MES.

A fuerza de ser insistentes, hemos de recordar que el contrato suscrito en el año ...., fue prorrogado para el .... ante la inexistencia de denuncia por cualquiera de las partes con 30 días de antelación. Es cierto que en el mes de Marzo se otorgó una " plantilla" hasta el 30 de Junio, pero esta iba referida a los precios, facturación etc.

Asimismo en dicha plantilla no se especifica la duración del contrato, salvo los precios y facturación hasta el .... Se desconocen puntos tan importantes como:

¿Se va a firmar una nueva plantilla semestral?

¿Se va a dejar de realizar pedidos?

Pero, aun cuando consideráramos que la firma de las Plantillas, producida el ...., supone una novación extintiva de la relación, lo bien cierto es que tampoco se respetaría el plazo de SEIS MESES.

8.4.- Que no haya incumplimientos graves o causas de fuerza mayor.

Esta parte no ha tenido incumplimiento de sus obligaciones, ni consta caso de fuerza mayor.

En su caso deberá ser la demandada la que acredite la concurrencia de estas causas.

Por lo tanto se dan todos los supuestos previstos en el artículo 16.3 para considerar la actuación de .... como desleal.

NOVENO.- DEL ARTÍCULO 16.2 DE LA LCD: LA CONDUCTA DESLEAL DE .... FRENTE A ....

El artículo 16.2 de la LCD recoge un supuesto distinto, pero a la vez complementario, con el del 16.3. De esta forma y tal y como viene reiterando la doctrina mercantilista y las diversas resoluciones judiciales, para la concurrencia del supuesto del artículo 16.3 será necesaria la dependencia económica, y la falta de preaviso, mientras que el supuesto regulado en el artículo 16.2, exige un plus, que concurra **una conducta desleal por parte de la empresa dominante**, en este caso ....

Por tanto, este supuesto no incide en que exista o no el plazo de seis meses, sino que anuda su concurrencia a que se acredite la dependencia económica y una conducta que define el precepto como desleal.

Así el precepto afirma: *Se reputa desleal la explotación por parte de una empresa de la situación de dependencia económica en que puedan encontrarse sus empresas clientes o proveedores que no dispongan de alternativa equivalente para el ejercicio de su actividad*

En cuanto a las distintas resoluciones judiciales interpretativas del precepto, citamos por todas, la Sentencia de la AP de Barcelona de fecha 13 de septiembre de 2010:

"La consecuencia es que, si, pese a existir una situación de dependencia económica, no constituye un ilícito desleal la ruptura o resolución unilateral (con justa causa o no) de la relación comercial, no cabe anudar a ese acto resolutorio ningún efecto indemnizatorio, como puede ser, según pretende la actora, el valor de la empresa que a causa de esa extinción contractual no puede continuar su actividad en el mercado. Sin perjuicio, claro está, de que pueda apreciarse la conducta desleal del art. 16.3. a), con sus pertinentes consecuencias indemnizatorias."

Esta conducta desleal hay que ponerla también en relación a los artículos 7.1 y 1258 del Código Civil donde se exige que en la aplicación de los contratos ambas partes ejerciten sus derechos conforme a las **exigencias de la buena fe**.

*"**Artículo 7***

***1.** Los derechos deberán ejercitarse conforme a las exigencias de la buena fe.*

***2.** La ley no ampara el abuso del derecho o el ejercicio antisocial del mismo. Todo acto u omisión que por la intención de su autor, por su objeto o por las circunstancias en que se realice sobrepase manifiestamente los límites normales del ejercicio de un derecho, con daño para tercero, dará lugar a la correspondiente indemnización y a la adopción de las medidas judiciales o administrativas que impidan la persistencia en el abuso."*

"Artículo 1258

Los contratos se perfeccionan por el mero consentimiento, y desde entonces obligan, no sólo al cumplimiento de lo expresamente pactado, sino también a todas las consecuencias que, según su naturaleza, sean conformes a la buena fe, al uso y a la ley."

Así la Sentencia STS 20-1-2000, determina:

"...es preciso subrayar, que siendo un contrato de tracto sucesivo, han de ponderarse las circunstancias del cumplimiento del mismo, **con los criterios de la lealtad y la buena fe**, y no sólo en lo referente al plazo de duración sino en el mantenimiento de las previsiones pactadas y, sobre todo, que al tratarse de un contrato de confianza o personalista, **cuando se produzca una resolución unilateral, han de respetarse esos modelos de buena fe y mutua confianza**, sin que, por ende, se irroguen unos perjuicios a quien ha prestado su aparato y estructura negocial para servir a las finalidades de la contraparte...".

Por tanto, deberá determinarse si la actuación de ....incurrió en deslealtad, mediante la explotación de la situación dependencia de mi principal que no disponía de alternativa equivalente para el ejercicio de su actividad.

Y creemos que efectivamente concurre este supuesto. Así queda patente cuando analizamos las circunstancias que se han dado en este caso:

9.1.- Negociación de .... con .... a espaldas de ....

La decisión tomada por .... de resolver unilateralmente el contrato que le vinculaba a I........... por más de 30 años suponía que .... tenía que tener un plan alternativo para asegurarse el suministro una vez rota dicha relación. **Se requiere, por lo tanto, de una planificación de muchos meses, o incluso años, para poder sustituir a un proveedor en exclusiva.**

Hemos afirmado en este escrito que existieron acuerdos previos entre .... y .... anteriores incluso a la resolución unilateral del contrato de fecha .... Podemos afirmar, sin ánimo a equivocarnos, que .... **negoció a espaldas de** .... **el suministro de estos productos varios meses e incluso años antes de proceder a resolver el contrato con mi mandante**.

Cualquiera que conozca este negocio sabe que para poder realizar el suministro de embutido a una empresa de la magnitud e importancia de .... se requiere de una inversión en inmovilizado y maquinaria cuya construcción y puesta a punto requiere de entre 2 y 3 años. El nuevo proveedor, ..., no disponía de las inversiones necesarias para este suministro.

.... era históricamente una empresa que provenía de una cooperativa de .... Su actividad principal era la de matadero de porcino mientras que su presencia como productor y distribuidor de embutidos frescos era prácticamente residual.

Señalar que sus instalaciones principales, sitas en la calle .... del Polígono Industrial ...., están dedicadas a esta actividad de ....

Sin embargo el ...., mediante Escritura Pública autorizada por el notario de Torrent ...., la Sociedad .... SA, sociedad patrimonial vinculada a la anterior, adquirió una parcela de cinco mil trescientos veintiocho m2 a escasos 400 metros de sus instalaciones y se puso a construir una fábrica dedicada - qué casualidad – a la producción de .... Dicha fábrica se encuentra en la calle .... del Polígono Industrial ....

Aportamos como Documento nº 13 la nota simple de la finca adquirida por .... donde aparece la fecha de adquisición e inscripción.

Asimismo si analizamos los datos contables de ...., obtenidos de las cuentas anuales depositadas en el Registro Mercantil, se puede comprobar como durante el ejercicio .... se observa un incremento muy importante en el Inmovilizado Material de la Sociedad consecuencia, creemos, de la construcción de la nave Industrial necesaria para producir .... a ....

Se incluye como Documento nº 14 informe completo de .... obtenido de la mercantil INFORMA donde aparecen todos los datos mercantiles y económicos obtenidos de los diferentes registros públicos.

En este informe se puede comprobar el incremento en el Inmovilizado material de la Sociedad entre el .... y .... por valor de .... € que consideramos puede deberse a la compra del solar antes mencionado y a la construcción de la planta para dar servicio a ....

Además de estas inversiones en medios materiales, deberá determinarse mediante la oportuna prueba que se interesa en el momento procesal oportuno, si también se dotó de medios humanos. De lo que no existe duda, tal y como se acreditará que parte de los trabajadores de I..........., acabaron trabajando para ...., lo que evidencia que su preparación en trabajadores cualificados era insuficiente para dar e servicio que realizaba mi representada.

Si unimos la sorpresiva resolución del contrato que unía a mi principal con la hoy demandada, con los actos preparatorios del .... consistentes en dotarse de medios materiales y humanos para poder suministrar los productos a ...., llegaremos a la conclusión que existían negociaciones anteriores entre ambos.

En la pericial aportada por esta parte se refleja esta posibilidad cuando señala:

*"... **Nos llama poderosamente la atención el hecho que desde el .... existiese un competidor en disposición de servir a** .... **los productos que deja de pedirle a de** ...., desde el primer día. Nos manifiestan que quien pasó a servir esos productos fue la empresa .... Esta situación nos ha hecho obtener datos contables de la mercantil ...., empresa dedicada al alquile de inmuebles, propietaria del situado en ...., calle .... del Polígono Industrial ...., donde se desarrolla la actividad productiva de ....*

*Pues bien, según la información contenida en sus cuentas anuales depositadas en el Registro Mercantil........... llevo a cabo, durante ...., inversiones muy significativas en el único centro que afirma tener, lo que hace que el saldo de su epígrafe de inmovilizado material pase de .... € a una cifra de .... €, es decir, un incremento de .... millones. **Desconocemos si esa inversión tan importante se hizo para estar lista ante una decisión de** .... **que le debió ser anunciada, pero la coincidencia en el tiempo es innegable**..."*

En este sentido, citamos la Sentencia 462/2011 de la AP de Vizcaya de 23 de junio de 2011 que para un supuesto idéntico determina que es desleal las actuaciones de .... a espaldas del proveedor:

"...la justificación de la ruptura de la relación contractual en deficiencias en el suministro alegada en la contestación a la demanda y rechazada por la sentencia apelada no ha sido reiterada en el recurso- fue inopinada e injustificada, por contraria a las exigencias de la buena fe que impone con carácter general el art. 7 Código Civil, que dispone que los derechos deberán ejercitase conforme a las exigencias de las buena fe y proscribe el abuso de derecho, y asimismo contraviene la lealtad contractual en los términos contemplado en el art. 16.3 Ley de Competencia desleal, que considera desleal la ruptura, aunque sea parcial, una relación contractual establecida salvo que se deba a incumplimientos graves.

Y es que las pruebas practicadas en las actuaciones ***demuestran que en el mes de abril de 2008 Eroski ya había iniciado conversaciones con otra mercantil (Angulas de Aguinaga) para el suministro de los productos de los que le proveía Llagosti****, y es revelador al respecto la solicitud de datos sobre las dimensiones de la bandeja que utilizaba Llagosti para los envases individuales o "porción consumidor****", y que una vez que la sociedad con la que había negociado el suministro de futuro estuvo en condiciones para atender a la demanda de Eroski, éste unilateralmente puso fin a la relación con una carta fechada el 30 de julio*** *y recibida por Llagosti el 10 de agosto, que comunicaba la decisión de Eroski de terminar con la relación se suministro ya insinuada en el curso de una reunión a la que había sido convocada Llagosti con el pretexto de la preparación de la campaña de Navidad, y que también decía que la fecha definitiva del fin de la relación contractual se fijaría de común acuerdo entre ambas partes, no obstante lo cual,* ***de forma unilateral, ignorando los requerimientos de Llagosti de disponer de un plazo más amplio para la búsqueda de nuevos clientes con los que suplir la relación contractual finalizada y dar salida a los stoks de productos exclusivos de Eroski, decidió poner fin a la relación*** *con fecha el 30 de octubre, lo que le comunicó en carta del día 20 del mismo mes..."*

Es decir que por el hecho de iniciar las negociaciones con otro suministrador a espaldas de..........., con un perjuicio para esta, **presume y prueba la mala fe y la actuación desleal de** ....

E***n este sentido, y para finalizar, es mas que evidente que si la demandad hubiera comunicado que se encontraba en negociaciones con otro proveedor, mi representada hubiera podido adaptar su estructura o buscar nueva clientela para evitar su cierre, como finalmente ocurrió.***

9.2.- De la posible licitación del suministro de los productos suministrados por ....

Nos resulta muy extraño y difícil de comprender que ...., una vez que decide cambiar de proveedor y licitar de nuevo el suministro de este producto no invitase a l........... a la misma, máxime cuando existía **una relación comercial de más de 30 años** y nunca había existido **ninguna queja importante por parte de**........... al suministro de ....

Y nos resulta aun más extraño y difícil de comprender esta actuación después de leer el Código de Ética y Conducta de .... aprobado el ....

En este código ético, que se ha obtenido de la propia página web de .... se establece literalmente lo siguiente (las negritas y subrayado es añadido nuestro):

....

Viendo la adjudicación del suministro de .... a ...., en relación con el código ético y de buenas prácticas del que hace gala ...., nos surgen numerosas preguntas difíciles de contestar:

¿Fue éticamente aceptable una licitación a la que no fue invitado un proveedor de........... que llevaba más de 30 años suministrando estos productos?

¿Fue esa licitación respetuosa, transparente, clara y sin acuerdos opacos o no documentados cuando uno de los afectados por la misma, mi mandante, no fue ni invitado a dicho proceso y se enteró cuando ya estaba cerrado el suministro con ....?

¿Hubo transparencia, imparcialidad, objetividad y eficacia en esta licitación?

¿Se buscó con la misma las mejores condiciones para la cooperativa junto con la conveniencia, como dice el código ético, de mantener relaciones estables con proveedores?

Para poder responder a estas cuestiones necesitaríamos conocer los entresijos de la licitación efectuada:

- Cuando se inició la misma.
- Cuando se cerró dicha negociación.
- Si hubo diferentes empresas invitadas o directamente se adjudicó "a dedo".
- Y sobre todo porque no se invitó a .... a dicha licitación (en caso de que la hubiera) cuando era el proveedor de referencia desde hacía más de 30 años. Creemos que la lealtad de .... a la cooperativa durante ese periodo de tiempo bien merecía que se le hubiese tenido en cuenta.

Lo que no deja lugar a ninguna duda esta "supuesta licitación" es:

- Que se contravinieron todos los principios éticos y buenas prácticas que aparecen en el código ético de .... antes señalado.
- Dicha licitación, si la hubo, no fue ni imparcial, ni transparente, ni clara ni en beneficio de la propia cooperativa.

9.3.- Imposibilidad de alternativa alguna

Con esta resolución unilateral y sin previo aviso el .... se impedía el que .... tuviera una alternativa viable a su actividad empresarial. Solo con una planificación ordenada del desenganche de .... e .... se podía haber conseguido la viabilidad de la segunda.

De todos es conocido que el otro grande de la distribución en la Comunidad Valenciana, ... ofrece a sus proveedores, en contrato, un desenganche de tres años. Durante estos tres años tanto el proveedor como su cliente pueden buscar nuevas alternativas que permitan romper pacíficamente su relación sin que haya tensiones en el proveedor o desabastecimiento en el cliente.

Para esto sirve el desenganche ordenado, para que ninguno de los dos contratantes se vea perjudicado por la decisión de resolver el contrato. Que el proveedor pueda abrir nuevos mercados, buscar nuevos clientes y reestructurar su proceso productivo, y paralelamente no haya un desabastecimiento en las tiendas del cliente.

.... en este caso, solo veló por sus intereses aun cuando generara un grave perjuicio a mi representada. Hizo un desenganche en su propio beneficio, para el solo, sin preocuparse de la suerte en la que dejaba a su proveedor I............ Cuando tuvo claro que su nuevo proveedor estaba preparado para suministrarle los productos resolvió el contrato.

De haber comunicado a .... el acuerdo con .... en el momento en que se decidió el cambio de proveedor (creemos que en el año ....), hubiese permitido a mi mandante realizar un desenganche ordenado, haber intentado abrir nuevos mercados o nuevos clientes, no haber realizado inversiones importantes exigidas por la cooperativa (certificación IFS) o incluso haber llegado a acuerdos con otros productores para fabricar sus productos.

Estas manifestaciones quedan claramente ratificadas con el informe pericial aportado donde se señala:

"... Es más, hasta el día ...., la compañía .... estuvo suministrando pedidos a .... a nivel "normal", como prueba el hecho de que las ventas de ese primer semestre fueron de más de 2 millones, nivel incluso ligeramente superior al del año anterior. Ello significa que hasta el último día en que recibió pedidos de .... la capacidad productiva d........... estuvo comprometida con su cliente principal, por lo que ***desde el punto de vista económico no había manera de buscar alternativas que hubiesen permitido a*** *...........* ***ir, de manera paulatina, sustituyendo a su cliente principal por otras opciones****, sustituyendo las ventas de uno a otros de manera que la búsqueda de alternativas no le resultase gravosa.*

En resumen, ... trabajó cumpliendo el contrato que los unió mientras .... le realizó pedidos, ***dedicando la práctica totalidad de sus recursos materiales y humanos a su cliente, lo que, de hecho, imposibilitaba su capacidad para ir reestructurando su cartera de clientes por la vía de dedicar parte de esos recursos a diferentes alternativas comerciales.***

Un cliente de ese volumen no se consigue en un plazo corto, y las características del producto fabricado por .... llevan a concluir que no es razonable mantener un nivel similar de ventas si no es en el mercado de la gran distribución..."

Por último, y a efectos de acreditar que .... si que concede un plazo mas que suficiente para proceder al "desenganche" de sus proveedores, acompañamos como Documentos nº 15 a 18.

Nos permitimos transcribir alguna de las afirmaciones:

....

CAPÍTULO IV.- DE LOS DAÑOS Y PERJUICIOS CAUSADOS

En cuanto a la valoración de los daños y perjuicios que esta conducta desleal de ...., en abuso de posición dominante, ha provocado a ...., la vamos a fundar en la prueba pericial aportada con nuestra demanda realizada por la mercantil ....

Para una mejor comprensión de estos daños los vamos a dividir en los siguientes apartados.

DÉCIMO.- DEL DAÑO EMERGENTE

La rotura unilateral del contrato realizada por .... ha supuesto como señala la pericial aportada:

"... La rotura unilateral de la relación comercial supuso, de hecho, la imposibilidad de que........... siguiera operando, abocándola a una situación de liquidación, también de derecho.

El fin de la actividad implica un buen número de consecuencias:

Hay que despedir al personal e indemnizarlo.

El inmovilizado deja de ser operativo.

Otros costes del proceso liquidatorio..."

Por lo tanto existen tres grandes daños provocados a ....

10.1.- Despidos al personal.

La pérdida de su cliente casi único (resolución unilateral de contrato) y la ausencia de tiempo material para poder diversificar su clientela (desenganche ordenado) motivó que el administrador único de .... no tuviese otra alternativa que proceder despedir al personal y poner a la sociedad en liquidación.

Así lo señala nuestra pericial aportada:

"... En una empresa con la historia de .... y su trayectoria de beneficios es evidente que la resolución unilateral de la relación comercial es la causa de esos despidos, pues ***no hay condiciones financieras ni patrimoniales que los justificasen****..."*

En cuanto a la valoración de estos costes acudir de nuevo a los resultados analizados por .... en la pericial aportada cuando señala:

"... Hemos obtenido el listado de los empleados de .... despedidos con motivo del cese de actividad y las indemnizaciones por despido satisfechas, que adjuntamos como Anexo 2. ***El total de indemnizaciones asciende a .... €.***

Hemos cotejado los importes de la tabla citada con los incorporados al modelo 190 del año ...., en el que se declaran a Hacienda las indemnizaciones de manera separada a los salarios normales. También hemos cotejado los importes afectados por el Convenio Especial con la Tesorería General de la Seguridad Social con los recibos de liquidación correspondientes, y hemos revisado la documentación relativa al Expediente de Regulación de Empleo acometido para la extinción de la totalidad de los puestos de trabajo..."

Por lo tanto, el importe de las indemnizaciones pagadas al personal consecuencia de la resolución unilateral del contrato por parte de .... ascienden a .... EUROS CON .... (........... €).

10.2.- Inversiones específicas realizadas y pendientes de amortizar

Como ya hemos señalado anteriormente ....tuvo que acometer en diferentes momentos recientes de su relación comercial con ....inversiones importantes en su Inmovilizado Material enfocadas directamente a su cliente principal.

Este inmovilizado ha dejado de ser operativo al estar enfocado a una determinada actividad y a un determinado cliente. La valoración de este daño causado por la actuación de ....ha sido valorado también por la pericial aportada:

"... En el Anexo 1 hemos adjuntado el inventario de bienes del inmovilizado de ...., con su valor inicial de coste, su amortización acumulada calculada hasta junio de .... en que cesó la relación comercial y el valor neto contable resultante.

Esa tabla muestra un valor de activo de .... € compuesto por elementos que dejan de dedicarse a la obtención de ingresos a través del proceso productivo.

Las instalaciones, máquinas y otros elementos tenían un valor que derivaba de su afección a la actividad (valor en uso) que ha quedado totalmente deteriorado tras la decisión de ....: ese activo seguiría generando valor a lo largo de algunos ejercicios pero se ha truncado esa posibilidad, ya no contribuyen a generar beneficios y su valor liquidativo es despreciable..."

Por lo tanto, el importe de esta partida consecuencia de la resolución unilateral del contrato por parte de .... ascienden a .... EUROS CON .... (........... €).

10.3.- Otros costes

En cuanto a los otros costes se incluyen diferentes gastos más heterogéneos motivados por la actuación de .... resolviendo unilateralmente el contrato. Estos gastos se podrían dividir en los siguientes:

• Valor de los gastos para obtener, por exigencia de ....como dijimos anteriormente, la certificación IFS.

La pericial aportada realiza una valoración de estos costes:

"... Especial relevancia tiene el esfuerzo que tuvo que realizar .... para conseguir la certificación IFS requerida por su cliente, proceso que culminó en el segundo semestre de ***........... con un esfuerzo de personal y financiero que ha devenido del todo inútil y carente de valor****. Para este logro, los liquidadores de .... nos manifiestan que se vieron obligados a reforzar su estructura de personal, recurriendo a Empresas de Trabajo Temporal que aportaron y cobraron, los recursos humanos para mantener la producción en los niveles requeridos por .... desarrollando ese proyecto de certificación en paralelo. Hemos cotejado las facturas de ETTs y Consultoras con el siguiente detalle de gastos:*

.........................., S.L.: ....

.........................., SLU: ....

..........................., SL.: ....

..........................., ETT: ....

Total ....

Este costes supusieron un desembolso de .... EUROS CON .... CÉNTIMOS (........... €).

• Honorarios del asesor laboral en su intervención en el ERE del personal y abogado corporativo por su asesoría en la liquidación y cierre de .... Son gastos que están vinculados a la actuación desleal de ....y que importan .... EUROS (............ €) como así afirma la pericial aportada.

Por lo tanto, el importe de esta partida consecuencia de la resolución unilateral del contrato por parte de........... ascienden a .... EUROS CON .... CÉNTIMOS (........ €).

DECIMOPRIMERO.- DEL LUCRO CESANTE

La determinación del lucro cesante es un punto complicado y que consideramos debería vincularse a un plazo de desenganche razonable que permitiese a ....sustituir a su entonces cliente principal, ..., por otro u otros clientes menores. Sería responder a una incógnita de cuanto tiempo necesitaría mi mandante para volver a sus niveles de facturación anteriores a la resolución unilateral del contrato por ....

Ante la dificultad de poder despejar esta incógnita debemos ver que es lo que hacen otras grandes cadenas de distribución similares a ....

De todos es conocido que la sociedad..........., primer operador por delante de .... en la Comunidad Valenciana, ofrece a sus proveedores de referencia ("interproveedores" según su denominación) **un desenganche de TRES AÑOS desde que se toma la decisión de cambiar el proveedor**. Este desenganche lo incluye y regula muy detalladamente en sus contratos.

Este plazo de tres años de desenganche permite al proveedor el reestructurar su estructura comercial paulatinamente y poder destinar parte de su producción a otros clientes.

Consideramos, dado que nos encontramos en un sector muy concreto, que esos TRES AÑOS pueden ser un criterio válido para calcular el importe del Lucro Cesante de ....

La pericial aportada de .... analiza el valor de dicho lucro cesante:

"... Las operaciones comúnmente conocidas como de "desenganche" requieren ir sustituyendo, de manera paulatina, las ventas que se hacen al cliente casi único por transacciones con otros clientes, ***de manera que la actividad total del proveedor no se resienta de manera sustancial por este proceso****. Si acudimos a lo que hacen los competidores de........... encontraremos la clave de este proceso*

Adjuntamos como anexo a este informe tres artículos que informan del proceso de desenganche de proveedores por parte de ....; ***su carácter de líder absoluto en el mercado hace que sus prácticas sirvan como guía en el funcionamiento del secto****r..."*

En cuanto a la determinación del importe de este Lucro Cesante la pericial aportada

"... La tabla anterior muestra el EBITDA de los cinco últimos años en los que la media anual ha sido de .... ***€, lo que significa que la ruptura de la relación comercial provoca un lucro cesante por año de esa cantidad****. Este cálculo se podría complicar más si dispusiésemos de proyecciones pero sólo tenemos los datos históricos, y no hay motivo para pensar que el comportamiento de la actividad de ....se pudiera modificar de manera significativa atendiendo a su estabilidad en los últimos años de relación comercial con ...."*

"... Queda patente que un período de desenganche es necesario para que el proveedor pueda buscar otras alternativas a su cliente casi único de manera que no se vea perjudicado ante decisiones unilaterales de quien mantiene el dominio económico de la relación comercial. El plazo de tres años aludido por el líder del sector nos parece muy razonable y, sin duda, responde a las prácticas comunes en el sector.

En base a los datos obtenidos cuantificamos el lucro cesante derivado de la ruptura unilateral de la relación comercial por parte de .... en el beneficio medio que venía obteniendo ....aplicado al período de desenganche de tres años, que asciende a 1.256.745 €..."

Por lo tanto, el importe de esta partida consecuencia de la resolución unilateral del contrato por parte de ....ascienden a .... EUROS (........... €).

CAPÍTULO V.- COROLARIO

DÉCIMOSEGUNDO.- CONCLUSIONES

Por lo tanto esta parte considera que .... vulneró con su resolución unilateral de contrato la Ley de Competencia Desleal como hemos explicado con mucho detalle en el cuerpo de la presente Demanda. Dicha actuación ha causado un perjuicio a mi mandante que se puede resumir en el siguiente cuadro:

CONCEPTO	**IMPORTE**
Daño Emergente	
Despidos del personal	....
Inversiones específicas realizadas	....
Otros costes	....
Lucro Cesante	....
TOTAL	**...........**

A los anteriores hechos le son de aplicación los siguientes

FUNDAMENTOS DE DERECHO

A) DE CARÁCTER PROCESAL

I.- Actora y demandado están capacitados para ser parte de acuerdo con lo establecido en los artículos 6 y ss. de la Ley de Enjuiciamiento Civil (LEC).

Asimismo ....está legitimada, como parte actora, según lo establecido por el artículo 33 de la LCD:

"ARTÍCULO 33

Legitimación activa.

1. Cualquier persona física o jurídica que participe en el mercado, cuyos intereses económicos resulten directamente perjudicados o amenazados por la conducta desleal, está legitimada para el ejercicio de las acciones previstas en el artículo 32.1, 1.° a 5.°

Frente a la publicidad ilícita está legitimada para el ejercicio de las acciones previstas en el artículo 32.1, 1.° a 5.°, cualquier persona física o jurídica que resulte afectada y, en general, quienes tengan un derecho subjetivo o un interés legítimo.

La acción de resarcimiento de los daños y perjuicios ocasionados por la conducta desleal podrá ejercitarse, igualmente, por los legitimados conforme a lo previsto en el artículo 11.2 de la Ley 1/2000, de 7 de enero, de Enjuiciamiento Civil.

La acción de enriquecimiento injusto sólo podrá ser ejercitada por el titular de la posición jurídica violada..."

Por su parte la legitimación pasiva corresponde a la cooperativa .... según lo establecido por el artículo 34 de la LCD:

"ARTÍCULO 34

Legitimación pasiva.

1. Las acciones previstas en el artículo 32 podrán ejercitarse contra cualquier persona que haya realizado u ordenado la conducta desleal o haya cooperado a su realización. No obstante, la acción de enriquecimiento injusto sólo podrá dirigirse contra el beneficiario del enriquecimiento..."

II.- En cuanto a la competencia:

1. Competencia objetiva.

El artículo 87 de la Ley Orgánica 6/1985, de 1 de julio, del Poder Judicial establece la reconoce a los Tribunales de Instancia, Sección de lo Mercantil.

2. Competencia territorial.

El artículo 52 de la LEC establece:

"Artículo 52 Competencia territorial en casos especiales

1. *No se aplicarán los fueros establecidos en los artículos anteriores y se determinará la competencia de acuerdo con lo establecido en el presente artículo en los casos siguientes:..."*

*"... **12.°** En los juicios en materia de competencia desleal, será competente **el tribunal del lugar en que el demandado tenga su establecimiento** y, a falta de éste, su domicilio o lugar de residencia, y cuando no lo tuviere en territorio español, el tribunal del lugar donde*

se haya realizado el acto de competencia desleal o donde se produzcan sus efectos, a elección del demandante..."

El demandado ....tiene su domicilio en .... avenida de .... 1. Por lo tanto son competentes los Tribunales de Insntancia, sección de lo mercantil, de ....

III.- El presente Juicio deberá reconducirse por los cauces procesales del Juicio Ordinario de acuerdo con lo establecido en el artículo 2491.4° de la Ley de Enjuiciamiento Civil:

IV.- Siendo la acción principal, la declarativa consistente en la declaración de deslealtad en la conducta de la demandada, en aplicación de la Ley de Competencia Desleal, estimamos que debe ser indeterminada, y ello con independencia de los daños y perjuicios interesados.

B) DE CARÁCTER SUSTANTIVO

V.-. CON CARÁCTER GENERAL

Consideramos de aplicación los siguientes artículos de la Ley de Competencia Desleal (LCD) tanto en la determinación de la conducta desleal como en la acción que se pretende ejercitar mediante esta Demanda.

"ARTÍCULO 16

Discriminación y dependencia económica.

1. El tratamiento discriminatorio del consumidor en materia de precios y demás condiciones de venta se reputará desleal, a no ser que medie causa justificada.

2. Se reputa desleal la explotación por parte de una empresa de la situación de dependencia económica en que puedan encontrarse sus empresas clientes o proveedores que no dispongan de alternativa equivalente para el ejercicio de su actividad. Esta situación se presumirá cuando un proveedor, además de los descuentos o condiciones habituales, deba conceder a su cliente de forma regular otras ventajas adicionales que no se conceden a compradores similares.

3. Tendrá asimismo la consideración de desleal:

a. La ruptura, aunque sea de forma parcial, de una relación comercial establecida sin que haya existido preaviso escrito y preciso con una antelación mínima de seis meses, salvo que se deba a incumplimientos graves de las condiciones pactadas o en caso de fuerza mayor.

b. La obtención, bajo la amenaza de ruptura de las relaciones comerciales, de precios, condiciones de pago, modalidades de venta, pago de cargos adicionales y otras condiciones de cooperación comercial no recogidas en el contrato de suministro que se tenga pactado."

"ARTÍCULO 32

Acciones.

1. Contra los actos de competencia desleal, incluida la publicidad ilícita, podrán ejercitarse las siguientes acciones:

1ª. Acción declarativa de deslealtad.

2º. Acción de cesación de la conducta desleal o de prohibición de su reiteración futura. Asimismo, podrá ejercerse la acción de prohibición, si la conducta todavía no se ha puesto en práctica.

3º. Acción de remoción de los efectos producidos por la conducta desleal.

4º. Acción de rectificación de las informaciones engañosas, incorrectas o falsas.

5º. Acción de resarcimiento de los daños y perjuicios ocasionados por la conducta desleal, si ha intervenido dolo o culpa del agente.

6º. Acción de enriquecimiento injusto, que sólo procederá cuando la conducta desleal lesione una posición jurídica amparada por un derecho de exclusiva u otra de análogo contenido económico.

2. En las sentencias estimatorias de las acciones previstas en el apartado anterior, números 1.º a 4.º, el tribunal, si lo estima procedente, y con cargo al demandado, podrá acordar la publicación total o parcial de la sentencia o, cuando los efectos de la infracción puedan mantenerse a lo largo del tiempo, una declaración rectificadora."

Además, esta publicidad podrá realizarse a criterio del tribunal y previa remisión al efecto, a través de la Autoridad para la Igualdad de Trato y la No Discriminación y los observatorios o de los órganos competentes del departamento u organismo con competencias en materia de igualdad entre mujeres y hombres de ámbito nacional o su equivalente en el ámbito autonómico.

"ARTÍCULO 4

Cláusula general.

1. Se reputa desleal todo comportamiento que resulte objetivamente contrario a las exigencias de la buena fe..."

Asimismo serán de aplicación los artículos siguientes del Código Civil en lo que respecta a la buena fe contractual.

"**Artículo 7**

1. *Los derechos deberán ejercitarse conforme a las exigencias de la buena fe.*

2. *La ley no ampara el abuso del derecho o el ejercicio antisocial del mismo. Todo acto u omisión que por la intención de su autor, por su objeto o por las circunstancias en que se realice sobrepase manifiestamente los límites normales del ejercicio de un derecho, con daño para tercero, dará lugar a la correspondiente indemnización y a la adopción de las medidas judiciales o administrativas que impidan la persistencia en el abuso."*

"**Artículo 1258**

Los contratos se perfeccionan por el mero consentimiento, y desde entonces obligan, no sólo al cumplimiento de lo expresamente pactado, sino también a todas las consecuencias que, según su naturaleza, sean conformes a la buena fe, al uso y a la ley."

Y los siguientes artículos de ese mismo texto legal en lo referente a la determinación de la Indemnización a pagar por ....:

"Artículo 1101

Quedan sujetos a la indemnización de los daños y perjuicios causados los que en el cumplimiento de sus obligaciones incurrieren en dolo, negligencia o morosidad, y los que de cualquier modo contravinieren al tenor de aquéllas."

"Artículo 1106

La indemnización de daños y perjuicios comprende, no sólo el valor de la pérdida que hayan sufrido, sino también el de la ganancia que haya dejado de obtener el acreedor, salvas las disposiciones contenidas en los artículos siguientes."

VI.- CONSECUENCIAS JURÍDICAS DE LA ACTUACIÓN DESLEAL DE ....

Según los artículos de la LCD antes citados, en los supuestos en los cuales exista una actuación desleal de las amparadas por el artículo 16.2 y 16.3 de dicha Ley, es decir, la explotación por parte de la empresa dominante .... de una situación de dependencia económica frente a la empresa dependiente .... esta última puede ejercitar la acción prevista en el artículo 32.1.5ª *"Acción de resarcimiento de los daños y perjuicios ocasionados por la conducta desleal, si ha intervenido dolo o culpa del agente."*

Estos daños y perjuicios, conforme a lo establecido por el artículo 1106 del Código Civil, comprende no solo el valor de los daños sufridos (daño emergente) sino también la ganancia que se haya dejado de tener (lucro cesante).

VII.- DE LA CONSOLIDADA JURISPRUDENCIA

En el cuerpo del escrito de la presente Demanda se han citado numerosas Sentencias de nuestros más altos Tribunales, tanto Audiencias Provinciales como el Tribunal Supremo, para fundamentar y cimentar los diferentes aspectos de nuestras peticiones.

No vamos a ser repetitivos, por lo que no vamos a citar las anteriores Sentencias ya incluidas en los apartados anteriores aunque, nuestros Tribunales, han sido muy claros a la hora de defender los intereses de las sociedades en estado de dependencia económica frente a las empresas dominantes.

Citar el Auto del TS de 21 de noviembre de 2018 por el que inadmite un recurso de casación por no existir dependencia económica, requisito esencial para poder aplicar el artículo 16 de la LCD:

"... La parte recurrente sostiene que se produjo el acto de competencia desleal previsto en el art. 16.3 a) LCD porque Polo Pádel resolvió la relación contractual que mantenían sin ajustarse a la buena fe y sin que mediara el correspondiente preaviso. Ello porque además existía un pedido aceptado con un determinado plazo de entrega, que nunca se hizo efectivo.

El motivo incurre en la causa de inadmisión prevista en el art. 483.2.2.° LEC de falta de cumplimiento en el escrito de interposición del recurso, de los requisitos de desarrollo de los motivos, en relación con falta de acreditación del interés casacional, por falta de identidad de razón entre las cuestiones resueltas por las sentencias aportadas y el caso objeto de recurso.

Las sentencias alegadas versan sobre la responsabilidad contractual por incumplimiento. Ninguna ilustra sobre concurrencia de los requisitos exigidos por el tipo previsto en el art. 16.3 a LCD, ni la doctrina jurisprudencial que lo desarrolla, a la que se opondría la resolución recurrida. El mero incumplimiento contractual no puede necesaria y automáticamente identificarse con el tipo mencionado. Así lo explica la Audiencia cuando dice:

"En definitiva se trata de actos desleales frente al mercado cuya represión como actos de competencia desleal solo tiene sentido en la medida en que exista una ***situación de dependencia económica*** *sino quiere convertirse en ilícito concurrencial la mera terminación de un contrato incluso conforme a lo pactado por las partes que pueden haber contemplado un plazo de preaviso menor".*

El motivo también incurre en la causa de inadmisión prevista en el art. 483.2.4.° LEC de carencia manifiesta de fundamento por hacer supuesto de la cuestión al formular su impugnación dando por sentado aquello que falta por demostrar.

La parte recurrente parte de la premisa de que Dunlop tiene una dependencia comercial respecto de Polo Pádel, porque es el único fabricante de palas en España. Por lo tanto, la ruptura de las relaciones comerciales sin el correspondiente preaviso,en atención a tales circunstancias, es contraria a la buena fe e imposibilita a la recurrente poder obtener el encargo solicitado y tener un proveedor nacional.

Sin embargo, en la sentencia no se niega que no se efectuara el correspondiente preaviso con antelación suficiente para resolver el arrendamiento de obra que ligaba a las partes, sino que ***considera que no es posible apreciar la conducta desleal prevista en el art. 16.3 a) LCD porque ni se ha alegado, ni se ha probado una situación de dependencia económica entre las partes****, que es un requisito imprescindible que debe concurrir para que se produzca el acto de competencia desleal previsto en dicho precepto..."*

Asimismo la Sentencia del TS n° 502/2016 de 19 de julio de 2016 trata claramente varios aspectos que se han sido recogidos en la presente demanda:

- la antigüedad de la relación entre sociedad dominante y sociedad dependiente.
- La necesidad de dar un preaviso razonable.
- Las exigencias de actuar conforme a la buena fe.
- El hecho de que se estaban manteniendo relaciones con otro proveedor mucho antes de la comunicación de resolución de la relación comercial.
- La necesidad de indemnizar el daño emergente y el lucro cesante.

"... Sobre la razonabilidad del preaviso ejercitado y su incidencia en el lucro cesante declaró (fundamento de derecho sexto):

[...]Mantiene la recurrente que no es procedente la indemnización, porque no hay lucro cesante que abonar. Entiende que tratándose contratos intuitu personae, como expresaba la sentencia recurrida, es posible que cualquiera de las partes ponga fin a la relación sin que- ello origine-derecho a indemnizar. Cita al respecto la STS 22 marzo de 2007, rec. 5314/1999, en cuanto que recoge que el ejercicio de la facultad resolutoria no requiere la invocación o prueba de justa causa.

Esa doctrina fue citada por la sentencia recurrida, que la aplica correctamente. ***La facultad resolutoria puede ejercitare, como señala la sentencia que citó el apelante "... pero ha de ajustarse, por imperativo de lo dispuesto en preceptos como los articulas 7.1 y 1258 del Código Civil****, a la buena fe en sentido objetivo, que, consistente en el deber de observar un comportamiento honesto y leal, ajustado a los cánones éticos imperantes, integra las relaciones contractuales y se requiere en el ejercicio de los derechos". La propia resolución precisa, además, que "Sólo una resolución o un desistimiento que implique un ejercicio abusivo o constituya una conducta desleal puede ser tenido en cuenta para, en tales casos, fundar una indemnización por los daños que este comportamiento pueda haber generado (Sentencias de 17 de mayo de 1999, 13 de junio y 31 de octubre. de 2001, 28 de enero y 3 de octubre de 2002, 26 de junio de 2004, 3 de mayo y 22 de diciembre de 2006, entre otras)".*

»Pues bien, aplicando esos parámetros al caso concreto ***debe tenerse en cuenta que la relación comercial había sido muy prolongada, al extenderse durante treinta años****, ya que la principal es sucesoras de otras empresas que también distribuían la marca KEF. La finalización de la relación pueden realizarse en cualquier momento por tratarse de un contrato basado en la confianza mutua, denominador común de diversos preceptos que disciplinan contratos de tal carácter (arts. 1583, 1594, 1700-4 °, 1705, 1723-1 °, 1733, 1750 y 1775 CCv o art. 279 CCom).* ***Lo prolongado de la relación exige que se advierta con antelación suficiente****, que no parece se diera en este caso, ya que la carta anunciando su término se fecha el 3 de junio, para finalizar el 31 de agosto siguiente.*

»Al margen de cuando llegara a poder del distribuidor tal comunicación, el plazo se considera insuficiente para una relación tan prolongada. Al parecer, vistos los términos de la carta que el nuevo distribuidor Pro-Tech dirige a los clientes el 13 de julio de 2009 (doc. n° 57 de la demanda, folio 217 y ss), ***se habían mantenido negociaciones en los diez meses anteriores, de modo que la principal tenía la intención de proceder al cambio con mucha antelación al momento en que lo comunica a su tradicional distribuidor.*** *Una relación de treinta años merecía un preaviso superior a dos meses..." "... En un contrato de distribución de más de treinta años de duración, un preaviso de dos meses resulta, como se ha dicho, manifiestamente insuficiente..."*

La Sentencia n° 16/2014 de la AP de Orense de 4 de febrero de 2014 que señala que determinados comportamientos normales pueden ser abusivos si son realizados por una sociedad dominante:

"En términos de la sentencia del Tribunal Supremo de 4 de febrero de 2012 el derecho de la competencia, "reclama de las empresas en posición dominante un comportamiento impecable en la defensa de sus intereses, a fin de que armonicen su voluntad de ser competitivas con las consecuencias restrictivas que su actuación pueda producir en el mercado. Lo que se traduce en que **comportamientos que serían lícitos para otras empresas, puedan no serlo para las que ocupan una posición de dominio** -normalmente, por haber utilizado medios desproporcionados en su actuación defensiva". **No es la posición dominante la que se sanciona, sino el abuso de posición de dominio.**

La jurisprudencia ha señalado que, con la finalidad de que el funcionamiento del sistema concurrencial "no resulte influido por la interferencia de imposiciones derivadas de una desigualdad de posiciones que resulte excesiva a aquel fin, el artículo 16, apartado 2, de la ley 3/1991, de 10 de enero, **tipifica como ilícita una conducta que presupone, en el lado activo, la explotación de una posición de dominio -en el sentido que se dirá- y, en el pasivo, una situación de dependencia económica en la que se encuentre quien carece de alternativas equivalentes para ejercer su actividad**. Se considera que deteriora el funcionamiento concurrencial del mercado la obtención por un operador de ventajas que no lograría si no fuera por la falta de posibilidades de elección que ha de soportar quien se encuentra en una correlativa posición de dependencia".

"El tipo descrito en el apartado 2 del artº 16 de la ley 3/1991 se inspira en criterios que son propios de los sistemas antitrust. **Sin embargo, su comisión no requiere que los efectos del acto desleal alcancen una especial gravedad o transcendencia sobre el funcionamiento del mercado.** Basta con que se demuestre el comportamiento abusivo de un participante en aquél en su relación con otro que se halle en situación de dependencia económica y carezca de alternativas semejantes".

VIII.- DAÑOS Y PERJUICIOS

Como se ha señalado en los el CAPÍTULO IV de la presente Demanda (Apartados DÉCIMO y DECIMO PRIMERO) el importe de los Daños y Perjuicios solicitados a .... ascienden a .... EUROS CON .... CÉNTIMOS (............ €).

IX.- El principio Iura Novit Curia.

X.- Respecto a las costas procesales, serán de parte del demandado según lo dispuesto en el artículo 394 de la LEC.

En su virtud,

SUPLICO AL TRIBUNAL que habiendo por recibido este escrito, junto con los documentos que se le unen y copias, se digne admitirlo, y tenga por formulada demanda de Juicio Ordinario contra .... con CIF número .... y domicilio en .... Valencia), avenida de ...., en el ejercicio de la acción por **COMPETENCIA DESLEAL** prevista en el artículo 32.1.5ª de la Ley de Competencia Desleal (Ley 3/1991 de 10 de enero), de resarcimiento de daños y perjuicios ocasionados a mi representada, dándosele traslado a la misma para que la conteste si le conviniere y, tras los trámites procesales oportunos, en su día, dicte sentencia estimatoria de la demandada en la que se contengan los siguientes pronunciamientos:

- Que declare que la conducta de .... frente a ...., consistente en la ruptura unilateral de la relación que les unía, debe calificarse como desleal.

- Que como consecuencia de la declaración de deslealtad, ... debe indemnizar a .... por lo daños y perjuicios generados y que se valoran en .... EUROS CON .... CÉNTIMOS (............ €) euros en cuanto al daño emergente y .... EUROS (.................. €) por lucro cesante.

- Se condene a la demandada al pago de las **costas procesales.**

OTROSÍ DIGO: Que, de conformidad con lo previsto en el art. 231 LEC, esta parte manifiesta que es su voluntad y deseo el cumplir con todas las formalidades y requisitos exigidos por la Ley.

SUPLICO AL TRIBUNAL que tenga por hecha y admitida la anterior manifestación a los efectos oportunos en aras a permitir la subsanación de cualquier error.

Es Justicia que pido en Valencia, a..............